ISBN 978-0-259-59336-2
PIBN 10639335

English
Français
Deutsche
Italiano
Español
Português

# www.forgottenbooks.com

**Mythology** Photography **Fiction**
Fishing Christianity **Art** Cooking
Essays Buddhism Freemasonry
Medicine **Biology** Music **Ancient
Egypt** Evolution Carpentry Physics
Dance Geology **Mathematics** Fitness
Shakespeare **Folklore** Yoga Marketing
**Confidence** Immortality Biographies
Poetry **Psychology** Witchcraft
Electronics Chemistry History **Law**
Accounting **Philosophy** Anthropology
Alchemy Drama Quantum Mechanics
Atheism Sexual Health **Ancient History**
**Entrepreneurship** Languages Sport
Paleontology Needlework Islam
**Metaphysics** Investment Archaeology
Parenting Statistics Criminology
**Motivational**

# Revue

# *d'Histoire littéraire*

# de la France

publiée

par la Société d'Histoire littéraire de la France

*15ᵉ Année. — 1908.*

PARIS

LIBRAIRIE ARMAND COLIN

5, RUE DE MÉZIÈRES

# Revue
# d'Histoire littéraire
# de la France

## LA FAMILLE MATERNELLE DE VICTOR HUGO

Des travaux nombreux et bien documentés ont déjà été publiés sur la jeunesse de Victor Hugo. On a aussi essayé de raconter les relations du poète avec la famille de sa mère — relations qui nouées, dénouées, puis reprises ont persisté jusqu'au coup d'État et à l'exil.

M. Edmond Biré, dans deux volumes, *Victor Hugo avant 1830* et *Victor Hugo après 1830,* a cherché à élucider quelques-uns des problèmes que soulèvent les origines maternelles de Victor Hugo. Souvent sa critique un peu mordante a rappelé au poète des souvenirs peut-être oubliés. L'ignorance où il était de certains documents, mis au jour depuis, lui a fait commettre quelques petites erreurs.

Macé de Challes (pseudonyme de M. Deschamps) a publié dans le *Figaro* (15 juillet 1885 — 12, 19, 26 mai 1886 — 1, 8, 15, 22 août 1888) des lettres nombreuses échangées entre le général Hugo, sa femme, les frères Hugo et la famille Trebuchet, de Nantes. Ces articles, on ne sait trop pourquoi, sont peu connus et pourtant ils renferment des aperçus assez justes et originaux sur les influences paternelles et maternelles subies par Victor Hugo. Malheureusement l'auteur était mal renseigné sur la valeur de certains détails, il fait de plus des fautes de lecture et ne nous donne qu'une correspondance tronquée et parfois inexacte.

M. Léon Séché, dans la *Revue politique et littéraire* (1902, 1ᵉʳ semestre), dans la *Revue Bleue* (15 février 1902), et dans le 2ᵉ fascicule des *Annales romantiques,* a mis comme toujours son souci de la documentation précise et consciencieuse à écrire un article sur les *Origines maternelles de Victor Hugo*. Le premier il nous a donné un certain nombre d'actes inédits qui nous font assez bien connaître la famille Trebuchet. Quelques erreurs, c'est chose inévitable, se sont glissées çà et là. Il ne s'offensera pas, certainement, des petites rectifications à son article qu'au cours de cette étude nous nous permettrons [1].

Avant d'entrer dans le sujet nous tenons à indiquer brièvement les sources où nous avons puisé. Victor Hugo possède encore à Nantes une nombreuse parenté. Plusieurs familles sont justement fières d'être alliées au grand poète. L'une d'elles, la famille Liberge, qui possède les papiers des ancêtres, nous a aimablement permis de les consulter et de nous en servir. A Poitiers, Mlle Trebuchet, d'un accueil si gracieux, a mis à notre disposition un vrai trésor qu'elle tient de son père, Adolphe Trebuchet, cousin germain de Victor Hugo [2]. Nous avons trouvé ainsi un grand nombre d'actes, de lettres, de contrats que Macé de Challes a utilisés en partie mais dont la plupart sont inédits.

Nous avons eu aussi un manuscrit sur la famille composé par une cousine de Victor Hugo, Joséphine Allory, en religion sœur Saint-Stanislas, ursuline à Nantes. Remis par les religieuses à la famille Liberge après la mort de sœur Saint-Stanislas il est précieux car il s'appuie sur des papiers conservés avec soin et il donne une connaissance claire et facile des différents degrés de parenté de cette nombreuse famille.

L'étude de ces documents jettera, nous l'espérons, quelque lumière sur la famille maternelle de Victor Hugo. Elle nous permettra peut-être de voir si vraiment « ce sang breton » a eu quelque influence morale ou intellectuelle sur le poète et sur l'homme.

## I. — JEAN-FRANÇOIS TREBUCHET.

Le premier des parents de Victor Hugo dont nous nous occuperons est Jean-François Trebuchet, son grand-père maternel.

---

1. M. Dominique Caillé a publié récemment (avril 1907) dans *la Province* un article sur les Trebuchet, mais il n'a guère apporté de documents nouveaux.
2. Mlle Claire Trebuchet est décédée à Nantes, le 14 janvier 1908, âgée de soixante-dix-huit ans. Elle avait un véritable culte pour son père, Adolphe Trebuchet, et pour le Victor Hugo des *Odes et Ballades*, mais elle n'a jamais pu pardonner au poète d'avoir renié sa foi politique et sa foi religieuse. Elle vivait, semblait-il, dans le passé, entourée de précieux souvenirs qu'elle montrait volontiers avec une simplicité et une bonté dont nous lui restons profondément reconnaissant.

V. Hugo en a parlé assez longuement dans son autobiographie. Son père, le major, d'après lui, « aurait eu occasion d'aller fréquemment à Nantes ». pendant la guerre de Vendée et « s'y serait fait des relations principalement avec un armateur nommé Trebuchet ». Sous la plume de M^{me} Hugo on reconnaît facilement le style et les expressions du poète dans le portrait qu'elle nous donne de M. Trebuchet : « Ce Trebuchet était un de ces honnêtes bourgeois qui ne sortent jamais de leur ville ni de leur opinion. Il était resté royaliste et catholique et confondait dans sa religion Dieu et le roi ». Cet honnête bourgeois était veuf alors et avait trois filles dont l'une, Sophie, « n'était qu'à moitié dans les idées de son père ». Elle gagna le cœur du major Hugo, qui la demanda en mariage. Mais « l'armateur hésitait fort à donner sa fille à un militaire, obligé de courir le monde et de laisser sa femme seule ou de la traîner sur toutes les routes. Il objectait encore les opinions du major qui seraient une contradiction dans la famille et qui pourraient devenir une brouille dans le ménage... Mais Sophie plaida si bien que le mariage fut arrêté... La future vint à Paris avec son père et son frère... Les deux jeunes gens se marièrent civilement à l'hôtel de ville même. Il n'y eut pas de mariage religieux... »

Ces quelques lignes de Victor Hugo parurent, on le sait, en 1863, et malheureusement, de 1797, date du mariage de sa mère, à 1863, les souvenirs s'étaient plus ou moins effacés. Ce que Victor Hugo raconte du mariage purement civil de sa mère est vrai, mais si l'on excepte ce point, tout le reste du récit, on peut le dire sans crainte de se tromper, ne renferme que des erreurs. M. Léon Séché en a rectifié quelques-unes. Dans son article il a esquissé la vie de Jean-François Trebuchet. Nous allons essayer de la compléter et de la raconter telle qu'elle nous est apparue dans les papiers de sa famille et aussi d'après ses lettres.

Son père, Jean-Pierre Trebuchet, avait épousé, le 16 octobre 1708, Françoise Louvigné. Leurs biens fonciers étaient assez considérables et s'étendaient dans les paroisses de la Chapelle-Glain, Saint-Julien-de-Vouvantes et Auverné, paroisses qui font partie actuellement de l'arrondissement de Châteaubriant (Loire-Inférieure). Ils eurent au moins six enfants : Louis-Marie; Marie; Jeanne qui se maria deux fois à Châteaubriant, d'abord avec un nommé Lhotellier dont elle eut une fille, Jeanne, puis avec M. Lemetayer; Françoise (10 mai 1724-20 juin 1810), épouse d'Antoine Robin; Jean-François, capitaine au long cours, grand-père de Victor Hugo et mari de Renée-Louise Lenormand; enfin Louis-

Maurice, procureur au siège présidial de Nantes, qui épousa Louise-Pélagie Lenormand, sœur cadette de Renée-Louise.

Jean-François, nous dit M. Séché, né en 1730, débuta comme matelot à l'âge de dix-huit ans, chez M. de Seigne, à Nantes. Du 10 avril 1749 au 27 mars 1750 il fit trois voyages comme pilotin sur le *Philibert* et le *Thiercelin*, appartenant à la Compagnie des Indes. En 1765 il fut nommé lieutenant de la *Nouvelle Société* et, le 3 janvier 1767, reçu capitaine à l'Amirauté de Nantes avec dispense d'un voyage.

Dans l'année même où il fut reçu capitaine il épousa Renée-Louise Lenormand (22 septembre 1767). Est-ce, comme le croit M. Séché, par l'intermédiaire de son frère Louis-Maurice Trebuchet qu'il fit la connaissance de la famille Lenormand. Ne serait-ce pas plutôt son mariage qui fut cause de l'union de son frère avec Louise-Pélagie Lenormand, sœur de sa femme? Nous en sommes réduits aux conjectures sur cette question de peu d'importance.

Il est plus intéressant de connaître la situation de fortune des deux jeunes gens. Ni l'un ni l'autre n'étaient riches. Jean-Pierre Trebuchet, père de Jean-François, avait dû élever six enfants et en établir au moins quatre : les parts que ces derniers avaient recueillies dans l'héritage paternel ne pouvaient être considérables. Jeanne et Françoise semblent d'ailleurs avoir seules possédé des biens fonciers. Jean-François et Louis-Maurice durent se contenter probablement de l'éducation plus soignée qu'ils reçurent et de la position que cette éducation leur donna. René Lenormand, père de Renée-Louise, ancien procureur fiscal du marquisat de Goulaine, était en 1767 procureur au présidial de Nantes. Il avait acheté cette dernière charge 12 000 livres mais il n'avait pu en verser que 6 000. Il possédait un petit bien à Saint-Fiacre, à 14 kilomètres de Nantes, il avait cherché à l'agrandir, mais, sur 5 000 livres d'achats, il en devait au moins 3 500. En mariant Renée-Louise il n'avait donc pu lui assurer une grosse dot. Il le reconnaît lui-même dans un inventaire qu'il fit le 9 novembre 1778 pour les enfants de sa première femme, Renée-Pélagie Brevet, décédée en 1751. De 1767 à 1778 il n'a pu donner, et cela en plusieurs versements, que 2 050 livres à Jean-François Trebuchet et dans ce chiffre 1 050 livres ont été versées pour payer un emprunt fait par le capitaine. Louis-Maurice Trebuchet et Louise-Pélagie Lenormand n'avaient absolument rien reçu, ils n'étaient point encore à leur ménage à cette époque et vivaient chez M. Lenormand. Ce nous est une preuve évidente que ni les

Lenormand ni les Trebuchet n'étaient favorisés de la fortune.

La richesse ne fut donc pour rien dans l'union de Jean-François Trebuchet et de Renée-Louise Lenormand; une inclination réciproque les attira plutôt l'un vers l'autre, car les lettres qu'ils nous ont laissées prouvent chez eux une mutuelle et tendre affection. Leur mariage offre par là une ressemblance frappante avec celui de Victor Hugo et d'Adèle Foucher. Ils étaient riches eux aussi d'amour et d'espérance. Jean-François Trebuchet voulait réussir : abandonner sa jeune femme n'était pas sans lui causer un profond chagrin, mais son but était « de faire promptement son chemin pour être ensuite avec elle plus longtemps ». Quoiqu'en dise Victor Hugo, il n'aurait point hésité, s'il avait vécu, à donner plus tard sa fille à un militaire « qui aurait laissé sa femme seule ou qui l'aurait traînée sur toutes les routes ».

Outre *la Sèvre* et *la Duchesse de Duras* (1773), que nous signale M. Séché, il commanda aussi *l'Astrée* et *le comte de Grasse*. Les Antilles étaient le plus ordinairement le but de ses voyages. Il ne fut jamais armateur, mais, comme tout bon capitaine, il s'occupait de trouver un fret de retour pour son navire quand il revenait des Antilles. Lorsqu'il partait de Nantes il emportait parfois pour son propre compte des marchandises qu'il vendait à son arrivée en Amérique. Il ne fit jamais la traite des nègres, nous croyons pouvoir l'affirmer d'après les documents que nous avons eus entre les mains, et aucun des voyages que nous connaissons n'a eu pour but la Guinée. Son navire, quelquefois, transporta des passagers de France en Amérique, mais rien ne prouve que ce furent des esclaves.

L'affection qui unissait les deux époux les poussait à s'écrire souvent, mais trois lettres seulement de cette correspondance nous ont été conservées, une de M^me Trebuchet et deux du capitaine. Nous les transcrivons fidèlement en respectant leur orthographe un peu fantaisiste. Les sentiments si délicats qu'on y rencontre n'avaient point besoin pour s'exprimer de suivre les règles de la grammaire. Le lecteur pourra voir, en les rapprochant des *Lettres à la fiancée* que Victor Hugo imitait, sans s'en douter, son grand-père qui lui aussi comptait non pas, il est vrai, les baisers qu'on lui devait, mais ceux qu'il envoyait.

La première lettre est du 30 août 1769 et datée de Saint-Marc (Haïti). M^me Trebuchet avait déjà donné à son mari une fille, Renée-Rose (7 juillet 1768), et attendait son second enfant, Madeleine-Françoise, la future ursuline, qui devait venir au monde trois mois plus tard (16 novembre 1769). Cette lettre est adressée à M<sup>lle</sup> Trebuchet, chez M. Lenormand-Dubuisson, rue des Carmélites, à Nantes. M<sup>me</sup> Trebuchet, en l'absence de son mari, peut-être à cause de son peu de fortune, peut-être aussi pour ne pas rester seule, habitait donc chez son père.

Voici cette lettre du capitaine :

> Ma cher petit et tendre femme,
>
> Je te donne avis par le navire *le fidelle* de mon voyage qui est que j'ay eus toutes la satisfaction possible avec mes passagers et officiers, nous avons eus une traversée des plus agréable, toujours un temps favorable. Nous nous sommes tous assez bien amusé et diverti, je me suis rendu à Saint-Marc au bout de 43 jours de traversée, j'ay cependant été assez à moy, quoiqué je forsais mon tempérament pour chasser le chagrin que je ressentais de t'avoir quité, mais il ne métait hier (guère) possible vûs qu'à chaque instant je te voyais et que j'étais avec toy d'inclination, ce qui me faisait paine c'est qu'on s'en apercevait et qu'on me demandait à chaque instant qui ocasionnait ma tristesse, j'avais pour réponse que je n'étais pas des mieux portant et que sétait ma coutume.
>
> Sans doute que je devais pas avoir aucun plaisir craignant la situation où je t'avais lessé, je scay que tu t'épargnes tous ce qui peut te faire plaisir, cest ce qui me fait de la paine moy qui voudrais que tu ne manquerais de rien et que tu te donna tout ce qui peut te faire plaisir.
>
> Dans ce moment icy je t'embrasse ma cher petit ami en me jetant à tes jenoux, te priant de ne te laisser manquer de rien, soye persuadé que je ne travaille que pour toi, aussi accorde-moi cette grâce, divertie toy, prend toute la récréation posible tu en a besoin pour ta situation, ménage ton fruits, je te prie aussi qu'en tu viendra de vendenge de venir en équipage, sy tu manque de vin rouge ajet-en (achètes-en), enfin donne-toi toutes les douceurs posible.
>
> Revenons présentement à mon voyage, je crois qu'il ne sera pas des plus mauvais, je vend assez bien et j'espère que je me tirerait d'affaire, je ten donnerez de plus emple éclaircisement dans la suit, ainsy ma bonne amis prenons courage. Je pense que mon voyage sera plus long que je ne pensais attendu que je part pour le Port au prince j'espère être trois mois dans la colonie ainsy que cela ne te fasse point de peine, ce ne sera qu'un bien pour nous et j'en feré que meilleur voyage, il est vray que je seré privé plus longtemps du plaisir de te voir, mais il faut être raisonnable vus que cest notre bien être à tous les deux, pensons donc à faire notre chemin prontement pour à celle fin d'être ensemble plus long temps. Je finis en t'embrassant ma cher petit et tendre femme et nos petits enfants que j'embrasse comme toy avec plaisir. Je t'embrase mil et mil fois ma cher ami, ton tendre et fidelle mari.
>
> J.-F. TREBUCHET.

Fais de ma part à mon père et à ma mère mes assurances de respects, je les embrasse tous les deux du meilleur de mon cœur, je n'oublie point mes frère et sœur, génerallements tous nots amis.

Duplicata. Adresse mes lettres chez MM. Bazelais, Drouin et Sagorie (ou Fagorie) à Saint-Marc, il me les feront tenir au Port au prince. C'est le lieu le plus sûr vus que je ne compte pas y être longtemps et que je repasseré à Saint-Marc.

Pendant que le capitaine Trebuchet traversait l'Océan, quand dans les Antilles il cherchait à placer la cargaison de son navire, sa pensée, on le voit, franchissait les mers et se reportait près de sa femme à Nantes ou à Saint-Fiacre. Inquiet pour celle qu'il avait laissée au pays, il essayait du moins de lui donner d'excellents conseils, l'engageait à ne pas se tourmenter pendant les longs mois de son absence. Il la voyait cueillant le raisin sur les verdoyants coteaux de Saint-Fiacre qui s'inclinent si doucement vers la Sèvre-Nantaise ou la Maine et ne voulait pas qu'à la fatigue des vendanges elle ajoutât celle d'un long voyage à pied. « Je te prie de venir en équipage », lui recommandait-il.

Quatre années se sont écoulées. Le 29 décembre 1773, le capitaine Trebuchet est retenu à l'embouchure de la Loire par le mauvais temps et les vents contraires. Il en profite pour écrire à Mᵐᵉ Trebuchet.

Ma chère petite femme,

Je crois que je ne sortiré jamais de cette rade de Maindin, je suis toujours retenu par les mauvets temps et vents contraire, tu ne scaurais croire combien je m'ennuis et je fais de mauveis sents (mauvais sang). Je serais bien mieu aupret de toy mais que faire il faut prendre le temps comme il vient, je t'envois ma chère amis les facture que jay reçu pour toy venants de M. Lucas. Je n'en ai pas besoins, il te fournira à sont arrivée la facture que luy ais remisse signé de moy, cest sur luy que jay fait assurer, tu prira M. Beder de te faire la vente des b/que de sucre, il le fera ma bonne amis avec plaisir, si tu pouvais ausy donner un accompte au sieur Berthaud de ce que je lui redois, tu ferais bien car il mat écrit au sujets de ce que je luy redois par pique de ce que je nay pas pris des marchandises chez lui, il est outré de cela ainsy il cherche à me faire payer mes (mais) il ne le peuts pas faire; je ne le craind point ainsy que cela ne tinquiette point.

Je tenvois aussy un mandat dun de mes pasagers sur M. Archambeau, négociant sur lisle fedeau, fais toy compter le montant de 48 livre tous de suitte, tu a les pièces au soutien. Ma chère femme informe toy chez MM. Cormier et Terrien sy leurs guingaus a petit ray de paingle sonts arrivé de Lorient s'il pouvais men faire parvenir icy j'en prenderais bien deux ou trois cents pièces pourveus qu'il ne couterais de 34 à 35 livres la pièce et je serais sur de faire une bonne affaire s'il veullent te donner un long terme et en cas de ne pouvoir les vendre leurs raporté pour leur compte. Envoy mon neveu sen informer et tache de faire afaire a cest conditions tu me les envoirais sy jetais partie par le *Louis-Marie* à M. Drouin. Sy les vents étais bas tu expédirais une barge pour me les apporter avec les guingauds fins a ray de paingle s'il y en avait de meme finesse à flame et du même pris et de la meme finesse tu en ferais une asortiment. Les guingaud doive auner b. aunes, ainsy fais y attention. M. Querlegaud doit en avoir s'il est arrivé de Lorient. Sy tu peux m'en faire parvenir au conditions que je te marque nous ne couronts aucun risque que de gaigner je sui sur de les vendre au moins 72 livres la pièce s'ils sont bien choisie je finis cette article de commerce ma chère petite femme par te faire les souhaits que (tu) scait par avence que jay pour toy. Tu n'ignore point sans doute qu'ils sont que tu ne vivera jamais asses pour moy ny pour mes enfants moi qui voudrais être éternelle et te voir toujours, je me jette à ce moment icy aux pieds de la providence pour la suplier de ne te laisser jamais manquée et moy de pouvoir finir mes jours avec toy. Dieu veille en même temps rependre sa bénédictions sur nos enfants et qu'ils puissent être par la suitte nos consolateurs, voilà cher bonne amis tous les souhait de bonne année que je t'adresse, ils sont pur et sincere, sacré à toi, ton fidelle marie.

J.-F. TREBUCHET.

Il fait grand frois je ne peux plus tenir ma plumme, que ton père et ta mère ne soyent point fâché sy je ne leurs fais pas des souhait de bonne anné ils fait icy trop froits pour écrire fais leurs mes assurence de respects et donne pour étrenne à tons père une bouteille de liqueurs de la Martinique et à ta mère un ideme de vingt (vin) muscats, à ta sœur six liard de mences dragé des moins chère; à tes frère la commédis sy tu veuts leurs la donné ainsy qu'à mon neveux, à mes petits enfants ce qué tu vousderas leur donner j'entreré pour la moitié dans le présents. J'embrasse mon ga de Jannot et je lui fais présents d'une bonne galette de biscuit de mer : cest un bons garson qui ne m'a jamais menqué de respects. Voilà ma chère amis tous les petits cadots de bonne année dont je fais part à mes amis cydessus je finis par tembrasser d'inclinations une fois; encore une fois pour la bonne année, encore une fois par suplements sy je me croyais je t'embrasserais toujours car tu est toujours d'en mon esprits : je suis qu'oy qu'apsents toujours avec toy. Je finis sependant par tembrasser encore une fois et te dire que je suis tons fidelle mari.

J.-F. TREBUCHET.

Maindin, le 29 décembre 1773.

Cache toujours bien les lettre que tu m'envoy elle tombe dans des main qui sonts fort curieuse. Tes lettres sont cacheté de mon caché.

Cette longue lettre avec le post-scriptum qui l'accompagne est très instructive et très intéressante. Le souci du commerce, le désir de réussir et de faire de bonnes affaires se révèlent dans les instructions détaillées que le capitaine adresse à sa femme. L'affection qu'il lui montrait au début de leur union ne s'est point démentie mais se joint au fatalisme du marin. Plutôt que de « se faire du mauvais sang » en rade de Maindin il serait bien mieux auprès d'elle mais il ajoute aussitôt « il faut prendre le temps comme il vient », répétant sans le connaître probablement le vers de Froissart :

> On doit le temps ainsi prendre qu'il vient.

Dans les souhaits de bonne année qui terminent la lettre, le même amour se manifeste par une expression charmante : « Je voudrais être éternelle et te voir toujours ». Une teinte de mélancolie vient assombrir ce désir d'un bonheur sans fin : « tu ne vivera jamais asses pour moy ny pour mes enfants ». Dans les longues méditations de sa vie sur mer, le capitaine entrevoit peut-être la mort qui bientôt, après lui avoir ravi son épouse, l'enlèvera à son tour et ne laissera sur terre que six pauvres petits orphelins. Il les recommande déjà à la divine bonté de la Providence paternelle. « Dieu veille répendre sa bénédictions sur nos enfants et qu'ils puissent être par la suitte nos consolateurs. » Ils étaient alors quatre au foyer du capitaine : Sophie-Françoise, la future M^me Hugo, était née le 19 juin 1772 et depuis quelques mois seulement (30 octobre 1773) le petit Jean-Louis était arrivé en ce monde peu avant le départ de son père. Aussi celui-ci a-t-il un souvenir tout particulier pour le dernier venu et lui offre-t-il plaisamment une bonne galette de biscuit de mer : « cest un bons garson qui ne m'a jamais manqué de respects ». Les autres cadeaux qu'il recommande pour ses parents n'ont guère plus de valeur : une bouteille de liqueur de la Martinique ou de vin muscat, six liards de minces dragées des moins chères, la comédie n'ont pas dû occasionner une grande dépense à M^me Trebuchet. Déjà peut-être se faisait sentir dans le ménage la gêne que nous constaterons plus tard et M. Trebuchet ne voulait pas l'augmenter par d'inutiles largesses.

Des lettres sans doute nombreuses que M^me Trebuchet écrivit à son mari, nous n'en possédons qu'une seule. La voici dans toute sa simplicité et sa brièveté..

Ce 15 septembre 1777.

Celle-cy chere amie est pour te donné de mes nouvelles qui sont
bonne grace à Dieu; ainsi que celle de nos six enfant, et toy chere
amie comment te porte tu tes yeux comment sont y j'en suis bien
inquiette tu seras sans doute étonné de navoire point reçu de lettre de
moy par les dernier navire qui sont partie pour le Port au prince; je
tasurent qu'il ny a pas de ma faute, je me suis fier aux affiches qui
apparament ne sont point exactte et j'ay été trompée.

Rien de nouveaut ate marquer il nest plus mentions de guerre on
nen parle plus, ne te fais point de peine chere amie au cas que tes
affaires ne sois pas aussy bonne que tu le desirerais; donne moy souvent
de tes chere nouvelle cest la grace que je te demande avec celle de te
bien menager pour toy, pour tes petits enfant et pour celle qui seras
toute la vie occupée de toy chere amie. Je t'embrasse. Ton affectionnée
épouse,

NORMAND-TREBUCHET.

Je t'envoy une note du prix des denrer de l'Amérique.

Les deux époux, semble-t-il, se ressemblaient beaucoup ou bien
l'âme de l'un avait modelé l'âme de l'autre à son image car les
préoccupations commerciales et familiales, la tendresse affec-
tueuse, les expressions même que nous avons notées dans les
lettres du capitaine se retrouvent sous la plume de sa femme.

Ces lettres que je n'ai pas voulu séparer m'ont forcé à laisser
de côté pour un moment deux événements de la vie du capitaine
Trebuchet, dont l'un surtout mérite d'être raconté car il a été probablement une source d'inspiration pour Victor Hugo.

Le voici tel que je le trouve dans le journal de sœur Saint-Stanislas et dans un vieux document rédigé à l'époque même où le
fait se passa. Les deux récits sont d'ailleurs identiques et le
second a été copié sur le premier.

Le sieur Jean-François Trebuchet, commandant le navire la *Sèvre* de
Nantes, armateur M. Louis Droüin, parti de Saint-Marc, île Saint-
Domingue, le 17 mai 1772, sentit le 23 du même mois, à 11 heures du
soir, par les 25° de latitude nord et 302° 37' de longitude, méridien de
Ténériffe, une secousse qui lui fit croire, ainsi qu'à son équipage, que
son navire avait touché sur quelque vigie (écueil à fleur d'eau). Aussitôt il sonda à la pompe et trouva beaucoup d'eau, ce qui causa une
alarme générale. Le jour venu on examina le dehors du navire et l'on
aperçut du côté du babord un poisson monstrueux qui paraissait avoir
30 à 40 pieds de long (10 à 12 mètres) attaché au corps du navire, à
quelques pieds au-dessus de la quille. Sans perdre de temps, le capi-

taine Trebuchet fit saisir ce poisson avec un fort cordage, sur lequel on frappa un palan (espèce de moufle, assemblage de deux poulies et de cordage), et fit virer dessus par trente hommes ; mais quelques efforts que l'on fit, on ne put réussir à l'arracher. Alors le capitaine prit le parti d'arriver sur un navire qu'il avait sous le vent à la distance de trois lieues, en lui faisant signal d'incommodité, approche de lui et le reconnaît pour anglais. Le capitaine Smith, commandant le navire l'*Anne* répondit à ses désirs en lui envoyant un canot et trois hommes. On ceintra le poisson et on travailla de nouveau à virer dessus avec une partie des gens de l'équipage, l'autre étant occupée à pomper sans relâche l'eau qui entrait vivement par l'endroit où l'animal était attaché. Il fallut cependant abandonner la pompe pour mettre tout le monde sur les palans, et enfin on réussit à rompre le poisson au ras du corps du navire. Cette opération terminée on s'aperçut que le navire ne faisait plus autant d'eau. Néanmoins le capitaine Trebuchet, ayant 30 passagers à son bord, craignait que la voie d'eau n'augmentât et ne mît son navire en danger de périr ; mais le capitaine Smith s'offrit lui-même de l'observer d'assez près pour le secourir, s'il était besoin, et même de l'accompagner jusqu'à Nantes.

Lorsque le jour parut, le monstre n'était plus qu'une masse informe, déjà déchirée par les requins qui l'environnaient ; on n'osa pas même faire descendre des plongeurs visiter la voie d'eau, de crainte qu'ils ne fussent dévorés. Le lendemain ils descendirent et constatèrent que le navire était percé à quatre pieds au-dessus de la quille. Le trou était bouché par une espèce de corne. On remplit de boules de suif mêlé de cendre le vide de cette corne. La voie d'eau diminua et le capitaine Trebuchet rassuré engagea M. Smith à faire route pour sa destination. Après la décharge du navire la *Sèvre* on trouva cette corne qui a 32 pouces (85 à 86 cm.) et 6 et demi de circonférence (15 à 16 cm.) au gros bout. Elle a été déposée dans le cabinet de M^{me} de Luynes.

Ce long récit serait sans grand intérêt si l'aventure arrivée au capitaine Trebuchet ne présentait quelque analogie avec l'une des pages les plus émouvantes des *Travailleurs de la Mer*.

Ce poisson qui attaqua la *Sèvre* n'est autre que le *Narval*, cétacé des mers du Nord, appelé aussi *Licorne de Mer*. Assez paisible il vit en troupe, quitte parfois en hiver les régions du pôle pour descendre le long des côtes d'Angleterre et d'Allemagne mais ne se rencontre guère dans les parages où le trouva le capitaine Trebuchet. Celui-ci ne s'est cependant pas trompé car les détails qu'il nous donne sur le *Narval*, sur la longueur de son corps et de sa corne sont assez vraisemblables.

Un tableau composé après le retour du capitaine et conservé encore maintenant dans la famille rappela cet épisode du voyage

de la *Sèvre*. Le capitaine a certainement raconté à sa femme et à
ses enfants cet événement extraordinaire, mais Sophie Trebuchet,
venue au monde le 19 juin 1772, peu avant le retour de son père,
était trop jeune pour entendre la narration qu'il en fit. Elle a vu
du moins le tableau, elle a connu plus tard le fait dont il n'était
que la traduction et elle-même a dû en parler à ses enfants. Ce ne
serait donc pas trop osé de prétendre que Victor Hugo a pu
prendre sur les lèvres de sa mère l'idée première du combat de
*Gilliatt* et du *Poulpe* dans les *Travailleurs de la Mer*. Les deux
poissons ne se ressemblent guère, il est vrai, mais l'un et l'autre
sont des monstres marins dont il faut craindre l'attaque. Le *Narval*
s'attache aux flancs de la *Sèvre* et tous les efforts des marins ne
peuvent pendant un long temps réussir à l'arracher. La corne
pénètre si profondément dans les œuvres vives du navire qu'elle
y produit une voie d'eau. Le poulpe, lui aussi, lance ses tentacules
autour de Gilliatt, les suçoirs qui terminent ses longs bras
s'appliquent sur la chair qu'ils pénètrent. Victor Hugo prétend, il
est vrai, que le poulpe n'a pas de bec : il y avait là pourtant un
trait de ressemblance qu'il n'aurait peut-être pas négligé s'il
l'avait connu. Le poulpe a un bec très fort, corné comme celui
du Narval, tranchant, mu par des muscles puissants et présentant
une analogie singulière avec un bec de perroquet retourné[1]. Au
milieu de l'Océan, comme dans les roches Douvres, la lutte est
longue et terrible et ce n'est qu'après de longues péripéties que,
dans les deux cas, la victoire reste à l'homme dont le courage et
le sang-froid triomphent de la brute.

Après avoir échappé aux périls de la mer, le capitaine Trebuchet faillit être assassiné au milieu de la ville de Nantes. Il
avait eu gravement à se plaindre de François Rousseau, boulanger
sur la *Duchesse de Duras*. Aussi avait-il refusé de l'embarquer
pour un prochain voyage à cause de son insubordination et de sa
mauvaise conduite. Irrité, Rousseau avait menacé plusieurs fois
le capitaine Trebuchet et, le 2 novembre 1773, il l'attaqua dans
une rue déserte près de la Bourse de Nantes avec un bâton et
tout en l'injuriant il lui donna tant de coups que M. Trebuchet
ne put même tirer son épée et aurait été assommé sans l'intervention de quelques témoins. Une plainte fut déposée entre les
mains de la justice par l'intermédiaire de M. René Lenormand,
son beau-père, mais nous ne possédons aucune indication sur la
suite qui lui fut donnée.

---

1. H. Crosse, *Un mollusque bien maltraité ou comment Victor Hugo comprend l'organisation du poulpe*, in-8, 7 p., Savy, Paris, 1866.

Vers cette époque, le capitaine Trebuchet cessa ses fréquents voyages : de 1773 à 1782, c'est-à-dire pendant dix ans, il s'absenta deux fois tout au plus. Il ne signe pas l'acte de baptême de son fils Auguste (1775) mais aucune mention n'est faite d'une absence lointaine. En 1777, au contraire, à la naissance de Charles-Marie, il est sûrement sur mer, et en 1782 il entreprend son dernier voyage.

Avant de le raconter, il nous semble utile de jeter un coup d'œil sur sa « petite famille » et d'apprendre à la connaître d'autant que tous ceux qui en ont parlé ont commis de légères erreurs. Les papiers même de la famille ont besoin d'être rectifiés ici par les registres de la paroisse Saint-Laurent.

Marié le 22 septembre 1767, le capitaine Trebuchet eut d'abord trois filles. L'aînée, *Renée-Rose*, née le 6 juillet 1768, avait été baptisée le 8 à Saint-Laurent de Nantes en présence de son père. La seconde, *Madeleine-Françoise*, née le 16 novembre 1769, fut baptisée le 17 pendant un voyage de son père, comme l'indique l'acte du baptême. *Sophie-Françoise*, la future Mᵐᵉ Hugo, naquit la troisième, le 19 juin 1772, et fut baptisée le même jour, le père absent.

M. Edmond Biré nous parle d'une autre fille, *Marguerite*. Son existence nous est aussi affirmée par le journal de sœur Saint-Stanislas. « *Marguerite* ou *Noton* vivait encore, nous dit-elle, en 1794. » Il doit y avoir ici certainement une confusion. Cette *Marguerite Trebuchet* ne peut être une fille du capitaine Trebuchet et M. Léon Séché a eu parfaitement raison, croyons-nous, d'affirmer que *Sophie* n'avait que deux sœurs, *Renée-Rose* et *Madeleine-Françoise*. Les registres de la paroisse Saint-Laurent ne nous laissent aucun doute à ce sujet.

Cinq garçons vinrent ensuite, *Jean-Louis*, né et baptisé le 30 octobre 1773. Le père était présent cette fois. *Auguste*, né le 7 mai 1775, fut baptisé le 8. Le capitaine Trebuchet ne signa pas l'acte, peut-être était-il malade car rien n'indique qu'il fût en voyage. *Charles-Marie*, né le 4 juillet 1777, fut baptisé le 5 en l'absence de son père. Il mourut à peine âgé d'un an le 24 juin 1778. Sa place au foyer fut occupée presque aussitôt par *Marie-Joseph*, né le 1ᵉʳ décembre 1778 et baptisé le 2. Le dernier, *Etienne-Constant*, né et baptisé le 21 juillet 1780, allait coûter la vie à sa mère. Celle-ci, en effet, ne put se relever de ses couches et mourut trois semaines après, le 14 août, et l'enfant qu'elle venait de mettre au monde la suivit dans la tombe, le 8 novembre. Elle n'était âgée que de trente-deux ans. Le capitaine Trebuchet, qui

avait assisté à la naissance de son dernier enfant, eut la triste consolation d'être aux côtés de sa femme au moment suprême.

Incapable d'élever par lui-même ses six enfants en bas âge, il
en plaça cinq, vers la fin de décembre 1780, chez M^me Menant-
Dugué, où ils restèrent trois ou quatre ans. Il devait payer 1000 livres
de pension, mais son beau-père et son beau-frère de Rennes furent
obligés de lui venir en aide.

Prévoyait-il sa mort prochaine et voulait-il mettre ordre à ses
affaires en se débarrassant de choses inutiles, avait-il plutôt un
pressant besoin d'argent, tout cela est assez probable car il
ne naviguait plus depuis 1778, en tous cas il fit, les 9 et
11 juin 1781, une vente volontaire de son mobilier. Elle ne produisit que 282 livres 19 sols.

Cette faible somme dût cependant lui être utile; car, si nous en
croyons le mémoire qu'après sa mort les armateurs produisirent
devant l'amirauté de Nantes, il était presque dans la misère. Ils
parlent en effet « de l'état de détresse dans lequel tout le monde
sait qu'il existait... sa garde-robe était très peu étoffée et depuis du
temps il était à terre très oisif... S'il a obtenu le commandement
du *Comte de Grasse*, toute la ville s'en souvient, c'est parce que
le sieur Ducollet père, conduit par des principes d'humanité et de
religion, a bien voulu s'intéresser à lui. Il était personnellement
sans fortune, celle de ses enfants ne suffisait pas à leurs besoins
puisque lui-même, dans une lettre du 7 novembre 1782, les recommande à M. Ducollet fils ». L'on doit tenir compte évidemment de
la part d'exagération que peuvent renfermer ces pièces présentées
par les armateurs pour leur défense, mais il n'en reste pas moins
vrai que le capitaine était sans ressources, sans commandement
depuis un assez long temps et que les armateurs en 1782 et 1783
durent prendre sur sa solde 1500 livres pour payer la pension de
ses enfants.

Engagée dans la guerre d'indépendance des États-Unis, la
France s'adressait aux armateurs pour former des convois que
protégeaient ses vaisseaux de guerre et qui transportaient en
Amérique et dans les colonies tout ce qui lui était nécessaire
pour ses navires et ses troupes. MM. du Collet et Paimparay
avaient utilisé ainsi plusieurs de leurs navires. En novembre 1781
ils donnèrent au capitaine Trebuchet le commandement du *Comte
de Grasse* qui devait faire partie de l'un des convois. C'était un
navire sans grande valeur dont ils avaient d'ailleurs l'intention de
se débarrasser. Le 5 décembre 1781 ils rédigèrent des instructions
pour le capitaine Trebuchet et les complétèrent le 7 février 1782.

Ils ne savaient exactement ni quand partirait le navire ni quelle direction lui serait donnée. Irait-il à la Nouvelle-Angleterre, ou dans les colonies de l'Amérique centrale, Haïti, Guadeloupe, Martinique; ferait-il voile pour le sud de l'Afrique, l'Ile-de-France ou les comptoirs de l'Inde, ils l'ignoraient, car la marine royale tenait à garder le secret sur la destination de ses convois. Il leur fallait donc prévoir toutes les éventualités. Le gouvernement leur confiait de la poudre et des boulets, ils complétèrent le chargement avec des marchandises qui pourraient trouver leur écoulement dans toutes les colonies où le navire était susceptible de faire escale. Le capitaine Trebuchet avait donc reçu de la toile de Morlaix, de la toile à voiles, des cordages, du drap, de la laine, du coton, des planches, de l'eau-de-vie, de l'huile, de la farine, du café, du vin, du suif, des conserves de bœuf et de porc. On lui donnait 150 livres d'appointements par mois mais il lui était défendu d'embarquer des marchandises pour son propre compte et son état de détresse ne le lui eût d'ailleurs pas permis. Il devait ne pas se séparer de la division qui protégeait le convoi, débarquer à son arrivée le plus promptement possible « les effets du roi », remettre sa cargaison entre les mains des représentants de ses armateurs ou essayer de la vendre le mieux possible. Il toucherait une commission proportionnée aux bénéfices. Pour le fret de retour on lui demandait de charger du café, de l'indigo et du sucre. Si à l'Ile-de-France il trouvait à vendre son navire 100 à 120 000 livres il pourrait le céder.

Le convoi partit à la fin de juin 1782, le 27 ou le 28 probablement, et se dirigea vers le sud de l'Afrique au lieu d'aller à la Nouvelle-Angleterre comme l'avaient supposé les armateurs. Après une traversée de 36 jours le *Comte de Grasse* parvint à l'Ile-de-France le 3 août 1782, mais sa mauvaise marche l'avait fait abandonner par les autres navires et il arrivait seul sans cependant avoir été inquiété. L'intendant royal, M. Chevreau, ordonna au capitaine Trebuchet de débarquer la poudre et les boulets, il le laissait ensuite libre de faire ce qu'il jugerait à propos, car on ne voulait plus de son navire. Le capitaine vendit assez mal sa cargaison à MM. Pigeot et Saint-Valery. Les marchandises dont le navire était chargé ne convenaient guère à l'Ile-de-France et elles étaient en partie avariées. Le 7 novembre 1782 M. Trebuchet écrivit aux armateurs et leur envoya une partie du prix qu'il avait touché. Il leur donnait en outre des nouvelles du navire l'*Aurore* qui leur appartenait. Le convoi, leur disait-il, allait repartir le 4 ou le 5 décembre pour le port de Trinquemale dans l'Inde.

M. de Suffrein venait de s'en emparer après avoir fort maltraité
les Anglais dans quatre combats des plus sanglants. Le capitaine
Trebuchet n'avait pu vendre le *Comte de Grasse* que MM. du Collet
et Paimparay avaient apprécié à un prix trop élevé. Il allait
chercher un fret rémunérateur pour les côtes d'Afrique, l'Europe,
ou l'Amérique.

Ces nouvelles sont les dernières que la famille et les armateurs
reçurent directement de J.-F. Trebuchet. Les siens crurent longtemps qu'il avait été assassiné et volé par le second, M. Dibet,
mais rien n'est moins prouvé et si cette histoire avait le moindre
fondement il en aurait été question dans le procès qui suivit sa
mort. Il est certain d'autre part qu'il tomba malade à l'Ile-de-
France et qu'il y mourut le 1er septembre 1783, presque un an
après sa dernière lettre à MM. du Collet et Paimparay. Le second
avait pris ou prit alors le commandement du *Comte de Grasse*. Il
le vendit avec les marchandises qu'il contenait, garda le tout pour
lui, poussant l'audace jusqu'à faire traite sur les armateurs pour le
paiement de la solde de l'équipage et ne donna plus jamais de ses
nouvelles.

Me Lenormand-Dubuisson, au nom de ses petits-enfants, demanda
aux armateurs de fournir l'inventaire des effets et des papiers
laissés par le capitaine Trebuchet. M. Dibet, le second, l'avait
fait, affirmait Me Lenormand, et il avait vendu tout ce qui avait
appartenu au capitaine Trebuchet. Les armateurs prétendirent
n'avoir aucune connaissance de ces faits. Ils déposèrent à
l'amirauté de Nantes 2 600 livres pour les gages du capitaine, ils
avaient d'autre part versé 1 500 livres pour la pension des
enfants Trebuchet en l'absence de leur père, ils offrirent donc
les 2 023 livres représentant le reste de la commission due à
M. Trebuchet pour le fret et les marchandises. Quant aux effets
et aux instruments du capitaine ils pensaient que 200 livres
étaient une somme suffisante. Me Lenormand prit conseil, le
23 décembre 1785, à Rennes, de Me Potier de la Germondaye par
l'entremise de son fils, procureur à la cour, et intenta un procès
aux armateurs devant l'Amirauté de Nantes. MM. du Collet et
Paimparay présentèrent leur défense le 29 avril 1786. Quelle fut
l'issue du procès, nous l'ignorons, car les papiers qu'il nous a été
permis de consulter ne nous ont fourni sur ce sujet aucun renseignement. Une tradition constante dans la famille Trebuchet prétend que Me Lenormand ne put rien obtenir des armateurs. La
chose nous paraît invraisemblable car ceux-ci avaient fait des offres
que l'Amirauté ne dut pas refuser et il est assez probable que les

enfants du capitaine Trebuchet reçurent entre 3 000 et 4 000 livres de la succession de leur père.

Que devinrent les six orphelins laissés par le capitaine Trebuchet dont l'aînée avait quinze ans et le plus jeune cinq ans à peine. Mᵉ Lenormand les retira de chez Mᵐᵉ Menant-Dugué. Deux filles furent placées chez une de leurs tantes Trebuchet, et leur pension fut payée par leur oncle Lenormand, de Rennes. Sophie trouva asile chez Mᵐᵉ Robin, sa tante et sa marraine, Louis et Auguste commencèrent leurs études chez M. Kerhervé, le grand-père Lenormand continua à se charger du plus jeune, Marie-Joseph. Nous retrouverons plus tard celui-ci ainsi que Madeleine, la future ursuline, et Sophie. Pour les autres ils moururent assez jeunes. Louis profita des leçons qu'on lui donna : il embrassa la carrière de son père et périt en mer en 1794. Auguste, d'un caractère léger, ne s'appliqua guère à l'étude, aussi fut-il embarqué de bonne heure sur un navire de l'État : il périt lui aussi à la côte le 6 décembre 1792. Renée, comme Madeleine, était très pieuse, nous affirme sœur Saint-Stanislas qui se rencontre ici avec *Victor Hugo raconté*. Elle vivait encore en 1784 mais elle dût mourir avant le mariage de Sophie, car celle-ci n'en fait nulle mention dans les lettres qu'elle écrivait à cette époque.

Il nous reste maintenant à traiter un point assez délicat. J.-F. Trebuchet a-t-il eu quelque influence sur le génie de son petit-fils. Nous le croirions assez volontiers. Comme son grand-père, alors même qu'il eût abandonné toute pratique religieuse et renoncé à tout culte, Hugo aimait à parler de Dieu. Volontiers il invoquait lui aussi la Providence et la priait de répandre ses bénédictions sur les petits enfants. J.-F. Trebuchet avait le goût et le souci des affaires : Victor Hugo, sur ce point, imita son grand-père ; mais, plus heureux que lui, il a su faire fortune et laisser après lui un héritage respectable.

Il eut encore comme lui la passion de la mer.

Macé de Challes prétend qu'en 1882 Victor Hugo ignorait « que sa mère ait eu du sang de marin dans les veines » et ce serait lui qui le premier à cette époque l'aurait révélé au poète. Il rapporte cependant complaisamment et fait presque sienne une déclaration de Mᵐᵉ Drouet : « Je ne m'étonne plus, dit–elle, qu'après la publication des *Travailleurs de la Mer*, des officiers de marine aient écrit à Victor Hugo pour lui demander s'il avait navigué et dans quelles mers ».

Victor Hugo ignorait-il, autant que le dit Macé de Challes, la vie de son grand-père, la chose est plus que douteuse.

Sophie Trebuchet avait douze à treize ans au moment où fut plaidé le procès qui suivit la mort de son père. Les souvenirs, les souvenirs dramàtiques surtout, s'impriment fortement dans l'âme, même à cet âge.

En 1809 d'ailleurs (12 avril), elle écrit à son frère Marie-Joseph Trebuchet une longue lettre dont Macé de Challes (*Figaro*, 15 août 1888) a utilisé quelques passages et qui prouve chez elle une connaissance assez parfaite des dernières années de la vie de son père. Elle y parle de la vente que fit J.-F. Trebuchet de son mobilier, de son dernier voyage qui devait durer trois ans, de l'état assez voisin de la gêne où il laissa ses enfants. Elle y défend sa mémoire avec une ardeur qui parfois lui.fait commettre de petites erreurs de détail, mais les souvenirs de Sophie sont ordi- nairement assez précis. Il est impossible qu'elle n'ait jamais parlé à ses enfants de leur grand-père et de ses voyages. Victor Hugo a pu à certains moments oublier les récits de sa mère et dire que son grand-père avait été armateur, mais il a dû savoir la vérité, il a dû savoir qu'il avait du sang de marin dans les veines. Certaines pages de ses premières œuvres nous semblent le prouver.

Dans *le Conservateur Littéraire* on rencontre plusieurs fois la signature : *V. M. d'Auverney* qui appartient évidemment à Victor Hugo. Si la première version de *Bug-Jargal* ne porte point ce pseudonyme, comme le prétend M. Léon Séché, mais la lettre *M.*; du moins le héros de la deuxième version est le capitaine Léopold d'Auverney. Victor Hugo connaissait donc de nom du moins le bourg d'*Auverney* (ou plutôt *Auverné*). Sa mère avait dû lui en parler comme du pays d'origine de son grand-père et d'un endroit où elle-même avait passé avec sa tante Robin une partie de sa jeunesse.

Au moment où Victor Hugo publia *Bug-Jargal* la question de l'esclavage et des noirs était fort à la mode, quoiqu'il ait pu pré- tendre dans sa préface de janvier 1826, et l'on s'occupait parfois d'Haïti, mais ne pouvait-on pas trouver ailleurs une autre raison du choix qu'il fit d'Haïti comme théâtre de son roman. Il ne faut point oublier en effet que J.-F. Trebuchet souvent fit escale à Haïti, qu'il en connaissait tous les ports, qu'il avait dû s'aven- turer sur les flancs des mornes solitaires, dans les pampas et sous la voûte des forêts vierges. Du Cap haïtien et de Saint-Marc sont datées les lettres qu'il écrivit à sa femme et que nous avons lues. Sophie Hugo n'ignorait point tout cela. Les récits qu'elle fit sou- vent à ses jeunes enfants des voyages de son père dans la mer des Antilles ont pu donner à Victor Hugo l'idée de choisir Haïti pour

théâtre du drame qu'il inventait. Peut-être même, — le fait n'a
rien d'impossible, — Sophie donna-t-elle un conseil à son fils et
choisit-elle Haïti en raison des souvenirs que cette île rappelait.
Les rares tableaux, un peu écoliers, qui égaient le récit dans
*Bug-Jargal* et reposent l'esprit, sont empruntés, dirait-on, à Bernardin de Saint-Pierre et à Chateaubriand, mais parfois aussi le
paysage semble vécu et on serait tenté de croire que Victor Hugo
l'a vu par les yeux de son grand-père, le capitaine Trebuchet.

Plus tard Victor Hugo célébrera la mer. Dans ses voyages sur
la Manche, du haut de son belvédère de Guernesey il a pu la contempler, l'admirer dans ses fureurs ou dans sa paisible tranquillité. Quand il chanta les *Travailleurs de la Mer* il a narré les luttes
héroïques des marins qu'il a sans doute admirés, mais c'est aussi
les exploits des siens, leurs travaux que, peut-être sans le savoir,
il a racontés.

L'Océan est la « *Grande tombe* « où disparaît *Gilliatt*, mais il a
englouti deux oncles du poète, *Louis* et *Auguste Trebuchet*, et deux
autres de ses parents, *Henri* et *Élisa Trebuchet*. Sept au moins
de ses cousins furent d'intrépides navigateurs : *Louis* et *Théodore
Trebuchet*, *Gustave* et *Marcellin Daniel* étaient, comme son grand-
père, capitaines au long cours ainsi que MM. *Rabot* et *Gabriel
Bronkhorst*, qui plus tard devint armateur. Un cousin issu de germain, *Achille Pouponneau*, était un vieux loup de mer.

Les colonies, — les îles, devrions-nous dire, — attirèrent plusieurs de ses parents. *Prosper* et *Louis Trebuchet* et leurs enfants,
*Auguste* et *Paul Bellet* s'établirent à l'île Maurice et en ce moment
même Victor Hugo compte là-bas plus d'un arrière-cousin.

Est-il donc étonnant de rencontrer chez lui un amour si grand
de la mer. C'est la voix du sang qui parlait au fond de son être
et l'inspirait. Et nous répéterions volontiers cette parole de sa
mère qu'il nous cite dans les *Odes et Ballades* (Ode IX) :

«  .   .   .   .   . C'est une fée
« Qui lui parle et qu'on ne voit pas. »

PIERRE DUBOIS.

## LES ORIGINAUX

## DU « BARBON » DE J.-L. GUEZ DE BALZAC

On affirme généralement que le *Barbon* [1] de Balzac est un portrait satirique du fameux Pierre de Montmaur, professeur royal d'éloquence grecque et parasite célèbre du xviie siècle. Cet opuscule est classé parmi les nombreux pamphlets dirigés contre Montmaur. Ce serait même le grand rhétoricien qui aurait ameuté les gens de lettres de l'époque. Son invective contre le précepteur Théon aurait donné le signal de la longue guerre qu'on fit au malheureux professeur de grec [2].

Chose curieuse pourtant! Cette satire, à laquelle on accorde tant d'importance, n'aurait suscité un mouvement hostile à Montmaur qu'en 1636, dix-sept ans après sa composition. De plus, ni alors, ni plus tard, les libellistes ne se réclamèrent, pour justifier leur campagne, du nom illustre de Balzac. Enfin, le grand écrivain qui, si volontiers, entretient ses amis de ses moindres ouvrages, ne leur parle jamais avant 1643, date de la publication de l'*Indignatio*, de ce poème dont il aurait cependant eu lieu de tirer vanité.

Chose plus surprenante encore! Le *Barbon*, paru en 1648, au plus fort de l'équipée contre Montmaur, ne contient aucun trait pouvant se rapporter spécialement à ce personnage. Ainsi, aucune des lourdes plaisanteries de Balzac ne rappelle les joyeuses

1. *Le Barbon*, Paris, Courbé, 1648, in-12. Le texte de 145 pages précédé d'un portrait du Barbon, dessiné par Chauveau, gravé par Regnesson, est suivi de l'*Indignatio in Theonem ludimagistrum, ex-jesuitam, laudatorem ineptissimum Eminentissimi Cardinalis Valetae, scripta anno 1619*, et d'une épître *ad Clarissimum et reverendissimum antistitem Metellum de Bosco-Roberto*. Privilège du 10 juin et achevé d'imprimer du 10 juillet 1648. Réimprimé souvent dans les *diverses Œuvres* de Balzac. Sallengre en a donné une réimpression dont le t. II de l'*Histoire de P. de Montmaur*, La Haye, 1715. Nos citations renvoient au t. II de l'éd. in-fo des *Œuvres complètes* de Balzac, Paris, 1665.

2. Sallengre, *o. c.*, p. xci et sq., critique Bayle (*Dict. Crit.*) d'avoir avancé que ce fut Ménage « qui le premier sonna le toxin contre Montmaur »; l'*Indignatio in Theonem*, datée de 1619, prouve que c'est à Balzac que doit revenir cet honneur. De plus, il veut corriger la date du poème en remplaçant MDCXIX par MDCXXI. M. Bernardin, *De Petro Monmauro.... et ejus obtrectatoribus*, Paris, 1895, p. 11-12 donne raison sur ces deux points à Sallengre. — M. Roy, *De J. L. G. Balzacio contra D. J. Gulonium disputante*, Paris, 1892, p. 86, accepte sans la discuter la date 1619 de l'*Indignatio* et suit, en ce qui concerne la portée de cette satire, ainsi que celle du *Barbon*, les errements des critiques qui se sont occupés de Montmaur.

facéties de Ch. Féramus et de Ménage, au sujet de la goinfrerie passée en proverbe de ce célèbre pique-assiette. On y chercherait vainement un nouvel exploit de cet écornifleur, maître passé en l' « art de dîner en ville », installé sur les hauteurs de Sainte-Geneviève pour mieux apercevoir le coin de Paris d'où s'élevait la fumée la plus grasse. Ces quolibets, qui défrayèrent pendant plus de vingt-cinq ans les libelles contre Montmaur, ne se rencontrent pas chez Balzac qui a la raillerie moins agréable.

« Sa barbe est si large, si espaisse et d'une longueur si demesurée que si on y avoit mis le feu cela s'appelleroit un embrasement; et celui qui auroit fait le coup, se pourroit nommer un incendiaire. C'est la chere et bien aimée partie de son corps. Il se feroit plustost couper une jambe, et aimeroit mieux estre estropié, que de souffrir qu'on en rognast seulement les extremitez. S'il manquoit de cette piece il ne croiroit pas estre un homme achevé [1]. »

Ou encore :

« Il dit qu'il est des barbes comme des oraisons de Démosthène et que la plus longue est la meilleure; que les *Aenobarbi* de Rome, les *Barbari* de Venise et les *Barberini* de Florence ont été l'essay et l'apprentissage de la nature, avant que d'entreprendre le Grand Barbon.... Il dit encore que ce n'est ni par le clin de ses yeux, ni par le mouvement de ses sourcils, mais par le bransle de sa seule barbe, que Jupiter fait trembler l'Olympe, et donne de la peur aux Dieux et aux demi-Dieux [2]..... »

C'est à cette particularité physique que le pédant doit son nouveau surnom; c'est elle encore qui fournit au dessinateur Chauveau l'idée de représenter « le Barbon », en tête de l'édition de 1648, avec une barbe touffue qui s'étale complaisamment sur la robe en lambeaux dont il est accoutré. Les tailles-douces qui ornent la *Journée de Macrin* de Ch. Féramus [3], et la *Vie* de Mamurra de Ménage [4], ne présentent pas Montmaur avec :

... cette large barbe au milieu du visage,

qui est un des principaux attributs du ridicule héros de Balzac. Qu'il étrille son maigre bidet ne voulant pas avancer alors que

1. *Le Barbon*, t. II des *Œuvres compl.* de Balzac, Paris, 1665, p. 698.
2. *Ibid.*, p. 699. Voir aussi p. 700 et 703.
3. *Macrini parasitogrammatici* 'Ημερα, *in quatuor partes divisa, ad Celsum, Papirio Censore Carpitano auctore*, Lutetiæ, in-4°.
4. *Vita Gargilii Mamurrae parasitopaedagogi, scriptore M. Licinio*, Lutetiæ, 1643, in-4°.

l'horloge de la ville marque midi et demi, ou que de
où il s'est jeté, il dévoile les secrets de l'art culinaire
de gâte-sauces qui l'écoutent avec dévotion, le parasi[
montré le visage rasé ou avec quelques flocons de b[
ment. A coup sûr, si Montmaur eût été possesseur d[
« espaisse et d'une longueur demesurée », Ménage [
compagnons ne se seraient pas fait faute de broder su[

Et puis, comment Montmaur (surnommé « le Grec
phrase), qui confondait Dion Cassius avec Denys d'H[
et qui, pour cacher son ignorance, faisait son cours à
où il était sûr de ne pas avoir d'auditeurs [1], aurait-il
les reproches que Balzac fait à son Barbon? Ce derni[
douze fois d'un bout à l'autre les histoires de Thucyd[
l'emporter de quatre sur Démosthène qui ne les avoit
huit »; il a non seulement « compté tous les vers d'[
Sophocle et d'Euripide, mais encore tous les alpha
oméga de l'Iliade », et enfin a « trouvé dans les n[
mystères inconnus à Platon, et dont Pythagore ne s[
advisé [2] ».

Adrien de Valois, pour se moquer du professeur [
quence grecque qui, n'ayant presque rien produi[
pourtant à belles dents les écrits des autres, impri[
une mince plaquette, sous le titre pompeux : Œu[
de Montmaur, divisées en deux tomes [3]. Deux piè[
et une courte pièce en vers constituaient tout le [
raire du pédant [4], dont le peu de savoir était pris à
un commentaire impitoyable. Le spirituel éditeur d[
n'aurait pu en user de même avec le Barbon. Le péda[
passe ses jours et ses nuits à consulter les Grecs e[
il étudie les manuscrits des anciens, en épluche
biffe les passages ou les vers qui lui semblent sus[
les textes d'annotations. De plus, il écrit d'ennuyeux
controverse, dont la confusion « desfie la Sorbonne e[
de le pouvoir convaincre d'erreur; elle est cause que
dogmes ne craignent point les inquisitions de la Foy

1. Ménage. *Vita Mamurrae*, citée par Bernardin, o. c., p. 38 et 43
2. Le *Barbon*, éd. c., II, p. 704 et 705.
3. *Petri Monmauri graecarum litterarum professoris regii, oper[
divisa, quorum alter solutam orationem, alter versus complectitur,
notis nunc primum illustrata a Q. Januario Frontone, juxta exempla[
in-4°, 36 p.
4. Les *inscriptions diverses* et les *emblèmes royaux* republiés p[
(o. c., p. 63-72), grossissent d'une manière peu sensible les *Œuvr[

sent au-dessus du tribunal du Sainct-Office » [1]. Ce grammairien, attaché à la lettre des textes, compose de lamentables et boiteuses rapsodies; ce controversiste malhabile s'attelle à une interminable histoire des guerres de religion : « Si de bonne fortune une fluxion qui luy tomba sur la main droite n'eust arresté l'impétuosité de sa plume, il n'y eust pas eu assez de papier en France pour continuer ce qu'il avoit commencé. Il estoit desja au quinziesme ou au seixiesme volume, et n'estoit pas encore à la cinquiesme ou à la sixiesme année. Il employoit les sept premiers livres en la seule conjuration d'Amboise [2]. »

M. Bernardin a dû avouer que parfois Balzac perdait de vue son modèle [3]. Nous allons plus avant dans cette voie, et croyons que ce n'est pas Montmaur qui a posé pour la satire dont nous nous occupons. Montmaur n'a écrit aucun ouvrage d'histoire ni de théologie; il lisait peu et prenait son imagination pour sa mémoire; quoique professeur de grec, il ne s'était point adonné aux recherches fastidieuses auxquelles se livre le pédant de Balzac; loin d'entasser volume sur volume, à peine a-t-il fourni la matière de quelques pages d'impression; ses devises et son unique élégie ne peuvent être comparées aux longs poèmes du *Barbon*; il était glouton et grand quêteur de dîners, et ce dernier ne l'est point; enfin, le sobriquet sous lequel Balzac désigne son personnage ne lui convient nullement.

Certes, s'il est vrai que Montmaur était le premier à rire des brocards qu'on lui lançait de tous côtés, il dut se divertir de meilleur cœur que de coutume à la lecture du *Barbon*. Non pas que cette satire fût particulièrement plaisante; mais la méprise du public qui y voyait une nouvelle charge du pédant parasite était vraiment risible. Pourtant, à regarder les choses de plus près, on se serait vite aperçu que le portrait grotesque du théologien reproduisait les traits de Fr. de Harlay, archevêque de Rouen; et on aurait aisément identifié le grammairien, bafoué dans la deuxième partie du *Barbon*, avec le savant critique et philologue : Fr. Guyet.

# I

Tallemant des Réaux est le seul contemporain de Balzac qui nous renseigne d'une manière exacte, quoique succincte, sur l'ori-

---

1. Le *Barbon*, éd. c., p. 693.
2. *Ibid.*
3. *O. c.*, p. 32.

gine du *Barbon*. Dans l'*Historiette* [1] qu'il a consac
Harlay, archevêque de Rouen, il nous raconte qu'à la
querelle avec ce prélat, « Balzac fit le *Barbon* qu
donné, lorsque Ménage persécuta tant Montmaur l
pour cela qu'on y trouve si peu de choses qui conv
pédant ». Mais Tallemant est mauvaise langue et son
est souvent sujet à caution. Aussi, ses allégations,
note [2] de ses savants éditeurs, ne trouvèrent pas de
de l'esprit prévenu des critiques. M. Bernardin [3]
l'assertion de l'auteur des *Historiettes* que pour pa
se ranger à l'avis unanime de ceux qui se sont occ
question : dans le *Barbon*, il s'agit de P. de Mont
ment.

Le document ci-dessous vient confirmer les dires d
C'est une lettre inédite de Balzac, que nous avons
un des cahiers autographes de Maynard, appartenan
thèque municipale de Toulouse [4]. Le poète n'a pas in
de l'auteur de cette lettre, et a omis d'en transcrire le
et le destinataire [5]. Cependant, il est facile d'en d
paternité. En effet, le début est le même que celui
(à M. de Coupeauville, abbé de la Victoire, datée
bre 1632), du livre VII de la correspondance de B
un groupe de phrases du milieu de ce texte fig
retouches dans le *Barbon*. Mais ces passages, connus

1. Tallemant, éd. Monmerqué et Pàris, 1854-1860, IV, 78-82.
2. « Voilà ce qu'on ignorait jusqu'à présent, et bien que Balzac
quelque chose à cette satire, en lui faisant changer d'adresse, on
de sa véritable signification, en la lisant aujourd'hui » ; *ibid.*, p.
voir la moitié de la vérité ; la satire de l'archevêque de Rouen n'o
mière partie du *Barbon*. Le défaut de démonstration de cette thè
bibliographie (la première éd. du *Barbon* est donnée comme étant
et d'interprétation des textes (une lettre de B. à Boisrobert est ci
visant l'archevêque), ont sans doute contribué à discréditer l'opin
merqué et Pàris.
3. *O. c.*, p. 65. « Cujus (Fr. de Harlay) ad exemplar Barbonem
quidem tradiderunt; illos falsa tenuit opinio; etenim de Mo
narrari perspicuum est. »
4. Ms. 844, ff. 241 verso, 242 recto et verso, et 243 recto.
5. Pas plus qu'il ne le fait pour les lettres des ff. 243-245 et 2
copies de deux lettres de Balzac (l. 4, l. V, adressée le 30 nov.
Baume, et l. 48, l. V, du 11 nov. 1633 à Boisrobert). Faute de ces
recherches pour les suppléer, le publiciste Labouisse-Rochefor
*phiques sur Fr. Maynard*, Toulouse, 1846, p. 216-233) a attribué
longue lettre que le poète a transcrite sur le même cahier (feuil
recto). C'était prendre pour de l'inédit ce qui en réalité n'était
deux lettres de Malherbe, qui figurent dans le *Recueil des Le
Nic. Faret*, Paris, 1627, et dans l'édition de 1630 des *Œuvres de
mière de ces lettres, datée sept. 1625, par Lalanne (*Malh., Coll*
p. 89, n. 1), est adressée à Balzac; la deuxième, du 10 sept. 1625,

prennent ici, dans l'ensemble qu'ils forment avec les parties non
publiées, une valeur et une signification nouvelles. Nous nous
trouvons donc en face d'une lettre inédite de Balzac, que nous
reproduisons intégralement :

Puisque les relations qui nous viennent de Paris ne nous apprennent point de vos nouvelles, je vous prie d'estre vous mesmes vostre
historien et ne pas permettre que je sois informé punctuellement de
mille choses qui me sont indifférentes, et que j'ignore l'estat de vostre
santé qui m'est extrêmement chère. Il y a apparence que vous en avés
tous les soings qu'il en faut avoir, pour exercer agréablement toutes
les fonctions d'une belle vie, et je veux croire que vous vous tenez
toujours dans cet excellent milieu qui est entre la débauche et la
mortification. Vous n'estes pas non plus affamé de la gloire d'Ale-
magne, et si l'artilerie de Valsteiu ne porte jusques dans la place
Réale, je ne pense pas qu'elle vous puisse faire de mal. Mon esprit est
donc en repos de ce costé-là. Je n'ay point peur de vous perdre comme
j'ay perdu ce pauvre M. de St S. [1] et vous faites bien de laisser la
guerre aux autres et de vous arrester à la victoire. Je vous demande
pardon de ce mauvais équivoque [2]; je l'ay plustost escrit que pensé.
Je n'envoie point ceste gualanterie à Bautru [3], non plus qu'à l'archevêque de Roan son obscurité et sa confusion. On m'a prié de vous
détromper de ce docteur, en cas que vous en soyés abuzé, et si vous
pensés disputer contre moy là-dessus, je vous oppose d'abord le
commun sentiment de ses confrères et de tout le clergé, contre qui
vous ne pouvés pas entreprendre avec succès une si mauvaise protection; il [4] n'est pas moins connu par les ténèbres et par le dereiglement
de son esprit que par l'esclat et la majesté de sa barbe; les griphes [5] et

1. Voir, plus bas, la note sur M. de Saint-Surin dont le nom, semble-t-il, est
désigné par ces initiales. — Var. de la l. à M. de Coupeauville : comme j'ay perdu
mes amis vaillants.
2. Ibid. Var. : je l'ay eu plustost escrist que pensé, et c'est un malheur qui ne m'arrive que fort rarement. A partir de la phrase suivante, le texte de la lettre à l'abbé
de Coupeauville n'a plus rien de commun avec la lettre que nous transcrivons. Le
grand épistolaire qui, dans deux lettres différentes, s'est servi de la même introduction, s'était pourtant moqué des exordes des anciens « qui n'ont rien de commun
avec leur subjet et qui sont comme des testes appliquées, qu'on peut mettre sur
toutes sortes de corps ». L. 50, l. VII, à Richelieu, du 3 mars 1631.)
3. Qu'il appelle ailleurs « le père des équivoques et des pasquinades, des bons et
des mauvais mots ». (L. inéd. de Balzac, publ. p. Tamisey de Larroque, Mél. hist.,
l. 578.)
4. Les passages qui suivent se retrouvent, plus ou moins modifiés, dans le
Barbon. — Aujourd'huy, il n'est pas moins connu par la confusion et les ténèbres
de son esprit que par l'esclat et l'enluminure de son visage; que par un pié de nez
et par une aulne et demie de barbe. (O. c., p. 692.)
5. Nostre incomparable Saumaise qui se joue des gryphes et des énigmes, qui ne
trouva jamais de lieu difficile en quelque part de la République des Lettres qu'il ait
mis le pied.... Luy qui sçait les secrets de Lycophron et de Perse, advouerait que cet
homme est beaucoup plus couvert et plus dissimulé qu'eux..... que pour deviner le
galimatias de son livre, il faut des magiciens et non pas des interprètes. (Ibid., p. 694.)

les énigmes sont plus intelligibles que ses naturelles conceptions et, pour entendre les livres qu'il a composés, il faut des devins et non pas des interprètes; toutefois il pourroit y avoir du dessein en ce procédé. Il croit[1] peut-estre que ce n'est pas assés à un homme qui prétend au patriarchat d'imiter les anciens orateurs ou les anciens Pères; il monte bien plus haut et se propose bien une antiquité plus esloignée; il forme son style sur celuy des Sibylles et des prestresses. C'est pourquoy, quand on ne trouve pas le sens littéral en ce qu'il escrit, qu'on cherche le moral ou le mistique, et enfin qu'on aye recours à l'allégorie, s'il n'y a moyen de sortir autrement de son embarras. Il[2] m'a dit autrefois qu'il estoit plus sçavant que le cardinal du Perron, ce n'est pas à moy à juger du plus ou du moins, mais pour la qualité de la chose, je suis fort asseuré qu'il y a autant de différence entre leurs deux sciences qu'entre le cahos et le monde[3]. Il y a de quoy alleguer mal à propos cinquante ans durant et si je voulois faire une deffinition, je dirois que c'est une bibliothèque renversée et beaucoup plus en désordre que celle d'un homme qui déménage[4]. Dans ceste pauvre teste le grec choque le latin, la logique incommode la morale; Platon, Aristote et saint Augustin s'y sont tous gastés[5]. Il ne leur reste rien de leur première figure, et les autres choses y sont tellement meslées, qu'il seroit fort difficile d'y séparer les hérézies d'avec les saines opinions. Que diroy-je davantage? Il sallit[6] généralement tout ce qu'il manie. C'est la corruption de toute sorte de bien, et depuis peu, il a encore violé la poésie comme le reste des cognoissances honestes. Je ne sçay pourquoy nos ennemis (?) ne se sont opposés à cet attentat et ont souffert qu'il soit allé souiller leurs fontaines, et jeter de la boue sur leurs lauriers. On n'a garde de prendre ses vers pour le langage des Dieux; ils semblent plustost des invocations des Démons, et des blasphèmes

1. Il croit peut-estre que ce n'est pas assez à un homme *extraordinaire, comme il est,* d'imiter les anciens orateurs, *il forme son style sur celuy des Sibylles et des Prophètes.* C'est pourquoy *quand il est impossible de tirer* de sens littéral *de ses escrits et quand le sens moral mesmes ne s'y peut accommoder, et ne leur donne aucune lumière, ayons* recours à l'allégorie, *qui ne manque jamais au besoin et ne refuse son assistance* à personne. (*Ibid.*, p. 692.)

2. Aucun passage du *Barbon* ne contient cette confidence.

3. *Il y a moins de différence* entre le Chaos et le Monde qu'*entre la manière dont il sçait et celle dont il faut scavoir.* (*Ibid.*, p. 692.)

4. *Madame des Loges disoit de luy que c'estoit une beste, qu'on avoit chargée de tout le bagage de l'antiquité. Pour moy, qui ne luy veux pas dire des injures, si j'avois à* faire sa définition, je dirois, etc. (*Ibid.*, 692.) Tallemant (*Historiette* citée) a tort de rapporter à M^me des Loges la comparaison que fait Balzac de la tête de l'archevêque de Rouen avec une bibliothèque renversée.

5. *La belle chose que ce seroit, si on avoit trépané cette grosse teste.... Là dedans le punique heurte le persan; l'hébreu choque l'arabique, pour ne point parler de la mauvaise intelligence du latin et du grec... la physique* incommode la morale.... Platon, Aristote et Sainct Augustin *aussi bien que les autres y sont cheus malheureusement et ne sont point reconnaissables, quand il les en tire.*

6. Il salit généralement, etc. C'est *le corrupteur* de toute sorte... Et depuis peu *encore il a...* Je ne scay pourquoy les *Docteurs Heins*, les *Pères Bourbons*, les *Pères Baldes*, les .*. ... Pourquoy ils *souffrent qu'il aille ainsi troubler* leurs fontaines, etc.

contre le ciel tant le son en est effroyable et la prononciation difficile[1]. S'il y a quelque Muse qui se mesle d'une si estrange espèce de peine, elle est d'un ordre inférieur à celle qui compose ce qui se chante sur le Pont-Neuf; elle n'est ny sœur ny parente des neufs (sic) sœurs, ou certes c'est l'infamie de leur race et celle indubitab(lement) qui inspire les mauvais vielleurs, qui fait faire les faux tons dans la musique, qui met les meilleurs maistres hors de caddence. Car je vous prie comme viendrés-vous à bout avec toute vostre subtilité de ces quatre vers et qui est le grammairien fut-il aussy habile que Cazaubon qui en peut trouver ny le sens, ny la construction, ny la mesure.

Je conclus que pour faire justice à vostre Barbon, il faut le dégrader et partager sa dépouille entre trois ou quatre honnestes gens qui posséderoyent légitimement les 40 mille livres de rente dont il est l'usurpateur. Sans doute le prince Joconde[2] est encore en purgatoire pour avoir fait une si ridicule eslection, et il ne sauroit se justifier envers les hommes de ce siècle de l'avoir choisy pour son successeur qu'en alleguant l'exemple d'Auguste, qui Tiberium adoptavit ut comparatione deterrima apud praeteros sibi gloriam quaereret[3]. Je (......) que vous serés à la fin de mon advis. Vous vous cognoissés trop bien en gens pour approuver le plus grand ennemy qu'ayt la raison en toute l'Église gallicane.

François de Harlay[4], fils de Jacques de Harlay, marquis de Chanvallon, « le plus célèbre galant de la reyne Marguerite », obtint en 1603, à l'âge de dix-sept ans, l'abbaye de Saint-Victor de Paris, que le cardinal de Lorràine avait résignée en sa faveur. Sept ans plus tard, il soutint sa sorbonique sur la Sòmme de saint Thomas, et s'acquit rapidement, par ses publications et par ses sermons en grec, en latin et en français, la réputation d'homme érudit et de prédicateur éloquent. Familier des cardinaux du

1. Le son en est si rude et si mal plaisant, voir si funeste et si effroyable, qu'il mettroit en fuite les auditeurs un peu délicats, et feroit peur a des ames qui ne seroient pas extresmement asseurées. Ce n'est pas un des cygnes de. nos canaux, c'est une orfraye de nos cimetières. S'il y a... une si estrange espèce de poésie... ou bien c'est le déshonneur et l'infamie... C'est celle... qui met les meilleurs maistres hors de cadence. .·.

2. Le Cardinal de Joyeuse, archevêque de Rouen. Balzac affectionne de cacher le nom de ses amis ou de ses connaissances sous des pseudonymes : Socrate (ou Sénèque) c'est Chapelain; Licinius, Ménage; Philandre, Claude Girard; Ménandre, Maynard; Diogène, Bautru; Amynte, Balzac lui-même.

3. Ne Tyberium quidem caritate aut reipublicae cura successorem adscitum; sed quoniam arrogantiam saevitiamque ejus introspexerit, comparatione deterrima sibi gloriam quaesivisse (Taciti Ann., I, 10.)

4. Taraud, dans la Biographie univ. de Michaud. Suppl., Paris, 1834, et a. s. T..66. — Abbé Lecomte, Mgr Fr. de Harlay de Chanvallon, arch. de Rouen, Rouen, 1868. Renseignements biographiques et bibliographiques incomplets.

Perron [1] et Joyeuse, il fut choisi par ce dernier comme coadjuteur de son archevêché de Rouen. Deux ans après, Joyeuse venant à mourir (27 août 1615), François de Harlay lui succéda au siège archiépiscopal, et fit, le 10 janvier 1616 son entrée solennelle à Rouen. Il ne possédait aucunement l'intelligence et le tact de son prédécesseur. Son esprit autoritaire; ses tentatives pour rétablir la discipline dans les couvents de son diocèse; sa volte-face brusque à l'égard de Rome, dont il avait d'abord soutenu les doctrines contre les richéristes, et dont il attaqua [2] avec violence les prétentions au moment de la lutte entre l'épiscopat et les réguliers, lui firent beaucoup d'ennemis qui ne tardèrent pas à se moquer de la science indigeste, des sermons soporifiques [3] et du style obscur de ce prélat.

Bien que son attitude à l'assemblée générale du Clergé de 1625 eût été hostile aux moines, serviteurs directs du Saint-Siège, il adressa à Urbain VIII son *Apologie de l'Évangile* [4]. Le Souverain Pontife, qui savait que l'archevêque de Rouen était « un abîme de science où l'on ne voyait goutte [5] », prononça, en ouvrant ce gros in-folio, les paroles de la Genèse : *Fiat lux*, et le referma bientôt après, avec un soupir de découragement : *Et non facta est!* Un portrait de l'archevêque orne cet ouvrage; le fameux Daniel du Monstier le représente, calotte sur la tête, camail sur les épaules, les tempes dégarnies, le nez long et busqué, la moustache fine et clairsemée, les joues rasées et — ce qui donne une expression d'un comique achevé à cette physionomie qui tâche d'être grave — avec une barbe drue et étroite, descendant comme une natte du menton jusqu'à la poitrine [6]. — *Bella barba!* répondit

---

1. « Sed quoniam alter, magna sapientium bonorumque penuria, vir egregius, conjunctissimusque dicendus est. » (Fr. de Harlay, *Apologia Evangelii*, p. 1 et 22.) Il y a sans doute du dénigrement dans ce que rapporte Balzac au sujet de Fr. de Harlay et du cardinal du Perron.

2. Mariéjol, *Henri IV et Louis XIII*, Paris, 1905, p. 381-382.

3. Malherbe, qui préférait les potages de Desportes à ses psaumes, aimait les dîners de l'archevêque mieux que son éloquence. Un jour, pour lui faire entendre son sermon, l'amphitryon voulut tirer le vieux poète de l'assoupissement où il était tombé après un copieux repas : « Ah Monseigneur, s'écria-t-il d'un ton bourru, je dormirai bien sans cela! » (Racan, *Vie de Malherbe* dans Œuvres, éd. Tenant de Latour, I, 271.)

4. *Franscisi arch. Rothom. Normaniae primatis, Apologia Evangelii, pro catholicis, ad Jacobum maioris Britaniae regem.* Paris, Ant. Estienne, 1625, in-f°. Le texte est précédé d'une épigramme latine de l'auteur; de son portrait en taille douce, au bas duquel on lit des vers latins laudatifs, signés Jo. Bapt. Bilotius; d'une Préface (B. Maz., 2163). Cette dernière a été imprimée à part, en traduction française, Paris, Ant. Estienne, 1625, par le marquis de Bréval, frère de l'auteur et traducteur de Tacite (B. Maz., 2165).

5. Vigneul Marville, *Mélanges d'histoire et de littérature*, Paris, 1725, II, 137-38.

6. On l'appelle *barbe de natte* raconte Tallemant, et Balzac nous apprend : « Il n'est pas moins connu par l'enluminure de son visage que par un pié de nez et une aulne et demie de barbe ».

Urbain VIII à ceux qui le questionnaient sur les mérites de l'Apologie. — Mais, Saint-Père, que vous semble de ce livre? — *Veramente bellissima barba* [1] *!* — Ces railleries froissèrent notre apologiste, et la préférence que Rome accorda pour la dignité cardinalice au P. Bérulle, un simple oratorien, le fâcha tout à fait. Cependant, se piquant au jeu, il continua à briguer le chapeau rouge, que le Saint-Siège s'obstina à lui refuser. L'archevêque laissa percer ses ressentiments dans la première partie de son *Histoire ecclésiastique* [2], dont les critiques sur le pouvoir absolu des papes déchaînèrent une tempête contre lui. Une assemblée d'évêques et de docteurs, réunis par le cardinal de La Rochefoucauld à Sainte-Geneviève (18 juillet 1629), le força de désavouer les « dix-huit propositions hérétiques et trois schismatiques » de son histoire; l'archevêque, « grandement contrit » et versant des larmes si abondantes sur sa barbe « qu'elle devint toute en petits flocons, ce qui toucha jusques au vif les assistans [3] », signa une humiliante rétractation et laissa retirer de chez les libraires tous les exemplaires de son ouvrage condamné.

L'archevêque se consola de ses déboires, en fondant l'année suivante, à Paris, l'*Académie de Saint-Paul* ou Académie *Victorine*. Déjà, en 1624, il avait été l'un des promoteurs de l'*Académie de Saint-Augustin de Doctrina Christiana*, et y avait joué le premier rôle, en l'absence de l'archevêque de Paris, « tuteur naturel » de ces assemblées, faites pour « l'advancement des bonnes lettres et de la religion catholique [4] ». Cette fois Fr. de Harlay voulut avoir son académie à lui tout seul; présider des séances, dont la gloire rejaillirait sur son nom seulement. A l'instar « de l'Académie des

---

1. Le blond rutilant de cette barbe fit la joie des poètes burlesques de l'époque; ainsi Alph. d'Elbène, évêque d'Albi, dans l'épitaphe de l'archevêque, qu'il fit de son vivant (Tall., *o. c.*) :

> Ci gist un preslat honoré
> Qui porte la barbe prolixe
> De couleur de vermeil doré
> Brillant comme une estoille fixe (etc.).

2. *Francisci Archiepisc. Rothom, Norm. Primatis Ecclesiasticae Historiae, Liber primus*, Paris, Mathieu le Blanc. 1629 (B. Maz., 16572).

3. *Lettre d'un ecclésiastique à un evesque très scavant et amateur de la vérité touchant les escrits de l'archevêque de Rouen.* Paris, 6 août 1629 (B. N., LK³.551).

4. Le parlement ayant ordonné la fermeture de cette académie, le sieur de la Maunyaie Mahant, advocat au Privé Conseil du Roy, adresse un *Advis à Mgr le Chanceller pour le restablissement de la conférence tenue l'an passé aux Augustins à Paris, entre aucuns hommes doctes choisis par MM. les Prélats de France pour travailler en commun soubz l'authorité du Roy à l'advancement des bonnes lettres et de la Religion catholique*, Paris, Nic. Alexandre, 1625, p. 16-17. Voir aussi la *Response d'un Académiste de St-Victor à la lettre du ministre Aubertin*, Paris, Louis Boulanger, 1633, p. 20 (B. Maz., 33728).

beaux-esprits qui se tenait alors dans la chambre de la demoiselle
de Gournay », rue Saint-Honoré, et des réunions familières des
gens de lettres, chez Conrart, rue des Vieilles-Étuves [1], il installa
les « exercices académiques » de saint Paul « dans sa noble et
royale maison de Sainct-Victor » [2]. Le but de cette académie était
de traiter « des principales qualitez que doivent avoir ceux qui
exercent le sainct et sacré devoir de la prédication » et, à cet
effet, de former l'orateur sacré « sur l'idée de l'admirable saint
Paul ». M. de Chaumont, conseiller d'état et bibliothécaire du
Roi; le P. Bonal, « l'un des plus doctes et plus éloquents prédicateurs de nostre siècle »; le P. Lescot, le panégyriste de ces conférences, y prirent la parole. Mais leur renom fut offusqué par
celui du président de l'assemblée, qui y oubliait son titre d'archevêque de Rouen et de Primat de Normandie, pour l'appellation
d'*abbé Victorieux* ou de *Victor triumphans* qu'un piètre jeu de
mots lui avait fournie. Partant du principe que saint Paul est
« par-dessus tous les hommes », donc au-dessus de tous les orateurs, et que « ses épîtres sont autant de sermons », l'abbé Victorieux analysa l'épître de saint Paul aux Romains, et en tira
toutes les règles de la rhétorique [3]. Il accompagnait ses leçons
d'éloquence, d'observations historiques et théologiques [4] sur le
texte qu'il examinait, et, pour passer du sévère au plaisant, donnait à l'assemblée la primeur de ses vers latins. Parmi ceux-ci,
l'*Academia Victorina vel Paulus praedicans sive Victor triumphans*,
poème [5] où il célèbre l'institution qu'il avait fondée, mérite une
mention spéciale.

Les « académistes » conviaient à leurs séances « les meilleurs
esprits de la cour et les plus grands cerveaux du Parlement [6] ».
C'est là peut-être que le jeune Godeau, qui jusqu'alors avait
tourné de petits vers alambiqués, conçut le dessein plus sévère
de ses nombreuses paraphrases sur les épîtres de saint Paul,

1. Goujet, *Bibl. fr.*, XIV, 216; Fabre, *Chapelain et nos deux premières académies*,
p. 3.
2. *La Victoire de l'Académie de St-Victor, trouvée dedans ses parallèles avec le
premier très sacré concile œcuménique* par F. P., advocat en Parlement, Paris,
V⁻ P. Chevallier, 1631 (B. Maz., 33728). L'ouvrage est du P. Lescot; l'avocat F. P.
n'a fait que réimprimer cette brochure sur un des exemplaires que l'auteur avait
distribués à ses amis.
3. *La Victoire de l'Académie...*, p. 34 et s.
4. Réunies plus tard dans ses *Observations historiques et théologiques sur l'epistre
de S. Paul aux Romains, avec une exacte traduction du grec, par François, arch.
de Rouen. De l'imprimerie de Gaillon*, 1641 (B. Ste-Geneviève, B. 1227).
5. Imprimé avec sept *Extemporanea* dans les *Academica Franc. Arch. Rothom.
Norm. Primatis, ad Suos*, Paris, Ch. Chappelain, 1630 (B. Maz., 33728).
6. *La Victoire de l'Acad.*, p. 21-22.

couronnées par son poème chrétien sur la vie et la martyre de cet apôtre. Enfin, honneur insigne, Monsieur, frère unique du Roi, daigna, à plusieurs reprises, rehausser de sa présence l'éclat des conférences de Saint-Victor [1]. L'Académie se dispersa après trois mois d'existence; de « mauvais esprits qui s'y estoient transportez à intention de blasmer et condamner ce qui s'y passoit », répandirent le ridicule sur les doctes travaux des Victorins et firent des gorges chaudes au sujet des laborieuses explications et des ennuyeux discours du maître de céans. « Il estoit là, raconte Tallemant, comme un régent dans sa classe. Une fois, il entreprit de prouver que Démosthène, Cicéron et tous les plus grands orateurs de l'antiquité n'avoient rien entendu à l'éloquence en comparaison de saint Paul et dit un million de grotesques. Balzac, qui y estoit allé par curiosité, ne put s'empescher d'en faire des contes et de là vint la grande querelle. »

Balzac avait certainement été amené à Paris, à la fin de 1630, par le désir de compléter ses informations au sujet des derniers événements politiques. Il achevait à cette date de rassembler les matériaux de son *Prince*, ce froid panégyrique de Louis XIII. C'est là, sans doute, qu'il apprit la brouille de Richelieu avec Marie de Médicis et qu'il conçut la malencontreuse idée d'en toucher un mot, dans une lettre placée à la fin de son ouvrage [2]. — « Vostre amy, fit le Cardinal à Boisrobert, est un estourdy; qui luy a dit que je suis mal avec la Reyne-Mère? » — De plus, l'ermite de la Charente, décidément maladroit courtisan, avait oublié de faire hommage de son *Prince* au tout puissant ministre : — « Se croit-il assez grand seigneur pour ne pas desdier ses livres [3]? » Ses ennemis (et ils étaient nombreux) ne manquèrent pas de le desservir auprès du cardinal. L'ami de Fr. de Harlay, le malin Camus, qui s'était démis de son diocèse de Belley pour devenir le vicaire général de l'archevêque de Rouen, profita de

---

1. A en juger par un passage de *La Victoire de l'Acad.*, ces conférences auraient été instituées après la guérison du Roi « d'une maladie jugée mortelle par les plus expérimentés médecins » (p. 32), c'est-à-dire après sept. 1630. Il est vrai que ce passage est assez confus et qu'on pourrait l'interpréter différemment. A noter pourtant que la *Préface sur saint Paul, à la Révérende mère Magdeleine, supérieure du Grand Couvent des Carmelites* (B. Maz., 33728), est datée de St-Mandé, dans la banlieue de Paris : « D'un traict de plume de ma solitude de St-Mandé, ce quatorziesme d'octobre 1630 ».

2. « Je pense que je fus inspiré de mon bon ange, de borner mon dessein par le premier voyage d'Italie. Avant, Monseigneur, que vous eussiez des prosperitez enviées, que vos amis eussent manqué de fidélité, que la Reine eust changé ses affections, et que les efforts des armées eussent esté affaiblis par les artifices du Cabinet. »

3. Tallemant, *Hist. de Balzac*, IV, 89.

ce qu'un jour Richelieu lui demandait son avis sur le *Prince* de Balzac et le *Ministre* de Silhon, les deux nouveautés de l'année, pour donner un coup de patte aux deux auteurs amis : « Le prince ne vaut guère, répondit-il, et le ministre ne vaut rien [1] ».

Mortifié par la froideur qu'on témoignait à son livre, Balzac quitta précipitamment Paris, le 6 septembre 1631. Le rêve qu'il caressait en secret s'était évanoui; cette fois encore, l'évêché si ardemment convoité lui échappa. Même, il dut disputer à un gentilhomme un méchant bénéfice qu'il avait fini par arracher à la mauvaise disposition du cardinal-ministre, oublieux des promesses de l'évêque de Luçon [2]. Certes, il faisait beau voir Fr. de Harlay, le sot conférencier de Saint-Victor, titulaire d'un archevêché, tandis que lui, l'*unique éloquent*, qui écrivait des lettres pour l'éternité, était obligé de se morfondre dans un village perdu au fin fond de l'Angoumois! Dans ses promenades le long de l'allée de mûriers blancs qui conduisait à la rivière, ou sous les peupliers qui bordaient de part et d'autre la Charente si « fraîche » et si « pure » [3], l'*ermite* sentit croître en lui, en même temps que la haine contre le tyran [4] qui asservissait la France, la rage contre le Barbon, usurpateur d'un archevêché et de quarante mille livres de rente. Une provocation de ce dernier lui fit épancher sa bile.

Il était écrit que le *Prince* n'apporterait à Balzac que déceptions et ennuis. Du nombre des personnes à qui il distribua son nouvel ouvrage, fut aussi le fameux pasteur P. du Moulin, l'un des familiers de l'amie de Balzac, la *divine* M^me des Loges [5]. Flatté de l'honneur dont il était l'objet, mais choqué par les sorties contre les protestants que l'apologiste de Louis XIII faisait dans son panégyrique, le professeur de théologie de Sedan adressa à Balzac, une lettre moitié miel, moitié vinaigre, où les remerciements et les compliments flatteurs alternaient avec l'exposé de ses griefs. Balzac releva le gant que lui jetait le ministre et lui envoya, le 28 août 1632, une *réponse* [6], dont l'ironie impertinente

1. *Menagiana*, III, 75, éd. 1729.

2. Cf. les l. 7 du l. VII à la Motte le Vayer (Paris, le 6 sept. 1631) et les l. 51 et 52, même livre, à Richelieu (8 nov. 1631 et 5 janv. 1632).

3. Cf. les premières pages de son *Prince*.

4. Cf. ses trois épigrammes sur Tibère (p. 38 de la 2ᵉ partie du t. II de ses *Œuvres*, éd. 1665) et sa lettre du 5 oct. 1643 à Chapelain (*L. inéd. publ.* p. Tam. de Larr., *Mél. hist.*, p. 424) : « Vous n'estes indulgent qu'aux tyrans et parce qu'Armand vous est cher, vous voudrez, je croy, qu'on aimast Tibère et Stilicon pour l'amour de luy. »

5. Le 7 mai 1632 (l. 31, l. VII), Balzac, réitérant à Mᵐᵉ des Loges l'invitation de venir passer quelques jours à sa campagne, la priait d'amener avec elle « nostre cher Ms. du Moulin ». Balzac s'abusait singulièrement sur le compte du ministre et de la *divine*, en exprimant, dans sa lettre, l'espoir de les convertir!

6. La réponse de Balzac (qui est la l. 3 du l. V. de l'éd. 1665) ainsi que les deux

exaspéra les protestants, et dont les louanges données à du Moulin et les concessions faites à ses doctrines parurent excessives aux catholiques. Le pasteur riposta avec violence. Après avoir repoussé les civilités pleines d'artifice du grand rhétoricien qui avait comparé son antagoniste « à un excellent pilote, bravant toute une flotte dans un brigantin », et avait vanté son adresse « pour donner.... à une multitude de mutins la face d'une armée bien disciplinée », il se répandait en injures contre Rome « où s'exerce un trafic d'annates, de bénéfices, de dispenses et absolutions » ; contre les Jésuites qui « enseignent à tuer les Roys », et contre « la dévotion hypocondriaque de ceux qui adorent des os et baisent et habillent des images ».

La dispute s'échauffait et menaçait de mal tourner pour Balzac. Ses amis mêmes trouvèrent « hardis » certains passages de sa lettre où il faisait « trop paraître pour le siècle la générosité de ses sentiments ». Le « circonspectissime » Chapelain l'engagea vivement « à ne point entrer en nouvelle dance.... avec un homme dont le talent principal est la satyre et qui n'a pas mauvaise grâce à mal parler ». Mais le mal était fait. Les « gens dangereux » contre lesquels Chapelain mettait en garde son ami commencèrent à s'agiter. Au premier rang de ceux-ci se trouvait l'orateur jadis conspué, « l'académiste » de Saint-Victor, Fr. de Harlay, archevêque de Rouen[1].

Le fervent de saint Paul avait, depuis peu (août 1632), recommencé dans son château archiépiscopal de Gaillon, les « exercices académiques » que Paris avait poursuivis de sarcasmes. Il préparait, dans le calme de sa magnifique résidence[2], le second tome de son *Mystère de l'Eucharistie avec un advis aux ministres*[3], quand

lettres de du Moulin, ont été plusieurs fois imprimées en 1633, et dans les années suivantes (Genève ou sans indication de lieu). V. Haag, *La France protestante*, 2e éd., t. V, art. du Moulin.

1. Lettres de Chapelain à B. du 8 déc. 1632 et du 25 janv. 1632 (*L. de Chap.* publ. p. Tam. de Larr., I, p. 12, 13 et 24-25).

2. Dont il chanta les charmes dans son Eglogue : *Solatium Musarum ad Academicos, Rothomagensis Pastoris Gallio, Ecloga sive Pastoralis Descriptio, insignis archiepiscopalis, Castelli Gallionis.* Ex typographia Gallionaea, 1643 (dans le recueil d'opuscules de Fr. de Harlay : le *Mercure de Gaillon*. B. Maz., A. 15860). L'archevêque a mis à la fin de son poème l'intéressante note suivante : His Gellionum Parisiensem suam Pauli Victorinam Academiam, demulcens evocabat ac rusticatum invitabat, cum inimica virtuti tempora ingruerent, Franciscus Rothomagensis Archiepiscopus, Normaniae Rimas, Anno Domini CIƆ IƆC XXXII Idib. Aug.

3. *Le Mystère de l'Eucharistie, expliqué par St Augustin, avec un advis aux ministres de ne plus entreprendre d'alléguer St Augustin pour eux.* Paris, L. Boulanger, 1633, in-4°. (Les trois tomes qui constituent cet ouvrage sont réunis en un seul vol. dans l'exemplaire de la B. Nat., D. 7792.) Le premier tome est postdaté. Le 1 déc. 1632 Albert Medevin (pseudonyme du ministre Aubertin) envoie à l'archevêque, au sujet de ce premier tome, une épître où, entre autres critiques, il

là publication des pièces de la polémique du solitaire de la Charente et du professeur de théologie de Sedan, vint l'avertir que l'heure de la revanche avait sonné. Quelle excellente occasion d'assouvir ses rancunes! Accabler d'un seul coup deux ennemis abhorrés : du Moulin, le représentant des huguenots qui venaient encore d'attaquer son récent ouvrage, et Balzac dont les railleries avaient donné le coup de grâce à une œuvre qui lui tenait tant à cœur! Il lança donc, en février ou mars 1633, son *Advis aux curieux sur les communications de du Moulin et de Balzac*[1]. Constatant que ces deux écrivains « se partagent entr'eux comme il leur plaist la religion et l'éloquence » et qu' « ils disposent comme des matois de ce qui n'est point à eux », le belliqueux archevêque se propose de leur ouvrir les yeux pour leur montrer les fautes

reproche à Harlay d'avoir daté son *Mystère* « par anticipation pour le faire trouver quatorze mois durant tout nouveau de l'an mil six cens trente trois ». Dans sa *Response d'un académiste de St-Victor à la lettre du ministre Aubertin*, Fr. de Harlay réplique que la date de 1633 a été mise par le libraire « qui ne pensoit pas avoir sitost le moyen d'exposer le livre en vente, à cause de l'absence du Roi, et qu'il falloit attendre que l'on eust advis qu'il eust esté présenté à Sa Majesté ». Laurens Maurry, imprimeur de l'archevêché de Rouen, avait entrepris la publication du *Mystère de l'Eucharistie*; mais, comme il ne s'était pas muni au préalable du permis nécessaire à cet effet, le Parlement de Rouen lui défendit, le 17 sept. 1632, de passer outre à l'impression d'un livre « parlant du fait de la religion ». (Cf. Ed. Frère, *Man. du Bibliogr. normand*, t. II, p. 65, note de Floquet, qui n'a pas su de quel ouvrage de l'archevêque il s'agit dans l'arrêt qu'il rapporte). L'archevêque chargea alors les libraires parisiens L. Boulanger de l'impression du 1er tome, et Gervais Alliot de celle du second tome de son *Mystère* (Privilège du 5 avril 1633; achevé d'imprimer du 12 juillet 1633). Enfin, ayant obtenu le 15 avril 1633 un privilège pour le troisième tome du *Mystère*, Laurens Maurry acheva d'imprimer, le « dernier jour de l'an 1633 », l'ouvrage dont il avait commencé la publication.

1. Paris, chez Gervais Alliot, au Palais prez la Chapelle St-Michel, 1633, 110 p. in-8° (B. Maz., 33728). La préface est suivie de trois chapitres : Fautes de du Moulin et de Balzac en éloquence (p. 10-27); Fautes de du M. en la religion (p. 28-73); Fautes de du M. contre l'estat (p. 74-110). On peut préciser davantage la date de la publication de ce libelle. Dans l'épître de Fr. de Harlay au Roi, en tête du second tome du *Mystère de l'Eucharistie*, on rencontre la phrase suivante : « Personne cependant ne se doit estonner si je n'ay présenté à V. M. ny mon *Académiste*, ny mon *Advis aux curieux*, qui sont sortis de ma plume durant que je préparois ce second volume du maistre de la théologie » (St Augustin). Or, le privilège du tome II est du 5 avril 1633. D'un autre côté, l'archevêque tient à nous informer qu'il prend la plume pour écrire l'*Avis*, le jour qui « a pour Évangile le zèle héroïque de celuy qui pour estre la douceur mesme, ne laissa pas de prendre un fouet pour chasser du temple aussi bien ceux qui faisoient traffic de colombes que les faux sacrificateurs ». — Nous devons à l'obligeance de M. le chanoine Morel, curé de Chevrières (Oise), de pouvoir dire que l'évangile racontant l'expulsion des vendeurs du Temple, occupe dans le *Missale Ecclesiae Rothomagensis, rever. D. Franc. de Harlay*, arch. Rothom..., Rouen, 1623, in-f° (réimprimé en 1668; cf. Ed. Frère, *o. c.*, p. 315), la même place que dans le missel romain. Ce texte est, par conséquent, celui du mardi après le premier dimanche du Carême (St Mathieu, chap. XXI), du lundi après le quatrième dimanche du Carême (St Jean, chap. II), et du neuvième dimanche après la Pentecôte (St Luc, chap. XIX), jours qui en 1633 sont le 15 février, le 7 mars et le 17 juillet (Mas-Latries, *Trésor de Chronologie*). Il ne faut tenir compte que des deux premières dates, car la dernière est ultérieure à la date du privilège du tome II du *Mystère*.

qu'ils ont faites « et contre l'éloquence, et contre la religion, et
contre l'état ». Après avoir donné des leçons de goût et de style
au ministre et avoir, comme il dit, « fouetté l'esclave devant
l'enfant », il s'en prend à Balzac qui, ne sachant ni narrer, ni
prouver, ni conclure ne mérite pas le titre d'éloquent qu'on lui
décerne. Au lieu de discourir raisonnablement, le prétendu grand
écrivain « saulte comme s'il estoit piqué de la tarentule ». Sa prose
est contrainte et remplie de pointes « qui ne sont pas du subject,
ny placées en leur lieu pour atteindre où il faut ». Tant que
du Moulin suivra ce maître, il écrira mal, car, déclare avec assurance l'académiste de Saint-Victor, « il n'y a pas non seulement
une plus mauvaise, mais plus dangereuse éloquence que celle de
Balzac, hormis la vostre, quand vous la voulez imiter ». Mais il
ne s'agit pas seulement de fautes de goût et de style : Balzac et
du Moulin en ont fait de plus graves en matière de religion. Et
d'abord, n'est-ce pas une honte pour les catholiques, qu'un des
leurs ait loué « les attraits et la couleur que prend l'hérésie » dans
les ouvrages d'un réformé, lorsqu'au contraire les écrits de
du Moulin « sont pleins de taches et de rides, et n'ont ny rime
ny raison » ? N'est-ce pas parler en libertin que d'appeler, comme
Balzac, « passions du vulgaire » le « zèle du simple peuple
catholique » ? Et puis comment oser remarquer que « la subjection qui est deue au souverain » fait une partie de la religion
enseignée par le ministre, « lorsque nous crions tout haut que
cette croyance sape les fondemens de la monarchie » ! Et après
avoir enjoint à Balzac, qui « pour tout potage n'est qu'un grammairien », de ne plus se mêler d'autre chose que de son métier,
l'archevêque s'occupe du pasteur à qui il réserve des coups plus
rudes. Il termine son réquisitoire en déclarant que, puisque « tout
le monde se taisoit d'estonnement de voir cette effronterie à nostre
barbe », il a dû « donner le fouet sur deux asnes qui se sont icy
venus frotter l'un l'autre ». Quant à ses adversaires, il leur donnait
toute licence de se servir de leur plume « pour l'exercice des
beaux esprits ».

Pour répondre à ces bravades, Balzac n'avait aucunement
besoin de la permission que lui octroyait son révérendissime
insulteur. Sans doute, ce fut sous le coup de la colère provoquée
par la lecture récente de cet impertinent factum, qu'il écrivit la
lettre reproduite ci-dessus. Il n'eut qu'à en amplifier le contenu
pour en faire son *Barbon*, — le *Barbon* de la première heure bien
entendu.

Quel fut le destinataire de cette lettre? Ecartons tout d'abord le

nom de Maynard, car, si cette missive lui eût été adressée, pour
quelle raison le poète, qui avait l'habitude de conserver, pour les
léguer à ses enfants, les lettres des « personnes illustres [1] »,
aurait-il pris la peine de la transcrire sur son cahier? Le président
d'Aurillac ne fit qu'en copier l'original, mis par un ami à sa disposition. Se trouvant à Paris au printemps de 1633 [2], il put en
prendre connaissance presque en même temps que le destinataire.
Ce texte lui sembla même tellement intéressant, qu'il reproduisit,
dans son ode du *Théologien* [3], le portrait du Barbon, tel que Balzac
venait de le tracer. D'après un passage de la correspondance
familière du grand écrivain, on serait tenté de croire que sa
lettre sur le Barbon fut adressée à l'abbé de Boisrobert; en effet,
le 17 avril 1644, il rappelle à Chapelain la bévue de l'abbé, qui
avait autrefois ouvert une lettre de Balzac, « chez la gargouille de
Rouen, vous connaissez bien par ce nom, l'apologiste de l'Evan-
gile ». Mais comme, d'une part, Boisrobert ne devint chanoine de
Rouen qu'en 1634 [4], et que, d'autre part, la lettre sur le Barbon
est de 1633 [5], et qu'elle s'adresse à un ami de la capitale, nous
penchons pour la conjecture qui ressort d'un autre passage,
celui-ci tiré de la correspondance de Chapelain. « Le mesme
M. Mesnage, écrit-il le 23 novembre 1640 à son ami de la Charente, est la sarbatane par laquelle j'ay fait tenir vos beaux vers
au chevalier. A la première veue, je sauray comment il aura receu
cette grâce et, selon cela, je verray s'il mérite le titre d'honneste
homme que vous luy donnés à la teste de vostre *Barbon*. » Il y a
grande apparence que le chevalier de Méré, à qui Balzac voulait
dédier son *Barbon*, ait reçu le premier crayon de cette satire.

Antoine Gombaud de Plassac, chevalier de Méré, fut, entre 1630
et 1650 environ, une des personnalités les plus en vogue du
monde littéraire et du grand monde. A Paris, où ce gentilhomme
faisait de fréquents séjours, il passait pour le type accompli de
l'honnête homme, unissant aux mérites réels d'un esprit judicieux

---

1. *Lettres du président Maynard*. Paris, Courbé, 1652 et 1653, in-4°, l. 217 à Frémin.
2. Arrivé à Paris à la fin de déc. 1632, il y était encore en mai 1633 (Cf. *Lettres
inéd. de Chap.*, I, p. 20-22, 25, 27 et 38. — Cf. aussi la l. 23 l. VI de l'éd. in-f° de
Balzac, dont la date, 20 déc. 1631, a été corrigée par Tam. de Larr. en 30 janv. 1633).
3. *Œuvres poétiques*, éd. Garrisson, III, 165. — Fr. de Noailles, après sa brouille
avec Maynard (*déc. 1636*), chercha à faire croire à son frère Charles, évêque de
St-Flour, que le poète l'avait eu en vue dans son *Théologien* (Cf. les l. 145, 261 et 270
de Maynard.)
4. Hippeau, *Notice sur Fr. Métel de Bois-Robert*, Caen, 1852, p. 12.
5. L'allusion qui y est faite à l'artillerie de Wallenstein montre qu'on ne saurait
assigner à cette lettre une date postérieure à déc. 1633. On sait que, soupçonné de
trahison et relevé le 24 janv. 1634 de son commandement, le généralissime des
Impériaux fut tué, par ordre de Ferdinand II, le 25 févr. suivant.

et cultivé, les qualités brillantes et les attraits séduisants d'un parfait savoir-vivre. Hôte choyé des salons, il y prenait la défense de Balzac contre les admirateurs de Voiture qui était, déclare-t-il dans une lettre [1] où il oppose les deux rivaux, « plus comédien qu'honneste homme; cela me le rendoit insupportable, et j'aimois Balzac de tout mon cœur, parce qu'il estoit tendre et plein de sentiments naturels ». Le chevalier avait peu de chemin à faire pour se rendre de sa terre [2] patrimoniale de Méré, à Balzac, chez l'ermite de la Charente. Aussi venait-il souvent, soit seul, soit en compagnie de son frère Josias, faire la cour au grand homme, lui soumettre ses vers, causer littérature avec lui. Captivé par ces témoignages d'affection, Balzac montrait sa reconnaissance, en chatouillant la vanité du chevalier par des dédicaces et des lettres flatteuses, — objets de franches jalousies et de rivalités non dissimulées, dans les salons littéraires de l'époque [3].

C'était vraiment avoir la main heureuse que d'offrir à ce maître de bel air et de suprême distinction, la satire d'un théologien ridicule et pédant. L'honnête homme, à l'esprit délicat, au goût exquis, sachant par cœur Homère et le divin Platon, et néanmoins ne se piquant de rien, opposé au docteur dont la science a gâté le cerveau, controversiste fécond et obscur, discoureur infatigable et injurieux — le contraste était piquant et de nature à amuser le public.

Cependant, sa satire une fois achevée, Balzac fut pris de doutes sur l'opportunité de sa publication. Son adversaire était, somme

1. L. 128 des *Lettres du chevalier de Méré*, Paris, 1682, citée par Sainte-Beuve dans son étude sur Méré, t. III des *Portraits littéraires*, et par Ch. Révillout, *Le chevalier de Méré*, Montpellier, 1887.

2. Maltouche (troisième art. de la brochure de J. Brémond d'Ars, sur *le Chevalier de Méré*, Niort, 1869) situe la terre de Méré de la famille Gombaud, en Poitou, dans la commune de Périgné, canton de Brioux, dép. des Deux-Sèvres. Cette opinion est préférable à celle qui situe le Méré des Gombaud, en Angoumois, dans la paroisse de Bouex, « aux portes d'Angoulême » (soutenue par Révillout, *o. c.*, p. 10 et 21). S'il en était ainsi, Balzac ne se plaindrait pas de ne pas être le voisin de campagne du chevalier. « Mais si vous n'achetez une maison en Angoumois, ce sont des souhaits que je perds sur le papier, et en l'estat où je suis, Poitiers est aussi loin de moy que Constantinople » (l. 24, l. XI, du 6 juin 1646). Et puis, le chevalier avoue lui-même que sa campagne se trouve dans le Bas-Poitou (L. 133 à Mᵐᵉ .⸫.).

3. Puisque nous avons exprimé la supposition que la lettre sur l'archevêque de Rouen est adressée à Méré, qu'il nous soit permis de dire quelques mots sur le « pauvre M. de St S. » dont Balzac déplore la perte, au commencement de cette même lettre. Nous pensons que Balzac veut parler de son ami, le baron de St-Surin, gentilhomme saintongeois, très lié aussi avec le chevalier. Balzac le connaissait de longue date. Le 11 mars 1621, il envoie de Rouen à M. de la Motte St-Surin, frère du baron, une lettre assez vive sur les huguenots (l. 16, l. 1), coreligionnaires des deux gentilshommes. En 1622, le baron, jeune encore, livra la place de Royan, occupée par les protestants, au duc d'Epernon qui l'assiégeait au nom de Sa Majesté Très Chrétienne. Il devint par la suite un des familiers du duc qui, comme on le sait, était aussi le protecteur de Balzac. Guill. Girard, dans *La vie du duc d'Epernon*,

toute, un grand seigneur avec de puissantes relations et une nombreuse clientèle. Boisrobert[1], Colletet[2], Ogier[3], d'autres gens de
lettres dont Balzac tenait à conserver l'amitié, étaient des familiers du château de Gaillon où la bonne chère et les agréments de
toutes sortes faisaient oublier aux hôtes l'ennui des séances académiques. De plus, l'expérience avait appris à Balzac à craindre le
fiel qui, de l'âme des dévots, coule dans leurs écrits. Lors de sa
dispute avec frère André et le P. Goulu, général des Feuillants,
ceux-ci avaient crié que ses ouvrages sentaient le fagot. Reprenant ce commode procédé de polémique, l'archevêque avait gratifié
le grand rhétoricien de l'épithète de libertin, — injure grosse de
menaces à une époque si susceptible à l'égard de tout ce qui
ressemblait à de l'impiété. Balzac savait ce qu'il en coûte de se
quereller avec des moines; il redouta de se chamailler avec un
archevêque. Toutes réflexions faites, il résolut de ne plus rompre
en visière à un homme si dangereux et de garder dans ses tiroirs
la copie du *Barbon*. Il l'en sortait parfois pour la remanier et alors
soumettait à ses amis intimes le texte modifié : « Vostre *Barbon*,
lui écrit Chapelain le 11 juillet 1638, m'a ravi, et m'a paru une

Amsterdam, 1736 p. 371, 374, ajoute à propos de St-S. : « Ses bonnes qualitez,
après que les occasions de servir en France eurent cessé, le portèrent à aller
chercher la mort en Hollande, et privèrent la France d'un des plus accomplis gentilshommes, en tout ce qui pouvoit rendre remarquable une personne de sa condition ». Ayant appris que St-S. avait reçu un coup de carabine devant Maëstricht
(le 19 juillet 1632, cf. la *Gazette de Frnnce* du 6 du mois suivant), Balzac adressa à
son voisin de campagne des condoléances qui ne lui parvinrent pas, celui-ci étant
mort le 6 août des suites de sa blessure. (Cf. la *Gazette* du 10 sept. 1632). Ce vaillant gentilhomme aimait les lettres; il était en correspondance avec Huggens et
c'est peut-être par son intermédiaire que s'établirent des relations entre Balzac et
le savant hollandais (cf. la l. 8, l. V à Huggens du 10 mars 1632). Protestant
comme St-S., le chevalier de Méré parle en termes émus du baron, qu'il déclare
« le plus honneste homme de son temps ». Bien que la simplicité de ses habits,
faits d'une étoffe que sa femme avait elle-même tissée, contrastât avec la mise
luxueuse des seigneurs de la Cour, le baron de St-S. « estoit bien receu par tout.
La Reine parloit de lui fort avantageusement et quelques dames le traitoient
d'une manière si obligeante, que le feu Roy en eust de la jalousie. » Le chevalier
s'intéressa de près au sort de la fille de son ami (cf. Lettres de Méré, l. 95 et 103).
Nous devons ajouter que MM. Pâris et Monmerqué (Hist. de Tallemant, III, 367),
confondent le baron de St.-S. avec son frère M. de la Motte St-S.; Tam. de Larroque répète cette erreur (*Mél. hist. L. in. de B.*, l, 750, note 1) et même confond le
baron avec La Motte-Aigron (*ibid.*, p. 768, note 2).
   1. V. *Epistres du Sr. de Boisrobert*, Paris, 1647, ép. XIV à M. l'abbé de Chanvallon
(neveu de l'archevêque de Rouen). — La vingt-troisième pièce du recueil d'opuscules intitulé le *Mercure de Gaillon* contient un sonnet de Boisrobert : *Beauté du
chasteau archiép. de Gaillon, descrite par une des plus délicates plumes du temps.*
   2. Guill. Colletet. *Épigrammes*, Paris, 1653, p. 19, *A Mgr. l'arch. de Rouen sur
l'Apollon d'argent qu'il m'a envoye pour récompense de mon Hymne sur la pure
conception de la Vierge, l'an 1634.*
   3. Ce defenseur de Balzac avait composé en 1624 un sonnet en l'honneur de
Fr. Harlay, arch. de Rouen, « lors de sa principauté au Palinod de cette ville ».
Cf. *Bibliogr. des recueils collectifs de poés. de 1597-1700* de Lachèvre (11, 401).

chose nouvelle. Je voudrois extrêmement en voir la suitte. » Cette suite, à laquelle Balzac songeait déjà en 1638, ne devait venir que quelques années plus tard. Des attaques, parties d'ailleurs que du château archiépiscopal de Gaillon, poussèrent l'auteur du *Barbon* à compléter sa satire du pédant, en y faisant des additions et des remaniements importants[1].

## II

C'est à l'année 1636 qu'il faut reporter les premières hostilités contre Montmaur. En effet, le 20 octobre de cette année, Ménage adresse d'Angers sa *Vita Gargilii Mamurrae parasitopaedagogi* à son collègue, Charles Féramus, avocat à Paris. Il répondait ainsi à l'hommage que ce dernier lui avait récemment fait de son poème latin, *Macrini parasitogrammatici* Ἡμέρα. Les amis de ces jeunes gens se mirent de la partie et bientôt circulèrent des pamphlets, en prose et en vers, en latin et en français, sur le professeur de grec du Collège de France. Ces écrits satiriques, tous manuscrits, coururent longtemps sous le manteau. Mais, après la mort du Cardinal, auteurs et imprimeurs, profitant du relâchement de la censure, publièrent, sans approbation ni privilège, une foule de libelles qui jusqu'alors avaient fait le divertissement de cercles fort restreints.

En parlant des années 1640-1641, Balzac écrira plus tard[2] qu'on n'y faisoit point guerre ouverte à Mamurra, et qu' « on n'y parloit point du cher Ferramus ». Loin donc d'avoir poussé les gens de lettres, c'est par leurs publications qu'il prit connaissance de la légende de Montmaur. Seul, Ménage avait soumis la copie de son opuscule à l'appréciation de son illustre ami qui, dans une épigramme liminaire, releva les mérites de la *Vita Mamurrae*. Mais c'est à peine en novembre 1643 qu'il fut « régalé » par Chapelain du poème de Féramus, et les mésaventures du parasite grammai-

---

1. Le prédicateur pédant dont Balzac parle à Maynard, le 5 juin 1645 (l. 17, l. XI, éd. in-f°), n'est certainement pas l'archevêque de Rouen. Balzac connaissait Fr. de Harlay depuis 1630, au plus tard; il n'aurait donc pu écrire : « L'homme dont on m'avait tant parlé est en ce pays et nous nous sommes déjà veus trois ou quatre fois ». Il se pourrait cependant que ce mauvais sermonnaire, qui se sert des clichés oratoires chers à Fr. de Harlay (p. ex. *Mortalium ineptissimum, excepto uno Panigarola*, qu'on rencontre dans l'*Advis aux curieux*, p. 26), fût un ancien auditeur des conférences de l'Académie victorine ou de l'école de Gaillon. En tout cas, la lettre est faussement datée : le 5 juin 1645, Maynard ne se trouvait pas à Toulouse (« et vous dirés à tous nos amis de Toulouze »), mais à Paris. A en juger par la suscription. — « A M. le président Maynard, conseiller du Roy en ses conseils » — cette lettre doit être de 1644.

2. Janv. 1646. *L. inéd. de B.* publ. p. Tam. de Larr.

rien l'amusèrent tellement, qu'il en recommença « une douzaine de fois » la lecture [1].

Pas plus que les autres, Balzac n'avait échappé aux critiques du professeur de grec qui, chez les présidents, les financiers et les grands seigneurs dont il était l'éternel convive, payait son écot en daubant sur les écrivains en vogue, — car, parasite et médisant, Montmaur, disait-on, n'ouvrait la bouche qu'aux dépens d'autrui. Le spirituel auteur de la *Journée de Macrin* en avait averti *l'ermite*, souvent peu renseigné sur ce qui se passait à Paris :

Te quoque Balzaci, nostrae decus addite genti
Urbe vetat, patriaque jubet torpescere villa
Indecorem Regique tuo nova condere Regna,
Quaerere et efficto virtutes principe dignas.

Cependant, il ne semble pas que les propos injurieux du parasite aient irrité outre mesure le grand rhétoricien. Il considérait Montmaur comme un misérable bouffon qu'on avait trop houspillé. L'espoir de rafler de bons morceaux en faisant rire ses hôtes avait, bien plus que la méchanceté, inspiré ses méfaits. Même, ces nombreux *pasquins* sur une matière « trop rabattue » l'ennuyèrent vite [2]. De ces histoires dont la scène était bien souvent la cuisine ou l'office, se dégageaient des relents qui écœuraient Balzac, petit mangeur et éternel valétudinaire [3]. Enfin, l'acharnement des libellistes accourus à la rescousse de Féramus, de Ménage et d'Adrien de Valois, sur un pauvre diable si peu à craindre, lui fit vraiment de là peine : « J'ai pitié du pauvre Montmaur, *et mentem mortalia tangunt*. Si j'estois M. Ménage, je solliciterois pour lui, et ferois une action de bonté en cette occasion. » (L. du 25 avril 1644.)

Aussi est-on fort surpris de rencontrer dans un recueil de pamphlets contre Montmaur, paru en 1643, une pièce signée par Balzac : *Amyntae indignatio in ludimagistrum Macrinum ineptissimum Cardinalis Valetae laudatorem, scripta anno 1619* [4]. L'auteur réimprima ce petit poème à la suite du *Barbon*, en lui apportant d'importantes variantes (60 vers au lieu de 51) et en en modifiant

1. *L. inéd. de B.*, I. du 23 nov. 1643 à Chapelain. Le 26 oct. 1646, il lui accuse réception de la *Métamorphose de Gomor en marmite*, de Vion d'Alibray.
2. « La matière de Montmaur est un peu trop rabattue et je commence à m'enennuyer. » (*L. in. de Balzac*, 14 déc. 1643).
3. Cf. *ibid.*, 25 juillet et 7 août 1644 : « Parlera-t-on sans fin de mangeurs, de parasites et de Gnathons?... Au nom de Dieu, qu'ils changent tandem aliquando de matière, neve senescam in hoc ignobili stadio... »
4. V. l'analyse dans Bernardin, *o. c.*, p. 17-18.

le titre : *Indignatio in Theonem ludimagistrum, ex-jesuitam, lauda-torem ineptissimum Eminentissimi Cardinalis Valetae, scripta anno 1619.*

On voudra bien remarquer que la date de cette invective est transcrite par des chiffres arabes et que, par conséquent, l'erreur d'impression à laquelle recourent Sallengre et M. Bernardin[1] pour corriger MDCXIX en MDCXXI n'est pas justifiée par les caractères typographiques du texte. Ces deux critiques fondent leur correction sur le passage suivant de l'*Indignatio* :

> Facta patris patruique, et totam ab origine gentem
> Eversam, heroasque excitos sedibus imis,
> Immani video memoris clamore magistri,
> Omnia sunt turbata : tibi nec Roma pepercit
> Quaeque recens a te dedit illi purpura poenas,
> Non uno vexata anagrammate.

Mais l'interprétation qu'ils donnent de ces vers est erronée. Il ne s'agit pas d'un compliment fait par le précepteur Macrin ou Théon pour fêter l'avènement de Louis de Nogaret au cardinalat (11 janvier 1621), mais de poésies composées en l'honneur de ceux qui venaient d'être appelés à la pourpre. Rome avait fourni au louangeur la matière de ces « anagrammes », de même que les prouesses du duc d'Epernon et de Bernard de la Valette, l'un père, l'autre oncle du cardinal, lui avaient offert le thème de ses panégyriques. Maintenons donc la date 1619 que rien ne nous autorise à changer et passons à l'examen de l'*Indignatio*.

Et d'abord cette pièce est-elle réellement dirigée contre Montmaur? Ne nous fions pas trop aux quelques vers du début qui flétrissent l'impudence d'un parasite :

> O fugitive, sacrae pars quondam indigna cohortis,
> Nunc constans et ubique hospes, parasite magister,
> Cruda et cocta vora, totasque absume placentas :

Cette apostrophe est sans liaison avec le reste de la satire. L'auteur aura pu l'ajouter après coup, pour donner le change sur ses véritables intentions.

Rappelons qu'en 1619 Montmaur était précepteur de Roger de Choiseul, le fils du marquis de Praslin; que peu de temps après il fut principal à Troyes, et qu'en 1623 il succéda à J. Goulu au

---

1. Sallengre, *o. c.*, p. xci et s. — Bernardin, *o. c.*, p. 11-12.

Collège de France [1]. Les rapports entre le professeur de grec et les
d'Epernon, nuls à cette date, furent toujours excessivement
restreints. Ni le duc d'Epernon, ni ses fils : Henri, duc de Candale ;
Bernard, marquis et duc de la Valette ; Louis, cardinal de la
Valette, ne figurent parmi les grands seigneurs qui avaient coutume de régaler le parasite. Quant aux louanges ineptes que
Montmaur a données au cardinal de la Valette, le tout se borne à
deux devises, l'une : « A l'entour des armoiries de Monseigneur
le cardinal de la Valette :

Purpureum decus hoc, spes et fortuna Valetae [2],

l'autre : « à l'entour d'un chapeau rouge tenu par une main,
laquelle sort d'une nuée, au-dessous de laquelle on voit deux
vents peints avec leurs bouches enflées et leur souffle conduit vers
quelques canons et autre attirail de guerre, dont il semble
empêcher l'effet. C'est une allusion à ce que Sénèque et quelques
autres naturalistes ont dit que la foudre se détourne avec le vent
d'un chapeau :

Propulsat fulmina belli [3].

Il est évident que ces misérables jeux de mots ne sauraient justifier le passage suivant, où il est question de chants à la gloire
des vaillants héros issus du sang illustre de Foix :

Belli ergo pacisque artes, foecundaque Regum
Stemmata et imperiis gravidam per saecula gentem,
Heroasque bonos genus alto a sanguine Foxi,
Conscius ipse tibi, meliori linque Poëtae.
Judicium Henrici, atque Aulam virtutibus aequam,
Et plures Titulos, numerosumque agmen Honorum,
Aeterna ad Rhodanum Patrui monumenta Valetae,
Spernoniique Patris caput insuperabile Fato,
Victores Fortunae animos, corda aemula Divum,
Disce verecunda tacitus pietate timere [4].

Si maintenant on cherche parmi les familiers de la maison
d'Epernon la personne à qui ces vers puissent s'appliquer, on
s'arrête immédiatement sur le nom de François Guyet. Huma-

1. Bernardin, o. c., p. 55-56.
2. Jeu de mots avec : spes et fortuna valete !
3. Cité p. Bernardin, p. 69.
4. Leçon de 1648. Le texte de 1643 ne présente que les trois premiers et le dernier vers de ce passage. Les autres n'y figurent pas, à part le v. 8 avec la var. :
Et Patris et Patrui aeternos de sorte triumphos.

niste distingué, auteur d'un recueil de poésies latines : *Monobiblos sive generosae Poeseos specimen* [1], et d'un poème sur la mort de Henri le Grand [2], — le royal ami de son futur protecteur, — Guyet fut nommé, peu après son voyage à Rome (1609), comme précepteur de Louis de Nogaret, le troisième fils de Jean-Louis de Nogaret, duc d'Epernon, et de Marguerite de Foix, comtesse de Candale. Après avoir achevé son éducation, le maître resta attaché à la personne de son élève qui, en sa qualité d'abbé de la Grande-Sauve et d'archevêque de Toulouse, lui fit obtenir la collation du prieuré de Sainte-Andrade. Guyet paya les bienfaits dont on le gratifiait, en exerçant sa Muse sur les vertus de la famille de son Mécène. Commençant par les défunts, il déplora dans une épitaphe la mort prématurée de l'épouse du duc (morte en 1593), composa l'éloge de son frère aîné Bernard de Nogaret, amiral de la Valette (mort en 1592) [3], et, à en juger par un des vers cités plus haut, exalta les exploits de son beau-père, Henri de Foix, comte de Candale, gouverneur de Bordeaux et du Bordelais.

Il faisait fort probablement partie de la clientèle qui, en 1618, s'empressait autour du duc, exilé par le roi dans son gouvernement de Metz, à la suite de son altercation avec le garde des sceaux du Vair [4]. Balzac, qui y était accouru de Hollande [5] pour mettre l'ardeur de ses vingt et un ans au service de son protecteur, entretient longuement Coeffeteau, d'un « homme tout armé de pointes », dont le verbe haut, l'« éloquence querelleuse », et l'« esprit de tempeste » incommodaient l'entourage du gouverneur de Metz [6]. Le portrait qu'il trace de cet insupportable dispu-

---

1. Paris, Et. Prévosteau, 1602 (d'après Célestin Port, *Dict. hist. et biogr. de Maine-et-Loire*, II, p. 338) ou 1604 (d'après I. Uri, *Un cercle savant au XVII s.*, Fr. Guyet, Paris, 1886, p. 140).

2. *Superstitio furens sive de Morte Henrici magni carmen.* Ce poème est suivi d'un *Genethliaticon Ludovici XIII*, qui est de 1601. L'opuscule est publié à Paris, chez P. Chevalier, en 1610.

3. Balzac écrit à Guyet, le 25 sept. 1630 (l. 23, l. VIII, éd. in-f°) : « Obligez-moy, monsieur, de me faire une faveur et de me choisir dans vostre cabinet quelque consolation pour ma solitude... J'ay bien l'éloge de Ms. l'admiral de la Valette, mais je voudrois fort l'épitaphe de Mᵐᵉ la duchesse d'Espernon, et ces admirables élégiaques que vous m'avez monstrez autrefois, *in quibus tam es Tibullo similis quam ipse Tibullus sibi* ». M. Uri (*o. c.*, p. 140-141) reproduit cette citation, mais en la tronquant de façon à faire croire que c'est dans l'épitaphe et l'éloge, et non dans les vers élégiaques, que Guyet est semblable à Tibulle. De plus, il faut compléter la liste qu'il donne des poésies de Guyet, par les deux épigrammes latines placées en tête des *Œuvres* de Maynard. Paris, Courbé, 1646.

4. Vᵗᵉ de Noailles, *Le cardinal de la Valette*, Paris, 1906, p. 81 et 557-558.

5. Il y avait écrit l'année précédente son *Discours sur l'estat des Pays-Bas*. Cf. la note marginale des éditeurs de 1665.

6. V. l. 17 du l. VI, 15 août 1618. Balzac jugea ce passage assez important pour l'intelligence du *Barbon*, pour le reproduire à la fin de ce texte, parmi les fragments qui ont pour titre : *l'Imprimeur au lecteur*,

teur, entiché de son savoir et s'emportant pour imposer le silence
aux autres, ressemble fort au « docteur faisant l'*Hercule furens* »,
dont il parlera. en 1638 à Chapelain, et au grammairien, raisonneur enragé, de la deuxième partie du *Barbon*.

Toujours est-il qu'en certaine occurrence, Balzac rendit un
grand service à Guyet, qui se trouvait en fâcheuse posture. Plus
tard, quand leurs rapports se seront tout à fait gâtés, il se reprochera avec amertume d'avoir obligé un ingrat. « Au reste, ne vous
ay-je jamais dit l'obligation que m'a Capanée? Sans moy il seroit
mort à l'hospital, ou il gueuseroit encore dans le collège. En un
temps où il avoit besoin de pain, je le remis auprès de M. le
cardinal de la Valette, qui luy avoit donné son congé à la prière de
M. le duc d'Espernon, son père, et qui commençoit à l'oublier. Ce
fut un coup de ma faveur auprès du duc et je l'employay toute
entière en cette occasion :

> Sic nocui mundo, comuneinque omnibus hostem,
> Servavit pietas incauta, feramque cruentam
> Immisi populis, nec nescia corda futuri,
> Balzacio debet Respublica laesa Guietum
> Qui lacerat sine fine bonos, qui bella profanus,
> Aeternaque Jovi et superis, etc. [1].

Mais la reconnaissance était le moindre défaut du « Capanée
grammairien » ! Il y a ici lieu de rappeler un endroit de la XXIIe *Dissertation chrétienne*, où Balzac se plaint des « mauvais offices que
lui rendit un bouffon » auprès du cardinal de la Valette. Ménage
pense que ce fut Bautru qui le desservit [2]. Il est permis d'en
douter lorsqu'on rapproche cette plainte des ressentiments de
Chapelain contre Guyet : à la suite des manœuvres de cet intri-
gant, le cardinal n'eut plus bonne opinion de ses « bagatelles » [3].
Et quand, dans l'*Indignatio*, on tombe sur l'apostrophe à Macrin,
s'évertuant à rompre la bonne intelligence entre Amynte (Balzac)
et Daphnis (la Valette), on est porté à croire que le précepteur
Macrin, comme le bouffon dénoncé ailleurs, n'est autre que le
dénigrant Guyet qui, auprès du même haut personnage, joua un
si mauvais tour au chantre de *la Pucelle*. En tout cas, nous ne
voyons pas comment on pourrait, dans l'espèce, imputer à Mont-

---

1. *L. in. de B.*; l. du 17 août 1647, à Chapelain. — Balzac n'introduisit donc pas
Guyet chez le duc d'Epernon, ainsi que l'avance M. Uri p. 76; il ne fit que réconcilier le précepteur avec son ancien élève et avec le duc.
2. *Menagiana*, ed. 1729, I, p. 313.
3. *L. in de Chap.*, T. I, l. à Balzac du 7 mai 1639.

maur le moindre essai de cabale contre Balzac : le parasite ne frayait pas avec le cardinal et ne possédait pas son oreille [1].

Concluons. Dans l'*Indignatio in Theonem* ou *in Macrinum*, Balzac a feint d'avoir en vue Montmaur, mais, en réalité, a visé Guyet ; n'osant pas ou ne voulant pas attaquer son ennemi de front, il l'a attaqué sous le couvert du pédant parasite. Nous voulons bien que cette proposition ne soit qu'une hypothèse ; cependant, on concédera qu'elle s'accorde avec le sens de la pièce et avec un grand nombre de faits biographiques. L'histoire des relations de Balzac et de Guyet transformera en quasi-certitude cette supposition qui a déjà toutes les apparences de la vérité.

*<br>* *

Ces rapports furent froids et empreints de défiance, avant de devenir nettement hostiles. Le grand *épistolier* écrivait fort rarement à son ancien obligé. Parmi les centaines de lettres du tome I de ses *Œuvres complètes*, il n'y en a que deux adressées à Guyet. Dans la première [2], qui nous renseigne sur les compositions poétiques du précepteur de Louis de Nogaret, on recueille l'intéressant aveu que M*** a calmé l'agitation de l'âme de Balzac, en l'assurant que Guyet (la sincérité de ses sentiments était donc suspecte!) l'aimait toujours. Ils renouèrent certainement connaissance en 1636 [3], quand l'ermite de la Charente se décida à quitter ses « grottes », ses « cavernes » et ses « bois », où cependant « la haine et l'envie » l'avaient relancé. Il y avait plus de quatre ans qu'il n'avait vu Paris !

> Tu ne palam nostros vecors violabis amores
> Inficiesque ostrum coeno, spargesque venena
> Prodigus, immeritumque occides carmine Daphnim !

En 1648, *Theon* remplace *Macrinus* et *Lysis* remplace *Daphnis*.

2. L. 23, l. VIII, du 25 sept. 1630.

3. Cf. l. 38, l. IX du 8 mars 1636 à M. de Cercelles : « Je ne sçaurois vous escrire qu'en désordre, puisque c'est dans l'embarras où se trouve un homme qui s'en allant à Paris,... etc. Il y a quatre ans que je délibère sur ce grand voyage et m'y estant enfin résolu.... » Il adresse de Paris à M. de Pyles-Clermont et à M. Mestivier, médecin de Mgr le duc d'Epernon, les l. 27 et 30 du l. VIII de l'éd. in-f°. Elles y sont certainement mal datées 15 avril et 3 sept. 1635, dans cette édition qui, ainsi que l'a montré Tamisey de Larroque, est si souvent fautive. A ces dates B. recevait à sa campagne des l. de Chapelain. Il faut lire mars, avril ou mai au lieu de sept. et 1636 à la place de 1635. Ces rectifications sont confirmées d'abord par le contentement qu'exprime Chapelain le 1er mars 1636 de se trouver bientôt en compagnie de son ami, ensuite par une épître du 16 mai 1636 de Chapelain à Maynard, alors à Rome, et enfin par la réponse de ce dernier écrivain à Flotte qui lui avait annoncé la présence de Balzac à Paris. Bien que la l. 95 de Maynard (comme toutes celles qui forment le recueil de 1652) ne soit pas datée, elle est certainement du 9 mai 1636 (en comparer la teneur avec la correspondance de Rome du 10 mai, publiée dans la *Gazette de France* du 7 juin 1636).

Une de ses premières visites fut certainement rue des Poitevins, au Cabinet des frères Pierre et Jacques du Puy [1]. Balzac encensait les doctes assemblées qui se tenaient dans l'ancien logis du président de Thou, habité, disait-il, « par toutes les grâces du siècle présent et par toutes les vertus sociales et civiles ». Car si la Cour, l'Académie et l'hôtel de Rambouillet, pouvaient le consacrer prince de la rhétorique française, seuls les membres de l'*Académie putéane*, les du Puy, les Rigault, les Luillier, les Saumaise, versés dans les lettres anciennes, étaient à même de lui décerner la palme d'excellent poète latin. Sans aller, comme Pétrarque, jusqu'à tirer plus d'orgueil de ses productions latines que de celles écrites dans l'idiome national, Balzac, qui avait étudié de près Virgile et Cicéron, et qui était frotté de grec, ambitionnait la gloire d'être reconnu comme un des meilleurs humanistes de son époque et aspirait notamment à passer pour un latiniste pur et élégant. L'insistance avec laquelle il entretient ses familiers de ses *Carmina* et de ses *Epigrammata*, le soin qu'il a de remettre ses vers sur l'enclume, de les polir et de les repolir, le plaisir qu'il éprouve d'en être complimenté et l'ombrage qu'il prend au moindre soupçon de critique, témoignent assez clairement de ses visées.

Malheureusement pour lui, la voix de Fr. Guyet avait beaucoup de poids, dans le cercle savant de la rue des Poitevins. Après s'être séparé du cardinal de la Valette qu'il avait accompagné à Rome, en 1623 [2], Guyet se retira au collège de Bourgogne, à Paris. Ses bénéfices le mettaient à l'abri des soucis pécuniaires. Aussi, enflammé d'un beau zèle pour la philologie ancienne, il consacra désormais tout son temps à la collation des manuscrits, à la restitution des textes, à l'étude comparée des langues grecque et latine. Ses seuls loisirs étaient de se rendre chaque après-midi à la bibliothèque toute proche des frères du Puy, pour prendre part aux « confabulations » qui s'engageaient sur les questions littéraires du jour : ouvrages fraîchement imprimés, polémiques d'érudits, lettres reçues de province ou des savants en *us* de Hol-

---

1. V. la l. de condoléances que Balzac envoie le 20 janv. 1652 à Jacques Dupuy, au sujet de la mort de son frère († 15 déc. 1651) : « En mon particulier j'avois receu une infinité de faveurs de cette âme bienfaisante. Au dernier voiage que je fis à Paris, je connus ses richesses : il m'ouvrit son cœur, en m'ouvrant son cabinet; mais avec une franchise si esloignée des réserves du temps présent... » (*Douze lettres inéd. de J. L. Guez de Balzac*, publ. p. Tam. de Larroque, Paris, 1863). — Ce dernier voyage à Paris qui laissa à Balzac de si bons souvenirs, dont il rend compte avec tant de mauvais goût, fut certainement celui d'avril-mai 1636.
2. Les biographes de Guyet nous informent qu'il accompagna le cardinal de la Valette à Rome, lors de la mission dont ce dernier fut chargé auprès du St-Siège. Or les *Instructions données par le roi* à son chargé d'affaires sont d'avril 1623. Le cardinal n'entreprit son voyage qu'un peu plus tard (Vte de Noailles, *o. c.*, p. 103).

lande ou d'Allemagne..... Là, son érudition, son dévouement à la science, et même la raideur de son caractère et la brusquerie de ses manières, lui valurent une autorité qui devait remplir Balzac de jalousie et de fureur [1].

Certes sa vanité d'auteur fut moins touchée de l'estime témoignée à son *Apologie* (*Relation à Ménandre*), par d'Ablancourt, Luillier et d'Aligre, qu'elle ne fut blessée des réserves faites par Guyet sur la latinité de ses ouvrages. Toute la compagnie fit bon accueil à sa lettre sur les *Supposés* d'Arioste; seul Guyet garda le silence, ce qui indiquait suffisamment ses sentiments là-dessus [2].

L'idée de tirer vengeance de ce censeur renfrogné commence à hanter l'esprit de Balzac. « Le docteur qui fit chez vous l'*Hercule furens*, écrit-il à Chapelain, le 29 mai 1638, et le flageolet que vous luy ordonnez pour modérer l'impétuosité de son action dans la dispute, sont véritablement des pièces rares et que j'ay quelque envie de vous desrober, pour un des chapitres de mon *Barbon* [3]. » Au commencement de mai de l'année suivante, il éclate en menaces [4] : « Pour le ridicule * * * on souffre un peu trop de son humeur. Il ne faudroit pas le laisser régner si absolument que de temps en temps on le fît souvenir de la berne, et il en seroit peut-être plus sage. » Mais Chapelain se rendait trop bien compte des difficultés de l'entreprise pour ne pas en dissuader son ami : « Je ne sais que vous dire de Guyet, sinon que j'en crois tout ce que vous dites. Mais il seroit mal aisé d'obtenir de M. l'Huillier ni d'aucun de l'*Académie Putéane* qu'ils méprisassent son jugement en matière de lettres, ni qu'ils entreprissent de le berner. »

Puisqu'il lui était interdit d'user de moyens violents, Balzac résolut d'essayer de la douceur, pour amener à résipiscence son farouche adversaire. Il se mit à l'œuvre, et rendit hommage dans

1. M. Uri, *o. c.*, p. 104-105, et l'abbé Fabre, *Les ennemis de Chapelain*, Paris, 1888, p. 80-85, exposent d'une manière toute différente de la nôtre les démêlés de Guyet avec Balzac et Chapelain. — Il est à propos, croyons-nous, de rapporter ici la var. suivante du premier quatrain de l'épigramme adressée par Maynard à Guyet (Ms. 843 de Toulouse, f° 139 verso) :

Ta rude censure assassine
Balzac et ses imitateurs
Et tu n'aimes que les auteurs
Qui sont là-bas chez Proserpine.

Le nom de Balzac ne figure plus dans la rédaction définitive de cette petite pièce (Maynard, éd. c., III, 99 : Je ne dois pas encore attendre...).
2. *L. inéd. de Chap.*, 1, l. à Balzac du 17 avril 1639; du 10 oct. 1637 et du 23 avril 1639.
3. L. 8 du l. XIX, du 29 mai 1638, éd. in-f°.
4. *Ibid.*, l. 12, l. XX. — L'abbé Fabre, *o. c.*, p. 81, note 3, trouve à bon droit erronée la date 8 juin 1639 de cette lettre. Elle est de quelques jours antérieure à la réponse qui suit de Chap. (*L. in.*, l. du 7 mai 1639).

son *De hypercritico Guyeto*, à la science ingénieuse, à la pureté du goût et à la juste sévérité des arrêts littéraires du savant philologue. Ménage, à qui le poème était adressé, en donna en octobre 1640 lecture à la compagnie, et Chapelain fit part [1] à son correspondant de la Charente des applaudissements que son compliment y avait reçus. Les deux amis croyaient que l' « hypercritique » était enfin désarmé. Il n'en était rien. Guyet ne s'était pas laissé prendre à la glu des paroles mielleuses de son élogiste, et bientôt il recommença à siffler de plus belle les vers latins, les dissertations françaises et les lettres dans les deux langues du grand rhétoricien.

Balzac s'aperçut trop tard qu'il avait été joué. A sa haine vivace contre l'archevêque de Rouen, vinrent s'ajouter ses rancunes récentes contre Guyet. Quoi donc, devait-il toujours supporter les affronts et sans cesse subir les avanies de ses détracteurs! Il avait trop différé la publication de sa *Relation à Ménandre*, cette tardive réponse à la provocation méchante du P. Goulu! Maintenant qu'il se préparait à la faire paraître, il fallait donner aussi son *Barbon*, avec la suite depuis longtemps projetée. Le portrait du grammairien ferait le digne pendant de celui de l'archevêque. Car il aurait été injuste que, dans cette satire du pédantisme, seul l'auteur de l'*Avis aux curieux* fût fustigé. D'ailleurs, grâce à cette addition, son *Barbon* augmenterait de volume, deviendrait un livre, c'est-à-dire un défi de plus jeté à ses adversaires qui prétendaient que Balzac se bornerait à écrire des lettres, son esprit n'ayant pas la force nécessaire pour composer autre chose que des fragments sans liaison. Son *Prince*, pensait-il, leur avait prouvé le contraire; son *Barbon* et son *Aristippe*, les deux ouvrages qu'il avait sur le chantier, devaient définitivement discréditer leurs dires.

Les libelles contre Montmaur, parus en 1643, stimulèrent sans doute son désir de vengeance. Les craintes qui l'avaient naguère assailli au moment d'attaquer l'archevêque de Rouen, et les scrupules de déplaire à l'Académie Putéane en tournant en ridicule un de ses membres les plus estimés, s'évanouirent devant les circonstances propices qui s'offraient à lui. En feignant de tirer sur le parasite, cette cible commune de tous les gens de lettres, il pouvait décocher des traits contre ses vrais ennemis. D'ailleurs, à les satiriser tous deux à la fois, il courait moins le risque de représailles dangereuses. Sans doute, l'archevêque

---

1. *L. inéd. de Chap.*, I, l. du 20 oct. 1640,

comme le grammairien se reconnaîtraient dans le *Barbon*. Mais,
comme à côté de leurs traits ils en discerneraient d'autres qui
ne leur appartenaient pas, et comme Balzac avait eu la précaution de cacher son jeu, leur rage ne pouvait éclater trop haut.
Assurément, ces calculs et ces manèges dénotaient plus que
de la prudence — presque de la poltronnerie. Mais le grand écrivain n'avait jamais été très brave. On sait combien il protesta
lorsque Heinsius, pour lui faire tort, publia son *Discours sur l'état
politique des Pays-Bas*. Balzac, qui autrefois en avait laissé des
copies en Hollande, les croyait perdues ou définitivement oubliées.
Quand il apprit que cette dissertation républicaine courait à travers
la France de Louis XIII et de Richelieu, il s'effara : cette diatribe
n'était pas de lui ; c'était un « faux-Balzac », qu'on avait fabriqué
pour le compromettre. Lâchement, il renia son *Discours*, ne
dévoila la vérité à personne, pas même à Chapelain. Enfin, har-
celé, convaincu de mensonge, il avoua avoir écrit ce pamphlet à
l'âge de dix-sept ans — et, en se rajeunissant de trois ans, il men-
tait encore pour atténuer la gravité de sa faute [1].

Il fit donc un coup d'essai, en insérant en 1643, dans un recueil
de pamphlets contre Montmaur, son *Indignatio in Macrinum*,
aux allusions si transparentes à ses rapports avec Guyet. Les vers
fallacieux sur le parasite, la portée des pièces qui accompagnaient
la sienne, déroutèrent le public qui ne se douta point de la mystification dont il était l'objet. Son audace était restée impunie. Il pouvait donc compléter son *Barbon* et le publier sans crainte de danger !

L'opuscule devait en même temps changer d'adresse. Cette fois,
Balzac voulait le dédier non plus à Méré, mais à Ménage. Le nom
du jeune et déjà célèbre auteur de la *Vie de Mamurra*, placé en
tête du *Barbon*, était un moyen de plus pour dépister les soupçons
des lecteurs. Puis, Ménage était l'astre qui se levait et qu'il était
bon de saluer; les éloges de cet excellent latiniste pouvaient
dissiper le mauvais effet des critiques de Guyet ; enfin, ce « très
cher ami » méritait, pour les lettres et les odes qu'il lui avait
adressées, un « acte public de reconnaissance ». Le 6 juin 1644,
il fait part de ses intentions à Chapelain : « Je lui destine un discours qui s'appellera *Fragmens d'une histoire qui s'est perdue*, dans
lequel, sur le sujet de son Mamurra, je prétens de luy conter des
nouvelles de mon *Barbon*, et de lui offrir *disjecti membra pedantis*,
qui peut-estre mériteroient la peine d'estre recueillis [2]. » Mais il

1. Cf. les l. 34, l. XVIII, et 10, l. XIX, éd. in-f°.
2. *L. inéd. de B.* publ. p. Tam. de Larroque : l. du 6 et du 13 juin, du 25 juillet,
du 1er août et de septembre 1644.

était difficile de faire un corps de ces membres épars. Comment
relier aux pages consacrées à l'archevêque de Rouen, les notes
ébauchées sur l' « hypercritique »? Comme toujours, le plan à
choisir embarrassait notre écrivain. Et, justement, il venait
d'égarer la vie de Mamurra, qui aurait pu lui en fournir ou du
moins lui en suggérer un. Vite, il prie Ménage de lui faire parvenir un nouvel exemplaire de son livret. Mais l'envoi tarde à
arriver. Bientôt il s'impatiente, s'irrite contre le « cher » qui
« semble faire le sourd à ma demande; qui me fait trop languir
en l'attente de son *Mamurra*, sans lequel je ne puis travailler
comme il faut à mon *Barbon* ». Enfin, dans les premiers jours
de septembre, l'ouvrage tant désiré arrive : « Mon *Barbon*,
s'écrie-t-il avec joie, sera prest en peu de temps et j'espère que
la dédicace n'en sera pas désagréable à nostre excellent amy. »
Toutefois trois années s'écoulèrent sans que Balzac livrât son
travail au public, ni même qu'il en fît mention dans ses lettres
familières. Le pusillanime satiriste balançait entre le désir de
faire paraître son ouvrage, l'envie de châtier ses ennemis et l'ap-
préhension d'entrer en lice contre eux. Les foudres de l'archevêque de Rouen, dont l'âge avait calmé l'humeur belliqueuse,
l'inquiétaient moins que la fureur de Guyet, capable de soulever
toute l'Académie Putéane contre lui. Pour conjurer tout danger
de ce côté-là, il fallait une deuxième fois prévenir les esprits que
son *Barbon* était dirigé contre Montmaur. Cinq ou six ans auparavant, il avait ébauché une *silve* à l'intention de Boisrobert. Avec
le souci qu'il avait de ne rien laisser perdre de ses productions,
il reprit en janvier 1646 ce morceau inachevé, y ajouta un autre
où il gourmandait vertement le professeur de grec, et replâtra
tant bien que mal l'ensemble. L'égoïsme incurable de Balzac
étouffa la pitié que le « pauvre Montmaur » [1] lui inspirait. L'attaquer, c'était prendre une garantie de plus pour sa sécurité personnelle. Toute considération disparaissait en face de celle-là.
Le raccord des vers nouveaux et des anciens n'est pas très
habilement fait dans l'*Epistola ad clarissimum et reverendissimum
antistitem Metellum de Bosco-Roberto*. L'incohérence de la pièce est
aggravée par de petites contradictions et de légers anachro-
nismes, relevés avec assez de bonne grâce par l'auteur lui-même.
« On y pourra remarquer de l'antidate et quelque chose qui, pour
l'ordre du temps et la rigueur de la vérité, n'est pas entièrement

1. Il plaint « le pauvre Monmor », même après l'avoir attaqué, dans une lettre
du 10 août 1647 (*L. inéd. de B.*).

historique; comme par exemple j'aime mieux parler de la reine mère que du cardinal, et l'*antistes* n'était alors abbé que de son nom, et on ne faisoit point guerre ouverte à Mamurra, et on ne parloit point du cher Féramus, etc. Mais tout cela est de fort peu d'importance et d'ici à dix ans, personne ne le sauroit reconnaistre, maintenant mesme peu de gens s'en apercevront. »

Pour ne pas être en reste de politesse, Boisrobert lui adressa presque aussitôt une Epître en vers [1], où, après avoir renseigné son collègue sur la lenteur avec laquelle les académiciens travaillaient au Dictionnaire, il lui donnait des nouvelles de la rivalité entre le parasite « Archipédent » et le fameux Flotte, un joyeux drille, toulousain comme le président Maynard, et comme lui aimant les repas plantureux; meilleur « biberon » [2] cependant, et très lié avec les poètes Colletet et Saint-Amant, de bachique mémoire [3].

Donc, personne n'était dans le secret des véritables intentions de l'auteur du *Barbon*. Chapelain même, le confident de ses pensées les plus cachées, ne se doutait point de ses desseins à l'égard de Guyet. Balzac, il est vrai, avait en octobre 1644 déclaré à son ami que la Muse du « redoutable » était bien atteinte par les injures du temps, et que l'autorité de ce demi-poète était « plustôt usurpation et tyrannie que légitime puissance ». Puis, l'année d'après, il lui avait communiqué un petit poème « contre un tyran de collège, terrible et impitoyable fouetteur, tel qu'estoit autrefois *Orbilius, quem plagosum dixere olim magnanimi Remi nepotes* [4] ». Mais il était difficile au bon Chapelain de se rendre compte où en voulait venir l'amour-propre blessé de son correspondant. Il ne l'apprit que fort tard, au moment des mécomptes que lui suscita son *Ode pour monsieur le cardinal Mazarin* (mars ou avril 1647) [5].

1. *Les Espistres du sieur de Bois-Robert Metel, abbé de Chastillon*, Paris, 1647, in-4°. — Espistre VI à *Mrs. de Balzac.* Cette pièce, fort intéressante pour l'histoire de l'Académie française, ne fut donc pas écrite vers 1643, comme s'exprime M. Petit de Julleville (*H. de la litt. fr.*, IV, p. 157), mais en 1646 seulement. Balzac la reçut au cours du printemps de cette année. En effet, Boisrobert lui annonce que Flotte :

> Chante Mamurre, et dit qu'avant l'esté
> En plein Pont-neuf on le Verra chanté.

Quoique le recueil d'Epîtres soit daté 1647, l'impression en était achevée bien avant la fin de l'année précédente. Le 24 sept. 1646, Balzac parle à Chapelain « du nouveau livre de l'*Abbé comique* » (cf. la note de Tamisey de Larr., *Mél. h.*, I, *L. in. de B.*, p. 778).

2. C'est ainsi que Balzac le baptise.

3. Boisrobert a échappé aux investigations de M. Bernardin sur les détracteurs de Montmaur.

4. *L. in. de Balzac*, l. du 31 oct. 1644 et du 31 décembre 1645. Balzac lui envoya, en même temps que son *Orbilius*, une épigramme : *In grammaticum Genevatem*. Sallengre a senti le lien de ces pièces avec le *Barbon* et les a attachées à cet opuscule dans son *Histoire de P. de Montmaur*.

5. *L. in. de B.*, l. du 4 avril 1647.

Son lyrisme intéressé lui valut, il est vrai, une gratification de
Son Eminence, mais aussi les quolibets du comte de Cominges,
du « patelin » Costar, et du chevalier de Méré, coutumiers de
pareils méfaits. Tandis que ce malin trio bouffonnait à la cour
sur le compte du chantre de la *Pucelle*, le « tyran » Guyet le mal-
menait fort à l'Académie Putéane.

> Attaquer Chapelain ! ah ! c'est un si bon homme !

Oui, et un cœur chaud, et le meilleur poète du siècle ! Comment
*Orbilius* avait-il osé le frapper de sa férule ! En consolant son
compagnon d'infortune, Balzac est amené à lui faire des demi-
aveux tout d'abord, des aveux complets par la suite : « Guyet
est un vieux fou confirmé qui, dans les meilleures heures, n'agit
que par caprice et par occasion. Il excomunie le soir les personnes qu'il a canonisées le matin. Je l'ay veu disputer jusqu'à la
fureur contre son bon maistre le cardinal de la Valette, et contre
son bon amy le Père Bourbon [1]. Je luy ay ouy dire mille biens et
mille maux de l'un et de l'autre, selon l'humeur où il estoit et le
parti qu'avoit celuy qui luy en parloit :

> Velle tuum nolo, Dindyme, nolle volo.

Si je voulois le traiter comme il mérite, quelle fertile et ample
matière ! Je ferois un second *Barbon* qui seroit tout pour luy ! »
(6 mai 1647.) Et comme Chapelain, encore bouillant de colère,
semblait acquiescer à cette offre d'immoler le « vieux fou » à la
risée publique, Balzac s'explique sans ambages ni circonlocu-
tions : « C'estoit ce vieux loup que tous les honnestes savants
devoient attaquer de toutes leurs forces et non pas le misérable
Monmor qui ne vaut pas la peine qu'il a donnée. Je voy bien que
vous estes d'avis que je face cette célèbre justice et que je venge
la raison et l'humanité qui sont violées, il y a si longtemps, par
les brutales extravagances du plus insupportable pédant de l'Europe. Je vous obéiray, Monsieur, et au plus tost, et ce sera dans
un discours qu'il faudra ajouter au *Barbon*, et qui pourra luy
servir de commentaire. » (20 juin.) On sent que Balzac, excitant
son ami, s'excite lui-même ; qu'il tâche de se donner du courage
pour « donner la chasse au vieux loup » (30 juin) ; qu'en noircis-
sant à plaisir son ennemi, il veut justifier à ses propres yeux l'acte

---

1. Dont il fit pourtant l'épithaphe, cf. la l. de Balzac à Chapelain du 31 oct. 1644 :
« n'admirons ny vous, ny moy l'épigramme qu'il a faite pour M. Bourbon ».

téméraire qu'il est sur le point d'accomplir. Son indignation devient plus véhémente, son ton plus agressif. Se rappelant la tiédeur de la dévotion du prieur de Saint-Andrade, il s'empare à son tour du mot de ralliement de toutes les haines de l'époque : Guyet est un athée, « qui mérite d'être livré à l'indignation des fidèles » ; « le Capanée grammairien doit estre publiquement foudroyé! » (22 juillet.) Les louanges qu'il avait autrefois inutilement données à l' « hypercritique » le gênent. Il recourt à un subterfuge pour s'en débarrasser : ces compliments n'étaient qu'un passe-temps moqueur, un badinage. Il le fit bien voir, en ajoutant à son poème quelques vers qui montraient que « le bien qu'il *avait* dit de Guyet était ironique, et découvr*aient* la feinte en la finissant ». Le même jour[1] où il vitupère contre l'insulteur des Dieux, il communique à Chapelain, l' « *Eucharisticon* avec la queue »...... renfermant le venin :

> Illa Venus tingens facundas Nectare voces
> Aversare posset quae conciliare Galesum,
> Posset et Orbilio, ferulam extorquere minacem
> Posset grammaticos Genovevae in colle Tyrannos
> Flectere, Mamurraeque animos mollire ferocis
> Durius huic quamvis ferro caput, ilia circum,
> Aesque triplex, teneros venis excludat Amores[2].

Par un reste de prudence, il mêlait le nom du « misérable Montmaur » aux vers qui vilipendaient l' « impitoyable fouetteur Orbilius ». Mais plus il attisait le feu, plus l'ardeur de Chapelain tombait. Ce dernier n'avait pas la rancune tenace. Puis, la lecture du *Barbon* remanié et complété[3] l'avait rendu hésitant et « circonspectissime ». Mais désormais aucune raison ne pouvait retenir Balzac : « Une personne à qui je ne puis rien refuser veut absolument que le *Barbon* soit imprimé, et que je n'hésite pas davantage à luy faire voir du beau caractère de M. Courbé... ». (L. du 28 juillet). « Pour le *Barbon* ma parolle est donnée, mon cher Monsieur, et je vous prie de ne pas trouver mauvais que je rende quelque chose à une personne à qui je dois tout. Mais avant qu'il soit achevé d'imprimer avec certaines pièces estrangères du mesme genre, que je feray mettre en suitte, le Capanée gram-

---

1. Cf. *L. in de B.*, l. du 30 juin et du 22 juillet.
2. *Carminum libri tres*, Paris, 1650, p. 74. *De hypercritico Galeso, ad Aegidium Menagium, ludus poeticus.* Le poème était primitivement intitulé *De hypercritico Guyeto*. Le 2 nov. 1643, l'auteur prie Chapelain, qui donnait ses soins à l'impression de ses *OEuvres choisies* (éd. 1644), de remplacer *Guietus* par *Galesus*.
3. Balzac le lui avait envoyé dès le 20 juin.

mairien pourra bien estre en estat de faire l'arrière-garde de ce
petit corps. » (L. du 17 août.)

-- La publication des *Lettres choisies* auxquelles Balzac faillit
joindre son opuscule[1], le curieux remplacement de l'éditeur
Courbé par Jean Piot, libraire d'Avignon, qui repassa son privilège[2] à son confrère de Paris, différèrent l'achèvement de l'impression du *Barbon* jusqu'au 1er juillet 1648.

## III

L'opuscule s'ouvre sur une taille-douce de Chauveau. L'artiste
a représenté le Barbon avec les deux traits caractéristiques que
l'auteur prête à son ridicule personnage. Sa barbe abondante rappelle manifestement celle de l'archevêque de Rouen et le paquet
de verges appendu à sa ceinture, les procédés de Guyet à l'égard
des écrivains : Orbilius ne pouvait oublier son ancien métier de
cuistre de collège.

Vient ensuite une lettre dédicace à Ménage, où Balzac explique
le dessein poursuivi dans sa satire. « Il n'y a pas voulu tracer le
portrait de telle personne, mais décrire un fantôme de sa façon,
un homme artificiel, forgé de toutes pièces par son imagination.
Sa peinture vise en mille endroits et ne s'arrête nulle part. Personne ne saurait s'y reconnaître et, s'y reconnaissant, s'en offenser.
Ce qu'il désire, c'est nous donner une idée générale des pédants de
collège. » Ce préambule ne fait que reproduire les termes de
l'épître dédicatoire de la *Vie de Mamurra*. Ménage le premier avait
déclaré vouloir décrire non pas tel ou tel parasite, mais tous les
parasites, sous les traits de son héros.

Le texte proprement dit du *Barbon* est suivi de deux appendices.
Le premier, intitulé *Advertissement*, contient l'épisode du sacrificateur et du Barbon. L'autre renferme un groupe de fragments
satiriques, tirés des *Œuvres diverses* de Balzac et réunis sous le
titre *l'Imprimeur au lecteur*[3]. Certains de ces passages visent

1. Cf. la l. du 25 nov. 1647 à Chapelain.
2. Signé le 10 juin 1648 par le vice-légat.
3. Balzac voulait supprimer ces passages dans l'édition de ses *Œuvres diverses*
donnée en 1651 par les Elzévirs, à Leide (in-12º). A cet effet, il écrivit à Conrart
(l. 20 du l. XXIII, du 11 sept. 1650, éd. in f°) : « Bien que le correcteur de Leyden,
estant habile et intelligent, se puisse passer de mes advis, je vous diray, puisque
vous le voulez absolument, que ce sera assez d'imprimer le *Barbon* avec les deux
poèmes qui sont à la fin sans imprimer les passages françois, tirez des *Œuvres
diverses* ». Les Elzévirs maintinrent ces passages contrairement à l'avis de l'auteur.

Guyet : ainsi, le premier qui est extrait de la lettre à l'évêque de Dardanie, sur le querelleur qui à Metz, en 1618, importunait les gens de Mgr le duc d'Epernon. D'autres conviennent plutôt à Fr. de Harlay : comme, par exemple, le fragment tiré d'une lettre à M. de Gaillard[1], sur « le fou en deux sciences et en quatre langues ». Quelques-uns, enfin, se rapportent aux nombreux ennemis, avec qui Balzac s'est toute sa vie colleté : tels sont les passages : *Est-ce là ce général, disent-ils, que nous estimions un homme si rare.... Ne savions-nous pas qu'il est aisé de souiller les belles choses.... Il vous blasme d'employer hors de temps....* qui se retrouvent dans la troisième partie des *Relations à Ménandre*[2].

Les deux petits poèmes qui terminent l'ouvrage, l'*Indignatio in Theomem* et l'*Epistola ad Metellum de Bosco-Roberto*, sont le pavillon destiné à couvrir le contenu interlope de cette satire.

Le texte proprement dit du *Barbon* se décompose en deux parties : la première[3], à laquelle seule convient le titre du livret, met en scène le vrai Barbon, Fr. de Harlay, archevêque de Rouen; la deuxième[4] concerne l'ancien familier des d'Epernon, le savant Fr. Guyet.

Pour le portrait du théologien, l'auteur n'a fait que développer l'esquisse qu'il en avait donnée dans la lettre inédite de 1633. Même ce premier jet de la plume de Balzac est, à notre avis, plus heureux que la rédaction à laquelle il s'est arrêté en dernier lieu. Les hyperboles redondantes, les antithèses pleines d'artifice, les détails oiseux qu'il y a prodigués, effacent le relief de sa peinture primitive, amusante, encore qu'un peu lourde. La Vie de Mamurra, qu'il réclamait avec tant d'instances, au moment où il voulait remanier son *Barbon*, lui a fourni seulement l'idée d'un hors-d'œuvre, inséré dans cette première partie de sa satire. Ces plaisanteries de mauvais aloi, sur la femme choisie par le Barbon « en mesme lieu où Justinien et Bélisaire choisirent la leur », sur les « pasquinades » qui troublèrent la félicité de la lune de miel du pédant, sur les trophées de cornes érigés à la porte de son logis, sont le pendant des folies amoureuses de Mamurra, étrillé à la porte d'une femme galante et néanmoins appréhendé par le commissaire du quartier[5]. Il faut ajouter que ces anecdotes sur l'union mal assortie du Barbon avec Xantippe peuvent aussi être

1. L. 35, l. VIII, du 20 mai 1634. Ed. in-f°.
2. T. II, p. 347 de l'éd. in-f°.
3. P. 691-703 du tome II de l'éd. in-f°.
4. *Ibidem.*, p. 703-710. L'advertissement p. 710-712 se rapporte à Guyet seulement.
5. Bernardin, *o. c.*, p. 49.

un écho de la chronique scandaleuse du temps. Ecoutons Tallemant, heureux de rapporter, dans ses grasses *Historiettes*, un commérage de plus : « Sur la fin, il (l'archevêque de Rouen) se laissoit si fort gouverner à je ne sçay quelle femme qui estoit sa mesnagère, qu'il commençoit à s'incommoder, et elle à s'accomoder très-fort. Enfin on le fit résoudre à donner son archevesché à son nepveu Chanvallon ». Mais les lazzis de Ménage comme ceux de Balzac ne pouvaient guère toucher Montmaur. Si le parasite manifestait trop de penchant pour la bombance, par contre, il ne s'était jamais montré affriolé par ce que La Fontaine appelle les amoureux déduits [1].

On ne saurait indiquer, d'une manière précise, la phrase qui termine la satire de Fr. de Harlay et celle qui commence la satire de Guyet. Comme ces pédants se ressemblent par certains côtés, il est difficile de rapporter à l'un de préférence à l'autre quelques passages [2] qui relient les deux moitiés de l'opuscule.

Ainsi, tous deux faisaient des vers. Mais est-ce à l'archevêque ou au membre de l'Académie Putéane que songe Balzac, lorsqu'il reproche à son Barbon de remplir ses pièces « des mauvaises choses qui sont eschappées aux bons poètes [3] »? Car le pédant est incapable de composer adroitement un centon! Il accole les épithètes homériques *léger à la course* ou *viste au pied*, au nom de n'importe quel capitaine, fût-il boiteux comme le maréchal de Biron ou goutteux comme Antoine de Lève! Il nous semble pourtant que les poèmes, où Guyet a commémoré les gestes de l'amiral

---

1. Voir sur ce point les témoignages des contemporains, Bern., *o. c.*, p. 82.

2. Cependant il nous semble que le passage suivant est le dernier qui vise l'archevêque : « Dans les attestations et les tesmoignages qu'il donne à ceux qui sortent de sa discipline... ses qualitez remplissent toujours la première page et j'ay leu en plus d'un parchemin : Le Barbon, par la grace de Dieu, Grammarien, Rhetoricien, Philosophe, Médecin, Jurisconsulte, Poète couronné de la propre main de Jupiter depuis le poème qu'il a composé de la *Gigantomachie* » (*l. c.*, p. 703). En comparant ces lignes avec la pièce XXIV du *Mercure de Gaillon*, qui est un programme des cours de l'école dirigée par F. de Harlay : Archiepiscopalis Schola Rothomagensis, anni supra millesimum ac sexcentisimum quadragesimi tertii... Sanctae Ursulae, Sorbonae Patronae praeludens... octobris undevigesimum... universas Theologiae, Philosophiae, Rhetoricae partes hoc ordine illustrabit etc. », on se rend compte de ce qui a pu susciter les railleries de ci-dessus. Il se pourrait, en outre, que le sermonnaire formé aux préceptes oratoires de l'archevêque, et dont l'auteur du *Barbon* se moque dans une lettre déjà citée dans cette étude (l. 17, l. XI), ait exhibé devant Balzac quelque diplôme émanant de l'école de Gaillon. — Le rapprochement qu'établit M. Roy (*o. c.*, p. 88 et 110) entre cet endroit du *Barbon* et une réponse de Pancrace à Sganarelle, sc. VI du *Mariage forcé* de Molière, ne serait-il pas un peu forcé ?

3. *L. c.*, p. 702.

de la Valette et les vertus de Henri le Grand, supporteraient mieux ces critiques, que les chants inspirés à l' « académiste » de Saint-Victor, par le pacifique triomphe de Saint-Paul ou les beautés de Gaillon. A la charge du chantre de la maison d'Epernon, viendrait encore un endroit de l'*Indignatio* : Amynte invective Théon qui ose pénétrer dans le temple des Muses, afin de dérober à Virgile des lambeaux de phrase.

> Tu genio irato, pulchrae tu nescius artis,
> Irrumpesne sacras Musarum obscoenus in aedes,
> Et fatalis anus multum indignante Marone,
> Quem laceras, *centum linguas, centum ora* rogabis.

Comment décider si ce sont les préférences littéraires de l'un ou de l'autre pédant (à moins que ce ne soient celles de tous les deux) que Balzac prétend railler, en écrivant quelques lignes plus bas : « Il tient que l'enthousiasme de la poésie françoise a cessé, depuis qu'on ne dit plus la *terre porte-moissons* et le *ciel porte-flambeaux*, depuis qu'on n'use plus de *flo-flottante mer* et de *clo-clottante poule*. Il ne trouve rien de meilleur dans les œuvres de Ronsard que sa chère *entelechie*... sa *Déesse viergalement felonne*, etc. Balzac s'élève, dans la xxive Dissertation critique, contre les fautes de Ronsard et mentionne entre autres sa « licence prodigieuse à former de mauvais mots et de mauvaises locutions ». L'admirateur et le défenseur de Malherbe nous informe, en même temps, du goût curieux du président de Thou pour Ronsard, qu'il mettait « à costé d'Homère, vis-à-vis de Virgile et je ne sçay combien de toises au-dessus de tous les autres poètes, grecs, latins et italiens ». Ce sentiment du fondateur de l'Académie Putéane était-il partagé par tous les membres du *cabinet*, et notamment par Guyet? On peut poser la question, mais non la résoudre, de même qu'on ne saurait indiquer l'opinion de l'archevêque de Rouen sur les deux chefs d'école, dont le procès resta pendant, jusqu'à l'arrêt définitif de Boileau.

On n'a qu'à tourner la page, pour que le doute ne soit plus permis sur la personne que représente le Barbon. Comme un acteur qui jouerait l'un après l'autre deux rôles différents, le pédant qui d'abord avait été un théologien, se livrant à des travaux de controverse et d'histoire religieuse et composant, pour se délasser, des vers dénués de cadence et de raison, s'est changé maintenant en un grammairien, sévère annotateur des Latins et des Grecs, critique impitoyable des modernes, puisant sa science

dans les auteurs les plus obscurs et souvent les moins dignes de
foi, disputeur hargneux et entêté de raisonnements. L'archevêque
de Rouen a cédé la place au philologue Guyet.

Ce savant avait annoté pas moins de vingt-neuf écrivains
anciens [1]. Les éditions des Estienne, des Morel, des Grotius, des
grands érudits de France, de Hollande et d'Allemagne, ne le
satisfaisaient pas. Il chargeait la marge de ces ouvrages de leçons
qu'il avait collationnées sur d'autres éditions ou sur les manuscrits mêmes. Il barrait les phrases ou les mots qu'il estimait avoir
été interpolés, corrigeait ce qui lui semblait être des fautes de
copistes. Sur ce dernier point, la critique de Guyet était d'une
liberté extrême [2]. Lisant et relisant son auteur, il se faisait de son
génie un idéal de perfection auquel il voulait ramener toute son
œuvre ; aussi rejetait-il avec une assurance téméraire tout ce qui
lui semblait s'en écarter [3]. Huet disait qu'après les corrections de
Guyet, on aurait cherché Virgile dans Virgile même sans l'y
reconnaître, et Bayle raconte, à propos des nombreux vers que
l'étrange critique avait rayés de l'Enéide : « Il prétendoit que
l'on avoit supposé beaucoup d'enfants à ce grand poète, et que ses
poésies étoient semblables à des troupes où quantité de passe-
volants ont été fourrez. Il se donnoit donc la charge d'un commissaire rigide qui ne passe à la montre que les véritables soldats. »
C'est cette critique aventureuse et cette science pleine de présomption que Balzac condamne chez son Barbon : « Qu'on luy présente
un vieux manuscrit, il ne dira pas seulement s'il est du règne
d'Auguste, ou de celuy de Tibère ; mais il marquera précisément
l'année, le mois, la semaine de la conception... Il sçaura si
l'autheur qui l'a composé estoit Italien ou Provincial, estoit de deçà
ou de delà le Pô, estoit de Rome ou des faux-bourgs... Dans une
mesme pièce, il connoit ce qu'un autheur a retouché et ce qui a
trouvé d'abord sa perfection ; il remarque les endroits ou l'ouvrier
a quitté sa besogne, et ceux où il l'a reprise. Il discerne les
pensées du matin d'avecque celles du soir, et l'inspiration des
Muses d'avecque l'esprit du poëte. A son dire, il y a un vray et un
faux Virgile ; un Horace courtisan d'Auguste et favori de Mécénas,
et un Horace estropié par les copistes, entre les mains desquels il
tomba à la sortie de la cour d'Auguste et du palais de Mécénas.

---

1. V. la liste dans Uri, o. c., p. 121-136.
2. Sur la critique de Guyet : o. c., p. 168, et Ch. Nodier, *Mélanges tirés d'une
petite bibliothèque*, Paris, 1829, p. 382.
3. *Commentarius de rebus ad eum pertinentibus*, p. 66-67, cité par Moréri, art.
Guyet.

Dans le corps de l'un et de l'autre poète, il ne trouve que blessures et qu'emplastres; il trouve autant de vers supposez que de légitimes. [1].*. »

D'un purisme de goût excessif, Guyet aimait à surprendre en faute les meilleurs écrivains. Il avait le tempérament de ces professeurs pointilleux, grondant toujours, jamais contents. L'abbé de Marolles, qui s'est servi des notes de Guyet sur Horace, sur Juvénal, sur Plaute et sur Stace, nous avertit, dans la préface de la traduction qu'il a donnée de ce dernier poète, que Guyet « était du nombre de ces critiques un peu trop sévères qui seraient peut-être bien marris de ne trouver pas à redire aux ouvrages les plus achevés, n'ayant pas traité Virgile et Horace, qui sont tant admirés, plus favorablement que les autres [2] ». N'est-on pas en droit de penser à Guyet lorsque Balzac raille la prétention, que plusieurs fois le pédant avait eue, de lui faire remarquer la *patavinité* de Tite-Live, et « cette graisse de Cordoue » qu'il retrouvait jusque dans les tragédies de Sénèque?

C'est à Ovide surtout que s'était appliqué ce Zoïle du XVIIIᵉ siècle. En grammairien vétilleux, il lui avait chicané ses meilleures conceptions, ses expressions les plus heureuses. Ménage possédait ces corrections de Guyet sur Ovide, où la fâcheuse manie de l' « hypercritique » s'était donné libre carrière [3]. Balzac en avait eu lui aussi connaissance, puisque, dans une lettre à Chapelain [4], il l'assure que « le tyran Guyet » a voulu autrefois « beaucoup de mal à Ovide ». Or, on lit dans le *Barbon* : « Pour Ovide, ce n'est que de l'eau toute claire : ses vers seroient trop chers à cent pour un sol; ils ne valent rien qu'à faire l'amour aux chambrières. Il n'a escrit que pour la lie de Romulus et pour les crocheteurs du marché de Rome. Car, en effet, dit-il, se mettant en fougue jusqu'à jetter de l'escume par la bouche, et des flammes par les yeux, à quoy bon cette basse et populaire familiarité, qui engendre le mespris pour ne rien dire de plus fascheux? Quel moyen qu'un homme grave... ne se rebute point de cette lasche facilité... qui est exposée à la première pensée du lecteur, qui ne met point de différence entre moy et le vulgaire ignorant? »

---

1. *Le Barbon, éd. c.*, II, 704.
2. Le pédant de Régnier (*Sat.*, X) trouve lui aussi :

> Que Virgile est passable, encor' qu'en quelques pages
> Il meritast au Louvre estre chiflé des Pages,
> Que Pline est inegal, Terence un peu joly :
> Mais sur tout il estime un langage poly.

3. *Menagiana*, III, p. 141 (éd. 1729).
4. *L. in de B.*, l. du 15 nov. 1643.

Car, ce que le pédant aime par-dessus tout, ce sont les « auteurs difficiles », sujets à interprétations différentes, prêtant matière à de laborieuses controverses. Il se plaît à discuter des questions ardues et abstruses, sur lesquelles il professe d'étranges idées et cite des textes douteux ou suspects. Pour prouver « qu'Ulysse ne portait pas de chapeau, il allègue l'*Etymologicum magnum* et une légion de scholiastes dont le plus connu s'appelle Tzetzes ». Suant à grosses gouttes en plein mois de janvier[1], il prend à témoin Calistène afin de démontrer à deux docteurs de Sainte-Geneviève que « Bucéphale n'était ni hongre, ni cheval entier, ni jument, mais un véritable bœuf qu'Alexandre avait dressé de bonne heure au manège ». Le débat qu'il engage sur les baisers de Pénélope a, dans la relation qu'en donne Balzac, tellement le caractère d'une « chose vue », qu'il semble que le grand rhétoricien ne fait que raconter une dispute entre lui et Guyet. Il s'agit d'un problème épineux mais cher à Balzac, puisque l'ayant effleuré dans une lettre, il l'a résolu, en 1642, dans sa XIIIe *Dissertation politique*[2], et y est revenu dans le *Barbon*, pour défendre ses vues. Se basant sur un vers qu' « un poète latin avait imité d'un poète grec : *Oscula vix ipsi cognita Telemacho*[3] », Balzac soutenait dans sa *Dissertation* que les baisers de Pénélope « n'estoient presque pas connus à Télémaque son fils; parce que son fils estoit un autre que son mari, auquel elle réservoit tous ses baisers ». Sans alléguer Eustathius sur Homère, ni Tzetzes sur Lycophron, sans « s'éloigner de *son* temps ni de *ses* affaires », il invoquait « le cas de la bonne reine Marie qui mourut dernièrement à Cologne » (3 juillet 1642). Devenue veuve, la reine mère crut ne pas devoir donner à un autre des caresses dont seul son mari avait eu part; aussi, « durant les quatre années de sa Régence, elle... ne baisa pas une seule fois le roy son fils ». A ce sujet, Balzac vint aux prises avec le *Barbon* qui fut d'un avis contraire; faisant combattre « fable contre fable et grec contre grec », celui-ci se donna la peine de « perdre de réputation » la vertueuse épouse d'Ulysse, en assurant, sur la foi d'Eustathius et de quelques autres scoliastes,

---

1. Cf. la querelle des pédants dans Régnier (*Sat.*, X) :

> Et sembloit que la gloire, en ce gentil assaut,
> Tust à qui parleroit, non pas mieux, mais plus haut.

2. Cette dissertation, dédiée à Chapelain, fait partie des *Réflexions historiques et politiques extraites des Remarques qui estoient dans les tablettes de l'autheur* (p. 150).

3. C'est le v. 2 de l'épigr. 135 d'Ausone (*De Penelope*). Les commentateurs d'Ausone, qui s'accordent à trouver une couleur grecque à ce morceau, n'indiquent pas quel est le modèle du poète bordelais.

que les trois cents prétendants de Pénélope devinrent tous ses amants [1].

Ces opinions saugrenues, le pédant les expose avec âpreté et emportement. Il ne lui suffit pas que de guerre lasse ses interlocuteurs reconnaissent ses sottises pour choses sages et fondées en raison. Il tient à vaincre avec éclat, il veut triompher bruyamment, écraser ses adversaires de la prétendue supériorité de sa science et de son esprit. Balzac n'eut garde d'oublier « le docteur faisant l'Hercule furieux [2] » dans ce chapitre sur l'humeur contredisante et colérique de son pédant. « Je ne me fis pas faute, nous raconte-t-il, de battre des mains et d'approuver de la tète les bizarres raisonnements de mon grammairien, afin d'éviter la querelle qu'à tout prix il me cherchait. Peines perdues! « Cette molle complaisance le fascha, et haussant le ton de sa voix beaucoup plus qu'à l'ordinaire : Par les dieux immortels, s'écria-t-il, niez-moi quelque chose afin que nous soyons deux ; défendez-vous, afin que je vainque et que je triomphe! »

Cependant, poussé par le désir de ne plus rentrer au collège « où il gueusait », Guyet s'était autrefois montré doux et conciliant avec les personnes de qui il dépendait. « La nécessité qui apprend la complaisance et la cajolerie aux âmes les plus basses », l'avait rendu accommodant, affable, « bon courtisan ». De la sorte, il s'attira les bonnes grâces du cardinal de la Valette ; mais aussitôt qu'il fut pourvu de bénéfices, son humeur s'aigrit, ses manières pacifiques se changèrent en dispositions belliqueuses et le cardinal dut se séparer, à son retour de Rome en 1623, d'un familier si désagréable. On sait que l'épisode du sacrificateur et du Barbon constitue « l'arrière-garde » spécialement destinée par Balzac au « Capanée grammairien [3] » : c'est le récit enjolivé de la rupture entre le cardinal de la Valette et le savant qu'il hébergeait :

« Le Barbon fut avec le grand sacrificateur près de quatre mois et fut durant ce temps-là son unique favori. Jamais deux hommes ne parurent plus satisfaits l'un de l'autre... à chaque mot qui sortait de la bouche du sacrificateur, le Barbon criait à pleine teste : *Vivat! Belle! Beate!...* (même) il voulut le traiter à la grecque et lui donna du *Chrysosthome*, du *Trismegiste* et du *Thaumaturge* .*.. Mais cette complaisance ne dura pas ; une si belle amitié... se vint briser un jour contre un grain de sable... « Ils se

---

1. Balzac déversa dans ses XIIe et XIIIe *Dissertations critiques* ce qu'il avait encore à dire sur le *faux critique*.
2. L. déjà citée du 29 mai 1638 à Chapelain (éd. in-f[o]).
3. L. déjà citée du 17 août 1647 au même (*L. in. de B.*).

brouillèrent pour deux syllabes, qui ne signifient rien, et pour la transposition d'un mot, qui estoit aussi bien où il estoit qu'où le prétendoit·mettre le Barbon. Il ne put souffrir au sacrificateur de dire Virgile, Aule-Gelle et Sidonius Appollinaris; il vouloit absolument qu'il dît : *Vergile, Agelle* et *Apollinaris Sidonius*. Et comme le sacrificateur prononçoit anathème contre ceux qui n'estoient pas de son avis, le Barbon condamnoit à boire de l'encre, ou à quelque autre pareil supplice, quiconque oseroit parler autrement que lui. La dispute s'eschauffa peu à peu en ma présence, et monta à tel excès de fureur qu'il se fît entre eux une rupture avec esclat et scandale, dans laquelle on vit, voler en l'air, livres, écritoires et portefeuilles .·. »

M. Bernardin[1] a cru trouver dans ce morceau la seule allusion à l'archevêque de Rouen que Balzac ait faite dans sa satire. Après avoir contesté l'affirmation de Tallemant et après avoir de nouveau identifié le Barbon avec le parasite, ce critique avance qu'il se pourrait que le sacrificateur représentât Fr. de Harlay. Il est bien forcé cependant de reconnaître que les relations de ce haut personnage avec Montmaur sont tout à fait problématiques. Il nous semble inutile d'insister davantage sur cette opinion; ce que nous avons dit sur Balzac, sur Guyet et sur le cardinal de la Valette nous dispense de le faire.

## IV

Le *Barbon* est certainement un ouvrage manqué. Au moment même de son apparition, il fut froidement accueilli. On aurait tort de se fier aux compliments que Balzac se décerne à lui-même : *In amplissimo orbis theatro Barbo meus saltavit et placuit…*[2]; ou de prendre à la lettre les félicitations que lui envoie, d'Allemagne, Spannheim, désireux de plaire à son illustre correspondant[3]. Les contemporains furent du même avis que Ménage. Bien que le *Barbon* lui fût dédié, il le trouvait un des moins bons ouvrages de Balzac[4].

La faiblesse de cette satire est due à plusieurs causes. Guéret, dans sa *Guerre des auteurs*[5], l'attribue à la manière compassée dont est traité un sujet qui par lui-même était badin. Certes, Balzac

1. *O. c.*, p. 75.
2. Paris, 1671, p. 176.
3. Balz., *Epistolae selectae*, 1650, p. 299. *Ep. ad. Menagium.*
4. L. 18 du l. XXVII, éd. 1665.
5. *Menagiana*, I, p. 311, éd. 1729.

n'entend pas la raillerie. Au lieu d'écrire, comme il le voulait tout d'abord[1], une satire dans le goût d'Horace, le grand rhétoricien élève le ton et enfle la voix. Il ne quitte pas son style guindé et tendu dans une matière qui comportait de l'aisance et de l'enjouement. Il s'appesantit, de toute la lourdeur de ses procédés oratoires, sur ce qui, en somme, ne devait être qu'une amusette.

Le P. Bouhours, dans le troisième dialogue de sa *Manière de bien penser dans les ouvrages de l'esprit* (Paris, 1687), adresse au *Barbon* un autre reproche : le savant jésuite trouve que cet ouvrage n'est qu'une suite de « pensées alambiquées qui n'ont... nul fondement raisonnable. Balzac pouvoit peindre un parfait pédant, un homme gâté par le grec et le latin, un fou si vous voulez, à force de science et de raisonnemens, mais sa peinture devoit être plus conforme à l'idée qu'on se fait de ces savans visionnaires! » Evidemment, il y a du vrai dans cette critique. Le portrait ou plutôt les portraits du Barbon sont poussés à la charge et, en maints endroits, cette charge est exagérée au point de n'être plus vraisemblable. Ce pédant qui suppute son âge par *olympiades*, qui croit avoir fait une action héroïque en épousant une femme de mauvaise vie, qui a compté tous les alpha et tous les oméga de l'*Iliade*, toutes ces saillies que Balzac jugeait plaisantes, ne sont que froides et ennuyeuses, parce qu'elles ne partent pas d'une observation exacte de la nature et de la vérité.

L'insuccès du *Barbon* s'explique aussi par le désappointement qu'éprouva le public à la lecture d'un pamphlet qu'il croyait dirigé contre Montmaur, et dont tous les traits portaient à côté de la cible à viser. Mais ce qui a irrémédiablement condamné ce petit livre, ç'a été d'étaler, plus que tout autre ouvrage de l'auteur, le vice capital, le péché originel de Balzac. Tallemant reproduit à ce sujet les plaintes du public. « Le *Barbon*, écrit-il[2], a fait voir bien clairement que le bon homme avait de la peine à lier les choses, car ce livret est plein de lacunes. » L'auteur même nous avertit que ce qu'il nous donne ne sont que des « fragments », des « débris d'une relation dont plusieurs cahiers sont perdus ». Pour mieux nous faire comprendre que sa publication est inachevée, il coupe ses périodes au milieu de leur développement, il fait suivre ses phrases non terminées de points de suspension.

1. « Il (le *Barbon*) ne mérite pourtant ni le zèle et les exclamations des prédicateurs, ni la cholère, ni les invectives des advocats. Le subjet n'est pas assez sérieux pour cela. Ce doit estre la matière éternelle des épigrammes et des satyres. Mais des satyres du stile d'Horace... et non pas de celuy de Juvenal » (II, p. 711-712).
2. Tallemant, *Historiette* de Balzac, IV, p. 92.

Mais qu'est-ce qui l'empêchait de nous offrir une composition
mûrie et achevée au lieu de nous présenter « les ruines de son
cabinet »? Au fond, les déclarations de l'auteur sont un aveu
d'impuissance, et les artifices auxquels il a recours pour cacher
sa faiblesse ne sauraient tromper personne. Tallemant a raison.
Balzac n'est pas en état de « lier les choses », de les assembler
en un groupe harmonieux, d'agencer un tout bien coordonné. Il
est incapable de mettre de l'unité dans ses ouvrages. Il lui a été
impossible de nous donner cette peinture générale des « pédants
de collège », qu'il nous avait promise dans sa préface. Un controversiste, un grammairien, un parasite, défilent devant nous. Mais
ces trois pédants ont moins de traits communs que de particularités
différentes. De là, des contradictions fâcheuses, des disparates
choquantes. De cette pesante satire, l'esprit ne garde qu'une suite
d'images effacées, et non l'idée nette et précise d'un type. Balzac
n'a point su combiner les traits semblables des originaux qui
posaient devant lui, ni dégager les lignes essentielles du caractère
qu'il voulait peindre. Le P. Goulu a prophétisé juste : le grand
rhétoricien ne devait donner dans toute sa carrière que des
« tronçons épars » et aucune œuvre vivante.

CHARLES DROUHET.

# NOTES SUR L'ABBÉ DU BOS

L'auteur des *Réflexions critiques sur la poésie et la peinture*, que Voltaire appelait « le livre le plus utile qu'on ait jamais écrit sur ces matières dans aucune nation[1], » et de l'*Histoire critique de l'établissement de la monarchie française dans les Gaules*, demeurée jusqu'à nos jours « un des livres les plus pénétrants qui aient paru sur les temps de l'invasion[2], » n'a jamais donné qu'une partie de son temps aux recherches désintéressées de l'histoire et des belles-lettres. Dans sa jeunesse, compatriote et parent de l'érudit Foy-Vaillant, ami de Galland et de Thoynard le numismate, il écrit l'*Histoire des Quatre Gordiens prouvée et illustrée par les médailles*[3] ; en 1699, il est chargé par l'électeur de Bavière de classer et de cataloguer les médailles de sa collection de Bruxelles[4]. Mais il fréquente aussi J.-B. Rousseau et M^me de Fériol, Fontenelle, Duché, les Moreau, Francine, les gens de théâtre et les mondains, contempteurs des Anciens[5]. Il balance entre la littérature austère des érudits et celle que l'on cultive dans les coulisses de l'Opéra.

Dans la suite, il se partage entre l'histoire et la diplomatie ; ou, plutôt, il fait servir l'histoire à la diplomatie. Dès 1695 il était employé dans les bureaux de M. de Torcy[6]. Quoi qu'en disent ses biographies, il n'était pas à Ryswick ; mais il semble bien, en effet, qu'à cette date il avait déjà ses entrées au ministère des affaires étrangères[7].

1. *Siècle de Louis XIV*, OEuvres. Éd. Garnier, t. XIV, p. 66.
2. C. Jullian, *Extraits de l'Esprit des lois*, p. 229.
3. Paris, Florentin et Pierre Delaulne, 1695, 12°. Réponses de Galland en 1696 et de Cuyper en 1697. En 1700, Du Bos répliqua : *Pro Quatuor Gordianorum Historia Vindiciæ*, Paris, Florentin et Pierre Delaulne, 12°.
4. Du Bos à Grævius, 20 décembre 1699 (en latin). Bibl. Royale de Copenhague.
5. « Je ne crois pas, écrit Galland (qui, du reste, à ce moment, lui en voulait), que M. Du Bos s'occupe à autre chose qu'à se divertir à l'opéra et avec ceux qui s'en mêlent. » (12 février 1700, Bibl. Nat., f. fr. 9362, fol. 179.)
6. *Mémoire pour la dame Danse, seule héritière de l'abbé Du Bos, contre le sieur de Boiscervoise et consorts*. Paris, imprimerie Paulus Daumesnil, 1743, folio. Les renseignements fournis par ce document ont passé dans l'article DUBOS du *Dictionnaire de Moréri*, puis, de là, dans toutes les notices biographiques consacrées à l'abbé Du Bos, y compris celles des thèses récentes de M. Braunschvig, *L'abbé Du Bos, rénovateur de la critique au XVIII° siècle* (Toulouse, 1904, doctorat de Paris), et de M. Péteut, *Jean-Baptiste Du Bos. Contribution à l'histoire des doctrines esthétiques en France* (Tramelan, 1902, doctorat de Berne).
7. Voir les lettres de Du Bos à Bayle et de Bayle à Du Bos, en 1697, dans le *Choix*

Dès 1701 il est au service du maréchal d'Huxelles, pour lequel il écrit un traité de droit public allemand[1]. Ensuite il est employé en Angleterre et en Hollande, à diverses négociations que nous ne connaissons encore qu'imparfaitement. En 1707, il est présent à Neuchâtel, où il soutient les droits du comte de Matignon.

Mais les fonctions des subalternes du ministère n'étaient ni régulières ni même officielles; elles ne les dispensaient point d'autres moyens d'existence. Ils n'étaient payés que par les envoyés et les diplomates qui utilisaient leurs services, et pendant le temps qu'ils les utilisaient. C'est en 1711 seulement que Colbert de Torcy se préoccupa de donner quelque stabilité à leur situation, parce que « la pauvreté et l'incertitude de la condition de ceux qui servaient de secrétaires dans les pays étrangers avaient de grands inconvénients pour le service ». Ces gens, qui avaient été dans tout le secret d'une négociation, pouvaient ensuite, abandonnés par leurs maîtres, céder aux tentations de la misère et passer à l'ennemi[2]. On décida au conseil du Roi de créer six postes de secrétaires à appointements fixes, qui recevraient mille livres par an dans l'intervalle des négociations. En mission, ils seraient payés par l'envoyé.

Les fonctions de ces secrétaires consistaient à documenter les diplomates dont les lumières historiques étaient insuffisantes, et aussi à entretenir, avec les puissances ennemies, la guerre de plume. A partir de la Grande Alliance surtout, on voit se multiplier en Europe, répandus par le ministère, les écrits de soi-disant Anglais, Hollandais ou Impériaux, destinés à semer la division et la méfiance parmi les ennemis de la France et à créer un mouvement hostile à la continuation de la guerre. Ces pamphlets, qui ne réussissaient presque jamais à donner le change sur leur origine, étaient sans doute des armes assez vaines. Néanmoins M. de Torcy ne les négligeait pas; et pour que la simulation ne fût pas trop grossière, il fallait trouver des écrivains possédant une connaissance pratique des pays étrangers, assez peu répandue à cette époque. Du Bos était l'homme qu'il fallait pour cela : dès 1697, il avait fait de longs séjours en Hollande; en 1698, il est en Angleterre; il y revient dans la suite[3]; en 1700, il parcourt toute l'Italie. Les

de la Corr. inédite de Pierre Bayle, publiée par M. Émile Gigas. Copenhague, Gad, 1890, 8°, p. 110, p. 305.

1. Aff. étrangères. Corr. d'Autriche, 81, fol. 69.
2. Journal de J.-B. de Colbert, marquis de Torcy, pendant les années 1709, 1710 et 1711, publié par M. F. Masson, Paris, 1884, 8°, p. 380-381. Cf. Callières, De la manière de négocier avec les souverains, 2e éd., 1750, t. II, p. 299.
3. Dans les Nouvelles littéraires de la Haye, t. IV (octobre 1716), p. 337 et suiv.,

*Intérêts de l'Angleterre mal entendus dans la guerre présente*[1] sont aujourd'hui l'œuvre principale de la littérature politique de Du Bos. Cet ouvrage, « qui porte en soi un ridicule assez évident[2] », a été cependant énormément lu, dans toute l'Europe. Les erreurs et les illusions qu'on lui a reprochées ne sont que partielles, et ont été partagées par le ministre lui-même.

Le *Manifeste de l'Electeur de Bavière*[3], dont on louait le style, vaut mieux, parce qu'il ne se donne pas pour autre chose que ce qu'il est. Il valut à son auteur le prieuré de Venerolles. D'autres écrits de Du Bos paraissent avoir été imprimés et répandus de même; nous n'avons encore réussi à les trouver dans aucune bibliothèque. Mais, comme le remarquait déjà Lenglet-Dufresnoy, l'*Histoire de la ligue de Cambrai*, parue en 1709, était, elle aussi, inspirée en partie par les circonstances politiques. Quand Du Bos parlait de Venise, c'est à la Hollande qu'il en voulait[4].

Au moment où s'ouvrirent les négociations de Gertruydenberg, en 1710, Du Bos jouissait déjà d'une certaine réputation d'habileté politique.

Monsieur le Maréchal d'Uxelles, lisons-nous dans un pamphlet allemand, a l'esprit fin et un flux de bouche. M. de Polignac est assez connu par ses négociations de Pologne. A ces deux on joint encore l'abbé du Bosc, très savant dans les traités et dans la manière de les dresser à la Française, un avocat qui doit être un diable en procès et un habile négociant[5].

Du Bos allait à Gertruydenberg en qualité de secrétaire du maréchal d'Huxelles; l'abbé Melchior de Polignac, second plénipoten-

---

Du Bos publie une traduction des trois premières scènes du *Caton* d'Addison, très supérieure à celle de Boyer.

1. Les *Intérêts de l'Angleterre mal entendus dans la guerre présente, traduits du livre anglais : Englands Interest....* Amsterdam (Rouen), Georges Gallet, 1703, 8° et 12°; six éditions françaises en 1704. Édition anglaise : *Englands Interest mistaken in the present war,* et italienne : *Gli Interessi de l'Ingiltherra male intesi....* Amsterdam, 1704. *Interesses de l'Inglaterra mal intendidos en la guerra presente con España,* Mexico (catalogue du British Museum).

2. Voltaire. Lettre à du Resnel, mercredi... 1742. Ed. Garnier, t. XXXVI, p. 134.

3. *Manifeste de l'Électeur de Bavière,* sans lieu d'impression, 1704, 12°. Le baron Karg, ministre de l'électeur de Cologne, l'a fait réimprimer avec une suite : *Manifeste de S. A. E. de Bavière; la lettre de S. A. E. de Cologne à S. M. I. du 19 mars 1702, en latin et en français avec des additions,* 1705, 8°. Cf. Aff. Etr., Corr. Bavière, 49. C. Freschot, *Réponse au Manifeste qui court sous le nom de S. A. E. de Bavière,* Pampelune (?), 1705, 12°. Le texte de la première édition a été reproduit dans Lamberty, *Mémoires pour servir à l'histoire du XVIIIe siècle,* t. III, La Haye, 1733, p. 26-45.

4. Lenglet-Dufresnoy, *Méthode pour étudier l'histoire,* t. II, p. 309. *Supplément à la méthode,* t. VI, p. 124.

5. *2e lettre d'un ami d'Allemagne à un ami de Hollande sur les projets de paix de la cour de France,* janvier, février 1710, 8°.

tiaire, avait pour secrétaire la Blinière, avocat au Parlement;
quant à l'habile négociant, il s'agit évidemment de Mesnager,
lequel, du reste, ne se trouva pas à la conférence.

Dans de tels événements, la part d'un subalterne qui ne signe
aucune pièce officielle est évidemment difficile à distinguer. Mais
les contemporains de Du Bos savaient que la sienne avait été considérable. Ce qu'ils disent des services importants rendus par lui à
l'État ne peut s'entendre des *Intérêts de l'Angleterre* ni du *Manifeste*,
dont beaucoup ignoraient même qu'il fût l'auteur[1]. « Personne
n'a ignoré la part qu'il eut aux traités conclus à Utrecht, à Bade
et à Rastadt. Il n'arrive que trop souvent que des hommes sans
caractère et sans personnage font mouvoir tous les ressorts des
grands spectacles qui se donnent à l'humanité[2]. » Pendant ces
semaines tragiques de Gertruydenberg, où les négociateurs français
qui n'avaient derrière eux ni armées ni finances, mais seulement
la détresse de la nation et l'angoisse du grand roi, devaient lutter
pied à pied contre un ennemi décidé à réduire la France aux pires
humiliations, l'abbé Du Bos fut constamment sur la brèche :
c'était lui qui, avec la Blinière, fournissait aux plénipotentiaires
les documents précis, les preuves historiques, les précédents dont
ils pouvaient arguer.

Outre les ressources de son érudition, il pouvait mettre à
profit sa connaissance des choses de Hollande et aussi les relations
personnelles qu'il s'était créées dans ce pays. Un instant, les
plénipotentiaires et Colbert de Torcy crurent que l'accord pourrait être établi sur le principe d'un partage de la monarchie
d'Espagne. Dans le courrier de Hollande communiqué au roi le
3 avril, le maréchal d'Huxelles et l'abbé de Polignac signalaient
des lettres qui leur avaient été envoyées de Hollande et qui marquaient quelque disposition à la paix. « Toutes les lettres des
particuliers étaient encore plus formelles, et l'opinion générale
était que la paix serait incessamment conclue moyennant un partage pour le roi d'Espagne, qui serait composé de la Sicile et de la
Sardaigne[3]. » Ces particuliers étaient, outre Mollo, agent secret à la
Haye, des amis et des correspondants de Du Bos, MM. Leers et
Conssert, libraires à Rotterdam. Ceux-ci écrivaient à Anisson,

1. Lenglet-Dufresnoy connaît le *Manifeste* et ne l'attribue pas à Du Bos.
2. *Mémoire pour la veuve Danse*, p. 3. Voir, dans le même sens, la réponse de
M. de Saint-Aulaire au discours de réception de l'abbé Du Bos à l'Académie, en
1720; le discours de réception de l'abbé du Resnel, son successeur, et surtout les
lettres de Fénelon et Dubois, citées plus loin.
3. *Journal de Colbert*, p. 161.

libraire à Paris, lequel ensuite, avec toutes les précautions voulues, faisait parvenir leurs lettres à Du Bos[1].

Vers le même temps, Du Bos fit aux plénipotentiaires une communication qu'ils jugèrent assez grave pour la transmettre immédiatement à Paris[2]. Les délégués des États généraux, MM. Buys et Vanderdussen, se trouvaient toujours renseignés d'avance sur les projets de la France et les propositions qu'on allait leur soumettre. Comment donc étaient-ils informés des secrets de Versailles? Du Bos croyait l'avoir découvert :

M. le comte de Virlingue[3] me dit que nos plénipotentiaires devaient s'attendre que M. Vanderdussen se trouverait savoir tout le contenu de leurs instructions, et qu'il leur serait très facile de s'en convaincre dans les conférences qu'ils auraient avec lui. Je lui témoignai que j'avais beaucoup de peine à croire ce qu'il me disait, attendu que bien peu de gens auraient connaissance de ces instructions; il me dit que celui qui informait M. Vanderdussen du secret de Versailles était certainement une personne de la première considération, et à portée de tout savoir; il ajouta de lui-même qu'il avait vu plusieurs lettres de cette personne entre les mains de M. Vanderdussen, que le caractère de ces lettres lui était tellement resté empreint dans l'imagination qu'il le reconnaîtrait d'un bout de table à l'autre, que ce caractère était celui d'un homme, mais d'un homme qui écrirait comme une femme, et surtout les D y étaient formés comme dans l'écriture des femmes; que les avis qui avaient fait échouer les négociations et les entreprises de guerre étaient venus par cette personne, et qu'il avait connaissance de beaucoup de particularités à cet égard. Je lui dis que le roi devait payer un million d'une pareille lettre, pour savoir qui avait tant contribué aux mauvais succès passés. Il me répondit qu'il ne doutait pas que si le Roi avait une pareille lettre, il ne lui fût aisé de reconnaître le traître, mais qu'il croyait que la chose serait encore plus facile aux plénipotentiaires. Voyant que M. de Virlingue avait au moins un soupçon arrêté sur quelqu'un, mais qu'il était très réservé à ce sujet, quoiqu'il eût été très ouvert avec moi sur les autres choses que je lui avais demandées, j'attendis du temps qu'il ajoutât de nouvelles circonstances, ce qu'il ne fit point. Je lui dis encore qu'apparemment M. Vanderdussen faisait toucher de grosses sommes à un correspondant si utile et qui n'était pas d'une condition à s'être laissé corrompre pour peu de chose. Il me dit qu'on lui avait plutôt promis de faire

---

1. V. *Corr. Holl.*, 223, f. 178, 228; f. 96. MM. Leers et Conssert disaient en effet que les pacifiques de Hollande s'accommoderaient de laisser au duc d'Anjou soit la Sicile et la Sardaigne, soit la Sicile et Naples. Il est souvent question de Leers et de Conssert dans la Corr. de Bayle.

2. « On vient de nous donner un avis trop important pour ne pas vous le communiquer.... » (*Corr. Holl.*, 223, f. 174.)

3. Gentilhomme hollandais retiré à Paris.

certaines choses qu'il pouvait souhaiter, sans me les expliquer ni
donner à deviner [1].

Mais le rapport de Du Bos fit moins d'impression sur Torcy que
sur les plénipotentiaires. Il avait entendu parler de M. de Virlingue ;
ministre d'État, il avait l'expérience de ces intrigants et de ces
rêveurs qui toujours annoncent de terribles révélations. Il suivit
cependant la piste qu'on lui indiquait, en usant du moyen que
Du Bos avait conseillé [2].

Je me suis servi de la voie que vous m'avez indiquée pour éclaircir
ce qu'il avait dit en général à M. l'abbé du Bos, et je vois qu'il ne sait
rien de particulier. Il a confirmé seulement qu'il reconnaîtrait l'écriture qu'il prétend avoir vue entre dix ou douze qu'on lui montrerait.
Mais il ne sait de quelle part elle pouvait venir. Il a parlé avec exagération sur la qualité et la récompense promise au donneur d'avis, car il
ne s'est expliqué que par millions. Il a dit que ce correspondant si
cher avait averti M. Vanderdussen de la résolution prise d'envoyer en
Espagne M. le duc d'Orléans longtemps avant que le Roi eût déclaré
qu'il voulait lui confier le commandement de son armée dans ce
royaume... Ainsi son avis n'a été fondé que sur des conjectures, et cet
homme aime fort à parler et à se faire valoir, ce que j'ai éprouvé
moi-même dans les occasions où je l'ai entretenu. On ne lui a point
parlé de ma part ; c'est seulement en répondant aux discours généraux
que lui a tenus celui que j'avais employé pour cet effet, qu'il lui a
confié tout ce que je vous marque et qu'il lui a dit qu'il s'était ouvert
à M. l'abbé du Bos [3].

Ainsi Du Bos n'avait pas eu la même fortune que son compatriote Lenglet-Dufresnoy, comme lui employé aux affaires, et
qui s'était signalé en découvrant la trahison d'un officier au
moment où il allait livrer à l'ennemi la ville de Mons avec les
deux Électeurs de Cologne et de Bavière. Mais il eut d'autres
occasions d'attirer l'attention du ministre.

Le 26 avril, il envoya à M. de Torcy un pamphlet relatif à
l'affaire du Dr Sacheverell, qui à ce moment remuait l'Angleterre
et y annonçait le changement de politique de 1711. Cet écrit
n'ayant pu être chiffré, Du Bos, sur le conseil des plénipotentiaires, y avait joint une lettre feinte où il le donnait comme une

---

1. *Corr. Holl.*, 223, f. 175.
2. C'était de faire interroger M. de Virlingue par la Faye, gentilhomme ordinaire.
Il s'agit de Jean-François de la Faye, poète et ami de Lamothe, qui fut envoyé à
Utrecht en 1713 et reçu à l'Académie en 1730.
3. *Corr. Holl.*, 223, f. 200.

traduction de l'anglais[1]. M. de Torcy jugea l'ouvrage « très solide et très conforme au génie de la nation anglaise » et l'envoya au colonel Hookes, agent secret en Angleterre, pour qu'il le traduisît et le fît imprimer en anglais. A part quelques réserves, Hookes approuva fort l'ouvrage de Du Bos. « L'auteur a une idée fort juste de la conjoncture présente par rapport à l'Église anglicane. La plus grande partie de ses raisonnements paraissent sortis de la plume d'un Anglais qui connaît bien la constitution et le gouvernement du royaume[2]. »

Le 17 juin, nouveau mémoire, attribué cette fois à un sénateur de Hambourg, et « écrit dans le style dont les Allemands sont en possession de se servir. Il est apparemment celui d'un ministre luthérien ou de quelque professeur en droit, hérissé d'allusions aux écrits des anciens, quelquefois rampant et quelquefois élégant, suivant que l'auteur s'est trouvé servi par sa mémoire et par ses lectures[3]. » MM. d'Huxelles et de Polignac y avaient joint un petit avertissement « sur la manière dont il faut tromper le public en l'imprimant. Pour contrefaire les éditions d'Allemagne, il faut employer du mauvais papier qui soit très sale, se servir de caractères usés; ce qui s'imprime en grec doit être imprimé en mauvais caractères. On reconnaît les éditions de Paris aux caractères grecs quand ils sont trop beaux. Il faut que les $w$ soient d'un même caractère;... pour soulager l'œil... il faut au moins employer la case de l'édition des lettres du Suisse in-quarto et ne pas serrer les mots ni les lettres[4]... »

Pendant ce temps, Du Bos ne négligeait pas ses propres intérêts. Il sollicitait un bénéfice plus rémunérateur que le prieuré de Venerolles, et priait le ministre d'intervenir en sa faveur auprès du tout puissant Père Le Tellier. Il faisait agir aussi le ministre de Bavière à Paris, M. de Monastérol[5]. Mais il ne put rien obtenir. Au congrès d'Utrecht, en 1713, il était toujours simple secrétaire attaché à Mᵍʳ le maréchal d'Huxelles. Et pourtant Mesnager,

---

1. « Monseigneur, écrivait Du Bos, un ami m'a envoyé ici un imprimé anglais qui m'a paru mériter un moment de votre attention, et j'ai l'honneur de vous l'envoyer en français. On croit à Londres qu'il est d'un M. Stephens, écrivain zélé pour les intérêts de l'Église anglicane et connu par d'autres ouvrages de même nature. Vous aurez la bonté, Monseigneur, d'excuser les phrases mal tournées et quelques barbarismes qui pourront bien se trouver dans mon ouvrage. Ce sont des défauts inévitables dans ce qui est une traduction. Je suis,... etc. (Gertruydenberg, 26 avril. *Corr. Holl.*, 224, f. 146.)

2. *Corr. Angleterre*, 231, f. 32.

3. Lettre de Du Bos à M. de Torcy. *Corr. Holl.*, 225, f. 85.

4. *Corr. Holl.*, 225, f. 100. Les *Lettres d'un Suisse*, série de pamphlets de la Chapelle qui parurent de 1703 à 1711.

5. *Corr. Holl.*, 224, f. 263.

bourgeois comme lui et simple conseiller du commerce en 1710, pouvait se montrer aux habitants d'Utrecht dans tout le train d'un plénipotentiaire royal, entouré de pages « portant des surtouts jaunes, des parements de velours violet, des boutonnières galonnées d'argent et des plumets sur le chapeau, et de valets de pied portant sur l'épaule des rubans rouges et jaunes [1] ».

Le traité d'Utrecht valut à l'abbé de Polignac le chapeau de cardinal, et le maréchal d'Huxelles, qui avait réclamé immédiatement une faveur équivalente [2], reçut avant la fin de l'année le gouvernement de l'Alsace. Du Bos, qui avait été employé ensuite à Rastadt et à Bade, fut pourvu en 1714, il est vrai, d'un canonicat à Beauvais, sa ville natale. Mais c'était une dignité purement honorifique pour ceux des chanoines qui ne s'astreignaient pas à la résidence. Il dut attendre jusqu'en 1716 une rente sur l'archevêché de Sens et en 1723 seulement, membre de l'Académie, il obtint l'abbaye de Notre-Dame de Ressons. Il n'avait pas cessé de travailler pour le ministère. Le cardinal Dubois le met constamment à réquisition, lui demande soit le texte exact des décrets d'investiture des fiefs italiens, soit des renseignements sur le règlement du Parlement d'Angleterre ou sur la constitution de Pologne; il le prie de critiquer et d'annoter des mémoires politiques, lui demande d'en faire un sur les intérêts de la France et de l'Empire. « Je vous poursuis dans le lieu qui vous avez choisi pour prendre du repos (à Beauvais). Mais vous travaillez avec tant de facilité que j'ai moins de scrupule à vous demander qu'à un autre [3]. »

Pourquoi, avec de si utiles qualités, l'abbé Du Bos n'avait-il pas fait une carrière plus brillante dans la diplomatie? Fénelon se l'était demandé déjà en 1713 :

Je souhaiterais que vous me donnassiez à votre tour (après le maréchal d'Huxelles) quelque sujet de joie par des grâces reçues. Vous connaissez les pays étrangers, vous les avez étudiés avec la connaissance de l'histoire et avec les vrais principes de tout ce qui regarde les lois,

1. *Liste des noms et qualités de L. E. Mgrs les Plénipotentiaires à Utrecht, avec leurs armes, livrées, demeures,* par Nicolas Chevalier. Utrecht, chez Nicolas Chevalier, 1713, 12°.

2. « Le métier où je suis est rude et on y a besoin de confortatif, » écrit-il au ministre. « Le gouvernement de Guyenne serait une belle étrenne à donner, et n'aurais-je pas autant de raisons qu'un autre pour l'espérer? » (*Corr. Holl.,* 247, 248, 1er et 3 février 1713.)

3. Lettre du cardinal Dubois à l'abbé Du Bos, 10 déc. 1716. Ces lettres font partie de la collection de M. le Comte de Troussures, qui a bien voulu nous en donner communication. Des fragments en ont été publiés par Dupont-White, *Mélanges historiques, littéraires et archéologiques,* Beauvais, Achille Desjardins, 1847, 12°.

le commerce, les diverses formes de gouvernement, les intérêts, les génies divers des peuples et les moyens de les accommoder à nos besoins. C'est être en état de rendre de grands services aux rois dans les négociations et mériter les emplois de confiance : vous ne sauriez jamais aller plus loin que mes souhaits pour vous [1].

Nous n'avons pas retrouvé la lettre que Du Bos écrivit à Fénelon. Mais celui-ci lui répondait de nouveau le mois suivant :

Je vous suis sensiblement obligé, monsieur, de la bonté avec laquelle vous avez bien voulu me confier l'explication de certains faits qui vous touchent. Je n'avais néanmoins aucun besoin de cet éclaircissement pour être persuadé de la délicatesse de vos procédés. Ce qui me reste à désirer est de vous voir occupé de quelque emploi digne de vos talents avec quelque grâce proportionnée à vos services. Le prieuré de Venerolle ne saurait vous donner du pain et il serait bien triste qu'un bénéfice qui vous rapporte si peu vous coûtât si cher en vous excluant des bons offices qui vous sont dus d'ailleurs. M. le Maréchal d'Huxelles fera une chose digne de lui quand il travaillera efficacement à vous aplanir le chemin. Que ne suis-je à portée d'y contribuer! [2]...

Du Bos semble avoir donné au public, comme à l'archevêque de Cambrai, les raisons de son effacement volontaire dans un passage des *Réflexions critiques* où la note personnelle est assez reconnaissable. Il oppose le génie de l'artiste, qui se révèle toujours, à celui du politique ou du guerrier, que les circonstances seules peuvent faire connaître. « L'homme dépositaire d'un pareil génie ne le saurait mettre en évidence, sans être appelé aux emplois auxquels ce génie le rend propre; et il meurt souvent avant qu'on les lui ait confiés. Supposons même que le hasard l'ait fait naître à une telle distance de ces emplois, qu'il lui soit impossible (Du Bos voulait sans doute écrire : *possible*) de la franchir dans le cours d'une vie humaine, il manque souvent des talents qui peuvent les lui faire obtenir. Capable de les bien exercer, il est incapable de tenir la route par laquelle on y parvient de son temps. Le génie est presque toujours accompagné de hauteur. Je ne parle point de celle qui consiste dans le ton de voix et dans l'air de tête : cette espèce de hauteur n'est qu'une morgue qui marque un esprit borné, et qui rend un homme plus méprisable aux yeux des philosophes, que ne l'est aux yeux des courtisans le laquais chargé de la livrée du ministre disgracié. Je parle de cette hauteur

1. Cambrai, 20 nov. 1713. Mss. de la collection de Troussures.
2. 22 déc. 1713. Mss. de Troussures.

qui consiste dans la noblesse des sentiments du cœur, et dans une élévation d'esprit, et qui fait mettre un juste prix aux *avancements* où l'on peut aspirer, comme à la peine qu'il faut prendre pour y parvenir, surtout quand il est question de les solliciter auprès des personnes qu'on ne croit pas être des juges compétents du mérite. Enfin les vertus rendent bien capable des grandes places, mais il arrive souvent dans tous les siècles qu'on n'y puisse parvenir que par des bassesses et des vices[1] ».

Du Bos manquait peut-être, en effet, de l'esprit d'intrigue, et aussi de ce flair particulier qui fait distinguer les révélations suspectes d'un M. de Virlingue de la bonne et solide « affaire » qui permet à celui qui la tient de forcer les faveurs d'un ministre. Et aussi, qu'il le voulût ou non, son caractère et la tournure de son esprit le ramenaient vers les lettres. Sa correspondance prouve suffisamment qu'il fut un curieux et un chercheur. Dans ses travaux diplomatiques, il aimait à creuser et à approfondir.

Tout le monde, écrivait-il en 1705, veut raisonner sur les affaires politiques, et peu de personnes en sont capables. Il faut autre chose que de l'esprit pour y réussir. Il est nécessaire de connaître par étude et par expérience l'état présent de son siècle. Il faut avoir lu bien des livres, il faut avoir eu part aux affaires pour en former un pareil système. Toutes ces qualités naturelles et acquises ne suffisent pas encore. Il faut y apporter de l'application, raisonner la plume à la main et mettre ses pensées sur le papier, de manière qu'on puisse les regarder ensuite comme les pensées d'un autre[2].

Une aussi laborieuse méthode n'est point celle d'un politique ni d'un pamphlétaire : c'est une vertu d'historien. Sentant la nécessité d'appuyer ses théories sur un fondement historique, Du Bos se livrait à des recherches qui l'enfonçaient dans le passé au lieu de le rapprocher de son but. Il travaillait à reculons : souvent, sans doute, il arrivait trop tard. Et voilà pourquoi, si quelques-uns de ses écrits politiques ont été publiés, un plus grand nombre dorment encore dans la poussière des archives.

Mais ils ne furent pas perdus pour cela. Les ouvrages historiques qu'il a donnés plus tard en sont le prolongement ou le développement. Dans l'*Histoire de la ligue de Cambrai* ont été incorporées les recherches préliminaires des *Réflexions sur le traité de Barrière*.

1. *Réfl. critiques sur la poésie et la peinture*, IIᵉ part., section 2. Ed. Pissot, 1770, t. II, p. 20-21.
2. *Réflexions sur le traité de Barrière de 1701*. Mss. de Troussures.

A l'époque de la réaction aristocratique et des prétentions de Philippe V, appuyées par la cour de Sceaux, Du Bos est chargé par le Régent de faire un mémoire sur la question brûlante de la succession à la couronne. L'abbé rédige d'abord une dissertation en huit sections, où il démontre la validité de la renonciation de Philippe V. Puis, « réformant » le discours préliminaire, il en fait un véritable traité de droit public où il examine l'origine des fiefs. Puis, recherchant plus haut encore la preuve et le fondement historique du pouvoir royal, il écrit l'*Histoire critique de l'établissement de la monarchie française dans les Gaules.* Il y a donc plus, dans cet ouvrage célèbre, que l'écho des rancunes soulevées par le livre de Boulainvilliers. C'est ce que nous comptons étudier prochainement.

A. LOMBARD.

# LE SÉJOUR DE CHATEAUBRIAND EN SUFFOLK[1]

Arrivé à Londres avec une trentaine de louis d'or seulement[2], Chateaubriand se trouva menacé de pauvreté et de dénûment dès le commencement de son séjour en Angleterre. Le manque de fonds ne tarda pas à le chasser de Londres. Déjà il ne voyait plus devant lui que l'hôpital ou la Tamise, lorsqu'une occasion d'échapper à cette alternative tragique se présenta à point nommé.

L'homme aux ressources, Peltier, me déterra, ou plutôt me dénicha dans mon aire. Il avait lu dans un journal de Yarmouth qu'une société d'antiquaires s'allait occuper d'une histoire du comté de Suffolk, et qu'on demandait un Français capable de déchiffrer des manuscrits français du XIIe siècle, de la collection de Camden. Le *parson*, ou ministre, de Beccles, était à la tête de l'entreprise, c'était à lui qu'il se fallait adresser. « Voilà votre affaire, me dit Peltier, partez.... »

Je voulus balbutier quelques objections.... A la réflexion, le conseil de mon compatriote, vrai personnage de mon autre compatriote Le Sage, ne me parut pas si mauvais. Au bout de trois jours d'enquêtes, après m'être fait habiller par le tailleur de Peltier, je partis pour Beccles avec quelque argent que me prêta Deboffe, sur l'assurance de ma reprise de l'*Essai*. Je changeai mon nom, qu'aucun Anglais ne pouvait prononcer, en celui de *Combourg* qu'avait porté mon frère et qui me rappelait les peines et les plaisirs de ma première jeunesse. Descendu à l'auberge, je présentai au ministre du lieu une lettre de Deboffe, fort estimé dans la librairie anglaise, laquelle lettre me recommandait comme un savant du premier ordre. Parfaitement accueilli, je vis tous les *gentlemen* du canton, et je rencontrai deux officiers de notre marine royale qui donnaient des leçons de français dans le voisinage[3].

## I. — Dates.

Nous chercherons d'abord à établir la date du départ de Londres. En parlant de sa vie à Beccles et à Bungay, Chateaubriand

---

1. Écrit avant la publication de l'article de M. Le Braz, *Chateaubriand, professeur de français*, dans la *Revue de Paris* du 15 août 1907.
2. « Trente louis qu'un bateau fraudeur de Saint-Malo m'apporta me mirent à même d'exécuter mon dessein et j'arrêtai ma place au paquebot de Southampton. (*Mém.*, II, p. 103.)
3. *Mémoires d'Outre-Tombe*, vol. II, pp. 125-7, éd. Biré.

mentionne plusieurs fois l'an 1795. Il était à Beccles lorsqu'il reçut la lettre de Hingant du mois de septembre 1795, en réponse à une lettre de lui du 23 août [1]. « Vous vous souvenez toujours bien, dit-il à son retour de Beccles, que je suis ambassadeur auprès de Georges IV, et que j'écris à Londres, en 1822, ce qui m'arriva à Londres en 1795 [2]. » Plus loin encore il compte vingt-sept années depuis son départ jusqu'en 1822 [3]. Les événements les plus importants de ce séjour en province se placent donc dans cette année 1795.

Quand Chateaubriand y était-il arrivé? M. Fernand Baldensperger a rassemblé les circonstances dont il résulterait que la fuite de Londres n'eut lieu qu'au commencement, ou au printemps, de cette même année 1795 [4]. C'est évidemment la date que l'auteur des *Mémoires d'Outre-Tombe*, qui savait apprécier le vague des dates non moins que le vague des passions, voudrait nous faire accepter. Mais il se présente des difficultés.

D'abord, comment Chateaubriand avait-il subvenu aux besoins de sa vie pendant les deux années qu'il aurait ainsi passées à Londres? A s'en tenir aux indications des *Mémoires*, il n'avait rien reçu de sa famille, excepté les trente louis d'or qui l'avaient mis à même de se rendre à Londres, de Jersey, en mai 1793, et les quarante écus que lui envoya l'oncle de Bedée au moment de la plus grande détresse [5], peu de temps avant son départ de Londres. Chateaubriand n'avait rien reçu de l'éditeur de l'*Essai sur les révolutions*. « Mes fonds s'épuisaient, dit-il : Baylis et Deboffe s'étaient hasardés... à commencer l'impression de l'*Essai*; là finissait leur générosité. » Il ne reste que les traductions de Peltier, sans doute une assez faible ressource, qui, elle aussi, venait bientôt à manquer. « Les traductions ne venaient plus ; Peltier s'ennuyait d'une obligeance prolongée [6]. » Il paraît impossible que le premier séjour à Londres ait duré plus d'un an tout au plus.

Ayant cité, et accepté, les dates de l'an 1795, il faut aussi examiner les autres dates. Dans le récit des misères qui finirent par faire prendre la fuite à Chateaubriand, on trouve la réflexion que voici : « Monsieur, qui m'a fait faire cette année des compliments de mes somptuosités de 1822, ne savait pas, en 1793, qu'il

1. *Mém.*, II, p. 133.
2. *Mém.*, II, p. 141.
3. *Mém.*, II, p. 145.
4. *Revue d'histoire littéraire*, octobre-décembre 1907.
. 5. *Mém.*, II, p. 121.
6. *Mém.*, II, p. 119.

existait non loin de lui un futur ministre, lequel, en attendant ses
grandeurs, jeûnait au-dessus d'un cimetière pour péché de fidélité » [1]. A la page suivante, déjà le poste de Beccles apparaît. Si l'on
pouvait se fier aux dates ainsi jetées à travers les pages des
*Mémoires d'Outre-Tombe*, on .pourrait conclure de celle-ci que
Chateaubriand fut parti à la fin de 1793 déjà.

Mais, se demandera-t-on, comment trouver moyen de placer,
dans le court espace de sept mois, les choses racontées comme
ayant précédé ce départ : les maladies, les traductions, l'*Essai*, les
*Natchez*, les promenades, les rêveries, la faim, la cessation de ces
occupations, les déménagements ? Il n'y a que l'*Essai* dont il faut
tenir compte. Nous avons déjà cité le passage selon lequel
l'impression en fut suspendue [2]. A la page 237 de l'édition de
Londres il y a la note suivante : « Ceci n'est qu'un des plus
petits inconvénients où l'on tombe à écrire *loin des capitales* et
dans un pays étranger ». Cette page fut donc écrite à Beccles. Une
note semblable de la page 332 mentionne une collection
d'estampes que le Rév. B. S. avait communiquée à Chateaubriand [3].
Ce Rév. B. S. était sans aucun doute le *parson* ou ministre de
Beccles, Bence Sparrow, celui même à qui le traducteur des
manuscrits de Camden devait s'adresser. L'*Essai*, alors, en était
à son premier tiers. Mais il y a une autre référence encore au
Rév. B. S., celle-ci dès la page 5 de l'*Essai* [4]. Si c'est le même
Révérend Bence Sparrow de Beccles — et qui en douterait? — le fait
qu'il est ainsi cité dans la première feuille du livre prouve que
l'impression n'en était pas bien loin au moment du départ, si toutefois elle était commencée [5]. L'*Essai* donc ne nous empêche pas
de croire que Chateaubriand ait quitté Londres à la fin de 1793.

Voilà pour les arguments qu'on peut tirer des assertions de
Chateaubriand lui-même — je laisse de côté la date de la mort de
Malesherbes; — il y en a qu'on peut dériver d'autres sources
encore. Rien de bien certain, il est vrai, mais pourtant des indications dont on peut tenir compte.

1. *Mém.*, II, p. 124.
2. *Ibid.*, p. 121.
3. « J'ai dessiné celle dont je me sers d'après une excellente collection d'estampes
antiques, gravées à Rome en 1666 sur les originaux, et que le Rév. B. S. a bien
voulu me communiquer. »
4. « En cela (sa manière de se procurer les livres originaux), j'ai trouvé de grands
secours chez des gentilshommes anglais, qui m'ont ouvert leurs bibliothèques avec
une générosité qui fait honneur à leur philosophie. J'ai été particulièrement redevable au *Révérend B. S.*, homme d'autant d'esprit que d'humanité, et auquel
j'aime à rendre ici l'hommage public de ma reconnaissance. »
5. M. Edmond Biré dit : « Chateaubriand avait commencé à écrire l'*Essai* en 1794;
l'ouvrage fut imprimé à Londres en 1796. » (*Mém.*, II, p. 150.)

1° Il existe à Beccles une tradition, confirmée par un historien local très digne de foi, selon laquelle Chateaubriand aurait enseigné le français dans une école de Beccles qui fut fermée à Noël 1794 [1]. Cela reviendrait à dire qu'il y était arrivé quelque peu avant cette date.

2° La lettre à Miss Sparrow et à Mrs. Scott, qu'on trouvera citée plus loin, est datée de juillet 1795 [2]. Or, cette lettre me semble indiquer que Chateaubriand connaissait bien, et d'assez longue date, les personnes qui en forment l'objet. Quand même il serait parti de Londres tout de suite après le billet à Rœderer écrit, il n'aurait pas eu le temps, farouche qu'il était, de se rendre familier avec la société de Beccles. Il n'est donc pas nécessaire d'ériger ce billet en obstacle contre un départ de Londres antérieur. S'il a bien véritablement été expédié de Londres, rien ne nous empêche de supposer que Chateaubriand y soit allé passer ses vacances de Pâques, comme c'est la coutume des instituteurs étrangers. On en peut dire autant de la *Lettre sur l'art du dessin dans les paysages*, datée, elle aussi, de *Londres 1795*. D'autre part on pourrait alléguer comme une preuve de son absence de Londres le fait, mentionné par M. Baldensperger, qu'il ne figure pas sur les états des officiers français émigrés, résidant à Londres ou aux environs, fin 1794.

Ainsi donc il ne reste point de raison pour nier ce que Chateaubriand raconte sur les circonstances dans lesquelles il reçut la nouvelle de la mort de Malesherbes guillotiné, avec sa famille, le 22 avril 1794 [3].

Pour le coup il faut ajouter foi aux *Mémoires d'Outre-Tombe*. Mais, en admettant le fait, il devient légitime d'en tirer les conclusions qu'il peut présenter. A la fin d'avril 1794 Chateaubriand avait été à Beccles assez longtemps pour gagner l'intérêt de la société. Il devait y avoir séjourné un certain temps déjà. En lui accordant quatre mois — pendant son séjour il avait repris des forces, rétabli sa santé, assisté à de nombreuses parties, adouci son sort au moyen de la lecture, charmé les femmes, — nous tombons de nouveau sur la fin de l'année 1793, la seule date mentionnée dans les *Mémoires*, quoique de manière détournée, en relation avec le départ pour la campagne.

1. Voir ci-après, p. 87.
2. Voir ci-après, p. 91.
3. « Les malheurs de ma famille, que j'appris par les journaux, et qui me firent connaître sous mon véritable nom (car je ne pus cacher ma douleur), augmentèrent à mon égard l'intérêt de la société. Les feuilles publiques annoncèrent la mort de M. de Malesherbes, etc. »

Il est plus aisé de déterminer l'époque du retour. « C'était l'hiver [1] », lorsque, étant venu à demeurer chez les Ives à Bungay, le dénouement de son petit roman avec Charlotte chassa Chateaubriand de ces lieux. C'était l'hiver 1795 à 1796 : il avait passé deux ans en Suffolk [1].

Une assertion de Chateaubriand lui-même assigne une durée bien plus longue à ce séjour en province. Dans la *Notice* de l'*Essai sur les Révolutions*, il a écrit ceci : « Depuis QUATRE ANS retiré à la campagne, sans un ami à consulter, sans personne qui pût m'entendre, le jour travaillant pour vivre, la nuit écrivant ce que le chagrin et la pensée me dictaient, je suis parvenu à crayonner cet essai. » Quatre ans! Cela couvrirait, et surpasserait, l'espace depuis son arrivée en Angleterre, en mai 1793, jusqu'au moment de la publication de l'*Essai*, mars 1797. Chateaubriand a donc exagéré. Cependant cette assertion prouve bien qu'il avait passé la plus grande partie de cet espace à la campagne, mettons de la fin de 1793 jusqu'en 1796. Il est même très possible qu'il faudrait dire la fin de 1796. Je citerai plus loin une lettre du 16 janvier 1797 dans laquelle Chateaubriand recommande à un ami son cousin Feron, qu'il a envoyé à Beccles pour « occuper sa place ». Il n'est pas probable que cette place fût restée vacante pendant toute une année (Feron s'était aussi installé dans l'appartement de son prédécesseur). Pourtant l'auteur de la lettre s'excuse de ne pas avoir écrit plus tôt et il se dit au milieu de l'impression de son ouvrage. Ainsi la question se complique. En tout cas il sera nécessaire de s'en tenir aux indications de la lettre plutôt qu'aux *Mémoires*, et, si la notice de l'*Essai* est manifestement inexacte, on n'en aurait pas moins tort de n'en tenir aucun compte.

## II. — OCCUPATIONS.

Quelles étaient les occupations de notre émigré pendant ces deux années? La question peut paraître superflue, puisque les *Mémoires d'Outre-Tombe* ne laissent aucun doute là-dessus. Averti par un journal de Yarmouth qu'une société d'antiquaires cherchait un Français capable de déchiffrer et traduire d'anciens manuscrits français de la collection de Camden, Chateaubriand s'était rendu à Beccles et avait obtenu la place : il déchiffrait et traduisait donc des manuscrits vieux-français.

Il n'est pas nécessaire de rechercher les qualifications de

1. Voir *Mém.*, II, p. 127.

François-René pour fournir un travail pareil[1], ni de savoir s'il traduisait ses textes en anglais, qu'il savait très médiocrement trois années plus tard; nous examinerons seulement le récit que nous venons de récapituler.

1° *Le journal de Yarmouth.* En 1794 il n'y avait point encore de journal publié à Yarmouth. Le premier journal qui parût dans cette ville fut le *Yarmouth Herald,* fondé en 1804[2]. Pensant que Chateaubriand aurait pu se tromper, j'ai fouillé le *Norwich Mercury,* le journal principal des comtés de l'Est à cette époque-là, ainsi que les principaux journaux de Londres. Je n'ai pas réussi à mettre la main sur la providentielle annonce de « l'homme aux ressources », Peltier.

2° *La société d'antiquaires.* Il n'en reste pas la moindre trace. Dans une petite ville comme Beccles une société pareille, l'entreprise qu'elle se proposait, les gens qui la formaient, ne pouvait pas passer inaperçue, fût-elle de l'existence la plus éphémère. Mais Chateaubriand veut avoir travaillé pour cette société pendant deux années! Que sont devenues ses traductions?

La ville de Beccles a eu un historien extrèmement habile dans M. Wilton Rix, avocat, décédé il y a une dizaine d'années. Dans la collection des documents formée par lui, maintenant la propriété de la ville, on trouve deux lettres de Chateaubriand avec une belle gravure accompagnée d'une courte note biographique de l'illustre étranger. On y trouve mentionné le révérend Bence Sparrow, le ministre de Beccles qui, selon les *Mémoires d'Outre-Tombe,* était à la tète de l'entreprise historique; d'autres personnages encore de l'époque y ont trouvé une place : M. Rix n'a point eu de nouvelles de la société d'antiquaires, ni des travaux historiques de Chateaubriand[3].

---

1. Voici pourtant une singulière épreuve du savoir de l'homme aux manuscrits du xiie siècle. Je la tire de l'*Essai sur les Révolutions,* p. 255 (1re éd.). « A la page 62 du recueil intitulé *Codex Juris Gentium,* publié par Guillaume Leibnit, en 1593, on trouve le traité original d'alliance entre les trois premiers cantons Uri, Schwitz et Unterwalden; on y lit : 1er mardi d'après la St-Nicolas 1315. « Au nom de Dieu, Amen.... Nous les paysans d'Hury, de Schwitz et d'Unterwalden..., sommes résolus, par les dessus dicts sermons, que nul de nous des dicts pays ne permettra ni n'endurera être gouverné par seigneurs, ni recevoir aucun prince et seigneur. — Si aucun de nous (lesdicts alliez) témérairement et par méchanceté, endommagerait un autre *par fou,* un tel ne sera jamais receu pour paysan.... » C'est une chose singulière que l'orthographe du xiiie siècle est plus aisée à lire que celle du xve. J'ai aussi remarqué la même chose dans les vieilles ballades écossaises, qui se déchiffrent plus facilement que l'anglais de la même période. » Donc notre historien semble croire tout bonnement que le traité des bons Suisses fût en français, en français du xiiie siècle, et qu'au xiiie siècle on écrivait comme au xviiie, à l'exception de quelques mots et de certaines tours : *lesdicts, alliez, receu.* Cela après avoir traduit des manuscrits du xiie siècle!

2. Palmer, *Perlustration of Gt Yarmouth.*

3. Une allusion à la société s'est pourtant glissée dans une mention de Chateau-

L'histoire du comté de Suffolk a été écrite depuis en deux gros volumes, par Alfred Suckling, ministre de Barsham [1]. Le village de Barsham n'est qu'à deux milles de Beccles. Suckling doit avoir connu Bence Sparrow personnellement. J'ai vu des lettres de lui où il prie des personnes instruites de Beccles et de Yarmouth de lui fournir des matériaux pour son histoire [2]. Il ne semble pas avoir eu connaissance des travaux de Chateaubriand, ni de la société d'antiquaires. L'auteur des trois volumes de *Perlustration of Gt Yarmouth*, ci-dessus cités, n'en sait rien non plus. Sur l'avis du docteur Crowfoot à Beccles je suis allé à Cambridge consulter les lettres et mémoires de Mr. Dawson Turner, éminent naturaliste qui, vers la fin du XVIIIe et dans la première moitié du XIXe siècle, fut l'âme de la vie intellectuelle du canton. Dans aucune des lettres des années de 1793 à 1796, dont quelques-unes sont adressées à des gens de Beccles et de Bungay, mention n'est faite des antiquaires d'East-Suffolk.

Serait-ce qu'il ne s'agit que d'une entreprise toute privée d'un petit nombre de particuliers? Mais non! Avant d'être engagé définitivement, Chateaubriand alla voir *tous* les gentlemen du canton, ce qui fait supposer qu'ils faisaient tous partie de la société. Elle était d'ailleurs proprement constituée, puisqu'elle avait un chef président ou secrétaire. Il est à craindre qu'elle ne reste à jamais une énigme.

3° *La collection de Camden*. M. Edmond Biré a, sur cette collection, la note suivante : « *William Camden* (1551-1623), surnommé le *Pausanias* et le *Strabon anglais*. Il avait rassemblé un nombre considérable de manuscrits du moyen âge, qui composent ce qu'on appelle encore aujourd'hui la *Collection Camden* [3] ». Incapable de comprendre comment les manuscrits de cette collection, dont, d'ailleurs, les biographies de Camden ne disent mot [4], auraient pu arriver à Beccles, je me suis renseigné auprès du Keeper of Manuscripts du British Museum. Voici la réponse de Mr. Geo. F. Warner : « Je ne puis trouver trace d'aucune *Camden Collection* de manuscrits. Ce qu'on pourrait rapprocher le mieux

---

briand que je citerai plus loin. Il n'est pas nécessaire d'en tenir compte, puisque M. Rix y reproduit manifestement la version des *Mémoires*.

1. *The History and Antiquities of the County of Suffolk, with Genealogical and Architectural Notices of its several towns and villages*, by the Rev. Alfred Suckling, L. L. B., Rector of Barsham, London, 1846.

2. Correspondance inédite de Mr. Dawson Turner, de Yarmouth, conservée, en 80 volumes, à la bibliothèque de *Trinity College*, Cambridge.

3. *Mém. d'O.-T.*, vol. II, p. 125.

4. *Encyclopædia Britannica, Dictionary of National Biography; Cyclopædia of English Literature*.

de cette collection serait peut-être un petit nombre de manuscrits de ses *Collectanea* dans la *Cotton Collection* du British Museum, et ceux-là, certes, ne furent jamais à Beccles, ni en aucun lieu quelconque au dehors du Musée, pour l'usage de Chateaubriand. La société d'antiquaires semble être également inconnue ; si elle a jamais existé, elle n'a rien publié. Se pourrait-il que toute cette histoire dût son origine à ce que Chateaubriand avait obtenu connaissance de l'existence de la *Camden Society* pour la publication de documents historiques ? Cette société, cependant, ne fut fondé qu'en 1838, et elle n'eut point de relations spéciales avec le Suffolk. »

Le récit que nous venons de commenter contient trois données essentielles : le journal de Yarmouth, la société d'antiquaires, les manuscrits de la collection de Camden. Sur ces trois données, deux sont incontestablement fausses, la troisième est de la plus grande invraisemblance. Est-ce que Chateaubriand se trompait sur les deux premières, ou a-t-il inventé la dernière ?

Mais à quoi bon, dira-t-on, inventer une telle fable ? Chateaubriand n'avait jamais écrit sur son séjour en Suffolk ; il n'était pas lié par des assertions antérieures, comme il l'était à l'égard du voyage en Amérique ; il n'y avait pour lui aucune nécessité de romancer les simples faits d'un départ pour la province. Chateaubriand a romancé toute sa vie, tout d'abord. Dans le cas présent, ensuite, la tentation en devait être particulièrement forte : il s'agissait de cacher une vérité, odieuse, honteuse et ignominieuse aux yeux de cet homme vain. Il a faussé le fait par mauvais goût, ne voyant pas combien cette simple vérité était plus belle, plus romanesque et plus conforme au récit de ses malheurs antécédents que la fiction qu'il a mise à sa place. Le Chateaubriand dont l'ambition était de faire retentir le monde de ses infortunes et souffrances, ce même Chateaubriand a eu le mauvais goût de taire le tort le plus amer que lui eût infligé la vie : le tort, c'est-à-dire, de l'avoir forcé à subjuguer une seule fois et sa vanité et ses préjugés : pour échapper à une mort cruelle ou à des humiliations plus grandes il avait dû consentir à se faire — mais n'insultons pas à ses mânes ! — à donner des leçons contre rémunération en espèces.

M. de Combourg donnait des leçons, s'il faut en croire la tradition locale. Les descendants des gens qui avaient connu Chateaubriand l'affirment d'une commune voix ; une dame de Bungay, dont le père fut le grand ami des fils de Charlotte Ives, le sait positivement. Chateaubriand était maître de langues, s'il faut en croire l'historien de Beccles qui prétend que l'émigré occupait une place dans une école.de la ville [1]. La preuve positive est fournie par une lettre de Chateaubriand lui-même, où on lit : « Je vais me débarrasser de toute sorte d'enseignement. *I give up all sort of teaching.* » *All sort of*, cela peut signifier enseignement dans les écoles et leçons particulières [2].

Ainsi donc Chateaubriand a subi « le plus grand des maux ». Car c'est dans ces termes qu'il parle de cette expérience dans l'*Essai sur les Révolutions*, chapitre *aux Infortunés* (ch. XIII, 2ᵉ p.) : « Celui-là, d'un ordre supérieur, regardera comme le plus grand des maux de se voir obligé de renoncer aux facultés de son âme... de passer ses jours, dans l'âge de la raison et de la pensée, à faire des mots aux stupides enfants de son voisin. Un pareil homme aimera mieux mourir de faim que de se procurer à un tel prix les besoins de la vie. » Comme l'auteur de l'*Essai historique* devait se croire appartenir à « un ordre supérieur », le passage sonne un peu la rhétorique. Chateaubriand était incapable d'une sincérité parfaite, même dans ses effusions les plus ardentes.

Il ne faut pas oublier, parmi les occupations de Chateaubriand à Beccles, l'*Essai historique*. D'après le passage, cité plus haut, de la *Notice*, l'ouvrage tout entier aurait été composé à la campagne. Voilà probablement un peu d'exagération, comme pour ce qui est de la durée du séjour en Suffolk; voilà surtout qui n'est pas d'accord avec le compte rendu des *Mémoires d'Outre-Tombe*. Cependant les références au révérend Bence Sparrow, dont la dernière se trouve à la page 332, vers le milieu du volume, et la note relative aux difficultés d'écrire « loin des capitales », prouvent bien qu'une bonne partie de l'*Essai* fut effectivement préparée et écrite à Beccles. Il est assez signifiant que Chateaubriand ne mentionne point les bibliothèques de Londres. Il l'aurait fait sans aucun doute — lui qui trouva moyen de raconter toute son histoire, dans ses notes — s'il leur avait été redevable. Il en parle bien au chapitre du *Génie du Christianisme* [3]. Ses seules ressources étaient donc les bibliothèques des gentilshommes de Beccles et Bungay. Voici le commencement de la note de la page 4-5. « N'ayant rien sauvé de la révolution, sans bibliothèque

---

1. Voir ci-après.
2. Pour les documents, voir plus loin.
3. Il est également signifiant que Chateaubriand n'y mentionne point non plus ses manuscrits du XIIᵉ siècle de la collection de Camden. Cette circonstance, à elle seule, suffirait presque pour prouver qu'ils sont une invention — ou quelque énorme grossissement — des *Mémoires*.

et sans ressources, je n'ai eu, pour m'aider *dans l'obscurité de ma retraite*, qu'une mémoire assez heureuse autrefois, mais aujourd'hui presque usée par le chagrin. On verra à la conclusion de cet Essai les difficultés innombrables qu'il m'a fallu surmonter. J'ai été souvent sur le point d'abandonner l'ouvrage, et de livrer le tout aux flammes. Cependant je puis assurer les lecteurs que les inexactitudes qui ont pu se glisser dans mes citations sont de peu de conséquence, et que, partout où le sujet l'a absolument exigé, j'ai suspendu mon travail jusqu'à ce que je me fusse procuré les livres originaux. En cela j'ai trouvé de grands secours chez des gentilshommes anglais, etc., etc. » Comme cette note se rapporte à l'ouvrage entier, on peut en conclure que les obstacles étaient les mêmes jusqu'au bout. Il paraîtrait bien, alors, que l'*Essai* fut compilé à la campagne.

Ce que Chateaubriand en dit dans les *Mémoires* ne le ferait pas soupçonner. « Mes rapports avec Deboffe n'avaient jamais été interrompus complètement pour l'*Essai sur les Révolutions*, et il m'importait de les reprendre au plus vite à Londres pour soutenir ma vie matérielle [1]. » Cela nous laisse à peine deviner qu'il y avait travaillé pendant son absence de Londres. C'est ce qu'on conclut plutôt de ce que Chateaubriand dit à l'occasion de son départ de Londres : « Je partis pour Beccles avec quelque argent que me prêta Deboffe, sur l'assurance de ma reprise de l'*Essai* [2] ». Mais, à ne s'en tenir qu'aux indications des *Mémoires*, on croirait que l'*Essai sur les Révolutions* fut plutôt écrit à Londres, avant et après le séjour à la province, tandis que, en ne suivant que les indications de l'*Essai* même, on croirait qu'il fut entièrement écrit loin de Londres. Ni l'une ni l'autre de ces deux assertions opposées ne peut être correcte. La solution la plus naturelle du problème sans doute est de croire que les premiers et les derniers chapitres furent composés à Londres, tandis que le gros de l'ouvrage fut écrit à Beccles. Quant à tenter une démarcation, la chose serait aussi impossible qu'inutile.

## III. — DOCUMENTS.

La mémoire de Chateaubriand est restée vivante parmi la société instruite de Beccles et de Bungay. Jusque vers le milieu du siècle passé, il y restait des gens qui l'avaient connu person-

1. P. 147.
1. P. 126. Voir aussi p. 125 : « Vous continuerez à envoyer de la copie de l'*Essai* à Baylis ; je forcerai ce pleutre à reprendre son impression. »

nellement et qui, se souvenant du pauvre émigré de 1795, lorsqu'il était devenu « magnifique ambassadeur auprès de Sa Majesté Britannique », en 1822, allèrent lui rendre visite à Londres. Ainsi fit, par exemple, le grand-père du docteur Crowfoot[1]; ainsi fit, comme on le sait, M^me Sutton.

Mais ce ne fut qu'après l'apparition des *Mémoires d'Outre-Tombe* qu'on s'avisa de rechercher les faits de son séjour à Beccles. Voici deux lettres du Révérend John Mitford, de Benhall près Saxmundham, à Mr. John Clarke, banquier à Beccles[2].

1. *Lettre (sans date).*

Dear Sir, — The name of the young lady at Bungay was Miss Charlotte Ives, daughter of Mr. Ives, the Rector. Any information you can get relating to Mons. Confort (*sic*) (Chateaubriand) would be thankfully received. Yours faithfully. — J. Mitford.

2. Stoan Street, Monday, 1^st May 1854.

My dear Sir, — Your most obliging paper[3] was forwarded to me this morning, for which I beg to return you my best thanks. I have no doubt but that you have collected all that is recoverable of Chateaubriand at Beccles. I am afraid that I began my inquiries a few years too late : for Mr. Crowfoot and my old, old curate H. Taylor must have known him when resident there. Yours faithfully. — J. Mitford.

En juin 1902, une enquête ouverte dans l'*East-Suffolk Gazette* par une personne signant « Inquirer » provoqua un assez grand nombre de réponses, dont voici les plus intéressantes :

1. *Lettre de M. John Clarke de Beccles, East-Suffolk Gazette, 10 juin.*

J'ai mainte fois entendu mon père parler de Chateaubriand. Selon lui il logeait dans la petite maison faisant partie de celle habitée à présent par Mrs. John Crowfoot, près de *Church-gates*. Il aimait beaucoup monter à cheval et possédait un poni favori qui le portait à Bungay et chez les familles du voisinage, où il avait plusieurs élèves de langue et de littérature françaises — *where he had several pupils as a teacher of the French language and literature*[4].

---

1. « My grandfather, Mr. Henchman Crowfoot, who mas a medical man living at Beccles, was intimate with Chateaubriand and was able to show him some little attention when he was living at Beccles, and he afterwards visited him in Paris after the Restoration and in London when he was ambassador. » (Lettre de M. Crowfoot, Beccles, 2 juin 1903.)

2. Le rév. J. Mitford avait projeté un ouvrage sur Chateaubriand qui ne parut point. Il est l'auteur d'une *Life of Thomas Gray*, le poète, et de quelques monographies d'écrivains anglais.

3. Le mémoire de Mr. Clarke me fut remis lors de ma visite à Beccles. Outre un extrait des *Mémoires d'Outre-Tombe*, il contient quelques renseignements concernant le père et le mari de Charlotte Ives.

4. *Mém. d'O.-T.*, II, p. 127. « Les courses que je faisais à cheval me rendirent un

2. *Lettre de Mr. D. A. Soanes, East-Suffolk Gazette, juin 1902.*

Chateaubriand enseignait le français dans l'école de Mr. Brightly qui, je crois, fonda plus tard les imprimeries de Bungay. L'extrait qui suit fournira peut-être à « Inquirer » l'information qu'il demande : je le tire d'une conférence faite par feu Mr. Wilton Rix sur *Beccles Men of Other Days.* « C'était du temps de Mr. Brightly que le comte de Chateaubriand devint un habitant de Beccles. Réfugié en Angleterre en 1793, il fut bientôt réduit au point de mourir de faim dans un grenier de Londres. Ne voyant, comme il dit, plus d'autre alternative que le *workhouse* (l'hôpital des pauvres) ou la Tamise, il apprit par hasard qu'on cherchait un Français capable de lire quelques vieux manuscrits de Camden pour une société d'antiquaires du Suffolk et qu'il fallait s'adresser au *Rector* de Beccles [1]. Ainsi donc Chateaubriand se rendit à Beccles où il fut bientôt occupé à enseigner le français dans l'école de Mr. Brightly. Il logeait dans la maison contiguë de celle du docteur Crowfoot dans Saltgate Street, et plus tard dans une autre maison dont le site est maintenant occupé par celle du révérend C. Hickman dans Hungate Lane. Ni les honneurs politiques, ni la gloire littéraire où il atteignit dans la suite ne lui faisaient oublier ceux dont l'amitié lui avait été si utile dans des circonstances moins prospères, à preuve les relations amicales qu'il entretint avec feu Mr. Davey, Mr. Henchman Crowfoot et d'autres encore.

Je dois à l'obligeance de Mr. Soanes l'extrait suivant du *Fauconberge Memorial* (mémoire sur la fondation scolaire du Dr Fauconberge de Beccles) par Mr. W. Rix.

Dans une grande maison de Blyburgate Street il fonda une école privée qu'il céda plus tard (1788) à Mr. Brightly.... Mr. Brightly eut comme maître de français M. de Chateaubriand, depuis devenu éminent en politique et en littérature [2].

3. *Extrait de la lettre de Mr. Samuel Steel, 9 juin 1903.*

Le fait que Chateaubriand enseignait le latin et le français ajoute à la probabilité de cette dernière conjecture.

4. *Extrait d'une lettre de Bungay,* non signée.

Chateaubriand donnait des leçons à Bungay, à Beccles et à Halesworth [3].

---

peu de santé. » M. J. Clarke, en 1903, était octogénaire; son père peut avoir connu Chateaubriand personnellement.

1. Ces détails sont évidemment tirés des *Mémoires d'Outre-Tombe.* « Je ne voyais plus devant moi que l'hôpital ou la Tamise. »

2. Mr. Soanes, instituteur à Beccles, m'écrit encore : « Il reste quelques personnes dans le voisinage dont les grands-parents avaient connu Chateaubriand. Elles parlent de son activité de professeur de français comme d'un fait indubitable, incontesté. » C'est Mr. Soanes qui m'a dit que l'école de Brightly fut fermée à Noel 1794.

3. Bourgade à trois milles au sud de Beccles.

5. *Lettre de Mr. A. Gardiner, Bridge Street, Bungay, 10 juin.*

Chateaubriand demeurait pendant quelque temps à Bungay où il occupait une chambre dans ma maison [1]. On raconte qu'une de ses élèves demeurant dans une maison près de Bath Hills fut tellement charmée de son maître qu'elle lui expliqua que sa situation précaire ne formerait point d'obstacle à leur union.... Je tiens mes renseignements de mes grands-parents qui l'avaient connu.

Je reproduis maintenant les communications adressées à moi-même par M. le docteur Crowfoot de Beccles et par Miss Lucy Hartcup de Bungay, au sujet des occupations de Chateaubriand.

M. Crowfoot m'avait écrit : « Il était, je crois, engagé par une société d'antiquaires, et il donnait aussi des leçons de français dans de nombreuses familles du voisinage ». Sur ma question s'il savait quelque chose concernant la société d'antiquaires, M. Crowfoot me répondit que personne n'en savait rien. On avait lu les *Mémoires d'Outre-Tombe*, et, comme on croyait Chateaubriand sur parole, on s'expliquait la chose tant bien que mal. Selon M. Crowfoot, les deux officiers de la marine royale française que Chateaubriand dit avoir rencontrés à Beccles, donnant des leçons dans le voisinage, étaient des prisonniers de guerre internés dans la ville. Chateaubriand se fit leur protecteur et obtint la permission de les mener promener en voiture le dimanche. Le petit-fils de l'ami de notre émigré me dit encore que le poni de Chateaubriand était blanc et que son maître portait ordinairement une jaquette verte collante lorsqu'il faisait ses courses.

Miss Lucy Hartcup affirme : « Chateaubriand vint dans cette contrée pour donner des leçons de français et miss Ives était une de ses élèves. Il enseignait à Bungay, à Halesworth et à Beccles... (He came into these parts to give lessons in French and Charlotte Ives was among his pupils. He taught both at Bungay, Halesworth und Beccles).

Pour terminer la série des témoignages relatifs à l'emploi de Chateaubriand à Beccles, voici sa lettre du 16 janvier 1797, adressée au docteur Davey ci-dessus mentionné. L'original se trouve dans la possession du petit-fils du destinataire, Mr. H. M. Davey, Chancellor of Chichester Cathedral, J. P. for Sussex, à Cawley Priory, Chichester. Une copie contenant quelques inexactitudes fut trouvée parmi les brouillons d'une conférence de Mr. W. Rix, et appartient maintenant à M. J. P. Angell à Beccles.

L'autographe occupe la première page d'une double feuille de

1. Alors la maison de M. Ives; voir ci-après.

22,5 cm. ╳ 18,5 cm. L'adresse : *D* *Davey, Beccles*, se trouve sur le revers du second feuillet, qui porte encore les traces des oblates (un trou rond vers le pli). Sur la troisième page est collée une gravure de *The late Vicomte de Chateaubriand*, provenant de quelque journal anglais dont le numéro suivant contenait une gravure de la tombe de Chateaubriand, attachée à la feuille de papier sur laquelle la lettre est collée.

Grevill Street, Holborn, n° 15. London, 16 jan[y] 1797.

Dear Sir,

You could not fancy how many times I reproched my self with not writing to you, but if you knew how much burried in papers I am now busy in printing, runing from booksellers to booksellers cursing a thousand people that call upon me, you no dubt would excuse & pity me. the gentleman who shall deliver you this letter is a cousin of mine called Mr. Feron. he is gone to Beccles to occupy my place. should you be so kind to help him in many little things he may be a stranger to, you will oblige me very much. I my self shall soon return among you again. I am now very ill, but as I give up all sort of teaching I shall be able, when at Beccles, to follow a regular course of physics and I am not without hope, that, by next summer, you will make of me one of the strongest man in England.

Excuse my french scribbling and receive the assurance of all the gratitude with which I remain dear sir, your very humble

& ob[t] ser[t]

CHATEAUBRIAND.

My cousin is lodged in my appartment at Butcher's.

Chateaubriand ne savait pas encore trop bien l'anglais en 1797. La lettre, outre un bon nombre de fautes d'orthographe : reproched (reproached), burried (buried), runing (running), dubt (doubt), physics (physic), man (men), appartment (apartment), contient des tours incorrects. Autrement c'est bien la manière pleine d'urbanité de Chateaubriand.

En un seul point la lettre correspond avec les *Mémoires d'Outre-Tombe*. Chateaubriand y parle d'une nouvelle maladie au moment où il achevait l'*Essai sur les Révolutions*. « J'en écrivis, dit-il, le dernier mot entre l'idée de la mort (j'étais retombé malade) et un rêve évanoui[1]. » Il y fait aussi allusion, il est vrai, à son intention de retourner, non pourtant à Beccles pour se faire soigner par le docteur Davey, mais pour revoir Charlotte à Bungay. Cependant ce qui nous intéresse dans cette lettre c'est que Cha-

1. *Mém. d'O.-T.*, II, p. 150.

teaubriand y avoue sa véritable occupation, l'enseignement. Il a
eu une place, et il s'y fait remplacer. La place d'historien semble
impossible. On ne met pas trois ans à traduire des manuscrits du
xiiᵉ siècle d'une collection qui n'existe pas ; et encore des manuscrits d'histoire locale. Il ne peut être question que d'un poste de
maître de français dans quelque école. Celle de Mr. Brightly fut
fermée à Noël 1794, comme nous l'avons dit plus haut. A la
même date, cependant, un Mr. Girdlestone succéda au poste de
directeur de la fondation Fauconberge ; il se peut que Chateaubriand passa à cette institution-là.

Le cousin Feron ne figure point dans le récit de l'exil de
Chateaubriand. C'est évidemment le Ferron de La Sigonnière
qui, au siège de Thionville, fut le compagnon d'armes et de tente
du possesseur du manuscrit d'*Atala*, celui à qui le futur diplomate confia sa première prophétie[1]. Pourquoi Chateaubriand ne
voulait-il plus se souvenir de lui ? L'histoire du séjour au Suffolk
est incomplètement racontée dans les *Mémoires d'Outre-Tombe*.
On le sent bien à la première lecture, puisqu'on n'apprend pas
comment Chateaubriand pouvait partir du jour au lendemain en
lâchant son poste et rompant ainsi son engagement avec sa société
d'antiquaires.

Il reste encore un point obscur. Selon toute apparence Chateaubriand avait quitté Beccles dans l'hiver 1795-96, un an avant
la lettre au docteur Davey. Quand envoya-t-il Ferron le remplacer ? Il dit dans la lettre : « *he is gone to occupy my place* — il est
allé occuper ma place, et, en *post scriptum* : *My cousin is lodged at
my appartments at Butcher's* — mon cousin loge dans mon appartement chez Butcher ». Cela indique que Ferron était déjà installé.
Il faut qu'il soit arrivé au cours de l'année 1796, probablement
peu de temps après le départ de Chateaubriand.

Après les occupations et les affaires, les divertissements ; après
la lettre en anglais, la lettre signée « de Combourg ». Elle se
trouve dans la *Beccles Collection* de Mr. Wilton Rix. Cette collection de documents variés compte vingt gros volumes. Elle appartient maintenant à la ville ; elle est logée dans le *Council Chamber*
du *Town Hall*.

Le document est composé de trois feuilles de format inégal.

---

1. « Parmi mes compatriotes, j'avais rencontré Ferron de La Sigonnière, mon
ancien camarade de classe à Dinan. Nous dormions mal sous notre pavillon.... Je
me souviens d'avoir dit à mon camarade, dans ces conversations, que la France
voudrait imiter l'Angleterre, que le roi périrait sur l'échafaud.... Ferron fut frappé
de ma prédiction : c'est la première de ma vie. » (*Mém. d'O.-T.*, vol. II, p. 75-6.)

L'écriture correspond parfaitement avec celle de la lettre au docteur Davey.

Dimanche 26. 7. 95.

M. de Combourg présente ses respects à Miss Sparrow et à Mrs. Scott; il saisit le premier moment de repos qu'il ait eu depuis jeudi pour examiner les écritures que ces dames lui ont données, il compte sur leur indulgence dans les jugements qu'il va en porter en les priant de se rappeler que cet art est sujet à mille erreurs, que M. de Combourg ne l'a jamais étudié, que le caractère national de ces écritures est un obstacle presque insurmontable et qu'enfin M. de C. cherche bien plus à amuser ces dames qu'à se faire un nom dans l'art de Lavater.

Les feuilles sont numérotées sur le revers.

N° 1.

personne raisonnable., un caractère délicat et sensible. de la grâce et de la facilité dans les idées. elle n'a pas toujours été heureuse? Je la soupçonne d'un peu de mélancolie. du reste, instruite.

N° 2.

jeune femme très jolie. quelque chose de la légèreté et de la grâce de la Nimphe. spirituelle, aimant le plaisir, mais le plaisir à sa mode. un peu de caprice, même un peu boudeuse, n'aimant pas surtout les gens qui l'ennuient. capable de haine et d'amour. bonne et généreuse. parlant peu.

N° 3.

rien.

N° 4.

je suis très embarrassé ici. il y a beaucoup à dire sur cette écriture et cependant il n'y a rien de très décidé, comme ces espèces de caractère qu'on peut démêler à première vue. Quelquefois je suis tenté de croire qu'elle est de la même main que le 2ᵉ numéro et cependant il y a des lettres qui diffèrent essentiellement, telles que les *w* et les *y*. si elle est d'un homme, c'est un jeune homme bouillant, léger, avec des facultés morales étendues mais peu cultivées. si au contraire elle est d'une femme ce dernier trait des facultés morales lui convient aussi. par ailleurs elle est inégale, parleuse, satirique et cependant il y a des traits dans cette écriture qui contredisent tout cela. certainement c'est un caractère double. remarquez encore que si c'est la même main que le n° 2 alors ce que je dis ici devient faux parce que le n° 2 est bien plus caractéristique que ce n° 4 et c'est alors à la description du caractère de n° 2 qu'il faut s'en tenir. au reste, comme je l'ai déjà dit, cette écriture est trompeuse et la personne à qui elle appartient peut avoir un excellent caractère [1].

---

1. Cette lettre constitue un intéressant commentaire à une de ces notes si amusantes dont l'*Essai sur les Révolutions* est embelli. Voici une partie de cette note :

j'espère que Miss Sparrow ou Mrs. Scott voudra bien m'envoyer les noms pour que je puisse rire de ma bêtise ou m'applaudir de ma *pénétration*. le petit garçon est chargé d'attendre une réponse, si toute fois cela ne gêne point les dames.

c'est aujourd'hui dimanche et je ne puis avoir de papier. excusez-moi d'écrire sur ces chiffons.

Beccles, 26. 7. 95.

Au revers de la dernière feuille on trouve la remarque suivante :

Mons. de Combourg écrit en gentilhomme émigré — il pensait développer le caractère des personnes par leur écriture.

1797. R. A.

La seconde lettre de Chateaubriand de la *Beccles Collection* n'a rien à faire avec son séjour dans la ville. Elle doit avoir été acquise par Mr. W. Rix, le collectionneur, je ne sais ni quand ni comment. L'adresse manque.

Monsieur,

Presque étranger à la lecture des journaux j'ai le malheur de n'avoir point vu les morceaux de votre poésie de Joseph dans le *Mercure* et dans le *Moniteur*; je ne doute point que vos vers ne soient dignes du beau sujet que vous avez choisi et vous m'honorez beaucoup, Monsieur, en prenant dans mes ouvrages tout ce qui peut convenir aux notes de votre poème. Je vous remercie infiniment des éloges que vous voulez bien me donner et que je dois sans doute à votre indulgence. Je vous prie d'agréer l'assurance de la haute considération avec laquelle j'ai l'honneur d'être, Monsieur, votre très humble et très obéissant serviteur

DE CHATEAUBRIAND.

Paris, 21 mai 1811.

« L'art de la physionomie offre d'excellentes études, à qui voudrait s'y livrer. Notre siècle raisonneur a trop dédaigné cette source inépuisable d'instruction. Toute l'antiquité a cru à la vérité de cette science; et Lavater l'a porté de nos jours à une perfection inconnue. La vérité est que la plupart des hommes la rejettent, parce qu'ils s'en trouveraient mal. Nous pourrions du moins porter son flambeau dans l'histoire. Je m'en suis servi souvent avec succès dans cette partie. Quelquefois aussi je me suis plu à descendre dans le cœur de mes contemporains. J'aime à aller m'asseoir, pour ces espèces d'observations, dans quelque coin obscur d'une promenade publique, d'où je considère furtivement les personnes qui passent autour de moi. Ici, sur un front à demi ridé, dans ces yeux couverts d'un nuage, sur cette bouche un peu entr'ouverte, je lis les chagrins passés de cet homme qui essaie de sourire à la société.... » (*Essai*, p. 96, 1ʳᵉ éd.)

## IV. — L'IDYLLE DE BUNGAY.

Si Chateaubriand n'a rien à dire sur ses occupations à Beccles, s'il se tait obstinément sur une partie du moins de ses occupations, il est d'autant plus explicite sur le charmant petit roman qu'il lui était donné de vivre là-bas. L'idylle de Bungay est un des récits les plus gracieux et les plus frais des *Mémoires d'Outre-Tombe.*

A quatre lieues de Beccles, dans une petite ville appelée Bungay, demeurait un ministre anglais, le révérend M. Ives, grand helléniste et grand mathématicien. Il avait une femme jeune encore, charmante de figure, d'esprit et de manières, et une fille unique, âgée de quinze ans. Présenté dans cette maison, j'y fus mieux reçu que partout ailleurs. On buvait à la manière des anciens Anglais, et on restait deux heures à table après les femmes. M. Ives, qui avait vu l'Amérique, aimait à conter ses voyages, à entendre les récits des miens, à parler de Newton et d'Homère. Sa fille, devenue savante pour lui plaire, était excellente musicienne et chantait comme aujourd'hui madame Pasta. Elle reparaissait au thé et charmait le sommeil communicatif du vieux ministre. Appuyé au bout du piano, j'écoutais miss Ives en silence.

La musique finie, la *young lady* me questionnait sur la France, sur la littérature ; elle me demandait des plans d'études ; elle désirait particulièrement connaître les auteurs italiens, et me pria de lui donner quelques notes sur la *Divina Commedia* et la *Gerusalemme.* Peu à peu j'éprouvai le charme timide d'un attachement sorti de l'âme : j'avais paré les Floridiennes, je n'aurais pas osé relever le gant de miss Ives ; je m'embarrassais quand j'essayais de traduire quelque passage du Tasse. J'étais plus à l'aise avec un génie plus chaste et mâle, Dante.

Les années de Charlotte Ives et les miennes concordaient...

Ayant fait une chute de cheval, je restai quelque temps chez M. Ives. C'était l'hiver ; les songes de ma vie commencèrent à fuir devant la réalité. Miss Ives devenait plus réservée ; elle cessa de m'apporter des fleurs ; elle ne voulut plus chanter...

« Monsieur, me dit-elle, vous avez vu ma confusion : je ne sais si Charlotte vous plaît, mais il est impossible de tromper une mère : ma fille a certainement conçu de l'attachement pour vous.. M. Ives et moi nous nous sommes consultés ; vous nous convenez sous tous les rapports ; nous croyons que vous rendrez notre fille heureuse. Vous n'avez plus de patrie ; vous venez de perdre vos parents, vos biens sont vendus ; qui pourrait donc vous rappeler en France? En attendant votre héritage vous vivrez avec nous... »

Elle appela son mari et sa fille : « Arrêtez! m'écriai-je, je suis marié! » Elle tomba évanouie.

Je sortis, et sans rentrer dans ma chambre, je partis à pied. J'arrivai à Beccles, et je pris la poste pour Londres...

Ainsi le racontent les *Mémoires* du héros. Voici maintenant l'histoire d'après la tradition locale de Bungay, le témoignage bien qualifié et digne de foi d'une dame de cette ville, Miss Lucy Hartcup, qui se documente comme suit dans une letttre du 31 mars 1904. « C'est de moi et de ma famille que Mr Rider Haggard[1] a obtenu son information concernant Chateaubriand et la famille Yves. Mes parents connaissaient bien Mrs Sutton et sa famille, de sorte que je tiens mes renseignements directement de la source. » Dans la même lettre Miss Hartcup dit encore : « William Sutton (le second fils de Charlotte) était général et un grand ami de mon père ».

Ce qui suit sont des extraits des communications de Miss Hartcup faites à moi-même dans deux lettres, et à Mr Rider Haggard, le romancier bien connu, pour son livre de *A Farmer's Year*[2].

*Lettre du 31 mars* : « Le récit de Chateaubriand, dans ses *Mémoires*, est considérablement paré d'inventions et non très conforme aux faits (*Chateaubriand's own account in his Memoirs is a good deal « embroidered » and not very accurate to facts*). Il vint dans cette contrée pour donner des leçons de français, et Miss Ives était une de ses élèves. » *Lettre du 4 avril* : « Il est certain qu'il donnait des leçons, non seulement à elle, mais à beaucoup d'autres. Une vieille amie de moi qui mourut il y a un an ou deux, à l'âge de quatre-vingt-dix années, connaissait quelques-unes de ses élèves; c'est elle qui m'a dit qu'elles l'appelaient *Monsieur Shatterbrain* (le Distrait). (*He certainly gave lessons both to her and many others, as an old friend of mine, who died a year or two ago at the age of 90 knew some of his pupils at Halesworth and told me of their calling him Mr. Shatterbrain*). Chateaubriand, dans ses *Mémoires*, prétend avoir fait la connaissance de Miss Ives à la suite d'une chute de cheval; mais la tradition locale explique le fait par la raison beaucoup plus prosaïque qu'il fut engagé à lui donner des leçons de français[3]... (*but local tradition gives the much more prosaic reason of his having been called in to give her French lessons*).

La tradition, d'ailleurs, est assez bien d'accord avec les

---

1. Voir plus loin.
2. *A Farmer's Year, being his Commonplace Book for 1898*, by H. Rider Haggard. Longmans et C[o], 1899. Mr Rider Haggard est propriétaire de *Ditchingham Lodge*, la maison où demeurait Mrs Charlotte Sutton, née Ives.
3. Selon les *Mémoires*, Chateaubriand avait été présenté chez les Ives avant son accident. Ce n'est pas dire que la tradition locale n'ait pas raison, elle aussi. Miss Hartcup veut dire que cet accident est inventé.

*Mémoires* pour ce qui est du fond de notre récit. Je cite la version
de M. Rider Haggard :

> Lorsque, en 1793, émigré de la Terreur, Chateaubriand — que, selon
> la tradition locale, ses élèves appelaient *Monsieur Shatterbrain*,
> Monsieur le Distrait — vint en Angleterre, il fut amené, j'ignore
> comment et pourquoi, de Londres à Bungay, où il fournit à son entretien
> en donnant des leçons de français. Parmi ses élèves était Charlotte
> Ives, enfant unique du grand buveur de pasteur, une très jolie demoi-
> selle aux grands yeux noirs non encore oubliés dans le pays. L'exilé
> français fut tendre et Charlotte, il semble, fut impressionnable ; ce
> qu'il y a de certain c'est que ses avances lui furent agréables. Comme
> c'était une jeune fille d'un esprit déterminé, elle persuada ses riches
> parents de ne pas s'effrayer du manque de fortune et de la situation
> précaire de l'émigré, et de ne point mettre d'entraves dans le chemin
> de son amour. Le temps s'écoulait ; les attentions du héros ne cessaient
> point, mais il n'en venait rien de plus tangible. Alors, attribuant son
> silence à une délicatesse naturellement causée par son manque de
> fortune, M^rs Ives prit Chateaubriand à part dans la maison rouge de
> Bridge Street et lui déclara franchement que, vu que leur attachement
> était réciproque et que Charlotte ne manquait de rien, les malheurs
> de monsieur ne devaient point former d'obstacle à leur union. Le galant
> Français leva les yeux en soupirant, puis, les baissant, il murmura :
> « *Hélas ! madame, je suis désolé, mais je suis marié.* »

Ces rapprochements n'ont pas besoin de commentaire. Les insignifiantes divergences qu'on remarque dans le rapport des deux
partis s'expliquent d'elles-mêmes. Il est naturel que Chateaubriand
ne parle point *d'avances* de sa part, si toutefois il n'y fait pas allusion lorsqu'il dit, après le dénouement : « Je me représentais le
chagrin de Charlotte, les justes reproches que l'on pouvait et
qu'on devait m'adresser : car enfin j'avais mis de la complaisance
à m'abandonner à une inclination dont je connaissais l'insurmontable illégitimité. Était-ce donc une séduction que j'avais vainement tentée, sans me rendre compte de cette blâmable conduite [1] ? »
Et plus loin : « Si je n'eusse été atteint de cet odieux travers
d'esprit, toute méprise devenant impossible, je n'aurais pas eu
l'air d'avoir voulu tromper la plus généreuse hospitalité ».
Quoi qu'il en soit, Chateaubriand a ici fait un grand effort vers la
vérité, et il s'est jugé plus sévèrement que ne l'ait fait la tradition.
    Malheureusement il gâte l'excellent effet de cette belle franchise
par son traitement du second acte de la comédie. La vanité a de

1. P. 139.

nouveau pris le dessus. Il faut citer les *Mémoires* verbalement pour montrer combien c'est arrangé savamment, finement.

« Qu'arriva-t-il à Bungay après mon départ? Qu'est devenue cette famille où j'avais apporté la joie et le deuil?

« Vous vous souvenez toujours bien que je suis ambassadeur auprès de George IV, et que j'écris à Londres, en 1822, ce qui m'arriva à Londres en 1795.

« Quelques affaires, depuis huit jours, m'ont obligé d'interrompre la narration que je reprends aujourd'hui. Dans cet intervalle, mon valet de chambre est venu me dire, un matin, entre midi et une heure, qu'une voiture était arrêtée à ma porte, et qu'une dame anglaise demandait à me parler. Comme je me suis fait une règle dans ma position publique, de ne refuser personne, j'ai dit de laisser monter cette dame.

« J'étais dans mon cabinet; on a annoncé lady Sulton; j'ai vu entrer une femme en deuil, accompagnée de deux beaux garçons également en deuil : l'un pouvait avoir seize ans et l'autre quatorze. Je me suis avancé vers l'étrangère ; elle était si émue qu'elle pouvait à peine marcher. Elle m'a dit d'une voix altérée : « *Mylord, do you remember me*? Me reconnaissez-vous? » Oui, j'ai reconnu Miss Ives... »

La mise en scène est admirable, supérieurement inventée. Mais inventée, c'est clair. Voici ce qu'en sait Miss Hartcup :

*Lettre du 4 avril* : « J'ai entendu dire à mes parents que la famille Sutton était très indignée du récit que Chateaubriand a fait de ses relations avec leur mère, et que ce récit était absolument incorrect. Ainsi, par exemple, Chateaubriand voudrait faire croire que leur entrevue à Londres était pour lui une surprise : le fait est qu'elle avait été projetée et arrangée d'avance. On était d'abord convenu qu'il irait la voir à Bungay, mais ils finirent par s'accorder de se donner rendez-vous à Londres. Ma mère m'a dit qu'on jugeait étrange le procédé de Mrs Sutton que d'aller le voir à Londres[1]. »

Ceci donc n'est qu'un exemple de l'inexactitude du récit des *Mémoires*. Est-ce que l'accident de cheval en serait un autre? Est-ce que M. de Combourg n'a jamais séjourné sous le toit de la

---

1. « I have heard my parents say that the Sutton family were very angry with Chateaubriand's account in his *Memoirs* of his acquaintance with their mother and *that it was most inaccurate*. For instance he makes it appear as if their meeting in London was an unexpected surprise, whereas *I know for a fact* that it was planned and arranged beforehand. It had been proposed he should come down to Bungay to see her, but finally they arranged to meet in London. My mother told me it was thought an odd proceeding for Mrs. Sutton to go to London to visit him. »

maison des Ives? On en est réduit à deviner, puisque, pour ce qui est du fait central, le récit de Chateaubriand est amplement confirmé par celui de Mr Rider Haggard qui le tenait de Miss Hartcup elle-même. Quoi qu'il en soit, dans sa tombe au Grand-Bé, l'auteur des *Mémoires d'Outre-Tombe* était bien à l'abri de la colère des fils de Charlotte Ives.

A côté de cette insigne invention, il ne vaut guère la peine de relever d'autres inexactitudes, dont l'une indubitablement voulue. Chateaubriand semble avoir voulu réparer le tort fait à la mémoire de *Mistress* Sutton, en l'élevant au rang d'une *Lady* Sutton. Il faut se passer de la *Lady* et se contenter de la *Mistress*. L'amiral Sutton ne possédait point de titre nobiliaire : il n'était ni *Knight* (chevalier), ni *Baronet*; par conséquent sa femme ne pouvait pas s'intituler *Lady* Sutton. Sans doute l'ambassadeur de Sa Majesté Française auprès de George IV n'ignorait pas cette banale distinction; mais la *Lady* lui allait mieux.

Il y a une seconde erreur dont, cependant, Chateaubriand n'est pas responsable. On a remarqué que je dis *Sutton* au lieu de *Sulton*. La forme Sulton constitue simplement une leçon erronée qui a échappé à M. Edmond Biré. Plus loin, au IVe volume des *Mémoires d'Outre-Tombe*, p. 284, le nom revient dans sa vraie forme : « Mais bientôt l'idée d'aller voir Mme *Sutton....* » et : « Un des beaux enfants pour lesquels Charlotte... c'est aujourd'hui le capitaine *Sutton* ». L'index de l'édition Biré, pourtant, ne donne que *Sulton*[1].

Le plus souvent Chateaubriand dit tout simplement Charlotte, le nom sous lequel il la connut d'abord, le nom de la toute jeune fille son élève. Dans l'entrevue avec Lady Sutton c'est presque toujours Charlotte : « Charlotte m'a dit... J'ai dit à Charlotte... Charlotte rougit... Charlotte répliqua... » Mais de Charlotte point de portrait. « Une chose restait pure et charmante en moi, quoique profondément triste : l'image de Charlotte. » Le grand peintre s'est refusé de nous tracer cette image. Deux ou trois petits traits tout au plus il nous en révèle : « Je touchais respectueusement ses cheveux noirs; je pressais ses beaux bras contre ma poitrine, ainsi qu'une chaîne de lis que j'aurais portée à mon cou. Je n'étais pas plutôt dans un lieu écarté, que Charlotte, aux blanches mains, se venait placer à mes côtés. » Elle était belle, charmante, gracieuse, Chateaubriand répète ces épithètes. Même en 1822, où elle avait quarante ans passés, elle ne manque pas de l'affoler un

---

1. Le traducteur anglais de cette édition, M. Texeïra de Mattos, a rectifié cette erreur.

peu : « Cette gracieuse femme avait quelque chose de l'Ève de
Milton, en prononçant ces paroles : elle n'était point née du sein
d'une autre femme; sa beauté portait l'empreinte de la main
divine qui l'avait pétrie ». Sur le caractère de Charlotte il n'y a
pas un mot dans les *Mémoires d'Outre-Tombe;* bref, sur elle
rien de comparable à la page que Chateaubriand a dévouée
à M<sup>me</sup> de Beaumont, par exemple, et à tant d'autres.

Mais la tradition, à Bungay, a gardé le souvenir de Charlotte
Ives. Selon M<sup>r</sup> Rider Haggard, ses beaux yeux noirs ne sont pas
encore oubliés dans le pays. Miss Hartcup m'a communiqué un
dernier trait : « M<sup>me</sup> Sutton, dit-elle, était petite; elle avait les
cheveux et les yeux noirs, et elle possédait une grande fermeté
de caractère[1] ». Quant à cette fermeté de caractère, elle fait le fond
des anecdotes que M. Rider Haggard et Miss Hartcup racontent
de M<sup>rs</sup> Sutton. Celle-ci en faisait surtout preuve par la manière
dont elle gouvernait ses fils, qui étaient, à ce qu'il paraît, des
jeunes gens plutôt intraitables. C'était là son trait dominant.

Comme ailleurs, Chateaubriand se demande ce qu'il serait
devenu, et ce que serait devenu le monde, s'il avait épousé Miss
Ives. Considérée du point de vue de ce trait de caractère, la
question est assez piquante. Charlotte aurait-elle consenti à se
tenir à l'écart, à s'effacer comme M<sup>me</sup> de Chateaubriand; l'aurait-
elle fait d'aussi bonne grâce? Il n'est pas facile de s'imaginer le
ménage qu'ils auraient fait ensemble. Chateaubriand avait
lui-même des doutes à ce sujet : « Le sentiment, dit-il, que je
viens de rappeler n'était cependant point sympathique à ma nature
orageuse : elle l'aurait corrompu; elle m'eût rendu incapable de
savourer longuement de saintes délectations ». Quoi qu'il en soit,
il y a raison de croire que Charlotte aux noirs yeux n'était guère
faite pour être la femme de François-René.


V. — CHARLOTTE DANS L'ŒUVRE DE CHATEAUBRIAND.


Mais Charlotte a joué un rôle très considérable dans la vie de
Chateaubriand. Elle fut son premier amour, elle restait un peu
son amour jusqu'au bout. Il faut qu'elle ait été bien véritablement
aimée. Voyez avec quelle tendresse le magnifique ambassadeur
parle de ses souvenirs de Bungay! « J'éprouvai le charme timide
d'un attachement sorti de l'âme... Si l'on m'eût dit que je passe-

---

1. « Mrs. Sutton was a small lady with dark hair and eyes and great determi-
nation of character. »

rais le reste de ma vie, ignoré au sein de cette famille solitaire, je
serais mort de plaisir.... De toutes les peines que j'avais endurées,
celle-là me fut la plus grande et la plus sensible... Le plus doux,
le plus tendre et le plus reconnaissant souvenir m'est resté de cet
événement... Depuis cette époque, je n'ai rencontré qu'un attachement assez élevé pour m'inspirer la même confiance. Je dois
regarder le sentiment que je viens de rappeler comme le premier
de cette espèce entré dans mon cœur... », etc. Voyez encore
avec quels accents attendris il raconte la rencontre avec Charlotte
à Londres en 1822! « Je ne lui pouvais parler; mes yeux étaient
pleins de larmes; je sentais que je l'avais profondément aimée par
ce que j'éprouvais.... Premier amour de ma jeunesse, vous fuyez
avec vos charmes! Je viens de revoir Charlotte, il est vrai, mais
après combien d'années l'ai-je revue? Douce lueur du passé, rose
pâle du crépuscule qui borde la nuit, quand le soleil depuis longtemps est couché! » Après cette entrevue Chateaubriand ne peut
plus parler de l'Angleterre sans se rappeler Charlotte. En 1833,
au retour de Prague, le voyageur se fait chanter le nom aimé par
l'oiseau voyageur, symbole de la vie du poète, dans la délicieuse
chanson de l'hirondelle : « François, m'a dit ma convive de Bis-
chofsheim, ma trisaïeule logeait à Combourg... Ma grand'mère
nichait à la fenêtre de Charlotte; huit ans après, elle arriva à Jaffa
avec toi; tu l'as remarqué dans ton *Itinéraire*[1]... »

De retour de son dernier voyage en Angleterre, en 1843, Chateaubriand mêle encore le nom de Charlotte aux souvenirs, vieux
de cinquante années, de son premier séjour d'Outre-Manche :
« .... cette Charlotte que vous verrez dans mes *Mémoires!* »
(*Mém. d'O.-T.*, vol. VI, p. 560.)

Il s'agit de savoir si, oui ou non, cette passion influença Chateaubriand l'écrivain, l'auteur de *René* et d'*Atala*, et si cette influence
se trahit dans ses ouvrages. Ce serait chose étrange si un premier
amour d'un homme comme Chateaubriand avait passé sans
laisser de trace dans ses écrits. Cependant la critique n'y a pas
voulu croire : les uns ignoraient Charlotte, d'autres l'écartaient
de propos délibéré, comme par exemple Villemain. Cela à
l'encontre de tout ce qu'en avait affirmé Chateaubriand lui-même.
« C'est alors (au retour de Bungay), dit-il, que, aigri par les malheurs,
déjà pèlerin d'outre-mer, ayant commencé mon solitaire voyage,
c'était alors que les folles idées peintes dans le mystère de René,
m'obsédaient et faisaient de moi l'être le plus tourmenté qui fût

1. Chateaubriand était à Jaffa en 1806, dix ans après avoir quitté Charlotte.

sur la terre. » Il faut bien que Charlotte fût pour quelque chose
dans *René*. « Attachée à mes pas par ma pensée, Charlotte, gracieuse, attendrie, me suivait, en les purifiant, par les sentiers de
la sylphide ». « Charlotte, que je cherchais ainsi à me réconcilier
par la gloire, présidait à mes études. Son image était assise devant
moi tandis que j'écrivais. Quand je levais les yeux de dessus mon
papier, je les portais sur l'image adorée, comme si le modèle eût
été là en effet. » Trois ou quatre ans plus tard, le nom de
Charlotte se mêle toujours aux conceptions du poète : « On ne
saura jamais ce que c'est que de porter à la fois dans son cerveau,
dans son sang, dans son âme, *Atala* et *René*, et de mêler à
l'enfantement douloureux de ces brûlants jumeaux le travail de
conception des autres parties du *Génie du chrïstianisme*. Le souvenir de Charlotte traversait et réchauffait tout cela [1]. »

A mon avis, une grande partie de l'idylle de Bungay a passé
dans la nouvelle de *René*, la personne de Charlotte s'ajoutant à
la personne de Lucile, se confondant avec elle, pour former
l'étrange personnage d'Amélie. Amélie, en tant que sœur de René,
est Lucile ; en tant qu'amante, elle est Charlotte. Le résultat de
cette combinaison furent les folles idées peintes dans le mystère
de René.

On peut comparer l'histoire de Charlotte Ives avec *René* : les
ressemblances sautent aux yeux. René est allé se perdre dans la
capitale, où il vit solitaire et inconnu, fréquentant les églises, se
mêlant à la foule, s'arrêtant sur les ponts pour voir le coucher du
soleil, le soir, en rentrant au logis. René est ici l'émigré de Londres
en 1793. En parlant de ses promenades à Kensington, Chateaubriand se demande dans les *Mémoires* : « S'est-il jamais attaché un
regard sur l'étranger assis au pied d'un pin? Quelque belle
femme avait-elle deviné l'invisible présence de René? » A Londres,
Chateaubriand fréquente les églises; il se promène, tantôt solitaire, tantôt se mêlant à la foule, « vaste désert d'hommes » ; il
rentre le soir, s'arrêtant sur les ponts pour contempler la pompe
d'un coucher de soleil [2].

Cependant René quitte la ville pour se retirer à la campagne.
C'est le départ de Chateaubriand pour Beccles. Ici l'infortuné ne

1. *Mém. d'O.-T.*, vol. II, p. 181.
2. *René* : « Quand le soir était venu, reprenant le chemin de ma retraite, je m'arrêtais sur les ponts pour voir se coucher le soleil. L'astre, enflammant les vapeurs de
la cité, semblait osciller lentement dans un fluide d'or comme le pendule de l'horloge des siècles. — *Mémoires* : « Je m'arrêtais à considérer les clochers, jumeaux de
grandeur inégale, que le soleil couchant ensanglantait de ses feux sur la tenture
noire des fumées de la cité. »

devient d'abord que plus malheureux. Mais voici se présenter la femme qui va lui donner un peu de bonheur, la femme qui le consolera par le charme de sa présence. « Hélas! dit René, mon cœur se rouvrit à toutes les joies; comme un enfant, je ne demandais qu'à être consolé... Nous fûmes plus d'un mois à nous accoutumer à l'enchantement d'être ensemble. Quand, le matin, au lieu de me trouver seul, j'entendais la voix de ma sœur, j'éprouvais un tressaillement de joie et de bonheur. » A Bungay, Chateaubriand a rencontré Charlotte : « Peu à peu j'éprouvai le charme timide d'un attachement sorti de l'âme... Si l'on m'eût dit que je passerais le reste de ma vie ignoré au sein de cette famille solitaire, je serais mort de plaisir. »

Le dénouement approche . « Le moment était venu, où j'allais expier toutes mes inconséquences (c'est René qui parle)... L'hiver finissait lorsque je m'aperçus qu'Amélie perdait le repos et la santé qu'elle commençait à me rendre,... tout l'alarmait,... etc. » Des choses toutes semblables se passent dans la maison rouge du bon ministre Ives, dont Chateaubriand est devenu l'hôte. « C'était l'hiver, les songes de ma vie commencèrent à fuir devant la réalité. Miss Ives devenait plus réservée; elle cessa de m'apporter des fleurs; elle ne voulait plus chanter. »

Enfin voilà la catastrophe. L'amant coupable prend la fuite, laissant l'autre dans la consternation et la douleur. Il y a une lettre dans chacun des deux récits.

A partir d'ici les incidents cessent de se ressembler, mais il reste à relever quelques-unes des « folles idées ». « Tantôt, dit René, j'étais prêt à retourner sur mes pas, tantôt je voulais rester uniquement pour troubler le sacrifice. L'enfer me suscitait jusqu'à la pensée de me poignarder dans l'église, et de mêler mes derniers soupirs aux vœux qui m'arrachaient ma sœur. » Dans les *Mémoires* on lit : « Je fus cent fois tenté de retourner à Bungay, d'aller, non me présenter à la famille troublée, mais me cacher sur le bord du chemin pour voir passer Charlotte, pour la suivre au temple, où nous avions le même Dieu, sinon le même autel, pour offrir à cette femme, à travers le ciel, l'inexprimable ardeur de mes vœux.... » Qu'on compare à ce dernier sentiment le sentiment suivant de René : « Chaste épouse de Jésus-Christ, reçois mes derniers embrassements à travers les glaces du trépas et les profondeurs de l'éternité, qui te séparent déjà de ton frère. »

La réflexion suit au paroxysme. Voici comment raisonne Chateaubriand : « *Je me représentais le chagrin de Charlotte*, les justes reproches que l'on pouvait et que l'on devait m'adresser :

car enfin j'avais mis de la complaisance à m'abandonner à une inclination dont je connaissais l'insurmontable illégitimité. Est-ce donc une séduction que j'avais vainement tentée, sans me rendre compte de cette blâmable conduite? Mais en m'arrêtant, comme je le fis, pour rester honnête homme, ou en passant par-dessus l'obstacle pour me livrer à un penchant flétri d'avance par ma conduite, je n'aurais pu que plonger l'objet de cette séduction dans le regret ou la douleur. » Un peu avant il avait dit : « De toutes les peines que j'avais endurées, celle-là me fut la plus sensible et la plus grande. »

Nous retrouverons les mêmes sentiments chez René, dont il faut citer ces paroles : « On peut trouver des forces dans son âme contre un malheur personnel; mais devenir la cause involontaire du malheur d'un autre, cela est tout à fait insupportable. Éclairé sur ces maux de ma sœur, *je me figurais ce qu'elle avait dû souffrir.* »

Voilà la grande et grave leçon que le malheureux dénouement de ses relations avec Charlotte Ives avait fait apprendre à Chateaubriand : les conséquences douloureuses, de part et d'autre, d'une inclination dont on connaît « l'insurmontable illégitimité ». Cette leçon l'a hanté; il ne cessera pas de la répéter; elle fait le fond de l'intrigue de tous ses romans; il en a épuisé la liste des variations possibles. Dans *Atala* c'est un vœu; dans l'épisode de Velléda des *Martyrs* c'est l'état de la prêtresse; dans le *Dernier des Abencerage* ce sont la différence des religions et la haine traditionnelle des familles. Qu'on compare aux deux citations précédentes ce passage des *Martyrs*. C'est Velléda qui parle : « Je te fais pitié, me dit-elle. Mais si tu me crois atteinte de folie, ne t'en prends qu'à toi. Pourquoi as-tu sauvé mon père avec tant de bonté? Pourquoi m'as-tu traitée avec tant de douceur? Je suis vierge, vierge de l'île de Sayne; que je garde ou que je viole mes vœux, j'en mourrai. Tu en seras la cause. Voilà ce que je voulais te dire. Adieu ». Elle se leva, prit la lampe et disparut. Jamais, seigneurs, je n'ai éprouvé une douleur pareille. Rien n'est affreux comme le malheur de troubler l'innocence[1]. »

Autres ressemblances entre l'épisode de Charlotte et les romans de Chateaubriand : Partout c'est l'étranger, amené, comme par le hasard, dans le sein d'une famille, dont il est reçu hospitalièrement, qui se fait aimer par la fille du pays. Ainsi Chactas arrive prisonnier chez la tribu d'Atala, ennemie de la

1. *Martyrs*, liv. X.

sienne; ainsi Eudore, le Grec, fonctionnaire romain, est aimé de
Velléda, la fille gauloise; ainsi Aben-Hamet, le Maure, venu à
Grenade pour voir le pays de ses aïeux, obtient l'amour de Blanca,
la noble Espagnole; ainsi René, l'Européen, réfugié chez un peuple
du Nouveau-Monde, devient l'objet des affections de Céluta et de
Mila. Partout cela finit malheureusement. Mais qu'est-ce autre
chose que ces situations, sinon François-René de Chateaubriand,
le Français, émigré en Angleterre, aimé de Charlotte, l'Anglaise,
fille de son hôte? C'est comme si le romancier eût été incapable
d'inventer rien de nouveau, une autre situation quelconque; comme
si toutes ses fictions amoureuses n'eussent été que d'ingénieuses et
belles variations de son unique thème. Et pourtant Chateaubriand,
a connu bien d'autres amours encore. Il les a aussi utilisés, mais
celui de Charlotte les primait tous, pour ce qui est de l'inspiration
poétique qu'il en tira. J'ose prétendre que, à l'exception de
Cymodocée peut-être, il y a un peu de la personne et de l'histoire
de Charlotte Ives au fond de toutes les héroïnes de Chateaubriand.
Je ne ferai remarquer qu'un trait qu'elles ont en commun : elles
aiment les premières et elles font les premières avances : Atala,
Céluta, Mila, Velléda, Blanca, toutes; le héros se laisse aimer :
c'était bien ainsi dans l'idylle de Bungay. De même que Chateaubriand pouvait dire, vingt-sept années après les événements :
« Depuis cette époque je n'ai rencontré qu'un attachement assez
élevé pour m'inspirer la même confiance »; de même nous
pouvons dire qu'aucun de ses attachements n'a jamais produit
sur lui une impression aussi profonde et durable, ni surtout aussi
active que celui de Charlotte Ives.

Chateaubriand avait connu Charlotte avant la gloire. Le nom de
la jeune Anglaise n'est pas, comme celui de Mᵐᵉ de Beaumont,
de Mᵐᵉ de Custine, de Mᵐᵉ Récamier, mêlé aux grands succès de
sa carrière. Du vivant de Chateaubriand on en ignorait et le nom
et l'histoire; il est naturel, peut-être, qu'on l'ait ignorée depuis.
Car on l'a bien ignorée. Villemain, par exemple, n'en dit que ceci :
« De retour à Londres, plus triste, plus solitaire que jamais, peu
gêné *d'un récent amour qui s'effaça vite* et se perdit dans l'image de
cette sylphide... ». Les biographes subséquents ne lui ont guère
été plus favorables. Cela n'est pas juste. Charlotte mérite une
place à côté des grandes dames que nous venons de citer. Il n'y a
pas de quoi composer un volume sur elle, comme on en a fait de
celles-ci, j'en conviens. Elle n'a point connu d'autres grands
personnages, elle s'est effacée dans l'obscurité d'un village

anglais; il ne reste d'elle pas un mot d'écrit, pas le moindre petit portrait. On montre encore à Bungay et Ditchingham[1] les maisons qu'elle y habitait, on n'y trouve pas sa tombe, car elle mourut ailleurs, je n'ai réussi à apprendre ni où ni quand. Bientôt il n'y aura plus personne là-bas qui garde son souvenir; car sa famille est éteinte, ses trois fils moururent sans laisser d'enfants[2]. Elle a son monument dans les pages des *Mémoires d'Outre-Tombe*, non pas tout à fait tel qu'on pourrait souhaiter qu'il fût, mais beau tout de même, et *ære perennius*.

## VI. — VARIA.

Le séjour à la province fut utile à Chateaubriand sous plus d'un rapport. Si plus tard, dans son *Essai sur la Littérature anglaise*, il a pu se vanter de « savoir l'anglais autant qu'il est possible à un homme de connaître une langue qui n'est pas la sienne », il faut croire qu'il l'ait appris à Beccles et à Bungay. A Londres, il n'avait fréquenté guère que des Français et il était sans cesse occupé de compositions dans sa propre langue; dans les maisons des *gentlemen* suffolkois, au contraire, dans ses leçons, dans ses conversations avec ses amis anglais, il pouvait s'exercer dans l'idiome étranger. La lettre au docteur Davey montre qu'il l'écri-

---

1. « La maison de Bridge Street, Bungay, où demeuraient les Ives, était tout à fait différente de ce qu'elle est à présent. Une haute muraille en briques, munie d'une petite porte, la séparait de la rue. Le chemin d'accès se trouvait le long de la rivière; c'était un joli sentier gravelé qui traversait le jardin; la porte cochère était près de Bungay Staith. Après la mort de son mari et le mariage de sa fille, M^me Ives déménagea dans une maison qu'elle se fit bâtir en face de Trinity Church. » Lettre de Miss Hartcup. — Je suis redevable à M^r Robert Mann de Ditchingham des renseignements suivants, sur le père et le mari de Charlotte Ives. M^r Mann a eu l'obligeance de fouiller, pour moi, le journal manuscrit de G. B. Scott, de Bungay, un contemporain de M^r Ives et de l'amiral Sutton. (On se rappellera que la lettre graphologique de Chateaubriand est adressée à une M^rs Scott.) 1). « The Rev. Clement Ives died at his house in Bridge Street, 14^th January 1812, at the age of 68 Years. » 2). « Capt. Sutton sold the late Rev. Clement Ives' house in Bridge Street to R. Mann for 2 600 £. 1813. » 3). 3^rd May 1832. Admiral Sutton, late of Ditchingham Lodge, magistrate for Suffolk and Norfolk, died at 9 this morning at Woodbridge.
Selon ce même journal, le mari de Charlotte Ives était atteint d'aliénation mentale pendant les dernières années de sa vie.
2. Voici ce que Miss Hartcup a su me communiquer sur les enfants de Charlotte : « M^me Ives, née Sutton, avait trois fils, qui tous se firent soldats et se distinguèrent. C'étaient Samuel-Ives Sutton, William Sutton et John Sutton. Ils étaient tous les trois mariés, mais ils moururent sans laisser de descendants. William Sutton était général. »
Selon le *Register* de la paroisse de Ditchingham, le fils aîné de M^me Sutton, le major Samuel-Ives Sutton, mourut à Kenilworth le 3 février 1850, à l'âge de quarante-trois ans. En 1822, le jeune Sutton avait donc quinze ans. Chateaubriand dit : « L'un pouvait avoir seize ans et l'autre quatorze ».

vait, sinon correctement, du moins avec une certaine aise. Cependant il ne s'en est jamais rendu maître accompli, comme le prouve sa traduction du *Paradis perdu*, où l'on rencontre des erreurs formidables.

Un autre avantage de ce séjour à la campagne fut qu'il offrait à l'exilé une occasion de connaître le pays et le peuple. A Londres, il n'avait vu que le dehors de la vie anglaise; dans son coin de ce pittoresque Suffolk, il en vit les dedans. Lorsque, dans ses ouvrages, il lui arrive de parler des Anglais, c'est la société de Beccles qu'il décrit. Voici, par exemple, un morceau sur le clergé anglais où l'on reconnaît facilement les ministres que Chateaubriand avait connus là-bas.

« Le Ministre Anglais, riche et homme du monde, ne se rapproche pas assez du peuple; à peine ses paroissiens le connaissent-ils. L'abus de non-résidence est aussi au grand détriment de la religion : un Ministre va desservir à la hâte dans deux ou trois églises le Dimanche dans la campagne, ensuite se retire dans la ville voisine, où il disparaît pour huit jours. Vu sous le jour philosophique, on ne saurait blâmer le mode de vie qu'a choisi le Clergé Britannique : considéré sous le jour religieux, il accélère certainement la chute du Christianisme. On ne peut se figurer l'étonnement des étrangers, lorsqu'on leur apprend que les Ministres Anglais dansent au bal, donnent des fêtes, font des parties de vin et de femmes, que rien en un mot ne distingue leurs mœurs de celles de leurs compatriotes. Les lumières, l'érudition, la philosophie, la générosité, que j'ai rencontrées parmi quelques membres de l'Église Anglicane, etc. »

Le révérend Clément Ives était ministre de la paroisse de Saint-Margaret's, Ilketshall, petit village à trois milles S.-E. de Bungay. C'était un célèbre buveur, s'il faut ajouter foi à l'anecdote suivante qu'on trouve dans l'ouvrage, déjà cité, de M. Rider Haggard. « Le révérend M$^r$ Ives était ministre de Saint-Margaret's, Ilketshall, mais il demeurait à Bungay. A propos de cet excellent pasteur d'âmes on raconte que c'était un homme qui pouvait se vanter de posséder une des têtes les plus solides de son temps, c'est-à-dire qu'il n'y avait d'homme qui ne finit par rouler sous la table s'il s'avisait de boire avec lui. Sa renommée fut telle qu'elle excita l'envie du duc de Norfolk de cette époque-là, qui avait, lui aussi, une réputation de grand buveur. Les deux rivaux se donnèrent rendez-vous. Ils burent. L'une après l'autre les bouteilles de vin d'Oporto disparaissaient, jusqu'à ce que, vers minuit, la victoire se déclara pour l'Église et que Sa Grâce le duc s'affaissa : oui, il

glissa sous la table sans connaissance. Alors s'accomplit le
miracle qui, dit l'histoire, produisit une telle impression sur le
duc, à qui on le raconta lorsqu'il avait recouvré ses sens, qu'il se
sentit obligé de faire à son révérend vainqueur le présent d'un
bénéfice. L'œil clair, sans chanceler, M<sup>r</sup> Ives se leva, tira la
sonnette, commanda au *butler* ébahi de lui apporter un verre de
« *brandy and water, hot and stiff* » — d'eau-de-vie à l'eau, chaude
et forte — après tout le vin d'Oporto, chaude et forte — l'avala et
s'en retourna tranquillement chez lui. » Chateaubriand s'exprime
bien gentiment sur le faible de son hôte : « On buvait à la
manière des Anglais, et on restait deux heures à table après les
femmes[1]. »

Est-ce que le réfugié de Beccles n'a pas été parfaitement satisfait des gens qu'il y avait rencontrés? Il n'en dit rien dans les
*Mémoires*; au contraire, il semble avoir gardé un excellent souvenir de la manière dont il fut reçu et traité. Mais l'*Essai sur les
Révolutions*, qu'il faut toujours consulter si l'on veut comprendre
son exil, contient un passage qui sonne comme une plainte,
une dénonciation du caractère anglais, provoquée par des expériences personnelles. « En Angleterre, le peuple méprise souve-
rainement l'infortune. Il ne rêve que guinées; il sent, il frotte, il
mord, il examine, il fait sonner son shilling, il ne voit partout
que le cuivre ou de l'argent. Au reste il est précisément le contraire du Français. Autant les individus qui le composent feraient
de bassesses pour quelques demi-couronnes, autant ils sont généreux pris en corps. Au fait, je ne connais point deux nations plus
antipathiques de génie, de mœurs, de vues et de vertus que les
Anglais et les Français, avec cette différence : que les premiers
reconnaissent généreusement quelques qualités dans les derniers,
tandis que ceux-ci refusent toute vertu aux autres[2]. » A moins que
Chateaubriand ne se soit pas borné à exprimer ici l'opinion con-
ventionnelle, celle de ses compagnons d'infortune plutôt que la
sienne propre, je ne comprends pas trop ce jugement. « Les malheurs
de ma famille... augmentèrent à mon égard l'intérêt de la société »[3],
devait-il écrire dans les *Mémoires*. On ne méprisait donc pas
l'infortune à Beccles et à Bungay. Mais il semble difficile qu' « un
infortuné parmi les enfants de la prospérité[4] » ne juge pas injuste-

---

1. *Mém.*, vol. II, p. 134.
2. *Essai*, p. 464, 1<sup>re</sup> éd.
3. Chateaubriand avait reçu de l'argent — qu'il ne devait pas rendre trop
promptement — de Bence Sparrow. Voir l'article de M. A. Le Braz.
4. « Un infortuné parmi les enfants de la prospérité ressemble à un gueux qui

· ment ces derniers. A tout prendre, les années que l'émigré put
passer là-bas, loin de la misère et de la vulgarité de Londres,
n'étaient certes pas les plus malheureuses de son exil. Ce qui plus
est, c'étaient des années riches d'expériences, fertiles, des années
qui comptent dans sa vie.

POST-SCRIPTA : I. — La véracité des *Mémoires d'Outre-Tombe*.

Je dois avouer que le résultat de mes investigations ne me satisfait guère complètement. J'aurais préféré trouver et reproduire ici
les traductions des manuscrits français du xII⁰ siècle — la recherche
de ces documents précieux m'a coûté considérablement de temps,
ainsi que des courses à Yarmouth et à Cambridge — que de
prouver qu'ils sont une fiction. Je suis surtout mécontent du peu
de certitude que j'ai pu mettre dans certaines de mes conclusions.
Ce n'est pas faute d'application dans la recherche ni de réflexion
dans l'usage que j'ai fait de mes matériaux : je ne crois pas qu'il
reste grand'chose à découvrir[1]. Si j'ai pu me tromper relativement
aux dates que j'assigne au séjour de Chateaubriand en Suffolk ; si
même Chateaubriand avait réellement traduit des manuscrits, le
fait important et nouveau de cette période de sa vie, le fait dont
s'enrichiront les biographies futures, n'en restera pas moins solidement établi : Chateaubriand a enseigné le français « aux stupides
enfants de son voisin » ; il a été professeur de langue. L'auteur
des *Mémoires d'Outre-Tombe*, le plus souvent, a dépassé la vérité ;
le présent exemple prouve qu'il l'a aussi raccourcie, si besoin
était.

Il paraît bien, d'ailleurs, que, à quelque période qu'on se mette
à sonder la véridique autobiographie de Chateaubriand, on ait
toujours à tomber sur des découvertes un peu déconcertantes.
Il est dangereux d'insister, comme le fait M. E. Biré, sur la véracité des *Mémoires d'Outre-Tombe*. Si le très ingénieux romancier
de cette grande épopée s'est quelquefois efforcé d'y révoquer un
mensonge antérieur, c'est uniquement parce qu'il craignait de se
compromettre à trop bon marché. Ainsi il a rectifié cette impossibilité par trop flagrante de l'*Essai sur la Littérature anglaise* (partie

se promène en guenilles, au milieu d'une société brillante : chacun le regarde et
le fuit. » (*Essai*, p. 470.)
1. Monsieur Le Braz, cependant, nous signale encore, dans son article de la
*Revue de Paris*, une correspondance entre Chateaubriand et Bence Sparrow, ainsi
qu'une partie du manuscrit du *Génie du Christianisme*, se trouvant dans la possession des descendants du ministre de Beccles.

extraite du manuscrit des *Mémoires*) : « En 1796 j'assistai à la mémorable séance de la Chambre des communes où M. Burke se sépara de M. Fox. Il s'agissait de la Révolution française... » Dans les *Mémoires* Chateaubriand se dispense d'avoir assisté à cette séance : « En 1792, M. Burke se sépara de M. Fox. Il s'agissait de la Révolution française [1]... » Ce n'est pas encore très correct, puisque ce fut en mai 1791 que cette mémorable séance eut lieu [2].

Chateaubriand a assisté, selon les *Mémoires d'Outre-Tombe*, à d'autres scènes curieuses encore. Ainsi il a vu, pendant son exil, George III aveugle et fou. Voici le touchant tableau qu'il trace de ce monarque :

« George III survécut à M. Pitt, mais il avait perdu la raison et la vue. Chaque session, à l'ouverture du Parlement, les ministres lisaient aux Chambres silencieuses et attendries le bulletin de la santé du roi. Un jour j'étais allé visiter Windsor : j'obtins pour quelques schellings de l'obligeance d'un concierge qu'il me cachât de manière à voir le roi. Le monarque, en cheveux blancs et aveugle, parut, errant comme le roi Lear dans ses palais et tâtonnant avec ses mains les murs des salles. Il s'assit devant le piano dont il connaissait la place, et joua quelques morceaux d'une sonate de Hændel : c'était une belle fin de la *vieille Angleterre, Old England* [3]. »

Ce récit a bien toutes les qualités d'un incident vu et vécu. C'est ainsi qu'on invente quand on est Chateaubriand. En 1800, Georges III n'était encore ni fou ni aveugle. Il ne fut atteint de ces maux que vers 1811, neuf années avant sa mort [4].

Mais on sait que quand Chateaubriand invente il copie quelqu'un. Qu'on compare avec cette scène la fin de l'étude de Thackeray sur George III dans son ouvrage *The Four Georges*.

1. P. 223, vol. II.
2. La première version est répétée dans une étude récente sur Chateaubriand : *Weltgeschichte in Lebensbildern* : *Chateaubriand*, par Lady Blennerhassett, 1903, p. 128 ; la seconde passe sans commentaire dans l'édition Biré des *Mémoires*. Je ne voudrais pas faire une chicane à des historiens littéraires aussi distingués que Lady Blennerhassett et M. Edmond Biré : je voudrais montrer, par ce petit exemple isolé, combien il est nécessaire d'être méfiant à l'égard du moindre détail des *Mémoires d'Outre-Tombe*.
3. *Mém.*, p. 226, vol. II.
4. Voir *Encyclopædia Britannica*, art. GEORGE III. — Il y a plus : Chateaubriand n'a pas seulement vu George III se rendre aux séances du cabinet, de Windsor à Londres, une distance de 34 kilomètres (*Mém.*, II, p. 225); il ne l'a pas seulement vu aveugle dix années trop tôt, il a été honoré de la familiarité de ce monarque! C'est dans le manuscrit de la *Vie de Rancé* qu'il dit : « Réfugié en Angleterre pendant huit années, ensuite ambassadeur à Londres,.. que de changements n'ai-je pas vus dans ces lieux, depuis *George III, qui m'honorait de sa familiarité*, jusqu'à cette Charlotte que vous verrez dans mes *Mémoires!* » (Cité par E. Biré : *Mém. d'O.-T.*, vol. VI, p. 560.)

« *All history presents no sadder figure than that of the old man,
blind and deprived of reason, wandering through the rooms of his
palace.... The poor old father is represented in a purple gown, his
snowy beard falling over his breast.... Some slight lucid moments
he had; in one of which, the Queen, desiring to see him, entered the
room and found him singing a hymn, and accompanying himself at
the harpsichord.* » Et à la même page le vieux roi aveugle est
comparé à Lear. Chateaubriand n'a pas copié Thackeray, mais
probablement la source que Thackeray cite, Fanny Burney.

## II. — La publication de l'*Essai sur les Révolutions*.

L'annonce de publication de l'*Essai sur les Révolutions* parut
dans le *Times* du 18 mars 1797. Voici en quels termes

« Aujourd'hui publié :
Essai Historique, Politique et Moral sur les Révolutions anciennes et
modernes, considérées dans leurs Rapports avec la Révolution Fran-
çaise. Dédié à tous les partis. *Experti invicem sumus ego ac fortuna.*
Se trouve chez : J. Deboffe, Gerrard Street; J. Debrett, Picadilly;
M^me Lowes, Pall-Mall; A. Dulau et C°., Wardour Street; Boosey, Broad
Street; et J.-F. Fauche à Hambourg.

« Cette première édition étant presque épuisée on prie ceux qui
désirent se procurer l'ouvrage de s'adresser le plutôt (*sic*) possible aux
libraires ci-dessus indiqués. L'Essai historique étant généralement
connu, cet avertissement ne sera pas répété. » (!?)

Je tombai sur cette curieuse annonce au cours de mes recherches
des critiques élogieuses de son ouvrage, dont Chateaubriand parle
dans les *Mémoires :* « Il arriva que l'opinion émigrée s'attacha,
par amour propre, à ma personne : les *Revues* anglaises ayant
parlé de moi avec éloge, la louange rejaillit sur tout le corps des
fidèles. » J'ai fouillé avec soin les journaux anglais de cette
époque-là : *The Times, The Morning Chronicle, The Morning
Post, Gentleman's Magazine, Scot's Magazine, European Magazine,
Monthly Magazine*, sans trouver une seule mention de l'Essai de
Chateaubriand; la liste, je crois, est assez complète pour ce qui
concerne les publications s'occupant de littérature [1].

E. DICK.

1. Je me fais un devoir de remercier ici les personnes qui, avec la plus grande
obligeance, m'ont assisté de leurs bons conseils et de leurs secours dans mon travail de recherche : M. le docteur Crowfoot et M. D.-A. Soanes, de Beccles; Miss
Lucy Hartcup, de Bungay; M^m Robert Mann, de Ditchingham; M. Geo F. Warner,
Keeper of Manuscripts du British Museum, Londres.

# MÉLANGES

---

## LETTRES INÉDITES DE MONTESQUIEU
## . ET DE MAUPERTUIS

Ces deux lettres se trouvent à la bibliothèque municipale de Châteauroux (B. 196). Elles avaient été acquises par un érudit berrichon, Bourdillou, l'un des fondateurs de la bibliothèque de la ville, mort en 1857. Elles sont autographes, et adressées toutes deux à Dortous de Mairan, physicien et mathématicien, membre de l'Académie des Sciences (1718).

### I. — *Lettre de Montesquieu*

J'ay Monsieur chés moy les balles de livres[1] que vous m'avés adressées, mais je ne scay s'il en sera de mesme quand il faudra les faire partir, ne doutant point qu'on exige ici les mesmes formalités qu'on a exigées à Béziers, et cela pour le moins ; tout ce dont vous pouvés estre assuré c'est que je feray de mon mieux et que je feray en sorte qu'on n'en ouvre qu'une ; quand on verra de la fidélité dans le mémoire on n'en demandra (*sic*) pas davantage et je vous réponds que cette bale sera rétablie avec le mesme soin qu'on a pris à Béziers ; je vous parlerois avec plus d'assurance si j'estois à Bordeaux, mais je suis à présent à la campagne ; comptés sur ma bonne volonté pour une si petite chose ; nous ferons dans deux jours l'ouverture de notre académie ; il y sera parlé, disputé à ce que je prévois, nos médecins estant partagés, sur la question de la contagion ; mais pour moy qui scay que les ch. p. se communiquent je suis tout décidé ; je voudrais pour tourner en ridiculle ces messieurs que l'on proposât ce problème à toutes les facultés scavoir si la vérole se communique ou non. Je vous salue mon cher Monsieur et vous prie de me continuer vos bonnes grâces et de me croire avec tout l'attachement imaginable Monsieur Votre très humble et très obéissant serviteur Montesquieu.

à la Brède. Ce 10e 9bre 1721.

Tous nos messieurs vous saluent.

---

1. Ce sont des livres prêtés : sans doute des livres de science. Cf. la lettre suivante, et Voltaire, lettre à Mairan, du 9 novembre 1736.

Cette lettre, sans nous apprendre rien de bien nouveau sur les premiers travaux scientifiques de Montesquieu, précise cependant la conception que l'on peut se faire de sa méthode. Le ton dégagé du jeune Président qui veut « tourner en ridicule » cette assemblée de savants qui doutent rappelle bien celui du discours prononcé à l'Académie de Bordeaux le 20 novembre 1721 : « Je me vois obligé de dire ici que le sieur Duval nous a beaucoup aidés dans ces observations, et que nous devons beaucoup à son exactitude. On jugera sans doute qu'elles ne sont pas considérables, mais on est assez heureux pour ne les estimer précisément que ce qu'elles valent. » Montesquieu, « honnête homme », gentilhomme et cartésien, ne méconnaît pas la nécessité de la méthode d'observation dans les sciences de la nature, mais il a hâte de procéder à ces amples généralisations qui seules révèlent le génie, et un très petit nombre de faits lui suffit pour établir un système et formuler une loi.

## II. — *Lettre de Maupertuis*

à Monsieur
Monsieur de Mayran de l'Acad<sup>ie</sup> des Sciences
à Breuillepont
à Póecy par Vernon.

J'ay reçeu Monsieur le livre que vous avés eu la bonté de me faire tenir. J'étois à la campagne lorsqu'on l'avoit apporté la première fois : je vous en rends milles grâces et vous fais mes excuses en mesme tems de ce que M. Striliag a pris la liberté de l'envoyer à votre adresse. Ce livre à ce qui me paroit contient d'excellentes choses et qui seroient d'une grande utilité s'il en falloit jamais venir aux quadratures et aux sommations effectives[1]. Cette affaire des suites[2] qui est tout ce qu'il y a de plus désagréable dans les mathématiques n'est qu'un jeu pour les Anglois : ce livre et celui de M. de Moivre[3] en sont une preuve.

Je ne scache Monsieur aucunes nouvelles académiques, aucunes en général, encor moins de la mathématique à l'usage des jeunes étourdis.

Je crois que le P. Castel se contentera des 20 lignes du petit Guiot et taschera de faire passer cela pour une réponse suffisante. J'ay envoyé chercher ces deux espèces de lettres chez M<sup>e</sup> Guiot mais elle est à la campagne et personne ne me les a peu procurer n'y dire quel libraire les vend. Cela non plus ne vaut pas la peine de vous estre envoyé. Le R. P. se consolera de tout cela pour un prétendu jugement des Anglois sur son livre qu'il a fait mettre dans le Mercure. On y parle du P. Castel comme l'on pourroit faire de M. Newton. Ce n'est là guerres la manière de rendre les éloges anglois vraisemblables. Il faut faire bien pour (en) obtenir d'eux et cela n'est pas mauvois. Vous avés sans doute veu ce Mercure. Si je ne croyois seur que vous l'aurés à Breuillepont je vous l'envoyerois. En cela monsieur et en toute autre chose ce me seroit un

1. Après rature : « réelles ».
2. C'est-à-dire cette question des séries.
3. *Miscellanea analytica de seriebus et quadraturis*, Londres, 1730.

grand plaisir de vous pouvoir marquer combien je suis avec respect Monsieur Votre très humble et très obéissant serviteur .

MAUPERTUIS

De Paris, Vend. 20 octobre 1730.

Nous trouvons dans cette lettre quelques détails qui intéressent l'histoire de « newtonisme » en France. Nous y voyons confirmé ce que J. Texte avait déjà prouvé au sujet d'Abraham Moivre, intermédiaire important entre l'Angleterre et la France; nous y saisissons d'autre part quel fut le rôle joué par Maupertuis et par Mayran comme propagateurs du système de Newton, nous nous expliquons que Voltaire ait eu tout naturellement recours à ces deux savants pour se renseigner sur les théories du grand mathématicien anglais, et nous comprenons l'opportunité à cette époque d'une vulgarisation, dans le grand public français, de la pensée de Newton.

A. PITOU.

# DESPORTES ET ANGELO DI COSTANZO

On sait quelle fut la prédilection de Desportes pour les sonnets de son contemporain Angelo di Costanzo. Ce fait n'avait pas échappé à l'auteur anonyme de ce curieux opuscule, *Les Rencontres des Muses de France et d'Italie*, qui parut à Lyon en 1604. De nos jours, M. Francesco Flamini, dans ses précieux *Studi di storia letteraria italiana e straniera* (Livorno, 1895), a montré que, dans la liste des 43 sonnets italiens imités par Desportes qu'avait dressée l'anonyme de 1604, il fallait en attribuer huit à Angelo di Costanzo et treize à Tebaldeo. Il convient de dire tout de suite que la dette de l'abbé de Thiron envers le poète de Naples a été beaucoup plus considérable qu'on ne l'a cru jusqu'ici. Le savant professeur italien s'est borné, semble-t-il, à suivre la piste de Desportes uniquement dans les sonnets de Costanzo que contient le recueil de Ruscelli (*Fiori delle rime de' poeti illustri*, Venezia, 1558). S'il avait étudié la collection complète des sonnets, il aurait constaté qu'il fallait doubler, au moins, le nombre des emprunts faits par Desportes à son contemporain. Voici maintenant la série des sonnets qu'il convient d'ajouter à ceux déjà signalés. Je cite Desportes d'après l'édition de Michiels, et Costanzo d'après l'édition publiée par Guiseppe Comino à Padoue en 1738.

Sonnet LXXIII du Livre II de *Diane*. — A peu près traduit, sauf le premier tercet, du Sonnet LXI de Costanzo :

> Aux plus rudes assaux d'une aspre maladie
> Encor que mon esprit soit foible et languissant,
> Privé du doux objet qui l'alloit nourrissant,
> Sa chaleur toutesfois n'est en rien attiedie.
>
> Car vostre belle image, amoureuse et hardie,
> Par un portail secret au secours s'avançant,
> L'alimente, l'eschauffe et la va renforçant,
> Avant que sa vigueur puisse estre refroidie.
>
> Pourtant, ne doutez point, ô ma chère douleur!
> Qu'absent, troublé, malade, ou par autre malheur,
> Vostre beauté divine en mon âme s'efface.
>
> Car tant plus le destin me combat par dehors,
> Plus mes loyaux pensers au dedans se font forts
> Resolus de mourir pour vous garder la place.

> *Nell' assedio crudel che l'empia sorte*
> *Mi tiene, a tal che l'alta impresa io lasce,*
> *Benchè manchi la vista onde si pasce*
> *Per gli occhi, non però l'alma è men forte.*
> *Perchè le vien' ognor per altre porte*
> *Quell' immagin gentil che dalle fasce*
> *Le diede il ciel per cibo, onde rinasce*
> *In lei' l vigore, e sprezza ognor la morte.*

*Nè insidie umane mai, nè caso avverso*
   *Potranno avere in lei cotanta forza,*
   *Ch' ella si renda, e ch'abbia a mutar verso.*
*Che quanto dell'inferma afflitta scorza*
   *Di fuor' abbatte il mio destin perverso,*
   *Tanto dentro il pensier salda e rinforza.*

Sonnet XXXVIII des *Amours d'Hippolyte*. — Imitié, avec quelques modifications dans la phraséologie, du Sonnet XXXVI de Costanzo :

   Loin du nouveau soleil en mes vœux adoré,
Qui pour luire autre part sa clarté m'a ravie,
Comment puis-je tant vivre éloigné de ma vie,
Sans ame et sans esprit, palle et défiguré?
   Mille plûs fors que moy n'eussent pas tant duré,
Et la mort aussi-tost leur tristesse eût bannie :
Pourquoi donc du trespas n'est la mienne finie,
Veu que pour mon secours je l'ai tant desiré?
   J'en sçay bien la raison : Ceste mort trop cruelle,
Voyant dedans mon cœur vostre image si belle,
Se retire étonnée et retient son effort.
   O destin rigoureux d'un amant miserable!
En peinture et de loing vous m'estes favorable :
Mais vraye, et pres de vous, vous me donnez la mort.

*Che m'abbia infin' a qui l'intensa doglia,*
  *Per trovarmi dell' alma, e di voi privo,*
  *Fuor d' ogni mio pensier lasciato vivo,*
  *Non è colpa di lei, nè di mia voglia;*
*Ch' ella è ben tal, ch' a più robusta spoglia.*
  *Avria fatto venir la vita a schivo,*
  *Ed io d' ogni piacer me stesso privo,*
  *Che la via di morir m' allunghi, o toglia;*
*Ma sol di morte, che vedendo espressa*
  *Dentro il mio cor l' immagin vostra intera,*
  *Per rispetto di lei non mi s' appressa.*
*Così, per mia ventura acerba e fera,*
  *Più grazia e cortesia trovo in voi stessa*
  *Lontana e finta, che vicina, e vera.*

Sonnet XXVII de *Cléonice*. — Emprunté au Sonnet II de Costanzo :

   Les combats renommez, les victoires hautaines
Des dieux de vostre sang vous croyez surpasser,
Comblant de feux mon ame, esclavant mon penser,
Et triomphant d'un cœur soumis à tant de paines.

Mais la mort, qui se rit des puissances mondaines,
Et qui les pesans fers des vaincus peut casser,
Finira ma souffrance et vous fera cesser
De tirer pour tribut de mes yeux des fontaines.
   Ma cendre seulement alors vous restera,
Que vostre cœur felon à son gré traitera,
Tandis que mon esprit sans douleur et sans crainte,
   Delivré de l'enfer où il fut tourmenté,
Jouyra bien heureux de vostre grand' beauté,
En la face de Dieu si vivement dépainte.

*L'eccelse imprese, e gl' immortal trofei*
  *Di tanti illustri Eroi donde nascete,*
  *Donna fiera e crudel, vincer credete,*
  *Trionfando de' pianti e dolor miei.*
*Ma se morta è pietà, spero in colei*
  *Che sola mi può dar pace e quiete,*
  *Che farà breve il gran piacer ch' avete,*
  *Troncando i giorni miei nojosi e rei.*
*E sol col cener mio muto, e sepolto*
  *Sfogar potrete il gran vostr' odio interno*
  *Che per amarvi troppo avete accolto.*
*Ch' io con lo spirto fuor di questo inferno*
  *Sol goderò del bel del vostro volto,*
  *Dipinto in quel del gran Motore eterno.*

Sonnet XXX de *Cléonice.* — A peu près traduit du Sonnet LI de Costanzo :

   Quand l'ardante jeunesse, aux delices poussée,
Cede à l'age plus meur, moins amy du plaisir,
Tout ainsi que le teint se change le desir,
Et la raison commence à guider la pensée.
   Des aiguillons d'honneur l'ame se sent pressée,
Qui luy font tout à l'heure autre chemin choisir,
Et celuy que l'Amour avoit sçeu mieux saisir,
Se ri plus hautement de sa flamme passée.
   Chacun lors, par le temps rendu plus advisé,
Voyant l'age qui glisse à la nuict disposé,
Songe à faire retraite ains que le jour luy faille.
   Mais moy qui dois brûler aimant jusqu'à la mort,
Plus je touche à la nuict, plus j'éloigne le port,
Et moins j'ay de vigueur, plus Amour me travaille.

*Qualor l'età, che sì veloce arriva,*
*Cangia al pelo, ed a noi forma, e colore,*
*E tutta armata di pensier d'onore,*
*La ragion del suo regno i sensi priva;*

*Spento il vigor, che i van desir nodriva,*
  *In ogni cor non sol vien manco amore,*
  *Ma chi più arse, del suo folle errore*
  *Di ricordarsi pur' abborre e schiva.*
*Ognuno allor del suo naufragio accorto*
  *Per la notte, ch' è presso, avvien che pensi,*
  *Pria che s' imbruni il ciel, ritrarsi in porto :*
*Solo a me infin' a morte arder conviensi;*
  *Che quel foco divin ch' all' alma porto*
  *E tal, che la ragion conforma ai sensi.*

Sonnet XL de *Cléonice.* — Imitation assez libre du Sonnet XXIX de Costanzo :

O miserables yeux, aussi fous que dolans !
Qui vous fait aujourd'hui lâcher tant de fontaines ?
Sentez-vous plus qu'hier de douleurs et de paines,
Perdant de vostre jour les rais étincelants ?
  Ce que d'un mal nouveau les accez violans
Vous cachent une fois, ses rigueurs inhumaines,
Ses courroux, ses fiertez de froideur toutes plaines,
Mille fois sans raison vous le furent celans.
  Et puis, quand vous seriez cent mille ans auprès d'elle,
Devez-vous esperer qu'elle en soit moins cruelle,
Et qu'ayez à la fin favorables les cieux ?
  Non, non, ne pleurez point deux ou trois jours d'absance,
Pleurez le premier jour que vous veistes ses yeux,
Qui de tous vos malheurs fut la seule naissance.

*Vani e sciocchi non men, ch' egri e dolenti*
  *Lumi, perchè dal pianto or non cessate?*
  *Qual maggior doglia oggi ch' allor provate*
  *Che i rai del vostro Sol v' eran presenti?*
*Quel ch' or vi tolgon de' begli occhi ardenti*
  *Le luci a voi sparite, e dilungate,*
  *Già vi togliea la sua gran crudeltate,*
  *Che i pensier sempre ebbe a fuggirvi intenti.*
*Nè perchè mai di questa patria uscita*
  *Non fosse, stando a voi mill' anni accanto,*
  *Se ne potea sperar men dura vita.*
*Ma se continuar volete il pianto,*
  *Piangete non già il dì della partita,*
  *Ma il dì ch' ella v' apparse, e piacque tanto.*

Sonnet LVIII de *Cléonice.* — Traduction libre du Sonnet III de Costanzo :

Cesse, ô maudite main! cesse, esprit insensé!
Trop pronts à mes malheurs, d'inventer et d'écrire,
Puis que l'œil qui me tient esclave à son empire,
De vos labeurs s'offense et se rend courroucé.

Quand des flammes d'Amour je seray trop pressé,
S'il faut pour n'estouffer qu'en mes vers je soupire,
Plaignons tant seulement l'aigreur de mon martire,
Et taisons de tout point celle qui m'a blessé.

Encor, pour n'irriter cette fiere deesse,
La nuict, seul à mon lict, j'ouvriray ma tristesse,
Escrivant et tirant de mes yeux maint ruisseau;

Et ce lict, seul témoin de mes maux incurables,
Sera de tant d'escrits, mes enfans miserables,
Tout en un mesme tans la tombe et le berceau.

*Penna infelice, e mal gradito ingegno,*
*Cessate omai dal lavor vostro antico;*
*Poichè quel vago volto al Ciel sì amico*
*Ha le vostre fatiche in odio, e a sdegno.*
*Ma se, come tiranno entro al suo regno,*
*Vi sforza Amor, nostro mortal nimico;*
*Tacendo gli occhi belli, e' l cor pudico,*
*Scrivete sol del mio supplicio indegno.*
*E perchè ancor di ciò non si lamenti,*
*E ver noi più s'inaspri, abbiate cura,*
*Che fuor non esca il suon de i mesti accenti.*
*Sì che queste al mio mal pietose mura*
*Ai parti vostre, e a' miei sospiri ardenti*
*Sieno in un tempo culla e sepoltura.*

Pour ce qui est des autres sonnets, imités plus librement ou en partie seulement, je me contente de citer le premier vers de l'original.

Sonnet XLI des *Amours d'Hippolyte*. — Emprunté, avec quelques modifications, au Sonnet LVIiI (*Che Perseo un tempo, qual Mercurio alato*).

Sonnet LXVIII du Livre II de *Diane*. — Très librement imité du Sonnet XLIV (*Mancheran prima al mare i pesci e l'onde*), sauf le premier quatrain, qui est traduit presque littéralement, ce qui nous permet de conclure que c'est bien Costanzo qui a servi de modèle à Desportes pour ce sonnet dont le thème est si fréquent chez les pétrarquistes.

Sonnet LVI des *Amours d'Hippolyte*. — Les quatrains sont librement imités des quatrains du Sonnet VIiI (*In quella patria che con tanto affanno*).

Sonnet LXXII des *Amours d'Hippolyte*. — Imitation assez libre du Sonnet XXXIX (*Questa luce dal Ciel di novo uscita*). Je remarque en passant que cette « Rencontre des Muses de France et d'Italie » a déjà été signalée en note par M. Flamini (*op. cit.*, p. 355).

Sonnet LXXXV des *Amours d'Hippolyte*. — Les tercets sont imités librement de ceux du Sonnet LXII (*Del Re de' monti alla sinistra sponda*).

Sonnet XXXV de *Cléonice*. — Les tercets reproduisent assez fidèlement les quatrains du Sonnet LXXIV (*Come nel vasto e tempestoso Eusino*).

Angelo di Costanzo jouit en son temps d'une réputation très considérable. Rompant avec l'école de Bembo et des pétrarquistes vénitiens, il restaura la manière, longtemps négligée, des quattrocentistes. On était fatigué, quelque soignées qu'aient été la forme et la composition, des redites des disciples de Pétrarque, et malgré leurs défauts les sonnets de Costanzo furent accueillis avec empressement par un public à l'affût de la nouveauté.

On comprend sans peine que les sonnets de Costanzo, avec leurs pointes et leurs hyperboles, aient exercé le même genre d'attraction sur Desportes que ceux de Tebaldeo, et que ceux de Pamphilo Sasso, cet autre quattrocentiste auquel l'abbé de Thiron a fait presque autant de larcins qu'à Tebaldeo, ainsi que l'ont prouvé MM. Vaganay et Vianey, ici même (X, 277). Ce n'est pas à dire que Costanzo ait jamais reculé les bornes du mauvais goût aussi loin que ces deux extravagants sonnettistes italiens, ou qu'il manque de talent et d'originalité; au contraire certains de ses sonnets ont une unité de conception et je ne sais quoi de grave et de soutenu dans la forme qui leur prêtent un charme que Desportes n'a pas su reproduire.

L.-E. KASTNER.

# VOLTAIRE EN ANGLETERRE

Dans les *Mémoires de l'Académie nationale des Sciences, Arts et Belles-Lettres de Caen*, M. Charles Hettier a publié, il y a deux ans, un long fragment d'une lettre inédite de Voltaire [1]. Le reste ne s'est pas retrouvé. La lettre était en anglais, écrite en Angleterre, et adressée à un ami de France. Le fragment publié est très intéressant : il contient un paragraphe flatteur pour Pope qui y est appelé le meilleur poète du monde et — plusieurs années avant les *Lettres Philosophiques* — un éloge enthousiaste de l'Angleterre et des Anglais. Pour la première fois peut-être au xviiiᵉ siècle, le mot fameux — et si superficiel — de « nation de philosophes » est prononcé. Certes M. Lanson n'a pas tort de voir dans cette lettre un des plus beaux morceaux de la correspondance anglaise de Voltaire [2]. Outre son intérêt littéraire, elle jette une certaine lumière sur quelques points obscurs de la vie de Voltaire, et c'est de ce point de vue que nous voudrions à notre tour l'examiner.

Quand la lettre a-t-elle été écrite? Le fragment Hettier commence abruptement au milieu d'une phrase et ne porte aucune date. M. Hettier se fondant sur les allusions qui y sont contenues propose la fin de 1726 ou peut-être le commencement de 1727 [3]. M. Lanson, d'autre part, comparant le fragment aux lettres de la période anglaise, conclut qu'il doit prendre place « entre la lettre du 2 février 1727 et celle du... mars 1727 » ou encore « entre les deux lettres du... mars et du 27 mai (1727) ». Mais nous n'en sommes pas sur ce point réduits aux conjectures, et on peut fixer avec certitude le jour même où la lettre a été écrite. Il a échappé à M. Hettier qu'une partie du fragment qu'il publie — exactement 32 lignes sur 88 — était déjà connue depuis longtemps. Ces 32 lignes ont été publiées — en deux morceaux, l'un de 9, l'autre de 23 lignes — dès 1751 par Warburton dans son édition de Pope [4]. Il les citait d'après un manuscrit qu'il avait sous les yeux [5], et les deux citations se terminent également par la mention MS. Let. oct. 15, 1726 [6]. Si l'on examine les lettres 161 et 162 du 15 et du 16 octobre 1726 [7] on verra qu'en effet c'est bien à ce moment précis que notre fragment doit avoir été écrit. La question de date est ainsi réglée.

Il ne sera peut-être pas inutile maintenant de comparer les deux textes,

---

1. *Une Lettre inédite de Voltaire*, Caen, 1905 (extrait des *Mémoires* de l'Académie nationale des Sciences, Arts et Belles-Lettres de Caen, 1905).

2. *Revue d'Histoire littéraire de la France*, 1905, p. 719.

3. Art. cit., p. 6.

4. *The Works of Alexander Pope Esq.*, Londres, 1751, t. IV, pp. 38 et 170. Ces deux passages m'auraient probablement échappé aussi, si le premier n'avait pas été reproduit par M. A. Ballantyne, *Voltaire's visit to England*, Londres, 1893, p. 72. Il est à noter que ce même fragment avait déjà été inséré par Owen Ruffhead dans sa vie de Pope, écrite comme on sait sous l'inspiration et la direction de Warburton : *The Life of Alexander Pope*, Esq. Compiled from original manuscripts, Londres, 1769, pp. 445-46.

5. « M. Voltaire in a MS. letter *now before me*, writes thus from England to a friend in Paris.... » Ouvr. cit., p. 38.

6. La citation du premier passage dans le livre d'Owen Ruffhead se termine par la même mention.

7. Édition Moland, t. XXXIII, pp. 160-161.

celui de 1751 et celui du fragment qu'on vient de publier. Nous donnerons
d'abord le texte Warburton, puis, aux variantes, les leçons du ms. Sieveright[1].

« I intend to send you two or three[2] poems of Mr Pope[3], the best
poet of England, and at present of all the world. I hope you are
acquainted enough with the English tongue, to be sensible of all the
charm[4] of his works. For my part, I look upon his poem, called the
*Essay on*[5] *Criticism*, as superior to the *Art of Poetry* of Horace; and his
*Rape of the Lock* is, in my opinion[6], above the *Lutrin* of Despreaux. I
never saw so amiable an imagination, so gentle graces, so great variety,
so much wit, and so refined knowledge of the world, as in this little
performance[7]... I had a mind at first to print our poor *Henry* at my own
expences in London : but the loss of my money is a sad stop to my
design. I question if I shall try the way of Subscriptions by the favour
of the Court. I am weary of Courts[8], all that is king or belongs to a
King, frights my republican Philosophy. I won't drink the least
draught of Slavery in the land of Liberty. I have written freely to[9]
— and I will always do so, having no reason to lay myself under any
restraint. I fear, I hope nothing from *your* Country[10] : all that I wish
for, is to see you one day here[11]. I am entertaining myself with this
pleasant hope. If it is but a dream, let me enjoy it, don't undeceive me :
let me believe I shall have the pleasure to see you in London, drawing
up the strong spirit of this unaccountable nation. You will translate
their thoughts better when you live amongst them. You will see a nation
fond of their[12] Liberty, learned, witty, despising life and death, a nation
of Philosophers. Not but there are some fools in England. Every Country has its madmen. It may be, french folly is pleasanter than english
madness, but by[13] — english wisdom and english honesty is above
*yours.* »

Ainsi le ms. Warburton nous donne une ligne de plus au commencement du
fragment, mais, à part cela, les différences entre les deux versions sont très

1. Je laisse de côté les variantes de pure orthographe : *variety* et *varyety*, *expences*
et *expenses*, etc. : elles sont du reste peu nombreuses et insignifiantes.
2. Ruffhead imprime ici : *one or two* poems. C'est la seule variante que fournisse
sa version. Il est probable qu'il avait sous les yeux l'édition Warburton.
3. Cette première ligne manque au fragment Sieveright qui débute au beau milieu
de la phrase : the best poet of England... »
4. *Charms*, Siev.
5. *Upon*, Siev.
6. And his rape of the lock *la boucle de cheveux* [*that is a comical one*], is in my
opinion.... Siev.
7. Ici se termine le premier fragment : trente lignes le séparent du second passage dans le ms. Sieveright.
8. Weary of courts *my thiriot*, all that is king.... Siev.
9. I have writen freely to *the abbot desfontaines it is true*, and I will.... Siev.
10. M. Hettier traduit : je n'ai rien à espérer, je le crains, de votre pays.
11. *In London* (au lieu de « here »), Siev.
12. *Her*, Siev.
13. But by *God*, Siev.

légères et telles par exemple qu'elles pourraient facilement provenir de l'imprimeur de 1751. Il y a pourtant deux variations qui ont plus d'importance. Dans
le texte Warburton les mots *my Thiriot* sont omis et au lieu de *I have written
freely to the abbot Desfontaines* nous avons *I ave written freely to.* — Naturellement ces noms n'avaient que peu d'intérêt pour les lecteurs de Pope, et
Warburton les a supprimés par un sentiment de délicatesse. La seconde diver-
gence n'est pas si aisée à expliquer. Au lieu de *and his Rape of the Lock is in
my opinion*, le ms. Sieveright porte *and his rape of the lock*, *la boucle de cheveux
[that is a comical one]*, *is in my opinion*. Il est possible que les mots français
aient été mis là par Voltaire lui-même, pour le bénéfice de l'ami Thiériot et
naturellement il n'y avait pas de raison pour que Warburton les retint dans
sa citation. Quant à la phrase entre crochets, on ne voit pas bien comment
on peut en rendre compte. Elle rompt le fil de la phrase, et a bien l'air d'une
note marginale introduite à tort dans le texte. Et pourquoi est-elle entre crochets? M. Hettier reste muet sur ce point, et, à vrai dire, tout en le remerciant
comme il convient de nous avoir fait connaître un texte si intéressant, on ne
peut s'empêcher de souhaiter qu'il eût cherché un peu plus, ici et ailleurs, à
satisfaire la légitime curiosité de ses lecteurs. Tout ce que nous apprenons de
lui sur le ms. et sur son histoire est contenu dans les lignes suivantes : « Il y
a déjà quelque temps, un de mes amis, grand chercheur d'autographes,
M. Sieveright, de Londres, me communiquait un assez long fragment d'une
lettre inédite de Voltaire [1]... Le fragment... est écrit sur deux feuilles in-4° et
ne commence malheureusement qu'à la page 4. L'encre en est très jaune. Les
corrections, d'une encre plus noire, semblent être de la main de Voltaire. Ce
fragment se termine à la page 9 [2]. » Il serait intéressant de savoir sur quoi
portent ces corrections, mais M. Hettier ne nous le dit pas; à moins qu'il ne
faille les voir dans les deux passages mis entre crochets. L'un est précisément
la phrase que nous examinons, et c'est plutôt une addition qu'une correction.
L'autre consiste dans les deux mots *drawing up*, que nous trouvons dans les
deux versions, mais entre crochets dans le fragment Sieveright. Dans ce cas
la correction se réduirait à l'insertion de deux mots nécessaires au sens, qui
auraient été omis par le premier rédacteur de la lettre.

Qu'une lettre adressée à Thiériot se soit retrouvée en Angleterre, il y a là de
quoi surprendre un peu. Comment M. Hettier explique-t-il ce détail? « Ce
fragment... pourrait avoir servi de brouillon pour la lettre qui fut envoyée à
Thiériot. Il est extrèmement probable que ce document n'est jamais sorti
d'Angleterre [3]. » Ainsi nous n'avons pas la lettre elle-même, mais seulement
un brouillon. A la réflexion pourtant, il semble étrange que Voltaire, écrivant
à un ami aussi intime que l'était Thiériot, ait pris la peine de faire un brouillon
au lieu de s'en fier à l'inspiration du moment. Et comment expliquer ces
corrections qui, écrites d'une encre plus noire, semblent postérieures à la première rédaction de la lettre? Voltaire gardait-il ses brouillons quelque temps
par devers lui avant de les mettre au net plus à loisir? Dans ce cas les corrections auraient-elles été ajoutées au moment où il recopiait son brouillon et de
la même encre? Tout cela est possible, mais ce n'est peut-être pas très con-
vaincant. En réalité on aimerait à savoir sur quoi M. Sieveright et M. Hettier
se fondent pour reconnaître dans l'écriture de la lettre la main de Voltaire?
Est-ce sur une étude comparative des autographes du poète, ou de la vraisemblance ont-ils sans plus conclu au fait? S'il n'était pas certain qu'ils eussent
raison sur ce point, peut-être pourrait-on voir dans le fragment Sieveright
non pas le brouillon d'une lettre de Voltaire à Thiériot, mais la copie de cette
même lettre prise par une autre personne. Mais dans l'un comme dans l'autre

1. *Ouvr. cit.*, p. 3.
2. *Ibid.*, p. 5.
3. *Ibid.*, p. 5.

cas, la question intéressante reste la même : s'il s'agit d'un brouillon comment Voltaire s'en est-il dessaisi, s'il s'agit d'une copie à qui l'a-t-il laissé prendre?

Nous avons noté la singulière ressemblance du fragment Sieveright au ms. Warburton. Ne serait-ce pas que l'un est la copie de l'autre? Dans ce cas il est assez naturel de retrouver dans le manuscrit qu'avait sous les yeux l'éditeur de Pope précisément celui qu'à découvert M. Sieveright; seulement il s'est allégé de quelques feuillets au cours des années, et d'autre part Warburton avait ici ou là modifié son original pour des raisons que nous avons cru retrouver : les différences d'orthographes seraient ou de son fait, ou du fait de l'imprimeur. Mais comment se fait-il que Warburton eût en sa possession le brouillon ou la copie d'une lettre écrite par Voltaire au Français Thiériot? La réponse n'est pas douteuse : il tenait l'écrit en question, ainsi que bien d'autres papiers, du poète Pope [1]. Or rappelons-nous les flatteuses remarques de la lettre à l'adresse du « meilleur poète du monde », sans parler du panégyrique enthousiaste des Anglais : ne peut-on penser que récemment débarqué dans un pays étranger où il devait s'établir pour longtemps, le très pratique Voltaire cherchait à se concilier les sympathies du monde littéraire anglais et qu'il s'était donné quelque peine pour faire savoir à Pope en quelle estime l'auteur de *Henri IV* tenait l'auteur de l'*Essai sur la Critique*? Il semblait plus sincère (et Voltaire l'était ici de toute façon) et il était plus délicat de louer les gens, dans une lettre à un tiers, en se cachant pour ainsi dire et comme à leur insu. La lettre est écrite, nous le savons, à Londres, dans la maison de Bolingbroke [2]. C'est lui, grand ami des deux poètes, qui prit ou reçut copie de la lettre [3] et servit d'intermédiaire. Et, qui sait? peut-être supposons-nous trop de rouerie chez Voltaire. Il a pu, sans arrière-pensée, montrer sa lettre à Bolingbroke, simplement pour faire admirer son anglais, et Bolingbroke, frappé par la vigueur et l'originalité du style et des jugements, a pu en demander copie : si la copie ne s'arrêtait pas en si beau chemin et allait surprendre Pope à son tour, qu'y pouvait Voltaire?

La lettre nous fournit quelques renseignements dont toute biographie du poète doit désormais faire état. Un détail m'intéresse plus particulièrement. « La lettre met hors de doute, dit M. Lanson, le voyage secret que fit Voltaire en France au milieu de 1726. » La confirmation n'était pas inutile : dans un article paru ici même [4], j'avais indiqué qu'à mon avis Voltaire, libéré de la Bastille, était resté non pas une semaine mais plus de trois mois à Calais, et que, s'il était bien retourné à Paris pour y chercher Rohan-Chabot, c'était avant d'avoir franchi le détroit. C'est une opinion que je ne puis plus soutenir. Je m'étais fondé surtout sur les termes de la lettre du 12 août : on y voit Voltaire hésiter à entreprendre un long et coûteux voyage, et il m'avait semblé qu'on avait tort de la dater d'Angleterre comme on le faisait généralement et de supposer qu'il ne s'agissait pour Voltaire, établi dans quelque village anglais, que d'aller ou de ne pas aller à Londres. Selon moi la lettre était écrite en France, à Calais, chez M. Dunoyer. Et je crois encore que jusque là j'étais dans le vrai. Mais à cette date du 12 août Voltaire se montrait si évidemment incertain du futur, si peu décidé à aller affronter le « tintamarre de Whitehall et de Londres » que j'avais cru pouvoir en conclure que c'est à ce moment pour la première fois que se posait pour lui la question du voyage d'Angleterre. Le fragment Sieveright prouve que ma conclusion était fausse [5].

---

1. On sait que Pope, par son testament, chargea Warburton de publier l'édition complète de ses œuvres qu'il avait lui-même commencé à préparer.

2. Voir lettre 166, Moland, XXXIII, pp. 161-2.

3. On conserva le brouillon.

4. 1906, pp. 1-25.

5. Je profite de l'occasion pour rectifier quelques autres erreurs de mon premier article. Dans l'appendice (p. 23), je mettais la lettre 158 à M$^{me}$ la présidente de

La lettre du 12 août est bien écrite en France et Voltaire est bien à la veille de passer le détroit, seulement il s'agit d'un second voyage : il est déjà allé en Angleterre, il est revenu en France, et la question est de savoir s'il retournera à Londres ou s'il s'enterrera dans la retraite (de Calais) où il vit.

On sait qu'il se décida pour la première solution. A quel moment est-il retourné en Angleterre? Quelques phrases des lettres du 15 et du 16 octobre 1726 nous avaient conduit à penser que son voyage avait dû prendre place entre le 12 et le 15 août [1], et c'est ce que confirme, à peu de chose près, le fragment Sieveright. « I came again into England in the latter end of July. » A la fin de juillet : ceci au premier abord ne s'accorde guère avec le fait que la lettre du 12 août a certainement été écrite en France; mais il est probable que, dans sa lettre anglaise à Thiériot, Voltaire, comme cela lui arrive de temps en temps, date d'après le calendrier anglais : dans le nouveau style le 31 juillet (a. s.) nous mettrait au 11 août, ce qui nous mène bien près de la date que nous avions assignée au voyage. Écrivant deux mois après, Voltaire a pu se tromper de deux ou trois jours sur la date de son retour en Angleterre.

Le premier voyage reste obscur. Le 5 mai Voltaire, qui avait quitté la Bastille le 3, arrivait à Calais et s'installait chez M. Dunoyer. Au commencement d'août il était de nouveau en France et vers le 12 août nous le retrouvons chez M. Dunoyer. Dans l'intervalle il avait passé en Angleterre et en était revenu. C'est tout ce que nous savons. Sur le reste nous ne pouvons faire que des conjectures. Quand a-t-il quitté Calais? Il y comptait rester quatre ou cinq jours : c'est du moins ce qu'à peine arrivé il écrivait à Thiériot, et bien que d'autres lettres écrites le même jour ou le lendemain soient moins affirmatives, semblent même impliquer l'intention d'un plus long séjour, il est probable qu'il passa en Angleterre avant la fin de la semaine. Il est certain qu'une lettre de Thiériot écrite le 11 mai ne l'atteignit pas et qu'il ne la reçut que bien plus

Bernières [Moland, XXXIII, p. 156] vers juillet. En réalité, elle est antérieure à la détention de Voltaire et date des premiers mois de 1726. Voltaire, inquiet sur les suites de sa querelle avec Rohan-Chabot, et voulant dépister la surveillance de la police, s'est retiré quelque part dans les environs de Paris. C'est ce qu'explique très bien une lettre du 1er avril 1726, de Jacob Vernet à Turrettini, citée par M. de Budé : *Vie de J. Vernet, théologien genevois*, Lausanne, 1893, p. 15 : « ... Le battu rentra tout furieux à l'hôtel de Sully, et n'eut pas la prudence de cacher son aventure. Depuis, il s'est tenu caché pour apprendre, dit-on, à faire des armes. Après quoi, il a cherché son ennemi, et a eu l'imprudence de le faire demander jusque chez le cardinal de Rohan à Versailles. On s'est aperçu que c'était lui; et son Éminence, piquée, a demandé à Mgr le duc une lettre de cachet pour le faire arrêter. L'ordre est donné, mais n'est point exécuté, par la sage retraite du coupable en campagne, où on n'ira point le poursuivre. On ne sait s'il prendra le parti de passer en Angleterre, ou de se cacher jusqu'à ce que son affront soit oublié. » Je dois cette remarque et cette citation à la courtoisie de M. Eugène Ritter qui a bien voulu m'envoyer sur mon premier article de très précieuses observations. Qu'il me permette de lui en exprimer ici mes très sincères et très vifs remerciements. M. Ritter a vu l'original de la lettre à Turettini : il a pu corriger en quelques endroits le texte que donne M. de Budé et marquer la date que l'éditeur avait omise. — A la page 19, je disais que Voltaire n'étant pas banni pouvait rentrer en France quand il lui plairait, à condition qu'il se tînt à cinquante lieues de Paris. M. Ritter me fait remarquer avec toute raison que Calais est en effet au delà du rayon des cinquante lieues, mais que « du cap Gris-Nez jusqu'à Bayeux, tout ce qui est entre Paris et la mer, étant en deçà du rayon, était pays défendu. » Si donc Voltaire vivait caché dans les environs de Rouen, comme je l'ai supposé, il avait une raison de plus — et la plus importante peut-être — de garder l'incognito. — Page 24, note 1. Il y a un quiproquo, et il fallait dire : on ne peut qu'hésiter entre le 16 mai, s'il s'agit du nouveau style et le 16 juin s'il s'agit de l'ancien. — Enfin un lapsus malheureux m'a fait chaque fois transformer Desnoireterres en Desfontaines, lequel ne méritait peut-être pas cet excès d'honneur.

1. Art. cit., p. 11.

tard, à son second passage par Calais : Voltaire était donc déjà parti. Il dut traverser la Manche vers le 10 mai. Alla-t-il directement à Londres? C'est possible. S'occupa-t-il immédiatement de la publication de son poème? C'est ce qu'on pourrait peut-être conclure d'un passage du British Journal du 14 mai où on annonçait que Voltaire allait publier à Londres « a large edition of his famous Poem of the League, whereof we have only an imperfect copy [1] ». Il n'est pas encore ici question d'une souscription patronnée par la Cour, et ceci s'accorde bien avec les lignes suivantes du fragment Sieveright : « I had a mind at first to print our Poor Henry at my own expenses in London, but the loss of my money is a sad stop to my design : I question if I shall try the way of subscriptions by the favour of the court [2]. » Ainsi ce ne serait qu'après l'échec de son premier projet que Voltaire se serait souvenu de la souscription toujours ouverte en France et aurait conçu le dessein d'ajouter à sa liste les noms de la noblesse d'Angleterre. Mais dès le 29 mai l'ambassadeur d'Angleterre Horatio Walpole annonçait de Paris à des amis anglais qu'un poète français de mérite, M. Voltaire, était passé à Londres pour y publier par souscription « un excellent poème appelé Henri IV » et l'ambassadeur recommandait assez chaleureusement la souscription à ses nobles correspondants [3]. C'était M. de Morville, notre ministre des Affaires étrangères, qui avait plaidé auprès de Walpole la cause de Voltaire, et l'eût-il fait si le poète ne le lui eût demandé? Il se pourrait donc malgré tout que Voltaire eût songé à se concilier la faveur de la Cour plus tôt qu'il ne veut bien le dire à son ami Thiériot.

Pourquoi est-il revenu brusquement en France? Est-ce pour y chercher « un seul homme, que l'instinct de sa poltronnerie a caché de lui [4] »? N'était-ce pas plutôt pour s'y procurer de l'argent? Dans sa lettre du 12 août, avant sa seconde traversée, il insiste beaucoup sur les frais que lui causeront un séjour en Angleterre [5]. Peut-être est-ce seulement à ce moment qu'on lui remet les lettres sur le banquier Médina [6]. Mais il affirme à Thiériot qu'il n'a vu à Paris âme qui vive et Thiériot, sur ce point, devait être en mesure de se renseigner facilement. Croyons-donc, puisqu'il le veut, qu'il est revenu simplement pour se mettre à la piste de Rohan-Chabot. Il est curieux que, sur ce voyage et sur son premier séjour en Angleterre, lui, si prodigue de détails et de confidences, il se montre si réservé même envers son ami Thiériot. « Vous m'avez vu bien malheureux à Paris. La même destinée m'a poursuivi partout. » Puis : « Je vous avouerai... que j'ai fait un petit voyage à Paris, depuis peu [7]. » Et c'est tout : de ce qui s'est passé dans l'intervalle il ne souffle pas mot. Il avait dû pourtant arriver à Voltaire des choses désagréables. Qu'on relise les lettres du 5 et du 6 mai [8], écrites de Calais, après sa libération de la Bastille : elles sont pleines de fermeté et de courage et il y luit comme un rayon d'espérance : Voltaire n'a pas dit son dernier mot, et le sait. Au contraire dans la

1. Ballantyne, ouvr. cit., p. 19. La nouvelle n'est du reste présentée que comme un bruit qui court : 'tis said he will publish at London.... On ne pourrait même conclure de ce seul paragraphe du British Journal que Voltaire fût déjà à Londres : « On the 3rd instant M. de Voltaire was released from the Bastile, and conducted as far as Calais, being allowed to go over into England, and forbid to come within fifty leagues of the Court. 'Tis said.... »

2. Art. cit., p. 10.

3. Ballantyne, ouvr. cit., p. 92.

4. Lettre 165, Moland, XXXIII, p. 159.

5. M. Ritter me fait remarquer en effet qu'en parlant de sa « petite fortune dérangée », Voltaire a en vue non pas les frais d'un voyage à Londres, comme je l'avais dit, mais ceux, bien plus considérables, d'un séjour dans cette ville.

6. Ce qu'il y a de certain, c'est que ce n'est qu'après sa seconde traversée qu'il les présente (Cf. Hettier, art. cit., p. 9).

7. Lettre 165, Moland, XXXIII, p. 159.

8. Lettres 163 et 164, XXXIII, pp. 157-8.

lettre du 12 août [1] écrite de Calais à Thiériot, après l'infructueux voyage de Paris, on sent un ton de découragement marqué : comme s'il se rendait compte qu'il y avait désormais dans sa vie quelque chose d'irréparable. « Voilà qui est fait, mon cher Thiériot : il y a grande apparence que je ne vous reverrai plus de ma vie. » Il demande à son ami de lui écrire, mais lui, l'infatigable épistolier, il ajoute « sans examiner si je fais exactement réponse ». Voltaire se remit de cet abattement, mais on aimerait à savoir ce qui l'y jeta.

C'est ainsi que le fragment Sieveright, tout en complétant ou modifiant sur plus d'un point ce que nous savions du voyage de Voltaire en Angleterre, ne laisse pas de faire naître, sur d'autres, de nouvelles incertitudes [2]. Cela n'en diminue pas l'importance.

LUCIEN FOULET.

1. Lettre 165.

2. Quel est encore cet « English gentleman » qui, inconnu de Voltaire, s'est trouvé à point nommé sur son chemin pour lui faire accepter un argent dont il avait grand besoin? (Hettier, art. cit., p. 9). Serait-ce le roi George II, comme le suggère M. Hettier (p. 6)? Dans ce cas-là pourquoi refuser si fièrement les offres de vieux amis comme lord et lady Bolingbroke, sous prétexte qu'ils étaient des « lords »?

# LA MORT DE L'ABBÉ DESFONTAINES

Quand l'abbé Desfontaines, à qui M. Henri Boivin consacrait ici même une intéressante étude [1], succomba, le 16 décembre 1745, aux suites d'une « fluxion de poitrine qui avait dégénéré en hydropisie [1] », sa mort passa presque inaperçue.

Les mémorialistes du temps, Barbier, le marquis d'Argenson, le duc de Luynes ne la signalèrent même pas. Les lettres de Marville à Maurepas n'en firent pas mention ; et le *Mercure* resta muet. Voltaire ne parla qu'incidemment, et fort longtemps après, de la disparition d'un homme qu'il avait poursuivi, de son vivant, de toute sa rancune et de toute sa haine.

Il n'y eut guère, à ce moment, que deux écrivains, des critiques littéraires (et c'était logique) qui apprirent à leurs lecteurs la fin de ce confrère, dont l'un était l'ami et bientôt le continuateur, l'autre le détracteur systématique.

C'étaient Fréron et l'abbé d'Estrées.

L'auteur des *Lettres de M^me la comtesse de *** sur quelques écrits modernes* [3] — Fréron, comme chacun sait — allait annoncer, disait-il, à ses correspondants la mort de l'abbé Desfontaines, quand il reçut « de monsieur Fréron » une lettre qu'il s'empresse de publier, « pour retracer les services que le défunt a rendus à la littérature par ses critiques où brillent un goût sûr et un jugement solide ».

La lettre commençait sur le mode pompeux : « Le Parnasse ne se consolera jamais de la mort de M. l'abbé Desfontaines. » Tout en reconnaissant que le personnage avait la plume hargneuse, elle lui décernait presque un brevet d'honnête homme : « Si M. l'abbé Desfontaines était quelquefois dur et piquant dans ses écrits, dans la société il était doux, affable, poli, sans affectation de langage et de manières. »

Avec l'abbé d'Estrées c'est une tout autre antienne.

Ce polémiste, grincheux et désordonné, publiait alors, sous le pseudonyme de Lesage de l'Hydrophonie, un périodique qu'il intitulait le *Contrôleur du Parnasse*, « Nouveaux.mémoires de littérature française et étrangère, en forme de lettres, pour servir de préservatif contre les faux jugements de l'abbé Desfontaines sous le nom de M. Burlon de la Busbaquerie, etc. ».

J'apprends, dit-il, que « ce journaliste est mort, à Paris, incognito, dûment muni des sacrements de l'Église romaine et exhorté par des Révérends Pères Jésuites et que le public attend de moi une oraison funèbre de l'illustre défunt ».

D'Estrées estime que « les confesseurs ou directeurs sont bien singuliers de lui avoir laissé faire jusqu'à la fin un personnage odieux, qu'il est difficile de concilier avec les sentiments d'un cœur vraiment chrétien ». En conséquence, il entend ne plus parler des « Jugements » qui seront continués par le nomme Gobert, ci-devant laquais du défunt et son secrétaire au moment de sa mort ».

Ce qui n'empêche pas ce prétendu *Contrôleur du Parnasse* de renouveler, dans la lettre suivante, ses attaques contre Desfontaines, en les appuyant d'une épigramme de Piron. Et — contraste piquant — dans une de ses *Lettres de*

---

1. *Revue d'Histoire littéraire*, janvier-mars, 1907.
2. Charles Nisard, *Les Ennemis de Voltaire*, Paris, 1853.
3. *Lettres de M^me la comtesse de X. sur quelques écrits modernes*, t. I, Genève, 1746.

M<sup>me</sup> *la comtesse*, Fréron, revenant, lui aussi, sur son panégyrique de Desfontaines, affirmait que Piron avait rendu un solennel hommage à la mémoire et aux talents du défunt.

Nous ne voulons pas nous inscrire en faux contre l'une ou l'autre de ces assertions. Evidemment Piron n'avait ni sympathie, ni estime pour Desfontaines; mais est-il bien l'auteur de cette épigramme que lui prête l'abbé d'Estrées [1] :

> ' En dix-huit cent, dans le Dictionnaire
> De Moréri (voir à la lettre D),
> Sur un article inutile et sommaire,
> Tu trouveras Desfontaines (l'abbé),
> Littérateur médiocre et tombé
> Dans le mépris, déjà dans l'oubli même.
> Il régenta quelque temps la sixième.
> Nous l'avons mis ici parce qu'il fut
> Le Trissotin du siècle dix-huitième.
> On ne sait quand, ni comment il mourut.

Or, la chute de l'épigramme tombe à faux; car nous tenons d'un témoin oculaire des détails très précis sur les dernières heures de l'abbé Desfontaines. Nous les avons trouvés dans cette lettre, tirée des *Archives de la Bastille* [2] :

*Le très Révérend Père Cordier jésuite, Chancelier de l'Université*
*de Pont-à-Mousson, à Pont-à-Mousson.*

Mon Révérend Père,

J'ai l'honneur de vous donner avis que l'affaire dont vous avez bien voulu me confier la direction est consommée, mais avant que je rompe le secret avec lequel je l'ai jusqu'ici traitée, je crois devoir attendre de votre part un mot d'instruction.

Je vous avais promis cet avis dès le 10 au 12 de ce mois; et j'ai été en état de vous tenir parole; mais, les derniers jours de la maladie de M. l'abbé Desfontaines et sa mort m'ont enlevé presque tout mon temps et plus que cela m'ont empêché de songer à toute autre chose; je lui étais infiniment attaché et il me faisait l'honneur d'avoir pour moi de véritables sentiments d'amitié. Dans une des visites que je lui ai rendues, je lui ai fait vos compliments et lui ai fait part de ce qui me procurait l'honneur de vous connaître. Il me chargea de vous assurer qu'il était extrêmement sensible aux marques de confiance que vous lui témoigniez.

Il est mort en bon chrétien, muni des sacrements de notre mère la Sainte-Église; et, le jour qu'il les reçut, il édifia une nombreuse

---

1. Qui sait? Piron avouait en avoir « éternué » cinquante-deux contre Desfontaines.
2. *Archives de la Bastille*, Bibliothèque de l'Arsenal, 10 028.

assemblée d'amis qui s'étaient rendus chez lui, par un discours plein de piété et d'onction qui nous fit verser des larmes à tous. Il en versait lui-même; ses paroles étaient entrecoupées; cependant le pathétique avec lequel il les prononçait eût été capable de persuader ses ennemis plus acharnés, que son cœur était vraiment contrit et humilié. Il est redevable des secours spirituels aux RR. PP. Segaut, Bernier et Berthier. Ce dernier le voyait, ainsi que le P. Segaut, presque tous les jours et a recueilli ses derniers soupirs.

Je me suis un peu attaché à ces détails pour deux raisons, la première pour vous mettre en état de répondre à ce qu'on pourrait répandre de calomnies sur son sujet, au cas que l'injustice de ses ennemis allât jusqu'à jeter des ombres sur ses derniers jours, la seconde parce que j'ai cru remarquer, dans la combinaison de certaines circonstances, cette conduite spéciale de la Providence sur ceux qui, quoique infidèles pendant longtemps, ont pu mériter, par une vie autrefois active, la grâce de mourir aussi chrétiennement qu'ils avaient commencé de vivre ; et n'eût-il pas été bien triste pour lui de perdre le fruit de dix-sept ans passés dans l'exercice d'une vie chrétienne, religieuse et pleine d'œuvres toutes propres par leur objet à mériter la grâce du salut.

J'ai l'honneur d'être, etc.

CHAUBERT.

De Paris ce 23 Décembre 1745.

Le signataire de la lettre, Chaubert, était un libraire bien connu à Paris. Est-ce le *Gobert* dont parle d'Estrées? En tout cas, on sait si cet abbé était mal renseigné sur le continuateur de Desfontaines. Quant au « repentir profond » témoigné par le moribond « de ses fautes et de ses scandales [1] » il est confirmé, une fois de plus, par la préface de l'*Esprit de l'abbé Desfontaines* (éditions de 1757 et de 1775) où De la Porte a conservé les meilleures pages d'un critique à qui l'aménité manquait plus que le jugement.

PAUL D'ESTRÉE.

1. Ch. Nisard, *L'Ennemi de Voltaire.*

# SUR DEUX TEXTES DE HUGO ET DE VIGNY

Tout le monde connaît ces vers de la *Rose de l'Infante* :

> La rose épanouie et toute grande ouverte,
> Sortant du frais bouton comme d'une urne ouverte,
> Charge la petitesse exquise de sa main...

Tel est du moins le texte qu'on trouve actuellement dans *toutes* les édition de V. Hugo, complètes ou partielles, morceaux choisis, etc., même dans les recueils classiques de poètes quelconques, *partout* enfin. Et on ne semble pas s'étonner que V. Hugo fasse rimer un mot avec lui-même ! Cela paraît admis définitivement, et une histoire récente de la Versification française, écrite en anglais par Kastner (le meilleur livre que nous ayons sur le sujet depuis Quicherat) constate sans sourciller cette « négligence » dans un des poèmes les plus parfaits de V. Hugo.

En vérité cela est surprenant. Encore passe pour les éditions : elles se reproduisent les unes les autres. Mais que des professeurs qui *annotent* et épluchent des *morceaux choisis*, impriment cela sans broncher, que des prosodistes le remarquent sans essayer de le corriger, cela sort du vraisemblable. Si la correction était difficile seulement ! Mais avec quoi Hugo peut-il faire rimer *ouverte*, si ce n'est avec *verte*? Et le bouton qui s'ouvre n'est-il pas une urne *verte*?

Si l'on n'osait pas toucher au texte de Hugo, on aurait pu consulter au moins, je ne dis pas les manuscrits (on ne les a que depuis peu), mais simplement l'édition originale, qui est de 1859 : on y trouvera le mot *verte*. Notez que quand bien même on ne l'y trouverait pas, *il faudrait* encore corriger *ouverte* ; mais on n'a pas cette peine : il n'y a qu'à reproduire.

Le cas de Vigny est plus délicat, car pour lui l'édition originale est pareille aux autres, à *toutes* les autres. Mais il s'agit des *Destinées*, dont l'édition est *posthume*, et n'a pas été revue par l'auteur. Et non seulement l'édition originale des *Destinées* est posthume, mais le poème même où se trouve le texte, *la Colère de Samson*, poème qui a paru d'abord dans la *Revue des Deux Mondes* du 15 janvier 1864, était déjà posthume, lui aussi. Nous avons donc nos coudées franches. Il s'agit de ce vers :

> Ses bras fins sont mouillés de *tièdes* sueurs.

Pas un poète ne lira ce vers sans sursauter, car s'il y a des diphtongues sur lesquelles le poète ne se trompe pas, celle-là en est une assurément, d'autant plus que ce mot est un de ceux que les poètes ont le plus employés. Et quels beaux vers on a faits avec ce mot ! Voyez *Lucie* :

> Les *tièdes* voluptés des nuits mélancoliques
> Sortaient autour de nous du calice des fleurs;

et V. Hugo, dans les *Chants du Crépuscule* (VIII) :

> La sereine beauté des *tièdes* horizons ;

celui-ci encore, de M^me de Noailles :

> Le jour est *tiède*, ainsi qu'un oiseau dans ses plumes.

Sur ce point on ne peut pas hésiter.

Pourtant ce n'est pas faute que depuis un siècle les poètes, avec leur man incoercible de *diérèse*, aient maltraité les diphtongues les plus incontestables. En un temps où M. H. de Régnier écrit et prononce *ri-i-ons* en trois syllabes (*Jeux rustiques, la Grotte*), on doit se croire tout permis. Pour ne parler que de la diphtongue *ié*, c'est M. Coppée qui écrit *pi-éton*, et M. Bourget *pi-étiner* (comme si on disait un *pi-ed*), M. Coppée encore *si-ège*, Augier *assi-ette*, M. Rostand *deuxi-ème* et *septi-ème*, sans parler des mots en *ier*. Mais tous ces poètes ont respecté *tiède*, comme ils ont respecté *siècle* ou *pièce*, *siége* ou *miel*, ou *vierge*, ou *fièvre* ; d'autres encore. Pour trouver *ti-ède* ou *atti-édir*, il faut descendre à des poètes du troisième rang, tels qu'Auguste de Chatillon, à des œuvres de début, comme les poésies de Villiers de l'Isle-Adam publiées à dix-neuf ans. Encore est-ce infiniment rare : j'en ai trouvé pour ma part quatre exemples, *sur des milliers*. Récemment on voyait encore *ti-ède* à la première page du *Polyphème* de M. Poizat ; mais le vers est si facile à corriger qu'on peut espérer, là aussi, une faute d'impression.

Donc *il faut* corriger le vers de Vigny, car il est invraisemblable que Vigny l'ait fait tel qu'il est. Comment ? Je ne vois qu'un moyen, c'est d'ajouter *par*. Et je reconnais que *par de tièdes sueurs* n'est pas d'une élégance suprême ; mais vaut-il mieux laisser un vers faux au compte de Vigny ? Je n'en crois rien.

PH. MARTINON.

# LETTRES INÉDITES DE THIERIOT A VOLTAIRE

La correspondance de Thieriot avec Voltaire se divise en deux périodes, la première allant de 1720 à 1747, la seconde de 1754 à 1772. On n'a pour celle-là que des fragments, dont quelques-uns sont contenus dans des lettres de Voltaire. Je publie quarante-huit lettres se rapportant à celle-ci.

L'interruption de sept années qui se fit dans la correspondance ne paraît point être une suite des démêlés que Voltaire eut avec son ami au sujet de Desfontaines (1739). On sait que Voltaire ne se brouilla point alors avec Thieriot; et s'il n'alla pas jusqu'à un éclat que l'attitude de celui-ci méritait, c'est peut-être que lui-même n'était pas net de tout soupçon de déloyauté : je publierai prochainement des lettres datées de 1734, où Voltaire dénonce à l'autorité « le sieur Tiriot » comme éditeur des *Lettres philosophiques*. Mais Voltaire ayant, vers 1737, procuré Thieriot pour correspondant littéraire au prince royal, bientôt roi de Prusse, le pauvre diable resta dix ans impayé de ses appointements sans que son illustre ami fit en sa faveur une intervention délicate sans doute, mais non impossible. Il prit alors le parti d'oublier le chambellan de S. M. Prussienne, et c'est dix-huit mois seulement après l'aventure de Francfort, qu'apprenant à la fois le retour de Voltaire en France et l'impression de *la Pucelle* sur la copie dérobée par Mlle du Thil, Thieriot se rapprocha de son ami par deux lettres non retrouvées, l'une de la fin de novembre, l'autre du commencement de décembre 1754.

Voltaire se plaignant de la paresse de Thieriot en 1735, lui faisait un plan de correspondance : « Il n'est point question d'écrire des lettres pensées et réfléchies avec soin, qui peuvent un peu coûter à la paresse; il n'est question que de deux ou trois mots d'amitié, et quelques nouvelles, soit de littérature, soit des sottises humaines, le tout courant sur le papier. Je pourrai vous demander de temps en temps des anecdotes concernant le siècle de Louis XIV... Si vous connaissez quelque livre où l'on puisse trouver de bons mémoires sur le commerce, je vous prie de me l'indiquer, afin que je le fasse venir de Paris. Écrivez donc bien souvent; vos lettres seront pour moi *historia nostri temporis*. » On va voir que Thieriot n'a pas mal rempli ce dessein.

FERNAND CAUSSY.

Samedi 25 janvier 1755 [1].

Je vous avais déjà fait savoir, mon plus ancien ami, que madame Fontaine[2] était entièrement hors de danger. Vous serez encore plus content d'apprendre qu'elle est dans un état de convalescence parfaite, mais qui demande bien des ménagements et de la sobriété. Elle nous avait mis dans de vives alarmes. Vous en allez avoir aussi de votre côté en vous apprenant que M. le duc de Fronsac a la petite vérole à l'hôtel de Richelieu. Il est dans son quatrième jour. On ne peut pas

1. Réponse à une lettre datée de Prangins, 19 décembre 1754.
2. Nièce de Voltaire.

avoir moins de fièvre. La tête n'a pas éprouvé encore aucun embarras, il est sans agitation et a suffisamment de sommeil à plusieurs reprises. L'éruption se fait lentement et bien. Voilà ce que portent les deux derniers bulletins. On attend M. le Maréchal ce soir ou demain sans faute. Tout ceci est exact, vous y pouvez compter. Voilà de beaux commencements. Il faut espérer qu'ils continueront. Il a un jeune médecin M. Lorry qui le conduit sous la direction de Senac à qui on envoie à la Cour deux fois par jour. Ce petit Lorry est un homme de bon esprit. Il aurait ma confiance. Cependant, malgré toutes ces belles espérances, cette maladie est si visible que Mlle de Richelieu [1] a beau jeu pour elle dans ce moment-ci et qu'on la marie déjà, si malheur arrivait, avec M. le comte de la Marche. Elle est d'une figure charmante avec un esprit fin, plein d'agréments et rempli de toute sorte de belles connaissances. Mad. la duchesse d'Aiguillon la mène présentement dans le monde et de temps en temps aux spectacles. Je crois vous faire plaisir en vous disant tous ces ravaudages qui vous intéressent pour des enfants que vous avez vu naître, et pour leur père que vous aimez et qui vous aime. Pour moi qui m'intéresse infiniment aux vôtres, dites-moi je vous en prie où vous en êtes sur votre *Hist[oire]* *universelle* que je désire que vous portiez à la perfection que vous êtes capable de lui donner. C'est une de vos plus belles entreprises, mais on ne peut la regarder encore que comme une belle esquisse.

J'ai cru que nous allions avoir l'hiver de 1709 qui prit de même le 6 janvier et qui n'a été qu'un degré et demi au-dessus de celui-ci. Il semble vouloir reprendre de plus belle. Faute de choses nouvelles, je me rappelle des vers de Chapelle à l'abbé de Chaulieu sur un pareil hiver que je vous envoie parce qu'ils sont bien faits et qu'ils ne vous sont pas connus à ce que je crois.

Cher abbé, souviens-toi qu'Horace
Veut qu'on mette pendant ces froids
Largement du vin dans la tasse
Et dans le foyer force bois.
Vois-tu nos arbres et nos toits
Soutenir à peine le poids
De la neige qui s'y amasse ?
Vois-tu nos fleuves comme en Thrace
Si bien arrêtés pour deux mois,
Que bientôt à la même place
Où l'on vit leurs flots autrefois,
Tu verras rouler les charrois
Sur leur ferme et stable surface ?
Plus desséché qu'un *hareng pec*
Le poisson meurt sous ces entraves
Pour mettre de quoi dans leur bec
Les oiseaux se font nos esclaves.

[1]. Plus tard comtesse d'Egmont.

Et nous-mêmes sans choux ni raves
Ne vivrons en ce double échec
Que de ce dont Melchisédec
Reput Abraham et ses braves,
C'est-à-dire de beau pain sec
Et du bon gros vin de nos caves.
Abbé, long sera le désordre
Qui tout l'univers a transi
Et pourra ce grand hiver-ci
Donner bien du fil à retordre,
Il a chez nous tout endurci
Nos jardins et tous nos mets, si
Que qui peut remontrer où mordre
Au ciel doit un beau grand merci [1].

Le reste ne se soutient pas et m'a paru fait trop à la hâte. Ils sont
écrits d'Anet où il passa cet hiver. On vient d'ôter à Fréron les feuilles [2].
On dit que c'est pour n'en avoir pas soumis la dernière du vol[ume] à
l'approbation. On ne m'en a pas dit plus. Comme je ne les lis jamais je
n'en sais pas davantage; mais je parierais qu'on les lui rendra dans
huit jours [3].


## II

Je ne comprends pas, mon très illustre ami, pourquoi vous vous êtes
hâté si vite de livrer votre *Orphelin* [5] à l'impression. Il était dans son
plus grand succès lorsque Lekain s'est avisé de faire le brave et de se
faire donner un coup d'épée dans la poitrine. Du reste, votre belle
tragédie a enchanté vos lecteurs autant que vos spectateurs. Quelques
gens de lettres de vos amis sont venus me voir pour m'en faire compliment. Mme de la Pouplinière m'ordonne de vous faire les siens.
Elle avait déjà mis au nombre de vos plus belles pièces cet *Orphelin*.
Elle est de ceux que j'ai vu désirer dans la scène de Zamti et d'Idamé au
4e acte que Zamti fonde mieux les propositions qu'il fait à sa femme.
D'autres exigent au commencement du 5e que vous éclaircissiez davantage ce qui s'est passé entre le 4 et le commencement du 5. D'autres, et
en plus grand nombre, se plaignent de quelques négligences de style et
de versification; j'ai été surpris de voir jusqu'à des vers de remplis-

1. Cette ode a été publiée avec quelques variantes d'après les portefeuilles de
Bouillon à la page 120 des *Œuvres de Chapelle et de Bachaumont*, la Haye, et se
trouve à Paris chez Quillau, libraire, 1755.
2. Pour avoir, disait-on, maltraité d'Alembert. Voir Grimm, janvier 1755.
3. Réponse de Voltaire le 7 février. Voltaire avait écrit à Thieriot le 23 janvier
une lettre qui se croisa avec celle-ci. On n'a pas les réponses de Thieriot aux
lettres des 7 et 27 février, 24 mars, 9 et 28 mai, 6, 19 et 30 juin, 22 juillet, 4 et
28 août.
4. Réponse à une lettre de Voltaire du 10 septembre.
5. *L'Orphelin de la Chine*, tragédie représentée pour la première fois à Paris le
20 août 1755. — Paris, Michel Lambert, 1755, in-12.

sage que vous avez agrégé parmi les vôtres, et des actes finir par des vers masculins, et les suivants commencés par de pareils vers. Cela ne fait aucun tort à une belle pièce, mais cet air négligé n'y convient point et choque et déplait.

Il rôde dans Paris un exemplaire échappé de l'*Histoire de la guerre de 1741*[1]. On dit qu'il est sale et noir comme s'il avait passé par les mains de tous les savoyards. On en fait de grands éloges et on en rapporte beaucoup de traits.

A l'égard de la *Pucelle*, les copies s'en sont si fort multipliées qu'il n'y a pas de maison ou il n'y en ait au moins une. Ce qui m'afflige et qui, me déchire le cœur, c'est que toutes ces copies fourmillent de fautes. Comme il n'y a point de chant dont je ne sache des suites de vers, j'ai beau jeu pour argumenter contre tout ce que je crois qu'on vous impute par ignorance ou par malice. Mais je pense que le meil- leur et l'infaillible moyen de confondre vos ennemis sur le mauvais usage et le poison qu'ils répandent à l'occasion de cet ouvrage est de le corriger et de le travailler si bien qu'on voie qu'il n'y a que vous seul au monde capable de produire celui que vous produirez vous même à l'impression. Toutes les autres copies disparaîtront et tombe- ront vis-à-vis de celle-ci qui aura certainement le plus grand nombre de lecteurs pour elle. Songez-y bien. La chose en vaut la peine. C'est un ouvrage nouveau pour notre nation et tout à fait original de votre part. Il ne convient pas que vous facilitiez à vos successeurs de vous sur- passer dans un genre dont vous aurez été l'auteur et qui vous appar- tient. Nous avons reçu à Paris la suite de l'*Histoire*[2] du comte Ottieri faisant en tout 5 vol. in-4°. Je vous en donne avis. Comment va votre santé? Je vous embrasse de tout mon cœur et je fais mille compliments Mad. Denis sur votre grand triomphe.

*Suisse. A Monsieur, Monsieur de Voltaire un des Quarante de l'Aca- démie, à Genève.*

## III

Mardi 14 octobre à Paris [1755][3].

Je vous adresse mon très cher et très illustre ami, un jeune homme de bonne éducation et de beaucoup d'esprit. C'est M. Patu[4] qui n'a pas besoin d'autre recommandation que de se présenter lui-même. Il

---

1. *Histoire de la guerre de mil sept cent quarante et un*, Amsterdam (Paris), 1755, 2 parties in-12. C'est la première partie de l'ouvrage appelé depuis *Précis du siècle de Louis XV.*
2. *Istoria delle guerre avvenute in Europa e particolarmente in Italia por la suc- cessione alla monarchia delle Spagne, dall' anno 1696 all' anno 1725, dal conte e marchese Francesco Maria Ottieri*, Rome, 1728 et sq., 8 vol. in-4°. Ottieri étant mort en 1742, les tomes II, LII, etc., furent publiés par son fils à dater de 1752.
3. Réponse à une lettre de Voltaire du 1ᵉʳ octobre.
4. Claude-Pierre Patu, avocat au Parlement de Paris, né à Paris en octobre 1729, auteur (avec Portelance) des *Adieux du goût*, comédie représentée aux Français le

est extrêmement versé dans la littérature anglaise, où vous lui avez servi de guide comme dans plusieurs parties des belles lettres. C'est lui qui fournit l'article du *Journal étranger* pour les ouvrages anglais. J'ai connu bientôt son bon goût par la passion qu'il a pour les bons ouvrages et plus particulièrement pour les vôtres. Il en est dominé au point qu'il part uniquement pour vous aller voir et connaître celui qu'il a choisi pour son maître. Il est dans le dessein de séjourner auprès de vous autant qu'il lui sera possible. Il part accompagné de M. Palissot qui n'a pas moins de mérite, qui vous étonnera par sa mémoire aussi rare que son goût. Ce dernier va reconnaître un emploi qu'on lui a donné dans les environs de Lyon, mais rempli d'admiration et d'estime pour M. de Voltaire il va en vérité vous chercher autant que son emploi. Je l'ai rencontré dans plusieurs maisons où je l'ai fort bien remarqué, et quoiqu'il ne me soit point venu voir, comme M. Patu, il mérite que je vous en parle aussi et que je vous prévienne en sa faveur. Voilà donc deux jeunes gens que vous devez regarder comme deux de vos disciples que vos ouvrages ont formé, mais à qui il manque d'avoir vu et entendu leur maître, à ce qu'ils croient.

Je n'ai point répondu à votre lettre du 1ᵉʳ octobre parce que j'ai été quelque temps à la campagne. Il n'est pas possible de défendre sa paresse, ou plutôt son indifférence pour un ouvrage original, intéressant et trop négligé avec autant d'esprit et de bonne plaisanterie que vous le faites [1]. Vous aurez beau dire, c'est à de telles folies qu'il faut comme Virgile joindre l'embellissement et l'élégance, *ludicris rebus addere honorem*. Vous me connaissez trop pour ne pas sentir que je donnerai la préférence de votre travail et de vos efforts pour votre *Hist. univ.* Mais comme on sait que vous vous délassez d'un ouvrage par un autre, on vous demande pour corriger celui-ci les moments où vous êtes dans vos jardins, ou sur un lit de repos. On va reprendre l'*Orphelin* que le public attend avec empressement. Le libraire Lambert, qui imprime tout le recueil complet de votre théâtre qu'il est sur le point de finir, demande votre dernier mot sur l'*Orphelin*. Je vous remercie de ce que vous m'avez écrit sur M. le comte de Lauraguais, il y a été sensible et cela m'a été favorable. Je me flatte que M. Tronchin et votre sobriété vous maintiennent en bonne santé. Je vous embrasse de tout mon cœur [2].

Tᵗ.

à *Monsieur, monsieur de Voltaire de l'académie française, etc., à Genève.*

13 février 1754, et d'une traduction de *Petites Pièces du Théâtre anglais*, 1756, 2 vol. in-12. Patu, outre le voyage de 1755, retourna aux Délices en août 1756, accompagné de Dalembert. Il alla ensuite en Italie, d'où la fatigue le fit bientôt revenir en France. Mais il mourut en route, à Saint-Jean-de-Maurienne, le 10 août 1757. Hennin rapporte les circonstances de sa mort dans une lettre de Turin, 17 septembre 1758.

1. *La Pucelle.*
2. Réponse de Voltaire le 8 novembre. On n'a pas les réponses de Thieriot aux

## IV

19 avril 1756 à Paris [1].

J'attendais de vos nouvelles avec impatience mon très cher et très illustre ami, et maintenez-vous du mieux qu'il vous sera possible jusqu'au retour de M. Tronchin qui établit ici l'inoculation dont vous avez donné à votre pays les premières notions, il y a vingt-cinq ans. Après l'exemple de M. le duc de Chartres et de Mademoiselle, après celui de M. le comte de Gisors et de Mad. la marquise de Villeroi qui commencera après demain, vous prévoyez combien il y en aura de jour en jour. Le roi Stanislas a écrit à M. le duc d'Orléans pour engager M. Tronchin à s'en retourner par la Lorraine. On dit que ce Roi si sage et si bienfaisant, veut avant de fonder un hôpital pour l'inoculation prendre les avis de M. Tronchin. D'autres disent que c'est pour le rétablissement de la santé de Mad. de Boufflers. Enfin je vous assure que jamais la médecine n'a été si honorée ici qu'en la personne de M. Tronchin qui en guérissant ses malades, a aussi l'art de leur plaire et de s'en faire admirer.

Envoyez-moi au nom de Dieu sans délibérer vos *lamentations* sur *Lisbonne* [2], et votre testament en vers où vous traitez de la *Loi naturelle* [3], par la poste, tout simplement, je ferai cette dépense avec un plus grand plaisir que je la fais pour la musique de Rameau ou de Mondonville. J'ai le goût tout aussi vif pour les beaux vers, les belles lettres et les beaux-arts que je l'ai jamais eu, et je ne vous causerai jamais le déplaisir qu'on puisse me reprocher

Nec turpem senectam degere,<br>
Nec cytharâ carentem.

Je n'ai point eu le don des talents en partage, mais j'ai celui de les avoir aimés et de les aimer encore passionnément. Je vous connais, et je m'attends que vous aurez bien poli et achevé tous ces beaux poèmes dont vous enchantez votre siècle. Je ne saurais vous exprimer à quel point je suis pénétré de l'honneur et de l'amitié dont vous me comblez en mettant mon nom en tête de ces beaux discours immortels dont les lectures seront encore plus répétées, que vos tragédies seront fréquentées.

J'ai vu Lambert qui n'a pas besoin d'être pressé pour expédier l'édition [4] qu'il a déjà commencée à l'*instar* de celle des Cramer [5]. Il m'a

lettres du 25 décembre 1755, 2 janvier 1756 (lettre de Thieriot du 21 février), 29 février et 12 mars.
1. Réponse à la lettre de Voltaire des Délices, 12 avril.
2. Le *Poème sur la destruction de Lisbonne.*
3. *La Religion naturelle*, poème en quatre parties. Au roi de Prusse, par M. V***, Genève (Paris), 1756, in-12.
4. *Œuvres de M. de Voltaire*, seconde édition, considérablement augmentée, enrichie de figures en taille-douce, S. C. (Paris, Lambert), 1757, 20 ou 22 vol. in-12.
5. *Collection complètes des Œuvres de M. de Voltaire.* Première édition S. C. (Genève Cramer), 1756, 17, vol. in-8.

donné une adresse pour que vous lui en fassiez tenir au plus tôt un exemplaire qu'il faudra mettre en deux paquets de huit volumes chacun par le même courrier, et ces deux paquets sont pour la commodité. Il les faut adresser *à M. Thiroux de Montsauge fermier général des Postes à Paris.* Vous pouvez être assuré qu'il lui sera rendu sur le champ. J'en suis certain. Vous pouvez de même lui adresser *Lisbonne* et la *Loi naturelle* en forme de lettre à la même adresse.

Je n'ai point perdu de vue les Délices, quoiqu'à notre âge, on ne se transporte pas volontiers si loin, mais je suis coriace et j'ai du courage. Si mes petites affaires grossissaient avec un peu plus de célérité, j'en satisferais plus tôt mes désirs. J'ai toujours été informé par les allants et venants des agréments de votre retraite et de la bonne chère que vous y faites, et les Délices me plairaient bien plus que Twickenham, comme vos vers plus que ceux de Pope dont il vous est aussi libre que beau de faire les honneurs; chacun est maître de son bien. J'ai quelque argent comptant, il m'en doit revenir encore, la guerre va occasionner des emprunts en rentes viagères, tontines, etc. J'ai deux ans encore à faire des arrangements pour tirer parti de la soixantaine. Les moments sont chers, il en faut profiter ou jamais. Je me vois dans la possibilité d'augmenter encore de cent pistoles mon petit revenu.

Je n'ai garde de me faire une querelle sérieuse en oubliant de vous dire de la part de Mad. de Sandwich[1] combien la lecture de vos *Annales d'Allemagne*[2] lui a fait plaisir, et qu'elle en a plus appris dans ces deux volumes que dans tout ce qu'elle a lu dans sa vie sur les lois et la politique de ces peuples, et que si votre siècle et votre nation n'ont pas honoré cet ouvrage autant qu'il le mérite, c'est qu'ils sont trop frivoles et trop ignorants.

J'attends *Lisbonne* et la *Loi naturelle,* et je vous embrasse de tout mon cœur[3].

*A Monsieur, Monsieur de Voltaire de l'académie française, etc., à Genève.*

## V

Lundi 21 juin 1756 à Paris[4].

J'ai trouvé en arrivant d'Etiolles où j'ai passé quinze jours votre lettre du 4 et un paquet de 4 exemplaires de vos admirables *sermons* sur *Lisbonne* et sur *la Loi naturelle.* J'ai été ce matin, mon très grand et très illustre ami, faire part à M. d'Argental de votre sainte colère au sujet d'un Commentaire que vous me supposez gratuitement avoir inséré de mon chef dans votre note sur Bayle[5]. Je lui ai porté votre

---

1. Fille du comte de Rochester.
2. *Les Annales de l'Empire depuis Charlemagne*, Bâle, 1753-1754, 2 vol. in-12.
3. Il manque ici une lettre de Thieriot du 27 avril.
4. Réponse à une lettre de Voltaire du 4 juin. On n'a pas les réponses de Thieriot aux lettres du 30 avril et du 8 mai.
5. Voir là-dessus la lettre de Voltaire à d'Argental du 3 mai.

édition de Genève et la copie qui en a été faite à Paris par Lambert.
Je lui ai fait lire l'une et l'autre avec votre lettre du 30 avril dans
laquelle vous me prescrivez les propres termes exactement soulignés
que j'ai scrupuleusement substitués selon vos intentions. Vous finissez
en me la recommandant de la manière du monde la plus importante et
la plus sérieuse, disant que la note telle qu'elle est dans votre édition
de Genève deviendrait la satire du discours d'un avocat général et d'un
arrêt du Parlement. Ainsi, M. d'Argental peut certifier présentement
qui de nous deux a été possédé du diable des Buchanans, des Bentleys
et des *variorum*. Au reste, je remettrai ces jours-ci à nos bons amis
Diderot et Dalembert leurs exemplaires avec celui de Diogène Rousseau
qui est retiré avec un berger dans la plaine de Saint-Denis dans une
chaumière que lui ont donnée M. et Mad. d'Épinay. On lui fera tenir
incessamment votre brochure qui s'accommodera fort avec ses contemplations.

Certes vous me ferez un bien grand plaisir de m'envoyer le recueil
de vos rêveries qui vaudront mieux que celles du maréchal de Saxe.
Elles sont aussi beaucoup plus du goût de Lambert que je soupçonne
fort de les imprimer sans perdre de temps. Les Cramer ne peuvent pas
s'en prendre à vous. Tout livre imprimé en pays quelconque est de
droit dans les autres au *primo occupanti*. Tous les libraires de l'Europe
sont dans cette pratique et je défie d'y remédier.

Nous ne croyons pas le *Citoyen de Montmartre*[1] de Fréron, à la bonne
heure de la Beaumelle, mais je n'y vois ni son tour, ni son mauvais
style. J'ai été à portée de bien savoir qu'il a été trop occupé du débit
de ses marchandises. Il n'est pas vraisemblable non plus que Fréron
ait fait un tel ouvrage et un extrait de *Catilina*[2] et de *Rome sauvée*[3]
aussi raisonnable et en même temps aussi désavantageux pour
M. de Crébillon qu'il vous doit être agréable et à tous les gens de bon
sens.

J'ai lu les 15 volumes de la Beaumelle à Étiolles. C'est un très mauvais ouvrage que ces *Mémoires*[4]. On ne ferait guère plus d'un volume
des *Lettres* qui pourraient éclaircir l'histoire du siècle de Louis XIV.
Tout le monde lit ce misérable écrivain en convenant de son impudence, de son effronterie et de sa duplicité en politique, en morale et
en religion. Tout son livre en est plein. Il est souvent sot, étourdi et
fripon. Il est bien étrange qu'un vagabond si connu ait retiré tant de
lettres si importantes et tant de pièces et de mémoires des honnêtes
gens qui les possédaient : il est encore bien plus étrange que le brillant et solide auteur de l'*Histoire du siècle de Louis XIV* soit hors d'u

1. *Pensées philosophiques d'un citoyen de Montmartre*, la Haye, 1756. Pamphlet du jésuite Sennemaud contre les philosophes.
2. De Crébillon, 1749.
3. *Catilina ou Rome sauvée*, tragédie de M. de Voltaire, Berlin, 1752, in-12.
4. *Mémoires sur M^me de Maintenon*, 6 vol. in-12, et *Lettres de M^me de Maintenon*, 9 vol. in-12, Amsterdam, 1755-1756.

royaume, et que le malheureux Erostrate de ce beau siècle soit dans les antichambres des ministres et dans les rues de Paris.

Vous verrez bientôt par vous-même que cette histoire est déjà mise au rang des *Lettres de Mad. du Noyer* [1]. On est prêt à la confondre sur plusieurs faussetés. Mad. la maréchale de Villars se plaint d'une lettre qu'elle n'a jamais écrite, beaucoup de personnes de la cour se plaignent de ses impudences et de la tolérance du ministère pour l'ouvrage et pour l'auteur.

Cependant vous ne devez songer qu'à en tirer parti en revoyant, ou en faisant revoir des sources que vous avez trop méprisées telles que les Mémoires de M. Dangeau que Mad. de Maintenon elle-même lisait avec plaisir et dans lesquels elle retrouvait ce qu'elle savait. Ainsi de bien d'autres. Je sais encore beaucoup d'autres écrits à paraître. Ainsi ne vous pressez que lentement. Il me paraît que Mad. Denis et Mad. Fontaine contribuent beaucoup à l'agrément de votre vie, que je leur en sais gré et que je les aime. Bonsoir, mon incomparable ami [2].

## VI

A Paris, 1ᵉʳ juillet 1756.

Je reçois votre lettre du 26, mon très cher et très illustre ami, sans avoir pu répondre encore à celle du 16 du même mois qui m'est trop agréable pour ne pas vous le témoigner; mais il est survenu à M. de la Pouplinière une fièvre maligne toute des plus funestes. Il a été quatre jours à la dernière extrémité. Sa femme n'en a été informée que le troisième. Elle s'y est transportée, tout infirme qu'elle est, et s'est établie dans son ancien appartement à Passy jusqu'à ce qu'elle ait rendu la vie et la connaissance à son mari en forçant un médecin d'y rester avec elle. Elle en est revenue aussitôt sans l'avoir voulu voir, de peur qu'elle ne lui causât une trop grande révolution. Cette conduite a si bien réussi qu'elle lui tournera favorablement, au moins par l'augmentation de sa pension qui ne lui est pas suffisante ; car il est impossible avec 12 mille livres de fournir au loyer d'une maison, à l'entretien de cinq domestiques, et à tout ce que coûte une maladie comme la sienne. Cependant cette fièvre maligne n'est point encor sans beaucoup de péril, et si le malade succombait, elle se verrait avec 50 mille écus de rentes qui sont incontestables par la donation mutuelle et la communauté en biens par contrat de mariage. Vous jugez bien que dans ces circonstances, tous ses amis lui ont apporté tous leurs soins et tous leurs services. Le malade n'est encore que dans son neuvième jour et il y a encore à craindre pour quelque temps.

1. *Lettres historiques et galantes de deux dames de condition, dont l'une était à Paris et l'autre en province, etc.*, par Mᵐᵉ de C*** (du Noyer), Amsterdam, Pierre Brunel, 1720. Les lettres de Voltaire contenues au tome IV sont considérées aujourd'hui comme authentiques.

2. Réponse de Voltaire le 26 juin. Une lettre de Voltaire à Thieriot du 16 juin s'était croisée avec celle-ci.

J'avais remis sous les yeux de M. d'Argental tous les imbroglios que vous rappelez, et il ne les comprend pas mieux que moi. Laissons-en les explications qui, toutes claires qu'elles pourraient être, seraient à présent fort inutiles. Je vais répondre d'une manière précise à ce que vous me demandez. Je sais bien certainement, et j'en ai donné avis à M. d'Argental, que Lambert copie exactement l'édition des Cramer dans l'intention de n'y rien ajouter, et qu'elle paraîtra au plus tard à la fin du mois, tant il a mis de diligence pour y parvenir. Ainsi ne vous attendez pas d'y trouver des pièces fugitives de sa part, et encore moins de la mienne. Je ne suis pas capable de prendre de telles libertés, et je sais trop les égards qu'on vous doit que je porte jusqu'au respect. Je n'ai donc pas la plus petite part à toute cette entreprise, et Lambert ne s'en étant guères caché je lui ai seulement bien recommandé beau-coup de correction et de propreté.

Il me dit il y a quelques jours que les 4 premiers *vol[umes]* de l'*His[toire]* *univ[erselle]* étaient achevés par les Cramer et qu'aussitôt que les deux derniers seraient imprimés, qu'ils lui seraient tous ici envoyés par la poste, et que le public serait promptement servi.

La Beaumelle peut être l'âne de Montmartre [1] qui braye après nous, je n'ai pas absolument de démonstrations contre; mais il est de noto-riété qu'il est brouillé avec Fréron, et que celui-ci le déchire et le mord jusqu'au sang. Au reste, cet ouvrage est tombé dans l'oubli aussitôt qu'il a paru, parce qu'il n'y a ni esprit, ni raison.

Les *Mémoires de Mad. de Maintenon* deviennent d'un dégoût insuppor-table à mesure qu'ils sont plus connus, parce que chacun en découvre la fausseté à son voisin. Le public demande une édition à part des *Lettres* qu'on voudrait avoir sans les *Mémoires*, et un Libraire en trou-verait bien le débit.

Plus je réfléchis, moins je comprends l'utilité dont je pourrais vous être pour l'*His[toire]* *du siècle de Louis XIV*. Je ne le sais que par vous et par le Président Hénault. Je crois bien qu'il y aurait encore quel-ques traits à grappiller dans les Mémoires de Dangeau, tel que celui de Louis XIV au Maréchal de Boufflers, qu'on m'a assuré y être. Il paraît un petit supplément de M. le Président Hénault lui-même. Il y a peut-être bien des mémoires particuliers à consulter. Mais où sont-ils?... J'ai encore bien des choses à vous dire et cette lettre sera bientôt suivie d'une autre.

## VII

Mardi 6 juillet 1756.

Un galant homme qui va faire un long voyage m'a laissé un exem-plaire de vos 10 volumes pour en faire usage pendant son absence. Je lui ai souhaité autant de bonheur qu'il va me donner de plaisir.

1. Montmartre s'appelait la *Cité des ânes*, à cause du grand nombre de ses mou-lins à vents. Grimm a fait la même plaisanterie (avril 1756).

Les libraires de Paris avaient intenté un procès aux Consuls contre
La Beaumelle. Ils avaient acheté de lui les *Lettres de Mad. de Maintenon*
en 2 volumes tels qu'ils ont paru. Il s'était engagé de leur en fournir
deux autres volumes. Il avait reçu un acompte de 4 000 livres sur cet
engagement dont je ne sais pas toute la teneur. Il a été condamné
samedi aux Consuls à vingt mille livres envers les libraires. Sa seconde
édition n'est pas encore à Paris. Elle serait déjà vendue, quoiqu'on
convienne généralement à présent que son livre est détestable et que
l'auteur est un coquin.

J'ai distribué les trois recueils de vos beaux sermons aux trois docteurs Diderot, Dalembert et Rousseau. C'est M. Duclos lui-même qui
m'a demandé en grâce de les remettre à Rousseau afin d'en prendre
connaissance par bonne fortune en passant. Jamais aucun de vos
ouvrages n'a eu un si brillant succès que ces deux beaux Poèmes que
je ne me lasse point de lire et d'admirer.

On nous fait espérer incessamment de très curieux et de très agréables
Mémoires de l'abbé de Cosnac[2] dont on a vu autrefois des fragments
tronqués qui avaient fait beaucoup de plaisir.

M. le Président de l'Académie de Berlin[3] est à Paris. Il a loué une
maison à Saint-Germain pour y passer l'été. On parle à ce sujet des
offres qu'on vous a faites à Berlin de pensions, d'honneurs et de toutes
sortes d'agréments, mais j'ai lu déjà certains vers qui me rassurent,
dans votre cinquième discours moral, si je ne me trompe[4].

Voici l'abbé de Bernis Conseiller d'État. On parle de le faire entrer
au Conseil à la place de M. de Puisieux[5] qui en sort. Cela est d'autant
plus vraisemblable qu'on cherche depuis longtemps un prétexte pour
qu'il n'aille point en Espagne. On ne peut pas être dans une plus
grande faveur. Vous diriez comme la vieille maréchale de Noailles au
Cardinal de Fleury, qui l'enterra. Comment se porte madame Fontaine?
Je suis inquiet de sa santé. Je vois avec plaisir que M. Tronchin vous
revient à tous. Je ne doute point de la vie délicieuse que je passerais
avec vous et avec une aussi bonne compagnie que celle qui vous entoure.
Je n'abandonne point du tout mon projet d'y aller faire un tour, et les
facilités que vous m'ouvrez ne font qu'irriter de plus en plus mes
désirs. Je cherche en vérité à me débarrasser de quelques affaires où
mes intérêts sont accrochés, et je ne suis pas encore en état de les
sacrifier. Je suis d'ailleurs très convaincu que je ne vous serais d'aucune utilité. Je compte voir incessamment M. de Gauffecourt[6] que je

1. En 1752.
2. Daniel de Cosnac (1626-1708), évêque de Valence, puis archevêque d'Aix. Ces
mémoires n'ont été publiés qu'en 1852 par la Société de l'*Histoire de France*.
3. Maupertuis.
4. *Discours sur l'homme*, V, 98-110.
5. M. de Puisieux faisait partie du Conseil d'État (d'en haut) sans portefeuille.
Bernis y entra au même titre.
6. Le bibliophile ami de Jean-Jacques et de M<sup>me</sup> d'Épinay (1691-1766). Il habitait
alors pendant la belle saison à Montbrillant, près de Genève.

découvris hier sur le chemin de Versailles et qui me parlera sans doute des Délices et de son illustre possesseur qui en éternisera le nom.

Vous savez que Diagoras-Dumarsais est mort d'une façon fort tranquille en se soumettant au culte sans le croire davantage que Boindin, qui ne sera jamais un modèle. Il avait quatre-vingt-cinq ans et La Serré quatre-vingt-douze[1]. Son ami Rous[seau] avait fait son portrait que vous ne savez peut-être point.

Inspiré par son appétit
Il plaît, amuse, divertit,
Le matin lit son répertoire
Le soir vide à table son sac,
Son esprit est dans sa mémoire
Et son cœur dans son estomac[2].

Une des plus aimables princesses du monde par l'esprit et le caractère me dit tous les jours une infinité de choses agréables pour Mad. Fontaines et pour vous. *Vale*

Tu[t].

## VIII

Samedi au soir 10 juillet à Paris [1756].

Oh! pour le coup, voici vos prophéties accomplies. Je vous en fais de très sincères compliments, mon très cher et très illustre ami, et je partage de tout mon cœur la joie où vous êtes. Port Mahon est rendu. M. le duc de Fronsac en a été porter la nouvelle à Compiègne à trois heures du matin. Il a été attaqué le 28 et il a été pris par escalade le 30. On n'y a perdu que 600 hommes et 25 officiers. Le Lieutenant Frisch qui remplaçait le vieux Blakney qui ne pouvait pas être de service a été fait prisonnier, et dès lors on a demandé à capituler. C'est M. d'Egmont qui doit nous apporter demain la capitulation et tout le détail de la prise de cette importante forteresse que les Anglais possédaient depuis cinquante ans et dont nous allons faire vraisemblablement présent aux Espagnols. M. le maréchal de Richelieu venge donc par cette belle expédition son roi, sa nation et toute l'Europe de l'insolence d'un peuple aussi ridicule qu'injuste et insupportable. Un des membres de la Chambre des Communes avait osé dire qu'il ne fallait pas désormais qu'il fût tiré un coup de canon sur la mer sans la permission du peuple anglais. Je crois que les sages en rirent un peu plus fort que de M. Shipping. Il faut que la tête leur ait tournée et qu'ils aient la rage mue pour attaquer les vaisseaux de toutes les autres nations comme ils font depuis six mois. Cet événement va, j'espère, refroidir les têtes chaudes ; et je vous prophétise une révolution chez eux avant qu'il soit

1. Ignace de Lasserre (1662-1756), le commensal de Mlle de Lussan.
2. Cette pièce ne figure dans aucune des éditions de Rousseau.

un an, si nous nous conduisons toujours aussi sagement et aussi heureusement que nous avons commencé.

J'ai appris que vous alliez avoir de très belles visites. M. Dalembert a retenu une place à la diligence de Lyon pour le 20 et de là poursuit sa course jusqu'à Genève pour vous voir. Un damné d'espion m'a dit aussi, en me faisant part des succès de M^{lle} Clairon et des faveurs qu'elle reçoit de la fortune et peut-être encore de l'amour, qu'en revenant de Marseille, elle devait se rendre furtivement aux Délices pour y recevoir un présent que Melpomène voulait lui faire par vos mains. Voyez si je ne suis pas bien instruit par mon damné. Il m'a dit aussi que M. le Président de Berlin n'y retournerait peut-être pas, que M. le comte d'Argenson, depuis plus de six mois, après des tentatives incroyables et toujours inutiles et vaines, l'avait fait réintégrer dans l'Académie des Sciences, dont il s'était exclu lui-même, sur le pied de Vétéran par un ordre du roi qui fut reçu sans contradiction, mais sans consentement et sans liberté. C'est ce que M. Dalembert pourra vous certifier, s'il veut vous dire la vérité. Je n'ose vous nommer mon damné qui me deviendrait inutile, car vous le connaissez et vous n'en douteriez pas.

M^{me} de Graffigny m'apprit aussi que depuis que M^{me} la comtesse de la Marck [1] avait lu la Beaumelle, qui s'était introduit chez elle, il en avait été chassé en lui disant qu'il était un très méchant et très malhonnête homme. M. Algarotti, qui m'a toujours honoré de son souvenir, vient de m'envoyer un *Essai sur le Drame lyrique italien et sur le français* [2]. Il y a d'excellentes vues, mais il ne fait qu'effleurer. Il critique très bien Metastasio, et il n'a pas assez senti le mérite de Quinault pour s'en tenir à lui seul comme l'unique modèle en ce genre. Il tient encore trop à l'antiquité et à la véritable tragédie. N'êtes-vous pas de cet avis, car vous avez eu ce petit ouvrage qui m'a été remis fort tard?

Je lis vos *Mélanges* littéraires, philosophiques et historiques. Ils me plaisent infiniment davantage que les *Lettres persanes* qui me plaisent beaucoup. Ce livre ne contient que des propositions sans preuves et rarement discutées. Il ne va que par sauts et par bonds. Tout est avancé, déduit et prouvé chez vous avec clarté, variété et fécondité. Il n'a pas l'art d'instruire et de plaire comme vous, et vous faites pour le moins autant penser que lui [3].

Tᴴᵗ

1. Née en 1719 Marie-Anne Françoise de Noailles, sœur du duc d'Ayen.
2. C'est probablement la première partie du *Saggio per reformare il teatro dell' opera* que Thiériot désigne sous ce titre.
3. Réponse de Voltaire le 21 juillet. Il doit manquer ici une lettre de Thiériot. Voltaire lui écrit le 9 août : « Je ne sais ce que c'est que cette *critique dévote* dont vous me parlez. »

IX

8 août, à Paris [1756].

Je vous ai fait savoir, mon très cher et très illustre ami, que M. de
la Pouplinière avait été à la dernière extrémité et qu'il devait la vie à
sa femme par les secours qu'elle lui avait procurés en y mettant toute
la chaleur et la modération que les circonstances et sa situation exigeaient; il vient de lui donner vingt mille francs de pension, dix mille
écus d'argent comptant et dix fois autant de promesses et de paroles
agréables. C'est une femme d'esprit qui a tiré parti des circonstances,
et vous voyez qu'il est plusieurs manières de sortir des cheminées[1].

Votre épître à M. de Mahis[2] a beaucoup réussi et nous fait attendre
avec empressement le bel ouvrage que vous faites à l'honneur du vainqueur de Port-Mahon. Il est attendu lui-même à Paris et à Compiègne
à tout instant, car les Français sentent l'importance de cette victoire
autant que les Anglais en sont présentement frappés.

Vous avez donc à présent notre brillant philosophe Dalembert.
N'ayez aucune inquiétude, il ne passera point au-delà de votre lac. Il
n'y est allé que pour vous voir et son séjour ne sera pas long.
L'autre philosophe sec et triste a été accueilli ici trop indifféremment
pour qu'il ne soit pas ennuyé à mourir.

L'édition de Lambert ne paraît pas encore. Elle est fort attendue de
grand nombre de gens pour en faire la comparaison avec celle dès
Cramer et se déterminer.

Enfin il est arrêté que les Mémoires de Cosnac paraîtront, mais on ne
sait quand. Le malin damné est encore sorti de sa chaudière et on a
dit que vous deviez remettre en passant à Mlle Clairon une tragédie
qui nous enchantera autant que l'*Orphelin*. Si le temple de Melpomène
et de Thalie par Soufflot était achevé, n'en ferait-on pas la dédicace
par une si belle pièce et une si grande actrice?

L'intrigue de la Beaumelle vient de prévaloir enfin pour faire entrer
et débiter la seconde édition des *Mémoires de Maintenon* qui se vendra
pour les lecteurs de nos provinces. Faites votre critique de manière que
vous ne rendiez pas ce misérable illustre par votre plume. Car les
injures qu'il a vomi contre vous et vos amis n'ont point d'autre but.

Je vous écris aujourd'hui pour vous annoncer encore une visite de
M. Patu qui veut vous aller rendre ses hommages en allant s'inst[ruire]
en Italie où il se propose de séjourner une couple d'années. J'ai fort
approuvé ce beau projet, il anoblira et embellira ce goût triste et
sérieux des belles-lettres d'Angleterre. Envoyez-moi je vous prie, votre
ouvrage sur Port-Mahon pour que j'en fasse les honneurs. Il paraît

1. On sait que Richelieu s'introduisait chez Mme de la Popelinière par une che
minée tournante.
2. Du 24 juillet.

d'hier une fort bonne brochure sur les affaires de Suède [1]. Bonsoir, mon très cher et très illustre ami. Je vous embrasse de tout mon cœur.

*Suisse. A Monsieur, Monsieur de Voltaire gentilhomme, ord[re] du Roi, de l'Académie française à Paris.*

## X

A Paris, 27 août [1756] [2].

Ce n'était donc pas sans fondement que je vous interrogeais sur cette tragédie nouvelle. Vous me répondez enfin, mon ancien et illustre ami, que cela n'est pas de mon tripot. Comment avec votre pénétration n'avez vous pas senti, toutes les fois qu'il a été question de vos ouvrages dramatiques, que les périls de cette carrière, malgré vos grands talents et vos brillants succès, m'effrayaient toujours, et que j'étais dans le cas d'un mari passionnément amoureux de sa femme et qui tremblerait de la perdre à chaque enfant qu'elle mettrait au monde. C'est ce qui fait en vérité que je n'ai jamais été fort ardent à vous exciter à ce grand et terrible genre de la poésie qui agite encore plus un auteur de crainte que d'espérance. J'imagine que vous croyez de bonne foi que je mets mad. *Nanine* en comparaison avec *la Henriade, Œdipe, Alzire, Brutus, la Mort de César*, etc., et que je préfère au sublime et au pathétique d'un grand et rare génie, le badinage et les agréments qui en sont le délassement. Je ne voulais donc plus que vous fissiez d'enfants, mais puisque vous avez encore pris plaisir à en faire un, je vous assure que je suis déjà autant prévenu pour lui que plein de tendresse pour les autres.

Il est très important d'arrêter Lambert dans sa rage d'imprimer. Il n'est pas possible qu'il ne se rende à ce que je lui dirai conséquemment de ce que vous m'écrivez à ce sujet. Si je ne le mettais pas à la raison je verrais avec M. d'Argental les moyens qu'il sera facile de prendre auprès de M. de Malesherbes qui certainement arrêterait une pareille manie.

La Beaumelle préparait une troisième édition de ses *Mémoires* avec des additions où il renchérissait d'impudence et d'effronterie. Vous rendez justice à l'abbé de Saint-Pierre, c'était un fou sérieux aussi éloigné de la satire qu'il était rempli d'humanité et d'amour pour le public. Il m'a parlé plusieurs fois de cet ouvrage. Je suis bien aise qu'il soit venu à votre connaissance.

J'ai remis ce soir à M. Bouret [3] un paquet contenant un poème en 3 chants sur Port Mahon par un garde du roi, un recueil de chansons

1. *Forme du gouvernement de Suède, avec quelques autres pièces concernant le droit public de ce royaume, traduites en français sur les originaux imprimés pour la dernière fois à Stockholm en 1755, par ordre des États.* A Copenhague et à Genève, chez les Frères Philibert, 1756, in-8°.
2. Réponse à une lettre de Voltaire du 20 août.
3. Fermier général des Postes.

depuis le dernier de nos beaux esprits jusqu'à vous inclusivement[1] et de vers sur Port-Mahon qu'on m'a apporté de Compiègne, de plus un recueil de pièces sur les affaires de Suède[2] qui sont curieuses et inté-ressantes. Je voulais y joindre des *Discours*[3] de M. le chancelier d'Aguesseau en 2 vol., ce sera pour une autre fois si vous le voulez. J'ai été si pressé que je n'ai pas lu le poème du garde du roi.

J'ai toujours pensé qu'il fallait recourir aux langues du Nord pour la composition d'un glossaire de notre langue. M. Du Cange le démontre en beaucoup d'occasions.

C'est une espèce que la Geoffrin. Elle veut tenir la place de M^me de Tencin, et beaucoup de gens en sont la dupe. Elle n'est pas même son ombre. Elle était effectivement protectrice déclarée de la Beaumelle.

Je m'étais promis que vous seriez charmé de voir et d'entendre l'auteur de la belle et immortelle Préface de l'Encyclopédie. Le petit Patu vous aura aussi fait plaisir, car chacun a son prix

> Peu de pardon il nous rapportera
> De vertu prou, chose point ordinaire.

Nous attendons ici M. le maréchal de Richelieu à chaque instant. On s'adressa hier à moi pour savoir la demeure de Piron pour lui remettre une lettre qu'il lui écrit pour ses mauvais couplets. M^me de la Pou-plinière me charge toujours de répondre à vos amitiés. Dites-moi le plus que vous pourrez et tout ce que vous faites et comment vous vous portez car je vous aime de tout mon cœur[4].

                                                        Tn[t].


                                  XI

Je suis fort empressé, mon ancien et très illustre ami, d'apprendre de bonnes nouvelles de M^me de Fontaines. Le grand Tronchin a-t-il achevé ce second miracle? Nous avons toujours espérance de mettre M^me de la Poplinière en état d'en faire opérer un sur elle; mais ce ne sera pas sitôt, à ce que je crois, car elle est toujours bien malade, bien souffrante et bien affaiblie. Le sein va cependant très bien, la suppuration fort abondante, les tumeurs se fondent, presque point de

---

1. Recueil de chansons qui ont été faites après l'agréable nouvelle de la prise du Port-Mahon, 1756 (Paris, Delaguette), in-12 (B. N. Inventaire, Ye 31.712).

2. *Actes de ce qui s'est passé de plus remarquable à la diète de Suède des années 1755 et 1756, tirés des registres de cette Diète et traduits du suédois, avec une rela-tion circonstanciée de la dernière révolte*, S. l. 1756, petit in-8°. La traduction est attribuée par Grimm au baron de Scheffer, ministre de Suède à la Cour de Ver-sailles.

3. *Discours et autres ouvrages* (publiés par les soins de Jos-Balth. Gibert), Ams-terdam (Paris), 1756, 2 vol. in-86.

4. Réponse de Voltaire le 10 septembre. Il semble que Thieriot ait écrit à Voltaire vers la même époque : celui-ci lui répond le 17 septembre.

5. Cette lettre croisa une lettre de Voltaire du 14 octobre.

fièvre. M. Pibrac n'aura pas besoin de la toucher, et elle n'a point d'autres douleurs que des reins, de la hanche gauche et de la jambe par des crampes et des convulsions fort vives et fort poignantes qu'il paraît cependant que les frottements adoucissent et éloignent. Tout cela fait bien la nécessité de deux cautères aux jambes qu'indique M. Tronchin, et que, s'ils eussent été faits il y a trois ans lorsqu'on fit la grande opération, Madame de la Poplinière n'aurait pas éprouvé le triste état où elle se trouve aujourd'hui. Je ne sais s'il en sera encore temps, Dieu le veuille, et je l'espère après que le sein sera bien cicatrisé.

Je viens de lire un ouvrage qui n'est pas de ma compétence et que je ne comprends pas dans beaucoup de points : il m'a cependant intéressé et instruit. Vous en tirerez un meilleur parti que moi, et vous me saurez quelque gré de vous avoir exhorté à le lire d'un bout à l'autre. Ce sont les *Rêveries*[1] du maréchal de Saxe, je vous assure que ce sont les rêveries d'un génie et d'un grand maître dans l'art militaire. C'est écrit fort naturellement et j'y ai reconnu son tour de conversation dans bien des endroits, et les mêmes expressions. C'est un petit in-folio que je vous conseille d'emprunter seulement, car on le vend 33 livres. Frédéric Mandrin, 2e du nom accroît tous les jours par ses Rescripts le maquis où il est tombé. J'aime assez ce que le Roi de France lui a fait déclarer que indépendamment de... l'humanité seule lui ferait prendre les armes contre lui. Il nous dira sans doute bientôt si c'est là une agression, ou une hostilité. Je crois qu'il se repent déjà d'être entré dans cette maudite galère. On parle ici d'une bataille en Bohême[2] du 1er du mois où l'on prétend qu'il a plus perdu que gagné.

Voici une petite pierre jetée par l'esclave dans la coquille du Triomphateur de Port-Mahon. Il faut être instruit de tout :

> Pourquoi vous étonner, critiques
> Que Richelieu
> Soit dans tous les tripots comiques
> Un demi-dieu :
> C'est Monseigneur de Grimaudin
> Dans son château de Gaillardin[3].

Un vieux polisson grec dans l'Anthologie[4] a fait la comparaison d'un pet et d'un Roi. Un polisson français de nos jours vient de la rendre d'une manière assez précise, et qui ne doit pas vous déplaire.

> Un pet nous sauve quand il sort,
> Quand il ne sort point il nous tue.
> Il a sur nous puissance et de vie et de mort,
> La puissance des Rois n'a pas plus d'étendue.

---

1. *Mes Rêveries*, La Haye, Gosse, 1756, 2 vol. in-8. Les bibliographes ne mentionnent pas l'édition in-folio dont parle ici Thieriot.
2. A Lobositz.
3. Gaillardin, lieu de la scène des *Vacances* de Dancourt.
4. *Anthologie palatine*, XI, 395.

Vite de bonnes nouvelles de M^me de Fontaines, à qui je suis trop attaché pour n'en être pas fort inquiet. Je vous embrasse de tout mon cœur.

Th^t.

## XII

Jeudi 4 novembre, à Paris [1756].

J'ai été plongé dans la plus grande douleur mon illustre ami, et je suis toujours dans l'affliction ; j'ai perdu le 22 du mois dernier M^me de la Poplinière que j'aimais de tout mon cœur et à qui j'avais bien des obligations. Elle méritait de survivre à ses malheurs. C'était une femme rare, et qui, dans quelque rang de la société qu'elle eût été placée se serait fait distinguer et considérer. Elle est regrettée généralement de tous ceux, tant hommes que femmes qui avaient le bonheur de la connaître. Elle aimait à rendre service et à faire du bien sans aucune ostentation. Il est incroyable combien elle y était ingénieuse et habile. Elle me dit quelques jours avant sa mort qu'elle me laisserait une marque de son amitié, qu'elle se le devait à elle-même autant qu'à moi. Je ne sais encore ce que c'est. On en a parlé sans mon aveu à M. de la Poplinière qui a répondu qu'il y aurait égard et que quand il n'y aurait rien d'écrit, il savait ses intentions. J'ai reçu de lui une lettre tout à fait touchante, et je viens de passer quelques jours chez lui où j'ai excité ses pleurs et ses regrets par les miens. Ma santé est fort dérangée, et mon sentiment prévaut sur ma philosophie. J'ai été honoré des consolations de plusieurs personnes dont j'envie l'estime et les suffrages. Mais tout cela et rien ne me remplace M^me de la Poplinière. *Hæret lateri lethalis arundo.*

Je voudrais bien savoir quelques nouvelles, mais votre Suisse est instruite plus tôt que nous de celles du Nord où les succès[1] du roi de Prusse ne me semblent pas présentement pouvoir être arrêtés si tôt. Il est plus actif et plus habile que ses ennemis. C'est bien dommage que ce ne soit pas un héros.

Vous ne me parlez plus ni des *Mémoires de Philippe V*[2] que je vous ai cependant achetés, ni de Derham[3] astrologue et physicien que je vous ai conseillé d'emprunter à quelque théologien de Genève. Je vous dirai ce que c'est que le *Conservateur* de Fréron qui va paraître. C'est un ouvrage dont vous avez donné l'idée quelque part.

Ah! que Tronchin n'a-t-il été ici, ou que n'étions-nous dans l'idée et dans l'état de l'aller trouver au milieu de l'été il y a un an. Cela

1. La capitulation de l'armée saxonne à Pirna.
2. *Mémoires pour servir à l'histoire d'Espagne sous le règne de Philippe V*, rédigés en espagnol par le marquis de Saint-Philippe, traduits (selon Barbier) par de Maudave, 1756, 4 vol. in-12.
3. Guillaume Derham, ecclésiastique anglais, 1657-1735, auteur d'une *Théologie physique*, traduite en 1730, et d'une *Théologie astronomique*, traduite par Bellanger en 1726.

désespère. Il ne me reste plus que votre souvenir et votre amitié pour ranimer mon cœur[1].

Tn[1].

## XIII

10 avril 1757, à Paris [2].

Votre commission n'a point tardé à se faire; mais j'ai tardé un peu à vous le faire savoir. Je fis part il y a quelques jours de votre lettre dans un petit comité où se trouve M. de Boissy[3], et il me prévint lui-même assez pour que je me fisse prier. J'avais approuvé cette lettre, elle est familière et noble et par conséquent également propre pour le public comme pour un ami ; le trait sur l'amiral Byng est bien amené et ne déplaira pas ici, je vous assure; c'est le ton qu'il fallait prendre.

On m'a fait part de nouveaux dessins pour la Henriade[4] dans une belle édition que MM. Cramer méditent de faire in-4° dans deux ou trois ans. J'en ai été beaucoup plus content que des dessins de Le Moine, de Veughels et même de Detroy. Ils sont de M. Gravelot, frère de M. Danville[5] le géographe qui est de l'Académie des belles-lettres, tous deux mes anciens camarades de collège et qui m'ont toujours témoigné beaucoup d'amitié. Ils ont toujours aussi été admirateurs et défenseurs de vos ouvrages. Ils sont fort habiles gens l'un et l'autre, et ils peuvent vous être de quelque utilité. Ils sont d'ailleurs pleins de discrétion et d'honneur. Le dessinateur a dû vous écrire.

Le commentaire [6] qu'a fait M. l'abbé Trublet sur l'article de M. de Fontenelle dans les hommes illustres du siècle de Louis XIV est une preuve de l'impartialité de tous les jugements que vous en avez portés. Il y a pourtant certains hommes illustres qu'on se plaint que vous ne distinguiez pas assez ni selon leur génie, ni selon leurs travaux. Tels sont les PP. Petau [7] et Sirmond [8], dom Mabillon et Du Cange, dont vous faites croire que vous ne connaissez pas assez les ouvrages. Ils sont des hommes aussi extraordinaires sur la terre que tous les grands hommes des autres genres. Il n'y a personne qui, en lisant les belles préfaces des glossaires de Du Cange ne le regarde comme un philosophe et un homme de génie. Vous le traitez trop légèrement.

Vous aurez été content du beau discours de M. Séguier l'avocat général[9]. Il y a beaucoup de finesse d'esprit et d'élévation. Il fait hon-

1. Réponse de Voltaire le 10 novembre. On n'a pas les réponses de Thieriot aux lettres du 28 novembre, 19 décembre 1756, 13 janvier et 3 mars 1757.
2. Réponse à une lettre de Voltaire du 26 mars, imprimée dans le · Mercure de mai 1757 et qui devait être accompagnée d'un billet de Voltaire non retrouvé.
3. L'auteur du Français à Londres, 1694-1758. Il avait le privilège du Mercure de France.
4. Cette édition ne se fit pas.
5. Le premier géographe du Roi, Jean-Baptiste Bourguignon d'Anville, 1697-1782.
6. Mercure de France, 1ᵉʳ avril 1757, p. 54 et sq.
7. Denis Petau (Petavius), S. J., 1583-1652, chronologiste, auteur du De doctrina temporum, 1627, de l'Uranologia, 1630, etc.
8. Jacques Sirmond, S. J., 1559-1651, éditeur d'Ennodius, des Chroniques d'Idace et de Marcellin, de l'Histoire de Reims de Flodoard, des Concilia antiqua Galliæ, etc.
9. Le 31 mars, à l'Académie française, où il venait prendre séance dans le fauteuil de Fontenelle.

neur au nom qu'il porte. Son style n'a rien de maniéré. Enfin, c'est de la grande et belle éloquence. Ce discours est un *cattino vicino* pour M. de Nivernais qui noie ou entortille toutes ses idées comme si on le faisait exprès.

La comédie de M. Diderot[1] est si fort déchue, malgré tous les applau-dissements dans les bureaux d'esprit qu'ils ont abandonné le dessein et les démarches qu'ils ont fait pour la faire représenter. Les éloges qu'il vous donne avec justice dans sa poétique ne vous la firent pas approuver. Il ne connaît ni le théâtre, ni le style de la Comédie.

Je reviens de la campagne et j'y retourne[2]. Que n'est-il aussi facile d'aller aux Délices. Je vous embrasse bien de tout mon cœur[3].

*A Monsieur, Monsieur de Voltaire de l'Académie française à Montrion* (par PONTARLIER, à MONTRION.

## XIV

12 octobre à Paris [1757][4].

Ce n'est pas une médiocre satisfaction pour moi de savoir que votre disciple Roi vous écrive, et qu'après vous avoir offensé il revienne à vous; ce n'est guère la coutume de ses pareils. Je voudrais bien qu'à ce trait d'une belle âme, il ajoutât de se corriger de cette ironie insultante dont il a trop souvent accompagné ses ordres les plus rigoureux; il m'attendrirait par son infortune au lieu de m'avoir indigné par ce fond d'inhumanité. Comment la lecture de vos ouvrages et vos entretiens ne lui ont-ils pas inspiré les sentiments contraires? Il se défend avec un courage et une capacité qui font voir qu'il n'est accablé que par des forces bien supérieures aux siennes. Il vient d'écrire à son oncle le roi d'Angleterre une lettre si pleine de dépit et de fermeté qu'on doute si elle est véritable. Il s'était répandu que Breslau avait été surpris par les Autrichiens, mais il reste encore trois places trop fortes pour que la Silésie fût conquise et évacuée avant la rigueur de l'hiver, de sorte que nous en avons encore pour l'année prochaine à faire la guerre. Il se glisse cependant qu'il y a quelques préliminaires de paix commencés de la part du Danemark. Il serait glorieux et agréable au roi de Danemark qui doit faire un voyage en France de le faire précéder par le succès d'une médiation pareille.

On est dans quelque inquiétude ici sur les Russes. Ils ont l'air de se séparer de la compagnie lorsque les Suédois s'en mettent. On vient de

1. *Le Fils naturel ou les Épreuves de la vertu.*
2. Chez Mme la comtesse de Montmorency, dont Thieriot était le commensal depuis la mort de Mme de la Popelinière.
3. Réponse de Voltaire le 20 mai. Il manque les réponses de Thieriot aux lettres du 2 juin et des 10 et 12 septembre. Une lettre de Thieriot de la mi-septembre s'était d'ailleurs perdue en route. Il y relatait la mort et le testament de Mme de Sandwich.
4. Réponse à une lettre de Voltaire du 1er octobre.

recevoir la nouvelle bien constatée de la prise du fort Saint-Georges avec deux mille cinq cents prisonniers. Le fort a été rasé. La flotte anglaise qui avait débarqué à l'île d'Aix s'est contenté d'incendier quelques maisons et de faire quelque désordre à Fouras, et ensuite a payé les dégâts, sans doute de peur qu'on n'en fît autant dans Hanovre. Ils sont rentrés à Plymouth. Voilà bien du fracas et ce qui résulte d'une dépense de 30 millions. MM. des Communes en vont pousser de beaux cris au prochain parlement.

Je me suis informé si M. le comte Gotter était en ce pays-ci. On m'a assuré que non et que le bruit qui en avait couru ici il y a quinze jours avait été occasionné par une lettre de Hambourg, que depuis, il n'en avait été question. On dit à présent que la princesse margrave de Bareith vient incessamment, mais que c'est uniquement pour sa santé.

L'auteur du livre [1] que je vous ai envoyé par M. Bouret est M. [O'] Hégherty qui avait déjà publié un *Essai sur le commerce maritime et sur les colonies françaises* [2] il y a deux ans. Il est frère de plusieurs officiers de notre régiment irlandais qui y sont fort distingués. Il est très vrai que M. Bouret n'a plus le porte-feuille des fermes générales depuis que M. de Machault a cessé d'être contrôleur général. Il aime comme vous les jardins et plante à présent celui qu'il a acheté de M. le comte de Stainville. C'est ce jardin potager qu'avait M. le chevalier Crozat de l'autre côté du boulevard. M. Bouret et M. le Normand l'ont acheté 50 mille écus et y font pour un million de dépenses. M. Bouret a toujours les postes et ne sera jamais à plaindre que de n'être pas raisonnable dans ses menus plaisirs.

Les places de M. le maréchal de Mirepoix ne sont pas encore données. Celle de gouverneur de M. le duc de Bourgogne ne regarde, à ce qu'on dit, que M. le duc de Nivernais. Vous savez que nous eûmes avant hier la naissance de M. le comte d'Artois. Il est bien singulier que les Comédiens aient donné hier au peuple *Iphigénie en Tauride* [3] pour cet événement. On n'y pensait plus. L'auteur l'avait retirée pour y faire des changements considérables dont les Comédiens lui ont voulu faire voir l'effet [4]. L'*Encyclopédie* ne paraîtra pas encore si tôt. L'inoculation s'établira, mais il y faut encore dix ans. L'exemple de M. et de M^me la duchesse d'Orléans devrait suffire.

Cette aimable princesse qui honore dans toutes les occasions les gens de lettres et les artistes a fait un petit madrigal à Bernard sur son dernier ballet. Les descendants des Lisois goûtent fort tout ce que vous m'en avez écrit. M^me de Montmorency dit qu'elle voudrait pour beaucoup vous connaître et qu'elle désirerait et aimerait bien plus votre

---

1. *Remarques sur plusieurs branches de commerce et de navigation*, 1757, 2 vol. in-12.
2. *Essai sur les intérêts du commerce maritime*, par M. D***. La Haye, 1754, petit in-12.
3. De Guymond de la Touche, représentée pour la première fois le 4 juin 1757.
4. Voir Grimm (éd. Tourneux), tome III, 393 et 452.

amitié que vos hommages. Pour moi, je suis fort sensible à toutes ces politesses attentives du bon Suisse, car elles m'attirent des chôses fort agréables. M. le marquis de Louvois, fils ainé de M^me de Souvré, qui apporta la nouvelle de la bataille d'Hastenbeck, vient de mourir d'une fièvre maligne. Cette maladie devient bien commune. Il en est mort depuis un mois plus d'une douzaine de personnes connues.

Il m'est revenu qu'en attendant vos archives de Pierre le Grand, votre muse folâtre et familière prenait de temps en temps ses ébats avec Jeanne ; j'en suis bien aise, car elle me fait retrouver ma bonne humeur quand je l'ai perdue. Adieu bon Suisse, amusez-vous pour nous amuser ensuite. Je vous souhaite une bonne santé. Jouissez bien de votre liberté et de vos agréables habitations. Je vous embrasse de tout mon cœur.

Th^t.

Je ne reçois de lettres dans le monde que de vous, aussi envoyez-les moi tout droit par la poste. Ma fortune est au dessus de cette médiocre dépense. Cette considération ne peut regarder que de gros paquets[1].

XV

A Paris, 9 novembre [1757].

Votre lettre a été remise à M. Hegherty, et sans avoir eu de ses nouvelles, parce qu'il est encore à la campagne. Je puis vous assurer qu'il en aura été fort flatté.

Il est très vrai que la Beaumelle est sorti de la Bastille en même temps que l'archevêque de Paris est revenu de Conflans. Le soleil luit, et il pleut également sur les bons et sur les méchants. On a accordé quinze jours à la Beaumelle pour mettre ordre à ses affaires à Paris, et défense à lui d'y revenir sans permission. Il s'en va dans son pays avec ordre d'y rester.

Je vous ai déjà écrit que M^me de Sandwich avait laissé deux testaments. Le premier, dont M^me la duchesse d'Aiguillon n'avait accepté l'exécution qu'à condition qu'elle ne lui laisserait absolument que l'honneur d'exécuter ses volontés et le pouvoir de récompenser ses domestiques comme elle le jugerait décent et convenable. Ce testament a été révoqué par un second qui établit également Mylord Sandwich son petit fils qu'elle n'aimait ni n'estimait son légataire universel, et qui ôtait à M^me d'Aiguillon le pouvoir qu'elle lui avait donné par le premier. Elle ne laissait rien d'ailleurs à ses vieux domestiques ni rien à ses amis. Tout Paris s'est soulevé en faveur de ses vieux domestiques. M^me la duchesse d'Aiguillon, toujours noble et courageuse dans les grandes occasions a écrit à Mylord Sandwich pour ces pauvres malheureux. Il y a répondu avec dignité et générosité en laissant M^me d'Aiguillon entièrement maîtresse des récompenses qu'elle jugerait à propos

1. Réponse de Voltaire le 26 octobre.

de faire. J'avais remis à M^me de Sandwich la pension de 400 livres
qu'elle m'avait faite pendant dix-huit mois, et je n'ai rien diminué
depuis cette remise des marques d'attachement que le goût et la reconnaissance m'avaient inspirées pour elle. J'avais formé une liaison particulière et qui durait depuis plus de six ans, entre M^me la comtesse de
Sandwich et M^me de la Popelinière. Elles se convenaient infiniment et
elles passaient régulièrement deux jours de chaque semaine ensemble
avec M. le marquis d'Argenson et M^me la comtesse de Froulay[1] dont
je ne puis mieux vous donner une idée qu'en la comparant à M^me de
Sévigné. Je n'ai jamais rien attendu de M^me de Sandwich parce que je
la connaissais très bien. A l'égard de M^me de la Popelinière que j'aimais
de la plus tendre amitié et qui avait une confiance sans bornes en moi,
je n'ai point été étonné qu'elle m'ait laissé un diamant de quatre mille·
francs. Elle me dit plusieurs fois qu'elle me laissait si peu afin de me
l'assurer davantage. M. de la Popelinière m'en a parlé lui-même
comme je vous l'ai dit. Je ne l'en fais point ressouvenir. Je le vois
très rarement, et comme il n'est libéral que par humeur, je ne serais
pas plus surpris qu'il s'avise de remplir ou de supprimer cette intention honnête de sa femme. Dieu le bénisse, avec toutes ses richesses!
Je suis plus heureux que lui et ne regrette que M^me de la Popelinière,
dont je me consolerais si je pouvais espérer de la revoir.

Il me semble que l'*Hist[oire] de Pierre le Grand* tient bien fort à la
guérison de l'hydropisie de la douce et clémente Élisabeth Petrovna.
Cependant cette histoire me semble être une occupation et un ouvrage
bien convenable à votre âge et à votre savoir-faire. Vous y travaillerez
sans ces peines et ces inquiétudes d'esprit que vous avez éprouvé[es]
en composant vos poèmes dramatiques. Le triomphe n'en est pas si
brillant, mais il est solide, durable et plus général. Ainsi je ressens
un plaisir extrême en apprenant que vous n'abandonnez pas cette
*Histoire générale*, si neuve et si intéressante. Ne vous lassez pas de la
corriger, de l'augmenter et de l'embellir. Je dois vous envoyer à ce
sujet incessamment un Mémoire et des matériaux sur le Commerce qui
vous fourniront une bonne digression. C'est M. de Gournai, intendant
du Commerce, d'un esprit fort pénétrant et fort instruit qui me la doit
remettre.

A l'égard des affaires du nord de l'Allemagne, je crois que nous ne
sommes pas mieux instruits que des souris dans un vaisseau de l'intention de ceux qui le conduisent. Il faut être comme vous en relation
avec les principaux acteurs respectifs de la grande manœuvre qui se
voit si confusément. Que votre disciple roi se serait attiré d'éloges s'il
avait mis en pratique ce qu'il a si bien dit que l'humanité, vertu si
nécessaire aux Princes, était peut-être leur unique vertu. Je finis en

1. Marie-Anne-Jeanne-Françoise Sauvaget des Claux, épouse du comte Charles-
François de Froulay (1683-1744) depuis le mois de janvier 1713, belle-sœur du
bailli de Froulay dont il est souvent parlé dans la Correspondance de Voltaire.

vous exprimant une grande satisfaction sur l'existence de la véritable Jeanne, car j'aime autant votre gloire que votre bonne santé.

M^me la Comtesse de Montmorency est si charmée et si jalouse des lettres que vous m'écrivez, que je crois qu'elle vous écrira au premier jour[1].

Tn<sup></sup>.

XVI

27 décembre à Paris [1757][2].

J'ai parcouru avec bien de la satisfaction, mon très illustre ami, le septième tome de l'*Encyclopédie* qu'on m'avait prêté pour quelques jours. J'y ai lu vos dix-sept articles, et vous ne cessez point de me paraître un esprit prodigieux. M. Dalembert dans l'éloge de M. Dumarsais et dans l'article de Genève y expose avec adresse et avec un style exact et tempéré des vérités que nuls autres n'auraient jamais le courage de dire. Je crains pourtant que quelques-uns de ces bons sociniens se fâchent qu'on mette ainsi leur clergé à découvert et qu'ils ne le récusent. N'y en a-t-il pas parmi eux qui ressemblent à un certain joueur la Motte à qui on s'avisa de dire en face qu'il était un grand fripon; je le sais bien, dit-il, Monsieur, mais je ne veux pas qu'on me le dise et vous m'en ferez raison. Et en effet, il se vengea et tua son homme. Il en pourrait [être] des théologiens comme du fripon, ils pourraient combattre M. Dalembert et n'en être pas moins francs sociniens. En attendant, les Jésuites vont publier un écrit périodique intitulé la *Religion vengée*, dans lequel ils combattent Mylord Bolingbroke, M. de Montesquieu, M. de Buffon, Dalembert, Diderot, Rousseau et l'*Essai sur l'histoire universelle*. Ils font précéder ce grand ouvrage d'une satire allégorique[3] assez ingénieuse et assez piquante dans laquelle ils vous appellent des *cacouacs*, d'après le mot grec *kakos* méchant, et tâchant de vous rendre aussi odieux qu'il leur est possible. Vous recevrez vraisemblablement ce petit recueil d'injures presque en même temps que ma lettre. On prétend, et il est très vraisemblable, que le fiel de ces gens de bien ne s'est fermenté si violemment que pour empêcher M. Diderot d'être reçu à l'académie des sciences.

Est-il vrai que l'abbé de Prades a été convaincu de trahison par le roi de Prusse et conduit poings et pieds liés dans la forteresse de Spandau?

L'*Iphigénie* de M. de la Touche qui est imprimée[4] et qui vient d'être reprise de la manière du monde la plus brillante vient de m'être envoyée de la part de l'auteur avec une lettre pour vous. Je l'ai envoyée hier au soir à M. Bouret pour la faire partir sans l'avoir encore lue.

---

1. Réponse de Voltaire le 20 novembre.
2. Réponse à une lettre de Voltaire du 7 décembre.
3. *Nouveau Mémoire pour servir à l'histoire des Cacouacs* (par l'historiographe Moreau), Amsterdam, 1757, in-12.
4. Paris, Duchesne, 1758, in-12.

M. le Franc n'est pas plus destiné à faire fortune que ses ouvrages. M<sup>me</sup> Dufort dit qu'elle s'est amusée de ce mariage comme d'une plaisanterie et d'un château en Espagne, et en effet elle aurait sacrifié deux cents mille livres de rentes pendant dix ou douze ans et perdu la liberté la plus riche que l'on connaisse. Elle est allée en divertir le comte d'Argenson aux Ormes Saint-Martin. Cette aventure est un second tome à M<sup>lle</sup> Malerais de la Vigne.

, Il va paraître une édition des œuvres de Montesquieu en 6 vol. que M<sup>me</sup> la duchesse d'Aiguillon et M<sup>me</sup> Dupré de Saint-Maur, dépositaires de ses mss. ont commis aux soins de M. Mesnard. Elle sera en 3 vol. in-4° ou en 6 in-12.

Les derniers vingt millions d'augmentation de rentes viagères seront remplies avant la fin de l'année, il n'y en a plus que trois. Cela ne me regarde guère car je n'ai rien à y mettre. On s'attend que M. le duc de Nivernais, M. le marquis de Mirabeau et l'évêque d'Autun vont être nommés pour l'éducation de M. le duc de Bourgogne. Si M. le Dauphin y a quelque crédit, ce serait M. de la Vauguyon et l'évêque de Verdun Nicolaï... Breslau assiégé par le Roi de Prusse, et M. le maréchal de Richelieu séparé par l'Aller et vis-à-vis des ennemis pour leur donner bataille nous donnent beaucoup d'inquiétudes. Tous ces gens-là travaillent pour vous faire multiplier les articles de l'*Histoire universelle* depuis la paix d'Utrecht. Cela vous pourra bien[tôt] prendre une autre division.

Je suis étonné que vous ne soyez point encore à votre maison d'hiver[1]. M. Darget avec qui je me rencontre tous les vendredis chez madame Dupin, me fit part de votre dernière lettre. Vous n'y parlez point de l'*Histoire de Pierre-le-Grand* que je crois cependant fort avancée. Vous allez avoir une guerre à soutenir avec d'autres philosophes contre des fanatiques et des enragés qui débutent par des injures. Je vous assure qu'on en est déjà fort offensé, et qu'on vous croit tous fort capables de les confondre, mais on voudrait vous voir occupés d'autre chose. *Vale*[2].

Th<sup>t</sup>.

## XVII

9 mai [1758][3].

Mercure Marmontel me fait l'honneur de faire passer sa lettre par mes mains pour vous la présenter. Vous aurez su à quelles conditions il a eu le brevet. Il y a vingt-et-un mille trois cents livres de pensions qu'on prélève avant tout. Il est chargé des frais, il a le reste pour lui. On dit qu'il en retirera plus de deux mille écus. Il faut ajouter aussi que si quelque homme de lettres est plus propre à bien remplir et amé-

---

1. De Lausanne.
2. Réponse de Voltaire le 5 janvier. On n'a pas les réponses de Thieriot aux lettres du 21 janvier, 7 mars (réponse le 14), 18 et 22 mars.
3. Cette lettre croisa une lettre de Voltaire du 8 mai.

liorer cette compilation qui est assez du goût général, c'est lui, certainement. Aussi le public n'a-t-il demandé, n'a-t-il nommé que lui. Il est fécond et laborieux. Il suffira à tout, c'est-à-dire qu'il ne quittera pas M. de Marigny qui lui promet un logement au vieux Louvre.

Le destin de la *Fille d'Aristide* [1] a été des plus malheureux. Pourquoi, quand on a une réputation faite et qu'il est évident qu'on ne l'augmentera pas, aller se creuser une source de chagrin, car voilà ce que j'avais vu qu'il en résulterait. J'étais du petit nombre de ceux qui avaient trouvé l'ouvrage froid et sans intérêt. Quelqu'un a fort bien dit qu'elle avait gagné un billet à la loterie et qu'elle a été s'y remettre.

*L'Encyclopédie* est toujours suspendue. Cette affaire entre les libraires et les auteurs est aussi difficile à arranger que la paix entre les puissances de l'Europe.

Votre évêque de Montrouge [2] a pris part à un ballet de Mondonville qui n'a pas réussi, excepté l'acte de Psyché par votre évêque qu'on dit devoir rester au théâtre.

La belle édition des œuvres de M. de Montesquieu [3] paraît. Les corrections, les additions, la table des matières et tout ce qu'on y a joint méritent d'être lu et examiné.

C'est pour la troisième fois que je vous écris, mon ancien et illustre ami depuis le 22 mars. Vous voyez que de part et d'autre

Hanc veniam petimusque damusque vicissim.

*Vale et ama.* Votre ancien ami.

THIERIOT.

Je vous fais mon compliment sur la réunion de M^me Denis et de M^me Fontaine que vous allez posséder longtemps et à qui je présente mes respects.

## XVIII

12 septembre à Paris [1758].

J'avais recueilli, mon très cher et très illustre ami, pendant votre séjour à Mannheim [4] des anecdotes sur Pierre-le-Grand et sur l'impératrice Catherine qui me parurent très intéressantes. M. l'abbé Ménet, homme d'esprit, de goût, et passionné pour vos ouvrages m'en fit part, et je les obtins plus facilement de lui qu'il ne lui fut aisé de les avoir. Je laisse à M. Florian son ami à vous apprendre combien son caractère et sa société sont aimables. Vous croyez bien que nous avons fait toutes les recherches possibles pour découvrir l'auteur de ces

1. Comédie en cinq actes de M^me de Graffigny, représentée pour la première fois aux Français le 29 avril 1758.
2. L'abbé de Voisenon.
3. Amsterdam (Paris, Pissot), 3 vol. in-4, 1758.
4. Où Voltaire avait passé le mois de juillet auprès de l'Électeur palatin.

Mémoires, et nous en sommes encore à y parvenir. Il y a déjà quelque temps que je ne l'ai vu, peut-être aura-t-il été plus heureux que moi. On dit que vous avez eu toutes sortes d'agréments à la cour Palatine, et que vous y aviez été comblé de faveurs et de générosités. Si vous en avez remporté une bonne santé, cela vous encouragera à faire quelque voyage qui vous rapprochera de nous, surtout si vous faites quelque acquisition en Lorraine comme on en a beaucoup parlé. Je ne suis pas si dispos que vous pour voyager; j'ai laissé partir M. et M^me la comtesse de Montmorency pour aller commander à Sedan, et j'ai préféré ma vie douce, commode et tranquille au bruit des canons, des tambours, des festins, des bals et des fêtes qu'ils voulaient me faire entendre et partager. Je suis resté ici, et j'ai le plaisir d'éprouver que je leur suis plus utile, et plus agréable par conséquent, que je pourrais l'être à Sedan.

On vous aura fait savoir tout le fracas qu'aura fait ici le livre de M. Helvétius [1]. La Cour en a témoigné un scandale des plus marqués. La Reine et M. le Dauphin en étaient les chefs. Les Jésuites qui se fourrent partout et qui veulent faire les importants ont voulu s'emparer de cette affaire. Ils l'ont conduit[e] avec toute l'astuce et la friponnerie dont ils sont capables. Ils ont fait les chattemites auprès de l'auteur et se sont fait ensuite ses persécuteurs. Ils ont commencé par la douceur et ont fini par les menaces. Ils lui ont présenté la Bastille, la perte de sa charge, ou une rétractation à signer toute des plus fortes et des plus humiliantes qu'on ait jamais produit[e]. Il a fait comme Galilée, il a cédé à la violence, et il a très bien fait, car on le plaint, et il n'en est que plus aimé et estimé.

J'ai lu son livre, et je l'ai lu comme M. Locke conseille la première lecture de son *Entendement*. Il m'a très fort intéressé malgré toutes les imperfections des talents, du bel esprit et du génie de l'auteur. Il manque plus souvent par les formes que par le fond. Il a souvent de la finesse et du goût et les fait souvent désirer. Enfin, il est fort inégal, mais il n'est jamais ennuyeux. Voilà l'impression qu'il m'a fait[e].

On représente [2] aux Français une noire tragédie d'*Hypermnestre* par M. Lemierre qui a remporté quatre fois le prix de l'Académie. Il me semble qu'elle a le premier sort heureux d'*Iphigénie en Tauride* pour la représentation mais je crains qu'à la lecture elle ne soit pas distinguée de l'autre. Je ne l'ai point vue, mais je l'ai entendue, la versification m'en a semblé médiocre en général et la pièce m'a surpris et ne m'a point touché.

La levée du siège de Louisbourg est une chimère dont les gens sensés n'ont point douté longtemps. Mais il ne nous est point encore arrivé de nouvelles directes, nous n'en savons que ce qu'il a plu aux

1. *L'Esprit*, 1758, in-4.
2. Pour la première fois le 31 août.

Anglais de nous en faire savoir, et il y a dans toute leur [conduite] tant de manœuvres et de circonstances si bizarres qu'on ne serait guère surpris si l'on apprenait que le siège fût levé. Ils sont devant Saint-Malo et M. le duc d'Aiguillon a écrit au Roi qu'il irait les attaquer le 6 à la tête de dix mille hommes.

Le Roi de Prusse vient de perdre une grande bataille contre les Russes, notre Cour en a l'avis, mais point de détails. Le prince des Deux-Ponts s'est rendu maître du camp de Pirna. Le prince Henri n'est plus qu'à la tête de six mille hommes, repoussé dans Dresde et coupé. On dit que les Russes ont pris leur revanche avec usure sur les Prussiens dans cette seconde bataille. Il semble que le Roi de Prusse sera dans peu comme le cerf aux abois.

C'est à M. Tronchin de Lyon qu'ont été adressés pour vous les manuscrits sur la Russie et un petit volume intitulé la *France littéraire*[1] qui m'a paru devoir vous satisfaire sur le catalogue que vous me demandiez des livres les meilleurs qui ont paru depuis dix ans. Vous y trouverez les bons et les mauvais.

Salut et bon vice, mon très cher et très illustre ami, je vous embrasse bien tendrement et je suis toujours votre fidèle ami[2].

THIERIOT.

XIX

26 septembre [1758].

O! que votre lettre m'a fait de plaisir, mon très cher et très illustre ami, tout y respire votre prospérité, votre bonne humeur, et votre bonne santé. Vous avez révéré vos dieux Pénates plus gaîment que vous les avez quittés.

Il me semble qu'on vous a grossi les succès apparents du roi de Prusse sur nos bons alliés d'Astrakan et d'Archangel. C'est l'esprit de Genève, comme il le fut dit il y a peu de jours à M. Crommelin[3] qui en rougit plus qu'il ne voulait et qui en resta fort décontenancé. Pour nous, nous sommes forts reconnaissants envers les Russes, nous savons qu'ils ont combattu avec valeur et acharnement et que s'ils ont perdu 20 000 hommes, le roi de Prusse en a perdu pour le moins autant. La position où il se trouve avec son frère Henri n'est point une suite de succès, et je vois qu'avec moins de grandeur d'âme et de valeur que Charles XII, il aura été la ruine de ses peuples, la désolation de sa famille, et qu'il aura perdu ses États et sa couronne avec plus d'esprit et plus d'art. En un mot, c'est un homme plus singulier que grand homme. Il a porté bien loin les qualités de son esprit, et il n'a été qu'un hypocrite des vertus dont il croyait avoir besoin. Il a été aussi déloyal ami qu'il est dangereux ennemi. Il a parlé d'un de ses ancêtres

---

1. Deuxième édition de la bibliographie de l'abbé de la Porte, Paris, veuve Duchesne, 1758, in-24.
2. Réponse de Voltaire le 17 septembre.
3. Ministre de Genève à Paris.

qu'on appelait le sanglier de l'Allemagne, et il en sera nommé le loup-cervier.

Nous avons de grandes espérances que Chandernagor et Madras sont pris. Il me semble que cela compense bien Louisbourg. Vous désespérez bien à propos de la République tandis que le nom de Richelieu est si fatal aux Anglais : l'un nous prend Port-Mahon, l'autre sauve Saint-Malo. Il n'y a pas d'apparence que les Anglais reviennent sur nos bords. Ils ont acheté bien cher le petit ravage de Cherbourg, et je serai aussi gaillard et aussi bon fol que vous tant que la main droite de nos payeurs de rentes ne sera pas estropiée. Vos lettres valent mieux pour moi et me réjouissent plus que nos plus belles comédies de ce temps; ce ne sont que d'ennuyeux sermons et des radotages de morale commune. On dit que vous devez nous en délivrer par une *Femme qui [a] toujours raison* [1]. Nous vous en serons bien obligés, car on ne rit guère depuis longtemps dans ce pays-ci. J'en attribue la cause à l'intérêt et au désir de faire fortune, qui domine généralement tous les esprits. Le triste Jean-Jacques est dominé par une autre folie, c'est de déclamer tour à tour contre tous les talents dans lesquels il s'est exercé. Il en veut présentement à la comédie; je lui pardonnerais si le public n'avait pas déjà décrié les siennes. On parle depuis très longtemps d'une lettre à M. Dalembert contre l'article de *Genève* dans l'Encyclopédie. On dit qu'elle n'a point paru parce qu'aucun de ses amis ne l'a approuvé.

Je vois souvent le damné Helvétius, mais le diable l'a transporté dans son beau paradis de Voré. Les Jésuites ont imprimé et débitent tout ce qu'ils lui ont fait signer. On serait fort fâché que tout ce qu'ils lui ont fait dire fût moins ridicule. Il est très difficile d'avoir ce livre, cependant, malgré cette sainte paresse que je chéris si fort, je vous en procurerais un exemplaire au même prix raisonnable qu'il s'est vendu, et je le ferai partir dans la semaine par la diligence de Lyon pour M. Tronchin. Il faut encore vous faire part de deux très jolis couplets qui regardent plutôt l'imbécilité de Tercier, un des premiers commis du bureau des affaires étrangères que les opinions d'Helvétius :

Admirez cet Écrivain-là
Qui *de l'Esprit* intitula
Un livre qui n'est que matière,
Laire la, laire lanlaire,
Laire la, laire lanla.

Le Censeur qui l'examina
Par habitude imagina
Que c'était affaire étrangère
Laire la, *etc.*
Laire, *etc.*

1. *La Femme qui a raison*, comédie en 3 actes, en vers, par M. de Voltaire, donnée sur le théâtre de Carouge près Genève, en 1758, Genève (Paris, Lambert), 1759, in-12.

Le manuscrit Ménet vous est-il parvenu? C'est l'abbé Birague qui l'a adressé à Lyon à M. Tronchin qui est cause que M. Daumart ne vous l'a pas porté. Il s'était chargé de me le venir demander à son départ.

Le livre de l'*Esprit* bien broché sera remis au laquais de M^{me} Fontaine s'il n'est pas parti, quand on me l'apportera.

Il vous siéd bien, malin vieillard, d'être actif et laborieux. Vous croissez toujours en fortune, en renommée, et vous parez [de] l'immortalité la plus profonde, et jusqu'où sont les plus insignes et les plus beaux génies; moi, chétif, sans talent, et sans la moindre faveur du Ciel, je me suis rendu justice, et je m'en suis tenu au pain et à l'eau de la paresse avec votre amitié que je préfère à tout [1].

Th^{t}.

XX

14 octobre à Paris [1758].

Vous avez beau nous le dire, le roi de Prusse a beau nous l'écrire, nous sommes toujours ici convaincus que nos amis les Russes ont gagné la bataille du 15, qu'ils se sont toujours maintenus sur leur champ de bataille, qu'ils y ont perdu 15 000 hommes et le Roi de Prusse beaucoup au-delà. Lisez surtout la lettre du général Fermer à l'Impératrice sa maîtresse. Elle est simple et a le caractère de la vérité. Je ne crois point du tout que Frédéric se croie à peu près au même état qu'il était avant cette funeste guerre.

J'ai fait remettre à l'abbé Birague un exemplaire du livre de l'*Esprit* pour l'adresser à M. Tronchin en cas qu'il n'ait pas d'autre occasion de l'envoyer. J'y aurais joint celui de Jean-Jacques [2] parce qu'il est digne que vous le lisiez et qu'il y est fait mention particulière de vous et de nos plus célèbres auteurs. Mais comme il est imprimé en Hollande, j'ai cru qu'il en avait été envoyé à Genève ainsi qu'à Paris. Nous savons bien ici que la comédie se joue dans les environs de la sainte cité, mais nous doutons fort qu'il s'établisse jamais un théâtre dans la ville. Jean-Jacques s'y oppose avec beaucoup d'esprit, de savoir et de dialectique, et ne paraphrasant au fond que ce que disait M^{me} de Lambert à sa fille que si l'on en sortait avec admiration pour la vertu, ce n'était pas sans y prendre des impressions du vice.

Je suis bien de votre avis qu'on n'a pas encore rendu à Locke toute l'estime qui lui est due. S'il a fallu qu'il s'étendît autant qu'il a fait pour confondre l'ignorance et la prévention de ses compatriotes, cela est devenu encore plus nécessaire pour les nôtres, puisqu'Helvétius, l'abbé de Condillac et plusieurs hommes d'esprit ses commentateurs ont peine à établir les vérités que ce grand homme a éclairci[es] et sont persécutés comme ses disciples.

M. Hume me paraît le plus distingué de tous. Cependant je trouve de

---

1. Réponse de Voltaire le 3 octobre.
2. *Lettre à M. d'Alembert sur l'article Genève*, Amsterdam, 1758, in-8.

l'inégalité dans ses ouvrages. Le cinq[uième] vol[ume] [1] que j'ai lu dernièrement en contient plusieurs qui sont fort au-dessous de l'*His[toire] naturelle de la Religion* [2]. Il est plus serré que son maître. Aussi écrit-il plus de soixante [ans] après lui, et pour des lecteurs qui en ont été instruits.

M. Gravelot m'a fait voir dix-sept dessins pour décorer M^me Jeanne qui m'ont paru très bien rendus, et qui m'annoncent en même temps beaucoup de changements que vous y avez faits. J'en suis bien aise, car j'y reviens souvent pour me tenir en belle humeur.

Il n'y a je crois dans les manuscrits Ménet que l'affaire des Strélitz que vous excepterez. Que dites-vous de l'attentat contre le roi de Portugal? Nous en attendons des éclaircissements. Quelques-uns des assassins sont arrêtés. Il avait été saigné cinq fois au départ des lettres qui nous l'ont appris. Il a déclaré la régence de la reine qu'on dit être en grossesse. Le bruit courut aujourd'hui qu'il est mort.

Voici encore une triste et étrange nouvelle. On dit que le roi d'Espagne a l'esprit attaqué d'affaiblissement et qu'il est question de l'engager à abdiquer, et à appeler don Carlos pour lui succéder. On craint que cet événement qui doit produire divers arrangements ne nous cause encore d'autres guerres.

Le cardinal de Bernis a reçu la barette du roi avant son départ pour Fontainebleau, et on a su en même temps que le cardinal Archinto [3] avait été empoisonné et était mort en sortant de table. On m'a dit qu'il paraissait une vingtaine de vers affreux contre le premier cardinal et qu'on les attribuait au roi de Prusse.

M^me la duchesse d'Aiguillon et M^me la comtesse d'Egmont sont de retour et j'ai appris que M. le maréchal de Richelieu ne reviendra qu'au printemps. Mes Montmorency resteront aussi tout l'hiver à Sedan où ils me font l'honneur de me souhaiter; mais vous auriez la préférence si je pouvais m'arracher de Paris où je suis autant en exercice que si je voyageais bien loin. *Vale* [4].

(*A suivre.*)

1. Des *Œuvres philosophiques* publiées en français par Mérian à Amsterdam, chez J.-H. Schneider, sous les dates de 1758-1760, 5 vol. in-12.
2. Au tome III de l'ouvrage ci-dessus.
3. Alberic Archinto, archevêque de Nice et gouverneur de Rome, 1698-1758.
4. Cette lettre se croisa avec celle de Voltaire du 8 octobre.

# COMPTES RENDUS

Guillaume Huszár. **Molière et l'Espagne.** (Études critiques de littérature comparée. II). *Paris, Champion*, 1907, in-16, 332 p.

M. Huszár, après avoir il y a quelques ans essayé de baisser « le piédestal trop haut » de Corneille, cherche cette fois à reviser « la renommée un peu surfaite » de Molière qu'il trouve « moins grand » que nous autres. Si la gloire de M. est, à ses yeux, « légèrement ternie » sur la scène où il *ennuie*, et si en France — à en croire M. H. — son culte « est entretenu par la tradi- tion livresque », tandis qu'à l'étranger « on le lit et on le joue encore » : néanmoins la plupart des critiques français sont toujours des moliéromanes qui ne cessent de « porter aux nues le génie de M. » « Les études sur M. sont la plupart des panégyriques qui frisent parfois le mauvais goût... On a épuisé en sa faveur toutes les épithètes laudatives de la langue française qui en est si riche; on a même inventé d'ingénieuses théories pour transformer ses défauts en qualités éminentes ». Même en Allemagne, en dépit de Schlegel « dont toutes les appréciations ne sont pas à rejeter », on professe « une admiration sans réserve ». La plupart des critiques allemands eux aussi « por- tent aux nues le génie de M. », trop fidèles disciples en ce point de Gœthe qui admirait infiniment M., à peu près comme Balzac qui voyait en Walter Scott le premier romancier du monde. « Tous deux ont pu se tromper. » *Errare humanum.*

M. H. tâche donc de réagir contre cette « admiration exorbitante de la critique officielle ». Entreprise assez hardie puisque les Français « se hâtent à l'excès » de traiter un critique étranger de *Franzosenfresser* si ses jugements ne sont pas favorables à leurs grands poètes. Cela se peut, à moins qu'ils ne s'avisent de lui accorder des couronnes académiques, car cela se fait aussi parfois en France, témoin l'auteur de *Corneille et le théâtre espagnol*, lauréat de l'Académie Française... Et M. H. se fait fort de « ruiner un grand nombre d'opinions fausses ». Voyons, par quelles vues aussi nouvelles que justes réussit-il à refaire le bilan de M.?

« Ce qui élève, selon nous, M. au-dessus de ses contemporains et ses succes- seurs, écrit-il, c'est sa qualité de penseur, de philosophe », car M. ne se lasse pas de nous enseigner : « A aller contre nature on s'expose à un échec ridicule et lamentable. » C'est ce que relevait toujours le regretté Brunetière chez M. « Cette conception ne comporte pas une morale trop élevée », continue cepen- dant M. H. en se faisant l'écho de l'opinion commune qui trouve M. un esprit bien terre à terre comme philosophe ou disons plutôt comme moraliste, pour nous servir d'une expression qui convient mieux à M. D'ailleurs M. H. voudrait nous faire croire en même temps que M., qui « domine prodigieusement son siècle », est « l'éternel révolté » (pour avoir fait la critique satirique de son époque?), qu'il a deviné « quelques conflits de la vie sociale de l'avenir » (pour avoir touché au *féminisme* au XVII° siècle?) : mais ces boutades ne doivent pas être prises trop au sérieux.

M. H. est déjà moins enchanté du peintre des mœurs. « Le tableau que donne Balzac de son époque vaut mieux. » Celui de M., loin de nous présenter toute l'humanité, comme l'avaient soutenu quelques « admirateurs légèrement (?) indiscrets », est incomplet même pour la France du XVIIᵉ siècle. (Et Shakspeare épuise-t-il en effet toute l'Angleterre de son temps? D'ailleurs M. n'a pas complètement omis le financier ni l'adultère comme le croit M. H. avec M. Lemaître : voyez la *Comtesse d'Escarbagnas* et *Georges Dandin*.) Ce tableau, que l'on tiendrait d'abord « à peu de chose près exact », est plutôt *peu sûr*, car on ne peut être certain de la fidélité de ces peintures et M. semble bien quelquefois exagérer jusqu'à l'invraisemblance. (Mais y a-t-il eu jamais un poète satirique qui se soit absolument abstenu de toute charge sur la scène? D'ailleurs il faut prendre garde de ne pas nous tromper : des recherches mieux faites ont démontré que M. a été un peintre assez fidèle de la vie contemporaine même là où on l'aurait pris pour un fantaisiste aristophanesque.) Cependant le plus grand défaut de cette peinture des mœurs c'est qu'elle a rendu « une grande partie » de l'œuvre de M. « caduque, vieillie, peut-être inintelligible pour les temps futurs, malgré ce qu'il y a en elle de permanent et d'universel », de sorte qu'elle finit par perdre « son intérêt universel, humain ». Hélas, où est le Shakspeare dont le tableau ne soit point vieilli à cet égard? Pourtant les choses n'en sont pas encore tout à fait là où M. H. les croit. Quand il reproche à M. que ses personnages ridicules se sont depuis tellement transformés que l'on voit bien que « le poète n'a livré à la postérité que l'essence de leur âme », qu'est-ce que cette essence sinon une de ces « vérités durables » que M. H. lui-même trouve parfois dans la satire du poète? Ensuite M. H. est un peu trop disposé à voir chez M. surtout la satire des précieuses, « des perruques et des pourpoints », à trouver chez lui *trop fréquentes* « les allusions aux événements contemporains, à certaines préoccupations locales ou exclusivement françaises », en un mot toutes ces réalités contemporaines ou cette *couleur locale,* si vous voulez, dont nous trouvons la part trop mince avec Taine, l'un des maîtres de M. H., pour ne citer ici aucun critique moliéromane.

M. H. relève chez M. la prépondérance de la comédie des mœurs sur la comédie de caractères. On l'a fait plusieurs fois depuis Vinet jusqu'à M. Lanson. De même ce n'est pas M. H. qui a protesté le premier contre l'erreur de regarder M. comme l'inventeur de la comédie de caractères, mais s'il répète cette protestation, lui aussi, ce n'est pas qu'il admire trop cette sorte de comédie chez M. Au contraire. Il insiste sur ce que l'esprit classique a dû empêcher la comédie de M. d'être « universelle, humaine, européenne », même en fait de caractères, quoique M. H. se montre d'ailleurs à plusieurs reprises bien prêt à attribuer les mérites et les succès de M. moins à son génie personnel qu'à sa qualité de Français, à l'esprit français essentiellement « universel » et dont l'esprit classique n'est cependant que la forme la plus éminente.

Car quels sont les caractères que M. a pu et dû créer dans le cadre classique? Des types poncifs qu'il est censé avoir bannis de la scène. (Même parmi les figures de premier plan!) Des abstractions affublées d'un nom, des symboles allégoriques d'identités idéalisées. « Des types exagérés, trop chargés, partant invraisemblables. » Arnolphe et Alceste sont également « un peu vagues. Tartuffe et Harpagon, qui « appartiennent aux meilleures créations de M. », présentent « une image si exagérée du vice qu'ils représentent qu'ils en deviennent irréels et presque faux ». *La plupart* des critiques français ne se refusent pas à reconnaître (malgré leur moliéromanie?) que « les personnages de M., et j'entends les plus saillants, comme Tartuffe, Harpagon, ne sont pas des individus de chair et d'os, des êtres distincts vivant de leur propre vie; ce sont de véritables types allégoriques, des abstractions personnifiées, des généralisations universelles. » *Corneille et le théâtre espagnol* nous avait dit qu'Alarcon a « de vrais caractères, plus vrais, plus généraux, plus humains souvent que les types de M. ». Cette fois nous apprenons que même un Lope peut se vanter d'avoir peint des caractères « plus humains, plus vrais que

ceux de M. ». Les successeurs de M. ne manqueront donc point de savoir
donner « plus de variété » aux caractères de M. ébauchés ou hâtivement
tracés.

Toutes ces phrases, en dépit de quelques renchérissements, sont nos vieilles
connaissances. Si par hasard nous l'avions oublié, M. H. nous le rappelle en
reproduisant le texte de ses maîtres, parfois *in extenso*. Il cite un peu tout le
monde, en remontant à Fénelon qui avait blâmé M. de « forcer la nature ».
(« Dors-tu *content*, Fontaine? » Et toi, pauvre auteur de la *Critique de
l'école des Femmes?*) Il invoque M. Stapfer et Petit de Julleville, Schlegel et
Anatole Cerfberr. Puis c'est le tour de Taine et cette fois nous constatons avec
regret que M. H. n'insiste point aussi aux louanges de Taine qui ne laissait pas
de regarder M. comme un « génie franc », un novateur hardi, possédant « une
plénitude de conception et une surabondance d'observation exceptionnelle ».
Et voici venir M. Menendez y Pelayo qui met Alarcon au-dessus de M., voyant
bien moins de complexité dans Tartuffe (pourceau d'Épicure et en même
temps captateur dangereux) et Harpagon (fesse-mathieu obligé à mener grand
train et le rival sans le savoir de son fils) qu'ils n'en ont réellement, et les
appelant des types idéaux sans existence réelle. (Si je ne me trompe, de là
il y aura toujours un pas à faire pour les déclarer en même temps faux?)

M. Faguet ayant fait une critique vive et juste de la conception d'art trop
exclusive qui s'était fait voir dans *Corneille et le théâtre espagnol*, notre auteur
a soin de nous promettre d'avance (p. 35) qu'il ne manifestera pas de préférence pour telle ou telle forme d'art. Il y revient vers la fin de son livre en
affirmant qu'il ne veut point soutenir que « cette manière de généralisation
*outrée* soit dépourvue de grandeur, qu'elle ne se justifie pas tout aussi bien
que la peinture des caractères individuels, et qu'il ne soit possible, grâce à
elle, de porter une vive lumière dans certains coins de l'âme humaine ».
Même il ne se lasse pas de priser *passim* le psychologue qui a une pénétration
merveilleuse, une connaissance approfondie du cœur humain, et des vues sur
l'homme qui sont des documents d'une valeur incomparable : « on admirera
toujours la justesse et la profondeur de son observation ». Mais à quoi tout cela
sert-il étant donné que ses figures ne vivent pas? Aussi M. H. n'hésite-t-il pas
à ajouter cette restriction à ses paroles élogieuses : « Mais nous ne saurions
admettre que cette méthode d'art puisse être mise en parallèle avec celui de
Shakspeare ou d'un Balzac, plus profond, plus parfait et plus conforme à la
variété de l'âme humaine. » On sait qu'une fois, par exception, M. a tenté
d'imiter de plus près cette variété en créant un caractère plus complexe, celui
de Don Juan : néanmoins aux yeux de M. H. il n'a fait que déformer ce personnage en lui prêtant « tant de diversité » et en le composant d'éléments « qui
jurent étrangement d'être accouplés ». L'excellent livre de M. Bévotte dont
M. H. n'a pas encore pris connaissance, m'a fait relire le *Burlador de Sevilla* : je
l'aime toujours ; cela ne m'empêche point d'être toujours enchanté du héros
de Molière, même de le trouver supérieur à celui de Tirso [1].

Il nous reste à nous arrêter encore à deux personnages de M. à propos desquels M. H. fait des observations non moins discutables.

Philaminte, dit-il, « finit par devenir sobre et sage et parler comme tout le
monde : si elle ne changeait pas, on ne voit pas comment la pièce se termi-
nerait. *Donc* c'est le dénouement qui rompt d'ordinaire (?!) l'unité des carac-

---

1. « Don Juan est tour à tour hypocrite, impie, sceptique en médecine [*et le
débiteur de M. Dimanche?*] ces qualités n'ajoutent rien cependant à la définition
d'un *grand seigneur méchant homme* » M. n'aurait dû peindre que le séducteur
des femmes, car c'est cette « conception de *Don Juan* qui a fait sa fortune européenne ». Elle « ne disparaît sans doute pas chez M., mais elle y est sans relief et
comme accessoire » ; c'est un aspect négligé, « donc M. n'a pas *européanisé* son
héros ». (Cf. M. Martinenche : « une comédie française d'une portée *européenne* »).

tères ». Tandis que chez Alarcon «.le dénouement résulte du caractère des personnages » M. H. semble oublier qu'il a qualifié lui-même les personnages de
M. d'incurables. En effet, sauf le seul Orgon qui a reçu une trop rude leçon,
ils ne deviennent point sages à la fin de la pièce. Philaminte pas plus que les
autres. Elle ne sera désabusée que de Trissotin, mais elle ne sera pas désabusée de la philosophie, encore moins sera-t-elle guérie de son tempérament
acariâtre et tyrannique.

Frosine « se met tout à coup à faire de l'esprit, elle en serait incapable si
M. ne le lui soufflait ». Et Molière qui affirmait ne pas avoir mis tel ou tel
mot sur les lèvres de tel ou tel personnage pour faire rire les spectateurs,
mais parce que ce mot entrait dans le caractère du personnage! M. H. continue
cependant d'affirmer qu'il fait dire « à ses personnages (et non seulement a ses
porte-voix!) bien des choses qui ne conviennent ni à leur condition, ni à leur
qualité ». Mais M. H. devait prouver cela. Comme il ne l'a pas fait, je me
borne moi-même à remarquer à mon tour simplement que cela arrive bien
parfois même à Shakspeare dont les personnages ont des échappées lyriques
surprenantes et débordent en métaphores inattendues.

A propos de Frosine n'oublions pas de mentionner brièvement la conception
que s'est faite M. H. de M. comme poète comique. Il n'en fait pas trop de cas.
On peut bien le voir quand, tout en étant si peu tendre pour M., il conseille
« un peu de mansuétude » aux critiques français « trop dédaigneux envers
« ce pauvre Scarron », car n'y a-t-il pas chez M. des scènes aussi burlesques
dont les protagonistes sont parfois d'un grotesque caricatural »? Du reste
M. H. appartient aux ultras de la partie des critiques qui ne voient chez ce
poète comique que larmes, gaieté mauvaise et sombre, satire amère, pessimisme, personnages tragiques, etc. [1].

Nous voilà arrivé cependant au défaut le plus saillant de M., le manque
d'originalité. Tout lui vient d'Espagne, quoique l'Italie n'ait pas été non plus
sans quelque influence. La satire des précieuses, des hypocrites, des médecins.
(D'autant plus que les mœurs étaient semblables.) Des types. Des situations.
(D'autant plus qu'il « n'existe peut-être dans aucun théâtre une situation tragique ou comique qu'on ne retrouve » chez les Espagnols.) Même les saillies
comiques [2]. Si la comédie de M. évolue vers le drame : voyez l'Espagne Si le
dénouement n'est pas la suite logique de l'action : l'Espagne! (En dépit
d'Alarcon.) Le bon sens prêché par les raisonneurs : l'Espagne. C'est un peu la
consultation de Toinette : *Le poumon! Le poumon!* Arnolphe est Espagnol,
Alceste non moins, quoique M. l'ait créé pour exprimer ses propres chagrins.
Lord Holland avait donc quelque raison de dire : « Si Lope n'avait pas écrit,
les chefs-d'œuvre de Corneille et de Molière auraient pu ne pas être produits ».
Dans son premier volume (p. 44), M. H. blâmait Quibusque de s'être arrêté à
ces paroles, et il avouait qu'il est « presque impossible de juger de la stricte
exactitude d'une pareille assertion ». Depuis il a changé d'avis. Non content
de les répéter, il finit par se les approprier : « Notre étude a dû établir — et
nous ne sommes pas seuls à penser ainsi — que, dans les œuvres de Lope et de
ses disciples, la comédie française et celle de M. auraient eu peut-être des
destinées moins glorieuses ».

On n'a pas encore dûment traité l'influence espagnole (*jusqu'à nos jours*), il
faut le reconnaître, tout en ne voulant pas être aussi sévère, même injuste que
M. H. pour ses prédécesseurs, notamment envers la grande édition Despois-
Mesnard. « Personne ne s'est avisé » (*jusqu'à nos jours*) de consacrer « un

1. Cf. le compte rendu de mon ouvrage écrit en hongrois sur la vie et les œuvres
de M., *Revue d'histoire littéraire*, 1897.
2 A commencer par la pointe finale du sonnet d'Oronte, que M. H. nomme constamment *refrain*. Il écrit même, p. 210 : « Le *refrain* du sonnet d'Oronte est une
traduction du castillan, mais nous croyons que la *chute* • admirée par Philinte
• pourrait bien avoir été dérobée aux Espagnols ».

ouvrage spécial » à cette question importante. Néanmoins .M. H. avoue lui-
même que tout a été dit avant lui et qu'il ne lui est resté la plupart du temps
qu'à corriger et compléter la liste déjà faite des dettes de M. envers l'Espagne.
Tout a été dit et il vient trop tard, pour parler avec Labruyère, puisqu'il fut
devancé aussi cette fois-ci par M. Martinenche. Du moins a-t-il pu compléter
ses recherches par celles de son collègue français. (Il a même une ou deux
pages où il se sert involontairement des expressions et des tournures de M. M.
Cf. pp. 229, 231, et *Molière et le théâtre espagnol*, pp. 177-9. — Parfois, au contraire, il semble oublier l'existence de son devancier et il s'écrie : « N'est-ce pas
un paradoxe de parler de l'influence espagnole à propos du *Misanthrope*? Nous
allons tenter cette invraisemblable entreprise. ») Il est dommage que malgré
ses recherches très assidues il n'ait pu apporter guère de documents nouveaux
un peu importants, qui ne se trouvent déjà chez M. M. Il est encore plus à
regretter que [ses analyses soient souvent plus sommaires, ses jugements plus
catégoriques et moins pénétrants. Il s'empresse de nous avertir que son point
de vue est différent de celui de M. M. : ce n'est que trop vrai. Tranchons le
mot : il y a chez lui un parti pris à ne pas s'y méconnaître de convaincre
M. d'infériorité surtout quant à la question de l'originalité, de l'invention,
en imitant l'exemple des Schlegel et des Schack.

M. H. est irrité contre ceux qui parlent de lieux communs, de coïncidences,
car c'est pour escamoter les auteurs espagnols imités dont il se fait le champion.
S'il peut négliger avec M. M. de mentionner *Nicomède* en parlant de *Tartuffe* et
du *Malade imaginaire*, il n'oublie point ses chers Castillans et il fait toutes
les protestations possibles en leur faveur, jusqu'à en devenir quelquefois un
peu leur « admirateur légèrement indiscret ». Non, nous avertit-il, ils ne
doivent point « se sentir particulièrement honorés d'avoir été croqués par un
poète du génie de M. » *L'opinion générale de l'Europe* se trompe singulièrement
en croyant que « tout lui était permis par droit d'esprit supérieur ». Il n'est
point « si supérieur à ceux qu'il imita *qu'il faille lui pardonner tous ses
emprunts* ». (Voilà une assertion « dont il convient de sourire, » pour parler
un peu le langage cavalier de mon cher compatriote.) Et ces emprunts sont
trop considérables pour ne pas « porter atteinte à son originalité ». M. H.
insiste continuellement sur les *adaptations* de M. (*Princesse d'Élide*, *Don Juan*,
voire *l'École des maris*) pour prouver que M., au lieu de créer, se contente « de
prendre une œuvre de valeur d'un poète comique étranger, de lui faire subir
quelques modifications » pas toujours heureuses, « et de lui donner quelque
couleur locale ». Évidemment à ses yeux M. n'est point « de la lignée des créateurs
comme Shakspeare ou Cervantes ». Il s'entend bien que M. a « dû faire des changements à la matière espagnole pour se l'approprier ou bien pour l'accommoder au goût de son pays »; on peut même admettre que M., comme Corneille, « a transformé tout ce à quoi il toucha, il a refait à l'image de son
âme tout ce qu'il emprunta ». Cependant toutes ces transformations, tous ces
changements sont si peu essentiels, comptent si peu aux yeux de M. H. qu'il
finit par trouver que les admirateurs de M. abusent des leçons d'ailleurs si
justes de Brunetière sur la valeur relative de l'invention. Car, en somme, M. a
bâti ses maisons en utilisant, « *en enlevant* des toits, des murs, des soubasse-
ments déjà construits », ce qui donne à quelques-unes de ses pièces « l'aspect
d'une mosaïque; on dirait une agglomération d'éléments disparates qui n'ont
pu se fondre pour former un tout organique : voyez plutôt *Don Juan* ». Si M. H.
écrit un jour un volume sur Racine, il devra bien faire les mêmes reproches à
l'auteur de *Phèdre*. Si ce n'est que jusqu'alors il ne change d'avis en faisant
réflexion que l'invention d'un sujet, des types et même des situations n'est
point ce qui importe le plus, car sujets, types, situations ne sont pas les élément indispensables, pas même les plus essentiels de l'originalité.

Et que devient au cours de ces imitations la figure traditionnelle du *contemplateur*, l'observateur tant vanté, même par M. H. ? P. 48, on nous dit : « M.

ne peint *pas toujours* d'après nature, mais *parfois* d'après les livres qu'il a lus et les pièces qu'il a entendues ». (J'aurais dit plutôt : il a peint d'après nature même en puisant dans des auteurs.) « L'observation des auteurs étrangers (*ou français*, s'il vous plaît) lui apporte un supplément de vie, il sait très bien profiter de l'expérience des autres. » (Très bien dit et très vrai.) Néanmoins, p. 305, on nous laisse entendre déjà plus catégoriquement que *l'image de la nature* est chez M. « la reproduction d'un ouvrage antérieur » au lieu d'être « la copie de la réalité »[1]. Notre auteur conclura donc en nous affirmant que M. voyait la nature à travers les livres. Il écrit : « M. vit plutôt la nature à travers les livres », mais je crois que c'est sur le mot *livres* qu'il voulait mettre l'accent. « Cette attitude, continue-t-il, ne saurait convenir qu'aux gens qui semblent attribuer une valeur excessive à l'invention. » Donc, comme ces gens, M. cherchait des ressources à son invention dans les livres. Et dans la vie ?!

Tout compte fait, M. H., qui avait l'ambition de considérer M. « sub specie æternitatis », n'a pas suivi la meilleure route, et s'il se plaint de se trouver dans une sorte de *splendid isolation* en Hongrie, il est à souhaiter qu'il reste bien dans ce *glorieux isolement* même au delà des frontières de son pays. M. H. n'a point *ruiné* « un grand nombre d'opinions fausses », tout au plus a-t-il essayé d'en propager quelques-unes, d'ailleurs assez vieilles et mêlées à d'autres non moins erronées et non moins rebattues. On peut dire que tout en professant aussi des opinions qui ont été toujours reconnues pour justes, il a une conception de Molière qui est aussi peu nouvelle que peu conforme à la vérité. Il a, avec une rare connaissance de la littérature moliéresque, insisté sur tout ce qu'on a dit de peu favorable sur Molière, sans le mieux développer d'ailleurs et sans nous pouvoir éblouir par une dialectique brillante; il a déployé une érudition très grande et très estimable pour tirer de ses documents des conclusions moins favorables pour M. et en même temps moins judicieuses que celles de M. Martinenche à qui d'ailleurs on aurait souhaité aussi un peu plus de scepticisme dans les recherches des sources. Les moliéristes et les moliéromanes peuvent se rassurer : si M. H. s'excuse d'avoir « porté une légère atteinte » à la gloire de Molière, il s'accuse ou plutôt il se vante sans raison sérieuse. Cela lui a encore moins réussi qu'autrefois de « ternir un peu » la gloire de Corneille.

Il faut néanmoins reconnaître que les livres de M. H. et de M. M. auront toujours le mérite remarquable quoique négatif d'avoir démontré de combien peu est redevable à l'Espagne le génie de Molière. Peut-être auront-ils encore le mérite d'encourager les moliéristes à combler deux autres lacunes très sensibles de la littérature moliéresque en refaisant le livre de Moland et celui de Fournel. Il est déjà bien temps d'étudier dans un ouvrage à part l'influence des Italiens sur Molière, en continuant les recherches de MM. Toldo et Bévotte. (Il est curieux que M. H. et M. M. oublient tous deux, en parlant du *Bourgeois gentilhomme*, de renvoyer à l'original italien de la *Sœur*, découvert par M. Stiefel.) Et l'on ne devra pas moins s'occuper de l'influence des auteurs français, prédécesseurs et contemporains de Molière. (Il est caractéristique que M. H. daigne à peine mentionner le nom de Dorimon et de Villiers dont les *Festins de Pierre* viennent d'être publiés de nouveau par M. de Bévotte.)

JULES HARASZTI.

Kolozsvár (Hongrie).

---

1. « Il est plus *facile*, ajoute M. H., de reconnaître la vérité d'une peinture de la vie et de l'imiter que d'observer directement les choses et d'en donner un dessin fidèle. » Ailleurs nous apprenons que Flaubert a peint la sottise humaine « d'un appareil beaucoup plus compliqué et moins *facile* à manier ». M. Menendez y Pelayo déclare à son tour chez M. la manière de peindre les caractères trop *facile*. Puisque l'art de M. est à tant d'égards facile, il y a lieu de nous étonner que la littérature européenne ne possède pas plus de Molière.

DANIEL MORNET, professeur de littérature au lycée de Toulouse. **Le sentiment de la nature en France de J.-J. Rousseau à Bernardin de Saint-Pierre** (*Essai sur les rapports de la littérature et des mœurs*), thèse présentée à la Faculté des Lettres de Paris. *Paris, librairie Hachette et C^ie*, 1907, in-8°.

M. Mornet a divisé sa thèse en trois parties : *les Faits, les Ames, la Nature pittoresque*; on pourrait dire : « les habitudes, les sentiments, les sensations ». Dans la première partie, il rassemble les faits qui nous montrent les classes lettrées du XVIII^e siècle portées de plus en plus vers la campagne, les villégiatures, les promenades et les voyages se multipliant. Et ainsi de la banlieue des villes un mouvement s'étend jusqu'aux Alpes et aux Pyrénées. Quelles satisfactions vont chercher ces acheteurs ou locataires de maisons de campagne, ces promeneurs et voyageurs? Les deux autres parties du livre répondent à la question. Dans la deuxième partie, *les Ames*, M. Mornet expose ce qu'on peut appeler l'exploitation sentimentale de la Nature de 1750 environ à 1780. D'abord c'est l'idylle, la croyance naïve à l'innocence champêtre, le rêve de vie simple, la parodie inconsciente des occupations rustiques. La philosophie de l'état de nature prête de la gravité à ces fades illusions. Mais on distingue çà et là de vrais goûts rustiques, des âmes sincèrement campagnardes, et l'agriculture, la botanique qui viennent à être à la mode, développent dans la société un amour plus sérieux de la nature. A ces mœurs correspond l'évolution de l'églogue, plus fade et fausse d'abord, avec les successeurs de Fontenelle, trop doucereuse encore et factice avec Gessner, avec des accents toutefois de rusticité sincère. Mais celui qui transforme le sentiment de la nature, c'est Jean-Jacques Rousseau. Ses descriptions, assez nouvelles dans le roman, n'avaient rien de bien nouveau par rapport aux mœurs. Mais la nouveauté, c'est le sentiment dont il teint et enfièvre ses descriptions. La vague de passion qui passe dans le roman, inonda les paysages comme le reste. Et du coup tout fut changé. Un rapport intime et profond fut établi entre l'âme et la nature.

M. Mornet nous montre l'effet de cette transformation dans l'art des jardins : au jardin français se substitue le jardin anglais, sentimental, qui est ordonné pour parler au cœur, suggérer des émotions, douces, mélancoliques, « romantiques ». Notant que la mer n'est pas encore exploitée, il nous fait assister à la découverte de la montagne : c'est Rousseau qui impose le goût, et de lui dérivent Ramond et les autres. La montagne est ce qu'il y a de neuf dans le décor rural de Rousseau. Cependant la littérature, autour de Rousseau, reste en retard sur les mœurs. Les poètes n'arrivent pas a se dégager des faussetés du style conventionnel. Les prosateurs, les romanciers surtout, sont plus heureux : Loaisel de Treogate est, sinon réhabilité, du moins exhumé.

Mais (troisième partie) si l'on prenait l'habitude de vivre ou d'errer dans la nature, si l'on y répandait son âme, une chose manquait encore : la voir. Les peintres, malgré les conventions de l'art du temps, savent parfois regarder la nature telle qu'elle est et la rendre; ils devancent les mœurs. Le public y vient plus lentement. Peu à peu l'on voit les gens acquérir une capacité de sensation pittoresque, remarquer des lignes d'horizons, des perspectives, des couleurs, des nuances; et le jardin sentimental se fait en même temps pittoresque, se machine en paysages artistiques. La littérature ici est tout à fait en retard. Les poètes ne peuvent rien ; le genre descriptif ne compte que des avortements : le sens du pittoresque ne s'y exprime pas. La prose même s'égare à la poursuite d'une forme poétique; et Rousseau d'ailleurs n'a pas l'œil d'un peintre, trouve rarement l'expression pittoresque originale. Il faudra Bernardin de Saint-Pierre pour fournir au public ce qu'il attend : des visions de peintre, une prose qui évoque des sensations visuelles.

M. Mornet conclut qu'il y eut des actions et réactions successives et réciproques de la littérature et des mœurs, qu'en général les mœurs évoluèrent plus vite et plus franchement que la littérature, gênée et fixée par ses traditions et ses modèles, que pourtant la littérature agit aussi sur les mœurs, les colora, y déposa ses modes : que Rousseau subit la pression et suivit le mouvement des mœurs, mais que de son éducation, de son tempérament, de son génie, il tint une originalité qui bouleversa et transforma le sentiment de la nature, qui en accrut la portée, la profondeur, l'importance dans la vie intime et sociale.

Voilà, bien sèchement et bien abstraitement, le dessin du livre si riche et si précis que nous apporte M. Mornet. Sous chacune des phrases que j'emploie à le résumer, il faut mettre une collection de faits nombreuse et significative. L'information du livre est extrêmement étendue et exacte. La bibliographie qui termine le volume montre combien la recherche a été étendue et intelligemment, curieusement conçue.

Le plan amène quelques répétitions; on peut critiquer quelques détails. On regrettera çà et là l'absence d'un fait, d'un nom; par exemple Fénelon devait être mis en belle place parmi les précurseurs, les fondateurs, si je puis dire, du sentiment de la nature. On pourra trouver tel ou tel détail de trop, rejeter quelques faits comme inopérants. On pourra surtout critiquer M. Mornet de n'avoir pas mieux éclairé son point de départ. Il y a toujours eu une vie rustique, des habitudes rustiques, une existence de châteaux et de maisons des champs, des plaisirs de propriétaire et de campagnard, une joie physique de la vie au plein air, une joie du corps et des sens au contact de la lumière, des eaux, des ombrages, dans la fraîcheur et le repos de la nature. On eût aimé que M. Mornet s'attachât plus nettement à noter le moment où quelque chose d'autre devient perceptible, qu'il séparât bien ce qui n'est que tradition antique de vie féodale, habitude de propriétaire, administration d'intérêts et économie rurale, pour retenir et grouper à part les faits réduits en nombre — il en aurait encore assez — qui feraient apparaître le mouvement vers la campagne, le goût désintéressé de la nature comme incontestablement formés dès 1750. Un criblage attentif et une redistribution de son premier chapitre me donneraient satisfaction.

Ce ne sont là que de bien légères réserves. Elles ne sont rien au prix de tout ce que nous apporte cette thèse de connaissance sûre et précise. Elle est aussi intéressante par sa méthode que pour sa matière. M. Mornet a été constamment soucieux de se procurer des faits significatifs, et d'établir avec rigueur la qualité et la quantité des résultats apportés par chaque fait ou groupe de faits Il a inventé ainsi, dans le détail de son étude, des méthodes particulières très ingénieuses.

« Seule, nous dit-il, l'affluence convergente des faits garantit quelque peu contre les incertitudes de semblables enquêtes... Dans la masse innombrable des volumes qui s'offrent à l'historien du xviiie siècle, il est aisé de collectionner des citations pour tout prouver. L'expérience a été faite. Le vrai sens d'un mouvement ne devient clair, bien souvent, que si les faits longuement classés opposent, non quelques références au néant, mais un groupement qui s'étend à un groupement qui se restreint. » (P. 9.)

Ainsi M. Mornet a joint la rigueur de la critique à l'abondance de l'information. De là la solidité de son étude. Elle augmente encore par la limitation volontaire de ses conclusions. Ni sur le problème littéraire ni sur le problème sociologique, il n'a cédé à la tentation de donner le coup de pouce qui aide la vérité générale à sortir; il est resté volontairement tout près de ses faits, et s'est refusé à étendre ses conclusions si peu que ce fût au delà de la ligne où les faits rigoureusement interprétés les arrêtaient. Il a posé sa recherche comme une pierre d'attente à côté de laquelle et sur laquelle devront se poser d'autres recherches pareilles: alors seulement les idées générales, les simplifications se dessineront d'elles-mêmes. On a un peu reproché à M. Mornet cette abstinence austère. Je suis bien tenté, pour ma part, de l'en féliciter. Il s'est privé d'un élément de succès en ôtant du brillant à son livre. Mais il fallait le faire, une méthode oblige; et nous avons encore besoin de ces exemples-là dans les travaux de littérature.

GUSTAVE LANSON.

DANIEL MORNET. **L'alexandrin français dans la deuxième moitié du XVIII° siècle.** *Toulouse, Édouard Privat,* 1907, in-8°.

On retrouve dans cette petite thèse la méthode exacte, la précision d'intelligence qui distinguent le travail dont je viens de parler. M. Mornet étudie la théorie et la pratique de l'alexandrin. Pour la théorie, Gaillard, Calvel, Joannet, Laporte, Saint-Ange, J.-M. Clément, Mercier, Sabatier, Marmontel, Laserre, Voltaire, Baignères, le *Journal Encyclopédique,* la Harpe, Geoffroy, le *Journal de Paris,* Meister. La pratique est étudiée chez Saint-Lambert, Delille et Roucher, et aussi chez Ducis, Marmontel, Bernis, Lebrun, Bertin, Berquin, Florian, Fontanes. Racine et Hugo servent de témoins et marquent les points de départ et d'arrivée. M. Mornet a dressé des statistiques précises où s'inscrit le mouvement. Je regrette que ni son étude ni ses statistiques ne fournissent les moyens de résoudre deux questions, à mon avis, essentielles dans le sujet : 1° quand prend-on conscience de la distinction, dans l'hémistiche, d'un accent secondaire qui le divise? Quand n'abandonne-t-on plus au hasard ou à l'instinct le choix, la position de cet accent? Quand se représente-t-on l'alexandrin comme quaternaire, et non plus comme binaire? Ou bien continue-t-on jusqu'à la fin du siècle à ne pas tenir compte dans la théorie de l'accent intérieur de l'hémistiche (excepté dans les cas de déplacement de césure), et considère-t-on toujours l'hémistiche comme la base de l'alexandrin? 2° (et voici le principal) quand commence-t-on à concevoir que la césure et la fin du vers ne se marquent pas nécessairement par des pauses, des suspensions de la voix et des arrêts du sens, mais aussi, simplement, par des accents rythmiques qui s'ajouteront aux accents toniques et pathétiques? Quand apparaît l'idée d'un dessin rythmique figuré par des appuis et non par des arrêts de la voix? Il eût été bon que ces questions-là fussent posées. Chez André Chénier, on voit l'accent prendre souvent la place de la pause : est-il le premier à le faire? — P. 15. Une petite inadvertance : « Ducerceau dit en 1742 », avec référence aux *Réflexions sur la poésie française,* 1730.

GUSTAVE LANSON.

CH.-M. DES GRANGES. — **Le Romantisme et la Critique : La Presse littéraire sous la Restauration, 1815-1830;** *Paris, Société du Mercure de France,* 1907, in-8°, 386 pp.

JULES MARSAN. — **La Muse Française, 1823-1824,** édition critique; *Société des Textes français modernes, Paris, Cornély,* 1907, in-12, tome I<sup>er</sup>, L-352 pp.

Depuis une quinzaine d'années, de patientes recherches ou d'heureuses trouvailles ont singulièrement élargi le champ de l'information en ce qui touche la littérature française de la première moitié du XIX° siècle. De nombreux documents sont sortis des archives où ils étaient jalousement gardés; des correspondances précieuses ont été publiées; et dès maintenant il est permis d'entrevoir le jour où l'on pourra faire sur pièces cette histoire du Romantisme dont les chapitres bien connus de Th. Gautier offrent une pitto-

resque mais très insuffisante esquisse. Sur la biographie des écrivains, sur la
genèse des œuvres, sur les relations des poètes entre eux, sur la vie intérieure
des groupes, bureaux de rédaction, salons, cénacles, coteries de toutes sortes
où s'élabora l'idéal romantique, c'est de l'*inédit* que nous devons et pouvons
encore attendre de larges révélations. Mais, quelque intérêt que nous ayons
à mieux connaître les chefs du mouvement et leur entourage immédiat, il
n'est pas moins important de savoir comment a réagi aux idées et aux œuvres
nouvelles le public contemporain, dont la résistance ou l'adhésion a retardé
ou assuré le triomphe de la révolution littéraire, et qui en a été l'anonyme,
mais efficace collaborateur. Or, pour saisir et fixer, sur un point donné, à un
moment donné, l'état de l'opinion publique, nous n'avons pas de plus sûr
moyen que de dépouiller, aussi complètement et méthodiquement que possible, l'amas de documents que nous offrent la presse quotidienne et surtout
la presse littéraire de cette époque. C'est ce que montre très fortement M. des
Granges dans l'Introduction de son ouvrage. Sans faire fi de la critique subjective, toujours suggestive et féconde quand elle est maniée par un maître,
il voit place à côté d'elle pour une critique objective et historique, attentive
à noter les variations de l'esprit public, à en recueillir les témoignages, à en
dégager la philosophie, occupée en un mot à reconstituer le milieu intellectuel dont la connaissance est indispensable à qui veut comprendre comment
se sont préparés, sont éclos et se sont adaptés les chefs-d'œuvre.

Une enquête de ce genre, en plus de son utilité, a ses charmes, dont le
moindre n'est pas le plaisir de la découverte : cet imprimé a souvent la valeur
et la saveur de l'inédit. Elle a aussi ses difficultés. Il manque un fil conducteur
pour se diriger à travers ces collections interminables : 34 volumes des
*Annales de la Littérature et des Arts*, 35 volumes du *Mercure du XIXᵉ siècle*,
60 volumes de la *Revue Encyclopédique*, sans compter les *Lettres Champenoises*,
les *Lettres Normandes*, les *Archives philosophiques et littéraires*, etc., etc. La
*Bibliographie* de Hatin est un guide insuffisant et peu sûr. M. des Granges,
dans la première partie de son volume, énumère les plus marquantes des
revues libérales, romantiques ou doctrinaires qui ont été publiées en France
de 1815 à 1830. Il donne sur chacune d'elles, sur ses vicissitudes, son esprit,
ses collaborateurs, son contenu, une foule de renseignements précieux. Ces
cent cinquante pages forment un excellent manuel de la presse littéraire sous
la Restauration, auquel il ne manque rien d'essentiel.

Non content d'avoir posé les bases d'une méthode et de donner les moyens
de s'en servir, M. des Granges a tenu à en proposer à ses lecteurs quelques
applications typiques. Il a pris à cet effet trois sujets parmi les plus importants
ou les plus difficiles que puisse offrir la période dont il s'occupe : 1º la définition du Romantisme ; 2º le Lyrisme de 1815 à 1830 ; 3º l'avènement du drame
romantique. Par l'analyse raisonnée des opinions et des jugements contemporains, il apporte à l'étude de ces questions délicates un précieux élément
de précision et de clarté. Ces trois chapitres contiennent d'abondantes citations, puisées aux sources mêmes, choisies parmi les plus significatives, ingé-
nieusement classées et ordonnées, très intéressantes en elles-mêmes et très
propres à donner une juste idée des services que l'histoire littéraire peut
attendre du genre de recherches préconisé et pratiqué par l'auteur.

*⁎*

M. des Granges souhaite quelque part que les étudiants de nos Universités
s'adonnent à la tâche un peu ingrate peut-être, mais utile, de rédiger pour les
revues qu'il mentionne, pour les feuilletons des grands journaux quotidiens,
et, d'une manière générale, pour la presse littéraire de 1750 à 1830 les index
et les tables méthodiques qui permettraient aux travailleurs de trouver sûrement et vite les documents dont ils ont besoin. Pour la *Muse Française*, nous
avons déjà mieux, grâce à la réimpression qu'en publie, par les soins de

M. Jules Marsan, la Société des Textes français modernes. Le contenu des
deux tomes de la *Muse* s'y trouvera intégralement remis au jour en deux
volumes, dont le premier vient de paraître. M. Marsan n'a pas cru devoir
borner sa tâche à assurer l'exacte reproduction du texte. Il justifie le sous-titre
d'édition critique ajouté à cette réimpression par la peine qu'il a prise de
noter, pour chacun des articles de la revue romantique, prose ou poésie, les
variantes que leurs auteurs leur ont fait subir dans les recueils postérieurs où ils
leur ont donné asile. Cette précaution était indispensable, quand il s'agit de
Vigny, Hugo ou Deschamps; par un louable scrupule, l'éditeur l'a étendue,
toutes les fois qu'il lui a été possible, même aux morceaux qui sont signés de
noms moins connus. Sur les circonstances qui ont entouré la fondation et la
brusque disparition de la *Muse*, on aurait souhaité que l'Introduction de
M. Marsan nous apportât des indications plus précises. Il était difficile de les
donner, à moins d'avoir à sa disposition les papiers de Guiraud et de Soumet.
Des publications imminentes feront sans doute sur ces deux points toute la
lumière désirable. On trouvera du moins ici les silhouettes, esquissées d'un
trait sûr et fin, des principaux collaborateurs de la *Muse Française*, autant
dire de la plupart des romantiques de la première heure, Soumet, Guiraud,
Ancelot, Hugo, Deschamps, Vigny, de Latouche, Jules Lefèvre, Saint-Valry.
Rességuier, Guttinguer, etc. Sur l'attitude de tous ces personnages à l'égard
du romantisme en 1823, sur leurs relations avant et après la *Muse*, M. Marsan
a réuni de nombreux et curieux renseignements, puisés en grande partie
dans les papiers et la correspondance inédite d'Émile Deschamps. Si ces
notices débordent parfois le cadre que l'auteur semblait s'être tracé, nul ne
songera à s'en plaindre, car elles sont pleines de piquant et d'intérêt, et elles
font de cette Introduction, sous son titre modeste, une contribution aussi
utile qu'agréable à l'histoire du Romantisme.

EDMOND ESTÈVE.

---

JOSEPH VIANEY. **Les sources de Leconte de Lisle**, *Montpellier*, *Coulet et
fils*, in-8° de VI-399 p.

Ce volume inaugure d'une façon très heureuse la Série littéraire des *Travaux et mémoires de Montpellier*. Le titre en marque le dessein et la nouveauté. Relativement facile pour les poèmes d'origine grecque ou romaine,
une enquête de ce genre devenait très malaisée pour la majeure partie de
l'œuvre. Avec une grande sûreté de méthode, M. Vianey a dépouillé tous les
ouvrages particuliers, traductions ou études, que Leconte de Lisle a pu connaître, et presque toujours cette recherche a donné des résultats précis. Je
cite seulement quelques-unes de ces sources : le *Ramayana* et le *Maha-Bha-
rata* de Fauche (1854 et 1865); le *Bhágavata purâna* d'E. Burnouf (1840); le
*Rig-Véda* de Langlois (1848); les *Poésies populaires du sud de l'Inde* de Lamai-
resse (1867); les *Chants populaires du Nord* de Xavier Marmier (1842); *la Saga
des Nibelungen dans les Eddas* d'E. de Laveley (s. d.); la *Finlande* de Léouzon
Le Duc (1845); les *Poèmes des bardes bretons* de Hersart de La Villemarqué (1830);
*le Foyer breton* d'E. Souvestre (1845); le *Romancero* de Damas Hinard (1844); la
traduction de Robert Burns par L. de Wailly (1843), les travaux de Marlès,
d'Ampère, d'Ozanam, de Fauriel, de Magnin, de Pictet, de Quatrefages...
Tels sont les « fondements de l'édifice », édifice solidement appuyé. Ce poète
a des goûts d'archéologue. Non pas qu'il soit l'esclave de ses documents. Il
fait son choix en artiste. Il les anime de son souffle. Mais dans ces évocations
sobres et puissantes, il n'est pas un détail qui ne se justifie scientifiquement.
Rien d'arbitraire ou d'artificiel, en vue de l'effet. C'est avec une véritable
passion qu'il a étudié ces civilisations mortes, avec des scrupules infinis qu'il

a voulu les faire revivre. Rarement son sens critique est en défaut; plus rarement, il cède aux exigences de la rime ou de la mesure. A vrai dire, on s'en doutait un peu; la valeur historique de l'œuvre n'était pas contestée; il était utile cependant que quelqu'un y regardât de plus près. Le livre de M. Vianey nous apporte autre chose que des affirmations sans preuves. A le lire, on comprend que Leconte de Lisle ait parlé sans indulgence du bric-à-brac romantique des *Orientales*.

On comprendrait moins sa sévérité à l'égard de Vigny, s'il n'y avait là un parti pris, et si ses théories d'art ne l'obligeaient à réserver son admiration aux grands Inspirés des âges primitifs (Voy. préface des *Poèmes antiques*). M. Vianey a très bien montré ce qui les rapproche. Pour tous deux, le génie est la flamme qui déifie l'homme en le consumant. Ce n'est pas une idée nouvelle que traduit l'allégorie de *la Robe du Centaure*. Immobile au faîte du sombre Hamavat, Valmiki rappelle, à s'y méprendre, Moïse sur la stérile montagne de Nébo. L'un et l'autre sont las de la vie et rêvent d'oubli et d'anéantissement. Mais le poète indien ne doit pas finir dans le désespoir, écrasé sous le poids de sa destinée, dans l'amoncellement des nuages noirs. Sa dernière vision sera une vision d'apothéose.

> La lumière sacrée envahit terre, cieux...
> Elle vole, palpite, et nage, et s'insinue...

> A ses pieds, c'est le triomphe de la nature et de la vie,

> Un rire éblouissant illumine le monde....

Son âme « plonge dans cette gloire »; les jours anciens renaissent, et le poème qu'il a créé rejaillit de nouveau de sa source sublime, — le *Ramayana* « large chant d'amour, de bonté, de vertu »....

Ainsi, Leconte de Lisle ne s'arrête pas au pessimisme de Vigny. Son œuvre n'est pas plus une œuvre de découragement, qu'une œuvre d'impassible indifférence. Elle exalte l'orgueil humain; elle dit les révoltes de la raison, ses angoisses, ses fureurs et ses grands espoirs; elle chante la nature, énergie première, éternellement féconde. Depuis le volume de MM. Marius-Ary Leblond, on ne peut plus oublier sa ferveur révolutionnaire, ses colères contre les religions officielles, ses ambitions sociales. Cela se retrouve partout. C'est l'âme de tous ses poèmes, du *Runoia*, de *Qaïn*, du *Dies iræ*, de *Khirôn*, de l'*Apollonide* aussi et de *Niobé*, car là encore est l'originalité de son rêve hellénique.

Chercher les sources d'un poète, c'est le soumettre à une épreuve décisive. L'œuvre de Leconte de Lisle en sort victorieuse. Par ses analyses patientes, en nous présentant sur le vif ce travail d'imitation et de création, M. Vianey nous aide, d'abord, à la mieux comprendre; mais surtout, il nous donne des raisons nouvelles de l'admirer.

JULES MARSAN.

---

EDMOND LEPELLETIER. — **Paul Verlaine. Sa vie. Son œuvre.** Paris, *Société du Mercure de France*, 1907, 553 p.

Voici, consacrée à Paul Verlaine, une copieuse biographie, toute bourrée de documents et de lettres inédites, un peu à la manière d'outre-Manche. Elle est due à M. Edmond Lepelletier, un des amis du poète. Il a mérité d'écrire ce livre pour la fidélité qu'il a gardée à Verlaine dans des circonstances difficiles, alors que tous le reniaient et s'écartaient de lui. Il partage cet honneur avec M. Emile Blémont.

C'est un livre abondant, un peu rapidement écrit, un peu « journalistique »;

tenant de la causerie et de l'improvisation, agréable au demeurant. L'auteur
ne s'y interdit pas les digressions; et, en racontant son ami, il s'y raconte
quelquefois un peu lui-même. — Je voudrais, rapidement, montrer quel est
l'intérêt de cette contribution à l'histoire de notre littérature. Ce mot, je crois,
n'est pas exagéré, si Verlaine, contemporain des Parnassiens, anticipe sur le
Parnasse et domine tout le développement ultérieur de la poésie émancipée.

M. Lepelletier est amené par son sujet même à parler du milieu intellectuel où évolua Verlaine. Il le fait copieusement. Et il eût pu aussi bien intituler son volume : « Paul Verlaine et son temps. » M. Lepelletier a été mêlé à
la vie littéraire de l'époque qu'il raconte. De là, semble-t-il, quelques erreurs
d'optique. Ainsi il s'étonne de voir les Parnassiens soutenir Edmond de Goncourt à la première représentation d'*Henriette Maréchal* (p. 138). « Rien, dit-
il, n'était plus loin de l'esprit poétique du Parnasse que la modernité, le bru-
talisme (?) et la sécheresse d'art (??) des Goncourt. » On prouverait aisément
le contraire; et il me semble qu'il y a bien plus de sécheresse voulue chez les
Parnassiens archaïsants que chez les auteurs de *Germinie Lacerteux* et de
*Sœur Philomène*. — On est surpris de lire (p. 145) que Sainte-Beuve est le
seul critique au XIXᵉ siècle, et de voir placer presque au même rang que lui
cet amusant « braque » de Barbey d'Aurevilly. — Je voudrais bien aussi ne
pas voir M. Lepelletier, qui cependant n'est pas coutumier du fait, se rencontrer avec la critique orthodoxe, et traiter Desbordes-Valmore comme l'a
fait Brunetière, en reprochant « son afféterie, et son allure de chanteuse de
romances pour salons Louis-Philippe » (p. 461). — Il y a ainsi, çà et là, quelques passages qui appellent la discussion. — Mais il faut reconnaître que
l'auteur nous donne de très intéressants détails sur les cafés et les salons que
fréquentèrent les poètes de la seconde moitié du dernier siècle. Il nous conduit,
chemin faisant, au « Café du Gaz », au salon de la marquise de Ricard, à
celui, un peu plus interlope, de Nina de Callias, à la librairie Lemerre, dans
les jours héroïques du premier Parnasse contemporain, chez les proscrits de
Londres au lendemain de la Commune.

Un autre mérite de ce livre, c'est de nous renseigner avec ampleur sur les
origines de Verlaine, Ardennais par son père, Artésien par sa mère. On ne
saurait trop insister sur les affinités de Verlaine avec le nord de la France.
Une bonne part de son génie s'explique par là, et je tenterai quelque jour de
le montrer. Il a été fortement influencé par Desbordes-Valmore, de Douai,
comme je l'ai déjà indiqué en cette revue même, et par Watteau, de Valen-
ciennes. (*Fêtes Galantes*, *les Uns et les Autres*; cf M. Barrès, discours prononcé
sur la tombe de Verlaine : « Ces beautés tendres et déchirantes qui n'ont
d'analogue que dans un autre art, l'*Embarquement pour Cythère* ».) Il a très
vivement senti le paysage belge, et a eu lui-même une influence décisive sur
le plus récent développement de la littérature dans les Pays-Bas de langue
française. La biographie de M. Lepelletier nous aide puissamment à élucider
ces divers points.

On apprend sans surprise que Verlaine était un artiste assez conscient et
assez calculé. Bien qu'il ait voulu se créer la légende d'un cancre (p. 63), il a
fait des études passables, assez distinguées sur certains points (p. 61). — « Il
y avait, dit quelque part M. Lepelletier (p. 519), beaucoup de composition dans
les élans et les hardiesses personnels de ses vers, dans ses désespoirs aussi. »
Et il tenait à sa copie, et, dans le désordre de sa destinée, ne l'égarait pas
facilement : M. Anatole France a retenu le trait pour son personnage de
Choulette, dans le *Lys Rouge*. Il s'est passé pour Verlaine la même chose que
pour La Fontaine. La vie laissée à l'abandon, à l'aventure : l'œuvre beaucoup
plus surveillée et concertée.

Je n'insiste point sur le caractère même de Verlaine, et la série d'aventures
et d'anecdotes, très divertissantes, qui servent à l'illustrer. Visiblement, M. Lepelletier s'amuse un peu de son héros, dirai-je parfois aux dépens de son héros?

Je signalerai l'attitude de Verlaine pendant la Commune, et comment il fut en quelque sorte « communard » malgré lui; son aventure héroï-comique du buffet de la gare d'Arras; son impayable sortie de prison à Vouziers. — On trouvera aussi d'importants développements sur le goût spécial que Verlaine a montré pour la prison, « le meilleur des châteaux », et pour l'hôpital; ces deux demeures ont eu sur la qualité de sa poésie une influence très réelle. Quant au catholicisme de Verlaine, M. Lepelletier ne semble pas le prendre très sérieusement : affaire de sens et d'imagination, pense-t-il; mais y avait-il autre chose chez « le pauvre Lelian »? Des esprits comme le sien et comme celui de Huysmans ne sont guère spéculatifs : ils ne font que changer d'images.

J'arrive à la question qui a surtout poussé M. Lepelletier à écrire son livre. Il a voulu défendre la mémoire du poète contre certaines insinuations et accusations un peu trop lourdes; détruire, en un mot, ce qu'il appelle la « légende de Paul Verlaine ». Y a-t-il réussi complètement? Je ne sais. *Amour*, par exemple, reste un livre louche. Mais il est certain qu'il a justifié le poète sur un certain nombre de points. La gravité des deux affaires qui lui ont valu la prison à Mons et à Vouziers se trouve fort atténuée. Peut-être Rimbaud est-il même un peu noirci au profit de Verlaine. Quoi qu'il en soit, la pire partie de la « légende » semble bien avoir été une invention des ennemis de Verlaine, — de son beau-père, principalement, qui avait intérêt à le perdre de réputation.

Ce notaire provincial joue un assez vilain rôle dans la destinée de Verlaine. Il accepte d'abord assez étourdiment ce gendre bizarre qui lui prend sa fille sans dot, puis il se débarrasse de lui sans aucun scrupule, lorsqu'il le juge à propos, et en le calomniant. Verlaine rencontra encore un personnage retors, dans une malheureuse aventure. Il s'emporta fort vilainement contre sa mère, en vieil enfant alcoolique et capricieux. Mais il se trouva un certain M. Dane qui aggrava les choses, et les porta devant les tribunaux. — On a cette double impression que si le poète fut « un mauvais garçon », il eut toutefois l'âme plus ingénue et plus dénuée de malice que certains de ceux à qui il eut affaire en de fâcheuses circonstances, et que ce que l'on persécuta en lui ce furent bien moins ses défaillances morales, que son originalité, que cette tare qui consiste à être différent des autres et que le troupeau ne pardonne jamais, sinon à ceux qui le maîtrisent.

On remarquera que les femmes qui ont joué un rôle dans la vie de Paul Verlaine lui furent souvent assez indulgentes, après tout. M. Lepelletier me paraît un peu dur pour l'épouse du poète. Beaucoup d'hommes de lettres et d' « intellectuels » ont été plus mal lotis. Le beau-frère de Verlaine, Charles de Sivry, était un artiste; sa belle-mère se trouvait d'esprit assez tolérant. Le mariage ne semble pas avoir été pour Verlaine, tout d'abord, la demi-claustration qu'il est trop souvent pour les caractères faibles, dans les groupes exclusivement bourgeois. Et Mme Verlaine, d'autre part, était une bonne personne, et attachée à ses devoirs. Il faut bien avouer que le poète était un mari impossible, et non pas seulement par cette humeur indépendante qui est celle de tous les impulsifs. Ses crises d'alcoolique étaient accompagnées de violence, et le rendaient dangereux. Il n'est pas surprenant que sa femme, déconcertée d'abord, et peut-être ensuite effrayée, soit retombée sous l'influence de son père.

Quant à la mère du poète, elle a été admirable. Elle s'est à peu près ruinée pour lui, et l'a entouré d'un dévouement qui ne s'est jamais démenti. Dans un temps d'épouvante seulement, elle s'est réfugiée auprès de M. Dane, et s'est appuyée sur un provincial retors, en qui elle sentait un appui résistant.

Il n'est pas jusqu'à cette Eugénie Krantz, maîtresse, à de certains égards ignoble, de poète vieilli, qui ne lui ait épargné la douleur de mourir à l'hôpital.

HENRI POTEZ.

Fausto Nicolini. **Viaggiatori stranieri a Napoli. I.** Il presidente di Montes-quieu: Une brochure in-12 de 30 pp. *Trani, Vecchi,* 1906. (Extrait de *Napoli Nobilissima,* t. XIV, 1905.)

M. Nicolini, archiviste napolitain, bien connu comme défenseur et éditeur de Pietro Giannone et comme biographe du juriconsulte Niccola Nicolini, a commencé une série d'études sur les touristes étrangers qui ont visité et décrit Naples. Il l'inaugure avec Montesquieu, dont les *Voyages* inédits, mis en lumière en 1894-96 par le baron Albert de Montesquieu, lui ont fourni les éléments d'un aimable et amusant tableau. Les textes patiemment réunis et groupés avec soin lui permettent de montrer en Montesquieu un touriste très sensible aux beautés des paysages, un judicieux critique d'architecture et d'art décoratif, un curieux d'archéologie et de légendes archéologiques (« le lieu où Cicéron disait la messe », p. 11), un économiste plus intéressant encore dans ses remarques sur la population napolitaine, sur le nombre des lazzaroni, des mendiants, des « plaideurs et suppôts »; (les chiffres sont exagérés et fournissent à Nicolini l'occasion d'utiles notes rectificatives). Le spectacle du « Miracle de saint Janvier », qu'il constate sans en trouver une explication rationnelle, sans admettre non plus, bien entendu, une explication thaumaturgique (la réflexion finale citée p. 21 n'est qu'une précaution oratoire à laquelle M. N. accorde trop de valeur), inspire à Montesquieu les réflexions les plus justes et les plus subtilement déduites (pp. 20-21) sur le rôle des ecclésiastiques dans la production dudit phénomène. M. Nicolini ajoute quelques éclaircissements utiles, sinon exhaustifs, sur le prétendu miracle, qui n'a pas été opéré avant 1350, comme l'a prouvé Taglialatela. Mais ceci intéresse moins l'histoire littéraire que la physique amusante. En somme Montesquieu, qui n'a passé à Naples qu'une quinzaine de jours agréables et fort bien remplis, en a profité pour se documenter abondamment sur les questions sociales napolitaines. Sa description est un témoignage historique sérieux que M. Nicolini a mis en valeur avec beaucoup d'art et d'érudition. — Le second fascicule de la série a été consacré à l'espagnol Moratin.

L.-G. Pélissier.

# PÉRIODIQUES

**Allgemeine Zeitung, Beilage.** — N° 31 : R. Prévot, *Die moderne Dichtung in Frankreich* — *Briefe Bérangers an die Prinzessin Solms.* — N° 41 : R. Prévôt, *Das französische Gesellschaftsdrama.*

**Archiv für das Studium der neueren Sprachen und Literaturen.** — CXIX, n°ˢ 1 et 2 : Stiefel, *Zu den Novellen Paul Scarrons,* I — Sakman, *Voltaire als Aesthetiker und Literarkritiker* — Rosenberg, *Zu P.-L. Couriers Briefen.* — Küchler, *Die cent Nouvelles Nouvelles.* — W. Mangold, *Der neueste Streit Becker-Schneegans über Molieres Subjektivismus.* — Huguet, *Petit glossaire des classiques français du XVIIIᵉ siècle.*

**Archiv für Kulturgeschichte.** — V, 4 : Gebauer, *Quellenstudien zur Geschichte des neueren franz. Einflusses auf die deutsche Kultur,* I.

**Cultura.** — XXVI, n° 16 : C. de Lollis, *L'estetica di Flaubert* — N° 18 : J. Luchaire, *Essai sur l'évolution intellectuelle de l'Italie;* Séché, *Musset* (C. de Lollis) — N° 21 : C. de Lollis, *L'universalita della lingua francese.*

**Deutsche Literaturzeitung.** — N° 25 : Nyrop, *Remarques grammaticales sur quelques vers de Jean Richepin* (Stengel) — N° 29 : Taine, *vie et corresp.* (Ronsohoff) — N° 30 : Gilbert, *Les lettres françaises dans la Belgique d'aujourd'hui* (Liégeois).

**Deutsche Rundschau.** — 10 : Schneegans, *Der Frauenstreit in der französischen Renaissanceliteratur.*

**Die neueren Sprachen.** — XV, 5 : Livres scolaires. — 6 : Livres scolaires — 7 : O. Thiergen, *Erinnerungen an die Provence,* I — Livres scolaires. — 8 : O. Thiergen, *Erinn. an die Provence* (fin) — Livres scolaires.

**Giornale storico della letteratura italiana.** — XLIX, 1 : Fassini, *Paolo Rolli contro il Voltaire.* — 2-3 : E. Picot, *Les Français italianisants au XVIᵉ siècle.* — O. Tognozzi, *V. Alfieri e A. Chénier,* ed. postuma con prefazione di Guido Mazzoni — L, 1-2 : Martino, *L'Orient dans la littérature française au XVIIᵉ et au XVIIIᵉ siècle.* — G. Meregazzi, *Le tragedie di P. Corneille nelle traduzioni italiane del sec. XVIII* — J. Luchaire, *L'évolution intellectuelle de l'Italie de 1815 à 1830.*

**Grenzboten.** — N° 29 : M. J. Minckwitz, *Ferdinand Brunetière.*

**Internationale Wochenschrift für Wissenschaft, Kunst und Technik.** — I, 23 : P. A. Becker, *Fontenelle.*

**Journal des débats politiques et littéraires.** — 4 août; *L'œuvre de M. Edmond Demolins.* — 5 août; L. de Lanzac de Laborie, *L'affaire Maubreuil.* — Emile Faguet, *La semaine dramatique.* — 10 août; G. Baguenault de Puchesse, *Un ambassadeur d'Angleterre en France sous le règne d'Elisabeth* (Cobham). — 12 août; E. Rodocanachi, *Pétrarque humaniste.* — E. Faguet, *La semaine dramatique.* — 13 août; Michel Salomon, *La peine d'écrire.* — 15 août; Z., *Chateaubriand, professeur de français.* — Maurice Muret, *Notes de littérature étrangère : un roman de M. Blasco Ibanez.* — 19 août; Émile Faguet, *La semaine dramatique : le Rire, d'après M. James Sully.* — 20 août; André Chaumeix, *Un ennemi du romantisme* (M. P. Lasserre). — 28 août; Émile Faguet, *La semaine dramatique.* — 29 août; A..C., *Notes de littérature : « le Cahier rouge de Benjamin Constant ».* — 30 août; E. M. de Vogüé, *La correspondance de Taine.* —

2 septembre; Émile Faguet. *La semaine dramatique.* — 6 septembre; G. Baguenault de Puchesse, *Le cardinal secrétaire d'état du pape Grégoire XIII* (Ptolémée Gallio). — 8 septembre; A. C., *Sully Prudhomme.* — 9 septembre; Émile Faguet, *La semaine dramatique.* — 11 septembre; *Propriété littéraire.* — Émile Gebhart, *Un nouveau drame sur François de Rimini.* — 12 septembre; *Lettre de Sully Prudhomme à un écolier.* — 15 septembre; Henry Bidou, *Les femmes à l'Académie.* — Fernand Bournon, *Madame de Miramion.* — André Chaumeix, *Lettres de Gui Patin.* — 16 septembre; Émile Faguet, *La semaine dramatique.* — 18 septembre; Augustin Filon, *Une première à Londres.* — 19 septembre; *Florian gastronome.* — 21 septembre; G. Dupont-Ferrier, *Les sources de Leconte de Lisle.* — 28 septembre; Émile Faguet, *La semaine dramatique.* — 24 septembre; *En l'honneur d'Albert Sorel.* — 25 septembre; Albert Ojardias, *La généalogie de Pascal.* — 27 septembre; André Hallays, *Le palais des Papes.* — 28 septembre; *Le latin de Béranger.* — 29 septembre; André Chaumeix, « *Les éblouissements* » *par M^me de Noailles.* — 30 septembre; Émile Faguet, *La semaine dramatique.* — 2 octobre; Arvède Barine, *Les souvenirs d'un vagabond* (Hans Ostwald). — 5 octobre; G. Dupont-Ferrier, *Armand Carrel.* — 7 octobre; Émile Faguet, *La semaine dramatique.* — René Doumic, *Un livre de nouvelles* (par Henry Bordeaux). — 11 octobre, André Hallays, *Le palais des papes.* II. — 13 octobre; Michel Salomon, *Chez Eugène Süe.* — 14 octobre; Émile Faguet, *La semaine dramatique.* — M. M., *Les mémoires de Crispi.* — 15 octobre; Victor Giraud, *Pascal a-t-il été amoureux?* — 16 octobre; André Beaunier, *Académiciennes.* — 18 octobre; Paul Ginisty, *Gustave Flaubert et ses juges.* — *Inauguration de la statue de Bernardin de Saint-Pierre.* — 20 octobre; *Les ratures de Chateaubriand.* — 21 octobre; *Une statue à Flaubert.* — Émile Faguet, *La semaine dramatique.* — 23 octobre; Germain Lefèvre-Pontalis, *La statue de Jean-Jacques à Montmorency.* — 26 octobre (supplément); *Séance publique annuelle des cinq Académies.* — 28 octobre; Émile Faguet, *La semaine dramatique.* — *Inauguration de la statue de J.-J. Rousseau à Montmorency.* — 29 octobre; Maurice Muret, *Notes de littérature étrangère : M. Frédéric Spielhagen.* — 30 octobre; Augustin Filon, *La psychologie de l'Angleterre contemporaine, par M. Jacques Bardoux.* — 1^er novembre; André Hallays, *Le château de La Bâtie.* — 3 novembre; *Stendhal et Saint-Simon.* — 4 novembre; Émile Faguet, *La semaine dramatique.* — 8 novembre; Paul Ginisty, *Souvenirs de théâtre.* — 10 novembre; Maurice Muret, *Lectures étrangères : une visite à Alexandre Manzoni* (1831). — 11 novembre; Émile Faguet, *La semaine dramatique.* — 13 novembre; Émile Gebhart, *L'originalité de Sainte-Thérèse.* — 16 novembre; (supplément); *Séance publique annuelle de l'Académie des inscriptions et belles-lettres.* — 18 novembre; Émile Faguet, *La semaine dramatique.* — 20 novembre; Maurice Muret, *Notes de littérature étrangère :* « *Au seuil de la vie* », *par Antonio Beltramelli.* — 21 novembre; Michel Salomon. *La maison de M^me Roland.* — 22 novembre (supplément); *Séance publique annuelle de l'Académie française.* — 26 novembre; Henri Chantavoine, *A l'Académie française.* — 24 novembre; G. Baguenault de Puchesse, *Le procès d'un évêque au XVI^e siècle* (Guillaume Pellicier). — 25 novembre; Émile Faguet, *La semaine dramatique.* — 29 novembre; André Hallays, *La comtesse de Mirabeau.* — 2 décembre; Émile Faguet, *La semaine dramatique.* — 4 décembre; Arvède Barine, *La vie d'un poète : Coleridge.* — 6 décembre; Henry Bidou, *En marge des* « *Liaisons dangereuses* ». — André Hallays, *Charles Nodier.* — 8 décembre; Maurice Demaison, *La Chronique des Chapons et des Gélinottes* (par Pinchesne, publiée par Lachèvre). — (Supplément). *Séance publique annuelle de l'Académie des sciences morales et politiques.* — 9 décembre; Émile Faguet, *La semaine dramatique.* — 10 décembre; Ernest Sellière, *Le bilan du Romantisme allemand.* — 11 décembre; Émile Gebhart, *Gens de guerre et intendants au XVII^e siècle.* — 16 décembre; Émile Faguet, *La semaine dramatique.* — 20 décembre (supplément); *Académie française : réception de M. Maurice Donnay.* — 21 décembre; Henri

Chantavoine : A l'Académie française. — 23 décembre; Émile Faguet, La semaine dramatique. — 27 décembre; André Hallays, Madame de Souza. — 28 décembre; G. Dupont-Ferrier, Jean Mabillon. — 30 décembre; Émile Faguet, La semaine dramatique.

**Literarische Echo (Das).** — X, 2 : Mahn, Maupassant als Journalist.

**Literarisches Zentralblatt.** — N° 47 : Wolter, Musset im Urteile George Sands — N° 48, Latreille, Joseph de Maistre et la papauté.

**Literaturblatt für germanische und romanische Philologie.** — N° 10 : Maynial, Maupassant (Schneegans).

**Modern Language notes.** — XXII, 7 : Colbert Searles, The stageability of Garnier's Tragedies. — 8 : Rod, L'affaire J.-J. Rousseau (Schinz).

**Modern Language Review** — II, 4 : Tilley, Rabelais and geographical discovery. I. — E. Roy, Études sur le théâtre français du XIV et du XVe siècle et Le mystère de la Passion en France. — III, 1 : Walch, Anthologie des poètes français contemporains (Gohin.)

**Museum.** — XV, n° 1 : Marsan, La pastorale dramatique en France (Valkhoff). — Zangroniz, Montaigne, Amyot et Sallat (Salverda de Grave).

**Neue philologische Rundschau.** — N° 17 : Ulrich, Proben der franz. Novellistik des XVI Jahrhunderts (Cosack). — N° 21 : Bergmann, Die sprachliche Anschauungs — und Ausdruckweise der Franzosen (Küffner). — N° 22 : Brunot, Hist. de la langue fr. (Horning).

**Nord und Süd,** juillet 1907 : K.-W. Goldschmidt, Frédéric Mistral.

**Palvese (Il)** [paraît à Trieste]. — I, 16 : Farinelli, Dante e Pascal. — 17 : J. Cavalli, Lo Stendhal a Trieste.

**Revue Critique d'histoire et de littérature.** — N° 42 : Maugras, Lauzun (A. C.). — N° 43 : Fusco, Les vues de Flaubert sur l'art (Ch. Dejob). — N° 44 : Lettre de M. Christian Maréchal et réponse de M. Marc Citolleux. — N° 45 : Ronsard, Le livret de folastries, p. Van Bever (Madeleine et Laumonier). — M. Masson, Fénelon et Mme Guyon (A.). — N° 46 : Hermant, Mémoires, III, p. A. Gazier (A.). — Gendarme de Bévotte, La légende de don Juan (F. Baldensperger). — N° 48 : Huguet, Petit glossaire des classiques français du XVIIe siècle (E. Bourciez). — Mém. de Mme de Boigne, III (A. C.). — N° 49; Estève, Byron et le romantisme français (F. Baldensperger). — N° 52 : Lachèvre, Le livre d'amour d'Est. Durand pour Marie de Fourcy; Des Barreaux; La chronique des chapons de Pinchesne (L. R.). — N° 2 : Claretie, Camille Desmoulins (A. C.). — Latreille, Joseph de Maistre et la papauté (A. Gazier). — Bastin et Ackermann, Aperçu de la littérature française (L. R.). — Weber, Sully Prudhomme (L. R.). — N° 3 : Ernest Dupuy, Poèmes (Félix Hémon). — N° 4 : Hérissay, Buzot (A. C.). — Aulard, Taine (A. C.). — H. Cordier, Charles de Lovenjoul (A. C.). — N° 5 : Nyrop, Une ballade de Villon (A. J.). — N° 7 : Toussaint, Anecdotes, p. Fould (A. C.). — Joret, Duvau (A. C.).

**Revue politique et littéraire** (Revue bleue). — 3 août; Ch.-V. Langlois, Les bibliothèques des écoles publiques. — Lucien Maury, Les Lettres : œuvres et idées : « l'Émigré », par Paul Bourget. — Jacques Lux, Le succès littéraire. — 10 août; Ch.-V. Langlois, Les bibliothèques des écoles publiques : ce qu'elles doivent être. — Lucien Maury, Les Lettres : « les Grands Poètes romantiques de Pologne », par Gabriel Sarrazin. — Charles Vellay, Les poursuites contre « Organt ». — 17 août; Lucien Maury, Les Lettres : « Mémoires de la comtesse de Boigne (t. II, 1815-1819). — 24 août; Louis Havet, La lettre de Blaise Pascal à Florin Périer. — Lucien Maury, Les Lettres : « Demi-fous et demi-responsables », par J. Grasset. — 31 août; Louis Havet, La lettre de Blaise Pascal à Florin Perier. — Ch. Normand, Les officiers de finance au XVIIe siècle. — Lucien Maury, Les lettres : littérature canadienne française, Charles Ab der Alden et Albert Lozeau. — 7 septembre; Louis Havet, La lettre de Blaise Pascal à Florin Périer. — Lucien Maury, Les Lettres : « En Allemagne », par Jules Huret. — 14 septembre; Louis Havet, La lettre de Blaise Pascal à Florin

*Périer*. — Paul Bonnefon, *Voyageurs de jadis.* — Fernand Caussy, *Le marquis de Pezay*. — Lucien Maury, *Les Lettres : Essai d'une psychologie de l'Angleterre contemporaine* », *par Jacques Bardoux.* — 21 septembre; Adolphe Loir, *Paul-François Dubois.* — P.-F. Dubois, *Béranger.* — Ch. Normand, *Les hommes d'affaires au XVIIᵉ siècle : donneurs d'avis, partisans et traitants.* — Lucien Maury, *Les Lettres : « Dans l'ombre de la cathédrale »*, *par V. Blasco Ibanez*. — Jacques Lux, *Sully Prudhomme*. — 28 septembre; P.-F. Dubois, *Béranger.* — Ch. Normand, *Les chambres de justice et les financiers du XVIIᵉ siècle*. — Lucien Maury, *Les Lettres : l'avenir de l'amour* (Léon Blum, Ellen Key). — 5 octobre; P.-F. Dubois, *Béranger.* — F. Strowski, *La lettre de Blaise Pascal à Florin Périer*. — Joachim Merlant, *L'influence de Sénancour sur A. de Vigny, M. de Guérin et Amiel*. — 12 octobre; marquis de Custine, *En 1814, à la suite du comte d'Artois* (lettres inédites publiées par Paul Bonnefon). — P.-F. Dubois, *Béranger.* — Edmond Pilon, *Rousseau à Montmorency*. — 19 octobre; marquis de Custine, *En 1814*. — L. de Lanzac de Laborie, *Le cardinal Maury à l'archevêché de Paris* (1810). — Lucien Maury, *Les Lettres :* « *l'Assemblée nationale de 1871* », *par M. de Marcère;* « *la Troisième République française et ce qu'elle vaut* », *par le comte de Gobineau*. — Raymond Bouyer, *Le caractère français jugé par l'idéal romantique*. — 26 octobre; A. Chuquet, *Desaix en Italie (décembre 1797)*. — Marquis de Custine, *En 1814*. — Charles Vellay, *Marat chez le comte d'Artois*. — Lucien Maury, *Les Lettres : Gréard*. — Paul Flat, *Théâtres : Théâtre-Antoine,* « *Terre d'épouvante* », *par MM. André de Lorde et Eugène Morel*. — 2 novembre; Lucien Maury, *Les Lettres : une nouvelle romancière,* « *la Petite Lotte* », *par Simone Bodève*. — 9 novembre; Lucien Maury, *Les Lettres : le docteur Gustave Le Bon*. — Paul Flat, *Théâtres : Odéon,* « *Son Père* », *par MM. Albert Guinon et Bouchinet*. — 16 novembre; Charles Oulmont, *Un pamphlet du règne de Louis XV* (1752). — Lucien Maury, *Les Lettres :* « *le Blé qui lève* », *par René Bazin;* « *le Cheval blanc* », *par Léon Barracand*. — 23 novembre; Lucien Maury, *Les Lettres : George Moore*. — Jacques Lux, *Autour de l'Académie française*. — 30 novembre; Lucien Maury, *Les Lettres : historiens de la littérature, F. Brunetière, F. Strowski, G. Michaut*. — Jacques Lux, *Quel sera le successeur de Sully Prudhomme à l'Académie française?* — 7 décembre; Arthur Chuquet, *Lessing*. — Edme Champion, *La folie de Don Quichotte et celle de Sancho*. — 14 décembre; Lucien Maury, *Les Lettres : le comte d'Haussonville, Henry Roujon*. — Paul Flat, *Théâtres : Comédie-Française,* « *l'Autre* », *par MM. Paul et Victor Margueritte*. — Jacques Lux, *La vie littéraire et les prix*. — 21 décembre; Arthur Chuquet, *Prosper Mérimée et la correspondance de Napoléon*. — Prosper Mérimée, *Pages inédites*. Lucien Maury, *Les Lettres : anecdotes historiques*. — 28 décembre; Edmond Pilon, *Les conteuses*. — Lucien Maury, *Les Lettres : Ernest Zyromski*.

**Sonntagsbeilage der Vossischen Zeitung.** — Nº 31 : A. Hoffmann, *Das Freundschaftsverhältnis zwischen Balzac und Descartes*. — Nº 37 : O. Herrmann, *Die Geschichtsphilosophie Voltaires*.

**Sonntagsbeilage zur Nationalzeitung.** — Nº 12 : M. Lehrs, *Zum Tode Sully Prudhommes*. I. *Neue Uebersetzungen*.

**Le Temps.** — 4 août; Gaston Deschamps, *La vie littéraire :* « *l'Émigré* », *par Paul Bourget*. — 5 août; Erik Sjoestedt, *L'année théâtrale en Suède*. — 8 août; *En marge* (sur Voltaire). — Marc Varenne, *Les fêtes d'Orange*. — 11 août; Gaston Deschamps, *La vie littéraire :* « *les Fantômes du Bonheur* », *par J. de Mistral-Combremont*. — 12 août; A. B. Walkley, *L'année théâtrale à Londres*. — 14 août; T. G., *La petite histoire : Courchamps*. — 15 août; *En marge* (Saint-Evremond). — 16 août; Jules Claretie, *La vie à Paris : le Livre*. — 18 août; Gaston Deschamps, *La vie littéraire :* « *Gorri le Forban* », *par André Lichtenberger*. — *Une lettre inédite de Lamartine*. — 19 août; Michel Delines, *La vie théâtrale en Italie*. — *En marge* (Guy de Maupassant). — 20 août; *Gérard de Nerval diplomate*. — 22 août; A. Mézières, *Gréard : un* *moraliste éducateur.* — *En marge* (Lamartine). — 25 août; Gaston Deschamps, *La vie littéraire* : « *le Miracle moderne* », *par Jules Bois.* — 26 août; W. Ulrich, *L'art dramatique à Berlin.* — Manuel Bueno, *Les jeunes romanciers espagnols.* — 1er septembre; Gaston Deschamps; *La vie littéraire* : « *les pays de France* ». — 2 septembre; Adolphe Brisson, *Chronique théâtrale : Francisque Sarcey à Grenoble.* — 4 septembre; T. G., *La petite histoire : Chateaubriand-Tartarin.* — 5 septembre; Frédéric Masson, *L'avènement de Bonaparte.* — 8 septembre ; Jules Claretie, *Sully Prudhomme.* — Gaston Deschamps, *La vie littéraire* : « *l'Occultisme hier et aujourd'hui* », *par J. Grasset.* — 9 septembre; Adolphe Brisson, *Chronique théâtrale.* — A. Mézières, *Sully Prudhomme.* — 10 septembre; A. Mézières, *Un préfet du Consulat : Beugnot.* — 13 septembre; Jules Claretie, *La vie à Paris : la mort d'un poète, souvenirs de Sully Prudhomme.* — 15 septembre; Gaston Deschamps, *La vie littéraire : Sully Prudhomme.* — 16 septembre; Adolphe Brisson, *Chronique théâtrale.* — 20 septembre; *Les débuts de Sully Prudhomme.* — 22 septembre; Gaston Deschamps, *La vie littéraire : essais de psychologie sociale.* — 23 septembre; Adolphe Brisson, *Chronique théâtrale.* — 29 septembre; Gaston Deschamps, *La vie littéraire* : « *la France d'aujourd'hui, la France de demain* », *par Jules d'Auriac.* — 30 septembre; Adolphe Brisson, *Chronique théâtrale.* — 2 octobre; *Victor Hugo inédit : notes sur le coup d'état.* — 6 octobre; Gaston Deschamps, *La vie littéraire : l'édition nationale de Victor Hugo.* — 7 octobre; Adolphe Brisson, *Chronique théâtrale.* — 10 octobre; A. Mézières, *La marquise de Boufflers.* — 13 octobre; Gaston Deschamps, *La vie littéraire : la guerre de 1870-71.* — 14 octobre; Adolphe Brisson, *Chronique théâtrale.* — Jean Dornis, *Leconte de Lisle à l'île Bourbon.* — 17 octobre; *En marge* (Choderlos de Laclos). — 20 octobre; Gaston Deschamps, *La vie littéraire* : « *le Blé qui lève* », *par René Bazin.* — 21 octobre; Adolphe Brisson, *Chronique théâtrale.* — *Inauguration du monument de Flaubert à Rouen.* — 22 octobre; Maurice Dumoulin, *La double vie de Sarah Bernhardt.* — 24 octobre; *En marge* (Honoré d'Urfé). — Raoul Aubry, *Une élection à l'Académie des Goncourt.* — 26 octobre (supplément.) *Séance publique annuelle des cinq Académies.* — 27 octobre; Gaston Deschamps, *La vie littéraire : Guillaume Ferrero.* — 28 octobre; Adolphe Brisson, *Chronique théâtrale.* — *Jean-Jacques Rousseau à Montmorency.* — 31 octobre; *En marge* (la comtesse de Boigne). — A. Mézières, *Mme de Souza.* — 2 novembre; *Une élection à l'Académie des Goncourt* (Jules Renard). — 3 novembre; Gaston Deschamps, *La vie littéraire : pour ceux qui pleurent.* — 4 novembre; Adolphe Brisson, *Chronique théâtrale.* — 7 novembre; *En marge* (le baron Taylor). — 8 novembre; *Inauguration du monument du baron Taylor.* — 10 novembre; Gaston Deschamps, *La vie littéraire : Jules Renard.* — (Supplément). *Séance publique annuelle de l'Académie des beaux-arts.* — 11 novembre; Adolphe Brisson, *Chronique théâtrale.* — 13 novembre; T. G., *La petite histoire : Mme de Mirabeau.* — Paul Souday, « *Les Liaisons dangereuses* » *au théâtre.* — 16 novembre; Hanska, comtesse de Mnizsech, *A propos de Balzac.* — *Séance publique annuelle de l'Académie des inscriptions et belles-lettres.* — 17 novembre; Gaston Deschamps, *La vie littéraire* : « *Morale des idées force* », *par Alfred Fouillée.* — 18 novembre; Adolphe Brisson, *Chronique théâtrale.* — *En marge* (Sedaine). — 20 novembre; François Ponsard, *Autour de Jean Giroux.* — 22 novembre (supplément); *Séance publique annuelle de l'Académie française.* — 23 novembre; Paul Souday, *Académie française : la vertu.* — 24 novembre; Gaston Deschamps; *La vie littéraire* : *Louis Madelin, Emile Moselly.* — 25 novembre; Adolphe Brisson, *Chronique théâtrale.* — 26 novembre; A. Mézières, *De quelques vieux romans.* — 24 novembre; Jules Claretie, *Vieux livres* : « *le Solitaire* » *et le vicomte d'Arlincourt.* — 30 novembre; Adolphe Brisson, *L'auteur dramatique.* — 1er décembre; Gaston Deschamps, *La vie littéraire : La Société littéraire française de Budapest.* — 2 décembre; Adolphe Brisson, *Chronique théâtrale.*

— 5 décembre; Paul Souday, *Charles Nodier.* — 8 décembre; Gaston Deschamps, *La vie littéraire : bibliographie franco-roumaine.* — *Séance publique annuelle de l'Académie des sciences morales et politiques.* — 9 décembre; Adolphe Brisson, *Chronique théâtrale.* — 11 décembre ; *La Chambre et l'Institut.* — 14 décembre; Nozières, *A bâtons rompus* (« les Nuées », par Maurice Pujo). — 15 décembre; Gaston Deschamps, *La vie littéraire : la littérature française en pays latin.* — 16 décembre; Adolphe Brisson, *Chronique théâtrale.* — 20 décembre; Jules Claretie, *A propos de la réception de M. Maurice Donnay : la correspondance de Béranger.* — (Supplément) *Académie française : réception de M. Maurice Donnay.* — 21 décembre; Adolphe Brisson, *Académie française : réception de M. Maurice Donnay.* — 22 décembre; Gaston Deschamps, *La vie littéraire : les livres d'étrennes.* — 23 décembre; Adolphe Brisson, *Chronique théâtrale.* — Paul Souday, *Sénancour.* — 27 décembre; Jules Claretie, *Lamartine et la course à la fortune.* — 29 décembre; Gaston Deschamps, *La vie littéraire : notes de bibliographie franco-allemande.* — 30 décembre; Adolphe Brisson, *Chronique théâtrale.* — 31 décembre; *Les droits d'auteurs dans les théâtres de province.*

**Zeitschrift für französische Sprache und Literatur.** — XXXXI. 6-8 : *Rabelais verdeutscht* von Hegaur und Owlgass (Franck) — Godet, *Mme de Charrière et ses amis*; M. Masson, *Fénelon et Mme Guyon* (Ritter) — Huguet, *Couleur, lumière et ombre dans les métaphores de V. Hugo* (Küchler) — L. Thomas, *La maladie et la mort de Maupassant* (Küchler) — Amic, *Corresp. entre G. Sand et Flaubert* (Gillot) — Rocheblave, *G. Sand et sa fille d'après leur corresp.* (Gillot) — *Lettres de Flaubert à sa nièce Caroline* (Gillot) — Gassier, *Les cinq cents Immortels, Histoire de l'Académie française;* G. Boissier, *L'Académie française* (M. J. Minckwitz). — XXXI, 1-3, Stiefel, *Paul Scarron's Le marquis ridicule und seine spanische Quelle.* — XXXII, 2-4 : Thomas, *Les dernières leçons de Marcel Schwob sur Villon* (W. von Wurzbach) — *Le Parnasse satirique du XVe siècle*, p. Schwob (Küchler) — *Van Bever, Contes et conteurs gaillards du XVIIIe siècle* (Küchler) — Demachy, *Hist. et contes*, p. Thoraude (Küchler) — Picot, *Les Français italianisants au XVIe siècle* (Küchler) — Lachèvre, *Des Barreaux* (Küchler) — Ricci, *Sophonisbe dans la tragédie italienne et française* (Stiefel) — Lanson, *Voltaire* (Sakmann) — Saitschick, *Franz. Skeptiker*, Voltaire, Mérimée, Renan (Sakmann) — Wahlund, *Un acte inédit d'un opéra de Voltaire* (Sakmann) — Dühren, *Rétif-Bibliothek;* Restif, p. Grand-Carteret; Le Breton, *Balzac;* Calippe, *Balzac;* Roux, *Balzac jurisconsulte et criminaliste;* Tillier, *Pamphlets*, p. Gérin (Haas) — Musset, *Corresp.* p. Séché (Ritter). — Giraud, *Livres et questions d'aujourd'hui;* Walch, *Anthologie des poètes français contemporains* (Hüchler).

**Zeitschrift für französischen und englischen Unterricht.** — VI, 5 : Jacoby, *Ein Aufenthalt als Assistant etranger in Paris* — George Sand, *La petite Fadette*, p. Rosenberg und Sachs. — 6 : Brun, *Le mouvement intellectuel en France durant l'année 1907* — Ch. Brun, *Les littératures provinciales* (Thurau).

**Zeitung für Literatur, Kunst und Wissenschaft.** — No 22 : C. Müller, *Gustave Flaubert.*

**Zukunft.** — No 44 : Wiegler, *Anatole France.*

# LIVRES NOUVEAUX

**Angot** (Joseph). — *Notes de bibliographie liturgique bretonne*; ·I, Bréviaires et Missels des églises et abbayes bretonnes de France antérieures au XVIIᵉ siècle; II, sommaire chrono-bibliographique des livres liturgiques du diocèse de Nantes. *Paris, Champion.* In-8, de 23 p.

**Armorial** *des bibliophiles de Lyonnais, Forez, Beaujolais et Dombes*; par W. POIDEBARD, J. BAUDRIER et L. GALLE. *Mâcon, impr. Protat frères.* Grand in-4 oblong, de 783 p. avec armoiries et 42 planches.

**Arullani** (V. A.). — *Pierre-Jean de Béranger, con un saggio di suoi tradotti canti. Alba.* In-8º, 41 p.

**Arullani** (V. A.). — *Victor Hugo lirico. Napoli, T. Pironti.* In-8º, de 181 p. 1 fr. 25.

**Aurouze** (J.). — *Histoire critique de la Renaissance méridionale au XIXᵉ siècle. Avignon, impr. Seguin.* In-8, de XIV-271 p.

**Balzac** (Honoré de). — *Scènes et Portraits*, extraits des œuvres d'Honoré de Balzac par LÉON CHAUVIN. *Isle (Haute-Vienne), impr. Ardant.* Grand in-fol. de 237 p. avec 17 grav.

**Basseville** (Anatole). — *Un poète orléanais.* De Corsembleu Desmahis (1722-1761). *Orléans, impr. Gout.* In-8, de 14 p.

**Biedermann** (Adolf). — *Zur Syntax des Verbums bei Antoine de la Sale.* (Dissertation de Bâle). In-8º, de 60 p.

**Blasons** *anatomiques du corps féminin.* Publiés sur l'édition de 1550, avec un avant-propos, des notes et un glossaire; par le bibliophile AD. B***. *Paris, Sansot.* In-18, de 126 p.

**Bourgain** (P.). -- *Gréard. Un moraliste éducateur.* Avec une préface, par LÉON BOURGEOIS. *Paris, Hachette.* In-16, de VIII-390 p. et portrait en héliogravure. Prix : 3 fr. 50.

**Brulat** (Paul). — *Histoire populaire de Jules Ferry.* Préface de M. FERDINAND BUISSON. *Paris, librairie mondiale.* In-8, de 127 p. avec grav. et portrait. Prix : 2 fr. 50.

**Cadeddu** (H.). — *La tragédie française au XVIIᵉ siècle. Cagliari, Tip. Comerciale.* In-8º, 33 p.

**Cagnac** (Moïse). — *La Jeune Fille de demain. « De l'éducation des filles »*, de Fénelon. Conférence faite au cercle du Luxembourg. *Paris, Poussielgue.* In-16, de 43 p. Prix : 1 fr.

**Caird** (Edouard). — *Philosophie sociale et Religion d'Auguste Comte.* Traduit de l'anglais par Miss MAY CRUM et par CHARLES ROSSIGNEUX. Préface de ÉMILE BOUTROUX. *Paris, Giard et Brière.* In-8, de 200 p. Prix, broché : 4 fr.

**Catalogue** *de l'Exposition de portraits peints et dessinés du XIIIᵉ au XVIIᵉ siècle* (avril-juin 1907), *Paris, Lévy.* In-8, de XI-204 p. et portraits.

**Catalogue** *général des livres imprimés de la Bibliothèque nationale.* Auteurs. T. 30 : Clias-Colombay. *Paris, Impr. nationale.* In-8 à 2 col., de 1264 col.

**Cent** (Les) *meilleurs poèmes (lyriques) de la langue française*, choisis par AUGUSTE DORCHAIN. *Paris, Perche.* Petit in-16, de XVI-159 p. Prix : 75 cent.

**Champion** (Pierre). — *Le Manuscrit autographe des poésies de Charles d'Orléans.* Étude. *Paris, Champion.* In-8, de 98 p., avec 18 fac-similés.

**Clouzot** (H.-E.). — 'Ballets tirés de Rabelais au XVIIᵉ siècle. Nogent-le-Rotrou, impr. Daupeley-Gouverneur. In-8, de 8 p.

**Constant** (Benjamin). Le « Cahier rouge » de Benjamin Constant, publié par L. CONSTANT DE REBECQUE. Paris, Calmann-Lévy. In-16, de II-135 p. et portrait. Prix : 5 fr.

**Conti** (Giulia). — Rabelais, 1495? 1553. Brescia, Geroldi. In 8º, de 25 p.

**Coulet** (Jules). — Études sur l'ancien poème français du voyage de Charlemagne en Orient. Montpellier, Coulet, In-8, de 472 p. (Publications de la Société pour l'étude des Langues romanes. XIX).

**Culcasi** (Car). Gli influssi italiana nell' opera di J.-J. Rousseau. Roma, Societa ed. Dante Alighieri. In-16º, de 264 p. 3 fr.

**Davray** (Henry-D.). — La Littérature anglo-canadienne. Paris, Sansot. In-18 jésus, de 40 p. Prix : 1 f. 50.

**Delalain** (Paul). — Les Libraires et Imprimeurs de l'Académie française de 1634 à 1793. Notices biographiques (Jean Camusat; Pierre Le Petit; les Trois Jean-Baptiste Coignard; Bernard Brunet; Ant. Demonville). Paris, Picard et fils. In-8, de 157 p. avec grav. et tableau généalogique.

**Delp** (W. E.). — Étude sur la langue de Guillaume de Palerne, suivie d'un glossaire; publié avec le concours du Girton College Publication Fund. Mâcon, impr. Protat frères. In-8, de VI-107 p.

**Descartes** — Discours de la Méthode, de Descartes, avec notes tirées de ses œuvres, de celles de ses disciples, et des méthodistes par MINOS; précédé et suivi de dialogues. Paris, Cerf. In-8, de XXII-189 p. Prix : 3 fr. 50.

**Descartes.** — Discours de la Méthode mit Einleitung und Anmerkungen hrsg. von P. ZIERTMANN. Heidelberg, Winter, 2 fr.

**Des Masures** (Louis). — Tragédies saintes (David combattant, David triomphant; David fugitif). Édition critique publiée par CHARLES COMTE. Paris, Cornély. In-16, de 283 p. Prix : 7 fr.

**Deville** (Etienne). — Un historien normand : Jean Le Blond, sieur de Branville. Paris, Champion, In-8, de 13 p.

**Dieny** (Georges). — Essai sur la prédication de Rabaut Saint-Étienne d'après la collection de ses sermons manuscrits (thèse). Cahors, impr. Coueslant. In-8, de 95 p.

**Dufay** (Pierre). — Étude iconographique sur Ronsard. Le Portrait, le Buste et l'épitaphe de Ronsard au musée de Blois. Paris, Champion. In-8, de 18 p. et portrait.

**Dupuis** (Idulphe). — Le Nombre oratoire. Première partie : Contre 'la « Prose métrique ». Mémoire à M. le doyen de la Faculté des lettres de l'Université de Paris. Roanne, impr. Souchier. In-16, de XI-123 p. Prix : 2 fr. 50.

**En l'honneur de Prosper Mérimée** (Paris et Cannes, 28 avril 1907). Paris, aux bureaux du « Journal des débats ». In-4 à 2 col., de 48 p. avec grav., portrait et autographes. Prix 1 fr.

**Essling** (Prince d'). — Études sur l'art de la gravure sur bois à Venise. Les Livres à figures vénitiens de la fin du XVᵉ siècle et du commencement du XVIᵉ, première partie. T. 1ᵉʳ : Ouvrages imprimés de 1450 à 1490 et leurs éditions successives jusqu'à 1525. Paris, Leclerc. In-fol., de 509 p. avec grav. et planches. Prix : 125 fr.

**Fage** (René). — Un demi-siècle de théâtre à Tulle (1800-1850). Paris, Picard. In-8, de 68 p. avec portraits.

**Ferchlandt** (Hans). — Molières Misanthrope und seine englischen Nachahmungen. Dissertation de Halle, In-8º, de 90 p.

**Frye** (Hall). — Corneille, the neo-classic tragedy and the Greek. Lincoln. In-8º, 219 et 249 p. 6 fr. 15.

**Gajo** (Ant.). — Influsso della letteratura sulla Rivoluzione franzese, note. Tempio, Tortu. In-8º, de 18 p.

**Gaubert** (Ernest). — Rachilde. Bibliographie critique, illustrée d'un portrait frontispice et d'un autographe, suivie d'opinions et d'une bibliographie. *Paris, Sansot.* In-18 jésus, de 63 p. Prix : 1 fr.

**Glaser** (Ph.-Emmanuel). — *Le Mouvement littéraire* (Petite Chronique des lettres). Préface de Jules Claretie. *Paris, Ollendorff.* In-18 jésus, de x-359 p. Prix : 3 fr. 50.

**Goutchkoff** (Théodore). — *Les Vues esthétiques de Montaigne. Paris, Sansot.* In-18, de 72 p. Prix : 1 fr.

**Grellety** (docteur). — *Souvenirs sur Rollinat.* Étude médico-psychologique. *Mâcon, impr. Protat frères.* In-16, de 29 p.

**Gribble** (Francis). — *George Sand and her lovers. London, Nash.* In-8°, de 396 p. 15 sh.

**Haussonville** (Le comte d'). — *A l'Académie française et autour de l'Académie. Paris, Hachette.* In-16, de VII-292 p. Prix : 3 f. 50.

**Helvétius.** — *Notes de la main d'Helvétius,* publiées, d'après un manuscrit inédit, avec une introduction et des commentaires, par Albert Keim. *Paris, F. Alcan.* In-8, de VIII-122 p. avec fac-similé de l'écriture d'Helvétius.

**Hennezel** (D'). — *Un poète de la nature : Louis Mercier. Trévoux, impr. Jeannin.* In-8, de 39 p.

**Hensel** (P.). — *Rousseau. Leipzig, Teubner* (collection « Natur und Geisteswelt ». In-8°, de 180 p. 1 fr. 25.

**Hugo** (Victor). — *Morceaux choisis de Victor Hugo.* Chansons héroïques et légendes. *Paris, Ollendorff.* In-16, de 249 p. Prix : 1 fr. 25.

**Hugo** (Victor). — *Morceaux choisis de Victor Hugo.* Contes et récits. Première série. *Paris, Ollendorff.* In-16, de 233 p. Prix : 1 fr. 25.

**Hugo** (Victor). — *Morceaux choisis de Victor Hugo.* « Hernani », drame en cinq actes. *Paris, Ollendorff.* In-16, de 180 p. Prix : 1 fr. 25.

**Hugo** (Victor). — *Morceaux choisis de Victor Hugo.* Souvenirs d'enfance et de jeunesse. *Paris, Ollendorff.* In-16, de 184 p. Prix : 1 fr. 25.

**Hugo** (Victor). — *Napoléon-le-Petit. Histoire d'un crime. Première journée; le Guet-Apens; Deuxième journée : La Lutte.* T. 1er. *Paris, Ollendorf.* In-8, de 465 p. avec portrait, grav. et fac-similé. Prix : 10 fr.

**Huszár** (Guillaume). — *Études critiques de littérature comparée.* II. *Molière et l'Espagne. Paris, Champion.* In-16, de IX-334 p.

**Jagot** (L.) — *La Direction des études dans les lycées avant 1870 et de nos jours. Angers, impr. Germain et Grassin.* In-8, de 8 p.

**Langlais** (Jacques). — *L'Éducation avant Montaigne et le Chapitre de l'Institution des enfants. Paris, Croville-Morant.* In-12, de 88 p. Prix : 2 fr.

**Lavaud** (René). — *La Petite Ville, d'après Champfleury. Laon, impr. du Journal de l'Aisne.* In-8, de 15 p.

**Lepelletier** (Edmond). — *Paul Verlaine. Sa vie; son œuvre. Paris, Société du Mercure de France.* In-8, de 568 p. avec 1 portrait en héliogravure et 1 autographe. Prix : 7 fr. 50.

**Lucchetti** (L.). — *Les images dans les œuvres de Victor Hugo, essai et biographie du maître et notes explicatives. Veroli, tip. Reali.* In-8°, de 155 p. 2 fr.

**Macdonald** (F.). — *Jean-Jacques Rousseau, a new cristicism. New-York, Putnam.* 2 vol. in-8°, 11 et 418, 10 et 405 p.

**Maréchal** (Christian). — *Lamennais et Lamartine. Paris, Bloud.* In-16, de VIII-380 p.

**Maricourt** (Baron de). — *Madame de Souza et sa famille* (les Marigny; les Flahaut; Auguste de Morny) (1761-1836). *Paris, Emile-Paul.* In-8, de x-399 p. Prix : 7 fr. 50.

**Maupassant** (Guy de). — *Contes choisis de Guy de Maupassant.* Préface par M. Marcel Prévost. Édition pour la jeunesse. *Paris, Ollendorff.* In-18 jésus, de XII-378 p.

**Mémoires** *de la société des antiquaires de Picardie.* Documents inédits concernant la province. T. 16 : Bibliographie du département de la Somme ; par

**Henri Macqueron,** T. 2. *Amiens, impr. Yvert et Tellier.* In-4 à 2 col., de 619 p. et planches des tomes 1 et 2.

**Mérie** (Victor). — *Les Hommes de la Révolution.* T. 2. : Camille Desmoulins. *Paris, libr. du Progrès.* In-16, p. 83 à 156 avec portrait. Prix : 1 fr.

**Merlant** (Joachim). — *Sénancour (1770-1846), poète, penseur religieux et publiciste.* Sa vie, son œuvre, son influence. Documents inconnus ou inédits. *Paris, Fischbacher.* In-8, de VI-351 p.

**Michaut** (G.). — *La Bérénice de Racine. Paris, Société française d'impr. et de libr.* In-18 jésus, de XIII-356 p.

**Mojsisovics** (Edgar von). — *Jean Passerat, sein Leben und seine Persönlichkeit. Halle, Niemeyer.* In-8°, de IV et 72 p.

**Monod** (Emilien). — *Taine et le Christianisme* (thèse). *Montauban, Impr. coopérative.* In-8, de 130 p.

**Morceaux** *choisis des grands écrivains français du XVIe au XIXe siècle,* suivis de pages célèbres des littératures étrangères. Publiés, conformément aux programmes des écoles primaires supérieures, avec des notices et des notes, par **Albert Cahen.** *Paris, Hachette.* In-16, de VIII-452 p. Prix : 2 fr.

**Musset** (Alfred de). — *Correspondance d'Alfred de Musset (1827-1857),* recueillie et annotée par **Léon Séché:** *Paris, Société du Mercure de France.* In-8, de 295 p. avec 1 portrait de Musset en héliogravure et des reproductions. de dessins et d'autographes. Prix : 7 fr. 50.

**Musset** (Alfred de). — *Œuvres choisies d'Alfred de Musset* (Poésie ; Théâtre ; Roman et Critique), avec études et analyses, par **Paul Morillot.** *Paris, Delagrave.* In-18, de 412 p. Prix : 3 fr. 50.

**Musset** (Alfred de). — *Les Chefs-d'œuvres lyriques d'Alfred de Musset.* Choix et Notice d'**Auguste Dorchain.** *Paris, Perche.* Petit in-16, de XXXVIII-127 p. Prix : 75 centimes.

**Napoléon.** — *Manuscrits inédits de Napoléon (1786-1791).* Publiés d'après les originaux autographes par **Frédéric Masson** et **Guido Biagi.** *Paris, Ollendorff.* In-8, de XV-586 p. et fac-similé d'autographe. Prix : 7 fr. 50.

**Nolhac** (Pierre de). — *Pétrarque et l'humanisme.* Nouvelle édition, remaniée et augmentée, avec 1 portrait inédit de Pétrarque et des fac-similés de ses manuscrits. *Paris, Champion.* 2 vol. in-8. T. I, de X-280 p.; t. II, de 334 p.

**Picot** (Émile). — *Les Français italianisants au XVIe siècle. Paris, Champion.* Tome 2. In-8, de 400 p.

**Pilastre** (E.). — *Vie et Caractère de Mme de Maintenon,* d'après les œuvres du duc de Saint-Simon et des documents anciens ou récents, avec une introduction et des notes. *Paris, F. Alcan.* In-8, de 187 p. avec reproductions de portraits, vues et autographes. Prix : 5 fr.

**Rabelais,** *Auswahl und Einleitung,* von G. **Pfeffer.** *Stuttgart, Greiner et Pfeiffer.* 3 fr. 15.

**Régnier** (Jacques). — *Les Préfets du Consulat et de l'Empire. Auxerre, impr. Lanier.* In-18 jésus, de VIII-253-VI p.

**Renault** (Jules). — *Louis Veuillot. Paris, Lethielleux.* In-8, de 176 p. et portrait.

**Répertoire** *général de bio-bibliographie bretonne;* par **René Kerviler,** bibliophile breton, avec le concours de MM. A. Apuril, de Bellevue, Ch. Berger, F. du Bois Saint-Séverin, R. de l'Estourbeillon, A. Galbourg, etc. Livre 1er : les Bretons. 47e fascicule. *Vannes, impr. Lafolye frères.* In-8, de 1 à 160.

**Richarz** (P.). — *Amphitrion. Comédie en trois actes de Molière. Avec traduction allemande en vers rimés. Düsseldorf, Max Richarz.* In-8°, de 107 p.

**Ronsard** (Pierre de). — *Livret de Folastries;* publié sur l'édition originale de 1553 et augmenté d'un choix de pièces d'expression satirique et gauloise tirées des éditions originales, avec une notice et des notes, par **Ad. Van Bever.** *Paris, Société du Mercure de France.* In-18 jésus, de 276 p. et portrait de Pierre de Ronsard. Prix : 3 fr. 50.

**Ronsard** (Pierre de). — *Les chefs-d'œuvre lyriques de Pierre de Ronsard et de son école.* Choix et Notice d'AUGUSTE DORCHAIN. *Paris, Perche.* Petit in-16, de L XIV-131 p. Prix : 75 cent.

**Saint-Hilaire.** — *Mémoires de Saint-Hilaire.* Publiés, pour la Société de l'histoire de France, par LÉON LECESTRE. T. 2 : 1680-1697. *Paris, Renouard.* In-8, de 461 p.

**Séché** (Léon). — *Études d'histoire romantique. Alfred de Musset.* T. I : l'Homme et l'OEuvre. Les Camarades (Documents inédits); t. 2 : les Femmes (Documents inédits). *Paris, Société du Mercure de France,* 2 vol. in-8 avec portraits, dessins et autographes. T. 1, de 389 p.; t. 2, de 294 p. Le volume, 7 fr. 50.

**Sibilia** (Alfred). — *Les Italiens dans l'ancienne comédie française. Versailles,* impr. Aubert. In-8, de 61 p.

**Staël** (Mme de) and Benjamin **Constant**. — *Unpublished letters, together with other mementos from the papers left by Mme Charlotte de Constant. London,* Putnam's sons. In-8°, de 306 p. 5 sh.

**Tambourg** (E). — *Benjamin Constant à Luzarches. Versailles, impr. Aubert.* In-8, de 100 p.

**Tenner** (F.). — *François Le Metel de Boisrobert als Dramatiker und Nachahmer des spanischen Dramas. I. Die Tragikomödien.* Dissertation de Leipzig. In-8°, de 178 p.

**Tilley** (Arthur). — *François Rabelais. London, Lippincott.* In-8°, de 387 p. 6 sh.

**Toldo** (Pietro). — *Les Voyages merveilleux de Cyrano de Bergerac et de Swift, et leurs rapports avec l'œuvre de Rabelais. Paris, Champion.* In-8, de 62 p.

**Torraca** (Fr.). — *Scritti critici. Napoli, Perella.* In-16°, de 583 p. 5 fr.

**Ugarte** (Manuel). — *La jeune Littérature hispano-américaine.* Traduit de l'espagnol par RAYMOND LAURENT. *Paris, Sansot.* In-18 jésus, de 45 p. Prix : 1 fr. 50.

**Verlaine** (Paul). — *Voyage en France par un Français.* Publié d'après le manuscrit inédit. Préface de LOUIS LOVIOT. *Paris, Messein.* In-8 jésus, de 139 p. Prix : 2 fr. 50.

**Vianey** (Joseph) — *Les sources de Leconte de Lisle. Montpellier Coulet.* In-8, de VI-403 p.

# CHRONIQUE

— M. Pierre Champion a publié une étude très neuve sur *le Manuscrit auto-graphe des poésies de Charles d'Orléans*. En examinant le ms. fr. 25 458 de la Bibliothèque nationale, il a constaté que les poésies de jeunesse de Charles d'Orléans, qui y sont transcrites de la main d'un copiste, ont été corrigées plus tard et amendées par l'auteur lui-même. Cette constatation, confirmée par des rapprochements paléographiques, était grosse de conséquences. Il s'ensuit notamment que Charles d'Orléans voulait réunir ses productions suivant leur forme rythmique, ordre qu'on devra suivre dans les publications ultérieures de ces vers, sans parler des conditions nouvelles de texte et de prosodie dans lesquelles elles devront aussi être faites. L'intelligence du caractère de Charles d'Orléans y gagnera autant que la connaissance de son œuvre, car sa poésie, en devenant plus humaine et mieux éclairée, nous livrera davantage les secrets de l'auteur.

— M. Albert Barth a publié *Le fabliau du Buffet* (*Festschrift zur 49. Versammlung deutscher Philologen und Schulmänner in Basel im Jahre 1907*, p. 148-180). Après une classification des quatre manuscrits qui nous en ont été conservés, M. Barth étudie attentivement le dialecte du fabliau (vraisemblablement picard, mais voisin de la Normandie et de l'Ile-de-France) et sa date (le commencement du XIII° siècle) et en établit un texte avec autant de méthode que de logique.

— M. E. Philipot a étudié *le Chat et le Singe dans Rabelais, d'après l'ouvrage de M. Sainéan* (*Revue des études rabelaisiennes*, 5° année, 2° fascicule). Procédant des recherches que M. Sainéan a faites et publiées sur la faune linguistique des langues romanes, M. Philipot a dressé un lexique de tous les mots et expressions qui, dans Rabelais, peuvent avoir quelques relations avec le chat, et il les commente à l'aide des constatations précédentes ou de ses propres lumières. C'est une énumération qui ne manque certes pas d'intérêt, car le rôle du chat est important dans Rabelais, beaucoup plus que celui du singe qui semble n'avoir inspiré que peu d'expressions métaphoriques.

— M. Seymour de Ricci a signalé l'existence d'un nouveau volume portant la signature de Rabelais. C'est un exemplaire du *Commentarium de anima* de Philippe Melanchthon, imprimé à Wittemberg, en 1540, par Pierre Seitz (petit in-8°), qui a été retrouvé à Madrid, en septembre 1900, par M. Ingram Bywaten, de Londres, l'helléniste bien connu, aux mains de qui il se trouve actuellement. Un fac-similé du titre de ce précieux petit volume accompagne la communication de M. Seymour de Ricci dans la *Revue des études rabelaisiennes* (1907, p. 448).

— La nouvelle édition de : *les Regrets de Joachim du Bellay, angevin* (1558), *avec une introduction, des notes et un index*, par M. Robert de Beauplan, est à la fois commode et utile. L'introduction expose brièvement les circonstances qui amenèrent Du Bellay en Italie et fournirent l'occasion de son œuvre, si personnelle et si pittoresque en même temps. Le texte suivi est celui de l'édition originale et les allusions en sont éclairées par quelques notes placées à la fin du volume.

— Sous le titre de *XI Sonnets de Pierre de Ronsard nouvellement recueillis pour quelques lettrés (Texte de 1552 et 1578)*, M. Hugues VAGANAY vient de publier une élégante plaquette, qui est, à ce qu'il annonce, le « prélude typographique d'une édition critique », publiée, sans doute, avec le même goût. On ne peut que souhaiter la réalisation prochaine d'un semblable projet.

— M. C. GABILLOT a étudié, dans la *Chronique des arts et de la curiosité* du 1er février 1908, *Une médaille de Ronsard*, par le graveur Primavera, dont une reproduction est insérée dans cette communication qui complète l'article précédemment publié par le même auteur sur les portraits de Ronsard dans *la Gazette des Beaux-Arts* du 1er juin 1907.

— Réunissons ici pour les signaler deux courtes études sur Montaigne parues en même temps chez le même éditeur.
*La Philosophie théorique de Montaigne* par M. Albert CANAC est un essai de vue d'ensemble sur le dogmatisme de Montaigne, sa critique de la connaissance et sa morale.
*Les Vues esthétiques de Montaigne* par M. Théodore GOUTCHKOFF sont une tentative de groupement de témoignages et d'exemples sur les goûts artistiques de l'auteur des *Essais*.

— M. Charles de ROCHE signale *Une source des « Tragiques »* (*Festschrift zur 49 Versammlung deutscher Philologen und Schulmänner in Basel im Jahre 1907*, p. 341-382). C'est l'*Histoire des martyrs* de Jean Crespin, que d'Aubigne a certainement beaucoup pratiquée et dont il s'est abondamment inspiré dans son poeme. « En effet, dit M. Ch. de Roche, les deux livres, *Feux* et *Vengeances*, remontent directement à l'ouvrage de Crespin. Non seulement la plus grande partie des épisodes et des exemples cités par d'Aubigné s'y retrouvent, mais l'idée génératrice même du sixième livre a dû surgir à la lecture de cet ouvrage ». C'est ce qui est établi par les nombreux rapprochements faits par M. de Roche entre la prose de Crespin et les vers de d'Aubigné.

— Dans une communication à l'Académie des inscriptions et belles-lettres (séance du 4 octobre 1907, compte rendus, p. 587), sur *les Portraits des rois de France dans le « Recueil »* de Du Tillet, M. Henri OMONT signale que les quatre dernières effigies (Louis XI, Charles VII et François Ier, jeune et âgé) sont de véritables portraits. Quant aux autres images, elles ont été inspirées soit par les statues tombales ou commémoratives, soit par les sceaux originaux des princes qui y sont représentés. Il y a donc eu de la part de Du Tillet un effort de documentation et de recherche de la vérité archéologique dans l'illustration de son livre comme dans la composition du texte.

— MM. Ch. SAMARAN et H. PATRY ont publié dans la *Bibliothèque de l'École des Chartes* (Livraison de mai-août 1907) onze lettres inédites de Marguerite de Navarre au pape Paul III et à son petit-fils le cardinal Alexandre Farnèse, ainsi qu'au cardinal de Sainte-Croix et au nonce Dandino. Il résulte de cette correspondance que la papauté considéra toujours la sœur de François Ier comme un de ses représentants les plus autorisés en France; mais si les sympathies intimes de la princesse allèrent vers les réformateurs, du moins elle garda les apparences de l'orthodoxie catholique, surtout quand le calvinisme fut devenu fort et compact.

— *Le Petit glossaire des lettres de* $M^{mo}$ *de Sévigné* que M. E. PILASTRE
vient de publier s'adresse surtout aux gens du monde. C'est un choix heureux
et commode des principales locutions qui, propres ou figurées, peuvent
dérouter un lecteur de nos jours. A ce titre ce recueil rendra des services,
d'autant que le texte de $M^{me}$ de Sévigné est parfois éclairé par d'autres
exemples contemporains, par exemple de Saint-Simon.

— MM. Antonin PONCET et René LERICHE ont fait, sur *la Maladie de Jean-Jacques Rousseau*, une communication à l'Académie de médecine, dont le texte
figure au bulletin de la séance du 31 décembre 1907. Prenant pour base le testament de 1773 récemment découvert par M. Théophile Dufour et que nous
avons signalé précédemment (1907, p. 189), ces deux praticiens concluent
que Rousseau souffrait d'un rétrécissement congénital de l'urèthre, cause
initiale des troubles graves de la miction et des accidents variés d'empoison-
nement urinaire qui jouèrent un rôle prépondérant dans son état psychique
et furent le motif réel de son hypochondrie.

— M. Charles MALHERBE commence dans le fascicule de novembre 1707-jan-
vier 1908 du *Bulletin de la Société de l'histoire du Théâtre* la publication, par
fragments, du tome IV des *Réflexions d'un solitaire*, par Grétry, recueil manuscrit qui comprenait huit volumes aujourd'hui ignorés ou perdus. Les morceaux ainsi mis au jour sont ceux qui ont trait le plus directement aux études
de cette société et leur publication pourra aider peut-être à retrouver ce dont
on ignore toujours le sort.

— On a réuni dans un court petit volume les quelques lettres que Maurice
de Guérin écrivit à Jules Barbey d'Aurevilly. Publiées pour la première fois,
il y a treize ans à peine dans *la Quinzaine*, elles n'ont jamais figuré dans les
écrits de Maurice de Guérin. Barbey d'Aurevilly voulait en faire un des éléments d'une biographie vivante et vraie qu'il rêvait de consacrer à son ami.
Ce livre projeté n'a jamais paru et c'est pourquoi ces pages de Guérin, délicates et tristes, voient le jour, précédées seulement de la réimpression d'un
article de Barbey.

— M. Arthur CHUQUET a consacré un article dans la *Revue bleue* du 21 décembre 1907 à *Prosper Mérimée et la correspondance de Napoléon*, article qu'accompagnent cinq lettres inédites de Mérimée au maréchal Vaillant. Sous la
présidence de ce dernier, Mérimée fit partie de la commission chargée, en
1854, par Napoléon III, de diriger la mise au jour de la correspondance officielle de Napoléon I$^{er}$. Dès le début, des difficultés surgirent à l'occasion de la
nature des lettres qu'on devrait comprendre dans cette collection. D'esprit
plus large que ses collègues, Mérimée eût souhaité qu'on y insérât tous les
documents susceptibles de servir à l'histoire, mais son opinion ne prévalut pas.
Néanmoins, cette première commission, présidée par le maréchal Vaillant et
dont Mérimée faisait partie, fut bien moins timorée que la deuxième commission, instituée en 1864 et que présida le prince Napoléon. On doit savoir
gré à Mérimée d'avoir contribué à donner cette demi-satisfaction aux intérêts historiques et les lettres adressées par lui au maréchal Vaillant montrent
comment il essaya de remplir la mission qui lui fut confiée. C'est lui qui rédigea la préface, dont on trouve le premier projet parmi les lettres adressées au
maréchal Vaillant.

— Sous ce titre : *Lettres à une exilée*, le *Correspondant* a publié (10 et
25 août 1907) les lettres que Sainte-Beuve adressa à Marie-Lœtitia Bonaparte-
Wyse, petite-fille de Lucien et successivement plus tard épouse du comte Frédéric de Solms, de Rattazzi et de Rute. Ces lettres ont presque toutes la date

de 1860 et servent à plaider avec autant d'activité que d'éloquence auprès du gouvernement impérial la cause de la jeune femme éloignée de France pour avoir déplu à son cousin Napoléon III.

— *L'Amateur d'autographes* annonce qu'on a vendu, le 19 novembre dernier et jours suivants, à Vienne, comme faisant partie de la bibliothèque du chancelier Cl. de Metternich, trois recueils littéraires français. Le premier, un album formé de lettres adressées à la duchesse de Castries, contenait des lettres de Balzac et d'autres de Musset. Il s'est vendu 1 500 florins. Le second se composait des épreuves corrigées de *Louis Lambert*; il a été acquis 1 600 francs par l'Académie française et viendra s'ajouter au fonds légué par M. de Spœlberch de Lovenjoul.

Le nº 1840 de la même vente renfermait trois manuscrits autographes de Balzac : *La femme abandonnée; les Orphelins; la Femme de trente ans*. Ils ont été acquis, dit-on, par un libraire parisien.

— Dans une étude : *A propos d'Alfred de Musset* (Nouvelle Revue, 15 juin et 1ᵉʳ juillet 1907), M. Armand BRETTE revient sur la fameuse chanson que Molière mit sur les lèvres d'Alceste et il s'efforce d'en préciser l'origine et l'histoire. Fut-elle composée par Ronsard à l'occasion d'une partie de plaisir faite par Antoine de Bourbon au manoir de la Bonne Aventure, au gué du Loir, qui fut occupé pendant trois siècles par les ascendants d'Alfred de Musset? Certainement non, pas plus qu'elle ne dut son origine à quelque aventure de Henri IV et de Gabrielle d'Estrées. Il est beaucoup plus malaisé de déterminer quelle fut exactement cette origine. M. Brette ne le fait pas, encore qu'il précise le plus possible les données de ce petit problème d'histoire littéraire. Ce qui est le plus vraisemblable c'est que le couplet d'Alceste est un souvenir d'une vieille chanson accommodée au goût du xviiᵉ siècle, soit que Molière l'ait modifiée, soit qu'il l'ait prise ainsi dans les traditions de son temps. Chemin faisant, M. Brette, tout en suivant les traces de ces aimables petits vers, nous a donné quelques renseignements curieux sur la famille de Musset, qui doivent, paraît-il, être repris et complétés ailleurs.

— *La Note sur les ancêtres d'Alfred de Vigny* que M. J. ROMAN a publiée dans *la Correspondance historique et archéologique* (septembre-octobre 1907) précise la situation que les ancêtres du poète occupèrent sous Charles IX. François de Vigny, receveur des rentes de la ville de Paris de 1575 à 1600, le premier du nom sur lequel on avait des détails précis, occupait un emploi fort considérable dans lequel il avait dû succéder à son père. Celui-ci eut sans doute un frère, Philippe, qui suivit la carrière des armes et tous deux descendirent apparemment d'un Michel de Vigny qui fut trésorier receveur de la marine du Levant. Quant aux armes d'Alfred de Vigny, on les trouve dès 1626 sur le sceau d'Étienne de Vigny.

— Le *Journal des Débats* du 3 novembre annonce qu'un avocat de Rome, M. Emanuele Modigliani, vient de découvrir une édition de Saint-Simon abondamment annotée par Stendhal, et que M. Jean Carrère se propose de faire connaître ces annotations au public, de concert avec le possesseur de l'ouvrage.

D'autre part, *la Chronique des Arts* signale (4 janvier) une communication de M. Giusèppe Gallavresi dans la revue *Il Libro e la Stampa* (fasc. 2, mars-avril 1907) qui étudie un exemplaire de *Rome, Naples et Florence en 1817*, donné par Stendhal à la bibliothèque de Brera et qui, en outre de certaines particularités typographiques, porte des annotations manuscrites qui semblent être de l'auteur lui-même.

— Depuis l'annonce mentionnée ci-dessus de la découverte d'un exemplaire de Saint-Simon annoté par Stendhal, M. Jean CARRÈRE a donné dans le *Temps* du 12 et 13 février 1908 d'abondants renseignements sur cet ouvrage. Stendhal a lu trois fois Saint-Simon et chaque lecture a fait l'objet de nombreuses remarques consignées un peu partout sur l'exemplaire qui servit à cela. Suivant M. Carrère, Stendhal, à la première lecture, s'abandonne à ses jouissances de lecteur en quête de pittoresque; à la deuxième, et surtout à la troisième lecture, Stendhal juge plus Saint-Simon et, s'il le goûte toujours ce n'est pas sans le discuter. Il est fort possible que Stendhal songeât à tirer les éléments d'une œuvre personnelle de ce labeur considérable, entrepris d'abord par délassement et curiosité. Mais rien n'indique ce qu'eût pu être cette œuvre ni même si jamais elle a dû exister.

— Sous ce titre : *Lettres et papiers d'un directeur de théâtre, Harel et M*<sup>lle</sup> *Georges (documents inédits)*, M. Paul GINISTY fait dans le *Bulletin de la Société de l'histoire du Théâtre* (novembre de 1907) un portrait et une sorte de biographie de ce directeur de l'Odéon et de la Porte Saint-Martin, qui ouvrit ces deux théâtres aux œuvres romantiques et fut aussi fameux par ses succès que par ses déboires. Les billets recueillis dans cet article lui donnent une valeur documentaire et servent à mieux faire connaître l'humeur de ce personnage étrange et ses sentiments pour sa pensionnaire M<sup>lle</sup> Georges.

— L'étude de M. Albert ROSSAT sur *la Poésie religieuse patoise dans le Jura bernois catholique (noëls, chants des fêtes religieuses, complaintes)* intéresse surtout les philologues et les folkloristes (*Festschrift zum 49 Versammlung deutscher Philologen und Schulmänner in Basel im Jahre 1907*, p. 383-447). C'est une réunion de morceaux curieux, d'autant plus intéressants que le patois dans lequel ils sont composés appartient à la France bourguignonne. Transcrits suivant les méthodes phonétiques par celui qui les a recueillis, ces chants sont accompagnés d'une traduction littérale française.

— La Société des Études historiques a mis au concours, pour le Prix Raymond, le sujet suivant :
*Étude critique de la valeur documentaire d'un ouvrage de Mémoires historiques choisi parmi les plus importants, déjà publiés, et relatifs au XVIII<sup>e</sup> ou au XIX<sup>e</sup> siècle.*
Pour les conditions de ce concours, on peut s'adresser à M. le Secrétaire de la Société des Études historiques, 2, square de Luynes, Paris, VII<sup>e</sup>.

*Le Gérant :* **Paul Bonnefon.**

Coulommiers. — Imp. PAUL BRODARD.

# *Revue d'Histoire littéraire de la France*

## OCTOVIEN DE SAINT-GELAYS
### « LE SÉJOUR D'HONNEUR »

### I

C'est ici l'œuvre essentielle de cet écrivain qui rima, en si peu d'années qu'il eut à vivre, tant de vers. Choisi suivant la mode qui courait alors, le titre du livre ne donne qu'une idée insuffisante de l'étendue réelle du sujet. Du *Séjour d'Honneur*, (qui est la cour des rois), il n'est question qu'à la fin de ce travail ambigu, où la prose et les vers se trouvent mêlés. Si l'on considère l'ensemble de la composition, on voit que ce qu'elle prétend figurer par un enchaînement de symboles, c'est l'histoire entière d'une vie. L'auteur s'est raconté lui-même, mais avec l'intention manifeste de faire servir sa propre biographie à des enseignements généraux, et de peindre, en retraçant la marche de ses passions, l'évolution normale de toutes les âmes. Cela est si vrai que, de crainte que l'ampleur de ce dessein ne dépasse la perspicacité des lecteurs, il a bien soin de dévoiler, en sa dernière page, le sens de sa longue allégorie :

> Et a tous les lysans supplie
> Que se je n'ay l'œuvre accomplie
> Pour y prendre esbat et plaisir,
> Qu'ilz preignent au moins le loisir
> A veoir, du creu de mon dommaine,
> *Ce traictié de la vie humaine.* (F° 170 r°.)

Nous voici de la sorte avertis : le *Séjour d'Honneur* est une
œuvre profitable et philosophique, un nouveau *Roman de la Rose*;
ses agréments n'ont rien de vain, et servent de manteau à la
morale, qui, nue, apporterait de l'ennui; nous sommes en
présence d'un *opus magnum*, où se trouve enclos plus que l'art
d'aimer, — l'art de vivre.

Ces intentions didactiques, la variété et le luxe des symboles
dont elles sont revêtues, les aveux et les confidences du rhétoriqueur, la mise en scène d'une foule de personnages connus
devaient grandement plaire aux contemporains : aussi l'ouvrage,
qui ne tarda pas à être imprimé, fut-il réédité souvent [1].

Quelle est la date de sa composition? — Elle dura, la chose est
manifeste, plusieurs années. Il semble que les deux premiers
livres (il y en a quatre) aient été rédigés en 1490. L'auteur fournit à cet égard des indications qui concordent mal, car, d'un côté,
en parlant de la mort de Louis XI (30 août 1483), il déclare avoir
vu, il n'y a pas de cela six ans, ce prince dans son château du
Plessis (40 r°); mais, d'autre part, il nous apprend (4 r°) qu'il avait
atteint sa vingt-quatrième année, au moment où il s'attela à
l'œuvre qui nous occupe. Or, il était né en 1468 [2], et l'on voit
donc que, de ces deux passages, celui-ci nous amènerait à conclure que le *Séjour d'Honneur* fut commencé en 1492, tandis que
celui-là nous reculerait jusqu'en 1489. Mais la première de ces
dates est totalement inadmissible. Octovien, en effet, n'a pu se
mettre à la besogne en 1492, puisque, déjà parvenu au troisième
chant de son poème, il consacre quelques vers au duc d'Orléans
— le futur Louis XII — et s'écrie, après nous avoir dit que ce
« mal conseillé » seigneur est enfermé dans la tour de Bourges :

Je pry a Dieu que brief en soit hors mys! (129 v°).

Comme la délivrance du prisonnier eut lieu en mai 1491, le vœu
charitable de l'écrivain est nécessairement antérieur à cette
date, et c'est pourquoi je crois raisonnable de supposer que le
*Séjour d'Honneur* a été commencé en 1490 [3].

1. La première édition fut donnée le 25 août 1499 par Antoine Vérard (Maulde
La Clavière, *Louise de Savoie et François I*, p. 44, n. 2). D'assez nombreuses réimpressions eurent lieu depuis, notamment en 1519 et en 1526. (Voy. Colletet, *Vies
d'Oct. de Saint-Gelais, de Mellin de Saint-Gelais*, etc., publiées par Gellibert des
Seguins; Paris, 1862.) — Il importe, au reste, de dire que la présente étude n'a
pas été faite d'après un texte imprimé : je me suis servi du magnifique exemplaire
manuscrit (B. N. fr., 12 783), qui fut, par le poète lui-même, offert à Charles VIII, et
c'est à ce volume que je renvoie le lecteur.
2. Et non en 1466, comme le prétend Colletet (voy. *Romania*, 1892, p. 596).
3. D'autres preuves encore pourraient être alléguées. En voici une, et concluante :

Si l'on se demande maintenant à quelle époque il fut achevé, il est malaisé de répondre d'une manière exacte, mais on peut du moins affirmer que l'artiste était arrivé au terme de son travail avant la fin de l'année 1495. En effet, parmi les personnages qu'il rencontre à la cour de Charles VIII, il cite Vendôme (149 r°), qui n'eût point été rangé au nombre des vivants, si le passage où il figure avait été rédigé après le mois d'octobre 1495 [1]. Voilà donc l'extrême limite où doivent s'arrêter les conjectures. Ce point une fois acquis, il convient de noter que Saint-Gelays, dans la seconde moitié de l'année 1494, n'avait pas encore fini son œuvre, ce qui ressort avec pleine évidence des quelques vers où il célèbre (130 v°) « *feu* Jacques de Brézé, grand sénéchal de Normandie », lequel mourut, on le sait, le 14 août 1494 [2]. Cependant, je considérerais volontiers ce passage comme une addition faite après coup, car si Octovien — un poète courtisan ! — s'est, en 1494, appliqué d'une manière continue à

Octovien (41 v°) aperçoit, parmi la foule des ombres, celle du bon duc de Savoie, « que Mort avoit *tout de frais* assommé ». Alors, songeant à la fragilité de la vie humaine, il s'exprime ainsi : « Las, a cette heure, a coup, il me souvint | Comment en France en si grant pompe vint | *N'a pas ung an*, et en si grant destour | Feut recueilly en la ville de Tours. » — Le personnage dont il est ici question [Charles I<sup>er</sup>, dit le Guerrier, né le 29 mars 1468, duc de Savoie en 1482, mari de Blanche de Montferrat] mourut à Pignerol le 14 mars 1490. L'année précédente, il était venu en France, auprès du roi. Arrivé à Lyon le 30 mars 1489, il avait passé, soit à Tours, soit à Amboise, les mois d'avril, de mai et de juin. Ainsi, puisque Saint-Gelays relate la disparition inattendue et prématurée de Charles I<sup>er</sup>, et qu'il déclare, d'autre part, l'avoir vu à Tours « n'a pas ung an », on doit, à prendre les choses à la lettre, affirmer que les vers cités plus haut ont été rimés en avril ou en mai 1490. (Sur les rapports du duc de Savoie avec la France et sur le voyage qu'il fit à la cour, cf. *Lettres de Charles VIII*, édit. Pélicier, t. I, p. 146, n. ; II, p. 367, n. ; III, p. 39, n. 5.)

1. François de Bourbon, comte de Vendôme, de Saint-Paul, de Marle et de Soissons, vicomte de Meaux, seigneur d'Epernon, châtelain de Lille, naquit en 1470 et mourut à Verceil le samedi 3 octobre 1495. Ce fut dommage, dit Commynes, « car il estoit beau personnage, jeune et saige, et estoit venu en poste, parce qu'il estoit bruict qu'il y debvoit avoir bataille » (édition Chantelauze, l. VIII, ch. xvi, p. 639). André de La Vigne appelle Vendôme *l'escarboucle des princes de son temps*, et il affirme que le roi était si *marri* de sa perte *qu'il n'estoit aucun qui le peust reconforter*. (Anselme, I, 225-6.)

2. « Jacques de Brézé, fils de Pierre II de Brézé et de Jeanne Crespin, comte de Maulevrier,... baron de Mauny et du Bec-Crespin, seigneur de Nogent-le-Roi, la Varenne, Brissac,... *grant seneschal et general refformateur des pays et duchié de Normandie*,... mourut le 14 août 1494 à Nogent-le-Roi, et fut enterré dans l'abbaye de Coulombs » (*Lettres de Louis XI*, édit. G. Vaesen, t. VIII, p. 160, n.). — Octovien ne ménage pas les éloges à J. de Brézé : il le tient pour « vray enfant de Rethorique », et constate qu'il était attaché à *quatre points principaux*, savoir : « armes, amours, la chasse et les chevaulx ». En ce qui concerne l'amour, il est avéré que cet « enfant de Rethorique » le prenait fort au sérieux. Et la preuve, c'est qu'ayant surpris en adultère, à Rouvres-lez-Dourdan, sa femme, « Madame Charlotte de France, fille naturelle du feu roy Charles et de damoiselle Agnès Sorel », il la tua avec son amant, un « gentilhomme du pays du Poictou, nommé Pierre de La Vergne » (*Chronique scandaleuse*, Coll. Michaud et Poujoulat, 1<sup>re</sup> série, t. IV, p. 324-5).

la préparation d'un livre destiné au roi, je m'explique mal qu'il
n'ait pas dit un seul mot de la grande pensée du règne, de cette
expédition d'Italie, qui, juste à ce moment-là, commençait [1].
Rien de plus étonnant que ce silence [2], et c'est lui qui m'incline
à supposer que la louange du Sénéchal de Normandie a été ajoutée
tardivement au *Séjour d'Honneur*, et que la composition presque
entière de l'ouvrage a porté sur les années 1490-1493.

Observons à présent, en ce qui concerne les détails que l'auteur
nous donne sur lui-même, qu'une distinction s'impose : les uns
nous offrent tous les caractères de l'exactitude et de l'authenti-
cité ; les autres, par contre, sont inventés pour les besoins de la
thèse, et ne sauraient être séparés du corps de cette longue fiction.
Si, par exemple, l'écrivain nous raconte une prétendue disgrâce
qu'il aurait subie, ce n'est pas que la faveur de Charles VIII se
soit jamais détournée de lui [3], c'est qu'il fallait bien démontrer
au nom d'une vérité plus générale, la fragilité de la gloire mondaine et les catastrophes réservées aux ambitieux. De même,
lorsque Saint-Gelays nous dépeint — lui si jeune, si brillant, si
entouré — sa vieillesse désabusée, assombrie et solitaire, c'est le
déclin de tous les courtisans qu'il veut ainsi retracer, et non seulement il devance la marche du temps, mais encore il pleure des
maux qu'il ne devait jamais ressentir. Il se flattait en redoutant
la destinée des gens à long passé, les tristesses que la nature
n'accorde pas à chacun de nous. Lorsqu'il tremblait de la sorte à
la pensée de la décrépitude, cet artiste en pleine fleur avait à
peine dix ans à vivre. Et sa muse, certes, l'avait mieux inspiré,
quand, après lui avoir dicté d'assez jolis vers sur l'aveugle jeu
des Parques (104 v°), elle faisait dire à l'une des trois noires
sœurs :

La quenoille est pour toy ja disposée....

1. Charles VIII se trouvait à Grenoble le 23 août, et c'est le 2 septembre qu'il passa
le mont Genèvre.
2. Un autre fait, cependant, paraît non moins remarquable : pas une fois le poète
n'a cité le nom d'Anne de Bretagne, et elle était reine de France depuis le 16 décembre 1491.
3. Il n'est pas démontré qu'Octovien ait jamais été, comme il l'affirme, « degetté
du hault palais d'Honneur » (153 v°). Au reste, si pareille mésaventure lui est
arrivée, c'est plus tard, au commencement du règne de Louis XII, à qui — peut-être
— il devint suspect en même temps que Jean de Saint-Gelays (Maulde La Clavière,
*Louise de Savoie et François Ier*, p. 122-128).

## II

Ces remarques préliminaires une fois terminées, passons à l'analyse de l'ouvrage.

.... C'était le printemps : la nature se réveillait, joyeuse, et les hommes, à cause du renouveau, bannissaient la mélancolie et allaient en troupe s'ébattre aux champs. Seul, enfermé dans sa maison, Octovien se livrait à la douleur. Pourquoi? Il se refuse à nous l'apprendre, persuadé que cela n'intéresserait personne, et que ses amis (mais il n'y a plus d'amis) ne se soucieraient guère de venir essuyer ses larmes.

Qu'il nous suffise donc de savoir que le poète avait des chagrins.... En vain il cherchait, dans l'étude, un dérivatif, et lisait à tour de rôle Tite-Live, Orose, Végèce, l'épopée troyenne, les histoires de Thèbes « dont Statius racompte bien au large », la vie de Pompée avec « l'esmeute civile », la Bible, la chronique de Josèphe, celles de Froissart et du moine Castel (5 v°-6 v°). Mais comme toutes ces chroniques ensemble ne le consolaient nullement, l'écrivain trouva plus sage d'aller se coucher, puis, « soubz la blanche courtine », il se mit à jouer du luth. Nouvelle déception. Trop longtemps délaissé, l'instrument sonnait fort mal, et faisait une musique qui ne se pouvait en rien comparer à celle d'Orphée, ni à celle de cet Orion (sic), qui chantait des airs tellement agréables que, jeté au sein de la mer océanique,

Preservé fut par daulphin et balayne (7 r°).

Tandis que, vaille que vaille, notre homme continuait à toucher son barbiton, voilà que s'avance, au milieu de la chambre, une très belle dame, qui vient tout droit au lit, et s'y assied. Or, vous saurez que cette personne-là avait un visage net et poli, des cheveux blonds, une petite bouche vermeille « soubz qui gisoit ung tresor de baisiers », le corps taillé comme par compas, les bras amoureux, et qu'elle portait, pour unique vêtement, un manteau de soie pourprine (9 v°). Ce costume, cette tournure n'annonçaient pas l'une des Vertus théologales, et, de fait, la visiteuse n'était autre que Madame *Sensualité*.

Qu'avez-vous, mon ami féal? demande-t-elle à l'affligé. Pourquoi cette mine grise? On doit être folâtre à votre âge. Ce point, elle entreprend de le développer en vers, et elle consacre à sa démons-

tration plusieurs strophes terriblement compliquées, où les équivoques s'épanchent en cascades de calembours (11 rº-12 rº).
Suivent, exprimés sous une forme un peu moins tourmentée,
des conseils qui tendent à éveiller l'ambition du poète, puis vient
une peinture des joies mondaines, et surtout de celles de l'amour,
si riches, si variées, si délicates, et où se rencontrent confondus,
pour soulever l'àme jusqu'au ciel, le prestige de la beauté, les
raffinements du luxe, les charmes de la musique, l'incomparable
union des volontés, les complicités du printemps et de la nuit, la
saveur, souvent, du mystère. C'est vivre, cela. *Sensualité* rappelle
à Octovien l'époque où, lui aussi, il aimait; elle l'engage à
s'élancer de nouveau parmi les passions, à lutter pour conquérir sa
bonne place au soleil; elle le blâme de végéter — lui, adolescent,
— comme un vieillard, et, bref, elle prêche avec une éloquence si
chaude que le jouvenceau quitte sa chambrette, ferme la porte
sans hésiter, et se met, le long d'un admirable petit chemin que
recouvrent des herbes odorantes, à marcher, suivant la dame
(20 rº).

Si tu veux, lui dit-elle, que je t'enseigne le nom du sentier que
nous foulons, voici : il s'appelle *Fleurie-Jeunesse*. L'entrée, n'est-ce
pas? en est jolie, mais le retour, sache-le, est impossible. Qui
va par cette route ne revient point. Et tous ceux qui ont vécu y
sont passés, tous, tant qu'il y en a, hommes et femmes, les belles
et les héros. Ne cherche pas leurs traces : tu ne verrais rien. Le
vent de *Courte-Durée* efface, à mesure, les vestiges.

Ainsi parle, plus sage que de raison, l'aimable et décevante
*Sensualité*. Bientôt les pèlerins s'arrêtent à un endroit où le chemin fait la fourche. Fourche symbolique! Octovien se remémore
ici ce que Pythagore, philosophe « moult instruit », a écrit touchant
la lettre Υ [1]. Elle a trois barres : celle du bas représente la jeunesse
qui conduit aux bonnes ou aux mauvaises mœurs; celle de droite
mène, par la vertu, à *salvation*, celle de gauche vous lance, par le
vice, vers le malheur. Il en est de même pour le sentier fleuri où
le poète s'est engagé.... Au milieu du carrefour, il se consulte, il
hésite, mais sa compagne l'enjôle si finement qu'il n'imite pas
l'exemple d'Hercule, et prend à gauche, le pauvre niais (25 rº).

Et voici que, devant lui, s'étend un fleuve immense ou, plus
exactement, une mer, le périlleux abîme de *Joie-Mondaine*.... Il
s'agit à présent de traverser : mais *Fol-Abus* (c'est le batelier qui a

---

1. Le cours de la vie humaine était figuré, chez les Pythagoriciens, non par la
lettre Υ, mais bien par la lettre T. — Voir Chaignet, *Pythagore et la philosophie
pythagoricienne* (Paris, 1873), t. I, p. 154.

coutume de conduire d'une rive à l'autre les voyageurs) est occupé
pour l'instant, de sorte que *Sensualité* et l'ingénu qu'elle traîne
après elle s'en vont coucher dans une hôtellerie, dont le patron
— un certain *Peu d'Avis* — les reçoit le mieux du monde. Il leur
prépare à souper, félicite hautement Octovien d'avoir tenté les
belles aventures, lui offre l'écharpe d'*Outrecuidance* et le magnifique bourdon doré qui s'appelle *Folle-Accoutumance*. Alors le
jouvenceau se sent une invincible bravoure, la décision d'un
Phaéton, d'un Icare, la volonté de gravir au besoin les montagnes
les plus « cacumineuses ». Joyeux et confiant, il va se coucher
dans un « cubile » qui a été fait par *Mauvaise-Discipline*, servante
de l'aubergiste *Peu d'Avis*, et s'endort paisiblement entre les
rideaux de *Vaine-Gloire*.

   Et c'est là (32 r°) que se termine le premier livre.

   Le lendemain, dès l'aurore, en route ! « Sans messe ouyr ne dire
patenostre », on s'embarque promptement dans la nef de *Fol-Abus*[1].
Et d'adord tout marche à souhait : l'onde est tranquille, limpide,
bienveillante, et c'est le vent Zéphyrus qui gonfle les voiles de la
nef. Mais ce calme ne dure guère. Au bout d'un moment, les eaux
se creusent et se troublent, et l'on s'aperçoit aussitôt qu'elles
roulent et charrient une multitude de cadavres. Parmi eux,
l'auteur reconnaît le roi Louis XI (39 v°) qui fut, en son temps,
plus obéi « qu'oncques ne fut homme », le duc de Bretagne[2],
celui de Savoie (41 v°).

   Ce spectacle, on le pense bien, affaiblit très notablement
l'enthousiasme du pèlerin : il commence à regretter le plancher
des planteurs de choux, et fait une si piteuse lippe que *Fol-Abus*
juge à propos de le réconforter. Tu as tort, lui dit-il, de mal penser
des voyages : ils ont profité à bien des gens. Si, par exemple,
le père Enéas avait eu des habitudes casanières, il n'aurait pas
fondé Rome. De même, Brutus a dû à son goût pour les longues
excursions l'honneur d'être le roi éponyme de la Grande-
Bretagne[3]. Et Ulysse donc ! Et Scipion ! Et Jules César !...
Penses-tu qu'ils n'ont pas navigué ? Plus que toi, et bien leur

---

1. Mais avant de conduire ses héros jusqu'au navire, l'auteur juge bon (et l'on
ne devine pas trop pourquoi) de disserter abondamment sur la Quinte-Essence
(33 v°). Celui, assure-t-il, qui aurait une once de cette vertu serait au-dessus des
maladies, ne manquerait jamais d'argent, et discernerait les choses cachées. —
Cf. Rabelais, *Pant.*, V, xx-xxi.

2. François II, duc de Bretagne, mourut au Chambon, près de Nantes, le 9 septembre 1488. — Voyez : *Art de vérifier les dates* (Paris, 1818), t. XIII, p. 234 et suiv. ;
Cherrier, *Histoire de Charles VIII* (Paris, 1870), t. I, p. 179-184.

3. Cf. Jean Lemaire de Belges, *Ill. de Gaule et Sing. de Troye* (édit. Stecher), t. II,
p. 296. « Au temps dudit Bavo Belgineus, un Prince nommé Brutus, filz de Sylvius
Posthumus, troisiesme Roy des Latins, et de Lavinia, seconde femme d'Eneas,

en a pris. Au reste, nous approchons d'une île où tu vas te
reposer, mon ami, délicieusement : c'est l'île de *Vaine-Espérance*.

De fait, juste à cet instant, parvient à la galée un bruit de
tambours et de trompettes. C'est la fanfare de *Vaine-Espérance*
qui sonne, là-haut, sur une tour et qui attire ainsi les mariniers.
Saint-Gelays se hâte vers cette autre île sonnante; il aborde
(49 r°) et tombe aux genoux de la puissante et magnifique dame du
lieu. Elle le reçoit en souriant, lui énumère tous les miracles
qu'elle sait accomplir, ne lui ménage point les promesses,
l'entraîne vers son jardin, et lui tend une poire de son poirier.
Fruit merveilleux! Sitôt que je l'eus mangé, écrit le rhétoriqueur,
«plus n'avoye en estime fors les grans choses, cuydant que tout a
mon intencion obeist desormais, et que, par souhayt seullement,
pourroye venir, que scay-je moi? estre ung seigneur grant terrien,
riche souldart, puissant homme, avoir l'honneur et le credit sur
les vivans, estre appellé au grand conseil des plus grands roys,
ambassadeur des empereurs, legat du pape et du saint siège…. Que
voulez-vous?… Brief, je pensay, tant je fus fol, avoir chevaulx
et grosse bende, en boette les cent mille escus d'or, les coffres
pleins de beaulx habits…. » (55 r° et v°.)

Tandis qu'il s'abandonne à ces prestigieuses illusions, une
musique, de nouveau, frappe son oreille. D'où vient, demande-
t-il, cette mélodie? — D'un bal, répond *Vaine-Espérance*, que je
donne ici près, sur mes terres[1] : il dure depuis l'origine des
choses, et jamais ne cessera. Pour danser au son de mon
orchestre, les boiteux retrouvent des jambes et les aveugles des
yeux. Ce spectacle, mon fils, ne veux-tu pas le contempler?

Comment non? Le jouvenceau court à cette fête, et il voit, se
trémoussant en cadence sur un tapis de gazon, une foule dont rien
ne saurait donner l'idée. Là, en effet, se démènent, entraînés par
les irrésistibles incantations de l'Espoir, non seulement tous ceux
qui sont, mais aussi tous ceux qui furent, et vous auriez pu
reconnaître, dans cette assistance, le vieux Priam « o sa barbe
trop plus blanche que croye », Hécube, Hector, Paris, Hélène,
Briséis, Jason, Médée, Hercule, Déjanire, Narcisse, Pyrame,
Phylis et Démophon[2], Didon, Tarquin « et avecq luy de Rom-

---

querant nouvelles contrées a habiter,… rentra en mer, et alla conquerir sur les
Geans l'isle d'Albion, et la nomma Bretaigne…. »

1. D'après Gellibert des Seguins (*op. cit.*, p. 9, n. 1), Viollet-le-Duc, dans le *Catalogue* des livres composant sa bibliothèque (Paris, 1843), fait un très vif éloge de
cette *danse des morts*, qu'il trouve « de la plus haute poésie ».

2. Octovien avait traduit en vers la lettre que, dans ses *Héroïdes*, Ovide prête à
Phylis (B. N. fr., 25 397, 9 r°-16 v°). — Sur les amours de ce couple mythique, cf. encore :

mains moult grant presse », Appius Claudius, Virginie, le duc
Pompéius, César, Scipion, Sylla, Antoine, Alexandre, le roi
Daïre, Tristan et Iseult, Lancelot « que la royne Genèvre ama si
fort », Albert d'Autriche qui eut tant à se plaindre d'un sien
neveu[1], Henri qu'un méchant moine empoisonna avec une
hostie[2], Louis de Bavière qui mourut d'une chute de cheval[3],
Henri d'Angleterre par qui la France eut grandement à souffrir[4],
Jean de Bourgogne[5], et d'autres encore, — d'autres en nombre
infini, prodigieux, et dont le compte est tout aussi malaisé à
faire que celui des graviers de l'océan! (60 v°-65 v°.)

Contagieux est le vertige de cette danse macabre. Le poète,
sans réfléchir autrement, se boute au « beau meilleu » du bal, et
y entraine une dame qui sembloit avoir l'accueil humain, et dont
la grâce était séduisante. Il aurait, le malheureux, beaucoup
mieux fait de danser tout seul. Il se préparait, à son insu, de
longs chagrins, car celle qui l'acceptait maintenant pour cavalier
devait plus tard exercer sa patience, lui dire non en lieu d'ouy.
Mais qui eût deviné cela? Tout à l'ivresse de l'heure présente,
Octovien se distinguait, au milieu des couples tournoyants, par
son entrain et sa légèreté, et Vaine-Espérance, qui le voyait si
plein d'ardeur, épuisait pour lui son répertoire, et commandait à
l'orchestre de jouer, l'une après l'autre, toutes les danses par
elle inventées, savoir : les danses d'Orgueil, de Dissolution, de
Temps perdu, de Vanité, de Folle-Plaisance, de Mensonge, de
Gourmandise et de Discorde.

Jusqu'à minuit sonné, notre galant vira, sauta de la sorte, puis
— un peu las tout de même — il alla se reposer. Mais le sommeil
ne vint pas. Ce qui vint, ce fut une dame extraordinairement
majestueuse. Et qui donc? L'auteur nous donne d'abord un

Pline, Hist. nat. (édit. Littré), t. I, p. 585 et 607 ; C. Iulii Hygini Augusti liberti
Fabularum liber (1535), p. 58, fable 243 : Quae se ipsae interfecerunt.

1. Albert d'Autriche, fils de Rodolphe de Hapsbourg, assassiné par son neveu le
1er mai 1308. C'est à ce personnage que Dante (Purgat., VI) reproche avec indignation le peu de soin qu'il prend des affaires d'Italie.

2. Henri VII, duc de Luxembourg, né en 1282, empereur en 1308. Appelé par Dante
et par Dino Compagni, il passa les monts, entra dans Rome. Il mourut à Buon-
convento, près de Sienne, le 24 août 1313. Un moine, originaire de Montepulciano,
avait, disait-on, empoisonné ce prince avec du vin consacré.

3. Louis V de Bavière, né en 1284, empereur en 1314. Son élection donna lieu à
une longue et violente lutte, et il ne fut couronné qu'en 1328. Il mourut en
octobre 1347, d'apoplexie suivant les uns, et, si l'on en croit les autres, d'une chute
de cheval qu'il aurait faite à la chasse.

4. Il s'agit probablement de Henri VI : la façon tragique dont il périt (mai 1471)
le désignait, ce semble, pour figurer en ce nécrologe de hauts personnages qui
finirent misérablement.

5. L'assassin du duc Louis d'Orléans (23 novembre 1407), tué lui-même à Monte-
reau, le 10 septembre 1419.

signalement plutôt vague. Cette dame, écrit-il, « c'est l'entité de
toutes entités » ; ensuite il ajoute quelques précisions : c'est la
dame que David a louée dans son *psautier*, et de qui saint
Augustin « va debatant » ; enfin il se décide à la présenter clairement : *Madame Grâce-Divine*.

Le sermon que fait cette personne inspirée, je prends la liberté
de le passer sous silence, attendu qu'il est extrèmement copieux
(73 v°-76 v°), et que chacun peut, sans être l'entité des entités,
imaginer les reproches que le pauvre danseur doit subir. Il en
est tellement mortifié, et ressent une si vive douleur que les
draps de son lit ruissellent, positivement, de larmes. Déjà il
songe à se convertir, il y est même fort résolu, mais, au « chant
journal des coqs », *Vaine-Espérance*, *Sensualité* et *Fol-Abus*
entrent de compagnie dans la chambre, et, remarquant la mine
déconfite de leur élève, ils commencent par le *chatouiller* et par
se livrer à d'*autres petits ébats oiseux*, récitent en outre trois
rondeaux lénitifs, et terminent par une allocution à ce point
insidieuse que, se repentant de ses remords, le jeune homme
oublie l'admonestation de *Grâce-Divine*, et consent à continuer
sur l'heure sa dangereuse odyssée.

Au début du troisième livre (85 v°), nous le voyons qui vogue
de nouveau sur le fleuve de *Joie-Mondaine*. Décidément, il est,
ce fleuve de Joie, plus peuplé de cadavres qu'un cimetière.
Accoudé au bordage du vaisseau, Octovien reconnaît, flottant çà
et là au gré des vagues, Jean de Bourbon [1], « sa feue femme
yssue de Nemours [2] » , le comte Dammartin [3], le sire de Bueil [4], le
seigneur du Lude [5]. Apparaît ensuite un personnage « ressem-

1. Jean II, duc de Bourbon, était né, en 1427, au château de Moulins, et fut connétable de France. Il mourut le 1er avril 1488.
2. Il s'était marié trois fois, et c'est de sa seconde femme qu'il est ici question.
C'était Catherine d'Armagnac, fille de Jacques d'Armagnac, duc de Nemours, qui
fut décapité le 4 août 1477. Jean de Bourbon l'avait épousée le 28 avril 1484, et elle
mourut deux ans plus tard, en mettant au monde un fils, qui ne vécut que seize
jours (Moréri).
3. « Antoine de Chabannes, comte de Dammartin, seigneur de Saint-Fargeau et
de Blancafort, conseiller et chambellan du roi. Il était fils puîné de Robert de
Chabannes, seigneur de Charlus, et d'Alix de Bort, et était né en 1411.... Il mourut
le 25 décembre 1488,... et fut enterré dans l'église de Dammartin. » (J. Vaesen, *Lettres
de Louis XI*, t. III, p. 223, n. 3. — Cf. Anselme, VIII, p. 382.) — Retracer la carrière
de ce rude et insigne capitaine, ce serait raconter toute l'histoire de son temps.
4. « Jean, 5e du nom, né en 1406, sire de Bueil, de Montrésor, de Saint-Calais,
de Saint-Christophe,... comte de Sancerre,... chevalier, conseiller et chambellan du
roi, pourvu de la charge d'amiral après la mort de Prégent de Coëtivy, et capitaine de Cherbourg en 1450.... Il fut de la première promotion des chevaliers de
Saint-Michel, faite au mois d'août 1469, commandait encore, en 1476, une compagnie de cent lances, et mourut vraisemblablement le 7 juillet 1477. » (Vaesen, *ubi
sup.*, t. III, p. 268, n. 4.)
5. « Jean Daillon, écuyer, puis chevalier, seigneur de Quirieu en Dauphiné,... de

blant homme digne ». Il tient, celui-ci, une épitaphe entre ses
bras, et on y lit :

> Cy gist Pierre nommé de Saint Gelays,
> En son vivant chevalier treshonneste,
> Qui s'est trouvé en maint noble conqueste,
> Servant les roys. Seigneur fut de Montlieu.
> Son ame soit posée devant Dieu! (89 r°.)

Alors, soudain fort pâle et tremblant, le poète fut percé *du
glaive de tristesse*, et il s'en fallut de peu qu'il ne trépassàt. C'est
que ce corps qu'il avait sous les yeux, c'était celui de son propre
père. Afin de le serrer sur son cœur, il voulut se jeter à l'eau,
et déjà il avait pris son « bransle » pour s'élancer dans le gouffre,
lorsqu'une voix parla en lui, qui lui conseillait, prudente :

> Ne soyes pas de toymesme homicide.

La chose, en effet, est illicite, et, du reste, le jour viendra où tu
rejoindras ton père.

Et le navire allait toujours.... Il finit, au bout de quelque
temps, par toucher terre. On paya *Fol-Abus*; on débarqua. Non
loin du rivage s'étendait une forêt ténébreuse, redoutable. C'est
ici, explique *Sensualité*, la *Forêt des Aventures* (94 r°) : tout n'y
est qu'heur et malheur, joie et tristesse, fusion des contraires,
changements, bouleversements. En ce lieu-là, tantôt tu seras
plus pauvre « qu'un cadet de Gascoingne », tantôt l'argent
affluera entre tes mains. Attends-toi à marcher parmi les
meurtres, les querelles et les « bouffemens » d'envie. Impossible
de reculer : aucune autre voie ne mène à l'*entière jouissance du
bien mondain*. Mais, avant de nous engager sous ces ombrages
inquiétants, il nous faut aller rendre nos devoirs au maître de la
Forêt, le vieux seigneur *Cas-Fatal*.

Dans son manoir qui tourne avec les signes du zodiaque, *Cas-
Fatal* reçoit courtoisement les pèlerins, et leur expose sa généalogie. Il est né (ce n'était pas hier) à l'époque où Jupiter, Neptune

---

Fontaines, du Lude,... mourut à Roussillon, sur le Rhône, dans son gouvernement
de Dauphiné, en février 1482. » (*Id., ibid.*, t. IV, p. 94, n. 2.) Je ne cite que le commencement et la fin de la notice assez étendue que Vaesen consacre à ce personnage. Il joua en son temps un rôle fort considérable, sut entrer bien avant dans
la confiance de Louis XI qui l'appelait *Maitre Jean des Habiletés*, et se fit payer
très cher les services qu'il rendait. Commynes (V, xiii) trace de lui ce portrait :
« Il ne craignoit jamais a abuser ne tromper personne, aussi très legierement
croioit et estoit trompé bien souvent; il avoit esté nourry avecques le Roy en sa
jeunesse, lui sçavoit fort complaire et estoit homme très plaisant. »

et Pluton se partagèrent l'empire des choses. Je suis, ajoute-t-il, frère et mari de *Fortune*. C'est elle qui dort dans mon « cubile ». De notre union sont issues trois filles : les Parques.... Voilà qui est clair. Mais *Cas-Fatal*, dès qu'il aborde le chapitre de ses fonctions et de son influence, paraît s'embrouiller beaucoup. Moi, déclare-t-il modestement, je ne suis qu'une cause seconde. La première, c'est Dieu. Et ne t'imagine point (il s'adresse à Saint-Gelays) que tu sauras de moi pourquoi, parmi les humains, le bonheur, la longévité, les talents et la richesse sont inégalement distribués : non, je n'éluciderai pas ces choses. D'ailleurs tu ne saisirais pas; c'est trop difficile.

Là-dessus, les trois Parques sont introduites (102 v°), et, sans saluer autrement l'hôte de leur père, elles ne lui cachent pas qu'elles ont « le pouvoir suffoquant », et qu'elles ne manqueront pas, à l'heure venue, de l'envoyer rejoindre ses aïeux. Et n'est-il pas juste, insistent-elles, qu'il en soit ainsi? Aristote est bien mort, qui était plus sage que toi[1]. Mort aussi le vigoureux Samson, « qui d'un seul coup en eust abattu cent »; morts Absalon le *gentil*, Hector le preux; morts Alexandre et Auguste, qui furent maîtres du monde; mortes les dames du temps jadis. Donc, toi qui n'es que rosée et cendre, tu prendras la route qu'ont suivie les forts, les justes, les belles.

On a beau savoir ces choses-là, on n'aime guère à se les entendre dire, et le voyageur, lorsqu'il se retira pour dormir, n'avait pas l'âme joyeuse. On le conduisit — ce qui ne le consola nullement — « en la chambre noire de *Deuil*, tapissée de *Desconfort* » : il coucha dans le lit de *Tristesse*, entre les draps de *Crainte-Mortelle*, sous la couverture de *Danger*. L'oreiller qu'on lui avait offert était rempli de *Souci*; aux plis des rideaux *Peur–Soudaine* se cachait, et il fut contraint d'accepter, en guise de bonnet de nuit, le couvre-chef de *Déplaisance*.

En quittant, au matin, le château de *Cas–Fatal*, le poète sentit un soulagement qui se conçoit. Il lui restait pourtant une rude épreuve à affronter. La *Forêt des Aventures* était là, et il s'agissait de la franchir.

Il semble que Saint-Gelays ait voulu donner à ce symbole de la Forêt une signification grandiose. Si je comprends bien, il a eu l'intention de réunir, en un cadre un peu vague et mystérieux, les principaux drames de la légende ou de l'histoire, les plus notables actions des hommes, celles qui furent éminentes par

---

1. « Lumina sis oculis etiam bonus Ancu' reliquit, | Qui melior multis quam tu fuit, improbe, rebus.... » (*Lucrèce*, III, 1013-14.)

leurs résultats, émouvantes par leurs péripéties, ou qui paraissent
le mieux montrer une intervention providentielle. Manifestement, ces rapides fastes du monde tendent à une leçon morale,
et l'écrivain a compté que le lecteur, après avoir contemplé les
ruines des métropoles, les stériles conflits des peuples, la cendre
des rois et des héros, tirerait de ce spectacle une conclusion
désabusée, et finirait par comprendre qu'il ne faut pas mesurer
le mérite des vivants au bruit qu'ils font, puisqu'il ne demeure
rien des plus hardis efforts de l'ambition qu'un peu de poussière
et qu'une fragile mémoire. Un tel dessein excédait, certes, les
forces du rhétoriqueur, mais il convient de lui savoir gré d'avoir
tenté, du moins, ce que seul un artiste vraiment inspiré eût été
capable d'accomplir.

A l'orée de la *Forêt des Aventures* coule une fontaine de larmes.
Ce sont celles d'Adam et d'Eve bannis du Paradis terrestre. On
distingue ensuite, toujours cheminant, l'Arche de Noé, la Tour
de Babylone, le champ où Abraham triompha des anciens rois
d'Assyrie [1], « le palus trespuant et scabreux » où s'engloutirent
Sodome et Gomorrhe, la Mer Rouge qui se referma sur les
troupes du Pharaon, les serpents par qui les Israélites furent
dévorés, le temple que Samson renversa, les restes de Carthage,
le berceau de Romulus.... « Tirons avant! » s'écrie *Sensualité*.
Voici le royaume de France que Francion fonda. Voici Phara-
mond, Marcomyre, Clovis et la Sainte-Ampoule, Charlemagne,
saint Louis [2].... A côté de ces illustres simulacres, qui figurent
des corps depuis longtemps décomposés ou d'antiques traditions,
apparaissent de plus récents cadavres : Louis d'Orléans, assassiné à Paris; Charles le Téméraire, l'homme qui étreignit
moins qu'il n'embrassa; Bertrand du Guesclin; Charles VII;
Jean de la Roche, l'intraitable ennemi de l'Angleterre [3]; la Hire
et Saintrailles. Parmi ces princes et ces guerriers, une femme

1. *Genèse*, XIV, 14-16.
2. Saint-Gelays introduit ici une louange hyperbolique du roi Charles VIII : il
le décore (114 r°) du titre de « second Hector et dernier Alexandre », et le déclare
l'égal (au moins!) de Salomon, David, Scipion, Camille, Fabricius, Ptolémée et
Papirius. Appliquées à un roi chétif et d'intelligence mince, de telles comparaisons semblent écrasantes, et donnent au panégyrique, contre le vœu de l'auteur,
un air vraiment dérisoire. — C'est avant le 10 octobre 1492 (date de la naissance du
dauphin Charles-Orland) que ce passage a été écrit : Octovien y exprime, en effet,
le désir de voir bientôt venir au monde un héritier de la couronne.
3. Voy. Alain Chartier (*Œuvres toutes nouvellement revues, corrigées et de beaucoup augmentées...*, par André Du Chesne, Tourangeau; Paris, 1617), *Histoire du Roy
Charles VII*, p. 123-4, 130. — Une note de l'éditeur (p.842) qualifie Jean de La Roche
de « chevalier angoulmoisin », et cite les vers que lui consacre Saint-Gelays. —
Disons-le en passant, c'est à tort que l'on a attribué à Chartier l'*Histoire de
Charles VII*.

Pas n'eut quenoille atachée au costé,
Mais espée poingnante et deffensible;
Fuyant repos et longue oysiveté
Ou voulentiers cueur de femme est duÿsible,
A aultre affaire elle n'est entendible
Qu'ordonner gens pour batailles mouvoir :
Dont je congneu que c'estoit, pour tout voir,
Selon sa geste et maniere approuvée,
La Pucelle par miracle trouvée. (117 r°.)

Dans une autre partie de la forêt, Octovien et la traîtresse dame qui le guide assistent à d'anciens combats, qui, pour leur édification, se livrent à nouveau sous leurs yeux. Ce sont les journées de Castillon, de Montlhéry, de Guinegate[1].... A quelque distance, des cadavres — encore! — sont étendus : non pas ceux des gens qui succombèrent en ces mêlées fameuses, mais ceux de Jean, comte d'Angoulême[2], du comte d'Armagnac[3], de l'aimable roi René et de Galéas, duc de Milan[4].

Qu'elle est donc funèbre, cette *Forêt des Aventures!* Funèbre et monotone. Par bonheur, le poète a compris lui-même la nécessité d'égayer un peu son noir tableau, et il se décide, en conséquence, à mener pour un moment ses lecteurs en un lieu plein de délices, *solacieux* (122 r°). A vrai dire, c'est encore chez des morts qu'il nous conduit, mais chez des morts heureux, éclairés, paisibles, qui, groupés dans un verger fleuri, goûtent, comme des divinités, un repos qui ne finira pas.

1. Dois-je rappeler ici les dates de ces trois batailles?... *Castillon*, où finit le grand Talbot : 17 juillet 1453 ; — *Montlhéry*, où jamais, selon Commynes, « plus grande fuite ne fut vue des deux parts » : 16 juillet 1465 ; — *Guinegate*, qui coûta plus cher au vainqueur qu'au vaincu : 7 août 1479.

2. « Jean d'Orléans, comte d'Angoulême, surnommé *le bon*, fils puîné de Louis de France, duc d'Orléans, né le 26 juin 1404, mourut le 30 avril 1467. » (Moréri.) — Cf. *Art de vérifier les dates*, t. X, p. 193.

3. « Jean V, comte d'Armagnac (5 septembre 1450), fils de Jean IV et d'Isabelle de Navarre, marié à Jeanne de Foix, tué à Lectoure le 6 mars 1473, n. s. » (*Mémoires de Commynes* [édition Mandrot], t. I, p. 21, n. 7.) — Rien, presque, n'est plus émouvant, dans l'histoire du xv° siècle, que la mort de ce personnage, et parmi tant de tragédies que Louis XI a sournoisement machinées, aucune ne montre mieux de quelle manière il savait unir la férocité à l'astuce, quel art il apportait dans le choix de ses complices. — Sur cette affaire, voyez *Chronique scandaleuse* (Michaud et Poujoulat), p. 304-5; Mandrot, *Louis XI, Jean d'Armagnac et le drame de Lectoure* (*Revue historique*, 1888).

4. « Galéas-Marie Sforza, né le 14 janvier 1444 du mariage de François Sforza et de Bianca-Maria, fille naturelle de Philippe-Marie Visconti, duc de Milan, fut duc de Milan après son père, et mourut assassiné le 26 décembre 1476. » (*Mémoires de Commynes* [Mandrot], t. I, p. 63, n. 4.) — L'auteur de la *Chronique scandaleuse* (p. 327) a relaté le meurtre de Galéas, mais, à ma connaissance, le récit le plus pittoresque et le plus nourri se trouve dans les *Chroniques* de Jean Molinet (Collection J.-A. Buchon, t. XLIII, p. 216 et suiv.).

Il abrite, ce jardin enchanté, toute la cohorte des inspirés et des penseurs défunts. Saint-Gelays cite, afin de nous donner une idée de cette élite, les plus célèbres noms de l'antiquité, puis il énumère les écrivains modernes qui siègent en cette académie des morts. Ce sont Jean de Meung, le maître du chœur, celui que nulle voix ne serait capable d'assez louer ; Dante, qui a dépeint « l'infernal repaire » ; Pétrarque ; le gentil Boccace ; Alain Chartier, « doulx en ses faictz et plein de rethorique » ; Jacques Milet « qui mist en vers l'histoire dardanide » [1]. Non loin de là était assis, portant la radieuse couronne que *Science* lui avait décernée, maître Martin Magistri [2],

> Interpreteur de la saincte pagine,
> Aigle d'honneur, philozophe tresdigne (125 r°).

Cette ombre érudite, comment Octovien ne l'eût-il pas saluée avec respect? A l'époque, nous dit-il, où j'étudiais à Paris, dans le noble collège Sainte-Barbe, j'eus pour directeur ce maitre Martin :

> Du peu que sçay il en est fondateur....
> Regent fut il de mes freres et (de) moy,
> Puis son sçavoir le logea chez le Roy.

Là se termine cet épisode reposant : notre auteur n'a pas le droit de s'arrêter davantage en ce lumineux pourpris; il doit reprendre les voies obscures, s'avancer de nouveau parmi les spectacles désolants. Successivement, il aperçoit la ville de Nantes démantelée par un long siège, et que les bombardes ont presque détruite [3]; le champ où se donna la bataille de Saint-Aubin-du-

---

1. Jacques Milet (ou Millet) mourut à Paris en 1466. Il était encore jeune lorsqu'il succomba, et avait, cependant, produit d'assez nombreuses œuvres. Les principales sont : 1° *La Destruction de Troye*; 2° *La Forest de Tristesse*, « livre de grant excellence », qu'il composa en son adolescence (exactement en 1459), « pour l'honneur de sa maistresse »; 3° l'épitaphe latine d'Agnès Sorel, commençant par le vers : *Fulgor apollineus rutilantis luxque Dianae....* Ces renseignements sont tirés d'une pièce intitulée *Complaincte faite par maistre Alain Charretier de la mort de maistre Jacques Millet*, pièce qui se trouve dans le mss. 1716 de la Bibliothèque nationale, f°⁵ 15, v° et suiv. — Alain Chartier (✝ vers 1430) est si peu l'auteur de cette poésie, qu'il figure, dans le texte même (26 r°), parmi les ombres fameuses qui célèbrent, sous la présidence de Dame Rhétorique, l'office funèbre de Milet. D'après A. Piaget (*Romania*, 1893, p. 230 et suiv.), celui qui aurait écrit cette agréable complainte, ce serait Simon Greban. Et il est bien vrai que la dernière strophe (26 v°) présente, en acrostiche, le mot *Simon* : mais c'est tout. Ainsi l'attribution à Greban demeure conjecturale.

2. Martin Lemaistre naquit à Tours en 1432, et mourut au mois de juin 1482. — L. Thuasne (Rob. Gaguini *Epistole et orationes*, t. I, p. 399, n. 5) a fourni, sur ce régent d'Octovien, des renseignements assez étendus.

3. Il semble que Saint-Gelays fasse plutôt allusion au siège de 1487 qu'à la sur-

Cormier, et les plus notables victimes de cette mêlée : le comte de Scales[1], messire Jacques Galiot[2]; encore la cité de Nantes, relevée déjà et prête à devenir le séjour des fleurs de lis; les cadavres d'Yvon du Fou[3], de Jacques de Brézé, de Gaston du Lion et de son frère, l'archevêque de Toulouse[4].

Cette fois, nous sommes au bout : le poète a parcouru en entier cette voie si douloureuse, et il sort, frémissant, de la *Forêt des Aventures*.

Devant lui (livre IV, 133 v°) se dresse un palais d'une telle splendeur que l'on se croirait en face d'un ouvrage *célestiel*.... Nous sommes arrivés.... Voici enfin le *Séjour d'Honneur*, le terme vers lequel tendent toutes les ambitions, la cour des rois. Entraîné par *Sensualité*, Octovien se dirige vers le haut manoir, et demande à l'*huissière* l'autorisation d'entrer. Elle est, cette *huissière*, parée comme une châsse : joli chaperon plissé, chaînes et colliers, petits souliers découpés, rien ne lui manque, et comme elle a, de plus, « le taint aussy polly qu'agate », et qu'elle s'exprime mieux qu'un avocat, le solliciteur observe à part lui qu'on rencontre peu de portières qui soient pareilles à celle-là. — Elle interroge

---

prise du château de Nantes (février 1491), que suivit immédiatement la capitulation de la ville.

1. « Édouard Woodville, comte de Scales, gouverneur de l'île de Wight et oncle de la reine Élisabeth. Malgré les défenses de Henri VII, il avait débarqué à Saint-Malo avec un corps de troupes, entre le 20 et le 25 mai [1488] »; il fut tué à Saint-Aubin-du-Cormier, le 27 juillet de cette même année. — La citation qui précède est tirée des *Lettres de Charles VIII* (édition Pélicier), t. II, p. 93, n. 3. Voir encore les *Chroniques* de J. Molinet, t. XLV, p. 394 et suiv.

2. « .... Capitaine napolitain, d'abord au service de Jean d'Anjou, duc de Calabre, sous les ordres duquel il fit la campagne du Bien Public en 1465,... puis, après la mort de celui-ci, de Charles, duc de Bourgogne, qu'il accompagna au siège de Neuss en 1475 ; » il finit par accepter les offres de Louis XI, et périt à Saint-Aubin-du-Cormier (G. Vaesen, *Lettres de Louis XI*, t. VII, p. 137, n.). — Voir son éloge chez Commynes (IV, 13). — Jacques Galiot [Galeotto] est cité au moins trois fois, et toujours de la manière la plus honorable, dans la correspondance de Charles VIII (Pélicier, t. II, p. 33, 188, 195). Au dernier de ces passages, le roi de France, faisant au pape une relation de la bataille de Saint-Aubin, déclare n'avoir eu que peu de pertes à déplorer, « preter Jacobum Galeotum equitem,... quod nobis fuit et est maximo dolori, quoniam bene, fortiter, fideliter et diu servierat defuncto carissimo domino et patri nostro,... et nobis.... »

3. « Yves du Fou, chevalier, seigneur du Fou, était chambellan, capitaine de Lusignan, maître des eaux et forêts.... de Poitou. Il acquit en Poitou la terre de *Ramenteresse*, et Louis XI lui abandonna un ancien étang qui y confinait. Il laissa deux enfants mineurs, Jacques et Philippe » (Maulde La Clavière, *Chroniques de Louis XII*, par Jean d'Auton, t. I, p. 50, n. 1). — Ce personnage, qui fut aussi grand veneur de France (1472), sénéchal de Poitou (1480) et bailli de Tourraine (1484), mourut le 2 août 1488 (Pélicier, *Lettres de Charles VIII*, t. II, p. 114, n. ). — Yves du Fou avait su gagner, par son activité et sa finesse, la confiance de Louis XI : aussi son nom revient-il maintes fois dans la correspondance de ce prince (J. Vaesen, t. IV, p. 19, 317-8; t. V, p. 332; t. VIII, p. 179, 261; t. IX, p. 184).

4. Il sera parlé de ces deux frères (*Arcades ambo!*) dans la 4e partie de la présente étude.

le voyageur : Qui êtes-vous? Que voulez-vous? A quel titre
prétendez-vous servir *Honneur*? Que savez-vous faire? Connaissez-
vous le métier des armes? — Non, répond Octovien, j'ignore l'art
militaire et je n'ai jamais coiffé le casque.

> Bien est vray qu'en mon temps premier
> Je commençay estre escolier,
> Et viz les reigles de grammaire
> Pour mieulx confermer ma memoire,
> Puis poesie et rethorique ;
> Après en raison juridicque
> Furent mes desirs incitez,
> Suyvant les universitez
> Ou les divines loix sacrées
> Sont publiquement decidées :
> La ay tousjours estudié,
> Tant que je fuz licencié. (142 r°.)

La brillante dame qui veille à la barrière, frappée sans doute
par ce grade « haultain » de licencié, consent à ouvrir au savant
homme, et il peut voir alors l'épouvantable et séduisant escalier
d'*Honneur*, qui s'élève presque jusqu'aux étoiles, mais qui est
horriblement glissant et raide. Plus d'un, la tête la première,
en a dévalé les marches : tel Doyac, ce simple *chicaneur ou
sergent*, qui devint « principal gouverneur » et puis chut tout de
son long[1]; tel encore ce chétif barbier qui, *après s'estre baigné au
vivier d'orgueil et de rapine*, paya si cher les faveurs de la
Fortune[2]. Exemples combien dignes d'être médités! Mais Octovien ne s'y arrête guère : il s'approche de l'escalier; il grimpe,

---

1. Jean Doyac (ou de Doyat) est l'un de ces humbles que la malice de Louis XI
se plaisait à élever au niveau des plus nobles têtes. « Né vers 1440, près de Cusset,
fils d'un greffier du bailliage qui l'attacha à son greffe, puis clerc de l'Université de
Paris, il servit le roi pendant la guerre du Bien Public contre le duc de Bourbon,
notamment au siège de Gannat. » (J. Vaesen, t. VI, p. 301, n.) Ce zèle intéressé
ne fit que croître avec le temps, et fut très amplement payé : titres, privilèges et
pensions furent accordés en grand nombre à ce favori. (*Id.*, *ibid.*, et t. IX, p. 280,
283.) Molinet va même jusqu'à prétendre (*Chroniques*, t. XLIV, p. 281) que le roi
avait tant d'amitié pour ce « petit compagnon.... qu'il fit en sa faveur fermer la ville
de Cusset dont il estoit natif, et l'environner de tours, murailles et fossés,... et en
fit faire une cité ». La fortune extraordinaire de cet ancien greffier excita contre
lui l'envie et la haine. Louis XI sentit bien que, lui mort, on s'acharnerait contre
Doyac, et c'est pourquoi, se voyant près de sa fin, il le recommanda à son successeur (*Chronique scandaleuse*, p. 347). Mais cette précaution demeura vaine. « Arrêté
le 14 mai 1484, puis promené de prison en prison,... Doyac fut enfin condamné, le
30 juin 1485, à être fouetté, à avoir la langue percée d'un fer chaud et une oreille
coupée, avec bannissement et perte de tous ses biens que le duc de Bourbon se fit
attribuer.... Il trouva pourtant moyen de rentrer en grâce, accompagna Charles VIII,
en Italie, et y mourut en 1495.... » (J. Vaesen, *ubi sup.*)
2. Olivier le Daim fut pendu au gibet de Montfaucon le 21 mai 1484.

précédé ou suivi d'une « kyrielle de montans », dont je citerai ailleurs les noms. Et tant il s'efforça qu'à la fin, avec l'aide de *Bon-Vouloir*, il parvint au trône d'*Honneur* (Charles VIII). Autour de ce prince radieux se tenaient Madame Anne de France ; Louis d'Orléans, libéré et pardonné ; Pierre de Bourbon [1]; Jean de Foix [2]; le sage comte de Dunois [3]; Vendôme, d'autres encore.... Prosterné aux pieds de son roi, Saint-Gelays récite une ballade qui est bien accueillie, et le voilà implanté à la cour.

Il fait alors des rêves glorieux, caresse des chimères dorées, se voit nanti d'un bénéfice, pourvu d'une bonne prébende, abbé d'une grosse abbaye, évêque....

Mais, tandis qu'il songe ainsi, *Ambition* le réveille, et crie : Sus, camarade ! « C'est trop dormy pour homme qui pourchasse ! » Quiconque veut être puissant et *argenteux* doit lutter. Il y a, aujourd'hui même, une joute dans mon parc. Vas-y. — Le nouveau courtisan se lève, et marche vers le lieu du tournoi. Là, il se mesure contre deux champions, dont le premier se nomme *Les uns*, le second *Les autres* [4]. Il commence par asséner sur *Les uns* quelques jolis horions, mais *Les autres* l'assomme d'un affreux coup (152 r°). Bref, il demeure sur la place, pantelant, mal en point, et lorsqu'il veut ensuite, par la petite porte de derrière, revenir au *Séjour d'Honneur*, il trouve, défendant le guichet, le plus rebelle portier qui se puisse voir. C'est le farouche *Long-Age*. On ne passe pas, déclare-t-il. Trop tard ! Regarde-toi au miroir, et tu constateras que tu n'es plus ce que tu as été. « Jeunes oyseaulx viennent a la fin buses. » Ta place n'est plus à la cour. Rentre chez toi.

Aussi noir que mûre, triste à périr, le banni regagne sa maison : il pleure son printemps envolé, se représente la vie morose qu'il lui faudra traîner maintenant, maudit la trompeuse *Sensualité*, et, certes, il serait arrivé à l'extrême désespoir, si une femme en robe blanche, aux cheveux plus déliés que soie, ne s'était brusquement présentée à lui.

---

1. Mort en octobre 1503. — Sa biographie exigerait de longs développements : on la trouvera brièvement résumée dans l'*Art de vérifier les dates*, t. X, p. 353.

2. « Jean de Foix, vicomte de Narbonne, fils de Gaston IV, comte de Foix, et d'Éléonore d'Aragon, succéda à son neveu François-Phébus, comte de Foix, le 20 janvier 1483. Il avait épousé Marie d'Orléans, et mourut en novembre 1500. » (Mandrot, *Mémoires* de Commynes, t. I, p. 327, n. 4.) Cf. Maulde La Clavière, *Chroniques de Louis XII*, t. I, p. 290, n. 2.

3. Il a joué un rôle trop important pour que l'on puisse songer à l'exposer, même succinctement, ici. — Voir Anselme, t. I, p. 215; Moréri; Pélicier, *Lettres de Charles VIII*, t. I, p. 96, n. 1; Cherrier, *Histoire de Charles VIII*, t. I, p. 207 et suiv.

4. Et pourquoi non?... André de La Vigne a bien introduit, dans *La Ressource de la Chrétienté* (B. N. fr. 1687, f° 31 r°), le nommé *Je-ne-sais-qui*.

C'était — qui en doute? — dame *Raison*.

Je ne sais pourquoi la rhétorique des rhétoriqueurs n'est jamais plus intolérable ni plus puérile que lorsqu'ils font parler cette bavarde *Raison*. Elle travaille, chez Octovien, à lier son interlocuteur avec la chaîne de sa dialectique, et après l'avoir, en un dialogue qui parodie sans le vouloir la méthode platonicienne, traîné à sa guise de déduction en déduction, elle l'amène à reconnaître comme solidement établie cette forte vérité : puisque le bonheur ne réside pas sur la terre, il faut le chercher au ciel.

Oui, mais le moyen de l'y découvrir?... Rien de moins compliqué. Un personnage existe qui se charge de restituer aux gens leur innocence première, de rendre à leur âme sa virginité et de leur révéler par quel système on tire de la contemplation des choses d'en haut une béatitude qui dure. Ce médecin des pécheurs, ce pilote des égarés, c'est le bon vieillard *Entendement*. Il habite, au bout du chemin de *Pénitence*, « un très beau petit hermitage », cimenté de *Savoir* et couvert d'*Intelligence*.

> Porte y avoit gente et nayve
> Appellée *Ymaginative*;
> La serrure *Memoire* eut nom (165 vᵒ).

.... Et maintenant si vous cherchez l'ancien disciple de *Sensualité*, le grand clerc Octovien, inutile d'aller à la cour : vous ne l'y trouveriez pas. Loin des compagnies mondaines, des éphémères plaisirs, il réside, attendant la mort, dans la maisonnette d'*Entendement*. — Venez l'y rejoindre, ambitieux! C'est pour vous détourner de la *Forêt des Aventures*, du manoir où resplendit *Vaine-Espérance*, de l'escalier d'Honneur (ce casse-cou!), qu'il a — orateur et poète, entassant sur la prose quantité de vers, — produit enfin son gros livre. L'œuvre est saine, vraie, profitable. Puisse-t-elle convertir la folle jeunesse du siècle, la pousser vers la sagesse, la gagner à Dieu!

### III

Quelles sont les sources de cette épopée?

Il en est une que l'on distingue du premier coup, et le rapprochement s'impose entre le *Séjour d'Honneur* et l'œuvre maîtresse de Jean de Meung. Non pas que Saint-Gelays ait imité de façon formelle tel ou tel passage du *Roman de la Rose*, mais il a emprunté à ce poème son allure même et sa méthode. Ce qui, chez Octovien, procède de ce vieux modèle, c'est donc l'allégorie, le naïf système qui consiste à donner aux diverses facultés de l'âme, aux passions, aux vertus, aux vices, une apparence concrète, la figure humaine. Autant de fois notre rhétoriqueur crée ou ressuscite des personnages dans le genre de *Long-Age* ou de *Vaine-Espérance*, autant de fois, sciemment ou non, il s'inspire de l'écrivain qui prêta la parole, sinon la vie, à dame *Nature*, à *Malebouche* et à *Faux-Semblant*. Des fictions telles que le *fleuve de Joie-Mondaine, la galée de Fol-Abus, le chemin de Fleurie-Jeunesse*, et, sans chercher plus loin nos exemples, l'idée même de dépeindre le *Séjour d'Honneur* proviennent de cette lointaine origine.

Par chacun de ces symboles, par tous les traits de cet anthropomorphisme qui attribue un visage et des membres à nos sentiments et à nos pensées, par la manie qu'il a de concevoir l'être intérieur comme un domaine que le bien et le mal se disputent en une scolastique théomachie, Octovien se révèle disciple de Jean de Meung. Et si l'on observe maintenant que les allégories de cette espèce se déroulent, sans interruption, d'un bout à l'autre de ce pesant livre, on sera amené à conclure que l'auteur n'a pas voulu et n'a pas eu, en ce qui concerne la *forme* de son travail, d'autre guide que le *Roman de la Rose*.

Mais si, au contraire, c'est le *fond* de l'ouvrage que l'on examine, aussitôt le problème des sources apparait moins clair et plus complexe. Saint-Gelays, par quelques côtés, appartient déjà à la Renaissance. C'était un esprit éveillé et curieux ; il avait une grande lecture, et les connaissances par lui acquises, il n'entendait pas les conserver sous le boisseau. A n'en pas douter, il regardait son *Séjour d'Honneur* comme devant être non seulement un traité de morale, un tableau synoptique de la société, une galerie de portraits, une composition épique, un enchaînement de paraboles et d'images, mais encore un monument d'érudition. Ce dernier dessein l'a conduit à suivre, en cheminant, les traces de bien des maîtres, et l'on va tout à l'heure pouvoir constater que si de nombreux liens le rattachent à la tradition médiévale — et c'est par là qu'il reste de son temps, — il lui arrive aussi — et c'est par là qu'il annonce les générations prochaines — ou de s'enrichir des dépouilles antiques, ou d'emprunter aux Italiens. Ces diverses influences se retrouvent chez lui confondues, et il est, en certains cas, difficile de démêler sûrement la provenance de ses idées.

Donnons un exemple. — Les routes que prend Octovien pour aboutir, après maints détours, à l'ermitage d'*Entendement*, sont, on l'a remarqué, toutes jonchées de cadavres, et qu'il vogue sur mer ou marche à l'ombre des bois, il n'importe : c'est une nécropole que le voyageur semble traverser. Le lecteur, en conséquence, est amené à établir une comparaison entre cette expédition funèbre et une descente aux enfers, ce qui évoque aussitôt le souvenir et de Virgile et de Dante. Mais ce rapprochement étant fait, encore reste-t-il à savoir lequel de ces deux modèles a été imité par Saint-Gelays.

Certes, il connaissait bien l'*Enéide*, et il devait même, plus tard, la massacrer tout entière sous prétexte de la traduire : cependant il me semble que c'est à l'ouvrage italien qu'il a principalement songé. — Voici mes raisons.

D'abord, de même que Dante a voulu, en traçant les cercles de son *Enfer* et de son *Purgatoire*, délimiter une série de domaines différents, où il lui fût loisible de grouper les personnages qui eurent, sur terre, vices identiques et torts pareils, ainsi notre Octovien s'est inquiété de donner à chaque passion une résidence et de distribuer en catégories la foule des êtres — réels ou non — qu'il avait à mettre en scène. Le *fleuve de Joie-Mondaine*, l'*île de Vaine-Espérance*, l'*Escalier d'Honneur* sont comme autant de cercles dantesques. La *Forêt des Aventures* nous rappelle ce bois « âpre et sauvage », au milieu duquel l'auteur de la *Divine Comédie* se trouva un jour égaré, « parce qu'il était sorti du droit chemin ». — Quant à l'enceinte embaumée et verdoyante où Saint-Gelays renferme les âmes érudites et inspirées, si elle nous remet en mémoire les Champs-Elysées virgiliens, elle se laisse, et plus naturellement encore, comparer à la glorieuse demeure que Dante attribue aux saints docteurs, aux rois qui, en leur temps, furent justes (*Paradis*, ch. X, XX).

Notons ensuite que, bien qu'il nous présente, resserrée en quelque cent vingt vers, une ébauche de l'histoire romaine, le VIe livre de l'*Enéide* ne réveille pas les morts que le poète avait connus, et garde, sur les vivants, un presque complet silence. L'éloge adressé, selon le rite, à César, puis à Auguste, les lis répandus à pleines mains sur la tombe du jeune Marcellus, et qui doivent y fleurir à jamais, voilà, dans cette partie de l'épopée latine, tout ce que l'on remarque de proprement contemporain. Qui ignore, par contre, que l'œuvre de Dante a le caractère le plus actuel, qu'elle exprime (et avec quel accent!) les amours et surtout les haines de l'écrivain, et que les meilleures pages sont

consacrées à des âmes récemment jetées dans la nuit?... Eh bien,
— moins le génie, et la flamme, et la colère, — il en va de même
pour les trois premiers livres du *Séjour d'Honneur* : ils offrent,
eux aussi, un mélange de réalité et de fiction; ils contraignent les
faits ·de l'heure présente à se plier aux cadres des mythes, et,
soudant ensemble les traditions chrétiennes, les légendes du paganisme, les abstractions de Jean de Meung, les histoires romaine
et grecque, les vieilles chroniques françaises, ils créent je ne sais
quel monde paradoxal, une Babel qui abrite tous les dieux et tous
les âges, un ample théâtre du passé où figurent cependant les
derniers-nés d'entre les hommes.

Enfin, pour démontrer que l'œuvre de Saint-Gelays est moins
virgilienne que dantesque, un argument encore doit être produit.
Celui-là, c'est Madame *Sensualité* qui le fournira. Bien qu'elle
joue, en tant que guide d'Octovien, un rôle identique à celui de la
Sibylle, personne n'oserait l'assimiler à cette prêtresse chargée
d'ans et qui sert, obscure et véridique, de voix à la destinée. On
objectera que si cette *Sensualité* diffère grandement de la sibylle,
on ne saurait, malgré l'analogie des situations, la comparer davantage à cette ombre poétique qui dirige, jusqu'à la porte du Paradis,
les pas du maître toscan. Cela est vrai, et il y a entre ces deux
créations, dont l'une est froide et l'autre très émouvante, un
abîme. Mais si cette morne *Sensualité* ne mérite pas d'être égalée
au premier guide de Dante, rien n'empêche de la mettre en parallèle avec le second, je veux dire avec Béatrice. Déjà au temps de
sa vie mortelle, Béatrice était moins une femme que « l'un des
plus beaux anges du ciel », « un prodige » et, pour quiconque la
voyait, « un moyen de perfection » : mais dès qu'elle eut quitté ce
monde, dégagée (hélas!) de toute son humanité, elle devint —
tel le personnage qui mène Octovien — une pure abstraction. La
voix, cependant, lui restait, et nous devons à cette circonstance
d'abondantes dissertations sur la métaphysique, la théologie, les
taches de la lune, la distinction à établir entre la volonté mixte et
la volonté absolue.... Ce caractère de pédanterie et de loquacité se
retrouve (affaibli, je l'avoue,) chez le rhétoriqueur français, et si
l'on prétendait opposer les deux ouvrages en observant que
*Sensualité* travaille à perdre son disciple, tandis que Béatrice
cherche à le sauver, il serait légitime de répondre que cette dissemblance est plus apparente que réelle. De même, en effet, que
Dante monte de plus en plus dans la lumière, boit les eaux du
fleuve Eunoé, et sent que les séraphins effacent, du bout de
l'aile, les lettres maudites tracées sur son front : ainsi éclairé,

purifié, Octovien se réfugie à la fin au sanctuaire de la sagesse.

Que conclure de tout ce qui précède, sinon que le *Séjour d'Honneur* présente, avec la *Divine Comédie*, un rapport assez étroit, et que Saint-Gelays a voulu, en consacrant à son devancier quelques vers élogieux (124 r°), reconnaître ce qu'il lui devait, laisser deviner sa gratitude [1] ?

Et c'est un sentiment de même nature qui le pousse à placer Boccace dans la phalange des âmes élues, et à nous rappeler, au moment de mettre en scène les plus hautes victimes de la Fortune, que le moraliste italien avait déjà traité ce sujet, et fait, en son temps, *ample écriture* de ces très lamentables chutes (27 r°). Cette *ample écriture*, c'est-à-dire ce gros livre consacré aux principales disgrâces que relatent l'histoire et la légende [2], Octovien ne s'est pas contenté de la ranger parmi les ouvrages « de bonne mémoire » : il s'en est manifestement servi, et il existe un rapport indéniable entre les passages où il énumère tant d'éclatantes catastrophes et la série d'exemples qu'allègue Boccace, afin de prouver la fragilité de toute joie. Comme le rhétoriqueur, il remonte à l'origine des choses, commence sa démonstration à la déchéance d'Adam et d'Eve, et fortifie ensuite sa thèse en faisant défiler à tour de rôle Nemrod, Cadmus, Minos, Jocaste, Priam, Roboam, Didon, Sardanapale, Crésus, Polycrate, Zénobie, le roi Artus, la reine Brunehaut, Tarquin le Superbe, et d'autres encore, beaucoup d'autres.... N'est-ce pas exactement ainsi que procède Saint-Gelays [3] ?

La *Divine Comédie*, le *Traité des Mésaventures,* telles sont donc les sources italiennes du *Séjour d'Honneur*. Mais c'est surtout dans les trois premiers livres de cet ouvrage que se remarque l'influence de Dante et de Boccace. La quatrième partie — qui est, répétons-le, une peinture des mœurs de la cour — trahit une inspiration différente, et doit être rapprochée des pages qu'Alain

---

1. Et c'est pourquoi il me semble que, dans son livre, d'ailleurs si savant et si solide, sur *Dante en France* (Erlangen et Paris, 1906), M. A. Counson s'est peut-être mépris en déclarant, après avoir cité (p. 18) le passage où Saint-Gelays parle du « noble florentin » : « Ce ne sont là que des banalités. »

2. *Traité des Mesadventures de Personnages signalez* Traduict du Latin de Iean Boccace, et reduict en neuf livres par Cl. Witart, Escuyer, Sieur de Rosoy,... conseiller au Siege Presidial de Chasteau-Thierry. — A Paris, chez Nicolas Eve, relieur du Roy, demeurant au Cloz Bruneau, rue Chartière, à l'enseigne d'Adam et Eve, 1578. — 696 pages.

3. Et Chastellain.... Lui aussi, en effet, il se proposa de continuer le célèbre livre italien, et énuméra, dans son *Temple de Bocace,* quantité d'exemples — récents pour la plupart — de ce que peut la destinée, lorsqu'il lui plaît d'humilier les superbes. (Voyez *Œuvres complètes,* éditées par Kervyn de Lettenhove, t. VII, p. 75-143.)

Chartier a intitulées le *Curial*[1]. Il semble, par exemple,
qu'Octovien, lorsqu'il racontait le souriant accueil qu'il reçut
d'abord chez le roi, pensait à cette phrase de Chartier : « La Court
alleche friandement ceulx qui y viennent en leur usant de fauces
promesses. La court rit au commencement a ceulx qui entrent,
et puis leur rechine après et aucunesfois les mort très aspre-
ment[2]. » De même, l'allégorie de l'*Escalier d'Honneur* n'est
que le développement de ce peu de lignes : « Et de tant seras-tu
en plus grant peril de tresbuchier comme tu seras monté en plus
haut lieu. Car a ceulx que Fortune la variable a plus hautement
eslevez, ne reste plus sinon cheoir de si haut si bas, pource qu'elle
ne leur doit plus riens sinon ruine[3]. » Et l'on peut aussi conjecturer qu'en se représentant comme contraint par son ambition et
ses succès à lutter contre *Les uns* et *Les autres*, Saint-Gelays
a simplement voulu donner une forme poétique aux paroles
que voici : « Se tu as office en Court, si t'appareille a y combattre. Car se tu y as aucun bien autres appeteront de te l'oster,
et n'en eschapperas sans debat. Aucun machinera par quel
moyen il te puisse decevoir, et faudra que tu te tourmentes
pour y resister[4]. » — Je ne multiplierai pas davantage les
comparaisons, et me contenterai de faire ici deux remarques :
la première, c'est que le *Curial* ayant eu beaucoup de vogue et un
grand nombre d'imitateurs[5], il fallait s'attendre à ce que le
*Séjour d'Honneur* le reproduisit plus ou moins ; la seconde, c'est
que Saint-Gelays ne s'est pas borné, dans ses emprunts, à cette
seule composition d'Alain Chartier. Celui-ci, en effet, s'était
appliqué, bien avant notre rhétoriqueur, à donner une forme
humaine au personnage d'*Entendement*, et, dans un dialogue
intitulé *Esperance ou Consolation des Trois Vertus*, il lui avait
attribué un rôle (Du Chesne, p. 277 et suiv.), l'avait montré dispu-
tant avec *Foi*, *Espérance* et *Charité*, puis, réduit au silence, se
soumettant à elles entièrement.

1. *Le Curial fait par Maistre Alain Chartier, lequel il envoya a ung sien compai-
gnon, qui avoit volenté de venir en cour.* — En réalité, le *Curial* n'a pas été « fait »
par Chartier ; ce n'est guère que la traduction d'un ouvrage intitulé *De vita curiali
detestanda*,... ouvrage dont l'auteur se nommait Ambrosius de Miliis.
2. Édition d'André Du Chesne, p. 400.
3. *Ibid.*, p. 394.
4. *Ibid.*, p. 398.
5. Après Octovien, Jean Bouchet le lit encore, et en reprend certaines parties.
Voyez *Le Panegyric du Chevallier sans reproche, Louis de la Tremoille* (Michaud et
Poujoulat, 1re série, t. IV), chap. v, p. 415. Tout le paragraphe qui commence par
les mots : « La court est une humilité ambicieuse, une sobrieté crapuleuse, une
chasteté lubrique, une moderation furieuse, etc.... » provient en droite ligne de
Chartier, et, par Chartier, du *Roman de la Rose*, où ce même jeu des antithèses
sert à la définition de l'amour.

Ici pourrait s'arrêter l'étude des influences que Saint-Gelays a subies. J'ai tâché d'aller à l'essentiel, et n'ignore pas, du reste, qu'il serait facile de signaler encore, si l'on avait le loisir de descendre dans le détail, les sources de plusieurs images, de maintes pensées. Mais cette besogne minutieuse, il faut la réserver (au risque de ne la voir jamais faite) à l'éditeur futur de cette étrange épopée. Je ne lui envie pas la douceur de consigner, en ses notes, tout ce que doit le rhétoriqueur à Sénèque, à Horace [1], à Ovide, à Valère Maxime [2] et à bien d'autres que je ne nomme point.

Pourtant, au nombre de ces imitations de moindre importance et de faible étendue, il en est une si évidente et si peu discrète qu'on me reprocherait de la taire. Cette fois, c'est de Villon qu'il s'agit. Qu'on se rappelle l'idée dominante du *Séjour d'Honneur*, cette constatation perpétuelle de la vanité des biens mondains, ces regrets de la jeunesse qui fuit et de la beauté qui se fane, l'image de la mort sans cesse étalée devant nos ambitions, nos espérances, et l'on concevra que Saint-Gelays devait être fatalement conduit à s'inspirer du *Grand Testament*. Villon n'y avait-il pas, en effet, exprimé en quelques vers délicieux toute la mélancolie qui s'attache à la mémoire de ces femmes qui, après avoir fleuri si aimées et si jolies, sont à présent moins que des ombres? Cette exquise ballade des *Dames du temps jadis*, Octovien, la chose est certaine, l'admirait comme il se doit; il aspirait à la gloire de la refaire, de l'égaler, et ce n'est pas une fois, mais deux, qu'il s'est proposé cette entreprise. Le premier passage se lit (23 r°) dans la description du chemin de *Jeunesse* où le voyageur cherche en vain les traces des grandes amoureuses ou des héroïnes qui illuminèrent le passé : Didon, Lucrèce, « Sabba qui tant fut louée [3] », Hélène, Médée, Genèvre, Pénélope s'en sont allées sans rien laisser d'elles. Le second développement de ce même thème se trouve dans l'épisode des Parques. Pour décider le poète à accepter avec résignation la sentence qui le condamne, elles lui rappellent que les rois, les guerriers, les sages n'ont pas évité la mort, puis,

---

1. Un exemple! — Au début du livre IV, le poète demande à Clio la grâce de ne point passer pour l'un de ces écrivains présomptueux, qui conçoivent de trop hauts desseins : « Ainsy que fist cil dont racompte Orace | En son livre d'art de poetherie [v. 136-9], | Qui, la, reprend la folle vanterie | D'ung jeune ouvrier qui, en termes divers, | Delibera de bien coucher en vers | La deffaicte jadis de la grant Troye. » (133 r°.)

2. C'est surtout le chapitre IX du livre VI de Valère Maxime (*De mutatione morum aut fortunae in Romanis;.... in externis*) qui offre, avec la thèse de Saint-Gelays, une ressemblance curieuse.

3. *Rois*, I, x; *Chroniques*, II, IX.

voulant montrer que l'autre sexe ne saurait non plus échapper,
elles parlent comme suit :

> 104 r° Ou est Yo, Hercé ou Pandrosos [1],
>     Dioppée [2], Biblis et Phillomene [3];
>     Ou est Echo qui n'eust paix ne repos
>     Et travailla maint jour, mainte sepmaine
>     Pour Narcissus [4]; mais ou est Polixenne ;
>     Ou Briseis; ou [est] Dejanira ;
>     Ou est Procus [5]; ou Lucresse romaine
>     Qui, pour Tarquin, en nos mains se livra?
>
>     Ou est Judich; ou est Panthasillée,
>     Saba, Camille; ou est Semiramis
>     Aussi Hester; mais ou est Bersabée
>     Par qui fut, las! Urye a la mort mis [6];
>     Ou est Jocaste ; ou est (la) dame Themis ;
>     Ou est aussi Hecuba trespiteuse;
>     Ou Cassandra qui des Grecs ennemis
>     Predestina la rigueur odieuse?
>
>     Ou sont toutes les filles de Syon,
>     Les Sabines, les Turcques, les Gregeoises,
>     Les Libiques d'estrange nation,
>     Celles aussi des Yndes peu courtoises ;
> 104 v° Mais ou sont, las! mille femmes françoises
>     Qui de beaulté furent les passe-routes? —
>     Plus n'ont le temps leurs soulas ne leurs aises [7] :
>     Vaincus sont [ils] et seront tous et toutes.

Et volontiers je dirais, en prolongeant ce mouvement lyrique :
Où est la ballade de Villon? Où est l'Écho dont on entend les
réponses lorsqu'on *mène du bruit* sur la rivière? Où est la très
sage Héloïs? Où est la reine' qui fit jeter à l'eau Buridan? Où est
Jeanne, la bonne Lorraine? Où sont-elles les neiges d'antan, ce
simple refrain, si prenant et si attendri, cette naïve image des

---

1. Ovide, *Mét.*, II, 555 et suiv.
2. Déiopée; — Virgile, *G.*, IV, 343; *En.*, I, 71 et suiv.
3. *Byblis* : Ovide, *Mét.*, IX, 450-665. — *Philomèle* : *ibid.*, VI, 412 et suiv.
4. *Ibid.*, III, 339-510. — *Echo* est le seul personnage qui soit cité à la fois par
Saint-Gelays et par Villon. — On notera qu'au point de vue de la rime, les deux
premières strophes d'Octovien présentent, avec la ballade du *Grand Testament*,
une analogie qu'on ne peut guère croire fortuite.
5. Est-ce *Procné* (*Mét.*, VI, 412 et suiv.), ou bien *Procris* (*ibid.*, VII, 661 et suiv.)?
6. Samuel, II, xi, 2 et suiv.
7. Il faut comprendre sans doute : *Ce n'est plus à leurs soulas ni à leurs aises
qu'appartient le temps présent.* — Pour tout ce développement, cf. encore *Le Pas* (ou
*le Miroir*) *de la mort* par Chastellain (*OEuvres*, t. VI, p. 54).

choses mortes?... Le charme instinctif de ces vers qui pleurent
sur les dames du temps jadis, Octovien n'a pas su le saisir; il
s'est approprié le procédé, mais non le sentiment de Villon, et
l'imitation qu'il a faite prouve une fois de plus qu'un ouvrage
spontané et qui vaut surtout par l'accent ne se recommence pas.

## IV

Vraiment, à quelque point de vue que l'on veuille se placer, le
*Séjour d'Honneur* apparaîtra comme fournissant le sujet d'un très
riche commentaire. Ce livre, en effet, qui nous renseigne exactement sur ce que savait Octovien, renferme encore, pour sa biographie, des indications précieuses, car l'écrivain a voulu, en nous
donnant le tableau de la cour, grouper en un même cadre ses
protecteurs, ses émules, ses amis. Il était bien placé pour voir.
Simple protonotaire au début, il ne manquait cependant ni de
crédit ni d'influence. Appuyé par son insinuante et souple famille,
il avait droit aux grandes espérances, et connaissait, au reste,
l'art de se faire aimer. Ses flatteries délicates, ses vers tendres,
un mélange — combien équivoque! — d'onction sacerdotale et de
grâce voluptueuse lui conciliaient la faveur des puissants, l'esprit
et même le cœur des dames. Disciple de *Sensualité*, il l'était certes,
et plus encore qu'il ne croyait. Il plaisait par là. Il fut aisé de s'en
apercevoir le jour où, ayant reçu la mitre, il fut sacré à Lyon. La
cour entière assistait à cette cérémonie. Le roi en personne était
présent, avec « les ducs d'Orléans et de Bourbon, les comtes
d'Angoulème, de Foix, de Nevers, de Montpensier [1] ». Ainsi Octovien a beau, suivant la formule, signer *révérend père en Dieu*,
c'était un enfant du siècle, un mondain voué à l'intrigue. Donc, il a
dû, en son poème, louer de préférence, parmi les vivants, ceux
dont il attendait quelque chose ou dont l'étoile se levait brillante,
et il n'est pas sans intérêt de mentionner ici les grands seigneurs
au milieu desquels il cherchait à s'insinuer.

J'en ai déjà cité cinq : Louis d'Orléans, Vendôme, Jacques de
Brézé, Jean de Foix et Pierre de Bourbon, le premier patron de
Jean Lemaire.

Mais si l'on veut avoir une liste assez complète des gens que
Saint-Gelays regardait comme devant être cultivés avec profit, il

---

1. Maulde La Clavière, *Louise de Savoie et François I<sup>er</sup>*, p. 48. Le nouvel évêque
prit possession de son siège le 17 août 1495.

convient d'ajouter à ceux qui précèdent les trois personnages que voici :

1° Louis de Miolans, seigneur de Serve. — Il fut maréchal de Savoie de 1478 à 1482, épousa Françoise de Chabannes, et garda, de 1494 à 1503, le titre de chambellan et de capitaine de quarante lances. Sa veuve se remaria le 8 juillet 1516 : il était mort sans doute en 1515 [1].

2° Louis de la Trémoille, comte de Guynes et de Benon, vicomte de Thouars, prince de Talmont. — La victoire de Saint-Aubin lui avait donné à la cour une éminente situation et une renommée de chevalier sans reproche que sa vie entière accrut, confirma. Il avait encore, à l'époque où Saint-Gelays le connut, une longue carrière à parcourir : elle se termina héroïquement à Pavie. Cette existence, remplie de gloire et de dignité, aurait pu fournir la matière d'un beau volume. Le volume fut fait, mais il n'est pas beau. Jean Bouchet, par une niaise imitation de Tite-Live et en cherchant les occasions de mettre en avant sa faconde, a gâché le noble sujet.

3" Louis de Luxembourg, comte de Ligny. — La famille de Luxembourg prétendait « avoir priz origine du roy Baltazar, qui d'Orient avecques deulx aultres roys magicques.... vint en Bethleem par la guide de l'estoille [2] ». Cela s'appelle remonter loin. Pourtant, malgré ce grand ancêtre, la race est demeurée longtemps obscure, et sa fortune date du moment où Jean de Luxembourg vendit, pour dix mille francs d'or, la Pucelle à l'Angleterre. Dix mille francs valent beaucoup plus que trente deniers, et la descendance du roi mage put, grâce au prix du sang, prospérer. — Le comte de Ligny était fils de ce fameux connétable de Saint-Pol qui fut décapité en place de Grève le 19 décembre 1475. L'enfant avait environ dix ans lors de la mort de son père, et, comme tous ses biens avaient été confisqués par Louis XI, sa vie s'annonçait misérable. Elle fut brillante, opulente. Charles VIII restitua à Louis son patrimoine, l'attira à la cour. Ses qualités chevaleresques, sa mine séduisante, sa libéralité le rendirent maître des cœurs. Le roi l'amena en Italie, et lui donna pour femme Léonor des Baux, princesse d'Altamura. A son tour Louis XII, quoi qu'en dise Brantôme, ne se lassa point d'accumuler, sur la tête de ce favori, les offices productifs [3]. —

1. Anselme, II, 206 ; Maulde La Clavière, *Chroniques de Louis XII* par Jean d'Auton, t. J, p. 28, n. 2.
2. *Ibid.*, t. III, p. 311. — Cf. Jean Lemaire de Belges (édition Stecher), t. III, p. 176.
3. Maulde La Clavière [D'Auton], t. I, p. 7, n. 2.

Il était sympathique à tous les poètes, et Octovien dut sìncère-
ment estimer ce jeune seigneur ami des arts, ce Mécène éclairé
qui, non content de venir en aide aux écrivains, rimait lui-même
et échangeait des épîtres en vers avec Jean Picart, bailli d'Estel-
lan [1]. — Louis de Luxembourg mourut en décembre 1503. Il fut
regretté universellement. Jean Lemaire consacra à sa mémoire
une curieuse pièce intitulée *La Plainte du Désiré*, et le moine Jean
d'Auton rédigea en plusieurs pages une relation des obsèques. Il
y constate la violence de la douleur publique. Il n'y avait personne, affirme-t-il, « a qui les cleres larmes des yeulx jucques
a terre ne degoutassent, et ce say je, car je le vy et estoye present ». (T. III, p. 312.)

Ils sont, ces trois personnages dont je viens de parler, au
sommet de l'escalier d'Honneur. Octovien les contemple d'en
bas, et les révère comme arrivés déjà là où il tend. Mais il
n'aspire pas seul à les rejoindre. D'autres, à côté de lui, se
guindent de degré en degré; il les salue assez poliment, et, s'il
éprouve quelque jalousie, s'efforce de la dissimuler.

Le premier de ces *montants* (servons-nous du mot de Saint-
Gelays), c'est le cardinal Balue, en réalité, un *remontant*.
Louis XI, jadis, l'avait fait rouler des hauts lieux jusqu'aux
abîmes, en sorte qu'il avait connu, dix années durant, l'horreur
de la cage de fer. Et maintenant, légat du pape, puis ambassadeur
et protecteur des affaires de France à Rome, il s'élevait de
nouveau, vivant exemple des caprices du sort [2].

Le poète nous présente ensuite, cheminant l'un derrière
l'autre, deux ambitieux.

> Si vy maistre Pierre Sacierge,
> Qui ja estoit bien avancé
> Et si fort chez Honneur poussé
> Qu'il avoit gagné crosse et mitre
> Et de prelat le nom et tiltre.
> Si regarday ung peu plus hault,
> Lors vy maistre Raymon Perault
> Atout sa cramoysie chappe,
> Qui gouvernoit et roy et pape,
> Empereurs et ducz pour certain,... (144 r°)

et n'attendait plus que le chapeau de cardinal.

1. B. N. fr. 1679, f° 1 et suiv.
2. H. Forgeot, *Jean Balue, cardinal d'Angers*, Paris, 1895. — Balue est mort le
5 octobre 1491.

Voici, sur ces prêtres nés pour l'intrigue, quelques renseignements.

« Pierre Sacierges,... évêque de Luçon, était, en 1470, secrétaire du duc de Guyenne; nous le trouvons, en 1475, docteur en tous droits,... procureur au Grand Conseil, juge mage.... du pays de Quercy; en 1483.... membre du Conseil de régence; en 1498 des lettres patentes, du 13 juillet, le commettent à la présidence du Grand Conseil en l'absence du chancelier. Louis XII le désigna comme chancelier de Milan [1]. » Cette fonction, il la conserva jusqu'au mois de juillet 1502. Mais à cette date, le roi étant à Milan, on formula en sa présence de si vives plaintes contre ce favori qu'il consentit à le destituer [2]. Pierre Sacierges mourut le 9 septembre 1514, et fut enseveli dans une chapelle qu'il avait construite [3].

Quant à Raymond Péraud, il naquit en 1435, à Saint-Germain-de-Marencennes, et fut « prieur de Saint-Gilles, chanoine de Saintes et de Poitiers, archidiacre d'Aunis, nonce apostolique, évêque de Gurck en Carinthie [4] ». Les vers du *Séjour d'Honneur* qui le concernent sont antérieurs à l'année 1493, où il reçut la seule dignité qui, au dire d'Octovien, lui manquât, savoir le titre de cardinal. Et il n'est pas excessif de prétendre que Raymond Péraud *gouvernait les empereurs*. Il les conseillait du moins. Il avait su gagner toute la confiance de Maximilien, se plaçait comme un arbitre entre lui et la cour de France, et comptait, en payement de sa diplomatie subtile, obtenir un jour la tiare [5]. — Il mourut à Viterbe en 1505.

Après avoir parlé des patrons de Saint-Gelays, puis des compagnons qu'il rencontra lorsqu'il suivait la route des ambitieux, il reste encore à signaler, parmi les courtisans, ceux qui lui furent unis par un lien d'affection. Entre des hommes qui ne cherchent qu'à parvenir, la sympathie est chose bien rare. Cependant notre auteur eut des amis, et, à l'entendre célébrer Gaston de Lion, sénéchal de Toulouse, et son frère Pierre, archevêque de la même ville, on devine sans peine qu'ils lui avaient été grandement chers. L'un et l'autre étaient morts pendant la composition du *Séjour d'Honneur*, en sorte qu'il ne s'agit point ici d'un panégyrique intéressé. La louange est donc sincère. Est-elle méritée? Non pas.

---

1. Maulde La Clavière [D'Auton], t. I, p. 166, n. 2.
2. *Ibid.*, t. III, p. 26, n. 1.
3. *Gall. christ.*, t. II, col. 1411. Sur ce personnage, consulter encore *Lettres de Louis XI*, t. V, p. 321; *Lettres de Charles VIII*, t. I, p. 35.
4. *Ibid.*, t. III, p. 68, n.
5. Maulde La Clavière [D'Auton], t. II, p. 141 et suiv.

Gaston de Lion [1] était originaire du Béarn. Louis XI trouva en lui un serviteur comme il les aimait, c'est-à-dire une créature intelligente, active, capable de tout. Beaucoup d'énergie, peu de conscience, une rapacité qui jugeait bons les pires moyens de se satisfaire. Louis n'était pas encore sur le trône qu'il employait Gaston de Lion en qualité de chambellan, lui confiait plusieurs missions. En 1456, il l'envoie auprès des Bernois, puis à Rome ; en 1460, il le charge de traiter avec le duc de Milan [2]. Après la mort de Charles VII, l'habile partisan du dauphin recueillit la récompense de son zèle : il fut successivement sénéchal de Saintonge (dès le mois d'août 1461), ensuite de Guyenne (27 avril 1468), enfin de Toulouse (13 novembre 1469). — Ce fut surtout en 1472 qu'il se distingua. Associé aux autres sénéchaux du Midi, il s'empara en quelques jours de tout l'Armagnac [3], brillante campagne qui ne fut pas improductive pour lui [4]. Mis en goût par ce qu'elle lui avait rapporté, il s'acharna sur le comte d'Armagnac, joua un rôle dans le drame atroce de Lectoure, persécuta la veuve de la victime, s'enrichit en la dépouillant [5]. A partir de cette date, les documents qui le concernent deviennent moins nombreux. Nous voyons seulement qu'il reçut, en 1478, des lettres de naturalisation [6], et que sa compagnie — il était capitaine de cent lances — prit part à la bataille de Saint-Aubin-du-Cormier [7]. Il mourut vraisemblablement à la fin de 1490 ou au commencement de 1491. Il ne laissa qu'une fille, qui avait épousé Charles de Bourbon, fils naturel de Jean, duc de Bourbonnais, deuxième du nom. Après le décès de Gaston, la sénéchaussée de Toulouse échut directement à son gendre [8].

Le frère de cet homme de proie s'éleva, comme il convenait à son caractère de prêtre courtisan, plutôt par l'intrigue que par la violence. Il paraît avoir été le meilleur ami d'Octovien, qui, après avoir énuméré ses mérites, ajoute qu'on doit le croire sur parole, et qu'il connaissait à fond le personnage,

1. « Gasto de Leone, dominus de Bezauduno, baroniarum, terrarum et dominacionum Barthe, Aure, Manhoaci ac Barrosse, vicecomes Insule, de Caneto [vicomte d'Ille et de Canet en Roussillon], consiliarius et cambellanus domini nostri regis eiusque senescallus tholosanus et albiensis. » *Domaine royal*, 2ᵉ partie, p. 773.
2. Charavay, *Lettres de Louis XI dauphin*, t. I, p. 369.
3. Mandrot [Commynes], t. I, p. 229, n. 1.
4. *Lettres de Louis XI*, t. V, p. 64, n° 680.
5. Cl. Devic et J. Vaissete, *Hist. générale de Languedoc* (Toulouse, 1889), t. XI, p. 86.
6. Pélicier, *Lettres de Charles VIII*, t. II, p. 429, n. 2.
7. *Ibid.*, t. III, p. 383.
8. Cl. Devic et J. Vaissete, *op. cit.*, t. XI, p. 151. — Anselme, I, 367.

> Car avec luy maintesfoys me suys veu,
> Et moult privé me fut durant son vivre (131 r°).

A la vérité ils étaient dignes de s'entendre. — Pierre de Lion avait obtenu contre tout droit le siège épiscopal de Toulouse. L'archevêque qui l'occupait avant lui, Bernard de Rousergue, aurait voulu se démettre en faveur d'un sien neveu, mais Louis XI ne le lui permit pas, et le contraignit, en 1475, à abandonner sa place au frère du sénéchal. De là querelles, procès, machinations diverses. Nous avons l'aveu du principal coupable, c'est-à-dire du roi. Il expose assez longuement l'affaire dans une curieuse pièce adressée à Elie de Bourdeilles, archevêque de Tours, qui lui avait envoyé des *remontrances* au sujet des prélats illégalement dépossédés. Répondant sur le cas du pauvre Bernard de Rousergue, Louis XI commence bien par prétexter que l'oncle était « Armignac », et le neveu « très maulvais garçon », mais il finit par confesser, pour ne pas avoir trop l'air de nier l'évidence, que de toutes les nominations de ce genre qu'il a arbitrairement exigées, celle *ou il a esté faict plus de contrainte.... et de quoy il faict plus de conscience*, c'est celle de Pierre de Lion[1]. Il était donc naturel qu'il ne prît pas sans peine possession d'un siège ainsi gagné : la mort même du titulaire ne put complètement aplanir les difficultés, et, promu le 5 février 1475, ce fut seulement le 5 octobre 1478 que le nouveau prélat fit son entrée à Toulouse[2]. — Il mourut au mois de janvier 1491[3]. — La peu scrupuleuse façon dont il avait acquis sa haute dignité sacerdotale ne dut pas choquer Octovien; elle rapprochait même nos deux révérends, le plus jeune se promettant d'imiter au besoin l'aîné. Il n'y manqua pas, et lorsque, porté par le roi à l'évêché d'Angoulème, il apprit que le chapitre de cette ville venait de lui élire un compétiteur, il ne s'abaissa point à discuter, entra dans sa cathédrale aux sons de l'orgue, des trompettes, et plus tard, avec une minime pension, acheta le désistement du bon chanoine qu'il évinçait[4]. Ainsi se continuait la tradition de l'excellent ami, Pierre de Lion. N'était-ce pas légitime? Et à quoi eût-il servi de vivre parmi les *curiaux*, s'il avait fallu respecter les droits d'un pauvre petit prêtre inconnu?

1. J. Quicherat, *Hist. des règnes de Charles VII et de Louis XI*, par Thomas Basin, t. IV, pièce XVI, p. 398.
2. Arch. de la Haute-Garonne, Fds de l'Archevêché, G, 343.
3. *Gall. Christ.*, t. XIII, col. 52.
4. Maulde La Clavière, *Louise de Savoie et François Ier*, p. 48.

D'après ce qui précède, on pourra se faire quelque idée du milieu dans lequel s'agita Octovien. Le lecteur, sans doute, me reprochera ces ennuyeuses pages, qui relatent de peu mémorables circonstances, et tâchent d'évoquer des ombres très justement oubliées. Bien fatigante, en effet, cette série de notices. Et cependant il était indispensable de les rédiger. Quiconque ouvrira le *Séjour d'Honneur* constatera du premier coup d'œil le caractère historique de l'œuvre, et devra avouer que l'auteur a voulu peindre son époque. Cela étant, il convient ou de refermer le livre, de le rejeter comme chose morte, ou de s'appliquer à lui rendre ce qu'il avait d'actualité et de vie. La question ainsi posée, qui ne voit que l'unique moyen de travailler à cette résurrection, c'est d'identifier les personnages et de donner un sens aux noms propres en développant, pour ainsi dire, l'individualité qu'ils désignent sommairement?

## V

Resterait enfin à étudier le *Séjour d'Honneur* au point de vue littéraire.

L'analyse que j'ai faite plus haut suffit amplement à révéler et les défauts et les ridicules du poème. Mais ces défauts et ces ridicules sont moins imputables à l'écrivain qu'à son milieu. Au moment où elle fut éditée, cette épopée saugrenue dut passer pour un miracle de l'art. Le public d'alors y admirait toutes les formes de style et de pensée qui lui étaient chères : le subtil enchevêtrement des symboles, une métrique savamment complexe, l'audacieuse association du mysticisme et de l'histoire, un savoureux mélange de sensualité et de morale, le rajeunissement de certains livres aimés, une aspiration confuse vers de nouveaux modèles.... Que ces éléments disparates aient constitué, en s'alliant, un corps presque monstrueux, une sorte d'hippogriffe ou de chimère, qui se refuserait à l'accorder? Mais, encore une fois, à qui la faute? Octovien ne se trouvait libre ni de prévoir les goûts de l'avenir, ni de naître cinquante ans plus tard. Ainsi au lieu d'insister sur les faiblesses du *Séjour d'Honneur*, je préfère signaler quelques jolis passages qui s'y rencontrent.

On trouve, presque au début de l'ouvrage, une traditionnelle mais assez agréable description. Comme Guillaume de Lorris, Saint-Gelays croit devoir commencer par une peinture du printemps, et, s'il ne renouvelle en rien ce thème mille fois

traité, il a du moins l'adresse de s'exprimer en vers fluides et
même plastiques :

> Ne voys tu pas le printemps umbroyer,
> La terre aussi plainement verdoyer,
> Oysaulx divers doulcement verboyer
>     Sur les branchettes?
> Et illec font leurs nidz et leurs logettes,
> Renouvellant loyalles amourettes,
> Et decoppent cent mille chansonnettes
>     Tant qu'en tous lieux
> On peut ouyr leurs chants armonieux,
> Si bien sonnans qu'au monde n'y a mieulx.
> . . . . . . . . . . . . . . . . . . .
> Ne voys tu pas aux champs jouer et rendre
> Pastours plaisans et leurs brebis espandre,
> Entre eulx jouer tant qu'on ne peult comprendre
>     L'esbat qu'on maine?
> L'ung du flageol, l'aultre de la doulceyne
> Fera dancer, auprès de la fontaine,
> Les pastoures, et puis de marjolaine
>     Ou de muguet
> Peronnelle bastira ung boucquet
> Pour recompense a son ami Huguet;
> Et cependant les aultres font le guet
>     Qu'on ne les voye
> Ha, qu'il fait bon consuyvre telle voye!.... (15 v°-16 r°.)

La nature, en refleurissant, invite les hommes à profiter de
leurs beaux jours, et cette jeunesse de l'année glisse au cœur des
adolescents de tendres et violents désirs, un rêve de vie élégante,
mélodieuse, passionnée. Cette noble vie amoureuse, voici comment
le rhétoriqueur la définit :

> Baisiers secrets, estraignemens de mains;
> Assigner lieux pour les soulas humains;
> Faire semblant d'estre cousins germains [1]
>     Pour leur approuche;
> Avoir bagues tousjours de haulte touche;
> Estre mynuyt devant que l'on se couche;
>     Faire merveille;
> Avoir chantres tousjours près son oreille,

---

1. « Elle va souvent aux dances et aux festes avecques ses cousines et ses com-
meres et avecques son cousin, qui a l'aventure ne lui est rien. » *Quinze joyes de
mariage*, La Quinte joye.

Luthz, tabourins, orgues, tant qu'on reveille
Ceulx qui dorment, pour dire que l'on veille
Et nuyts et jours ;
Avoir habits et puis longs et puis courts,
Manches larges, pourpoins faictz a rebours,
Selon la mode et la façon des cours,
Poil en bataille,
Soulliers legers et ronds comme une escaille,
Afin qu'on die : « Il est de belle taille ! » (16 v°.)

Tout cela n'est pas sans grâce, et l'on a plaisir à suivre ces développements bien rythmés, faciles et pittoresques. Mais, ailleurs, Octovien aspire à se montrer plus original. Ce souci est sensible dans le passage où *Vaine-Espérance* est mise en scène. L'écrivain a fait là un effort pour enfermer, sous la futilité du symbole, un sens riche, une vérité générale. Il a voulu, je crois, répondre à cette question : Quel est le principal mobile des actions humaines ? Un tel problème comporte quantité de solutions. Pour Rabelais, il n'existe pas de démiurge aussi puissant que messer Gaster, *premier maistre ès arts du monde* : c'est lui qui nous contraint au labeur, nous rend inventifs, nous mène — et les animaux aussi — comme il lui plaît, où il lui plait. « Et tout pour la trippe ! » Certains, au contraire, pensent que c'est l'amour qui est roi, tandis que d'autres considèrent l'argent comme seul capable de mettre en branle les énergies individuelles et l'ensemble de la machine sociale[1]. Différent est l'avis de Saint-Gelays : pour lui ce qui nous incite à sortir de l'immobilité, ce qui nous pousse aux aventures, ce qui crée enfin le flux et le reflux de la vie, c'est l'Espérance avec ses leurres et ses délicieux mensonges qui refleurissent plus vivaces après chaque déception. Le rhétoriqueur fait parler cette adroite magicienne, et elle nous énumère elle-même tous les miracles qu'elle accomplit :

51 v° Je donne a l'ung promesse de jouyr
De la dame que tant a souhaictée ;
L'aultre je fays tout a coup resjouyr,
Luy promectant bien tost le faire ouyr,
Et sa douleur chassée et deboutée.
Au malade je fays une tostée
D'ung peu d'espoir destrempé de douleur,
Dont le souffrant est de sa santé seur.

---

1. « Argent prent villes et chasteaulx | Sans coup frapper, quant il foisonne, | Argent fait courre grans batteaulx, etc. » B. N. fr., 1721, 63 r° et v°.

Je pousse l'ung tout a coup en avant,
Et si luy fays mainte entreprise faire ;
Les nautonniers mectent la voyle au vent
Par mon conseil, et suis cause souvent
De faire aymer tel qui soulloit desplaire ;
Je fays courir, je fays saulter et brayre ;
Je fays souvent ung sotart ou ung lourd
Boyre et humer les vapeurs de la court.

Je fays harnoys et estandars reluyre,
Je fays monter gens d'armes a cheval ;
Je fays chasteaulx et grosses tours construyre,
Souventesfoys aussy les fays destruyre
Pour parvenir a honneur triumphal.
Je fays trotter maint roy, maint cardinal,
L'ung a Paris et aussy l'aultre a Romme,
Voyre et souvent pour moins que d'une pomme

Je fays vendre la cire et plomb rommain
Pour obtenir l'abbaye en commande
Ou pour avoir benefices en main,
Jaçoit pourtant que, dès le lendemain,
Tel sera mort qui (y) aura mis l'offrande ;
52 r° Je fays avoir la cure et la prebende
Par mes mandats ou nominations
A gens divers de toutes nations....

Le discours continue quelque temps encore sur ce ton-là. A vrai dire, la forme est négligée, prosaïque : mais il faut bien croire que, du moins, l'idée n'était pas indigne d'un poète, puisque le grand Ronsard l'a reprise et longuement développée. Il raconte en effet comment, durant son sommeil, une radieuse personne lui est apparue, qui tenait entre ses mains *des ballons pleins de vent et des sacs pleins de fumée.* « Quel est votre nom, Madame? » La déesse répond, toute riante :

. . . . . . . . . . Ronsard, je suis Promesse,
Dont le pouvoir hautain, superbe et spacieux,
Commande sur la mer, sur la terre et aux cieux....
Les roys, les empereurs, les seigneurs et les princes
Ne peuvent rien sans moy : je garde leurs provinces,
Je flatte leurs sujets, et, puissante, je fais
La guerre quand je veux, les treves et la paix ;
Je destruy les citez, je perds les republiques,
Je corromps la justice et les loix politiques,
Je fais ce que je veux, tout tremble dessous moy,
Et ma seule parolle est plus forte qu'un roy....

Cette fière confession se prolonge en vers abondants. A quoi
bon les citer? Il suffit que l'on ait reconnu, sous la robe de
*Promesse*, la *Vaine-Espérance* d'Octovien, et que l'on sache gré au
rhétoriqueur d'avoir abordé un sujet que Ronsard, dans la suite,
a cru assez ample et noble pour le traiter à son tour.

Mais répétons-le : ce n'est cependant pas, en cet épisode, que
se lisent les plus jolis vers de Saint-Gelays. Ils se trouvent
presque à la fin du livre, à l'endroit où, par une téméraire fiction,
l'auteur se suppose parvenu aux années de sa vieillesse. Ici, il
est excellent, et nous donne trois ou quatre pages qu'on doit louer.

Cassé, flétri par l'âge, banni de la cour, malade (car il voit
tout cela d'avance) que lui reste-t-il?

D'abord le sentiment de sa déchéance. — Finis, les tendres
rondeaux et les ballades. Plus de bouquets offerts, plus de banquets.
Il convient, lorsque l'on porte lunettes, de fuir l'accointance de
Cupido.

Puis, la mémoire des joies passées, cruelle consolation. —
Octovien se rappelle la saison des amours, le temps où, par ordre
de sa dame, il traduisait l'histoire, à la fois leste et pathétique,
d'Euryalus et de Lucrèce[1]. Quelle mine élégante il avait alors, et
quelle gracieuse prestance!

> J'estoye frais, le cuyr tendre et poly,
> Droit comme ung jonc, legier comme arondelle[2],
> Propre, myxte, gorgias et joly,
> Doulx en maintien autant qu'une pucelle.
> Dieu, que j'ay dueil quant me souvient de celle
> Que j'aimoye tant, alors, parfaictement,
> 155 r° Qui me donna premier enseignement
> De bonnes meurs : pour acquiter sa grace,
> S'elle est morte, mon Dieu pardon luy face!

Morte ou non, le poète ne la verra plus, et il faut qu'il s'apprête
aussi à quitter, et pour toujours, le coin de terre où se sont
déroulées, trop rapides, ses années de jeunesse et de gaieté.

> Adieu, maisons nobles et ces beaulx lieux
> Ou j'ay passé ma premiere jouvence :
> Ores vous pers, car je suys venu vieulx ;
> Aage a reçu de moy planiere rente....

---

1. *L'Ystoire de Euryalus et Lucresse, vrays amoureux*, selon pape Pie [Æneas Silvius Piccolomini]. Paris, Vérard, 1494; in fol. goth. de 93 ff.

2. « Sur le printemps de ma jeunesse folle, | Je ressemblois l'arondelle qui volle |
Puis çà, puis là.... » Cl. Marot, *Eglogue au Roy soubs les noms de Pan et Robin*.

Adieu vous dy, le pays d'Angoulmoys,
Le plus plaisant qui soit dessoubz la nue. .
Plaindre m'en voys ma liesse perdue.
Adieu, Congnac, le second paradis,
Chasteau assis sur fleuve de Charente,
Ou tant de foys me suys trouvé jadis
Mettant esbas et bonne chiere en vente.

A présent force lui est de se résigner aux mélancoliques et
ternes plaisirs des vieillards, pauvres petites joies grelottantes
qui ne franchissent pas le seuil du logis, et prennent, tournées
qu'elles sont vers le passé, la forme d'un regret sans espérance.

155 v° Doresnavant tiendray mon raenc a part
     Auprès du feu, pour eschauffer la cire [1],
     Et compteray les faitz de Sallezart [2]
     A mes voisins, de Poton ou La Hyre.
     Du temps passé pourray compter et dire,
     Voyre et servir de tesmoing ancien.
     J'auray mon chat et mon beau petit chien
     Nommé *Muguet*, et deux ou trois gelines,
     Patenostres et mes vieilles matines.
     Mon passetemps sera compter alors
     Combien y a que premier j'euz couronne [3],
     Quel roy regnoit ou quel pape estoit lors,
     Si la saison estoit a l'heure bonne....

Je tiens à laisser le lecteur sur l'impression de ces vers délicats,
et ne veux faire, à leur sujet, qu'une seule réflexion. La voici :
Octovien se flattait, en édifiant le *Séjour d'Honneur*, d'attacher son
nom à un vaste et docte monument, d'être placé, par les races
futures, à côté de Virgile, de Jean de Meung et de Dante. Ignorant ses forces, il a voulu s'imposer à la fois comme poète, comme
historien, comme philosophe et moraliste. Mais il est arrivé que
les parties de son ouvrage qu'il estimait durables et solides
paraissent aujourd'hui caduques, et que — juste revanche de la

1. « Ainsi le bon temps regretons | Entre nous, pauvres vieilles sottes, | Assises
bas, a croppetons, | Tout en ung tas comme pelottes, | A petit feu de chene-
vottes.... » Villon, *Regrets de la belle Heaulmière*.
2. Jean de Salazar, dit le *Grand Chevalier*, fut « conseiller et chambellan du roi,
seigneur de Saint-Just, Marcilly, Issoudun, Libourne, etc. » (Mandrot [Commynes],
t. I, p. 51, n. 1.) Il commanda l'avant-garde à Montlhéry, « se renferma ensuite dans
.a ville de Paris pour la défendre contre les princes ligués,... soutint le siège de
Beauvais contre le duc de Bourgogne,... contribua à la conquête de la Franche-
Comté,... et mourut à Troyes le 12 novembre 1479. » (Moréri.)
3. Comprenez : *à quelle date je fus tonsuré.*

nature — nous ne trouvons rien à approuver, dans ce livre si plein d'artifices, que ce qu'il a de moins concerté.... Un couplet sur la douceur du renouveau, un adieu à la jeunesse qui s'en va, une brève peinture de l'âge consacré aux souvenirs, voilà, en dernière analyse, tout ce qui reste de cet ambitieux fatras : tant il est vrai que l'érudition ne saurait nourrir la poésie, et que la rhétorique babille en vain lorsque l'inspiration ne parle pas.

HENRY GUY.

## SUR LES SOURCES DES « TRONES D'ORIENT »

« La barbarie mahométane », nous dit V. Hugo dans la préface de la *Légende des Siècles*, « ressort de Cantémir, à travers l'enthousiasme de l'historiographe turc, telle qu'elle est exposée dans les premières pages de Zim-Zizimi et du Sultan Mourad ».

*Demetrius Cantémir* a écrit une *Historia de ortu et defectione imperii turcici*, dont l'original n'a jamais paru. Sur les ordres du prince Antiochus, son fils, ambassadeur à la cour d'Angleterre, *M. Tindal* en publia en 1734 une traduction anglaise à Londres. *M. Joncquières* se servit du texte anglais pour faire une traduction française qui parut à Paris en 1743 en 4 volumes in-8°.

La première pensée qui vient à l'esprit est que V. Hugo a lu Cantémir et sans doute dans cette traduction française. Mais en est-il bien ainsi? Les noms des sultans, dont V. Hugo se sert, ne figurent pas dans la traduction de Jonquières; beaucoup de leurs exploits n'y sont pas mentionnés.

Examinons la question en détail.

### ZIM-ZIZIMI.

Le nom de ce monarque est bizarre. Cantémir ne parle d'aucun sultan nommé *Zim*, mais le frère de Bajazet II, qui tenta de s'emparer de l'empire et fut assassiné par une créature du sultan, portait le nom de *Jem*. D'après une remarque du même auteur (II, p. 118) aucun autre Turc n'a porté ce nom « et il faut croire que c'est de ce mot Jem que les *auteurs chrétiens* ont formé leur... Zizim ». V. Hugo s'est-il donc servi d'un auteur chrétien? On pourrait plutôt penser que V. Hugo ayant trouvé ce nom dans les *Remarques* de Cantémir, s'en est servi, vu sa prédilection pour les noms bizarres et retentissants. Mais alors il faudrait au moins que les faits attribués à *Jem* par Cantémir fussent attribués à *Zizimi* par V. Hugo. Il n'en est rien. *Jem* a fait la guerre et il était cruel; sauf ces deux traits que l'on rapporte à peu près de tous les sultans turcs, il y a un désaccord complet entre le poète et le prosateur. D'où « ressort » donc « la barbarie mahométane? »

Peut-être V. Hugo s'est-il tout de même inspiré de l'historiographe turc, mais en attribuant ce nom à un autre personnage? Guidé par la ressemblance du son, on pourrait penser à *Selim*.

Or Cantémir nous parle de deux sultans de ce nom. Lequel des deux V. Hugo a-t-il en vue? Ni l'un ni l'autre, mais peut-être l'un et l'autre; et quelques autres sultans ou généraux turcs par surcroît.

Selim I<sup>er</sup> avait un surnom, *Yawuss*, signifiant « le cruel ». Il avait conquis de vastes parties de l'Asie et de l'Afrique, la Mecque et Mossul avec les contrées environnantes et son pouvoir était reconnu de princes nombreux. Ces vers de V. Hugo peuvent donc bien s'appliquer à lui :

> Zim-Zizimi, soudan d'Égypte, commandeur
> Des croyants, padischah qui dépasse en grandeur
> Le césar d'Allemagne et le sultan d'Asie,
> Maître que la splendeur énorme rassasie,
> Songe. . . . . . . . . . . . . . .
> Il règne, il a soumis la vieille Afrique noire,
> Il règne par le sang, la guerre et l'échafaud;
> Il tient l'Asie ainsi qu'il tient l'Afrique...
>
> . . . . . . . . . . . . . . . .
> Il a dompté... Mossul...
> L'Arabie où l'aurore a d'immenses rougeurs
> Et l'Hedjaz...
>                     La Mecque et son émir;
> Le Liban, le Caucase et l'Atlas font partie
> De l'ombre de son trône; . . . . . . .
> Tout le craint;. . . . . . . . . .
> Il règne et le morceau qu'il coupe de la terre
> S'agrandit chaque jour sous son noir cimeterre;
> Il foule les cités, les achète, les vend,
> Les dévore. . . . . . . . . . . .
> Il s'est fait adorer par un tas prosterné
> De cheiks et d'ulémas décrépits.

D'autres passages n'ont aucun rapport à la vie de Selim I<sup>er</sup> et ne sont aucunement tirés de Cantémir :

> Les rajahs de Mysore et d'Agra sont ses proches
> Ainsi qu'Omar qui dit : Grâce à moi Dieu vaincra.
> Son oncle est Hayreddin, sultan de Bassora,
> Le roi d'Oude est son frère.

D'après une note de Cantémir (II, 477) *Mysr* signifie Égypte ou le grand Caire. Peut-être ce mot a-t-il évoqué dans la pensée du poète le souvenir de *Mysore* dans l'Inde. A son tour Mysore a fait rem-

placer par *Agra* la ville d'*Alep*, nom qui, à ce que M. Glachant[1]
nous apprend, avait d'abord été écrit par V. Hugo dans le Ms de
la légende. Nous verrons plus loin, en étudiant le *Sultan Mourad*
que V. Hugo avait certainement sous les yeux un ouvrage sur
l'Inde. C'est aussi à l'Inde qu'il emprunte le nom de *lama* dans les
vers suivants :

> ... sa tête est de loin saluée
> Par le lama debout dans la sainte nuée
> Et son nom fait pâlir parmi les rassburdars
> Le sophi devant qui flottent les sept étendards.

*Kassburdar* est un nom inconnu, un des « mots à panache, »
comme M. Glachant les appelle. Le *sophi* est une homme lettré
dans la Turquie, mais on ne sait trop pourquoi sept étendards
flottent ici devant lui.

Après avoir énuméré toutes les conquêtes de Zim, V. Hugo en
vient à sa vie privée. Il pourrait en avoir emprunté les détails au
récit des débauches de Selim II et donné à son héros les habitudes
d'ivresse d'Amurat II. Voici les rapprochements qu'on pourrait
faire entre la Légende et Cantémir :

> ... C'est le moment du festin du soir ;
> Toute la table fume ainsi qu'un encensoir ;
> Le banquet est dressé dans la plus haute crypte
> D'un grand palais bâti par les vieux rois d'Égypte ;
> Les plafonds sont dorés et les piliers sont peints ;
> Les buffets sont chargés de viandes et de pains...
> . . . . . . . . . . . . . . . .
> Tous les mets qu'on choisit, tous les vins qu'on renomme
> Sont là, car le sultan Zizimi boit du vin.
> . . . . . . . . . . . . . . . .
> Mais Zim est à la fois ivrogne et malfaisant.
> . . . . . . . . . . . . . . . .
> Cependant il s'ennuie. Il est seul à sa table...
> . . . . . . . . . . . . . . . .
> Ivre, il est triste. Il vient d'épuiser les plaisirs
> . . . . . . . . . . . . . . . .
> Sa musique a joué les fanfares connues,
> Des femmes ont dansé devant lui toutes nues ;
> . . . . . . . . . . . . . . . .
> Puis il a renvoyé ses esclaves, bâillant.

Cantémir loue d'abord Selim II, puis il continue en ces termes
( III, p. 18) : « Néanmoins quelques historiens qui croyaient mieux

---

1. *Papiers d'Autrefois*, p. 125.

connaître ce qui se passait dans l'intérieur du Sérail, ou qui voulaient se faire un mérite auprès de leurs lecteurs en leur disant
quelque chose de nouveau, ont avancé que sa dévotion lui servait
de prétexte pour se retirer dans ses appartements secrets et s'y
adonner à l'ivrognerie et aux vices les plus infâmes. »
    Cantémir nous décrit aussi l'édifice où Selim II se livrait à ses
plaisirs et V. Hugo peut avoir pris quelques détails à cette description. Néanmoins il faut ajouter que cet édifice se trouvait à Constantinople et non en Égypte. (III, p. 17) : « Vers la fin de l'année,
Selim fit construire un bain superbe à la partie Orientale du
Sérail ». *Remarque*, p. 34 : « Cet édifice est des plus somptueux, il
est divisé en quarante chambres. Tous les dedans sont incrustés
de marbre, etc. — Les murailles n'étaient pas encore sèches que
le Prince entre le premier dans ces voûtes pleines de vapeurs
malignes du mortier, et, si l'on en croit certains écrivains, pour
les chasser, il boit en forme de correctif un grand flacon de vin.
Il ressent d'abord un petit mal de tête, l'étourdissement vient
ensuite, enfin il meurt le onzième jour. » Ne serait-ce point cet
étourdissement de l'ivresse, dont parle Cantémir, qui aurait inspiré à V. Hugo l'idée de l'entretien du sultan avec les *sphinx*, la
*coupe* et le *flambeau?*
    La fin de Zizimi se trouve décrite dans ces vers :

> ... Alors la Nuit entra;
> Et Zim se trouva seule avec elle; la salle
> Comme en une fumée obscure et colossale,
> S'effaça; Zim tremblait sans gardes, sans soutiens,
> La Nuit lui prit la main dans l'ombre, et lui dit : Viens.

Cantémir ne nous parle pas des sphinx; mais les paroles que chez
V. Hugo le sultan leur adresse semblent être une paraphrase du
passage suivant de l'historiographe turc (II, p. 209). Il s'agit de
Selim Ier « Si quelque chose est capable d'enfler le cœur d'un
prince, c'est sans doute le succès de ses armes : ce sont les respects non seulement des nations vaincues, mais encore des puissances voisines. C'est sous ce point de vue qu'il faut envisager
Selim, ses victoires éclatantes et les applaudissements flatteurs
qu'il reçoit de toutes parts lui remplissent l'imagination de telle
sorte, qu'il se regarde comme le seul Monarque de l'Univers. Il
jette un œil dédaigneux sur toutes les autres couronnes de la terre,
il croit que le ciel même pourrait devenir sa conquête, s'il faisait
tant que d'y prétendre. »

Voici comme V. Hugo exprime ces pensées :

> Je suis le Conquérant; mon nom est établi
> Dans l'azur des cieux, hors de l'ombre et de l'oubli,
> . . . . . . . . . . . . . . . .
> Je vis; je ne suis pas ce qu'on nomme un mortel,
> Mon trône vieillissant se transforme en autel ;
> Quand le moment viendra que je quitte la terre,
> Étant le jour, j'irai rentrer dans la lumière;
> Dieu dira : « Du sultan je veux me rapprocher ».
> . . .. . . . . . . . . . . . . . .
> L'homme m'adore avec des faces d'épouvante ;
> . . . . . . . . . . . . . . . . .
> Je dédaigne et je hais les hommes, et mon pied
> Sent le mou de la fange en marchant sur leurs nuques.

Le poète pourrait avoir également trouvé dans Cantémir les idées sur le néant de la grandeur humaine qu'il exprime dans la réponse des sphinx, car l'auteur turc continue ainsi : « Mais c'est ici que le maître suprême de l'Univers renvoie par un souffle ce faible morceau de boue au centre de la terre d'où il est sorti et apprend à l'homme qui n'est que néant à ne se point élever au-dessus de sa condition. Tous ces vains projets de Selim, qui n'avaient point Dieu comme auteur, ne sont que comme une petite fumée que le moindre vent dissipe. » Cette idée se retrouve en plusieurs endroits de la *Légende*, elle est une des pensées favorites du poète; c'est pourquoi il serait téméraire d'affirmer que ce passage de Cantémir est la source de ce développement.

Au contraire il est bien probable que V. Hugo a trouvé chez quelque auteur le thème des *sphinx parlants,* car *Brugsch* cite une inscription égyptienne dans laquelle un sphinx adresse Tuthmosis IV [1], et c'est peut-être à l'intention des sphinx que V. Hugo a transféré en Égypte le palais du sultan. Il se peut que le poète ait voulu faire des dix sphinx les représentants de dix peuples de l'antiquité et montrer, par l'exemple des souverains les plus illustres de ces divers pays, la vanité de la gloire. Cette intention se montre assez clairement dans les discours des trois premiers sphinx et c'est ici qu'on peut déterminer les sources. Les discours des autres sphinx offrent un mélange de noms de tous les temps et de tous les lieux.

*Le Premier Sphinx.* — La source de ce passage est Hérodote, I,

---

1. *Histoire d'Égypte*, p. 112.

187, ce qui ressort clairement des premiers vers. Le poète s'est servi de la traduction de *Larcher*.

> La reine Nitocris, près du clair firmament,
> Habite le tombeau de la haute terrasse.

Hérodote, traduction de Larcher, éd. 1802, I, p. 150, « elle [Nitocris] se fit ériger un tombeau sur la *terrasse* d'une des portes de la ville les plus fréquentées. » (Dans la traduction de *Miot* le mot *terrasse* ne se trouve pas.)

La phrase

> Les oiseaux tombent morts quand leur aile le touche,

me semble une invention du poète. Hérodote ne parle pas de cette propriété merveilleuse attribuée au tombeau.

Les vers suivants nous donnent la certitude que V. Hugo s'est servi de la traduction de Larcher de 1802, car elle est la seule où le passage, très clair dans Hérodote, pouvait être mal compris par le poète.

> Selon l'antique loi, nul vivant, s'il ne porte
> *Sur sa tête un corps mort*, ne peut franchir la porte
> Du tombeau...

*Larcher*, I, p. 150 : « ce prince s'indignant de ne pas faire usage de cette porte parce qu'il n'aurait pu y passer *sans avoir un corps mort sur sa tête.* »

*Hérodote* : τῇσι δὲ πύλῃσι ταύτῃσι οὐδὲν ἐχρᾶτο [Δαρεῖος] τοῦδε εἵνεκεν ὅτι ὑπὲρ κεφαλῆς οἱ ἐγίνετο ὁ νεκρός διεεξελαύνοντι.

*Miot* : « Ce roi qui se plaignait de ne pouvoir faire usage de cette porte dont il ne se servait pas pour ne point passer sous un corps mort. »

*Le Deuxième Sphinx.* — Les passages qui se rapportent dans la Bible à Téglath-Phalasar (II Rois et Isaïe) sont probablement la source de ces vers :

> Personne n'est plus haut que Téglath Phalasar.
> Comme Dieu même, à qui l'étoile sert de char,
> Il a son temple avec un prophète pour prêtre.

II *Rois*, XVI, 10-12 : « Perrexitque rex Achaz in occursum Theglath-Phalasar, regi Assyriorum, in Damascum. Cumque vidisset altare Damasci, misit rex Achaz ad Uriam sacerdotum exemplar eius... *Extruxitque* Urias *sacerdos altare*... Cumque venisset rex de Damasco vidit altare et veneratus est illud. »

> Tout tremble; et sous son joug redouté, le héros
> Tient des peuples courbés ainsi que des taureaux.

II Rois, XVI, 7 : « Misit autem Achaz nuncios ad Theglath-Phalasar, regem Assyriorum, dicens : Servus tuus et filius tuus ego sum.

Isaïe, II, 6 : « Proiecisti enim populum tuum domum Jacob. »

> Pour les villes d'Assur que ton pas met en cendre...

Isaïe, I, 7 : « Terra vestra deserta, civitates vestræ succensæ igni. »

*Le troisième Sphinx.* — La source de ce développement est de nouveau la Bible, *Genèse*, 10, 8-10 : l'histoire de Nemrod, mais on ne trouve presque pas d'emprunts textuels.

> cf.    Nemrod était un maître aux archanges pareil;
>        Son nom est sur Babel. . . . . . . . . .

*Genèse* : « Nemrod ipse cœpit esse potens in terra. Fuit autem principium regni eius Babylon. »

*Le quatrième Sphinx.* — Il est impossible de déterminer la source des paroles de ce sphinx. Chrem n'est pas un personnage historique et que penser de « ce pharaon » qui

> « Flotte plongé dans l'huile en son cercueil de verre »?

En outre les Égyptiens ne fabriquaient pas des cercueils de verre.

*Le cinquième Sphinx.* — Les paroles de ce sphinx contiennent un mélange fantaisiste de noms. Il était impossible d'identifier *Thuras* et *Gour*; par *Ochus* V. Hugo désigne probablement *Artaxerxès* III *Ochus* et par *Phul Bélézys*, le roi *Phul* mentionné dans la Bible (II *Rois*, XV, 19-20). Mais l'idée exprimée dans le vers :

> Quand Cyrus les lia tous quatre à son quadrige.

est tout ce qu'il y a de moins historique, puisque ces rois ont vécu en des siècles différents.

*Le sixième Sphinx.* — Ce sphinx parle de *Cambyse*, mais ne mentionne aucun des exploits qui sont racontés dans les historiens grecs, par exemple dans Hérodote (III, 1-66). On ne sait trop ce que V. Hugo veut dire par les vers :

Oh! de Troie à Memphis, et d'Ecbatane à Tarse,
La grande catastrophe éternelle est éparse
Avec Pyrrhus le grand, avec Psamméticus.

D'après Hérodote, Cambyse a visité les villes de *Memphis* et
d'*Ecbatane*, mais non *Troie* et *Tarsus*, et ni *Pyrrhus* ni *Psamméticus*
n'étaient ses contemporains.

*Le septième Sphinx.* — Ce sphinx parle de *Bélus* et de son tombeau. Ce roi d'après Hérodote, I, 7, était le père de Ninos. Une
description de son tombeau se trouve dans *Strabon* (c. 738) et ce
passage aurait pu être la source de V. Hugo, quoique Strabon dise
que le monument funéraire était une pyramide, tandis que V. Hugo
le surmonte d'une coupole.

cf.   La tombe où l'on a mis Bélus croule au désert ;
      Ruine, elle a perdu son mur de granit vert
      Et sa coupole, sœur du ciel, splendide et ronde.

*Strabon* : ἔστι δὲ καὶ τοῦ Βήλου τάφος αὐτόθι, νῦν μὲν κατεσκαμμένος
... ἦν δὲ πυραμὶς τετράγωνος ἐξ ὀπτῆς πλίνθου.
Ce qui semble le plus indiquer Strabon comme source, c'est la
description des alentours solitaires du tombeau :

Celui qui, le soir, passe en ce lugubre champ
Entend le bruit que fait le chacal en mâchant.

καὶ δὴ καὶ νῦν ἡ μὲν [Σελεύκεια] γέγονε Βαβυλῶνος μείζων, ἡ δ᾽
ἔρημος ἡ πολλὴ ὥστ᾽ ἐπ᾽ αὐτῆς μὴ ἂν ὀκνῆσαί τινα εἰπεῖν.   . .
" ἐρημία μεγάλη 'στὶν ἡ Μεγάλη πόλις ".

*Le huitième Sphinx.* — Ce sphinx nous énumère quelques
monarques de l'Égypte : *Aménophis, Ephrée, Cherbron* et *Rhamsès.*
On ne sait qui sont Ephrée et Cherbron. Il se peut que ce dernier
doive être identifié à *Chephren* et celui-là au roi que Diodore
appelle Χαβρύης (1, 64). Du reste, ce sphinx répète seulement les
pensées du poète sur le néant.

*Le neuvième Sphinx.* — Ce sphinx parle plus longuement et
avec plus de détail que les précédents et ces détails se rapportent
à la vie d'une reine, *Cléopâtre.* Comme sources V. Hugo aurait pu
avoir recours à *César : De Bello Alexandrino* ou à *Plutarque : Vie
d'Antoine.* Probablement il se servit plutôt d'un précis d'histoire.
Le seul passage qui pourrait être emprunté à Plutarque est le suivant et même ici l'original ne serait pas suivi bien fidèlement.

Cléopâtre embaumait l'Égypte. . . . . .
Fière elle était déesse et daignait être reine,
Sa beauté rendait fous les fronts, les sens, les cœurs.

*Antoine*, XXVI : Αὐτὴ δὲ κατέκειτο μὲν ὑπὸ σκιάδι χρυσοπάστῳ κεκοσμένη γραφικῶς ὥσπερ Ἀφροδίτη.

Ὀδμαὶ δὲ θαυμασταὶ τὰς ὄχθας ἀπὸ θυμιαμάτων πολλῶν κατεῖχον.

Τῶν δὲ ἀνδρώπων οἱ μὲν εὐθὺς ἀπὸ τοῦ ποταμοῦ παρομάρτουν ἑκατέρωθεν, οἱ δὲ ἀπὸ τῆς πόλεως κατέβαινον ἐπὶ τὴν θεάν.

Ces vers :

> Pour elle Ephractœus soumit l'Atlas, Sapor
> Vint d'Osymandias saisir le cercle d'or,
> Mamylos conquit Suze et Tentyris détruite
> Et Palmyre. . . . . . . . . .

sont dénués de tout fondement historique. *Sapor* était un monarque perse du IIIᵉ siècle après J.-C. *Osymandias* est mentionné par Diodore (I, 47-49) comme prince de Thèbes ; mais il n'a eu aucun rapport avec Cléopâtre.

*Le dixième Sphinx*. — Ce sphinx parle de trois personnages, proies de la mort. Ce sont deux rois : *Sennachérib* et *Sardanapale* et une troisième personne appelée *Gad*. Serait-ce le fils de Jacob?

Comme les discours des sphinx n'ont čausé aucune espèce de plaisir à Zim-Zizimi, le roi s'adresse à sa *coupe*. Celle-ci lui parle d'abord de *Phur*, roi inconnu d'Égypte, et énumère une série assez bariolée de rois et de généraux. Zim la brise et s'adresse au *flambeau d'or* de Sumatra. Celui-ci lui raconte les conquêtes de *Ninos*. La source pourrait être Diodore, II, 2.

> Après avoir eu Tyr, Babylone, Ilion,
> Conquis Thèbe et soumis le Gange tributaire
> Ninus le fratricide est perdu sous la terre
> Il est muré selon le rite assyrien,
> Dans un trou formidable, où l'on ne voit plus rien.

*Diodore* : κατεστρέψατο μὲν γὰρ... τήν τε Αἴγυπτον καὶ Φοινίκην ... τήν τε Τρωάδα καὶ τὰ κατὰ τὸν Πόντον ἔθνη. Mais on ne sait trop pourquoi V. Hugo l'appelle fratricide. De sa tombe Diodore dit : (II, 7), τὸν δὲ Νίνον ἡ Σεμίραμις ἔθαψεν ἐν τοῖς βασιλείοις, καὶ κατεσκεύασεν ἐπ' αὐτῷ χῶμα παμμέγεθες. C'est dans ce tombeau que la mort entre et offre de la nourriture au roi. Celui-ci refuse, car il n'a plus d'yeux pour la voir ni de mains pour la prendre. Cf. l'*épitaphe* de Sardanapale (Diodore, II, 23) :

Εὖ εἰδὼς ὅτι θνητὸς ἔφυς σον θύμον ἄεξε,
τερπόμενος θαλίῃσι θανόντι σοι οὔτις ὄνησις
καὶ γὰρ ἐγὼ σποδός εἰμι, Νίνου μεγάλης βασιλεύσας,
ταῦτ' ἔχω ὅσσ' ἔφαγον καὶ ἀφύβρισα καὶ μετ' ἔρωτος
τερπν' ἔπαθον τὰ δὲ πολλὰ καὶ ὄλβια κεῖνα λέλειπται.

## SULTAN MOURAD.

Le nom de ce sultan ne se trouve pas plus dans la traduction de
Cantémir que celui de Zim-Zizimi, mais à ce propos il faut bien
rappeler que Joncquières nous dit : « On s'est conformé au goût
du lecteur dans cette traduction française... ainsi on verra *Amurat*
au lieu de *Morad*. » Il est assez curieux que la version de V. Hugo
se rapproche plus de l'original que celle de Joncquières.

Mais V. Hugo reprend toute son indépendance, quand il dit que
Mourad est fils de *Bajazet*, car aucun des quatre princes de ce
nom n'a eu un sultan Bajazet pour père. Mourad II fut le petit-fils
de Bajazet Ier et avait en outre un grand-vizir appelé Bajazet. Ce
sont les expéditions militaires de ce sultan que V. Hugo nous décrit
probablement dans les vers suivants :

> Grâce à lui, l'on voyait dans Athènes des loups,
> Et la ronce couvrait de sa verte tunique
> Tous ces vieux pans de murs écroulés, Salonique,
> Corinthe, Argos, Varna, Tyr, Didymoticos.
> . . . . . . . . . . . . . . . .
> Mourad, qui ruina Delphe, Ancyre et Naxos...
> ... Il détruisit Élée,
> Mégare et Famagouste...
> Il brûla cent couvents de chrétiens en Eubée.

Cantémir nous dit de lui (I, p. 248) : « Au retour de cette expédition pacifique, Amurat fit quelques conquêtes. Bien content de
ces acquisitions en Asie, il passa en Europe... et alla attaquer les
terres des Vénitiens, il ravagea l'isle de Janta (Zante) prit le château de Giogerjulik (fort sur les bords de la Morée) et fit un butin
considérable sur le continent voisin : enfin il revint victorieux à
Adrianople. »

P. 249 : « Amurat aussitôt après assembla toutes ses forces et
entra en Grèce où l'empereur grec possédait encore quelques
places : comme il n'y trouva nulle opposition, il prit aisément
Thessalonique, Athènes, Karline et devint seul seigneur de ce
pays autrefois si renommé : ensuite il revint à Adrianople, chargé
de butin et traînant des captifs et des troupeaux sans nombre ».

P. 263. « Ensuite il désola toute la Grèce et l'Arnaud (Albanie et Macédoine) et, allant toujours en avant, il entra dans la Morée..... il convertit en Jamis et en Mosquées toutes les Églises chrétiennes du pays d'Arnaud ». En comparant les deux auteurs, il faut tenir compte de ce que M. Glachant nous dit [1] : « Dans *Sultan Mourad*, *Ephèse* détrône *Ancyre*, *Mégare Nicée*, *Agrigente Mantinée*. » « Or en ce qui concerne Hugo, il faut bien constater l'arbitraire qui préside, chez lui, à l'admission des noms propres de contrées, de villes, d'individus. » « De là ces étranges accouplements de localités ébahies d'être ainsi mariées ensemble : *Corinthe, Argos, Varna, Tyr, Didymothicos, Salonique.* »

Certains éloges que Cantémir fait sérieusement à ce prince deviennent de l'ironie dans les vers de V. Hugo, car le poète les fait sans cesse suivre de l'énumération des cruautés que ce sultan avait commises.

> *Il fut sublime* ; il prit, mêlant la force aux ruses,
> Le Caucase aux Kirghis...
> *Mourad fut saint* ; il fit étrangler ses huit frères
> . . . . . . . . . . . . . . .
> *Mourad fut magnanime* ; il détruisit Élée,
> . . . . . . . . . . . . . . .
> *Mourad fut sage et fort* ; son père mourut tard,
> *Mourad l'aida...*

Dans Cantémir, nous lisons (I, p. 266) : « Ce prince doué de toutes les vertus civiles et militaires, également juste et vaillant, eut en partage une grande âme; il était laborieux et patient, habile et religieux, charitable et facile à pardonner; il aima et encouragea les sciences..... Bon empereur et grand général, on trouvera peu de capitaines qui aient remporté plus de victoires que lui. Son premier soin après avoir conquis quelque place était d'y construire un Iami, une Mosquée, un Imaret etc. »

Quelquefois en lisant V. Hugo, on ne sait trop si l'on doit attribuer tel fait au règne de ce sultan plutôt qu'au règne d'un autre. Par exemple la trahison de *Vlad, boyard de Tarvis, appelé Belzébuth*, attendu qu'aucun de ces noms ne se retrouve dans Cantémir. Il ne faut guère s'en étonner, car dans le manuscrit de la légende *Vlad, boyard de Tarvis* a remplacé *hospodar moldave*. *Belzébuth* pourrait être une altération du titre *Beglerbeg* (prince des princes). Cantémir mentionne une trahison de *Walak Oglis*, mais la punition du coupable n'y est pas la même que celle que

---

1. *Papiers d'Autrefois*, p. 124.

nous donne V. Hugo, puisque dans Cantémir on coupe la langue
aux fils de Walak Oglis, tandis que V. Hugo nous dit qu'on

> Bâtit un large mur tout en pierre de taille
> Et fait dans les créneaux, pleins d'affreux cris plaintifs
> Maçonner et murer les vingt mille captifs.
> Laissant des trous par où l'on voit leurs yeux dans l'ombre.

Cantémir nous dit qu'après la bataille de Varna (p. 289) « ceux
qui crurent s'échapper à la faveur de la nuit par des chemins
détournés tombèrent contre leur attente sur le mont Chengie, c'est
l'ancien Hæmus. Là ils furent attrapés par les paysans comme au
filet et conduits par couples comme des bêtes sauvages. Les généraux et autres grands de l'armée périrent tous ». Mais est-ce bien
là un passage analogue? Je ne le crois pas, il n'y est pas question
de l'emmurement. V. Hugo dans cette description ne s'est pas
servi de Cantémir, mais plutôt de l'historien anglais *Macaulay* qui
nous raconte dans ses *Critical and Historical Essays* un exploit de
*Surräya Dowlah*, vice-roi du Bengale, qui a quelque rapport avec
les vers de V. Hugo que nous venons de citer [1]. « Alors fut commis
ce grand crime, mémorable par la singularité, l'atrocité de ses
circonstances... Les prisonniers anglais restèrent à la merci de
leurs gardiens, et les gardiens résolurent de les enfermer pour la
nuit dans la prison de la garnison, une chambre désignée sous le
nom effrayant de Trou-Noir... Il n'avait que vingt pieds carrés, les
soupiraux étaient petits et encombrés... Les captifs furent poussés
dans leur cachot, littéralement l'épée aux reins et la porte qu'on
referma aussitôt sur eux fut solidement verrouillée. Rien dans
l'histoire, rien dans la fiction... rien n'approche des horreurs
qu'ont racontées les rares misérables qui survécurent à cette nuit
tragique. Les malheureux demandèrent grâce... Ils divaguaient,
ils priaient, ils blasphémaient, ils suppliaient les gardes de les
fusiller à travers les grilles. Et les geôliers, cependant, groupés
derrière ces grilles, contemplaient, à la lueur des torches, ces
affreux tableaux. »

V. Hugo emprunte à la vie de Mahomed III dans Cantémir les
faits suivants :

> Il fit égorger ses huit frères.....
> ..... Ce père avait laissé vingt femmes.
> Sultan Mourad jeta ces femmes à la mer.

---

1. *Œuvres diverses de Lord Macaulay*, seconde série, traduite par Joanne et Forgues,
Paris, 1860 : Lord Clive.

. . . . . . . . . . . . . .
Mourad les fit noyer toutes : ce fut sa loi.
Il donnait pour raison : c'est qu'elles étaient grosses.

Cantémir, III, 48 : « Amurat (III) vécut cinquante ans et en régna vingt et huit mois. Il eut autant de fils qu'il régna d'années : l'aîné les fit tous étrangler, ainsi ils allèrent joindre leur père. » Note page 60 : « S'il faut en croire les historiens chrétiens, il fit mourir vingt de ses frères et fit jeter à la mer dix des concubines de son père qui étaient enceintes. » Quoique les chiffres ne soient pas tout à fait les mêmes, les faits s'accordent très bien dans les deux écrivains. Amurat IV a contribué aussi à l'achèvement de la mosaïque. V. Hugo nous dit :

D'Aden et d'Erzerum il fit de larges fosses.

Cantémir, III, p. 81 : « Chosren Pasha [vizir d'Amurat IV] fit marcher un train de grosse artillerie avec laquelle il battit les murs d'Erzirum, de manière que les habitants effrayés se rendirent le cinquième jour du siège. »
C'est aussi à Amurad IV que doivent se rapporter les vers :

Et Mourad en couvrit de meurtres les tapis ;
On y voyait blanchir des os entre les dalles.
Un long fleuve de sang de dessous ses sandales
Sortait et s'épandait sur la terre, inondant
L'orient...
Mourad parmi la foule invitée à ses fêtes
Passait ; le cangiar à la main, et les têtes
S'envolaient de son sabre ainsi que des oiseaux.

Cantémir, III, p. 92 : « En effet Amurat semblait se nourrir de sang, tant il aimait à le verser. Malheur à quiconque tombait sous sa main, fût-il innocent ou coupable. Souvent au milieu de la nuit... il sortait par les portes de derrière, l'épée nue à la main et semblable à un furieux, il tuait tous ceux qu'il rencontrait. » P. 93 : « Il n'est pas surprenant que ce prince sanguinaire ait, à ce qu'on dît, tué ou fait tuer quatorze mille hommes pendant les dix-sept années de son règne. »
La fin de ce morceau, où le sultan ayant été bon envers un porc obtient le pardon de ses péchés, n'est pas emprunté à Cantémir.
La source en est plutôt un *conte oriental*, mais lequel ?
Jusqu'à présent nous l'ignorons.

· M. RÖSLER.

# MORATIN ET MOLIÈRE

**(Molière en Espagne).**

(*Suite* [1])

## CHAPITRE IV

### I

En littérature Molière exige avant tout le naturel. S'il préfère la comédie à la tragédie, c'est qu'il y a plus de vérité dans la première que dans la seconde. En effet, auteur tragique, « vous peignez des héros, vous faites ce que vous voulez. Ce sont des portraits à plaisir, où l'on ne cherche point de ressemblance, et vous n'avez qu'à suivre les traits d'une imagination qui se donne l'essor et qui souvent laisse le vrai pour attraper le merveilleux. » Au contraire, auteur comique, « vous peignez des hommes, et il faut peindre d'après nature. On veut que ces portraits ressemblent, et vous n'avez rien fait, si vous n'y faites reconnaître les gens du siècle. » (*Critique de l'École des femmes*, 7).

Ce souci du naturel se retrouve partout dans Molière. Les pédants l'accusent-ils de négliger les règles, notamment celles des trois unités ? Il proteste de son respect ; seulement cette trinité de règles n'est pas pour lui un mystère inviolable. En les proclamant Aristote et Horace se bornaient à appuyer de leur autorité des « observations que le bon sens a faites… ; et le même bon sens qui fait autrefois ses observations les fait aisément tous les jours sans le secours d'Horace et d'Aristote. » (*Critique*, 7). Elles sont bonnes dans la mesure où elles sont raisonnables. Or elles ne sont raisonnables que si elles assurent le succès. « Je voudrais bien savoir si la grande règle de toutes les règles n'est pas de plaire, et si une pièce de théâtre qui attrape son but n'a pas suivi un bon chemin. » (*Critique*, 7). Et l'auteur ne développe pas cette idée pour les besoins de la cause, pour défendre son *École des Femmes* contre la haine des cuistres. Il n'y a pas là un plaidoyer de cir-

---

1. Voir la *Revue d'histoire littéraire* d'avril-juin 1907.

constance. Déjà, dans la préface des *Fâcheux*, Molière proclamait
qu'il est « aussi difficile de combattre un ouvrage que le public
approuve que d'en défendre un qu'il condamne. »

Excellente chez les auteurs dramatiques, la simplicité l'est aussi
chez les poètes de tous genres. L'auteur des *Femmes savantes*
et du *Misanthrope* crible de ses épigrammes un Trissotin, un
Vadius, un Oronte. Pourquoi tant de traits? Parce que ces pédants
et ces précieux fardent, maquillent la nature, parce qu'ils mettent
du rouge et du blanc à leur esprit, parce qu'ils ne présentent leurs
idées que pomponnées et enrubannées, parce qu'enfin, mièvres et
maniérés, fades et façonniers, ils prennent l'artifice pour l'art. Cette
poésie de ruelle alambiquée, quintessenciée, musquée, dégoûte
Molière : il en a la nausée. Et pour se remettre, il entonnerait
volontiers les couplets d'Alceste :

> Si le roi m'avait donné
> Paris, sa grand'ville... (I, 2).

ou même ceux de M. Jourdain :

> Je croyais Jeanneton
> Aussi douce que belle... (I, 2).

Et il expliquerait ses goûts en reprenant les vers du *Misanthrope* :

> La rime n'est pas riche, et le style en est vieux
> Mais ne voyez-vous pas que cela vaut bien mieux
> Que ces colifichets dont *le bon sens murmure*,
> Et que la passion parle là toute pure? (I, 2).

Elles n'ont guère d'originalité, ces bonnes chansons populaires;
mais elles ont tant de grâce en leur naïveté! Un parfum s'en
dégage, sain et vieillot; et Molière le respire avec attendrissement.

Molière serait donc une manière de folkloriste?

Il se pourrait, après tout. A une époque qui méprisait la littéra-
rature des siècles précédents, Molière aimait le moyen âge. Il lui
empruntait des sujets, et tirait par exemple *le Médecin malgré lui*
du *Vilain mire*. Et il lui empruntait des mots, de ces mots expres-
sifs, parfois gaillards, que l'intervention chirurgicale de Malherbe
et de l'Académie avait, au grand désespoir d'un La Bruyère [1] et
d'un Fénelon [2], extirpés du vocabulaire français. D'autre part il

1. *Les Caractères*, XIV.
2. *La lettre à l'Académie*, III.

n'est pas impossible que dans ses pérégrinations à travers les provinces Molière ait appris les patois du Midi [1]. Peut-être songeait-il
qu'il s'ouvrait ainsi pour plus tard une source de comique ; mais
peut-être aussi les étudiait-il tout bonnement pour ce qu'ils ont
de savoureux et de pittoresque, comme Malherbe, le vigoureux
ennemi des provincialismes, avait étudié le provençal, avec
désintéressement, par plaisir, par dilettantisme.

Moratin a les mêmes principes dramatiques que Molière. Mais,
plus sévère et plus strict, il attache une plus grande importance
aux règles. Ce n'est pas à lui qu'on appliquerait les vers de l'auteur de *l'Art poétique* :

> Un rimeur, sans péril, delà les Pyrénées,
> Sur la scène en un jour enferme des années.
> Là souvent le héros d'un spectacle grossier,
> *Enfant au premier acte, est barbon au dernier.* (III).

Boileau applaudirait Moratin. Cervantès l'applaudirait aussi ; car
il se plaignait des comédies irrégulières de son temps. Son réquisitoire est bien connu ; et il semble que Boileau s'en soit inspiré :
« Y a-t-il rien de si extravagant que de montrer un personnage
qui, enfant au maillot (niño en mantillas) dans la première

1. Il se peut que pour écrire le rôle de Lucette, l'auteur de *Monsieur de Pourceaugnac* ait demandé à un ami une version patoise du texte qu'il rédigeait lui-même en
français. Mais nous aimons mieux croire qu'il s'était initié aux dialectes méridionaux. On admet d'ordinaire que pendant son long séjour dans le Sud Est il a beaucoup observé et beaucoup appris. Mais sa tâche aurait été des plus malaisées s'il
avait été incapable de converser avec les gens de ces régions, en leur langue. Il
n'aurait pas été compris, et il n'aurait pas compris. Quiconque ignorait le patois
s'exposait à ces sortes de mésaventures que raconte Racine dans une lettre à La
Fontaine : « J'avais commencé dès Lyon à ne plus guère entendre le langage du
pays, et à n'être plus intelligible moi-même. Ce malheur s'accrût à Valence, et Dieu
voulut qu'ayant demandé à une servante un pot de chambre elle me mit un réchaud
sous mon lit... Mais c'est encore bien pis dans ce pays (à Uzès) : je vous jure que
j'ai autant besoin d'un interprète qu'un moscovite en aurait besoin à Paris... Hier,
ayant besoin de petits clous à broquette pour ajuster ma chambre, j'envoyai le
valet de mon oncle en ville, et lui dis de m'acheter deux ou trois cents de bro-
quettes ; il m'apporta incontinent trois boîtes d'allumettes. Jugez s'il y a sujet d'en-
rager en de semblables malentendus. Cela irait à l'infini si je voulais dire tous
les inconvénients qui arrivent aux nouveaux venus en ce pays comme moi. » (A
Uzès le 11 novembre 1661). Molière aurait donc eu bien de la peine à entendre les
gens du terroir. Il devait chercher à s'instruire d'abord dans l'idiome de ces provinces.
D'ailleurs l'étude des patois du Midi est assez facilement accessible à ceux qui
connaissent le latin et l'espagnol. Or Molière l'ancien élève du collège de Clermont,
avait fait du latin ; et il est hors de doute qu'il savait l'espagnol (cf. E. Martinenche, *Molière et le théâtre espagnol, op. cit.*, préface).
Nous admettons du reste que Molière ne connaissait pas assez les dialectes du
Midi pour les distinguer avec sûreté les uns des autres. Ainsi l'auteur de *M. de
Pourceaugnac* nous présente d'abord Lucette comme une « feinte gasconne » ; or
plus loin il nous dit qu'elle contrefait « une Languedocienne. » (II, 8).

scène, est un homme barbu (hecho hombre barbudo) dans la
seconde?... J'ai vu une comédie dont le premier acte se passait en
Europe, et le deuxième en Asie; le troisième s'achevait en
Afrique. Si la pièce avait eu quatre actes, le quatrième, j'imagine,
aurait pris fin en Amérique. » (Don Quijote; première partie;
IV, 47). Ainsi plaisantait Cervantès. Il est vrai qu'il n'était pas
d'accord avec lui-même, et que dans ses propres pièces il faisait
fi des règles dont il prônait le respect dans Don Quijote.

Moratin, lui, a foi dans les règles; et il les applique scrupuleusement. Aussi a-t-il de l'autorité lorsqu'il critique ceux qui ne les
respectent pas.

Dans la Comedia nueva il nous présente un sans-le-sou, un
souffre-la-faim, don Eleuterio, qui fut jadis employé dans un
bureau de loterie, puis domestique; mais le pauvre misérable, qui
n'arrive pas à nourrir sa femme et ses enfants, espère se tirer
d'affaire en comédies. Il se met à l'œuvre. Seulement la concurrence est grande; les écrivains faméliques abondent. En voici un
autre; c'est un étudiant de Galice qui arrive « avec son bissac
plein de manuscrits, comédies, opérettes, saynètes... une belle
salade, quoi! » (I, 3). En voici encore un autre qui orne ses élucu-
brations de ce titre pompeux : « Le monstre le plus merveilleux de la
mer Calédonienne. » (II, 1). Savez-vous ce qu'il était, ce troisième
poète? Tailleur, parfaitement, tailleur, et il a laissé là ses ciseaux
et ses coupons, comme don Eleuterio ses balais et ses brosses;
et du jour au lendemain, sans préparation et sans étude, avec le
magnifique aplomb des ignorants, il s'est improvisé auteur.

Étonnez-vous après cela que les lettres périclitent. Autrefois
Boileau conseillait aux méchants versificateurs de prendre en
main la truelle et de gâcher du mortier; maintenant, par un revi-
rement inattendu, les maçons se font poètes. Avec quel plaisir
Moratin les renverrait à leurs travaux manuels! De la pièce se
dégage le conseil que La Bruyère donnait à Dioscore : « Tel, tout
d'un coup et sans y avoir pensé la veille, prend du papier, une
plume, dit en soi-même : « Je vais faire un livre », sans autre
talent pour écrire que le besoin qu'il a de cinquante pistoles. Je
lui crie inutilement : « Prenez une scie, Dioscore, sciez, ou bien
tournez, ou bien faites une jante de roue; vous aurez votre
salaire. » (Les Caractères, XV.)

Mais don Eleuterio-Dioscore n'entend pas raison; au contraire
il écrit davantage; il fabrique des ouvrages à la grosse; il produit
et surproduit; rien n'égale sa fécondité. Il promet pour le lendemain, et si on insiste, pour le soir même, plusieurs centaines de

vers. « Rien de plus simple... D'abord quelques couplets sur le marchand qui vole, sur les perruquiers entremetteurs, sur l'élève de l'école militaire qui s'est estropié sous un portail; puis quatre petits calembours. Enfin la tempête, le canari, la pastourelle, le ruisselet (I, 3). » Bref, on développe dans un pêle-mêle des plus attristants — ou des plus réjouissants — toutes les banalités ou tous les lieux communs; on habille d'oripeaux les thèmes fanés; on rapetasse les vieilleries; on reprend les airs-scies, surtout les airs sentimentaux. Les idées les plus disparates voisinent, se juxtaposent; c'est le triomphe du pot-pourri.

Mais les pièces sérieuses? Les pièces sérieuses ne diffèrent pas des autres. Lisez la comédie héroïque de don Eleuterio, *le Siège de Vienne* : Deux cavaliers se battent sur la scène; trois batailles s'engagent; un enterrement défile; un bal masqué lui succède; une ville prend feu; un pont s'écroule, ajoutez-y deux exercices à feu et une exécution. Ne serez-vous pas alors de l'avis de don Pedro? Ne vous indignerez-vous pas avec lui contre un drame qui renferme « un entassement confus d'aventures, une action informe, des incidents invraisemblables, des épisodes sans lien, des caractères mal présentés, de l'imbroglio en guise d'art, et au lieu de situations vraiment comiques, un grotesque incohérent de lanterne magique? » (II, 5). Il y a de tout dans une œuvre pareille, de tout, sauf du sens commun. Encore si l'on rencontrait, par endroits, quelques détails heureux, quelque lueur! Les vieilles comédies, celles des Calderon et des Solis, des Rojas et des Moreto, « sont mal agencées et contiennent des étrangetés; mais ces extravagances et ce désordre viennent du génie; mais parfois le spectateur, tant il est empoigné, oublie ou excuse toutes les bizarreries qui précèdent ». (II, 5).

Chez les contemporains on a beau chercher, on ne trouve que sottises sur sottises; pas un éclair n'illumine ce fatras. Rien n'est raisonnable, rien n'est vraisemblable, rien n'est naturel. Et il nous est difficile de ne pas nous associer pleinement aux plaintes de Moratin. « Les auteurs de comédies, qui depuis la mort de Cañizares et de Zamora ont rivalisé entre eux pour gagner les sympathies du public, n'ont cessé de corrompre le théâtre en l'inondant d'histoires insensées de prodiges et d'œuvres extravagantes de magie. Quand on lit *el Monstruo de Barcelona* de Juan Hidalgo, *el Sastre rey*, *un Criminal ó el Encantandor de Astracan* de Antonio Frumento, *el Horror de Argel ó el Encantador Mahomet* de Juan Fernandez Bustamante, on comprend à quel degré d'égarement et de délire en sont arrivés les écrivains de cette époque.... Luciano

Francisco Comella lui-même vaut-il davantage? Il surpassa, dit-on, ses contemporains en restant plus fidèle à la méthode antique. Mais ses comédies sont extrêmement grossières; son but était d'obtenir les applaudissements de la populace par ses tumultes de bataille et ses effets mélodramatiques ; et chez lui on chercherait vainement l'ombre de cet esprit et de cet élégance dans le langage qu'on admire chez les poètes les moins bons du temps de Calderon » [1].

Moratin s'était rendu compte à merveille de cette médiocrité. Et sous couleur de critiquer la comédie de don Eleuterio, il instruit le procès de tout le théâtre contemporain : « Pourquoi votre pièce serait-elle bonne? Avez-vous des raisons de succès? Avez-vous étudié? Avez-vous appris cet art? Quels modèles vous êtes-vous proposé d'imiter? Ne voyez-vous pas que dans toutes les sciences il y a une méthode d'enseignement, des règles à suivre et à observer? Qu'une application constante et laborieuse doit s'y ajouter? Et qu'à défaut de ces circonstances, jointes au talent, il ne se formera jamais de véritables maîtres, parce qu'il est impossible de savoir ce qu'on n'a pas appris? Or vous n'avez aucune des conditions requises : comment donc vous figurez-vous que vous avez produit quelque chose de bon? Eh quoi! Il n'y aurait qu'à prendre la plume, qu'à brocher en huit jours quelque méchante intrigue, à la mettre en mauvais vers et à la donner au théâtre! Et il n'en faudrait pas plus pour être auteur? Quoi! Il n'y aurait qu'à écrire des comédies? Si elles doivent ressembler à la vôtre, on n'a besoin à coup sûr que de bien peu de talent, de bien peu d'étude, de bien peu de temps. Mais pour être bonnes, elles exigent, croyez-moi, une existence entière, un esprit supérieur, un travail infatigable, une observation constante, de la sensibilité, un jugement exquis. Encore n'est-on pas sûr d'atteindre la perfection! » (la Comedia nueva; II, 8).

Moratin indique le mal; il prescrit en même temps le remède. Il faut composer des pièces *régulières* en se mettant délibérément à l'école de la France. Il n'est pas le seul, au reste, qui soutienne cette théorie; nombre d'écrivains développent les mêmes principes. Il en est de plus intrépides encore : quelques-uns reprennent les drames des grands maîtres espagnols et les adaptent au goût français : « Trigueros essaya d'accommoder aux nouvelles règles *la Estrella de Sevilla* et *el Anzuelo de Fenisa* de Lope de Vega. L'exemple est suivi par Sebastian y Latre pour *Progne y Filomela*

---

1. *Histoire de la littérature et de l'art dramatique en Espagne*, par A. F. Schack, traduction espagnole de Eduardo de Mier, t. V, 4° période, chap. II.

de Rojas et pour *el Parecido en la corte* de Moreto... Quant aux
journaux, ceux qui avaient le plus d'influence et de crédit, *el Pen-*
*sador* (du fameux Clavijo), *el Censor, el Memorial literario, la Espi-*
*gadera*, ils défendent les doctrines de Luzan » [1], c'est-à-dire des
« afrancesados ».

Moratin n'est donc pas un isolé; contre la décadence du théâtre
espagnol il s'est formé un chœur de protestataires; mais Moratin
est l'un des maîtres du chœur. Il dirige le concert de malédictions
contre les auteurs nationaux et entonne un dithyrambe en l'honneur
de l'art français. Il exalte Molière; c'est du Nord que doit venir
la lumière, le goût du naturel et du vraisemblable, l'attachement
aux règles. Un sot patriotisme interdit l'imitation étrangère; un
patriotisme intelligent l'ordonne. Montrons-nous patriotes et intel-
ligents; suivons Molière. Aux yeux de Moratin il n'y a pas d'autre
moyen de régénérer la scène espagnole.

## II

Les auteurs du XVIIe siècle ignorent la doctrine de l'art pour l'art.
Leur but est d'améliorer les hommes. Qu'on interroge un Corneille et un Racine, un La Fontaine et un Perrault, ils répondront
tous que dans leurs tragédies, dans leurs fables, dans leurs contes
de fées, ils rivalisent avec les Pascal et les La Rochefoucauld ou
même les Bossuet et les Bourdaloue, avec les moralistes profanes
et les moralistes de la chaire. En ce sens comme en bien d'autres
Molière est de son siècle, absolument. Dans les stances que Boileau
lui adresse « sur la comédie de l'École des Femmes que plusieurs
gens frondaient », il le loue de faire ce qu'Alexandre Dumas fils
appellera plus tard du « théâtre utile » :

> Ta muse avec utilité
> Dit plaisamment la vérité.
> Chacun profite à ton école.
> Tout en est beau, tout en est bon :
> Et ta plus burlesque parole
> Est souvent un docte sermon.

Moins entousiaste, Voltaire confesse que si « Corneille, ancien
Romain parmi les Français, a établi une école de grandeur d'âme,
Molière a fondé celle de la vie civile. » (Lettre à un premier com-
mis; 20 juin 1733). Quant à V. Hugo, il range l'auteur du *Tar-*

---

1. Schack, *op. cit.*, même chapitre.

*tufe* parmi les « prêtres du rire ». (*Les Contemplations. Les Mages*).
Que Boileau, que V. Hugo, que Voltaire même exagèrent, il se
peut; mais l'opinion qu'ils ont sur Molière, Molière l'a sur lui-
même.

A ceux qui accusent les auteurs dramatiques d'être des « empoi-
sonneurs publics », il réplique : « J'avoue qu'il y a des lieux qu'il
vaut mieux fréquenter que le théâtre; et si l'on veut blâmer toutes
les choses qui ne regardent pas directement Dieu et notre salut,
il est certain que la comédie en doit être, et je ne trouve point
mauvais qu'elle soit condamnée avec le reste, mais, supposé,
comme il est vrai, que les exercices de la piété souffrent des intervalles, et que les hommes aient besoin de divertissements, je soutiens qu'on ne leur en peut trouver un qui soit plus innocent que
la comédie ». (Préface du *Tartufe*.) Mais en parlant de la sorte
Molière n'exprime pas tout son sentiment. Pour lui la comédie
est plus qu'un passe-temps sans danger; elle exerce une influence
bienfaisante, elle n'est pas inférieure en efficacité aux ouvrages
des théologiens et aux discours des sermonnaires : « Les plus
beaux traits d'une sérieuse morale sont moins puissants le plus
souvent que ceux de la satire; et rien ne surprend mieux la plupart des hommes que de les exposer à la risée de tout le monde.
On souffre aisément des répréhensions; mais on ne souffre point
de la raillerie. On veut bien être méchant; mais on ne veut point
être ridicule. » (Préface du *Tartufe*. ) N'est-ce pas pour cette raison que l'auteur des *Provinciales* avait pris pour arme l'ironie?
N'est-ce pas pour cette raison qu'au lieu de dissertations abstraites,
il avait composé comme des ébauches de comédie, où il terrassait
sous les railleries le bon père Jésuite et ses immortelles niaiseries?
Ainsi que Pascal, Molière croit à la vertu moralisante des œuvres
où l'on se moque des sots et des méchants : « Le devoir de la
comédie étant de corriger les hommes en les divertissant, j'ai cru
que je n'avais rien de mieux à faire que d'attaquer par des peintures ridicules les vices de mon siècle. » (Premier placet du *Tartufe*.)

Or le vice consiste à contrefaire ou à exagérer. Sont condamnables donc les hypocrites, qu'ils feignent la piété comme Tartufe
ou l'affection comme Trissotin et comme Béline, les « faux-
monnayeurs en dévotion » et les faux-monnayeurs en tendresse [1].

1. Molière se défend contre la calomnie en déclarant qu'il s'attaque à la contrefaçon de la vertu et non à la vertu : « Les plus excellentes choses sont sujettes
à être copiées par de mauvais singes qui méritent d'être bernés; ces vicieuses
imitations de ce qu'il y a de plus parfait ont été de tout temps la matière de la
comédie..., et les véritables savants et les vrais braves ne se sont point encore

Condamnables, les outranciers, les Orgon et les madame Pernelle les femmes savantes, les avares, les vaniteux, les fâcheux. Est condamnable l'excès même de naturel; car le naturel excessif ne paraît pas vrai. Et l'auteur du *Misantrophe* tourne en ridicule le trop franc Alceste :

> La parfaite raison fuit toute extrémité
> Et veut que l'on soit sage avec sobriété. (I, 1).

La raison, la nature, la sagesse, autant de mots qui sont familiers à Molière et qui chez lui sont synonymes. Être sage, c'est suivre la nature et la raison. Et au nom de la nature, au nom de la raison, il résoud les deux problèmes qui le passionnent : le problème de l'éducation des filles et le problème du mariage.

L'éducation n'exige pas la contrainte. La violence est déraisonnable, et stérile. Il était une fois un certain J. B. Poquelin, qui résolut de se faire comédien. Son père, gros bourgeois de Paris et valet de chambre tapissier du roi, s'indigna. Il avait toujours rêvé de transmettre sa charge à son fils; et puis il considérait, avec tout son siècle, que le métier d'acteur est une profession dégradante et inavouable. Il sermonna donc le jeune homme; il le menaça de sa malédiction; il le supplia de revenir à des sentiments meilleurs; il lui jura enfin qu'il le chasserait à jamais et ne le reverrait de sa vie, s'il montait sur les planches. Colère et menaces restèrent vaines : J.-B. Poquelin suivit son impérieuse vocation. Molière ne nous conte pas cette aventure dont il fut le héros; en revanche il cite les exemples d'Agnès et d'Isabelle qu'Arnolphe et Sganarelle, leurs tuteurs, tiennent enfermées loin du monde, loin de toute amie, loin des jeunes gens. Mais ces précautions et ces défiances n'empêchent ni l'une ni l'autre de sourire à l'amour, c'est-à-dire en l'espèce à Horace et à Valère. Au contraire Ariste épousera sa pupille, Léonor, dont il est chéri. C'est qu'il n'a exercé aucune pression sur elle; c'est qu'il n'a pas eu recours aux grilles, aux serrures, aux verrous. C'est qu'il ne lui a pas interdit toute coquetterie. C'est qu'il lui a permis les rubans et les fanfreluches, les mouches, même le bal. Usez donc de douceur, conseille Molière; n'emmurez pas et ne ligottez pas; laissez

---

avisés de s'offenser du Docteur de la comédie et du Capitan, non plus que les juges, les princes et les rois de voir Trivelin ou quelque autre faire ridiculement le juge, le prince ou le roi : aussi les véritables précieuses auraient tort de se piquer, lorsqu'on joue les ridicules qui les imitent mal. » (Préface des *Précieuses ridicules*.) Molière revient sur ce thème dans la préface et dans les deux premiers placets du *Tartufe* et aussi dans le *Tartufe* lui-même (I, 6).

à la jeune fille une certaine indépendance; contentez-vous de la diriger, de l'orienter. Développez ses goûts. Qu'elle apprenne à diriger un ménage, et à mettre, quand il le faut, la main à la pâte.

On en fera donc une cuisinière?

Nullement. Molière n'est pas Chrysale. Le mari de Philaminte est un bon bourgeois, friand de « bonne soupe »; il se contenterait aisément d'une femme pot-au-feu, qui pour tout esprit distinguerait « un pourpoint d'avec un haut de chausses ». (II, 7.) Mais il n'est pas l'interprète de l'auteur. Molière parle par la bouche de Clitandre. Celui-ci abhorre la « femme docteur » qui se rend savante « afin d'être savante », qui se répand en citations et en références, qui cloue « de l'esprit à ses moindres propos. » (I, 2.) Mais il « consent qu'une femme ait des clartés de tout »; et probablement Molière, plus large que son personnage, désire en elle ce que Clitandre se borne à admettre, une culture générale. Henriette sera ce qu'est Elmire; elle aimera son foyer sans haïr « le monde ».

La jeune fille sera instruite. Mais recevra-t-elle une éducation artiste? D'ordinaire on répond que Molière y est hostile. Nous ne le croyons qu'à demi. Ses héroïnes, il est vrai, ne manient pas le pinceau ou l'archet, ne touchent pas du clavecin [1]. Mais il en est une, Angélique, qui apprend à chanter. On objectera peut-être que l'auteur du *Malade imaginaire* use d'un expédient pour introduire auprès de la jeune fille son prétendant; et on ajoutera qu'Adraste, amoureux d'Isidore (l'*Amour peintre*), pénètre chez sa maîtresse d'une façon analogue en remplaçant le peintre chargé de faire le portrait d'Isidore. En effet, mais Molière aurait pu nous présenter Adraste comme un professeur, et Isidore comme une élève. Il n'en a rien fait. Angélique au contraire reçoit des leçons de chant, et chante. Molière ne redoute donc pas qu'une jeune fille s'initie à quelque art. Et si l'on observe que le *Malade imaginaire* est sa dernière pièce, n'aura-t-on pas le droit de conclure qu'il évoluait et que ses idées sur l'éducation des femmes s'élargissaient? En ce sens le *Malade imaginaire* serait une addition heureuse, un correctif à la comédie qui le précédait, aux *Femmes savantes*.

L'éducation est terminée; l'heure du mariage approche.

Mais si la jeune fille préfère le célibat? Molière n'admet pas cette préférence. Armande se repent d'avoir refusé Clitandre;

---

1. A noter que Molière ne s'intéresse qu'aux milieux bourgeois. Peut-être comprendrait-il plus facilement l'éducation artiste chez une jeune fille « du monde. »

volontiers elle le reprendrait à sa sœur; volontiers elle accepterait un nouveau soupirant. Les vraies vieilles filles sont rares dans le théâtre de Molière. Nous n'en connaissons guère que deux : Arsinoë et Bélise. Or la première est une prude et la seconde une folle; voilà qui n'est pas engageant. Le personnage de la « tata », bonne vieille fille qui gâte ses neveux et les bourre, selon leur âge, de sucreries ou d'argent de poche, est inconnu à Molière. A ses yeux la femme est faite pour se marier.

Soit. Mais consultera-t-elle ses parents?

Hum!... Volontiers le père et la mère donneraient à leur fille un époux de leur choix. Un avare unirait la sienne à un riche vieillard; un bourgeois gentilhomme à un grand seigneur; une femme savante à un pédant; un malade, imaginaire ou non, à un médecin. Molière réprouve la chose. Ces mariages « de raison » sont déraisonnables. Libre aux parents d'éclairer leur enfant, c'est leur devoir; mais défense à eux de la violenter. Elle épousera celui qu'elle aime. Sans doute il est bon qu'il y ait une certaine ressemblance de goûts entre les deux jeunes gens : une Henriette, si sincère, si spontanée, n'épousera pas un Trissotin cuistre et menteur, ni une Angélique ce niais solennel de Th. Diafoirus. Sans doute encore il est bon qu'il y ait une certaine égalité de condition : la fille de M. Jourdain, Lucile, n'épousera pas un gentilhomme; et il en a cuit à George Dandin d'allier sa roture à une « femme demoiselle ». Sans doute enfin il est bon qu'il y ait un certain rapport d'âge : Agnès n'épousera pas Arnolphe ni Marianne Harpagon. Cependant l'amour suffit à assurer la félicité. Et si d'aventure une jeune fille s'éprend d'un vieillard, elle n'aura pas à s'en repentir : Léonor sera heureuse avec Ariste (*École des maris*). Le mariage d'amour est le vrai mariage de raison.

## III

Moratin a des préoccupations morales comme Molière. Pour lui aussi l'auteur dramatique a charge d'âmes; il a une mission qui est d'éclairer et de redresser les hommes, de diminuer dans la société la part du mal et d'augmenter celle du bien; en un mot il est l'ouvrier d'une œuvre d'assainissement, d'hygiène, de régénération. Aussi dans *la Comedia nueva* reprochera-t-il aux dramaturges contemporains de négliger le côté moral. Lui, il ne le néglige jamais. Il signale les laideurs, les déformations, les tares, les passions dégradantes. Il flagelle les imposteurs, faux barons ou fausses dévotes; il houspille les pédants, ces hypocrites de la

science; il morigène les bas-bleus et les vaniteuses. Montepino,
doña Clara, don Hermógenes, doña Agustina, la tia Monica provoquent chez les spectateurs tantôt le dégoût tantôt le rire moqueur.
De temps en temps une maxime précise la pensée de Moratin :
« Où il n'y a pas de modération, il n'y a pas de bonheur. »
(*el Baron*, II, 7.) On reconnaît là l'idée maîtresse de Molière :
imposteurs et outranciers, tous sont malheureux, et ils rendent
malheureux ceux qui les approchent. Chez Harpagon, chez
M. Jourdain, chez Orgon, chez Argan, toute la maisonnée pâtit
des lubies et des passions du maître. De même des familles
entières ont à souffrir de la canaillerie ou de la sottise d'un
« Baron », d'une « Mogigata », d'un don Hermógenes, d'une tia
Monica.

D'autre part Moratin s'intéresse aux problèmes qu'étudie
Molière, à l'éducation des filles et au mariage, et il leur donne une
solution identique.

D'abord dans l'éducation il proscrit la contrainte [1]. Elle est inutile, ou plutôt elle est nuisible. Elle fausse l'âme; elle oblige l'enfant à cacher et à déguiser ses sentiments, à recourir aux roueries
et aux impostures, à tomber dans l'hypocrisie. N'est-ce pas justement ce qui est arrivé pour dona Clara, la Cafarde? « Fillette, elle
montrait de la grandeur, des qualités excellentes; mais son père
la souhaitait meilleure; il a été dur, inflexible; il a résolu de la
corriger pour les plus légères peccadilles... Résultat : la rigueur
n'a produit que la dissimulation, n'a éveillé que l'esprit de ruse;
l'oppression a avivé chez la jeune fille le désir d'indépendance; les
châtiments trop fréquents ont développé une vile crainte; et
comme elle manquait des vertus que son père ne savait pas lui
inculquer, elle a feint de les posséder. Il l'a rendue fausse et hypocrite; elle est devenue adroite à le tromper; et elle l'a si bien
dupé, qu'au moment où il se la figurait parfaite, elle avait en réalité un vice de plus » (*la Mogigata*, I, 1).

L'auteur insiste. Il prononce un âpre réquisitoire contre les
coutumes impérieuses de son temps; il condamne ces pratiques
séculaires, cette discipline romaine qui détruisent dans les enfants
l'initiative et la spontanéité. « C'est là ce qu'on appelle bien élever
une fille! Lui enseigner à démentir et à voiler par une dissimulation perfide les passions les plus innocentes! On les juge honnêtes
et réservées, dès qu'on les voit instruites dans l'art de se taire et
de tromper. On veut que le tempérament, l'âge et le caractère

---

1. Se souvenait-il que, jeune, il avait été, malgré sa vocation pour la littérature,
forcé par son père d'entrer en apprentissage chez un joaillier? Peut-être.

n'aient aucune influence sur leurs inclinations; il faut que leur volonté se plie au caprice de qui les gouverne. On leur permet tout, à part la sincérité. Pourvu qu'elles ne disent pas ce qu'elles pensent, pourvu ,qu'elles fassent semblant d'abhorrer ce qu'elles désirent le plus,... elles sont bien élevées, et on nomme excellente éducation celle qui leur inspire la crainte, l'*astuce* et le silence d'une esclave. » (*el Sí*, III, 8).

Arrière donc la tyrannie! On se contentera de guider la jeune fille et de fortifier en elle certains goûts naturels, surtout ceux du foyer. Doña Mariquita, qui est un personnage sympathique, nous énumère ses connaissances : « J'écris et je compte, je cuisine, je repasse du linge, je couds, je reprise, je brode, je fais aller le ménage. » (*la Comedia nueva*; II, 1). Il s'agit du ménage de doña Agustina; car celle-ci perd le plus clair de son temps à composer des vers et abandonne à sa belle-sœur le soin d'organiser sa maison. Doñã Mariquita dirigera plus tard son propre intérieur, comme elle dirige maintenant celui-ci de son frère.: « Je veillerai sur mon mari et j'élèverai mes enfants » (II, 1). Sentiments honnêtes que ceux-là !

Mais vulgaires et médiocres, murmurez-vous, et que n'illumine aucun rayon de poésie! Manier l'aiguille et le crochet, récurer les casseroles et débarbouiller la marmaille, quel idéal terre-à-terre! Votre doña Mariquita est trop pot-au-feu, trop coin-de-feu.

Aussi n'est-il pas sûr qu'elle soit pour Moratin le type par excellence de la jeune fille. D'abord elle appartient à une famille de pauvres diables, besogneux, presque indigents. Et puis si l'auteur a fait son héroïne trop positive, n'est-ce point pour l'opposer à sa belle-sœur? N'est-ce point pour éclairer d'un jour plus vif les penchants malsains de doña Agustina? Par contraste elle se détache plus nettement, la pédante, qui néglige son foyer, oublie de balayer sa chambre, de repriser ses bas, de préparer le déjeuner, qui se plaint d'avoir des enfants dont les cris tarissent son inspiration. Le voisinage de doña Mariquita nous aide à comprendre ce qu'a d'anormal cette doña Agustina, en qui la préciosité et la métromanie tuent l'amour maternel. Et voilà pourquoi l'auteur, à dessein et par souci d'art, a exagéré dans la jeune fille les penchants pratiques. Assurément il y a plus de grâce dans l'Henriette des *Femmes savantes* et dans l'Angélique du *Malade imaginaire*. Mais il y en a davantage aussi dans la doña Isabel du *Barón*, dans la doña Ines de *la Mogigata* et dans la doña Francisca du *Sí de las niñas*.

Toujours est-il que Moratin résoud le problème de l'éducation

comme Molière : il conseille de tourner la jeune fille vers le
mariage, sans la menacer et sans la violenter.

Ici encore la contrainte serait fâcheuse. Doña Ines déclare qu'elle
n'épousera pas don Claudio, à moins que son père ne l'y oblige.
« T'y obliger! s'écrie don Luis. Je n'en ai pas envie. Ton père
est ton ami : il veut que tu sois heureuse... Tu ne te marieras
pas avec Claudio » (la Mogigata; II, 18). En pareille matière
« les parents qui ont du sens ne commandent pas. Ils insinuent,
ils proposent, ils conseillent; cela, oui; tout cela, oui; mais commander!... Et qui donc éviterait par la suite les conséquences
funestes de ces ordres?... Car combien de fois ne voyons-nous pas
des mariages malheureux, des unions monstrueuses qui se sont
accomplies seulement parce qu'un père imbécile s'est mêlé de
commander ce qu'il n'aurait pas dû?... » (el Sí, II, 5). Et à la
scène VIII de l'acte suivant, Moratin s'indigne encore contre
ceux qui forcent leur fille « à prononcer un oui parjure, sacrilège,
cause de tant de scandales ».

Ces mariages en effet provoquent les désordres : les femmes
cherchent au dehors les jouissances dont on les sèvre à leur
foyer. Pour éviter de pareilles infortunes, on laissera la jeune
fille disposer d'elle-même; on respectera son droit à l'amour. On
lui insinuera seulement qu'il serait dangereux pour elle de s'unir
à un homme d'un âge, d'une condition, de goûts trop différents :
jeune, elle n'épousera pas un vieillard; roturière, elle n'épousera
pas un baron; franche et simple, elle n'épousera pas un pédant,
surtout quand il se double d'un bélître. D'ailleurs instinctivement
elle s'éprendra d'un homme jeune, dont la situation sociale et le
caractère correspondront à sa situation sociale et à son caractère.
C'est celui-là qu'elle choisira pour mari : elle sera heureuse,
puisqu'elle aimera.

Jusqu'ici Moratin suit Molière pas à pas. Mais il lui arrive de
révéler quelque originalité en développant avec complaisance une
idée que son modèle a jetée comme en passant. Monsieur Lysidas
se plaint de voir « une solitude effroyable aux grands ouvrages,
lorsque des sottises ont tout Paris. Cela est honteux pour la
France » (la Critique de l'École des femmes; 7). Molière ne partage pas l'avis de ce grotesque : il méprise les pièces que
M. Lysidas admire. Mais il comprend que d'excellentes œuvres
ajoutent à la gloire d'un pays. Moratin reprend, avec des variations, le même thème[1] : « Les progrès des lettres influent beau-

---

1. Cervantès avait déjà exprimé cette idée dans son Don Quijote : « C'est un
opprobre pour l'Espagne; car les étrangers qui observent si scrupuleusement

coup sur la puissance et la conservation des empires. Le théâtre agit immédiatement sur la culture nationale » (la Comedia nueva; II, 5). Le devoir d'un prince est donc de favoriser les écrivains de mérite. De là le mot de don Pedro à don Eleuterio : « Si votre pièce est bonne, elle plaira nécessairement, et un gouvernement éclairé comme le nôtre, un gouvernement qui sait combien le progrès de la littérature intéresse une nation, ne manquera pas de vous récompenser » (I, 3). Mais le drame de don Eleuterio ressemble aux drames contemporains : il n'a aucune valeur. Et don Pedro conclut, non sans mélancolie : « C'en est fait de notre théâtre ; et je suis, moi, trop bon Espagnol pour garder mon sang-froid à un semblable spectacle » (II, 5). Déjà, dans le prologue de sa pièce, Moratin avait exposé sur le même ton des observations analogues : « Bien des Espagnols voient avec douleur l'abandon de notre théâtre. Ils désirent qu'une main puissante écarte les obstacles qui s'opposent à son progrès... On souhaite que les bons esprits se décident à entrer dans une carrière si glorieuse pour l'honneur de la patrie et l'intérêt commun. » Celui qu'on commençait à accuser d'une prédilection excessive pour la littérature française et qu'on devait poursuivre plus tard comme un traître vendu à l'étranger, celui-là réformait le théâtre national et appelait à lui les bonnes volontés, par un pieux amour de l'Espagne, par un patriotisme éclairé.

D'autres fois, plus personnel, Moratin indiquera, sans s'y attarder, une idée qui sera en honneur au xixe siècle. Les moralistes laïques et religieux avaient toujours recommandé la charité, les uns au nom du Christ, les autres au nom de la pitié. Moratin nous y invite d'un mot, en signalant la conséquence sociale de la misère : le crime. « Soulager un malheureux que tous abandonnent, c'est lui éviter le désespoir et le crime » (la Comedia nueva; II, 8). L'indigence, conseillère des scélératesses et pourvoyeuse des bagnes! a-t-il aujourd'hui une idée plus lieu-co mmu n que celle-là?

De même Moratin nous dira ce qu'il pense des prisons, où les méchants s'endurcissent. « En fuyant, le baron échappe au presidio; quelle chance! Car là, les mauvais penchants, loin de disparaître, augmentent: on y punit les criminels, on ne les corrige pas » (el Barón; II, 16). Voilà encore une question qui préoccupe fort les contemporains. Hommes de lettres et hommes de science, hommes de droit et de justice, hommes d'État, tous

les règles, nous prennent pour des barbares ignorants. » (Partie I, livre IV, chap. XLVII).

déplorent que la prison soit un institut de vice. Comment la transformer en une sorte de sanatorium, où l'on soignerait les âmes
contaminées, où l'on sauverait celles qui sont à peine touchées,
où l'on enrayerait, chez les autres, la marche de la maladie? Les
uns proposent des solutions; d'autres se bornent à noter le fléau.
ꞮOratin a été de ces derniers.

Enfin notre auteur touche à des sujets qu'aucun écrivain
n'aurait osé aborder sous Louis XIV[1]. « Un homme né chrétien
et français, remarque mélancoliquement La Bruyère, un homme
né chrétien et français se trouve contraint dans la satire » (Les
Caractères; I). Un homme né chrétien et espagnol n'aurait pas été
plus à l'aise en Espagne au xviie siècle. Au début du xixe siècle
Moratin se sent non pas libre (l'Inquisition dure encore et a
inquiété l'auteur de la Mogigata), mais moins gêné. Il attaque,
avec d'infinies précautions, ces couvents qui étaient (d'aucuns
prétendent qu'ils n'ont guère cessé de l'être) une plaie de l'Espagne.
Il laisse entendre qu'ils sont peuplés de nonnes, dont la vocation
est incertaine, suspecte. Nombre de religieuses sont religieuses
malgré elles : « Que de fois une malheureuse a trouvé une mort
anticipée dans la prison d'un cloître, parce que sa mère ou son
oncle s'obstinait à offrir à Dieu un présent dont Dieu ne voulait
pas! » (el Sí; II, 5). Bien des jeunes filles entrent au couvent pour
ne pas épouser un homme qui leur est indifférent ou qui leur
répugne. D'autres, mal mariées, telle la doña Isabel de el Viejo y
la niña, cherchent dans un monastère un refuge contre les
misères de la vie conjugale. Il en est tant qui prennent le voile
par suite de chagrins de cœur!

— Mais n'en est-il pas qui prononcent les vœux par piété? n'en
est-il pas qu'anime l'amour divin, non un dépit amoureux?

— Sans doute, répondrait Moratin.

— On ne saurait les blâmer.

— Non, certainement, ou plutôt... peut-être... peut-être
auraient-elles fait leur salut en restant dans le monde.

Cette conclusion se dégage nettement de l'entretien qu'ont doña
Clara et doña Ines dans la Mogigata.

---

1. Cependant, çà et là, Molière hasarde quelques réflexions assez téméraires pour
l'époque. Mascarille soufflette le porteur qui lui réclame le prix de sa course :
« Comment, coquin ? Demander de l'argent à une personne de qualité? » Mais l'autre
se rebiffe : « Est-ce ainsi qu'on paye les pauvres gens, et votre qualité nous donne-t-
elle à dîner? » (Les Précieuses ridicules, 8). — Ailleurs, Pierrot a sauvé don Juan
qui se noyait; mais il conte la chose en homme mûr pour la révolte : « Tout
gros monsieur qu'il est, il serait, par ma figué, nayé, si je n'aviomme pas été là! »
(Don Juan, II, 1).

Doña Clara. — Ne vois-tu pas que dans le siècle mille dangers nous environnent?

Doña Ines. — Je le sais; mais ne penses-tu pas qu'il y a mille dangers aussi dans la solitude d'un cloître?

Doña Clara. — En pratiquant la vertu....

Doña Ines. — En pratiquant la vertu, tu seras heureuse dans n'importe quel état. (I, 7).

Et Moratin brode sur le même canevas dans *el Sí*; seulement comme l'Inquisition lui a créé quelques difficultés, il use d'un stratagème, il biaise : il met ses arguments dans la bouche d'un personnage qui par moments touche au grotesque. De la sorte, s'il était attaqué, Moratin répondrait victorieusement : « C'est une boutade de doña Irene, la boutade d'une vieille femme, quelque peu déséquilibrée. » La précaution n'est pas inutile, et elle est habile; l'auteur dit ce qu'il veut dire : « Voyez-moi cette cervelle d'enfant! Parce qu'elle a vécu longtemps parmi des religieuses, ne s'est-elle pas mis dans la tête de se faire religieuse à son tour!... *Dans tous les états on sert Dieu*, Frasquita; mais complaire à sa mère, l'assister, l'accompagner, être la consolation de ses peines, voilà le premier devoir d'une fille obéissante » (II, 4).

Décidément Moratin avertissait du danger les jeunes filles fascinées par les couvents tentaculaires. Il n'aimait pas les monastères; et nous croirions volontiers que s'il a accueilli sans peine l'armée française, c'est qu'il reconnaissait dans les envahisseurs les représentants et les propagateurs des doctrines libérale. Dès son arrivée, Napoléon commença par abolir l'Inquisition et supprimer les deux tiers des couvents. Ces mesures n'étaient pas pour déplaire à l'auteur de *la Mogigata*.


## CHAPITRE V

### I

Molière et Moratin font du « théâtre d'idées ». En traitant des questions graves, redoutables même et angoissantes, ils obligent le spectateur à réfléchir et à méditer, parfois douloureusement. Ils veulent cependant que l'impression comique soit prépondérante. Molière surtout s'applique à introduire dans les pièces les plus sérieuses des éléments bouffons. Dans *l'Avare*, Harpagon se saisit lui-même par le bras en croyant arrêter son voleur; la

Merluche jette son maître à terre. Dans *le Misanthrope*, un valet ahuri cherche vainement dans ses poches une lettre qu'il a oubliée sur une table ; un « grand flandrin de vicomte » crache dans un puits pour faire des ronds... Dans *le Tartufe*, M^me Pernelle est la plus drôle et la plus vraie des belles-mères... de comédie ; quant à la scène de la table, c'est proprement une scène de farce. Dans *les Femmes savantes*, les *chimères* de Bélise, la verve incorrecte de Martine, la chute de Lépine, nous fournissent des occasions de rire. Mais il est une pièce où Molière dévoile particulièrement son faible pour le comique, c'est *le Festin de Pierre*. Le tonnerre gronde et don Juan chancelle, foudroyé, tandis que la terre s'entr'ouvre : rien de plus pathétique. Mais voilà qu'une scène suit, exclusivement bouffonne. Sganarelle, qui n'a pas été payé, s'écrie : « Mes gages, mes gages, mes gages ! » Et cette pièce si noire s'achève ainsi sur le mode hilarant.

Moratin est moins divertissant : sa gaîté s'alimente à un plus petit nombre de sources. Molière use de toutes sortes de procédés pour amuser le public ; Moratin ne les lui emprunte pas tous ; il en choisit quelques-uns. Telle est la conclusion où nous aboutirons en étudiant successivement chez les deux auteurs le comique qui tient au fond, le comique qui tient au fond et à la forme, le comique qui tient seulement à la forme.

Chez Molière et chez Moratin le comique tient d'abord au fond, c'est-à-dire aux personnages et aux situations.

Les personnages sont drôles le plus souvent, drôles par leurs légers travers, drôles par leurs gros défauts, drôles même par leurs vices. De Pourceaugnac à Tartufe, en passant par Chrysale, Bélise, Orgon, Argan, Alceste, M. Jourdain, Harpagon ; du baron de Montepino à doña Irene, en passant par don Roque, par la tia Manica, par doña Agustina, et don Hermógenes, on égrène une gamme d'éclats de rire. Ces maniaques nous amusent tous, sans se douter qu'ils nous amusent ; « car il faut qu'un personnage de comédie soit plaisant malgré lui et sans croire l'être [1] ». Ils donnent la comédie, et ne soupçonnent pas qu'ils la donnent ; ils ressemblent, à cet égard, au bon père Jésuite de l'auteur des *Provinciales*. M. Diafoirus entreprend le plus sérieusement du monde l'éloge le plus bouffon de son fils : « Il n'a jamais eu

1. Voltaire, *Lettre à M. Berger*, février 1736.

l'imagination bien vive, ni ce feu d'esprit qu'on remarque dans quelques-uns; mais c'est par là que j'ai toujours bien auguré de sa judiciaire.... Lorsqu'il était petit, il n'a jamais été ce qu'on appelle éveillé.... On eut toutes les peines du monde à lui apprendre à lire; et il avait neuf ans qu'il ne connaisait pas encore ses lettres. Bon, disais-je, en moi-même; les arbres tardifs sont ceux qui portent les meilleurs fruits... » (*le Malade imaginaire*; II, 6). Doña Irene parle avec componction des volumes qu'on prépare sur un de ses parents, illustre pour elle, insignifiant pour les autres, don Cucufate.

> DOÑA IRÈNE. — A cette heure on a déjà imprimé neuf volumes in-folio qui comprennent les neuf premières années du saint évêque.
> DON DIEGO — Alors un volume pour chaque année?
> DOÑA IRÈNE. — Oui, monsieur, c'est le plan qu'on s'est proposé.
> DON DIEGO. — Et à quel âge est mort le vénérable.
> DOÑA IRÈNE. — A quatre-vingt-deux ans, trois mois et quatorze jours.
>
> (*El Si de las niñas*, I, 3).

Comiques par eux-mêmes, les personnages de Molière et de Moratin le sont encore par contraste. Leurs ridicules et leurs exagérations s'avivent et en quelque sorte s'exaspèrent, quand à côté d'eux se pressent des gens bien équilibrés. La vanité de M. Jourdain et de la tia Mónica serait moins cocasse, sans la sagesse et la pondération de ceux qui les entourent. D'autres fois ce sont deux travers qui se heurtent, et le rire jaillit du choc. La platitude de Chrysale paraît plus plate et la préciosité de Philaminte plus précieuse lorsque le mari et la femme se querellent. Le pédantisme de don Hermógenes éclate plus grotesque, souligné par le prosaïsme de doña Mariquita et le naturel de don Pedro.

Les personnages sont drôles; drôles aussi les situations. Harpagon croit qu'il s'agit de sa cassette; et en réalité Valère lui parle de sa fille. Don Eleuterio écrit mal, mais calligraphie à merveille; il reçoit des compliments pour son écriture bien moulée, et s'imagine qu'il en reçoit pour son style. Argant prend l'amant de sa fille pour un professeur de chant et sa propre servante pour un médecin. Thomas Diafoirus prend sa fiancée pour sa belle-mère. La tia Mónica prend un escroc pour un gentilhomme. Sganarelle s'imagine que la pupille d'Ariste, et non la sienne, est enfermée avec Valère. Don Martin s'imagine aussi que sa nièce, et non sa fille, a donné rendez-vous à don Claudio. Des situations dramatiques provoquent la gaieté parce que l'auteur les traite par des moyens comiques. Les malheurs les plus vexants, ceux d'un George Dandin par exemple, les maladies vraies ou imaginaires, fournissent des sujets de farce où l'on s'esclaffe. Orgon, Philaminte, Argan découvrent l'hypocrisie de Tartufe, de Trissotin, de Bélise; et nous rions. Don Eleuterio et doña Agustina d'une part, la tia Mónica de l'autre découvrent la fourbe de don Hermógenes et du baron; et nous rions. Harpagon est pris en flagrant délit d'usure par son propre fils; le valet Perico est forcé de confesser à don Martin le larcin qu'il vient de commettre; et nous rions, nous rions encore, nous rions toujours.

Il arrive aussi que le comique tienne à la fois au fond et à la forme. Il consistera par exemple à donner aux personnages le langage qui convient à leur caractère ou à leur profession. Chez les écrivains médiocres, les interlocuteurs parlent tous de la même manière, quel que soit leur tempérament, quelle que soit leur condition; ils ont le même accent, le même ton, l'accent et le ton de l'auteur. Il en va autrement avec Molière. Aux La Bruyère, aux Fénelon, aux Schérer, à tous ceux qui lui reprochaient du « jargon », des « barbarismes » et pour ainsi dire une absence complète de style, Molière répondrait judicieusement ce que Beaumarchais répond à ses adversaires dans la préface du *Mariage de Figaro* : « Si par malheur j'avais un style, je m'efforcerais de l'oublier, quand je fais une comédie : ne connaissant rien d'insipide au théâtre comme ces fades camaïeux où tout est bleu, où tout est rose, où tout est l'auteur, quel qu'il soit. Lorsqu'un sujet me saisit, j'évoque tous mes personnages et les mets en situation. Ce qu'ils diront, je n'en sais rien; c'est ce qu'ils feront qui m'occupe. Puis, quand ils sont bien animés, j'écris sous leur dictée rapide, sûr qu'ils ne se tromperont pas.... Chacun parle son langage. » Les héros de Molière éveillent la même impression. Chacun d'eux s'exprime comme il sied qu'il s'exprime, le médecin en médecin, le maître d'armes en maître d'armes, le chasseur en chasseur, l'avare en avare, le dévot en dévot, et aussi le faux dévot en dévot.

Moralin a varié, ainsi que son modèle, le vocabulaire de ses personnages : le pédant discute et disserte en pédant, la vaniteuse parle en vaniteuse, l'hypocrite en hypocrite, la servante en servante... Dans *la Comedia nueva*, don Hermógenes flétrit de la sorte sa « brute » de propriétaire. « C'est l'homme le plus ignorant que

je connaisse » (I, 6). Ce mot de pédant est exquis : quelle injure
serait plus acérée que celle-là ! Dans *el Si* doña Francisca exprime
ses craintes au sujet de son amant. S'il allait l'oublier ! « Il est
homme après tout, or tous les hommes... » Mais la servante Rita
la réconforte : « Quelle bêtise ! Détrompez-vous, mademoiselle.
Pour les hommes et pour les femmes, c'est comme pour les melons
d'Añover ; il y en a de toutes sortes ; le difficile est de les choisir ;
mais celui... » (I, 9). La comparaison n'a rien de relevé ; mais
comme elle est naturelle dans la bouche d'une domestique !

Pour caractériser avec plus de force un personnage ou une
situation, pour en donner en quelque sorte la formule, Molière
répète de distance en distance un mot, une expression, une
phrase ; c'est une manière de leit-motiv. Orgon ne s'inquiète
guère de la fièvre d'Elmire ; mais il s'intéresse fort à la santé de
Tartufe ; aussi interrompt-il Dorine qui s'obstine à lui parler de sa
femme : « Et Tartufe ? » Et comme la servante assure que l'hôte a
mangé de fort bon appétit « deux perdrix, une moitié de gigot en
hachis », puis qu'il s'est mis « dans son lit bien chaud » et que le
lendemain il a bu « quatre grands coups de vin », Orgon s'attendrit
sur son bon ami : « Le pauvre homme » ! (I, 5). Cette interrogation
et cette exclamation reviennent et alternent quatre fois. — Oronte
lit un sonnet au misanthrope. Alceste conte alors l'histoire d'un
ami à qui il conseillait de ne pas écrire. Inquiet, Oronte demande
à plusieurs reprises s'il ressemble à cet ami. « L'homme aux rubans
verts » ne veut pas répondre affirmativement par politesse ni négativement par franchise ; à chaque question il oppose la même fin
de non recevoir : « Je ne dis pas cela » (l, 2). — Le turc Hali
entrecoupe sa harangue à don Pedro d'une formule courtoise à
l'adresse d'Isidore : « Signor (avec la permission de la signore), je
vous dirai (avec la permission de la signore) que je viens vous
trouver (avec la permission de la signore) pour vous prier (avec la
permission de la signore) de vouloir bien (avec la permission de
la signore)... » Et don Pedro, qu'impatiente cet excès de civilités à
l'orientale, reprend le mot à son tour : « Avec la permission de la
signore, passez un peu de ce côté » (*le Sicilien*, 8). — Harpagon
consulte Valère sur le mariage qu'il a projeté pour sa fille Élise.
En vain Valère insinue que le bonheur vient de l'amour, de la
conformité des âges, des goûts, des caractères, le grippe-sou
l'arrête chaque fois par un argument qui n'admet pas de réplique :
« Sans dot ! » (I, 7). — Scapin demande cinq cents écus à Géronte pour
racheter le fils du vieillard, qu'un Turc est censé avoir pris. Le
pauvre père se lamente : « Que diable allait-il faire dans cette

galère? » [1] (*les Fourberies de Scapin*; II, 11). Dans la même pièce,
Scapin, désireux de rentrer en grâce auprès de Géronte, affirme ses
regrets d'avoir rossé son maître et déplore par cinq fois « les
coups de bâton que... » (III, 14). — Toinette déguisée en médecin
interroge Argan sur ses malaises; et à chaque indication du valétudinaire, elle diagnostique plaisamment : « Le poumon ! » (III, 14).
— De tels exemples (et on pourrait en citer d'autres; cf. notamment
*la Critique de l'école des femmes*, 7; *l'Impromptu de Versailles* 6, 7,
8, 9; *les Femmes savantes*, II, 3) de tels exemples prouvent que ce
procédé était cher à Molière.

Moratin y a recours plus rarement. Le père de la cafarde voit
dans sa fille une vraie dévote, qui hait le monde et se destine au
couvent : « Elle prononcera les vœux », dit-il à son frère. —
« Peut-être, réplique don Luis; mais... » — « Elle prononcera
les vœux. » — « Ce n'est pas moi qui le croirai ». — « Elle prononcera les vœux, oui; elle prononcera les vœux. » (*la Mogigata*;
I, 1). — Ailleurs un domestique, Pascual, fort inhabile comme les
gens du peuple dans l'art de varier ses effets, répète jusqu'à cinq fois
en douze vers ces quelques mots « y desde alli se cayo » (et de là il
est tombé). « Et de là il est tombé sur le montant où s'emmanche
la poulie qui sert à monter les sacs de paille; et de là il est tombé
sur le toit de la Marta; et de là il est tombé sur le sol; et de là il
est tombé sur une jarre d'eau; et de là... » (*el Barón*; II, 10).

Parmi les personnages que Molière a étudiés avec plaisir, il en
est qui ont leur parler bien à eux. Ce sont d'une part les malades
et les médecins, d'autre part les paysans.

Dans plusieurs de ses comédies il est revenu sur les malades,
vrais ou faux, et sur ceux qui les soignent, docteurs, opérateurs,
apothicaires. Dans ces milieux il est sans cesse question d'humeurs
et de vapeurs, de syncopes et de convulsions, de fièvres et de
fluxions, d'hydropisie, de juleps, de sirops... Les fonctions naturelles y fournissent un sujet inépuisable de plaisanteries. Sganarelle s'informe auprès de Géronte de l'état de Lucinde : « Va-t-elle où
vous savez? Copieusement? La matière est-elle louable? (*le Médecin
malgré lui*; II, 6). On parlait déjà sur le même ton dans *l'Amour
médecin* : « Monsieur, on m'a dit que vous aviez des remèdes
admirables pour faire aller à la selle » (III, 5). Le médecin d'Argan,
monsieur Purgon, prescrit purgations sur purgations; d'autres

---

1. On sait que ce mot est emprunté à Cyrano de Bergerac. Dans *le Pédant joué*,
Corbinelli raconte à M. Granger que son fils est prisonnier d'un Turc. Et le père
Granger s'écrie à deux reprises : « Que diable aller faire dans la galère d'un Turc ! »
(II, 4.)

ordonnent la saignée; le plus grand nombre a un faible pour les
lavements. La seringue est l'instrument à la mode, et les apothicaires ne chôment pas. Il y a des clystères de toute sorte et de tout
effet : « un petit clystère bénin, bénin... pour déterger, pour
déterger, déterger » (*Monsieur de Pourceaugnac*; I, 15); « un
petit clystère insinuatif, préparatif et émollient pour amollir,
humecter et rafraîchir les entrailles; un bon clystère détersif pour
balayer, laver et nettoyer le bas-ventre:... un clystère carminatif
pour chasser les vents (*le Malade imaginaire*; I, 1). La verve des
personnages s'exerce sur ces remèdes et sur leurs conséquences;
sur les parties où ils s'appliquent.

> ARGAN à TOINETTE. — Mon lavement d'aujourd'hui a-t-il bien opéré?
> TOINETTE. — Votre lavement?
> ARGAN. — Oui. Ai-je bien fait de la bile?
> TOINETTE. — Ma foi, je ne me mêle point de ces affaires-là; c'est à
> monsieur Fleurant à y mettre le nez puisqu'il en a le profit. (I, 4.)

Béralde empêche Argan de prendre le clystère que vient lui
donner monsieur Fleurant. L'apothicaire s'indigne; mais Béralde
de railler : « Allez, monsieur, on voit bien que vous n'avez pas
accoutumé de parler à des visages » (III, 4).

Les malades sont moins nombreux chez Moratin; deux seulement paraissent sur la scène, le vieux don Roque (*el Viejo y la
Niña*), et la vieille doña Isabel (*el Sí*); mais d'autres sont mentionnés qui vivent encore (*la Mogigata*) ou qui sont morts (*el Sí*).
On ne voit ni apothicaire ni médecin. Mais on entend parler de
trois docteurs qui se sont consultés au chevet de don Lorenzo (*la
Mogigata*) et d'un pharmacien âpre au gain (*el Sí*). Et naturellement les noms de maladie alternent avec les noms de remèdes:
fièvres, goutte, vents (*el Viejo y la Niña*; I, 12); drogues de
toute sorte, cataplasmes (*Ibidem*; II, 6); hémorrhoïdes, clystères
(*la Mogigata*; I, 9); attaques d'épilepsie, rougeole (*el Sí*, I, 4);
pilules de coloquinte et d'assa fétida (*Ibidem*; II, 2); migraine et
compresses d'eau camphrée (*Ibidem*; II, 3) bouillon de couleuvre
(*Ibidem*; III, 11). Mais, et nous aurons l'occasion d'y revenir,
Moratin évite les plaisanteries scatologiques.

Les paysans sont aussi nombreux dans la comédie de Molière
que les malades et les médecins; ils ne sont pas moins plaisants.
Rien de plus drôle par exemple que le dialogue d'une Picarde et
d'une Languedocienne.

NÉRINE. — Il y a quatre ans qu'il ma éposée.
LUCETTE. — Et yeu set ans y a que m'a preso per fenno.
NÉRINE. — J'ai des gairants de tout cho que je di.
LUCETTE. — Tout mon pay lo sap.

(Monsieur de Pourceaugnac; II, 9).

Molière considérait ce genre de comique si efficace que pour déclancher le rire il a mis dans *le Médecin malgré lui* jusqu'à quatre paysans ou paysannes qui patoisent à qui mieux mieux. Les campagnards n'habitent pas forcément la campagne; il en est qui, domestiques, servent dans des familles bourgeoises installées à Paris. Ceux là parlent un langage mi-citadin mi-villageois, où fleurissent solécismes et barbarismes. Martine « insulte la grammaire » et ne s'en préoccupe pas autrement :

> Mon dieu, je n'avons pas étugué comme vous
> Et je parlons tout droit comme on parle chez nous.

(Les Femmes savantes, II, 6).

Aux paysans se joindront des proviciaux, qui comme les premiers défigureront les termes. Un gascon changera les b en v, les v en b, accentuera les e muets, déformera quelques termes de diverses manières.

> Ha, l'homme aux *libres* qu'on m'en *vaille*.
> J'ai déjà le poumon usé.
> *Bous boyez* que chacun *mé* raille
> Et je suis *escandalisé*
> *Dé boir* ès mains de la canaille
> Ce qui m'est par *bous* refusé.

Semblales aux paysans et aux provinciaux, les étrangers multiplieront les incorrections; et nous éprouverons un malin plaisir à entendre les Allemands qui baragouinent le français.

PREMIER SUISSE. — Li faut allair tous deux nous à la Crève, pour regater un peu chousticier sti monsir de Porcegnac, qui l'a été contané par ortonnance à l'être pendu par son cou.
DEUXIÈME SUISSE. — Li faut nous loër un fenêtre pour foir si choustice.

(Monsieur de Pourceaugnac; III, 3).

Moratin aurait pu employer ces procédés : les dialectes provinciaux ne manquent pas par delà les Pyrénées; et nombreux sont les étrangers qui écorchent l'espagnol. Cependant il ne s'en est pas servi. Les trouvait-il, ces moyens, indignes de la comédie sérieuse? Peut-être. Ils font pourtant merveille dans Molière, et ils offrent le double avantage d'être naturels et plaisants.

Molière ne s'est pas borné à donner à ses héros le langage qui est le leur. Il les met à l'occasion dans des situations exceptionnelles, où ils doivent se débarrasser de leur parler coutumier. Harpagon, M. Jourdain, Thomas Diafoirus deviennent amoureux; le vieillard avare, le bourgeois gentilhomme, le jeune cuistre auront à madrigaliser; ils chercheront à s'exprimer élégamment, et tomberont dans le genre macaronique. Macaronique sera le compliment d'Harpagon à Marianne : « Ne vous offensez pas, ma belle, si je viens à vous avec des lunettes. Je sais que vos appas frappent assez les yeux, sont assez visibles d'eux-mêmes, et qu'il n'est pas besoin de lunettes pour les apercevoir; mais enfin c'est avec des lunettes qu'on observe les astres, et je maintiens et garantis que vous êtes un astre, mais un astre, le plus bel astre qui soit dans le pays des astres » (*l'Avare*; III, 5). Macaronique, la bienvenue de M. Jourdain à Dorimène : « Madame, ce m'est une gloire bien grande de me voir assez fortuné, pour être si heureux, que d'avoir le bonheur, que vous ayez eu la bonté... « (*le Bourgeois gentilhomme*; III, 19). Mararonique, le discours de Thomas Diafoirus à Angélique : « Mademoiselle, ni plus ni moins que la statue de Memnon rendait un son harmonieux, lorsqu'elle venait à être éclairée des rayons du soleil, tout de même me sens-je animé d'un doux transport à l'apparition du soleil de vos beautés; et comme les naturalistes... » (*le Malade imaginaire*; II, 9.

C'est encore là un moyen comique excellent; Moratin ne l'a pas employé.

Dans certains cas le rire jaillit de la forme seule. Certaines façons de dire enferment une vertu divertissante, comme l'opium une vertu dormitive, comme tel gaz une vertu larmoyante, comme tel autre une vertu hilarante. Elles sont des spécifiques de la tristesse. Les unes provoquent les gros éclats d'un rire débridé; les autres éveillent un sourire discret, à peine éclos au coin des lèvres.

L'un de ces procédés consiste dans l'accumulation des termes. Mascarille se tourne vers ses gens : « Holà! Champagne, Picard, Bourgogne, Cascaret, Basque, La Verdure, Lorrain, Provençal, La Violette » (*les Précieuses ridicules*, 12). Sganarelle, le valet de don Juan, énumère plaisamment les vaisseaux et les organes du cœur humain : « Ces nerfs, ces os, ces veines, ces artères, ces..., ce poumon, ce cœur, ce foie, et tous ces autres ingrédients » (*Don Juan*; III, 1). La femme du médecin malgré lui fouette son mari d'un cliquetis d'injures : « Traître! Insolent! Trompeur! Lâche! Coquin! Pendard! Gueux! Bélître! Fripon! Maraud! Voleur! » (*le Médecin malgré lui* ; I, 2). Soufflelé, don Pedro appelle ses valets : « Holà! Francisque, Dominique, Simon, Martin, Pierre, Thomas, Georges, Charles, Barthélemy! Allons, promptement, mon épée, ma rondache, ma hallebarde, mes pistolets, mes mousquetons, mes fusils » (*le Sicilien*, 5). L'effet sera le même, si au lieu de mots on entasse des propositions. Sganarelle nous amuse quand il s'extasie sur le rayonnement de la pensée qui, maîtresse du corps, meut l'organisme à son gré : « Je veux frapper des mains, hausser le bras, lever les yeux, baisser la tête, remuer les pieds, aller à droite, à gauche, en avant, en arrière, tourner.... » (*Don Juan* ; II, 2). Les amplifications du pédant Métaphraste sont un modèle du genre :

> ... Si les savants ne sont point écoutés...
> Il faut donc renverser l'ordre de chaque chose,
> Que les poules dans peu dévorent les renards ;
> Que les jeunes enfants remontrent aux vieillards;
> Qu'à poursuivre les loups les agnelets s'ébattent ;
> Qu'un fou fasse les lois : que les femmes combattent ;
> Que par les criminels les juges soient jugés,
> Et par les écoliers les maîtres fustigés ;
> Que le malade au sain présente le remède ;
> Que le lièvre craintif....
>                   (*Le Dépit amoureux*; II, 9).

Pour renforcer l'énergie du comique, Molière choisit quelquefois des mots dont la désinence soit toujours identique. En même temps qu'accumulation de termes il y a répétition des sons. Le philosophe Pancrace possède toutes les sciences connues : « rhétorique, dialectique, sophistique, mathématiques, arithmétique, optique, onirocritique, physique et métaphysique,... astronomie, astrologie, physionomie, métoposcopie, chiromancie, géomancie... » (*le Mariage forcé*; 6). Ces mots de même terminaison peuvent à l'occasion ne pas se suivre, mais revenir par intervalles à la façon de rimes. M. Purgon menace Argan des maladies les plus effroyables : « Je veux que vous tombiez dans la bradypepsie..., de la bradypepsie dans la dyspepsie..., de la dyspepsie dans l'asepsie..., de l'asepsie dans la lienterie..., de la lienterie dans la dyssenterie..., de la dyssenterie dans l'hydropisie..., et de l'hydropisie dans la privation de la vie, où vous aura conduit votre folie. » (*Le Malade imaginaire*; III, 6) [1].

Chez Moratin on retrouve cette prédilection pour l'entassement des termes. Nous avons déjà vu que don Hermógenes, pour établir son érudition, égrenait son chapelet de noms propres. Dans *el Baron* Montepino vante ses jardins où il y a « des bosquets, des serres, des étangs, une cascade, une grotte, des jets d'eau, un labyrinthe, des autels, des cénotaphes, de belles statues, des ruines... » (I, 6). Dans *el Viejo y la Niña* c'est une enfilade non plus de substantifs, mais de propositions. Muñeco rapporte à son maître, don Roque, les cancans qui se débitent sur son compte. « On prétend qu'il est un nigaud, qu'il ressemble à un épouvantail, qu'il est sourd comme une pierre, qu'il a l'haleine corrompue, qu'il est impuissant à remplir ses devoirs de mari, que... » (III, 2).

Moratin réunit aussi des mots dont les désinences offrent le même son. Fermina parle de vêtements qu'il faut rendre neufs en les « rapetissant, agrandissant, doublant, rapiéçant » :

> Se han de *achicar, alargar,*
> *Aforrar, tapar,* troneras... (*El Barón*; I, 12).

Perico se plaint des ruelles de la ville :

> ..... Que *malditas.*
> *Callejuelas, Empinadas,*
> *Tuertas, angostas....* (*La Mogigata* III, 1).

Le même Perico dissuade doña Clara d'entrer dans les ordres, de se faire « nonne noire, ou grise, ou blanche, ou chaussée.... » :

> ...... *monja*
> *Negra, cenicienta, ó blanca*
> *Calzada....* (*La Mogigata*; III, 2),

Don Claudio explique devant don Luis pourquoi sa fiancée, fille de don Luis, a résisté à son père et a refusé de prendre le voile « chez les Franciscaines ou les Dominicaines... » Elle n'a pas voulu devenir

> ........ *Monja.*
> *Francisca* ni *mercenaria,*
> Ni *Dominica,* ni *alforja.* (*La Mogigata*; III, 20).

---

1. Dans *le Pédant joué* (I, 1) Cyrano de Bergerac a écrit une suite de soixante-treize petits vers rimant tous en *if.*

Voilà donc un premier procédé (accumulation des mots quelconques ou de mots de même désinence) que nous rencontrons et dans Molière et dans Moratin.

Un second procédé consiste à reproduire un certain tour plusieurs fois [1]. Le deuxième interlocuteur reprendra dans la réplique la construction dont le premier vient de se servir. La première construction est-elle affirmative, négative, conditionnelle, circonstantielle, interrogative, exclamative?... La seconde sera affirmative, négative, conditionnelle, circonstantielle, interrogative, exclamative...

> ERASTE. — Ah! Lucile, Lucile, un cœur comme le mien
>       Se fera regretter...
> LUCILE. — Eraste, Eraste, un cœur fait comme est fait le vôtre
>       Se peut facilement...
> LUCILE. — Non votre cœur, Eraste, était mal enflammé.
> ERASTE. — Non, Lucile, jamais vous m'avez aimé.
>
> (*Le Dépit amoureux*, IV, 3).

La discussion entre valets suit une courbe semblable : le parallélisme des tournures est d'une exactitude absolue.

> MARINETTE. — Ah! la lâche personne !
>       GROS RENÉ. — Ah! le faible courage!
> MARINETTE. — J'en rougis de dépit.
>       GROS RENÉ. — J'en suis gonflé de rage. (IV, 4).

Trissotin et Vadius se renvoient les injures en employant les mêmes tours de phrase

> : TRISSOTIN. — Allez, petit grimaud, barbouilleur de papier!
> VADIUS. — Allez, rimeur de balle, opprobre du métier!
> TRISSOTIN. — Allez, fripier d'écrits, impudent plagiaire!
> VADIUS. — Allez, cuistre....
>       (*Les Femmes savantes*; III, 3).

En certains passages Molière reprend et le tour et les paroles. Elise tient tête à son père, Harpagon, et affirme sa résolution de ne pas se marier.

> ELISE.— Je vous demande pardon, mon père.
> HAPARGON. — Je vous demande pardon, ma fille.

---

1. Nous connaissons déjà le procédé par lequel on reproduit un mot ou une expression pour résumer un caractère ou une situation. Par le procédé dont nous parlons maintenant on ne résume ni un caractère ni une situation; c'est un procédé purement formel.

Elise. — Je suis très humblement servante du seigneur Anselme ;
mais avec votre permission, je ne l'épouserai pas.

Harpagon. — Je suis votre très humble valet; mais avec votre permission, vous l'épouserez dès ce soir.

Elise. — Dès ce soir?

Harpagon. — Dès ce soir. (*L'Avare*; I 4).

Dans *la Comtesse d'Escarbagnas* la répétition est parfaite :

La comtesse. — Madame!
Julie. — Madame!
La comtesse. — Ah! madame!
Julie. — Ah! Madame!
La comtesse. — Mon Dieu! Madame!
Julie. — Mon Dieu! Madame!
La comtesse. — Oh! Madame!
Julie. — Oh! Madame!
La comtesse. — Hé! Madame!
Julie. — Hé! Madame!
La comtesse. — Hé! Allons donc, madame!
Julie. — Hé! Allons donc, madame! (7).

Ces répétitions de tours ne semblent pas avoir plu à Moratin ;
car il les a proscrites de son œuvre.

Reste un troisième procédé, que Molière emploie fréquemment
et que Moratin ne dédaigne pas. Il est purement formel comme
les précédents; seulement il n'est pas verbal; il est physique. On
divertira non plus par des mots et des façons de dire, mais par
des gestes et des grimaces, par certaines manières de se tenir,
de marcher, de s'asseoir... Molière était un acteur; il savait la
puissance de l'action. Dans la préface des *Précieuses ridicules* il
avoue « qu'une grande partie des grâces qu'on a trouvées » à sa
pièce « dépendent de l'action ». La préface de *l'Amour médecin*
exprime des idées analogues : « Il n'est pas nécessaire de vous
avertir qu'il y a beaucoup de choses qui dépendent de l'action. On
sait bien que les comédies ne sont faites que pour être jouées, et
je ne conseille de lire celle-ci qu'aux personnes qui ont des yeux
pour découvrir dans la lecture tout le jeu du théâtre. » Déjà dans
*l'Impromptu de Versailles* Molière s'était mis en scène avec ses
comédiens; et les leçons qu'il leur donnait étaient surtout des
leçons de maintien : il leur indiquait comment il faut se présenter,
s'avancer, « gesticuler ». Et lui-même, dans toutes ses œuvres,
même dans les plus sérieuses, imagine ou reprend à ses prédécesseurs une mimique éloquente, excitatrice de gaieté. Les gens se

soufflettent, se bâtonnent, se laissent choir. Un geste est souvent plus expressif et plus plaisant qu'un mot ou qu'une tirade. Du bout des lèvres, le médecin malgré lui refuse l'argent de Géronte, mais il tend sa main pour le recevoir (II, 8); et il la tend aussi à Thibaut et à Perrin qui le consultent, et il « la branle *comme pour faire signe* qu'il demande de l'argent » (III, 2). Harpagon, voyant deux chandelles allumées, se précipite pour en éteindre une (*l'Avare*, V, 5). La mimique touche dans certaines scènes à la pitrerie; c'est le cas pour la poursuite de M. de Pourceaugnac par les médecins (I, 16).

Moratin aime moins que Molière ce genre de comique. Les giffles et le bâton jouent un rôle moins important. Il se vante d'avoir réduit à trois dans son *Medico á palos* les cinq bastonnades du *Médecin malgré lui*. Il ne condamne cependant pas les trucs de farce. Muñoz se cache sous un canapé (*el Viejo y la Niña*, II, 6). Don Hermógenes bouscule un garçon de café, Pipi, qui laisse tomber un verre et une assiette (*la Comedia nueva*, II, 6). Don Claudio se promène en fouillant dans ses poches; la servante, Lucia, le suit pas à pas, dans l'attente d'un pourboire. Mais le jeune homme tire un briquet, et, très calme, de l'air de quelqu'un qui n'y voit pas malice, il allume une cigarette (*la Mogigata*, III, 13).

En somme, des personnages et des situations drôles, des patois, du français qu'estropient des domestiques et des provinciaux et des étrangers, des entassements de mots, des répétitions de sons et de tours, des jeux de scène, telles sont les principaux éléments d'où provient le rire chez Molière. L'auteur les combine et les orchestre pour renforcer l'effet; car l'accumulation des moyens comique accroît et multiplie le comique.

Moratin suit Molière, mais de loin : sa symphonie est moins riche et moins nourrie. Il élimine quelques-uns de ces éléments, ou, s'il les garde, il atténue ce qu'ils contiennent de plaisant; il ne laisse pas la gaîté jaillir, se répandre et déborder; il l'endigue, il la filtre, il la dose. Pourquoi? Parce que probablement, parce que sûrement il n'a pas le vigoureux tempérament comique de son devancier; et cette raison est suffisante à elle seule. Il en est pourtant une seconde : Moralin a subi l'influence de la comédie larmoyante et prédicante de La Chaussée et de Diderot.

Une tendance aux effusions se révèle de ci de là dans *la Comedia nueva* et dans *el Sí de las niñas*; elle est légère et discrète, mais elle est indéniable. Nous l'avons notée quand nous analysions le personnage de don Antonio : elle se manifeste encore dans les

rôles de don Pedro et de don Diego. Qu'on se souvienne de la
scène où don Eleuterio déplore l'échec de sa pièce, non pas tant
pour lui-même que pour sa femme, sa sœur et ses quatre enfants
désormais acculés à la misère. Ses plaintes émeuvent l'Alceste
espagnol. Don Pedro appelle de ce doux nom d' « ami », qu'il ne
prodigue pas, l'infortuné poète dont il méprisait naguère la verve
triviale et bouffonne. Il était dur, cassant; il tenait les gens à
distance. Maintenant le voici prêt au rapprochement, à la confidence : « Moi aussi j'ai eu des enfants. Je ne les ai plus; mais je
sais ce que c'est qu'un cœur de père... J'ai le caractère un peu
âpre; mais la compassion ne m'est pas étrangère » (*la Comedia
nueva*, II, 8). Et, proclamation édifiante, il dit la joie qu'il éprouve
à secourir son prochain, à panser des blessures, à consoler; « car
il n'y a aucun plaisir comparable à celui de l'homme qui accomplit une action vertueuse » (II, 8). L'excellent don Diego (*el Sí*)
ne le cède pas en générosité au rude don Pedro. Il se croyait aimé
de doña Francisca: détrompé, il se réjouit d'avoir découvert son
erreur; et, avec ce mélange d'attendrissement et d'ingénuité qui
caractérise la littérature « sensible » du xviiie siècle, il s'écrie
sur le mode lyrique : « Malheur à ceux qui s'en aperçoivent
trop tard » (III, 13). Puis, comme don Carlos le remercie de lui
accorder la main de doña Francisca, il a une exclamation (c'est le
mot de la fin) à la Diderot et à la J.-J. Rousseau : « Bénie soit la
bonté de Dieu! » (III, 13).

## II

Moratin n'a pas admis dans son œuvre le patois des paysans
et le parler pittoresque des illettrés, des provinciaux, des étrangers; il n'a pas admis non plus les répétitions de tours. Ces
procédés comiques sont cependant excellents, puisqu'ils ne manquent ni de vérité ni d'agrément. On regrette donc que Moratin
les ait dédaignés. Mais regrette-t-on qu'il en ait atténué certains
autres? Sans doute. Regrette-t-on qu'il ait atténué tous les autres
Non. Il a adouci ce qu'il avait d'exubérant et de trop saillant dans
le comique des gestes et dans le comique de la garde-robe. Il
s'est arrêté sur le bord de la bouffonnerie toutes les fois qu'il touchait à l'invraisemblable et à l'inconvenant. Par sa réserve, il
l'emporte sur Molière; c'est à coup sûr une supériorité négative;
mais c'est une supériorité.

Il ne faudrait pourtant pas, même sur ces deux points, rabaisser l'original et chanter sur un ton lyrique la sagesse de l'imitateur. Les outrances de Molière comportent une excuse : le goût de l'époque [1].

Les comédies du xviie siècle, avant Molière et après lui, sont pleines de jeux de scène ou grossiers ou extravagants, et de polissonneries souvent dégradantes. Les Scarron et les Cyrano de Bergerac, les Boisrobert et les Regnard, les Dufresny et les Dancourt, les Boursault et les Lesage habituaient les spectateurs à des mimiques bizarres, à des plaisanteries ordurières. Dans tous les théâtres, en particulier aux Italiens et à la Foire, on rivalisait sur le terrain de la bouffonnerie, de la gaillardise et de l'obscénité. Les soufflets, les coups de pied et les coups de bâton s'appliquaient sur les joues, sur le dos, et plus bas. Le contenu des pots de chambre dégoulinaient sur les acteurs. Don Japhet d'Arménie, arrosé de la sorte et tout « putréfait », déplore ce « déluge infect » qui ne fleure pas « l'eau de rose ». (Scarron : *Don Japhet;* IV, 12 et 13). Le délicat Racine nous présente des chiens qui « ont pissé partout » (*les Plaideurs*, III, 3). Les lavements et leurs suites exhalent leur odeur. Géronte, que son clystère travaille, quitte la scène en recommandant à sa servante, Lisette, de cacher à sa fiancée la cause de son brusque départ :

> .... Ne .va pas leur parler, je te prie,
> Ni de mon lavement ni de ma léthargie.

1. On attribue du reste à Molière des exagérations et des équivoques dont il n'est pas coupable. Ainsi dans *l'Avare* (V, 5) Harpagon souffle l'une des deux chandelles. Mais les comédiens ont ajouté au texte. Maître Jacques la rallume. Harpagon l'éteint de nouveau et la garde à la main. Maître Jacques la rallume pour la seconde fois. Harpagon l'éteint pour la troisième fois, et le jeu continue... — Dans *le Misanthrope*, Alceste juge que le sonnet d'Oronte est « bon à mettre au cabinet » (1, 2), c'est-à-dire à être enfermé dans ce meuble qu'on appelait alors un cabinet et que nous appelons un bureau ou un secrétaire, c'est-à-dire encore indigne d'être publié. Bien des gens comprennent autrement et mettent sur le compte de Molière une plaisanterie nauséabonde. — Le lecteur moderne se trompe d'ailleurs assez souvent. Nous rions à cette réplique d'Oronte :

> Je voudrais bien, pour voir, que de votre manière
> Vous en *composassiez* sur la même matière. (*Le Misanthrope*; I, 2).

Nous rions à ce défi de Philaminte :

> ... Je voudrais bien que vous l'*excusassiez*. (*Les Femmes savantes*, II, 6).

Nous rions, et à juste titre, si nous trouvons ridicule le raisonnement d'Oronte et plaisamment formulé le caractère hautain de Philaminte. Mais ceux-là rient à tort (et ils sont nombreux) que divertit l'imparfait du subjonctif. Ce temps, surtout à la première conjugaison, nous paraît grotesque; il ne produit pas la même impression au xviie siècle; et les écrivains de cette époque l'employaient volontiers, même dans leurs lettres familières.

Mais Lisette de répliquer :

> Elles ont toutes deux bon nez : dans un moment
> Elles le sentiront du reste assurément.

(*Le Légataire universel*; I, 6).

Ailleurs Arlequin, qui a pris médecine, « insulte la doublure de sa culotte » ; et son interlocuteur, d'un mouvement suggestif, se bouche le nez : « Comment, imprudent, je vous trouve bien hardi de vous approcher de moi en l'état où vous êtes. » (Regnard : *le Divorce*; I, 5). Les dialogues que Tabarin débitait sur les tréteaux du Pont-Neuf avec son maître, le charlatan Mondor, grouillent de saletés. Ils ont trait aux faits et gestes d'un certain individu dont le nom n'est plus guère employé de nos jours par les honnêtes gens que dans des expressions où il a comme perdu sa propre signification : cul de fosse, cul de sac, cul de bouteille... Ce personnage, respectueusement qualifié de « monsieur » par Tabarin, est sujet à des malaises dont la description réjouit la cohue des badauds. Les comiques de l'époque font chorus, au gai farceur du Pont-Neuf ; ils bourrent leurs pièces de joyeusetés et d'équivoques indécentes. Cyrano de Bergerac raille un pauvre diable « incapable d'engendrer ». « Vous n'êtes ni masculin, ni féminin, mais neutre. Vous avez fait de votre dactyle un trochée, c'est-à-dire que par la soustraction d'une brève vous vous êtes rendu impotent à la propagation des individus » (*le Pédant joué*, I, 1). Et dans cette même scène les jeux de mots érotiques s'entassent, si dégoûtants que nous renonçons à les transcrire. La collaboration de Regnard et de Dufresny prodigue des allusions aussi scabreuses que transparentes : « Quand on veut se marier aujourd'hui, on va chez le père et la mère marchander une fille comme une aune de drap ; et tel qui croit acheter la pièce tout entière trouve souvent qu'on en a levé bien des échantillons » (*la Baguette de Vulcain*, 2). Boursault, qui affiche des prétentions de moraliste, donne sa note dans ce concert grivois. Sur la foi d'un papier compromettant, où il est question de « gourgandines » et d' « effrontées », un de ses héros, M. Josse, accuse sa femme de « culbutes avec un mousquetaire » (*les Mots à la mode*, 15). Et on discute chaque mot, et on jette les hauts cris jusqu'au moment où l'on explique, à la grande joie de M. Josse fort ému, que ces termes désignent des objets de mode, des nœuds de brillants, des coiffures, des corsets, et que par conséquent l'immoralité réside non dans les choses, mais dans les expressions à double entente. Il n'empêche que l'auteur cherchait à traîner la pensée des spectateurs sur des images licen-

cieuses. Voilà ce qu'écrivaient, voilà ce qu'applaudissaient les
gens du xvii° siècle [1].

A tout prendre, il n'y a pas lieu d'en être surpris. Les chroniques, les historiettes, les mémoires du temps nous renseignent
sur la grossièreté foncière de ce monde qu'une Catherine de Rambouillet et qu'un Louis XIV avaient doté seulement d'une dignité de
façade. En bien des endroits ce platras de politesse se fendillait,
s'écaillait, s'effritrait. Nombre d'anecdotes ont une valeur documentaire à ce sujet. Molière avait caricaturé La Feuillade dans
la Critique de l'école de femmes. Le sémillant courtisan se vengea
du poète à la façon d'un portefaix. Il le saisit par la tête,
brusquement, à pleines mains, et lui laboura le visage avec les
boutons de son habit. Cet exemple est typique; en voici un
autre. On sait « l'affaire des sonnets » après l'échec de Phèdre.
Un premier sonnet, qu'on attribuait au duc de Nevers, railla
l'auteur de la pièce. Les amis de Racine ripostèrent par un second
où ils prenaient à partie le duc de Nevers. Celui-ci à son tour en
écrivit un troisième contre Racine et Boileau; il leur promettait
une volée.

> ... Vous serez punis, satiriques ingrats;
> Non pas en trahison....
> Mais de coups de bâton donnés en plein théâtre.

Plus tard le bruit courut qu'en effet Boileau avait été crossé;
et un quatrième sonnet rapporte la chose en ces termes :

> Dans un coin de Paris, Boileau, tremblant et blême,
> Fut hier bien frotté, quoiqu'il n'en dise rien...

Au vrai la menace n'avait pas été mise à exécution, parce que
le prince de Condé avait pris officiellement les deux poètes sous
sa protection. Mais sans cette amitié puissante, Boileau et Racine
n'auraient problement pas été épargnés. Le bâton jouait dans la
réalité le rôle qu'il jouait au théâtre; il n'était pas une convention
scénique : la brutalité était dans les mœurs.

La licence y était aussi; et les personnes dont la conduite était
la plus respectable, n'avaient pas dans leur langage et dans leurs
lettres la retenue qu'elles avaient dans leur vie. M. de Coulanges

---

1. Boileau devait passer pour un pudibond, lui qui écrivait à Ch. Perrault : « Vous
m'accusez d'avoir mis des mots sales, d'avoir glissé beaucoup d'impuretés (dans
la IIe Satire)... Je vous supplie de considérer que ces reproches regardent l'honneur. »

conte, et en ces termes, à M^me de Grignan une tentative de
suicide de la Brinvilliers : « .... Elle s'était fiché un bâton devinez
où ; ce n'est point dans l'œil ; ce n'est point dans la bouche ; ce
ce n'est point dans l'oreille ; ce n'est point dans le nez ; ce n'est
point à la turque : devinez où. C'est... tant y a qu'elle était morte
si l'on ne fût promptement accouru à son secours. » (A Paris ;
à M^me de Grignan ; mercredi, 29 avril, 1676). M^me de Sévigné
ne craint pas de revenir sur ce sujet et de polissonner à son
tour : « Caumartin a dit une grande folie sur ce bâton dont elle
(la Brinvilliers) avait voulu se tuer, sans le pouvoir. « C'est,
dit-il, comme Mithridate. » Vous savez de quelle sorte il s'était
accoutumé au poison ; il n'y a pas besoin de vous conduire plus loin
dans cette application. » (A Paris ; à M^me de Grignan ; mercredi ;
6 mai 1676). M^me de Sévigné ne reculait donc pas devant
l'obscénité des images et des allusions. La crudité des termes ne
l'effrayait pas davantage : « Je suis persuadée que la plupart des
maux viennent d'avoir le cul sur la selle. » (A Vitré ; à M^me de
Grignan ; mercredi ; 29 août 1671). Ainsi s'exprimait celle « qui
« allait » en Nicole et en Bourdaloue.

La malpropreté physique l'emporta peut-être sur la brutalité et
la licence. Gentilshommes, ecclésiastiques, bourgeois sont pim-
pants, coquets, cossus ; il se parent de rubans, de broderies, de dentelles. D'accord ; mais ils ne se baignent que sur l'ordonnance
du médecin ; et ils se lavent si peu le visage et les mains qu'un
ouvrage de civilité, *les Lois de la galanterie*, recommande aux
élégants de le faire une fois par jour. On construit des palais qui
sont des merveilles ; et on les remplit de merveilles. On les garnit
de tapisseries, de statues, de « cabinets », de toutes sortes de
meubles, en ébène, en bois des îles, filigranés d'argent, incrustés
de cuivre, d'étain, d'écaille, de nacre, d'ivoire.... Mais on oublie
les fosses d'aisance. Certaines habitudes s'étaient conservées,
dont le sans-gêne nous interloque. Les grands seigneurs, et même
les grandes dames, recevaient leurs fournisseurs et leurs amis
dans leur garde-robe. Les relents de la chaise percée circulaient
jusque dans les alcôves et les ruelles ; pourquoi n'auraient-ils pas
circulé sur la scène ?

Moratin lui-même justifie Molière de ses plaisanteries mal odorantes. En traduisant *l'École des maris* il a omis dans le dialogue
bien des expressions qui méritèrent les applaudissements des
contemporains, mais que ne souffre pas la décence du théâtre ; et
en traduisant *le Médecin malgré lui*, il a pratiqué aussi quelques coupures (Prologues de *la Escuela de los maridos* et de *el*

*Medico à palos*). Seulement il ajoute que si Molière vivait au xviiiᵉ siècle il ne se permettrait plus les licences qu'autorisait le xviiᵉ siècle : « De nos jours Molière ferait pour cette pièce (*le Médecin malgré lui*) et pour les autres des corrections plus importantes, plus sévères, plus sages. » (Prologue de *el Médico à palos*).

Nous ne serons pas plus scrupuleux que Moratin, et nous excuserons Molière d'avoir suivi les tendances de son époque. Bien mieux, nous le louerons de ne les avoir suivies que de loin. Car, à tout prendre, son œuvre, comparée à celle de ses contemporains, est admirable de naturel et de pureté. « Malgré le ton de raison et de bienséance dont la comédie du *Menteur* venait de crayonner un modèle, le théâtre, quand Molière parut, était encore livré à la bouffonnerie et à l'obscénité. Du sein de cette bassesse et du mauvais goût, Molière, éclairé par la nature, osa s'élancer courageusement loin des routes communes. » (Gresset : *De Molière et de Destouches* : Discours prononcé à l'Académie française, le 25 août 1754).

D'abord il renonce à cette mimique comme funambulesque des Italiens et de la Foire : plus de sauts et de cabrioles, de pirouettes et de pitreries, d'acrobaties et de saltimbanques, d'escalades le long d'une maison. D'autre part les coups sont moins fréquents ; on menace de s'étriller plutôt qu'on ne s'étrille. Ensuite la pornographie est bannie. Sans doute il y a quelques passages qui laissent à désirer sous ce rapport. Nous n'aimons guère Mascarille lorsque « mettant la main sur le bouton de son haut de chausse » il s'adresse à Cathos et à Madelon : « Je vais vous montrer une furieuse plaie » (*les Précieuses ridicules* ; 12). Le geste est inconvenant ; mais Molière n'insiste pas ; et d'un mot, par la bouche de Madelon, il arrête Mascarille. Sans doute encore nous n'approuvons qu'à moitié la scène de *l'École des femmes* où Agnès dit ce qu'on lui a pris.

ARNOLPHE. — Ne vous a-t-il point pris, après, quelque autre chose ? (La voyant interdite) — Ouf!
AGNÈS. — Eh! Il m'a...
ARNOLPHE. — Quoi!
AGNÈS. — Pris...
ARNOLPHE. — Euh!..
AGNÈS. — Le...
ARNOLPHE. — Plaît-il ?
AGNÈS. — Je n'ose. (II, 6).

Climène condamne avec vigueur ce « le » : « ce « le » n'est pas mis pour des prunes. Il vient sur ce « le » d'étranges pensées. Ce « le » scandalise furieusement » (*la Critique de l'École des femmes*, 3). Le mot est peu délicat en effet; et il semble que l'auteur se défende mal. Mais remarquons que Molière en est à ses premières pièces. Dans la suite il fuira de plus en plus le scabreux. *Don Juan* nous en fournit une preuve, à notre avis, concluante. Pierrot conte à Charlotte qu'il a donné l'hospitalité à don Juan et à Sganarelle, après les avoir tirés de l'eau : « Ils se sont dépouillés tout nus pour se sécher » (II, 1). N'était-ce pas matière à plaisanteries lubriques et à images cyniques? Quels développements scabreux n'aurait pas inventés un Scarron, ou un Regnard, ou un Dufresny? Molière n'en fait pas un seul. Et vraiment nous ne laissons pas de nous étonner quand nous lisons cette partie des « *Maximes et Réflexions sur la comédie* » où Bossuet accuse notre auteur de remplir son théâtre « des équivoques les plus grossières dont on ait jamais infecté les oreilles des chrétiens ». Au contraire Molière hait l'obscène. L'amour tient une grande place dans ses pièces; le geste physiologique de l'amour n'en tient aucune.

Donc pas de pornographie. Mais la scatologie? La scatologie reste ; combien épurée pourtant! Molière évite les mots malpropres; il emploie d'ordinaire des termes assez généraux pour ne pas effaroucher les oreilles pudiques. Si la discrétion lui est impossible, il demande pardon. Dorine raille la tendresse excessive de son maître pour Tartufe; Orgon est aux petits soins pour l'intrus :

Les bons morceaux de tout, il faut qu'on les lui cède ;
Et s'il vient à *roter*, il lui dit : « Dieu vous aide. » (*Tartufe*; I, 2).

L'auteur est choqué de la crudité de ce terme; et dans une notule il rappelle que « c'est une *servante* qui parle[1] ». Molière s'excusant d'avoir employé un mot familier! Voilà qui prouve combien il était soucieux de ne pas verser dans la tabarinade et de garder de la tenue.

De plus, dans l'œuvre de Molière, ceux-là seuls s'entretiennent de lavements, de purgation et de digestion, qui sont médecins ou malades ou qui vivent dans l'entourage des médecins et des malades. La plaisanterie est appropriée aux personnages et aux

1. Cette notule est d'autant plus curieuse qu'à la table des personnages Dorine est qualifiée de « suivante ».

situations; elle est naturelle dans ce milieu-là. On serait presque surpris de ne pas l'y trouver; ce serait un manque de couleur, ou d'odeur, locale. Bien souvent au contraire les autres comiques du xvııᵉ siècle se moquent de nos misères physiques, hors de propos, sans autre raison que de provoquer l'hilarité et d'amuser leur monde. En deux quatrains le poète Beaugénie rime une énigme trop peu énigmatique :

> Je suis un invisible corps
> Qui de bas-lieu tire mon être ;
> Et je n'ose faire connaître
> Ni que je suis ni d'où je sors.
>
> Quand on m'ôte la liberté,
> Pour m'échapper j'use d'adresse ;
> Et deviens femelle traîtresse,
> De mâle que j'aurais été.
> (Boursault : *le Mercure galant*; V, 8).

Les assistants n'entendent pas ou feignent de ne pas entendre; mais l'un d'eux malicieusement dit le mot de la situation :

> Il faut avoir bon nez pour deviner cela.

Boursault appuie : une scène entière, une longue scène de soixante-sept vers prépare et commente cette poésie olfactive. Regnard reprend le même sujet : un bas-bleu, Mᵐᵉ Pindaret, dont le nom suscite une idée de lyrisme, compose par manière de passe-temps un « madrigal sur l'inconstance d'une maîtresse qui changea d'amant, parce qu'il avait soupiré par le derrière » :

> Quoi! Pour avoir laissé sauver un prisonnier,
> Qui n'a de voix que pour crier,
> Votre cœur fait la pirouette
> Et se fait un nouvel amant!
> On dira, volage Lisette,
> Que ce cœur est si girouette,
> Qu'il change au moindre petit vent. (*La Coquette*; III, 5).

Il semble donc que les auteurs du xvııᵉ siècle usent de la scatologie, dès que leur verve comique tarit : elle est pour eux un expédient de la dernière — parfois de la première — heure. Seul, Molière ne plaisante sur les choses de la digestion que quand le sujet l'admet. Aux écrivains à court d'invention il laisse le soin de cuisiner avec force poivre des mets que les palais délicats trouveraient trop faisandés et trop épicés.

### Conclusion.

Par orgueil national les Espagnols sont tentés de préférer Moratin à Molière. Ils insistent sur l'heureux agencement des intrigues et sur le bon ton du comique chez leur compatriote. A cet égard ils ont raison et tort tout à la fois. Ils ont raison; car les pièces de Moratin sont bien construites et n'abritent pas de grossièretés. Ils ont tort; car les intrigues sont maigres, étriqués; et le comique en est si discret, qu'on attribuerait volontiers cette discrétion à l'impuissance de l'auteur plutôt qu'à la délicatesse de son goût.

Prenez Molière : quelle ampleur au contraire dans l'action, et quelle impétuosité dans la plaisanterie! — Il multiplie les personnages; nous avons déjà noté sa tendance à doubler les pédants; il double aussi les médecins dans *Monsieur de Pourceaugnac*; il les triple dans *le Malade Imaginaire;* il les quintuple dans *l'Amour médecin*. Il y a deux Suisses dans *Monsieur de Pourceaugnac*, deux confidents dans *Don Garcie de Navarre*, deux précieuses dans *les Précieuses ridicules*, trois femmes savantes dans *les Femmes savantes*, trois valets dans *la Comtesse d'Escarbagnas*, quatre dans *l'Avare*, quatre capitaines thébains dans *Amphitryon*, quatre paysans dans *le Médecin malgré lui*, cinq maîtres divers (maître de musique, maître de danse, maître d'armes, maître de philosophie, maître tailleur) dans *le Bourgeois gentilhomme*, dix importuns dans *les Fâcheux*. On se demande comment Moratin, dont aucune pièce n'excède trois actes, aurait organisé des intrigues où évolue un si grand nombre d'acteurs. — Et d'autre part est-il besoin de rappeler que Molière a la qualité essentielle de comique, c'est-à-dire la puissance comique? A ce titre il est l'égal des mieux doués, l'égal d'un Aristophane et d'un Plaute, qu'il surpasse en somme sous le rapport de la bienséance. On n'accusera pas de partialité La Bruyère, le critique sévère d'Alceste (*Les Caractères* : *de l'Homme*; *Timon*); de Tartufe (*ibidem* : *De la Mode; Onuphre*) et peut-être d'Argan (*ibidem* : Des Ouvrages de l'esprit. « Un malade dans sa garde-robe »). Or La Bruyère admire l'excellence du comique dans Molière : « Quelle source de la bonne plaisanterie! » (*Ibidem*; Des Ouvrages de l'esprit). Chez Moratin « la source de la bonne plaisanterie » ne tarit pas plus que chez son devancier; mais elle n'est pas jaillissante; elle coule lentement, gouttelette à gouttelette.

Et si laissant de côté l'intrigue et le comique, nous passons aux personnages et aux idées, Moratin ne nous paraîtra plus digne d'être comparé à Molière.

Le propre de l'homme est d'être « ondoyant et divers ». Choisissez parmi ceux qui vous entourent un individu que vous connaissez bien, que vous croyez bien connaître. Il y a en lui une telle richesse de vie qu'avec quelques qualités et quelques défauts très nets vous lui trouvez quelques autres qualités et quelques autres défauts accessoires qui modifient et parfois contredisent les premiers. Avez-vous porté un jugement sur lui? Vous avouerez que votre homme n'est pas absolument tel que vous le jugez et que par mille détails il échappe à votre analyse. Quand Molière met à la scène un personnage, il grossit le défaut essentiel et élimine ou atténue les défauts secondaires. En ce sens il s'écarte de la vérité. Mais l'art d'un auteur consiste à ne pas trop grossir et à ne pas trop éliminer. Molière n'outre pas assez et ne supprime pas assez pour ôter l'illusion de la réalité. Il ne se contente pas de projeter une intense lumière sur un trait caractéristique; il enveloppe un ou deux autres traits d'une demi-clarté et arrive ainsi à ne pas dépouiller son héros de ce mystère troublant qui est proprement la vie. Alceste par exemple hait les hommes; oui;... à moins qu'il ne les aime trop. Harpagon est un avare; soit,... mais il consentirait à épouser une fille sans dot. Philaminte est une épouse insupportable et une mère despotique, il est vrai,... mais quelle sérénité philosophique à la nouvelle de sa ruine! Argan est un malade imaginaire; parfait... mais il a pris tant et tant de remèdes que l'organisme le plus solidement constitué en serait tout déséquilibré. Les gens que nous coudoyons rappellent en petit ces colosses; ils sont ceci, et cela. Voilà pourquoi nous discuterons toujours les personnages de Molière comme nous discutons nos voisins, nos amis, nos parents, tous ceux qui vivent ou ont vécu d'une vie réelle. Mais nous ne discutons pas les personnages de Moratin : ils n'ont rien d'énigmatique, ils n'ont pas de « dessous ».

Inférieur dans la peinture des personnages, Moratin l'est encore dans le développement des idées. Il reprend les thèmes chers à Molière, l'éducation des filles, le mariage; mais il n'a pas l'envergure de son modèle. Il traite son sujet posément, sagement, raisonnablement, en homme judicieux et pondéré. Mais où est l'élan, où est le souffle, où est la flamme de Molière?

Est-ce à dire que Moratin n'ait pas de talent? Nullement. Replaçons-le parmi ses contemporains, nous reconnaîtrons qu'il l'emporte sur eux par son souci du naturel, par l'observation des mœurs, par l'élégante simplicité de son dialogue. Mais si on le

compare à ses compatriotes du xvii° siècle ou à Molière, il se
rapetisse comme un homme de taille moyenne se rapetisse
dans le voisinage de géants. « Quand des drames de l'âge d'or on
passe soudain à ceux de Moratin, on éprouve la même peine qu'en
passant à l'improviste d'un paysage touffu et plein de fleurs à un
paysage d'hiver, froid et glacé. » (Schack; *op. cit.*; quatrième
période; chap. III.) L'impression est analogue lorsqu'après Molière
on lit Moratin. Incontestablement le disciple marche très loin
derrière le maître.

Ceux qui admirent la littérature espagnole du xvii° siècle sont
portés à incriminer Moratin d'avoir méprisé les auteurs nationaux.
A les entendre, il aurait gagné à suivre la tradition des Lope et
des Calderon. Rien n'est moins sûr : ceux qui l'ont suivie n'ont
rien produit que de médiocre.

Pour nous, nous reprocherions à Moratin d'avoir suivi Molière
trop à la lettre, parfois en le méconnaissant. Ainsi il le considère
comme un fougueux défenseur des règles. Or si Molière ne prend
jamais de libertés avec l'unité d'action parce qu'il serait absurde
de disperser l'intérêt, il en prend délibérément avec l'unité de
temps (*Le Malade imaginaire*), avec l'unité de lieu (*L'Amour
médecin et le Médecin malgré lui*), ou même avec les deux (*Don
Juan*). Il observait les règles, quand il lui paraissait bon de les
observer; il les négligeait, quand il lui paraissait bon de les
négliger. Moratin a vu l'auteur de *la Critique de l'École des femmes*
à travers l'auteur de *l'Art poétique* : son guide a été Boileau plus
que Molière. Entre l'étroitesse et la largeur d'esprit, il n'a pas
hésité; il a opté pour l'étroitesse, pour Boileau. C'est son premier
tort.

Voici le second. Il a compris que la comédie de Molière reposait
essentiellement sur l'étude de quelques caractères et de quelques
questions morales. Mais il aurait dû ou bien peindre d'autres
caractères que ceux de Molière ou bien, en peignant les mêmes,
les adapter à son époque et à son pays. Et il aurait dû en second lieu
aborder des questions que son devancier n'avait pas abordées, il
en a soulevé quelques-unes, mais en petit nombre, et avec une
timidité excessive; il n'a pas été assez moderne. S'il s'était inspiré
de l'esprit de Molière plus que de son œuvre, il aurait été comme
un précurseur des Galdós, des Echegaray et de bien d'autres, de tous
ceux qui se consacrent à l'étude des types et des questions de la
société contemporaine.

F. VÉZINET.

# SAINTE-BEUVE, LA LITTÉRATURE ALLEMANDE
# ET GŒTHE

## I

En 1824, quatre ans après l'apparition des *Méditations*, à l'aurore du romantisme qui comptait autant de disciples que de partisans, la fondation du *Globe* eut la portée d'un événement. Dans la première phase qu'il a traversée, du 15 septembre 1824 au 11 novembre 1830, ce journal fut l'organe du libéralisme politique et littéraire. Telle avait été la pensée directrice des deux initiateurs de l'entreprise, M. Dubois et Pierre Leroux. « La première idée, la conception du *Globe*, écrit Pierre Leroux lui-même, consistait à recueillir et à présenter au public français tous les travaux scientifiques, littéraires et philosophiques de quelque importance dans le grand mouvement pacifique qui commençait à emporter de concert les nations civilisées du monde[1]. » Cette idée « d'une association pacifique et d'une union intellectuelle entre toutes les nations » était également partagée par Dubois qui s'explique plus nettement encore dans ses *Souvenirs inédits* : « Le *Globe* était romantique de devise ou plutôt libéral en poésie et en littérature, ennemi de la fausse religion des classiques dominants du siècle dernier qui ne connaissaient et ne comprenaient, au fond, ni la Grèce, ni la grande et originale imitation du xviie siècle. Nous défendions, mais avec mesure, discrétion, avec la chaste piété de nos fortes études de l'antiquité, et la tradition du goût national, le droit de nos jeunes poètes à l'innovation, et le libre échange entre toutes les littératures. Lamartine et Béranger réalisaient la poésie lyrique, nos espérances. Hugo et ses jeunes amis nous plaisaient par leurs écarts, le chef du Cénacle surtout[2] ». Ainsi tout en gardant son caractère, le nouveau journal, encore trop conservateur aux yeux de quelques jeunes pressés d'aller de l'avant, se montrait accueillant dans ses doctrines en élargissant ses cadres au profit des littératures

---

1. *Pierre Leroux*, par P.-Félix Thomas, Paris, 1904, p. 16.
2. *Souvenirs inédits de Dubois*, dans le *Correspondant* du 25 avril 1900.

étrangères. Que le *Globe* répondît à des besoins réels et sérieux, preuve en est le succès qu'il obtint en France et dans tous les pays où l'on suivait attentivement un mouvement intellectuel plein de promesses. Ce fut le cas en Allemagne où les romantiques cherchaient des éléments et des stimulants d'entente qui, dans la défense de leur cause, les rapprochassent de leurs confrères étrangers.

Tenu au courant des productions littéraires du xviiie siècle en France par la *Correspondance littéraire* de Grimm [1], on sait quelle estime Gœthe à Weimar professait aussi pour les collaborateurs du *Globe* dont il était un des lecteurs les plus assidus. Dans ses conversations avec son secrétaire Eckermann, il s'est exprimé avec une sympathie non dissimulée sur les efforts tentés par les jeunes écrivains pour s'affranchir des traditions surannées; il saluait l'avènement de ce qu'il appelait une littérature européenne (*Weltlitteratur*), objet constant de ses rêves. On relèverait encore maints passages [2] dans sa correspondance, empreints de la même bienveillance. Le 30 mai 1826, son ami, le chancelier Frédéric de Müller, qui, à l'instar d'Eckermann, a consigné le souvenir de ses entretiens avec le poète, écrivait à Victor Cousin la lettre suivante où sont pleinement confirmées les opinions manifestées dans l'intimité : « Vous apprendrez sans doute, avec plaisir, monsieur, que le *Globe* est devenu la lecture *favorisée* de M. de Gœthe, et qu'il ne cesse de me répéter que son estime pour les auteurs s'accroît par chaque nouvelle feuille. Il y trouve une marche si ferme et conséquente, un tact si pur et délicat, des principes si sains et si justes, qu'il croit pouvoir présager avec raison que, si ce journal se tient fidèlement dans la ligne qu'il paraît s'être tracée, une nouvelle ère de la critique française datera de son apparition [3] ».

N'oublions pas toutefois que, nonobstant la justesse de son coup d'œil, ne pouvant en raison de la distance connaître qu'un nombre restreint de publications et d'auteurs, privé du contact immédiat et personnel des faits et de la vie de tous les jours dans un centre tel que Paris, Gœthe sera inévitablement exposé à commettre des erreurs de perspective, à émettre des jugements que nous sommes aujourd'hui en mesure de contrôler ou de rectifier. Mais à la date où nous reporte le premier romantisme, en

1. Edmond Scherer, *Melchior Grimm*, Paris, 1887, p. 93-94.
2. *Gœthe Briefe*, hersgb. von Philipp Stein, Bd. VIII, Berlin, 1905, Verlag von Otto Elsner, p. 141, 148, 151, 281.
3. Barthélemy Saint-Hilaire, *Victor Cousin, sa vie et sa correspondance*, t. I, p. 181, et t. II, p. 162; — P.-Felix Thomas, *op. cit.*, p. 19.

France même, on ambitionne le suffrage du grand écrivain dans les rangs de la jeune école; encore à ses débuts de critique, Sainte-Beuve, fier de l'avoir obtenu, l'enregistrera plus tard dans ses notices autobiographiques [1].

Dès la fondation du *Globe*, Sainte-Beuve s'était empressé d'offrir sa collaboration à son ancien professeur de rhétorique, M. Dubois, qui, dans une page attachante, nous a laissé le récit de l'entrevue qu'il eut avec son élève. Le jeune homme passait alors par une crise de mécontentement et d'hésitation, ne distinguant pas encore sa voie, partagé entre l'étude de la médecine et une vocation intérieure qui l'emportait vers les choses de la pensée. Dubois discerna avec perspicacité l'état d'âme désolé et malsain de celui qui venait à lui en confident : « Une sombre mélancolie, une volupté toute sensuelle et triste dans ses satisfactions, une imagination suscitée par l'élan lyrique de tous les grands poètes nationaux ou étrangers, tous emportés dans le même mouvement, les doctrines d'Helvétius et de Hobbes dévoraient cette jeune âme ». Ne croirait-on pas entendre l'énumération des souffrances de Werther résumées dans le mot à la mode : le mal du siècle? Il fallait que la guérison vînt du mal lui-même, et pour arracher Sainte-Beuve aux noires pensées, Dubois lui proposa de s'essayer dans le *Globe*, de chercher dans la pratique des lettres le propre réconfort des blessures qu'elles font. « Ce que je considérais et ce qu'il considérait avec moi, ajoute-t-il, c'était le soulagement de l'âme par l'expansion; et je lui citais l'exemple de Gœthe qui, une fois déchargé dans son *Werther* de ses rêveries douloureuses, ne ressentit plus le mal qu'il communiquait ainsi à d'autres [2] ». Ce ne fut sans doute pas pour la première fois que le nom du grand Allemand retentit aux oreilles de Sainte-Beuve : mais ce fut une surprise probablement pour lui que de voir identifié le cas de Werther avec le sien. Si la jeune génération se réclamait parfois de Gœthe, il ne manquait cependant pas non plus de voix qui protestèrent contre l'invasion des idées étrangères, destructrices d'idéal et de foi, témoin l'auteur de la *Confession d'un enfant du siècle*. Alfred de Musset, sans marchander à Gœthe son admiration, l'accuse d'avoir méconnu les droits du cœur et les appels de la conscience; c'est même l'écho du langage de ses contemporains que l'on perçoit dans les paroles suivantes, révélatrices à la fois d'aspirations et de regrets : « Mais dites-moi,

1. Voir *Ma biographie*, dans les *Pages choisies de Sainte-Beuve*, publiées par Henri Bernès, Paris, 1899, p. 4.
2. Léon Séché, *Sainte-Beuve*, Paris, MCMIV, t. I, p. 58 et suiv.

vous, noble Gœthe, n'y avait-il plus de voix consolatrice dans le murmure de vos vieilles forêts d'Allemagne? Vous pour qui la belle poésie était la sœur de la science, ne pouvaient-elles à elles deux trouver dans l'immortelle nature une plante salutaire pour le cœur de leur favori! Vous qui étiez un panthéiste, un poète antique de la Grèce, un amant des formes sacrées, ne pouviez-vous mettre un peu de miel dans ces beaux vases que vous saviez faire, vous qui n'aviez qu'à sourire et à laisser les abeilles vous venir sur les lèvres?.... Quand les idées anglaises et allemandes passèrent ainsi sur nos têtes, ce fut comme un dégoût morne et silencieux, suivi d'une convulsion terrible. Car formuler des idées générales, c'est changer le salpêtre en poudre, et la cervelle homérique du grand Gœthe avait sucé, comme un alambic, toute la liqueur du fruit défendu. Ceux qui ne le lurent pas alors crurent n'en rien savoir.... Ce fut comme une dénégation de toutes choses du ciel et de la terre, qu'on peut nommer désenchantement, ou si l'on veut *désespérance*; comme si l'humanité en léthargie avait été crue morte par ceux qui lui tâtaient le pouls[1] ».

Sainte-Beuve cependant ne ressentit pas tout d'abord un ébranlement aussi profond; nous inclinons plutôt à croire que son bon sens français, son éducation toute parisienne, son épicurisme et le fond de scepticisme qu'il cultiva toujours, étonnés et déconcertés, entrèrent en défiance. Il n'en est pas moins intéressant de noter ici que Dubois, le sévère critique, pour déprendre plus énergiquement son malade de lui-même, s'autorisant d'une œuvre qui évoquait les souvenirs d'un épisode fécond en conséquences dans l'histoire des lettres et dont les aspects psychologiques étaient loin d'être épuisés en 1824, cherche à le détourner du roman et de la poésie sentimentale; il veut l'appliquer de force à des travaux positifs, relatifs aux événements qui se passaient alors hors de France et conquéraient les sympathies de la France. Moyen de guérison vraiment gœthéen qui rappelle les conseils du poète au jeune Plessing, victime de l'esprit d'analyse aiguë et subtile du moi. « Je lui affirmai, dit Gœthe, que l'on ne se guérissait d'un état moral douloureux, d'une sombre hypocondrie que par la contemplation de la nature, et par *un intérêt sincère au monde extérieur... L'application de l'esprit à des phénomènes réels nous procure peu à peu le contentement, la clarté, l'instruction*[2] ».

---

1. *Confession d'un enfant du siècle*, 1re partie, chap. II.
2. *Essais de psychologie contemporaine*, par Paul Bourget, Paris, 1899, t. I, p. 457.

Sainte-Beuve irait-il jusqu'à faire de l'effort le principe de
rédemption et de salut qu'un Gœthe proclamait et qu'un autre
romantique son contemporain, Alfred de Vigny, n'entrevit
qu'incomplètement[1]? L'application de l'esprit au monde extérieur
devait, dans le calcul de Dubois, consister pour son élève à retracer
dans une série d'études destinées au *Globe* les péripéties de la
guerre de l'indépendance grecque, et sans s'appesantir sur le côté
politique, les relever par un récit attrayant et pittoresque[2]. Quel
fut l'effet de ces avis? Déterminèrent-ils chez Sainte-Beuve le goût
de pousser dès lors des pointes chez les étrangers; éveillèrent-ils
en lui le désir d'enrichir ses connaissances d'un monde de pensée
où le charme de la découverte entrait grandement pour un curieux
comme lui? Ou le nom de Gœthe fut-il déjà à ce moment comme
une de ces illuminations soudaines qui, survivant aux enthousiasmes de la première heure, suggèrent tout un plan de vie
intellectuelle et morale? Quoique les conjectures soient permises,
étant donné la nature alerte et mobile de Sainte-Beuve, on ne
saurait non plus rien affirmer; toutefois les impressions éprouvées
ne tardèrent pas à se réveiller dans les circonstances qui
suivirent.

En 1827, âgé de vingt-trois ans, Sainte-Beuve donna dans les
numéros du *Globe* du 2 et 9 janvier, deux articles où il rendait
compte des *Odes et Ballades* de Victor Hugo. Ces pages attirèrent
l'attention du public et furent, comme on le sait, le point de départ
d'une amitié trop tôt brisée entre le poète et le critique. Elles furent
remarquées de Gœthe, comme Sainte-Beuve l'affirme lui-même au
tome XI des *Causeries du lundi* en quelques lignes souvent citées
depuis par ses biographes et ses critiques. Le jeudi soir, 4 janvier 1827, Gœthe dit à Eckermann[3] : « Victor Hugo est un vrai
talent sur lequel la littérature allemande a exercé de l'influence.
Sa jeunesse poétique a été malheureusement amoindrie par le
pédantisme classique; mais maintenant le voilà qui a le *Globe*
pour lui; il a donc partie gagnée. » Gœthe ne mentionne pas le
nom de Sainte-Beuve; mais ce fut la lecture du premier article
qui l'aida à formuler son jugement sur le poète français, jugement que, grâce au recul du temps, nous sommes en pouvoir de
discuter, sans préjudice trop grand pour Gœthe. M. Léon Séché[4],
citant à son tour les paroles de Gœthe, lui reproche d'aller un peu

1. *Mercure de France*, 15 décembre 1905; *Les deux tristesses d'Alfred de Vigny*,
par F. Baldensperger, p. 494.
2. Léon Séché, *op. cit.*, t. I, p. 59.
3. *Eckermann's Gesprœche*.
4. *Op. cit.*, p. 72.

vite en besogne, la victoire de Victor Hugo ayant été très vivement
disputée. « Elle eût été, dit-il, assurément plus rapide et plus
décisive, si le *Globe* avait eu une ligne de conduite plus nette à
l'égard de la nouvelle école. Mais la critique de ce journal, tout
en inclinant aux idées nouvelles, hésitait à rompre avec la tradition classique ». Ajoutons cependant que Gœthe était dans le
vrai, lorsque dans cette même soirée du 4 janvier, il disait encore
à Eckermann qu'il comparerait volontiers Hugo avec Manzoni; il
voit en lui un vrai talent objectif qui lui apparaît aussi grand que
celui de Messieurs de Lamartine et Delavigne. Il importe néanmoins de rétablir les rangs; si Lamartine doit à Manzoni, il ne lui
est pas inférieur, comme on peut s'en assurer en mettant, par
exemple, en regard les deux odes que ces poètes ont composées à la
mémoire de Napoléon[1]. Quant à Delavigne, le rapprochement n'est
juste qu'autant qu'on voit en lui, non pas un égal, mais un
précurseur de Victor Hugo dans la poésie politique[2]. Il serait injuste
de chercher querelle à un étranger mal placé à tous égards pour
distribuer des palmes; ces jeunes poètes et d'autres qui sont leurs
égaux par la fraîcheur de leur talent, dit Gœthe en substance,
procèdent de Chateaubriand qu'il a qualifié ailleurs de grand talent
rhétorico-poétique. Puis, pour mieux goûter Victor Hugo, il pria
son secrétaire de lui lire la pièce *Les deux Iles* dont il vanta la beauté
et la vérité des images. « Ce que je loue chez les Français, ajouta
Gœthe, c'est que leur poésie n'abandonne jamais le terrain solide
de la réalité. On peut traduire leurs poèmes en prose et ce qu'il y
a d'essentiel restera. »

Mais s'il est vrai que la critique de Sainte-Beuve ait contribué en
partie à éclairer Gœthe dans ses appréciations, ce dernier pouvait-
il prétendre avec la même assurance que Victor Hugo avait subi
l'influence allemande? Sainte-Beuve nous a lui-même renseignés
plus tard dans une étude à laquelle nous aurons lieu de revenir sur
la connaissance très incomplète que les romantiques français
Victor Hugo, Vigny, Musset, Nodier avaient des littératures
étrangères. Gérard de Nerval était peut-être le plus compétent,
grâce à l'attrait qu'il éprouva de bonne heure pour l'Allemagne
poétique et qui ne fut pas, quoi qu'on dise[3], sans altérer en lui
l'équilibre des facultés; quant à Victor Hugo, dans ses années

1. *Mercure de France,* 15 septembre 1905; *Les sources littéraires des Méditations,* par Léon Séché.
2. *Victor Hugo, Leçons faites à l'École normale supérieure sous la direction de Fer- dinand Brunetière,* Paris, 1902, t. 1, p. 97.
3. *Un intermédiaire entre la France et l'Allemagne, Gérard de Nerval,* par Julia Cartier, Genève, 1904.

d'apprentissage, à la recherche des images et des couleurs, il se
tourna plus vers le Midi que vers le Nord. M. Georges Pellissier
signale chez lui « la forme méridionale et précise » qu'il possède
d'instinct [1]; mais n'ayant lu, au dire de Sainte-Beuve et d'autres,
les poètes des autres pays que dans des traductions, Victor Hugo
ne pouvait guère s'assimiler ce qu'il y avait en eux d'original et
d'unique, ce qui fait que Shakespeare est un Anglais, et Gœthe
un Allemand. Le théâtre allemand lui fut peut-être plus familier,
comme à la plupart des écrivains de sa génération; encore faut-il
user de grande circonspection en voulant retrouver des emprunts
de détails, de traits pittoresques ou de situations pratiqués dans les
drames de Gœthe ou de Schiller [2]. Même dans ce genre d'imitations,
il ne semble pas que ce soit Gœthe qui ait captivé de préférence
Victor Hugo, mais Schiller. Il a écrit dans le *Conservateur littéraire*
une intéressante page où il refait à sa manière la tragédie de Pierre
Lebrun, *Marie Stuart*, brillamment représentée au Théâtre Français
en 1820. « J'ai dit, conclut-il, que cette tragédie aurait été sublime,
et qu'était-ce en effet? rien que quelques pages d'*Atala*, deux scènes
d'*Andromaque* et le dénouement de *Zaïre* et d'*Othello* » [3]. Ainsi,
selon lui, l'adaptation de l'œuvre de Schiller à la scène française
aurait mieux réussi, si Lebrun ne se fût pas tenu aussi strictement
au modèle allemand, si l'on eût fait des emprunts à des œuvres
nationales connues du public. Car, on s'en aperçoit par la citation
ci-dessus, l'élément étranger n'est représenté que par *Othello*, sans
doute senti et compris par la traduction de Letourneur, l'imitation
de Ducis ou celle de Voltaire, encore plus affaiblie dans *Zaïre*.

Gœthe n'a probablement jamais eu entre les mains le *Conser-*
*vateur littéraire* et il eût été mieux inspiré si, au lieu de rechercher l'influence allemande dans la poésie lyrique de Victor Hugo, il
avait constaté que Chateaubriand avait fortement marqué de son
empreinte un poète alors âgé de dix-huit ans. Quant à la pédanterie du parti classique qui, si l'on en croit Gœthe, aurait amoindri
ses œuvres de jeunesse, il importe de s'entendre. Un étranger qui
n'a pas suivi dans sa continuité l'évolution de la poésie lyrique en
France, peut tenir ce langage; mais de l'avis des critiques les
plus autorisés, Brunetière, Georges Pellissier et Petit de Julleville,
lorsqu'on relit les poésies qui remontent à sa première jeunesse,
Victor Hugo n'a pas été du coup le rénovateur que Gœthe aime à

---

1. *Le mouvement littéraire au XIX° siècle*, Paris, 1890, p. 144.
2. Zeitschrift fur französische Sprache und Litteratur : *Victor Hugo's dramatische Technik*, von Wolfgang Martini, Bd. XXVII, 1904.
3. *Victor Hugo avant 1830*, par Edmond Biré, Paris, 1883, p. 215-218.

se représenter. Poète réfléchi, esprit systématique, soutenu par une énergique volonté, il se rattache encore à la tradition du XVIII° siècle par la forme et le mouvement du lyrisme. Ce qui échappait à Gœthe, c'est que le jeune chef d'école, imbu dans ses *Odes* de l'influence de Jean-Baptiste Rousseau, ne se dégagea que lentement du classicisme. Admirateur des anciens, de Virgile en particulier qui fut toujours le poète de prédilection des Français, il est loin d'afficher les visées subversives qu'il formulera bien plus tard dans sa *Réponse à un acte d'accusation*. « Mon Virgile à la main, a-t-il écrit avant 1830,

> bocages verts et sombres,
> Que j'aime à m'égarer sous vos paisibles ombres!...
> Là mon âme tranquille et sans inquiétude
> S'ouvre avec plus d'ivresse aux charmes de l'étude;
> Là mon cœur est plus tendre et sait mieux compatir
> A des maux... que peut-être il doit un jour sentir[1]. »

Il convient cependant, à propos de la formation intellectuelle de Victor Hugo, de ne pas appuyer plus que de raison dans un problème aussi complexe. Au contact des étrangers, son idéal littéraire s'est élargi. Il doit au romancero espagnol sa conception d'un moyen-âge héroïque et brutal, tandis que des réminiscences de Thomas Moore, d'Addison, de Shakespeare, de Walter Scott et de Mathurin témoignent d'incursions dans la littérature anglaise. De même Gœthe et Schiller ont agi sur lui indirectement, mais pas plus l'Espagne que l'Angleterre, l'Allemagne n'a joué le rôle décisif[2]. Pour goûter pleinement dans l'original la poésie étrangère, et surtout la poésie allemande, il faut des études préparatoires sans cesse entretenues et accrues par un commerce assidu avec les écrivains qui doit produire la sympathie et l'éclairer. Gœthe dut mettre moins de temps à s'initier à la poésie française, grâce à sa connaissance de la langue et de la littérature; ne s'essaya-t-il pas lui-même à composer en français en vers et en prose? Toutes médiocres que sont ses tentatives, elles lui inculquèrent du moins un certain sentiment de ce qui fait beauté, une intuition des moyens d'harmonie, ou plus simplement l'instinct des difficultés à vaincre. Et l'on se demande involontairement quel profit eût retiré d'une étude de la poésie germanique l'artiste doué du sens de la forme qu'était Victor Hugo.

1. Edmond Biré, *op. cit.*
2. *Revue des Deux Mondes*, 15 décembre 1905; *A l'aube du romantisme*, par R. Doumic.

Sainte-Beuve, lui, était-il mieux instruit des choses de l'Allemagne; les circonstances le prédisposèrent-elles à goûter une pensée et un art étrangers et que savait-il sur une littérature alors peu connue de la majorité de ses compatriotes? C'est ce qu'il nous faut examiner d'abord dans les pages suivantes.

## II

Les années 1827 à 1830 comptent parmi les plus fécondes de la carrière de Sainte-Beuve. Dans le courant de 1827 avaient paru ses articles sur la poésie française au XVIe siècle, agrandis et publiés en 1828 en un volume intitulé *Tableau de la poésie française au XVIe siècle*. En 1829, *La Vie et les Poésies de Joseph Delorme* marquaient sa première étape dans le romantisme auquel l'avait rallié Victor Hugo; en mars 1830, *les Consolations*[1], dont le succès, comme l'assure Sainte-Beuve lui-même, fut moins contesté que celui de *Joseph Delorme*, révélaient la seconde manière de son talent poétique. Le même mois de la même année, un envoi arrivait à Gœthe, procuré par le sculpteur David d'Angers qui en 1828 était allé à Weimar faire le buste du poète allemand dont il se déclarait l'admirateur enthousiaste[2]. Cet envoi consistait en médaillons de plâtre représentant les profils des jeunes poètes et écrivains les plus en vogue de ce temps, accompagnés d'ouvrages récents offerts à Gœthe comme dons d'auteur. Le 7 mars, Gœthe prit connaissance des poésies d'Émile Deschamps ainsi que d'une lettre qui lui était adressée et qui fut lue par Eckermann. « J'y pus voir, dit celui-ci, quelle influence on attribue à Gœthe sur la renaissance de la littérature française, et à quel point les jeunes poètes le respectent et l'aiment comme un supérieur intellectuel. » Le 14 mars, Eckermann put voir parmi les livres dédiés à son maître les œuvres de Sainte-Beuve, de Ballanche, de Victor Hugo, de Balzac, d'Alfred de Vigny et de Jules Janin. Un hommage aussi flatteur alla au cœur de l'illustre écrivain qui se plaisait à dire à son secrétaire que les vives impressions qu'il recevait de cette brillante jeunesse lui valaient comme un regain de vie. Nous

---

1. « On a raillé ses *Consolations*, écrit Lamartine, poésies un peu étranges, mais les plus pénétrantes qui aient été écrites en français depuis qu'on pleure en France. Quant à moi, je ne puis les relire sans attendrissement. Attendrir, n'est-ce pas plus qu'éblouir? Si Werther avait écrit un poème la veille de sa mort, ce serait certainement celui-là. » Léon Séché, *Lamartine de 1816 à 1830*, Paris, MCMVI, p. 295.
2. *Eckermann's Gespræche mit Gœthe*, et F. Baldensperger, *Gœthe en France*, Paris, 1904, p. 161 et suiv.

aimerions à en savoir davantage et ne pas nous borner à transcrire sans autre commentaire les noms qui sollicitèrent l'intelligente curiosité de celui qui comptait au nombre des survivants d'un passé à la fois sombre et glorieux et pour l'Allemagne et pour la France, passé qui n'altérait en rien les sympathies de Gœthe pour une nation à laquelle il affirmait être redevable pour une bonne part de sa culture. Oserions-nous nous flatter de l'espoir qu'une exploration dans les archives de Weimar livrera un jour à la publicité d'intéressantes découvertes? Aidons-nous en attendant des ressources dont nous disposons pour nous retracer les impressions qu'éprouva peut-être Gœthe.

Aux remarques dont Victor Hugo a été précédemment l'objet, que n'eût-il pas ajouté sur les travaux de ses confrères qui, presque tous, lui fournissaient l'occasion de mesurer le pouvoir rayonnant de la littérature de son pays et de ses grandes créations à lui, entrées dans l'art français et devenues bien commun! Chez Alfred de Vigny, il dut être frappé, comme l'historien allemand Gervinus, « de ce fait presque incroyable, écrit ce dernier, que la muse française rappelait alors la muse de Klopstock » et qu'Alfred de Vigny « étonna grandement ses compatriotes par le choix de sujets d'un spiritualisme exalté et par des expressions d'une nature particulière telle qu'on ne pouvait les chercher et les supporter que dans cette Allemagne qui aux yeux des Français est l'Inde de l'Occident[1]. » Et Gervinus devançait par là un des derniers critiques et biographes du poète, M. Maurice Paléologue, qui reconnaissait à l'auteur d'*Éloa* une « place marquée dans l'histoire générale des esprits, dans la lignée des Lucrèce, des Dante et des Gœthe[2] ».

Un ordre d'idées analogue s'impose au lecteur des œuvres de Ballanche. Par sa philosophie la *Palingénésie sociale* rappelle aux critiques français les théories historiques de Vico et de Herder. Dans son livre *Du Sentiment* (1801), Ballanche appelait *Werther* un chef-d'œuvre et ne le séparait pas de *Paul et Virginie*; en 1809 il pensait encore à Gœthe, lorsque dans le viiie de ses *Fragments*, retraçant une des époques les plus douloureuses de sa vie, il transformait les deux héros Hermann et Dorothée de l'épopée du même nom en gracieux personnages symboliques au langage desquels il ne manquait, suivant Sainte-Beuve, que la douceur du vers lamartinien[3]. Le dessein d'un ouvrage pareil à celui de Gœthe poussait

1. Dorison, *Alfred de Vigny, poète philosophe*, p. 23.
2. *Alfred de Vigny*, Paris, 1891, p. 149.
3. *Mélanges littéraires*, par J.-J. Ampère, Paris, 1877, IIe vol., p. 20 et suiv.

Ballanche à rompre avec les habitudes du genre épique tel qu'on l'avait compris jusqu'alors en France. Dans la *Préface générale* de ses œuvres, il se propose de raconter « toutes les circonstances de l'insurrection lyonnaise de 1793, du siège qui en fut la suite, des effroyables malheurs qui pesèrent sur sa ville natale » ; comme Gœthe, pour donner à son récit la forme et les couleurs du genre qu'il avait adopté, « il s'était transporté à quinze siècles de l'événement qu'il peignait pour le revêtir à son gré de tout le prestige de l'antiquité[1] ». Regrettons que cette tentative soit restée à l'état de projet; elle eût peut-être contribué à renouveler la poésie familière, le petit poème épique à la manière de *Pernette* de Victor de Laprade, un autre Lyonnais qui s'inspira du chef-d'œuvre de Gœthe.

Le poète allemand qui aimait à surprendre la vie dans ses manifestations les plus diverses ne resta pas non plus indifférent au génie de Balzac; son *Wilhelm Meister* ne répond-il pas dans sa totalité aux intentions de l'auteur de la *Comédie humaine*? L'envoi de Paris contenait pour sûr le roman de *La Peau de chagrin*, car en 1831 deux passages de la correspondance de Gœthe nous apprennent qu'il l'étudiait attentivement. « J'ai continué la lecture de *La Peau de chagrin*, écrit-il le 11 octobre à Riemer qui attribue naïvement le roman à Victor Hugo; c'est une œuvre excellente d'un genre tout nouveau qui se meut entre l'impossible et le fantastique et qui sait admirablement se servir du merveilleux pour exposer les pensées les plus originales et les événements les plus curieux. On en pourrait dire beaucoup de bien dans le détail;[2] » et dans une lettre du 17 novembre, il parle encore de *La Peau de chagrin* comme de l'œuvre d'un esprit tout à fait remarquable qui signale un des vices fondamentaux et incurables de la nation; « c'en serait fait d'elle si les départements qui ne savent encore ni lire, ni écrire, ne la relevaient un jour[3] ». Il faut relire l'étude de Taine sur Balzac et sa philosophie pour se convaincre de la justesse des vues qu'émettait Gœthe; un critique moderne, M. Georg Brandès, a même institué un parallèle entre les deux écrivains toujours en quête d'idées et d'expériences liées les unes aux autres et composant par leur union et leur contraste l'encyclopédie du monde physique et social. « De même que Gœthe était en communion si parfaite avec la nature, dit M. Brandès, que

---

1. *La Vie et les Œuvres de Ballanche*, par C. Huit, Paris, 1904, p. 33.
2. G. Brandès, *L'École romantique en France*, trad. par A. Topin, Paris et Berlin, 1902, p. 162.
3. Gœthe Jahrbuch, 1880, p. 289.

son œil poétique, en regardant par hasard un palmier, découvrait le secret de la métamorphose des plantes dans le type primitif de toutes les parties de la plante, de même qu'en observant un crâne de mouton à demi-brisé, il voyait le principe de l'anatomie philosophique, de même Balzac avait les yeux ouverts sur tout[1] ».

Nous sommes porté à croire que chez le poète allemand le plaisir fut moins vif, quand il en vint aux œuvres de Jules Janin. Que pouvait-il louer en effet dans un roman publié en 1829, *L'Ane mort et la femme guillotinée*, sorte de parodie de *Han d'Islande*, de *Bug-Jargal* et du *Dernier jour d'un condamné?* Un journaliste qui se contredit sans cesse au service des coteries littéraires les plus opposées, n'était certes pas le fait de Gœthe qui poussait assez loin le dédain de la polémique, des luttes d'écoles et de partis. Il eût pu, à bon droit, se récrier devant un étalage de connaissances superficielles à l'endroit de l'étranger. Peut-être Jules Janin aurait-il trouvé grâce en faveur d'un article des *Débats* du 2 janvier 1830, où Fénella, l'héroïne de *Pévéril du Pic* de Walter Scott et Mignon sont appelées « deux créatures idylliques qui, dit l'auteur, toutes deux appartiennent à Gœthe ; mais Walter Scott a pris la dernière tout entière à Gœthe » et il reconnaît que « la femme-enfant de Gœthe est infiniment supérieure à l'imitation de Walter Scott. » A la même date et dans le même journal, *Wilhelm Meister* est traité de « confus assemblage d'aventures triviales, de personnages ignobles, de mysticisme sans intelligence et sans frein, voilà pour la forme ; quant au fond du livre, c'est le même sujet que *le Roman comique* de Scarron. » Cependant Jules Janin partagea l'enthousiasme de ses contemporains pour *Werther*, quoi qu'il ne l'ait confessé que bien plus tard (*Débats* du 27 avril 1846) ; à cette date, Gœthe ne pouvait plus entendre ses ironiques appréciations sur *Faust* et sur *Iphigénie* qui n'en furent pas moins bien accueillis par les vrais connaisseurs[2].

Tout autre fut l'impression que Gœthe dut recevoir des écrits de Sainte-Beuve ; avec la promptitude de son coup d'œil, il eut vite fait, nous nous l'imaginons du moins rétrospectivement, de démêler la superficialité du feuilletoniste et le savoir d'un pur critique. Il rencontrait en Sainte-Beuve un poète et un écrivain qui à la faculté créatrice unissait le don de l'observation précise,

---

1. G. Brandes, *op. cit.*, p. 150.
2. Voir là-dessus, *Gœthe en France*, Paris, 1904, par F. Baldensperger, p. 76, 165, 174, 177, 234, 262.

de la notation exacte, de l'intelligence, de la diversité des milieux
et des individus, de l'aptitude enfin à jouir de toutes les idées.
Dans le *Tableau de la poésie française au XVIᵉ siècle* et dans
*Joseph Delorme*, il y avait de quoi satisfaire Gœthe à un double
point de vue et de quoi réveiller en lui des sensations poétiques
remontant aux jours de sa jeunesse. Le premier de ces ouvrages,
s'il l'a lu, était de nature à reporter ses regards vers quelques
écrivains du xviᵉ siècle pour lesquels il témoigna toujours une
certaine préférence. Quelque exagérée que nous semble son
admiration pour du Bartas, au point qu'il reprochait aux Français leur indifférence à l'égard d'un poète qu'il mettait lui-
même trop haut, il appelait Amyot, Montaigne et Clément Marot
ses amis et se trouvait bien préparé pour comprendre un mouvement de pensée que le critique français s'ingéniait à rattacher au
présent.

La *Vie et les Poésies de Joseph Delorme* n'ont pu manquer de le
captiver aussi. Admettons que le héros l'ait un peu déconcerté,
que les côtés plébéiens de sa destinée choquassent ses suscepti-
lités aristocratiques, pouvait-il oublier, à la lecture de ces pages,
que pour les Français d'avant 1830, lui-même avait été presque
uniquement l'auteur de *Werther* dont *Joseph Delorme* était un frère
cadet? C'était bien l'attitude de l'original allemand que Sainte-Beuve
décrivait, lorsqu'il nous montre Joseph « appuyé contre un arbre,
les coudes sur ses genoux et le front dans les mains, tout entier
à ses souvenirs et à ses innombrables voix intérieures », se nour-
rissant de ces lectures vives et courtes qui fondent l'âme ou la
brûlent, tous les romans de la famille de *Werther* et de *Delphine* :
le *Peintre de Salzbourg*, *Adolphe*, *René*, *Édouard*, *Adèle*, *Thérèse
Aubert* et *Valérie*. Ces noms n'étaient-ils pas évocateurs d'un
monde disparu? A des degrés divers ils se rattachaient tous à la
transformation que Gœthe avait opérée autant dans le genre romanesque que dans l'état d'âme de ses imitateurs. Delphine est à s'y
méprendre un Werther féminin ou féministe, comme l'a bien
établi M. Baldensperger[1] dans des pages de fine analyse. L'héroïne
française ne rappelait-elle pas à Gœthe les jours passés dans l'intimité de l'illustre femme dont, dès 1795, il avait suivi les débuts
littéraires avec Schiller, Wieland et les autres collaborateurs de
l'*Almanach des Muses* jusqu'au moment où, le 25 décembre 1803
chez la duchesse mère de Saxe-Weimar, Mᵐᵉ de Staël lui fut
présentée pour la première fois? Le nom de l'auteur d'*Adolphe*

1. *Op. cit.*, p. 24, 28.

demeurait inséparable du nom de *Delphine*[1]; Benjamin Constant avait vu Gœthe de près à Weimar où il avait aussi séjourné et Gœthe à son tour a bien parlé de lui dans ses *Annales*. Enfin, si dans une lettre à Eichstädt du 21 avril 1804, il a traité la *Valérie* de M^me de Krüdener de « livre nul, sans qu'on puisse dire qu'il soit mauvais, mais que c'est précisément cette nullité qui lui vaut la faveur de bien des gens[2] », il a dû s'avouer qu'il était encore en présence d'un de ces nombreux romans autobiographiques, tout subjectifs dont son *Werther* avait suggéré le goût.


## III


En commentant des textes trop brefs, en cherchant du moins à les éclairer par des conjectures et des rapprochements qui ne s'aventurent pas au delà de la vraisemblance, nous nous demandons quels sentiments agitèrent Gœthe contemplant sa postérité intellectuelle en France. Songea-t-il à la renier comme Chateaubriand? Conçut-il l'humeur et le déplaisir qu'éprouva l'auteur de *René*, dissimulant mal vers la fin de sa carrière son dépit de s'être trouvé des précurseurs, dissimulant plus mal encore son irritation contre ceux qui le dépassèrent? Nous nous bornons à poser ici la question ; c'est à Sainte-Beuve que nous recourrons plus loin pour nous aider à la résoudre ; il nous faut tout d'abord jeter un regard sur sa première œuvre d'imagination et sur celles dont elle fut suivie, en tant qu'on y découvre des analogies avec une œuvre venue du dehors et avec les dispositions morales qui la dictèrent.

Le conseil donné par Dubois avait porté ses fruits et l'exemple de Gœthe n'avait pas été perdu pour Sainte-Beuve. De même que Gœthe s'était personnifié dans Werther, au dénouement près, de même Sainte-Beuve s'était personnifié dans Joseph Delorme qu'il faisait mourir d'une phtisie pulmonaire. Sainte-Beuve a survécu, et, comme Gœthe, il eut la chance de laisser un livre qui eut désormais son histoire, qui resta à titre de document à consulter pour qui voudrait entrer plus avant dans la connaissance de l'homme et de l'écrivain. Toutefois, si malgré sa vogue, *Joseph Delorme* n'obtint pas le succès de l'ouvrage allemand, il eut du moins la bonne fortune de venir à son heure et de susciter les engouements les

---

1. V. Lady Blennerhasset, *Madame de Staël et son temps*, trad. Dietrich, Paris, 1890.
2. *Revue critique*, 12 août 1903, p. 118.

plus vifs et les répulsions les plus acharnées : mouvement d'opinion qui, loin de déplaire à l'auteur, l'enhardissait dans sa vocation poétique. « Ce malheureux livre, écrit-il à son ami M. Loudierre, a eu tout le succès que je pouvais espérer; il a fait crier et irriter d'honnêtes gens beaucoup plus qu'il ne m'eût paru croyable. Madame de Broglie a daigné trouver que c'était immoral, M. Guizot, que c'était du *Werther* jacobin et carabin. Il y a eu là-dessus scission et débats au *Globe*... N'est-ce pas glorieux et amusant? » Vers 1830, les vieilles mœurs littéraires subsistaient encore dans quelques milieux; il était glorieux d'avoir pour ou contre soi le suffrage des salons bien pensants; singulier contraste avec l'enthousiasme que souleva l'ouvrage allemand qui se passa de l'entente des coteries pour arriver du coup à la grande popularité. Pour beaucoup de raisons que nous n'avons pas à exposer ici, *Joseph Delorme* n'y pouvait prétendre; mais il avait pour lui le camp romantique qui ne lui ménageait pas les éloges. Une lettre d'Alfred de Vigny du 3 avril 1829, publiée *in extenso* par Emma Sakellaridès [1], ne le cède en rien par l'exaltation du ton aux déclamations passionnées des jeunes fanatiques allemands des *Souffrances du jeune Werther*; elle est caractéristique aussi de la prédilection des premiers romantiques français pour les œuvres tout empreintes de la personnalité de l'auteur. « Votre Joseph Delorme, écrivait-il, m'empêche d'écrire; il m'empêche de sortir et de penser à autre chose qu'à ses vers; il faut bien que je vous parle de lui. Que d'impressions douloureuses, sombres et tendres! Quel plaisir et quel chagrin de le lire! Pauvre jeune homme! souffrir et ne pas croire et être poète! Triple douleur et triple doute! Le *Suicide!* les *Rayons jaunes!* que c'est beau! Il y a là plus qu'un grand talent, une âme blessée qui se montre tout éplorée et avec laquelle on vit. Il m'arrive à chaque instant d'être emporté par elle et d'aller jusqu'à la fin en soupirant et en gémissant de ses maux sans m'apercevoir un moment qu'il y ait élégance, sublimité, génie dans les mots; et puis, à la fin, je me réveille et je recommence une seconde lecture du même poème, pour y découvrir tout cela à chaque vers; et une troisième fois, l'émotion me reprend, et je me sens des larmes dans la tête... Que j'aime cela encore! Toutes les tristesses de la vie, il les a senties; il en a joui pleinement avec son génie. Ce jeune homme, ce Joseph... Ah! ma foi, bonsoir, ce masque me gêne; vos vers, votre prose, vos élégies, vos sonnets m'enchantent, me ravissent... » Et Jouffroy

---

1. *Correspondance d'Alfred de Vigny*, p. 24-25.

répétait à l'auteur qu'il était « poète par le cœur, vraiment poète, et pas moins par l'imagination. [1] »

On sait combien le renom de poète et de romancier tint au cœur de Sainte-Beuve et qu'il ne se consola jamais de ses déceptions en se voyant mis au second rang. Mais en 1829 il était en trop beau chemin pour s'arrêter là; il ne désespérait pas encore. Avec une ardeur de prosélytisme poétique qui était bien dans les allures du romantisme de la première heure, recrutant des esprits qui fussent en communion d'idées avec lui, il avait contracté une amitié assez vive avec Ulrich Guttinger, l'un des jeunes satellites de la pléiade romantique et dont la vie et les ouvrages à la fois troubles et captivants, sont tout empreints de werthérisme. Tous deux avaient projeté d'écrire en collaboration un roman qui devait porter le simple titre de *Arthur*. Mais Guttinger termina seul l'ouvrage qui, paru en 1837, trouva un nombre très grand de lecteurs; c'est un roman tout lyrique, formé de souvenirs biographiques qui, d'après le témoignage de M. Léon Séché[2], « reposa, consola et fit autant de conversions que *Werther* avait causé de suicides ». Quant à Sainte-Beuve qui s'était mis à l'œuvre dès 1830, si son travail resta inachevé, il ne détruisit pas son manuscrit devenu aujourd'hui propriété de M. Spœlberch de Lovenjoul qui l'a publié en 1901[3] et dans son introduction a retracé l'histoire des deux ouvrages de Guttinger et de Sainte-Beuve et des circonstances dans lesquelles ils virent le jour.

Dans sa forme actuelle, l'*Arthur* de Sainte-Beuve est une précieuse trouvaille pour le sujet qui nous occupe. Il se rattache visiblement à *Joseph Delorme* et appartient à l'inspiration werthérienne par l'accent personnel et la mélancolie sceptique qui, poussés au paroxysme, éteignent chez l'homme le flambeau de la morale et le laissent désemparé, à la merci de ses passions et des jouissances coupables. C'est que en Allemagne, dans la période d'orage et d'assaut (Sturm und Drangperiode) comme en France sous la Restauration, le lyrisme était dans l'air ; la jeunesse littéraire de ces deux époques « aurait cru déshonorer sa plume en ne prenant pas pour diapason de son style les exagérations les plus échevelées et les formules les plus extrêmes. » Il y a en effet quelque chose de cela dans *Arthur* dont les premières pages retentissent des plaintes que l'on avait jadis lues dans les lettres de *Werther*.

« Je suivais tristement, aux fleuves ravagés de la grève, la trace

1. *C.-A. Sainte-Beuve*, par d'Haussonville, Paris, 1872, chap. III.
2. *Op. cit.*, t. I, p. 130 et suiv.
3. *Sainte-Beuve inconnu*, Paris, 1901.

des flots qui l'avaient sillonnée, et qui s'étaient retirés. Puis, par moments, portant la main aux rides de mon front, je me disais : Là aussi les Passions sont venues battre comme les flots et ont laissé trace en se retirant. Mon midi est sec et aride. Mais dans quelques heures l'océan baignera de nouveau sa plage, et, à moi, mes ondes taries ne reviendront pas!

Passions! Amour! Amour indomptable et profond, qui donc a pu vous établir si avant dans le cœur de l'homme? Quelle main a creusé vos abîmes et y a amassé vos tempêtes? Qui vous a donné ce pouvoir inouï de tout dévorer en notre âme? D'où vient-il et d'où venez-vous? »

Quelques années après, en 1834, le même thème était repris dans le roman de *Volupté* pour lequel Sainte-Beuve avait une prédilection toute particulière, comme Chateaubriand pour *René*, Benjamin Constant pour *Adolphe* et Gœthe pour *Werther*. Ce dernier l'avouait encore à Talma en 1808 à Weimar, lors du Congrès d'Erfurt. Le grand acteur pressait de questions le poète sur les circonstances qui formaient le fond du récit et le poète répondit qu'il n'y avait qu'un temps pour écrire un ouvrage comme *Werther*. C'est que ces livres et leurs héros ont ce trait commun qu'ils sont un composé de souvenirs et de portraits dans lesquels se reflètent les jours de leur ardente jeunesse. *Volupté*, c'est l'amour dans des conditions romanesques qui amènent inévitablement la disparition d'un des acteurs du drame. Amaury, M. et M$^{me}$ de Couaën forment le pendant de Werther, Charlotte et Albert [1]. Dans Amaury, on retrouve Joseph Delorme placé dans un milieu aristocratique, devenu amoureux d'une marquise. « Il y a en lui ce mélange de sensualité et de romanesque, de faiblesse et de passion, de sensibilité et d'égoïsme qui, peint avec plus ou moins d'idéal et de réalité, constitue le type éternel du héros de roman, qu'il s'appelle Saint-Preux, Oswald ou Bénédict » [2], et, en retranchant la sensualité, nous ajouterions Werther. D'autre part, M. G. Brandès remarque que « le sentiment religieux qui se révèle dans les *Consolations* et la fumée d'encens qui remplit la dernière partie de *Volupté* rappellent le romantisme allemand où se produisit alors la même évolution » [3].

Pour nous rendre compte de l'influence qu'exerçait à distance Gœthe sur la pensée de Sainte-Beuve, nous sommes naturellement

1. Voir aussi *La Clef de Volupté*, par Christian Maréchal, Paris, 1905, XXIII-119 p.
2. D'Haussonville, *op. cit.*, chap. VI, p. 125-142.
3. G. Brandès, *op. cit.*, p. 299.

conduit à nous demander si vers 1830 le critique français était au courant des choses de l'Allemagne et si les œuvres et la personnalité de Gœthe avaient déjà une prise plus directe sur lui. Sans vouloir attribuer une importance exorbitante à un étranger encore imparfaitement connu du public français, sans oublier surtout que Sainte-Beuve subissait plus qu'un autre la pression du milieu parisien dont il lui fut toujours pénible de se séparer, essayons de surprendre quelques indices et de noter les impulsions auxquelles il obéissait dans ses plans de vie comme dans le développement de ses idées.

Le désaccord s'était mis entre les rédacteurs du *Globe* avant les journées de juillet 1830 qui achevèrent de tendre, puis de briser les rapports qui unissaient entre elles des individualités très opposées. Les embarras matériels et la question financière préoccupaient les moins fortunés. Pierre Leroux ayant vendu le journal aux saint-simoniens, Sainte-Beuve ne le quitta pas et écrivit encore quelques articles. Il y eut au début certaines affinités entre ces deux écrivains, tous deux jaloux de leur indépendance, tous deux mécontents de l'ordre de choses existant, aspirant également à une position moins précaire. Dans le libre échange de leurs vues, Gœthe fut peut-être un trait d'union entre eux. Dans un âge avancé, parlant à propos de Chateaubriand des courants littéraires des autres pays en regard de celui de la France au début du XIX⁰ siècle, Sainte-Beuve s'autorisait du nom de Pierre Leroux pour provoquer une comparaison de *Werther* avec les œuvres analogues. Il fallait montrer, suivant Pierre Leroux, le rapport qui unit Werther à Faust pour passer de là à Byron, au *René* de Chateaubriand, à *l'Oberman* de Sénancour, à l'*Adolphe* de Benjamin Constant et au *Jacopo Ortiz* de Ugo Foscolo. C'était indiquer la direction de nombreux travaux dont les auteurs se sont proposé de retracer l'histoire des frères de Werther, comme l'ont tenté depuis M. Hermenjat et M. Merlant. Une telle entreprise ne serait dans l'opinion de Pierre Leroux, « rien moins qu'un tableau et une histoire de la littérature européenne depuis près d'un siècle ; ce serait la formule générale de cette littérature donnant à la fois son unité et sa variété, ce qu'il y a de permanent en elle et ce qu'il y a de variable, à savoir la forme que revêt, suivant l'âge de l'auteur, suivant son sexe, son pays, sa position sociale, ses douleurs personnelles, et au milieu des événements généraux et des divers systèmes d'idées qui l'entourent, cette pensée religieuse et irréligieuse à la fois que le XVIII⁰ siècle a léguée au nôtre comme un funeste et glorieux héritage » [1].

1. *Chateaubriand et son groupe littéraire*, t. I, p. 372.

A une certaine hauteur de vues, comme on le voit, Pierre Leroux joignait un don de généralisation qu'on peut rapporter entre autres à la lecture des œuvres de Gœthe auxquelles il s'était appliqué de bonne heure. Il s'intéressait aussi à la littérature et à la philosophie allemandes. En 1829 il avait donné une édition nouvelle de sa *Traduction de Werther*, précédée de *Considérations sur Werther et en général sur la poésie allemande*, et il est à présumer que ce fut cette version du roman allemand que Sainte-Beuve lut de préférence dans la suite, car il ne perd pas l'occasion de la citer. Pierre Leroux parlait avec orgueil de son travail, parce que Gœthe l'en avait félicité. « Je ne savais pas l'allemand, écrit-il, que j'apprenais alors et que je n'ai jamais su; mais j'aimais ce livre et je le comprenais » [1]. Jean-Paul Richter, les cours de Schelling, les doctrines de Hegel lui fournirent plus tard matière à étude; il se les appropria du moins pour donner un support à ses théories socialistes. Sainte-Beuve n'eut garde de s'engager dans cette voie; mais il doit quelque chose à Pierre Leroux et au saint-simonisme. L'école saint-simonienne agit sur les masses autant par la parole que par le livre; voulant avoir des missïonnaires pour propager ses principes, elle encouragea du même coup le goût des conférences et des cours publics sur les sujets les plus variés à une époque où les triomphes oratoires de Villemain, de Guizot et de Cousin étaient dans toutes les mémoires. La carrière du professorat tenta alors plus d'un jeune littérateur et Sainte-Beuve n'échappa point à la contagion. On sait qu'il occupa trois fois une chaire de littérature : de 1837 à 1838 à Lausanne, de 1848 à 1849 à Liége; si en 1855 cédant aux manifestations hostiles des étudiants, il renonça dès sa seconde séance à ses leçons sur la poésie latine au Collège de France, on le consola de cet échec en lui confiant l'enseignement de la littérature française à l'École Normale où il professa pendant quatre ans de 1857 à 1861. Or, sept ans avant son appel à Lausanne, qui croirait qu'il avait songé à se vouer au professorat et que le projet d'un établissement temporaire en Allemagne fut un instant caressé par le futur auteur des *Lundis*, pour se faciliter l'étude de ce pays, de sa langue et de sa littérature ? Le fragment de lettre suivant en fait foi; le dimanche 31 janvier 1830, il écrivait à M. Villemain [2] :

« Si dans vos nombreuses relations vous entendiez parler de quelque prince russe, comte polonais, baron allemand, n'importe? qui voulût un gouverneur, un précepteur, n'importe encore? pensez à moi, je vous prie; que tout le temps ne soit pas

1. P.-Félix Thomas, *op. cit.*, p. 155, 230.
2. *Le livre d'or de Sainte-Beuve*, Paris, 1905, p. 245.

pris, que j'aie à moi un petit nombre d'heures par jour, c'est assez ;
qu'il faille quitter Paris, voyager, se retremper ailleurs, c'est tout
ce qu'il me faut, ou encore si dans quelque université allemande, si à Berlin, à Munich, chez ce bon roi de Bavière, un
professeur de littérature française pouvait trouver place, — vivre
là, apprendre l'allemand, l'Allemagne, me serait bon et doux
pour quelques années », et en terminant Sainte-Beuve demande à
Villemain un mot de recommandation pour M. de Humboldt.

Sainte-Beuve professeur dans une Université allemande! On
ose douter de l'effet qu'eût produit son enseignement sur des
auditeurs dont la culture et le tour d'esprit étaient trop réfrac-
taires aux habitudes d'un critique, d'un publiciste alors peu apte
à la parole publique. Ce premier stage eût été du moins une
période d'apprentissage qui lui eût épargné les débuts un peu
épineux qui l'attendaient à Lausanne. Sous l'empire de quelles
préoccupations se décida-t-il à tenter cette démarche? Était-il en
quête d'une position plus stable? Prévoyait-il, six mois avant les
événements de Juillet, des conjonctures politiques dont le résultat
immédiat fût un redoublement de mesures attentatoires à la
liberté de penser et d'écrire? Déjà l'existence du *Globe* avant la
Révolution de juillet avait failli être compromise par la condamnation de Dubois à quatre mois de prison pour un article sur
*La France et les Bourbons*. Ou quelque froissement d'amour-
propre ou quelque dépit amoureux le poussait-il à s'éloigner de
Paris? Les biographes de Sainte-Beuve ne nous renseignent pas
là-dessus. Ce qu'on peut affirmer, c'est qu'en octobre 1829 il
avait fait un voyage sur les bords du Rhin, et qu'il avait vu
Cologne, Worms et Francfort. Ses poésies contiennent quelques
allusions à ce qui l'a frappé dans le paysage. Dans la pièce XXIV
des *Consolations*, il a noté ses impressions sur Cologne, sur le
fleuve, les remparts, la haute cathédrale et sa flèche élancée;
mais, ajoute-t-il,

> Mais rien ne me tient tant ici que la pensée
> De ma jeune cousine, hélas! et de savoir
> Que je suis si près d'elle et de n'oser la voir.

De même la pièce XIX adressée à Boulanger ne renferme guère
que des sensations d'art, et dans le sonnet XXII, il s'afflige à la
vue de Francfort transformée en ville moderne :

> O Francfort, qu'as-tu fait de ta vieille beauté?
> Marraine des Césars, où donc est ta couronne?

Peut-être eût-il passé indifférent devant la maison natale de Gœthe ; le nom du poète n'a pas éveillé de souvenir en lui à ce moment et dans ces trois pièces datées d'octobre 1829, il n'y a rien qui témoigne d'une intention sérieuse et arrêtée de s'initier· à la pensée germanique.

## IV

On est autorisé à conclure par tout ce qui précède que jusque vers 1830 Sainte-Beuve n'avait guère de notions sur l'Allemagne que ce qu'on en savait autour de lui dans les milieux lettrés. Seul le roman de *Werther*, connu par de. nombreuses traductions, resté pendant longtemps l'ouvrage caractéristique. de Gœthe, avait alimenté la verve de Joseph Delorme en tant que le héros présentait un cas analogue ; mais il n'est guère probable que ses informations sur l'auteur, sur ses prédécesseurs et l'état actuel ou passé des lettres allemandes se soient étendues bien loin. La cause doit en être attribuée en grande. partie à l'ignorance de la langue qui lui était aussi étrangère qu'à la plupart des romantiques. Il s'est expliqué là-dessus. en 1863. dans une lettre adressée à M. William Reymond,, ancien bibliothécaire de· l'Académie de Lausanne et auteur d'un ouvrage sur *Corneille,. Shakespeare et Gœthe* [1], publié à Berlin en 1864.

Les considérations de Sainte-Beuve prêteraient le flanc aujourd'hui à quelques objections de la part des investigateurs des. littératures comparées, quoique. ses conclusions générales gardent encore leur valeur. Selon Sainte-Beuve, si les imitations étrangères autant allemandes qu'anglaises sont entrées pour quelque chose dans l'imagination française, ce n'est que lorsque la critique a discerné les acquisitions d'école ;. les vrais poètes sentaient et chantaient d'eux-mêmes. « Aucun d'eux ne savait l'allemand, écrit-il, et parmi ceux qui les approchaient, je ne vois que Henry Blaze, très jeune alors, mais déjà curieux et au fait, et aussi Gérard de· Nerval qui de bonne heure se multipliait et était comme le· commis· voyageur de Paris à Munich. Gœthe était pour nous un dieu honoré et deviné plutôt que bien connu. On n'allait pas chez lui à Weimar avec David d'Angers, pour s'inspirer, mais pour lui rendre hommage. » Sur Gérard de Nerval, nous en pouvons dire plus long aujourd'hui [2] ; mais est-il bien prouvé que « Victor Hugo ne lisait pas autant que l'on

1. *Nouveaux Lundis*, IV, *Appendice*, 2 novembre 1863.
2. Julia Cartier, *op. cit.*

croyait » et que « Lamartine était parfaitement étranger à l'Allemagne? » La première de ces assertions ne s'accorde pas avec ce que nous savons des goûts littéraires de Hugo, et cela dès ses jeunes années[1]. C'est peut-être même le contraire qu'on serait en droit de lui reprocher; si l'Allemagne n'a pas joué le rôle décisif chez lui, on ne saurait lui refuser à lui pas plus qu'aux autres grands romantiques une teinture de la littérature et de la poésie anglaises, comme on l'a vu plus haut. Quant à Lamartine, s'il ne s'est pas inspiré directement des poètes allemands, certaines réminiscences dans *Jocelyn*, dans les *Confidences* ou dans les *Méditations*, certains projets d'ouvrages conçus vers la fin de sa vie indiquent cependant que Gœthe n'était pas sans avoir laissé des traces sérieuses dans ses souvenirs[2].

« Charles Nodier, continue Sainte-Beuve, qui a tant parlé de *Werther* et de l'Allemagne, l'arrangeait encore plus à sa fantaisie et ne la voyait qu'à travers la brume ou l'arc-en-ciel; il ne savait pas l'allemand. » Mais il n'a pas trop mal compris le génie germanique; si en 1849 Lamartine dépeignait son *Raphaël* lisant *Werther*, Nodier en 1803, dans *le Peintre de Salzbourg*, avait retenu avec une nuance comique, l'élément sentimental et tragique du roman allemand[3]. Chez Musset, Sainte-Beuve convient que « l'imitation est enlevée d'une aile si légère que bientôt elle disparaît et on ne la distingue plus; il savait l'italien et l'anglais, c'était tout : pas un mot d'allemand. » Sans doute, mais sa bibliothèque était bien pourvue de traductions et les emprunts de détails inconscients ou voulus que l'on saisit au passage dans ses poésies et dans ses drames dénotent une certaine familiarité avec quelques écrivains allemands; il est impossible de ne pas admettre avec M. Lafoscade[4] que Gœthe, Schiller et Jean-Paul Richter n'aient eu pour lui de l'attrait, et, de tous les romantiques, l'auteur de la *Confession d'un enfant du siècle* est avec Sainte-Beuve lui-même un de ceux qui ont le mieux senti Gœthe et professé pour lui une admiration aussi sincère que raisonnée.

Pour son propre compte, Sainte-Beuve nous confesse encore qu'en affichant l'imitation des poètes anglais et des lakistes, il les « a devinés comme parents et frères aînés, bien plutôt qu'il ne les a connus d'abord et étudiés de près ». C'est aussi le procédé

---

1. *Victor Hugo, Leçons faites, etc., op. cit.*, t. I.
2. Édouard Grenier, *Souvenirs littéraires*, Paris, 1894, p. 30.
3. *Werther et les frères de Werther*, par Louis Hermenjat, Lausanne, 1892; v. encore sur Nodier, *Charles Nodier et le groupe romantique*, par Michel Salomon, Paris, 1908.
4. *Le théâtre d'Alfred de Musset*, Paris, 1902.

dont il a usé avec les poètes allemands qu'il a médités au hasard
de ses lectures ou fixés dans sa mémoire au cours d'une conversation en s'aidant des lumières de connaisseurs compétents.
Ce qui l'a frappé chez quelques-uns, c'est l'humeur, le tempérament
qui répondait à ses propres dispositions, les affinités électives
qu'on aime à se découvrir sans dessein prémédité d'innover. En
les transportant hors de leur sol natal, Sainte-Beuve a vu en eux
des auxiliaires dont il pouvait se réclamer dans l'œuvre de restauration qu'il se proposait de faire dans la poésie en France;
mais ses efforts ne se peuvent comparer avec la tentative que le
poète allemand Emmanuel Geibel[1] conçut d'entreprendre pour
les poètes français. Traducteur savant, versé dans les questions
de rythme, de style et de versification, Geibel a continué une tradition qui remonte à Herder et n'a eu en vue que d'accroître le
trésor déjà si riche de la poésie de son pays; à la voix de son
peuple il a voulu mêler celle des autres peuples, à l'instar de son
illustre devancier.

Le dessein de Sainte-Beuve est tout autre. Il rêvait d'acclimater et de créer une poésie populaire, plus accessible aux
impressions et aux situations qui forment la trame journalière de
l'existence. Il vantait à propos de Wordsworth la note intime et
familière qui se rapprochait de son propre idéal. Mais il ne se
dissimulait pas non plus qu'à de certaines idées et à de certains
sujets convient une certaine forme d'art. S'il a voulu remettre en
honneur le sonnet, il s'est exercé avec moins de bonheur dans
l'épopée moyenne et bourgeoise qui ne produisit en France que
de rares chefs-d'œuvre; les littératures étrangères ont été ici
pour quelque chose dans sa conception du genre. Le *Jocelyn*
de Lamartine était un redoutable voisinage pour *Marèze* et
*Monsieur Jean* qui ouvrent le recueil des *Pensées d'août* (1837). En
1836, à propos de *Jocelyn*, il reconnaissait que la poésie du curé
de village, neuve en France, existait depuis longtemps en Allemagne et en Angleterre surtout. Il voudrait, ajoutait-il, « saluer
Lamartine comme l'Homère d'un genre domestique, d'une épopée
de classe moyenne et de famille, de cette épopée dont le bon Voss
a donné l'idée aux Allemands par *Louise*, que le grand Gœthe s'est
appropriée avec perfection dans *Hermann et Dorothée* et dont
Beattie, Gray, Collins, Goldsmith, parmi nous l'auteur de *Marie*,
sont des rapsodes soigneux et charmants[2] »; et plus tard dans

1. *Emmanuel Geibel und die französische Lyrik*, von Dr M.-D. Pradels, Münster
in Westf., 1905.
2. *Revue des Deux Mondes*, 1836, t. V; *Jocelyn*, p. 610.

une lettre à Juste Olivier du 21 septembre 1842, il appelait *Hermann et Dorothée* « la plus gracieuse et la plus fraîche des idylles, un *Paul et Virginie* avec quelque idéal en moins, mais avec la vérité domestique et le rythme en plus[1] ».

Mais ces nouveautés avaient de la peine à se faire accepter, témoin l'accueil que rencontra le poème de Gœthe vanté par Sainte-Beuve lui-même. *Hermann et Dorothée* était parvenu assez vite à la popularité, grâce à la traduction en prose de Bitaubé parue en 1800. La *Décade philosophique*, dans deux articles étendus, dus probablement au baron de Gerando, un des bons connaisseurs à cette époque de la poésie et de la philosophie allemandes, avait pris sous son patronage la petite épopée; il s'efforçait d'attirer l'attention sur la belle simplicité de l'ouvrage qu'il opposait aux descriptions banales de *l'Homme des Champs* de Delille. Mais l'Institut, qui comptait parmi ses membres des lettrés tout imbus de l'ancienne culture classique et du rationalisme littéraire de la fin du xviiie siècle, se tenait sur la défensive[2]. En 1810 Mme de Staël dans son livre *De l'Allemagne* ne goûtait que médiocrement le chef-d'œuvre de Gœthe dont M. Stapfer et M. Chuquet ont mis en relief les qualités de composition et de facture. Chez Mme de Staël, l'intelligence très vive des époques était parfois un peu faussée par le respect qu'elle gardait encore pour la pompe et l'étiquette du siècle précédent. N'admettant pas qu'une égale liberté fût permise au peintre des sujets et des objets familiers, elle recommandait au poète épique de ne pas se départir d'une « certaine aristocratie littéraire ». Il semble qu'elle en soit restée aux théories de Voltaire sur l'épopée ou plutôt sur le poème historique. Enfin Sainte-Beuve, qui vint trente ans après, en était encore à se demander « s'il était possible en français de faire un poème de quelque étendue, un poème sérieux et qui ne fût pas ennuyeux », et dans le domaine de la poésie épique, il ne trouvait que *Jocelyn* et *les Bretons* qui remplissent les conditions du genre. Il suivait lui-même la destinée du « genre idyllique » de *Nausicaa* à *Hermann et Dorothée*, aux héroïnes de Gessner et de Léonard en passant par Virgile, le Tasse, Camoëns et Milton[3]. La tentative si réussie de Gœthe lui semblait avoir indiqué la voie; c'est évidemment à elle qu'il songeait en 1831 lorsqu'il citait le jugement de Gœthe sur l'épopée rustique *Daphnis et Chloé* que le

1. *Correspondance inédite de Sainte-Beuve avec M. et Mme Juste Olivier*, Paris, MCMIV.
2. Voir sur ce sujet notre étude *Hermann et Dorothée*, dans la *Revue d'histoire littéraire de la France*, octobre-décembre 1905, p. 635.
3. *Portraits contemporains*, III, p. 324; *Portraits littéraires*, II, p. 329.

poète allemand avait lue dans la traduction de Paul-Louis Courier [1].

Or la poésie domestique à laquelle aspirait Sainte-Beuve, poésie sans envolées sublimes, teintée d'une légère mélancolie, se plaisant sur « des coteaux modérés », se bornant à des analyses sentimentales et à des paysages de petite dimension, il l'avait sentie chez quelques poètes allemands, les poètes de la Souabe, Uhland, Justinus Kerner, dans quelques pièces de Schiller, sans oublier non plus la veine que pouvait lui fournir la donnée de *Werther*. Dans son ignorance de l'allemand, il a imité très librement, en recourant à des traductions ou à l'aide de personnes versées dans la langue et la poésie allemandes. Nous n'aborderons donc pas la question des origines de ces pièces; il est difficile à cet égard de rien préciser et nous nous contenterons de renvoyer aux recherches de M. Walter Küchler qui s'est appliqué à déterminer les circonstances dans lesquelles ces poésies ont pris naisssance [2].

La pièce XII des *Consolations* intitulée *A deux absents* porte comme épigraphe le passage suivant tiré de *Werther* : « Vois ce que tu es dans cette maison! tout pour tout. Tes amis te considèrent; tu fais leur joie, et il semble à ton cœur qu'il ne pourrait exister sans eux. Cependant si tu partais, si tu t'éloignais de ce cercle, sentiraient-ils le vide que ta perte causerait dans leur destinée? et combien de temps? » Ce motif a été sans doute suggéré à Sainte-Beuve dans sa première ferveur pour le roman allemand; il est significatif aussi en ce qu'il reflète le calme et la douceur de l'une des époques les plus heureuses de sa vie. Les deux absents auxquels il s'adresse, le « couple heureux et brillant » qui l'a admis

Dès longtemps comme un hôte à ses foyers amis,

c'est le ménage Hugo. Pour célébrer les charmes de l'intimité, le poète a voulu revivre en imagination l'idylle de Wetzlar contenue dans la pure sphère de l'amitié jusqu'au moment où Werther succombe sous le poids des souffrances qu'il s'est lui-même suscitées. Le rôle que Sainte-Beuve a joué dans la réalité est maintenant assez connu pour qu'on se dispense d'insister sur les rapprochements et les allusions.

*L'Attente* (Die Erwartung) de Schiller est une des imitations les

1. *Nouveaux Lundis*, IV, p. 96.
2. *Sainte-Beuve Studien* dans la *Zeitschrift für französische Sprache und Litteratur*, Bd. XXVII, 1905, p. 200-222.

plus fidèles et les plus réussies de Sainte-Beuve. Autant que le
permet la versification française, il a conservé le rythme et l'alter-
nance des strophes tantôt plus longues, tantôt plus courtes. Nous
citons ici à titre d'exemple les deux premières en regard de l'original allemand :

| | |
|---|---|
| *Hör ich das Pförtchen gehen,*<br>*Hat nicht der Riegel geklirrt?*<br>*Nein, es war des Windes Wehen,*<br>*Der durch diese Pappeln schwirrt.* | La grille s'ouvre : il est bien l'heure,<br>J'entends comme un verrou crier...<br>Non, c'est un jonc qu'un souffle effleure;<br>C'est la brise du soir qui pleure<br>Dans les branches du coudrier. |
| *O schmücke dich, du grün belaubtes Dach,*<br>*Du sollst die Anmuthstrahlende empfangen!*<br>*Ihr Zweige, baut ein schattendes Gemach*<br>*Mit holder Nacht sie heimlich zu umfangen!*<br>*Und all'ihr Schmeichellüfte, werdet wach* | Oh! pour mieux recevoir ma jeune bien-aimée.<br>Feuillage, embellis-toi, fleurissez, verts gazons;<br>Berceaux, pour mieux couvrir sa pudeur enflam-<br>En alcôve entr'ouvrez vos discrètes cloisons; [mée,<br>Et quand son pied pliant sous son beau corps qui |
| *Und scherzt und spielt um ihre Rosenwangen*<br>*Wenn seine schöne Bürde, leicht bewegt,* | [penche<br>Cherchera son chemin jusqu'à moi qui l'attends,<br>Longs rameaux qu'au passage écarte sa main |
| *Der zarte Fuss zum Sitz der Liebe trägt.* | [blanche.<br>Jouez dans ses cheveux sans l'arrêter longtemps. |

L'élégie *Rome,* imitée de la pièce du même nom d'Auguste
Schlegel, dans les *Pensées d'août,* a fourni à Sainte-Beuve un cadre
assez vaste dans lequel il a placé à la fois l'éloge de l'Italie, de
Rome, de M^me de Staël et de M. Necker. L'idée en a sans doute
été inspirée au poète autant par ses travaux sur M^me de Staël que
par la lecture des œuvres de critique de Schlegel; il a procédé ici
avec beaucoup plus de liberté que dans la poésie précédente.
L'allure régulière de l'alexandrin, le croisement des rimes dans
les strophes de quatre vers, fort bien adaptées à la solennité des
souvenirs historiques donnent un tour tout classique à cette
pièce qui par le ton rentre dans la manière des premières *Odes* de
Victor Hugo célébrant les gloires et les deuils de la Restauration.

Nous entendons des accents plus personnels dans d'autres petits
poèmes : un sonnet traduit de Uhland, *le Brigand* (der Raüber) et
*les Deux sœurs* (die zwo Jungfrauen) du même auteur, un sonnet
imité de Justinus Kerner, un sonnet de Rückert, *Auch ich war in
Arkadien geboren* et une imitation du Minnesänger Hadlaub[1]. La
*Correspondance inédite de Sainte-Beuve avec M. et M^me Juste
Olivier* nous offre par endroits quelques indices révélateurs sur
les incidents ou les lectures qui firent éclore ces productions,
indices dont M. Küchler[2] a déjà tiré parti et auxquels nous renvoyons le lecteur. On reconnaît sans peine dans le sonnet *A deux
sœurs* des allusions au désenchantement de Sainte-Beuve, prenant
congé de la poésie et renonçant à l'amour; la pièce A M... com-

1. V. Küchler, *op. cit.*
2. *Op. cit.,* p. 209.

posée à Lausanne et qui précède *le Brigand* trahit la même
mélancolie et la même prédilection de Sainte-Beuve pour Uhland
auquel l'avait initié le littérateur vaudois Lèbre, comme il le donne
à entendre dans une lettre du 6 janvier 1839 à ses amis Olivier;
plus tard il associe le nom de Gray à celui du poète allemand[1];
ici c'est Collins.

> Oh! laissez-moi du poète que j'aime
> Bégayer le vague et doux son,
> Glaner après celui qu'il sème,
> Et de Collins, d'Uhland lui-même
> Emietter quelque chanson.

Du court poème de Justinus Kerner *Stille Thränen*, composé
de douze vers distribués en quatre strophes, Sainte-Beuve a tiré
un sonnet qui ne vaut pas l'original allemand, mais qui rend bien
les impressions de tristesse par lesquelles il passait de 1830 à 1837[2].
Quelquefois, lorsqu'une donnée poétique a sollicité son intérêt,
lorsqu'il a entendu mentionner un motif et que le texte n'est
pas à sa portée, ils s'enquiert auprès de ses amis; c'est ainsi que,
par exemple, dans une lettre du 2 juillet 1838, il prie Juste Olivier
de lui procurer le chant *l'Épée et la Lyre* de Théodore Körner,
projet de traduction ou d'imitation auquel il n'a jamais donné
suite.

Nous admettons avec M. W. Küchler, sans cependant appuyer
trop, que le séjour de Sainte-Beuve dans la Suisse française n'ait
pas été sans fruits pour lui dans sa curiosité de la littérature allemande. « La Suisse française, Genève et notre chère Lausanne,
lisons-nous dans la lettre adressée en 1863 à M. William Reymond,
m'ont toujours paru de parfaits belvédères pour nous bien observer
et pour nous étudier dans nos vrais rapports avec l'Allemagne; »
et pour n'en citer qu'un, on sait avec quel intérêt il avait suivi les
débuts de Rodolphe Töpfer[3] dans lequel il démèlait avec perspicacité l'élément étranger à la France. Mais à Lausanne même,
c'est incidemment et dans les loisirs de la conversation qu'il se
sera orienté, sans but arrêté, sans songer à aborder des études qui
exigeaient du temps et qui l'écartaient du sujet qu'il avait à traiter.
La famille Olivier, Porchat, le traducteur des œuvres de Gœthe,
Lèbre et Vinet ne se sont pas si fort préoccupés de tourner ses
regards vers un pays dont la langue et la pensée ne lui étaient

1. *Causeries du Lundi*, XIV, p. 431.
2. V. Küchler, *op. cit.*
3. *Portraits contemporains*, III.

pas accessibles. Les velléités de séjour en Allemagne étaient oubliées depuis longtemps et les leçons sur Port-Royal et les discussions qu'elles soulevaient absorbaient avant tout l'attention du professeur et du petit cercle de lettrés qu'il fréquentait [1].

(*A suivre.*)                                    Louis Morel.

[1]. Nous renvoyons encore le lecteur à M. W. Küchler pour un certain nombre de points auxquels nous ne toucherons pas après lui. — « Il y a encore quelque chose de l'Allemagne dans *Christel*, une nouvelle que Sainte-Beuve donna à la *Revue des Deux Mondes* en 1839; le sujet d'abord, puis le passage où l'auteur décrit la bibliothèque de Christel, mentionne Klopstock, Matthison, une littérature un peu vieillie, mais élevée et cordiale toujours ». (*Zeitschrift für neufranzösische Sprache und Litteratur*, XIII, p. 157 et suiv., cité par Virgile Rossel, dans *Histoire des relations littéraires entre la France et l'Allemagne*, Paris, 1897, p. 214).

# MÉLANGES

## SEPT LETTRES INÉDITES
## DE MICHEL SERVAN A VOLTAIRE (1766-1770)

« Il est venu chez moi, écrivait Voltaire à Damilaville le 9 octobre 1765, un jeune petit avocat général de Grenoble, qui ne ressemble point du tout aux Omer; il a pris quelques leçons des d'Alembert et des Diderot : c'est un bon enfant et une bonne recrue. » Cet avocat général qui devait être, selon un mot de d'Alembert, « une bonne acquisition pour la philosophie », était Joseph Michel Antoine Servan; il avait vingt-huit ans.

Une correspondance s'engagea entre le jeune magistrat et le patriarche de Ferney. Les éditeurs de Kehl publièrent les lettres de Voltaire à Servan, peut-être pas toutes, ni intégralement. Ils ne donnèrent aucune lettre de Servan à Voltaire. Ils en avaient pourtant un certain nombre, exactement sept, en double copie. Elles sont aujourd'hui à la Bibliothèque nationale (*Manuscrits, Nouvelles acquisitions françaises*, n° 2777), parmi d'autres lettres à Voltaire que j'ai fait copier aussi et que je publierai prochainement.

Aucun des éditeurs de Voltaire ne les a données. Elles manquent à l'édition Moland. Je ne les trouve pas non plus dans les *Œuvres* de Servan ni dans les études qui lui ont été consacrées. Elles sont intéressantes pourtant. D'abord une correspondance est un dialogue, et si toutes les répliques d'un interlocuteur sont supprimées, il est difficile de donner aux propos de l'autre leur valeur, leur nuance exactes. Puis ces lettres sont des documents sur la réputation et l'influence de Voltaire : on verra de quel ton de dévotion enthousiaste le jeune avocat général s'adresse à l'écrivain. Enfin Servan est un de ces personnages de second ordre chez qui il est bon d'étudier la diffusion de la philosophie et la préparation intellectuelle et sentimentale de la Révolution.

La forme de ces lettres, assez lourde, d'une plaisanterie sans finesse et tirée, marque un esprit plus vigoureux et âpre que brillant. Elle fera valoir les réponses de Voltaire. Je ne donne pas ces réponses que toutes les éditions contiennent. J'ai seulement cru qu'il était utile d'indiquer à quelle lettre de Servan correspondait chaque lettre de Voltaire, et d'en rappeler la substance par une très brève analyse.

Les copies sont correctes en général; quelquefois elles se corrigent l'une par l'autre. Le choix n'est pour ainsi dire jamais douteux; aussi n'ai-je pas cru devoir recueillir des bourdes comme *espace* pour *espece* et autres variantes de même calibre.

J'ai conservé l'orthographe des manuscrits. J'ai très discrètement retouché la ponctuation. J'ai mis çà et là quelques apostrophes nécessaires, et des majuscules au début des phrases et à certains noms propres qui n'en avaient pas.

1ʳᵉ copie, fᵒˢ 167-169; 2ᵉ copie, fᵒˢ 170-172.

Grenoble, le 7 avril 1766.

Il vous serait aussi difficile, Monsieur, de vous rapeller ceux qui ont eu l'avantage de vous voir qu'à eux de l'oublier. Cependant j'ose vous dire que si vous sçaviez lire dans les cœurs comme vous sçavez les remuer, vous m'auriez distingué dans la foule, par la sincérité de mon hommage, et la vivacité de mon admiration. Je ne suis point allé comme tant d'autres offrir mon encens à Appollon, à l'occasion d'Escu-lappe; j'étais malade, et je n'ai pas consulté M. Tronchin; je n'ai été conduit à Genêve que par cette fâcheuse maladie de l'esprit, particu-lière à notre espèce, et qu'on nomme curiosité; mon premier pas a été de Genêve à Ferney; mais je n'ai eu garde de laisser un ex-voto dans votre antichambre; car vous ne m'aviez point guéri, et je sortais plus curieux de vous revoir que je ne l'avais été de vous voir. Cependant j'ai tiré parti de mon voyage et je l'ai bien fait valoir à mon retour; je ne suis ny un grand, ny un grand homme; et par conséquent j'ai besoin d'artifice pour me faire regarder, j'en ai un toujours pret et toujours sûr, il me suffit d'annoncer que je vous ai vu plusieurs fois; aussitôt me voila consideré comme *Monsieur qui est Persan*[1]; on m'interroge, je parle de votre Eglise[2] et l'on rit; je parle du bien que vous faites à vos païsans, à tous les malheureux et l'on est emû; je repette quel-ques-uns de vos discours; et suivant ma profession je commente le texte, en un mot je verse beaucoup de mon eau sur un peu de votre liqueur, et je fais avaler cela tout doucement à mes auditeurs. Mais ma petite vanité, n'est pas une raison pour vous écrire; c'est ma parole; je vous parlai, monsieur, d'un ouvrage de M. Astruc, intitulé *Conjectures sur les memoires originaux dont Moïse a tiré la Genèse*[3]. Vous me dites que vous ne le connoissiez pas; j'offris de vous l'envoyer, si je pouvais vous le procurer; et vous acceptâtes mon offre; je l'ai cherché longtems inutilement, et ce n'est que depuis très peu de jours, que j'ai pu tirer cet arme de l'arcenal d'un bon incrédule qui la gardait avec beaucoup de soins; vous la trouverez bien rouillée: et j'ai honte, monsieur, de vous envoier des conjectures sur un objet que vous avez éclairé de tant de certitudes; vous soucierés-vous d'apprendre que Moïse n'a composé la Genèse que sur d'anciens memoires, et voudrés vous resuivre les coutures de ce vieux vêtement de la réligion, après l'avoir déjà mis en pièces? Ce qui vous étonnera le plus, c'est que la

1. Cf. *Lettres Persanes*, XXX.
2. L'église que Voltaire fit bâtir a Ferney, avec l'inscription : *Dio erexit Vol-taire.*
3. 1753. C'est l'ouvrage où furent pour la première fois distinguées les rédac tions jéhoviste et elohiste.

Sorbonne ait laissé passer cet ouvrage sans le marquer de son fer chaud; il était assez singulier pour être lû, et assez hardi pour être condamné; cependant il n'a été ny condamné, ny lû; c'est un vivant qui s'est caché dans la foule des morts. Peut être aussi qu'on a été trompé par quelques protestations hipocrites dont l'ouvrage est masqué; il ressemble à ces damnés soldats qui soufletaient la face de notre Divin maitre, en lui faisant la révérence et l'appellant le Roy des juifs.

. Une meilleure raison qui a pû empêcher de le lire, c'est qu'il est terriblement chargé d'erudition; il faut être aussi sçavant que M. le. Defenseur de l'histoire générale [1] pour le comprendre parfaitement. Il prend les choses avec un serieux qui fatigue, ce n'est pas à des mains roides et pesantes que la philosophie doit confier la semence délicate de cette espèce de verité, il a fallu un homme qui unit l'éloquence à l'érudition, la fine plaisanterie à la solide raison, les lumieres de l'histoire aux forces de la philosophie; qui sçut attaquer les hommes par la tête et par le cœur, reveiller à la fois tous les sentimens de l'humanité et les notions claires de l'eternelle verité; nobLe chevalier du genre humain, contre un ennemi absurde et cruel dont il a arraché la langue et coupé le bras.

Tous les hommes sensés commencent à jouir de sa victoire, tous croient en Dieu, en attendant le reste; tous se contentent de la foy de leurs sensations, en attendant celle du charbonnier; tous disent la priere de Pope [2], en attendant de chanter les cantiques de M. Le Franc de Pompignan [3]. Je n'ai rien à vous dire contre ces gens la; car je vis paisiblement avec quelques uns d'entr'eux; ne me méllant point, Dieu merci, dans ma profession de faire rouer les peres pour leur apprendre à bien vivre avec leurs enfans [4]; ny de forcer nos Citoyens à se laisser tuer ou defigurer par la petite verole [5]; encore moins de brûler l'Encyclopédie [6], parce qu'elle me coute fort cher, qu'il y a plusieurs bons articles, et que nous avons d'autres fagots que des infolios; n'aiant en un mot d'autre incendie à me reprocher que celle de deux ou trois libelles qui sentaient le jesuite à pleine gorge, en cela même plus humain que le plus doux homme du monde, le bon *Candide*, lequel tuait les jesuites en personne et de sa propre main; je passe aussi ma vie avec quelques amis, et la collection complette [de vos œuvres [7]]; j'y ris, j'y pleure, j'y épure mon ame, j'y eclaire mon esprit; en un mot

---

1. Voltaire lui-même. *Remarques pour servir de supplément à l'Essai sur l'histoire générale*, etc., 1765; *Éclaircissements historiques*, 1763.

2. *La Prière universelle* (ou prière du déiste), traduite de l'anglais, 1760.

3. *Poésies sacrées sur divers sujets*, 1734. Nouv. édition considérablement augmentée, 1763.

4. Allusion à l'affaire Calas.

5. Allusion à l'arrêt du 8 juin 1763 par lequel le Parlement de Paris ordonnait à la Faculté de théologie et à celle de médecine de donner leur avis sur l'inoculation.

6. Contre laquelle Joly de Fleury, avocat général, avait prononcé un réquisitoire en 1758.

7. Ces mots manquent dans les deux copies.

c'est la manne de mon desert; nourriture où je trouve tous les goûts et que je digère sans fatigue.

J'ai l'honneur d'etre avec un trés profond respect, Monsieur, votre etc.

A cette lettre Voltaire répondit par celle qui se trouve dans Moland, t. XLIV, p. 375, sous le n° 6327. Elle est datée d'*avril* : on peut préciser; puisque la première lettre de Servan est du 7 avril, et que la deuxième, où il répond à son tour à Voltaire est du 30 du même mois, on peut placer la lettre de Ferney entre le 15 et le 20. Voltaire y fait compliment à Servan, et admire « les progrès que l'esprit, l'éloquence et la philosophie ont faits dans ce siècle », et en particulier dans la magistrature provinciale. Il attend le *Moïse*, qu'il soupçonne n'être qu'un plagiat de Gaulmin. « Toute l'histoire de Moïse est prise mot pour mot de celle de Bacchus. » Il envoie à Servan une lettre du roi de Prusse, et lui offre de lui adresser sa *Philosophie de l'histoire.*

Plusieurs mots et allusions de cette lettre se rapportent mal à la lettre de Servan. « Orphée, *dites vous*, n'amollissait pas les pierres qu'il faisait danser. » Servan n'a rien dit de tel. Il semble aussi, par un renseignement que Voltaire fournit sur un petit livre de l'abbé Coyer, que Servan ait dû manifester quelque curiosité sur ce point : et sa lettre n'en parle pas.

Y eut-il donc deux lettres de Servan, dont l'une serait perdue? Il y eut, à coup sûr, deux réponses de Voltaire (voyez la lettre II de Servan); la seconde a été perdue; c'est là qu'il demandait des renseignements sur M. de Castillon et son discours. Peut-être les premiers éditeurs ont-ils fondu les deux lettres de Voltaire en une.

## II

F<sup>os</sup> 178-189-180-181.

Grenoble, le 30 avril 1766.

Vous avez raison, Monsieur, *Moïse* est *Bachus*, car il est resté dans un cabaret; le coquin de muletier à qui j'ai demandé compte de mon prophete l'a indignement laissé dans une auberge de Genève intitulée *la Tourperce*[1] et tenue par un Mr. Roman. Cela vaut bien la maison de *jetro.* J'espere que celui qui durant quarante ans ne s'égara pas dans un désert ne se perdra point au bout de quinze jours dans une petite ville; il n'aura pas deux fois le malheur de périr à la vüe de la terre promise. La matiere m'a inspirée. Je me suis faché comme un juif, et j'ai traité mon muletier comme un Cananéen. Je n'aurais jamais imaginé d'etre un jour si inquiet pour la Genèse, il y a trois semaines que je ne m'en souçiais gueres; il me suffisait que le monde fut, et que j'y fusse; et je ne songeais pas si c'était d'hier avec *Moïse* ou d'avant hier avec *Bérose.* J'avais laissé depuis longtemps ce Berçeau étroit et court du genre humain; il m'était suspect; et je le comparais au lit du Tyran, ou l'on ne faisait coucher de grands hommes que pour les mutiler, en les ajustant à sa petitesse. Je voyais bien qu'il falait mutiler nos grandes

---

1. Sur la Tour perse, voyez Doumergue, *Jean Calvin* (III, 895-899). M. Eug. Ritter, qui m'indique cette référence, y joint l'indication du plus ancien texte français, où il soit question de cette tour (Registres du conseil de Genève, à la date du 4 nov. 1460) : *Fuit mandatum hospiti Turris Persici* (*Persice?* pour *Persicæ*). Et dans le même registre, année 1473, *de Turre Persa.* Ces noms latins invitent à entendre non pas *Tour perce* ou percée, mais *Tour perse*, ou peinte en bleu.

histoires, en les couchant sur la Genèse; mais je lui pardonne tout; elle m'a procuré deux de vos lettres; et l'ouvrage est divin; irais-je contester à Moïse d'avoir entendu l'esprit Saint, lui. qui m'a fait entendre le vôtre? Vous ne sçavés pas, monsieur, ce que c'est que deux lettres de monsieur de Voltaire; ce sont deux Bulles en littérature et en philosophie; *Baile* a dit que Voiture était le pape des beaux esprits de son siècle; vous êtes le pape des beaux esprits d'un siecle bien supérieur, mais ce qui vaut mieux, vous êtes encore le vrai Messie des philosophes. Vous êtes celui que les gens raisonnables attendaient; les *Frerons et les Pompignans* nient votre *advenue*; mais le Siècle précédent vous avait clairement annoncé; j'en demande pardon aux *Desfontaines* et aux *Rousseau*, mais vous avez passé les premiers moments de votre naissance litteraire entre le Bœuf et l'Ane. Les Rois vous ont offert de l'or et. de l'encens; vous avez redressés bien des esprits de travers, guéri bien des aveugles; et maintenant vous êtes dans le désert ou vous prêchez la multitude qui court après vous. Il ne vous manquerait qu'un Concile pour votre divinité; mais par malheur les philosophes vos apôtres ne sont pas gens à tenir un concile; l'histoire de l'eglise et celles de nos academies leur ont trop bien appris que le Saint ni le bon esprit ne reside guere dans les grandes assemblees. Vous ne serez donc pas Dieu, Monsieur, le tems est mauvais. Mais du moins vous servirés a prouver son existance; c'est par votre intelligence sublime que les philosophes prouveront la suprême; de tels ouvrages donnent la plus juste idée de l'ouvrier.

Voila le malheur d'être le chef d'un parti raisonnable; on n'obtient que ce qu'on mérite; il faut naitre à propos; cinq ou six mille ans plutôt, vous eussiez peut-être été *Appollon*, ou *Orphée*; trois ou quatre mille lieues plus loin vous auriez eu des pastilles et des tableaux comme *Confucius*; mais en Europe et dans le dix-huitième siècle, vous ne serez qu'un grand homme, qui a fait beaucoup d'honneur et de bien a l'humanité. Vous me pardonnerez donc, monsieur, si je ne conserve pas vos lettres comme des reliques; mais seulement comme deux originaux d'un maitre admirable qui me seront propres, que je possederai seul, qui feront mon instruction, ma gloire, et la jalousie des autres; si j'étais peintre, je vous copierais; je ne suis qu'amateur, et je vous recueille.

Vous me demandés monsieur, le vrai discours de M. de Castillon [1]; je ne connais, ainsi que vous, que le masque qu'il a montré dans le public. Ses ennemis étoient trop nombreux et trop puissans pour leur

---

1. J. Fr. A. Leblanc de Castillon, avocat général au Parlement de Provence, prononça, le 1er octobre 1765, à la rentrée de la cour. un discours qui fit grand bruit. Un extrait courut (*Mém. de Bachaumont*, 10 oct. 1765), qui fut condamné, supprimé ou brûlé par divers parlements pour certaines déclarations contre le fanatisme ultramontain. Puis le parlement de Provence ordonna d'imprimer le discours de Castillon, du moins, à en croire Servan, une version officielle et arrangée de ce discours (Cf. *Mém. de Bachaumont*, 8 mars 1766). Sur Castillon, voyez la *Notice biographique* écrite par l'abbé d'Hesmivy d'Auribeau (1829).

livrer la vérité toute nue. Cette pudeur était nécessaire, et je ne sçais s'il ne vaut pas mieux quelques fois tenir la vérité en prison, que de s'y faire mettre ; M. de Castillon avait un bel auditoire, presque tout composé de jésuites de robbe courte. Jugez, monsieur, comme les paroles qu'il leur envoyait étaient reçües ; il me semble voir ces pauvres catholiques qu'on faisait précipiter d'un rocher, et que des soldats recevaient en bas sur la pointe de leurs piques. Au reste c'est une article de Foy parlementaire, que le discours de M. de Castillon a été prononcé tel qu'il la fait imprimer, et c'est sur ce pied-là, que nous avons fait brûler les extraits qui avaient courus. Que dirés-vous, Monsieur, de ma ridicule audace ? Je vous envoie mon boût de requisitoire. Je lui rend justice. C'est une alumette qu'on doit bruler pour faire brûler, et je vous proteste que je ne mettrais pas cette indigne rapsodie sous vos yeux, si elle avait plus de deux pages, si vous ne m'aviez pas parlé de M. de Castillon, et surtout si je n'y avais pas lancé un anathème public contre ces misérables qui font métier de la Calomnie, et qui ne s'occupent à distiller les bonnes pensées des autres que pour en extraire des liqueurs corrosives. Croyez, monsieur, que je suis bien éloigné d'attacher le moindre mérite et la moindre importance à ces bagatelles ; je sens le ridicule de notre emphase pour de très petites choses ; mais il n'appartient pas à tout le monde de faire des innovations ; ma profession veut que je balbutie quelque fois de grands mots ; mais combien je rougis en vous lisant ; nous frappons l'air, et vous percés les cœurs. Il vous est impossible, Monsieur, d'imaginer jusqu'à quel point vous avez subjugué le mien ; vos bontés me font éprouver quelque chose de bien plus vif et de bien plus doux que l'admiration et le respect avec lequel j'ai l'honneur d'être,

Monsieur,

Votre etc.

Voltaire répondit le 9 mai. Il accuse réception du livre d'Astruc. « Enfin, Monsieur, on a retrouvé Moïse sur un tas de fumier, et il est sauvé des mains des muletiers comme de celles de Pharaon. » Il demande à Servan de lui envoyer tous ses écrits. Il se réjouit de voir « le bon goût renaître en province. Il n'y a en France aujourd'hui aucun grand talent... mais en récompense, il y a beaucoup de philosophie » (Moland, XLIV, 286 ; n° 6337).

## III

1re c., fos 197-198 ; 2e c., fos 195-196.

Grenoble, ce 9 février 1767.

Quand vous ne m'auriés pas comblé de bontés, Monsieur ; quand je ne possédérois pas trois de vos lettres ; je n'en adresserois pas moins au deffenseur *des Calas* et des *Sirven* un discours sur l'administration de la *justice criminelle* [1]. Le sujet est à vous, monsieur, et par malheur

1. Grenoble, 1767, in-8°.

la manière est à moi; je sens la faiblesse de cette rapsodie; et malade depuis trois mois, n'ayant mis que peu de jours à cet ouvrage, j'ai la consolation de penser que dans un meilleur tems, je ferais beaucoup moins mal.

Mais ce que vous approuverés, certainement ce sont les bonnes intentions qui l'ont dicté. Les intentions sont pour le magistrat, ce que les armées sont pour les princes; avec cela les manifestes sont toujours bons. Le seul endroit que j'aime et que je vous annonce, c'est celui où j'ai pris la liberté de vous montrer du doigt. Personne ne vous a méconnu, et votre nom ne vous eut pas si bien nommé.

Il faut que je vous raconte, monsieur, que nous eûmes, il y a quelques années, un honnête recolet qui prêchant sur l'incrédulité, fit une terrible sortie contre vous; même, si je m'en souviens bien, il vous appela *colosse d'impiété*. On rit de pitié; on laissa dire l'aimable recolet. J'ai été votre don-quichotte, j'ai tiré l'épée contre le récolet et devant un auditoire non moins nombreux, non dans une église, mais dans un temple (car vous sçavez bien que notre palais est un temple), je n'ai pas dit absolument que vous êtes un collosse de bienfaisance, mais j'en ai dit l'équivalent.

Votre éloge est devenu vérité bien triviale; mais c'est celle qui plait davantage à mon cœur; et moi qui me contentois de lire vos ouvrages avec admiration, depuis que j'ai l'avantage de vous connaître je ne prononce votre nom qu'avec tendresse et respect; aussi, monsieur, je vous avoue que j'ai été un peu humilié en voyant paroître le *philosophe igno-rant*[1] chés nos libraires, avant que de le posséder dans ma bibliotèque. Vous m'aviez flatté de m'envoier toutes les plantes nouvelles du pays de *Gex*[2], et votre oubli m'a paru une réprobation; cependant si je ne suis pas assés philosophe, du moins je suis tout aussi ignorant qu'il le faut pour apréçier cet admirable et triste bilan de la raison humaine.

Je ne veux pas vous importnner d'avantage; et j'ai honte je l'avoue, de me trouver dans la foule de ces petits talens qui viennent vous fatiguer de leurs ouvrages : moi, qui ne prétends pas même à la médiocrité, je ne vous rends hommage que pour satisfaire mon cœur et la verité, et je vous rassure d'avance en vous protestant que c'est ici la derniere fois que je vous envoieray de l'imprimerie de ma façon; le hazard l'a voulu, mais je connois mes forces, et j'aime mon repos, C'est déja trop de savoir lire sans vouloir encore etre lû; plut à Dieu qu'on accordât le privilege exclusif d'écrire comme celui de vendre la mousseline, nous lirions moins, et nous saurions d'avantage; on ne verrait pas un *Fréron* planter sa Baraque, parmi les beaux magazins

1. 1766, in-8°. Grimm en avait un exemplaire dès le mois de mai; il en rend compte dans sa *Correspondance* le 1er juin. Mais l'ouvrage eut quelque peine à pénétrer en France, et cette lettre semble donner raison en un sens à Beuchot qui supposait que le *Philosophe ignorant* n'avait paru qu'en décembre. (Cf. Bengesco, *Bibliogr.*, II, 186.) *Paru* est une erreur de fait; mais la diffusion, la circulation réelle sont bien de la fin de l'année.

2. Dans la lettre 6327, où il offrait la *Philosophie de l'Histoire*.

des *Voltaires*, des *Buffon*, des *d'Alembert*, et vendre de petites feuilles
tandis que ceux-ci distribuent de belles etoffes ; tant pis pour les
dupes ; quant à moi je ne le suis pas ; et la postérité n'aura pas plus
d'admiration pour vous, ni vos contemporains plus de respect que

Votre très humble serv, etc.

La réponse de Voltaire est du 14 février (Moland, XLV, 115 ; n° 6749). Il
remercie du *Discours*. « Si l'éloquence peut servir au bonheur des hommes,
ils seront heureux par vous. » Les 50 dernières pages lui ont fait verser « des
larmes d'attendrissement ». Servan est « le premier homme public qui ait
joint l'éloquence touchante à l'instructive ». Cela manquait à d'Aguesseau  Nos
lois sont barbares ; elles ont besoin de réforme et d'adoucissement. Il envoie
à son correspondant le *Commentaire sur les Délits et les peines par un avocat
de province.*

Servan envoya ensuite à Ferney dans le cours de l'année 1767 un autre discours, le *Discours dans la cause d'une femme protestante.* Il dut l'accompagner
d'une lettre, que je n'ai pas. En tout cas, après l'envoi de ces deux discours,
il écrivit encore à Voltaire. Sa lettre, non datée, est évidemment des premiers
jours de janvier 1768 (*une lettre de bonne année*, écrit-il). La voici.

IV

Fᵒˢ 329-333 ; autre copie incomplète, fᵒˢ 334-335.

Condrieux par Vienne en Dauphiné.

Je respecte trop vos occupations, Monsieur, pour vous écrire aussi
souvent que mon cœur, et peut-être ma vanité le demanderoient ; il
me semble qu'à la place de Josué je n'aurois point voulu détourner
pour moi seul, le soleil qui est pour tout le monde, mais une lettre de
bonne année, doit paroitre sans consequence et vous me permettrez
bien de vous dire une fois les vœux que je fais pour vous à chaque
ligne de vos ouvrages ; puissiez vous être immortel comme eux.

Moi qui n'ai point gouté de cette douce fumée de la Gloire ; moi
qui connois votre personne autant que votre nom, et qui d'ailleurs
aime à vivre comme l'aîné *Menechme* je vous dirai grossièrement que
je suis tout prêt à bruler la *Henriade*, s'il le falloit, pour prolonger
votre vie de dix ans. N'est-ce pas la, Monsieur, *rem prorsus substan-
tialem.* Le publiq (sauf respect) traitte les hommes de génie comme les
chevaux de poste. Il en a besoin ; sans eux il ne peut aller loin, et
cependant il les presse, il les eguillonne sans s'inquietter s'ils ne creve-
ront point avant leur course. Pour moi, Monsieur, je vous proteste que
je recevois avec plus de plaisir la moindre petite nouvelle de votre
santé que la plus digne production de votre plume, et je vous proteste
encore que je sens tout cela aussi vivement que vos plus anciens amis.

J'ai reçu dans ma retraite *Le huron l'ingenu*[1], tres digne frere de
l'allemand *Candide.* Il faut avouer que ces deux honnêtes gens, ont

---

1. *L'Ingénu* parut vers juillet-août 1767.

fait un rude apprentissage des hommes. De si terribles histoires degouteront un peu de la candeur et de l'ingenuité, elles donneront quelqu'envie d'être tout d'un coup fripon avec les hommes; ou d'aller être homme de bien, sans péril, sur les bords du lac de Genève; encore depuis quelque temps ces bords ne sont-ils pas trop sûrs. Le jugement des Garants[1] leur rendra-t-il la paix? Je vous avoue qu'il me paroit bien dificile que le plus grand nombre soit gouverné par le plus petit, quand il veut serieusement ne pas l'être; voila deux sçenes politiques bien remarquables et qui se jouent en même tems, l'une en Pologne[2], l'autre en Suisse, et la religion se mêle de toutes deux.

Il est a souhaiter que M. Rousseau qui vient de publier son Dictionnaire de musique[3] s'entende un peu mieux en harmonie musicale qu'en harmonie politique. J'ignore où est sa retraitte, et le nom de celui qui la lui a donnée, il serait temps qu'un homme qui aime tant l'Évangile, jouit à la fin un peu de la paix evangelique.

Mais je laisse M. Rousseau pour vous parler sur mon propre compte; je vais vous montrer, Monsieur, toute la confiance que j'ai dans vos bontés, en vous faisant l'aveu d'une idée, qui, de ma part vous paroitra d'une témérité ridicule, je vous demanderai même vos conseils sur cette idée, et sur tout celui de ne pas la suivre si vous la jugez trop au-dessus de moi.

Vous sçavez trop, Monsieur, que nous n'avons aucun ouvrage complet sur notre legislation; nous n'avons pas même de bons ouvrages sur les parties séparées de notre législation; dans quel livre étudier notre droit public? Il faut aller le chercher dans nos ordonnances mêmes, et jusque dans nos vieux capitulaires; nos parlements ne nous entretiennent que des loix fondamentalles, et nous ne sçavons gueres quelles sont ces loix, et bien moins encore ce qu'elles devroient être, il me semble que l'erudition a trop absorbé ce sujet. On a beaucoup discuté les origines de nos loix, et fort peu le bien et le mal; on nous laisse mourir de faim, en nous faisant avaler les cendres de nos peres. Nos loix sur l'education (si nous en avons), nos loix religieuses, nos loix fiscales, nos loix criminelles, nos loix civiles, tout est dans un désordre choquant. Si quelques parties, comme l'agriculture, le commerce, les finances, ont été plus observées de nos jours, il me semble qu'on les a trop isolées de toutes les autres parties, et qu'en les considerant dans leur liaison nécessaire avec tout le reste de la législation, elles auront reçu des developpements et des lumieres qu'elles n'ont point encore.

Un ouvrage qui nous donneroit sur ce sujet tout ce qui nous manque, seroit bien vaste; je crois qu'il devroit commencer par une exposition

---

1. C'est-à-dire le projet dressé par les médiateurs, le chevalier de Beauteville pour la France, Sinner et Ouspourguer pour Berne, Escher et Heidegger pour Zurich, pour la pacification de Genève. Le projet fut rejeté vers la fin de 1766, et la France fit avancer des troupes pour investir Geneve.

2. Allusion aux troubles qui aboutirent à la *Confédération de Bar* (1768).

3. 1767, in-8°.

des principes generaux de la morale naturelle et politique; on détermineroit .ensuitte les principes qui conviennent à chaque espece de gouvernement, on s'attacheroit particulièrement à ceux de la monarchie, et après les avoir cherchés dans la nature des choses, il serait heureux de pouvoir les verifier par des exemples vrais et bien reconnus des monarchies anciennes et modernes; on seroit obligé de livrer de grands combats à M. de Montesquieu, ce n'est pas une petite affaire, mais il le faudroit bien. Les vérités générales une fois développées; on passeroit à ce qui touche notre monarchie en particulier, et le premier objet serait ses terribles loix fondamentales qui sonnent si bien dans des remontrances qu'on ne lit pas. Il seroit assez difficile de bien fixer les limittes de ces loix. On pourroit donner sur leurs variations, une histoire abrégée et qui ne seroit point trop chargée d'erudition, passer rapidement sur ce qui a été pour bien constater ce qui est : ces loix etant connues, l'auteur en diroit, s'il l'osoit, et le bien et le mal, il les compareroit aux loix fondamentales des autres monarchies; leurs avantages et desavantages mutuels seroient observés et de là naitroient les idees des reformations et des remedes. Vous voyez deja, Monsieur, que les objets les plus importants et les plus délicats sont renfermés dans cette discussion, les droits du souverain, ceux du clergé, de la noblesse, de la magistrature, l'économie des tribunaux civils, les pretentions des parlemens modernes, l'autorité du conseil, remontrances, arrêts de cassation, d'attribution, commissions extraordinaires, tout ce qui peut engager à mentir est là. La maniere de traiter ces loix fondamentales seroit le plan de toutes les autres loix. Déterminer dans chaque ordre de loix celles de notre legislation qui sont les plus essentielles; les considerer d'abord en elles-mêmes, ensuite dans leur raport entre elles, et enfin dans le raport que des loix d'une certaine classe ont avec les loix d'une autre classe; les comparer avec les loix du même genre dans les gouvernements etrangers, tirer de là un jugement sur nos loix, et de ce jugement un remede à leurs inconvenients, voila de la besogne pour une tête et un estomac cent fois meilleurs que les miens. Je n'espere ni de reussir ni de l'achever; je sçais seulement que je m'amuse et que le papier blanc me blesse la vüe. Cependant, Monsieur, quoique je me rende justice, je veux faire le moins mal que je pourrai et c'est pour cela que je vous supplie de me tendre un peu la main; je suis à cent lieux de Paris, la Terre promise pour ceux qui veulent ecrire; je suis juif captif en Egypte, et je n'ai que des oignons pour batir une piramide; du moins si je connoissois les livres que je dois consulter; mais j'ai beau chercher, aucun ne m'instruit des loix de nos gouvernemens modernes; vingt auteurs s'offrent pour m'apprendre ce qui se faisoit à Rome et à Sparte, et nul ne me dit bien ce qui se fait en Suede, en Dannemarck, en Espagne, en Angleterre; — si vous aviez la complaisance, Monsieur, de dicter quatre lignes à votre secretaire pour me dire seulement *lisez cela*; ces quatre lignes me seroient un guide bien estimable et bien cher. Que [n'ai-je]

dix lieux seulement à faire deux ou trois fois par semaine pour obtenir
une heure de votre conversation! Si j'etois a portée de cette tête
immense où tous les faits de l'histoire sont si bien rangés et si bien
jugés; si vous me permettiez d'y puiser, que de choses j'en tirerois! il
y en a mille surtout dans cette matiere qui se disent, et ne s'ecrivent
point. Cependant, Monsieur, la certitude d'une inviolable discretion,
les encouragemens que vous avez toujours donnés à la simple intention de faire le bien, les bontés que vous m'avez déjà temoignées, ne
m'obtiendront-elles pas quelques conseils plus approfondis? je ne puis
pas dire comme le Corrège et Montesquieu, *et moi aussi je suis peintre*,
mais vous pouvez me faire dire que j'ai travaillé sous les yeux de notre
premier peintre [1].

J'ai l'honneur d'etre avec le plus profond respect

Monsieur

Votre tres humble et tres obt. serv.

· A cette demande instante, Voltaire fit une longue et belle réponse, le
13 janvier 1768 (Moland, XLV, 484; n° 7129). Après avoir loué Servan, il lui
parle, selon son désir, des difficultés de son entreprise, qu'il l'encourage pourtant à exécuter, des lois des diverses nations de l'Europe, des affaires La Barre
et Sirven, de la réforme nécessaire des lois françaises. Il termine par une critique de Montesquieu, à laquelle Servan l'avait comme provoqué; mais il lui
accorde d'avoir « parlé avec courage contre la finance, les prêtres et le despo-
tisme ».

Voltaire écrivit ensuite à Servan un billet daté de Ferney 26 Auguste (1769),
qui devait servir d'introduction à un jeune homme, « M. Mallet-Dupan, d'une
ancienne famille de la magistrature de Genève » (Moland, XLVI, 423; n° 7643.)
Servan fit réponse par la lettre qui suit :

V

2 copies : f^os 229-230, et 227-228.

Ce 15 septembre 1769.

Vous êtes un jeune vieillard, Monsieur, et moi je suis un vieux jeune
homme, je crois que mon rôle est le pire; quoi qu'il en soit, je vous
souhaite très sincèrement une santé meilleure que la mienne; votre
vie est utile au monde et la mienne n'est rien, si la nature vous a ravi
la santé, elle vous a bien payé en génie; votre feu brûle également
depuis plus de soixante ans; elle a soufflé ma pauvre petite lampe à
trente; et m'a laissé dans les tenebres et dans les maux; et c'est là
mon tourment, le tourment inexprimable de l'ennui, celui que cause
l'habitude du travail et l'impossibilité de la satisfaire. Moi, monsieur,
qui connois si bien l'influence de ce qu'on appelle le *Phisique*, sur ce
qu'on appelle le *Moral*, je vous trouve moins étonnant encore par la
grandeur et la beauté de vos ouvrages, que par la continuité de vos

---

1. L'ouvrage que rêvait Servan ne parut jamais. Peut-être un des écrits inédits
publiés par X. de Portets en 1825 en est-il un fragment. Je veux parler de celui
qui a pour titre : *De l'influence de la Philosophie sur la Législation criminelle*.

travaux; j'ai vus je ne sçais combien de médecins qui ne vous conçoivent pas; comment peut-on tirailler impunément pendant soixante ans par le caffé et le génie, de petits nerfs plus déliés que des cheveux? et ce sont ces petits nerfs qui ont fait depuis la *Henriade* jusqu'à *Candide?* en vérité, monsieur, vous seriez ingrat dans vos plaintes; vous soufrés, vous etes malade, mais vous composés! et vous composés avec génie; par conséquent vous ne vous ennuyez pas, et cela fait une vie présente très passable, en attendant l'immortelle qui vous est assurée. Pardonnez moi, Monsieur, je creve de jalousie contre vous, et mon malheur me donne de l'humeur; que ne puis-je pour me consoler, vous voir, vous entendre, m'échaufer à votre soleil et surtout jouir un peu de votre ame et de votre cœur! M'en jugerez vous digne? Oui, en vérité, je le serois, et la continuelle simpathie que vos idées ont toujours trouvée dans mon esprit me fait croire que vous ne refuseriez pas de me les communiquer, et moins encore quelques sentimens.

Vous me parlés de mon ouvrage; hélas, monsieur, je le traine de mes mains faibles, et je halette à chaque pas; il faudrait voler, à peine je sçais marcher; je l'emporterai dans mon tombeau pour le laisser achever à mon ame, qu'on dit immortelle, et très spirituelle, surtout après ma mort.

J'ai vû, Monsieur avec le plus grand plaisir M. Mallet, et je l'ai reçu comme une maitresse reçoit le porteur d'un billet doux; daignés aussi vous souvenir de moi quelquefois, on trouvera vos lettres en bon ordre dans mes archives et ce seront mes titres de noblesse.

Croiés vous, Monsieur, que je suis assez infortuné pour n'avoir reçu de vos ouvrages depuis plus de dix mois? Si vous ni mettés ordre, je me confesserai; notre belle et sage police a établi des lignes de défense contre les livres de Geneve comme on en forme contre la peste, et nous qui ne faisons rien comme les autres, ni avec les autres, nous dormons maintenant, lorsque toute l'Europe s'éveille. Connoissez vous, monsieur, le coq hardi, dont le cri la reveillée? ce coq qui chante si haut, si bien, et si longtemps? je le connois, il est entre la Suisse, la France et Genêve; c'est de là qu'il fait [1] pleurer, mais non repentir les successeurs de Pierre; son chant est unique; mais le plus heureux coq, est-ce celui [2] qui chante? je perds le respect, excusés. Je ne perdrai jamais la profonde admiration et j'ose dire la tendresse respectueuse d'un disciple avec laquelle j'ai l'honneur d'etre,

Monsieur, votre etc.

P. S. Si vous vouliés, Monsieur, me marquer seulement sur un petit billet, je me porte bien, je suis malade, je veux bien penser a vous, vous

---

1. Les copies portent *faut*, que l'on doit évidemment corriger en *fait*.
2. Leçon de la seconde copie. Comment faut-il lire : *le plus heureux coq, est-ce lui qui chante?* (1re copie); *le plus heureux coq, est-ce celui qui chante?* (2e copie); ou bien *le plus heureux coq est celui qui chante* (par conjecture, sans point d'interrogation). Ce passage est obscur et entortillé; mais la leçon la plus plausible me parait celle de la seconde copie.

me feriez tant de plaisir que vous en auriez vous même à me le procurer.

Voltaire répondit le 27 septembre à Servan (Moland, XLVI, 465, n° 7680).
« C'est votre vie, Monsieur, et non pas la mienne, qui est utile au monde. » Il
l'exhorte à travailler à la réforme de la législation; et il lui indique quelques
points à traiter : abus de la juridiction ecclésiastique, douanes intérieures,
procédure criminelle, confiscation, torture. « Puisse votre faible santé, monsieur, vous laisser achever promptement le grand ouvrage que vous avez
entrepris; et que l'humanité attend de vous. »
Servan répondit par une lettre (perdue) qui « ranima » Voltaire. De Ferney
partit le 6 décembre pour Grenoble une nouvelle lettre, où, entre des compliments à Servan et quelques traits contre Jean-Jacques Rousseau, se plaçait
la demande d'un morceau sur l'*Utilité des spectacles pour les mœurs* [1] que Voltaire voulait insérer dans ses *Questions sur l'Encyclopédie* (Moland, XLVI, 504,
n° 7722). Dans ces deux lettres, 7680 et 7722, il est question de l'abbé de
Ravel qui a porté à Grenoble les compliments de Voltaire et à Ferney des nouvelles de la santé de Servan. L'avocat général répondit par la lettre suivante.

## VI

F. 235-236-237-238.

Romans, 19 décembre 1769.

Quand je serois mort, votre aimable lettre me ressussiteroit, Monsieur, vous m'ecrivés que vous m'aiméz avec cette plume dont le canon
éclatant a plus ressussité de morts que ne fera jamais la trompette de
l'ange; continués moi ces précieuses bontés, elles sont ma plus douce
consolation pour le présent, et me donneront peut être quelque gloire
dans l'avenir; heureux les noms imprimés dans vos ouvrages! La
poussiere même s'attache à votre encre et s'y durcit comme l'airain,
Ma rapsodie *sur les mœurs* n'est qu'un ouvrage d'occasion; c'est un
enfant trouvé presenté tout nud à la rentrée de notre parlement: et je
l'habille maintenant pour le rendre supportable aux yeux du public;
vous sçavez bien, Monsieur, que dans un discours d'apareil, et serré
en une heure de tems, il est presque impossible de rien dire d'utile;
aussi ce que j'ai dit au parlement sur les mœurs n'est qu'une rétho-
rique assez vaine : c'est une lamentation sur ce que nous sommes, une
exhortation à devenir meilleurs, enfin l'ennui et l'inutilité d'un sermon :
il est vray qu'un sermon moral du plus chétif avocat general, prêché à
des magistrats et à des esprits sans superstition, est cent fois meilleur
que le plus beau sermon dogmatique de Bourdaloûe, pour prouver
qu'il faut croire, à des gens qui croyent déja trop; cependant un tel
ouvrage ne seroit point encore digne du publiq qui lit, il lui faut de la
substance, et pour en donner à un discours sur les mœurs, j'ai crû qu'il
falloit après avoir déploré leur perte montrer surtout comment on pouvoit la reparer : pour cela j'ai consideré *primo* — l'influence de nos
loix tant bonnes que mauvaises sur nos mœurs; 2° l'influence d'une

1. Lyon, s. d. (1770), in-12.

education publique et bien dirigée; 3° l'influence de l'exemple du prince et des grands sur les mœurs dans une monarchie; 4° celle des spectacles; et c'est la dessus, Monsieur, que je soutiens que les spectacles peuvent etre utiles aux mœurs; je ne nie pourtant pas les vices de notre ancien Théatre; j'indique autant que je le puis les moyens de réforme; le plus grand, à mon sens, seroit que le Gouvernement appliquât sa main au Théatre et qu'enfin il daignât le regarder comme un de ses ressorts. Je demande des honneurs et de la gloire pour les auteurs, surtout je voudrois des spectacles pour le peuple, des amusemens utiles et nobles pour assaisonner son pain, et diriger ses mœurs : je forme aussitôt les plus magnifiques espérances; et je crois voir nôtre Gouvernement tout disposé à cette heureuse revolution. Pour fonder cette conjecture, j'examine brievement l'histoire du Gouvernement depuis Richelieu, et je la compare à celle de notre Théatre depuis Corneille. Je trouve que jusqu'à nos jours, le Gouvernement qui influe tant sur les esprits, ne leur a pas laissé cette tranquillité si nécessaire pour gouter avec application les plaisirs du théatre, et perfectionner l'art. Enfin après le terrible Richelieu, après la ridicule Fronde, après le siecle brillant d'abord et dissipé, ensuite grondeur et chagrin de Louis XIV, après la folle regence, dans un tems calme et serein, au milieu du silence que la philosophie commence d'imposer aux orages, je vois arriver un homme, un poignard tragique à la main, mais un poignard tout neuf, frais eguisé sur la meule des mœurs, plus terrible et plus utile que celui de Corneille et de Racine : cet homme la, Monsieur, helas! c'etoit vous meme etc., etc., etc.

Voila le passage où il est le plus question de mon heros; ailleurs j'en parle à chaque page; mais là, j'en parle toute la page; aussi puisque vous l'exigés, je vous envoye ce petit lambeau déchiré d'une mauvaise piece, mais qui du moins a pour beauté votre Eloge; car de vous envoyer le reste, Dieu m'en garde! ny par l'ordre, ny par le stile il ne convient à un ouvrage précis et didactique, tel qu'un supplément à l'Enciclopédie. Vous ne le verrez que trop tot ailleurs : ce seroit deja chose faite si ma tête n'etoit aux ordres de mon estomach; quand il m'accorde deux matins en huit jours, je crois lui en devoir de reste, et sous prétexte qu'il me fait du chile, il ne veut pas que je fasse des pensées. Pour ma poitrine que vous m'exhortés à soigner, *c'est celle de Stentor*, ou plutot la vraie poitrine d'un avocat Général; je crierois autant que *Montmaur*, mais je ne digérerois pas comme luy[1].

J'ai deja interrogé mille fois l'abbé de Ravel, sur toutes les circonstances et dependances de votre santé, et quand il veut me parler de votre Genie, je lui dis tout net que je m'en moque, et que je veux sçavoir uniquement comment vous vous portés, comment vous vivez; je trouve qu'on ne sçait point vous voir, et j'aimerais mieux quelqu'un

---

1. S'agit-il ici du parasite Montmaur? Cf. N.-M. Bernadin, *De Petro Montmauro græcarum litterarum professore Regio, et ejus obtrectatoribus*, in-8°, 1895.

qui iroit gouter votre potage pour sçavoir s'il est bien restaurant, qu'un extatique d'admiration. Mon Dieu, Monsieur, je tremble quand je vois tant d'ouvrages sortir de vôtre tête ; le ver à soye file son tombeau ; filés moins et vivés. Je le disois ainsi du plus profond de mon cœur à Monsieur Dupuis[1] que j'ai eu l'honneur de voir un quart d'heure avant mon départ de Grenoble pour Romans ; je ne pus lui parler de vous qu'une heure et demie ; ce n'est pas contentement : il me dit des choses incroyables. La tragédie des *Guebres* en huit jours! Et tous les matins vous dictés un livre pour vous désennuyer : tant mieux pour nous, mais tant pis pour vous, Monsieur, si cela vous amuse ; je me représente quelquefois votre tête avec un grand trou dans le milieu du crâne comme un volcan, jettant des matieres enflammées : gare le patrimoine de Saint Pierre, et sauve *Fréron* et *Pompignan*. Mais enfin Saint Pierre n'a plus que sa bicoque de Rome : vous avez *effeuillé* Fréron, pulverisé la statue de Monsieur le Franc. Le monde qui pense est tout plein de vous ; ce qui n'arrive jamais, votre gloire est votre contemporaine. Que vous reste-t-il à faire qu'à bien vous conserver pour ceux qui cherissent votre personne? On parle toujours de dormir sur des lauriers, et vous, Monsieur, qui en avez tant, on dit que vous ne dormez point : mon tendre interet pour votre santé et pour votre vie me rend tant soit peu bavard ; je finis en vous assurant des sentiments d'admiration, mais sur tout de tendresse avec les quelles j'ay l'honneur d'être,

Monsieur, votre etc.

Ici se placent deux lettres de Voltaire, un court billet du 20 décembre 1769 et une lettre du 5 janvier 1770 (Moland, XLVI, p. 518 et 525; n<sup>os</sup> 7737 et 7747). Dans cette dernière, il accuse réception, avec de grands éloges, du morceau sur les spectacles.

Puis Servan alla à Lausanne consulter Tissot pour sa santé. Voltaire l'invita à s'arrêter à Ferney, lorsqu'il retournerait chez lui (Moland, XLVII, p. 190, n° 8017). Son billet est daté du 4 septembre 1770.

VII

1<sup>re</sup> c., f° 240; 2° c., f° 241.
Lausane, ce 5 septembre 1770.

Que de bontes, monsieur, et comment les reconnoitre! Vous admirer, vous cherir, ériger votre statue dans mon cœur longtems avant celle que *Pigale* vous destine à Paris, voila ce que je puis et ce que je fais. Avec mille et une raisons de desirer de vous revoir, je voudrais surtout aller aprendre de vous l'art de vivre en mourant ; non, monsieur, je ne cherche pas la santé, je n'evite pas meme la mort ; mais je voudrais sentir et jouir en l'attendant : il me semble que je saurois mourir, peut-être même souffrir ; mais je ne sçais point languir, et je ne demande à la médecine qu'un remede à ma foiblesse, et non point

1. Le mari de M<sup>lle</sup> Corneille, probablement.

à mes maux. L'existence est une boisson fade que la providence me fait avaler depuis dix ans pour me donner des nausées; j'aimerais mieux un peu de liqueur, dut elle me causer mal à la tête.

Je ne sçais si le medecin me fera bientot cesser d'être une huitre à l'écaille; mais, quoi qu'il en arrive, à mon retour j'iray, n'en doutez point, adorer en passant ce beau soleil qui se couche avec la splendeur du midy, et dirige plus d'horloges que celui du palais royal. Imaginés, Monsieur, ce que l'admiration, le respect et la tendresse ont de plus sincere et de plus vif, ce sont les sentimens de Votre très, etc.

Le 30 novembre, ayant appris que Servan est à Genève, Voltaire l'invite de nouveau à venir à Ferney (Moland, XLVII, 267, n° 8101). Il ne veut ni pour lui-même, ni pour Servan, d'une visite du matin; des malades doivent rester au lit.

Je rencontre encore dans la Correspondance de Voltaire deux lettres à Servan : n° 8216, 22 février 1771 (Moland, XLVII, 361); n° 8484, 9 février 1772 (Moland, XLVIII, 22). Les lettres correspondantes de Servan ne se sont pas trouvées : la date des réponses autorise à croire que c'étaient des lettres de bonne année, et que la correspondance de ces deux hommes était devenue moins active que dans les années 1766-1769.

GUSTAVE LANSON.

# DESPORTES ET ANGELO DI CONSTANZO

Sous ce titre, M. Kastner a publié, dans le numéro de janvier-mars 1908, une note où il restitue à Angelo di Costanzo douze sonnets de Desportes. Elle n'est neuve ou exacte que pour trois de ces sonnets seulement.

Six d'entre eux, *Cléonice* XXVII, *Cléonice* XL, *Cléonice* LVIII, *Hippolyte* XLI, *Hippolyte* LVI, ont déjà été restitués à Angelo di Costanzo au cours d'une note que j'ai publiée dans cette revue (janvier-mars 1906) sous ce titre : *Une rencontre des Muses de France et d'Italie demeurée inédite.*

Deux autres, *Diane* II, LXVIII, *Hippolyte* LXXII, ont été restitués à Costanzo par M. Flamini dans l'étude signalée par M. Kastner.

Le sonnet XXXV d'*Hippolyte* n'est pas imité de Costanzo, mais librement traduit de della Casa (*O Sonno, o de la queta, humida, ombrosa*), comme l'a signalé M. Flamini.

M. Kastner n'apporte donc du nouveau que pour trois sonnets seulement : *Diane* II, LXXIII, *Hippolyte* XXXVIII, *Cléonice* XXX. C'est une contribution intéressante à la connaissance de Desportes.

Mais M. Kastner a tort de reprocher à M. Flamini de « s'être borné à suivre la piste de Desportes uniquement dans les sonnets de Costanzo que contient le recueil de Ruscelli » (les *Fiori* de 1558), et de n'avoir pas « étudié la collection complète des sonnets » de Costanzo. Ces sonnets, en effet, n'ont pas été publiés à part avant 1709 : il n'y a donc pas lieu de les étudier, quand on s'occupe de Desportes, dans des collections dont la plus ancienne est postérieure de plus d'un siècle à la mort de Desportes. Tous les sonnets signalés par M. Kastner lui-même sont dans les *Fiori* ; deux d'entre eux ne sont pas indiqués à la table, mais ils sont cependant dans le volume.

Une trentaine de sonnets de Costanzo furent donnés pour la première fois au public dans le recueil des poètes napolitains : *Libro terzo delle rime di diversi illustri signori napoletani et d'altri nobilissimi ingegni*; in Vinegia, appresso Gabriel Giolito de Ferrari et fratelli, MDLII. Ce recueil, comme l'explique fort clairement Bongi dans ses *Annali* des Gioliti, eut toute une histoire. Publié par les Gioliti pour faire suite à leurs deux premiers livres de *Rime di diversi*, qui avaient donné au public la fleur du bembisme, il n'eut pas d'abord de succès. C'est que deux autres éditeurs avaient eu l'indiscrétion de donner déjà des suites à l'anthologie publiée par leurs confrères : en 1550, avait paru un *Libro terzo* à Venise, chez Bartholomeo Cesano; en 1551, avait paru ensuite un *Libro quarto* à Bologne, chez Anselmo Giaccarello. Le public, voyant apparaître en 1552 chez les Gioliti un *Libro terzo*, crut que ce n'était pas un recueil nouveau, et la vente s'en ressentit. Résignés à accepter le fait accompli, les Gioliti, la même année, firent paraître de nouveau leur recueil en l'intitulant *Libro quinto* et en y apportant quelques variantes. Devenu *quinto*, ce livre de poètes napolitains eut un grand succès, et il le méritait : car au lieu de contenir seulement, comme le volume édité par Cesano et le volume édité par Giaccarello, des productions dans le goût bembiste sans grande nouveauté, il donnait des vers de trois vrais poètes : Tansillo, Rota, Costanzo. Aussi fut-il vite épuisé et on le réimprima, avec quelques variantes, en 1555, toujours sous le titre de *Libro quinto*.

Vingt-cinq des sonnets de Costanzo publiés pour la première fois en 1552 furent réimprimés en 1553 dans le recueil de Dolce : *Rime di diversi eccelenti autori* (Venise, Giolito). Cette anthologie avait la prétention de donner la fleur des anthologies pétrarquistes jusque-là publiées, avec diverses pièces inédites. Elle eut un très grand succès : elle fut réimprimée en 1556, et devint en 1563 *il primo volume delle Rime scelte da diversi autori*; on trouve de ce *primo volum* des exemplaires avec les dates de 1564, 1565, 1566; il fut réimprimé en 1586, et on trouve des exemplaires de cette réimpression avec les dates de 1587, 1588, 1589, 1590. (Voir Bongi. J'ai eu moi-même entre les mains les volumes de 1553, 1556, 1565, 1586, 1590.)

Le public ne connaissait qu'une faible partie des sonnets de Costanzo, quand parurent les *Fiori* de Ruscelli en 1558. C'est ce recueil qui fonda définitivement la réputation du poète : ses sonnets étaient mis en tête du volume et ils étaient au nombre de soixante-sept. Ce sont les plus intéressants qu'il ait faits, ce sont en tout cas les seuls que Desportes put connaître avec ceux qui figuraient dans le recueil des Napolitains et dans le recueil de Dolce. D'ailleurs, ceux qui figurent dans ces deux volumes sont presque tous reproduits dans [les *Fiori*. Les *Fiori* furent réimprimés en 1569, puis en 1579.

La note de M. Kastner apporte une preuve de plus à une thèse que j'ai soutenue dans la note indiquée plus haut, et où j'ai essayé d'esquisser l'histoire des éditions de Desportes et de déterminer la chronologie de ses imitations.

Je crois avoir démontré que Desportes connut seulement les *Fiori* par la réimpression de 1579 et qu'il demeura donc fort longtemps sans se douter qu'Angelo di Costanzo était devenu chez nos voisins le prince des sonnettistes. Voici comment je prouvais mon assertion : à ma connaissance, tous les sonnets de Costanzo que Desportes put trouver seulement dans les *Fiori* furent imités par le poète français dans des sonnets qui n'apparaissent chez lui qu'à partir de son édition de 1583; d'autre part, tous les sonnets de Costanzo imités par Desportes avant cette édition de 1583 figuraient déjà dans des anthologies antérieures aux *Fiori*.

La note de M. Kastner confirme ma thèse. Le sonnet XXX de *Cléonice* et le sonnet LXXIII du livre II de *Diane* sont imités de sonnets de Costanzo qui parurent dans les *Fiori* : or, ces deux sonnets ne sont chez Desportes ni dans l'édition de 1573, ni dans l'édition de 1577, ni dans leurs répliques; ils sont dans l'édition de 1583. En revanche, le sonnet XXXVIII d'*Hippolyte* est dans la première édition de Desportes, 1573 : or, le sonnet de Costanzo dont il est imité (*Che m'habbia infin a qui l'intensa doglia*) figure déjà dans le recueil des poètes napolitains : il se lit à la page 110 dans l'édition de 1555, *Libro quinto delle rime di diversi illustri signori napoletani*, volume qui m'a été obligeamment communiqué par M. Hugues Vaganay.

Concluons donc de nouveau : que si certaines anthologies italiennes paraissent être parvenues très vite en France, d'autres, tout aussi importantes, comme les *Fiori*, n'y parvinrent que plus de vingt ans après leur première édition; — que Desportes, quand il composait les sonnets figurant dans ses premières éditions, connaissait seulement d'Angelo di Costanzo une trentaine de sonnets, publiés, soit dans le recueil des Napolitains, soit dans le recueil de Dolce; — qu'il ne comprit toute l'importance de Costanzo qu'après avoir connu les *Fiori*; — qu'il ne connut les *Fiori* que fort tard, entre 1579 et 1583; — qu'il prit donc Costanzo comme principal modèle une vingtaine d'années après que celui-ci était devenu dans l'estime des italiens l'égal de Bembo.

JOSEPH VIANEY.

# LETTRE INÉDITE DE MONTESQUIEU

M. A. Pitou a publié dans le dernier fascicule de la *Revue*, une lettre inédite de Montesquieu à Mairan, datée de la Brède, le 10 novembre 1721. Dans cette lettre, Montesquieu accusait réception d'un envoi de livres fait de Béziers par Mairan. Les livres n'étaient que prêtés : on ne trouvera peut-être pas déplacée ici la lettre par laquelle Montesquieu, en dépit de l'usage, les renvoyait à leur possesseur.

FERNAND CAUSSY.

Vos paquets sont au roulier, monsieur, avec tout ce qu'il faut pour qu'ils partent, et je ne doute pas même qu'ils ne soient partis. Je souhaite que vous trouviez que je me sois assez bien acquitté de cette petite commission. Je vous envoie le catalogue de vos livres et la lettre de voiture de Béziers à Bordeaux, et parce que je compte que vous ne payez pas de port, je vous les envoie par la poste. Je vous prie de croire qu'il n'y a personne dans le monde qui vous soit plus attaché que moi et qui ait plus d'envie de vous marquer le parfait dévouement avec lequel je suis, mon cher monsieur, votre très humble et très obéissant serviteur.

MONTESQUIEU.

A Bordeaux ce 15 décembre 1721.

Le déboursé qui est de 25 s. 10, comme vous verrez par la lettre de voiture est si peu de chose qu'il ne vaut pas la peine que je vous fasse un compliment là-dessus. Ainsi vous pouvez envoyer, monsieur, à votre commodité, à M. l'abbé de Secondat, au collège de Navarre, à Paris, quand vous enverrez dans ce quartier-là.

# SUR LE TÉMOIGNAGE DE CHATEAUBRIAND
# DANS LES « MÉMOIRES D'OUTRE-TOMBE »

M. E. Dick a publié dans le dernier numéro de la *Revue*, sur Chateaubriand et son séjour en Angleterre, un article intéressant et curieux, mais sans indulgence. C'est le droit strict de M. Dick d'être sans indulgence à l'égard de René. Il est pourtant permis de se demander si, çà et là, ce parti pris de sévérité ne l'a point entraîné un peu au delà de la juste mesure. M. Dick ne paraît pas se rendre compte qu'une enquête comme celle qu'il a entreprise, à plus d'un siècle d'intervalle, est chose extrêmement délicate; qu'elle ne saurait sur tous les points, — et en particulier sur de menus faits dont il est bien facile de perdre le souvenir et la trace, — qu'elle ne saurait, dis-je, aboutir à des résultats décisifs; que ces résultats sont nécessairement incomplets, provisoires, toujours sujets à caution, à correction, et à réserve; et que, s'ils semblent parfois en contradiction avec des témoignages formels de Chateaubriand, il serait bien hasardeux d'affirmer, ou d'insinuer, que, dans tous ces cas, l'auteur des *Mémoires d'outre-tombe* a voulu sciemment masquer ou dénaturer la vérité. *Ignoramus, ignorabimus.* Sachons hésiter, douter, sachons surtout suspendre notre jugement. Pour ma part, je me garderais bien, certes, d'accepter comme paroles d'Évangile tous les dires des *Mémoires d'outre-tombe*; et je sais des cas où l'auteur a, plus ou moins consciemment, arrangé la réalité des faits. Mais, d'une manière générale, je crois d'abord qu'il est souvent très difficile de démêler nettement, dans les *Mémoires*, où la vérité finit et où la fiction commence. Et d'autre part, en divers endroits où j'ai pu contrôler le témoignage de Chateaubriand et où je m'attendais, je l'avoue, à des « arrangements » notoires, j'ai été très frappé de voir que le grand écrivain avait fait preuve d'une remarquable exactitude [1]. De telle sorte que j'inclinerais à penser, — et, bien entendu, *exceptis excipiendis*, — qu'il y a dans les *Mémoires* au total beaucoup plus de réalité concrète qu'on ne le croit communément. M. Dick lui-même ne nous fournit-il pas de cela une preuve nouvelle en établissant la réalité objective du célèbre épisode de Charlotte, que M. Le Braz avait failli expulser de l'histoire et renvoyer aux poétiques contrées de la légende et du rêve [2]?

---

1. On me permettra de renvoyer à l'étude sur *la Jeunesse de Chateaubriand* d'après des documents inédits, que j'ai placée en tête d'une réimpression de l'édition originale d'*Atala* (Paris, Fontemoing, 1906).

2. M. Dick regrette que Chateaubriand « se soit refusé *de* nous tracer l'image de Charlotte » devenue Mrs Sutton. C'était peut-être pure galanterie de sa part. C'est ainsi du moins que j'interpréterais volontiers quelques lignes de M. de Marcellus dans ce commentaire perpétuel des *Mémoires d'outre-tombe*, qui s'appelle *Chateaubriand et son temps* (Paris, Michel Lévy, 1859, p. 104) et que M. Dick aurait pu citer ici. A propos du passage où Chateaubriand, parlant de Mrs Sutton, nous dit : « Sa beauté portait l'empreinte de la main divine qui l'avait pétrie », M. de Marcellus écrit : « Autre galanterie, tant soit peu exagérée. J'ai vu moi-même, après cette première entrevue, lady Sutton et ses quarante-quatre ans. Elle avait sans doute, comme quelques autres Anglaises à cet âge, de beaux traits et une blancheur remarquable dans sa corpulence; mais ce n'était plus le printemps, l'été passait, et déjà commençait l'automne. » Que M. Dick veuille bien pardonner à Chateau-

Il n'entre point dans mon dessein de reprendre l'un après l'autre tous les points discutés par M. Dick, et de faire à mon tour la critique de ses critiques. Mais, à l'appui des modestes observations générales que je viens de présenter, je voudrais, sur un fait particulier et précis, faire toucher du doigt au lecteur, le défaut, sinon de la méthode de M. Dick, tout au moins de ses tendances d'esprit.

Tout à la fin de son article, M. Dick nous donne le texte de l'annonce faite dans le *Times* du 18 mars 1797, touchant l'*Essai sur les Révolutions*. Et il ajoute :

« Je tombai sur cette curieuse annonce au cours de mes recherches des critiques élogieuses de son ouvrage, dont Chateaubriand parle dans les *Mémoires*. « Il arriva que l'opinion émigrée s'attacha, par amour-propre, à ma personne : les *Revues* anglaises ayant parlé de moi avec éloge, la louange rejaillit sur tout le corps des fidèles. » J'ai fouillé avec soin, — reprend M. Dick, — les journaux anglais de cette époque-là : *The Times, the Morning Chronicle, the Morning Post, Gentleman's Magazine, European Magazine, Monthly Magazine,* sans trouver une seule mention de l'*Essai* de Chateaubriand : la liste, je crois, est assez complète pour ce qui concerne les publications s'occupant de littérature. »

Et voilà sans doute Chateaubriand convaincu de « bluff » !

M. Dick aurait pu s'épargner de si laborieuses et inutiles recherches. Il existe une lettre de Chateaubriand qui, s'il l'avait connue, l'aurait mis sur la voie de quelques-uns des articles visés. Elle a été publiée par Peltier, dans son journal intitulé *Paris,* le 10 juillet 1797. Chateaubriand y répond, entre autres choses, aux attaques d'un pasteur anglican qui avait prêché contre l'*Essai,* le Révérend Mr Symons, et il signale deux articles anglais sur son livre, l'un de la *Critical Review* et l'autre de la *Monthly Review.* Le sermon a été imprimé sous ce titre : *the Ends and Advantages of an Establish'd Ministry* ; Chateaubriand n'y était pas nommé. Quant aux deux articles, on trouvera le premier, très peu sympathique d'ailleurs, dans le numéro de janvier-mai 1797 (t. XIX, p. 494-497), et le second, très élogieux au contraire, au tome XXII de la *Monthly Review* (p. 540-547, art. XIV).

Pour trouver cette lettre de Chateaubriand, M. Dick n'avait du reste pas besoin de se reporter au journal de Peltier : il pouvait la lire dans mon *Chateaubriand, études littéraires* (Paris, Hachette, 1904, p. 257-259). Et même, — car enfin il n'était point tenu de lire mon livre, — comme je l'ai publiée une première fois ici même (octobre-décembre 1901, p. 667-668), je m'étonne qu'elle ait échappé à un collaborateur, et sans doute à un lecteur assidu de la *Revue d'histoire littéraire de la France.*

Ou plutôt, je ne m'étonne de rien. Mais je voudrais qu'on ne rendît point Chateaubriand victime de ce que les logiciens appellent, si je ne m'abuse, un « dénombrement imparfait [1] ».

VICTOR GIRAUD.

---

briand de n'avoir pas cru devoir nous détailler cette beauté un peu mûre! Il y a des cas où l'imprécision, en France du moins, ressemble fort à la délicatesse.

[1]. Ces lignes étaient écrites et imprimées avant l'article de M. A. Le Braz, *Au pays d'exil de Chateaubriand* dans la *Revue de Paris* du 15 juillet 1908, et avant celui de M. Paul Souday sur *Chateaubriand professeur,* dans *le Temps* du 16 juillet.

# QUELQUES LETTRES INÉDITES
# DE ROMANTIQUES FRANÇAIS A GŒTHE

Le « Gœthe und Schiller Archiv » de Weimar renferme parmi ses trésors manuscrits un certain nombre de lettres adressées à Gœthe par des écrivains français de l'âge romantique. Des traducteurs, comme Aubert de Vitry et M<sup>me</sup> Panckoucke, envoient et commentent leur traduction; Louise Bertin joint à sa partition de *Faust* une lettre protestant de « l'admiration profonde » qu'elle a « vouée depuis longtemps au plus grand génie de notre époque ». Quelques-uns de ces hommages du romantisme français à un écrivain qui était, sur tant de points, un précurseur et un initiateur offrent un certain intérêt pour l'histoire de notre littérature et s'ajoutent aux témoignages que j'ai réunis dans ma *Bibliographie critique de Gœthe en France*. Qu'il me soit permis de remercier ici M. Bernhard Suphan, directeur du « Gœthe und Schiller Archiv », pour la cordialité de son accueil.

F. BALDENSPERGER.

Monsieur,

Daignez me permettre de vous offrir comme un hommage de mon profond respect la traduction de l'un des ouvrages de Herder [1]. Peut-être accueillerez-vous avec bonté les efforts d'un jeune homme sans nom, pour faire connaître à son pays celui que les liens de l'amitié et du génie a [sic] uni pour jamais à votre mémoire. S'il eut vécu, peut-être il n'eut pas repoussé cette faible marque de ma reconnaissance pour tout le bien que j'ai reçu de son noble génie dans tout le cours de ma vie. O vous qui avez si souvent pénétré dans sa pensée la plus intime, vous que je suis accoutumé à vénérer depuis ma première jeunesse, recevez pour lui et pour vous l'offrande de ma reconnaissance et de mon admiration.

J'ai l'honneur d'être avec le plus profond respect
de Votre Excellence
le très humble serviteur
EDG. QUINET.

le 25 mars 1827
Heidelberg, Judengasse, n° 228.

1. Il s'agit, comme on sait, de la *Philosophie de l'histoire de l'humanité* de Herder, que V. Cousin a engagé Quinet à envoyer à Gœthe (*Lettres de Quinet à sa mère*, mai 1825, 17 mars 1827). « Gœthe m'a fait dire, écrit Quinet le 28 mai 1827, qu'il lisait avec jouissance en français un livre qu'il a vu naître, il y a quarante ans, en allemand, et qu'il me l'écrirait dès qu'il l'aurait achevé. »

Paris, 5 avril 1827

Monsieur et très illustre confrère,

Si l'admiration porte avec elle l'excuse des indiscrétions qu'elle peut commettre, vous me pardonnerez, sans doute, d'avoir fourni à un de mes amis, qui voyage en ce moment en Allemagne, l'occasion, ou plutôt le prétexte d'offrir au plus beau génie dont s'honore aujourd'hui l'Europe un tribut de respects et d'hommages que je serais trop heureux de pouvoir lui porter moi-même. M. Delestre-Poirson, homme de lettres et directeur du Gymnase-Dramatique [1], l'un de nos meilleurs théâtres, a pu croire (à en juger par l'expression habituelle de mes sentiments pour vous) que vous daigneriez l'accueillir avec bienveil-lance, sous les auspices de l'Ermite de la Chaussée d'Antin. Ne le détrompez pas, je vous prie, et laissez-nous jouir de sa reconnaissance pour le bonheur que je lui procure et que je lui envie.

Recevez, Monsieur et très illustre confrère, l'assurance de la respec-tueuse considération, de l'admiration profonde et j'oserai même dire de l'amitié, que vous a vouées pour la vie

Votre dévoué serviteur

Jouy.

A Gœthe,

Dès ma plus tendre jeunesse, habitué à vous admirer, j'ai souvent puisé, Monsieur, dans vos immortels ouvrages d'heureuses inspirations ; et si j'ai obtenu quelques succès littéraires, je les dois peut-être en partie à l'étude que j'ai faite des écrits du prince des poètes allemands.

Me permettrez-vous donc, Monsieur, de vous faire hommage en ce moment de ma nouvelle production, que je crois plus digne que les précédentes d'être offerte au sublime auteur de *Faust*? [2]... Si vous l'agréez avec bienveillance, si vous l'honorez d'un éloge, ce sera pour moi la plus brillante récompense de ce que j'ai pu écrire de bien dans ma vie.

Agréez, Monsieur, l'expression des sentiments d'estime et d'admiration avec lesquels je suis

Votre tout dévoué
le gentilhomme de la chambre
du roi, maître des requêtes, etc.

Vicomte D'Arlincourt.

Paris, ce 12 décembre 1827
Rue Royale-Saint-Honoré, n° 4

1. Le Gymnase avait été ouvert en 1820, mais c'est à partir de 1824, lorsque la duchesse de Berry se fut déclarée protectrice de ce théâtre, qu'il fut véritablement rangé parmi les premières scènes de la capitale. C'est alors qu'il connut, grâce à Scribe, devenu son fournisseur attitré, ses plus grands succès. Poirson n'en était au début qu'administrateur, mais c'est lui qui sut en faire « le théâtre de S. A. R. madame la duchesse de Berry ». Jouy fait paraître, cette même année 1827, son roman de *Cécile ou les passions*, assez werthérien.

2. Il s'agit évidemment — hélas! — du « roman-poème » d'*Ismalie, ou l'Amour et la Mort*.

Vire, le 25 mai 1827

Monsieur,

Daignez agréer les vers que j'ai l'honneur de vous adresser : c'est l'hommage d'un Français pénétré d'admiration pour votre génie; seulement il regrette que la faiblesse de son talent ne lui ait pas inspiré des vers plus dignes du vôtre. J'ai habité longtemps l'Allemagne : j'ai connu Klopstock et Jacobi, avec lesquels j'ai souvent parlé de vous et de votre génie. Un de mes regrets les plus vifs est d'avoir habité plusieurs années votre pays, sans avoir été [assez] heureux pour y faire connaissance avec l'auteur de *Werther*, d'*Hermann*, du *Tasse*, d'*Egmont*, et de tant d'autres beaux ouvrages. Mais je m'en dédommage en vous lisant et en vous admirant. J'ai beaucoup connu madame de Staël, une de vos grandes admiratrices, et c'est à son école que j'ai appris à connaître et à sentir l'admirable génie du *solitaire Allemand*.

Agréez, Monsieur,
l'assurance de ma haute admiration
et de mon profond respect

De Chênedollé
auteur du Génie de l'homme, et
membre de la Légion d'honneur
A Vire,
Dépt. du Calvados

## A Gœthe

### Sur le cinquantième anniversaire de Werther.

*Ode.*

Gœthe! le cercle de l'année
Déjà cinquante fois a vu finir son cours,
Depuis que ton génie à l'Europe étonnée
Révéla de Werther les tragiques amours.

Chacun de ce roman sublime
Admira l'énergique et déchirant tableau;
Et le peuple français, d'une voix unanime,
Dès ton début marqua ton rang près de Rousseau.

Dès lors, courant de gloire en gloire,
Tu montas, triomphant, sur le trône des Arts;
Et Klopstock et Schiller, te cédant la victoire,
Sous ton brûlant midi baissèrent leurs regards.

Aussi, que ne peut ton génie?
De quels traits, sur la scène, il perce tous les cœurs,
Quand pour nous Faust, Egmont, le Tasse, Iphigénie
Agrandissent l'effet des tragiques douleurs?

Ton pêcheur et ta bayadère,
Ta vierge de Corinthe, et mille autres tableaux,
Des belles fictions peuplant l'aimable sphère,
Ravissent le lecteur par leurs charmes rivaux.

Ton génie ardent et mobile
Varie à l'infini sous tes riches crayons :
L'art des vers, en tes mains, est comme un prisme habile
Qui reproduit l'éclat de l'arc aux sept rayons.

Ta pensée est infatigable ;
Elle unit la grandeur à la variété :
En produisant toujours, toujours inépuisable,
Tu redoubles de force et de fécondité.

En vain le noir hiver de l'âge
Veut affaisser ton front sous les glaces du Temps :
De verve radieux, et bravant leurs outrages,
Ton talent leur oppose un éternel printemps.

Voltaire de la Germanie !
Continue à charmer, par de nouveaux accords,
Les peuples, amoureux de ton brillant Génie,
Et pour eux, de ton art rouvre tous les trésors.

DE CHÊNEDOLLÉ.

# GEORGES FARCY
## ET HORTENSE ALLART DE MÉRITENS

Dans le très curieux ouvrage qu'il vient de publier sur Hortense Allart de Méritens[1], M. Léon Séché n'a point mentionné le nom de Georges Farcy. Farcy, dont le portrait peint par Alexandre Collin se trouve au Musée Carnavalet, fut une des victimes de la Révolution de 1830. Il n'est guère connu des hommes de notre génération que par une notice mise par Sainte-Beuve en tête d'un volume posthume de *Reliquiæ* (1831, en in-18, Paris, Hachette). C'était un esprit fort remarquable et qui promettait beaucoup. La notice de Sainte-Beuve a été réimprimée au tome I des *Portraits littéraires*. Dans cette étude fort attachante Sainte-Beuve nous apprend que vers 1829 « Farcy vit beaucoup une femme connue pour ses ouvrages, pour l'agrément de son commerce et sa beauté, s'imaginant qu'il en était épris- et tâchant par ses soins de le lui faire comprendre ».

Sainte-Beuve ajoute en note :

« Le respect uous empêche de la nommer; mais tous ses amis la reconnaitront sous le nom d'Hortense. »

Il continue ainsi : « Mais, soit qu'il s'exprimât trop obscurément, soit que la préoccupation de cette femme distinguée fût ailleurs, elle ne crut jamais recevoir dans Farcy un amant malheureux. Pourtant il l'était, quoique moins profondément qu'il n'eût fallu pour que cela fût une passion. »

Cette Hortense était évidemment Hortense Allart.

Sainte-Beuve a trouvé dans les papiers de Farcy le plan d'un petit poème lyrique dont deux strophes seulement furent écrites et qui auraient pu servir d'épigraphe à tel chapitre du livre de M. Séché. Farcy désigne Hortense sous le nom de Thérèse.

Thérèse, que les Dieux firent en vain si belle,
Vous que vos seuls dédains ont su trouver fidèle,
Dont l'esprit s'éblouit à ses seul lueurs,
Qui des combats du cœur n'aimez que la victoire,
Et qui rêvez d'amour commme on rêve de gloire
  L'œil fier et non voilé de pleurs.

Vous qu'en secret jamais un nom ne vient distraire
Qui n'aimez qu'à compter, comme une reine altière,
La foule des vassaux s'empressant sous vos pas,
Vous à qui leur cent voix sont douces à comprendre,
Mais qui n'eûtes jamais une âme pour entendre
  Des vœux qu'on murmure plus bas...

Un autre fragment en prose cité par Sainte-Beuve paraît bien encore se rapporter à notre Hortense. Quoi qu'il en soit le nom de Farcy doit figurer désormais sur la liste des adorateurs d'Hortense de Méritens. Il s'y trouvera d'ailleurs en bonne compagnie.

LOUIS LEGER.

1. Paris, *Société du Mercure de France*, 1908.

## LETTRES INÉDITES DE THIERIOT A VOLTAIRE

*(Suite [1].)*

### XXI

12 novembre à Paris [1758].

Votre avis arriva trop tard, mon très illustre ami. *L'Esprit* était parti à l'adresse de M. Tronchin à Lyon et il vous sera parvenu dans le même temps que je recevais votre très aimable lettre. Ce sont-là de très petits inconvénients de cette vie.

M. Helvétius est ici depuis quelques jours. Il m'est venu voir, il m'a témoigné le contentement où il était de votre suffrage. Il m'a reproché avec raison de ne vous avoir pas spécifié les retranchements qu'on avait faits dans son ouvrage de tout ce qui vous regardait et des traits honorables qu'il y ajoutait. Je puis vous certifier que depuis dix ans il m'a lu et m'a fait lire plusieurs fois ce que j'ai été bien surpris de ne pas trouver à cet égard. Il s'est même engagé de me faire voir à son retour cet hiver ces endroits raturés sur le manuscrit qui lui est resté.

Vous demandez d'où est parti l'orage et le déchaînement des bonnets à trois cornes? Vous pouvez voir dans l'article des *Mémoires de Trévoux* d'octobre, jusqu'où ils poussent le fanatisme en appelant l'autorité à leur secours. Ils viennent d'ailleurs exciter leur petite troupe d'auteurs laïques à redoubler leurs clameurs contre les ouvrages de M. de Montesquieu, de vous-même, de MM. de Buffon, Dalembert, Diderot et Helvétius dans un livre qui va paraître incessamment. Leur plaisanterie des *Cacouacs* est froide et ne s'est point soutenue. Ce qui me fait plaisir, c'est que l'âme philosophique et ferme de M. Helvétius n'en est pas du tout altérée. Il est à l'abri de leurs fureurs bavardes par les deux rétractations qu'ils ont dressées eux-mêmes et qu'ils lui ont fait signer, comme des Racoleurs font signer un engagement à celui qu'ils tiennent dans un four [2].

Il y a cependant vingt-sept cartons dans le livre de M. Helvétius avant la persécution et la condamnation de cet ouvrage, de sorte que ce sont comme des bouts-rimés et des remplissages forcés. On en verra quelque jour le ridicule, et la preuve de ce que je vous ai dit ci-dessus pour ce qui vous regarde. On pourrait toujours ajouter à ce que vous remarquez fort bien de la hardiesse et de la liberté répandues

---

1. Publiées par M. F. Caussy. Voir la *Revue d'Histoire littéraire* de janvier-mars 1908.

2. Le *four* est l'endroit où l'on séquestrait ceux que l'on enrôlait par force.

dans *l'Esprit des lois* et surtout dans les *Lettres persanes* qu'il est fort
singulier qu'on vienne de les imprimer et de les vendre librement à
Paris en 3 beaux volumes in-4° dans le temps qu'on veut faire brûler
le livre de M. Helvétius.

Vous désirez un atlas convenable et à vos études et à vos yeux. Je
me suis enquis de quelques doctes dans cette partie, et voici ce qui me
paraît vous convenir. I. la Bohême, la Silésie, la Moravie que Covens
et Mortier ont fait graver à Amsterdam. On les trouve ici. II. Une petite
carte du Brandebourg en particulier, par Julien, fort estimée. III. La
Poméranie de Hómann[1], chez Julien. IV. La Saxe : on ne sait pas trop
qu'indiquer, quelqu'intéressant que soit l'objet actuellement, parce qu'il
n'y a point de carte qui vaille réduite en une, ou deux feuilles, bien
qu'il y en ait [de] fort bonnes en détail, mais qui sont autant de cartes
particulières de différents cantons en grand nombre. V. Landgraviat
de Hesse, par Homann, chez Julien. VI. Nouvelles cartes de Hanovre.
Brême, etc. quatre petites feuilles, chez Julien. VII. Juliers, Bergues,
Clèves, etc, deux feuilles chez Jaillot. VIII. Mais ce dont vous serez
extrêmement content, pour avoir rassemblé sous les yeux les principaux objets de l'Europe : il faut avoir la carte que M. d'Anville vient
de publier en deux grandes feuilles contenant la France, l'Allemagne,
l'Italie, l'Espagne et les Iles britanniques. Voyez si j'ai bien servi vos
intentions.

La comédie du *Père de famille*[2] de M. Diderot paraît avec une
grande et sérieuse *Épitre dédicatoire*[3] et un long discours sur la poésie
dramatique. Je n'en ai encore rien lu.

Un paperassier[4] qui se dit *l'ami des Muses*, mais qu'elles n'appelle-
ront jamais ainsi, a ramassé en in-8° des poésies de M. de Saint-
Lambert, de Bernard, de Piron et autres. Il en rapporte quelques-unes
de vous fort incorrectes et en prend dans vos œuvres et dans celles de
Rousseau pour se remplir à tort et à travers.

M. Helvétius est retourné au Perche. *Vale*[5].                      Tn[t].


## XXII

25 janvier, à Paris [1759][6].

J'ai eu à la fois à faire votre atlas, à vous le faire tenir, et à me
transporter de la rue Vivienne vis-à-vis de l'hôtel de Noailles rue
Saint-Honoré, où Mme la comtesse de Montmorency m'a entraîné

---

1. Géographe et graveur de cartes, allemand né le 20 mars 1633 à Kambach en
Souabe, mort à Nuremberg le 1er juillet 1724.
2. *Le Père de famille*, comédie en prose et en cinq actes.
3. A la princesse de Nassau-Saarbruck.
4. Boudier de Villemer, éditeur de *l'Ami des Muses*, Avignon, 1758, in-12.
5. Réponse de Voltaire le 6 décembre. Thieriot y répliqua par une lettre qui
manque.
6. Réponse à une lettre de Voltaire du 24 décembre 1758.

pour six mois. Je vous apprendrai qu'après six ans de mariage sans enfant avec le plus grand intérêt du monde d'en avoir, elle est dans son 4ᵉ mois de grossesse. Il me faudra bien faire place à M. le prince de Lux[embourg] dont j'occupe l'appartement tandis que j'en cherche un pour la Saint-Jean. On vient de substituer il y a six mois cent mille écus à ce futur contingent.

L'atlas que je vous ai envoyé, mon très illustre ami, a été fait avec les bons offices de deux des plus habiles gens dans la géographie. Ce sont MM. d'Anville et l'abbé Luguin qui s'y sont portés avec beaucoup de zèle et d'attention. Nous avons fait pour le mieux. J'en ai donné avis à M. Tronchin de Lyon, et je juge qu'il doit vous être parvenu. Le cahos et le désordre de mon déménagement m'a empêché de vous écrire et de vous envoyer l'état de la dépense qui n'est pas si considérable que je le croyais. Je ne l'ai pas à présent sous la main. Ce sera pour la première fois que je vous écrirai. Nous avons jugé tous trois qu'il valait mieux vous envoyer toutes ces cartes pour les faire relier comme il vous conviendrait, parce qu'il y a dit-on à Genève de très bons relieurs et qu'il vous en coûterait beaucoup moins qu'ici. Ce ne sont que les plus habiles et ils font payer très cher leur savoir faire.

Vous trouverez dans votre caisse entre vos cartes l'horrible et détestable livre de l'*Apologie de la Révocation de l'Édit de Nantes* et une aussi indigne *Dissertation sur la Saint-Barthélemy*[1]. Je remis il y a trois jours à M. Bouret une excellente petite brochure aux dix premières feuilles près, qu'il fallait réduire à deux, *sur les Journaux du Jésuite Berthier*[2], contre le livre de M. de Mirabeau, et enfin contre le défenseur de la Révocation de l'Édit de Nantes et du massacre de la Saint-Barthélemy. On connaît l'auteur de cet indigne ouvrage. C'est l'abbé de Caveirac, homme fort empressé et qui cherche à faire fortune à quelque prix que ce soit. Il me semble reconnaître M. l'abbé Coyer dans la lettre sur le matérialisme qui doit vous faire plaisir.

M. Gravelot m'a remis pour vous donner des marques de son estime et de son attachement un exemplaire de ses *Étrennes de l'École militaire* dont les dessins et les vers sont de sa façon. M. le Roi, horloger, m'a prié d'y joindre son petit almanach chronologique, qui est fort instructif et bien exposé pour la connaissance du temps.

Vous êtes dans les délices de la vie économique et rustique. Vous allez, comme le vieillard de Virgile, parer votre table de mets et de fruits qui ne vous coûteront plus que de l'amusement. M. Tronchin me paraît faire quelquefois le capable, et n'être pas plus instruit qu'il l'est de votre acquisition, qui me semble fort solide, quoi qu'il en dise.

---

1. *Apologie de Louis XIV et de son Conseil sur la révocation de l'Édit de Nantes pour servir de réponse à la Lettre sur la tolérance civile des protestants, avec une dissertation sur la journée de la Saint-Barthélemy*, par Jean de Novi, abbé de Caveirac.

2. *Lettre au P. Berthier sur le matérialisme*, Genève [Paris], 1759, in-12.

Le Parlement est après l'examen et la condamnation de *l'Encyclopédie*, de *l'Esprit* de M. Helvétius et de quelques autres ouvrages[1]. Le nonce réquérait sans cesse du cardinal de Bernis une satisfaction, en punissant le pauvre Tercier; il lui a fait finir ses plaintes et ses prétentions en lui disant courageusement que c'était sa faute et qu'il était la cause que Tercier avait approuvé le livre sans l'examiner et sans le lire, parce qu'il avait alors besoin de lui pour des affaires importantes et sérieuses. Voilà ce qui s'appelle un homme d'État. C'est le ministre que j'ai vu le plus regretté. Il a été bien vite élevé, et bien vite précipité.

Crébillon fils n'a pas su se conserver auprès de M. le maréchal de Richelieu. Je l'avais prévu. Il est de ces esprits durs qui ne peuvent pas plus vivre avec leurs égaux qu'avec les grands.

Je compte aussitôt que j'aurais débrouillé mes paperasses vous envoyer l'état des déboursés que vous me fîtes remettre par M$^{me}$ Fontaine. Souvenez-vous que mon adresse est vis-à-vis l'hôtel de Noailles chez M. le comte de Montmorency. Je vous embrasse de tout mon cœur. *Vale*[2].

## XXIII

23 février à Paris [1759].

*O carissime Candide*[3], *jocorum et facetiarum conditor et artifex optime!* On s'arrache votre ouvrage des mains. Il tient le cœur gai au point de faire rire à bouche ouverte ceux qui ne rient que du bout des dents. J'en aurais retranché la mention de l'assassinat des rois dont on ne veut point du tout que l'on rappelle la mémoire. A l'égard du Carnaval de Venise où ils se rencontrent si naturellement, cette peinture est si singulière et si bien rendue qu'il n'est pas possible que l'on s'en fâche. Allez, vous avez raison de vous dire le meilleur vieux fol comique qu'il y ait jamais eu sur la terre où vous vivrez cent ans plus Lucien, Rabelais et Swift que tous les trois ensemble.

Un laquais de M$^{me}$ la comtesse de Montmorency s'en retourne chez lui et passe par tous vos territoires qu'il connaît et qu'il a habité. Il a voulu se charger d'un paquet qui m'a été remis avec une lettre par madame Belot[4] dont les ouvrages me semblent dignes de votre approbation et que vous jugerez femme de beaucoup d'esprit par les *Réflexions d'une provinciale sur l'égalité des conditions par Jean-Jacques le Genevois*[5].

Je ne connais pas les deux volumes de traductions de différents auteurs anglais qu'elle ne fait que publier dans le moment[6]; elle m'a

1. Dont la *Loi naturelle* de Voltaire.
2. Réponse de Voltaire du 7 février.
3. La première édition (Genève, Cramer, in-12) venait de paraître.
4. Octavie Belot, née Guichard, l'épouse (en 2$^{es}$ noces) du président Durey de Meynières, 1719-1805.
5. 1756, in-8.
6. *Mélanges de littérature anglaise*, 2 vol.

donné des preuves qu'elle·sait la langue anglaise, si bien que je ne
doute pas qu'elle ne s'en soit tirée à son honneur.

Elle est restée veuve d'un avocat au Conseil avec ses talents et de
l'esprit pour toute ressource. M. de la Popelinière est venu à son
secours et lui fait mille francs de pension. Il y a plusieurs années
qu'elle vit avec M. le chevalier d'Arcq[1] qui l'a mis dans le goût d'étudier et d'écrire, et il me paraît que l'écolière a surpassé son maître.·

Votre critique du livre intitulé *de l'Esprit* est vraie à tous les égards
et il n'aurait pas été si recherché sans l'arrêt du Parlement, qui va
être suivi des décisions de la Sorbonne qui est après l'examen. Ce
n'est point un président, mais trois théologiens, trois jurisconsultes
et trois philosophes qui sont chargés d'examiner et de remettre au
Parlement leur travail sur les sept volumes déjà publiés. On n'en
permettra sans doute le débit qui est suspendu qu'avec des cartons, et
les neuf censeurs seront les examinateurs des autres volumes qui
restent à publier.

M. D'Argental a dû vous écrire qu'on avait réclamé en faveur du
*Poème de la loi naturelle*[2] et je puis vous certifier qu'un ancien
chambrier de plus de quatre-vingts ans rapportant à deux évêques
dans un dîner de quinze personnes dont j'étais combien il était ridicule d'avoir proscrit cet ouvrage, dit qu'il l'avait toujours sur sa table
et qu'il ne passait pas une semaine sans le lire avec transport et édification.

Vous êtes fort bien instruit. Les Jésuites en veulent à Diderot, et les
honnêtes gens tremblent pour lui. M. Helvétius a eu beaucoup de voix
pour le bannissement. Il en est quitte par un arrêt fort désagréable
pour lui et pour M. Tercier, car la Sorbonne n'exerce aucune personnalité. C'est son célèbre M. Duclos qui lui a fait mettre après le sien
les éloges révoltants des plus médiocres auteurs et qui lui a fait restreindre et retrancher tour à tour les seuls qui devaient paraître. C'est
lui enfin, qui l'a déterminé à faire imprimer à Paris, ce qui a entraîné
la condamnation personnelle.

Je ne vous envoie pas les déboursés de vos cartes. L'état n'en est pas
sous ma main, et si je ne le vous porte pas après la Saint-Jean, ce sera
pour l'année prochaine au mois de mai. Je cherche un gîte où je
puisse vivre un peu plus pour moi que je n'ai fait. Je jette mes vues
sur les boulevards ou l'Arsenal, car il me faut des promenades et de
l'air. Je ne vous souhaite que de la santé, et je vous embrasse de tout
mon cœur.

                                                    Tht.


Votre dernière lettre m'est venue de Versailles et sous le cachet de
M. le maréchal de Belle-Isle contresignée[3].

1. Fils naturel du comte de Toulouse.
2. Condamné au feu par le Parlement avec l'*Esprit* d'Helvétius.
3. Réponse de Voltaire le 10 mars. Thieriot ne réplique point à cette lettre, ni

## XXIV

Dimanche [1er juillet 1759] [1].

C'est uniquement ma faute, mon très illustre ami, si je n'ai pas reçu plutôt les cent vingt livres. Mme de Fontaine avait envoyé plusieurs fois chez moi m'avertir de les venir recevoir.

Je les ai reçues, je vous en suis donc très obligé, ce que je vous ai donc envoyé depuis, monte à trois livres et rien de plus, c'est l'*Administration des terres* [2] et la censure de Sorbonne, afin que vous voyez la forme dans laquelle ces grands docteurs condamnent un livre philosophique. Je vous les ai fait venir par la diligence de Lyon en adressant à M. Tronchin. Je prendrai cette voie comme la plus facile et la moins coûteuse, surtout depuis la grande révolution qu'on prépare par une régie bien plus sévère dans les postes. Je vous garde une autre petite brochure de 16 pages que je joindrai à la première bagatelle qui méritera de vous être envoyée. C'est une lettre de Gresset [3] qui abjure le théâtre en demandant pardon au public des mauvaises pièces qu'il a faites. Il déclare qu'il vient d'en brûler deux, et qu'il va mettre sous une autre forme la troisième qui attaquait les faibles esprits forts de ce siècle. Enfin pour nous toucher comme il prétend l'être, il finit par nous rappeler la dernière comète qu'on est bien étonné de trouver là pour emplir et soutenir sa morale. Alexis Piron la renvoya dernièrement à un de ses amis avec ce huitain :

> Gresset pleure sur ses ouvrages
> En pénitent des plus touchés
> Apprenez a devenir sages
> Petits écrivains débauchés.
> Pour nous qu'il a si bien prêchés
> Demandons que dans l'autre vie
> Dieu veuille oublier ses péchés
> Comme en ce monde on les oublie.

Quelques honnêtes gens soupçonnent que cette comète de M. Gresset et sa lettre nous pourraient bien pronostiquer l'inclination qu'il aurait d'entrer au service de nos fils de France pour leur éducation.

Je tiens que nous n'allons point débarquer en Angleterre si le Prétendant [4] ne débarque en même temps en Écosse ou en Irlande. De celui-ci, je n'en sais rien, mais on descend dans de trop grands détails pour l'exécution de l'autre, et les dépenses immenses que l'on a faites et

semble-t-il à celle du 26 mars. On n'a pas ses réponses (l'une des premiers jours de juin, l'autre du 12) à la lettre de Voltaire du 5 mai.

1. Réponse à deux lettres de Voltaire des 11 et 18 juin.
2. Probablement l'*Essai sur l'amélioration des terres* par Patullo, Paris, 1758, in-12 avec épître dédicatoire à Mme de Pompadour rédigée par Marmontel.
3. *Lettre à M*** sur la Comédie*, s. l. 1759, in-12 (Voir Grimm, juillet 1759).
4. Charles-Édouard.

qu'on continue de faire pour notre expédition me font croire que
l'entreprise se réalisera.

Il est venu ces jours-ci des lettres de M. de Lally qui nous donnent
de grandes espérances sur la prise de Madras.

Votre paraphrase des vers de Salomon ne paraît pas encore, dont je
suis bien étonné. Il me paraît que l'*Ecclésiaste*[1] a généralement la
préférence sur le *Cantique des cantiques*[2]. Vous parlez peut-être mieux
à l'esprit qu'au cœur.

Il n'y a rien de si philosophique et de si intéressant pour l'humanité
que le but que vous vous proposez dans l'*Histoire de Pierre le Grand*[3].
Rien de plus vrai, de plus conforme à la raison universelle que les
créateurs doivent être au-dessus des destructeurs. Cela vous mettra
au-dessus de tous les historiens et des précepteurs des Rois

Je n'ai point vu une tragédie de *Briséis et d'Achille*[4] dont on m'a dit
beaucoup de très beaux vers. Elle est d'un jeune homme qu'on appelle
Poinsinet qui connaît bien les poètes grecs, et qui a donné une traduction de plusieurs morceaux d'Anacréon, Bion, Moschus, Callimaqne, etc.,
qui a été goûtée. Il faut que sa tragédie ait de l'intérêt et des beautés
puisqu'elle se soutient par Mlle Gaussin toute seule.

Je suis fâché de m'être si fort pressé pour me faire cent écus de
rente avec deux mille cinq cents livres dans la dernière création
viagère. J'aurais bien mieux fait de les mettre en actions des Fermes qui gagnent déjà 1 p. 100. Je ne serais point surpris que ce
papier ne vienne à dix et à douze. Il est agréable d'avoir de quoi
pouvoir disposer et c'est une consolation qui me manque avec bien
d'autres, mais il faut vouloir ce que Dieu veut et songer toujours à bien
faire.

Je me fais un grand plaisir de mener avec vous la vie des patriarches
et d'être éloigné du luxe et de la misère que l'on voit ici. Mais je
voudrais bien que tous vos bâtiments fussent finis quand je pourrai
vous aller voir. J'aime l'architecture, et j'ai toujours détesté les
maçons. Je vous félicite d'avoir Mlle Fel[5] et M. son frère. J'en fais
aussi compliment à Mme Denis si nécessaire aux plus habiles et à
qui les plus habiles le sont. J'ai procuré à M. son neveu[6], de concert
avec M. Greph, M. Exaudet pour maître de violon. Ils s'y appliquent
tous deux beaucoup le maître et le disciple, mais le disciple quitte
malheureusement pour aller en Picardie. M. Belidor[7] est à Verdun

---

1. *Précis de l'Ecclésiaste en vers par M. de Voltaire*, Paris, 1759, in-8.
2. *Le Cantique des Cantiques en vers*, avec le texte par M. de Voltaire, Paris,
1759, in-8.
3. *Histoire de l'Empire de Russie sous Pierre le Grand par l'auteur de l'histoire de
Charles XII*. Tome premier, S. C. (Genève), 1759, in-8.
4. Par Poinsinet de Sivry, représentée le 25 juin 1759.
5. Marie Fel, née à Bordeaux en 1716, pensionnaire applaudie de l'Opéra de 1733
à 1759.
6. De Dompierre d'Hornoy.
7. Bernard Forest de Bélidor, 1697-1761.

faisant ses cours de génie. Il faut m'adresser à présent mes lettres à l'*Arsenal* tout simplement parce que je ne loge plus chez lui. *Vale.*

Th<sup>t</sup>.

## XXV

A l'Arsenal, 4 octobre [1759] <small>1</small>.

Vous n'êtes pas le rat des champs, mon très illustre ami, mais un seigneur châtelain juste, humain, compatissant, généreux, bienfaisant et qui méritera une seconde vie encore plus délicieuse et plus heureuse que celle-ci. Je crois aussi que ces gens à pendre qui désolent la terre et ses habitants à coups de plume et à coups de canon passeront cette seconde vie dans une désolation plus affreuse et plus durable que celle qu'ils exercent. Toutes nos affaires vont de toutes parts si fort de mal en pis qu'il faut espérer que l'ordre en va renaître. Je crois cependant que nous avons encore plus d'argent que de sens commun. L'un et l'autre à la vérité sont bien resserrés. M. Silhouette a perdu à la fois son crédit et sa réputation. Il n'a pas su faire valoir cette belle et heureuse opération des actions des Fermes qui lui fournissait 144 millions à la fois en conservant le crédit d'un effet aussi bien fondé. Il pouvait débarrasser en même temps l'État de 40 millions des autres papiers en les faisant placer en contrats sur les États de Bretagne à 5 p. 100. Il paraît au contraire par les édits qu'on ne peut pas avoir moins d'habileté et de ressources. M. de Forbonnais et lui ont plus de théorie que de pratique. Ils ont ramassé tous les projets que les ministres précédents avaient rejetés comme pleins de minutie, d'entraves et de difficultés fort onéreuses pour l'agriculture et le commerce. Les actions des Fermes, quoiqu'on en paie les six premiers mois, perdent plus de 10 p. 100. Les compagnies sur lesquelles il se fondait pour l'exécution des édits lui manquent. Il a été contraint de donner déjà des arrêts du Conseil pour continuer les choses comme elles étaient jusqu'au 1<sup>er</sup> janvier. Les Parlements des provinces n'admettent point les édits. Il faut des moyens plus faciles que ceux qu'on présente, car on est disposé à donner, il ne s'agit que de rétablir le crédit, et c'est ce qu'on n'attend point d'un homme qui n'a pas su le maintenir.

L'*histoire des Jésuites* en 4 volumes n'est pas de fraîche date. Il y a trois ans qu'elle a été achevée. Il a paru depuis peu *les Jésuites convaincus du crime de lèse-majesté par théorie et par pratique* <small>2</small>. C'est un livre dont il y a très certainement des exemplaires à Genève. On en a fait un extrait en brochure que je voudrais bien retrouver. Il y a aussi un livre en 2 volumes sous le titre de *Problème de la Morale* dont j'ai

---

1. Réponse à une lettre de Voltaire du 17 septembre.
2. *Les Jésuites criminels de lèse-majesté dans la théorie et dans la pratique,* 1758, in-12.

ouï parler avec distinction. Il s'est publié aussi une grande quantité de brochures depuis l'affaire du Portugal parmi lesquelles il y en a de bonnes.

Il me paraît par différents avis que l'*histoire de Pierre le Grand* paraîtra au commencement de l'année prochaine. On a si peu de connaissances certaines sur ce grand empire de Russie qu'on en espère de vous plus que de tous les écrivains qui nous en ont voulu instruire.

M. le marquis de Paulmy n'a guère le loisir de philosopher. Il est tout absorbé dans les affaires de l'ambassade qu'il va faire [1]. Il m'a dit de vous offrir ses services dans ces pays-là. Je le plains d'abandonner un aussi agréable séjour que celui qu'il possède, où il a dix-huit pièces de plain-pied avec la plus belle vue et le meilleur air des bords de la Seine, une bibliothèque nombreuse et variée. Il risque sa santé très délicate et celle de sa femme, qui a beaucoup de mérite et d'agréments et fort peu de goût pour les négociations. Nous sommes une demi-douzaine de philosophes dans son voisinage qui n'approuvent pas non plus que M. le comte d'Argenson son ardeur pour la politique. Je ne voudrais point prendre les intérêts d'un roi détrôné, et raccommoder les sottises du plus mince et du plus ridicule de tous les ministres de ce siècle. Enfin je ne voudrais point de sa place après avoir occupé celle de ministre de la guerre.

M. le président de Pompignan [2] va donc nous faire l'éloge [3] du président de Maupertuis. L'orateur sera plus occupé de lui que de son prédécesseur qui a été on ne peut pas moins regretté.

Je me plais de plus en plus dans ma retraite, mais l'établissement du ménage du philosophe, quoique sans luxe, lui fait dire de temps en temps : *curta tamen, nescio quid, semper abest rei.* Dès que mes Dieux lares seront bien fondés, j'espère que vous voudrez bien me recevoir chez vous dans ce séjour de la gloire et de l'amitié où j'espère depuis si longtemps. Portez-vous bien, mon très illustre ami, je vous embrasse de tout mon cœur.

THIERIOT.

## XXVI

A l'Arsenal, 28 novembre [1759].

Est-ce l'augmentation des ports de lettres qui rend les vôtres si rares, mon très illustre ami? N'ayez aucun égard, je vous conjure, à ma médiocre fortune pour cette dépense qui de toutes celles que j'ai à faire m'est le plus agréable. Depuis neuf mois bientôt que je me suis retiré ici, vous ne m'avez écrit que deux fois. Quelques-uns de vos

---

1. En Pologne.
2. Premier président de la Cour des aides de Montauban.
3. A l'Académie française, où il prit séance à la place de Maupertuis, le 10 mars 1760. Son discours fut une longue invective contre les philosophes. Voltaire y répondit par *les Quand*, s. l. n. d. (Genève, 1760), in-8, et Morellet par *les Si, les Pourquoi* (1760, in-12).

ouvrages ont remplacé ce vide, et *la Femme qui a raison* me mit
hier de très bonne humeur. C'est une comédie qui doit plaire au
théâtre comme à la lecture, mais si vous nous envoyez du bon comique,
vous voyez que nous faisons ici de bonnes bouffonneries, et que les
Encyclopédistes ont étrillé frère Berthier [1] à peu près comme vous avez
persiflé autrefois un président d'académie qui n'était qu'un fat et un
charlatan. Celui-ci est un fanatique que je crois aussi embarrassé de
répondre que l'autre. *Los Padres* ses confrères sont très contrits de ce
qu'il s'est attiré ces brocards dans les circonstances présentes, et je
sais que le frère n'est pas à s'en repentir. Cette brochure s'est vendue
à tous les carrefours et les plaisanteries en ont fort réussi.

Il s'est répandu aussi un recueil de vers [2] qui a été fort goûté. Il
contient un voyage en prose et en vers de feu M. le comte de Plélo, des
ouvrages très agréables de M. Saint-Lambert, de M. Desmahis et de
leurs amis. Ce sont de jolis favoris des Muses et des disciples que vos
ouvrages ont formé[s].

On attend vers la fin de janvier l'*Histoire des Russies et de Pierre le
Grand*. Un libraire de Paris m'est venu proposer cent louis, si je pouvais en obtenir de vous une copie envoyée feuille par feuille imprimée.
Je lui ai répondu que je croyais cette affaire impraticable parce que
vous aviez des engagements sans doute auxquels il n'était pas possible
de manquer.

Vos espérances et les nôtres sur l'administration de M. de Silhouette
se sont bientôt évanouies. Il est inconcevable après cette belle opération des actions des Fermes si mal soutenue, et qui eût été une ressource
pour un homme de génie, qu'il ait accumulé tant de plates manœuvres. Il n'est pas possible de rassembler plus d'ignorance et de
présomption. Il a détruit entièrement le crédit. Le Roi a forcé
M. Bertin de prendre le Contrôle général. Il ne l'a accepté qu'en demandant un conseil qu'il se formera de quatre personnes choisies. On est
ici dans la plus grande consternation. Le combat de M. le maréchal de
Conflans renverse tous les projets des descentes de M. le duc d'Aiguillon
et des autres. On ne [sait] où on en est, et on ne connaît pas encore si
le mal a un remède. Que vous êtes heureux, mon cher ami, de vivre
dans un pays tranquille et loin de tant de malheurs dont on ne voit
pas la fin. Hélas, si vous n'y étiez pas, vous désireriez bien fort d'y
être. Je vous embrasse de tout mon cœur et portez-vous bien [3].

TH[t].

1. *Relation de la maladie, de la confession, de la mort et de l'apparition du jésuite
Berthier*, s. l. n. d. (1759), in-8; facétie de Voltaire, d'abord attribuée dans le
public à Grimm.
2. C'est le recueil mentionné par Grimm le 1er novembre 1759.
3. Réponse de Voltaire le 5 décembre.

## XXVII

29 décembre, à l'Arsenal [1759].

Je vous dois réponse à deux lettres, mon très illustre ami, l'une du 5, l'autre du 15. Je n'ai point eu besoin de M. Bouret ni d'aucun autre contresigneur pour vous faire tenir la détestable copie de *la femme qui a raison*, et la *malsemaine* des poisons de Fréron. Je les ai fait partir par la poste en payant quatre sols par chaque brochure selon l'accord des fermiers avec les libraires, et elles doivent vous être parvenues, ayant été mises à la boîte le 25. J'userai souvent de cette commodité par la suite, lorsqu'il se présentera quelque brochure intéressante.

Je crois que vous êtes mal informé sur le lieu où a été imprimée l'élégante édition de l'*Ecclésiaste* [1] in-8° avec votre portrait à la tête. Plusieurs personnes l'ont reçue de Hollande, et je n'ai vu encore personne parmi nos curieux et nos connaisseurs en ce genre qui la croyent imprimée au Louvre. On vous en a imposé. Je viens d'en découvrir une autre pas tout à fait si nette et si brillante avec le portrait fort mal rendu, mais avec le texte latin et français et les remarques vis-à-vis des vers français sous le titre de *Précis* [2] *de l'Ecclésiaste et du Cantique des cantiques de M. de Voltaire*, à Liège, chez J. F. Bassompierre, libraire 1759, in-8°. Elle m'a paru plus correcte que l'autre et elle est suivie d'un mémoire sur le libelle clandestinement imprimé à Lausanne sous le titre de la *Guerre de M. de Voltaire*. Il finit par une lettre à M. Haller et par sa réponse qui sont fort connues ici. Cette édition est fort agréable quoiqu'inférieure à la première, et elle lui est préférable en ce qu'elle est plus complète.

Ce serait une grande satisfaction pour vos amis et pour tous les gens de bon sens qui ont été soulevés de la flétrissure injuste [3] et déraisonnable qu'on a exercée contre ces deux ouvrages, où on remarque que vous avez quelquefois adouci sagement le texte, s'il en paraissait une édition avec l'approbation du Saint-Père. Il y aurait bien de sots fanatiques et de petits esprits confondus.

On m'a dit que Mlle de Basincourt était une fille d'esprit qui avait fait quelques jolis vers [4]. Elle est en liaison avec M. de Chennevières [5]

---

1. *Précis de l'Ecclésiaste en vers*, par M. de Voltaire, Paris, 1759, in-8, avec portrait-médaillon de Voltaire sur le frontispice (Voltaire croyait cette édition imprimée au Louvre sur l'ordre de Mme de Pompadour).

2. *Précis de l'Ecclésiaste en vers*, par M. de Voltaire. A Francfort, en Foine, chez J. F. Bassompierre, libraire à Liège, 1759, in-8. Portrait-médaillon de Voltaire sur le frontispice (Contrefaçon de l'édition précédente).

3. La condamnation au feu par le Parlement de Paris.

4. Autrice d'un *Abrégé historique et chronologique des figures de la Bible, en vers français*, Paris, veuve Ballard, 1768, in-12. Elle était chez Voltaire depuis le mois de mars.

5. François de Chennevières (1699-1779), inspecteur général des hôpitaux militaires, connu par sa liaison avec Voltaire.

des bureaux de la guerre. Je n'ai pas pu joindre M. Dalembert et personne ne m'a pu dire de votre géomètre poète qui m'étonne bien par l'entreprise de traduire Arioste en vers français. Il n'y a que vous qui nous en ait fait sentir la possibilité par les beautés ravissantes qui sont répandes à profusion dans la *Pucelle*.

Le bruit court dans Paris que Marmontel a été mené hier au soir coucher [1] près de mon ermitage. M. le duc d'Aumont le croyait auteur de la parodie de la scène de l'abdication de l'empire dans *Cinna*. C'est une mauvaise plaisanterie piquante dont M. d'Argental n'a fait que rire, mais que M. le duc d'Aumont n'a pas pris de même. On prétend qu'il a eu la bêtise de s'en justifier en avouant qu'il en avait fait une autre qui ne pouvait point l'offenser. Je ne sais s'il est véritablement dans mon vilain voisinage, mais comme cela passe ainsi que bien d'autres malheurs, ce que je trouve de pis, c'est la perte de dix ou douze mille livres que lui rapportait le *Mercure* dont il est fort menacé [2].

Madame la marquise de Paulmy a beaucoup goûté votre aversion pour l'ambassade de Pologne, mais la soif et l'inquiétude de l'ambition ne font voir à son mari que des chimères et des illusions politiques dont il est enivré. Il nous dit cependant que le roi avait témoigné il n'y a pas longtemps dans un souper qu'il lisait de temps en temps vos ouvrages et qu'il les lisait avec plaisir.

Les deux frères d'Anville et Gravelot, mes anciens amis de collège vous présentent leurs services, leurs talents et leur requête pour exciter MM. Cramer à leur répondre sur tout ce qui leur a été écrit à votre sujet. Ils vous sont bien dévoués et se font gloire de vous suivre dans votre immortalité.

Votre santé doit être admirable et si vous conservez l'humeur et la gaîté qui rendent vos lettres si délicieuses, vous aurez encore la gloire d'être de la classe des plus illustres centenaires [3].

TH[t].

(*A suivre.*)

1. A la Bastille. La parodie de Marmontel est dans Grimm, février 1760.
2. Le privilège du *Mercure* lui fut en effet retiré.
3. On n'a pas les réponses de Thieriot aux lettres de Voltaire des 18 et 22 février, 26 avril, 19, 26 et 29 mai 1760.

# COMPTES RENDUS

FORTUNAT STROWSKI. **Pascal et son temps.** *Deuxième partie* : L'Histoire de Pascal (*Histoire du sentiment religieux en France au XVII<sup>e</sup> siècle*). Paris, librairie Plon, in-16, 1907.

M. F. Strowski nous conduit ici de la naissance à la conversion de Pascal. Il parle très bien de l'éducation de Pascal, des milieux familial, social, scientifique qu'il a traversés. On lira avec curiosité et profit l'exposé qu'il fait des expériences de Pascal, en réponse aux articles de M. Mathieu qui ont fait tant de bruit : il apporte quelques textes intéressants et qui aideront à la solution équitable des questions tant discutées. M. Strowski s'efforce partout à voir juste : il marque les ombres, peut-être pas toujours avec assez de vigueur. Qu'il songe un peu à ce qu'il dit lui-même de la nature auvergnate : les Pascal et Blaise Pascal en sont de beaux spécimens, ils avaient la rude sève de leur pays. M. Strowski nous les adoucit un peu trop. Dans l'affaire de la dot de Jacqueline, les bonnes raisons de Pascal étaient de bonnes raisons de notaire ou d'homme d'affaires : il était dans son « droit »; mais son tort était de se retrancher dans son droit, d'invoquer des contrats qu'il avait fait faire à son avantage. Il s'obstina par égoïsme, ayant besoin de la fortune de sa sœur, sans doute aussi par rancune d'affection blessée; il céda par orgueil, pour ne pas être humilié par la charité de Port-Royal. Tout est plus cru, plus violent qu'on ne le montre. M. Strowski a fait cette fois encore un livre sobre, élégant, d'une riche information sous sa désinvolture aisée. Si j'y souhaite parfois un peu plus d'âpreté, je n'y trouve qu'une fausse note, mais une belle fausse note : c'est d'amener le Durtal de Huysmans pour éclairer la conversion de Pascal. Un roman se confirmerait mieux par une biographie qu'une biographie par un roman. Nous avons assez de textes. Et quelle rupture désagréable d'harmonie que l'introduction d'un style naturaliste dans cette biographie janséniste! — P. 253, Balzac, Méré, Fénelon, une école d'hellénisme dans cette région (Angoumois, Poitou, Périgord) : c'est se jouer un peu du temps et des distances et avoir la généralisation facile que de conclure de ces trois noms à une école régionale. — P. 256. Méré se rattache-t-il à Théophile par son goût de la nature plutôt qu'à Balzac qui aima, lui aussi, les prés, les eaux, les bois et la beauté de la lumière? Et cela mène-t-il à Fénelon plus qu'à La Fontaine qui semble précisément avoir mis en vers les phrases de Théophile et de Méré (à moins que ce ne soit Méré qui mette en prose les vers de La Fontaine)? — P. 268. Il y a beaucoup de Méré dans Pascal; mais les mots d' « honnête homme » et d' « honnêteté » ne sont pas par eux-mêmes assez caractéristiques pour déceler une influence à cette date. — P. 272. Si le *Discours sur les Passions de l'amour* est de Pascal (M. V. Giraud a, semble-t-il, détruit l'argument extrinsèque dont on appuyait cette attribution), il ne faut chercher ni dans le jansénisme ni dans la mondanité de Pascal cette espèce de lassitude désabusée de la vie qu'on y aperçoit : j'y verrais le produit de son état de santé. « L'homme est né pour penser, mais les pensées pures le fatiguent et l'abattent. » Ses maux de tête le lui ont appris. En général, je trouve que M. Strowski n'a pas assez marqué le rôle de la maladie dans l'existence, et surtout dans la conversion de Pascal. La maladie donne des points de vue sur la vie, qui ne sont pas ceux de la santé; une âme passionnée, qui exige la vie intense, qui exige le bonheur, lorsque la maladie s'acharne à l'empêcher dans le travail et dans le plaisir, devient capable de tout pour sauver sa mise. C'est alors qu'on fait le grand pari. Pascal n'avait plus besoin de le faire pour son compte, lorsqu'il écrivit le morceau fameux des *Pensées*, et je veux bien croire que jamais il n'en fut réduit à tout mettre sur cette seule carte. Je prétends seulement indiquer que la maladie double ou décuple, selon les natures, l'attrait de l'au-delà, des espérances religieuses, et donne un sens plus profond à la doctrine chrétienne de la souffrance qui peut longtemps rester purement verbale pour un homme bien portant. Imaginez un Pascal râblé comme Marmontel : qui sait quel cours eussent pris sa vie et sa pensée?

GUSTAVE LANSON.

---

HENRY CARRINGTON LANCASTER. **The French tragi-comedy. Its origin and development from 1552 to 1628.** *Baltimore*, 1907, in-8.

Bon travail, dont l'information est exacte et étendue, et les conclusions généralement sages. Ce qui semble manquer un peu à l'auteur, c'est la connaissance nette et précise de l'ensemble du mouvement dramatique du XVIᵉ siècle. Il a fait consciencieusement une recherche spéciale, mais peut-être avant d'avoir une culture générale suffisante. D'ailleurs, très judicieusement, il s'est gardé de s'aventurer sur le terrain qu'il connaissait mal; il a isolé tout à fait la tragi-comédie, et l'on ne voit pas les rapports de son développement avec le mouvement général du théâtre. On ne voit pas ce qui a arrêté la tragi-comédie pendant tout le XVIᵉ siècle, et l'a fait partir si vigoureusement au XVIIᵉ siècle après un demi-siècle de langueur.

Si M. H. C. Lancaster avait mieux connu l'histoire de la tragédie au XVIᵉ siècle, il eût hésité à rattacher si nettement au courant médiéval la tragi-comédie naissante. A vrai dire, quand la forme dramatique de l'antiquité se vulgarise, c'est tout le genre dramatique, la tragédie si cultivée autant que la tragi-comédie encore si rare, qui se désorganise et se distend sous les pressions des habitudes et des goûts des publics moins lettrés que n'étaient les premiers auditeurs des pièces savantes. La tragi-comédie au XVIᵉ siècle n'est en rien plus irrégulière que la tragédie; à la fin du siècle, elle n'est même pas plus spécialement romanesque. Et comme l'essor de la tragi-comédie n'a lieu qu'au XVIIᵉ siècle, j'y verrais plutôt l'effet du goût des romans que d'un courant médiéval prolongé : le rôle de Hardy serait aussi à étudier, et peut-être, même après l'admirable travail de M. Rigal, reste-t-il quelques remarques à faire.

M. H. C. Lancaster a reconnu de 1552 à 1628 deux périodes qu'il coupe à l'an 1600 : il faudrait peut-être ne pas mettre tout sur le même plan dans ces deux périodes, et pour la première surtout suivre de très près l'ordre chronologique de l'apparition des pièces pour montrer comment se pose dans la réalité et se modifie successivement le type du nouveau genre. Il faudrait aussi tenir compte des régions, des auteurs, du caractère et de la destination des pièces, pour faire comprendre que l'*Ombre de Garnier Stoffacher*, par exemple, n'apporte pas à la définition du genre une contribution de même valeur que la *Bradamante*. Il faudrait surtout distinguer les œuvres proprement littéraires et scéniques des divertissements de circonstance, solennités officielles, etc. Il y a ainsi toute une part des tragi comédies qui sont pour ainsi dire en marge de l'histoire du théâtre, servant seulement à indiquer des états de goût et des extensions d'influence, sans avoir apporté d'éléments modificateurs à l'évolution du genre. Enfin dans la très copieuse recherche qu'il a faite des origines du nom de *tragi-comédie*, M. H. C. Lancaster a oublié un-texte essentiel : c'est le passage du prologue d'*Altile* où Giraldi propose (vers 1541-43) le nom de *tragi-comédie* pour sa pièce, à cause du *dénouement heureux*, si l'on ne veut pas l'accepter pour *tragédie*.

Malgré ces réserves, le livre de M. H. C. Lancaster sera très utile aux historiens de la littérature. Il rassemble les faits et les classe; il indique souvent les sources des pièces; on y trouvera, avec une bibliographie abondante, deux catalogues bien faits des tragi-comédies étrangères et des tragi-comédies françaises. — Je doute tout à fait des dates de 1618 et 1622 données pour les pièces d'*Aretaphile* et *Clitophon*. Il est tout à fait invraisemblable que du Ryer soit resté huit ans, de 1622 à 1630, sans faire une pièce de théâtre. Je ne vois pas pourquoi l'on aime mieux corriger la date de 1632 donnée par le manuscrit, que celle de 1618, et pourquoi l'on ne rectifie pas 1618 en 1628; ni aussi pourquoi l'on ajoute foi à l'une ou à l'autre : qui les a mises? et quand? Quand ce serait François Colletet, n'a-t-il pu se tromper? Si ce sont les deux premières pièces de du Ryer, elles doivent être peu antérieures à 1630.

Gustave Lanson.

---

H. Hauser, professeur à l'Université de Dijon. **Les sources de l'histoire de France.** xvie siècle **(1494-1610)**. Fascicule I. Les premières guerres d'Italie.: Charles VIII et Louis XII (1494-1515). Paris, A. Picard, 1906. In-8 de xv-197 p.

Le travail entrepris par M. Hauser et dont nous annonçons le premier fascicule prendra lui-même sa place dans une importante collection où seront étudiées les sources de l'histoire de France, depuis les origines jusqu'à la Révolution et l Empire. Ont déjà paru les cinq fascicules qui nous mènent jusqu'aux guerres d'Italie; ils sont l'œuvre du regretté Auguste Molinier et le nom seul de leur auteur suffirait à les recommander. Les volumes qui feront suite à celui de M. Hauser sont, paraît-il, en préparation. Espérons que les auteurs ne nous les feront pas attendre trop longtemps. Je n'ai point à parler ici des services que cette collection rendra aux historiens proprement dits; je ne considère que l'intérêt des travailleurs qui se cantonnent dans le domaine de l'histoire littéraire : pour eux-mêmes, ce manuel des sources de l'histoire de France sera un répertoire indispensable, auquel ils devront souvent recourir. Nous en avons besoin pour nous fixer sur la véracité des si nombreux mémorialistes qui ont une place dans l'histoire de notre littérature. Et de même, il n'est pas inutile que des historiens nous signalent ces multiples brochures où, dès le xvie siècle, s'inscrit l'histoire de l'esprit public en France. Saurait-on, par exemple, comprendre la Ménippée sans en chercher les origines dans la littérature militante de l'époque? Aujourd'hui nous n'avons pas de livre d'ensemble où se trouvent signalés au moins les plus importants de ces écrits fugitifs : cette lacune n'existera plus quand sera achevée la collection où prend place le fascicule de M. Hauser.

A vrai dire, ce n'est pas pour ces premières guerres d'Italie que les rapports sont les plus étroits entre l'histoire littéraire et l'histoire sans épithète. Ce n'est pas encore la grande époque des Mémoires : en France, comme sources générales de la période, ce sont surtout des chroniques que l'on trouve à signaler, chroniques fastidieuses, qui continuent celles de l'époque antérieure, et dans lesquelles on ne voit pas apparaître encore la personnalité du narrateur. Et de même, pour les sources littéraires qui sollicitent notre étude, ce sont, à l'ordinaire, de fades poésies latines enfantées par des humanistes médiocres qui sont aux ordres, sinon même aux gages de la royauté. De toute cette production, M. Hauser nous a donné un tableau d'ensemble très net et d'une touche très personnelle. On trouvera chez lui d'excellentes pages sur les historiens ou mémorialistes tels que Seyssel, Fleuranges ou Jean d'Auton. Dirai-je qu'il a été complet dans son recensement des sources littéraires et plus spécialement des pièces fugitives qui deviennent chaque jour plus nombreuses à mesure qu'on avance dans le xvi<sup>e</sup> siècle? Mais lui-même n'avait pas cette prétention : dans cette multitude de plaquettes, il fallait choisir, et M. Hauser l'a fait, à l'ordinaire, très judicieusement. J'aurais voulu seulement qu'il indiquât, en quelques pages, ce qui restait à faire pour compléter son œuvre et pour aller plus loin que lui-même ne pouvait aller. Il sait aussi bien que moi les ressources que nous offriraient, pour constituer la biographie de certains personnages, les lettres de dédicace à eux adressées qui figurent dans les imprimés de l'époque. Ne pouvait-il dire un mot de cette source de renseignements? De même, il pouvait mentionner les ouvrages où l'on trouverait l'indication de ces innombrables plaquettes entre lesquelles il était obligé de faire un choix. Pour l'époque étudiée dans ce fascicule, on pouvait renvoyer au *Catalogue des incunables de la Bibliothèque Mazarine*. On pouvait encore indiquer, une fois pour toutes, le catalogue dressé par M. Em. Picot de la bibliothèque du baron James de Rothschild. Les travailleurs y trouveront décrites bien des plaquettes curieuses, et maintenant introuvables, qui intéressent l'histoire du xvi<sup>e</sup> siècle. Enfin, pour en venir à la seule omission sérieuse que j'aie constatée, il y avait lieu de citer dans la notice consacrée aux détails du règne de Louis XII, le *Recueil général des Sotties*, publié par M. Em. Picot pour la Société des Anciens Textes français (2 vol., parus en 1902 et 1904). Tout cela, en somme, est bien peu de chose et n'empêche pas que le fascicule de M. Hauser soit excellent : tous ceux qui l'ont lu ou qui le liront se joindront à nous pour souhaiter que l'auteur nous donne promptement ceux qui doivent suivre.

L. Delaruelle.

---

Albert Baur. **Maurice Scève et la Renaissance lyonnaise.** *Paris, H. Champion*, 1906. In-8 de vi-131 p.

Ce travail, il faut le dire tout de suite, n'est pas l'œuvre d'un Français. M. Baur s'excuse pour les « nombreuses duretés de style » qu'il craint d'y avoir laissées. Pour moi, je n'ai pas trouvé que ce défaut fût très sensible : à part certaines impropriétés, inévitables en l'espèce [1], il m'a semblé que le style de M. Baur était fort convenable. Ce qui souvent ne l'est pas, c'est l'impression : les premières pages du livre contiennent des fautes fort nombreuses et dont certaines rendent la lecture pénible : il semble bien que l'ouvrage n'ait pas été imprimé en France. Ceci ne regarde que l'exécution matérielle; j'ai plaisir à dire que le travail de M. Baur atteste de nombreuses recherches, un vif souci d'être exact sur tous les points. Malheureusement le sujet qu'il a choisi était difficile, plus vaste que lui-même ne l'avait peut-être pensé tout d'abord : rien d'étonnant si M. Baur, qui est encore un débutant, ne l'a pas traité à notre pleine satisfaction.

Le présent volume n'aborde pas l'étude des œuvres de Maurice Scève; cela, ce sera l'affaire d'un autre travail, dont M. Baur nous dit qu'il s'occupe à présent : celui-ci est consacré à la biographie du poète, encadrée « par une esquisse du développement de la Renaissance lyonnaise ». Sur Maurice Scève nous ne savons que fort peu de chose; et il semble bien que cette ignorance soit irrémédiable, car M. Baur n'a pas ajouté beaucoup aux renseignements que

---

1. Je citerai seulement, à la page 19, *très peu* employé évidemment pour *presque.*

nous avions déjà. Il s'est rejeté sur la peinture du milieu lyonnais; mais ainsi il est arrivé à ce résultat paradoxal que, dans ce travail consacré à Maurice Scève, celui-ci tient en somme une place assez petite. Je ne m'en plaindrais pas si M. Baur nous eût donné en même temps une étude approfondie, et toute nouvelle, de la Renaissance lyonnaise. Mais c'est là un sujet qu'il ne pouvait pas traiter en un si court espace, un sujet qui aurait demandé à lui seul plusieurs années de patientes recherches. Il était inévitable que l'esquisse de M. Baur restât superficielle et fort incomplète. Je ne sais, à vrai dire, s'il se rend bien compte de la complexité de ces études où l'on voit, si je puis dire, la littérature et la société en réaction perpétuelle l'une sur l'autre. Son livre atteste un goût des idées générales qui l'entraîne sans cesse à des raisonnements tendanciers. Tout au début (p. 1) il remarque qu'à Lyon les anciens logis du xviᵉ siècle se distinguent des autres par leurs vastes fenêtres. « Elles rappellent [ces fenêtres] une race qui avait un grand besoin d'air, de lumière et de liberté, une race pour qui la Renaissance n'était pas une simple mode, mais une affaire de cœur et d'esprit. » On voit toutes les vertus qu'aura pour M. Baur cette Renaissance lyonnaise. On serait étonné qu'il ne lui eût pas attribué, sur Rabelais, une influence considérable. Nous voyons qu'il n'y a pas manqué. Il ne se contente pas de dire — ce qui est une exagération manifeste — que les premières éditions du *Gargantua* « semblent s'adresser à un public lyonnais » (p. 60)[1]. Pour peindre l'abbaye de Thélème, il veut croire que Rabelais s'est souvenu de la société lyonnaise (pp. 88-89). Hypothèse toute gratuite et qu'il est même inutile de discuter ici.

On pourrait donner d'autres exemples de ces généralités hasardeuses, mais ce sont choses auxquelles le lecteur fera de lui-même attention. Pour les menues erreurs que M. Baur a laissé échapper, elles sont aussi de celles qu'il est facile de corriger[2]. Mieux vaut signaler ici deux omissions, dans la série des témoignages qu'il a réunis sur l'influence de Maurice Scève. Aux textes qu'il a cités de Pontus de Tyard, M. Baur en pouvait ajouter un autre, des plus caractéristiques. On le trouvera dans Brunetière, *Histoire de la littérature française classique*, t. I, p. 247, ou bien encore dans la thèse latine de M. Brunot, *de Philib. Bugnonii vita et eroticis versibus*, 1891, p. 67, en note. Au reste, ce n'est pas le seul texte curieux que ce dernier travail eût pu fournir à M. Baur. Philibert Bugnyon ne s'est pas contenté d'admirer Maurice Scève; il s'est expressément proposé d'imiter sa *Délie* (Brunot, p. 72). Il avait connu le poète lyonnais : celui-ci a enrichi d'un sonnet liminaire, que M. Brunot a reproduit, la première édition d'un ouvrage de Bugnyon (*ibid.*, p. 25). C'est proprement un disciple de Scève et il eût fallu l'étudier pour mesurer toute l'influence que le maître a pu exercer.

Tel est le livre de M. Baur; si l'on n'y trouve pas une histoire de la Renais-

---

1. M. Baur nous renvoie, pour justifier cette assertion, à un travail de M. Al. Bertrand, *le Séjour de Rabelais à Lyon*, que j'avoue ne pas connaître. En tous cas il semble difficile de concilier ces idées avec celles qu'a développées M. Ab. Lefranc sur la place que les lieux ou les personnages tourangeaux tiennent dans le roman de Rabelais (cf. notamment, au t. III. de la *R. d. Et. Rabelaisiennes* le résumé du cours professé au Collège de France et aussi l'article intitulé *Picrochole et Gaucher de Sainte-Marthe*).

2. Notons seulement à la p. 73, en note, une inadvertance de M. Baur. Il vient de citer les vers où Du Bellay s'adresse à Héroët

> Qui sur le haut du double mont
> As érigé l'Académie.

« Cela veut dire, ajoute-t-il, que Héroët a introduit à Lyon les doctrines platoniciennes. » Mais le « double mont » ne renferme aucune allusion à Lyon : l'expression, traduite du latin, désigne simplement le Parnasse, comme le montrerait, au besoin, la citation de la p. 118.

sance lyonnaise, il sera utile cependant par le grand nombre de faits qui y sont rassemblés et groupés méthodiquement. La composition en est un peu lâche, mais les digressions n'y sont pas ce qu'il y a de moins intéressant dans l'ouvrage; j'en citerai pour exemple le chapitre sur l'entrée de Henri II à Lyon : c'est un document de premier ordre pour l'histoire du goût de l'antique au xvie siècle.

L. DELARUELLE.

---

MICHEL SALOMON. **Charles Nodier et le groupe romantique, d'après des documents inédits.** Paris, Perrin, 1908. In-18, xii-315 p.

M. Salomon s'excuse presque d'avoir écrit ce livre, au moment où de violents réquisitoires viennent d'être dressés contre le romantisme. Le scrupule est excessif. Même s'il était démontré, — et la démonstration n'a pas été faite, décisive — que le romantisme fut, dans notre histoire littéraire, une déviation fâcheuse, Ch. Nodier n'en resterait pas moins un esprit de pure race française. Les milieux où il a vécu, les influences étrangères qu'il a cru subir n'ont altéré en rien l'originalité de son tempérament. Il est de chez nous par ses qualités, par ses faiblesses aussi; enthousiaste et insouciant, capable de s'intéresser à tout, un moment, d'une curiosité toujours en éveil, rêveur et avisé, forçant la sympathie, sinon l'admiration.

Toute la première partie de sa vie a le charme d'un petit roman où se mêleraient agréablement la fantaisie délicate et la vérité. C'est par lui-même, d'ailleurs, que nous la connaissons; or il nous a dit le degré d'exactitude que l'on peut attendre de ses souvenirs. « Il ne sait de l'univers que ce qu'il a senti. Ses esquisses n'auront qu'un mérite très relatif, la vérité; non pas la vérité positive, la vérité des indifférents et des sages, la vérité des penseurs et des pédants, mais *toute la vérité que peut comporter sa nature.* » Il est *l'homme romanesque,* et il se définit : « L'homme romanesque n'est pas celui dont l'existence est variée par le plus grand nombre possible d'événements extraordinaires. C'est celui en qui les événements les plus simples eux-mêmes développent les plus vives sensations, celui que tout émeut et qui exerce sur tout ce qui l'émeut l'inépuisable faculté de jouir et de souffrir » (Avertissement des *Souvenirs de jeunesse).*

Elevé dans l'admiration de Rousseau et de Bernardin de Saint-Pierre, dans le culte de la nature, il gardera toujours cette aptitude à s'émouvoir, cette fraîcheur d'impressions, cette spontanéité de cœur et d'esprit. De là le charme, très particulier et très pénétrant, de ses confessions. Aussi loin qu'il se souvienne, tout, dans sa mémoire, s'est teinté de poésie : ses joies et ses tristesses, les visions de l'époque révolutionnaire, les premières aventures d'amour, ses longues courses, ses exploits de philadelphe et ses prisons. Les paysages aimés se sont gravés dans son souvenir; les silhouettes sont restées vivantes : le président Nodier rigide et sensible, — Euloge Schneider, « l'exécrable capucin » qui ensanglanta l'Alsace, face livide, déchiquetée par la variole, plaquée de rouge, — l'excellent Girod de Chantrans... Celui-ci fut vraiment le père de son esprit. De cette éducation, Nodier n'a pas gardé un seul souvenir pénible. C'est en artiste qu'il s'est passionné pour toutes ces merveilles de la vie qui se révélaient au cours de flâneries délicieuses. La science n'est austère que dans les livres. Avec leurs noms barbares, ces insectes, objet de ses premières études, sont autant de pierreries vivantes, les « eumolpes bleus comme le saphir », les « chrysomèles vertes comme l'émeraude », les « attelabes d'un rouge de laque », le capricorne avec « son armure d'aventurine ». Et il a observé les mœurs de ce monde mystérieux, il a suivi ces reflets fuyants à travers les feuilles des iris ou sur l'écorce soyeuse des hêtres. Rien ne l'a rebuté. « Les nomenclatures elles-mêmes, œuvre d'un génie tout poétique et qui sont probablement la dernière poésie du genre humain, ont un charme inexprimable à cet âge d'imagination où la fable et l'histoire n'ont pas encore perdu leur prestige. » (*Souvenirs*, p. 40.)

A cet égard, le *Dictionnaire des Onomatopées* en 1808, procède du même esprit que la *Petite bibliographie*. Nodier s'amuse à noter les singularités philologiques, à suivre la vie capricieuse des mots, comme il étudiait celle des insectes, comme il accueillera les nouveautés littéraires. Tout cela, avec la même curiosité sympathique, sans souci de doctrine, sans pédantisme, sans orgueil de savant ou d'écrivain. Il n'a pas l'amour-propre irritable. Il est le premier à calmer le zèle d'amis trop empressés à le défendre contre la critique. A Urbain Courdier le 4 avril 1808 : « L'amitié a peut-être un peu exagéré, mon cher Urbain, quand elle s'est obstinée à me défendre contre d'assez justes reproches. Le savant M. Boissonnade, qui a rédigé l'article du feuilleton, est un des hommes dont les conseils m'auraient le mieux servi, et si jamais mon livre se réimprime, comme la stagnation du commerce me défend de l'espérer, j'en ferai certainement usage. Il y a cependant quelques exceptions à tout cela, et vous les avez généralement bien saisies, mais vous me permettrez de défendre mon censeur sur quelques autres points, et cette discussion est d'un genre assez neuf pour exciter votre intérêt. *Amicus Ego* sed magis amica veritas. » Aussi ingénue, la joie mêlée d'étonnement où le plongent quelques paroles flatteuses d'un inconnu. A un rédacteur de la *Quotidienne* en 1822 : « Je vous avais parlé de l'*Essai sur le Romantique* par M. Audin, lequel Essai se vend chez Ponthieu et que vous pouvez avoir reçu à la *Quotidienne*. Je crois même que je vous avais dit que je craignais de le recommander, parce que j'y étais traité d'une manière trop favorable, puisque M. Audin m'a cité à côté des écrivains de mon temps dont j'aime le mieux le talent, *dans le genre dont il est question*. Il serait encore bien plus inconvenant que j'en rendisse compte moi-même, et comme je suis sûr d'ailleurs que ce sera un plaisir très vif pour vous, je vous supplie de ne pas négliger un écrit qui, tout didactique qu'il soit, prendra place près des productions les plus brillantes de l'imagination à l'époque actuelle. Ceci est fort désintéressé, car je vous jure que je ne connais aucunement M. Audin, ni par lui-même, ni par relation, ni par renommée, et que c'est mon amour seul pour ce que je trouve bien qui m'a si vivement prévenu en faveur de cette mélopée de style qui lui est propre et qu'une organisation poétique et musicale aime à *se chanter* longtemps. Vous m'en direz des nouvelles. Ce serait pour moi un véritable service... Si vous étiez envieux de le rendre plus personnel, vous pourriez citer le paragraphe où M. Audin peint l'invasion du genre romantique, manifestée dans notre langue par les ouvrages de M. de la Martine, de M. de la Mennais, de M. de Mestre, et par ceux d'un quatrième écrivain que vous aimez bien davantage, quoique vous n'en deviez pas faire et n'en fassiez pas le même cas. *Cuique suum.* » (Lettres inédites.)

Romantique, il l'est fort peu cependant. Il ne faut pas abuser de quelques articles qui sembleraient parfois d'un précurseur. Nodier a l'esprit trop vif et il a trop écrit pour n'avoir pas entrevu certaines choses. Mais il y a loin de ces boutades, ou de ces pressentiments, à des idées mûries. En 1814, il parle de Shakespeare en des termes qui doivent surprendre les lecteurs des *Débats*; mais à la même date, il proclame aussi que le romantisme est « abandonné même de la plupart de ses défenseurs » et qu'il se garderait d'en entreprendre une *tardive apologie* (art. sur l'*Allemagne*)... En somme, si l'on cherche, parmi les nouveautés à la mode, celles qui pourront se réclamer de lui, il n'apparaît guère que l'un des créateurs du *genre frénétique*. De quoi il n'y a pas lieu de le louer. Lui-même, d'ailleurs, n'est pas très fier de cette paternité et de sa descendance.

En fait, le passé l'intéresse plus que l'avenir. Il est trop détaché pour vouloir être esclave d'une doctrine. Il estime que les batailles littéraires sont cruelles sans profit et que c'est sottise de blesser, pour une idée, un honnête homme. Cette tolérance fait plus d'honneur à l'homme qu'au critique, mais elle explique que tant de sympathies viennent à lui. Rue de Choiseul d'abord, puis rue de Provence, enfin rue de Sully, sa maison reste toujours la maison hospitalière ouverte aux artistes et aux écrivains, et si le premier cénacle romantique ignore les rivalités, les jalousies ordinaires, il semble bien que sa sagesse indulgente y soit pour quelque chose. Peut-être même, ces jeunes gens exagèrent-ils, entre eux, les protestations d'amitié. Il y a un peu d'affectation, de parti pris dans leur admiration mutuelle. L'enthousiasme est de rigueur. « Oui, mon Charles, écrit V. Hugo après un article de Nodier sur les *Odes et Ballades*, avouons hautement notre amitié, cette *amitié de frères* qui m'unit à vous comme elle unissait Thomas Corneille au grand Pierre... Que votre article est beau, et en même temps qu'il est bon! Je veux aller vous en remercier, vous embrasser mille fois. Vous ne savez pas, mon illustre ami, quel orgueil et quelle joie on éprouve à se voir ainsi loué par le génie. » (Cité p. 124.) C'est le ton habituel. Latouche n'a pas tout à fait tort de railler. Mais lui-même, avant la rupture de 1823, n'a-t-il pas partagé ces enthousiasmes? M. Salomon, d'après la préface de *Trilby*, signale ses relations avec Nodier en 1822; elles remontent plus haut. Le 2 mai 1820, cette lettre à propos d'*Adèle* : « J'ai acheté, lu, dévoré, admiré *Adèle*. Bien que tu sois, dans ce livre, un peu semblable à toi-même, que la dernière pensée tombe un peu dans les moules connus, il doit avoir un grand succès. J'éprouve le besoin de dire publiquement ce que j'en pense. Je sais que nos *libéraux* ne sont pas favorablement disposés à ouvrir leurs feuilles, cependant nous arrangerions tout cela si je te voyais... » Déjà l'on aperçoit le germe des divisions futures. Du moins, Nodier fera-t-il tous ses efforts pour les empêcher (Lettre à E. Deschamps du 25 octobre 1823).

M. Salomon a eu la bonne fortune de feuilleter les albums de M^me Nodier et de sa fille. Poèmes et dessins, tous les habitués de l'Arsenal ont laissé là un souvenir : ceux qui déjà s'affirmaient les chefs de la jeune école, ceux aussi dont la gloire ne brilla qu'un instant, — silhouettes effacées qu'il est intéressant de faire revivre. Ce chapitre est la partie la plus neuve du livre. Il complète très heureusement les mémoires de M^me Ménessier; il nous montre surtout la grande place qu'elle a tenue dans ce salon. Faut-il voir en Marie Nodier l'héroïne mystérieuse du sonnet d'Arvers? Il est difficile de l'affirmer; mais ce qui est certain, c'est qu'elle est la joie de ces réunions. Plusieurs de ces poètes, et non les moindres, ne sont pas insensibles à sa jeunesse souriante. Plus tard, il leur semblera que l'esprit même de son père revive en elle. Lamartine, Hugo, Deschamps reporteront sur la jeune femme l'affection qu'ils eurent pour lui... Quant à Vigny, M. Salomon n'a pu relever qu'une preuve matérielle de son intimité avec Nodier : quelques strophes du *Cor* écrites de sa main sur le fameux album. En voici une seconde, une lettre datée du 11 février 1848 : « Comment ne serais-je pas reconnaissant, chère et gracieuse Marie, de ce que vous me donnez ainsi une occasion de vous être agréable? N'en doutez pas, je chercherai, je trouverai le moment de soutenir le livre qui vous intéresse, j'en ai déjà parlé hier. Dites-moi par un mot combien de jours de congé vous avez encore à Paris et à quelle heure vous êtes visible à l'Arsenal? J'ai beaucoup à vous dire et à entendre de vous. *Le Legs d'un père*, c'est mon amitié que votre bon et illustre père vous a laissée tout entière. Alfred de Vigny. » (Inédit.)

Si sincère que soit l'admiration dont tous les romantiques témoignent à l'égard de Nodier, il ne faudrait pas en conclure qu'il ait pris personnellement une grande part à leurs efforts. Sa collaboration au premier volume de la *Muse française* se réduit à fort peu de chose et il ne donne au second, avec deux morceaux en vers, qu'un article important. Même au temps où il

est gagné pleinement aux doctrines de l'école, il reste plutôt un témoin bienveillant qu'un compagnon de lutte. Très entouré, très accueillant, il gardera
toujours une certaine réserve, faite de timidité et de discrétion. C'est là le
fond de son caractère. Il s'excuse dans une lettre du 6 avril 1823 à Aimé
Martin « de bizarreries qu'on peut fort bien attribuer à l'impolitesse et même
à l'ingratitude, mais qui ne sont que le résultat de la gaucherie et de la
timidité ». — « La bizarrerie d'une vie passée dans les chartreuses, les
casernes et les prisons, dit-il encore, m'a rendu si étranger au monde, que
je n'y mets jamais le pied sans craindre d'offenser involontairement quelques-
unes des bienséances que ma première éducation m'avait appris à respecter. »
Et à Duval, le 26 mai 1835 : « Mes manières gauches et timides nuisent beaucoup à mon expansion, et les gens qui sont dans ma confidence la plus
intime peuvent seuls imaginer combien je vous aime. » Le bruit qui se fait
autour de lui n'est pas sans le fatiguer un peu : « Je sens souvent le besoin
d'avoir une chambre isolée de mon appartement où je puisse me tenir à
l'abri des visiteurs importuns qui dévorent journellement la meilleure partie
de mon temps et j'ai été quelquefois sur le point d'en prendre une en ville;
mais ma santé est trop mauvaise maintenant pour que je puisse me séparer
absolument des miens... » Certaines manifestations à grand fracas ne pourront
être de son goût.

D'ailleurs, ce ne sont pas seulement des affinités littéraires qui déter-
minent ses sympathies. Il a dans le camp adverse des amis que le triomphe
romantique ne lui fera pas abandonner. Il n'hésite pas à prendre le parti
d'Alexandre Duval dans ses interminables polémiques. J'emprunte à leur
correspondance cette lettre encore : « Vous êtes bien enfant, mon cher ami,
de vous faire du chagrin pour de méchants feuilletons inspirés par la colère.
Il était assez naturel qu'on vous fît expier vos épigrammes contre le corps
inviolable des feuilletonistes et vous deviez vous y être attendu. L'article de
L. V. est dur, grossier et sans esprit, contre son usage, car il en a beaucoup,
mais la colère le lui a fait perdre cette fois. Quant à celui de Dumas, il n'est
que ridicule. Quand je l'ai vu, après des éloges qui ne sont d'ailleurs que
justes, vous refuser d'être poète, « parce que vous ne parlez point cette
langue sublime qu'on parle sans la comprendre soi-même et sans être
entendu de personne » (je crois que ce sont ses propres paroles), bien m'en a
pris d'être retenu dans mon lit par mes douleurs. Je serais tombé de
pâmoison à force de rire. Voilà donc le secret de leur style et de leur poésie!
Est-il possible de s'affliger de choses aussi divertissantes? Recevez mon compliment, cher ami. Rien ne manque à votre brillant succès, pas même la
maladresse et la mauvaise foi des critiques. Vous devez être bien fier à votre
âge de donner tant de déboires à la jeunesse pensante, produisante et
jugeante, et de lui arracher des témoignages si manifestes de son dépit. Cela
est cent fois plus glorieux que ne le seraient des éloges qu'on pourrait attribuer à son urbanité, si elle était capable de procédés honnêtes. Je vous
embrasse de cœur. »

Il n'est pas moins fidèle à Guilbert de Pixérécourt, malgré ses accès de
mauvaise humeur et son « irritabilité shakespearienne ». En 1841, quand le
dramaturge vieilli, ruiné, à peu près aveugle, publie une édition collective
de son théâtre et s'avise d'opposer aux dédains de la jeune école ses succès
anciens, c'est Nodier encore qui se charge de la préface. Et il ne lui suffit
pas de rendre justice à cette imagination féconde. Il veut défendre jusqu'à
son style, il s'efforce d'établir ses droits de précurseur, il écrit : « La tragédie
et le drame de la nouvelle école ne sont guère autre chose que des mélo-
drames relevés de la pompe artificielle du lyrisme.... » C'est exprimer de
façon bien catégorique une idée qui n'est pas absolument fausse. En tout
cas, cette attitude, à ce moment, ne manque ni de générosité, ni de crânerie.

M. Salomon est passé rapidement sur ces dernières années. Peut-être aussi trouvera-t-on un peu sommaire la partie critique de son livre. Mais il n'y a pas à le lui reprocher. L'importance de Nodier est hors de proportion avec la valeur de son œuvre. Lui-même d'ailleurs affectait de faire bon marché de la gloire littéraire. « Des trois bêtes qui vivent en moi, écrit-il à de Bry, la bête qui fait des livres est, sans comparaison, celle dont le sort m'occupe le moins... » Ce n'est pas comme écrivain qu'il désirait surtout être apprécié. Sur ce point, la postérité lui a donné satisfaction complète, — plus complète même qu'il n'eût souhaité.

Jules Marsan.

Léon Séché. **Alfred de Musset. I. L'homme et l'œuvre. Les camarades. II. Les femmes.** *Paris, Société du Mercure de France,* MCMVII, 2 vol. in-8° de 388 et 293 p.

Suivant sa coutume, M. Séché apporte le résultat de ses recherches de l'année. Ce n'a pas été une année perdue. Je ne puis, en quelques lignes, dresser la liste de tous les documents nouveaux qu'il a eu la bonne fortune de découvrir : la correspondance du comte d'Alton-Shée et cette comédie inédite de *l'Ivresse* qui mit en si grand émoi la famille de Musset, le carnet de voyage de Félix Arvers en Italie, les papiers d'U. Guttinguer, de Roger de Beauvoir, de nombreuses lettres d'Alfred Tattet, du prince Belgiojoso, de Déjazet, de Mme Jaubert, de toutes les femmes, à peu près, qui traversèrent la vie du poète... Et sans doute on pourra lui reprocher de n'avoir pas donné exactement ce que son titre semblait promettre. Musset tient, en somme, assez peu de place dans ces deux volumes; sur son œuvre, M. Séché passe rapidement; parmi ceux qu'il appelle ses camarades, il en est peut-être qui ne l'ont guère connu, et si George Sand figure en tête de la seconde partie c'est qu'il était difficile de l'oublier tout à fait. Il n'en reste pas moins que l'on trouve ici une étude singulièrement vivante sur le monde des artistes, des poètes et des viveurs aux environs de 1830 : Véron, Eugène Sue, Guttinguer, le prince Belgiojoso, le major Frazer, les habitués du café de Paris, de Tortoni, du café Riche, des Frères Provençaux, toute une société brillante et bruyante, tout ce qui fit la gloire et créa la légende du *Boulevard.* M. Séché a multiplié les anecdotes, et aussi les renseignements dont l'histoire littéraire peut faire son profit. Ce n'est pas moins amusant que les souvenirs de Monselet, de Gustave Claudin, de Philibert Audebrand, — et c'est plus sûr.

Parfois cependant, il est regrettable que M. Séché s'en soit tenu trop strictement à son office de chroniqueur. Roger de Beauvoir, pour prendre un exemple, méritait mieux qu'une simple notice biographique. L'auteur de *l'Ecolier de Cluny,* de *La Cape et l'Épée,* de *Colombes et Couleuvres* fut autre chose qu'un joyeux compagnon; on ne le connaît pas, quand on a lu le récit de certains exploits. N'oublions pas ces vers, en tête de son premier recueil :

> Il a gardé pour lui le meilleur de sa vie
> Il ne vous dira point sa joie ou ses douleurs...
> Il a peur, voyez-vous, des railleurs de la terre,
> Il leur cache sa route, et du soir au matin,
> Il a sur son visage un masque de satin,
> Et marche en raffiné qui brandit sa rapière.
> (Prologue de La Cape et l'Épée.)

Et vingt cinq ans plus tard :

> Ton masque ainsi buvait les pleurs,
> O Scarron, quand tu faisais rire !
> (Les meilleurs fruits de mon panier.)

Il serait ridicule d'exagérer en sens inverse, mais il est certain que Roger de Beauvoir a été la victime de sa réputation. Il avait un emploi à tenir. Consacré homme d'esprit et *lion* à la mode, il devait le rester : dure nécessité, et qui demande une application de tous les instants. Ses épigrammes pourtant et tous ses petits vers ne doivent pas nous faire négliger certaines tentatives littéraires qui vaudraient d'être étudiées de plus près.

En revanche, plusieurs chapitres de M. Séché sont à signaler d'une façon particulière : sur Félix Arvers, sur Paul de Musset, sur M$^{me}$ Jaubert, sur M$^{me}$ Allan-Despréaux, — celui-ci surtout, l'histoire du dernier amour véritable, presque une tragédie.

JULES MARSAN.

---

ALBERT KEIM, docteur ès lettres. **Helvétius, sa vie et son œuvre,** d'après ses ouvrages, des écrits divers et des documents inédits. Paris, Alcan, 1 vol. in-8° de VIII-719 p.

Ouvrage intéressant et utile. Il est très sérieusement documenté. L'auteur sait s'entourer des garanties nécessaires pour être exact et précis. Il a cherché dans les bibliothèques parisiennes et comparé entre elles les œuvres d'Helvétius. Les catalogues d'autographes, les archives du château de Voré, les Archives nationales, celles des Affaires étrangères lui ont fourni nombre de documents inédits, d'importantes Notes de la main d'Helvétius, des fragments de correspondances, des détails biographiques, des lettres sur la mission diplomatique d'Helvétius à Berlin, etc.... L'étude est copieuse et nous conduit judicieusement des origines de la famille d'Helvétius aux destinées lointaines de son œuvre.

La thèse générale est une tentative discrète de réhabilitation; elle est généralement conduite avec mesure et impose des conclusions solides. Helvétius est intéressant et par son influence et parce qu'il a été plus ou moins un méconnu. M. K. en dit les raisons. Helvétius n'est pas le matérialiste grossier qu'ont imaginé les adversaires de ses doctrines. Il est, quelque peu, le fondateur d'une sociologie positive, de celle qui part non de principes arbitraires, mais de l'examen des faits sociaux et de leurs actions et réactions immédiates : « La vertu, dit-il (p. 141 de *l'Esprit*, 1759), n'est que le désir du bonheur des hommes ». Et ce bonheur s'assurera par ce que Fourier appelle l'utilisation des passions. Il n'y a plus rien là qui scandalise.

Nous ajouterions même à la démonstration de M. K. que le reproche de confusion si souvent fait au livre de *l'Esprit* est assez immérité. Les réflexions d'Helvétius se juxtaposent un peu au hasard à l'intérieur de chaque chapitre; c'est le défaut d'un homme qui a beaucoup à dire et le défaut de tout son siècle. Mais les chapitres se lient et s'enchaînent entre eux par une très sûre logique. Il suffit, au lieu de prendre quelques pages au hasard, de lire en tête de l'ouvrage la table méthodique où Helvétius marque lui-même la charpente de sa doctrine. La confusion même des développements et l'insuffisance du système laissent d'ailleurs leur prix à des détails judicieux et suggestifs que M. K. noie ou néglige dans ses analyses. C'est Helvétius et non Taine qui donne cette définition du génie : « L'homme de génie n'est donc que le produit des circonstances dans lesquelles cet homme s'est trouvé ». C'est Helvétius et non un moderne *Manuel de littérature* qui juge ainsi les tragédies de Corneille : « Pourquoi le genre de Corneille maintenant moins goûté, l'était-il davantage du vivant de cet illustre poète? C'est qu'on sortait alors de la Ligue, de la Fronde, de ces temps de troubles où les esprits, encore échauffés du feu de la sédition, sont plus audacieux, plus estimateurs des sentiments hardis, et plus susceptibles d'ambition; c'est que les caractères que Corneille donne à ses héros, les projets qu'il fait concevoir à ces ambitieux, étaient par conséquent plus analogues à l'esprit du siècle qu'ils ne le seraient maintenant.... »

Le centre de l'ouvrage est une étude minutieuse de l'affaire de *l'Esprit.* M. K..s'y attarde à bon droit. C'est là, avec l'affaire des *Lettres anglaises* que nous connaîtrons bientôt à fond, avec celle de *l'Émile* que M. Lanson a vigoureusement précisée, avec celle de l'abbé de Prades, celle de Bélisaire et quelques autres, une des grandes batailles de la pensée libre, ou si l'on veut de la pensée du XVIIIᵉ siècle. Puisque l'étude est capitale signalons quelques menues additions : M. K. aurait pu utiliser les dossiers de Joly de Fleury et les Archives de la Sorbonne dont M. Lanson a tiré un si heureux parti pour l'affaire de *l'Émile* P. 342, M. K. signale une impression de la deuxième rétractation d'Helvétius encartée dans certaines éditions de *l'Esprit.* Les ennemis du philosophe ont dû répandre ces placards à profusion. Nous connaissons une feuille de 4 pages in-4º qui publie simultanément la lettre au père Pleix et la deuxième rétractation. — De même (p. 384), M. K. signale la brochure *Arrests de la Cour du Parlement portant condamnation*, etc.... Il en a été publié également un extrait : *Extrait des registres de Parlement du ving trois (sic) janvier 1759*, à Paris, chez P.-C. Simon, imprimeur du Parlement, rue de la Harpe, 3 p. in-4º. Une autre édition a paru chez Charles Jacob, rue Bourgogne, 1759, 22 p. in-4º. — L'arrêt du 6 février fut pieusement commémoré par la médaille qui porte les légendes : *Morosophia impia calcata* — S. C Libri incredulor. adusti. Lex prohibens. VI. feb. MDCCLIX.

Le livre n'est pas sans défauts. Le style s'attarde, tout au moins dans les premiers chapitres, à des élégances qui rappellent fâcheusement le ton des beaux-esprits du XVIIIᵉ siècle : « L'esprit fleurit en petits vers parmi les hoquets de l'orgie. — Il y a des babioles dans les chefs-d'œuvre et des chefs-d'œuvre dans les babioles, etc., etc. » M. K. est un philosophe trop sincère pour prendre goût à ces divertissements inutiles. Ceux qui s'y complaisent n'ouvriront guère ses 719 pages de texte serré. Les habitudes philosophiques ont d'ailleurs entraîné M. K. à un autre défaut. Les 719 pages ne sont pas toutes nécessaires. Mais parti de Kant sans doute, ou de Wagner, ou de Nietzsche pour aboutir heureusement à l'étude d'un philosophe réaliste, M. K. a découvert à propos d'Helvétius une histoire littéraire qui dépasse celle de la culture générale. Aussi nous fait-il abondamment part de ses découvertes. Nous apprenons ce qu'était Montesquieu (p. 15) et ce qu'était la Chaussée (p. 16) et quel était le génie de Marivaux (p. 39), et ce qu'était la douceur de vivre avant 1789 (p. 107) et ce que fut le *Journal Encyclopédique* (p. 325), etc... Ceux qui ignorent ces généralités hésiteront peut-être à s'instruire aussi longuement sur Helvétius. Surtout ces digressions un peu vaines aventurent l'auteur sur des terrains mal sûrs — et où personne n'est sûr s'il n'étudie l'histoire littéraire depuis trente ans. Voilà (p. 53) des détails sur le Buffon en manchettes de dentelles. Pourquoi y revenir si ce n'est vraisemblablement qu'une légende ? Buffon (p. 54) n'est pas un métaphysicien à la manière de Condillac puisque Condillac écrit contre lui un long ouvrage. L'*Ami des hommes* de Mirabeau n'est pas (p. 219) de 1757, mais de 1755 ou plus probablement de 1756, etc.

Ces amusements de style et digressions épisodiques augmentent la complexité d'un ouvrage où les idées sont malaisées à suivre. M. K. observe soigneusement l'ordre chronologique, étudiant par exemple *l'Esprit*, puis le traité *de l'Homme*. Peut-être aurait-il été légitime de réunir des livres aussi voisins et d'y étudier la doctrine générale du philosophe. Mais en stricte méthode M. K. peut très bien se justifier. Un système plus contestable est celui qui consiste non à étudier d'ensemble *l'Esprit* ou le traité *de l'Homme*, mais à établir un commentaire discursif de ces ouvrages en suivant chapitre par chapitre, et même page à page les idées d'Helvétius. C'est quelque peu trahir son auteur en accusant le désordre apparent des détails.

Nous avons dit que la thèse était très sérieusement documentée. Pourtant M. K. aurait pu quelquefois, en allégeant digressions et commentaires, aller plus loin qu'il ne l'a fait. En principe, toute thèse sur un écrivain déterminé devrait nous donner une bibliographie à peu près définitive de ses œuvres. La courte bibliographie de M. K. est soignée ; elle laisse encore sans réponse bien des questions. Quérard signale par exemple, à propos des ouvrages posthumes d'Helvétius, des remaniements et corrections sur lesquels il aurait été peut-être possible de nous éclairer. Surtout, malgré le soin de son étude, M. K. sacrifie quelque peu l'histoire de l'influence immédiate d'Helvétius. C'est au fond là ce qui importe. Quoi qu'on fasse on ne trouvera pour l'*Esprit* que de bien rares lecteurs. Ce qui vaut c'est l'action même du livre, ceux qu'il sert et ceux qu'il combat. Sans doute M. K. étudie quelques pamphlets, les *Lettres critiques* de Gauchat, le *Catéchisme du livre de l'Esprit*, etc. Mais il y en a bien d'autres et qu'il n'est pas légitime de négliger. Les études ne manquent pas sur l'offensive philosophique au xviiie siècle ; nous ignorons au contraire à peu près la défense traditionnaliste. Et cette défense fut acharnée ; ce sont ses positions et sa tactique qui expliquent souvent la tactique des philosophes M. K. aurait pu nous fournir un chapitre plus complet de cette histoire épique. Il y a de longues critiques sur Helvétius dans Hayer et Soret, *la Religion vengée*, Paris, 1759 (tome VII, pp. 3-331) ; — le P. Hyacinthe de Lorgues, *la Nouvelle philosophie réfutée par elle-même ; suivi de l'Examen du livre de l'Esprit*, Paris, 1771 ; — Lefranc de Pompignan, *la Religion vengée de l'Incrédulité par l'incrédulité elle-même*, Paris, 1772 (p. 86 et sq.) ; — l'abbé Th. J. Pichon, *Arguments de la raison, en faveur de la religion et du sacerdoce, ou Examen de « l'Homme » de M. Helvétius*. Londres, et Paris. Vente. 1776. in-12°. — Flexier de Reval, *Catéchisme philosophique ou Recueil d'observations propres à défendre la Religion chrétienne contre ses ennemis*, 2e éd. Paris, 1777 (livre II) ; — l'abbé Hespelle, *la Théotrescie ou la seule véritable religion démontrée contre les athées, les déistes et tous les sectaires*, nouvelle éd., Paris, 1780 (t. I, p. 155) ; — abbé Barruel, *les Helviennes ou Lettres provinciales philosophiques*, 6e éd., Paris. 1823 [1re éd. 1881], (t. II, pp. 163, 181, 265, 270, 293, etc., t. III, p. 20, 35, 36, 155-157, etc., t. IV, p. 24, 26, 29, 32, 46, 48, etc...) ; — le P. Elie Harel, *La vraie philosophie*, Strasbourg. Paris, Rouen, 1783 (p. 206 et sqq.) ; — abbé Mayeul-Chaudon, *Anti-dictionnaire philosophique*, 4e éd., Avignon, Paris, 1785 (t. I, pp. 430-438).

D'autres encore, dont nous n'avons pas ouvert les œuvres, ont sans doute frappé leur coup dans la bataille. Et qu'on ne dise pas qu'il y aurait à les étudier une vaine érudition. Il y a, dans Hayer et Soret, 330 pages sur Helvétius, tout un livre dans Flexier de Reval, etc... — *Le Cathéchisme du livre de l'Esprit* que M. K. a trouvé à la suite des *Lettres* de Gauchat et dans un *Recueil* de la Mazarine (p. 402) a bien paru séparément chez Hérissant en 1758 (Cf. *Journal Encyclopédique*, 15 mars 1759, pp. 146-147).

Enfin M. K. aurait pu pousser un peu plus loin des recherches fastidieuses mais utiles sur les « Ecrits divers » qui nous parlent d'Helvétius. Il n'utilise guère que les *Mémoires* les plus connus. Mais *Mémoires* et *Correspondances* sont fort nombreux pour le xviiie siècle et peut-être auraient-ils fourni des renseignements précieux. Les *Mémoires d'une Inconnue* (publiés par Mme Cavaignac [?], Paris, 1894, in-8°), nous fournissent (p. 53) sur le caractère d'Helvétius et sur sa philanthropie des renseignements inquiétants. Y aurait-il une légende d'Helvétius ? Il est vrai que la légende est solide. Helvétius a des défenseurs parmi ses plus naturels ennemis. Mayeul-Chaudon (pp. 430 et 432) prodigue les paroles flatteuses : « Cet auteur était connu par des vertus et des actes de générosité, autant que par la douceur et la facilité de son caractère ». M. K. (p. 605) cite, d'après Grimm, l'épitaphe d'Helvétius par Dorat. En feuilletant les œuvres de Dorat il y aurait rencontré une très longue et très intéressante *Epitre à M. Helvétius pendant son séjour à Berlin* où le portrait du philosophe humanitaire est aussi complaisamment tracé (Dorat, *Œuvres choisies*, Paris, Delalain, 1786, in-24, t. III, p. 215). — On trouve dans les *Œuvres* de Turgot (Paris, Berlin, 1808-1811, t. IX) une épître *A M. de G. sur le livre de l'Esprit*. — La *Revue rétrospective* (Paris, 1838, 3ᵉ série, t. II, p. 189) donne une lettre d'Helvétius que M. K., semble-t-il, n'a pas connue. — M. H. Godet a publié une étude sur *Helvétius a Voré et à Feuillet* (*Bulletin de la Société historique et archeologique de l'Orne*, t. XIX, 1900) que M. K., toujours sauf erreur de notre part, ne signale pas.

M. K: n'a dépouillé qu'occasionnellement les journaux du xviiiᵉ siècle. Probablement y aurait-il rencontré, à côté des renseignements essentiels qu'il leur a fort justement demandés pour l'affaire de *l'Esprit*, nombre de jugements intéressants. Nous n'avons sous la main sur ce sujet que cette fiche : le *Journal encyclopédique* donne (1ᵉʳ octobre 1759, p. 121) des explications fort curieuses sur ses analyses de *l'Esprit*.

L'impression matérielle de l'ouvrage est parfois fort négligée. Enfin il est regrettable que M. K. n'ait pas cru devoir nous donner une *Table analytique des matières* et un *Index des noms propres*.

Ces remarques et restrictions laissent cependant à l'ouvrage le mérite d'un labeur patient, intelligent et fort utile. C'est un méthodique travail d'histoire littéraire. Surtout nous saurions à M. K. un gré infini de se donner courageusement pour un converti. Voué « à une sorte de philosophie mystique et douloureuse de l'Infini et de l'Absolu », il est devenu l'un de ceux qui croient plus féconds l'acceptation provisoire du réel et le souci de le connaître avec toute la précision que comportent les recherches humaines. Il a délaissé la vérité mystique pour la vérité historique. Toutes deux sont légitimes, sans aucun doute. Il importe seulement, comme le sait M. K., de ne songer qu'a la seconde lorsqu'on écrit l'histoire des œuvres humaines.

DANIEL MORNET.

PAUL MARABAIL, capitaine d'infanterie coloniale. **De l'influence de l'esprit militaire sur l'œuvre d'Alfred de Vigny.** Avec une préface d'EMILE FAGUET. Troisieme édition. Croville-Morant, éditeur, 1908.

C'est un curieux volume que celui que vient de consacrer M. le capitaine Marabail à Alfred de Vigny. M. Faguet, dans sa préface, nous en avertit : ce livre est « unilatéral », et Vigny s'y trouve quelque peu « garrotté dans son uniforme ». Disons tout de suite que la préoccupation de M. Marabail est très légitime. On a vu tant de choses dans Vigny qu'on a omis d'y voir ce qui est peut-être l'essentiel : on en a même fait un janséniste! Le livre de M. Marabail est ingénieux, paradoxal même, d'ailleurs d'exposition très claire. L'auteur résume volontiers sa pensée à la fin de chaque chapitre, et marque fortement les étapes que suit sa démonstration. Il appelle, il provoque même la discussion.

Je dirai tout d'abord que je suis à peu près de son avis, mais non point tout à fait pour les mêmes raisons. Je souhaiterais moins de subtilité à la première partie de son livre, et plus d'ampleur à la seconde.

M. Marabail nous raconte d'abord, à son point de vue, la destinée de Vigny. Il le replace dans l'armée profondément troublée et désorientée de la Restauration : jeunes officiers royalistes, odieux à la troupe, vieux officiers subalternisés ou rejetés dans les demi-solde; soldats enfants de chœur, dont l'aumônier est le véritable chef. Il se tient à l'écart, il lit, il étudie; il devient vite suspect à ses camarades, dont il diffère, et qui par conséquent lui sont hostiles. « Pour réussir dans l'armée, dit M. Marabail, il ne faut porter ombrage à personne... » (p. 45). Que M. Marabail se rassure : ce mal n'est point particulier à l'armée. Vigny se retire, mais « profondément imprégné » de l'esprit militaire. « Cette discipline... va être le bien suprême auquel il va faire appel » (p. 49). L'indication est bonne; l'auteur n'en a peut-être pas tiré tout le parti possible. A propos de sa liaison avec Dorval, M. Marabail estime qu' « on sent dans les premiers rapports qu'il a avec elle un souvenir de cette timidité, de cette fascination qu'inspire toute femme à un soldat » (p. 54). Les hussards, tout au moins, ont une réputation un peu différente, mais M. Marabail est mieux renseigné que moi. — M. Marabail montre Vigny, dans sa vie ultérieure, continuant d'aimer l'uniforme (p. 64-65), conservant l'allure militaire, prenant, à la fin de sa vie, « l'aspect d'un vieux général blessé qui veut mourir debout. »

Ensuite l' « esprit militaire » est considéré dans ses grandes lignes. M. Marabail voit dans toute destinée de soldat trois phases principales, un élan juvénile d'abord et une exaspération de l'amour-propre, un premier choc contre la discipline de fer et une révolte, puis la résignation finale. Ce sera l'histoire de Vigny.

Nous touchons ici au chapitre le moins heureux du livre, celui où M. Marabail étudie « l'influence de l'esprit militaire sur les principaux poèmes de Vigny. C'est vraiment subtiliser à l'excès que de voir dans Moïse un général d'armée écrasé sous le poids de sa responsabilité, isolé dans son grade, et de montrer dans l'admiration que Vigny a pour son héros l'ahurissement un peu ingénu d'un lieutenant devant un grand chef. Voici une singulière interprétation d'Eloa : « Lucifer est passé devant un conseil de guerre qui l'a destitué de son grade et chassé de l'armée. Sous les traits d'Eloa, le lieutenant, qui a des révoltes contre cette obéissance passive qu'on lui demande..., compatit à la peine qui frappe l'archange rebelle » (p. 93). De même, c'est presque faire une pointe que de voir dans le vers célèbre :

Seul le silence est grand, tout le reste est faiblesse...

« le résumé de tous les règlements militaires ». Plus loin, c'est forcer le rapprochement que de montrer Chatterton donnant sa démission de la vie comme Vigny a donné la sienne de l'armée. Nous lisons ailleurs (p. 173) que Cinq-Mars symbolise la révolte de l'homme étreint par la discipline, et que la discipline, c'est Richelieu, si justement malmené par le poète. Ceci n'est vrai qu'en partie. Il y a là une rébellion de romantique, le romantisme s'insurgeant contre toute limitation du moi et contrainte de l'individu. Il y a aussi rancune de gentilhomme, d'aristocrate contre un grand niveleur.

Mais à la fin de son livre, M. Marabail, s'élevant à des considérations plus générales, montre assez bien comment Vigny a « su maîtriser son âme et son corps » (p. 267). Sorti de l'armée par dégoût, renonçant aux œuvres de violence, il est rentré dans la vie, et a connu que la vie elle-même est bataille et violence. Alors il a eu la nostalgie du régiment, car la lutte quotidienne des hommes entre eux est basse, sournoise, sans grandeur. Dans cette mêlée obscure où le poète s'est fourvoyé, il restera pur et droit comme une épée. C'est ce qu'à notre gré M. Marabail a indiqué un peu trop sommairement.

M. Marabail reconnaît aussi des caractères « militaires » au style de Vigny qui est bref, sobre, concis. Il pense aussi que « cette discipline dont il fait preuve dans sa tâche d'écrivain, que cette réglementation qu'il s'impose à toute heure, ont dû tarir parfois la source de son inspiration. Le souci de la vérité, la recherche constante d'une correction impeccable, le désir d'éviter tout détail inutile, ont petit à petit apporté des bornes à son imagination qui, par nature, semble avoir été des plus vives (p. 287). » L'idée est assez juste : l'habitude de se contrôler soi-même, de se maîtriser, de se « tenir dans le rang » peut dans une certaine mesure rendre compte de ce qu'il y a dans Vigny de concentré, de ramassé, d'un peu gauche parfois.

L'armature qui le maintient et contient le gêne un peu. Mais sa pensée, comprimée, va plus haut.

Voici ce que je voudrais ajouter à l'interprétation de M. Marabail. A un certain moment de sa destinée, Vigny sent le sol se dérober sous lui. L'humanité a repoussé le gentilhomme, le soldat, le poète; le fait d'appartenir à l'élite de la race, du glaive et du livre a fait de lui un triple paria; la femme a trahi l'amant, trop haut pour elle; la nature est hostile; Dieu est muet. Mais dans ces ténèbres morales une lumière brille encore, l'Honneur. D'où vient-elle? On ne sait. C'est une consigne qui s'impose, qu'on accepte et qu'on ne discute pas. Napoléon est injuste, mais le devoir militaire subsiste. Dieu est énigmatique et silencieux, la pensée de l'univers est mauvaise peut-être, mais l'impératif catégorique est debout. En faisant abnégation, le grognard vaut mieux que l'Empereur. Epictète couvre son maître de confusion et l'homme fait rougir les dieux.

HENRI POTEZ.

---

Léon Lefebvre. **Histoire du théâtre de Lille, de ses origines à nos jours.** *Lille, imprimerie Lefebvre-Ducrocq*, 1907, 5 vol.

Ce livre est l'ouvrage de longues années. L'auteur, M. Lefebvre, dès 1878, avait écrit un mémoire sur l'histoire du théâtre à Lille. Depuis il a patiemment accumulé les recherches, consulté les archives, les journaux, les feuilles d'annonces, les affiches. On peut dire que l'ouvrage qu'il nous offre aujourd'hui épuise la matière. Il est intéressant à divers points de vue. Il jette une vive lumière sur les origines de l'art dramatique à Lille au moyen âge. Il débrouille clairement ce chaos des confréries, fous, joueurs, ménestrels, etc. Il nous renseigne abondamment sur la crise qui mit à peu près fin au théâtre religieux à Lille, comme partout ailleurs, sous la double influence de la contre-Réforme et de la Renaissance; sur l'introduction des goûts français avec la conquête française; sur la condition des acteurs et les habitudes des spectateurs au XVIIIe siècle; sur les incidents qui signalèrent, au théâtre, la Révolution, l'Empire et la Restauration.

J'attirerai spécialement l'attention sur les points qui concernent l'histoire littéraire proprement dite. En 1675, est représenté à Lille, par la troupe du prince d'Orange probablement, l'*Hippolyte* de Bidar. Ce Bidar est un précurseur de Racine. Peut-être même Racine a-t-il connu sa pièce. Telle est l'opinion de P. Lacroix, et, ce qui est plus considérable, de P. Mesnard. La pièce de Bidar est dédiée au maréchal d'Humières, gouverneur de la province.

En 1684, Dancourt joue la comédie à Lille. Il fait partie d'un troupe ambulante. Il a enlevé la fille de La Thorillière, l'a épousée, et emmenée avec lui. L'année précédente, à Arras, il a écrit les *Nouvellistes de Lille*, sa première comédie.

Voltaire était en correspondance avec le comédien La Noue, chef de la troupe de Lille. Le 25 avril 1741 a lieu à Lille la première représentation de *Mahomet*, devant l'auteur, Mme du Châtelet et Helvétius.

J'ajouterai que de très nombreuses anecdotes caractéristiques se rencontrent au cours de ce travail; que la liste des spectacles, de plus en plus complète à mesure que l'on se rapproche de nos jours, constitue un document très important pour la connaissance des goûts littéraires de la province dans ces deux derniers siècles.

Disons enfin que l'ouvrage de M. Lefebvre, très volumineux, est des plus aisés à consulter, car les index en sont été dressés avec un soin extrême. C'est un travail définitif, et qui laisse bien loin derrière lui les essais, d'ailleurs estimables, qui ont été consacrés à l'histoire du théâtre dans la région du Nord.

HENRI POTEZ.

# PÉRIODIQUES

**Allgemeine Zeitung.** — Beilage 47 : Aus Briefen Maupassants an Flaubert — 49 : Petersen, Die franz. Sprache im Elsass. — 50 : Haape, Séché's Buch über Musset. — 52 : J. Frank, Pascal's Provinciales. — L. Geiger, Das Rousseau Jahrbuch. — 5 : R. Prévôt, Gustave Flaubert. -

**L'Amateur d'autographes et de documents historiques.** — Août-septembre; *Une lettre de Béranger.* — Octobre; *Un billet de Stendhal.* — Novembre; *Comment fut joué « le Passant »* (lettre d'Agar). — Décembre, *Alexandre Dumas et Louis-Philippe.* — Août-décembre; *Manuel de l'amateur d'autographes* (du cardinal de Lavalette au général Lavoestine). — Janvier 1908; . Maurice Tourneux, *Les mémoires de M*^me* Elliott.* — Mars; Paul Bonnefon, *L'abbé de Chancey et le vol des estampes du roi* (1735). — Janvier-mars; *Manuel de l'amateur d'autographes* (de Thomas Lawrence à Charles Lebeau).

**Annales révolutionnaires.** — Janvier-mars 1908; Arthur Chuquet, *La jeunesse de Camille Desmoulins.* — Louise Lévi, *Robespierre dans le théâtre allemand.* — *Robespierre aux Rosati.* — *Buzot et M*^me* Roland.* — *Une lettre inédite de Robespierre.* — Avril-juin; Arthur Chuquet, *Cent lettres inédites de Bonaparte* (1793-1796). — *Les lettres inconnues de Robespierre.* — *Deux poésies de Bürger.* — *Mérimée.* — *M*^me* de Staël et Guillaume Schlegel.*

**Archiv für das Studium der neueren Sprachen u. Literaturen.** — 3-4 : Sakmann, *Voltaire als Aesthetiker und Literatur historiker* II. — Livres scolaires.

**Archiv für Kulturgeschichte.** — VI, 1 : Gebauer, *Quellenstudien sur Gesch. des neueren franz. Einflusses auf die deutsche Kultur*, 2.

**Athenæum.** — 4185 : *The Oxford Book of French verse, XIII-XIX century*, chosen by St. John Lucas. — *The claims of French poetry, nine studies in the Greater French Poets*, by John C. Bailly.

**Bühne und Welt.** — IX. 14 : 4. Lichtenberger, *Nietzsche's Einfluss auf die franz. Literatur.*

**Bulletin du Bibliophile et du Bibliothécaire.** — 15 août, 15 septembre; abbé J.-B. Martin, *Incunables de bibliothèques privées. Quatrième série.* — Henri Cordier, *Charles de Lovenjoul.* — 15 octobre et 15 novembre; abbé Eugène Griselle, *Au temps de Louis XIII, choix de lettres inédites ou peu connues.* — 15 novembre; Louis Morin, *Éditions troyennes des Petits métiers et Cris de Paris* — Henri Clouzot, *Les Jacquard en Champagne et en Auvergne.* — 15 décembre; O. Berthet; *Bibliothèque de Grenoble : description sommaire des ouvrages imprimés postérieurement à l'an 1500.* — 15 août, 15 septembre, 15 octobre, 15 novembre et 15 décembre; Georges Vicaire, *Revue de publications nouvelles.* — 15 janvier, 15 février et 15 mars 1908; Henri Cordier, *Essai bibliographique sur les œuvres d'Alain-René Lesage.* — 15 janvier; Eugène Griselle, *Un supplément à la correspondance du cardinal de Richelieu.* — L'abbé A. Tougard, *Une lettre de Fontenelle.* — Ch. Oulmont, *Sur un exemplaire de Patelin annoté par Sainte-Beuve.* — 15 février; Ph. Renouard, *Josse Badius Ascensius.* — 15 janvier, 15 février et 15 mars; Georges Vicaire, *Revue de publications nouvelles.*

**Le Correspondant.** — 10 et 25 août; Sainte-Beuve, *Lettres à une exilée.* — 25 août; Joseph Ageorges, *Charles de Spoelberch de Lovenjoul : sa vie, sa biblio-*

*thèque et son œuvre*, — 10 novembre; Jacques Duval, *M. René Bazin romancier :
à propos du « Blé qui lève »*. — Étienne Lamy. *Le vicomte de Meaux*. —
25 novembre, 10 et 25 décembre; Edmond Rousse, *Lettres à un ami* (1871-1880)
— 10 décembre; de Lanzac de Laborie, *Albert Sorel et son œuvre*. — Amédée
Britsch, *La science et les bibliothèques : la question bibliographique*. —
25 décembre; Henri Bordeaux, *Rudyard Kipling*. — 25 août, 25 septembre,
25 octobre, 25 novembre et 25 décembre; Édouard Trogan, *Les œuvres et les
hommes : chronique mensuelle du monde, des lettres, des arts et du théâtre*. —
10 et 25 Janvier 1908; Edmond Rousse, *Lettres à un ami* (1871-1880).
IV et V (fin). — 10 janvier; Félicien Pascal, *Curiosités historiques : Marat
romancier*. — 25 janvier; le comte de Moüy, *La comédie française et l'histoire
de France*. — Étienne Lamy, *Hilaire de Lacombe*. — 10 février; Jacques
Ladreit de Lacharrière, *La correspondance de Chateaubriand avec sa femme:
documents inédits*. — 25 février; A. Chaumeix, *La renaissance italienne et la
vie de société*. — Michel Salomon, *Montaigne et Bordeaux*, — 10 mars; Henri
Bordeaux, *La Philothée de saint François de Sales*. — Henri Bremond, *Lamennais et la critique contemporaine*. — 25 mai; Étienne Lamy, *L'enfance d'une
grande dame : mémoires inedits de la duchesse de Dino*. — G. Pailhès,
*Madame de Duras et Chateaubriand, d'après des correspondances inédites*. —
25 janvier, 25 février et 25 mars; Édouard Trogan, *Les œuvres et les hommes,
chronique mensuelle du monde, des lettres, des arts et du théâtre*.

**Der alte Glaube.** — IX, 13 : A. Lau, *Sully Prudhomme*.

**Die Neueren Sprachen.** — XV, 9 : Schnegans, *Die neueren franz. Literatur-
gesch. im Seminarbetrieb unserer Universitäten*. — Livres scolaires.

**Jahrbuch für die Geschichte des Herzogtums Oldenburg.** 16.: Ruth-
ning, *Ein Originalbrief Voltaires an den Baron von Bielfeld*.

**Literaturblatt für germanische und romanische Philologie.** — N° 2 :
Baur, *Maurice Scève et la Renaissance lyonnaise* (Schnegans) Séché, *Etudes
d'histoire romantique* (Schneegans). — N° 3 : Boheman, *Précis de l'histoire de
la littérature des félibres* (Huber).

**Mercure de France.** — 1er avril; F. Jammes, *Charles Guérin*. — Péladan.
*Les trois traités doctrinaux de Dante*. — P. Dufay, *Le portrait, le buste et l'épitaphe de Ronsard au musee de Blois* — 1er et 15 avril; E. Barthélemy, *Hugo et
l'esthétique de Guernesey*. — 15 avril; G. Latreille, *Lamennais à la Chesnaie*. —
J. Bainville, *Rousseau et le romantisme français*. — 1er mai; E. Pilon, *Deux pré-
cieuses au XVIIe siècle : Mme Cornuel et Mme Pilou*. — F. Jammes, *Souvenirs
d'enfance*. — R. de Gourmont, *Théophile poete romantique*. — 15 mai; R. de
Gourmont, *Une loi de constance intellectuelle*. — F. Baldenne. *Souvenirs sur
Charles Guérin*. — A. du Fresnois, *Rémy de Gourmont romancier*. — 1er juin;
M. Collière, *J. K. Huysmans et le mysticisme naturaliste*. — R. de Gourmont,
*Une loi de constance intellectuelle*. — J. Sageret, *Paradis laïques*. — 15 juin;
Louis Dumur, *Les détracteurs de Jean-Jacques*. — 1er juillet; E. Pilon, *Francis
Jammes*. — 15 juillet; Tancrède de Visan, *L'idéal symboliste, essai sur la men-
talité lyrique contemporaine*. — E. Magne, *Esthétique des villes*. — A. Séché et
J. Bertaut, *Béranger anecdotique*. — Beaumarchais, *Lettres de l'exil* (publiées
par Louis Thomas). — 1er août; E. Masson, *Walt Whitman ouvrier et poete*.
— 1er et 15 août; H. Potez, *Denys Lambin et les femmes*. — 15 août;
P. Lasserre *Un destructeur de legendes : Edmond Biré*. — E. Maynial. *L'épisode
de la Charpillon dans les mémoires de Casanova*. — 1er septembre; F. Baldensperger, *Gœthe et Hugo juges et parties*. — 1er et 15 septembre; J. Troubat, *Un
coin de littérature sous le second Empire : Sainte-Beuve et Champfleury* (lettres
inédites). — 15 septembre; E. Barthélemy, *L'œuvre critique de Thomas Carlyle*.
— J. Sageret, *Paradis laïques : le Paradis de Zola*. — Chevalier de l'Isle, *Lettres
familieres pendant l'année 1781*. — 1er octobre; C. Merki, *Jean Calvin et la
réforme protestante à Genève*. — J. Marnold, *Nietzsche et la musique* (classicisme
et romantisme). — 15 octobre; Stendhal, *Fin du tour d'Italie en 1811*. —

1er novembre; O. Uzanne, *Edgar Poë et son ami F. Holley-Chivers, leurs relations et correspondance.* — A. Séché et J. Bertaut, *Bernardin de Saint-Pierre et la Révolution.* — P. Léautaud, *Les itinéraires de Stendhal.* — 15 novembre; M. Salomon, *Une correspondance d'Ulric Guttinguer.* — 1er décembre; Paul Delior, *Charles Guérin et la poésie philosophique.* — 1er et 15 décembre; E. Maynial, *Jacques Casanova chez Voltaire.* — 15 décembre; L. Séché, *Lettres inédites d'Hortense Allart de Méritens à Sainte-Beuve.* — R. de Gourmont. *Une loi de constance intellectuelle.* — M. Deauville, *Le vicomte de Spœlberch de Lovenjoul.* — 1er janvier 1908; Henri Bachelin, *Jules Renard.* — L. Séché, *Lettres inédites d'Hortense Allart de Méritens à Sainte-Beuve* (suite). — Z. Hippius, *Notes sur la littérature russe de notre temps.* — 15 janvier; Sageret, *Les Paradis laïques* : le *Paradis d'Anatole France.* — Paul Arbelet, *Sur la tombe de Stendhal.* — Emile Magne, *Une ruelle précieuse au XVIIe siècle.* — 1er février; Louis Dumur, *Nietzsche et la « Culture ».* — Arnold Bennet, *Les auteurs anglais, leurs débouchés, leurs bénéfices.* — 15 février; Charles Méré, *André Chénier journaliste.* — Maurice Pézart, *Salammbô et l'archéologie punique.* — 1er mars; Jules Sageret, M., Henri Poincaré. — 1er et 15 mars; Albert de Bersaucourt, *Balzac et sa «Revue Parisienne ».* — 15 mars; Georges Batault, *La philosophie de M. Bergson.* — André Gide, *Quelques mots sur Emmanuel Signoret.*

**Modern Language Notes.** — XXIII, 2 : Livingston, *Graisser la patte.*

**Modern Language Review.** III, 2 : Baldensperger, *Goethe en France et Bibliogr. critique de Gœthe en France* (J.-G. Robertson).

**Museum.** — XV, 3 : Cohen, *Gesch. der Insceninung im geistl. Schauspiele des M. A.* (Salverda de Grave). — Strohmayer, *Der Artikel beim Prädikatsnomen im Neufr.* (Salverda de Grave).

**Neue philosophiche Rundschau.** — 24 : Strohmeyer, *Der Artikel beim Prädikatsnomen im Neufr.*

**Nord und Süd.** — XXXII. 1 : H. Mann, *Flaubert und die Kritik.*

**La Nouvelle Revue.** — 1er avril; Péladan, *Le Canzoniere de Dante.* — Albert Cim, *La gloire littéraire.* — 1er mai; Petrus Durel, *Les sociétés provinciales.* — 15 mai; Maurice Vaucaire, *Salomé à travers l'art et la littérature.* — Jean Bonnerot, *Bibliophile et brocanteur* (Libri). — 1er juin ; Paul-Louis Hervier, *L'humour dans la publicité.* — 15 juin; Maurice Pellisson, *Une étude récente sur Molière* (par M. Karl Mantzius). — Armand Brette, *A propos d'Alfred de Musset.* — Jeanne de Flandreysy, *Mme Bovary à l'Exposition de Rouen.* — 1er juillet; Armand Brette, *A propos d'Alfred de Musset* (fin). — 1er août; Maurice Formont, *Le roman romanesque.* — 15 août; P.-B. Gheusi, *Les souvenirs de Mme Adam.* — 1er septembre; Eugène Morel, *La Bibliothèque Carnegie à Edimbourg.* — 15 septembre; Pierre Lafenestre, *Sully Prudhomme.* — 1er et 15 octobre, 1er et 15 novembre, 1er décembre; Marguerite Dupont-Chatelain, *Les encyclopédistes et les femmes.* — 15 octobre; Georges Touchard, *La politique et le barreau.* — 1er novembre; Georges Mossé, *Le Pessimisme de Vigny.* — 15 décembre; Jean Bayet, *Les auteurs dramatiques avant la Révolution.* — 1er janvier 1908; Marcel Dieulafoy, *La jeunesse du Cid.* — Gustave Guiche, *Pour la Coupole.* — Victor Du Bled, *L'amour platonique au XVIIIe siècle.* — Maurice Muret, *Mme Gabrielle Reuter* (Le roman féministe en Allemagne). — 15 janvier; F. Funck-Brentano, *Restif de la Bretonne.* — 1er février; Louis Thuasne, *La légende de Buridan.* — 15 janvier et 1er février; Jean Bayet, *Les origines de la Société des auteurs dramatiques.* — 15 février et 1er mars; Philoxène Boyer, *Lettres à Arsène Houssaye* (publiées par M. C. Croze). — 15 février; Stanislas Rzewuski, *Un grand philosophe allemand :* *Frédéric Paulsen.* — 1er mars; Gabriel Monod, *Les mémoires d'une jeune fille.* — Mme Michelet, *Le roman d'une heure.* — 1er et 15 mars; G. Vauthier, *Fontanes et les débuts de l'Université.*

**Preussische Jahrbücher.** — 131, janvier : Oppeln-Bronikowski, *Baudelaire.*

**Revue des Deux Mondes.** — 1er août; *Correspondance entre Alexis de Tocqueville et Arthur de Gobineau* (Dernière partie, 1856-1859). — Victor Giraud, *Publications posthumes de Ferdinand Brunetiere.* — 15 août; Gaston Boissier, *La suppression des Académies en 1793.* — Arvède Barine, *Madame, mère du Régent.* II. *Le mariage; les premières années en France.* — René Doumic, *Revue littéraire : Guy Patin.* — T. de Wyzewa, *Revues étrangères : jugements nouveaux sur l'œuvre de Shakespeare.* — 15 septembre; René Doumic, *Lamartine intime de 1820 à 1830 : lettres inédites.* — 1er octobre; *Mémoires de la comtesse de Boigne : les journées de juillet 1830.* — 15 octobre; Victor Giraud, *Pascal a-t-il été amoureux? A propos d'un nouveau manuscrit du « Discours sur les passions de l'amour ».* — T. de Wyzewa, *Le roman allemand en 1907.* — René Doumic, *Revue littéraire : le poète de la vie intérieure, Sully Prudhomme.* — 15 novembre; T. de Wyzewa, *Le roman anglais en 1907.* I. *Un jeune et quelques ainés.* — René Doumic, *Revue dramatique : « Chacun sa vie », « L'Amour veille », à la Comédie Française; « L'éventail », au Gymnase; « Patachon », au Vaudeville; « Son père », à l'Odéon; « Samson », à la Renaissance.* — 1er décembre; Augustin Filon, *Richard III dans le drame et devant l'histoire.* — J. Novicow, *La langue auxiliaire du groupe de civilisation européen : les chances du Français.* — Henri Welschinger, *Julian Klaczko, historien, critique et patriote.* — 15 décembre; Arvède Barine, *Madame, mère du Régent.* III. *Le budget d'une princesse; La famille d'Allemagne; Années heureuses; La cour de France en 1679.* — T. de Wyzewa, *Le roman anglais en 1907.* II. *Les nouveaux venus.* — René Doumic, *Revue littéraire : Charles Nodier et les débuts du Romantisme.* — 15 janvier 1908; le marquis de Ségur, *Le comte Louis-Philippe de Ségur* (1723-1830). — René Doumic, *Revue dramatique : « l'Autre », à la Comédie-Française; « l'Affaire des poisons », à la Porte Saint-Martin; « Sherlock Holmes », au Théâtre Antoine; la « Belle au bois dormant », au Théâtre Sarah-Bernhardt; « l'Apprentie », à l'Odéon.* — 1er février; Victor Giraud, *La personne et l'œuvre de Taine, d'après sa correspondance.* — Maurice Masson, *Une vie de femme au XVIIIe siècle : Madame de Tencin, d'après des documents nouveaux.* I. — 15 février; Henri Brémond, *L'évolution littéraire de M. Maurice Barrès.* — René Doumic, *Revue dramatique : « Un divorce », au Vaudeville; « les Deux hommes », à la Comédie-Française; « le Bonheur de Jacqueline », au Gymnase.* — T. de Wyzewa, *La nouvelle tragédie de d'Annunzio.* — 1er mars; Victor Giraud, *Esquisses contemporaines : Ferdinand Brunetière.* 1. *Les deux premières incarnations.* — A. Bossert, *Auguste Comte et Célestin de Blignières, d'après une correspondance inédite.* — Eugène Gilbert, *Dix années de roman français.* — 15 mars; René Doumic, *Revue dramatique : « les Trois sultanes »; « Arlequin poli par l'amour », à la Comédie-Française; « la Femme nue », à la Renaissance; « Ramuntcho », à l'Odéon; « le Grand Soir », au Théâtre des Arts.*

**Revue des études rabelaisiennes.** — 1907, II; E. Philipot, *Le chat et le singe dans Rabelais, d'après l'ouvrage de M. Sainéan.* — Henri Potez, *Notes pour le commentaire.* — Hugues Vaganay, *De Rabelais à Montaigne : les adverbes terminés en ment.* — Louis Loviot, *Un livre rare : Entretien de Rabelais et de Nostradamus* (1690). — W. F. Smith, *Tiraqueau et Rabelais et le conte de Signey Joan.* — Henri Clouzot, *Un parent de Rabelais à déterminer.* — Abel Lefranc, *La généalogie de Pantagruel.* — Henry Clouzot, *La Brosse en Xantonge.* — Louis Loviot, *Au pays de Rabelais.* — 1907, III; V.-L. Bourrilly, *Le cardinal Jean Du Bellay en Italie* (juin 1535-mars 1536). — Seymour de Ricci, *Notes de bibliographie rabelaisienne, à propos d'un ouvrage récent.* — Hugues Vaganay, *Cent vocables rabelaisiens avant Rabelais.* — J. Plattard, *Une mention de Tiraqueau en 1546.* — 1907; IV; V.-L. Bourrily, *Le cardinal Jean Du Bellay en Italie* (juin 1535-mars 1536) (fin). — Lazare Sainéan, *Notes linguistiques sur Rabelais à Fontenay-le-Comte et le prétendu acte de 1519.* — Arthur Tilley, *Rabelais et Henri II.* — Henri Clouzot, *Notes : 1° La cure de Saint-Christophe-du-Jambet en 1674; 2° Chandelles de noix.* — Seymour de Ricci, *Un nouvel*

*ex-libris de Rabelais.* — 1908, I; Michel Psichari, *Les jeux de Gargantua*
(1<sup>er</sup> article). — Abel Lefranc, *Le logis de Pantagruel à Paris.* — Arthur Tilley,
*La date de la seconde lettre de Budé à Rabelais.* — René Sturel, *Rabelais et
Hippocrate.* — D<sup>r</sup> P. Haskovec, *Rabelais et Jean Bouchet.* — J. Plattard, *Les
trésors de l'antéchrist.* — Gustave Cohen, *Rabelais et Marnix de Sainte-Alde-
gonde.* — Georges Beaurain, *Les lieues des Landes.* — Henry Grimaud, *Chinon
au temps de la jeunesse de Rabelais.* — *Partage des biens et héritages de feue
Andrée Pavin.* — Henri Clouzot, *Roger de Gaignières au pays de Rabelais.*

**Revue Bossuet.** — V<sup>e</sup> Supplément, 25 juin 1907 : J. Schwartz, *Deux lettres
inédites de Bossuet.* — E. Levesque, *Correspondance de Bossuet.* — *Lettres de
l'abbé Bossuet à Clément XI sur la mort de son oncle, l'évêque de Meaux.* —
E. Levesque, *La prédication du Carême de 1660 à Paris.* — *Çà et là, notes et
documents :* 1° *La retraite d'ordination à Saint-Lazare en 1660, prêchée par
Bossuet;* 2° *Bossuet à l'abbaye de Chelles;* 3° *Les examens et les grades théologiques de Bossuet.* — *Variétés bibliographiques :* *Les trois premières grandes
collections des œuvres de Bossuet;* — *La lettre de Bossuet à Innocent XI sur
l'éducation du Dauphin;* — *Un exemplaire de la Réfutation du catéchisme de
Paul Ferry.*

**Revue critique.** — N° 8 : Desgranges, *La presse littéraire sous la Restaura-
tion* (F. Baldensperger) — Salomon, *Nodier et le groupe romantique* (F. Baldensperger). — Wolter, *Musset jugé par Georges Sand* (F. B.). — N° 9 :
Maugras, *Le chevalier de Boufflers* (L. R.). — *Stendhal, Correspondance* (A. C.). —
N° 10 : M<sup>me</sup> Ganosci, *Marguerite de Navarre* (Ch. Dejob). — Huszar, *Molière et
l'Espagne* (H. Léonardon). — N° 12 : Dübi, *Cyrano de Bergerac* (F. B.). —
N° 13 : Zyromski, *Sully-Prudhomme* (F. Baldensperger). — N° 14 : Em. Picot,
*Les Français italianisants au XVI<sup>e</sup> siècle* (H. Hauvette). — Vianey, *Les sources
de Leconte de Lisle* (F. Baldensperger). — N° 15 : C. de Klenze, *L'interprétation de l'Italie* (F. Baldensperger). — A. Chuquet, *Souvenirs de Frénilly*
(C. S.). — N° 16 : H. Chatelain, *Le vers au XV<sup>e</sup> siècle* (E. Bourciez). — Lancaster, *La tragi-comédie* française (H. Baldensperger). — Mérimée, *Contes*,
p. Michell (A. C.). — Barbier, *Poèmes*, p. Garnier (A. C.). — Hugo, *Choix*, p. Eve
(A. C.). — *Vers français du XII<sup>e</sup> au XIX<sup>e</sup> siècle*, p. Lucas (A. C.). — Kahn, *Le
théâtre social en France* (A. C.). — Barrès, *Vingt-cinq ans de vie littéraire*, p.
Brémond (A. C.). — N° 17 : Pilastre, *Petit glossaire des lettres de M<sup>me</sup> de Sévigné*
(L. R.). — Verlaque, *Bibliographie de Bossuet* (A.). — Daniels, *Desmaizeaux*
(Ch. Bastide). — N° 18 : Crane, *S. Genest et Venceslas* (L. R.). — Michaut, *La
Bérénice de Racine* (L. R.). — Brunetière, *Discours de combat* (L. R.). — Fou-
segrive, *Brunetière* (L. R.). — N° 19 : Cohen, *La mise en scène dans le théâtre
religieux du moyen âge* (A. Jeanroy). — N° 20 : Brébion, *Étude philologique sur
le nord de la France* (E. Bourciez). — R.-A. Meyer, *Chansons du XV<sup>e</sup> siècle*
(A. Jeanroy). — Jugé, *Jacques Peletier du Mans* (J. Plattard). — N° 21 : Jud,
*Les accusatifs en ain et on* (E. Bourciez). — Matheus, *Cist et cil* (E. Bourciez). —
Thorn, *Les verbes dénominatifs* (E. Bourciez). — P. Passy, *Les sons*, trad.
Savary et Jones (E. Bourciez). — Ch. Normand, *La bourgeoisie française au
XVII<sup>e</sup> siècle* (R.). — N° 22 : Barckhausen, *Montesquieu* (L. R.). — Quentin-
Bauchart, *Lamartine et la politique étrangère de Février* (Ty). — N° 23 : D. Meu-
nier, *La comtesse de Mirabeau* (A. C.). — *Mémoires de M<sup>me</sup> de Boigne*, IV (A. C.).
— Boucher, *Souvenirs d'un Parisien* (A. C.). — Lair, *L'Institut et le second
Empire* (A. C.). — Pelletan, *Victor Hugo, homme politique* (F. Baldensperger).

**Revue de l'Instruction publique en Belgique.** — 6 : P. Faider, *A propos
d'Alfred de Musset.*

**Revue de Paris.** — 1<sup>er</sup> août; Fernand Caussy, *Voltaire seigneur féodal :
Ferney.* — Léon Séché, *Béranger, Chateaubriand, Lamennais.* II. — 15 août;
Anatole Le Braz, *Chateaubriand professeur de français.* — 1<sup>er</sup> septembre;
Jean Lemoine, M<sup>me</sup> de Lafayette et Louvois. — Régis Michaud, *Bernard Shaw.* —
15 septembre; Léon Séché, *Hortense Allart, Sainte-Beuve et M<sup>me</sup> d'Agoult.* —

1er novembre; Michel Bréal, *La loi de Grimm*. — 1er décembre; Henry Leyret, *La jeunesse de Waldeck-Rousseau*. I. — Chevalier de l'Isle, *Lettres familières:* — Léopold Lacour, *Le théâtre de M. Henry Bernstein*. — 15 décembre; Henry Leyret, *La jeunesse de Waldeck-Rousseau* (fin). — 15 janvier 1908; Léon Blum, *L'œuvre poétique de M^me de Noailles*. — 1er février; Louis Bertrand, *La première « Tentation de Saint-Antoine »*. — 15 février, 1er mars et 15 mars; Gustave Flaubert, *La Tentation de Saint-Antoine*. — 15 février; André Chevrillon, *Le cas de Rudyard Kipling*. — 15 mars; Prosper Mérimée, *Lettres à la famille Childe*. I. — Romain Rolland, *Grétry*.

**Studien.** — LXVIII, 4 : J. von den Bossche, *Sully Prudhomme*.

**Studien zur vergleichenden Literaturgeschichte.** — VIII, 1 : Stumfall, *Amor u. Psyche in der franz. ital. u. span. Literatur* (Wendland) — Cohen, *La mise en scène dans le théâtre religieux français du M. A.* (Appel). — Triwunatz, *Budé's de l'institution du prince* (Borinski).

**Velhagen und Klasings Monatshefte.** — XXII, 4 : H. Berger, *Le baron de Grimm* (19 déc. 1808).

**Vossische Zeitung. Beilage.** — 25 : G. Zieler, *Vauvenargues*.

**Zeitschrift für Bücherfreunde.** — 8 : Thron, *Die Buchdrucker u. Buchhändler der fr. Akademie*.

**Zeitschrift für die oesterr. Gymnasien.** — LIX, 1 : Quiel, *Franz. Aussprache und Sprachfertigkeit* (Wawra).

**Zeitschrift für französische Sprache und Literatur.** — XXXII, 6 : Brunetière, *Etudes critiques* (Schneegans). — *Revue des Etudes rabelaisiennes*, IV (Schneegans). — Delaruelle, *Budé* (Glaser). — Huguet, *Petit glossaire des classiques du XVII^e s.* (O. Bloch). — Magne, *Scarron et son métier* (J. Frank). — Thieme, *Guide bibliogr. de la litt. fr. 1800-1906* (P.-A. Becker). — Baldensperger, *Bibliogr. crit. de Gœthe en France* (J. Collin).

**Zeitschrift für franz. und engl. Unterricht.** — VII, 1 : Oppeln-Bronikowski, *Die Quellen zu Stendhals Renaissance-Novellen* — Brun, *Le mouv. litt. en France*. — Livres scolaires.

# LIVRES NOUVEAUX

**Anthologie des poètes français contemporains.** Le Parnasse et les Écoles postérieures au Parnasse (1866-1906). Morceaux choisis, accompagnés de notices bio- et bibliographiques et de nombreux autographes, par G. WALCH. Préface de SULLY PRUDHOMME. T. I<sup>er</sup>. *Paris, Delagrave.* Iu-18, de XXI-577 p. Prix : 3 fr. 50.

**Arnal** (André). — *La Philosophie religieuse de Charles Renouvier. Paris, Fischbacher.* In-8, de 335 p.

**Aulard** (A.). — *Taine, historien de la Révolution française. Paris, Colin.* In-16, de XI-334 p. Prix : 3 fr. 50.

**Baldensperger** (F.). — *Étude d'histoire littéraire.* (Comment le XVIII<sup>e</sup> siècle expliquait l'universalité de la langue française; Young et ses « Nuits » en France; le « Genre Troubadour »; « Lénore » de Burger dans la littérature française; les Définitions de l'humour). *Paris, Hachette.* In-16, de XXV-224 p. Prix : 3 fr. 50.

**Balzac** (Honoré de). — *La Femme et l'Amour.* Pensées et Observations recueillies et précédées d'une introduction par JULES BERTAUT. *Paris, Sansot.* Petit in-12, de 85 p. Prix : 1 fr.

**Barbier** (Gaston). — *Études médico-psychologique sur Gérard de Nerval* (thèse). *Lyon, Rey.* In-8, de 127 p. Prix : 2 fr. 50.

**Barckhausen** (H.). — *Montesquieu. Ses idées et ses œuvres d'après les papiers de La Brède. Paris, Hachette.* In-16, de VI-344 p. Prix : 3 fr. 50.

**Benoist** (Antoine). — *Le Théâtre de Brieux. Toulouse, Privat.* In-8, de 45 p.

**Bertaut** (Jules). — *Balzac anecdotique.* Choix d'anecdotes recueillies et précédées d'une introduction. *Paris, Sansot.* In-18, de 95 p. Prix : 1 fr.

**Bonald.** — *Pensées choisies de Bonald.* Avec des notes inédites de M. le comte de Peyronnet, ministre de Charles X. *Paris, Nouvelle librairie nationale.* Petit in-16, de VIII-133 p.

**Bouchaud** (Pierre de). — *Giosuè Carducci. Paris, Sansot.* Petit in-12, de 63 p. Prix : 1 fr.

**Bouquier** (Gabriel). — *Les Charmes de la peinture*, poème en quatre chants. Préface de M. GABRIEL LAFON. *Paris, Champion.* In-8, de X-51 p. avec vignettes. Prix : 2 fr.

**Bourgeois** (Armand). — *Le général Bonaparte et la Presse de son époque;* 2<sup>e</sup> série. *Paris, Champion.* In-8, de 116 p. avec vignettes et portraits. Prix : 2 fr. 50.

**Brébion** (L.). — *Étude philologique sur le nord de la France* (Pas-de-Calais, Nord, Somme). Introduction; Notions sur les dix parties du discours; Préfixes : principaux préfixes. Remarques : ba, bar; ca, car; cali, cari; ga, gav; fer; ma, mar; tri, tré, tri, tré, ter, tar; wa, war. Suffixes, suffixes latins; suffixes savants; suffixes germaniques; suffixes redoublés, etc. *Paris, Champion.* In-8, de XXV-267 p.

**Brunetière** (Ferdinand). — *Discours de combat.* Dernière série : le Génie breton; la Modernité de Bossuet; la Liberté d'enseignement; la Renaissance du paganisme dans la morale contemporaine; l'Action sociale du christianisme; les Difficultés de croire; le Dogme et la Libre Pensée; l'Évolution du

concept de science; la Réunion des Églises. *Paris, Perrin*. In-16, de 271 p.
Prix : 3 fr. 50.

**Caille** (Dominique). — *Un romantique de la première heure : Evariste Boulay-Paty*. Son journal intime et sa correspondance (1829-1831). Suivi d'une étude sur « Carrier, à Nantes », et de dix lettres de Fouché dit « Fouché de Nantes », duc d'Otrante. *Paris, Ficker*. In-8, de 48 p.

**Canac** (Albert). — *La Philosophie théorique de Montaigne. Paris, Sansot*. In-12, de 80 p.

**Casella** (Georges). — *J. H. Rosny*. Biographie critique; suivie d'opinions et d'une bibliographie. *Paris, Sansot*. In-18 jésus, de 64 p. et 2 portraits. Prix : 1 fr.

**Catalogue** des ouvrages de Condorcet. *Paris, Impr. nationale*. In-8, de 26 col. (Extrait du t. 31 du *Catalogue général des livres imprimés de la Bibliothèque nationale*.)

**Catalogue** des ouvrages de F. Coppée. *Paris, Impr. nationale*. In-8, de 34 col. (Extrait du t. 31 du *Catalogue général des livres imprimés de la Bibliothèque nationale*.)

**Catalogue** général de la librairie française. Continuation de l'ouvrage d'OTTO LORENZ (Période de 1840 à 1885 : 11 volumes). T. 18 (Période de 1900 à 1905) rédigé par D. JORDELL. 1er fascicule : A.-Brechemin. *Paris, Per Lamm*. In-8 à 2 col., de 240 p.

**Catalogue** des livres d'heures imprimés au XVe et au XVIe siècle, conservés dans les bibliothèques publiques de Paris, par PAUL LACOMBE. *Paris, Champion*. In-8, de LXXXIV-439 p.

**Catalogue** général des livres imprimés de la Bibliothèque nationale. Auteurs. T. 31 : Colombi-Corbiot. *Paris, Impr. nationale*. In-8 à 2 col., 1264 col.

**Centenaire** du lycée de Toulouse (1806-1906). *Toulouse, impr. Privat*. In-8, de 144 p. avec grav. et plan.

**Chapoutot** (Henri). — *Villiers de l'Isle-Adam*. L'Écrivain et le Philosophe. *Paris, Delesalle*. In-16, de XVII-245 p.

**Chateaubriand.** — *Pensées, Réflexions et Maximes*, suivies du livre XVIe des Martyrs, de Chateaubriand (texte du manuscrit autographe). Édition nouvelle, revue sur les manuscrits ou les meilleurs textes, avec une introduction et des notes, par VICTOR GIRAUD. *Paris, Bloud*. In-16, de 61 p.

**Chatelain** (Henri). — *Recherches sur le vers français au XVe siècle*. Rimes, Mètres et Strophes (thèse). *Paris, Champion*. In-8, de XXXIV-276 p.

**Chénier** (André). — *Bucoliques, Elégies, Poèmes, Hymnes, Odes, Iambes*. Choix, Notice biographique et bibliographique par Alphonse SÉCHÉ. *Paris, Fortin*. Petit in-16, de XII-147 p. avec 2 portraits de Chénier et 1 dessin. Prix : 1 fr.

**Claretie** (Jules). — *Camille Desmoulins. Paris. Hachette*. In-8 carré, de 310 p. avec 35 grav. hors texte et 2 lettres autographes.

**Clouzot** (Henri). — *L'Imprimeur du Manuale ecclesiasticum de 1587*. Documents inédits sur les imprimeurs et libraires de Poitiers à la fin du XVIe siècle. *Besançon, impr. Jacquin*. In-8, de 12 p.

**Collignon** (Albert). — *La Bibliothèque du duc Antoine*. Recherches bibliographiques, suivies de l'Inventaire annoté. *Nancy, impr. Berger-Levrault*. In-8, de 140 p. et planche.

**Cordier** (Henri). — *Charles de Lovenjoul. Paris, Leclerc*. In-8 carré, de 39 p.

**Courteault** (Paul). — *Geoffroy de Malvyn, magistrat et humaniste bordelais* (1545?-1617). Étude biographique et littéraire, suivie de harangues, poésies et lettres inédites (thèse). *Paris, Champion*. In-8, de X-217 p.

**Crawford** (M. Med.). — *Madame de Lafayette and her family. New-York, Pott*. In-8, de 358 p.

**Delacroix** (Raymond). — *Montaigne malade et médecin* (thèse). *Lyon, Rey*, In-8, de 112 p. Prix : 2 fr. 25.

**Des Granges** (C. M.). — *Le Romantisme et la Critique*. La Presse littéraire sous la Restauration (1815-1830). *Paris, Société du Mercure de France*. In-8, de 357 p.

**Engelmann** (R.). — *Victor Hugo à Vianden-Diekirch*. Luxembourg, imp. J. Schroell. In-8°, de 32 p.

**Fénelon**. — *Aventures de Télémaque suivies des Aventures d'Aristonoüs*; par Fénelon. Nouvelle édition, avec une introduction et des notes, par F. GOHIN. *Paris, Belin*. In-18 jésus, de XVI-463 p. Prix : 1 fr. 80.

**Festin** (le) *de Pierre avant Molière*. Dorimon; de Villiers; Scénario des Italiens; Cicognini. Textes publiés avec. introduction, lexique et notes; par G. GENDARME DE BÉVOTTE. *Paris, Cornély*. In-16, de VIII-425 p.

**Flandreysy** (Jeanne de). — *Essai sur la femme et l'amour dans la littérature française au XIXᵉ siècle* (Bernardin de Saint-Pierre; Honoré de Balzac; George Sand; Gustave Flaubert; Jules Claretie; Anatole France; Jean Aicard; Paul Bourget; Paul Hervieu; Marcel Prévost). *Paris, Per Lamm*. Petit in-8, de VIII-431 p.

**Flaubert** (Gustave). — *La Tentation de saint Antoine*. *Paris, Ferroud*. In-4, de 219 p. avec compositions dans le texte et hors texte de Georges Rochegrosse, gravées en couleurs par E. Decisy.

**Friedrich** (E.). — *Die Magie im franz. Theater des XVI u. XVII Jahrh.* *Leipzig, Deichert*. 10 fr. 75.

**Fonsegrive** (George). — *Ferdinand Brunetière*. *Paris, Bloud*. In-16, de 103 p.

**Galtier** (Octave). — *Étienne Dolet*. Vie; OEuvre; Caractère; Croyances. *Paris, Flammarion*. In-18 jésus, de IV-350 p. Prix : 3 fr. 50.

**Gamble** (John). — *A Study on Pascal*. Three lectures. *London, Simpkin*. In-8, de 94 p. 2 fr. 50.

**Geiger** (Ludwig). — *Rousseau*. *Leipzig*. Quelle und Meyer. (Collection « Wissenschaft und Bildung ».) In-8. 1 fr. 65.

**Guéchot**. — *Types populaires créés par les grands écrivains* (Don Quichotte et Sancho Pança; Tartarin; Falstaff; Panurge; Gil Blas; Figaro; Scapin; Crispin; Types bourgeois; Harpagon; Sots et Naïfs; Rodrigue et Chimène; Gavroche). *Paris, Colin*. Petit in-8, de 116 p. avec 37 grav. Prix : 1 fr. 50.

**Guéry** (C.). — *Guillaume Alexis dit le Bon Moine de Lyre, prieur de Bucy*. *Evreux, impr. de l'Eure*. In-8, de 137 p.

**Hartmann** (Hans). — *Guillaume des Autels, ein franz. Dichter und Humanist*. *Zürich, Leemann*. 3 fr. 75.

**Hermant** (G.). — *Mémoires de Godefroi Hermant*. Publiés, pour la première fois, sur le manuscrit autographe et sur les anciennes copies authentiques, avec une introduction et des notes par A. GAZIER. T. IV (1658-1681). *Paris, Plon-Nourrit*. In-8, de 739 p.

**Hugo** (Victor). — *Histoire d'un crime*. Troisième journée : le Massacre; Quatrième journée : la Victoire; Conclusion; la Chute; T. II. Cahier complémentaire. I, Notes de Victor Hugo; II, Pièces justificatives. *Paris, Ollendorff*. In-8, de 519 p. avec grav. et fac-similés. Prix : 10 fr.

**La Fontaine** (J. de). — *Fables de J. de La Fontaine*. Avec introduction et annotations de RÉMY GÉANT. *Tours imp. Deslis frères*. In-16, de XII-347 p.

**Lauger** (Carl). — *Molières Ideen über die Frauenerziehung*. Berlin, Trenkel. Dissertation. In-8, de 68 p. 2 fr. 50.

**Ledos** (Gabriel). — *Le P. de Ravignan*. *Paris, Béduchaud*. In-18 jésus, de 184 p. et portrait (Les Grands Hommes de l'Église au XIXᵉ siècle).

**Liégeois** (C.) et L. **Mallinger**. — *Le théâtre et l'éloquence en France et en Belgique*. *Namur, Wesmael-Charlier*. In-8 de 842 p.

**Marivaux**. — *La mère confidente, comédie en trois actes, en prose*. Publiée, conforme à la représentation, avec une notice, par JULES TRUFFIER. *Paris, Storck*. in-18 jésus, de 76 p. Prix : 1 fr. 50.

**Masson** (Maurice). — *Alfred de Vigny* (Académie française; Prix d'éloquence, 1906). Essai accompagné d'une note bibliographique et de lettres inédites. *Paris, Bloud*. In-16, de 95 p.

**Molière**. — *Le Misanthrope*, comédie de Molière, publiée conformément au texte de l'édition des Grands Ecrivains de la France, avec une vie de Molière, une notice, une analyse et des notes, par MM. G. Lanson et D. Mornet. *Paris, Hachette*. Petit in-16, de 160 p. Prix : 1 fr.

**Monod** (Gabriel). — *Les Débuts d'Alphonse Peyrat dans la critique historique*. *Nogent-le-Rotrou, imp. Daupeley-Gouverneur*. In-8, de 53 p.

**Moreau** (Hégésippe). — *Poésies et Contes d'Hégésippe Moreau*. Choix, Notice biographique et bibliographique par Alphonse Séché. *Paris, Michaud*. Petit in-16, de XII-147 p. avec 2 portraits d'Hégésippe Moreau et 1 portrait de Louise Lebeau. Prix : 1 fr.

**Mornet** (Daniel). — *Le sentiment de la nature en France, de J.-J. Rousseau à Bernardin de Saint-Pierre*. Essai sur les rapports de la littératures et des mœurs (thèse). *Paris, Hachette*. In-8, de 573 p.

**Mornet** (Daniel). — *L'Alexandrin français dans la deuxième moitié du XVIIIe siècle* (thèse). *Toulouse, Privat*. In 8, de 95 p. et tableau.

**Muse** (la) *française* (1823-1825). Edition critique publiée par Jules Marsan. T. 1er. *Paris. Cornély*. In-16, de L-352 p. Prix : 6 fr.

**Musset** (Alfred de). — *Correspondance* (1827-1857) d'Alfred de Musset, recueillie et annotée par Léon Séché. *Paris, Société du Mercure de France*. In-18 jésus, de 294 p. avec un portrait de Musset en héliogravure et des reproductions de dessins et d'autographes. Prix : 3 fr. 50.

**Musset** (Alfred de). — *Œuvres complètes d'Alfred de Musset*. Nouvelle édition, revue, corrigée et augmentée de documents inédits, précédée d'une notice biographique sur l'auteur et suivie de notes par Edmond Biré. I. Premières poésies (1829-1835). Contes d'Espagne et d'Italie; Spectacle dans un fauteuil; Poésies diverses; Namouna. *Paris, Garnier frères*. In-8, de LXX-382 p. Édition sans gravures. Prix : 3 fr.

**Musset** (Alfred de). — *Ballade à la lune; Mardoche; Namouna; Lucie;* la *Nuit de mai;* la *Nuit de décembre;* la *Nuit d'octobre; Lettres à Lamartine; Stances à la Malibran; Chanson de Fortunio*, etc. Choix, notice biographique et bibliographique par Alphonse Séché. *Paris, Michaud*. Petit in-16, de XI-149 p. avec 2 portraits et 1 dessin d'A. de Musset. Prix : 1 fr.

**Olivier** (Jean-Jacques). — *Henri Louis le Kain, de la Comédie-Française* (1729-1778). *Paris, Société d'impr. et de libr.* Grand in-8, de 331 p. et 66 grav. d'après les documents de l'époque.

**Oulmont** (Charles). — *Estienne Forcadel*. Un juriste, historien et poète, vers 1550. *Toulouse, Privat*. In-8, de 39 p.

**Pasche** (Victor). — *Comment on édite un livre*. Guide à l'usage des personnes qui se proposent de publier leurs travaux. *Paris, Daragon*. In-8, de 159 p. avec fig., vignettes et annonces. Prix : 4 fr.

**Pinvert** (Lucien). — *Sur Mérimée, à propos d'une cérémonie récente*. *Paris, Leclerc*. In-8 carré, de 39 p.

**Prentout** (Henri). — *L'Université de Caen à la fin du XVIe siècle*. La Contre-Réforme catholique et les Réformes parlementaires. *Caen, Delesques*. In-8, de 88 p.

**Prosper Mérimée**. — *L'Homme. L'Écrivain. L'Artiste*. *Paris, bureaux du « Journal des Débats »*. In-8, de 177 p. et illustrations, portraits, fac-similés.

**Prudhommeaux** (Jules). — *Icarie et son fondateur Étienne Cabet*. Contribution à l'étude du socialisme expérimental. *Paris, Cornély*. In-8 de XL-691 p. avec 12 photogravures, 1 fac-similé et 2 cartes. Prix : 7 fr.

**Reboux** (Paul) et Charles **Muller**. — *A la manière de....Paul Adam, Maurice Barrès, Henry Bataille, Tristan Bernard, Conan Doyle, José-Maria de Heredia, Joris-Karl Huysmans, Francis Jammes, La Rochefoucauld, Maurice Mæterlinck,*

$M^{me}$ *Delarue-Mardrus*, $M^{me}$ *de Noailles, Charles Louis Philippe, Jules Renard*, *Shakespeare. Paris, impr. Bonvalot-Jouve.* In-18, de 135 p. Prix : 1 fr. 50.

**Renan** (Ernest). — *Nouveaux Cahiers de jeunese* (1846). *Paris, Calmann-Lévy.* In-8, de 333 p. Prix : 1 fr. 50.

**Ronsard** (P. de). — *Amours de Cassandre; Amours de Marie; Amours d'Astrée; Poésies pour Hélène; Amours diverses; Odes, etc.* Choix, notice biographique et bibliographique par Alphonse Séché. *Paris, Michaud.* Petit in-16, de XVI-143 p. avec 2 portraits de P. de Ronsard et 1 dessin. Prix : 1 fr.

**Rousseau** (Jean-Jacques). — *Discours sur les sciences et les arts; Discours sur l'inégalité; Lettre à d'Alembert; la Nouvelle Héloïse; le Contrat social; Émile, etc.* Biographie, bibliographie, pages choisies; par Simond. *Paris, Michaud.* Petit in-16, de XXXIV-124 p. avec portraits et autographe de J.-J. Rousseau et portraits de $M^{mes}$ d'Epinay, de Warens et d'Houdetot. Prix : 1 fr.

**Sainéan** (Lazare). — *L'Argot ancien* (1455-1850). Ses éléments constitutifs, ses rapports avec les langues secrètes de l'Europe méridionale et l'argot moderne. Avec un appendice jugé par Victor Hugo et Balzac. *Paris, Champion.* In-16, de VII-355 p.

**Saint-Pierre** (Bernardin de). — *La Vie et les Ouvrages de Jean-Jacques Rousseau.* Édition critique publiée, avec de nombreux fragments inédits, par Maurice Souriau. *Paris, Cornély.* In-16, de XVI-192 p. Prix : 3 fr. 50.

**Salomon** (Michel). — *Charles Nodier et le Groupe romantique d'après des documents inédits. Paris, Perrin.* In-16, de XII-322 p. avec 2 portraits.

**Samaran** (C.) et H. **Patry**. — *Marguerite de Navarre et le Pape Paul III.* Lettres inédites. *Nogent-le-Rotrou, imp. Daupeley-Gouverneur.* In-8, de 21 p.

**Scarron**. — *Poésies diverses; La Mazarinade. Virgile travesti; Roman comique.* Choix; notice biographique et bibliographique par Alphonse Séché. *Paris, Michaud.* Petit in-16, de XV-142 p. avec 2 portraits de Paul Scarron et 1 portrait de $M^{me}$ de Maintenon. Prix : 1 fr.

**Schuré** (Édouard). — *Femmes inspiratrices et Poètes annonciateurs* (Mathilde Wesendonk; Cosima Liszt; Marguerite Albana Mignaty; Charles de Pomairols; $M^{me}$ Ackermann; Louis Le Cardonnel; Alexandre Saint-Yves). *Paris, Perrin.* In-16, de X-368 p.

**Séché** (Alphonse). — *Alfred de Musset anecdotique. Paris, Sansot.* In-18, de 95 p. Prix : 1 fr.

**Sourian** (Maurice). — *Les Idées morales de Victor Hugo. Paris, Bloud.* In-16, de 103 p.

**Stendhal**. — *Racine et Shakespeare; Promenades dans Rome; Histoire de la peinture en Italie; Rome, Naples et Florence; Mémoires d'un touriste*, etc. Biographie, bibliographie, pages choisies par Charles Simond. *Paris, Michaud.* Petit in-16, de XXII-136 p. avec portraits de Stendhal et caricature par Alfred de Musset. Prix : 1 fr.

**Stoullig** (Edmond). — *Les Annales du théâtre et de la musique.* Préface par M. Adolphe Brisson (32e année, 1906). *Paris, Ollendorff.* In-16, de XIII-494 p. Prix : 3 fr. 50.

**Strowski** (Fortunat). — *Histoire du sentiment religieux en France, au XVIIe siècle. Pascal et son temps. Paris, Plon-Nourrit.* In-16, de III-412 p. Prix : 3 fr. 50.

**Strowski** (Fortunat). — *Saint François de Sales. Paris, Bloud.* In-16, de 366 p.

**Sudre** (Léopold). — *Grammaire française. Cours supérieur. Paris, Delagrave.* In-18 jésus, de VII-180 p. Prix : 1 fr 50.

**Tougard** (A.). — *Éclaircissements bibliographiques pour les « Lettres sur quelques écrits de ce temps ». Paris, Leclerc.* In-8, de 15 p.

**Toussaint** (François Vincent). — *Anecdotes curieuses de la cour de France sous le règne de Louis XV.* Texte original publié pour la première fois avec une notice sur Toussaint et des annotations par Paul Fould. 2⁺ édition. *Paris, Plon-Nourrit.* In-8, de cxxxi-356 p. Prix : 7 fr. 50

**Vaganay** (Hugues). — *Le Rosaire dans la poésie.* Essai de bibliographie. *Mâcon, imp. Protat frères.* In-8 carré de 56 p.

**Valente** (Maria). — *Victor Hugo e la lirica italiana. Torino, Paravia.* In-16 de 159 p.

**Vaunier** (Antonin). — *La Clarté française.* L'Art de composer, d'écrire et de se corriger. *Paris, Nathan.* In-18 jésus, de 366 p.

**Vézinet** (F.). — *Les Maîtres du roman espagnol contemporain. Paris, Hachette.* In-16, de vii-326 p.

**Weber** (E.). — *Sully Prudhomme, Analyse de quelques-unes de ses poésies.* (Programme du Collège royal français de Berlin.) In-4°, de 16 p.

**Wenderoth** (Oskar). — *Der junge Quinet und seine Uebersetzung von Herders Ideen. Erlangen, Junge.* In-8°, de 88 p. 3 fr. 50.

**Wentzel** (F.). — *Ueber den Reim in der neueren franz. Dichtung.* Dissertation de Leipzig. In-8°, de 46 p.

**Werner** (A.). — *Jean de la Taille und sein Saül le furieux. Leipzig, Deichert.* 3 fr.

**Whitehouse** (H. Ramsay). — *Une princesse révolutionnaire : Christine Trivulzio-Belgiojoso* (1808-1871). Avec une préface de Mᵐᶜ Dora Melegari. *Paris, Daragon.* Petit in-8, de 302 p. et 2 portraits. Prix : 5 fr.

# CHRONIQUE

— La mort de M. Gaston BOISSIER n'a pas seulement atteint la Société d'histoire littéraire de la France comme elle a touché les lettres françaises, en le sprivant d'un écrivain réputé qui eut sur elles la plus grande et la plus légitime action. Elle nous a encore enlevé le premier en date de nos présidents et nous ne saurions oublier la bonne grâce avec laquelle il encouragea nos débuts, l'autorité qu'il mit à diriger nos travaux. Ce n'est ni le lieu ni le moment d'analyser l'œuvre de M. Gaston Boissier. Il nous suffit maintenant d'honorer sa mémoire d'un hommage respectueux et reconnaissant.

— Le très important ouvrage sur *les Légendes épiques, recherches sur la formation des chansons de geste* dont M. Joseph BÉDIER vient de publier le premier volume consacré au cycle de Guillaume d'Orange, nous échappe par la date des œuvres auxquelles il s'applique; mais il apporte des conséquences si nouvelles et si importantes qu'il serait injuste de ne pas les signaler. A la suite des constatations que M. Bédier expose avec une netteté, une conscience scientifique dignes de tous éloges, il arrive à montrer une concordance entre la *via Tolosana*, voie de pèlerinage fréquentée pour conduire à Saint-Jacques de Galice, et les chansons du cycle de Guillaume d'Orange, pour lesquelles les moines ou d'autres clercs ont été les collaborateurs des Jongleurs qui répandirent partout la gloire des héros narbonnais. Est-ce pure coïncidence? M. Bédier ne veut pas déduire ses conclusions avant d'avoir examiné si ces mêmes faits ne se reproduisent pas sur d'autres routes conduisant, au moyen âge, d'autres pèlerins vers d'autres sanctuaires. Mais il est aisé d'entrevoir que cet examen le mènera à des trouvailles qui tendront à mieux établir encore le système indiqué si loyalement dans ce premier livre.

— M. Pierre BOURDON étudie, dans les *Mélanges d'archéologie et d'histoire* publiés par l'École française de Rome (janvier 1908), « *La grande monarchie de France* » de *Claude de Seyssel et sa traduction en italien*. Cette traduction, qu'on avait prise jusqu'ici pour une œuvre originale, a été faite par Lodovico di Canossa, évêque de Bayeux; elle a été conservée dans deux manuscrits, l'un à la bibliothèque du Vatican (*Urbinas* 858) et l'autre à la Bibliothèque nationale de Paris (*Italien*, 1275), dont l'examen donne lieu à quelques constatations intéressantes.

— Sous ce titre : *Estienne de La Boétie contre Nicolas Machiavel, étude sur les mobiles qui ont déterminé Estienne de La Boétie à écrire le « Discours de la servitude volontaire »*, M. Joseph BARRÈRE présente une solution nouvelle et ingénieuse de la question des origines et de la portée du *Contr'un*. D'après M. Barrère, *la Servitude volontaire* est une réponse au *Prince* de Machiavel, avec lequel elle présente une étroite corrélation. L'influence générale du *Prince* sur *la Servitude volontaire* est en effet manifeste et elle se traduit dans les principaux détails de la marche du raisonnement de La Boétie. M. Barrère trouve même, dans *la Servitude volontaire*, une allusion directe au *Prince* de Machiavel, au cours d'une phrase dont les commentateurs n'ont pas saisi le sens. Il est certain que ces constatations éclairent d'un jour particulier une œuvre dont on peut dire qu'elle est plus fameuse que connue et dont tant d'obscurités entourent encore la genèse.

— Dans un article de la *Revue des études juives* (1er janvier 1908), consacré à *Montaigne à Rome*, M. LIBER s'occupe surtout de ce que le philosophe voyageur y vit concernant les Juifs, et l'explique par des rapprochements historiques. Suivant M. Liber, le rabbin converti que Montaigne aurait entendu prêcher pendant le carême de 1581 et qui l'émerveilla, devait être Andrea del Monte.

— La librairie Hachette annonce la mise en souscription de la reproduction en phototypie de l'exemplaire avec notes manuscrites marginales des *Essais* de Montaigne appartenant à la ville de Bordeaux. Cette reproduction ne comprendra que les pages qui portent des corrections notables et comptera environ 700 planches. Elle sera accompagnée d'une introduction et de notes par M. Fortunat Strowski. Le prix de souscription est de 150 francs jusqu'au 1er janvier 1909. Passé ce délai, il sera élevé à 200 francs.

— M. Max PRINET signale dans la *Revue numismatique* (1908, p. 100-113) le *Sceau de Jacques de Vintimille* (1530), qu'il décrit en le reconstituant d'après une empreinte de la Bibliothèque nationale, et donne, en même temps, quelques détails historiques sur la personalité et la carrière de cet humaniste qui fut aussi conseiller au Parlement de Dijon.

— Un comité s'est constitué, sous la présidence de M. René Bazin, pour élever un buste à Honoré d'Urfé, dans la ville de Virieu-le-Grand (Ain), située au pied du château de Virieu dont Honoré d'Urfé était baron et où il écrivit la plus grande partie de son *Astrée*.
Les souscriptions sont reçues à Paris, chez M. A. Callet, secrétaire général de la mairie de Montmartre, et à Virieu-le-Grand (Ain), chez M. Lucien Lourdel, industriel.

— L'Académie des sciences de Suède a fait don à l'Académie des sciences de l'Institut de France d'une copie d'un portrait de Descartes, conservé à l'observatoire de Stockholm. Ce portrait a été exécuté par le peintre hollandais Beck pendant les derniers mois de la vie de Descartes, entre le début d'octobre 1644, où il arriva à Stockholm, et le 11 février 1650, date de sa mort. Cette copie est exposée dans la bibliothèque de l'Institut de France.

— L'étude bibliographique, accompagnée de pièces inédites, que M. Ch. DROUHET vient de publier sur *les Manuscrits de Maynard conservés à la bibliothèque de Toulouse*, non seulement décrit les manuscrits en question, mais encore examine l'usage qu'on en a fait jusqu'ici. Il n'a pas été tel qu'on ne puisse y trouver encore bien des choses à prendre, et M. Drouhet a recueilli ce qui lui a paru convenir à l'histoire littéraire et à la biographie de Maynard. Il a fait aussi sur les lettres du poète des constatations qui servent à préciser le sens et la date de plusieurs d'entre elles.

— M. Alfred RÉBELLIAU vient de publier en une brochure de très importants documents sur *la Compagnie secrète du Saint-Sacrement, lettres du groupe parisien au groupe marseillais* (1639-1662). Malgré le grand mystère dont cette association s'entourait, on commence à bien connaître ce que fut son action et comment elle s'étendait en province. Les pièces nouvelles, acquises par la Bibliothèque nationale, que M. Rébelliau vient de mettre au jour avec un commentaire aussi précis qu'il a été possible, serviront à faire mieux voir, et de plus près, les rapports du groupe central institué à Paris avec le groupe de Marseille.

— Les *Nouveaux documents sur l'accommodement du cardinal de Retz*, publiés par M. Claude COCHIN dans les *Mélanges d'archéologie et d'histoire* de l'École française de Rome, sont des documents romains et servent surtout à suivre les rapports entretenus alors par le cardinal avec le Saint-Siège. En particulier une lettre latine de Retz au bénédictin Dom Hilarion Rancati, abbé de Sainte-Croix de Jérusalem, dans laquelle le cardinal expose son état d'esprit et qui, d'ailleurs, fit le meilleur effet à Rome, est bien curieuse à connaître pour comprendre le jeu des négociations qui devaient aboutir à l'avantage de Retz.

— M. Henri CORDIER a commencé dans le fascicule de janvier du *Bulletin du bibliophile* et poursuit depuis lors la publication d'un *Essai bibliographique sur les œuvres d'Alain-René Lesage*, qui paraît devoir être fort complet et très bien entendu et qui rendra les mêmes services que la bibliographie des œuvres de Beaumarchais dressée naguère par le même érudit.

— M. A. LOMBARD a publié une dissertation sur *la Querelle des anciens et des modernes : l'abbé Du Bos* (4ᵉ fascicule du *Recueil des travaux publiés par la Faculté des Lettres de l'Académie de Neuchâtel*). Après avoir défini la raison et le sentiment dans la critique et déterminé ce qu'en pensaient les partisans des Anciens et ceux des Modernes, M. Lombard montre quel fut le rôle de Du Bos réagissant contre la théorie de la raison et rompant avec le dogmatisme et le rationalisme cartésiens, quoique défenseur des Anciens, parce qu'il était un sceptique philosophique, observateur curieux des faits et ferme croyant au progrès.

— M. l'abbé A. TOUGARD a publié dans le *Bulletin du bibliophile* de janvier *Une lettre de Fontenelle*, datée du 26 décembre 1750 et adressée à l'abbé L'Herminier, qui s'occupait à Rouen des affaires du philosophe.

— Dans sa thèse complémentaire : *L'abbé Prévost et la Louisiane, étude sur la valeur historique de Manon Lescaut*, M. Pierre HEINRICH a essayé de montrer par des documents tirés des archives de la Bastille, que le cadre où l'abbé Prévost fait évoluer ses personnages est, en ce qui concerne la déportation des femmes à la Louisiane, conforme à la réalité historique. Il a cité, comme exemples caractéristiques, les circonstances dans lesquelles s'effectuait le voyage de ces filles, rebut des prisons parisiennes, le tirage au sort destiné à les partager entre les colons, l'accueil empressé qu'ils leur faisaient, la description même de la Nouvelle-Orléans, rapprochements qui confirment la bonne information et la sûreté d'observation de l'abbé Prévost.

— M. Gustave LANSON examine dans la *Revue du mois* (10 avril) *Un manuscrit de Paul et Virginie* (Etude sur l'invention de Bernardin de Saint-Pierre). Il est certain que celui-ci n'eut ni l'imagination prompte ni le style aisé, et les brouillons de ses ouvrages sont là pour en témoigner. Le manuscrit dont s'est servi M. Lanson fait aujourd'hui partie des collections de Victor Cousin à la Sorbonne. C'est un ensemble assez arbitraire de morceaux recueillis et groupés par Aimé Martin. Ce n'est sans doute ni le premier ni le dernier état de *Paul et Virginie*, qui subit bien des transformations avant de voir le jour sous sa forme définitive. Ce sont des étapes intermédiaires entre ces deux points extrêmes et elles sont d'autant plus utiles à connaître qu'elles apprennent combien Bernardin de Saint-Pierre a peiné pour atteindre à la forme élégante et douce qu'il est parvenu à donner à sa pensée.

— Dans un article sur *la Correspondance de Chateaubriand avec sa femme* (le *Correspondant*, 10 février), M. Jacques LADREIT DE LACHARRIÈRE publie une douzaine de lettres de Chateaubriand à sa femme. Ce sont plutôt de courts billets que des expansions abondantes; mais écrites à des moments significatifs ils expriment d'un mot ou d'une phrase les sentiments présents de celui qui les traça. M. J. Ladreit de Lacharrière a bien mis en valeur ce qu'ils apportent de nouveau sur la psychologie de Chateaubriand marié et sur son attitude envers sa femme.

— M. J. VIANEY montre dans : *Un poème italien de « la Légende des siècles »*, *« Ratbert »* (*Bulletin italien*, avril 1908), que si ce personnage est imaginaire il a été modelé d'après ce que la chronique de Villani dit de Louis de Bavière. Peut-être n'est-ce pas directement que Victor Hugo s'est inspiré de Villani et il a étudié tout d'abord, sans doute, l'*Histoire des républiques du moyen âge* de Sismondi.

— M. A. OULMONT a attiré l'attention, dans le *Bulletin du bibliophile* de janvier, *Sur un exemplaire de Patelin annoté par Sainte-Beuve*, qui lui appartient et dont les remarques sont, en effet, bonnes à connaître. Après quelques traits contre Génin, l'éditeur du texte dont Sainte-Beuve se sert, il résume ses observations de lecture, suivant sa coutume, en des phrases courtes et nettes qui fixent sa pensée et donnent un tour spontané à ses réflexions.

— Les lettres de Philoxème Boyer à Arsène Houssaye, publiées dans *la Nouvelle Revue* du 15 février et du 1er mars, par Mme Marie-Charlotte Croze, serviront à bien faire connaître un type curieux de poète insouciant et famélique, en qui le savoir n'avait pas tué le goût non plus que la misère n'avait éteint son inspiration. C'est un des représentants les plus caractéristiques de cette bohème de lettres qui fleurit dans les premiers temps du second empire et marqua son existence par des productions où l'autobiographie n'est pas sans attraits.

— Le catalogue général des manuscrits de la Bibliothèque nationale entrepris sous la direction de M. Henri Omont se poursuit avec persévérance, au grand profit des travailleurs. M. Charles de LA RONCIÈRE vient de publier récemment le *Catalogue des manuscrits de la collection des Cinq Cents de Colbert*, fort riche en documents historiques, mais dont quelques-uns intéressent particulièrement l'histoire littéraire du commencement du xviie siècle. Grâce à cet inventaire détaillé, il sera aisé désormais de connaître ce que renferme une collection aussi importante.

— M. G. LANSON, professeur à la Sorbonne (282, boulevard Raspail), prépare une édition critique des *Premières méditations* de Lamartine et des poésies de jeunesse antérieures à 1820. Il serait reconnaissant à toute personne qui voudrait bien lui signaler ou lui communiquer : 1o des vers de jeunesse inédits; 2o des manuscrits des vers de jeunesse déjà publiés ou des *Premières méditations*; 3o un exemplaire de l'édition d'essai que Lamartine dit avoir été faite chez Didot en avril 1819; les éditions séparées 6e (dont il ne connaît encore d'exemplaire qu'au British Museum), 7e, 11e et toutes celles qui sont postérieures à la 12e. Pour ce dernier article, il fait appel particulièrement à l'obligeance de MM. les Bibliothécaires de province qui peuvent avoir de ces éditions dans les dépôts dont ils ont le soin.

---

# QUESTIONS

**Un autodafé.** — Le septième volume (publié en 1771) des *Questions sur l'Encyclopédie* contient un article : JUIF, où Voltaire, à la première page, dans une lettre censée écrite à MM. Joseph Ben Jonathan, Aaron Mathathaï et Da vi d Wirck [1], rappelle une anecdote de sa jeunesse : l'émotion qu'il avait éprouvée à seize ans, en entendant parler d'un autodafé.

1. C'est sous ces noms que l'abbé Guénée avait donné le *Petit Commentaire* qui suit ses *Lettres de quelques Juifs portugais et allemands*.

« Vous devez savoir, dit-il, que je n'ai jamais haï votre nation. Loin de vous haïr, je vous ai toujours plaints. Si j'ai été quelquefois un peu goguenard, je n'en suis pas moins sensible. Je pleurais à l'âge de seize ans, quand on me disait qu'on avait brûlé à Lisbonne une mère et une fille, pour avoir mangé debout un peu d'agneau cuit avec des laitues, le 14e jour de la lune rousse; et je puis vous assurer que l'extrême beauté qu'on vantait dans cette fille, n'entra point dans la source de mes larmes. »

Sans doute, il ne faut pas prendre à la lettre ce chiffre de *seize ans*; mais il indique à peu près l'époque où eut lieu le supplice qui frappa l imagination du jeune homme, assez vivement pour qu'il s'en souvînt encore, soixante ans après.

Cet autodafé a sans doute été mentionné quelque part, dans les gazettes ou les autres écrits du temps. Il serait intéressant d'en retrouver la trace. On peut se demander d'ailleurs si ce même autodafé n'aurait pas produit une impression analogue sur Montesquieu.

On sait que dans l'*Esprit des Lois*, le 13e chapitre du livre XXV contient une « très humble remontrance aux inquisiteurs d'Espagne et de Portugal », et qu'il commence ainsi : « Une Juive de dix-huit ans, brûlée à Lisbonne au dernier autodafé, donna occasion à ce petit ouvrage; et je crois que c'est le plus inutile qui ait jamais été écrit. »

Deux circonstances coïncident : le lieu de la scène, le jeune âge de la Juive. Montesquieu, qui avait quelques années de plus que Voltaire, a pu comme lui être frappé par le récit d'une scène cruelle. Jeune jurisconsulte, il a pu à ce moment écrire l'ébauche de ce qu'il appelle un « petit ouvrage », ébauche qu'il aurait reprise longtemps plus tard pour lui donner sa forme définitive, et l'insérer dans l'*Esprit des Lois*.

EUGÈNE RITTER.

---

**Sur un exemplaire des « Pensées » de Pascal.** — Dans le *Catalogue de la Bibliothèque de feu Rochebilière* (*Première partie : Éditions originales d'auteurs français des* XVIIe *et* XVIIIe *siècles*, Paris, A. Claudin, 1882, p. 67), je lis, au n° 119.

« *Pensées de M. Pascal* , etc... Paris, G. Desprez, 1670. In-12; v. br.

PREMIÈRE ÉDITION, conforme à la collation du numéro précédent. — Exemplaire de P. DAN. HUET, évêque d'Avranches, avec ses armoiries sur les plats et son ex-libris à l'intérieur. Ce savant prélat a enrichi ce volume de réflexions et de jugements qu'il a écrits sur les marges. Ces annotations critiques sont inédites et rendent ce volume véritablement précieux. Le dernier feuillet de garde contient également des *notes autographes* de Huet. Parmi ces dernières, on remarque cette opinion, un peu sévère, sur les *Pensées* : « *Dans tout cet ouvrage*, dit-il, *il n'y a presque rien de nouveau que l'expression, le tour et la disposition.* » Hauteur des marges : 158 millimètres. »

Quelqu'un connaîtrait-il le détenteur actuel de ce curieux exemplaire? Il y aurait intérêt à le retrouver, et à publier les notes marginales de Huet. L'évêque d'Avranches étant apologiste de profession, et l'auteur, comme l'on sait, des *Alnetanæ quæstiones* et de la *Demonstratio evangelica*, son opinion motivée sur les *Pensées* nous aiderait à nous mieux représenter la situation exacte de Pascal à l'égard de l'apologétique contemporaine.

VICTOR GIRAUD.

---

Le Gérant : **Paul Bonnefon.**

Coulommiers. — Imp. PAUL BRODARD.

# Revue
# d'Histoire littéraire
# de la France

## MOLIÈRE A RAGUSE

M. Tome Matic a publié récemment dans les *Mémoires de l'Académie d'Agram* (166e volume) une étude fort intéressante sur ce sujet. Raguse a été depuis la Renaissance une des villes les plus lettrées du monde slave. Mais elle a surtout subi l'influence de l'Italie. Elle n'est pas cependant restée inaccessible à notre littérature. De 1879 à 1884 une revue qui s'appelait *Slovinac* (le Slave) a publié treize comédies de Molière, traduites ou adaptées plus ou moins librement. Les manuscrits de ces traductions faites généralement au xviiie siècle sont assez nombreux; les œuvres dont on n'a pas découvert de traductions sont les suivantes : *Les. Précieuses ridicules, L'Avare, La Jalousie du barbouillé, Le Médecin volant, L'Étourdi, Le Dépit amoureux, L'Impromptu de Versailles, L'Amour médecin, Mélicerte, La Pastorale comique, Le Sicilien, Amphytrion, Les Amants magnifiques, Les Fourberies de Scapin.*

Les traductions de Molière en langue serbo-croate sont en général anonymes. Une seule, celle de *Psyché*, est signée d'un nom illustre, dans l'histoire Ragusaine, celui de Pierko Sorkocevic (en italien Sorgo). Un certain nombre de documents permettent de conjecturer les noms des traducteurs et il n'est pas sans intérêt pour nous de connaître ces amis ignorés de notre littérature.

Sérafin Cerva, dans son ouvrage intitulé *Bibliotheca Ragusina*, II, 205-266, dit, en parlant d'Ivan Brunic, mort en l'année 1713 : *Plurimas ex gallico idiomate Comedias in illyricum[1] convertit,*

---

1. Les humanistes sudslaves appellent volontiers leur langue l'illyrien. Cette langue est en réalité le serbocroate ou croatoserbe, comme on voudra.

*rebus nominibusque ad hanc regionem accommodatis.* — Notons en passant qu'un Ragusain, Pierre Boskovic, avait entrepris de traduire *le Cid*; la mort l'empêcha d'achever cette traduction. Ses compatriotes estimaient qu'elle était supérieure à l'original. Au témoignage de Dolci, un autre interprète de Molière fut Martin Tudisevic, — *qui gallicas J. B. de Molière Comœdias non solium illyrice vertit, sed etiam illyricis refertas salibus mori ragusino venuste accommodavit.*

Appendini, dans ses *Notizie istoricocritiche* (Raguse, 1803), nous apprend, à propos de Bunic, qu'il avait laissé *varie commedie francesi tradotte in illirico.* Il s'agit très probablement des pièces de Molière. Il attribue à Sorkocevic (1766-1771) quelques comédies de Molière traduites en prose. Il en attribue également à Giuseppe Nettondi, Gianfranco di Sorgo, Marino Tudisi (Tudisevic). « Tudisi, dit-il, les représenta à la grande joie des spectateurs; mais il y en eut qui regrettèrent de voir des bouffonneries grossières substituées aux traits d'esprit délicats du grand poète français. » On a découvert, il y a un peu plus d'un quart de siècle, l'épitaphe de Tudisi Tudisevic; j'en détache seulement les lignes suivantes.

*Memoriæ*
*Marini Francisa Tudisi*

. . . . . . . . . .

*qui*
*Molieri Conmœdias*
*Jucunde per ludum referens*
*Ad veteres domesticos et urbanas consuetudines*
*Vernacula festivitate illyrice eleganter vertit*

Malheureusement les manuscrits qui nous sont parvenus jusqu'ici sont — sauf la *Psyché* de Sorkocevic — absolument anonymes. Les traducteurs étaient évidemment des gens sans prétentions et qui travaillaient vite. Deux pièces seulement ont été traduites en vers, *Psyché* et *Don Garcie*, deux œuvres d'allure noble, héroïque, où le comique vulgaire n'a pas grand'chose à voir.

Il n'y a qu'une seule traduction dont on puisse déterminer la date par une série de déductions qu'il serait trop long de reproduire ici. C'est celle du *Mariage forcé*, qui remonte à l'année 1744. Tudisevic, dans sa jeunesse, était probablement le grand metteur en scène de nos comédies. Nous avons sur la vie sociale à Raguse dans la seconde moitié du xviiie siècle un document fort curieux, c'est le rapport du consul de France La Maire, rapport qui a été

publié par l'Académie d'Agram au tome XIII de son recueil
d'anciens textes (Starine). Arrivé à Raguse en mars 1758, La Maire
fut rappelé le 29 janvier 1764, mais il y résidait encore au mois
d'août de cette année. Il nous apprend que les Ragusains font
plus de cas de la littérature française que de toute autre. Quelques-
uns apprennent la langue pour pouvoir lire les livres français,
mais ils lisent sans choix, sans goût et sans fruit. On se rappelle
les vers de Sganarelle dans *le Cocu imaginaire* :

> Voilà, voilà le fruit de ces empressements
> Qu'on vous voit nuit et jour à lire vos romans.

Le traducteur adapte ainsi :
« Voilà ce que c'est que de savoir l'italien et le français; tout
cela ne sert qu'à donner la migraine aux jeunes personnes. »
La Maire se plaint du manque de société, de spectacles et de
plaisirs publics. Évidemment, si l'on avait encore joué des comédies de Molière, il n'aurait pas manqué d'en faire mention.
Au commencement du xviiie siècle existait à Raguse une société
d'acteurs amateurs qui s'appelait la société des Bons Vivants (Dru-
zina Zamrsnijeh, évidemment de ceux qui mangent de la viande
en carême). Dans *la Critique de l'École des femmes*, après une
assez longue discussion sur la valeur de cette comédie, Uranie
conclut : « Il se passe des choses assez plaisantes dans notre dispute, je trouve qu'on en pourrait bien faire une petite comédie
et que cela ne serait pas trop mal à la queue de *l'École des
femmes*.
« Chevalier, faites un mémoire de tout et le donnez à Molière
pour mettre en comédie. » Le traducteur adapte ainsi ce passage :
« Monsieur Frano, notez tout cela et, puisque Molière est mort,
donnez votre manuscrit à la société des Bons Vivants, qui ont
déjà joué *l'École des femmes*, pour qu'ils en fassent une comédie,
car ils s'y entendent fort bien. »
Et, un peu plus loin, Uranie : « Je connais son humeur
(l'humeur de Molière); il ne se soucie pas qu'on fronde ses pièces,
pourvu qu'il y vienne du monde ».
Anica (qui correspond dans la traduction à Uranie) : « Je ne
connais Molière que par les louanges que je lui entends donner de
tous côtés; mais en ce qui concerne cette société, je vous garantis
qu'ils se soucient fort peu de ce qu'on leur dit et qu'ils ne songent
qu'à faire preuve de leurs talents ».
C'étaient de jeunes nobles qui constituaient la troupe. Dans la

*Critique de l'École des femmes* Dorante demande au poète Lysidas ce qu'il pense de cette comédie et Lysidas lui répond :

« Je n'ai rien à dire là-dessus; et vous savez qu'entre nous autres auteurs nous devons parler des ouvrages les uns des autres avec beaucoup de circonspection. »

Dans la traduction le poète Pero Versic [1] répond.

« Je n'ai rien à dire : vous savez que nous n'avons point à nous mêler de ce que font les nobles; ils ont accepté cette pièce; ils l'ont jouée; notre devoir est de nous taire ou de ne parler qu'avec une grande circonspection. »

Raguse n'avait pas de théâtre permanent. Au début de la Renaissance on avait joué la comédie dans le palais ou hôtel du grand conseil, autrement dit du gouvernement; mais cet abus fut interdit par un arrêt du 4 avril 1554. Les représentations eurent lieu dans le local de l'arsenal que les Ragusains appelaient Orsano. Ce mot d'Orsano, dans nos traductions, rend habituellement le mot théâtre ou le mot Palais Royal.

Les traductions sont en général fort libres. J'ai déjà remarqué que, sauf celle de *Psyché*, elles sont toujours en prose. Le traducteur passe des tirades ou des scènes entières; il se permet parfois des modifications qui touchent à l'essence même de la pièce.

Sauf dans *Don Garcie de Navarre* et dans *Psyché* les noms des personnages sont partout remplacés par des noms familiers au public indigène. C'est un procédé qu'on rencontre dès le xviᵉ siècle dans les traductions. Le jeune premier s'appelle Giono (Jean), la jeune première Anica, le père Reno; Ilia (Élie) est toujours le nom du personnage comique. Alceste devient Giono et Célimène devient Marguerite. Le français *vous* est remplacé par le tutoiement : toutes les fois que, dans Molière, il est question du roi, le traducteur lui substitue, tantôt le prince (Knez), c'est-à-dire le chef supérieur de la république, tantôt la seigneurie, tantôt le petit conseil.

Tous nos lecteurs savent par cœur la chanson

> Si le roi m'avait donné
> Paris sa grand'ville

qu'Alceste oppose au sonnet d'Oronte. A cette chanson le Giono ragusain substitue une chanson bosniaque dont voici la traduction :

1. Évidemment le versificateur.

Si le sultan Osman me disait :
« Tu seras seigneur de tout Constantinople,
Mais n'aime pas la jeune et belle femme d'Osman,
Et ne va pas chez elle la baiser. »
Je dirais au grand sultan :
« Règne dans ta Constantinople
Je veux aimer la jeune femme d'Osman
Et je donnerais tout mon bien
Pour baiser ses chères lèvres. »

Sur quoi Maro, qui correspond à notre Oronte, réplique :
« Et moi je prétends que les vers de mon madrigal sont aussi
bons que ceux de l'*Osmanide.* »

L'*Osmanide*, c'est le grand poème national ragusain, le chef-
d'œuvre du poète Ivan Gundulic (1588-1638)[1].

Nous retrouvons cette allusion à l'*Osmanide* et à d'autres
ouvrages de littérature indigène dans l'adaptation de *la Critique de
l'École des femmes*. Dans la comédie de Molière le poète Lysidas,
appelé à donner son avis, ne veut pas se compromettre et s'exprime
en termes généraux, je dirais presque académiques : «... On
m'avouera que ces sortes de comédies ne sont pas proprement
des comédies et qu'il y a une grande différence de toutes ces bagatelles à la beauté des pièces sérieuses. »

Le Pero Versic, qui répond à Lysidas dans le texte slave,
éprouve le besoin de citer des ouvrages nationaux encore qu'étrangers au théâtre. « Cette espèce de comédies, dit-il, ne peut pas
réellement se nommer comédie, et il y a une grande différence
entre ces badinages et les œuvres fortes et solides. Maintenant
tout le monde donne dans ce genre et il n'y a plus d'*Osmanide*,
plus de *Trompette slave*, plus d'*Enfant prodigue*, plus de *Chris-
tiade*[2], on a même oublié le nom de l'*Académie*[2].

L'adaptateur ragusain a réduit *les Femmes savantes* de cinq actes
à trois. On connaît le sonnet à la princesse Uranie sur la fièvre.
L'adaptateur le remplace par le madrigal suivant

> *Chanson à madame Sunczaniça*[3] *qui mange
> des fleurs et s'en nourit.*

Lorsque Sunczaniça a faim
Elle méprise tous les aliments.

1. Voir sur Gundulic (on Gundulitch,) l'article que j'ai consacré à ce poète dans
la *Grande Encyclopédie*.
2. OEuvres célèbres de la littérature ragusaine au xviie siècle.
3. Sunczaniça, de *Sunce* : soleil, correspond à notre Eliante.

> L'amaranthe et la rose
> Sont les mets qu'elle choisit.
> Mais, dis-moi, Sunczaniça,
> Quand il n'y aura pas de fleurs en hiver
> Et quand seul ton visage
> Fleurira parmi les frimas,
> Dans cette crise si pénible
> Alors que feras-tu?
> En vérité, ma bien-aimée,
> Tu te mangeras toi-même.

Monsieur de Pourceaugnac s'appelle Jovadin; il est originaire non plus du Limousin mais de l'Herzegovine et il abuse de l'emploi des vocables turcs.

Dans *les Fâcheux* apparaît un pédant nommé Caritides, français de nation, grec de profession, qui veut présenter un placet au roi pour faire modifier la langue des inscriptions et des enseignes. Ce personnage est remplacé par un certain Luka, qui veut présenter au petit conseil une supplique en faveur des pauvres diables : il demande que la République vote une somme de six cent mille ducats pour acheter de la laine qu'elle donnerait à filer aux pauvres femmes. Cette pétition, notons-le, est rédigée en italien.

Un autre fâcheux de Molière, Ormin, veut mettre toutes les côtes de la France en « fameux ports de mer ». L'Ormin ragusain, qui s'appelle Andria, propose d'établir un péage aux portes de la ville sur ceux qui entrent ou sortent, et il propose aussi de faire boire du vin aux soldats pour obvier à la misère des vignerons de la République. C'est précisément ce remède que l'on nous a proposé l'autre jour pour rémédier aux misères des vignerons du Midi. *Nil sub sole novi.* Si Molière revenait en ce monde il aurait, je crois, un amer plaisir à le constater.

L. LEGER.

# J. DE MAISTRE ET LE JANSÉNISME

## I

J. de Maistre a fait un vigoureux effort d'historien et de penseur en faveur de l'unité catholique ; il a condamné toutes les doctrines coupables de schisme avéré ou de tendances au schisme. Protestants, jansénistes et gallicans ont été tour à tour l'objet de ses raisonnements, de ses railleries, et, faut-il l'ajouter, de ses insultes mêmes.

Qu'il ait dénoncé le péril protestant au nom de sa foi catholique, qui donc songerait à le lui reprocher ? L'avenir n'a pas réalisé les vœux qu'il formait pour le retour des Églises luthérienne et anglicane, et il ne semble pas que l'union soit à la veille de s'accomplir : mais qu'importe ? il a travaillé au rapprochement et il a fait une œuvre utile.

Quant au gallicanisme, il est tombé, sinon directement sous les coups de J. de Maistre, du moins sous l'énergique poussée qu'il avait déterminée au sein de l'Église de France ; les siècles qui viendront développeront les résultats de cette transformation ; mais, quels qu'ils soient, il est incontestable que J. de Maistre a préparé le concile du Vatican, et que la victoire de l'infaillibilité lui est due en grande partie.

Protestantisme et gallicanisme semblaient donc des buts dignes de l'activité de cet écrivain ; au contraire, le jansénisme ne paraissait ni bien actuel, ni bien menaçant en 1817, quand J. de Maistre se disposait à publier le *Pape* et l'*Église gallicane*, ces deux ouvrages inséparables et dont le second n'était qu'un fragment du premier, comme en témoigne le manuscrit[1]. Le lecteur est surpris de voir J. de Maistre attacher tant d'importance à la secte janséniste, s'élever contre ceux qui disent· *qu'il n'y a plus de jansénisme, qu'il a péri avec ses ennemis, que la philosophie l'a tué*, etc. « Il n'a jamais été, au contraire, s'écrie-t-il, plus vivace, mieux organisé et plus rempli d'espérances[2]. »

1. Le volume intitulé *Église gallicane* formait le livre IV du *Pape*, il a été remplacé après coup par le livre où l'auteur étudie le *Pape dans son rapport avec les Églises nommées schismatiques.*
2. *Église gallicane*, II, XVII, p. 345, note. — Les citations sont faites d'après l'édition originale.

On pourrait croire, faute d'y regarder d'assez près, que J. de
Maistre s'est fait illusion, qu'il s'est forgé des ennemis imaginaires
pour donner plus de prix à ses attaques. En réalité, J. de Maistre
constate un fait historique, quand il signale la persistance de la
doctrine janséniste dans les débuts du xixe siècle.

En effet, dès que l'Église de France eut échappé à la crise violente déterminée par la Révolution, elle se divisa de nouveau en
ces anciennes factions qui sont, pour un corps, la marque de sa
vitalité : la lutte est une condition absolue de la vie. Les Jansénistes, pendant la Révolution, n'avaient pas continué à former
un parti homogène; leur doctrine n'avait pas prévu ce formidable
bouleversement et ne les préparait pas à suivre une ligne commune, au milieu des problèmes inattendus que soulevaient la
constitution civile et le serment. Mais, le calme à peu près rétabli,
ils offrirent de nouveau un corps de doctrines, contre lesquelles se
portèrent les apologistes catholiques.

Vers la fin du xviiie siècle, l'abbé de Vauxelles, ancien prédicateur du roi, publiant une édition des Lettres de Mme de Sévigné,
contredit les éloges donnés par la spirituelle marquise aux solitaires, et, bien loin de voir dans leur anonymat une preuve de
modestie, il les accuse d'un raffinement de vanité. Pourtant, à
cette époque, le mérite littéraire de Port-Royal est assez généralement reconnu : qui donc aurait osé contredire le jugement favorable du dernier grand critique du xviiie siècle, La Harpe, également
cher aux philosophes et aux croyants, parce qu'après avoir
été le disciple de Voltaire il s'était converti à la fin de ses jours?

Le xixe siècle s'ouvre par la retentissante page de Chateaubriand
sur Pascal; plus d'une fois au cours de son livre l'auteur du *Génie
du christianisme* exprime la haute opinion qu'il avait conçue des
solitaires[1].

Vers le même temps, Petitot se fait l'éditeur de la *Grammaire
générale et raisonnée de Port-Royal*, et soutient que si Boileau et
Racine, ces esprits si justes, ont penché vers le jansénisme, c'est
que le caractère principal des écrits de Port-Royal fut une logique
serrée et une élégance d'expression qu'on regardait alors comme
incompatibles. Dans un article du *Mercure*[2], Fontanes, rendant
compte de cette publication, fait à son tour l'éloge de Port-Royal,
des beaux talents qu'il a nourris, des services qu'il a rendus aux
lettres françaises, car, dit-il, « si on les a accusés de porter

1. Cf. t. II, p. 37 (édit. de 1827), et t. III, p. 14.
2. N° du 27 messidor an XI (16 juillet 1803).

impatiemment le joug de l'autorité, ils respectaient toujours celui du bon sens ».

Devant ces témoignages non équivoques d'admiration, il faut peut-être se défier de la prétendue conspiration anti-janséniste, dont un ami des solitaires, le jurisconsulte Couet, s'est plaint en 1803, en disant qu' « il y avait à Paris une certaine classe d'hommes très répandus et très unis, qui se chargeaient de déprimer tous les livres où il n'y aurait pas au moins quelque chose contre les jansénistes, et de prôner partout ceux qui les peindraient comme des ennemis publics ».

Sans doute, Napoléon ne pouvait pas voir d'un œil favorable ces Jansénistes, qui osèrent résister à Louis XIV : « Parmi les termes insultants qu'il distribuait autour de lui assez libéralement, nous dit J. de Maistre [2], le titre de janséniste tenait à son sens la première place ». Et pourtant, des trois chaires de philosophie dont il avait doté la faculté des lettres, Joubert, mis en 1807 par Fontanes à la tête du conseil de l'instruction publique, en fit donner une à Royer-Collard; et dans le conseil même, Joubert adjoignit à Bausset, à Bonald et à Emery, des Jansénistes, tels que Ambroise Rendu et Guéneau de Mussy [3]. De plus, tant que Pomereul fut directeur de la librairie sous Napoléon, tout le clergé de France fut soumis à la censure du janséniste Tabaraud.

En 1808, quand Bausset, dans son *Histoire de Fénelon*, fit un éloge des Jésuites, il le fit suivre d'un long passage sur Port-Royal, si élogieux qu'Emery crut devoir faire des réserves; après avoir lu le manuscrit, il lui écrivait : « Je crains que ce qui reste de Jansénistes ne se prévalent de ce que vous dites [4] »; et quand le livre eut paru, il ajoutait : « Quelques personnes ont été mécontentes de votre article sur Port-Royal et M^me de Longueville. J'avais moi-même cru dans le temps que vous donniez bien de l'importance à ces gens-là. » Mais cette demi-désapprobation n'empêchait pas les pages éloquentes de Bausset de faire leur chemin, et d'imposer à l'admiration des gens du monde Port-Royal-des-Champs, « cet asile sacré, où de pieux solitaires, désabusés de toutes les illusions de la vie, allaient se recueillir, loin du monde

1. Son livre est intitulé : *De la nécessité et des moyens de défendre les hommes de mérite contre les calomnies et les préjugés injustes : on fait, par l'application de ce moyen, l'apologie des illustres auteurs de Port-Royal et de leurs disciples; et l'on conclut par des observations sur les avantages infinis que peuvent recueillir de leurs ouvrages les hommes de tous les états de la société, mais particulièrement les magistrats et les gens de lettres* (Paris, in-8°, 138 p., 1803).

2. *Eg. gall.*; I, XII, p. 106.

3. Cf. L. Séché, *les Jansénistes sous le Consulat et l'Empire* (*Nouv. Revue*, juillet 1892).

4. Lettre du 18 janvier 1807, dans Gosselin, *Vie de M. Émery*, t. II, p. 128.

et de ses vaines agitations dans la pensée des vérités éternelles [1] ».

Un aussi grave témoignage disposa les esprits à faire un accueil favorable au livre ému que Grégoire publiait l'année suivante, *Les Ruines de Port-Royal-des Champs* (1809).

Port-Royal vivait donc dans l'imagination et dans le cœur des gens de ce temps-là : sévérité des mœurs, généreux mépris des richesses et de la gloire, goût épuré, honneur d'avoir fixé la langue française : voilà les mérites que l'on estimait et que l'on admirait en Port-Royal au début du xixᵉ siècle.

Quant à la théologie de Port-Royal, elle était à peu près oubliée, surtout dans le grand public; on le vit bien lorsque Pie VII s'avisa de célébrer dans une allocution consistoriale un prélat qui venait de faire une soumission éclatante aux constitutions émanées du siège apostolique contre les erreurs de Baïus, de Jansénius et de Quesnel (26 juin 1805). Un écrivain qui rapporte le fait commente ainsi cette déclaration pontificale : « Il est devenu fort difficile de rencontrer quelqu'un qui daigne savoir encore en quoi consistaient ces erreurs; et il fallait avoir une bien forte envie d'en faire mention, pour en parler ainsi à propos de la cérémonie pontificale du couronnement de Bonaparte [2] ».

Si la doctrine janséniste n'était plus connue que de quelques initiés, l'esprit janséniste, du moins, était très vivant : on s'en aperçut bien, lorsqu'à la Restauration il fut question de rétablir les Jésuites. Une polémique retentissante s'élève de tous côtés, et ceux qui portent les coups les plus forts aux Jésuites sont imbus de l'esprit de Port-Royal : c'est un ancien magistrat, Silvy [3], et surtout l'oratorien Tabaraud, dont le livre intitulé *Du Pape et des Jésuites* (1815) était qualifié de *pamphlet violent* par l'*Ami de la Religion*. Mais cédons la parole à celui-là même qui fut le correcteur et l'éditeur du *Pape* et de l'*Église gallicane*, le Lyonnais Guy-Marie de Place, témoin de cette époque, adversaire des Jansénistes, et par là même très informé. Il écrivait à J. de Maistre en 1818 : « Depuis la destruction des Jésuites, le Jansénisme n'a cessé de vivre dans les parlements, et surtout chez les Oratoriens, d'où il se répandait partout. Le jansénisme a fait les Oratoriens philosophes, il a fait le clergé constitutionnel, il a fait les régicides *Fouché*, *Lebon* et autres sortis de la même congrégation. Le janséniste Lanjuinais, pair de France, est encore aujourd'hui à la

---

1. *Histoire de Fénelon*, liv. I, chap. X.
2. *Essai sur la puissance temporelle des papes*, 4ᵉ édit., 1818, t. II, p. 306, note.
3. *Les Jésuites tels qu'ils ont été dans l'ordre religieux, politique et moral, ou Exposé des causes de leur destruction* (1815, in-8, 350 p.).

tête du parti anti-concordatiste, ainsi que l'oratorien Tabaraud.
La secte a une correspondance très active avec les provinces.
Elle a ses agents auprès des deux chambres; elle remue en ce
moment ciel et terre contre les Jésuites. Les Jacobins l'ont
toujours ménagée comme étant de leur famille. La secte verse
encore.périodiquement ses infamies dans un journal révolutionnaire intitulé *Bibliothèque historique* : elle présente ses plans pour
se passer de l'institution pontificale. »

À ces ennemis des Jésuites, J. de Maistre allait essayer de porter
un coup mortel. Car il croyait que la présence des Jésuites était
indispensable pour affermir en France le régime monarchique.
Grand admirateur de l'absolutisme, il ne pouvait assez exalter
cette discipline exacte, intransigeante, qui enserre chaque membre
de l'ordre, et en fait un instrument dans la main des supérieurs :
*tanquam cadaver*. La monarchie avait été ingrate pour ces soutiens
de l'esprit d'autorité, elle avait brisé ses fidèles alliés; mais
aussitôt le régime lui-même avait sombré sous les coups de l'indifférence et de l'athéisme conjurés. Leur rétablissement était donc
aux yeux de J. de Maistre une nécessité inéluctable pour la France
de la Restauration. Afin de leur préparer la voie, il fallait discréditer les Jansénistes : J. de Maistre forma le projet de les ruiner
dans l'opinion.

## II

Sainte-Beuve a déjà discuté et réfuté les jugements de J. de
Maistre sur Port-Royal[1], et il y aurait témérité à refaire ce travail,
où la science et la pénétration du critique sont également admirables. On ne peut que se flatter de découvrir quelques points de
détail, de s'appuyer sur les travaux récents dont Port-Royal et
Pascal ont été l'objet; peut-être aussi l'étude du manuscrit de
l'*Église gallicane* nous permettra-t-elle d'établir combien Sainte-
Beuve avait raison de se révolter contre la *verve*, les *excès* et le
*crescendo* d'injures de la première partie de cet ouvrage.

Sainte-Beuve s'étonne que J. de Maistre se soit si peu inquiété
de « remonter aux vraies sources » et qu'il ait demandé à une
citation d'un magistrat inconnu du XVIIe siècle, M. de Gaumont,
conseiller au Parlement, et aux *Lettres* de Mme de Sévigné un
exposé du dogme et de la morale jansénistes. Ce sont là les procédés ordinaires à cet écrivain; son champ d'investigation est très

1. *Port-Royal*, livre III, chap. XIV (t. III, p. 229, 5e édition).

restreint.: les *Nouveaux Opuscules* de Fleury lui ont fourni le
témoignage de M. de Gaumont; quant aux *Lettres* de M^me de
Sévigné, il les connaissait particulièrement, puisqu'il avait
publié des observations critiques à propos de l'édition des lettres
faite par M. Grouvelle [1].

Certes, nous convenons qu'on peut parler du Jansénisme sans
avoir lu les trois tomes *in-folio* et imprimés sur deux colonnes
de l'*Augustinus* : Sainte-Beuve lui-même ne prétend pas les avoir
étudiés en entier, mais il les a, selon son expression, « pratiqués
beaucoup et labourés en bien des sens, en bien des pages [2] ».
Pascal avait beau, dans sa 1^re *Provinciale*, les déclarer ni bien
*rares*, ni bien *gros*, ils sont tels pourtant qu'un homme du monde
peut reculer devant un ouvrage de pareilles dimensions.

Joseph de Maistre n'avait même pas lu ce *Discours sur la réformation de l'homme intérieur*, qui, malgré ses proportions très
modestes — 100 pages dans la traduction d'Arnauld (1644) —
contient pourtant l'essentiel de la doctrine janséniste. Mais il aime
mieux être *piquant* qu'exact, et M^me de Sévigné, janséniste-ama-
teur si l'on peut dire, est plus propre à exciter la verve d'un
adversaire. En vain, J. de Maistre se défend de *prendre* et
d'*employer* au pied de la lettre le *badinage* de la *spirituelle théolo-
gienne*; que fait-il donc, lorsqu'il préfère les pages exagérées de
M^me de Sévigné aux « livres imprimés », « aux déclarations » et
aux « professions de foi » des vrais théologiens jansénistes?

Pour subvenir aux insuffisances de cette documentation d'amateur, J. de Maistre compte sur les ressources de sa métaphysique
toujours ingénieuse. Ainsi le grave problème de la *Prédestination*
contre lequel tant d'intelligences supérieures sont venues se briser,
il le résoudra par ses subtilités ordinaires; l'*Institution chrétienne*
de Calvin et l'*Augustinus* de Jansénius ne sont que du fatras de
collège, et il n'est pas plus difficile de s'improviser théologien que
de jouer au savant. De là des propositions cavalières qui donnent
une leçon de logique à Calvin et à Jansénius, et qui ruinent l'écha-
faudage pénible de leurs raisonnements et de leurs méditations.
Ainsi M^me de Sévigné ayant écrit : « Dieu dispose de ses créatures
comme le potier : il en choisit, il en rejette », J. de Maistre commente ainsi ce fondement de la doctrine janséniste : « C'est-à-dire
qu'il sauve ou qu'il damne pour l'éternité sans autre motif que

1. Cf. *Œuvres*, édition Vitte, t. VIII, p. 1-59.
2. Liv. II, ch. x, p. 97 du t. II. Les principaux points de la doctrine janséniste
sont présentés avec force et clarté dans l'édition classique des *Pensées* de Pascal,
donnée par M. Brunschwig (éd. Hachette).

son bon plaisir. Laissant à part la théologie, je ne puis m'empêcher de voir dans le système de la prédestination *avant* la prévision des mérites une erreur, et, si je l'ose dire, une ignorance métaphysique de premier ordre. En effet, Dieu étant hors du temps, il n'y a en lui ni *avant*, ni *après*, ni par conséquent un état de non-prévision. Il ne peut donc juger indépendamment de cette prévision qui est éternelle comme lui. La prédestination est donc un jugement comme un autre qui punit le crime et récompense la vertu. *Dieu*, comme on vient de le lire, *couronne ses propres dons*. Sans doute, il récompense le bon usage libre de ses dons gratuits, comme il châtie le libre mépris de ces mêmes dons[1]. »

Qu'est-ce à dire sinon que les Pélagiens, les semi-Pélagiens, les Augustiniens, les jansénistes ont discuté à l'infini sans avoir pris la précaution élémentaire de s'apercevoir que Dieu était *hors du temps*; faisons un peu de métaphysique, et cela nous tiendra lieu de tout le bagage d'érudition et de subtilités, accumulé par les théologiens orthodoxes et hétérodoxes. Heureusement, un esprit moins primesautier et moins confiant en ses propres lumières, avertit J. de Maistre que la prédestination ne se laisse pas escamoter ainsi : « Plus j'ai examiné, lui écrivait G. M. de Place, les diverses opinions des théologiens sur la prédestination, plus j'ai été conduit à conclure qu'il faut se taire et adorer ».

Sans même entrer au vif de la question, il est telle réflexion de J. de Maistre sur la nature de la grâce, qui a le droit de surprendre, non un théologien de profession, mais un simple laïque. Ainsi M^me de Sévigné ayant transcrit les paroles de l'apôtre, « que ce n'est pas en considération d'aucun mérite que Dieu donne la grâce aux hommes, mais selon son bon plaisir, afin que l'homme ne se glorifie point puisqu'il n'a rien qu'il n'ait reçu », J. de Maistre ajoutait ce commentaire : « C'est-à-dire que le bon Dieu damne *a priori* une très grande partie du genre humain, *afin que l'homme ne conçoive pas l'orgueilleuse pensée qu'il peut se sauver tout seul*; mais les élus pouvant être orgueilleux puisqu'ils sont élus, il s'ensuit que la damnation des autres est une espèce de *double emploi*, un surcroît de précaution que le Dieu très grand et très bon emploie seulement pour plus de sûreté[2] ».

Négligeons l'inconvenance de ce ton plaisant en matière aussi respectable; contentons-nous de faire observer que beaucoup de théologiens anti-jansénistes ont soutenu les mêmes propositions

---

1. De cette longue note du manuscrit, J. de Maistre n'a laissé subsister que la première phrase (liv. I, ch. III, p. 23, note 2).
2. Cette note a été supprimée.

que M<sup>me</sup> de Sévigné et que Bossuet n'a pas craint de dénoncer la
fausseté d'une interprétation pareille à celle de J. de Maistre
quand il l'a lue dans le livre de Sfondrate, *Nodus praedestinationis*.
Il suffit d'ouvrir le *Dictionnaire théologique* de Bergier pour y lire
ce qui suit : « Tous (les théologiens) tombent d'accord 1° ... etc ;
2° que la prédestination à la grâce est absolument gratuite, qu'elle
ne prend sa source que dans la miséricorde de Dieu, qu'elle est
antérieure à la prévision de tout mérite naturel : c'est la doctrine
de saint Paul, etc. [1] ».

Ce texte laisse tout au plus la place à des discussions sur
l'étendue et la valeur du mot *mérite*; mais le sens général en est
formel, et si l'assemblée de 1700 a condamné le semi-pélagianisme
de Sfondrate, il était dangereux à l'auteur de l'*Église gallicane*
de ressusciter les mêmes imputations.

Pour ruiner le Jansénisme et exciter contre lui des préventions
dangereuses, J. de Maistre essaya d'établir l'analogie de Hobbes et
de Jansénius (Chap. iv).

Ici encore M<sup>me</sup> de Sévigné sera le porte-paroles de Jansénius et
de Saint-Cyran; quelques phrases de ses lettres, très arbitrairement noyées dans une page de Hobbes, serviront à la démonstration. Vraiment, en pareille matière, n'est-ce pas un sacrilège de
jouer ainsi à *fondre* ensemble des *pensées parties de deux plumes
différentes*, et de s'autoriser de ce rapprochement factice pour conclure à la rigoureuse *identité des deux doctrines*?

Combien J. de Maistre eût été mieux avisé de feuilleter l'*Augustinus*! Il y aurait vu que cette liberté revendiquée par Pélage,
Jansénius ne l'accordait qu'à l'Adam primitif; mais la chute a corrompu notre nature; nous ne pouvons rien par nous-même et par
notre propre volonté; seule la grâce « peut relever et déterminer
au bien la volonté malade et désormais incapable par elle seule de
rien autre que du mal [2] ». Oui l'homme déchu de Jansénius est à
peu près dans l'état de cet automate décrit par Hobbes; mais
outre que Jansénius a proclamé la liberté de l'homme avant la
chute, il a fondé le salut dans la Rédemption. La doctrine de Jansénius se confond avec celle de Hobbes si on en élimine le point
de départ et l'arrivée; l'*entre-deux* est pareil pour les deux philosophes; mais cet entre-deux, pour Hobbes, c'est l'homme même,
sans espoir d'amélioration, sans vue sur un avenir de liberté et

---

1. J. de Maistre sacrifia sa note aux observations de G.-M. de Place, non sans
l'avoir un peu défendue : « Ma note, dit-il, ne tombe pas sur la gratuité de la
grâce, mais sur la raison de cette gratuité, *afin que l'homme ne se glorifie pas*. Je
passe sur cet article comme peu important. »
2. *Port-Royal*, t. II, p. 100.

de vertu; et, pour Jansénius, cet entre-deux n'est qu'un accident
fatal, une preuve de la misère humaine encadrée entre des origines brillantes et une fin plus brillante encore. Sainte-Beuve
n'exagérait pas lorsqu'il relevait l'espèce de *calomnie* de J. de
Maistre à l'endroit de Jansénius.

Jansénius et Hobbes se confondent dans la mesure où Pascal se
confond avec La Rochefoucauld, parce que l'un et l'autre ont
décrit en termes souvent identiques la nature et les effets de
l'amour-propre[1], ou encore dans la mesure où la *Politique tirée
de l'Écriture Sainte* se confond avec le *De Cive* de Hobbes,
Hobbes niant radicalement la justice et la bonté, Bossuet reconnaissant à son tour qu'il n'y a rien de plus brutal ni de plus sanguinaire que l'homme, mais par delà le pessimisme retrouvant
la moralité et la charité chrétienne[2].

Chaque fois qu'un écrivain de Port-Royal fait le tableau de la
corruption naturelle, il emprunte des couleurs à Hobbes; le doux
Nicole lui-même a dit que les hommes naissent « violents,
injustes, cruels, ambitieux, flatteurs, envieux, insolents, querel-
leurs », *homo homini lupus*. Soutiendra-t-on l'analogie de la
morale de Nicole et de celle de Hobbes? Nicole a marqué la différence très nettement, comme Jansénius aurait pu le faire, sur
l'article de la liberté : « Si celui qui a dit qu'ils (les hommes)
naissent dans un état de guerre, et que chaque homme est naturellement ennemi de tous les hommes, eût voulu seulement représenter par ses paroles la disposition du cœur des hommes les
uns envers les autres, sans prétendre la faire passer pour légitime
et pour juste, il aurait dit une chose aussi conforme à la vérité et à
l'expérience, que celle qu'il soutient est contraire à la raison et à
la justice[3] ».

J. de Maistre, désireux de trouver au jansénisme des alliés com-
promettants, renouvelle une tactique familière aux Jésuites, et le
rapproche du Calvinisme : « Ce sont deux frères, dont la ressemblance est si frappante, que nul homme qui veut regarder ne saurait s'y tromper[4] ». Le contraire est vrai.

1. Cf. *Pensées*, éd. Havet, art. II, n° 8.
2. Bossuet s'est beaucoup inspiré de Hobbes, mais il a transformé sa doctrine,
cf. Lanson, *Bossuet*, p. 198 et 199.
3. Fragment cité dans le *Choix des moralistes français*, par C. Bouglé et A. Beaunier (édit. Delagrave, p. 87).
4. *Egl. Gallicane*, I, chap. IV, p. 32; comme référence, il cite ces deux vers de
Voltaire :
 Les raisonneurs de Calvinistes
 Et leurs cousins les Jansénistes,
ajoutant que si Voltaire n'a pas dit *frères* au lieu de *cousins*, il ne faut s'en prendre
qu'à l'*e* muet.

Une vue superficielle peut risquer de les confondre, et les Réformés ont fait, de leur côté, leurs efforts pour accréditer cette opinion[1] : sur la question de la grâce, le Calvinisme et le Jansénisme se touchent pour ainsi dire; mais Sainte-Beuve, qui a regardé de près, nous a dit que ces deux doctrines « différaient autant que possible sur l'article des trois sacrements de Pénitence, d'Eucharistie et d'Ordre[2] et il nous avertit que Saint-Cyran, sorti de prison, eut le dessein de faire un traité contre Calvin[3].

Le mot du P. Le Vassor : « Jansénius a lu saint Augustin avec les lunettes de Calvin » est donc plus pittoresque que juste, et Bossuet ne trahissait pas les intérêts de l'Église quand il acceptait les Jansénistes pour alliés dans ses luttes contre les protestants. Les Jésuites, eux, avaient des pudeurs plus effarouchées, et quand on voit leur tactique reprise par J. de Maistre, on songe à ces réflexions si raisonnables de Bayle :

« Le P. Maimbourg savait que rien n'était plus capable d'exposer les ecclésiastiques de Port-Royal à l'exécration publique, que de les faire passer pour des disciples de Calvin. C'est pourquoi il faisait son fort de cette accusation. L'événement a fait voir qu'il avait le plus grand tort du monde, puisque dans l'accommodement de ces démêlés (sous Clément IX) on a reconnu que le Port-Royal était catholique et déchargé de toute hérésie, ce qui devait couvrir de honte tout le parti des Jésuites, et réduire le P. Maimbourg, nommément, à n'oser plus se montrer[4]. »

J. de Maistre a remué tout ce passé d'accusations injurieuses, prodiguées dans l'entraînement de la dispute; ce ferment de colère qui souleva les esprits à l'époque fameuse des *Provinciales* semble avoir levé en lui, on dirait que la blessure des *Provinciales* est encore toute vive dans son cœur, et pendant que d'autres restaurent pieusement par la plume les *Ruines* de Port-Royal, lui prend un singulier plaisir à les fouler aux pieds.

Les Solitaires sont allés les uns après les autres prendre leur place dans les *Nécrologes*, le monastère a été odieusement détruit, il ne reste plus autour du nom de Port-Royal que l'auréole de grands souvenirs, et le parfum de ses vertus flotte encore dans l'atmosphère que l'on respire autour de ces murs écroulés : c'est l'heure que choisit J. de Maistre pour s'acharner sur des morts.

1. Surtout Leydecker, *De Jansenii vita et morte*, et Jurieu, *Esprit de M. Arnauld*.
2. *Port-Royal*, t. II, p. 195.
3. Voir les *Lettres chrétiennes et spirituelles de messire Jean du Vergier*, 2 vol. in-12, 1745 : les points de séparation du jansénisme et de l'hérésie calviniste y sont marqués.
4. *Critique générale de l'histoire du Calvinisme*, l. IV, p. 5.

Son mépris s'élève à des hauteurs démesurées comme pour monter à la taille de ces athlètes de la morale ; son injustice atteint des proportions exorbitantes ; sa plume lance des éclairs de haine, et l'on se demande avec inquiétude ce qu'un ennemi pareil eût fait, s'il eût pris part directement aux luttes premières.

C'est un mot des *Soirées de Saint-Pétersbourg* qu'il faudrait mettre comme épigraphe à cette première partie de *l'Église gallicane* : « De la part de ces docteurs rebelles tout me déplaît, et même ce qu'ils ont écrit de bon : *Je crains les Grecs*, jusque dans leurs présents [1] ».

## III

Un esprit impartial éprouve quelque honte à relever la série des calomnies outrageantes de celui que Sainte-Beuve appelle le « grand exterminateur ». Voici les principales : Le style des ouvrages de Port-Royal, « c'est le poli, la dureté et le froid de la glace ». « Est-il donc si difficile de faire un livre de Port-Royal? » « On ne trouve à P.-R. pas un hébraïsant, pas un helléniste, pas un antiquaire, pas un lexicographe, pas un critique, pas un éditeur célèbre, et à plus forte raison pas un mathématicien, pas un astronome, pas un physicien, pas un poëte, pas un orateur : ils n'ont pu léguer (Pascal toujours excepté) un seul ouvrage à la postérité. »

« Ils n'ont fait que du mal à la religion ».

« L'enseignement de Port-Royal est la véritable époque de la décadence des *bonnes lettres*. »

« Tels sont les écrivains de Port-Royal, des voleurs de profession, excessivement habiles à effacer la marque du propriétaire sur les effets volés. »

« Toutes les méthodes de Port-Royal sont faites contre la méthode, » etc., etc.

Pour réfuter ces erreurs, il faudrait s'étendre longuement, mais la défense de Port-Royal a déjà été prise par tant de critiques, qu'il ne reste plus en quelque sorte qu'à opposer à chaque calomnie la formule impartiale qui synthétise, à l'heure présente, les travaux de la critique.

---

1. *Soirées*, t. I, p. 427 (édit. orig.). Signalons que le manuscrit ne contient aucune des deux notes qui terminent le chap. VI de l'*Égl. gall.*, et qui sont comme de petits repos au milieu de ces accès de rage continue ; elles ont été ajoutées par l'auteur pour répondre à des objections de G.-M. de Place.

Ce style de Port-Royal, que J. de Maistre déclare monotone et insipide, Bossuet, juge au moins aussi compétent, mais certainement plus juste, l'estimait plein de *gravité* et de *grandeur* [1]. « L'ouvrage accompli, dit Renan, est celui où il n'y a aucune arrière-pensée littéraire, où l'on ne peut soupçonner un moment que l'auteur écrit pour écrire ; en d'autres termes, où il n'y a pas une trace de rhétorique [2]. » Ce serait, d'après lui, le cas des livres de Port-Royal. En réalité, la fausse rhétorique seule est blâmable et les scrupules de Saint-Cyran contre les raffinements de la forme ne doivent pas nous masquer le talent réel des écrivains de Port-Royal : « Il ne voulait pas, nous dit Lancelot, qu'on s'amusât tant à épiloguer sur les paroles, et à être plus longtemps à peser les mots qu'un avaricieux ne serait à peser l'or à son trébuchet, parce que rien ne ralentit plus le mouvement de l'Esprit-Saint que nous devons suivre [3]. » Au seul point de vue de l'art les écrivains de Port-Royal eurent tort de n'envisager que l'*utilité morale*, et l'on ne saurait trop désirer que, laissant fléchir leurs scrupules religieux, ils eussent pratiqué la règle formulée par le plus grand d'entre eux à propos de l'éloquence : « Il faut de l'agréable et du réel, mais il faut que cet agréable soit lui-même pris du vrai [4] ».

Néanmoins les Solitaires n'ont pas seulement illustré la religion par l'éclat de leurs vertus, ils ont encore enrichi le patrimoine intellectuel de l'humanité par une foule de bons livres qui, suivant l'expression de Saint-Simon, « ont répandu une si vive et solide lumière pour discerner la vérité des apparences, le nécessaire de l'écorce, en faire toucher du doigt l'étendue si peu connue, si obscurcie, et d'ailleurs si déguisée ; pour développer le cœur de l'homme, régler ses mœurs, etc. [5] ».

Malgré les dédains injustifiés de J. de Maistre, la *Perpétuité de la Foi*, la *Logique de Port-Royal*, la *Grammaire générale et raisonnée* ont résisté à l'épreuve du temps. La *Perpétuité de la Foi*, s'écrie J. de Maistre, est un plagiat ; Bellarmin, les frères Wallembourg et le chanoine Garet ont fourni tous les textes utilisés par Arnauld. Mais Arnauld a si peu nié sa dette qu'il a, le premier, rendu hommage aux écrivains qui l'ont précédé dans le même sujet, surtout aux frères Wallembourg, dont il a fait un pompeux éloge, invitant tous les théologiens à lire leurs ouvrages. Arnauld eut pourtant

1. *Sur le style et la lecture des écrivains et des Pères de l'Église pour former un orateur.*
2. *Nouvelles études d'histoire religieuse*, p. 477.
3. Cité par Sainte-Beuve, *id.*, t. II, p. 85.
4. *Pensées*, éd. Brunschwicg, n° 25.
5. *Mémoires*, ch. CLXII.

un mérite qui manquait à ses prédécesseurs, il écrivait en français, et *laïcisait*, si l'on peut dire, ces matières théologiques ; il les portait devant le grand public. Bien loin de reprocher aux Solitaires d'avoir écrit en français, J. de Maistre aurait dû les louer de cette nouveauté, d'où sortira le chef-d'œuvre des *Provinciales*. Et lui-même, l'auteur du *Pape*, que faisait-il, sinon mettre en français le latin du cardinal Orsi, souffler la poussière qui couvrait les vénérables in-folio où l'ultramontanisme avait été défendu, et jeter dans le grand courant littéraire des questions enfermées jusque-là dans les profondeurs mystérieuses de l'école?

J. de Maistre n'accorde à la *Logique* qu'un regard méprisant, et il réserve à la *Grammaire raisonnée* l'honneur de son attention et de sa sévérité. Tout n'est pas faux dans cette argumentation passionnée contre un livre, où Rollin croyait voir le *génie sublime d'un grand homme*, et que, plus près de nous, Sainte-Beuve proclamait encore *utile*. Quand il signale la théorie d'Arnaud sur les langues inventées, et qu'il l'appelle une *niaiserie solennelle*, il touche du doigt le défaut capital du livre, introduisant la logique et la déduction philosophique en une matière où l'observation doit jouer le premier rôle [1]. Cependant il a méconnu l'originalité et la force de ce livre qui, au jugement de l'historien actuel de la langue française, M. Brunot, « porte l'empreinte d'un esprit extraordinairement puissant, habitué aux raisonnements abstraits, et exercé à la méthode philosophique [2] ».

Quoi qu'en dise J. de Maistre, un *livre à la Port-Royal* ne se fait pas avec un certain nombre de procédés mesquins : la *recette* qu'il propose est très divertissante, mais ne peut pas être prise au sérieux. Admirez ici jusqu'où la verve peut entraîner un esprit qui préfère l'idée piquante à l'idée juste. « Est-il donc si difficile d'écrire un livre de Port-Royal?... Ne manquez pas surtout de dire *on* au lieu de *moi*, d'écrire *Prédestinez* au lieu de *Prédestinés*, *Epistre* au lieu d'*Épître*, d'annoncer dans votre préface qu'*on ne se proposait pas d'abord de publier ce livre, mais que certaines personnes fort considérables ayant estimé que l'ouvrage pourrait avoir une force merveilleuse pour ramener les esprits obstinés, on s'était enfin déterminé, etc.*.

---

1. Il a beau jeu aussi de dénoncer les effets parfois ridicules de cette manie de tout expliquer par laquelle ce livre est un peu gâté. Dans un paragraphe supprimé, il disait et non sans raison : « Il est encore très plaisant, le grand Arnauld, lorsque traitant la grande question pourquoi l'on dit : *j'ai aimé l'Église*, et l'Église *que j'ai aimée*, il décide *velut ex Tripode* « que c'est parce que, dans le premier cas, *aimé* est un gérondif au lieu que, dans le second, *aimée* est un participe. Superbe explication, qui ne nous laisse plus à désirer que de savoir pourquoi le mot est gérondif dans le premier cas, et participe ou adjectif dans le deuxième. »

2. *Hist. de la langue et de la littér. franç.*, t. V, p. 723.

Dessinez dans un cartouche, à la tête du livre, une grande femme voilée, appuyée sur une ancre (c'est l'aveuglement et l'obstination), signez votre livre d'un nom faux, ajoutez la devise magnifique : *Ardet amans spe nixa fides,* vous aurez un livre de Port-Royal[1]. » G.-M. de Place avouait que cette *recette* l'avait amusé, mais en condamnait l'exagération. J. de Maistre défendait le passage en ces termes : « Je sais bien, répond-il à son observateur, qu'il y a de l'exagération dans le morceau. Il y en a comme dans cette phrase : *Il y a un siècle que je ne vous ai vu.* J'ai fait rire M. de Place, d'autres riront, je l'espère. »

C'est avec la même désinvolture que J. de Maistre accueille les réflexions de son éditeur lyonnais sur cette singulière affirmation que la décadence des *bonnes lettres* date de l'époque de Port-Royal : « Voilà, lui écrivait de Place, une assertion qui pour les sept dixièmes au moins de nos gens de lettres sera un étrange paradoxe. Tout ce qui est attaché aux anciennes universités va se récrier. On citera les Hersan, les Rollin, les Crevier, etc., etc.[2]. Les anciennes universités faisaient cause commune avec Port-Royal, vers lequel les poussait leur antipathie contre les Jésuites. Il faudrait en cet endroit une note qui présentât au moins un commencement de preuve. »

Cette protestation, beaucoup trop discrète à notre gré, n'eut aucun succès : l'auteur se borna à donner un *satisfecit* de latinité aux Hersan, aux Rollin, aux Le Beau; mais il s'abstint de toute preuve, ne voulant pas « avoir plus raison qu'il ne faut ». Et, dans l'intimité, il ajoutait que cette plaie faite par Port-Royal aux études classiques était *incontestable*; « quant aux anciens professeurs, ils diront ce qu'ils voudront; rien n'est plus juste ».

L'ancienne Université, en effet, ne pouvait rendre trop justice à l'originalité de l'enseignement de Port-Royal; elle-même n'a conquis son incontestable supériorité que le jour où elle s'est ouverte aux réformes accomplies par Port-Royal, et qu'elle a pris pour devise de son enseignement cette observation de Lancelot : « On met entre les mains des enfants des livres de phrases, les accoutumant à se servir des plus élégantes, c'est-à-dire de celles qui paraissent les plus recherchées et les moins communes;.... au

---

1. *E. G.*, I, V, p. 39. L'allusion à l'orthographe des solitaires a disparu; de même, la règle du pseudonyme, que J. de Maistre appelle « un trait remarquable et l'un des plus caractéristiques de Port-Royal », était dans le manuscrit *un tic.* Ces noms supposés, dit-il encore, étaient « plus sonores que ceux qu'ils tenaient de mesdames leurs mères »; le manuscrit porte : « qu'ils tenaient de leurs chères mamans ».
2. J. de Maistre a reproduit cette remarque dans une note ajoutée au manuscrit : cf. *E. G.*, I, VI, p. 53.

lieu que souvent le mot simple a bien plus de grâce et plus de force que les périphrases [1]. »

G.-M. de Place, défenseur zélé des Jésuites, mais polémiste sensé et probe, ne cesse de mettre en garde J. de Maistre contre ses violences : « Ce dernier alinéa, lui dit-il à propos des talents *médiocres* de Port-Royal, est d'une sévérité que beaucoup de gens prendront pour de l'injustice. On dira que c'est le jugement d'un ennemi ». On dira ce qu'on voudra, répond brusquement J. de Maistre, et il n'a rien atténué.

Un des arguments fréquemment invoqués par l'auteur dans cette discussion, c'est que la liste des écrivains attribués à Port-Royal est pleine de noms cités à tort : « Je rappelle ici, écrit de Place à ce propos, qu'en France les admirateurs de Port-Royal vantent beaucoup moins les écrivains que cette société compta parmi les Solitaires, que ceux qui se formèrent à cette école, et comme c'est là que se sont formés Pascal, auquel revient l'honneur d'*avoir fixé la langue*, et Racine, qui est considéré comme le modèle le plus parfait de la poésie, la gloire des maîtres s'accroît de toute celle qu'ont acquise leurs élèves ».

On ne saurait mieux dire et poser la question avec plus de sincérité. J. de Maistre s'obstine à soutenir que les Jansénistes désignaient Boileau, Racine, La Bruyère, etc., comme des écrivains de Port-Royal, et il ajoute : « C'est le grand sophisme des amateurs qui, ne pouvant louer dans Port-Royal ce qu'il fut lui-même, cherchent à nous faire illusion en nommant une *procession* des hommes formés par ces solitaires. Je n'ai pas mal répondu, je pense, à ce sophisme [2]. »

En définitive, il n'y avait aucune justice à attendre de celui qui, se félicitant de ses exagérations, écrivait à G.-M. de Place :

« Ce n'est pas le tout de renverser l'idole (Port-Royal), il faut un peu la traîner. »

## IV

Pendant que J. de Maistre poursuivait de ses invectives passionnées les solitaires de Port-Royal, il ne manquait jamais d'ex-

1. Cité par Sainte-Beuve, *id.*, t. III, p. 523. Sur les *Écoles* de Port-Royal, voir le l. IV du *Port-Royal* de Sainte-Beuve, Compayré, *Hist. des doctrines de l'éducation en France*, et Lantoine, *Hist. de l'enseignement secondaire en France au XVII⁰ siècle*.
2. Il s'écriait (chap. V, p. 23) : « Quel ami des Jésuites a jamais imaginé de dire pour exalter ces Pères : *Et pour tout dire en un mot, c'est de leur école que son sortis Descartes, Bossuet et le prince de Condé.* » « Cela a été dit, répondait de Place Je suis sûr de l'avoir lu dans les apologistes des Jésuites, et entre autres dans l'*Appel à la raison*, si je ne me trompe ».

cepter de la condamnation le seul Pascal devant le génie duquel il semblait s'incliner. Ce procédé d'estime apparente cachait un piège, car à Pascal était réservé dans la suite de l'ouvrage l'honneur d'un chapitre spécial, et d'un très long chapitre, où il est considéré sous le triple rapport de la science, du mérite littéraire et de la religion (Chap. ix). Une fois que J. de Maistre s'est senti bien en verve, il a démasqué ses batteries, et, quittant la réserve dont il avait usé jusque-là à son endroit, il dirige une charge emportée contre le grand écrivain de Port-Royal, le dernier qui eût échappé au massacre général.

Dans les *Soirées de St-Pétersbourg*, où l'auteur n'a pas le même intérêt de polémiste à dénigrer Pascal, il a porté sur lui un jugement à peu près exact : « Grand homme avant trente ans, a-t-il dit, physicien, mathématicien distingué, apologiste sublime, polémiste supérieur, au point de rendre la calomnie divertissante, philosophe profond, homme rare en un mot, et dont tous les torts imaginables ne sauraient éclipser les qualités extraordinaires[1] ».

Ces *qualités extraordinaires*, J. de Maistre les a complètement laissées dans l'ombre, quand il écrivait l'*Église gallicane*, et il a projeté sur les *torts* une lumière intense.

Et d'abord, Pascal est-il un savant? J. de Maistre n'ose pas trancher directement une pareille question, qui relève peu de sa compétence; mais il a découvert dans Leibnitz un témoignage qui atténue les éloges accordés à Pascal sur un point de ses recherches (la cycloïde)[2] et cette autorité l'incline du côté où il penchait déjà systématiquement, c'est-à-dire vers la négation radicale du génie scientifique de Pascal. Deux ouvrages encore, l'*Histoire des Mathématiques* de Montucla, parue en l'an VII, et le *Discours sur la vie et les ouvrages de Pascal* par Bossut, ajouté au t. II d'un *Essai sur l'Histoire générale des Mathématiques* (1802), lui ont fourni quelques documents susceptibles de faire impression sur le lecteur : les appréciations hostiles de l'un, le panégyrique intempérant de l'autre l'ont également servi dans son projet de dénigrement.

Aujourd'hui, si nous voulons discuter les titres scientifiques de Pascal, nous avons un guide excellent, un savant qui, en toute compétence, a étudié en Pascal le mathématicien et le physicien : c'est le lieutenant Perrier, connu par des travaux de premier ordre

---

1. 6ᵉ Entretien, t. I, p. 522. Dans l'*Examen de la philosophie de Bacon*, il dira encore : « Pascal, comme philosophe, a-t-il été égalé dans le siècle suivant? » (t. II, chap. vii).

2. Leibnitz fut, dans l'ensemble, grand admirateur de Pascal; lorsqu'en 1676 on lui communiqua le manuscrit de l'*Essai sur les coniques* composé par Pascal à l'âge de seize ans, il se montra enthousiaste : cf. Boutroux, *Pascal*, p. 17.

et à qui M. Hatzfeld, écrivant un livre sur Pascal, a confié le soin d'établir la *force d'invention* de Pascal.

Désormais nous ne rougirons plus, avec J. de Maistre, d'accueillir les contes de M^me Périer, sur la miraculeuse enfance de son frère, car Pascal eut le droit d'être un enfant prodige, devant plus tard tenir les promesses de son génie précoce [1].

Ce génie, il n'est pas dans l'invention de la machine arithmétique, fort admirée par les contemporains, mais plus étonnante que vraiment pratique; ni dans l'invention de la brouette et du haquet, qu'on peut contester à Pascal; mais dans ses Traités *De l'équilibre des liqueurs* et *De la pesanteur de la masse de l'air* (1653), petits chefs-d'œuvre qui renferment les éléments fondamentaux de la statique des liquides et des gaz. Il est encore dans ses découvertes du triangle arithmétique (1654) qui le rangent « parmi les précurseurs du *calcul intégral* » et dans sa correspondance de 1654 avec Fermat, qui fonde le *calcul des probabilités*.

Avec J. de Maistre, nous reconnaissons la priorité de Torricelli dans les découvertes relatives à la pesanteur de l'air; avant même Torricelli, plusieurs savants avaient préparé les voies à la physique expérimentale moderne, mais, comme le dit le lieutenant Perrier, « Pascal, par la manière dont il a traité la question du *vide*, force notre admiration. Il a donné le premier exemple d'un esprit supérieur qui trouve contredite par l'expérience une hypothèse admise de toute antiquité, s'attaque à elle avec méthode pour achever de la ruiner, et parvient à lui substituer une conception rationnelle basée sur des expériences indiscutables [2]. »

Ces expériences, précisément, ont été pour J. de Maistre l'occasion d'incriminer la *bonne foi* de Pascal; au reste la question n'est pas nouvelle, et J. de Maistre n'est pas le seul à soutenir que la fameuse expérience du Puy de Dôme fut indiquée à Pascal par Descartes : « C'est moi, écrit Descartes à Carcavi (17 août 1649) qui l'avais prié, il y a deux ans, de la vouloir faire, et je l'avais assuré du succès, comme étant entièrement conforme à mes principes; sans quoi, il n'eût eu garde d'y penser, à cause qu'il était

1. Montucla avait fait observer que la 32ᵉ proposition d'Euclide « dérive de deux autres des lignes parallèles qu'il n'est pas impossible à un esprit juste et né pour la géométrie d'apercevoir, quoique peut-être il ne pût se les démontrer rigoureusement ». (*Op. cit.*, t. II, p. 62.) Le lieutenant Perrier proteste contre cette allégation gratuite.

Si pourtant l'exploit du jeune Pascal nous paraît une légende de famille, substituons au récit de M^me Périer celui de Tallemant des Réaux (*Historiettes*, 188-189, cité par Brunschwig, *Pensées et Opuscules de Pascal*, Hachette) qui, sans rien enlever à la gloire de Pascal, présente sous un jour plus vraisemblable son étonnante vocation scientifique.

2. Hatzfeld, *Pascal* (*Les grands philosophes*), Alcan, 1901, p. 141.

d'opinion contraire. » Faut-il donc, avec Baillet, le biographe de
Descartes, accuser Pascal de plagiat? Sur ce point, Montucla ne
prend pas parti, pendant que Bossut se prononce chaleureusement
pour Pascal. Aucun biographe de Pascal ne peut éviter de le problème : « Ce débat est douloureux, dit M. Boutroux, et en quelque
sens qu'il soit tranché, semble devoir laisser une impression
pénible [1] ». Le lieutenant Perrier, qui expose loyalement toutes les
pièces du procès, et qui, sans incriminer le caractère un peu
ombrageux de Descartes, croit à la bonne foi des deux rivaux,
n'hésite pas pourtant à dire que « la question paraît devoir être
réellement résolue à l'avantage de Pascal [2] ». J. de Maistre, de son
côté, n'hésitait pas non plus, et s'il n'avait tenu qu'à lui, une
imputation redoutable pèserait sur la mémoire de Pascal [3].

Dans ces questions si délicates, J. de Maistre n'apporte jamais
ni sang froid, ni impartialité. Ainsi il profite encore d'un passage
de Montucla pour soutenir que dans l'affaire de la cycloïde « Pascal
se conduisit d'une manière fort équivoque ». Il est certain que la
polémique de Pascal avec le jésuite Lallouère se déroule sur un
ton de dureté et avec des détours bien faits pour nous inspirer des
soupçons; mais l'état actuel des documents ne permet pas de se
prononcer catégoriquement, et J. de Maistre n'est pas autorisé à
dire que Pascal, en cette même affaire a été égaré *par l'esprit de
parti*, pour avoir traité Torricelli de plagiaire : « J'ai lu avec beaucoup
de soin, disait Bossut, toutes les pièces du procès, et j'avoue que
l'accusation de Pascal me paraît un peu hasardée ». « Il va sans
dire, commente J. de Maistre, que ces mots *un peu hasardée* à cette
place et sous cette plume signifient *tout à fait impardonnable* [4]. »
Est-ce trop s'aventurer que de dire que J. de Maistre est la première victime de l'esprit de parti?

En conclusion, puisque J. de Maistre a déclaré s'en rapporter
aux véritables juges, nous ne reproduirons pas le portrait célèbre,
mais un peu théâtral, que Chateaubriand a fait de Pascal; nous
citerons l'appréciation finale du lieutenant Perrier, où se trahit le
regret qu'un savant éprouve à voir un grand savant devenir infidèle à la science : « Associé dans un corps malade à un esprit

1. *Op. cité*, p. 141.
2. *Op. cité*, p. 40. Voir comment la question est discutée et résolue par M. Boutroux, qui tâche de sauvegarder la bonne foi de ces deux grands hommes.
3. Depuis que cette étude a été écrite, *l'expérience du Puy de Dôme* a fait couler
beaucoup d'encre. M. Félix Mathieu, qui a singulièrement dépassé la thèse de J. de
Maistre, a trouvé de savants contradicteurs, et la probité scientifique de Pascal
reste intacte aux yeux des juges impartiaux.
4. *E. G.*, I, IX, p. 71, note 2. Le ms., au lieu de *tout à fait impardonnable*, porte :
*n'a pas le sens commun.*

chrétien inquiet et mystique, ce génie mathématique des plus profonds devait nécessairement ne point donner à la science tout ce qu'elle était en droit d'attendre de lui. Sans aucun doute, aussi prodigieusement doué que les Descartes et les Newton, né pour les égaler, Pascal ne peut leur être comparé ni pour l'éclat, ni pour la portée de son œuvre. La postérité le classe premier parmi les seconds [1]. »

## V

Aussi bien, Pascal renonça de lui-même à la gloire que les connaissances scientifiques pouvaient lui acquérir : en vrai disciple de Jansénius, il proclamait leur vanité, car elles ne sont bonnes « que pour faire l'essai, et non l'emploi de notre force » [2]. Comme écrivain, il n'a pas non plus pu faire *l'emploi de sa force*, pourtant il est l'égal des plus grands, et il est curieux de voir pour quelles raisons J. de Maistre a rabaissé son mérite littéraire et les services qu'il a rendus à la religion. Dans cette discussion, J. de Maistre a trouvé un allié inattendu : Voltaire.

J. de Maistre qui, au seul nom de Voltaire, entrait dans des accès de *rage sainte*, qui se faisait honneur de ne l'avoir jamais lu, a donc pour la circonstance oublié sa haine. Ce rapprochement inattendu entre deux esprits si antipathiques trahit un des défauts les plus sensibles de la documentation de J. de Maistre : celui-ci aime à s'appuyer sur un adversaire, à lui prendre certaines idées favorables au système qu'il va défendre, sans chercher les motifs d'ordre général qui ont amené l'écrivain à ces idées de détail. Ici, J. de Maistre feint de ne pas voir que les dédains de Voltaire pour la doctrine janséniste et pour la solution janséniste du problème de la grâce, tiennent à sa *philosophie*. Quelle appréciation intelligente et sûre de l'histoire religieuse faut-il attendre de celui qui batailla toute sa vie contre la religion? Les disputes religieuses, bien loin de pouvoir être jugées avec équité par Voltaire, lui paraissent le produit du fanatisme et de la sottise. Soupçonnera-t-il les intentions élevées de ces polémiques où Port-Royal usa sa vitalité? Comprendra-t-il la sincérité douloureuse de ceux qui s'y sont livrés avec un abandon complet de leurs intérêts et même de leur vie? Il aime mieux dire que *c'est une honte pour l'esprit humain* de

1. P. 191. M. A. Lefranc a recueilli (*Revue Bleue*, 25 août 1906) les témoignages d'admiration décernés aux travaux scientifiques de Pascal par les plus illustres de ses contemporains et quelques-uns des savants de la seconde moitié du XVII° siècle.
2. Lettre à Fermat, 16 août 1660.

se passionner pour de telles questions. Et voilà l'écrivain que
J. de Maistre n'a pas rougi d'invoquer en une matière si respectable! Au contraire même, il exulte à la pensée qu'il combat avec
les armes de Voltaire : ainsi il vient de rapporter la condamnation
des *Provinciales* par une commission ecclésiastique, et il s'écrie :
« Quand Voltaire et les évêques de France sont d'accord, il semble
qu'on peut être de leur avis en toute sûreté de conscience[1] ».

Donc, c'est le mot d'ordre reçu de Voltaire, que J. de Maistre
a transmis avec éloquence à la postérité. Il suppose d'abord cette
étrange confession d'un Pascal repentant qui dirait : « J'ai cité
une foule de propositions condamnables tirées de livres composés
par ces pères dans les temps anciens et dans les pays étrangers,
livres profondément ignorés[2] ». J. de Maistre en prend à son aise
avec les dates et les faits : comme si l'institution de l'ordre des
Jésuites fût contemporaine de l'établissement même de l'Église,
et comme si Suarez, Sanchez, Vasquez, Escobar, Lessius et
Molina n'étaient pas, ainsi que les appelle Brunetière, des
« théologiens en titre de la compagnie ». N'est-ce pas Brunetière aussi qui nous apprend que la *Théologie morale* d'Escobar
atteignit en 1656 sa *quarante-deuxième* édition? Et encore, quelle
est cette patrie particulière aux casuistes que veut nous imposer
J. de Maistre? Oublie-t-il que la Société de Jésus a pour premier
caractère son cosmopolitisme, et que les victimes de Pascal écrivaient en latin, c'est-à-dire en une langue internationale?

Voltaire rejette sur les *dominicains* et les *franciscains* la paternité commune des extravagances de la casuistique. J. de Maistre
fait sortir de cette idée la formule fameuse : « Si les *Lettres Provinciales*, avec le même mérite littéraire avaient été écrites contre
les capucins, il y a longtemps qu'on n'en parlerait plus[3] ».

Mais la question n'est pas de savoir si des *capucins* ou des
*dominicains* ont été infectés du poison de la casuistique; Pascal n'a
pris à partie que la morale des Jésuites, ces grands directeurs des
consciences au xvii° siècle, et il suffit qu'il ait conduit la discussion
avec bonne foi et avec loyauté. Or, ce n'est pas quand on a découvert quelques légères inexactitudes dans l'ensemble des citations
apportées par Pascal, que l'on a détruit son argumentation.
Pascal a bien vu que tout l'effort de sa dialectique allait à distinguer le molinisme du jansénisme, à faire voir que la morale

1. *E. G.*, I, ix, p. 86, note.
2. *Id.*, p. 88.
3. *Id.*, I, ix, p. 77.
4. Il a dit la même chose dans son *5° Paradoxe (Sur la réfutation des livres)*,
édit. Vitte, t. VII, p. 325.

relâchée était, dans la pratique, la conséquence directe de cette
conciliation entre la liberté et la grâce, entre le monde et Dieu,
tentée par le célèbre théologien jésuite; en cela, il a réussi complètement, puisque, au scandale de J. de Maistre lui-même, les
mots de morale relâchée et de jésuitisme deviendront synonymes
dans la langue du xviiᵉ siècle [1], et le sont restés. Si c'est là ce
qu'on appelle *créer la légende du jésuite* [2], oui Pascal l'a fait, mais
sa prétendue *légende* avait son point de départ dans la vérité, et
les *Provinciales* ont été pour la Compagnie de Jésus ce que fut
pour le catholicisme en général la révolte de Luther ; elle donnèrent
le signal, au sein de l'ordre, d'une réformation. Qui sait combien
l'austérité et la vertu même d'un Bourdaloue doivent à Pascal?
Au lendemain des Provinciales, une certaine morale complai-
sante, pénétrée d'esprit mondain, était impossible. Les *Menteuses*,
comme les appelle J. de Maistre [3], avaient sauvé la morale chrétienne.

Pascal, en effet, a porté la question jusqu'à sa véritable hauteur : il a opposé deux conceptions de la vie, la vie mondaine et
la vie chrétienne, et il nous a obligés à prendre parti, au moins
théoriquement. Car, même si nous ne reconnaissons pas pour
notre compte la valeur des enseignements de l'Église, nous ne
pouvons pas rester indifférents devant les deux morales que les
jésuites et les jansénistes ont prêchées aux chrétiens du xviiᵉ siècle
et de tous les temps.

Or s'il y a une *légende du jésuite*, on peut dire, plus justement
encore, qu'il y a une *légende de la morale janséniste*. En effet, on
va répétant que l'idéal de Port-Royal n'est pas un modèle à proposer à la société contemporaine, ni même à aucune société. On
ajoute que cette doctrine janséniste affiche trop de mépris pour la
vie, dont les faiblesses nécessaires nous attristent sans doute, mais
qui, en définitive, ne manque pas de grandeur. A cette conception
courante, que de textes pourraient être opposés! « Il y en a, dit
Nicole, qui ne craignent que le relâchement, mais je ne crains pas
moins l'excès de sévérité, et je suis persuadé que les fautes de ce
dernier genre, quoique naissant d'un meilleur principe, ont souvent néanmoins des suites qui ne sont pas moins dangereuses.
On avorte par là certaines âmes en les voulant pousser trop loin;
on les rebute, on les choque, on les charge d'un fardeau qu'elles

---

1. *E. G.*, II, xi, p. 254.
2. L'expression est de M. V. Giraud, *Pascal*, p. 92.
3. *Soirées,* 2ᵉ entretien, t. I, p. 131. — Sur les *Provinciales,* il aime à citer le jugement de Bourdaloue : « Ce qu'un seul a mal dit, tous l'ont dit; et ce que tous ont
bien dit, nul ne l'a dit » (5ᵉ *Paradoxe, id.*).

ne sont pas capables de porter; ainsi la vraie science est de savoir
souffrir, et de laisser croître les âmes sans les trop presser, en se
réservant pour les choses essentielles, et qui ne souffrent point de
retardement.... Qui trouvera ce milieu?... ce sera celui que Dieu
instruira par lui-même, et à qui il fera connaître la vraie explication de ses lois : *Beatus homo quem tu erudieris, Domine, et de
lege tua docueris eum* [1] ».

Arnauld tient le même langage : « Il y a des personnes, écrit-il
à M. Deslious, qui croient qu'il n'y a qu'une sorte d'excès à
craindre, qui est celui de la mollesse et de la condescendance;
au lieu que celui d'une indiscrète et fausse sévérité n'est guère
moins à appréhender, parce qu'il rend la religion odieuse, et les
vérités même suspectes, quand on les trouve mêlées parmi des
opinions qui paraissent fort déraisonnables [2] ».

Il serait faux de prétendre que les Jansénistes ont dénigré la
vie. Ils ont cru, sans doute, que l'homme était particulièrement
grand, envisagé du côté du salut et de l'éternité, et dans ses efforts
pour revenir à son état primitif de sainteté; mais ils savaient
aussi qu'il est grand encore, même du seul point de vue terrestre,
et que, dans sa lutte contre une nature hostile ou indifférente, dans
sa lente ascension vers plus de lumière et de justice, il y a de la
beauté. Si Jansénius a condamné « les recherches des secrets de
la nature, qui ne nous regardent point », c'est parce que les
sciences ne découvriront jamais le mot de l'énigme métaphysique
et morale; mais ses disciples ont joui de cette satisfaction d'ordre
supérieur, que donne la recherche de la vérité; ils ont savouré
cette extension d'intelligence, cette dilatation de nous-mêmes,
qui nous fait participer de plus près à la vie générale de l'univers,
et qui nous élève infiniment dans l'échelle des êtres.

De même la morale janséniste n'a rien d'inhumain : ses docteurs ont dénoncé tous les pièges de la concupiscence, et ils ont
enseigné que, pour entrer dans l'église des saints, il fallait violenter la nature. Mais quoi! n'est-il pas bon que de temps à autre
des voix autorisées viennent nous rappeler les folies de l'idéal?
N'est-il pas bon qu'un Corneille nous fasse assister aux victoires
de la volonté pure, se donnant libre carrière, et s'exaltant elle-
même dans l'ivresse de sa force? N'est-il pas bon qu'un Saint-
Cyran vienne nous rappeler que notre nature est irrémédiablement mauvaise, et qu'elle ne s'améliore qu'au prix d'un effort
incessant, d'une attention toujours éveillée et des sacrifices per-

1. Lettre LII.
2. *Œuvres*, t. I, p. 445.

pétuellement entretenus? N'est-il pas bon que de temps à autre
nous nous arrachions aux miasmes corrupteurs de l'air que nous
respirons, pour monter dans l'atmosphère pure et vivifiante des
sommets?

Il est vrai que l'on n'habite pas sur ces hauteurs : après les
avoir gravies, il faut redescendre dans la plaine, c'est-à-dire dans
la vie, au milieu des petites vertus et des vices médiocres. Mais
ne croyons pas que toute la morale consiste à cultiver ces petites
vertus et à ne pas décourager ces vices médiocres : s'il faut nous
abaisser à ces faiblesses, sachons souffrir de cet abaissement, et
gardons au fond de nous-mêmes l'image de l'homme idéal que
nous aurions voulu être.

Telle est la véritable portée des *Lettres provinciales*; et si maintenant J. de Maistre vient encore nous parler de *l'imperceptible
petitesse des écrivains attaqués dans ces lettres*, nous nous rappellerons que son orthodoxie, revêche et intransigeante sur certains
points, se fait douce et large quand il s'agit de ses amis. De même
qu'il parlera des *pieds de mouche* de Fénelon dans l'affaire du
*Quiétisme*, et des « *infiniment petits* qui fatiguaient les yeux des
examinateurs romains »[1], alors que toute la morale chrétienne
était vraiment engagée dans cette hérésie, de même ici il s'attache
à diminuer l'importance des discussions, qui sont l'éternel honneur
de Pascal.

## VI

Le même procédé lui fait dire encore que les *Lettres Provinciales*
sont *difficiles à lire*, à cause de l'*extrême sécheresse des matières*.
Voltaire l'avait encore précédé sur ce point, quand il ajoutait,
après la destruction des Jésuites en 1764, ces deux lignes à son
article des *Provinciales*. « Elles ont beaucoup perdu de leur
piquant lorsque les Jésuites ont été abolis, et les objets de leurs
disputes méprisés[2] ». Ce n'était pas à J. de Maistre à rappeler
les plaisanteries faciles de Voltaire sur la *grâce prévenante* et la
*coopérante*, sur le *congruisme* et la *science moyenne*, sur le *sens
composé* et le *sens divisé*. Ces matières extrêmement sèches,
Pascal eut l'art de les rendre intelligibles à la foule des lecteurs;
il initia les femmes elles-mêmes à ces arcanes de la théologie, et
sur ces questions si obscures par elles-mêmes il a projeté tant de

1. *E. G., II*, xi, p. 271.
2. *Siècle de Louis XIV*, chap. xxxii, p. 563 (éd. Rébelliau).

lumière, que les esprits les plus positifs de notre temps ne rejettent
pas *a priori* cette métaphysique religieuse.

Théologiquement, le système de Molina paraît à J. de Maistre
supérieur à celui de Jansénius, renouvelé de saint Augustin et de
saint Thomas, même de saint Paul. Comme nous l'avons vu plus
haut, il ne craint pas de s'engager témérairement au milieu de
ces difficultés que Voltaire affectait de tourner en ridicule. Ici
encore, le manuscrit nous fournit une citation caractéristique.
A son panégyrique du système de Molina il joignait cette note :

« Il y a plus : on peut affirmer que l'église romaine enseigne
positivement la prédestination, telle précisément que la conçoit le
bon sens chrétien suivant ses forces, lorsque cette Église, dans
une de ses oraisons, dit à Dieu : *Omnium misereris quos tuos fide
et opere futuros esse praenoscis*, c'est-à-dire : *Vous faites miséricorde à tous ceux que vous prévoyez devoir vous appartenir par la
foi et par les œuvres*. Or, si ces mots ne signifient pas *la prédestination en considération des mérites*, ils ne signifient rien. »

G.-M. de Place ne se rendit pas à ce raisonnement, et il avertit
J. de Maistre que les *Thomistes* et les *Bossuetistes* ne seraient pas
embarrassés pour y opposer d'autres prières de l'Église. Mais déjà
d'autres amis avaient donné un pareil avertissement à l'auteur,
qui écrivait à son éditeur : « Note sur la prédestination. Prenez
bien garde, bon Dieu ! à cette note que j'ai solennellement sacrifiée
à mes Thomistes de Chambéry ».

Malgré ce *sacrifice*, J. de Maistre montre à découvert, dans ce
livre, son penchant pour le molinisme pur. Lui si dur pour
Arnauld mourant en exil, pour Pascal, dont l'agonie intellectuelle
le laisse indifférent, pour Bossuet, qu'il damne presque dans
l'éternité, il s'est attendri en faveur de Molina, cet « homme de
génie », « auteur d'un système, à la fois philosophique et consolant, sur le dogme redoutable qui a tant fatigué l'esprit humain ».
Après cette minute d'émotion, unique peut-être dans l'ouvrage
entier, il reprend le ton acerbe et indigné, pour flétrir la comparaison que Pascal avait osé faire de l'*impiété de Luther* et de
l'*impiété de Molina* : « Il est impossible, s'écrie-t-il, de retenir son
indignation et de relever de sang-froid une aussi criminelle
audace[1] ».

On le voit, entre ces deux doctrines, jansénisme et molinisme,

---

1. Le texte imprimé porte : « ...relever de sang-froid cet insolent parallèle ». —
Une autre expression du ms. a été atténuée dans ce passage relatif au système de
Molina, la voici : texte : « système qui présente après tout le plus heureux effort... » ;
ms. : « système qui présente sans difficulté le plus heureux effort... »

J. de Maistre a pris nettement parti. Il n'a pas voulu admettre qu'une autre solution pût être proposée au redoutable problème de l'accord entre la liberté humaine et la prescience divine. La manœuvre n'était pas habile, et surtout elle tendait à dénoncer une nouvelle catégorie d'hérétiques, non encore condamnés par l'Église; car, à supposer que Jansénius dépasse les bornes de l'orthodoxie, il est permis d'interpréter mieux que lui la doctrine de saint Augustin et de saint Thomas, et de l'opposer au molinisme. G.-M. de Place, moliniste convaincu, et fier de constater les progrès du molinisme en France, ne cesse d'adresser à l'auteur d'excellents conseils. Ainsi il écrit un jour à J. de Maistre :

« Je dois faire observer que les opinions des Thomistes et des Augustiniens n'étant pas condamnées par l'Église et se trouvant professées par une grande partie du clergé français, il importe extrêmement de parler de manière que ces théologiens n'aient pas de raison de se croire attaqués dans un article qui ne doit frapper que sur les Jansénistes. Je trouve que plusieurs phrases mécontenteront les disciples de saint Augustin et de saint Thomas. On dira que M. de Maistre fait la guerre à la grâce efficace par elle-même, à la prédestination gratuite, etc., et autres points de doctrine que mon intention n'est pas de défendre, mais qu'il me paraît hors de propos de mettre en discussion. Je souhaite que l'auteur isole le plus possible ceux qu'il attaque. Peut-être n'y a-t-il pas d'autre moyen de vaincre. »

## VII

La théologie est un terrain glissant sur lequel J. de Maistre a fait beaucoup de faux pas; il marche avec infiniment plus d'assurance dans la voie des arguments politiques.

Pascal lui semble avoir résumé dans un fragment des *Pensées* l'esprit dangereux du Jansénisme : « Je ne crains rien, je n'espère rien, disait Pascal. Le Port-Royal craint, et c'est une mauvaise politique... Si mes lettres sont condamnées à Rome, ce que j'y condamne est condamné dans le ciel. L'inquisition (le tribunal du pape pour l'examen de la condamnation des livres) et la société (les Jésuites) sont les deux fléaux de la vérité [1]. »

---

1. J. de Maistre cite ce passage d'après l'édition des *Pensées* de son temps, les éditeurs modernes ont rétabli un autre texte pour la phrase : *Le Port-Royal craint*. L'édition Brunschwicg porte : « Le Port-Royal craint, et c'est une mauvaise politique de les séparer, car ils ne craindront plus, et se feront plus craindre » (746). C'est une allusion à la mesure qui dispersait les solitaires et fermait leurs écoles.

C'est Voltaire qui avait signalé à J. de Maistre ,cette déclaration révolutionnaire, Voltaire qui écrivait dans son fameux commentaire « que si quelque chose peut justifier Louis XIV d'avoir persécuté les jansénistes, c'est assurément ce paragraphe ».

Sur ce point, Voltaire est dupe de son admiration pour le grand siècle; il est étrange qu'un apôtre de la tolérance ait aussi facilement excusé la politique tyrannique de Louis XIV; l'eût-il fait, s'il eût prévu l'interprétation que J. de Maistre devait un jour tirer de cette opinion, à savoir que les jansénistes sont des rebelles insolents, et que tout gouvernement devait les détruire[1].

Mais Louis XIV n'avait pas attendu cette déclaration, cachée dans des notes destinées probablement à ne pas voir le jour[2], pour persécuter les Jansénistes. Il suffit de lire les instructions données par Louis XIV à ses ambassadeurs auprès du Saint-Siège[3] pour être édifié sur ses sentiments à l'égard des Jansénistes. Constamment il affecte de rappeler au Pape « ce qu'il a fait et continue de faire tous les jours pour abattre la secte du Jansénisme ». Jansénistes et Huguenots sont persécutés pour que Louis XIV ait le droit de vanter sa piété et de résister en face au pape, quand son orgueil ou ses intérêts le mettent en opposition avec la cour de Rome. Cette idée, Saint-Simon l'a exprimée d'une manière très piquante lorsqu'il a dit : « Le roi voulait se sauver, et ne sachant point sa religion, s'était flatté toute sa vie de faire pénitence sur le dos d'autrui, et se repaissait de le faire également sur celui des huguenots et des jansénistes qu'il croyait peu différents et également hérétiques[4] ».

J. de Maistre s'empresse d'approuver la conduite de Louis XIV à l'égard des Jansénistes, car ils forment une secte « ennemie de toute hiérarchie, de toute subordination, et qui, dans toutes les secousses politiques, se rangera toujours du côté de la révolte[5] ». C'est un reproche communément adressé au Jansénisme; déjà au xviie siècle l'archevêque d'Embrun, M. de la Feuillade, avait

---

1. Tout en approuvant Voltaire, J. de Maistre fait une réserve : « On voit ici, dit-il, le mot de *persécuter* employé dans. un sens tout particulier à notre siècle. Selon le style ancien, c'est la *vérité* qui était persécutée; aujourd'hui, c'est l'erreur ou le crime. Les décrets des rois de France contre les calvinistes ou leurs *cousins*, ·sont des *persécutions*, comme les décrets des empereurs païens contre les chrétiens : bientôt, s'il plaît à Dieu, on nous dira que les tribunaux *persécutent* les assassins » (p. 80. note).
2. Cette pensée et beaucoup d'autres, rangées par M. Brunschwicg dans la section xive de son édition, sont « à l'état informe pour la plupart » et « sont inséparables des Provinciales ». L'*apologie* de Pascal ne les aurait pas contenues.
3. Recueil publié par M. G. Hanotaux, pour la période qui va de 1648 à 1687.
4. *Mémoires*, éd. Hachette, V. 72.
5. *E. G.*, I, xii, p. 103.

accusé devant le roi les écrivains de Port-Royal comme coupables,
en même temps que d'hérésie dans l'Église, de rébellion dans
l'État. Arnauld et Lalanne, qui furent chargés de composer une
défense de Port-Royal, présentée à Louis XIV par Louvois, le
20 mai 1668, se disculpaient avec force ; ils disaient : « Ce serait
une patience criminelle de souffrir sans émotion qu'on nous fît
passer devant V. M. et devant toute la France pour des docteurs
de révolte qui enseignent à ses sujets, par des livres publics,
à fouler aux pieds le commandement de saint Paul en s'élevant
contre les *puissances*, pour les intérêts d'une bonne ou d'une mauvaise doctrine ; car il n'est permis de le faire ni pour l'une ni pour
l'autre. On peut et on doit souffrir des puissances, quand Dieu
permet qu'elles s'élèvent contre nous ; mais souffrir d'elles dans
ces rencontres, ce n'est pas s'élever contre elles..... M. l'archevêque d'Embrun ose assurer V. M. que, *voulant pousser jusqu'au
bout l'esprit des hérétiques nous ne manquerons pas, lorsque nous
serons plus forts de prendre les armes pour établir par la force notre
mauvaise doctrine.* C'est ainsi qu'il fait la politique, en jugeant de
la solidité d'esprit de V. M. par la faiblesse du sien, et en tâchant
de faire peur de trois ou quatre écrivains de Port-Royal, à un
prince qui fait trembler l'Europe, comme étant capables de
prendre les armes contre lui et de livrer des armées pour établir
leur prétendue secte par une guerre civile... Nous croirions faire
tort aux lumières de V. M. si nous entreprenions sérieusement
de réfuter une imagination hors d'apparence... »

Ce langage si ferme est l'expression de la vérité : Port-Royal a
toujours prêché et pratiqué la soumission la plus absolue aux
puissances. Le cardinal de Retz, lié avec plusieurs personnages
de Port-Royal, ne put jamais les entraîner dans ses cabales : « Je
voulus, avouait-il, les sonder pour voir si je pourrais les mettre à
quelque usage ; mais... je ne vis jamais de gens qui, par inclination et par incapacité, fussent plus éloignés de tout ce qui s'appelle
cabale [1] ».

Les principes de la plus fidèle obéissance au souverain ne furent
pas proclamés avec plus de vigueur dans la *Politique* de Bossuet

[1]. Racine parlant des rapports de Retz avec les Jansénistes, au temps de la
Fronde, dit qu' « il ne s'amusait guère alors à leur communiquer ni les secrets de
sa conscience, ni les ressorts de sa politique. Et comment les leur aurait-il pu communiquer ? Il n'ignorait pas, et personne dès lors ne l'ignorait, que c'était la doctrine de Port-Royal, qu'un sujet, pour quelque occasion que ce soit, ne peut se
révolter en conscience contre son légitime prince ; que, quand même il en serait
injustement opprimé, il doit souffrir l'oppression, et n'en demander justice qu'à
Dieu, qui seul a droit de faire rendre compte aux rois de leurs actions. » (*Abrégé
de l'Histoire de Port-Royal*, édit. Moland, t. VI, p. 75.)

que dans l'*Apologie pour les catholiques* d'Arnauld. Ce livre, qui
est une réplique aux accusations lancées contre le clergé de France
et les catholiques d'Angleterre par Jurieu, dans son écrit *De la
Politique du Clergé*, enseigne une soumission absolue aux gouvernements temporels, et défend la rébellion, même pour établir la
religion ou pour repousser l'erreur. Les écrivains protestants, qui
ont enseigné des maximes de révolte, Buchanan, Ambroise Paré,
l'auteur des lettres de Junius Brutus, Milton, sont tour à tour
réfutés dans cette *Apologie*, que le pape Innocent XI honora de
ses suffrages.

· Et pourtant c'est Arnauld qui, seul à Port-Royal, avait le tempérament d'un chef de parti; Nicole, Sacy, Lemaître, Hamon,
Lancelot n'ont jamais été suspects de former des cabales. Qu'est-
ce à dire? Étrange chef de parti, celui qui est à la fois le chef et
les membres de ce parti, et celui qui se range toujours du côté de
l'autorité.

J. de Maistre évoque les *papiers secrets de Quesnel* où Louis XIV
aurait appris bien des choses. Ce fait, emprunté à Voltaire, est
loin d'être éclairci. Sainte Beuve croyait « qu'il y avait là les
preuves d'une grande activité clandestine et souterraine; des
masques pour chaque personne, ce qui sentait la société secrète;
des noms de guerre pour chacun, ce qui supposait la guerre[1] »; et
pourtant, un historien très informé, le regretté Albert Le Roy, a
pu soutenir récemment qu'on n'y trouve rien de sérieux[2]. Il est
donc imprudent de conclure trop vite à un complot.

J. de Maistre n'a pas négligé une autre accusation, portée contre
les Jansénistes, celle d'avoir été les parrains de la constitution
civile du Clergé : « Quoique dans la révolution française, dit-il,
la secte janséniste semble n'avoir servi qu'en second, comme le
valet de l'exécuteur, elle est peut-être, dans le principe, plus coupable que les ignobles ouvriers qui achevèrent l'œuvre; car ce fut
le jansénisme qui porta les premiers coups à la pierre angulaire
de l'édifice, par ses criminelles innovations[3] ».

On l'a cru sur parole, et plusieurs écrivains de notre siècle ont
répété l'accusation, Louis Blanc, Cousin, Th. Lavallée, pour ne
citer que ceux-là[4]. Plus près de nous, c'est encore la thèse qui a

---

1. *Port-Royal*, t. VI, p. 179.
2. *La France et Rome de 1700 à 1715*, p. 129-133.
3. *Égl. gallicane*, I, chap. xii. Pour se justifier, il cite de Soer, l'éditeur des
*Œuvres complètes* de Voltaire, disant au clergé français : « Qui ne sait que cette
constitution civile du clergé qui, en jetant parmi nous un brandon de discorde,
prépara votre destruction totale, fut l'ouvrage du Jansénisme. »
4. Cf. *Histoire de la Révolution française*, t. I, liv. II, chap. iv, p. 201 à 203 et

été soutenue par l'auteur des *Derniers Jansénistes*[1]. Il n'en est rien.

A l'époque même des troubles provoqués par la Constitution, le 6 septembre 1791, Royou écrivait dans l'*Ami du Roi* : « Ce qu'il y a de plus éclairé et de plus respectable parmi ceux qu'on appelle jansénistes, sont très opposés aux nouveautés introduites par la constitution civile du clergé ».

S'il est vrai que Camus et Martineau aient travaillé à cette constitution, et que d'autres jansénistes, comme Larrière, l'aient approuvée, la plupart des écrivains du parti la combattirent : l'abbé Mey, Maultrot, M. de Vauvilliers, Dom Déforis, le P. Lambert, Jabineau, tous jansénistes notoires, s'opposèrent à la constitution civile. Les *Nouvelles ecclésiastiques* constataient avec regret que les constitutionnels ne faisaient rien contre la bulle *Unigenitus*. Il ne faudrait donc pas voir, dans l'approbation donnée à la fameuse constitution, une conséquence des principes jansénistes. Les amis de Port-Royal ont été partagés d'opinion sur ces graves questions, tout comme les Molinistes, prêtres catholiques ou membres de l'épiscopat. L'abbé Grégoire n'a pas plus droit de représenter son parti en cette circonstance que ce Jabineau que nous citions plus haut, et qui ne cessa, jusqu'à sa mort, de combattre le schisme par d'excellentes raisons[2].

Sainte-Beuve a trouvé le vrai mot, lorsqu'il a signalé dans le jansénisme « une certaine veine secrète, sinon de rébellion, au moins d'indépendance au temporel[3] ». Les Jansénistes se sont, sur bien des points, rencontrés avec les Gallicans, mais ce serait une erreur de les confondre les uns et les autres. Un Gallican, François Hallier, grand adversaire des Jésuites, s'en alla, comme syndic de la faculté de théologie, poursuivre à Rome la condamnation des cinq propositions; et dans l'affaire de la Régale, le pape Alexandre VII trouva ses plus vifs défenseurs parmi les Jansénistes, les évêques d'Aleth et de Pamiers.

Les principes jansénistes étaient donc tantôt favorables, tantôt hostiles au gallicanisme. Port-Royal a fondé une école de soumission au pouvoir temporel jusqu'à la conscience exclusivement.

210 à 215 (1847). — *Du scepticisme de Pascal* (*Revue des Deux Mondes*, 1845). — *Histoire des Français*, t. III.

1. Léon Séché, qui compte parmi les adhérents à la constitution civile l'Oratoire tout entier (t. I, p. 172).

2. Grégoire lui-même, nous dit M. Gazier, fut très sévère pour les jansénistes purs : cf. *Études sur l'histoire religieuse de la Révolution*, p. 271 et sqq. M. Gazier a démontré d'une façon irréfutable que l'église constitutionnelle n'était pas janséniste.

3. *Port-Royal*, t. II, p. 200.

Comme l'expliquaient Arnauld et Lalanne en 1668 à Louis XIV :
« La même vertu qui rendait les premiers fidèles si parfaitement
soumis aux empereurs, même païens, les rendait en même temps
comme insensibles aux plus cruels supplices, lorsqu'on les voulait
forcer à faire la moindre chose qui blessât leur foi. C'est ainsi
qu'ils ont appris à soutenir la vérité, non en résistant, mais en
souffrant; non en versant le sang des autres, mais en répandant
le leur. »

Cette doctrine des premiers chrétiens soutint Port-Royal au
milieu des persécutions. Faute d'avoir pénétré la vraie nature de
ces âmes héroïques, J. de Maistre a plaisanté avec une ironie
cruelle sur les rigueurs dont ils furent victimes : « On a fait au
reste beaucoup trop de bruit, dit-il, pour cette fameuse *persécution*
exercée contre les jansénistes, dans les dernières années de
Louis XIV, et qui se réduisait au fond à quelques emprisonnements
passagers, à quelques lettres de cachet très probablement agréables
à des hommes qui, n'étant rien dans l'État, et n'ayant rien à
perdre, tiraient toute leur existence de l'attention que le gouvernement voulait bien leur accorder en les envoyant déraisonner
ailleurs [1] ». La phrase est digne de celui qui a fait l'éloge du bourreau, de la guerre et de l'Inquisition, de celui qui a célébré la loi
du sang, comme la loi générale imposée par la providence à l'humanité, et qui a si rarement au fond de son cœur un accent de
pitié pour les malheureux. « On souffre à voir, disait Sainte-Beuve,
au sein d'un si haut talent le sophisme marcher ainsi dans toute
sa splendeur, le sophisme vêtu de pourpre et précédé du glaive [2]. »

En résumé, les jansénistes n'ont jamais cherché cette vaine
satisfaction *d'être un parti* comme le leur reproche J. de Maistre.
Ils ont eu plus d'ambition, et tout leur effort allait à la reconstitution de la cité des saints sur la terre. Vers ce haut idéal, ils ont
essayé de hausser les volontés faibles des hommes, et s'ils n'ont
pas arraché leur adhésion, du moins ils ont obtenu leur admiration. Quoi qu'en dise J. de Maistre, Pascal était sincère, lorsqu'il

---

1. *E. G.*, I, XII, p. 105.
2. *Port-Royal*, t. III, p. 256. Au récit de la dispersion des religieuses de Port-
Royal, Racine pleure des larmes de deuil; J. de Maistre ne trouve que dérision :
« Racine, ose-t-il dire, est impayable avec son pathétique », et ces pauvres persé-
cutées n'obtiennent de lui que l'appellation injurieuse de *vierges folles*, appellation
que le P. Brisacier eut le triste honneur de leur appliquer pour la première fois
au XVIIᵉ siècle.
Toute sa rancune contre les jansénistes, J. de Maistre l'a déposée dans cette
phrase de son manuscrit, dont il ne reste que le squelette dans le texte : « Dès
que le jansénisme prend le deuil, on peut être sûr que l'église catholique triomphe
de quelque manière » (*E. G.*, II, p. 345, où on lit : « cette colère du jansénisme
est un brillant augure pour l'Église catholique »).

disait dans sa XVIIe provinciale : « Je vous déclare donc que je
n'ai, grâce à Dieu, d'attache sur la terre qu'à la seule Église catholique, apostolique et romaine, dans laquelle je veux vivre et mourir
et dans la communion avec le pape, son souverain chef, hors de
laquelle je suis persuadé qu'il n'y a point de salut ».

## VIII

C'est bien à cette *Église catholique, apostolique et romaine* que
Pascal a consacré son génie, et quand il écrivait son *Apologie de
la religion*, il travaillait, mieux peut-être que les casuistes, au bien
du christianisme. Que pensait J. de Maistre de cet admirable livre
des *Pensées* où la foi appuyée sur le génie a jeté les assises d'un
monument sublime? Il a négligé de nous le dire, et dans ce chapitre où il se proposait de *considérer Pascal comme chrétien*, il
semble que ce soit manquer à la partie essentielle de son sujet que
de négliger cette ébauche énigmatique sur laquelle les penseurs
de tous les temps se sont penchés pour lui arracher un secret
qu'elle a bien gardé. J. de Maistre, qui a suivi avec tant de complaisance les progrès de la foi chrétienne dans l'âme de Mme Swet-
chine, et qui, plus d'une fois, a tenu le rôle d'apôtre laïque, pouvait-il trouver un meilleur emploi de ses facultés de psychologue,
que dans l'étude de ce drame profondément troublant qu'est la
conversion de Pascal?

A quel prix cette âme a-t-elle conquis la foi? Dans cette agonie,
où se débat une intelligence supérieure, comment la grâce a-t-elle
vaincu? M. Paul Bourget, non sans quelque recherche, a dit :
« Pascal, lui, n'est pas seulement le janséniste exalté, le plus
brûlant dévot de cette brûlante église, il est l'âme religieuse dans
ce qu'elle a de plus tragique et de plus épouvanté [1] ». Puisque cette
histoire de la pensée de Pascal trouble ainsi les psychologues
positifs de notre temps, — M. Bourget l'était en 1879, quand il
écrivait ces lignes, — il est étrange que J. de Maistre soit resté
insensible à cette *Apologie* où Pascal aurait fait l'histoire de ses
doutes et de sa lente ascension vers la foi [2].

---

1. *Études et portraits*, p. 20.
2. Il *admire sincèrement* les *Pensées*, dit-il, mais voici comment : « J'admire les
*Pensées*, sans croire cependant qu'on n'aurait pas mieux fait de laisser dans l'ombre
celles que les premiers éditeurs y avaient laissées, et sans croire encore que la
religion chrétienne soit, pour ainsi dire, *pendue* à ce livre. L'Église ne doit rien à
Pascal pour ses ouvrages dont elle se passerait fort aisément. Nulle puissance n'a
besoin de révoltés; plus leur nom est grand, plus ils sont dangereux. » (*E. G.*, I,
XI, p. 100.)

C'est que Pascal et J. de Maistre, en dépit de quelques ressemblances extérieures, sont deux esprits d'espèces bien tranchées. Tous deux ont une certaine allure impérieuse, ils portent dans la polémique un acharnement passionné ; une sorte de mysticisme sombre et dur hante l'imagination du janséniste exalté comme de l'apologiste farouche de la guerre ; mais si Pascal a souffert, s'il a senti les tortures du scepticisme, dont finalement il a triomphé, J. de Maistre, au contraire, a trouvé de bonne heure le calme et la sérénité dans la croyance : il n'était pas de ceux *qui gémissent dans le doute*, ni de ceux qui, arrivés enfin à la possession de la foi, donnent au ravissement intérieur une expression lyrique : « Console-toi ; tu ne chercherais pas, si tu ne m'avais trouvé ».

Aussi les admirateurs de Pascal ne pouvaient-ils qu'être blessés par la partialité révoltante de J. de Maistre. Les *Pensées* l'auraient gêné pour ce dénigrement systématique : aussi l'auteur les a-t-il volontairement laissées dans l'ombre. Mais les *Provinciales* et les travaux scientifiques de Pascal offraient plus de prise à la critique : pour contester à Pascal son titre de savant, Descartes est là qui s'offre avec sa haute autorité, et surtout Pascal le premier a fourni des armes à ses ennemis, parce qu'il a déserté ce terrain de bonne heure, et qu'il n'a jeté sur la science que des coups d'œil rapides, à de longs intervalles. Les *Provinciales* ont eu tant de succès, que les colères les plus vives se sont amassées contre le livre, et que la piété, par excès de scrupule, pouvait les faire tomber des mains de certains chrétiens : « J'ai essayé, lui écrivait G.-M. de Place, j'ai fait effort pour lire un volume des *Provinciales* et, je l'avoue à ma honte, le livre m'est tombé des mains [1] ».

Ce mépris sommaire était, s'il faut en croire le même témoin, assez répandu au début du XIXe siècle : « Je puis attester avec connaissance de cause, écrivait-il à J. de Maistre, que ni le clergé français ni les hommes religieux et instruits parmi les laïques ne font cas des *Provinciales*. Quelques philosophes, de vieux magistrats, les Jansénistes, voilà ceux qui les lisent par haine et par esprit de parti. Certaines gens les ont dans leurs bibliothèques parce qu'on leur a dit que ces lettres sont des modèles sous le rapport du style ; mais, au fond, ni ils ne les lisent, ni ils ne les liront [2]. »

Ainsi les *Provinciales* étaient à l'index dans cette société pour laquelle l'*Église gallicane* était écrite. Heureusement la réaction

---

1. Sur l'invitation de J. de Maistre, ceci est devenu la note 1 de la page 77 de l'*Église gallicane*.

2. J. de Maistre était si enchanté de ce développement qu'il voulait le faire « introduire dans le texte ou dans une note ». Son éditeur a passé outre.

est venue en faveur de Pascal, et aujourd'hui un Français n'oserait
guère avouer qu'il n'a pas lu ce chef-d'œuvre d'ironie, de grâce,
d'éloquence et de vérité.

## IX

Faut-il donc conclure que l'attaque passionnée de J. de Maistre
contre le jansénisme et contre Pascal, son héros, soit restée sans
résultat?

Ce n'est pas le lieu de faire, même sommairement, l'histoire du
Jansénisme au XIXᵉ siècle; cette histoire, d'ailleurs, bien que plusieurs livres lui aient été consacrés, n'est pas encore écrite, et
quand on la connaitra mieux, on mesurera plus exactement l'influence de cette première partie de l'*Église gallicane* sur la pensée
contemporaine.

A première vue, la grande colère de J. de Maistre semble avoir
servi la cause de ses victimes. Port-Royal, moins de vingt ans
après, trouva un historien, qui était aussi un moraliste et un
poète, et qui a peint sous des traits si vivants et avec tant de sympathie communicative les pieux solitaires, qu'il leur a conquis l'opinion des juges désintéressés. Sainte-Beuve a réalisé les espérances
de Lamennais, qui l'encourageait en ces termes à poursuivre ses
études sur Port-Royal : « Vous vengerez des hommes de grande
vertu et de grand talent des injustices de M. de Maistre, qui les a
sacrifiés aux jésuites, si au-dessous d'eux à tous égards [1] ».

Pascal, à notre époque, est en pleine apothéose. Après les
récentes discussions sur l'expérience du Puy de Dôme, on ne con-
testera plus de longtemps à Pascal le titre de savant. Quant à son
mérite littéraire, il a été célébré sur tous les tons, et si l'on entend quelquefois des réserves au sujet des *Provinciales*, les *Pensées* n'ont que des admirateurs. M. Lanson rapproche Pascal de
Bossuet, dont il dit : « Il faut le lire comme on lit Pascal. Ce n'est
pas assurément pour être janséniste qu'on s'applique aux *Provinciales* et aux *Pensées*, mais pour éprouver son âme moderne et sa
croyance personnelle au choc d'une impérieuse et profonde pensée
dont il faut à la fois se servir et se défendre [2] ». F. Brunetière,
dans un beau mouvement d'éloquence, s'écrie : « Il n'y aura
jamais dans la langue française de plus éloquente invective que
les *Provinciales*; de plus beau livre que les fragments mutilés des

1. *Port-Royal*, t. III, p. 250.
2. *Bossuet, Extraits des œuvres diverses*, 1899, p. 2.

*Pensées*; et de plus grand écrivain, que l'on doive plus assidument relire, plus passionnément aimer et plus profondément respecter que Pascal[1] ».

Cependant le jansénisme n'a pas encore été réhabilité, comme il le faudrait : et nul doute que la verve mordante de J: de Maistre n'ait contribué à prolonger cette injustice. Au lendemain de la publication de l'*Église gallicane*, l'*Ami de la religion* s'empressait de signaler cette condamnation du jansénisme et de lui donner comme un cachet d'orthodoxie[2]. Les portraits de Pascal, d'Arnauld et de Nicole pourraient paraître sévères; mais, « en vérité, dit l'auteur de l'article, quand on compare l'utilité réelle de ces écrivains avec la réputation qu'on leur a faite, on n'est plus aussi étonné du jugement de l'auteur sur ces personnages ».

Les considérations de J. de Maistre sur l'*esprit de secte* des Jansénistes avaient cours avant lui, et, après lui, elles ont continué à défrayer les polémiques religieuses. Il est de mode d'incriminer les intrigues des Jansénistes, leur manie d'opposition, leurs taquineries, leur langage mystérieux, leur tendance à la révolte. Malgré les dénégations des jansénistes autorisés et les démonstrations décisives de M. Gazier, on persiste à soutenir qu'ils furent les parrains de la constitution civile. Le rigorisme de leur morale sert encore de théorie aux copistes de toutes robes : « aigres et disputeurs dans la controverse, dit l'*Ami de la religion*, secs et glacés dans leurs livres ascétiques, toujours occupés de répandre des opinions proscrites, ils ont eu le malheur de consumer leur vie dans ces travaux stériles et dangereux ».

*Légende du Janséniste*, dirons-nous à notre tour. Les adversaires les plus déterminés du *Pape* n'osèrent pas toucher à cette partie de l'*Église gallicane* : l'abbé Baston, par exemple, se contente de dire qu'elle n'a point de rapport avec la doctrine gallicane et qu'elle abonde en digressions. Cette réserve est facile à expliquer : le jansénisme est entaché d'hérésie, et, pour l'apprécier équitablement, il faudrait braver l'autorité et s'exclure de l'orthodoxie.

C. LATREILLE.

---

1. *Études critiques*, 3ᵉ série, p. 30 (article écrit en 1885).
2. *Ami de la religion*, t. XXVIII, p. 401 (n° du 8 août 1821).

# BOURSAULT ET BOILEAU

Aucune œuvre ne souleva peut-être autant de scandale dans le monde des lettres que les *Satires* de Boileau. Elles attaquaient presque tous les écrivains du temps et il est naturel qu'elles aient attiré à leur auteur bien des ripostes vives ou même diffamatoires.

On connaît l'attitude adoptée par Boileau; opposer aux attaques de ses victimes un silence dédaigneux. C'était une attitude digne de son caractère et de laquelle il n'aurait jamais dû se départir. Une fois cependant il se laissa transporter par la colère : ce fut lorsqu'il fit défendre par un arrêt du Parlement la représentation de la pièce d'un de ses adversaires, *La Satire des Satires* de Boursault.

Qu'est-ce que Boursault? Deux critiques, Saint-René Taillandier et Victor Fournel[1] se sont occupés longuement de cet auteur : ils ont étudié sa vie et se sont attardés avec amour à l'examen de son œuvre.

Pourtant, dans l'histoire de ses démêlés avec Boileau, il est resté quelques points obscurs que nous tâcherons de mettre en lumière.

Voici comment Saint-René Taillandier a établi la chronologie de cette querelle :

1663. Boileau écrit sa viie satire, et y range Boursault parmi les froids rimeurs.

> Faut-il d'un froid rimeur dépeindre la manie?
> Mes vers comme un torrent coulent sur le papier;
> Je rencontre à la fois Perrin et Pelletier
> Bardou, Mauroy, *Boursault*, Colletet, Titreville
> Et pour un que j'en veux, j'en trouve plus de mille.

Boursault n'en sait encore rien, car les Satires ne furent point publiées tout de suite; elles ne furent d'abord connues que par un public restreint formé des amis du poète.

1666. Les premières satires paraissent : Boursault, attaqué, se

1. Saint-René Taillandier, *Études littéraires. Un poète comique du temps de Molière. Boursault, sa vie et ses œuvres*, Paris, Nourrit, Plon et Cie, 1881. — Victor Fournel, *Notice bibliographique sur Boursault* (Boursault, *Théâtre choisi*,) Paris, Laplace, Sanchez et Cie, 1883.

retourne brusquement contre son agresseur et écrit contre lui une pièce : *La Critique des Satires de M. Boileau.* Tel était le titre primitif de *La Satire des Satires*; mais un arrêt du Parlement provoqué par Boileau en interdit la représentation.

1668. Publication de la satire ixe, seconde attaque contre Boursault, d'autant plus blessante qu'elle est ironique :

> Je le déclare donc : Quinault est un Virgile,
> *Boursault* comme un soleil en nos ans a paru.

Cette chronologie est-elle exacte?

En 1666, l'année même de la publication de la viie satire, parut une œuvre de Boursault, *Lettres de Babet.* Dans ce fatras se trouve une lettre qui a un intérêt autobiographique, précisément en rapport avec l'épisode dont nous nous occupons; en effet, cette lettre, qui a échappé à l'attention des deux biographes de notre auteur, modifie sensiblement la chronologie de ses démêlés avec le poète satirique.

J'en transcris ici la partie qui nous intéresse [1] :

> Je ne sais, écrit l'auteur à sa bien-aimée, si tu auras reçu les satires de Despréaux que ce matin je t'ai envoyées... Si j'étais un peu plus considérable que je ne le suis, et qu'il m'eût jugé digne de sa colère, il m'aurait fait l'honneur de me déchirer comme il a fait les autres. Il ne parle de moi qu'en passant, parce qu'il n'a pas cru devoir s'arrêter sur une matière si médiocre; et moi qui ne me soucie pas de lui rendre dédains pour dédains, *j'aime mieux ne pas lui répondre* que d'employer à le mépriser des moments que je dois à tes louanges.

Après ce témoignage de Boursault lui-même le doute n'est plus possible; il n'a pas répondu à la première attaque de Boileau et sa pièce ne peut être datée de 1666. On doit revenir à la date de 1669 donnée par le fils de notre auteur, Edme Boursault le théatin, dans la vie de son père qu'il nous a laissée [2] et qui est plus digne d'attention qu'on ne l'a cru. *La Satire des Satires* est donc postérieure à la seconde attaque de Boileau. Cela est d'autant plus naturel que, tandis que, dans la viie satire, Boursault était nommé en passant, dans la ixe son nom revient, non seulement dans le morceau cité par Saint-René Taillandier, mais aussi quelques vers avant.

---

1. Boursault, *Lettres de Babet*, p. 219-220, Paris, Nicolas Le Breton, 1734.
2. *Avertissement au théâtre de Boursault*, éd. 1746, Paris, Compagnie des libraires.

Que vous ont fait Perrin, Bardin, Mauroy, *Boursault*?
Ce qu'ils font vous ennuie?

Une attaque redoublée avec autant d'acharnement rendait une
riposte nécessaire.

Il est un autre point sur lequel il nous semble que les biographes
de Boursault se sont trompés. Quelle fut la cause qui excita contre
lui la verve du poète satirique?

La vii° satire de Boileau fut composée, nous assure Brossette,
vers la fin de l'année 1663, à l'époque donc de la représentation
du *Portrait du Peintre*, la pièce que Boursault avait dirigé contre
la *Critique de l'École des femmes*. Cette coïncidence a fait penser
aux biographes de Boursault que le poète satirique avait fait ainsi
acte de solidarité avec Molière : Boileau, pour plaire à celui-ci, se
serait empressé de donner un bon coup de griffe à son adversaire.

Un examen attentif de la querelle de Molière et de Boursault
nous semble exclure cette hypothèse. En effet Boursault ne fut pas
le seul à répondre à *la Critique de l'École des femmes*. Cette
fâcheuse polémique fut riche en œuvres dramatiques; outre celle
de notre auteur, elle en fit surgir quatre dont trois furent jouées.
Si vraiment Boileau, en écrivant sa vii° satire, pensait à Molière et
à la polémique soulevée par *l'École des femmes*, pourquoi n'y
trouve-t-on pas nommés, à côté de Boursault, les autres auteurs,
Montfleury, par exemple, dont la pièce (*L'Impromptu de l'Hôtel
de Condé*) est aussi en vers et en méchants vers?

On répondra peut-être que, parmi ces auteurs, Boursault seul
avait eu un certain succès. Soit! Mais nous répliquerons que l'appellation de froid rimeur devait sembler trop faible à Molière,
blessé au cœur, offensé dans les plus intimes replis de son être,
par *le Portrait du Peintre*. La terrible réponse qu'il lui fit dans son
*Impromptu de Versailles* le démontre assez. Molière adresse à son
ennemi les pires accusations dont on puisse accabler un écrivain.
D'autre part Boursault lui répondit non moins vivement dans la
préface qu'il ajouta à sa pièce en la publiant.

D'ailleurs si la lutte entre les deux auteurs fut rude, tout porte
à croire qu'elle fut de courte durée. En effet, dans sa *Satire des
Satires* (1669) Boursault parle à deux reprises (sc. vi° et vii°) du
*Tartuffe* qui venait de soulever tant de scandale; or non seulement
il s'abstient de la plus légère critique, mais même il le fait louer
par un de ses personnages.

Enfin si l'on explique la première attaque de Boileau à Boursault

par son amitié pour Molière, pourquoi le satirique reviendrait-il à
la charge en 1669 lorsque les démêlés entre les deux auteurs
comiques étaient déjà lointains et les haines dissipées?

Non. Si Boileau a mis le nom de Boursault dans ses Satires ce
ne fut pas pour plaire à Molière. Et il vaut mieux qu'il en soit
ainsi parce que si l'on admet une explication de ce genre pour une
de ses victimes, pourquoi ne devrait-on pas en supposer de semblables pour toutes les autres? Alors la grandeur et la beauté de
l'œuvre de Boileau en seraient détruites. Les Satires ne représen-
teraient plus une campagne noble et désintéressée pour un idéal
d'art, elles seraient abaissées au niveau de petites vengeances personnelles. Alors vraiment on pourrait parler de la malignité de
leur auteur.

*Le Portrait du Peintre* a peut être joué un rôle dans l'histoire
des démêlés de Boursault avec le poète satirique, mais seulement
un rôle secondaire.

En effet, on peut admettre que cette pièce, la plus importante
parmi celles que Boursault avait écrites jusqu'alors, la seule de cet
auteur qui ait fait du bruit, attira sur lui l'attention peu bienveillante de Boileau; elle n'aurait donc été que l'occasion des attaques.
La véritable cause doit être recherchée dans la vie et l'œuvre de
Boursault jusqu'à 1668.

Notre auteur débute en 1661 et, sept ans après, il a déjà écrit cinq
comédies, une pastorale et un recueil de lettres amoureuses, sans
compter de nombreuses gazettes dédiées aux grands seigneurs et
au roi lui-même; mais toutes ces œuvres sont très faibles et se
ressentent de l'influence de la littérature précieuse et de la littérature burlesque de l'époque.

La pastorale *Les yeux de Philis changés en astres* est précieuse :
dans ses *Lettres de Babet*, avec des pages de la plus pure préciosité
alternent des pages où s'étale une plaisanterie grasse et malséante;
les comédies qui représentent pourtant la meilleure partie de cette
production montrent en des scènes triviales et des allusions dégoû-
tantes que leur auteur a choisi pour ses modèles Scarron et Hau-
teroche, sans pouvoir, comme eux, racheter ses défauts par la
force de l'invention bouffonne.

Eh bien, si l'on excepte la pastorale, qui ne fut point goûtée, les
autres œuvres de Boursault eurent toutes du succès dans la société
contemporaine, et nous voyons leur auteur, un provincial, qui est
arrivé à la capitale sans même connaître le français, faire rapidement son chemin dans le monde. Il est bientôt reçu dans les
salons, choyé par les grands seigneurs et compte au nombre de

ses protecteurs les plus beaux noms de la noblesse et les personnages qui détiennent les plus hautes charges de l'État; le prince de Turenne, le duc et la duchesse d'Enghien, le duc de Saint-Aignan, le prince de Soubise, le maréchal duc de Noailles, le marquis de Seignelais, le maréchal de Créqui, le duc de Montausier, Louvois, le président Perrault, Bartillac, garde du trésor royal, Pontchartrain, etc., etc. Leur protection est active, leur amitié est fidèle. En 1662, Boursault n'est-il pas déjà gazetier du roi avec pension et entrées à la cour? En 1663 une plaisanterie sur la barbe d'un capucin le fait tomber en disgrâce auprès de la reine et il est bien près d'aller dormir en prison; mais ses amis viennent aussitôt à son aide; Condé, auquel il a recours, obtient son pardon. Qu'importe si une partie de l'arrêt demeure et si la gazette est supprimée de même que la pension? Le malheur n'est pas sans remède, car tous ses protecteurs ne lui sont pas avares de louanges et de secours.

Qu'on se rappelle maintenant le but que le poète satirique s'était proposé, déblayer le terrain au profit des hommes de génie et des véritables beaux esprits, éclairer le goût du public, l'amener à demander ses jouissances aux vraies beautés. Mais, pour atteindre ce but, il fallait d'abord que les mauvais auteurs ne trouvassent plus de crédit, car qui goûte les grossières et informes comédies de Boursault, qui lui accorde des pensions pour en recevoir des gazettes légères et plaisantes, pourra difficilement apprécier les comédies de Molière et les tragédies de Racine.

La situation exceptionnelle que notre auteur s'est acquise, et sa fortune dans les salons, voilà, à notre avis, la véritable cause des attaques de Boileau. L'homme est bon et sympathique, mais qu'importe? L'écrivain est médiocre et les médiocrités florissantes sont une entrave aux génies. Boileau en l'attaquant ne défend pas ses amis; il fait son office accoutumé de régent du Parnasse, et la qualité de froid rimeur suffit à expliquer sa sortie et à la justifier.

ADA GANDINI.

# SAINTE-BEUVE, LA LITTÉRATURE ALLEMANDE
## ET GŒTHE

*(Suite [1]).*

Cependant, avant son arrivée à Lausanne, les hasards de la polémique littéraire avaient poussé Sainte-Beuve à se mettre au courant de la philosophie, de l'histoire et de la littérature allemandes. Cette première vue, qui manquait encore de précision et de profondeur, avait néanmoins donné à son esprit une certaine facilité de parcours qui le préparerait à mieux comprendre un jour ce qu'il ignorait alors. Nous sommes d'avis qu'il faut accorder une portée plus grande aux démêlés de Sainte-Beuve avec Michiels, l'auteur d'un ouvrage que l'on aime à consulter, en dépit du ton agressif qui l'anime, l'*Histoire des idées littéraires en France*; nous croyons devoir revenir sur cet épisode assez peu connu de la carrière de Sainte-Beuve qui fut pour lui comme une première initiation à l'Allemagne et que M. G. Michaut [2] s'est efforcé de remettre en lumière.

Michiels, dans deux articles que publia le *Temps*, le 21 mai et le 24 août 1836, sous le titre *La Réaction littéraire*, déclarait la guerre au romantisme et prenait à partie ses principaux représentants au nombre desquels figurait Sainte-Beuve. Le débat fut alors courtois; il ne ressemblait en rien à ce qu'il devint plus tard, aigre et dénigrant de la part de Michiels, lorsque dans l'*Histoire des idées littéraires* il s'en prit aux théories du critique telles qu'elles ressortaient du *Tableau de la poésie française au XVIe siècle*. A la date où nous sommes, Michiels avait écrit des articles qui se rapportaient à la littérature allemande. Le *Temps* avait publié *Les Bords du Rhin* (6 juillet 1835); *La parabole des dix vierges à Strasbourg* (1er septembre); Les *fêtes d'octobre à Munich* (février 1836); *Les deux maisons de Gœthe* (18 juin); *Pensées de Jean-Paul* (16 août); *Jean-Henri Voss* (27 octobre). Sainte-Beuve avait lu non sans profit ces études qui témoignaient d'un réel savoir, d'un goût prononcé pour les idées philosophiques et d'une connaissance de l'Allemagne qui mettaient l'auteur en bonne place. Il protesta néanmoins

---

1. Voir la *Revue d'Histoire littéraire de France* d'avril-juin 1908.
2. *Études sur Sainte-Beuve*, Paris, 1905, p. 17-85.

contre les reproches de Michiels dans un article de la *Revue des Deux Mondes* du 1er novembre 1836 et ce fut le point de départ de relations d'abord amicales entre eux. Sainte-Beuve, désireux d'encourager un jeune talent, s'offrit à lui ouvrir la *Revue*; « l'essentiel, lui écrivait-il, serait de bien choisir le sujet de premier article, quelque poète allemand, par exemple ».

Michiels accepta avec empressement cette proposition. Il choisit Schiller comme sujet d'étude; par malheur, il se vit refusé. Pour consoler le débutant éconduit, Sainte-Beuve le recommanda à des hommes qualifiés pour lui faciliter ses travaux. Le 28 septembre 1838, dans une lettre inédite adressée à David d'Angers, il le priait d'accueillir favorablement « M. Michiels, jeune écrivain plein d'imagination et d'âme, qui connaît à merveille l'Allemagne pour y avoir fait un pèlerinage à pied. Il voudrait voir votre Tieck (entre autres) et causer de lui avec vous, ainsi que de Gœthe, enfin de ceux que vous faites si bien revivre. » Mais il était dit que l'Allemagne porterait malheur à Michiels. En décembre 1839 parurent ses deux volumes d'*Études sur l'Allemagne* dédiées à Alfred de Vigny; ils contenaient des récits de voyages, une histoire de la peinture allemande et des études sur les poètes allemands : Schiller, Richter, Voss, Hilty, Hebel, Novalis, Chamisso, Rückert, Heine et Uhland. Le compte-rendu peu favorable de cet ouvrage donné par la *Revue de Paris* du 1er janvier 1840 et le refus de la *Revue des Deux Mondes* d'écrire aussi là-dessus exaspérèrent l'irascible écrivain; Sainte-Beuve, à son tour, s'était récusé, malgré sa bonne volonté: s'il n'était pas compétent sur le fond, déclarait-il, il avait été frappé de quelques-unes des observations qui portaient là-dessus.

En dépit de cet aveu, l'excursion passagère qu'il dut faire dans un monde étranger fut loin d'être inutile. Il y eut là pour lui un premier stimulant à étendre ses lectures, à augmenter les connaissances qu'il pouvait acquérir par les articles du *Globe*. Il ne faudra pas toutefois exiger de lui la solidité qui apporte la conviction et la lumière. Les écrivains allemands qu'il cite occasionnellement à l'appui de telle ou telle assertion semblent n'être guère pour lui que des noms auxquels se rattachent des jugements conventionnels, des formules toutes faites entrées dans la circulation et qui ne compromettent pas celui qui les reprend à son compte. Ainsi il dira à propos de Klopstock « que le génie est une belle chose, même quand il n'est, comme chez ce dernier, qu'un vaste éclair dans le nuage. Mais il a fait *la Messiade*, une longue œuvre, une fille des grandes œuvres, de *la Divine Comédie*, du *Paradis*

*perdu*, même avec ses défectuosités, c'est de la grande race [1]. »
S'il conçoit assez bien les principaux courants de la littérature
allemande au xviiie siècle et discerne avec justesse la direction que
lui ont imprimée Lessing, Klopstock, Gœthe et Schiller, il envisage le romantisme allemand comme une école catholique dont le
siège est à Munich [2]. Il tient en estime les travaux de Guillaume
Schlegel, adversaire déclaré de la tradition française dans les
questions d'art dramatique. Il les aura lus sans doute dans la
traduction du *Cours de littérature dramatique* qu'en donna
Mme Necker de Saussure; lorsque le génie de l'actrice Rachel eut
rendu au théâtre classique une résurrection de courte vie, il entra
en lice et dans un article *Sur la Reprise de Bérénice*; il reproche
au critique allemand de n'avoir pas jugé Racine dans son milieu [3],
comme il l'avait fait pour Euripide. Ailleurs, dans la *Revue des
Deux Mondes*, il a parlé de Brentano et de son livre *La douloureuse Passion de Jésus-Christ* par la sœur Emmerich [4]. A Hoffmann,
l'un des écrivains allemands les plus populaires en France, il a
consacré un article [5] et le mouvement intellectuel qu'inaugurait la
jeune Allemagne n'a pas passé inaperçu aux regards d'un critique
qui de bonne heure travailla à émanciper la pensée et les lettres.
Il appelle Louis Bœrne, à propos de ses *Lettres écrites de Paris*,
« un éclaireur utile, un tirailleur intelligent et courageux qui peut
avancer la cause de la liberté en Allemagne [6] ». Quoiqu'il n'y ait
pas chez Sainte-Beuve parti pris et hostilité systématique à l'égard
de la culture germanique, les manières de voir et de sentir qu'il
y découvre lui paraissent trop éloignées de celles de son pays.
Tandis que d'autres regrettent que Villemain ignore l'allemand,
et qu'il salue de loin « les dieux de la Germanie », Sainte-Beuve
l'en félicite, car « les questions sur ce terrain mouvant sont
peu commodes à aborder; on se perd dans des restes de Forêt-
Noire. L'esprit net et concis du grand professeur y répugnait et
avec raison [7] ». Ce qui déroute Sainte-Beuve, c'est que le génie
germanique lui apparaît en opposition foncière avec la tradition
classique française où tout est logique et clarté; en revanche il a

1. *Chateaubriand et son groupe littéraire*, II, p. 184.
2. Voir W. Küchler, *op. cit.*
3. *Portraits littéraires*, I, p. 113.
4. Année 1837, Ier vol., p. 186.
5. *Premiers Lundis*, I, p. 415. — V. encore *Hoffmann en France*, par Alfred Breuillac
dans la *Revue d'histoire littéraire de la France*, juillet-septembre 1906 et janvier-
mars 1907.
6. *Correspondance*, II, 6 janvier 1867; *Premiers Lundis*, II, article paru dans la
*Revue des Deux Mondes*, 12 mars 1832.
7. *Revue des Deux Mondes*, 1er janvier 1836.

bien signalé le fond de candeur et de simplicité propre au caractère allemand qui manque au Français. Telle est l'interprétation
qu'il faut donner à ses pensées, lorsque, dans ses *Cahiers* [1], il écrivait :. « Il y a des langues et des littératures ouvertes de toutes
parts, et non circonscrites, auxquelles je ne me figure pas qu'on
puisse appliquer le mot de classique ; je ne me figure pas qu'on dise
les classiques allemands » ; et, dans la *Nouvelle Correspondance* [2],
à propos de Gœthe, il trouvait que « le plus calculé des Allemands
a encore de la naïveté, si on le compare à nos grands hommes »,
Lamartine et Hugo.

Dans les dernières années de sa vie surtout, l'érudition germanique a eu toujours plus d'attrait pour lui ; il a mieux vu et mieux
jugé. En 1842 [3], il déplorait que l'Université, l'École Normale
produisissent « des érudits et des lourdauds littéraires très estimables, à l'allemande : pas un talent littéraire » ; il s'est néanmoins exprimé avec éloge sur les penseurs et les philosophes
d'outre-Rhin. Jacobi est un « philosophe aimable, d'un sentiment
délicat et pur [4] » ; Kant est « le type accompli du métaphysicien [5] ».
Bœrne a eu tort d'apprécier superficiellement Hegel et Gœrres et
ce dernier nom lui remet en mémoire Quinet, un disciple « quelque
peu sauvage » de Corneille et surtout de Schiller. La philosophie
de Hegel à laquelle Edmond Scherer consacrait plus tard une
étude qui fit sensation dans ce que M. Brunetière appelle le
silence du Second Empire, intéresse déjà Sainte-Beuve en 1843.
« Lèbre écrit dans la *Revue des Deux Mondes* des articles très
importants, mande-t-il à Paris le 3 janvier à M. Charles Eynard,
de Genève [6]... C'est lui qui nous a donné nos étrennes avec Hegel
et Schelling. Un bien gros bonbon, direz-vous, pour nos beaux
esprits de Paris. Mais vous savez que nous devenons sérieux. »
Les travaux de Strauss, lus à travers Renan, et leur diffusion dans
le public français préoccupèrent vivement Sainte-Beuve l'avant-
dernière année de sa vie. Il encourage et félicite M. Charles Ritter,
de Morges, dans une lettre du 28 juin 1868 [7], à propos de sa traduction des discours de Strauss ; le 12 octobre de la même année,
il presse Renan d'écrire une préface pour un choix de *Mélanges*

---

1. *Les Cahiers de Sainte-Beuve*, p. 108.
2. P. 380.
3. Dans une lettre à Juste Olivier du 28 décembre, voir *Correspondance inédite*, etc.
4. *Causeries du Lundi*, V, p. 386.
5. *Id.*, XIII, p. 310.
6. *Nouvelle Correspondance*, p. 82.
7. *Id.*, p. 284.

du docteur Strauss « traduits avec grand soin » par le même
auteur de la Suisse romande. « Il faut tout tenter auprès de
Michel Lévy pour le décider à cette publication », car « cette
introduction de Strauss en France par un côté intime et imprévu
est une dépendance et une partie de votre œuvre à vous-même. »

Chez un critique comme Sainte-Beuve dont la probité littéraire
ne recula jamais devant les recherches les plus laborieuses, les
travaux de philologie tant ancienne que moderne qui se poursui-
vaient avec patience en Allemagne ne pouvaient que détruire ou
diminuer peu à peu les préjugés sur la lourdeur germanique.
Dans *Chateaubriand et son groupe littéraire*[1], il s'est indigné contre
Fontanes qui, dans une lettre à son ami Guéneau de Mussy à qui
il propose une place vacante à la Bibliothèque au Cabinet des
Médailles, a traité avec autant de légèreté que d'incompétence les
études archéologiques. Cette lettre est « d'une parfaite insolence à
l'égard des Allemands, dit Sainte-Beuve. C'est bien là un exemple
des jugements légers et tranchants de ces esprits de pure race
française, qui ne doutent de rien, qui se préfèrent naturellement
à tous et se croient mieux faits que les esprits des autres nations :
dans le cas présent, l'assurance de Fontanes est comique; il croit
que la science de l'antiquaire s'improvise, qu'une certaine netteté
d'exposition supplée à une longue étude comparée; il oublie, ou
plutôt il ignore cette suite d'illustres Allemands organisateurs et
créateurs en toutes les branches du savoir humain, depuis Leibniz
jusqu'à Gœthe et Humboldt; il ignore ces excellents critiques
récents de l'antiquité, Wolf sur Homère, Jacobs sur l'Anthologie;
mais n'avait-il donc pas lu Heyne sur Virgile? Il en est encore sur
le compte des Allemands où en était le Père Bouhours. C'est bien
de l'homme qu'un jour dans un salon, pendant qu'il était en train
de débiter ces conclusions impertinentes, M. Stapfer arrêta tout
court en lui demandant : « Savez-vous l'allemand, Monsieur? »
Fontanes n'en savait pas un mot, et n'en jugeait pas moins
d'autorité toute une grande race intellectuelle. » La lettre de
Fontanes, datée du 28 février 1807, mettait Sainte-Beuve en gaieté;
en voici un fragment qui justifie bien ses impressions. « Ce
Winckler, — employé dans la division des Médailles, sous
M. Millin, conservateur, — qui vient de mourir, était un de ces
Allemands qui entassent beaucoup de faits dans leur tête, sans y
mettre dans la même proportion la critique et l'esprit qui les font
valoir. Ce Winckler est par conséquent fort loué et fort regretté

---

1. II, p. 348-350.

dans les journaux ; car, de plus, il était luthérien et idéologue... Un homme d'esprit avec de la bonne volonté peut apprendre dans six mois, connaître les médailles d'une manière suffisante pour les montrer aux curieux. Un Allemand, au bout de trente ans, sait beaucoup, mais sait mal : un Français comme vous, au bout de quelques mois, sait un peu moins, mais sait très bien. »

A une époque comme la nôtre où le cosmopolitisme littéraire s'affirme chaque jour davantage, où l'érudition scientifique ignore les démarcations, il n'est personne en effet qui ne se récrie à la lecture de ces lignes dictées plus par la fatuité que par la haine. Néanmoins, à l'heure où elles ont été écrites, elles n'étaient que la plus conséquente expression d'une tendance généralement répandue. Pendant la Révolution et sous l'Empire, isolée politiquement, la France se vit privée d'un contact littéraire avec l'Angleterre et l'Allemagne qui eût pu renouveler et rajeunir le fonds de pensée dont elle avait vécu jusqu'alors. Une réaction classique s'opérait à un moment où les grandes œuvres venues de l'étranger auraient agi sur l'esprit français qui, trop replié sur lui-même, les regarda avec défiance. Elles parurent menacer la tradition nationale ; contre cette étroitesse intellectuelle, les protestations n'ont pas manqué ; le livre *De la littérature* (1800), les écrits de Charles Dominique Villers, Français établi en Allemagne, et d'Amable de Baudus, qui par la création de journaux tels que la *Gazette d'Altona* et le *Spectateur du Nord*, cherchait à rapprocher ce pays du sien, n'eurent de prise que sur une faible élite. Aussi la période qui va de 1789 à 1815 est-elle une période de recul et de réaction [1] ; on ne doute de rien, on se préfère naturellement à tous, pour répéter le mot de Sainte-Beuve, et Fontanes n'est point un cas d'exception. « Luthérien et idéologue, » c'était bien l'accusation que la voix publique lançait aussi à Villers lorsqu'il eut publié, en 1804, son *Essai sur l'esprit et l'influence de la Réformation de Luther*, précédé, en 1801, de sa *Philosophie de Kant ou principes fondamentaux de la philosophie transcendantale* [2] ; critique passionnée du catholicisme, apologie enthousiaste du kantisme ; telles étaient les armes de combat auxquelles on recourait pour battre en brèches les ruines qui subsistaient encore de l'ancien régime philosophique et littéraire.

On regrette que Sainte-Beuve n'ait pas dirigé ses études de ce

---

1. Joseph Texte, *Histoire de la langue et de la littérature française*, publiée sous la direction de L. Petit de Julleville, t. VI, 54ᵉ fascicule, p. 775.

2. *Revue des Deux Mondes*, 1ᵉʳ mars 1906. *Un idéologue sous le Consulat*, par Paul Gautier. — V. encore *Charles de Villers, 1765-1815, Un intermédiaire entre la France et l'Allemagne*, par Louis Wittmer, Genève et Paris, 1908.

côté ; mais l'attitude qu'il garda dès lors en face des savants allemands est bien confirmée par les avis qu'il donnait autour de lui.
·La connaissance de la langue lui semblait indispensable.

« Il me conseilla dès mon entrée chez lui, en 1861, d'apprendre
l'allemand, » nous écrivait le 2 février 1906 M. Troubat, son
ancien secrétaire. En 1867, dans une lettre du 12 février à
M. Philibert Soupé, professeur à la Faculté des lettres de Lyon,
même empressement à s'enquérir des résultats acquis pour
l'histoire littéraire de son propre pays par des étrangers. Ce
dernier avait publié dans la *Revue contemporaine* des 15 et 31 janvier de cette même année 1867 deux articles sur Diderot d'après
l'ouvrage allemand de Rosenkranz sur la vie et les ouvrages de
l'écrivain français. Sainte-Beuve insiste sur la nécessité de se
familiariser avec les travaux de critique érudite : « Cette connaissance d'outre-Rhin et de tout ce qui s'y passe est de plus en
plus indispensable, et c'est être manchot dans les choses de
l'esprit que d'en être privé. Vous qui avez l'outil, vous avez un
rôle tout trouvé : c'est de nous traduire et, par là, je veux dire
mettre à notre portée et de nous présenter à mesure ce qui se fait
d'important là-bas, en littérature et en philosophie. » Dans une
autre occasion, il prend à partie M. Lenient, qui avait fait une
sortie contre l'esprit allemand, et le nom de Fontanes se présente
encore sous sa plume. Il rappelle qu'il y a cinquante ou soixante
ans, M. Stapfer lui demanda, un jour qu'en plein salon le grand
maître de l'Université déclamait à tue-tête contre Kant et les Allemands : « Savez-vous l'allemand, monsieur le comte ? » Or Fontanes
n'en savait pas un mot, et il n'en continua pas moins sa diatribe.
Étudions avant de nous prononcer [1]. » A qui donc en avait
Fontanes, contre quel intermédiaire s'escrimait-il ? Il ne peut
s'agir ici que de Villers, dont l'ouvrage sur Kant mentionné plus
haut eut les honneurs d'un article de la *Décade philosophique* ; mais
il est avéré aujourd'hui que, avant lui, déjà en 1792, le système
du philosophe allemand avait été proposé à l'examen des penseurs français [2] ; ce dont le grand-maître de l'Université n'avait
guère eu souci de s'informer. S'il eût pris la peine de lire dans le
*Spectateur du Nord* (I, VII, 1798) un article de ce même Villers
intitulé *Les Idées sur la destination des hommes de lettres sortis de
France et qui séjournent en Allemagne*, il aurait retiré la leçon
salutaire que les gens de lettres émigrés ont une noble tâche à

---

1. *Nouvelle Correspondance*, lettre du 21 mars 1868, p. 261.
2. Picavet, *Critique de la Raison pratique*, Paris, 1888. — V. encore L. Wittmer,
*op. cit.*

remplir. « Ils vivent dans un pays fertile, écrivait Villers, et c'est de ses productions qu'ils peuvent enrichir la France. Les écrivains de l'Allemagne y sont trop peu connus; nous nous trouvons au milieu d'eux; apprenons leur langue; étudions leur esprit; discernons ce qu'ils ont de bon et ce qui manque à notre littérature; qu'une critique saine fasse un choix sévère, et envoyons à notre patrie ces précieux matériaux que nous aurons disposés pour elle [1]. » Et dans sa *Philosophie de Kant* (p. LXIV) il disait encore que l'esprit allemand et l'esprit français « sont placés sur deux sommets entre lesquels il y a un abîme. *C'est sur cet abîme que j'ai entrepris de jeter un pont.* » On serait tenté de croire que Sainte-Beuve a connu ce passage, quand, le 23 mai 1868 [2], il écrivait à un professeur de Colmar qu'il formait le vœu que « les générations nouvelles qui surviendront se rallient à une science forte et digne. Vous y pouvez travailler dans votre sphère en leur ouvrant le passage du Rhin. On ne saurait assez multiplier ces ponts de Kehl pacifiques. »

L'ardeur de Sainte-Beuve à entrer en campagne en attaquant la routine dans les études philologiques entretenue par les corps savants lui attira même un jour des réclamations de trois côtés, de l'Académie des Inscriptions, de l'Université et de l'Imprimerie impériale [3]. Le 13 octobre 1868 avait eu lieu l'inauguration d'un monument érigé à la mémoire du philologue allemand Dübner. Né en 1802 dans le duché de Saxe-Cobourg-Gotha, Dübner s'était fixé à Paris en 1832, et jusqu'à sa mort, arrivée en 1868, il ne cessa d'éditer des classiques grecs et latins pour la collection Didot, sans que les mérites de ses œuvres aient été appréciés à leur juste valeur. Sainte-Beuve avait composé un discours pour la cérémonie funèbre qui réunissait au cimetière de Montreuil-sous-Bois un petit nombre d'amis du défunt. Empêché par l'état de sa santé, il le fit lire par un tiers et le *Moniteur* du 15 octobre 1868 le publia. Retraçant la carrière de Dübner, Sainte-Beuve s'exprimait en ces termes : « Représentant de la philologie allemande en France, appliquant et développant les principes sur lesquels repose la critique des textes, son exemple eut certainement de l'action sur ses contemporains immédiats et aussi sur les plus jeunes qui lui ont succédé... Mais, s'il exerça une heureuse influence sur les individus distingués, il échoua dès qu'il voulut introduire une partie de ses idées de réforme dans l'enseignement public; il ne put faire brèche;

1. Paul Gautier, *article cité*, p. 135, 136, 139.
2. *Nouvelle Correspondance*, p. 271.
3. *Nouveaux Lundis*, XI, 1869; *Dübner*, p. 433-446.

l'Université en corps résista. Elle tint bon pour sa grammaire traditionnelle qui avait été un progrès en son temps, mais qui était certainement dépassée... » Et répondant aux protestations des représentants de l'Université, Sainte-Beuve reprochait à ses membres de « se louer et de se célébrer à l'infini », de mépriser l'Allemagne. « J'ai connu beaucoup de ces hommes, M. Villemain en tête; ont-ils jamais daigné pour la science regarder au delà du Rhin? » Il déplore que l'Académie des Inscriptions ait fermé ses portes à Dübner, et généralisant le débat, exaspéré par ce qu'il voyait et entendait autour de lui dans ce moment à Paris où les travaux de Renan avaient mis en rumeur la partie des classes lettrées qui se rattachaient aux doctrines catholiques, Sainte-Beuve s'écriait en terminant : « O France, toujours contente de toi, te disant sans cesse que ta magistrature est la plus intègre, que ton armée est la plus brave, que ton clergé même est le plus pur, et à plus forte raison que ton jugement et ton goût dans les lettres et dans les études ne laissent rien à désirer! »

Cependant, à l'heure où Sainte-Beuve donnait libre cours à ses récriminations, des symptômes nouveaux avaient apparu, qui, dans les rangs d'une petite élite, témoignaient en faveur d'un esprit plus compréhensif que celui du monde officiel. En 1857 avait été fondée la *Revue germanique* par Dollfus et Nefftzer, et, en 1858, elle s'ouvrait par une *Introduction* portant pour titre *De l'esprit français et de l'esprit allemand*, signée par les deux directeurs. Ils attiraient l'attention sur le changement qui était survenu dans les méthodes scientifiques en Allemagne et qui tendait de plus en plus à substituer l'analyse à la synthèse. « L'évolution est visible partout : en métaphysique, dans les sciences, en histoire, dans la poésie, le roman, le théâtre. Ainsi l'Allemagne, réagissant contre des instincts trop exclusifs, cherche la réalité et la vie, concluaient-ils. C'est un pas qu'elle fait vers la France. S'il est certain qu'en toute situation les deux pays ont possédé dans leur génie les motifs d'un échange naturel et les conditions nécessaires pour le rendre fécond, il semble qu'en aucun moment de leur carrière les circonstances n'aient été plus propres à ce commerce de leurs esprits. » Il paraît presque impossible qu'une entreprise de cette importance, conçue dans les vues larges qui étaient alors en conformité avec celles de Sainte-Beuve, l'ait laissé indifférent; nous nous demandions s'il ne l'a pas encouragée par la parole ou par la plume. Toutefois sa *Correspondance* est muette à cet égard; nous aurions aimé que l'histoire de la première *Revue germanique*, telle qu'elle a été publiée par la jeune *Revue germanique* dans ses numéros de novembre 1905

et de janvier-février 1906[1], nous apportât d'intéressantes révélations sur la part qu'il aurait prise à ce nouveau périodique en
voyant s'élever « les ponts de Kehl pacifiques » qu'il rêvait. Déçu
dans notre attente, nous nous sommes adressé à M. Troubat, qui
a bien voulu consulter ses souvenirs. « Sainte-Beuve, nous a-t-il
répondu (Paris, 2 février 1906), était très lié avec Nefftzer ; il recevait
et lisait avec attention et intérêt la *Revue germanique* ; mais, à mon
souvenir, ils n'ont fait campagne ensemble que lorsqu'il s'est agi
de démontrer le caractère apocryphe des lettres de Marie-Antoi-
nette vendues par M. Feuillet de Conches à M. Unolstein. Il y eut,
si je m'en souviens bien, une levée de plumes où la *Revue germanique* marcha côte à côte avec le critique du *Constitutionnel*, qui,
je crois bien, le cita dans ses articles. »

Il est curieux de voir Sainte-Beuve, vers les dernières années de
sa vie, rester fidèle aux cultes et aux admirations de sa jeunesse.
Les idées et les œuvres de M^me de Staël ne cessèrent jamais d'être
des sujets de prédilection qui le rattachaient à la pensée des
peuples septentrionaux. Dans *Chateaubriand et son groupe littéraire*[2], il avait avancé « qu'en 1800 M^me de Staël est encore une
personne du XVIII^e siècle ; elle en est l'esprit le plus avancé, mais
elle y plonge encore. Elle ne subit toute sa transformation qu'après
*Delphine*, durant son voyage d'Allemagne de 1804, dans le commerce qu'elle eut avec les Schlegel, les Gœthe, les Humboldt. La
M^me de Staël toute moderne, l'initiatrice véritable de tout un ordre
de générations modernes, date de là. » Quelques mois avant sa
mort, il projetait d'écrire sur elle un ouvrage qui eût été le pendant de son *Chateaubriand* et qu'il aurait intitulé *Madame de
Staël et son groupe littéraire*. Il informe M. Émile Délerot, le traducteur des *Conversations de Gœthe avec Eckermann*, le 21 mars
1869[3], qu'il s'est mis à ramasser tout ce qu'il peut de témoignages
sur M^me de Staël. « Si vous en rencontrez, je me recommande à
vous. Je parle des témoignages allemands ou du Nord. J'ai celui
d'Oehlenschläger dans son autobiographie. J'aimerais à avoir, plus
exactement que je ne l'ai eu, ce qu'en dit Zacharias Werner, dans
une lettre de 1809 au conseiller Schreffer. »

De toutes les lettres datées recueillies dans la *Nouvelle Correspondance*, celle-là est la dernière dans laquelle l'Allemagne revient
sur le tapis. Les événements allaient se charger eux-mêmes de

---

1. George Parizet, *La Revue germanique de Dollfus et Nefftzer d'après la correspondance des deux directeurs.*
2. T. I, p. 84.
3. *Nouvelle Correspondance*, p. 337.

tourner les regards de Sainte-Beuve vers l'étranger. En 1868 des discussions orageuses avaient eu lieu au Sénat entre la fraction cléricale et les partisans des tendances anti-religieuses qui régnaient dans l'enseignement supérieur. Sainte-Beuve protesta dans un discours qu'on lit au tome III des *Premiers Lundis*. Plus que jamais les *Universités allemandes* lui fournissaient l'occasion de rompre en visière ,et ses lettres trahissent les appréhensions qu'il partageait avec le petit nombre des membres de l'opposition sur la contrainte imposée à la libre recherche scientifique. La politique se confond ici avec la littérature, lorsqu'il prévoit qu'on en fera tant que la suprématie intellectuelle sera transférée à Bonn et à Berlin, comme il le dit lui-même à M. Ernest Legouvé dans une lettre du 21 mai 1868. « Quel rôle a joué la science, écrit-il encore quatre jours plus tard (24 mai) à M. Henri Liouville, — la science mise sur la sellette pendant toute une séance devant une Assemblée incompétente, où l'Église parlait haut, où la philosophie biaisait! Pauvre science française! Elle ne s'en est tirée que moyennant excuses, en faisant son *mea culpa*, en disant et répétant : Je ne le ferai plus ; — en un mot, en faisant acte de faiblesse et de repentance comme Galilée à genoux. — Et pourtant la science triomphera! mais je ne suis pas sûr, en effet, que ce soit à Paris qu'elle triomphe et qu'elle ait son siége. Ce siége, de par les lois de l'histoire, sera peut-être transféré à jamais dans l'avenir à Heidelberg, à Bonn, à Berlin! Ce serait triste pour la France hispanisée[1]. »

Ces avertissements prennent une portée prophétique quand on les met en regard de ceux qu'on lit dans les *Lettres à la princesse*. Car celles-ci aussi respirent les plus sombres pressentiments, « pressentiments à la Démosthène sur une catastrophe prochaine[2], » en présence des aventures que courait la France compromise et par la réaction cléricale et par le régime impérial. Comme jadis Edgar Quinet, Sainte-Beuve s'alarmait, dénonçait l'attitude menaçante de l'Allemagne et de la Prusse; et sa clairvoyance et ses inquiétudes nous sont confirmées par les propos qu'il tenait en 1869 quelques mois avant sa mort, recueillis par son secrétaire, M. Troubat, dans le fragment suivant :

« Au lieu d'irriter l'un contre l'autre deux grands peuples voisins comme la France et la Prusse (les deux premiers en Europe à ce moment-là par la puissance militaire et le génie créateur), on ferait mieux de songer à les unir, ce serait la plus

1. *Nouvelle Correspondance*, p. 269, 272.
2. Jules Troubat, *Sainte-Beuve intime et familier*, Paris, 1903, p, 24,

digne alliance qui nous conviendrait. Ces nations protestantes sont
en avant sur nous : leur religion ne les endigue pas, comme les
nations catholiques. C'est ce qui a vaincu l'Autriche à Sadowa.
Elle a éprouvé le besoin, immédiatement après, de se mettre au
pas et à l'heure des peuples avancés, sous peine de se voir débordée
par le progrès qui aurait suscité chez elle une révolution. Elle a
fait des réformes, elle a créé des institutions nouvelles; elle a
voulu se rajeunir, elle s'est mise à la hauteur du siècle pour n'être
pas emportée par les idées modernes. Elle était encore fort en retard
avant Sadowa : la voilà qui devient libérale et progressiste. — Nous
avons un redoutable voisin en M. de Bismarck : c'est un homme
qui a fait son pays, qui a continué l'œuvre de Frédéric. En France
on méconnaît la grandeur de ce dernier, et l'on se moque du grand
ministre qui gouverne actuellement la Prusse. On se moque de
tout en France, comme du temps de Marlborough qui nous battait
à plate couture. Au lieu de songer à se mesurer à coups de canon
avec la Prusse, on ferait mieux de créer deux Écoles, l'une de
Berlin, l'autre de Paris. » Et M. Troubat, après avoir rappelé que
Sainte-Beuve avait autrefois donné l'idée de celle d'Athènes à
M. de Salvandy, continue en ces termes : « Leur jeunesse viendrait
chez nous s'adoucir, s'assouplir à notre contact : elle n'y perdrait
rien de sa force, et elle y gagnerait en gentillesse : tandis que nous,
nous enverrions l'élite de nos jeunes gens étudier les sciences
dans leurs laboratoires, plus riches que les nôtres; ils se fortifie-
raient au contact de cette nation rude, barbare, si l'on veut,
comme les Macédoniens modernes... » M. Troubat[1] conclut
qu'« il est évident aujourd'hui que ce sont là d'irréalisables
utopies; » elles n'en restent pas moins un précieux témoignage
du travail d'esprit qui s'était accompli chez le critique.

Tout à l'heure, en rapprochant les deux fondateurs de la monarchie prussienne, loin d'en parler avec la rancune ou le dédain d'un
patriotisme aveugle, il s'efforçait de garder l'impartialité de
l'historien. Sur le compte de M. de Bismarck, il est à croire qu'il
se fût départi de son attitude s'il eût vu la guerre et les transformations de la grandeur germanique; mais on relira toujours avec
profit les articles qu'il a consacrés au grand Frédéric[2] en rendant
justice au souverain et au politique. Il veut le considérer en se
dégageant « du point de vue français, des illusions françaises » ;

1. *Le Blason de la Révolution*, Paris, 1883, p. 349. — Voir aussi *La Correspondance de Sainte-Beuve*, par Eug. Ritter, dans la *Zeitschrift für neufranzösische Sprache
und Litteratur*, Bd. XI, 1889.
2. *Causeries du Lundi*, III, VII, XII.

il salue en lui[1] « l'un des meilleurs historiens que nous possédions.
Je dis *nous*, car c'est en français que Frédéric a écrit, c'est en
français qu'il a pensé, c'est aux Français encore qu'il songeait
souvent et qu'il s'adressait pour être lu »; aussi « cet élève unique
et original de Voltaire », tout étranger qu'il est, s'entend à choisir
ses expressions en esprit juste qui mesure ou qui plie la langue à
sa pensée[2] ». Aussi bien, s'il n'a pas tracé de Frédéric un portrait
d'ensemble, c'est le lettré qui le captive, le lettré tout imbu de
philosophisme français, qui ne s'est pas douté que des temps nouveaux se sont ouverts pour la littérature allemande, « que Gœthe
est déjà venu. Mais peut-on s'étonner que Frédéric n'ait pas
senti *Werther*[3]? » On a beaucoup écrit depuis sur Frédéric;
comme de raison, l'amour-propre s'en est mêlé pour influencer le
jugement des historiens et des publicistes. En 1883, le duc
de Broglie[4] traitait avec la dernière rigueur celui qu'il regardait
comme le principal auteur de l'abaissement politique de son pays;
la balance a été rétablie par M. Deschanel[5], qui instituait un
parallèle entre *Frédéric II et M. de Bismarck*; même après ce
dernier essai qui porte essentiellement le débat sur les questions de gouvernement, on revient encore à Sainte-Beuve
comme à celui qui a pénétré le plus avant dans l'âme intime de
l'homme, du philosophe et du monarque.


# V


A une époque où l'étude comparative des littératures n'existait
pas ou commençait à naître, les problèmes que soulèvent les
influences internationales ne pouvaient s'imposer aux méditations
d'un écrivain avant tout curieux du mouvement intellectuel de
son pays. Toutefois les regards de Sainte-Beuve se sont fixés de
bonne heure sur l'individualité qui, à ses yeux, résumait la
culture germanique. Gœthe fut pour lui, selon son expression, « la
patrie allemande[6] »; il est devenu le point de départ et le point
d'arrivée des efforts faits par Sainte-Beuve pour s'assimiler des
mondes inconnus; les autres poètes, les penseurs et les littérateurs allemands ne viennent qu'en seconde ligne. Les écrits de

---

1. *Causeries du Lundi*, III, p. 119.
2. *Id.*, III, p. 125.
3. *Id.*, III, p. 151.
4. *Frédéric II et Marie-Thérèse*, 1740-1742, 2 vol., Paris, 1883.
5. *Orateurs et hommes d'État*, Paris, 1888, p. 1-123.
6. *Causeries du Lundi*, II, p. 336.

Gœthe ne lui ayant été connus que par des traductions, un des premiers guides qu'il a dû consulter sont les articles parus dans le *Globe* de 1824 à 1828, et que M. G. Michaut a cités dans son ouvrage *Sainte-Beuve avant les Lundis* [1]. Dans cette liste nous relevons la *Notice sur les ouvrages et la vie de Gœthe*, d'Albert Stapfer, le traducteur de *Faust*. Parue en 1826, cette monographie a valu à son auteur un reconnaissant hommage de Gœthe. « La trame de notre vie et de notre activité, écrit ce dernier, se compose de fils très divers ; la nécessité et le hasard, l'arbitraire et la pure volonté, choses si différentes et qu'on ne peut souvent pas distinguer, s'y croisent mutuellement... On admirera avec reconnaissance comment notre biographe a pu s'approprier d'une manière bienveillante ce qui est notoire et déchiffrer ce qui reste caché [2]. » Nous croirions volontiers que Sainte-Beuve, qui ne peut manquer d'avoir lu cette importante étude, a peut-être aussi connu ces réflexions et s'en est souvenu quand il eut pris une fois conscience de sa méthode critique qui consiste à aller par l'individu à l'écrivain. En s'attaquant à Gœthe, il importait toutefois de redoubler de circonspection : en raison des différences de race, de la distance et des conditions de la vie sociale d'une nation étrangère à Sainte-Beuve, on ne saurait exiger de lui qu'il ait soumis Gœthe au genre d'enquête qui lui a réussi avec des hommes de marque, tels que Chateaubriand, par exemple. Il ne pouvait se poser, au sujet de l'écrivain allemand, les questions auxquelles il est plus facile de répondre quand il s'agit d'une personnalité rapprochée par le temps et le lieu, replacée à son vrai point de vue et de ne pas ainsi « courir le risque d'inventer des beautés à faux et d'admirer à côté, comme cela est inévitable, quand on s'en tient à la pure rhétorique [3]. »

Nous nous proposons, dans les chapitres suivants, de relever les principaux passages des écrits de Sainte-Beuve dans lesquels interviennent le nom et les œuvres de Gœthe comme termes de comparaison ou points de contraste et d'en commenter les impressions qu'ils lui ont suggérées avant d'arriver à formuler un jugement qui embrasse l'individu tout entier.

En 1829, une occasion s'était offerte à Sainte-Beuve d'aller voir Gœthe à Weimar. David d'Angers, qui se rendait alors dans cette ville pour faire le buste de Gœthe, lui avait proposé de l'emmener

1. Paris, 1903, p. 91.
2. *Auswärtige Litteratur und Poesie*, Stuttgart, Cotta, 1869, XXXI<sup>e</sup> vol., p. 42.
3. *Nouveaux Lundis*, III ; *Chateaubriand jugé par un ami intime*.

avec lui. Les raisons qui le poussèrent à refuser, raisons qui ne
sont un mystère pour personne aujourd'hui, sont assez étrangères
à la littérature[1]. « La passion que je n'avais qu'entrevue et
désirée, écrivait-il à l'abbé Barbe le 18 décembre 1831, je l'ai
sentie, elle dure, elle est fixée, et cela a jeté dans ma vie bien des
nécessités, des amertumes mêlées de douceur... » Ce fatal amour
qui le retenait à Paris empêcha un autre projet d'aboutir. Il s'agissait d'un voyage à Rome en compagnie de Lamennais, qui voulait
se l'adjoindre dans la conviction qu'il trouverait en lui un auxiliaire pour la crise politique et religieuse qui se préparait. Mais si,
en 1839, Sainte-Beuve put se consoler et visiter Rome, le souvenir
du voyage manqué de Weimar lui causa toujours de la tristesse.
Trente ans après, en 1858, il disait à un jeune parent de Reuchlin,
l'historien allemand de Port-Royal : « Maintenant l'amour est
passé et je n'ai pas vu Gœthe[2] ».

Un autre Français, Ampère, avait déjà séjourné à Weimar du
20 avril au 15 mai 1827. On sait dans quels termes flatteurs
Gœthe s'est exprimé sur son compte et qu'Ampère, de retour en
France, n'a pas été en reste avec lui. Mounier, Camille Jordan,
Benjamin Constant, Victor Cousin ont eu de même à se louer de
l'accueil qu'ils ont reçu du vieux maître. « Ampère, disait Gœthe[3],
résumant l'impression unanime de son entourage, Ampère a placé
son esprit si haut qu'il laisse bien loin au-dessous de lui tous les
préjugés nationaux, toutes les appréhensions, toutes les idées
bornées de beaucoup de ses compatriotes; par son esprit, c'est
bien plutôt un citoyen du monde qu'un citoyen de Paris. Je vois
venir le temps où il y aura en France des milliers d'hommes qui
pensent comme lui. » Sainte-Beuve[4] dit de lui qu'il était le plus
qualifié pour renseigner son illustre interlocuteur sur le mouvement philosophique et littéraire qui se poursuivait a Paris. Quel
guide éclairé n'eût-il pas aussi rencontré dans Sainte-Beuve et
quelle poussée intellectuelle celui-ci n'eût-il pas reçue en échange!
En les suivant tous deux dans un entretien imaginaire, si nous
voulions formuler les thèses qui devaient circonscrire la discussion, il nous semble entendre Gœthe soutenir le point de vue
qu'il avait émis un jour en présence d'Eckermann : « Ce que les
Français croient nouveau dans leurs idées littéraires n'est au fond

1. Léon Séché, *op. cit.*, p. 109-110.
2. *Nouvelle Correspondance*, p. 19, et Léon Séché, *op. cit.*, p. 110.
3. Cité par Abel Lefranc, *Revue bleue*, 7 janvier 1905; *La langue et la littérature
française au Collège de France*.
4. F. Baldensperger, *Gœthe en France*, Paris, 1904.

rien autre chose que *le reflet* de ce que la littérature allemande a voulu faire et a accompli depuis cinquante ans », comme il en fut en Angleterre, ajouterons-nous, où, avant d'apparaître en France, et dès le xviii⁰ siècle, le mouvement romantique s'était épanoui et avait été « non pas un objet d'importation, mais au contraire une floraison naturelle et une expression du tempérament national[1] ». Et Sainte-Beuve, respectueux de la tradition française, n'eût pas hésité à répondre que la génération romantique n'a rien dû d'essentiel à l'Allemagne. « Même lorsqu'on imitait, lit-on dans sa lettre à M. W. Reymond dont nous parlions plus haut, il y avait une certaine ignorance première, une demi-science qui prêtait à l'imagination et lui laissait de sa latitude. » La vérité est ici entre deux. Nul doute que, vers la fin du xixᵉ siècle, le poète et le critique ne se fussent ravisés et n'eussent sacrifié de leurs prétentions dans leur manière d'envisager le romantisme français dont en 1829 personne ne pouvait encore démêler nettement les éléments constitutifs. La critique n'a pas dit encore son dernier mot; à Gœthe comme à Sainte-Beuve se rallient des autorités également respectables. C'est ainsi que, pour n'en citer qu'un exemple, dans la question des origines du drame historique et de la priorité de l'influence allemande, MM. Mézières et Lichtenberger se rangent à l'avis de Gœthe, combattu d'autre part par M. Louis Ducros, qui revendique l'originalité pour les Français[2].

Une entrevue eût-elle suffi à Sainte-Beuve pour lui découvrir la vraie nature de Gœthe? Il est permis d'en douter. En 1835, il ne voyait encore en lui que « le Talleyrand de l'art[3] »; il s'est tenu un certain temps à cette expression qui donnait à entendre assez clairement sa pensée. Dans son *Port-Royal*, lorsqu'il se demande dans quelle mesure les scrupules esthétiques sont compatibles avec la sincérité du poète, celui-ci ne doit pas, déclare-t-il, se reprocher « d'avoir adoré l'art et de s'en être fait une idole »; c'est cependant l'écueil des plus grands et des moindres en cette carrière, « de Michel-Ange, comme de Balzac, comme de Racine, de ce Gœthe que j'ai appelé le Talleyrand de l'art ». Ailleurs, il reconnaît deux classes de poètes dramatiques; les uns, en créant leurs personnages, sont restés plus calmes, plus désintéressés, plus détachés d'eux-mêmes; à ce groupe appartiennent « Shakespeare,

---

1. *Revue des Deux Mondes*, 15 décembre 1903; *A l'aube du romantisme*, par R. Doumic.
2. *Bulletin mensuel de la Faculté des lettres de Poitiers*, novembre 1886, p. 349 et suiv.
3. Voir W. Küchler, *op. cit.*

Molière, Walter Scott, si dramatique en ses romans, Gœthe en partie[1] ». Les autres, dominés par leurs sujets, se laissent emporter par leur verve et se mettent tout entiers dans leur œuvre et leurs protagonistes; ils ont « le chaleureux montant et le cordial »; mais l'équilibre manque à leur création. « Corneille, Schiller, Marlowe, Rotrou, Crébillon, Werner, — tout au bas, mais encore Ducis » sont les représentants de cette tendance, et aucun « pas même le noble Schiller, n'est plus grand que Corneille ». Or, c'est faute d'un cœur humain complet et chaud, « de ce *pectus*, de ce cœur sincèrement sympathique à tout que Gœthe ne tient qu'imparfaitement à la grande première famille; il domine son talent, mais il s'en pique; cette supériorité de calme jusque dans la verve n'est pas un don seulement en lui; c'est une prétention. Cela se raffine et va à la malice, nuisible à toute grandeur; entre deux portes toujours Méphistophélès s'entrevoit »; plus tard Sainte-Beuve a atténué ce qu'il y avait d'excessif dans cette assertion : « on a depuis, ajoute-t-il, et nous avons nous-même rendu une plus grande justice à Gœthe vieillissant[2] ».

L'étude du jansénisme, quand on l'a dépouillé de tout appareil théologique, conduit à admettre un idéal de morale et de vie qui appelle la comparaison ou le contraste avec la vie comprise au sens large du mot, telle que Gœthe la comprit. Port-Royal et Gœthe : il n'y eut jamais pareil exemple de renversement du pour au contre. L'un et l'autre ont la préoccupation commune à la théologie comme à la philosophie du problème de la destinée, de la sagesse et du perfectionnement de l'être humain; mais les vertus et les moyens préconisés par les Arnauld, les Nicole et les Pascal pour en trouver la solution : intransigeance dans les principes, humilité d'esprit, dédain de la science, détachement des biens de fortune, abnégation de soi-même, — tout cela apparaît à Gœthe comme autant d'entraves et de faiblesses. Sainte-Beuve avait la partie belle pour mettre en relief ces antithèses. Jacqueline Pascal meurt de douleur pour avoir signé le Formulaire, son frère tombe par terre sans connaissance. « Fontenelle, Gœthe et M. de Talleyrand n'ont pas ces syncopes-là[3] », remarque-t-il. Si les philosophies « s'accostent » au christianisme, celui-ci les dépasse en ce qu'il déclare l'homme absolument déchu. Et Sainte-Beuve développera ce thème en s'appuyant encore de l'exemple de Gœthe. Accordez à l'homme naturel de la noblesse et de la

1. *Port-Royal*, I, p. 148.
2. *Id.*, I, p. 149.
3. *Id.*, III, p. 356.

grandeur, le bésoin du salut s'en va diminuant d'intensité; on passe petit à petit au Vicaire savoyard : « tous les malins en ce monde savent cette fin-là, Byron comme Retz, Gœthe comme Voltaire (le Gœthe de *Faust*, sinon le Gœthe des dernières années) [1] ». Dans un autre passage où sa première ferveur pour les Jansénistes a pu le faire croire très engagé de leur côté, Sainte-Beuve est encore plus explicite : « Depuis la venue du Christ, la moralité humaine a fait un pas, dont les incrédules eux-mêmes sont forcés de tenir compte; le nouvel idéal *d'une âme parfaitement héroïque* a été trouvé et proposé devant les hommes. Ceux qui le nient absolument en portent la peine. Prenez les plus grands modernes anti-chrétiens, Frédéric, La Place, Gœthe; quiconque a méconnu complètement Jésus-Christ, remarquez-y bien, dans l'esprit et dans le cœur, il lui a manqué quelque chose [2] ».

Pour mieux démontrer l'antagonisme entre la science et la foi et les conséquences de la science pure, de la curiosité non satisfaite qui engendre la négation, puis le désespoir et le néant, la destinée du docteur Faust arrive à point nommé. De 1830 à 1835, l'œuvre de Gœthe était encore dans sa nouveauté en France; elle exerçait l'imagination des artistes, des penseurs et des critiques et la traduction qu'en donna Gérard de Nerval fut le principal instrument de vulgarisation de ce poème étrangement apprécié par Benjamin Constant et M^me de Staël. Sainte-Beuve en goûta moins la seconde partie que la première. « S'il reste de l'ombre et des obscurités, écrivait-il plus tard à M^me d'Agoult à propos du livre qu'elle avait publié sur *Dante et Gœthe*, c'est sans doute que Gœthe lui-même, sur cette fin, a cherché plutôt qu'il n'a trouvé et que sa lampe vacillait aussi [3]. »

Ce langage traduit assez fidèlement l'opinion du public et de la moyenne des lettrés en France sur la création tout entière de Gœthe; mais le héros et ses aspirations tels qu'ils ressortent de la première partie de *Faust*, ont été bien saisis par Sainte-Beuve. Les penchants que représente Faust, Jansénius les avait analysés dans son *Augustin*, sans nommer ce personnage encore si obscur, si défiguré qu'il aurait pu cependant connaître par la biographie de Palma Cayet, parue en 1603. N'aurait-il pas pu aussi en avoir entendu parler par les troupes de comédiens anglais voyageant sur le continent, dans les Pays-Bas, dans les villes Hanséatiques et dans toute l'Allemagne, dès la fin du xvi^e siècle? Ce Faust, tout

1. *Port-Royal*, III, p. 239.
2. *Id.*, III, p. 451.
3. *Nouvelle Correspondance*, lettre du 14 juin 1866, p. 220.

légendaire qu'il était, était empreint de l'esprit de la Réforme et devait intéresser les théologiens dissidents [1]. Si Jansénius n'a pas invoqué ce témoignage pour prouver la vanité de ceux qui s'adonnent aux recherches téméraires, il a du moins discerné les traits essentiel qui contribueront un jour à faire du savant le type du révolté, et c'est à Sainte-Beuve que nous devons le rapprochement. « Jansénius, dit-il, met en garde l'homme contre ce qu'il appelait *libido oculorum*, la passion des yeux, l'organe de la curiosité; il y ramène tous les savants, les investigateurs de la nature, ceux que l'insatiable passion de Faust entraîne et qui ne rapportent pas leurs acquisitions et leurs efforts à l'unique et suprême but capable de les rectifier [2]. » Des travaux de toutes sortes sur *Faust* ont approfondi bien des côtés restés dans l'ombre; Sainte-Beuve ne s'en rencontre pas moins avec un des derniers commentateurs de Gœthe, M. Ernest Lichtenberger, qui signale le désir de conaître comme l'idée mère du poème, comme le point de départ chez Faust de tous les malheurs. Dans son dessein de faire comparaître *Faust devant l'humanité* [3], ce dernier critique a dressé une vaste enquête des solutions proposées pour l'intelligence de cette figure si complexe et détermine, comme Sainte-Beuve, le genre de connaissance qui attire Faust. « Loin de cette science littérale et livresque, il aspire à une connaissance vivante en esprit et en vérité, écrit M. Lichtenberger; le fini, l'imparfait, le relatif l'irritent; il demande la vérité infinie, parfaite, absolue. Il est las de mentir, de suer sang et eau pour enseigner à ses élèves ce qu'il ne sait pas lui-même; il s'adonne à la magie « pour connaître ce qui maintient l'univers dans ses profondeurs, pour contempler toutes les forces actives et les semences, les germes de toutes choses, et ne plus fouiller dans les mots. » Il veut connaître. Il veut connaître tout. »

On ne saurait caractériser plus heureusement l'esprit encyclopédique de Faust qui est celui de Gœthe, si proche parent de celui de Sainte-Beuve. A tous deux on peut appliquer dans toute son étendue le mot qu'Edmond Scherer [4] avait dit d'abord de Gœthe : qu'avec lui, « la raison a appris à sortir de soi et à se considérer elle-même dans sa propre phénoménalité ». Dans le même ordre d'idées, Sainte-Beuve convenait que Pascal lui-même, « malgré sa géométrie et sa physique où il avait de si hautes percées, n'en

1. A. Bossert, *Essais sur la littérature allemande,* Paris, 1905; *Le Faust de Gœthe,* p. 122 et suiv.
2. *Port-Royal,* II, 160.
3. *Gœthe Jahrbuch,* Bd. XXVI, 1905, p. 109.
4. *Études critiques de littérature,* Paris, 1876, p. 94.

était pas encore à comprendre cet ensemble, cette constitution de
l'univers comme elle est apparue depuis à l'esprit d'un Buffon,
d'un Gœthe ou d'un Humboldt [1] ».

L'homme chez Gœthe, autant que le savant et le poète, captiva
toujours Sainte-Beuve. La jeune génération romantique ne vit
guère dans l'écrivain allemand que le grand seigneur de lettres
confiné dans un égoïsme avisé et épicurien, vivant au sein de
l'opulence et du bonheur, détournant volontiers les regards des
préoccupations et des soucis échus en partage au gros de l'humanité. C'est du moins sous cet aspect que nous le présente une
revue française du commencement du XIXe siècle dans un article
assez défectueux traduit d'une revue anglaise [2]. Avec plus d'apparence que de raison, Gœthe à Weimar évoquait l'image de Voltaire
à Ferney et Sainte-Beuve semble se l'être d'abord figuré ainsi.
« Balzac, écrit-il, en parlant de l'attitude dans laquelle se drapa le
grand épistolier, s'installa dans son bien-être et dans sa renommée
comme ont pu faire depuis un Gœthe et un Voltaire, mais avec de
bien autres ménagements qu'eux [3]. » Or, ces précautions habiles
à veiller sur sa gloire, Gœthe ne les a pas connues ou n'avait cure
de les prendre ; il y eut chez lui absence de pose, allant même jusqu'au dédain des hommages de la foule. Mais ce qu'il y avait chez
lui et ce que Sainte-Beuve a relevé ailleurs avec plus de justesse,
c'est un trait tout grec que signalait Musset et qui l'a été depuis par
les biographes et les critiques de Gœthe : le goût de l'art désintéressé, l'instinct du beau qui est inséparable de la richesse, rehaussé
par une idée morale. Tout entier à ses solitaires de Port-Royal, et
sans doute aussi sous l'influence de la religion humanitaire et éga-
litaire prêchée par Lamennais, Sainte-Beuve ne peut s'empêcher
de remarquer que le christianisme orienta l'homme vers l'humilité
et la pauvreté et non pas « vers la richesse ornée de talents », telle
que l'a célébrée Pindare. « De nos jours, ajoute-t-il, Gœthe, le grand
païen et qui se souciait de toute beauté, de toute belle vérité, si ce
n'est peut-être de l'antique vertu, pensait à peu près comme
Pindare sur la richesse et il plaçait l'idéal de la sagesse accomplie
au faîte d'une noble opulence ; » et, pour appuyer son dire, il nous
invite en note à méditer ces réflexions tirées de *Wilhelm Meister* :
« Trois fois heureux ceux que leur naissance place aussitôt sur
les hauteurs de l'humanité, qui n'ont jamais habité, jamais traversé comme simples voyageurs l'humble vallée où tant d'honnêtes

1. *Port-Royal*, II, p. 480.
2. *Décade philosophique*, n° 30, an IX, 4e trimestre, p. 160-164.
3. *Port-Royal*, II, p. 525.

gens agitent misérablement leur existence[1] ... » Cet éloge de la
richesse a dû frapper Sainte-Beuve qui l'avait déjà reproduit tout
au long dans ses articles sur Sénancour[2], l'auteur d'*Oberman*, en
indiquant une pensée d'un autre Allemand, Jean-Paul Richter, sur
la pauvreté et la richesse, pensée qu'il rapproche des lignes suivantes détachées d'une lettre de Bossuet au maréchal de Bellefonds :
« Je n'ai, que je sache, aucun attachement aux richesses; néanmoins, si je n'avais que le nécessaire, si j'étais à l'étroit, je perdrais
plus de la moitié de mon esprit[3] ». Dans cette insistance à s'autoriser d'exemples illustres, n'éprouve-t-il pas comme un besoin de
se confirmer les leçons de l'expérience et de la vie? Sainte-Beuve,
en effet, peina rudement, tandis que les distinctions et l'aisance
arrivaient à ses égaux d'âge. Les soucis financiers jouèrent un
trop grand rôle dans sa carrière; la position précaire de l'homme
de lettres, la dépendance qu'elle entraîne à sa suite, lui arrachaient
un involontaire regret lorsqu'il jetait un regard sur l'existence
paisible de celui qu'il appelle « l'heureux Gœthe ». D'autres en ont
fait l'observation avant nous. « Au lieu du joug léger des Muses »,
il a connu les assujettissements pénibles de la vie littéraire et le
poids « des corvées même honorablement laborieuses » et il n'a
jamais pu s'en affranchir, dit M. G. Michaut. « Dans sa vie laborieuse, sa plume assurera sa subsistance, puisqu'il ne veut point la
mettre à prix, puisqu'il refuse les générosités du pouvoir, puisqu'il
ne reste qu'un an à Lausanne, un an à Liége, peu de temps au
Collège de France, quatre ans seulement à l'École Normale,
puisque les injustes soupçons sottement jetés sur lui lui font
quitter la Bibliothèque Mazarine. C'est seulement quand il sera
devenu sénateur, qu'il sera tout à fait maître de lui-même et de
son temps[4]. » M. Eug. Ritter, comparant à son tour les chances
relatives de fortune et d'appui social dont bénéficièrent Mérimée
et Sainte-Beuve conclut que « *Res angusta domi* est un point
essentiel dans la vie de ce dernier[5] ».

L'homme haut placé, conscient de son ascendant sur ses semblables, tourne vite à l'impassible et à l'indifférent, plus vite
encore à l'énergique que ne peuvent atteindre ni les attaques des
hommes, ni les coups du sort. L'idée de force rattachée d'abord
aux noms des héros de l'histoire et des fondateurs d'États s'est

1. *Port-Royal*, III, p. 325-326.
2. *Portraits contemporains*, I, 1832, p. 160.
3. *Id.*, I, p. 187.
4. *Sainte-Beuve avant les Lundis*, par G. Michaut, Paris, 1903, p. 15-16.
5. *Zeitschrift für franz. Sprache und Litteratur*, Bd. XXVIII, p. 224; cf. aussi
*Revue d'histoire littéraire de la France*, juillet-septembre, 1906, p. 535.

introduite avec des écrivains tels que Stendhal dans la poésie et le roman; Julien Sorel et d'autres ont lu plus avidement le *Mémorial de Sainte-Hélène* qu'ils ne se sont attendris sur les malheurs de Werther. De son côté la critique, s'inspirant des résultats acquis par les sciences naturelles, s'est plu à opposer entre eux des génies dans des domaines très différents pour constater des effets analogues. C'est ainsi qu'en 1900, M. Andreas Fischer, dans son livre *Gœthe und Napoleon*, a institué un parallèle en contrastes entre l'éclat et la grandeur matérielle et la supériorité des aptitudes intellectuelles. En bonne justice, Sainte-Beuve peut revendiquer la priorité; en 1835, à propos des *Mémoires* de Mirabeau, au tome II de ses *Portraits contemporains*, il a protesté contre l'idolâtrie des grands hommes; qu'eût-il pensé de la philosophie de Nietzsche et des disciples du surhomme dont Gœthe serait, à les en croire, un des premiers et des plus illustres ancêtres? Son ironique bon sens eût bientôt remis à leur place cette catégorie de héros, « d'hommes providentiels qui ont toujours raison, en qui l'origine et la fin justifient les moyens et qui marchent sur la terre et sur les eaux en vertu du droit divin des révélateurs[1] ». L'article est à lire en entier; nous nous bornons ici à ce qui a trait plus particulièrement à notre sujet. La fameuse entrevue du 8 octobre 1808 à Erfurt du conquérant et du poète n'a pas peu contribué à perpétuer le prestige de l'un et de l'autre et se prête avec complaisance aux poétiques développements, alors même que les informations qui sont à notre portée sont loin de tout éclaircir, de quelque source qu'elles proviennent, de Talleyrand dans ses *Mémoires*, du chancelier Frédéric de Müller dans ses *Entretiens* ou de Gœthe lui-même dans sa correspondance. « C'était un homme de bronze, écrit Sainte-Beuve, » rapportant le mot de Wieland sur Napoléon. « Ce que je veux noter, continue-t-il quelques lignes plus bas, ce qui me semble fâcheux et répréhensible, c'est qu'en passant à la région de pensée et de poésie, l'idée obsédante du grand homme a substitué presque généralement la force à l'idée morale comme ingrédient d'admiration dans les jugements, comme signe de beau dans les œuvres. Deux autres grands hommes parallèles à Napoléon, et dont l'influence sur nous a été frappante, ont aidé certes dans le même sens. Byron et Gœthe, l'un par son ironie poignante et exaltée, l'autre par son calme également railleur et plus égoïste peut-être, ont autorisé ce changement d'acception du mot *génie* et ont prêté aux apo-

---

1. *Portraits contemporains*, II, p. 280.

théoses fantastiques qu'on s'est mis à faire des grands hommes[1]. »

Aussi les mémoires des grands hommes ont-ils leur prix, parce qu'ils s'y montrent sous un jour différent, « meilleurs d'ordinaire que leur renommée, » hommes comme nous, avec leurs imperfections et leurs doutes. S'ils ne sortent pas toujours victorieux de l'examen auquel ils nous convient à les soumettre, si Mirabeau, si Byron sollicitent notre indulgence, leur gloire n'en est pas diminuée et Gœthe lui-même, encore peu connu, apparaîtra, vu dans l'intimité, plus simple, moins solennel. Gœthe savait d'ailleurs, comme l'a dit naguère M. Doumic[2], qu'en choisissant pour titre à ses Mémoires : *Vérité et Poésie*, un écrivain se trouve dans l'impossibilité d'être son propre biographe. Mais Sainte-Beuve n'a pas poussé plus loin son enquête sur un ordre de faits dont notre critique contemporaine s'évertue à tirer parti : l'exactitude des souvenirs et le degré de créance qu'on peut leur accorder, c'étaient là des points que Sainte-Beuve ne songeait pas encore à discuter en 1835. Il n'avait pas tort toutefois d'adoucir son jugement lorsqu'il glissait la note suivante[3] : ... « Gœthe, que je jugeais trop sévèrement tout à l'heure d'après des documents incomplets, s'est dessiné plus ample, plus accueillant et tout à fait meilleur comme génie à la lumière des nombreux témoignages biographiques familiers qui ont entouré et éclairé à nos yeux sa vieillesse. »

## VI

M. Joseph Texte, dans une étude sur l'influence allemande dans le romantisme français[4], constate qu'après 1830 la littérature allemande mieux connue, plus vraiment familière à quelques-uns de nos grands écrivains, a donné au lyrisme une ou deux impulsions nouvelles et qu'elle a entre autres contribué à acclimater avec Hoffmann le roman et la poésie fantastique, et avec *Faust* la poésie philosophique. Le même critique reconnaît encore que l'influence de la littérature allemande paraît s'être exercée surtout au théâtre, aux dépens de la tradition classique, tandis que le lyrisme romantique français ne doit à peu près rien aux romantiques allemands. Il faut néanmoins signaler les imitations de détail assez nombreuses, depuis les traductions d'Uhland et de

1. *Portraits contemporains*, I, p. 279.
2. *Revue des Deux Mondes*, 15 février 1906; *Littérature de Confidences*.
3. *Portraits contemporains*, II, p. 284.
4. *Études de Littérature européenne*, Paris, 1898, p. 195 et suiv.

Schlegel tentées par Sainte-Beuve dans ses *Pensées d'août*, — ce que nous avons cherché du moins à établir plus haut, — jusqu'aux adaptations d'Émile Deschamps dans ses *Études françaises et étrangères* ou de Gérard de Nerval dans ses *Poésies allemandes*.

Quelle est, dans cette phase de l'histoire littéraire et dans les suivantes, la part qu'a prise Sainte-Beuve, critique, de Gœthe? Autant que l'on ose préciser avec une certitude approximative le moment où s'opère l'action d'un esprit sur un autre, on indiquera les années 1835 à 1839 comme la date à laquelle se sont formées les premières impressions que Gœthe a suscitées occasionnelle-ment chez Sainte-Beuve; pour en poursuivre le cours, il faut franchir encore un intervalle d'une dixaine d'années jusqu'en 1862, année dans laquelle le critique, s'occupant pour la dernière fois du poète allemand, a cherché à embrasser l'ensemble de son œuvre et à fixer les traits de sa personnalité.

Dans une article des *Causeries du Lundi* du 3 décembre 1849 [1] sur l'*Histoire de l'Empire* de Thiers, il rappelle et commente quelques mots de l'entretien de Gœthe et de Napoléon à Erfurt. Dans l'ordre de la libre recherche, les préférences de Sainte-Beuve ne pouvaient aller qu'à Gœthe, cette nature universelle, dit-il, que Napoléon lui-même ne s'était guère donné le loisir de bien comprendre. L'empereur avait manifesté au poète son éton-nement de ce qu'un grand esprit comme lui n'aimât pas « les genres tranchés », et Sainte-Beuve s'empresse de se ranger du côté de Gœthe, « s'il peut, ajoute-t-il, y avoir de la honte à être en critique, de l'avis de Gœthe ». Le 10 décembre de la même année, un article sur les écrits de Joubert [2] nous permet d'inférer que Gœthe est mis en bonne place parmi les autorités qu'il invo-quera désormais, qu'il en parle du moins en connaissance de cause. « Je me suis demandé quelquefois, écrit-il, ce que pourrait être une bonne rhétorique française, sensée, juste, naturelle, et il m'est même arrivé une fois dans ma vie, d'avoir à en conférer en quelques séances devant des jeunes gens; » et, « pour ne pas tomber dans la routine et ne pas se risquer dans la nouveauté », il propose pour guides les *Pensées* de littérature de Pascal, le cha-pitre de La Bruyère des *Œuvres de l'esprit*, les *Dialogues sur l'éloquence* et la *Lettre à l'Académie française* de Fénelon, Vauve-nargues, Voltaire avec ses articles GOÛT et STYLE du *Dictionnaire philosophique* et son *Temple du Goût*; puis, « pour étendre un peu l'horizon à ce moment, quelques considérations sur l'esprit de

1. T. I, p. 119-120.
2. T. I, p. 138.

Gœthe et sur le goût anglais de Coleridge. » Dans cette énumération, les noms de Voltaire et de Fénelon sont à retenir. Gœthe lui-
même les avait déjà distingués. Il professa généralement une vive
admiration pour Voltaire ; si, de Fénelon, il n'a parlé qu'une fois,
c'est avec éloge ; il le trouve, dit-il dans une lettre à sa sœur Cor-
nélie, « trop grand pour être déchiré par des écoliers [1] ».

Déjà suffisamment familiarisé avec les étrangers, on comprend
que Sainte-Beuve ait saisi la première occasion de nous livrer le
fruit de ses lectures et de ses réflexions sur l'un des plus grands.
Cette occasion fut la publication des *Lettres de Gœthe et de Bettina
traduites de l'allemand* par Sébastien Albin, parues en deux volumes
en 1843. Elles font le sujet de la *Causerie du lundi* 29 juillet 1850 [2]
qui pourrait s'intituler aussi bien : *De l'esprit de Gœthe.*

Sainte-Beuve a vu Gœthe, un peu comme tous les Français, à
travers Rousseau considéré comme l'ancêtre et l'initiateur d'une
littérature nouvelle, sans s'espacer trop sur ce point et allant droit
à la marque distinctive des deux individus. Tandis que pour lui
Rousseau est « un dieu malade, quinteux, atteint de gravelle et qui
avait moins de bons que de mauvais jours », Gœthe est « un dieu
supérieur, calme, serein, égal, bien portant et bienveillant qui
regarde et sourit » ; et, du même coup, Sainte-Beuve atténue le
reproche qu'il lui a adressé jadis d'impassibilité et d'indifférence.
La présente correspondance nous le montre plus simple, plus
naturel « dans la haute sincérité de sa race. » Qu'on ne le taxe
pas d'égoïsme et de sécheresse envers sa mère ; il faut y regarder
à deux fois avant de lui refuser une qualité ; si le premier aspect
est d'une certaine froideur, « cette froideur recouvre souvent la
qualité première subsistante ». Notons en passant que Sainte-
Beuve essaie déjà la méthode critique qu'il a exposée plus tard,
consistant à étudier l'homme supérieur dans les caractères de sa
parenté la plus proche [3]. Les pages qu'il a consacrées à *Frau Rath*
ne sont pas les moins pleines de charme et de justesse, et si,
depuis, M. Paul Bastier [4] et Arvède Barine [5] se sont étendus avec
plus d'ampleur sur cette intéressante personnalité, on ne saurait
refuser à Sainte-Beuve le mérite d'avoir fourni une première
esquisse.

Ce qu'on appelle la philosophie de Gœthe, sa conception de

1. *Zeitschrift für franz. Sprache und Litteratur*, Bd. XXIII, Heft 1 und 3, 1901 :
*Gœthe's Beschaftigung mit der französischen Litteratur.*
2. T. III, p. 330-352.
3. *Nouveaux Lundis*, III ; *Chateaubriand jugé par un ami intime.*
4. *La mère de Gœthe*, Paris, 1902.
5. *Bourgeois et gens de peu*, Paris, 1905 ; *La famille Gœthe*, p. 163.

l'univers et de l'homme, la position qu'il a prise dans les problèmes de cet ordre, ont été souvent loués ou blâmés avec une
égale ardeur. Dans l'universalité de Gœthe, les uns n'ont aperçu,
comme le philosophe genevois, Ernest Naville [1], s'autorisant à son
tour du témoignage de M. Caro, qu'un éclectisme d'artiste tout
superficiel, qui, ne prenant que ce qui lui convient, sans s'imposer
une règle légitime, aboutit au scepticisme. « Comme sa nature a
plusieurs faces et demande à se développer dans diverses directions, il est, comme il l'a explicitement reconnu, tantôt polythéiste,
tantôt théiste, selon la variété de ses dispositions. » M. Stapfer
approuve au contraire chez Gœthe ce don de comprendre tout ce
qui fait de lui l'incarnation la plus parfaite du génie cosmopolite
de notre âge, tandis que M. Baldensperger [2] déclare que, chez lui,
« l'idée de culture, de marche progressive vers une plus noble
existence a prévalu sur l'intellectualité épicurienne, sur la sérénité de l'universelle compréhension ». C'est avec ce dernier
critique, le plus compétent et le mieux renseigné que Sainte-Beuve
s'est trouvé en parfaite conformité de pensée. Gœthe n'est plus le
Talleyrand de l'art ; il est avec Cuvier, « le dernier grand homme
qu'ait vu mourir le siècle. » On sent dans les lignes suivantes que
l'écrivain français a rencontré un esprit parent du sien, une nature
curieuse de tout et de tous :

« Grand naturaliste et poète, il étudie chaque objet et le voit à
la fois dans la réalité et dans l'idéal ; il l'étudie en tant qu'individu,
et il l'élève, il le place à son rang dans l'ordre général de la
nature ; et cependant il en respire le parfum de poésie que toute
chose recèle en soi. Gœthe tirait de la poésie de tout ; il était
curieux de tout. Il n'était pas un homme, pas une branche
d'étude dont il ne s'enquît avec une curiosité, une précision qui
voulait tout en savoir, tout en saisir, jusqu'au moindre repli... Il
exerçait l'hospitalité envers les étrangers, les recevant indistincte-
ment, causant avec eux dans leur langue, faisant servir chacun de
sujet à son étude, à sa connaissance, n'ayant d'autre but en toute
chose que l'*agrandissement de son goût* (c'est Sainte-Beuve qui
souligne) ; serein, calme, sans fiel, sans envie. Quand une chose
ou un homme lui déplaisait, ou ne valait pas la peine qu'il s'y
arrêtât plus longtemps, il se détournait et portait son regard
ailleurs dans ce vaste univers où il n'avait qu'à choisir ; non pas
indifférent, mais non pas attaché ; curieux avec insistance, avec
sollicitude, mais sans se prendre au fond ; bienveillant comme on

1. *Les philosophies négatives*, Paris, 1900, p. 250.
2. *Gœthe en France*, Paris, 1904.

se le figure que serait un dieu, véritablement *olympien*; ce mot-là, de l'autre côté du Rhin, ne fait pas sourire; » et Sainte-Beuve souriait peut-être lui-même en lançant une allusion maligne à l'auteur de la *Tristesse d'Olympio.* . .

Mais, d'autre part, il ne ferme pas les yeux sur l'attitude de Gœthe à l'égard des peuples opprimés et des patriotes tels que Andreas Hofer. « Il composait, durant ce temps-là, durant les jours de Wagram, son froid roman des *Affinités électives*, afin de détourner sa pensée des malheurs du temps. » Et Sainte-Beuve répète ce que nous l'avons entendu dire ailleurs : que Gœthe admire tout à l'exclusion du chrétien et du héros qu'il ne comprend pas. « Léonidas et Pascal, surtout ce dernier, il n'est pas bien sûr qu'il ne les ait pas considérés comme deux énormités et deux monstruosités dans l'ordre de la nature. » Mais n'est-ce pas aller bien loin, n'est-ce pas méconnaître et rapetisser Gœthe que de le définir « un Fontenelle revêtu de poésie »? Sainte-Beuve cherche des points de repère dans ses souvenirs classiques, infidèle à sa promesse du début de sortir des habitudes françaises pour parler de Gœthe. Fontenelle [1] est pour nous un homme du xviiie siècle qui, s'il organisa la science, se soucia trop d'abattre la tradition. Dans sa lutte pour le progrès, il lui a manqué un certain sentiment de piété que Gœthe lui-même s'étonnait de ne pas trouver chez les Français trop souvent oublieux du passé dans la poursuite d'une vérité immédiate et pratique. L'intelligence travailla chez Fontenelle aux dépens des aspirations supérieures auxquelles Gœthe s'efforçait d'atteindre; par là il reste plus humain et plus universel que Fontenelle, et le cerveau n'a pas tout envahi chez lui. La sécheresse chez Fontenelle est toute rationaliste; l'auteur de *Faust* ne s'en prend aux croyances traditionnelles que pour s'efforcer de les épurer avec indulgence, sans les dénigrer.

Quant à l'indifférence de Gœthe devant les mouvements populaires que Sainte-Beuve met en avant, elle est liée à la question de la nationalité, qui ne laissa pas Gœthe aussi impassible qu'on le prétend ordinairement. On ne songe pas à nier sa froideur aristocratique dans les guerres de délivrance; mais chez lui l'amour de la patrie s'alliait à des motifs d'ordre intellectuel et esthétique. M. Andréas Fischer [2], dont la franchise à l'égard de Gœthe n'est pas suspecte, a su plaider les circonstances atténuantes et apporte un correctif aux récriminations de Sainte-Beuve et de

1. *Fontenelle*, par A. Laborde-Milaà, Paris, 1905; cf. aussi *Revue d'histoire littéraire de la France*, avril-juin 1906; *L'influence de Fontenelle*, par Louis Maigron.
2. *Op. cit.*

bien d'autres en Allemagne. Car il faut en prendre son parti ; le cosmopolitisme est « une tournure d'esprit assez commune parmi les gens cultivés, en France même, à la fin du xviii° siècle. Mais on peut dire que l'Allemagne à cette époque est la terre bénie du cosmopolitisme... Pour tout ce qui pensait au delà du Rhin, la science était la grande affaire, l'humanité, la seule et vraie patrie [1] ». Les événements dont l'Allemagne était le théâtre dans les vingt premières années du xix° siècle étaient peu propres à déraciner ce préjugé que Gœthe a partagé avec Lessing, Kant, Herder et Schiller. A tous ces hommes l'idéal d'une Allemagne une et régie par la volonté nationale, telle que la définissait en 1848 le président du Parlement de Francfort, était non pas tant indifférent qu'étranger. Ce que l'on a dit de Schiller peut également s'appliquer à son grand ami ; la substitution d'un nom à l'autre ne détruit en rien la justesse des considérations suivantes présentées par M. Ehrard [2] à l'occasion du centenaire de Schiller :

« Schiller n'a pas eu le pressentiment de l'unité allemande. Il fut le poète de l'Allemagne du xviii° siècle, d'une Allemagne idéaliste, particulariste, encore indifférente aux grands problèmes politiques. Lorsqu'il jetait un coup d'œil sur les États allemands, il constatait la présence d'un corps, mais cherchait en vain l'âme qui le vivifiât :

> Wo ich den deutschen Körper zu suchen habe, das weiss ich.
> Aber den deutschen Geist, sagt mir, wo findet man den?

En vérité il n'y avait pas d'Allemagne. Ce que l'on appelait ainsi n'était guère qu'une organisation administrative, sans lien avec le monde de la pensée qui aurait pu faire d'elle une nation :

> Deutschland? wo liegt es? Ich weiss das Land nicht zu finden.
> Wo das gelehrte beginnt, hört das politische auf.

Schiller désirait-il seulement que le corps inerte s'animât et qu'à l'éparpillement des États succédât une centralisation vigoureuse? C'est un besoin que l'on ne devait guère éprouver à Weimar. Peut-être y pensait-on qu'un cerveau suffisait à l'Allemagne, et Weimar n'était-il point ce cerveau ? »

Si, sous la pression des événements, Sainte-Beuve, vingt ans plus tard, en 1869, comme nous l'avons vu précédemment, était

---

1. *Revue des Deux Mondes,* 1ᵉʳ mars 1906; *Un idéologue sous le Consulat,* par Paul Gautier, p. 133.
2. *Schiller et l'Autriche,* dans *Études sur Schiller,* Paris, Alcan, 1905, p. 170.

amené à toucher à ces débats sans cesse renaissants, de cette première intimité avec Gœthe, il a tiré parti pour démêler à distance
les éléments de l'esprit et du caractère allemands. C'est le sujet
même du livre de Sébastien Albin qui lui a dicté ses réflexions,
« livre des plus curieux et des plus propres à nous faire pénétrer
dans les différences qui séparent le génie allemand du nôtre. » Ce
qui le frappe, ce qui l'amuse même, c'est la bonhomie, la naïveté,
l'absence de calcul qu'il a relevés ailleurs. On conviendra sans
peine, en effet, que la révélation du cas Gœthe-Bettina était de
nature à faire assez de bruit en France de 1842 à 1843 pour que
la *Modeste Mignon* de Balzac lui ait dû quelque chose[1]. Sainte-Beuve,
on le sent, multiplie les précautions pour ne pas déconcerter son
lecteur français. « La première fois qu'elle (Bettina) le (Gœthe) vit,
ce fut une singulière scène, et à la manière dont elle le raconte,
on voit bien qu'elle n'est pas en France et qu'elle n'a pas affaire à
des rieurs malins... Nous avons besoin de nous rappeler que nous
sommes en Allemagne pour nous rassurer... Mais n'êtes-vous pas
tenté de vous demander en lisant ces scènes : *Qu'en dirait Voltaire*? » Et nous, aujourd'hui mieux renseignés sur les amours
séniles de Gœthe, nous nous demandons ce que Sainte-Beuve aurait
pensé des incidents qui se rattachent aux deux noms de Mina
Herzlieb et d'Ulrique de Levetzow. Sa conclusion n'eût certainement pas différé de celle qu'il nous donne en fermant les lettres de
Gœthe et de Bettina. Il nous conseille « de rentrer en plein dans
le vrai de la nature et de la passion humaine, de purger notre
cerveau de toutes velléités chimériques et de tous brouillards » ;
lisez comme préservatif « la *Didon* de l'*Enéide*, quelques scènes de
*Roméo et Juliette*, ou encore l'épisode de Françoise de Rimini chez
Dante ou tout simplement *Manon Lescaut*. » Il suffit, pour comprendre le motif de ses préférences, de rapprocher ce qu'il a dit
ailleurs à propos d'une héroïne qui, si exaltée qu'elle soit, reste
dans la ligne toute française. « Antigone chez les Grecs, Didon
chez les Latins, Desdémone et Ophélie dans Shakespeare, Françoise de Rimini chez Dante, la Marguerite de Gœthe, ce sont là
des noms sans cesse ramenés, des types aimés de tous et salués
du plus loin qu'on les rencontre. Pourquoi Pauline n'y figure-t-
elle pas également? Elle a, elle garde même dans son impétuosité et dans son extraordinaire, des qualités de sens, d'intelligence,
d'équilibre qui en font une héroïne à part, Romaine sans doute,
mais à la fois bien Française... Elle n'a pas non plus la mélancolie

1. *Revue critique*, 18 août 1903, p. 117.

moderne et la rêverie de pensée des Marguerite, des Ophélie.
Pauline est précise, elle est sensée[1]. »

L'énumération de ces noms et de ces œuvres témoigne en faveur
d'un éclectisme littéraire assez compréhensif pour avoir contribué
à déterminer chez Sainte-Beuve une conception de la critique,
sinon nouvelle, du moins plus large, à la manière de M$^{me}$ de Staël.
En 1865, à la fin d'un article sur Racine, Sainte-Beuve proposait
un critère différent de celui de la période littéraire régulière, dite
classique. Cette étude, qui se trouve à l'appendice du tome VI de
*Port-Royal*[2], a été recueillie en partie dans les *Pages choisies de
Sainte-Beuve*, publiées en 1899 par Henri Bernès; elle y figure
sous le titre *Le goût de l'inachevé*[3] qui ne nous paraît pas heureusement choisi; nous dirions plutôt aujourd'hui *Des œuvres sugges-
tives*. Il s'agit d'estimer la valeur d'un poème ou d'une tragédie
bien moins par leurs qualités de forme, de style et de composition
que par la somme de pensée qui y est contenue et qui donne le
plus à imaginer et à rêver au lecteur. Un esprit aussi délié que
Sainte-Beuve n'avait pas attendu jusque-là pour énoncer des vues
que le romantisme, aidé du contact des étrangers, devait un jour
imposer aux critiques indépendants. Quinze ans auparavant, en
1850, on les trouve en germe dans la *Causerie du lundi*[4]
21 octobre, *Qu'est-ce qu'un classique?* L'autorité de Gœthe, que
Sainte-Beuve appelle ici le roi de la critique, est invoquée avec
insistance; il voudrait qu'on élargît les théories classiques « en se
donnant le spectacle des diverses littératures dans leur vigueur
primitive et leur infinie variété » sans se laisser déranger et
choquer par « les idées restreintes qu'on a voulu donner du beau
et du convenable en poésie ». Consultons encore Gœthe à ce
sujet, « Gœthe que j'aime à citer en pareille matière » et les
barrières qu'on élève entre le classique et le romantique tomberont;
ici Sainte-Beuve transcrit le passage bien connu, souvent cité d'une
conversation avec Eckermann où Gœthe abolissant les distinctions d'école appelle le *classique* le sain et le *romantique* le malade.
Écoutons maintenant Sainte-Beuve en 1865 :

« Le plus grand poète n'est pas celui qui a le mieux fait : c'est
celui qui suggère le plus, celui dont on ne sait pas bien d'abord tout
ce qu'il a voulu dire et exprimer, et qui vous laisse beaucoup à
achever à votre tour.... Parlez-moi de Faust, de Béatrix, de Mignon,

1. *Port-Royal*, I, p. 318.
2. P. 247, 267, et *Nouveaux Lundis*, X, 1865.
3. P. 353.
4. T. III, p. 30.

de Don Juan, d'Hamlet, de ces types à double et à triple sens, sujets à discussion, mystérieux par un coin, indéfinis, indéter-·minés, extensibles en quelque sorte, perpétuellement changeants et muables ; parlez-moi de ce qui donne motif et prétexte aux raisonnements à perte de vue et aux considérations sans fin. Quand on a lu *le Lutrin* ou *Athalie*, l'esprit s'est récréé ou s'est élevé, on a goûté un noble ou fin plaisir ; mais tout est dit, c'est parfait, c'est fini, c'est définitif ; et après... Il n'y a pas là de canevas ; cela paraît bien court. »

Sainte-Beuve était donc à l'avant-garde de cette critique qui, pour employer encore ses propres expressions, « n'aime guère les œuvres de poésie entourées d'une parfaite lumière et définitives », à laquelle « il faut matière à construction et à travail pour elle-même », et qui n'est pas du tout fâchée d'avoir « son écheveau à débrouiller et qu'on lui donne de temps en temps un peu de *fil à retordre* ». En 1865 il signalait cette disposition comme une direction devenue presque générale des esprits ; après lui, ses confrères ont suivi la voie qu'il ouvrait en s'appuyant, comme lui, sur les oppositions qui séparent le génie latin du génie germanique. M. Paul Bourget s'est surtout attaché à les mettre en lumière et il n'est pas sans intérêt de confronter les paroles de Sainte-Beuve et les exemples cités par lui avec l'introduction d'une étude sur le penseur genevois Henri-Frédéric Amiel, en qui se sont combattues ces deux tendances. Le cas analogue de Gérard de Nerval, étudié par Mlle Julia Cartier [1], rentre aussi dans ce genre d'influence ; mais Amiel est un pur penseur qui se prête mieux à la démonstration de cette thèse en ce que, comme Taine, comme Renan, il fut imbu des idées germaniques et tenta de les accommoder aux exigences de son éducation toute latine. « J'imagine, dit M. Bourget, qu'un lecteur philosophe, habitué à raisonner ses impressions, relise coup sur coup une tragédie de Racine et un drame de Shakespeare, — un roman de notre vieille tradition française : *la Princesse de Clèves, Manon Lescaut* » *Adolphe* et le *Wilhelm Meister* de Gœthe, — *le Discours de la méthode* de Descartes, et le *Sartor resartus* de Carlyle... D'un côté, appliquée à l'art dramatique, au conte, à la métaphysique, c'est la même méthode ordonnatrice et volontiers déductive qui emploie de préférence l'analyse, la simplification et a succession ; de l'autre, c'est la même vue des choses, complexe et synthétique, désordonnée et divinatrice, qui embrasse à la fois plusieurs objets. » Les auteurs français « semblent considérer la

1. *Un intermédiaire entre la France et l'Allemagne, Gérard de Nerval*, Genève, 1904.

vie comme une réalité définie, fixe et nette en ses lignes, tandis qu'au regard de Shakespeare, de Gœthe et de Carlyle, cette même vie paraît un je ne sais quoi de mouvant et d'indéterminé, peut-être un songe toujours en train de se faire et de se défaire [1] ».

Et cependant, à y regarder d'un peu près, ni Sainte-Beuve, ni M. Bourget n'ont été les premiers à saisir des contrastes et à goûter des œuvres caractéristiques de l'état d'âme d'une société à un moment donné de son histoire. Un jugement exercé peut découvrir des rapports et des oppositions sans attendre le mot d'ordre des écoles et des critiques, quoique la nationalité soit effectivement un auxiliaire efficace qui agisse sur la personnalité d'une manière inconsciente. Mme de Staël et Mme d'Agoult, grâce à leur don d'intuition, ont entrevu les traits distinctifs de l'imagination des races du Nord et des races du Midi; ajoutons encore à ces noms celui de l'écrivain suisse, Mme de Charrière, préparée comme elles à recevoir des impressions du même genre par lesquelles elle rejoint, elle aussi, les deux éminents initiateurs de la critique suggestive. « *Werther* est à mon gré un chef-d'œuvre, écrivait Mme de Charrière le 4 avril 1795 à une de ses correspondantes, Mlle L'Hardy. Je ne dis pas qu'il n'y ait point d'imperfection, mais c'est l'ouvrage du génie et d'une sensibilité exquise. *La Princesse de Clèves, Manon Lescaut, Werther*, voilà, à mon avis, en fait de roman, la gloire de la France et de l'Allemagne [2]. »


## VII

Il était naturel qu'à une époque où Gœthe comptait avant tout aux yeux de la majorité des lecteurs français comme l'auteur de *Werther*, la curiosité et l'étude se fussent reportées presque exclusivement sur cet ouvrage. Sainte-Beuve, dès ses débuts dans la critique, avait abordé et le livre et le mouvement littéraire qui en est inséparable; dans le premier volume de ses *Portraits littéraires*, il en avait noté le contre-coup dans la littérature française en prenant pour point de départ les *Aventures du jeune d'Olban* de Ramon de Carbonnières [3] (1777) qu'il regarde comme un intermédiaire entre la France et l'Allemagne pour arriver jusqu'au *Peintre de Salzbourg* (1803) de Charles Nodier. Nos regards s'étendent aujourd'hui plus loin; depuis Nodier jusqu'à

---

1. Critique, *Essais de psychologie contemporaine*, Paris, 1899, p. 463.
2. *Madame de Charrière et ses amis*, par Philippe Godet, Genève, 1906, t. II, p. 232.
3. *Causeries du Lundi*, X, 4 septembre 1854.

Eugène Fromentin, l'auteur de *Dominique* (1862), la critique a
retracé l'histoire de nombreux romans autobiographiques
procédant d'une même inspiration psychologique, variable avec
l'état d'âme, le sexe et la position sociale des auteurs, ainsi que
l'a montré M. Merlant [1] dans l'analyse de ces œuvres.

En 1855 la publication de la Correspondance de Kestner avec
Gœthe, traduite en français par Poley [2], ramena l'attention de
Sainte-Beuve sur *Werther*. Dans l'étude qu'il lui consacra, il
mentionnait celle de M. Montégut sur le même sujet, parue dans
la *Revue des Deux Mondes* du 15 juillet de la même année.
Sainte-Beuve remarquait qu'il avait fallu quatre-vingts ans de
tâtonnements avant que les Français eussent pu se rendre familier
l'esprit du livre, grâce encore, ajoutait-il, à l'éducation exotique
du critique. Les commentateurs n'ont dès lors pas manqué en
deçà et au delà du Rhin; pour nous en tenir aux plus connus,
nous nommerons MM. Appell, Hermenjat et Baldensperger.
Aussi nous bornerons-nous à un rapide énoncé des principales
objections de Sainte-Beuve à propos des questions d'art et de
morale engagées dans le débat.

Si la lecture de *Werther* troubla en Allemagne le cerveau des
jeunes, d'autres imitateurs produisirent en France des effets analogues. Tel l'*Oberman* [3] de Sénancour qui, en même temps que
*Werther*, était médité avec un enthousiasme imprudent dès 1818
par un petit groupe de jeunes gens, Jules Bastide, J.-J. Ampère,
Albert Stapfer et Auguste Sautelet. Sainte-Beuve nous apprend
que ce dernier qui se proposait d'écrire un *Werther de la Vérité*,
ne mit que trop bien en pratique l'exaltation du héros allemand
jusqu'à vouloir finir par le suicide. Cependant, tout en déplorant
que « beaucoup de poèmes obscurs mêlés d'une fatalité étrange
s'accomplissent autour de nous, dans de nobles existences »,
notre critique reconnaît en 1855 que les imitateurs français de
*Werther* se sont rattachés à lui « par la fièvre de tête, par les
dehors, le costume, le suicide et l'explosion finale, enfin par les
défauts [4] ». Or, le défaut le plus saillant à ses yeux, c'est le dénouement tragique, en complet désaccord avec le caractère et les destinées de l'auteur et qui fait l'effet d'une mystification. Sainte-Beuve
regrette que Gœthe ait cédé au penchant qui emporte l'artiste à
rechercher le succès dans un coup d'éclat qui, en frappant fort,

___

1. *Le Roman personnel de Rousseau à Fromentin*, Paris, 1905.
2. *Causeries du Lundi*, XI.
3. *Portraits contemporains*, I; *Oberman*. 1833.
4. *Causeries du Lundi*, XI.

indique aux autres un faux remède et livre aux regards un faux
Gœthe au lieu du vrai. Il a tout l'air de nous dire, avec M. Doumic [1],
que le suicide n'est qu'un expédient, un aveu d'impuissance et la
dernière ressource du dramaturge ou du romancier pressé de conclure. On s'étonne ici que la psychologie de Sainte-Beuve tourne
court; Mme de Staël avait vu plus juste et plus profond. Pour
elle, la passion, dans son paroxysme, trouve sa manifestation
dernière dans l'anéantissement de l'individu par une mort volontaire. Elle ne conçoit pas, étant donnée la nature de Werther,
d'autre fin possible que le suicide, conséquence logique de son
incurable désespoir. D'autre part, Sainte-Beuve a bien démêlé les
deux sources d'inspiration qui ont alimenté l'original allemand.
Gœthe disait un jour à Eckermann que tout homme doit avoir dans
sa vie un instant où il s'imagine que *Werther* a été écrit pour lui
seul; « mais, ajoutait-il, nul critique n'a remarqué que Werther
s'enthousiasme pour Homère quand il est sain d'esprit et pour
Ossian quand il commence à perdre la tête; une pareille observation est trop délicate pour un critique. » L'auteur de *Werther* eût
été agréablement surpris s'il avait pu constater qu'un jour un
maître dans la critique en France ratifierait ses propos, car
Sainte-Beuve ne pouvant lire en allemand les *Eckermann's
Gespräche* qui attendaient encore un traducteur en 1855, a distingué dans l'aventure du jeune Jérusalem entrée comme partie
intégrante du roman « le côté faux, commun, exalté, digne d'un
amoureux d'Ossian, non plus d'un lecteur d'Homère ».

Parmi les continuateurs et les génies parents de Gœthe, un
nom illustre sollicitait l'attention de Sainte-Beuve. De *Werther* à
*René*, de Gœthe à Chateaubriand, la transition était aisée. En 1854,
entretenant ses lecteurs de Ramon de Carbonnières dont les
élégies publiées en 1778 annonçaient de loin la poésie lamarti-
nienne, il déclarait que « le Werther de la France était encore à
naître, ce Werther qui s'approprie si bien à elle par sa beauté
mélancolique, sa sobriété même en rêvant et son noble éclair au
front », c'est-à-dire René [2].

Chateaubriand fut pour Sainte-Beuve, comme on le sait, un
objet d'étude autour duquel se concentrèrent pour longtemps
ses pensées. La carrière, les écrits et le tempérament de René lui
fournirent maintes fois l'occasion de répéter des expériences qui
l'aidèrent à élaborer une psychologie littéraire moins physiolo-
giste et moins fataliste que celle de M. Taine, mais n'en différant

1. *Revue des Deux Mondes*, 15 novembre 1903, *Le Suicide au théâtre*.
2. *Causeries du Lundi*, X, p. 367.

pas sensiblement. Il eut la prétention d'établir des classements de
familles d'esprits fondés sur un examen minutieux des particularités physiques et morales des individus. Dans le tome III des
*Nouveaux Lundis*, l'article *Chateaubriand jugé par un ami intime*
contient l'exposé de sa doctrine et de ses idées générales sur les
personnages qu'il étudie; il doit encore ici quelque chose à Gœthe.
En discourant sur le principal caractère d'un esprit qu'il s'agit de
déterminer, sur ce que Taine appelle la faculté maîtresse, il
s'autorise d'un mot du poète à Eckermann : « Il y a dans les
caractères une certaine nécessité, certains rapports qui font que
tel trait principal entraîne tels traits secondaires ». Cette loi « des
dépendances mutuelles », un autre l'avait aussi formulée après
Gœthe et avant Sainte-Beuve. Dans l'*Avant-Propos* de la *Comédie
humaine*, Honoré de Balzac avait dit : « Toutes choses étant cau-
santes et causées, aidantes et aidées, je tiens impossible de connaître
les parties sans connaître le tout, ni le tout sans connaître les parties ». Sainte-Beuve et Balzac, l'un dans le renouvellement de la
critique, l'autre dans le renouvellement du roman, se trouvent
donc avoir accompli une révolution du même ordre. M. Brunetière [1], en le rappelant, avance que Sainte-Beuve n'a pu pardonner
à Balzac d'avoir essayé dans le roman ce qu'il tentait à sa manière
dans la critique et dans l'histoire littéraire; il eût pu signaler à
bon droit cette rencontre fortuite de trois grands esprits comme
une preuve du contact qui s'effectuerait tôt ou tard entre des
littératures conditionnées par des milieux réputés incompatibles.

Serait-il téméraire d'accorder aussi à Gœthe le mérite d'avoir
entrevu ce que l'auteur de l'*Histoire de la littérature anglaise*
appellera le pouvoir modificateur du *moment* et du *milieu* sur les
individus et les œuvres? « Quand les familles [2] se conservent
longtemps, disait-il à Eckermann, on peut remarquer que la
nature produit enfin un individu qui réunit toutes les qualités de
ses ancêtres, rassemble et exprime dans la perfection toutes les
dispositions qui, jusqu'à lui, s'étaient montrées isolées et en
germe. Il en est de même pour les nations dont les mérites ont
souvent le bonheur de trouver leur expression dans un individu
unique. C'est là ce qui est arrivé pour Louis XIV, le roi français
dans toute la force du terme; cela est arrivé aussi pour Voltaire,
le Français suprême, l'écrivain qui a été le plus en harmonie avec
sa nation ». Et Sainte-Beuve, lui aussi, était pénétré de ce point
de vue, lorsqu'il assurait que « si l'on cherchait le vrai représen-

---

1. *Revue des Deux Mondes*, 15 mars 1906; *Honoré de Balzac*, p. 311, 338.
2. *Conversations*, trad. Délerot, II, p. 77, n° 1.

tant de l'esprit français dans ce qu'il appellerait un congrès européen, ce serait Voltaire. Gœthe l'a vu et l'a exprimé avec sa supériorité de critique et de *naturaliste...* [1] ».

Qu'adviendra-t-il de Chateaubriand mis en regard de Gœthe? La lecture des *Mémoires d'Outre-Tombe* faisait à Sainte-Beuve la partie belle pour accentuer les contrastes entre les deux écrivains; il en avait conscience lorsqu'il écrivait qu'il comptait aborder Chateaubriand avec la même liberté d'esprit que s'il parlait de Gœthe ou de Byron. Or, ce qu'il blâme en lui, le côté qui lui paraît défectueux et condamné à périr, c'est de n'avoir pas mis à profit la libre communication ouverte par le romantisme « pour élargir ses horizons un peu trop circonscrits littérairement, trop purement romains et gallo-romains ». Il note comme un indice fâcheux aux yeux de la postérité, le dédain absolu, l'attitude calculée du grand novateur, allant jusqu'à l'injustice et au dénigrement de ses émules ou devanciers d'outre-Manche et d'outre-Rhin. De là cette irritabilité, étrangère aux « vrais grands poètes, Shakespeare, Gœthe, Molière, Dante, Sophocle, qu'on se figure plutôt jouissant d'une égalité, d'une sérénité et d'une mélancolie majestueuse, au sein de leur force de création féconde. L'irritabilité est réservée aux hommes de lettres proprement dits, grands encore, mais de moindre puissance, les Pope, les Voltaire. M. de Chateaubriand, par sa nature, est entre les deux. Il a du grand et du petit, de l'indifférence et du dépit[2]. » Il faut se rendre à l'évidence, en effet, et donner gain de cause à Sainte-Beuve qui prétend que Chateaubriand, plus calme et plus impartial, « n'eût point écrit cette chose ridicule » : « A peine *Dupaty* avait-il quitté l'Italie, que Gœthe vint le remplacer ». Car c'est encore plus fort et plus monstrueux que si l'on disait dans une histoire de la Littérature française : « A peine *Dorat* s'éteignait-il, que parut Chateaubriand [3] ».

Sur *Werther*, Chateaubriand a varié jusqu'à se contredire étrangement. « Le *Werther* de Gœthe, les *Rêveries* de Rousseau ont pu s'apparenter avec mes idées; mais moi, lit-on dans les *Mémoires d'Outre-Tombe*, cités par Sainte-Beuve, je n'ai rien caché, rien dissimulé du plaisir que me causaient des ouvrages où je me délectais. » A cet aveu le critique oppose quelques lignes de la *Défense du génie du Christianisme* où l'auteur s'exprime sur son livre. « C'est J.-J. Rousseau qui introduisit parmi nous ces rêveries si désastreuses et si coupables. Le roman de *Werther* a développé

1. *Causeries du Lundi*, XV, p. 210.
2. *Chateaubriand et son groupe littéraire*, I, p. 117.
3. *Id.*, II, p. 429.

depuis ce genre de poison. L'auteur du *Génie du Christianisme*, obligé de faire entrer dans le cadre de son apologie quelques tableaux pour l'imagination, a voulu dénoncer cette espèce de vice nouveau et peindre les funestes conséquences de l'amour outré de la solitude [1]. » Sainte-Beuve a appelé quelque part l'ensemble de ses propres travaux une série d'expériences morales ; ce qui le séduit de même chez Gœthe, c'est la continuité du développement intellectuel et moral qui aboutit à l'indulgence grave et sereine envers les hommes et les événements. Rien de pareil chez Chateaubriand en qui l'on sent « l'ambitieux trompé et dépité » ; on se prend à regretter qu'il ne nous ait pas offert « une figure de Gœthe à la française, moins froide, plus animée dans sa majesté de patriarche, avec un nuage touchant de tristesse, avec des retours d'éclairs de jeunesse dans les yeux, un Gœthe-René, se ressouvenant et faisant ressouvenir de son *Werther* [2] ». Gœthe lui-même ne voyait dans Chateaubriand qu'un initiateur *rhétorico-poétique*, et Sainte-Beuve, bien loin de s'incrire en faux contre cette assertion, la rappelait quelques années plus tard en comptant Chateaubriand au nombre des « génies purement d'art, et de forme, et de phrases, dénués de ce germe d'invention fertile » que Gœthe, disait-il, recherche au-dessus de tout.

L'impulsion donnée à l'étude des littératures comparées n'a pas dans la suite démenti la clairvoyance de Sainte-Beuve. Cette branche de la critique tendant à devenir de plus en plus un domaine distinct, on est moins étonné de la forme singulière ou inattendue que revêtent chez les peuples les idées et les œuvres. On aimerait à savoir ce que Sainte-Beuve, dénonçant l'étroitesse d'esprit trop satisfaite d'elle-même, eût pensé d'un autre écrivain qui, sans avoir atteint le premier rang comme Chateaubriand, s'inspira, comme lui, des traditions religieuses et littéraires de son pays. Dans sa galerie de portraits, Sainte-Beuve n'a pas oublié le Lyonnais Ballanche [3], mais il ne s'est pas préoccupé des influences étrangères qui ont agi sur lui avec une puissance indéniable. S'il l'eût envisagé sous cet aspect, il se fût trouvé face à face avec un esprit qui « embrassa la sphère du développement humain et tout un ordre de pensées sociales [4] ». Il n'aurait pas répété, sur la foi d'un écrivain anglais, que Ballanche « ne connaissait aucune des littératures étrangères, excepté les poètes italiens et le philosophe Vico [5];

1. *Chateaubriand et son groupe littéraire*, I, p. 385.
2. *Id.*, II, p. 431.
3. *Portraits contemporains*, II, p. 1, 51.
4. *Id.*, II, p. 2.
5. *Id.*, II, p. 50.

mieux informé, il ne se serait pas borné à dire que[1] « Gœthe, par
son *Werther*, paraissait à Ballanche pourtant supérieur » à Léonard, Florian ou Berquin[2]. Il aurait plutôt constaté que, tandis
que Chateaubriand est resté trop épris de christianisme artistique,
Vico, Herder, Kant et Gœthe ont modifié heureusement la mentalité de Ballanche sans lui rien ôter de ses qualités de penseur.
Nous référant à un chapitre précédent, ajoutons que, après
Ampère, M. Baldensperger[3] et M. Huit ont relevé l'originalité de
l'admirateur de *Werther*, de *Hermann et Dorothée* et « des belles
méthodes critiques et constructives qui, écrivait Ballanche lui-
même, sont l'honneur de l'Allemagne et qui font l'effet d'une
révélation parmi nous[4] ».

Sainte-Beuve eût certainement applaudi à la lecture de ces
lignes, quoiqu'en 1858 il mandât à son ami Reuchlin, le 2 février :
« Je suis ignorant en matière d'outre-Rhin[5] ». Il était à ce
moment-ci moins ignorant qu'il ne le prétendait; il n'était même
pas exempt d'enthousiasme, comme on peut s'en convaincre par
les pages qu'il consacrait à Chênedollé, admirateur de Klopstock,
que celui-ci avait connu à Hambourg et qui l'avait orienté dans
les littératures du Nord. Sur le revers d'une page qu'il avait écrite
sur Klopstock, Chênedollé ajoutait : « C'est quand je lis des
hommes comme Gœthe, Schiller, Klopstock, Byron..., que je sens
combien je suis mince et petit. Je le dis, dans la sincérité de mon
âme et avec la plus intime conviction, je n'ai pas là dixième partie
de la pensée, du talent et du génie poétique de Gœthe. Quelle
étendue, quelle fécondité, quelle profondeur, quelle variété d'idées,
d'aperçus philosophiques, littéraires, politiques! Quelle richesse
d'invention poétique dans ses tragédies, ses poèmes et ses poésies
fugitives sur tous les sujets! Quelle sécheresse, quelle stérilité
d'imagination chez moi à côté de cette prodigieuse abondance! »
A cette confidence Sainte-Beuve n'a pas ménagé les éloges. « Le
jour où vous avez fait cet humble aveu, ô poète, vous l'étiez plus
par le cœur, par le sentiment, par l'idéal que vous conceviez dans
toute sa plénitude, par les larmes d'admiration que vous versiez,
— vous l'étiez plus, poète, que dans ces heures où l'on s'enivre trop
aisément de soi-même, et vous méritez d'être reçu à votre rang,
comme auditeur du moins, dans le groupe sacré par ces maîtres

1. *Portraits contemporains*, II, p. 9.
2. *Id.*, II, p. 9.
3. *Gœthe en France*, Paris, 1904.
4. *La Vie et les Œuvres de Ballanche*, par Huit, Paris, 1904, p. 221.
5. *Histoire des relations littéraires entre la France et l'Allemagne*, par Virgile
Rossel, Paris, 1897, p. 260.

sublimes que vous saviez si bien saluer et reconnaître[1]. »

La publication des *Entretiens de Gœthe et d'Eckermann*, traduits en français par M. Délerot, fournit à Sainte-Beuve une dernière occasion de reparler de Gœthe. Il a consacré à cet ouvrage paru en deux volumes, dans le tome III des *Nouveaux Lundis*, les trois articles étendus du 6, 13 et 14 octobre 1862. L'œuvre de Délerot fut généralement goûtée en France; en 1870, Flaubert la relisait encore pendant la guerre franco-allemande[2]; Sainte-Beuve avouait qu'elle l'avait fait avancer d'un degré dans l'intelligence du poète[3]; il a en effet introduit Gœthe dans le public français par un choix judicieux de ses propos et des particularités de sa carrière accessibles aux historiens comme aux amateurs lettrés. M. Virgile Rossel[4] convient qu'il l'a étudié avec sa maîtrise habituelle, quoiqu'il n'ait pas renouvelé le sujet, faute de puiser aux sources directes. C'est là peut-être un des mérites de cette enquête dont la finesse et la pénétration ne vont jamais à côté; le critique touchait à la fin de sa vie et se montrait l'esprit le plus brisé à toutes les métamorphoses; en 1869 il mourait non sans avoir eu le loisir d'étudier les nouveaux symptômes qui apparaissaient à l'horizon littéraire dans les débuts de Flaubert, de Taine et de Renan, trois écrivains qui, comme lui, ont aimé Gœthe; au dernier surtout Sainte-Beuve est redevable d'avoir de mieux en mieux apprécié l'Allemagne scientifique, ses méthodes et ses penseurs.

Une des impressions qui se dégagent à la lecture de ces trois études, c'est le secret attrait qu'éprouve Sainte-Beuve, sinon à identifier sa cause avec celle de Gœthe, du moins à confronter les phases de la culture intellectuelle de celui-ci avec les vicissitudes de sa propre pensée. Il y a là une note intime, personnelle, parfois émue qui n'est pas pour déplaire. La curiosité scientifique et littéraire est la grande affinité qui les unit; la plupart des critiques sont unanimes là-dessus. « Dans ses meilleurs ouvrages, dit M. Georg Brandès[5], on peut comparer Gœthe à Sainte-Beuve pour l'universalité et on est parfois tenté de lui donner le nom de « sage », qui s'applique à si peu de critiques. » M. Montégut[6] ne s'est pas trompé non plus en appelant la critique « la dixième Muse qui fut l'amie de Gœthe et fit de lui vingt poètes différents, ce que ne furent ni Byron ni Lamartine ». Dans le même sens, l'historien allemand, Karl

1. *Chateaubriand et son groupe littéraire*, II, p. 185.
2. *Revue de Paris*, 15 septembre 1905, p. 254.
3. Virgile Rossel, *op. cit.*, p. 130.
4. *Op. cit.*, p. 181.
5. A. Topin, *op. cit.*, p. 317.
6. *Id.*, *ibid.*, p. 321.

Hillebrand[1] a proclamé Sainte-Beuve le plus grand talent littéraire de son époque. De même Auguste Vitu[2] salue en lui « le plus vaste tempérament littéraire qu'on ait vu depuis Gœthe ». Dans son discours prononcé à Paris le 19 juin 1898, lors de l'inauguration du monument de Sainte-Beuve au Luxembourg, François Coppée[3], fort du témoignage de Weiss, affirmait que « depuis Gœthe notre siècle n'a pas produit de plus grand critique et qu'il a produit bien peu d'aussi grands esprits », et Jules Claretie[4], dans un discours prononcé à Boulogne-sur-Mer, le 18 décembre 1904, lors du centenaire de Sainte-Beuve, affirmait que « ce cerveau encyclopédique, égal à celui d'un Gœthe, a laissé une œuvre que doivent consulter page à page tous ceux qui, après lui, veulent reprendre les sujets qu'il a traités ».

La facilité de Gœthe à comprendre et à expliquer nombre d'esprits très différents du sien, Sainte-Beuve la retrouvait aussi chez lui ; c'est en définitive à ce seul point de vue que se ramènent les ingénieuses remarques que lui ont suggérées les particularités de caractère et les traits les plus significatifs de l'individualité de Gœthe. Toutefois Sainte-Beuve ne s'est pas fait illusion sur le travers de Gœthe, qui ambitionna mal à propos la gloire du savant qu'il n'était pas. « Le profit, écrit-il, que Gœthe tira de l'étude de la nature devait être moins direct qu'indirect, moins public qu'individuel et servir moins à sa gloire qu'à son perfectionnement…, il aurait dû se borner à n'être comme savant que le premier des amateurs. » On reconnaît bien à ce langage l'homme pour qui le savoir n'est qu'un moyen et un stimulant, quitte à encourir le reproche de scepticisme, d'inconstance et d'insensibilité. « On a cru Gœthe plus insensible qu'il n'était. » Non ; « il n'est pas le Talleyrand de l'art, reprend Sainte-Beuve, rompant enfin avec ses préjugés d'antan, le mot est bien près d'être injuste ; il l'est et c'est par trop tirer Gœthe du côté de Méphistophélès. Il ne se montre pas tel en effet dans l'habitude de la vie et le diabolique en lui ne dominait pas. Il n'évitait en rien l'émotion ; il y restait ouvert et accessible par tous les pores, mais dans les limites de l'art autant que possible, et il s'applique surtout à exprimer cette émotion dès qu'elle devenait vive, à la revêtir poétiquement, et par conséquent à la dominer. » Les antipathies et les engouements passent parfois la mesure ; Sainte-Beuve avait raison d'amender son opinion pre-

1. A. Topin, *op. cit.*, p. 293.
2. *Le Livre*, par Albert Cim, Paris, Flammarion, 1905, 1ᵉʳ vol., p. 198.
3. *Revue encyclopédique*, 9 juillet 1898.
4. *Le Temps*, 19 décembre 1904.

mière en contenant l'émotion de Gœthe *dans les limites de l'art
autant que possible*. Mais il est certains documents qui ne dis-
culpent pas Gœthe de l'accusation de froideur et d'égoïsme *dans
l'habitude de la vie*.

Au début de ses trois articles, Sainte-Beuve a placé en guise
d'introduction un portrait aussi flatteur que flatté de l'honnête
Eckermann. La religion des lettres, le privilège d'avoir vécu dans
l'intimité d'un grand homme ne suffisent pas à excuser la fatuité
un peu naïve de l'autodidacte dont Gœthe tira un admirable parti
pour ménager sa réputation d'écrivain. Il ne vit dans Eckermann
qu'un instrument nécessaire, indispensable dès le premier
moment, d'après l'aveu d'un critique allemand [1]. Relisez les écrits
posthumes d'Eckermann dont M. Théodore Wycewa a donné un
avant-goût aux lecteurs de la *Revue des Deux Mondes* dans un
article du 15 août 1905 dont le titre pique déjà la curiosité : *Une
victime de Gœthe, Jeanne Eckermann*. Les choses y sont remises
au point et les ombres ne manquent pas au tableau. On se demande
encore quelle eût été l'impression de Sainte-Beuve sur l'*Essai sur
Gœthe* (1898) de M. Édouard Rod, qui serait tout aussi bien un
Essai contre Gœthe : mais, en 1862, le charme était trop fort pour
ne pas braver les coups portés à l'idole. Il est consolant de
s'abriter derrière un maître qui, pas plus que d'autres, n'a été
épargné par ses contemporains et la postérité, de sentir à ses
côtés un noble compagnon en butte aux injures que l'on a soi-
même reçues. C'est sur ce terrain que se plaçait Sainte-Beuve
lorsqu'il écrivait sans ambages : « Gœthe n'est pas le seul des
poètes critiques que des adversaires de secte et de coterie aient
accusé « d'être plus qu'un esprit sceptique, d'être un cœur sceptique ; de n'avoir ni enthousiasme, ni amitié, de faire vanité de
n'aimer qui que ce soit, quoi que ce soit au monde, etc. » Nous connaissons ces injures pour nous avoir été dites ; mais n'ont-elles pas
été dites à Gœthe notre maître, tout le premier? » Le temps n'avait
qu'imparfaitement réussi à effacer tous les froissements d'amour-
propre. Joseph Delorme avait souffert de n'avoir pas été accueilli
de son vivant dans le chœur des poètes ; puis, avant d'obtenir la
pleine maîtrise en critique, le chemin avait été long et ardu. Après
avoir loué les coryphées romantiques, il avait raisonné ses admirations de jadis en y apportant trop de ses ressentiments et de
ses jalousies personnelles ; ses velléités politiques et religieuses
restèrent sujettes à caution autant que ses fluctuations littéraires.

---

1. *Gestalten und Probleme*, par R. M. Meyer, Berlin, 1905.

Rien d'étonnant qu'en parlant de Gœthe, il se ressouvînt du passé
pour s'en prendre « aux Pharisiens de son temps, qu'il soient de
Cambridge ou de l'ancienne Sorbonne, ou d'un salon à la mode
voisin de la sacristie ». Il déchargeait par là son indignation sur
un malencontreux orateur qui, en 1844, dans un discours prononcé
à Cambridge, traitait Gœthe, au dire de Sainte-Beuve, « d'égoïste,
de faux, de méchant, de traître, d'homme qui se jouait avec sang-
froid de la paix et de la vertu d'autrui, et qui jouissait du haut de
sa sérénité de voir les ruines qu'il avait portées dans les cœurs
assez simples pour se confier au sien ».

Eu 1836, quatre ans après la mort de Gœthe, Sainte-Beuve avait
écrit dans la *Revue des Deux Mondes*[1] un article sur l'incompétence littéraire des étrangers qui se mêlent de juger les choses de
l'esprit en France. Le nom de Gœthe lui revenait en mémoire et
il avouait que, malgré la supériorité de son goût, il n'est pas
exempt du reproche d'avoir parfois commis des méprises. Le
romantisme était à la fois trop près et trop loin de lui pour qu'il
en discernât l'avenir. « Gœthe, si sagace et si ouvert à toutes les
impressions qu'il ait été, jugeait un peu de travers et d'une façon
très subtile notre jeune littérature contemporaine; il y avait
manque de proportion dans ses jugements; ce qu'il pensait et
disait là-dessus au temps du *Globe* pouvait être précieux pour le
faire connaître lui, mais non pas pour nous faire connaître, nous.
Il était d'un goût incertain, équivoque en ce qui nous concernait, et
nos destinées littéraires ne dépendaient nullement de ses oracles. »

En 1862, le ton a changé. « Personne mieux que Gœthe ne
s'entendait à prendre la mesure des esprits et des génies, de leur
élévation et de leur portée; il savait les *étages*; c'est ce que trop
de critiques oublient et confondent aujourd'hui; » à ce titre,
Sainte-Beuve l'appelle encore une fois son maître et « le plus
grand des critiques modernes et de tous les temps ». On serait
tenté de se procurer le facile plaisir de chercher querelle à Sainte-
Beuve en l'opposant à lui-même, si l'on ne voyait qu'il ne s'agit
ici pour lui que des grands initiateurs qui entrent par droit de
conquête dans le monde des idées et dont la valeur et l'action ne
sauraient être mises en discussion. Toutefois, Sainte-Beuve ne
s'étant pas étendu sur les hérésies littéraires de Gœthe, nous
avons recueilli quelques indices qui n'infirment point ce qu'il avait
d'abord avancé.

On reste perplexe, par exemple, sur l'engouement de Gœthe

1. V° vol., p. 750.

pour du Bartas, engouement qui date déjà de sa jeunesse et qui allait jusqu'à tancer les Français de fermer les yeux sur ce talent méconnu. Que penser aussi de ce culte trop fervent voué au xviiie siècle, à Diderot en particulier, et qui expose Gœthe à commettre d'étranges confusions et à faire de faux rapprochements? « Hernani, disait-il en 1830 au chancelier Frédéric de Müller [1], est une absurde composition, de même que Gustave-Adolphe et Christine. Depuis Buffon et Diderot, les Français n'ont d'ailleurs eu aucun écrivain de première grandeur, aucun en qui la force du génie, la griffe du lion, ne soient marquées. On peut en tout cas relever Paul et Virginie et Atala ». Depuis Buffon et Diderot! Mais on relèverait bon nombre d'œuvres riches de promesses et préparant un mouvement littéraire nouveau. Sans doute, il faut concéder quelque chose à la vénération trop exclusive du vieillard pour les guides de sa jeunesse et ne pas oublier que, suivant la juste remarque de Sainte-Beuve, Gœthe conserve toujours quelque chose du xviiie siècle; mais c'est dépasser la mesure que d'appeler philistin celui qui cherche les taches des œuvres de Diderot [2]. Quant à Paul et Virginie et Atala, s'ils ont en commun quelques données, ils procèdent d'une inspiration si différente que Gœthe nous paraît encore ici un attardé qui n'a pas conscience de l'évolution littéraire alors en voie d'accomplissement. Pour peu qu'on l'eût pressé de s'expliquer, il n'eût peut-être pas été éloigné d'approuver le langage que tenait Marie-Joseph Chénier dans son Tableau historique de l'état et des progrès de la littérature française depuis 1789. Reprochant à Chateaubriand l'affectation d'imiter dans Atala l'auteur de Paul et Virginie, Chénier invite le lecteur à oublier les principes de la poétique du Génie du Christianisme, qui ne saurait manquer d'être adoptée en France « du moment qu'on y sera convenu d'oublier complètement la langue et les ouvrages des classiques [3] ». Gœthe eût souscrit sans peine à la première partie de ce jugement; il redoutait trop la tyrannie de Boileau pour conseiller un retour à l'étude « de la langue et des ouvrages des classiques ». Il n'a pas toujours été heureux non plus dans l'appréciation d'œuvres appartenant à d'autres littératures et qui répugnent au goût français. Edmond Scherer [4] lui passe le plaisir qu'il prend aux albums de Töpfer; « mais que dire, ajoute-t-il, d'un écrivain qui regarde le Vam-

---

1. Gœthe's Unterhaltungen mit dem Kanzler Friedrich von Müller, hersg. von C.-A. Burkhard, Stuttgart, 1898, p. 230.
2. Nouveaux Lundis, III, p. 302.
3. Chap. vi.
4. Études critiques de littérature contemporaine, Paris, 1876, p. 329.

*pire* comme la meilleure production de Byron (il est de Poli-
dori) et qui admire l'*Ane mort et la femme guillotinée?* » Sans
sortir de la littérature française, quelques omissions étonnent chez
un si grand esprit. Sainte-Beuve a l'air de louer Gœthe de s'occuper
même d'écrivains secondaires tels que l'abbé d'Olivet, l'abbé
Trublet et l'abbé Le Blanc; mais s'il déclare que Voltaire est le
plus grand écrivain que l'on puisse imaginer parmi les Français »,
M. Victor Giraud réclame en faveur de Pascal passé sous silence,
Pascal que Voltaire n'égale « ni pour la force et l'éclat du style,
ni pour la profondeur et la noblesse [1] ».

Si nous arrivons à la jeune école de 1820, nous avons peine à
comprendre aujourd'hui pourquoi Béranger est si fort prisé par
Gœthe qui montra une froideur offensante pour les revendications
patriotiques des Kœrner et des Arndt. Cette préférence est à nos
yeux motivée par une autre; au nom de Béranger reste insépara-
blement uni celui de Napoléon, qui demeura toujours pour Gœthe
l'objet d'une respectueuse admiration. Sainte-Beuve n'a point
envisagé cette hypothèse, quoiqu'il ait consacré au jugement de
Gœthe sur Napoléon quelques judicieuses réflexions [2] que l'on
peut commenter et développer en s'aidant de celles que M. Andreas
Fischer [3] a écrites sur ce sujet.

L'attitude de Gœthe envers le jeune chef du Cénacle a été,
comme de juste, discutée avec vivacité, pour peu que les sympathies
de race ou de parti interviennent. Sainte-Beuve a rétabli les vraies
proportions et montré que, si Gœthe a varié dans son opinion sur
Victor Hugo, loin d'y mettre de la partialité, il l'a considéré sous
ses différents aspects : que, pour lui, le poète lyrique l'emportait
sur le dramaturge et le romancier, que l'auteur de *Hernani* et de
*Notre-Dame de Paris* provoquait chez son confrère allemand
certaines protestations au nom de l'art et de l'imagination. Personne
ne le conteste aujourd'hui, pas plus que les jugements que Gœthe
a portés sur les grands historiens, les penseurs et les publicistes
de la Restauration et qui conservent encore la même justesse qu'à
l'heure où il les a exprimés pour la première fois. Mais, pour se
pénétrer de la pensée française, pour renouveler ses impressions,
il n'a manqué à Gœthe, si l'on en croit Sainte-Beuve, que d'avoir
fait un séjour prolongé à Paris vers 1786. Il aurait appris par là à
mieux connaître les Français qui auraient sinon popularisé, du
moins naturalisé « celui qui est toujours resté pour nous un

1. *Revue des Deux Mondes*, 1er août 1905; *Pascal et les Pensées.*
2. *Nouveaux Lundis*, III, p. 325-327.
3. *Op. cit.*

étranger demi-inconnu, une sorte de majestueuse énigme, un Jupiter Ammon dans son sanctuaire ». Si Victor Cousin lui reprochait d'aimer un peu trop « rester à la maison », Gœthe, de Weimar, n'a cessé d'avoir les yeux fixés sur la capitale de la France dont il a fait un magnifique éloge auquel Sainte-Beuve s'associe avec enthousiasme. Gœthe avait été encouragé directement par Napoléon à venir à Paris, il y songea lui-même un instant, car il s'était adressé à cet effet à son ami Reinhard ; mais il est malaisé d'affirmer si la prédiction de Sainte-Beuve se fût réalisée de tout point. La question a été posée depuis, et, de deux côtés, on a répondu négativement. M. Baldensperger [1] doute que la présence de l'écrivain allemand à Paris eût contribué à donner aux Français une idée plus vraie de son œuvre, et M. A. Fischer est d'avis que, si, grâce à la bienveillance que Napoléon lui témoigna personnellement, Gœthe eût pu obtenir quelque adoucissement aux destinées de l'Allemagne, le caractère du monarque changeant avec les conjonctures politiques, le départ de Gœthe pour Paris n'aurait été qu'un triomphe de plus pour Napoléon, plus grand encore, dit M. Fischer [2], que les drapeaux pris à l'ennemi.

Même après avoir tracé un portrait d'ensemble, Sainte-Beuve ne se désintéressa jamais des travaux et des publications allemandes qui concernaient Gœthe. En 1865 [3], appelé à parler du livre de M. Armand Lefebvre, *Histoire des cabinets de l'Europe pendant le Consulat et l'Empire*, il mettait à profit la *Correspondance de Gœthe et de Reinhard*, volume publié à Stuttgart en 1850. Reinhard, ministre plénipotentiaire du roi Jérôme de Westphalie, avait introduit auprès de Gœthe son ami M. Édouard Lefebvre qui, en 1811, partait pour Berlin en qualité de secrétaire de légation. M. Ed. Lefebvre a rendu compte de son entrevue à Reinhard, qui renvoya à Gœthe un passage transcrit de la lettre de M. Lefebvre. Ce document a été utilisé à la fois par Sainte-Beuve et par M. Fischer ; celui-ci se borne à en emprunter quelques lignes qui lui ont paru propres à confirmer la ressemblance qu'il croit voir entre la conversation de Gœthe et celle de Napoléon. « Avec Gœthe, écrit Lefebvre, qui s'était entretenu d'abord avec Wieland, la conversation prit sur-le-champ un vol plus élevé. Il embrassa toute la littérature allemande, passée et présente ; il y marcha à pas de géant, peignant tout à grands traits, d'une manière rapide, mais avec une touche si vigoureuse et des couleurs si vives que je ne pouvais assez

1. *Gœthe en France.*
2. *Op. cit.*, p. 98-99.
3. *Nouveaux Lundis*, X, 20 mars 1865, p. 11 et suiv.

m'étonner. » Ici s'arrête la citation de M. Fischer[1]; Sainte-Beuve
continue dans une tout autre intention, peu préoccupé d'établir
des points de contact entre les dons d'exposition brève et concise
qui caractérisent l'homme de plume et l'homme d'épée. Il semble
plutôt empressé de compléter l'image qu'il nous a donnée précédemment et d'ajouter encore un trait qui mette en lumière
l'opinion de Gœthe sur la littérature française à une époque où, sous
l'Empire, elle oscillait entre plusieurs directions. Nous reproduisons ce passage en l'abrégeant un peu. Lefebvre, après avoir
entendu Gœthe discourir sur les grands écrivains français et leurs
chefs-d'œuvre, poursuit en ces termes : « Enfin, j'étais un Français
qui était allé pour rendre hommage au plus beau génie de
l'Allemagne, et je m'aperçus bientôt que M. Gœthe me faisait en
Allemagne les honneurs de la France... Je lui disais, en parlant de
notre littérature, que nous nous étions enfermés dans des bornes
étroites dont nous ne voulions pas sortir, que nous restions
obstinément dans les mêmes routes, ce que ne faisaient point les
autres peuples. Il me répondit avec une politesse infinie, qu'il ne
trouvait pas que les Français eussent de la répugnance à sortir de
leurs routes, mais seulement qu'ils étaient plus *judicieux* que leurs
voisins, lorsqu'il était question de s'en ouvrir de nouvelles. »
Gœthe, à qui cette relation fut montrée, ne réclama qu'en faveur
d'un mot : *circonspects* au lieu de *judicieux*. « Les Français, en effet,
explique Sainte-Beuve, quelque complaisance qu'on mette à les
juger, sont évidemment très rétifs à la nouveauté en littérature, et,
du temps de Gœthe surtout, il était difficile de trouver *judicieux*
la disposition d'esprit où se tenaient la plupart des écrivains de
l'Empire : évidemment circonspect était le mot le plus doux, le
mot poli. » Enfin, en 1866, trois ans avant la mort de Sainte-Beuve,
nous trouvons sa pensée tournée vers Gœthe ; c'est à ces derniers
renseignements que nous empruntons la conclusion de notre
étude.

## VIII

Si Gœthe n'est pas naturalisé en France, on s'est du moins
familiarisé depuis longtemps avec lui. À partir de 1862, tant de
livres et de travaux de tous genres ont été publiés sur lui en France
qu'il faut renoncer à les énumérer ; mais les trois articles de
Sainte-Beuve dont nous avons essayé de donner un aperçu et qui

1. *Op. cit.*, p. 49.

complètent et modifient ses jugements antérieurs, compteront toujours parmi les monographies à consulter. Dans leur brièveté, elles orientent le lecteur réfractaire à des habitudes littéraires étrangères aux siennes et lui rendent intelligible une individualité en apparence si complexe. Le seul travail qui par sa nature et sa dimension soutienne la comparaison avec celui de Sainte-Beuve est le *Gœthe* d'Edmond Scherer, daté de 1872, dans ses *Études critiques de littérature* (1876). Entre ce dernier écrivain et Sainte-Beuve, il y a, comme on le sait, plus d'une affinité intellectuelle et morale, plus d'une dissemblance aussi qui ressortent avec évidence dans leurs deux écrits. Ils nous mettent en présence de deux manières de concevoir la critique appliquée à une grande figure. Informateur éclairé des choses de l'Allemagne, plus versé que Sainte-Beuve dans les littératures du Nord, esprit affranchi de tout dogmatisme, Scherer a néanmoins retenu beaucoup du théologien protestant qu'il avait été, du moraliste qu'il fut toujours. Curieux des origines, il aime avant tout à réfléchir sur la nature et la vie humaine pour toucher le vrai fond du génie ou du talent. Ne séparant pas la question d'art de la question morale, il dira de Gœthe que, « dans la mesure justement où il est artiste, il devient moins intéressant comme homme, et par conséquent aussi moins puissant ou moins heureux comme artiste ». Rien de pareil chez Sainte-Beuve dont la critique saura se faire au besoin analytique ou discursive ; bien qu'il ne néglige pas les sources, le point de vue du goût dominera dans ses conclusions ; ce qui importe pour lui dans une œuvre, c'est l'œuvre elle-même, la jouissance qu'elle procure plus que le labeur et les recherches qu'elle a coûtés à l'auteur. C'est là la marque distinctive de la critique française procédant à l'inverse de la critique allemande qui « a plutôt la forme historique, dit M. A. Bossert[1]. Elle étudie dans les moindres détails la vie des écrivains ; elle aime mieux ajouter un fait nouveau à une biographie que d'ouvrir un point de vue nouveau sur un chef-d'œuvre. » Il faut accorder une place exceptionnelle à Gœthe que nous avons entendu appeler par Sainte-Beuve le plus grand des critiques. « Il l'était en effet, dit encore M. Bossert dans son *Histoire de la littérature allemande*[2], citant le mot de Sainte-Beuve lui-même, — en ce sens qu'il savait dégager d'une œuvre quelconque ce qu'elle contenait d'intéressant pour tout homme cultivé, c'est-à-dire de vraiment durable. » C'est définir du même coup l'état d'esprit auquel était parvenu Sainte-Beuve

---

1. *Essais sur la littérature allemande*, Paris, 1905, p. 211.
2. Paris, 1901, p. 434.

après maint tâtonnement. Plaçons en regard de ce jugement celui de M. Michaut[1] sur le critique français, on verra qu'il n'en diffère pas pour le fond. « Sainte-Beuve n'a point passé à travers une école littéraire, un groupe, une secte même, sans en avoir tiré tout le profit intellectuel possible; il a étudié la doctrine ou la tendance, il l'a comprise à fond, il s'en est assimilé tout ce qui était compatible avec sa nature foncière, et quand il s'en « déliait », il partait plus riche qu'il n'était arrivé; » et, recourant au langage de la philosophie allemande, M. Michaut[2] conclut en ces termes : « Si j'osais employer ces termes philosophiques, je dirais que, chez lui plus que chez tout autre, l'être est éminemment impliqué dans le devenir ».

Dans la conquête de son indépendance intellectuelle, avant que Sainte-Beuve eût pris nettement conscience de sa véritable vocation, il obéit à des impulsions si diverses, il passa par des expériences si intimes qu'avec lui, il faut se résigner à ignorer un peu, à s'abstenir d'assertions trop péremptoires dont l'une anéantirait l'autre. Mais personne ne niera l'action réciproque des grandes individualités qui se devinent, se reconnaissent et entrent en contact; le disciple devient alors maître à son tour, mesure ses aptitudes et se prescrit à lui-même les limites qu'un instinct secret l'avertit de ne pas franchir. Sainte-Beuve s'en est certainement rendu compte, lorsqu'il écrivait : « Gœthe avait le calme, il habitait naturellement les sommets. J'étais l'homme des vallées[3]. » Observons encore qu'il y a dans les individus une sorte d'harmonie préétablie entre le génie de l'un et le génie de l'autre; ils ne subissent que les influences qu'ils sont prédestinés à subir. Sainte-Beuve et Gœthe offrent un des exemples les plus instructifs de cette rencontre de deux cerveaux apparentés. Gœthe fut pour Sainte-Beuve un initiateur qui, pour une grande part, contribua à provoquer en lui une révolution féconde dans sa conception de l'être humain et des idées qui le mènent. Nous n'en voulons d'autres preuves que les quelques témoignages qui remontent aux dernières années de sa vie. M. Troubat nous écrivait que, dans son admiration pour Gœthe, Sainte-Beuve eût presque abdiqué son sens critique. On l'en croit volontiers quand on rencontre sous la plume de Sainte-Beuve les qualificatifs qui reviennent souvent de « grand critique de notre âge », « roi de la critique », « le plus grand des critiques, celui de qui l'on peut dire qu'il n'est pas seu-

1. *Sainte-Beuve avant les Lundis*, Paris, 1903, p. 22.
2. *Op. cit.*, p. 22.
3. *Correspondance*, II, p. 3, 5 mai 1865.

lement la tradition, mais toutes les traditions réunies[1] ». Le
28 août 1866, il disait à Jules Vallès : « Le secret de quelques-unes
des choses que vous voulez bien louer en moi est très simple, la
nature m'avait destiné à être critique, je commence à le croire[2] ».
Faut-il voir dans cet aveu un hommage tacite rendu à son maître?
Sans doute les leçons de l'expérience avaient produit leurs fruits;
mais la présomption tourne presque à la certitude quand on relit
la lettre adressée par lui quelques mois auparavant, le 14 juin 1866,
à Mme d'Agoult[3] qui venait de publier son *Dante et Gœthe*. Nous
en détachons les lignes suivantes qui expriment clairement ce
qu'il pensait alors : « Diotime m'a rappelé tout Dante et m'a conduit plus avant que n'avait fait aucun commentateur dans le
sens de la grande œuvre. Comme elle y marche d'un pied ferme
et le front dans la sérénité! Pour Gœthe, elle me l'a rappris ou
appris tout entier; car, bien que dans ces dernières années j'aie
tâché de le mieux connaître et de me pénétrer de lui, je ne suis,
en l'étude de cette grande nature, qu'un novice et un aspirant. Elle
me l'a éclaircie et fait comprendre de *droit fil*, autant que cela est
donné à un Français comme moi. »

Louis Morel.

---

1. *Causeries du Lundi*, IV, p. 174; III, p. 42; XV, p. 368.
2. Michaut, *op. cit.*, p. v.
3. *Nouvelle Correspondance*, p. 220.

# ÉTUDE CRITIQUE SUR LE TEXTE
# DES « LETTRES D'EXIL » D'EDGAR QUINET

### PREMIÈRE PARTIE

*(Suite[1].)*

## XII

Veytaux, 1er janvier 1867[2].

Cher et bien cher ami, j'écris deux lettres aujourd'hui, l'une pour ma sœur, l'autre pour vous. Que vous dire de tout ce que vous avez été pour moi, dans cette année qui s'en va et à laquelle je reste fidèle. Il faudrait vous voir pour vous dire tout ce que j'ai dans le cœur pour vous. Que de fois j'ai voulu vous écrire! Ma chère femme m'a remplacé, et certainement mes paroles ne perdaient rien à passer par sa plume.

Le résumé de tout est toujours : amitié tendre, sympathie profonde, et reconnaissance. Si jamais j'osais me plaindre de mon temps et de votre[3] génération, je devrais penser à tout ce que vous avez fait, à tout ce que vous faites, et avec quelle délicatesse! Alors la satire finirait en *Alleluia*. Franchement, mon cher ami, en pensant à vous, il ne m'est pas permis d'être misanthrope.

Je reçois aujourd'hui de Tamburini une masse de journaux italiens. Il y est beaucoup question des *libri splendidi*[4] *del signor Chassin*. Quels accents, quel cœur chez ces hommes! Vous verrez leurs circulaires. Tamburini désirerait bien que l'on dît quelque part un mot de cette entreprise à mon sujet[5] et de son livre. Je le souhaite pour lui, il le mérite. Mais la France est occupée à tant d'autres choses! Si, cependant, il se faisait quelques lignes à ce propos, envoyez-les moi pour lui.

On ne peut pas montrer, en France, l'esprit *prétorien* du projet de loi sur l'armée; c'est cet esprit qui explique tout, et il en restera assez pour le mal qu'on veut faire. C'est le coup de couteau du boucher dans la jugulaire, après le coup d'assommoir.

Quand verrons-nous vos articles sur l'armée? J'en ai grand désir[6].

---

1. Voir la *Revue d'Histoire littéraire*, n° de janvier-mars 1907, pp. 106-118, et n° de juillet-septembre 1907, pp. 515-529.
2. *Lettres d'exil*, t. III, p. 67.
3. *Notre (ibid.)* : Chassin avait trente-cinq ans, et Quinet, soixante-trois.
4. Du *libro splendido (ibid.)*.
5. Cf. *Lettres d'exil*, t. III, p. 17, 94, 97. Il s'agit d'une souscription en Italie pour élever un buste à Quinet. Voir aussi *Edgar Quinet depuis l'exil*, p. 272.
6. Ces articles (*Avenir national*) furent réunis sous le titre : *L'Armée et la Révolution* (1867).

Mes vœux à M$^{me}$ Chassin, à vous, à vos chères petites. Ah! qu'il me tarde d'embrasser toute cette chère famille! Soyez heureux comme vous le méritez, c'est beaucoup dire. Je vous aime et vous embrasse de tout cœur.

E. QUINET.

En janvier 1867, Edgar Quinet donna au *Temps* trois articles qui, dans la situation que Sadowa faisait à l'Allemagne et à la France, eurent un grand retentissement. Ils furent réunis en une brochure, *France et Allemagne*, qui parut chez Lacroix, en mars, en même temps que la *Critique de la Révolution*. En février, l'éditeur Lechevalier publia en un petit volume les articles de Chassin sur *l'Armée de la Révolution*. Napoléon III essayait par les promesses de nouvelles libertés contenues dans la Lettre impériale du 19 janvier, de créer une diversion aux craintes patriotiques de ses sujets. Cinq jours après, Quinet écrit à Chassin qu'il n'était pas dupe de cette comédie. M$^{me}$ Quinet a pris le début de cette lettre (du 24 janvier) pour l'insérer à la fin d'une lettre ultérieure (14 mars). Encore ici, il est donc nécessaire de donner successivement les deux textes authentiques, ainsi que les remarques qui résultent du collationnement avec l'imprimé.

## XIII

Veytaux, 24 janvier 1867 [1].

Mon cher ami, votre article du *Phare* (sur le grand acte) est excellent. Il est lumineux pour qui veut voir. Mais nous avons affaire à des générations qui évidemment veulent vivre et mourir dans la boue [2]. Il fallait bien que le gouvernement couvrît de quelques mots cet affreux bouon [3], la suppression de la discussion sérieuse [4]. On a écrit sur des bouts de papier : *Droit commun à la 6$^e$ chambre, interpellation* ; on en [5] a enveloppé la pilule d'arsenic ; les Français boivent le tout [6] avec une demi-satisfaction béate et prétentieuse qui est bien le comble de la bassesse et de là stupidité [7]. Mais passons [8].

Il est inutile à notre objet de reproduire la fin (entièrement inédite) de cette lettre. Disons simplement qu'elle concerne les rela-

1. *Lettres d'exil*, t. III, p. 211-212 (sous la date fausse du 14 mars).
2. Phrase supprimée (*ibid.*).
3. *Boccon* (*ibid.*). Ce mot n'a pas de sens. Bouon (tas de boue) appartient au dialecte bressan.
4. L'adresse annuelle était supprimée.
5. *En*, omis.
6. *Les malheureux avalent le tout* (*ibid.*)
7. La phrase s'arrête après *prétentieuse* (*ibid.*).
8. La phrase terminale (*ibid.*) : « Ne dois-je pas me réjouir d'être resté en exil pour protester jusqu'au bout? » est une addition de l'éditeur.

tions de Quinet avec *le Temps*, par l'entremise de Chassin et de
Jules Ferry, et la publicité à organiser pour les deux brochures
*France et Allemagne* et *La Critique de la Révolution*. — Quant à
l'article de Chassin sur le « grand acte » du 19 janvier (auquel
M. Émile Ollivier allait consacrer tout un volume), M^me Quinet
l'appréciait à son tour dans un *post-scriptum* véhément : « Je ne
puis vous dire l'amère douleur et l'indignation de Veytaux à ce
nouvel outrage subi par les Français comme un progrès! Vous seul
avec votre noble protestation au *Phare*, vous nous consolez de ce
deuil public. »

M^me Quinet n'en a pas moins, dans les *Lettres d'exil*, postdaté
de deux mois cette explosion de généreuse colère.

Voici (*in extenso*) le texte authentique de la lettre qui a subi
cette addition :

14 mars 1867 [1].

Un seul mot, mais du moins sans tarder. Voilà donc l'Armée [2], et, de
plus, le souffle du volontaire de 92. Je n'ai pu que parcourir le volume.
J'y ai trouvé ce qui manquait le plus à ce temps-ci [3], la vie et le courage de s'en servir. Merci encore une fois pour la dédicace à Charras [4].
Vous êtes le seul, je crois, qui n'ait pas oublié. Les autres ont tout
livré, le passé comme le présent. Ils s'amusent : leur opposition est
une partie de leurs plaisirs, elle n'est pas autre chose.

J'ai écrit à Jules Ferry et à Nefftzer. Les avez-vous revus? Un mot, je
vous prie, sur tout ce qui vous touche [5].

Pour moi, ma *Critique de la Révolution* va être étranglée entre ce
beau Corps législatif et l'Exposition. Que faire? J'ai conseillé à Lacroix
de ne pas attendre plus longtemps et de paraître lundi prochain. Je ne
sais ce qui en arrivera [6].

Adieu, mon cher ami. Ma femme est bien souffrante. A vous et aux
vôtres de cœur et d'âme.

E. QUINET.

Au printemps de 1867, la guerre faillit éclater entre la France
et la Prusse, à propos du Luxembourg dont Napoléon III avait
cru pouvoir négocier l'acquisition. L'Empire écarta ce danger, pas
pour longtemps, par la Conférence de Londres, qui déclara neutre

1. Cf. *Lettres d'exil*, t. III, p. 211.
2. *L'Armée et la Révolution* (*ibid.*).
3. *Ci*, supprimé.
4. « A la mémoire du colonel Charras, mort en exil le 23 janvier 1865. »
5. Paragraphe omis (*ibid.*). Au *Temps* on s'était plaint, à tort du reste, que Chassin,
intermédiaire de Quinet, eût négligé de faire figurer sur la couverture de *France
et Allemagne* la mention : *Extrait du Temps*, etc. — Voir mon article : *Ferry et
Quinet*, dans la *Grande Revue* du 10 juillet 1907.
6. Ce paragraphe est reporté en post-scriptum. La place en est occupée par le
début, cité plus haut, de la lettre du 24 janvier.

le Luxembourg (13 mai). C'est quelques jours après que Chassin reçut de Veytaux la lettre suivante.

## XIV

Veytaux, 17 mai 1867 [1].

Mon cher ami, faut-il donc renoncer à la fête que nous nous faisions de vous recevoir? Nous vous avons beaucoup attendu contre toute apparence. L'été n'apportera-t-il aucune occasion? Les chemins de fer ne se raviseront-il pas? Je me suis accoutumé à ne rien espérer [2], à ne rien attendre ni des choses ni des hommes; pourtant je fais ici une exception. J'espère encore qu'avant l'automne, un dieu ou une déesse vous amènera par la main, dans votre cellule.

Voilà donc la paix, ou du moins la guerre ajournée. Il faudrait être bien fou pour ne pas s'en réjouir, s'il est raisonnable de se réjouir de quelque chose sous ce régime. Victorieuse ou vaincue, la France avait devant elle un résultat certain dans les deux cas. La *ligue de la paix* est assurément bonne en soi. J'aurais voulu cependant qu'elle fût la ligue de la liberté, et que ce vœu-là en eût fait le fond [3]. Il ne serait peut-être pas trop tard pour finir par où il eût été à propos de commencer. Avez-vous remarqué le silence obstiné des Allemands, tant qu'a duré la menace de guerre. Ils n'ont commencé à se dégeler qu'après l'ouverture de la Conférence [4]. Ce silence dans les rangs de toute la nation allemande ne présage rien de très bon pour l'avenir. Vous voyez par ces quelques mots que selon notre habitude, nous aurions été tout naturellement [5] d'accord, si nous avions pu causer.

Je crois sentir qu'il se fait un petit progrès de raison dans le fond du peuple. On entrevoit un effort de la glèbe [6] à s'organiser, à végéter, même [7] à penser. Je ne sais si l'on pourrait en dire autant des classes bourgeoises et oisives. La vie semble recommencer [8] par les lieux bas. Quant à l'esprit, je ne l'aperçois encore ni en bas ni en haut. Contentons-nous du grouillement de ce chaos encore aveugle.

Quand viendra le *Paris militaire* [9]? Ah! l'auteur devrait bien nous

---

1. Cf. *Lettres d'exil*, t. III, p. 236.
2. Ces quatre mots sont omis (*ibid.*).
3. Le vœu de Quinet fut satisfait : le mot de liberté fut ajouté au titre du Congrès de Genève. Quinet y lut un discours qu'il appela « La mort de la conscience humaine »; et Garibaldi y déclara la guerre au pouvoir temporel. Cf. *Edgar Quinet depuis l'exil*, Ch. XVIII, p. 319 à 322.
4. La Conférence de Londres.
5. *Tout naturellement*, omis.
6. *De la glèbe*, omis.
7. *A végéter, même*, omis.
8. Le paragraphe s'arrête ici dans l'imprimé. L'idée qui suit est pourtant capitale. C'est une ces analogies que le penseur apercevait entre l'évolution de la vie, et celle des sociétés humaines. Il a développé cette conception dans *La Création*, puis dans *L'Esprit nouveau*. Ce sont déjà les « nouvelles couches sociales » auxquelles Gambetta fera un retentissant appel.
9. *Paris place de guerre*, par Chassin, fut publié dans le *Paris-Guide* de 1867

apporter lui-même cette bombe [1]. Lacroix se repent certainement de n'avoir pas édité *L'Armée et la Révolution*. Vous vous êtes vengé de la bonne manière par le succès. Il n'a pas fait une seule annonce de mon livre *La Révolution* et il a procédé de même pour les brochures. Quelle faute! Ne sait-il donc pas que rien ne se vend que par la grâce des annonces? Il fallait annoncer ensemble les brochures et le livre. Ce n'est pas trop tard.

Après cela, je dis comme Jérémie : *Non serviam*; et, malgré ces mauvais jours, je ne me lamente pas. De meilleurs temps viendront, vous les verrez, et vos enfants après vous. Embrassez-les pour moi, pour nous. Mes amitiés dévouées à M<sup>me</sup> Chassin. Mille choses de ma femme. A vous et aux vôtres, de tout cœur.

E. QUINET.

Compliments de Michelet; il a beaucoup goûté et loué votre ouvrage [2]. J'ai achevé, à peu près, un petit volume qui n'est point politique [3].

Chassin revit Edgar Quinet en 1867. Il assista, en effet, en septembre, au Congrès de Genève comme premier secrétaire pour la France, et c'est lui qui en rédigea le compte rendu officiel, sous le titre de : *Annales du Congrès de Genève*. De retour à Paris il reçut la lettre suivante :

XV

Veytaux, 28 octobre 1867 [4].

Mon cher ami,

J'ai écrit à Lacroix et j'ai refusé de la manière la plus absolue son étrange proposition, de mettre ensemble mon ouvrage et les articles publiés contre moi par Louis Blanc. Il aura sans doute communiqué mon refus formel à sa librairie à Paris [5]. Répétez-le, s'il en est besoin, et n'en parlons plus. Qu'il s'agisse de *La Révolution* ou de *La Critique de la Révolution*, mon refus sera le même [6].

---

(entreprise de L. Ulbach), où figurent des articles de V. Hugo, de Michelet (le Collège de France), de Quinet (le Panthéon).

1. Les sept phrases qui suivent sont inédites.

2. Du 4 mai au 6 juin 1867 (et pour la dernière fois) Michelet résida dans une maison voisine du proscrit, avec sa femme : les deux amis ne passaient pas un jour sans se voir. Cf. *Lettres d'exil*, t. III, p. 229 et 243.

3. Probablement, *Le Panthéon*, bien que le terme de volume, ne s'y applique guère. Mais je n'en vois pas d'autre.

4. *Lettres d'exil*, t. III, p. 283. Les deux premiers alinéas (soit la moitié de la lettre) sont entièrement inédits. Le quantième du mois (28) n'est pas indiqué dans l'imprimé, qui porte seulement : « octobre 1867 ».

5. A la suite d'une condamnation relative à l'exercice de sa profession, Lacroix avait regagné Bruxelles, berceau de la « Librairie internationale » qu'il dirigeait.

6. M<sup>me</sup> Quinet insiste vivement dans un post-scriptum : « L'incroyable proposition de Lacroix a été rejetée avec une grande énergie : aucun intérêt, aucune considération au monde n'aurait pu nous arrêter. Vous nous connaissez assez! »

Si l'on se dispose à réimprimer *La Révolution* in-18, j'ai besoin de recevoir les épreuves au moins au commencement pour voir les arrangements, le format et la figure de cette nouvelle édition. Il faut aussi que je m'assure que les corrections envoyées par moi pour le premier volume ont été faites. Du reste, il va sans dire que *pas un mot ne sera changé.* Ceci est un point-capital. Vous sentez, mon cher ami, combien je suis touché de l'offre que vous me faites de revoir mes épreuves. Mais je n'admets pas que vous fassiez ce travail sans en tirer aucun profit pour vous. Lacroix ne peut se dispenser de vous en tenir compte; je vais lui écrire à ce propos. Dites-moi ce que vous apprendrez de nouveau sur les préparatifs de cette édition *petit format* que je désire depuis la publication de l'ouvrage.

Voilà donc ce qu'ils appellent le réveil de l'opinion publique! Une seconde *expédition romaine,* mais cette fois sans aucune résistance morale de la France! Est-ce bien là vraiment la France [1]? Les mots me manquent. La France peut bien, si elle le veut, se faire [2] la patrie et le drapeau du *Syllabus.* Mais je voudrais au moins, comme individu, me laver de cette universelle infamie. J'y pense. Que deviendrais-je, en ce moment, si j'avais espéré quelque chose de cette malheureuse nation [3]? Dieu merci, j'ai vu clairement depuis seize ans [4] qu'il n'y a rien à attendre de cette nation pourrie pour plusieurs générations. On m'accusait d'être sévère, et toujours elle s'est trouvée au-dessous de mes mépris [5]. Ils vont [6] maintenant massacrer Garibaldi. Ce sera le plus beau de leurs forfaits [7]. Permettez-moi de n'en pas dire davantage.

Au milieu de ces horreurs, vous ne me parlez pas de *La Démocratie universelle,* je le conçois [8]. J'ai écrit [9] à Garibaldi : « Que ne suis-je avec votre digne fils Menotti. » Ce serait, en effet, aujourd'hui la vraie place.

Mes amitiés tendres à toute votre famille. Votre dévoué de cœur.

E. QUINET.

Pour la cinquième édition (la première en format in-18) de *La Révolution,* Quinet avait d'abord pensé à confier à son ami non seulement le soin de vérifier ses corrections, mais le bon à tirer. Il se ravisa sur ce dernier point : « Il s'agit de faire ici une édition difinitive de l'ouvrage qui me contient tout entier. Il faut donc

---

1. Ce qui précède, depuis « mais cette fois » est omis dans l'imprimé (*ibid.*) où figure à la place, par exception unique en pareil cas, des points d'interruption.
2. *La France veut-elle devenir?... (ibid).*
3. Les quatre mots qui précèdent sont omis.
4. Ici s'arrête la phrase (*ibid.*).
5. *Mépris* est remplacé par *craintes.*
6. *On va.*
7. *Le plus beau forfait des hommes de décembre.*
8. Cette phrase est omise. Quinet fait allusion à un projet de journal, que Chassin devait fonder en 1868 sous le nom définitif de *La Démocratie.*
9. J'écris (*ibid.*). Cf. *Lettres d'exil,* t. III, p. 282 (à Garibaldi, 19 octobre 1867).

que je ne néglige rien au monde pour que le texte soit tout ce qu'il peut être... Ces corrections sont plus nombreuses et plus compliquées que je ne pensais... » (Lettre inédite du 10 novembre 1867.) Il y aurait donc à faire, entre la première édition et la cinquième, un travail de comparaison dont les résultats pourraient présenter quelque intérêt. Je ne puis ici que signaler en passant ce *desideratum*. Toutefois, j'incline à penser qu'il s'agit surtout de corrections de forme, de dates, etc. En tout cas, l'auteur n'a pu songer à exposer son ouvrage au danger d'une « saisie administrative » et d'un procès, qui jusqu'alors lui avait été épargné. Dans une lettre précédente au t. II, il dit que ses corrections « ne sont guère que des *errata* », qu'il a eu la « la grande joie de se trouver absolument conforme à lui-même ». (Lette inédite du 7 novembre 1867.)

A la fin de novembre 1867, Chassin revint en Suisse. Il songeait même à s'établir à Berne comme rédacteur en chef du journal fondé par la *Ligue de la paix* sous un titre peut-être prophétique, mais à coup sûr utopique, après Sadowa et Mentana : *Les États-Unis d'Europe*. Il était encore à Genève, chez son ami M. Leygue, lorsqu'il reçut de Veytaux la lettre qui suit.

## XVI

Veytaux, 16 décembre 1867 [1].

Que devenez-vous, mon cher ami? Je voudrais bien en savoir quelque chose. Voilà donc le procès ajourné de huit jours [2]! On n'a fait aucune difficulté. Ils sont charmés, au fond, de prolonger le vague et une peur salutaire.

J'ai lu deux excellents articles sur les États-Unis; ils sont signés C. C. Si vous connaissez par hasard l'auteur, faites-lui mes compliments. Je ne comprends pas fort bien ce que sont les *Annales*. Est-ce le bulletin augmenté [3]?

L'excellent colonel Frigyesi [4] m'a parlé de vos projets. S'agit-il, en effet, de vous fixer à Berne? Cela serait grave pour vous [5].

---

1. Cf. *Lettres d'exil*, t. III, p. 308.
2. Le procès de Garibaldi. Cf. *Lettres d'exil*, III, 300, et surtout, 307 : « Aujourd'hui, faire le procès à Garibaldi, n'est-ce pas faire le procès à l'héroïsme et à la patrie? » (2 décembre 1867; à M^me Beck-Bernard, — c'est-à-dire Beck, née Bernard — à Lausanne).
3. Le bulletin fut donné par le *Journal de Genève*, au fur et à mesure des séances. Les *Annales*, très développées, s'enrichirent des communications écrites des divers orateurs, lesquels refirent, plus ou moins exactement, leurs discours. Chassin les rédigea à son tour consciencieusement, par exemple le célèbre discours de Bakounine, d'après une lettre de celui-ci, en français barbare. (*Papiers Chassin.*)
4. Compagnon d'armes de Garibaldi.
5. Les deux alinéas qui précèdent sont inédits.

Dites-moi si un autre journal que les *Débats* a publié ma lettre à Garibaldi [1]? J'ai besoin de le savoir.

Bergeron, que j'ai vu hier, part vendredi, pour l'Italie.

Voilà Louis Blanc, l'*Avenir National* qui se demandent *s'il y a eu une Révolution française*. C'est précisément ce qu'ils m'ont tant accusé d'avoir demandé. Ils vont maintenant dans mon sens, plus loin que moi.

Votre ami Nauroy [2] m'a écrit qu'il va faire une Critique de la Révolution de 48. Rien de mieux. Mais je lui écris que, comme [3] il ne pourra pas faire la Critique du 2 décembre, son ouvrage pourra aller contre son but. L'intention est bonne : qu'il prenne garde au résultat.

Nous avons vécu, pendant ce froid [4], en *ours de caverne*. Pourtant, le travail nous a tenu compagnie.

Adieu, mon cher ami. Des nouvelles, je vous prie [5]. Mille amitiés des deux ermites. Souvenirs à tous ceux qui se souviennent de nous [6]. Votre tout dévoué

                                        E. QUINET.

Saluez, affectueusement votre hôte, M. Leygue [7].

Chassin ne s'arrangea pas comme il lui aurait convenu avec les « ours de Berne ». Il continua toutefois sa collaboration aux *États-Unis d'Europe* (qu'il avait mis sur pieds), mais de Paris, où il était revenu en janvier ou février 1868. C'est là qu'il reçut la lettre qui suit.

## XVII

Veytaux, 10 février 1868 [8].

Mon cher ami, auriez-vous la bonté de passer à la Librairie internationale, et d'insister pour que l'on m'envoie sans tarder les deux choses que je demande? 1° l'épreuve des *Titres* de *La Révolution*; 2° une réponse à cette question : faut-il mettre sur le titre cinquième ou sixième édition? J'ai chez moi la quatrième; d'après cela il faudrait mettre *cinquième*; mais il pourrait se faire aussi qu'il fallût un autre chiffre [9]. Que M. Théophile Guérin me réponde donc enfin, sur ce point.

---

1. *Lettres d'exil*, t. III, p. 290.
2. *M. Nauroy* (texte imprimé). Cf. *Lettre à Nauroy*, 1er déc. 1867 (*Lettres d'exil*, t. III, p. 306). Les *Papiers Chassin* contiennent une centaine de lettres de Charles Nauroy à Chassin, sur les publications de textes qu'il projetait ou qu'il a réalisées dans ses *Archives de la Révolution*.
3. *Mais, comme* (texte imprimé).
4. *Ces grands froids* (*ibid.*).
5. Phrase omise.
6. Phrase omise.
7. *Post-scriptum* reporté dans le corps de la lettre.
8. Cf. *Lettres d'exil*, t. III, 343.
9. Un pareil doute paraît surprenant de la part d'un auteur. Il s'explique un peu

Sans cela, je prévois de nouveau retards. J'attends aussi le retour de deux feuilles, à cause d'une omission (trois lignes oubliées) qui m'ont empêché de donner le *bon à tirer*.

Vous voyez qu'après tout, cette nouvelle petite édition (la cinquième, je suppose) est sur le point de paraître. Au moment de la mise en vente, il serait bien à désirer que vous puissiez mettre un mot dans le *Phare*, et dans les journaux de Paris où vous avez accès.

Cette revision, que j'ai bien fait de vous épargner, m'a pris plus de temps qu'il ne semble. Mon ouvrage est plus vrai encore aujourd'hui qu'à la première apparition. C'est le sentiment qui me reste après l'avoir relu.

Vous avez deviné que des occupations de toutes sortes m'ont empêché de vous écrire. Je n'en suis que plus impatient de savoir où vous en êtes. Je vois bien un répit, et c'est beaucoup, mais je voudrais apercevoir quelque chose au delà[1]. Cette loi de la presse est simplement infâme. Dix mille[2] à quatre-vingt mille francs d'amendes solidaires pour chaque vérité. C'est la mort de l'intelligence française, peut-être pour plusieurs générations. Un Français n'aurait[3] qu'à changer de langue. Il devrait[4] écrire en anglais, en italien, en autrichien, en russe, pour rester homme. Il se peut qu'il y ait quelque chose à tenter, comme vous l'aviez pensé, dans la presse de province[5]. Mais là aussi, tout est plein de chausses-trappes.

La vie de l'écrivain sérieux et[6] honnête devient presque impossible en France. Le comble, c'est qu'une loi pareille, une loi décidément vandale[7] soit prise pour une loi de liberté.

Au milieu de ces horreurs, je cherche votre situation, et je ne la vois pas. Savez-vous ce que je désirerais pour vous ? Un emploi fixe qui vous laisse une partie de votre temps, et d'où vous puissiez faire, à vos risques et périls, des sorties contre les Barbares. Mais cet emploi, où est-il[8] ?

par ce fait, que Quinet avait cédé tous ses droits à l'éditeur, pour dix ans (au prix de quinze mille francs).

1. Tout ce qui précède est inédit.

2. *Mille* (texte imprimé). Sur la loi de 1868, voir Taxile Delord, *Histoire du second Empire*, t. V, p. 292 à 313. Seul, l'article 1er, qui abolissait l'obligation légale de l'autorisation préalable pour fonder un journal, constituait un progrès : tout le reste mérite pleinement la critique acerbe de Quinet.

3. *N'aura* (*ibid.*).

4. *Devra* (*ibid.*).

5. Certains journaux de province jouissaient d'une liberté relative, en fait non en droit, bien entendu : cela, dans les départements à tradition légitimiste, afin d'y raviver la crainte du spectre-rouge, celle de la libre-pensée, et d'y faire valoir en conséquence les bienfaits du régime. La « bravoure » du *Phare de la Loire* tenait en partie à cette tolérance machiavélique. Elle n'avait pas duré longtemps pour le *Progrès de Lyon*, ville où l'élément ouvrier était redevenu entièrement républicain.

6. *Et* omis (*ibid.*).

7. Allusion au mot de Chateaubriand sur le projet de loi Peyronnet, voté sous le ministère De Villèle par la « Chambre retrouvée », mais qu'il fallut retirer devant l'hostilité des Pairs.

8. Paragraphe omis (*ibid.*).

Les auteurs de cette loi ont fort bien compris que, de notre temps, pour tuer un homme, il faut simplement le ruiner, lui, ses amis et ses associés. Ils ont donc fait de la ruine le premier et le dernier mot de leur système, et, grâce à leur comédie, on leur sait gré de cette mort, comme d'une liberté [1].

J'ai toujours voulu répondre à Nauroy [2]. Je vais le faire. Mais je me fais scrupule d'engager un jeune Français dans une voie où l'on a préparé tous les pièges. On prend soi-même ces résolutions : on ne les conseille pas à d'autres [3].

Tous nos meilleurs souvenirs à Mme Chassin. Vous voilà heureux dans votre nid. Jouissez de ce bonheur, il n'y en a pas d'autre. Votre tout dévoué

E. QUINET.

Je reçois la traduction de mon *Génie des Religions* en italien, par Montenegro. Cette traduction paraît en livraisons. Elle est précédée d'un travail fort étendu, d'un digne Sicilien, philosophe patriote [4], Aldisio Sammito. Il conclut, très hardiment, à la suppression du pouvoir spirituel, autant que du pouvoir temporel. Si l'on pouvait mentionner quelque part cet esprit intrépide, ce serait justice [5].

Au moyen de petites souscriptions, Chassin réussit enfin, sans bailleur de fonds proprement dit, à lancer le journal *La Démocratie*, hebdomadaire, qui dura du 8 novembre 1868 au 5 août 1870. Il en a lui-même, dans sa vieillesse, retracé l'histoire [6], de souvenir et sans forfanterie, en s'effaçant derrière d'illustres correspondants ou d'utiles collaborateurs.

## XVIII

Veytaux, 30 décembre 1868 [7].

Mon cher ami, tous mes vœux pour vous, pour votre chère famille et pour la *Démocratie*.

Celle-ci vit et marche! [8]. C'est déjà presque un miracle après tant de

---

1. *On leur sait gré de cette étrange liberté* (*ibid.*).
2. Il songeait à fonder un journal en province, avec Chassin.
3. Paragraphe omis (*ibid.*).
4. *Philosophe, patriote* (*ibid.*) : la virgule modifie un peu le sens,
5. Phrase omise (*ibid.*). Cf. Lettres à Sammito, à Monténégro (16 fév. 1868), *Lettres d'exil*, t. III, pp. 349 et 351.
6. Dans la *Révolution française* (14 juillet 1900), à propos de l'*Histoire du parti républicain* de Georges Weill. Les *Papiers Chassin*, à la Bibliothèque de la Ville, renferment les Archives de ce journal, pleines de renseignements sur la fin de l'Empire : les quelques pièces utilisées récemment par M. Tchernoff, sur mes indications, peuvent donner l'idée de l'intérêt que présenterait un dépouillement complet et méthodique.
7. *Lettres d'exil*, t. IV, p. 38.
8. *Grandit* (*ibid.*).

difficultés. Si vous pouvez conserver votre équilibre, au milieu des flots qui montent, je ne vois pas ce qui me reste à vous souhaiter.

Ainsi, pour commencer, nous avons déjà supprimé et aboli, à la Redoute [1], le mariage, le père, l'enfant, l'intérêt, le capital, la propriété. Vraiment, c'est bien peu de choses! Il y a longtemps que je réclame, pour ma part, l'abolition de la planète. On ne peut décemment me refuser cela.

J'ai été obligé de réimprimer *Le Génie des Religions*, qui était épuisé dans mes *Œuvres complètes*. J'espère que la *Démocratie* annoncera, comme l'ont fait tous les journaux démocratiques, cette *cinquième édition*, qui vient de paraître chez Pagnerre [2].

J'ai été submergé par *La Création*. Lacroix demandait à grands cris le manuscrit. Je compte bien finir par sortir du chaos; et alors j'aurais grande envie de passer à l'Espagne. Adieu. Votre dévoué de cœur

E. QUINET.

La *Démocratie* vécut, mais péniblement. Hebdomadaire, elle ne pouvait soutenir la concurrence avec les nouveaux organes quotidiens d'opposition, comme le *Rappel*; encore bien moins rivaliser avec la *Lanterne* de Rochefort ou la *Cloche* de Louis Ulbach. Ferme de principes, elle était modérée de ton. Or le public de cette fin de règne, au bord même de l'abime, aimait à s'étourdir, croyant peut-être avoir raison du césarisme par des quolibets. Ni Chassin ni Quinet ne partageaient cette illusion. En 1869, pour relever son journal, Chassin met à contribution, tout spécialement, les proscrits volontaires. C'est à ce propos qu'Edgar Quinet lui adresse la lettre suivante, la dernière que nous ait donnée M^me Quinet

XIX

Veytaux, 3 avril 1869 [3].

Mon cher ami, ma *Lettre sur les élections* (celle dont vous parlez) était une lettre particulière; elle a paru, à mon insu, en grande partie avec des retranchements, dans le *Figaro*, plus tard dans une brochure de M. Gromier et dans un journal de Chalon (Saône-et-Loire), le *Progrès*

---

1. *A la Redoute* omis (*ibid.*). Il s'agit d'une de ces réunions publiques, qu'autorisait une loi toute récente, et où les idées les plus folles se donnaient carrière, sous le regard bienveillant de la police, et au grand effroi de la bourgeoisie : les publicistes à gages se gardaient d'ailleurs bien de reproduire ce qui s'y faisait ou disait de raisonnable et d'utile.

2. Paragraphe omis.

3. *Lettres d'exil*, t. IV, p. 89.

*de la Saône-et-Loire*, 30 mai 1868[1]. Peut-être pourriez-vous en tirer quelque chose.

Je suis entravé par les soucis inénarrables que me donne Lacroix pour *La Création*[2]. Cela ne se comprend vraiment pas[3]. Cependant je tâcherai de faire l'impossible pour vous. Que j'aie un bon moment, une nouvelle un peu satisfaisante de ma publication, et j'écrirai pour vous une nouvelle lettre sur les élections.

D'après ce que j'entrevois, on ira *à la débandade*, jusqu'au dernier moment. Alors la nécessité poussera au ralliement. Jusque-là, les paroles serviront à peu de chose.

Vous avez bien raison de vouloir tirer de la situation telle quelle, tout ce qu'elle comporte.

Ce qu'il vous faut aujourd'hui, ce sont les 25 000 francs non en promesses, mais effectifs.

Enfin, vous avez le courage. C'est le commencement et la fin de tout. Mille amitiés.

E. QUINET.

Dans la première partie de ce travail, nous avons mis les textes originaux sous les yeux du lecteur et, en bas de pages, le collationnement, qui seul permet une comparaison continue et précise avec l'imprimé. Chacun peut ainsi se rendre compte par lui-même de la nature et de la portée des suppressions, arrangements ou variantes, et s'en demander le *pourquoi*. Nous tâcherons de le dire : c'est délicat. D'ailleurs, une question préliminaire se pose : y a-t-il lieu, et *jusqu'à quel point* y a-t-il lieu de généraliser, à l'égard des *Lettres d'exil*, les reproches qui s'appliquent de la façon la plus évidente au texte d'une vingtaine de ces lettres?

Il restera ensuite à établir quelles seraient aujourd'hui les *conditions possibles d'une édition critique* des *Lettres d'exil*, ou, si cette édition ne se fait pas, quels seraient les moyens d'y suppléer en quelque mesure.

Tel sera l'objet de la seconde partie de cette étude.

H. MONIN.

1. *Dans le* Figaro *et dans un journal de Saône-et-Loire, le* Progrès *(ibid.).*
2. *Que me donne l'éditeur avec ma* Création *(ibid.).*
3. Phrase omise (*ibid.*).

# MÉLANGES

## SAINT-RENÉ TAILLANDIER, ÉDITEUR DE SISMONDI
## ET « L'ADOLPHE » DE BENJAMIN CONSTANT

Les papiers Albany-Fabre, de la Bibliothèque-Musée Fabre, de Montpellier, contiennent entre autres documents importants une précieuse série de 79 lettres adressées à la vieille amie d'Alfieri, la comtesse d'Albany, par le publiciste et historien genevois Sismondi. Saint-René Taillandier, du temps qu'il enseignait avec succès les lettres françaises à la Faculté des Lettres de Montpellier, mis par un livre de Reumont [1] sur la piste de ces documents, a édité, avec une docte et philosophique introduction, ces témoignages vraiment intéressants sur l'histoire des mœurs et des idées. de 1807 à 1825 [2]. Quoique aujourd'hui vieille de quarante-cinq ans, sa publication est encore fort utile.

Taillandier a cependant laissé échapper, avec de menues négligences dans la reproduction exacte de l'orthographe originale, quelques erreurs, soit par distraction, soit par lecture trop rapide. P. 261, il a omis de donner la date, *13 octobre 1814*, du morceau commençant : *Il y a peu de jours, Madame, que je vous parlais* : c'est une lettre indépendante et non, comme on pourrait l'induire de ce manque de date, un post-scriptum à la lettre du 6 octobre, commencée p. 258. P. 259, dans une lettre du 3 octobre 1816, il a supprimé toute une phrase, à intercaler après les mots *de Bruxelles et de Genève*. « Il est très vrai que [.....] [3] qué de demi-heure MM. Dumont et Chateauvieux. » P. 297, dans une phrase sur la ponctualité de sa correspondance, que Sismondi ne voît pas interrompre sans beaucoup de crainte, Taillandier a imprimé beaucoup de *peine* au lieu de *crainte*. P. 303 (lettre du 1er nov. 1816), il a imprimé *la richesse se conserve* au lieu de *se consume*, véritable contre-sens. Une collation minutieuse relèverait encore sans doute quelques erreurs du même ordre [4].

Quand Taillandier publia son recueil en 1863, quarante ans seulement le séparaient de la mort de Mme d'Albany, vingt années à peine de celle de Sismondi. Des scrupules, à mon avis exagérés, mais en somme respectables, l'ont décidé à pratiquer trois coupures importantes dans ces lettres. On peut regretter qu'il se soit borné à les indiquer par quelques lignes de points, sans avertissement plus explicite.

---

1. Sa biographie de la comtesse d'Albany qu'il a du reste résumée et adaptée pour les lecteurs de la *Revue des Deux Mondes*.
2. Lettres inédites de J.-C.-L. de Sismondi, de M. de Bonstetten, de Mme de Staël et de Mme de Souza, publiées avec une introduction par M. Saint-René Taillandier, Paris, Michel-Lévy, in-12, 1863.
3. Mots enlevés par la rupture du cachet.
4. Dans la lettre du 14 octobre 1812 (p. 163), l'initiale R, désignant un intrépide compagnon de route de Mme de Staël (Roca), existe aussi dans le texte original.

Plus éloignés de près d'un demi-siècle de ces personnages et de ces événements dont il se sentait encore contemporain, sommes-nous tenus aux mêmes scrupules, à la même discrétion? Non sans doute : on ne doit à des morts, aussi distants déjà, que la vérité, surtout quand elle parait de nature à ne blesser aucune susceptibilité. Quel descendant du général Gérard, de M$^{me}$ Walewska, de Humphrey Davy, pourrait se sentir blessé par ce texte de Sismondi (coupé par S. R. T. dans la lettre du 22 décembre 1816 et qui s'intercale p. 309)? Il faut ajouter après la phrase :

*Je ne sais par exemple jusqu'à quel point vous pouvez vous soucier de savoir que* le général Gérard a épousé M$^{lle}$ de Valence[1] ou que le général Ornano a épousé cette comtesse Walewska rendue fameuse par ses liaisons avec Napoléon, ou enfin que Lady Davy se sépare d'avec sir Humphrey Davy. Les chimistes, à ce qu'il semble, n'ont pas le talent de faire de bons maris surtout lorsqu'ils épousent des femmes plus riches qu'eux. Lady Davy a eu le sort de M$^{me}$ de Rumford, et quand on les connait toutes deux, on est plus étonné encore de la personnalité et de la vanité persistante de sir Humphrey que de celle de M. de R.

*Mais tout ce commérage a peut-être bien peu d'intérêt pour vous. Madame, etc.*

L'opinion énoncée ici par Sismondi sur la valeur conjugale des chimistes est amusante, et ce témoignage d'un contemporain bien informé sur le caractère de Sir H. Davy n'est pas dénué de valeur.

Le texte supprimé dans la lettre du 24 juillet 1809 [pp. 93-96] n'est pas moins inoffensif, à un siècle de distance. Sismondi y fait allusion aux suites d'un événement aujourd'hui bien connu, mais dont l'épais mystère intrigua longtemps la curiosité : la disparition d'Octave de Ségur. Las de la vie de cour et de la vie conjugale, ce jeune homme quitta dans le secret le plus absolu sa maison, sa famille, Paris, se laissa chercher vainement, et s'abrita longtemps sous l'incognito d'un nom d'emprunt et d'un engagement militaire de simple soldat. Retrouvé enfin, il reprit du service comme officier, et peu après se fit tuer sur le champ de bataille, peut-être de désespoir d'avoir été reconnu[2]. On voit, d'après Sismondi, qu'après avoir longtemps pleuré et cherché son mari la jeune M$^{me}$ de Ségur cherchait à se consoler. Après ces mots : *la même dont le mari a disparu d'une façon si inattendue et si cruelle,* il faut ajouter : « Après avoir éprouvé au moins pendant deux ans le supplice de l'attente et de l'inquiétude, M$^{me}$ de Ségur parait se consoler, et je crois qu'un jeune Anglais, M. Seymour, qui voyage avec elle, contribue à lui faire oublier un absent qui l'a traitée bien cruellement. *Nous aurons, etc.* » — Tout le monde aura assurément pour cette jeune veuve l'indulgence de Sismondi.

L'autre passage supprimé par S.-R. Taillandier, p. 293 (lettre 67, datée de Pescia, 19 septembre 1816) a une réelle importance littéraire, étant relatif à l'énigme d'*Adolphe*. Sismondi y donne une clef du célèbre roman de B. Constant. Nous savons par ces lettres mêmes que ce roman faisait beaucoup de bruit et un peu de scandale, parmi les amis de l'auteur et de M$^{me}$ de Staël, au

---

1. On voit mal pourquoi S.-R. T. supprime cette nouvelle p. 309, puisqu'il l'imprime p. 312 : « Je vous disais ce mariage de M$^{lle}$ de Valence sans la connaître non plus que son père ». Ce reportage parait également inoffensif aux deux endroits.

2. On trouve des détails sur cette romantique aventure dans les lettres de Maurice Dupin, le père de George Sand, recueillies par celle-ci dans l'*Histoire de ma vie,* t. I.

nombre desquels se comptaient nos deux correspondants. L'attente avait été longue, la curiosité surexcitée, aguichée par la demi-publicité faite à son œuvre par B. Constant qui pendant deux ans « l'avait colportée dans tous les salons et lue à une moitié de Paris ». Le désir de Sismondi de lire *Adolphe* [1] était d'autant plus vif que Constant, « quoique nous ayons, dit-il, beaucoup vécu dans la même société », ne l'avait jamais invité à aucune de ces lectures. La raison de cette exclusion qu'imagine Sismondi est peut-être la vraie : « Il y a plusieurs portraits d'originaux que j'avais vus », et « il ne se souciait pas de m'avoir pour témoin prêt à juger de leur ressemblance ». C'est ce que Sismondi s'empressa de faire dès que Mme d'Albany, toujours bien et promptement servie de nouveautés littéraires, lui communiqua le volume avec ses propres hypothèses. Elles ne concordent pas avec les interprétations de Sismondi. Ces divergences entre deux contemporains amis de l'auteur montrent comme il est difficile de retrouver les modèles féminins qui ont posé dans Adolphe.

Sismondi semble d'abord avoir cru, d'après les on-dit, que Constant s'était borné à mettre en scène les deux femmes qui se disputaient son cœur, Mme de Staël, et sa propre femme, Mme de Hardenberg. Mme d'Albany admet au contraire que l'une des rivales dans *Adolphe* peut être Mme de Staël, mais fort déguisée, et que l'autre est une « femme entretenue ». Sismondi, averti par cette supposition, cherche alors dans cette même direction, toujours avant d'avoir lu le roman : Voici ce qu'il dit le 19 septembre (le texte doit s'intercaler dans la lettre après la phrase) :

[On m'avait dit que B. Constant avait peint dans sa nouvelle la manière dont deux femmes se disputaient son cœur] et j'avais vu quelque chose de cette dispute entre sa femme actuelle et M[adam]e de St[aël]. Cependant, soit qu'il ait voulu déguiser cet événement en changeant les personnages, soit qu'il trouvât dans sa mémoire d'autres réminiscences, je vois, par ce que vous en dites, que l'une des deux femmes est une femme entretenue, et peut-être, ne peignant que les passions et pas les caractères, se sera-t-il abstenu de donner à l'autre rien qui fît reconnaître Mme de Staël. Avant M[adam]e de Hardenberg qu'il a épousée, il lui avait donné deux autres rivales qui étaient de l'ordre que vous indiquez : Mad[ame] Talma, première femme de l'acteur célèbre et qui était sans aucun doute une des femmes de Paris les plus distinguées par leur esprit et leurs talents supérieurs, et Mad[ame] Lindzey qui, il y a trois ou quatre ans, vivait avec M. de Lamoignon, frère de M. d'Aguesseau, comme sa femme, mais qui avait eu auparavant plus d'une aventure, et que j'ai trouvée aussi fort spirituelle quand je l'ai rencontrée une fois chez Mad[ame] de Ségur.

« Quand j'aurais lu le livre, j'espère que je devinerai mieux les masques, etc. »

---

1. Mme d'Albany lui avait promis communication du volume dans une lettre à laquelle il répond le 9 sept. 1816 (p. 290 de S.-R. T.). Le volume se faisant attendre, il le croit perdu en route et récrit le 19 (p. 293: c'est la lettre tronquée). Il reçoit le volume et en accuse réception le 3 octobre (p. 298) et le renvoie à Florence par les dames Allen (le 14 octobre, p. 299), en s'excusant de l'avoir gardé si longtemps. Sismondi est un emprunteur modèle.

Mais Sismondi n'a pas songé à *deviner mieux les masques*. Le 14 octobre, en renvoyant le volume à M^me d'Albany, il se montre assez sévère *pour le.roman*, peut-être pour flatter sa correspondante, qui (nouvelle preuve .de son mauvais.goût) en faisait assez peu de cas. Pour lui, il y trouvait une « analyse de tous les sentiments du cœur humain admirable », de la vérité et de l'esprit dans les observations, un style pur et vigoureux. Il y identifie aisément et nomme sans ambages Benjamin Constant, son père, M^me de Charrière, M^me Récamier. Ellénore, avec des changements voulus de *personnage*, lui paraît un portrait *fidèle du caractère* de M^me de Staël [1]. Mais il ne revient pas sur la question des deux rivales, — sur l'identité de la rivale d'Ellénore, — qui avait au début piqué sa curiosité, et dans la suite de sa correspondance, il ne parle plus d'Adolphe.

À la suite des lettres de Sismondi, S.-R. T. a publié de la même façon un peu libre les lettres de M^me de Staël et de Bonstetten à M^me d'Albany. J'ai relevé quelques inexactitudes des premières dans le *Portefeuille de M^me d'Albany*, p. XIII, n° 3, et ces exemples suffisent. Elles sont plus nombreuses dans celles de Bonstetten. Voici les principales : p. 329, *de Gérando* est toujours écrit Degérando en un seul mot. B. écrit *home, aquitter, conait, donées, anciene*, etc., supprime le *t* du pluriel des mots en *ent, enfans, régens*, etc. — L'Italie bien souffrante : B. avait mis d'abord *bien malheureuse*. P. 330, au lieu de *après la distribution* des prix, B. a écrit après ces cérémonies des prix. P. 331, lire *géografie suplie, tems, comander*. Au lieu de *j'ai passé* l'hiver avec son frère à Montpellier, lire : *Il a passé*. P. 332, *des réunions qui par leur seul contraste*. B. a écrit *qui souvent par*. P. 333, le bien qu'une personne de votre [B. : notre] y regrette. Si vous pouvez faire l'échange de vos cœurs comme vous y seriez. [B. elle y seroit] heureuse, et elle aussi là où elle est. — Dans la dernière époque de la vie; B. avait écrit d'abord et a effacé *période*. P. 335, votre amitié est une des premières choses qui soit présente (B. : s'est présentée); ils n'allaient pas jusqu'à Venise. B. ils n'allaient qu'à Venise (la lecture de S.-R. T. est un non-sens, puisqu'il s'agit d'un livre à porter à M^me d'A., à Florence). P. 336, vous étonner que je n'aie pas pensé aux deux demoiselles, mais feue ma femme d'un côté et M. Brun de l'autre ont prévenu tout rapprochement entre mes enfants; B. : pensé aux demoiselles Brun, mais.feue ma feme d'un côté et monsieur de l'autre ont je ne sais coment p.t.r. entre nos enfans. P. 337, préventions que vous me supposez. B. lui supposez. J'ai bien peur que l'équilibre. B. j'ai peur. P. 339, l'estimer assez. B. l'aimer. — Vous partagerez [B. avec moi] ma douleur ou ma joie. J'étais mieux de santé. Je vous proposerai de faire. B. Si j'étais mieux de, je vous proposerais. P. 341, J'ai passé mon hiver à Nimes. B. à Hières; — embarquée à [B. de] Cronstadt.

Il n'y a assurément là que des fautes vénielles, les lettres de Bonstetten ni celles de Sismondi n'étant pas *testo di lingua* ni vraisemblablement destinées à le devenir. Le recueil de Saint-René Taillandier n'en reste pas moins un bon instrument de travail, et un livre de lecture agréable. Les exemples ci-dessus montrent qu'il ne dispense pas de recourir aux autographes pour avoir un texte absolument fidèle. Est-il au surplus une édition, si soignée soit-elle, qui vaille la lecture des originaux?

L.-G. Pélissier.

---

1. Voici, dans cette lettre, p. 300-301, des exemples de ces petites libertés orthographiques que S.-R. T. a prises avec son texte. Il imprime *sentiments, exigence, je désirais recevoir*. Le texte porte : sentimens, exigeance, je désirais de recevoir.

# NOTE SUR LE « PHILANDRE » ATTRIBUÉ A MAYNARD

On sait que l'édition Garrisson a joint à tort aux œuvres de Maynard celles d'un homonyme dont le nom d'ailleurs s'écrivait Ménard. Déjà Blanchemain avait refusé d'assimiler ces deux poètes. Depuis, Durand-Lapie et M. Lachèvre ont démontré péremptoirement qu'il fallait retirer définitivement à Maynard les poésies de Ménard. Mais ce n'est point assez. Il fallait du même coup lui retirer aussi le *Philandre*, qu'on lui attribue depuis deux siècles et demi, sur la foi du seul Pellisson. Il n'y a en effet aucune autre autorité [1]. Nulle part ailleurs il n'est question du *Philandre*, et notamment dans les *Lettres* de Maynard il n'en est jamais dit un mot [2]. Que Pellisson ait attribué à Maynard un poème qui en son temps avait eu un véritable succès, dont témoignent plusieurs éditions, cela peut se concevoir, surtout s'il ne l'avait pas lu ; mais l'autorité de Pellisson, qui était beaucoup trop jeune pour avoir connu Maynard, ne saurait prévaloir contre un examen même très rapide du poème [3].

C'est donc une chose très surprenante que depuis deux siècles et demi personne ne se soit rencontré pour contredire Pellisson [4]. Que les dictionnaires et les bibliographies aient répété son affirmation, rien de plus simple ; mais que Blanchemain ait édité le *Philandre* sans rien soupçonner, que M. Faguet en ait parlé avec détail dans son cours public et en ait cité des extraits, qu'il l'ait même trouvé médiocre sans rien concevoir de plus, c'est ce qu'on a de la peine à croire. Car enfin s'il y a à cette époque un poète correct et régulier, autant que Malherbe, sinon plus, c'est bien Maynard. Or il y a dans le *Philandre* autant d'hiatus que dans Ronsard, non pas le Ronsard de la *Franciade*, mais celui des premières *Odes*, avant les corrections. Comme Ronsard aussi, le *Philandre* compte pour une syllabe devant une consonne l'*e muet* final précédé d'une voyelle quelconque (*epé-e*, *rou-e*), prosodie surannée depuis Desportes et surtout depuis Bertaut. Et qu'on ne dise pas que le *Philandre* est une œuvre de jeunesse : outre qu'en 1619 Maynard n'était déjà pas si jeune, il faut considérer que, dès l'année précédente, 1618, neuf ans avant le fameux *Recueil* de 1627, le libraire Toussaint du Bray publiait dans le premier recueil des *Délices* trente-neuf pièces de Maynard à côté de trente-six pièces de Malherbe. Et naturellement c'est une autre versification que celle du *Philandre* [5].

Quelques observations bibliographiques achèveront peut-être de convaincre ceux qui hésiteraient encore.

---

1. Durand-Lapie et M. Lachèvre signalent une mention de Colletet dans la *Notice* aujourd'hui perdue, mais citée par Blanchemain (*Bulletin du Bouquiniste*, 1867, p. 279) : ils ont confondu le texte de Colletet avec celui de Blanchemain. La notice de Blanchemain a été reproduite par lui en tête de son édition du *Philandre*, même année : la distinction entre son texte et celui de Colletet y est tout aussi nette ; la notice de Colletet étant fort courte, et incomplète, Blanchemain l'a corsée avec des renseignements empruntés à Pellisson.

2. Durand-Lapie signale une mention du *Philandre* dans la lettre 159 ; mais je n'y ai rien vu de pareil ; j'y verrais plutôt le contraire.

3. Les renseignements que Pellisson tenait de la famille étaient sans doute de nature privée, et il y a ajouté ce qu'il a voulu.

4. Je n'ai rencontré un commencement d'incrédulité que dans une brochure toute récente de M. Clavelier, couronnée aux *Jeux Floraux* (V. *Rev. des Pyrén*,. 1907).

5. Dès 1607, neuf pièces de Maynard avaient paru dans le *Parnasse* de Guillemot, parfaitement correctes, ainsi qu'il convenait depuis Bertaut.

Le *Philandre* est une pastorale d'une forme particulière; mais il n'est pas seul de son espèce : il marque la fin d'une série. En 1606 paraissait un poème d'Honoré d'Urfé, *le* (et non la) *Sireine* (c'est le nom d'un berger), pastorale d'environ 3 600 vers (BN., Ye 7 603), écrite tout entière en strophes de six octosyllabes, dans la forme classique *aabccb*, la forme des *Mimes* de Baïf, *avec rime finale féminine*, contrairement à l'usage ordinaire depuis Baïf. Cette édition n'était pas la première, et d'après l'avant-propos de l'éditeur, le poème était une œuvre de jeunesse, écrite par l'auteur « à peine sorti de ses premiers études », sans doute avant 1590. Les hiatus y abondent, et aussi les *e muets* non élidés quand il le faudrait. Le poème reparut plusieurs fois encore sous la même forme, en 1611, en 1615, et encore en 1617, à Lyon (BN., Ye 7 606).

Entre temps avait paru (en 1606, d'après Viollet-le-Duc) le poème de Lingendes, *Les Changements de la Bergère Iris*, pastorale de 3 000 vers, de même espèce que le *Sireine*, et de forme *absolument identique* : strophes *féminines* de six octosyllabes *aabccb*. Cette forme avait décidément du succès : les bibliographies signalent des éditions de 1614, à Rouen et à Paris, de 1618, à Rouen; à Paris, *et à Tournon, chez Cl. Michel* [1]. Il va sans dire que la versification de Lingendes est parfaitement correcte : que l'on songe qu'à cette date de 1618, Lingendes est, après Bertaut et Malherbe, avec des Yveteaux et Maynard, un des coryphées du recueil des *Délices* [2]. Or, à cette date de 1618, et depuis plus de vingt ans, on ne fait plus d'hiatus, sauf de rares exceptions; à cette date de 1618, tous les poètes ou à peu près élident l'*e muet* final qui suit une voyelle. Et cela est si vrai que le *Sireine* de d'Urfé, publié une dernière fois en 1618, *fut pour cela entièrement refondu* : des corrections considérables eurent pour but et pour effet d'en faire disparaître presque absolument tous les hiatus et toutes les fautes de prosodie (BN., Ye 7 607 et 7 608).

C'est dans ces conditions que paraît, en 1619, le *Philandre*, pastorale de 3 000 vers aussi, identique aux deux précédentes, écrite comme elles en strophes *féminines* de six octosyllabes *aabccb*, mais pavée d'hiatus et d'*e muets* qui auraient dû être élidés. Le *Philandre* constitue donc au point de vue de la versification un phénomène de régression extrêmement marqué et même tout à fait surprenant. Peut-on croire un seul instant que Maynard, déjà célèbre par les *Délices*, Maynard, plus malherbien que Malherbe lui-même, ait été l'homme de cette régression? que Maynard, imitant d'Urfé et Lingendes (ce qui est déjà fort contestable) ait eu, par-dessus le marché, si peu d'amour-propre? A supposer même qu'il eût commis antérieurement ce péché de jeunesse, il lui eût au moins fait la toilette qu'on venait de faire au *Sireine*; et si on lui avait dérobé le poème, il eût protesté.

Et où paraît le *Philandre*, en 1619? A *Tournon, chez Cl. Michel*, dans le même petit format in-24 que les *Changements de la Bergère Iris*, publiés l'année précédente par le même Cl. Michel. Ce libraire malin exploitait une veine. Le *Philandre*, c'est ce que nous appellerions aujourd'hui une spéculation de libraire. Cela dit, il n'importe plus guère de savoir de qui il est. Sans doute de quelque vieux provincial, disciple attardé de Ronsard. Est-il de François Ménard, ou d'un autre Maynard? Ou bien Cl. Michel, exploitant la jeune célébrité de Maynard, a-t-il pris ce pavillon pour couvrir une marchandise médiocre? Le problème sera peut-être résolu par ceux qui étudient actuellement la vie et l'œuvre de Maynard. Une seule chose paraît certaine jusqu'à nouvel ordre, c'est que le *Philandre* n'est pas de Maynard.

Ph. MARTINON.

---

1. En 1905, la Bibl. nat. en a acquis une édition de 1623 (Rés. pYe 421), qui avait échappé à tous les bibliographes, même à M. Lachèvre.
2. Dans le premier recueil de Toussaint du Bray, en 1609, Lingendes occupait plus de place que Malherbe.

# FRANÇOIS VILLON A LA COUR DE BLOIS

*A la mémoire de Marcel Schwob.*

Avec, en poche, les cent écus d'or volés au collège de Navarre, prudemment, maître François Villon s'éloigne de Paris. L'été d'antan, il a fait la
connaissance du cachot des *Troys-Licts*, en Châtelet, et peu lui chaut de la
renouveler encore. Aussi, malgré la froide bise de ce Noël 1456, il réunit quelques compagnons pour leur dire : « *Adieu, je m'en voys a Angiers !* » et, chaus-
setrainant, il quitte la ville.

Combien de mois demeura-t-il à Angers? Réussit-il, ainsi qu'il l'espérait, à
préparer un vol pour ses amis de la Coquille? Nous l'ignorons. Mais nous
retrouvons le poète, à la fin de ce même hiver, au fond de la prison de Blois!
Il n'y demeura guère. Le 19 décembre 1457, naissait Marie, fille de Charles
d'Orléans, et, parmi les prisonniers libérés à cette occasion, se trouvait l'écolier parisien. Aussitôt François Villon, considérant qu'*on doit dire du bien, le
bien*, s'empressa de dédier à sa libératrice un « dit » enthousiaste et une
double-ballade, pour lui témoigner sa reconnaissance :

Envoyée de Jhesucrist,
Rappelles sà jus, par deçà,
Les povres que Rigueur proscript
Et que Fortune betourna.
Cy sçay bien comment y m'en va !
De Dieu, de vous, vie je tien...

Cy, devant Dieu, fais congnoissance,
Que créature feusse morte,
Ne feust vostre doulce naissance...

Charles d'Orléans, flatté, voulut bien accueillir le poète parmi ses familiers
et le pensionner. Le duc Charles avait alors soixante-six ans; il était pieux,
grave et triste. Depuis un an déjà il était en procès avec son gendre, Monseigneur le duc d'Alençon. Lorsqu'il se pouvait arracher des bras de ses deux
amis trop chers : Mélancolie et Nonchaloir, il se plaisait aux échecs, à la
musique et au jeu des rythmes. Nous avons l'habitude de ne lire jamais que :
*les fourriers de l'Esté sont venus* ou *le temps a laissié son manteau*. Que de
pièces délicates nous ignorons, que de rondeaux parfaits et de chansons
vraiment miraculeuses! Je ne puis résister au désir de citer au moins quelques vers :

Quant j'ay ouy le tabourin
Sonner, pour s'en aller au May,
En mon lit n'en ay fait effray,
Ne levé mon chief du coissin.

En disant : il est trop matin,
Ung peu je me rendormiray,
Quant j'ay ouy le tabourin
Sonner, pour s'en aller au May.

Jeunes gens partent leur butin,
De Nonchaloir m'acointeray,
A lui je m'abutineray,
Trouvé l'ay plus prouchain voisin,
Quant j'ay ouy le tabourin.

Cette nonchalence, ce dégoût de l'action, ce penchant à se laisser vivre, qui s'étaient emparés du duc d'Orléans pendant sa longue captivité en Angleterre, nous les retrouvons également chez François Villon qui fut toujours un faible et un impulsif. Aussi ces deux poètes ne se comprirent-ils point.

Sur cette période heureuse, mais si brève, de la vie du maître-ès-arts, on peut lire les pages si vivantes de *la Passion de Maître François Villon*. Il est curieux que le beau livre de M. Pierre d'Alheim (paru en 1900) soit aussi peu connu! Quels bibliophiles ont cité cet ouvrage d'un intérêt passionnant et d'une documentation solide? M. Pierre d'Alheim cependant a bien mérité des villonistes : son roman est remarquable à tous les points de vue et son étude sur le jobelin n'est pas loin d'être définitive.

En quelques pages il nous montre là le caractère indépendant de Villon, qui ne peut se plier aux exigences de la politesse servile et courtisanesque. L'obséquiosité des Faret, des Fraigne et des Fredet révoltait le poète. Aussi bientôt se fit-il supprimer ses gages. Mais

Nécessité fait gens mesprendre
Et faim saillir le loup des bois.

Et Villon, feuilletant quelque jour un manuscrit où les familiers du duc écrivaient leurs poésies, découvrit que l'année précédente un tournoi poétique avait eu lieu et que Charles d'Orléans avait donné en concours une ballade dont le premier vers le fit longtemps réfléchir :

Je meurs de soif auprès de la fontaine !

Il improvisa à son tour, sur ce sujet, une ballade qui le fit rentrer en grâces auprès de son seigneur. Quelque temps encore il demeura à cette cour, désœuvré, écrivant, dans le goût précieux, le *problème ou ballade au nom de la Fortune*.

Contemporain à cette époque (1457-1458), il existe, à la Bibliothèque Nationale, nous dit le regretté Marcel Schwob, un manuscrit — le n° 25458 — des œuvres de Charles d'Orléans où l'on a cru voir deux poésies qui seraient de la main même de François Villon. Or *le dit de la naissance Marie*, écrit d'une encre « jaune, fine et pâle » et « d'une écriture petite, serrée, ronde et nette » ne recouvre que le premier feuillet des cahiers. Les quatorze pages suivantes sont blanches; et M. Schwob de conclure : « Peut-être que le cahier avait été remis à Villon et que le poète fut paresseux ou qu'il cessa de plaire ».

Mais voici que dernièrement je lisais, dans les œuvres de Charles d'Orléans (édition d'Héricault), une ballade qui pourrait bien être de François Villon et qui, dans ce cas, confirmerait la supposition de Marcel Schwob. Cette ballade, ne l'aurait-il pas écrite dans les derniers jours qu'il passa à la cour de Blois, quelque temps avant son incarcération dans la prison de Meung-sur-Loire? Ne pouvant, du fond de ma province, consulter les manuscrits, je laisse aux bibliophiles le plaisir ou la déception de constater l'exactitude ou l'erreur de cette découverte.

Page 135, tome I, de l'ouvrage cité, on peut lire une ballade (la XIX<sup>e</sup>) qui semble la réplique de celle du concours :

Je n'ay plus soif, tarie est la fontaine.

Sans aucun doute, elle est de Charles d'Orléans ; le cinquième vers équivaut à une signature :

En Nonchaloir resveille sommeilleux.

Mais, parmi les dernières poésies, que M. d'Héricault attribue au duc Charles, nous lisons une autre ballade (p. 215) sur ce même sujet. Ne serions-nous pas en présence d'un second tournoi poétique, et les vers suivants, que je recopie avec émotion, ne seraient-ils pas de maître François ?

Je n'ai plus soif, tarie est la fontaine,
Repu je suis de compètent viande,
J'ai pris treves affin que on ne me actaine,
Dissimulant, faut que le hurt actende ;
Adjoint des deux, sans que nul vilipende,
Je festie l'un, à l'austre fois la moue ;
En ce faisant, pour eviter escande,
Entre deux eaues, comme le poisson, noue.

En grant travail j'ai frapé la quintaine,
Jusques un temps fault qu'à repos entende ;
Pour obvier à voye trop haultaine,
Le moien tiens, affin que ne descende ;
J'ai eu delay de paier mon amende ;
En courroux faint, couvertement me joue,
En reculant pour mieulx saillir en lande,
Entre deux eaues, comme le poisson, noue.

Ne vert, ne meur, mon blé je mengue en graine,
Dueil et plaisir me tiennent en commande ;
En divers lieux çà et là me pourmaine,
La moitié fois, quant tout l'en me commande ;
A demy trait lors est que l'arc debande,
Pour abréger, ne l'un ne l'autre loue,
Participant de l'une et l'autre bande,
Entre deux eaues, comme le poisson, noue.

*Envoi.*

Par prière de affaictée demande,
Interrogé se l'ung ou l'autre avoue,
A ce respons, se aucun le me demande :
Entre deux eaues, comme le poisson, noue.

Sans parler du refrain où, cyniquement, si Villon est bien l'auteur de cette ballade, le poète avoue ses accointances avec les bourgeois et les seigneurs en même temps qu'avec les Coquillards (aveu répété dans ce vers très explicite : *Participant de l'une et l'autre bande*), nous remarquons plusieurs vers dont le sens s'adapte on ne peut mieux à la vie que menait le poète entre ces années 1456 et 1461.

Ne fait-il pas, en effet, allusion à son exil et à sa première aventure dans ces deux phrases : *J'ai pris trêves affin que on ne me actaine* et *J'ai eu délay de paier mon amende?* N'est-ce pas la crainte de voir découvert le vol du collège de Navarre (vol que révélait en effet Guy Tabarie, le 17 mai 1457) qui lui fait écrire ceci : *Dissimulant faut que le hurt actende?* Quant à : *En divers lieux, çà et là me pourmaine*, l'explication s'en fait d'elle-même. Enfin si l'on admet la supposition de M. Schwob, d'un travail commandé que Villon n'acheva pas, voici, à son tour, le vingtième vers éclairci : *La moitié fois quand tout l'on me commande!*

.·.

Quelle joie pour les villonistes si l'on pouvait enrichir, aujourd'hui encore, de quelques vers l'œuvre du poète cher entre tous! Cette ballade d'ailleurs est loin d'être médiocre; elle offre surtout un puissant intérêt documentaire, si...

Puisse cette supposition ne pas être mal fondée; mais aux érudits maintenant d'en vérifier l'exactitude. Et que l'on pardonne à un pauvre clergeon de s'être attaqué à si haute entreprise.

JEAN-MARC BERNARD.

## SUR LE TÉMOIGNAGE DE CHATEAUBRIAND
## DANS LES « MÉMOIRES D'OUTRE-TOMBE »

Je me demande si je dois répondre à la critique que M. Victor Giraud a cru devoir faire à mon article sur le séjour de Chateaubriand en Suffolk. Il s'agit de fort peu de chose. M. Giraud me croit atteint de cet odieux esprit de parti que les apologistes de Chateaubriand aiment à reprocher à quiconque s'avise de découvrir une tache ou deux de plus sur la peau de leur belle panthère.

Je n'en veux pas à M. V. Giraud de m'avoir fait voir mon erreur au sujet des *Revues anglaises*. Ce n'était pas seulement son droit, c'était son devoir de protester. Je l'avoue, c'était un lapsus trop gros pour un collaborateur de la *Revue d'histoire littéraire*, et je n'essaierai pas de m'en justifier. Mais il reste à savoir si, du fait de ma condamnation, Chateaubriand se trouve justifié. Au temps où, tout jeune étudiant, je me mettais à fouiller les revues et journaux anglais, à la recherche des articles élogieux sur l'*Essai*, j'étais encore assez simple pour prendre les paroles de Chateaubriand au pied de la lettre. Ne sachant pas que ce remarquable écrivain avait un langage à part, je m'imaginais, ingénument, qu'en disant : LES *Revues anglaises*, mon auteur entendait dire : *toutes* les revues, et non pas une partie seulement, puisque dans ce cas il aurait dû dire DES *Revues*. Mais je n'ai pas raisonné ; je me suis jeté à la poursuite, à l'aveuglette, soit, mais plein de bonne foi. Chateaubriand n'est-il pas un peu convaincu de *bluff*, après tout ? Il est certain que les gens non avisés s'y laisseront toujours prendre.

M. Victor Giraud me reproche aussi d'avoir exprimé un regret de ce que Chateaubriand ne nous ait point tracé le portrait de Charlotte, et il est assez aimable pour me renseigner. Il se peut que, écrivant dans une langue qui n'est pas la mienne propre, je ne me sois pas exprimé très clairement. Qu'on me permette de m'expliquer. Je cite, dans le passage incriminé, cette phrase des *Mémoires d'Outre-Tombe :* « Une chose restait pure et charmante en moi, quoique profondément triste : l'image de Charlotte ». Or, comme cela se rapporte à la Charlotte du premier acte, Charlotte jeune fille, la phrase qui suit — c'est celle relevée par mon critique — : « Le grand peintre s'est refusé de nous tracer cette image », ne saurait se rapporter à Charlotte devenue Mrs. Sutton, la beauté passée de M. de Marcellus. Mais je demande pardon à M. Victor Giraud de faire ainsi la critique de sa critique de mes critiques.

J'aurais pourtant été reconnaissant à M. Giraud de m'avoir montré point par point mes erreurs, puisque, telle qu'elle a paru, sa protestation peut être interprétée à mon trop grand désavantage. Quel sens faut-il donner, par exemple, à sa dernière note qui dit : « Ces lignes étaient écrites et imprimées avant l'article de M. A. Le Braz, *Au pays d'exil de Chateaubriand* dans la *Revue de Paris* du 15 juillet 1908 ». Pour qui n'est pas au courant, cela veut dire, me semble-t-il, que M. Giraud, tout en se réjouissant du concours d'un autre, tient à affirmer qu'il avait été le premier à exposer « le défaut, sinon de la méthode de M. Dick, tout au moins de ses tendances d'esprit ».

C'est de cela que j'en veux à M. Giraud et je tiens à exprimer ici ma grande satisfaction de ce que M. A. Le Braz, que M. Giraud ne saurait pourtant pas soupçonner d'aucun parti pris, confirme mes conclusions sur tous les points essentiels. M. Le Braz, d'ailleurs, se montre beaucoup moins indulgent que moi ; il se contente, pour arriver à des conclusions défavorables à Chateaubriand, de preuves bien plus minces que moi (M. Le Braz ne semble pas avoir

lu mon article), et il n'exprime aucun doute sur la valeur de ses découvertes.
Je prierai donc les lecteurs de la *Revue d'histoire littéraire* de ne pas voir
dans la note de M. Giraud une insinuation contre la méthode ou l'esprit de
mon humble travail en général.

M. Victor Giraud aurait pu lire, a dû lire, dans la conclusion de mon article,
ces deux phrases : « Je dois avouer que le résultat de mes investigations ne
me satisfait guère complètement.... Je suis surtout mécontent du peu de certitude que j'ai pu mettre dans mes conclusions. » M. Giraud n'avait donc pas
trop besoin de me donner ce sage conseil : « Sachons hésiter, douter, sachons
surtout suspendre notre jugement ». J'avais avoué que mes jugements n'étaient
pas décisifs et je les avais suspendus pendant six années, puisque c'est en 1902
que je fis mes recherches à Londres. Sans cette longue hésitation, je n'aurais pas été devancé, dans la publication de mes découvertes, par M. Le Braz.

Je me demande encore une fois : était-ce la peine de partir en guerre contre
la critique de M. Giraud? Elle m'a fait toucher du doigt le danger qu'il y a à
appeler un chat un chat, lorsqu'il est question du sacré saint nom de Chateaubriand. « Mentir! » — le mot est un blasphème. On dit « arranger », ou
on ne dit rien du tout.

Il est pourtant vrai qu'il y a une bonne demi-douzaine de beaux mensonges
— innocents arrangements — dans les quelques pages des *Mémoires* que j'ai
examinées. Il n'est pas vrai :

1º que Chateaubriand a vécu retiré à la campagne pendant *quatre ans* (Préface de l'*Essai*);

2º qu'on avait commencé à imprimer l'*Essai* à l'époque de son départ pour
Beccles ;

3º que l'annonce si heureusement saisie par Peltier se trouvait dans un
journal de Yarmouth ;

4º que c'était une société d'antiquaires qui employait M. de Combourg;

5º qu'il s'agissait de la traduction de manuscrits d'une collection de Camden;

6º que Mrs. Sutton était une *Lady* Sutton ;

7º que cette dame alla le voir à Londres sans préambules aucuns (ceci est
moins innocent).

Et s'il est vrai qu'un fait sciemment supprimé équivaut à ce qu'on peut
appeler, si l'on veut, un arrangement, eh bien, Chateaubriand a supprimé le
fait qu'il avait été professeur de français. J'ajouterai qu'un écrivain qui veut
dire la vérité, et rien que la vérité, ne dira pas *les* revues anglaises quand il
ne s'agit que de deux d'entre elles parmi un assez grand nombre.

M. Victor Giraud trouve que j'ai manqué d'indulgence envers Chateaubriand.
Je dirai encore ceci : j'ai supprimé, dans la première rédaction de mon
article, un passage où je reprochais à Chateaubriand de ne pas avoir nommé,
dans ses *Mémoires* (où il prétendait rendre compte de sa vie), Bence Sparrow,
ni aucun de ses bienfaiteurs de Beccles. Il m'avait semblé que cette omission
était un manque de générosité. J'ai suspendu mon jugement et supprimé
mon sentiment de désapprobation. M. Le Braz, lui, n'a pas eu de scrupules à
cet égard. Selon lui, Chateaubriand a fourni, en cette occurrence, une preuve
de plus que les grands hommes parfois tombent au-dessous des moindres.

C'est un spectacle curieux quand un des fidèles du diplomate de Vérone
découvre un nouveau trait de générosité ou une simple preuve de véracité
dans la vie de ce grand homme. Il faut entendre ces cris de ravissement, il
faut voir ces mines triomphantes et sévères à la fois à l'adresse de ceux qu'on
est toujours prêt à traiter de détracteurs. Et M. Victor Giraud vient de nous
donner un aperçu des sentiments qui envahissent ce groupe lorsqu'un malheureux du camp opposé se laisse prendre dans son propre piège.

Mais, je le répète, je ne suis d'aucun camp et je n'ai point songé à tendre
un piège à qui que ce soit.

                                                            E. DICK.

# MOLIÈRE JUGÉ PAR UN HONGROIS

**Molière et l'Espagne, par Guillaume Huszár.**

Paris, 1907.

M. Huszár est ce Hongrois qui nous apprit en 1903 qu'il était interdit à des Français de juger avec quelque liberté d'esprit leur théâtre classique, et qu'il fallait, pour en parler « objectivement », être né au delà de la Leitha. Dans son livre intitulé *Pierre Corneille et le théâtre espagnol*, il nous donnait, en effet, après M. Max Nordau, un spécimen remarquable de l'impartialité hongroise. Il n'apportait aucun élément nouveau à la documentation que j'avais réunie trois ans auparavant[1], mais ses conclusions étaient parfaitement originales. Il nous apprenait que le pseudo-classicisme de Corneille était d'une qualité inférieure (p. 54), et que ses personnages n'étaient ni antiques, ni Français, mais à moitié Espagnols (p. 210). M. H. avait d'ailleurs un don très personnel pour distinguer l'influence de la comedia, puisqu'il la retrouvait chez Corneille jusque dans la manière dont elle ne se manifestait pas (p. 230).

Dans la seconde de ses « Études critiques de littérature comparée », M. H. n'apporte point des documents ignorés sur la question que j'ai étudiée dans un livre paru à peu près deux ans avant le sien[2]. Mais il a bien raison de dire qu'il a suivi d'autres voies et qu'il est arrivé à des conclusions différentes. Ce sont ces voies et ces conclusions dont je voudrais faire sentir toute l'originalité.

Il convient d'abord de remercier M. H. de l'hommage qu'il continue à rendre à notre langue puisqu'elle lui paraît plus propre à porter au loin sa pensée que le hongrois, l'allemand ou l'espagnol. Il l'écrit avec une simplicité un peu terne, mais en général assez correcte. Il ne lui arrive que fort rarement de laisser échapper quelque grave impropriété ou de dire le contraire de ce qu'il veut faire entendre[3]. Il faut aussi le louer d'avoir lu en espagnol un certain nombre de comedias et beaucoup d'ouvrages de seconde main. Il aime parfois à communiquer sa science à son lecteur. Il lui apprend qu' « un coche », c'est une voiture (p. 281) et que l'art de tuer, c'est en espagnol, « el arte de matar ». Il lui apprend aussi malheureusement qu'un *suegro* est un beau-frère (p. 94). Malgré son autorité, nous continuerons à croire que ce mot désigne plutôt un beau-père. Nous ne verrons pas dans la *comedia de figurón* l'équivalent de la comédie de caractère (p. 68), nous ne traduirons pas *Hombre pobre todo es trazas* par *L'homme pauvre est tout projets* (p. 133), et, quand nous voudrons parler des farces espagnoles, nous ne considérerons pas *entremes* comme la forme française du pluriel de ce mot (p. 98).

Nous n'irons pas davantage à la suite de M. H. chercher chez les Arabes (p. 38) l'origine du romanesque et du chevaleresque espagnols. Nous ne res-

---

1. Dans le chapitre III (Pierre Corneille et la comedia) de mon étude sur *La Comedia espagnole en France de Hardy à Racine*, Paris, Hachette, 1900.
2. *Molière et le théâtre espagnol*, Paris, Hachette. Le livre, daté de 1906, fut mis en librairie à la fin de 1905.
3. Cf., par exemple, p. 70. « Nous ne mentionnerons que Sorel et Cyrano de Bergerac, tous deux ayant fait emprunts à Molière. » M. H. veut dire que Molière leur a emprunté à tous deux.

treindrons pas à la poésie lyrique l'influence italienne dans l'Espagne du
XVIᵉ siècle (p. 37), et, pour ne pas sortir du théâtre, nous n'estimerons pas
que Juan del Encina, Torres Naharro et Lope de Rueda n'ont trouvé au delà
des Alpes que de médiocres indications. S'il nous arrive, d'autre part, d'étudier les adaptateurs italiens de la comedia espagnole, nous ne verrons pas en
eux de simples traducteurs (p. 42); nous nous attacherons plutôt à faire comprendre la méthode avec laquelle ils ont essayé de s'assimiler une matière
étrangère, etc., etc. .

Mais ce sont là vétilles et chicaneries. Hâtons-nous d'arriver aux voies et
conclusions nouvelles de M. H.

Son livre est divisé en 5 chapitres dont voici les titres : « Molière et la critique
comparée. — Rapports de l'œuvre de Molière avec la littérature espagnole. —
Les comédies de Molière au point de vue de l'influence espagnole. — La comédie
de Molière et le théâtre espagnol. — La signification de l'œuvre de Molière au
point de vue de la littérature européenne. » Cette table des matières suffit à
montrer que M. H. ne partage pas sur l'ordre les préjugés français. Peu lui
importe, par exemple, que son chapitre III ne soit qu'une sorte de reprise,
avec suppléments, du chapitre précédent. M. H. se garde, en effet, de noter
les diverses phases de l'évolution du génie de Molière. Il ne s'efforce pas davantage de préciser les modes divers de l'influence du théâtre espagnol sur notre
grand comique. Il se place à un point de vue plus large, à ce qu'il appelle
simplement « le point de vue général de l'esprit humain » (p. 44). Comment
donc va-t-il « déterminer la valeur, sinon absolue, au moins européenne de la
personnalité et de l'œuvre de Molière? » (p. 46).

Il s'en prend d'abord à deux méthodes qu'il accable tour à tour de la véhé-
mence de son indignation et de l'amertume triomphante de son ironie. La
première est celle qui consisterait à transformer en autant de qualités les
défauts de notre grand comique (p. 289). M. H. a des plaisanteries faciles sur
la moliéromanie. Il oublie qu'on n'a pas attendu en France, pour parler avec
sang-froid de Molière, que la lumière nous fût venue de Hongrie. Il n'est pas
beaucoup plus juste quand il reproche à MM. Despois-Mesnard et à leurs
compatriotes ce qu'il appelle leur « méthode d'élimination ». Il veut dire par
là que, lorsqu'on rencontre chez Molière une imitation d'un auteur contemporain, il faut toujours signaler, quand elle existe, sa source espagnole. Et
rien n'est, en effet, plus légitime, et c'est aussi bien ce qu'on n'a pas manqué
de faire, chaque fois qu'on l'a pu. Mais M. H. va plus loin. L'intermédiaire
n'a pour lui aucune valeur; seul l'original importe. Et c'est ici que triomphe
sa méthode qu'on ne saurait mieux appeler qu'une méthode de confusion.
Quand ils ont imité la comedia, Thomas Corneille et Scarron ne l'ont pas
fait de la même manière; ils ont fait sentir, outre les qualités générales de
leur race, les nuances de leur tempérament individuel. Le burlesque espagnol, par exemple, n'est pas sans parenté avec l'esprit gaulois; mais il fallait, pour mettre en lumière ces relations, l'imagination spéciale de l'auteur
de *Don Japhet d'Arménie*. C'est donc une matière étrangère déjà transformée
et francisée que Molière rencontrait chez ses contemporains. M. H. n'en a
cure. Il ne discute ni l'importance, ni la réalité même d'un emprunt. Il lui
suffit de sentir avec son flair spécial la moindre arrière-odeur de peau d'Espagne pour qu'il proclame aussitôt le plagiat. Ne vous avisez pas de lui dire
que, malgré l'imperfection de votre odorat, il vous semble bien pourtant que
Molière a su donner à ce qu'il imitait plus de pénétration et de largeur. Il
vous répondra qu'il ne l'a fait qu'à l'instigation de l'Espagne. Savez-vous
quelles sont les pièces où l'auteur de l'*Avare* lui paraît quitter « un peu son
siècle et son pays pour s'élever à des sujets plus humains, d'un intérêt plus
général? » C'est *Don Garcie de Navarre*, *La princesse d'Élide*, *Mélicerte*, *Le
Sicilien* et *Les Amants magnifiques* (p. 114 et 115). M. H. daignera cependant
reconnaître qu'Harpagon est un type achevé de l'avare; mais ne vous avisez

pas d'ajouter qu'il n'est point une simple abstraction puisqu'il est marqué du caractère contemporain. M. H. vous répondra : « Ce caractère contemporain n'est pas très visible ; mais admettons qu'il existe : est-ce un mérite si particulier d'être un homme de son siècle? » (p. 232).

Avec une pareille méthode, on peut arriver à de rares résultats. M. H. a ainsi découvert qu'Alceste est un héros espagnol (p. 209) et que le don Juan de Tirso de Molina est plus universel que celui dans lequel Molière n'a su mettre que « l'expression de sa propre subjectivité » (p. 198 et 200). Il y a pourtant dans l'œuvre de notre grand comique un personnage, un seul, que M. H. déclare « d'une large humanité ». Ne cherchez pas; c'est George Dandin (p. 330). Comment se fait-il donc que Molière ait eu plus de succès en Europe que les poètes dramatiques espagnols? La réponse est toute simple : « Il le doit presque autant à sa qualité de Français qu'à son propre génie » (p. 297). Ne vous exagérez d'ailleurs pas la valeur de ce génie. Celui qu'on appelait le contemplateur ne puisait pas très volontiers dans la réalité (p. 178). il pouvait lui arriver de « voir la nature à travers son tempérament, mais il l'imitait surtout à travers les livres d'autrui! » (p. 224). Pourquoi n'a-t-il pas porté l'adultère sur la scène? M. Jules Lemaître se demande s'il n'a pas reculé devant cette peinture parce qu'il en aurait peut-être pu trouver les éléments à son propre foyer. M. H. ne saurait se contenter d'une aussi pauvre raison. Il faut s'incliner devant la sienne. Si Molière n'a pas représenté l'adultère, c'est qu'il n'avait trouvé sur ce sujet aucune indication dans les pièces qu'il imitait (p. 284). M. H. n'a pas des vues moins ingénieuses sur le système dramatique de Molière. Il n'est pas dupe des théories poétiques spéciales que « certains critiques » ont élaborées pour le définir. Ces critiques s'étaient pourtant contentés de résumer *La Critique de l'Ecole des Femmes* et *L'Impromptu de Versailles;* mais ils n'y avaient apparemment rien compris. Molière ne néglige pas l'intrigue et son dénouement par pure préoccupation psychologique; il s'est aperçu que c'est un art de la bien conduire et qu'il ne pouvait pas y exceller comme les dramaturges castillans (p. 286).

Quel rang convient-il donc de lui donner du haut de l'« impartialité scientifique » de M. H.? Molière, qui n'a guère connu la nature que dans les livres n'est pas de la lignée des créateurs comme Shakespeare ou Cervantès. Son classicisme « empêche sa comédie d'être universelle ou humaine » (p. 316). S'il a quelque mérite philosophique ou psychologique, il n'a pas le génie proprement dramatique des poètes d'Espagne qui n'eurent d'ailleurs pas de l'âme humaine une connaissance moins approfondie (p. 294). « En France, son culte est entretenu par la tradition livresque ; à l'étranger, on le lit et on le joue encore, mais bien que sa renommée soit un peu surfaite, il faut regretter que les représentations au programme desquelles il figure ne soient pas plus suivies » (p. 331).

Je me garderai bien de vous faire descendre des hauteurs de ce point de vue que M. H. déclare « européen ». Aussi bien ai-je déjà donné sur ce sujet ma pensée lamentablement française. Faut-il opposer à la libre création de Molière les procédés des poètes espagnols s'empruntant leurs sujets et leurs personnages et copiant parfois les uns sur les autres des actes tout entiers? Est-il vraiment la peine de rappeler que, pas plus que le Cid sans Corneille, don Juan n'aurait, sans notre grand comique, fait sa fortune européenne? Il vaut mieux battre humblement notre coulpe. M. H. a vu jouer dernièrement *Les Femmes Savantes* au Théâtre-Français, et il a reconnu que Grimarest n'était pas loin d'avoir raison lorsqu'il trouvait ce divertissement « sec, peu intéressant, et propre seulement à des gens de lecture » (p. 326 et 327). Hélas! c'est un tout autre sentiment que m'a fait éprouver une pareille représentation. La pièce me paraissait toujours jeune, et je songeais que dans leur pays même les Lope de Vega et les Tirso de Molina ne pouvaient plus être représentés aujourd'hui sans subir d'abord quelque *refundición* (refonte). Je cher-

chais à me rappeler les matériaux espagnols qui étaient entrés dans la composition des *Femmes Savantes*, et je ne les reconnaissais plus à la place nouvelle
où ils avaient pris une couleur si française. Il n'est pas donné à tout le monde
de trouver à Molière une allure castillane. C'est une grâce réservée aux yeux
hongrois de M. Huszár.

ERNEST MARTINENCHE.

# D'UNE « CANZONE » DE CORFINO
## A LA « PSYCHÉ » DE CORNEILLE

Tout le monde a lu dans *Psyché* et beaucoup savent par cœur les vers harmonieux et délicats où l'Amour explique à sa maîtresse les raffinements de sa jalousie :

PSYCHÉ.

Des tendresses du sang peut-on être jaloux?

L'AMOUR.

Je le suis, ma Psyché, de toute la nature :
Les rayons du soleil vous baisent trop souvent;
Vos cheveux souffrent trop les caresses du vent :
    Dès qu'il les flatte, j'en murmure;
    L'air même que vous respirez
Avec trop de plaisir passe par votre bouche;
    Votre habit de trop près vous touche ;
    Et sitôt que vous soupirez,
    Je ne sais quoi qui m'effarouche
Craint parmi vos soupirs des soupirs égarés. (Acte III, sc. 3.)

On connaît depuis plusieurs années le modèle suivi par Corneille en ce couplet : c'est un poème de Desportes, intitulé *De la jalousie* (*Amours de Diane*, livre II). Des vingt-trois strophes qui le composent, Corneille n'a retenu que quelques vers pris dans la onzième, la douzième et la quatorzième.

Je veux un mal de mort à ceux qui s'en approchent
Pour regarder ses yeux qui mille amours decochent,
A ce qui parle à elle et à ce qui la suit;
Le soleil me desplaist, sa lumiere est trop grande,
Je crains que pour la voir tant de rais il espande,
Mais si n'aimay-je point les ombres de la nuict,

Je ne sçaurois aimer la terre où elle touche,
Je hay l'air qu'elle tire et qui sort de sa bouche,
Je suis jaloux de l'eau qui luy lave les mains,
Je n'aime point sa chambre, et j'aime moins encore
L'heureux miroir qui voit les beautez que j'adore,
Et si n'endure pas mes tourmens inhumains. (Str. 11 et 12.)

... Je n'aime point ce vent qui follastre sa joue
Parmi ses beaux cheveux et luy baise sa joue :

Si grande privauté ne me peut contenter.
Je couve au fond du cœur une ardeur ennemie
Contre ce fascheux lict, qui la tient endormie
Pour la voir toute nue et pour la supporter. (Str. 14.)

En signalant cette trouvaille, un critique, — M. Faguet, je crois, — déclarait qu'il ne désespérait d'apprendre un jour qu'on avait découvert le modèle italien de Desportes. La conjecture était judicieuse. La source principale [1] du poème *De la jalousie* est le *Libro quinto delle rime di diversi illustri signori napoletani e d'altri nobilissimi ingegni*... Vinegia, Giolito, 1552 [2].
Le thème de la jalousie a été abondamment exploité par la lyrique du *Quattrocento* et du *Cinquecento*. En particulier, le sonnet connu de Sannazar :

O gelosia, d'amanti horribil freno

a eu de nombreux imitateurs. Mais Desportes, en feuilletant le *Libro quinto* sut distinguer, parmi les variations traditionnelles sur ce sujet, une *canzone* ingénieuse du *Corfino* et plusieurs sonnets vigoureux et pleins, les premiers que donnât au public *Luigi Tansillo* [3]. Au premier il doit le passage imité par Corneille, au second la fin de son poème.
*Lodovico Corfino* [4] (LIBRO QUINTO, p. 228 et suiv.) est amoureux, donc jaloux. Comment, dit-il (str. 1 et 2), « si douce racine peut-elle produire fruit si amer » ? S'il voit un oiseau voler au-dessus de sa maîtresse, c'est Jupiter, croit.

1. On pourrait relever bien d'autres imitations dans le poème de Desportes, véritable mosaïque de réminiscences. Ariosto (*Orl. fur.* XXXI, 5) est mis à contribution :

    En Vain j'ai eu recours aux fortes médecines :
    Ce mal ne se guarist par jus ne par racines. (Str. 4.)

Anacréon de même (ode 20) :

    Je suis jaloux de l'eau qui lui lave les mains.

Et le début, sans qu'on puisse préciser l'imitation, est d'un poète qui a lu Tebaldeo.
2. C'est celui qui s'intitula d'abord *Libro terzo*. Giolito, éditeur des deux premiers recueils de *Rime* (*Libro primo*, 1545; *Libro secondo*, 1547), avait protesté contre l'apparition, chez des concurrents, du *Libro terzo* (Venezia, al segno del Pozzo, 1550) et du *Libro quarto* (Bologna, Giaccarello, 1551), en donnant à sa nouvelle publication le titre de *Libro terzo*. Quelques mois plus tard, acceptant le fait accompli, il lui rendait son rang dans la série devenue commune. Le *Libro quinto* de 1552 reproduit le texte du *Libro terzo* de la p. 5 à la p. 384, le reste diffère. (Bongi, *Annali di Gabriel Giolito de'Ferrari*. Roma, 1890). J'ai eu entre les mains la réédition de 1555, livre assez rare, dont je dois la communication à l'obligeance de M. Hugues Vaganay.
3. Le *Libro quinto* renferme un troisième sonnet sur la jalousie : *O d'invidia e d'amor figlia si ria* (p. 35). M. J. Vianey me fait remarquer qu'il figure déjà dans le *Libro primo* (éd. 1545, p. 270) où il est attribué à Giovanni della Casa, et dans les réimpressions de ce *Libro primo* (1546-1547, p. 294) où il est attribué cette fois à Antonio Mezzabarba. C'est celui que du Bellay a traduit dans son *Olive* (s. 99.)
4. *Lodovico Corfino* (1497-1556) est surtout connu comme l'auteur d'un roman autobiographique, l'*Istoria di Phileto veronese*, qui n'a été publié qu'en 1899 par M. Biadego. M. Flamini le cite parmi les auteurs qui ont fourni aux *Rime* « un buon gruzzolo di poesie » (*il Cinquecento*, p. 549). L'expression est assurément exagérée. M. Vaganay (*Le sonnet en Italie et en France*) signale seulement *trois* sonnets de lui dans le *Libro quarto* et *quatre* dans le recueil de Dolce (*Rime di diversi excellenti autori*... 1553). Enfin M. J. Vianey m'écrit que ces quatre sonnets qui figurent encore en 1565 dans *Il primo volume delle rime scelte* (réimpression du recueil de Dolce) ont disparu de l'édition du *primo volume* donnée en 1590.

il, qui se dispose à l'enlever (str. 3). N'est-ce pas Jupiter encore, ce taureau qui pait dans la prairie (str. 4)? Il est jaloux des narcisses dont elle compose des guirlandes (str. 5), des bois où elle se promène et qui inclinent leurs branches pour la retenir (str. 6). Et voici la strophe septième et dernière :

> *Se tra le chiome bionde*
> *Veggo scerzar il vento,*
> Membrando d'Orithia temo e sospiro,
> S'Eco talhor risponde
> Al suo dolce concento,
> Subito gli occhi in quella parte giro.
> Al fin il mio martiro
> D'ogni cosa procede :
> *Fannomi i fonti, ei fiumi,*
> *Il sole, et gli alti lumi*
> *Et chi di lei ragiona, e chi la vede,*
> *Et piu chi l'avicina*
> Sospirar e temer de la rapina.

Desportes a supprimé les allusions mythologiques, mais il a retenu l'idée générale (strophe 15) :

> Je voudrois que le ciel l'eust fait devenir telle
> Que nul autre que moy ne la peust trouver belle :
> *Mais ce seroit en vain que j'en prirois les dieux*
> *Ils en sont amoureux* : et le Ciel qui l'a faite
> Se plaist en la voyant si belle et si parfaite,
> Et prend tant de clairté pour mieux voir ses beaux yeux.

Des deux détails conservés par lui (les trois premiers vers de la onzième strophe et les trois premiers de la quatorzième), un seul, on le voit, le dernier, est passé dans Corneille [1].

Il a imité plus ouvertement deux sonnets de Tansillo. Au premier il a emprunté une image; au second, un quatrain. Tansillo écrit :

> ... Gelosia, crudel mostro, c'hai d'intorno
> Al fier capo mille occhi e mille orecchi
> A nocer sempre aperti, a giovar chiusi... (*Libro quinto*, p. 35.)

> Se vuol ch'io scampi la mia nobil maga,
> Che pietà del mio mal forse la punga,
> Franga il serpente, che mi morse, et unga
> Del suo fier sangue la mortal mia piaga. (*Ibid.*, p. 36.)

---

1. La *canzone* de Corfino a encore inspiré deux sonnets à Gilles Durant. On les trouvera dans le volume paru en 1594 chez Abel l'Angelier sous ce titre *Les Œuvres poétiques du sieur de la Bergerie*.

> Quand Charlotte au Printemps gayement retroussée...
> (*Prem. Amours,*. son. 29.)
> Un soir le long de l'eau elle marchoit pensive...
> (*Ibid.*, son. 57.)

Vive source d'ennuis, Harpye insatiable,
Ennemie à toy mesme, enragee, incurable,
*Portant au chef cent yeux incessamment ouverts,*
*Ouverts pour nostre mal, clos pour nostre liesse.*
Las! plus je parle à toy plus tu crois ma tristesse,
Et remplis mon esprit de serpens et de vers. (Str. 20.)

... Vous, que comme Deesse ici bas je revere,
*Si vous avez pitié de ma longue misere,*
*Et si vous desirez de me voir secourir;*
*Tuez cette sorciere acharnée à ma perte,*
*Et de son sang tout chaud oignez ma playe ouverte :*
*Ce remede tout seul est propre à me guarir.* (Str. 23.)

N'est-il point piquant de voir Desportes et Malherbe unis à leurs débuts, dans l'admiration — et l'imitation — de Luigi Tansillo?

MATHIEU AUGÉ-CHIQUET.

## LETTRES INÉDITES DE MELCHIOR GRIMM A GESSNER

Les trois lettres que nous publions sont entrées récemment, avec d'autres papiers de Gessner, dans la bibliothèque municipale de Zurich.

En 1762, Grimm avait fait, dans sa *Correspondance littéraire*, l'éloge des *Idylles* de Gessner, qui venaient d'être traduites en français. C'est alors, sans doute, que se nouèrent entre eux des relations assez amicales pour que Gessner, quelques années plus tard, ait pu charger Grimm d'une commission un peu embarrassante. L'écrivain zurichois était aussi graveur et peintre; dans l'été de 1768, il envoya à Paris une caisse remplie de tableaux, de dessins et d'estampes, avec prière à son ami d'en distribuer une partie, et de chercher à vendre le reste. Grimm ne refusa pas le service qui lui était demandé; mais il prit son temps pour répondre, et c'est seulement au bout de six mois qu'il écrivit à Gessner la première des lettres qui suivent.

Les deux autres sont relatives à la publication des *Nouvelles Idylles* de Gessner (Paris, 1772) et de la grande édition des *Œuvres* de Gessner en deux volumes in-4°, avec les figures gravées par l'auteur (Zurich, 1777).

PAUL USTERI.

A Paris, ce 2 février 1769.

Que pensez-vous de mon silence, Monsieur, de mon ingratitude, lorsque vous m'avez donné une marque d'amitié dont je suis si touché? Il faut avoir vécu à Paris pour comprendre comment on peut être six mois sans trouver le moment d'écrire six lignes. Votre lettre et votre caisse sont arrivées au milieu de l'été. Il n'y avait rien à faire jusqu'au milieu de novembre, parce que ce n'est qu'à cette époque qu'on revient de la campagne, et que Paris se remplit. Je n'ai pas perdu un instant pour faire passer vos deux tableaux à M. Watelet[1], comme vous verrez par sa réponse du 24 novembre, que j'ai l'honneur de vous envoyer. Ensuite j'ai chargé M. Diderot de se mêler de ma négociation avec un brocanteur. Il a souvent des commissions en tableaux pour la Russie, et par conséquent la race des brocanteurs est à sa dévotion; mais c'est une maudite race que cette race, et je n'en ai pu tirer aucun parti. En général, ils ont à Paris tant d'affaires, de si considérables et de si avantageuses pour leur commerce, qu'ils ne se soucient guère de se charger d'une correspondance pour de petits objets; et malgré tous mes soins, secondés de la chaleur de M. Diderot, je n'ai pu réussir dans la commission que vous m'avez donnée.

C'est ce mauvais succès qui a aussi un peu ralenti mon ardeur à vous répondre; car si j'avais réussi à faire ce que vous attendiez de moi, vous

---

1. Watelet, membre de l'Académie française, auteur d'un poème sur l'*Art de peindre*. Il y a huit lettres de Watelet dans les papiers de Gessner, à la Bibliothèque de Zurich.

en auriez certainement été instruit. Je vous remercie toujours de
m'avoir jugé digne de vous rendre service, et malgré le tort que mon
silence peut m'avoir fait dans votre esprit, croyez que vous vous êtes
bien adressé si vous avez cherché du zèle et de l'attachement. Je vous
remercie des charmants dessins dont vous avez orné mon cabinet, et
qui me sont très précieux.

Si quelque chose peut me consoler de mon mauvais succès, c'est
l'espérance qu'il pourra vous ramener à la poésie, à une maîtresse qui
vous a si bien traité, et qui aurait peut-être de l'infidélité à vous reprocher. Car enfin, le peintre ne peut prêcher que dans sa petite paroisse,
le poète est le prédicateur du genre humain; et quand on a reçu de la
nature les dons précieux de la poésie, comment les néglige-t-on?

Il me reste, Monsieur, à savoir ce que vous ordonnerez des deux
tableaux que vous m'avez confiés; je vous prie aussi de m'annoncer
mon pardon de mon silence, assurément bien involontaire. Je suis
écrasé sous un fardeau d'occupations sans relâche. Le séjour que le
prince héréditaire de Saxe-Gotha [1] a fait ici, a disposé de trois mois de
mon temps. C'est un ami de quinze ans, à qui je devais tous mes soins.
Je suis actuellement à réparer le temps que je lui ai donné.

Je ne connais pas la correspondance de Messieurs Gleim et Jacobi [2].
Je ne connais rien de ce qui croît en Allemagne, je sais seulement que
vous ne nous avez rien donné depuis quelque temps.

J'irai peut-être faire une pointe de deux mois en Allemagne [3] l'été
prochain, si mes occupations ne s'y opposent pas absolument.

Adieu, illustre Gessner. Pardonnez, et répondez. Adressez-moi
votre réponse *rue Sainte-Anne, près de la rue neuve des Petits-Champs*;
car, entre autres dérangements, j'ai eu aussi un déménagement à
faire.

M. Diderot vous dit mille choses tendres. Mais je le défie, lui et
M. Watelet, et l'Univers, de vous aimer avec plus de passion que moi.
Je suis avec le plus tendre attachement, Monsieur, votre très humble
et très obéissant serviteur.

GRIMM.

1. A son arrivée à Paris en 1749, Grimm était de la suite du prince héréditaire
Frédéric de Saxe-Gotha, qui n'avait encore que quatorze ans. Rousseau raconte que
le baron de Thun, gouverneur du prince, l'ayant invité à passer deux jours à Fon-
tenay-sous-Bois, il y fit la connaissance d'un « jeune homme appelé M. Grimm,
qui servait de lecteur au prince, en attendant qu'il trouvât quelque place, et dont
l'équipage très mince annonçait le pressant besoin de la trouver ».
Le prince Frédéric était mort en 1756, et c'est de son frère Ernest qu'il est ici
question; il avait alors vingt-quatre ans. Il a régné sur son duché de 1772 à 1804,
et, en 1776, il éleva Grimm au poste de ministre plénipotentiaire à Paris, le récom-
pensant ainsi de tous les soins qu'il avait reçus de lui, et de ses amis, entre autres
Diderot, qui donne là-dessus quelques détails : « Je suis brouillé avec Grimm,
écrit-il à Mᵖᵉ Volland; il y a ici un jeune prince de Saxe-Gotha, il fallait lui faire
une visite; il fallait le conduire chez mademoiselle Biberon (un cabinet de pièces
anatomiques artificielles), il fallait aller dîner avec lui; j'étais excédé de ces
sortes de corvées. »
2. *Briefe von den Herren Gleim und Jacobi*, Berlin, 1768.
3. Ce voyage dura cinq mois. (Scherer, *Melchior Grimm*, p. 421.)

A Paris, ce 27 avril 1771.

J'ai reçu, Monsieur, la lettre que M. Schulthess m'a remise de votre part, avec un véritable plaisir. Peu s'en faut que je ne vous félicite, et moi aussi, de la maladie qui est venue vous assaillir, puisqu'elle vous a forcé de passer l'été à la campagne, et que ce séjour nous vaudra un recueil d'Idylles [1].

. J'approuve fort, Monsieur, que vous vouliez faire paraître la traduction française en même temps que l'original; je pense que le meilleur parti serait de l'annoncer par souscription, en prenant la moitié de l'argent dès à présent, et l'autre moitié en livrant l'ouvrage [2]. Il faudrait chercher ici un libraire honnête; ou bien, si vous trouvez un ami qui pût vous rendre le service de faire souscrire chez lui, cela abrégerait bien des difficultés.

Je suis fâché que mes occupations forcées, et trop multipliées depuis quelques années, ne me permettent pas de vous offrir mes services. Il faudrait faire paraître ici la petite édition destinée au public, en même temps que l'édition des souscripteurs; sans quoi vous ne vous sauveriez pas des contrefacteurs. Je pense que cette souscription, convenablement annoncée, ne manquerait pas de réussir, quoique les temps ne soient pas favorables; nous tâcherions de l'étayer de toutes nos pauvres forces. Il faudrait seulement tâcher d'en remplir exactement les conditions, surtout relativement aux termes de la livraison. L'intérêt que je prends à cette entreprise m'oblige à vous parler avec toute la franchise; et je vous avouerai, Monsieur, que je ne suis pas sans inquiétude sur votre ancien traducteur [3]. Il y a quatre ou cinq ans qu'il a quitté Paris; je ne sais si son absence n'aura pas sensiblement influé sur son style. Il avait ici des secours qu'il n'aura pas à Leipsig, et il serait bien fâcheux que cette seconde traduction ne répondit pas à celle des premières Idylles. Vous me direz que je ne sais que lever des difficultés, sans en indiquer les remèdes; et cela est vrai; je voudrais avoir un bon traducteur à vous proposer, je ne me ferais pas prier. M. Huber avait ici des écoliers très forts [4]; dans le temps qu'il vous traduisait, il cherchait à leur faire

1. En effet, ce séjour à la campagne avait amené Gessner, après dix ans de silence, à composer de nouvelles Idylles, de la publication desquelles il est parlé dans le paragraphe qui suit.

2. Ces arrangements financiers sont longuement commentés dans une suite de lettres échangées entre Gessner et Meister; elles ont été publiées dans le tome CXX* de l'*Archiv für das Studium der neueren Sprachen*.

3. Michel Huber. La *Correspondance littéraire* (juin 1766) dit à propos de la traduction de *Poésies allemandes*, en quatre volumes : « M. Huber, Bavarois d'origine, après avoir passé environ douze ans à Paris, après s'y être marié, va partir avec sa femme et sa famille pour s'établir à Leipsig, en qualité de professeur de littérature française; et comme la religion qu'il professe ne lui permet pas d'avoir le titre dans les formes, et le réduit à ne donner que des leçons particulières, la cour de Dresde lui a assigné une pension de 120 livres. Nous perdons à cet arrangement le seul traducteur de langue allemande, dont les traductions aient eu du succès à Paris. »

4. Entre autres Turgot, qui avait collaboré à la traduction des *Idylles* qui parut en 1761.

entendre la force de l'original; et eux, ils le mettaient en état de le rendre avec pureté et correction; et malgré toutes ces peines, traduit-on un poète? Vous avez bien dû remarquer qu'on n'a pas réussi à faire passer dans la traduction le charme et la douceur du coloris de vos premières Idylles; mais pourvu que la seconde traduction soit égale en mérite à la première, je m'en contenterai [1].

Soyez persuadé que je ferai avec empressement tout ce qui dépendra de moi pour seconder vos projets, et que vous n'avez qu'à ordonner à cet égard. Je vous remercie de m'avoir fait connaître M. Schulthess, qui me paraît instruit et aimable, comme tout ce qui nous est venu jusqu'à présent de votre pays [2]. J'ai déjà eu l'honneur de connaître un de ses frères.

M. Diderot me charge de mille tendres compliments pour vous.

Vous n'avez jamais voulu venir voir vos amis de ce pays-ci; tremblez que nous n'allions un jour vous relancer chez vous; mais, quoi qu'il en arrive, ne doutez jamais du tendre et véritable attachement avec lequel j'ai l'honneur d'être, Monsieur, votre très humble et très obéissant serviteur.

                                                              GRIMM.

                                        Pétersbourg, ce 14 mars 1777.

Je sais bon gré, Monsieur, à M. de Voght [3] de vous avoir parlé de moi et de m'avoir procuré une marque de souvenir de votre part. J'aurais dû répondre depuis longtemps à votre lettre du 20 auguste; mais je voulais remplir vos vues pour la souscription proposée [4], et j'y ai perdu mon temps sans rien avancer. Il est vrai que j'étais l'homme le moins propre à remplir cette commission à Pétersbourg. Ce qui paraît d'abord ridicule et impertinent à dire, est cependant vrai au pied de la lettre : c'est que je ne vois exactement personne que l'Impératrice et ceux que je rencontre à la Cour, qui est le lieu le moins propre à faire des souscriptions. Il est vrai qu'ayant le bonheur de voir l'Impératrice tous les jours, je ne saurais me plaindre de ne voir qu'elle. J'avais chargé un de mes amis de proposer cette souscription dans les sociétés, et de m'en ramasser le plus qu'il pourrait. Les apparences furent d'abord très magnifiques, et se réduisirent ensuite à rien. Tout ce que j'ai gagné, c'est

1. Lors de la publication des *Nouvelles Idylles*, Grimm écrit (*Corr. litt.*, février 1773) : « Vous serez content de la traduction qui ne manque ni de correction, ni de grâce; elle est de M. Meister, jeune homme de Zurich, plein de goût et de mérite. » — En réalité, comme le prouve une lettre de Meister à Gessner, du 9 février 1771, la traduction avait été ébauchée par Huber, et Meister y avait mis la dernière main.

2. Ceci est un compliment à l'adresse de Meister, et montre qu'en 1771 déjà, deux années avant que Grimm le chargeât de sa *Correspondance littéraire*, il le voyait de très bon œil.

3. Le baron de Voght, riche négociant et philanthrope danois. Mᵐᵉ de Staël, dans ses lettres, parle quelquefois de lui.

4. Une édition de luxe des *Œuvres* de Gessner, publiées simultanément en allemand et en français, parut en 1777.

d'avoir perdu les deux annonces que vous aviez jointes à votre lettre.
J'espère que notre ami commun, M. Meister, vous aura mandé la souscription de Sa Majesté Impériale, et celle de Madame la Grande-Duchesse,
et la mienne; et si vous imprimez ces noms dans la liste des souscriptions, vous les trouverez sur la feuille ci-jointe, en deux langues; car la
souscription est pour l'édition française et pour l'allemande. M. Meister
vous aura marqué le nombre des exemplaires. Vous aurez la bonté de
les lui faire passer, et j'aurai soin de les faire aller de Paris à Pétersbourg.

Je compte partir d'ici au commencement de mai. J'ai le plus grand
désir de m'en retourner en France par la Suisse. Ainsi, Monsieur, atten-
dez-vous un peu à ma visite. Le désir de vous voir n'est pas ce qui
m'attache le moins à ce projet. J'aurai un véritable regret si je suis
forcé d'y renoncer et de le remettre à un autre temps; car il ne faut pas
renvoyer les bonnes choses au lendemain, surtout à un âge où le lendemain devient incertain [1]. L'Impératrice veut d'ailleurs que je revienne
une troisième fois en Russie; et il est prouvé qu'on ne résiste pas à
l'Impératrice.

M. Meister a aussi, je crois, quelque projet de vous faire visite cet été.
Je serais charmé d'arriver de l'Orient, tandis qu'il viendrait de l'Occident, pour vous faire tomber sur les épaules [2]. Soyez bien persuadé, je
vous supplie, qu'on ne peut rien ajouter au tendre attachement avec
lequel j'ai l'honneur d'être, Monsieur, votre très humble et très obéissant serviteur.

GRIMM.

1. Grimm avait alors cinquante-trois ans.
2. Meister vint à Zurich, en effet, au mois d'octobre 1777. Quant à Grimm, qui
était à Berlin à la fin de septembre, et qui arriva à Paris en novembre (Scherer,
*Melchior Grimm*, p. 434), on ne sait pas s'il a passé par la Suisse.

# PASCAL ET L'ACCIDENT DU PONT DE NEUILLY

M. Victor Giraud, dans un intéressant article de la *Quinzaine* (16 février 1902), a commenté le seul récit qu'on possède d'une anecdote célèbre de la vie de Pascal, récit tiré d'un « manuscrit anonyme de la bibliothèque des Pères de l'Oratoire de Clermont », qui a été copié par le père Guerrier, et publié par M. Faugère :

« M. Arnoul de Saint-Victor, curé de Chamboursy, dit qu'il a appris de M. le prieur de Barillon, ami de M<sup>me</sup> Périer, que M. Pascal, quelques années avant sa mort, étant allé, selon sa coutume, un jour de fête, à la promenade au pont de Neuilly, avec quelques-uns de ses amis, dans un carrosse à quatre ou six chevaux, les deux chevaux de volée prirent le frein aux dents à l'endroit du pont où il n'y avait point de garde-fou, et, s'étant précipités dans l'eau, les laisses qui les attachaient au train de derrière se rompirent, en sorte que le carrosse demeura sur le bord du précipice : ce qui fit prendre à M. Pascal la résolution de rompre ses promenades, et de vivre dans une entière solitude. »

M. Giraud, dans son commentaire, a semé le doute sur cette anecdote. « Entre Pascal et nous, dit-il, il y a au moins quatre intermédiaires. » — Mais cette mention de tous les intermédiaires par lesquels a passé le récit est faite pour donner de la confiance, et me paraît rassurante, je l'avoue.

Je remarque un mot du texte : M. le *prieur* de Barillou. D'après une note des Mémoires de Saint-Simon, édit. Boislisle, VI, 182, Henri de Barillon a été fait prieur de Boulogne (près Blois) en 1663, et évêque de Luçon en 1671. Puisqu'il est cité comme prieur, et non pas comme évêque, ne faut-il pas faire remonter le dire de M. Arnoul de Saint-Victor, — et peut-être aussi la première notation de ce dire, — aux années 1663 à 1671, c'est-à-dire à une époque assez rapprochée du temps où vivait Pascal? Et cette remarque ne tend-elle pas à donner plus de poids au récit de l'anecdote ?

« Il est vraiment bien singulier, écrivait M. Cousin, que Jacqueline Pascal, dans la lettre où elle raconte à sa sœur les motifs et les détails de la conversion de leur frère, ne dise pas un seul mot d'un accident aussi terrible, où, si elle l'eût connu, — et comment aurait-elle pu l'ignorer? — elle n'aurait pas manqué de voir et de faire paraître le doigt de Dieu. »

Mais cet argument, dont on ne peut méconnaître la valeur, ne bat en brèche que les dernières lignes du récit, celles qui mettent l'accident en rapport avec la conversion de Pascal. Les autres circonstances du récit cadreraient aussi bien avec une date antérieure à l'automne de 1654, une date quelconque de la jeunesse de Pascal.

« Quelques années avant sa mort », dit le texte. Le *terminus ad quem* est donné par la conversion de Pascal, qui a amené un changement dans ses habitudes et dans son train de vie. *Quelques années*, par conséquent, c'est près de huit ans, au moins; pourquoi pas dix ou douze? Il n'y a pas de *terminus a quo* qui l'empêche.

Dans quel sens a dû se développer le récit en passant de bouche en bouche, surtout après la mort de Pascal? Il était assez dramatique en lui-même ; mais il devenait beaucoup plus intéressant si la date de l'accident lui donnait un rôle dans la conversion de l'auteur des *Pensées*. On était amené, par une pente naturelle, à faire ce rapprochement. Nous pouvons l'écarter, puisque le silence de Jacqueline ne permet pas de placer l'anecdote dans l'automne de 1654. Avec cette réserve, pourquoi ne pas admettre un récit qui n'a rien d'invraisemblable?

Pascal, un jour, a couru un grand danger; il y a eu dans sa vie un moment inoubliable; il a touché au doigt la fragilité de la vie humaine; il a entendu « cette voix sainte et terrible », dont il a parlé plus tard. Assurément le proverbe italien : *Passato il pericolo, gabbato il santo*, n'est pas de mise avec Pascal.

A vrai dire, cette conclusion n'est pas éloignée de celle à laquelle M. Giraud s'est arrêté.

EUGÈNE RITTER.

# UN MANUSCRIT INÉDIT DE REMARD SUR DELILLE [1]

## Les Géorgiques.

Comme nous l'avons dit dans notre *Introduction*, il existe deux rédactions des « Remarques » sur les *Géorgiques*. Voici le titre de la première.

« JACQUES DELILLE, dépouillé de ce qui ne lui appartient pas dans sa traduction en vers français des Géorgiques de Virgile, dans le discours qui la précède, et dans les notes qui l'accompagnent :

« Par N... Martin, Jean Regnault de Segrais, Le Franc de Pompignan, Boileau, La Fontaine, Jean et Louis Racine, Malfilâtre, Ponce-Denis (Ecouchard) Le Brun, N... Dulard, Joseph Addison et Jean Martyn.

« Avec les différens textes latins, français et anglais qui servent de preuves, des remarques et des réflexions littéraires et critiques, le tout précédé d'une préface indispensable à lire.

« Par Ch. R. c. d. l. B. d. R. a. F....

« 1817 ».

L'autre titre, que nous reproduisons ci-dessous, a été épinglé par Remard, sur une petite feuille, à la première page de sa *Préface*.

Le *Précis* analyse ainsi le contenu de cette partie du manuscrit, y compris la *Préface*.

« Remarques sur la traduction des Géorgiques.

« Préface d'environ 28 pages (*en surcharge, et au crayon* : servant d'introduction). — Vingt et un morceaux et passages du Discours préliminaire de Delille traduits littéralement de l'anglais, et dont on rapporte le texte original. — Cent soixante vers environ empruntés dans deux anciennes Traductions, et qu'on transcrit en regard des mêmes vers dans la Traduction nouvelle. Ingratitude de Delille envers les auteurs de ces premieres traductions. — Emprunt de trois cents autres vers dans une traduction plus moderne, et on les transcrit encore ; mais, comme cette troisième traduction a paru quatorze ans après celle de Delille, il a fallu prouver ce plagiat qui paraît d'abord impossible ; et c'est l'objet principal de la *préface* raisonnée, dans laquelle tous les genres de preuves sont accumulés, de manière à ne plus laisser aucun doute aux plus incrédules, aux plus aveugles admirateurs du Poëte plagiaire. — Ingratitude et insigne mauvaise foi de Delille envers ce troisième Traducteur. — Cent quatre-vingts des meilleures notes de la Traduction nouvelle, traduites aussi littéralement de l'anglais (*en surcharge et au crayon* : sans que Delille en ait jamais parlé), dont le texte, copié dans un exemplaire in-4°, sera aussi publié, en cas de besoin. — Outre les grands plagiats, il y en a une foule de petits qui étant rapportés également, comparés et entremêlés d'observations littéraires et critiques, rendent le travail de l'auteur sur ce premier (le mot *premier* est barré au crayon, et précédé du signe +) ouvrage de Delille, extrêmement curieux et instructif. — L'auteur cite aussi de tems à autre différens passages, imités ou traduits de Virgile par d'autres poëtes, sorte de rapprochemens qui plaisent à toutes es classes de lecteurs, parce qu'ils font ressortir la beauté, comme aussi quelquefois la faiblesse ou l'inexactitude de la traduction principale.

« Telle est à peu près la marche générale que l'Auteur a suivie dans l'examen successif des œuvres complettes de Delille. »

Du jour où il eut conçu l'idée de son *Supplément nécessaire*, etc., la préoccupation constante de Remard semble bien avoir été d'augmenter sans cesse le nombre et la qualité de ses preuves, afin de dresser contre Delille le plus complet des réquisitoires. De là des additions perpétuelles à la rédaction primitive, des notes, des surcharges, de petites feuilles supplémentaires, le tout fort net en général, et donc

---

1. Voir la *Revue* d'avril-juin 1907.

nullement difficile à démêler. Aussi n'avons-nous pas distingué le texte primitif et les additions ultérieures. C'eût été long, et surtout parfaitement inutile. — Dans *Jacques Delille dépouillé*, etc., les emprunts du poète sont numérotés sans autre indication. Il y en a 74 pour le 1ᵉʳ livre; 41 pour le 2ᵉ; 64 pour le 3ᵉ et 67 pour le 4ᵉ. On voit si, avec le temps, la moisson de Remard s'est enrichie.

Louis Maigron.

---

« *Supplément nécessaire à toutes les éditions des* Géorgiques *de Virgile, traduites en vers français par Jacques Delille* :

ou

« *Examen impartial de cet ouvrage éminemment classique, ayant pour objet principal de révéler tout ce qui n'appartient pas réellement à l'auteur dans la traduction du texte de Virgile, dans le Discours qui la précède, et dans les notes qui l'accompagnent; comme aussi d'indiquer les corrections les plus importantes qui ont été faites d'après les* Observations critiques *de Clément de Dijon;*

« *Avec de nouvelles Remarques littéraires et critiques, des rapprochements curieux, et surtout une Préface indispensable à lire :*

par Ch. R. »

Remarques
sur la Traduction des « Géorgiques »
de Virgile, par J. Delille[1].

Livre. premier, p. 69. Virgile, I, 5.

DEL.    Astres qui; poursuivant votre course ordonnée,
        *Conduisez dans les cieux la marche de l'année...*

MALF.   Astres brillans du monde, ô secourables Dieux,
        *Qui conduisez l'année errante dans, les cieux...*

Quoique le texte porte *labentem coelo quae ducitis annum*, il. n'y a point de doute que Delille n'ait corrigé sur la version de Malfilàtre, puisqu'il avait mis d'abord :

        Astres majestueux qui dans votre carrière,
        Nous dispensez les ans, nous versez la lumière.

P. 71. Virgile, I, 18.

DEL.    Vieillard qui dans ta *main* tiens *un jeune cyprès*...
MALF.   . . . . . . . . . . . . Solitaire Sylvain,
        Dont *un jeune cyprès* orne toujours *la main.*
DEL.    *Enfant qui, le premier*, sillonnas les guérets...
SEG.    *Enfant qui, le premier*, du soc fendis la terre...

---

1. Les indications des passages de Virgile ne sont pas dans le manuscrit de Remard. Nous les. avons ajoutées pour la commodité des vérifications.

*Ibid.* Virgile, I, 24.

DEL.     Et toi qu'attend le ciel et *que la terre adore,*...
        Sous quel astre, ô César, faudra-t-il qu'on t'implore?

MART.     ·Et toi, jeune héros *que tout le monde adore,*...
        Et de qui les autels où l'univers t'implore...

SEG.     Victorieux César . . . . . . . .

     . . . . . . . . . . . . . . .

        Entre dans ma carrière, et, souffrant qu'on t'implore,
        Sois Dieu dès maintenant pour quiconque t'adore.

*Ibid.*

DEL.     *Sous quel titre, ô César, faudra-t-il qu'on t'implore?*
        *Sous quel titre, César, faut-il que je t'implore?*

Voici une preuve que Delille n'a pas négligé un seul vers à sa convenance, puisqu'il a pris celui-ci dans la traduction du commencement des *Géorgiques,* par le Président Bouhier. Mais il en a trouvé bien d'autres du même auteur dans le quatrième livre de l'Enéide.

*Ibid.* Virgile, I. 28.

DEL.     Veux-*tu, le front* paré *du myrte maternel,*
        Remplacer Jupiter sur son trône *éternel?*
        Va, préside aux saisons, *gouverne le tonnerre,*
        Protège les cités, fertilise *la terre.*

MART.     Soit que....... pour enrichir *la terre,*
        *Gouverner* les saisons, *ou régir le tonnerre,*
        *Le front* environné *du myrte maternel,*
        Tu prennes sur les airs un empire *éternel...*

POMP.     *Seras-tu, le front* ceint *du myrte maternel?*...

*Ibid.* Virgile, I, 32.

DEL.     *Nouveau signe* d'été, veux-tu briller aux *cieux?*
        *Le Scorpion* brûlant, *déjà loin d'Erigone,*
        *S'écarte* avec respect *et fait place à ton trône.*

SEG.     *Nouveau signe* des mois, tu règnes dans les *cieux;*
        *Déjà le Scorpion s'éloigne d'Erigone;*
        *La Balance s'écarte et fait place à ton trône.*

*Ibid.* Virgile, I, 40.

     Toi, je veux qu'on *t'adore,* et non pas qu'on te *craigne.*

Clément cite ce vers, comme ayant quelque ressemblance avec celui de Racine :

     *Las de se faire aimer, il veut se faire craindre.*

Un second vers du même poète, dans *Britannicus,* s'en rapproche encore :

     ·*Heureux, ou malheureux, il suffit qu'on me craigne.*

J'en pourrais citer deux autres de Théodore Agrippa d'Aubigné, tirés de sa satyre, intitulée :, *Des Princes*, qui y ressemblent beaucoup :

> *L'un veut être haï, pourvu que l'on le craigne;*
> *L'autre sur l'amour seul veut établir son règne.*

Et Voltaire a dit dans *Mahomet*, act. II, sc. III :

> *Qu'on adore mon Dieu, mais surtout qu'on le craigne.*

*Ibid.* Virgile, I, 43.

DEL.    Quand la neige au Printems, s'écoule des montagnes,
      *Dès que le doux zephyre amollit les campagnes...*
SEG.    *Sitot que le zephyr*, favori du Printems,
      Fond la neige des monts, *et ramollit les champs...*

P. 73. Virgile, I, 46.

DEL.    Qu'un soc *longtems rouillé brille dans le sillon.*
MART.    Le coutre *dérouillé brille dans les vallons.*

Le texte porte :

> *Et sulco attritus splendescere vomer.*

Dom *Gérard*, religieux de l'ordre de Cîteaux, l'a imité dans une Eglogue, qui a concouru pour le prix de poésie de l'Académie française en 1784 :

> *Dans les sillons ouverts le coutre se polit.*

*Ibid.* Virgile, I, 49.

DEL.    *Tes greniers crouleront sous* tes grains entassés.
SEG.    *Ses greniers crouleront sous* leur charge pesante.

*Ibid.* Virgile, I, 54.

DEL.    Dans ces riches vallons *la moisson jaunira;*
      Sur ces coteaux rians *la grappe noircira.*
MART.    *Là jaunissent les blés*, ici *les vins murissent.*

Il est à remarquer ici que Martin n'a qu'un vers comme Virgile, et que le verbe *jaunir* n'est pas donné par le latin *veniunt*.

*Ibid.* Virgile, I, 57.

DEL.    *Dans les champs de Saba l'encens croît pour les Dieux.*
POMP.    *Dans les champs de Saba l'encens croît pour les Dieux.*

P. 75. Virgile, I, 74.

DEL.     Pour *l'avoine et le lin, et les pavots brûlants* [1]
         De leurs sucs nourriciers ils *épuisent les champs.*
SEG.     Car l'avoine et le lin amaigrissent les champs,
         Ainsi que les pavots aux sucs assoupissants.

Au reste les deux derniers traducteurs sont loin d'avoir rendu le texte, surtout la répétition du verbe *urere* et *lethœo perfusa papavera somno.*

*Ibid.* Virgile, I, 71.

DEL.     Qu'un vallon *moissonné* dorme *un an sans culture*;
         Son sein reconnaissant *te paye avec usure.*
POMP.    Mais un champ que le soc laisse *un an sans culture,*
         De son oisiveté *te paye avec usure.*

Ici l'ordre est interverti : les vers de Delille sont la traduction des deux vers latins, qui sont au commencement de ce passage

         *Alternis idem tonsas cessare novales,*
         *Et segnem patiere situ durescere campum*;

que Pompignan a traduits par ceux-ci :

         Que les champs *moissonnés* d'un plein *repos* jouissent,
         Et qu'*un an* tout *entier* leurs sillons se durcissent.

Et les vers de Pompignan sont la traduction du latin :

         *Sic quoque mutatis requiescunt fœtibus arva*;
         *Nec nulla interea est inaratæ gracia terræ.*

que Delille à son tour a traduit par ceux-ci :

         La terre ainsi *repose* en changeant de richesses;
         Mais un *entier repos* redouble ses largesses.

P. 77. Virgile, I, 96.

DEL.     *Cérès à ses travaux* sourit *du haut des cieux.*
POMP.    *Cérès du haut des cieux* applaudit *ses travaux.*

P. 81. Virgile, I, 131.

DEL.     Dépouilla de leur miel les riches *arbrisseaux.*
         Et du vin dans les champs fit *tarir les ruisseaux.*
SEG.     Il nous ota le feu, le miel des *arbrisseaux,*
         Et des vins qui coulaient il *tarit les ruisseaux.*

---

1. Remarda interverti l'ordre du poète latin dans cette remarque et celle qui suit.

DEL.   ·   Déjà le nocher compte, et *nomme les étoiles.*
POMP.       On mesura les cieux, on *nomma les étoiles.*

*Ibid.* Virgile, I, 143.

DEL.        *J'entends* crier la dent de *la lime mordante.*
L. RACINE. *La lime mord* l'acier et *l'oreille* en frémit.

Le vers de Delille, si heureusement imitatif, ne lui appartient pas tout
entier, comme on voit; et L. Racine en a fourni au moins la moitié; car le
mot latin *argutæ* ne renferme que très implicitement l'idée d'*entendre*
exprimée par les deux traducteurs.

*Ibid.* Virgile, I, 144.

DEL.        *L'acier* coupe *le bois* que *déchiraient les coins.*
POMP.       En outil transformé, *le fer scia le bois,*
            *Que des coins* émoussés *déchiraient autrefois.*

*Ibid.* Virgile, I, 145.

DEL.        *Tout cède aux longs travaux...*
SEG.        *Tout cède au long travail...*

*Ibid.* Virgile, I, 158.

DEL.        Ou bientôt affamé, près d'un riche voisin,
            Retourne au gland des bois pour assouvir ta faim.
MART.       Autrement, méprisé *d'un voisin opulent,*
            Tu te verras forcé de *retourner au gland.*
SEG.        Triste de l'heur d'autrui, tu te plaindras en vain,
            *Retournant* aux forets *pour soulager la faim.*

Il n'est pas question de voisin dans Virgile; il y a *alterius.* L'idée de *retour*
n'y est pas davantage.

P. 83. Virgile, I, 164.

DEL.        De leurs *ongles de fer* on arme des rateaux.

Comme le texte porte simplement *iniquo pondere rastri*, le traducteur
pourrait fort bien avoir emprunté *les ongles de fer* à son ami Thomas, qui a
dit, dans *la Pétréide* :

Sous des *ongles de fer* le chanvre est divisé.

*Ibid.* Virgile, 172.

DEL.        *Aux deux côtés du soc* de larges *orillons,*
            En écartant la terre, exhaussent *les sillons.*
SEG.        Qu'aux deux côtés du soc tiennent *les orillons,*
            Et le coutre au devant pour ouvrir *les sillons.*

*Ibid.* Virgile, I, 175.

DEL.        *Et qu'enfin tout ce bois,* éprouvé par les feux,
            *Se durcisse à loisir* sur ton *foyer fumeux.*

POMP.    *Et qu'avant tout le·bois, jamais trop attendu,*
Dans la flamme *durcisse,* au *foyer* suspendu.

Ici encore l'imitation, toujours réelle, demande peut être explication. D'abord le tour est identique : c'est celui de l'original, et les deux traducteurs peuvent à toute force n'avoir pas eu d'autre modèle. Le mot *foyer* peut aussi leur être venu à tous deux, puisqu'il est dans le latin *focis*; mais ce *durcissement,* effet du procédé qu'indique ici le poète, n'est point exprimé dans le vers :

> *Et suspensa focis exploret robora fumus*;

et l'idée de l'exprimer, commune aux deux traducteurs, jointe à l'identité de l'expression, dénonce un plagiat qu'achève de prouver l'addition de cette autre idée *à loisir* qui n'est qu'une heureuse modification du *jamais trop attendu* de Le Franc de Pompignan.

Ibid. Virgile, I, 176.

DEL.    *.Il est mille autres soins consacrés par nos pères*;
Ne dédaigne donc pas ces préceptes *vulgaires.*
SEG.    Je pourrais ajouter cent leçons *de nos pères,*
Mais ennuyer aussi de ces détails *vulgaires.*
POMP.    *Il est encor des soins transmis par nos ancêtres...*

Ce serait un grand hasard assurément que deux personnes pussent se rencontrer si bien en traduisant :

> *Possum multa tibi veterum præcepta referre.*

Ibid. Virgile, I, 178.

DEL.    D'abord qu'*un* long *cylindre également roulé*
Aplanisse la terre où tu battras le blé.
POMP.    Promenez *un cylindre également roulé*
Dans l'aire où du froment le grain sera foulé.

Ibid. Virgile, 1, 179.

DEL.    Si *d'un ciment visqueux* tes mains ne la pétrissent...
MART.    Et *d'un ciment visqueux* étroitement liée...

P. 85. Virgile, I, 186.

DEL.    *Prévoyant les besoins de la triste vieillesse,*
*La fourmi* diligente y butine sans cesse.
MART.    *Prévoïant les besoins de la lente vieillesse,*
*La fourmi* les amasse (les grains) en sa verte jeunesse.

Ibid.

DEL.    Et le mulot remplit *ses greniers souterrains*
SEG.    La souris creusera *ses greniers souterrains.*

Delille avait traduit d'abord :

> La taupe dont les yeux au jour s'ouvrent à peine,
> Y *creuse* sourdement *sa maison souterraine.*

*Ibid.* Virgile, I, 191.

DEL.     Si des feuilles sans fruit surchargent *ses rameaux...*
SEG.     Si la feuille au contraire abonde en *ses rameaux...*

*Ibid.* Virgile, I, 193.

DEL.     *Des légumes* souvent l'enveloppe infidelle
           Déguise. la maigreur des fruits qu'elle recèle ;
           Pour qu'ils soient mieux nourris, et pour rendre le grain
           Plus promt à s'amollir en bouillant dans l'airain,
           *J'ai vu* dans le *marc d'huile* et dans une *eau nitrée*
           Détremper la semence avec soin préparée :
           *Remède* infructueux ! *Inutiles secrets !*
POMP.     Dans l'espoir de grossir des *légumes* trompeurs,
           Avant de les semer, *j'ai vu* des laboureurs
           Les mouiller de *marc d'huile* et de *liqueur nitrée*;
           Par le feu la semence est aussi préparée :
           *Inutiles secrets, remèdes* impuissans....

Il y a d'abord à remarquer ici le mot de *légumes* qui n'est pas nécessairement la traduction de *semina* ; car il s'agit plutôt, dans ce passage, de plantes céréales que d'herbes potagères. Il y a ensuite l'*eau nitrée* qui peut bien avoir été fournie à Delille par la *liqueur nitrée* de Pompignan, puisqu'il n'y a dans Virgile que *nitro*. Quant au *j'ai vu* et au *marc d'huile*, c'est le latin. Mais il y a une autre sorte d'imitation qu'il est essentiel de noter, c'est que Delille, après Pompignan, a changé l'ordre des idées, en faisant précéder le motif et suivre le procédé.

DEL.     Pour qu'ils soient mieux nourris,... etc.
        ....... J'ai vu... etc.
POMP.     Dans l'espoir de grossir,... etc.
        ....... J'ai vu, etc.

le latin dit au contraire .:

> *Semina vidi equidem*, *etc.*
> *Et nitro, etc.*
> *Grandior ut fœtus siliquis fallacibus esset.*

Pour le dernier vers de ce passage, c'est évidemment un plagiat, puisque le texte a une autre marche ; mais, avant nos deux traducteurs, Racine, le divin Racine, avait dit dans *Iphigénie en Aulide* :

> ·« Favorables périls ! Espérance inutile ! ».

Et dans *Phèdre* :

« D'un incurable amour remèdes impuissants! »

*Ibid.* Virgile, I, 201.

DEL.   Je crois voir un nocher qui, la rame à la main,
       *Lutte contre les flots* et les fend *avec peine* :
       Suspend-il ses efforts? *L'onde roule et l'entraine.*
POMP.  *Il lutte avec les flots*, il remonte *avec peine.*
       Mais il quitte la rame, *et le courant l'entraine.*

P. 87. Virgile, I, 211.

DEL.   *Sème l'orge, le lin, les pavots nourrissans.*
MART.  *Sème l'orge, le lin, les pavots nourrissans.*

*Ibid.* Virgile, I, 222.

DEL.   Attends jusqu'au lever de *la Couronne d'or.*
       Plusieurs jettent leurs grains, quand Maïa *luit encor*;
       Mais la terre à regret reçoit cette *semence*,
       Et de maigres épis trompent leur *espérance.*
SEG.   Que si, par ton labeur, au froment attaché,
       Tu mets en ses épis ton unique *espérance*,
       Garde d'en confier à tes champs la *semence*,
       Tandis que, vers l'Aurore, au ciel *luiront encor*
       Et les filles d'Atlas, et la *Couronne d'or.*

Voilà au moins quatre bonnes rimes.

P. 89. Virgile, I, 233.

DEL.   *Cinq zones de l'Olympe embrassent le contour.*
POMP.  Des zones qui du ciel *embrassent le contour...*
MALF.  *Cinq zones de l'Olympe embrassent* l'étendue.

*Ibid.* Virgile, I, 238.

DEL.   Et dans son cours brillant borne *l'oblique voie*,
       Où du dieu des saisons la marche *se déploie.*
POMP.  Qui forment la carrière où le soleil *déploie*
       Le spectacle pompeux de son *oblique voie.*

*Ibid.* Virgile, I, 244.

DEL.   Calisto *dont le char craint les flots de Thétis.*
POMP.  Les ourses *dont le char craint les flots de Thétis.*

*Ibid.* Virgile, I, 250.

DEL.   *Et lorsque* ses coursiers nous soufflent *la lumière*,
       Pour eux l'obscure nuit *commence sa carrière.*
POMP.  *Et* que l'astre du jour y répand *sa lumière*,
       *Quand* pour nous du soleil *commence la carrière.*

P. 91. Virgile, I, 252.

DEL.   *Le globe ainsi connu* t'annonce *les saisons;*
    · Quand il faut ou *semer,* ou couper *les moissons,*
    Abattre le sapin destiné *pour Neptune,*
    Aux infidelles mers confier sa *fortune.*
SEG.   Le Ciel, bien qu'incertain, nous marque *les saisons,*
    Le tems propre à *semer,* le tems propre *aux moissons.*
POMP.   *L'ordre des cieux connu* nous apprend *les saisons,*
    Les jours de la semence, et le tems *des moissons,*
    Celui de préparer des vaisseaux *pour Neptune,*
    De suivre sur les mers Bellone ou la *Fortune.*

Ce n'est pas un traducteur, un poète tel que Delille, qui se serait ainsi rencontré fortuitement avec Segrais et Pompignan, si éloignés l'un et l'autre de la route qu'il s'est ouverte avec tant de bonheur. Il copie en maître; mais il copie. Les rimes sont identiques; la marche a tout au moins beaucoup d'analogie; et ce passage est peut-être un de ceux qui décèlent le plus son attention à suivre les traces des traducteurs qui l'ont précédé; attention, au surplus, à laquelle il ne manque, pour être louée, que d'avoir été plus franche.

Ibid. Virgile, I, 262.

DEL.   *Ils aiguisent leur soc,* ils comptent leurs boisseaux,
    *Creusent une nacelle, ou marquent leurs troupeaux.*
MART.   *Il aiguise son soc...*
POMP.   *Il aiguise le soc, il marque ses troupeaux,*
    *Ou creuse* des *troncs* d'arbre en forme de batteaux.

*Aiguiser le soc* est bien faible pour rendre durum procudit arator — vomeris obtusi dentem.

Ibid. Virgile, I, 270.

DEL.   *Tendre un piège aux oiseaux, embrâser les buissons,*
    *D'un mur tissu d'épine entourer ses moissons.*
POMP.   *Tendre aux oiseaux un piège, embrâser les buissons,*
    *Et d'un rempart d'épine entourer ses moissons.*

Ce n'était guère la peine de changer : cet hémistiche *tendre aux oiseaux un piège* vaut bien celui que Delille a fait avec les mêmes mots; et son *mur tissu d'épine* ne vaut peut-être pas le *rempart d'épine* dont il n'a point voulu.

Ibid. Virgile, I, 272.

DEL.   Ou *baigner* ses brebis *dans une eau salutaire.*
SEG.   *Baigner* ses chers troupeaux *dans une eau salutaire.*

Ibid. Virgile, I, 276.

DEL.   La lune apprend aussi, *dans son cours inégal...*
SEG.   *Dans son cours inégal,* la carrière des mois...

*Ibid.* Virgile, I, 277.

DEL.        `Le cinquième est funeste...`
MART.      `Le cinquième est funeste...`

Et le texte porte : *Quintum fuge.*

P. 93. Virgile, I, 278.

DEL.        Et vous, fameux *Titans*, géants *audacieux,*
            Que *la terre enfanta pour* attaquer *les cieux...*
SEG.        Et *la terre enfanta, pour* renverser *les cieux,*
            Des superbes *Titans* le peuple *audacieux.*

*Ibid.* Virgile, I, 281.

DEL.        Leur audace *entassa montagnes sur montagnes,*
            *Ossa sur Pélion, Olympe sur Ossa :*
            *Trois fois,* le foudre en main, *le Dieu les renversa.*
MART.       D'*entasser* par trois fois *montagnes sur montagnes,*
            *Ossa sur Pélion, Olympe sur Ossa;*
            Et *trois fois Jupiter* leurs travaux *renversa.*

Ici personne ne fera un reproche à Delille d'être infidèle au mépris qu'il affecte dans son Discours préliminaire pour la version de Martin; et c'eût été vraiment dommage qu'il ne s'en servit pas.

Malherbe a dit :

> Comme la rébellion,
> Dont la fameuse folie
> Fit voir à la Thessalie
> Olympe sur Pélion.

*Ibid.*, p. 93. Virgile, I, 285.

DEL.        *Promener la navette errante* sur le lin [1].
MART.       ...... Pendant que sa compagne
            *Fait courir la navette...*

Trouvera-t-on une grande différence entre *promener là navette errante* et *faire courir la navette?* N'est-ce pas la même expression affaiblie peut-être? Au reste, Virgile explique bien comment se fait la toile, *licia telæ addere*; mais il ne nomme pas l'instrument qu'on emploie, *la navette.* Ainsi le plagiat de Delille n'est pas douteux.

*Ibid.*, p. 93.

DEL.        Ainsi que d'heureux *jours* il est d'heureux *instans* [2].

Selon Clément, Delille s'est peut-être rappelé ici cette antithèse du cardinal de Bernis :

> *Perdent leurs plus beaux jours pour saisir des instans.*

---

1. Le second hémistiche est d'une autre écriture. Il semble avoir été ajouté par le critique lui-même de Remard, dont nous avons déjà parlé.
2. L'idée n'est pas explicitement dans Virgile.

P. 95. Virgile, I, 316.

DEL.  Les épis jaunissans *qui tombent sous la faulx*.
POMP.  Souvent quand les moissons *qui tombent sous la faulx...*

P. 97. Virgile, I, 330.

DEL.  L'univers ébranlé s'épouvante....... le Dieu,
D'un bras étincelant dardant un trait de feu,
De ces monts si souvent mutilés par la foudre,
De Rhodope ou d'Athos réduit la cîme en poudre.

Le traducteur, dans son *Discours préliminaire* (p. 61 et 62), semble effrayé lui-même de la hardiesse avec laquelle il a, dans le premier de ces vers, *passé sur les regles ordinaires qui ordonnent la suspension de l'hémistiche, et proscrivent l'enjambement*. S'il a cru être original dans cet endroit, il s'est fait une étrange illusion. C'est un genre de beauté qu'on rencontre très fréquemment dans les grands poètes; et Racine particulièrement en offre une foule d'exemples tous justifiés par le goût. Je ne ferai pas au lecteur l'injure de les multiplier ici; mais pourquoi ne reviendrais-je pas avec lui sur l'admiration dont on ne peut se défendre à cette peinture de Mardochée :

« Revêtu de lambeaux, tout pâle; mais son œil
« Conservait sous la cendre encor le même orgueil. »

et à ce tableau du Sacrifice d'Iphigénie?

« Le ciel brille d'éclairs, s'entr'ouvre, et parmi nous
« Jette une sainte horreur qui nous rassure tous. »

D'autres critiques plus habiles que moi ont déjà fait la même remarque, mais il était certainement de mon sujet de la renouveler ici, puisque Delille n'est qu'imitateur. Je ne puis même me résoudre à terminer cette note, sans ajouter que notre La Fontaine, dans un style inimitable, offre lui seul mille exemples du même genre; il suffira d'en citer un :

« Enfin me voilà vieille; il me laisse en un coin,
« Sans herbe... S'il voulait encore me laisser paitre! »

fait-il dire à la vache, dans la seconde fable du liv. X. Est-ce par négligence qu'il a rejeté ainsi *sans herbe* à l'autre vers? Non, c'est un trait de son génie, pour mieux faire sentir l'abandon où la vache est laissée.

P. 97. Virgile, I, 335.

DEL.  *Pour prévenir ces maux, lis aux voûtes des cieux;*
Suis dans son cours errant le messager des Dieux.
MART.  *Pour éviter ces maux,* lève tes faibles yeux
Vers les douze maisons *de la voûte des cieux.*

P. 99. Virgile, I, 345.

DEL.  *Trois fois autour* des bleds on conduit *la victime.*
SEG.  *Trois fois autour* des champs marchera *la victime.*

Ibid. Virgile, I, 356.

DEL.     *Au premier sifflement des vents tumultueux,*
         Tantôt, au haut des monts, d'un bruit *impétueux*
         On entend les éclats...

MALF.     *Au premier sifflement des vents impétueux,*
         Vous voyez s'agiter les flots *tumultueux.*

Si Delille a cru se mettre à couvert de plagiat en transposant les épithètes qui riment dans ces deux vers, personne n'en est la dupe; et il aurait mieux fait de ne pas prendre cette peine.

Ibid. Virgile, I, 360.

DEL.     *Que je plains les nochers, lorsqu'aux prochains rivages*
         Les *plongeons effrayés*, avec *des cris sauvages,*
         Volent du sein de l'onde!...

MALF.     *Dieux! quels périls* affreux menacent les vaisseaux,
         *Quand les plongeons troublés*, quittant le fond des eaux,
         Par un vol inquiet et des *accents sauvages,*
         Annoncent la tempête, et cherchent *les rivages!...*

Ce qu'il y a ici de plus remarquable, c'est *l'exclamation* qui ne se trouve pas dans le texte : Jam sibi tùm curvis, etc.

Ibid. Virgile, I, 363.

DEL.     Ou lorsque *le héron*, les ailes étendues,
         *De ses marais s'élance et se perd dans les nues.*

POMP.     Si *le héron*, rempli d'une crainte inconnue,
         *S'envole des marais et se perd dans la nue.*

Ibid. Virgile, I, 366.

DEL.     *Et dans le sein des nuits.* . . . . . .
         Quelquefois nous voyons *dans le sein de la nuit...*

P. 101. Virgile, I, 367.

DEL.     *Traînent de longs éclairs* qui sillonnent *les ombres.*

SEG.     Et dans *l'ombre*, après toi, *traîner un long éclair...*

Ibid. Virgile, I, 380.

DEL.     Déjà *l'arc éclatant* qu'*Iris* trace dans l'air
         *Boit* les feux du soleil *et les eaux de la mer.*

POMP.     *L'arc éclatant d'Iris boit la vapeur des mers.*

MALF.     Et le grand *arc* des cieux, de rayons coloré
         *Boit les eaux de la mer* dont il est altéré.

Le latin porte seulement : *Et bibit ingens arcus.* Pompignan et Malfilâtre se contentent de dire que l'arc éclatant d'Iris, ou le grand arc des cieux boit *la vapeur* ou *les eaux de la mer*; Delille, ajoutant *les feux du soleil*, lui fait donc boire *le feu et l'eau*. Plaisanterie à part, l'idée est heureuse et l'image s'en aggrandit.

*Ibid*. Virgile, I, 376.

DEL.      *Le taureau hume l'air* par *ses* larges *naseaux*,

SEG.      Ou *le* jeune *taureau...*
         Tiendra, *pour humer l'air, ses narines* tendues.

*Ibid*. Virgile, I, 383.

DEL.      Vois les oiseaux des mers, et ceux que *les prairies*
         Nourrissent près des eaux, *sur des rives fleuries*.

MALF.      Et ceux que le Caïstre, errant dans *les prairies*,
         Voit paître par troupeaux *sur ses rives fleuries*.

*Ibid*. Virgile, I, 380.

DEL.      Tremblante *pour ses œufs, la fourmi déménage*[1].

MART.      *La fourmi déménage*, et *pour* sauver *ses œufs...*

. . . . . . . . . . . . . . . . .
         Par des chemins étroits cherche une autre demeure.

POMP.          *... et pour ses œufs tremblante*,
         *La fourmi* porte ailleurs sa famille naissante.

Il faut convenir que c'est Martin qui a rendu le plus exactement le texte :

     *Sæpius et tectis penetralibus extulit ova*
     *Angustum formica terens iter.*

*Ibid*. Virgile, I, 389.

DEL.      *Seule errant* à pas lents, *sur* l'aride rivage,
         La corneille *enrouée appelle* aussi l'orage.

MALF.      *Seule, errant* sur le sable, avec un cri funeste,
         La sinistre corneille *appelle* l'eau céleste.

MART.      Les corbeaux *enroués...*

L'épithète *enroué* traduisant *improba voce* n'était pas à dédaigner; mais Martin ne l'a pas employée dans cette intention, c'est à *Tùm liquidas corvi*, etc., un peu plus loin, qu'il en fait usage.

DEL.      *Le soir, la jeune* fille, *en tournant son fuseau...*

POMP.      *Le soir, la jeune* esclave, *en tournant son fuseau...*

*Ibid*. Virgile, I, 391.

DEL.      *Lorsque la mèche en feu*, dont la clarté s'émousse,
         Se couvre, *en pétillant, de noirs flocons de mousse*.

MALF.      *Quand* l'huile *pétillante* éclaire ses travaux,
         Et que *de noirs flocons d'une mousse* enfumée
         S'amoncèlent au bout *de la mèche allumée*.

---

1. Cette citation, régulièrement, devrait venir avant la précédente.

*Ibid.* Virgile, I, 393.

DEL.     Mais la sérénité reparaît à son tour :
Des signes non moins sûrs *t'annoncent son retour.*

MART.     Mille indices nouveaux d'une égale clarté
*Annoncent le retour* de la sérénité.

*Ibid.* Virgile, I, 396.

DEL.     *La lune sur son char* le dispute à son frère.

MART.     *Diane dans son char* est si belle et si claire,
Qu'elle semble avoir pris tous les feux de son frère.

SEG.     La lune triomphant *sur son char* argenté...

*Ibid.* (103). Virgile, I, 408.

DEL.     Scylla vole et fend l'air, Nisus vole et la suit ;
Scylla, plus prompte encor, se détourne et s'enfuit.

SEG.     Sa fille fend les airs : aussi prompt, il la suit ;
S'il fend l'air après elle, aussi prompte, elle fuit.

Les vers de Delille ne sont autre chose que ceux de Segrais, refaits de main de maître.

*Ibid.* Virgile, I, 413.

DEL.     Vous voyez leurs ébats *agiter le feuillage.*

POMP.     Les corbeaux sur un arbre *agitent le feuillage.*

P. 105. Virgile, I, 413.

DEL.     Ils aiment à revoir, depuis longtems *bannis,*
Leur arbre hospitalier, leur famille et *leurs nids.*

POMP.     La fin de la tempête, et l'amour de *leurs nids*
A dissipé l'effroi qui les avait *bannis.*

*Ibid.* Virgile, I, 415.

DEL.     *Non que* du ciel, en eux, la sagesse immortelle
D'un rayon prophétique ait mis *quelqu'étincelle...*

MART.     Il n'est pas vrai pourtant que l'âme universelle
Ait dans les animaux versé *quelqu'étincelle*
De l'essence céleste...

POMP.     *Non qu'à* des animaux la puissance divine...

Je transcris ce dernier vers à cause de la tournure *non que*, etc., qui n'est pas précisément donnée par le texte : *Haud equidem credo*, etc.

*Ibid.* Virgile, I, 420.

DEL.     Les êtres animés *changent avec le tems :*
Ainsi, muet *l'hiver,* l'oiseau chante *au printems;*
Ainsi l'agneau *bondit* sur *le* naissant *herbage.*

SEG.      Tristes, *pendant l'hyver*, plus gais *dans le printems*,
             Leur joie et leur douleur *changent comme le tems*,
             C'est ce qui fait *bondir* les troupeaux dans *l'herbage*.

  ·L'imitation est assez visible ; mais comment Delille, qui presque toujours embellit ou rectifie ce qu'il imite, a-t-il ici donné au mot *herbage* une accep‐ tion qu'il n'a jamais eue, et que Segrais, dans ce passage, est loin de lui donner?

*Ibid.* Virgile, 1, 428.

DEL.      Si son croissant terni s'émousse dans les airs,
             *La pluie alors menace et la terre et les mers.*

SEG.      Si le nouveau croissant est obscurci par l'air,
             Il annonce la pluie et sur terre et sur mer.

POMP.    *La pluie alors menace et la terre et les mers.*

*Ibid.* Virgile, I, 436.

DEL.               ... et les nochers *heureux*
             Bientôt *sur le rivage acquitteront leurs vœux.*

POMP.     Les matelots sauvés auront un cours *heureux*,
             Et *sur la rive* assis *acquitteront leurs vœux.*

P. 109. Virgile, 1, 463.

DEL.     *Qui pourrait, ô Soleil, t'accuser d'imposture?*

MALF.   *Qui pourrait d'imposture accuser le soleil?*

*Ibid.* Virgile, I, 464.

DEL.      C'est toi qui nous prédis ces tragiques fureurs,
             Qui couvent sourdement dans l'abîme des cœurs.

SEG.      Le Soleil, pénétrant jusques au fond des cœurs,
             Y découvre la guerre et ses sourdes fureurs.

*Ibid.* Virgile, 1, 466.

DEL.     *Quand César expira, plaignant notre misère...*

MALF.   *Quand César expira, le soleil dans son cours...*

*Ibid.* Virgile, I, 467.

DEL.     *D'un nuage sanglant tu voilas ta lumière.*

MALF.  *D'un voile ensanglanté couvrit son front brillant.*

Il n'est pas inutile peut être d'avertir qu'il n'y a point ici de *sang* dans Vir‐ gile, et qu'il faut voir *l'un par l'autre*, pour en voir à deux dans les mots *obscurá ferrugine.*

DEL.     *Que dis-je? tout sentait notre douleur profonde...*

MART.  *Que dis-je? l'univers touché de ce malheur...*

*Ibid.* Virgile, 1, 472.

DEL.    Vomit en bouillonnant ses *entrailles* brulantes.
SEG.    Et rouler sur les champs ses *entrailles* fondues.

Heureux larcin que celui-ci, et qui met en lumière, en l'exprimant beaucoup mieux, une belle idée qui serait peut-être encore ensevelie dans Segrais!

*Ibid.* Virgile, 1, 475.

DEL.    Sous leurs glaçons tremblans *les Alpes s'agitaient.*
MALF.   Les Alpes, à grand bruit, *s'agitèrent* longtems.

Il y a dans le latin *tremuerunt.*

*Ibid.* Virgile, I, 476.

DEL.    *Des bois muets sortaient des voix épouvantables.*
MART.            *... d'épouvantables voix*
        *Sortirent* du silence et de l'ombre *des bois.*

Le texte porte : *vox exaudita ingens.*

*Ibid.* Virgile, 1, 479.

DEL.    *La terre s'entr'ouvrit, les fleuves reculèrent,*
        *Et, pour comble d'effroi, les animaux parlèrent.*
POMP.   *Et, pour comble d'effroi, les animaux parlèrent.*
MALF.   *Des fleuves* étonnés les ondes *reculèrent,*
        *La terre s'entr'ouvrit, les animaux parlèrent.*

Le texte, en cet endroit, a beau se prêter à des ressemblances, il y a toujours *Nefandum!* qui ne peut guère donner à deux personnes *et pour comble*
*d'effroi!...*

P. 111. Virgile, I, 491.

DEL.    Deux fois *le Ciel souffrit* que ces fatales plaines
        *S'engraissâssent du sang* des légions Romaines.
MART.   *Le Ciel souffrit* encore que la triste Italie
        Engraissât de son sang les champs de Thessalie.
SEG.    Et le Ciel ordonna que le sang d'Italie
        Deux fois engraisserait les champs de Thessalie.
MALF.   Et Jupiter *souffrit* que les champs d'Emathie
        *S'engraissâssent* encor *du sang* de ma Patrie.

Il me semble que *souffrit* n'est pas nécessairement la traduction de *nec fuit*
*indignum.* Il est probable que Malfilâtre a connu la traduction de Martin.

*Ibid.* Virgile, I, 493.

DEL.    *Un jour le laboureur, dans ces* mêmes sillons,
        Où dorment les débris de tant de bataillons,
        *Heurtant avec le soc* leur antique dépouille,
        *Trouvera, plein d'effroi, des dards* rongés de *rouille;*

Verra de vieux tombeaux sous ses pas s'écrouler,
*Et des soldats Romains.les ossemens* rouler.
MART.   L'es laboureurs un jour...
*Parmi les dards rongés de la rouille* et des ans,
Trouveront ces grands os...
POMP.   *Un jour le laboureur, dans ces* champs de carnage,
*Heurtant avec le soc* l'airain *rouillé* par l'âge,
*Trouvera, plein d'effroi* des casques et *des dards,*
*Et des soldats Romains les ossemens* épars.

Lebrun a dit dans son *Ode aux Français* :

Du sang de nos rivaux ces plaines sont fumantes ;
Le soc y vient heurter leurs ossemens épars ;
Et l'Escaut roule encor jusqu'aux mers écumantes
Des casques et des dards.

Dans le discours préliminaire des *Trois Règnes de la Nature*, Delille donne une version nouvelle de la fin de ce passage; après

Trouvera, plein d'effroi, des dards rongés de rouille,

il ajoute :

*Entendra retentir les casques des héros,*
De leurs tombeaux rouverts exhumera leurs os,
Et dans ces grands débris, monumens du carnage,
Mesurera de l'œil les Romains du vieil âge.

Le premier de ces quatre vers est de la première version.

*Ibid.* Virgile, I, 498.

DEL.   *O Père des Romains, fils du dieu des batailles!*
*Protectrice du Tibre, appui de nos murailles!...*
SEG.   *Père et Roi des Romains, fils du dieu des batailles,*
*Protectrice du Tibre, appui de nos murailles!*

*Ibid.* Virgile, I, 506.

DEL.   Les villes sont sans lois, *la terre sans culture...*
MALF.   *La terre sans culture* a perdu tous ses charmes.

P. 113. Virgile, I, 512.

DEL.   *Ainsi, lorsqu'une* fois lancés *de la barrière,*
*D'impétueux coursiers volent dans la carrière...*
POMP.   *Ainsi quand les coursiers* fuyant *de la barrière...*
MALF.   Tels de jeunes *coursiers,* ardents, *impétueux,*
Tout à coup avertis par le signal des jeux,

D'un saut précipité franchissant *la barrière*,
Impatients du frein, *volent dans la carrière...*

*Ibid.* Virgile, I, 515.

DEL.    Leur guide les rappelle et se roidit *en vain;*
Le char n'écoute plus *ni la voix ni le frein.*

POMP.    L'habile conducteur s'épuise et crie *en vain;*
Leur fougue ne connaît *ni la voix, ni le frein.*

Tout le monde se rappelle ici ce vers de Racine :

Ils ne *connaissent plus ni le frein* ni la voix.

---

## LIVRE SECOND

P. 143. Virgile, II, 17.

DEL.    *Les arbres, de la terre* agréable *parure,*
*Sortent* diversement *des mains de la Nature.*

SEG.    La nature diverse en ce qu'elle produit,
Produit diversement les arbres et leur fruit.

POMP.    *Les arbres, de la terre* ou richesse ou *parure,*
*Sortent* différemment *des mains de la Nature.*

Je crois que Delille aurait mieux fait de ne rien changer; *diversement* ne vaut pas beaucoup mieux que *différemment*, et l'hémistiche *ou richesse ou parure* est préférable à celui qui le remplace, en ce qu'il renferme une idée de plus.

*Ibid.* Virgile, II, 20.

DEL.                  *... le pâle peuplier*
*Et le saule verdâtre...*

SEG.    *Le pâle peuplier, les saules verdoyans.*

Delille a changé ce vers; on lit aujourd'hui :

Les saules demi-verds,
Et ces blancs peupliers balancés dans les airs.

P. 147. Virgile, II, 47.

DEL.    *L'arbre né de lui-même* étale fièrement...

POMP.  -  *Né de lui-même un arbre...*

*Ibid.* Virgile, II, 41.

DEL.    Le poirier sur son front voit des pommes éclore,
Et sur le cornouiller la prune se colore.

MART.    On voit mûrir la poire au faîte d'un pommier
Et la prune rougir sur le pierreux cormier.

SEG.     La poire tous les ans fleurit sur le pommier;
         Sur le pommier rougit *le dur fruit* du cormier.

Ces versions sont du moins plus exactes puisqu'elles rendent le mot *lapidosa* qui n'est pas une cheville.

*Ibid*. Virgile, II, 45.

DEL.     Couvrons de pampre Ismare, et Taburne d'olives.
MART.    De nombreux oliviers le Taburne se pare,
         Et la pampre fleurit sur les côteaux d'Ismare.

Cette version rend encore mieux le texte.

*Ibid.*

DEL.     De tronçons enfouis l'olivier *veut* renaître.
MART.    L'olivier *veut* le tronc...

P. 149. Virgile, II, 71.

DEL.     Le poirier de sa fleur blanchit souvent le frêne,
         Et le porc sous l'ormeau broya le fruit du chêne.
SEG.     La fleur dont naît la poire a blanchi sur le frêne,
         Et sous l'orme les porcs mangent le gland du chêne,

*Ibid*. Virgile, II, 82.

DEL.     Admire *ces enfants dont il n'est pas le père.*

Clément remarque avec un peu de malice que ce vers rappelle le passage de Molière :

      « Et que les cieux prospères
   « Nous donnent *des enfants dont nous soyons les pères!*

Toujours est-il vrai que l'imitation est ici très heureuse et qu'elle était bien permise.

P. 151. Virgile, II, 96.

DEL.     Mais Hébé verserait notre Falerne aux Dieux.
POMP.    Mais pour nous le Falerne est le nectar des Dieux.

Ce n'est pas le latin *Nec cellis ideò contende Falernis*, qui a pu dicter à deux traducteurs différens ces deux vers dont la pensée est la même, quoique Delille soit, à l'ordinaire, bien supérieur dans l'expression.

P. 153. Virgile, II, 110.

DEL.     *Le saule aime une eau vive, et l'aune une eau dormante.*
POMP.    *Le saule aime un ruisseau, l'aune les eaux dormantes.*

*Ibid*. Virgile, II, 118.

DEL.     Le *baume*, heureux Jourdain, *parfume* tes rivages.
POMP.    Du *baume* le plus pur Solyme est *parfumée.*

*Solis est turea virga Sabaeis* : il n'y a ni *baume* ni *parfum* dans ce latin-là ; et l'on trouve dans les fragmens de la Pétréide de Thomas un vers qui ressemble beaucoup à celui de Delille ; le voici :

« Les fleurs, de tes torrents parfument les rivages. »

*Ibid.* Virgile, II, 131.

DEL.    *L'arbre* égale en beauté celui que Phébus aime ;
        *S'il en avait l'odeur, c'est le laurier lui-même.*
POMP.   *L'arbre* dont ce beau fruit relève la valeur,
        *Serait presqu'un laurier, s'il en avait l'odeur.*

Sans doute on retrouve ici le texte :

*Et, si non alium latè jactaret odorem,*
*Laurus erat* ;

Mais il est difficile de se rencontrer aussi bien, en traduisant chacun de son côté.

*Ibid.* et 155. Virgile, II, 133.

DEL.    *Sa feuille* sans effort ne se peut *arracher* ;
        *Sa fleur* résiste au doigt qui la veut détacher
        *Et son suc,* du *vieillard* qui respire avec peine
        Raffermit les poumons et *parfume* l'haleine.
POMP.   *Sa fleur* est aux rameaux fortement attachée ;
        *Sa feuille* par les vents n'est jamais *arrachée,*
        *Et son suc* dans le corps d'un *vieillard* épuisé,
        Donne à l'air qu'il *parfume* un accès plus aisé.

P. 155. Virgile, II, 153.

DEL.    *Et jamais* dans nos champs *une hydre monstrueuse*
        Ne traîne *en longs anneaux sa croupe tortueuse.*
SEG.    *Et jamais* on n'y voit *un serpent monstrueux*
        *En grands cercles* rouler *ses replis tortueux.*

Delille a mis depuis :

*Et jamais* sur l'arène
Une hydre épouvantable *à longs plis* ne s'y traîne.

Mais tout cela ne vaut pas ce fameux vers de Racine :

« Sa croupe se recourbe en replis tortueux :

ni cet autre de Boileau, qui dit d'une assiette (d'argent ou d'étain) :

« S'en va frapper le mur, et revient en roulant. »

P. 159. Virgile, II, 165.   . ,

DEL.   Fouillez ces champs féconds : le fer, *l'argent, l'airain*,
       *L'or même en longs ruisseaux* circulent dans *leur sein.*
SEG.   Ce beau climat produit et *l'argent et l'airain;*
       *L'or même en abondance* a coulé de *son sein*

Ibid. Virgile, II, 173.

DEL.   *Terre féconde en fruits, en conquérans fertile...*
POMP.  *Terre fertile en fruits, en héros plus féconde.*

En lisant et en admirant pour la première fois ce beau vers de Delille, je ne m'attendais guère à le retrouver plus beau encore dans Pompignan. Je m'étonne, au surplus, que celui-ci n'ait osé dire : .

Terre *féconde* en fruits, en héros *plus féconde;*

il me semble que cette répétition eût été de bon goût, et plus conforme au *magna parens frugum, magna virûm* de Virgile.

Ibid. Virgile, II, 177.

DEL.   *Maintenant des terrains distinguons la nature,*
       *Leur force et leur couleur,* leurs fruits et *leur culture.*
SEG.   *Les terres maintenant distinguons la nature,*
       *Leur force, leur couleur, leur* diverse *culture.*

P. 159. Virgile, II, 193.

DEL.   Le Toscan sous ses doigts *fait résonner l'ivoire.*
SEG.   Le gras Thyrrénien, d'un son mélodieux,
       *Fait résonner l'ivoire* à la gloire des Dieux.

Ibid. Virgile, II, 201.

DEL.   *Et tout ce qu'un long jour consume de pâture,*
       *La plus courte des nuits le rend avec usure.*
MART.  Là, *les plus courtes nuits rendent avec usure*
       *Ce que les plus longs jours consument de pâture.*

Ibid. Virgile, II, 205.

DEL.   Aucun *champ* ne verra tant de *bœufs atelés,*
       T'apporter à pas lents le tribut de ses *blés.*
SEG.   .   .   .   .   .   .   .   . Jamais *bœufs atelés*
       N'ont du *champ* à la grange amené *tant de blés.*

Ibid. Virgile, II, 207.

DEL.   Tel encor ce terrain couvert d'*un bois* stérile,
       Que *son maître* rougit de laisser *inutile;*
       D'une main *indignée* il y porte le fer,
       *Détruit les* vieux *palais* des habitants de l'air

SEG.  ... *Un* vieux *bois* qu'on défriche est encore fertile,
Quand *son maitre, indigné de* le voir *inutile,*
Jusqu'aux souches *détruit les palais* des oiseaux.

Quand il n'y aurait pas ici d'autres indices de l'emprunt fait à Segrais, ne se démontrerait-il pas par l'usage, commun aux deux traducteurs, de trois expressions qui ne sont pas précisément celles du texte, quoique, à vrai dire, elles les représentent fort bien? *Son maitre* répond à *arator, indigné* à *iratus, palais* à *domos.* Il faut toujours avouer qu'en cet endroit, comme en beaucoup d'autres, Delille est le *bon voleur,* et que les *vieux palais des habitants de l'air* sont bien préférables *aux palais des oiseaux.*

P. 161. Virgile, II, 219.

DEL.  Que tapisse à nos yeux *un gazon toujours frais,*
Où le coutre brillant *ne se rouille jamais.*
MART.  Qui soi-même s'emplit d'un *gazon toujours frais,*
Où le fer enfermé *ne se rouille jamais.*
POMP.  *Et jamais* dans son sein le soc *ne fût rouillé*

P. 163. Virgile, II, 236.

DEL.  A la plus *forte terre* il faut dès lors t'attendre;
Que *tes plus forts taureaux* gémissent pour la fendre.
SEG.  Tiens cette *terre forte,* et pour ton labourage.
*Des plus forts de tes bœufs* accouple l'attelage.

P. 165. Virgile, II, 268.

DEL.  *Le jeune* arbuste ainsi jamais ne *dégénère,*
*Et ne s'apperçoit pas qu'il a changé de mère.*
SEG.  Pour que *le jeune* plant qui souvent *dégénère*
*Ne s'apperçoive pas qu'il a changé de mère.*

*Ibid.* Virgile, II, 271.

DEL.  Conservent ces *aspects qu'ils gravent sur l'écorce.*
POMP.  Les différents *aspects sont gravés sur l'écorce.*

(*A suivre.*)

# COMPTES RENDUS

F. Baldensperger. — **Études d'histoire littéraire.** (Comment le xviiie siècle expliquait l'universalité de la langue française. — Young et ses *Nuits* en France. — Le « genre troubadour ». — *Lénore* de Burger dans la littérature française. — Les définitions de l'humour.) *Paris, Hachette*, 1907, 1 vol. in-12.

M. B. nous donne en tête de ces *Études* une importante Préface où il précise et justifie les méthodes de l'histoire littéraire.

L'histoire littéraire ne condamne en aucune façon la critique esthétique, mais elle se propose en principe des fins différentes. La critique traditionnelle aboutit à des jugements de goût ou de moralité; elle classe plus ou moins les livres selon la valeur des plaisirs ou des enseignements qu'ils nous donnent. L'histoire littéraire, au contraire, cherche à marquer l'enchaînement exact et précis des pensées humaines; elle suit les courbes sinueuses que dessinent les œuvres petites ou grandes et marque la place exacte des chefs-d'œuvre dans ce courant continu. Elle se propose de connaître bien plus que de juger. Mais tandis que la critique esthétique, forte de son passé et de l'assentiment de l'opinion, se développe sans obstacles, la jeune histoire littéraire doit lutter contre des préventions que M. B. signale et réfute.

Nous ferions bon marché de quelques-unes d'entre elles. L'histoire de ce passé littéraire où d'innombrables volumes naissent et s'évanouissent peut-elle conduire au scepticisme du jugement? Il n'importe. L'histoire n'a pas à s'inquiéter de ses conséquences. Elle s'enquiert du vrai, non de ce qu'en fera la pratique de la vie. Il n'est pas de science qui se serait constituée si elle avait redouté de troubler les habitudes humaines. Peut-être la pratique scolaire sera-t-elle gênée par la complexité de l'histoire. Mais ce n'est pas non plus la vérité qui doit se soucier de la pédagogie; c'est à la pédagogie à s'adapter à la vérité.

D'autres objections sont plus solides. La critique esthétique est aisément harmonieuse et claire: tout s'y groupe en bon ordre sur les gradins du Temple du Goût. L'histoire littéraire, au contraire, complique sans cesse; certains disent qu'elle encombre. M. B. répond qu'elle marque mieux ainsi l'apport véritable des chefs-d'œuvre, qu'elle fait le départ précis des idées traditionnelles ou ambiantes et de la création réelle. Elle nous enseigne en outre, par l'histoire des réputations disparues, ce qui guide l'opinion et ce qu'elle vaut. En second lieu il y a difficulté réelle, insurmontable peut-être à mettre en œuvre la masse des documents historiques. Théoriquement ils doivent s'inscrire à leur date; mais ce catalogue chronologique aboutirait à une inextricable confusion. M. B. estime qu'il faut choisir des « dominantes », ou, si l'on veut, des moyennes d'opinion autour desquelles tous les faits viendront se grouper par ressemblances. La méthode est sans doute d'un maniement délicat; elle introduit une part d'arbitraire; elle semble pourtant judicieuse et légitime. Il n'y a pas de science qui ne procède ainsi et qui ne néglige certains côtés des faits pour les unir seulement par leurs ressemblances. La sociologie ne peut se constituer que s'il est permis de ne retenir

des faits sociaux que certains aspects généraux, en négligeant ce qui fait leur
marque individuelle et, dans une mesure prudente, leur nuance chronologique. Ce n'est pas abstraire arbitrairement que de croire qu'à vingt-cinq ans
d'intervalle il y a des façons de penser ou de sentir qui ont des éléments
communs et pratiquement comparables.

Chemin faisant M. B. marque heureusement les limites de la doctrine de
l'évolution des genres. Doctrine dont la destinée fut prospère et l'influence
certainement féconde, mais qui s'adapte mal à la réalité minutieuse de l'histoire littéraire. M. B. le montre clairement. Il n'y a pas évolution simple, dit-
il ; « l'image par laquelle on est tenté de se figurer la zone du passé intellectuel qu'on croit apercevoir un peu distinctement, est surtout analogue à un
moutonnement ». A la même date, et sans que nous eussions connaissance de
ce travail, nos études nous conduisaient à des conclusions analogues :
« L'opinion semble s'avancer comme le flux marin, dont les flots progressent
et reculent tour à tour ». Ajoutons à ce que dit M. B. qu'une expression scientifique telle que celle d'évolution ne peut être qu'une métaphore commode.
L'idée d'évolution en histoire naturelle est encore obscure : « Mutation, salta-
tion, disent les uns, non évolution ». « Distinguons, dit un autre, les muta-
tions et les rameaux phylétiques », etc., etc. L'histoire littéraire n'a rien à
gagner à organiser ses recherches sur un mot obscur et une doctrine mal fixée.

Enfin la Préface de M. B. se termine par un éloge mérité des études de
littérature comparée et des services qu'elles peuvent rendre.

Toutes ces idées sont excellentes et la doctrine qu'elles justifient est si
nécessaire que nous nous permettrons d'en dire à notre tour quelques mots.
Il ne s'agit pas de compléter M. B., mais d'insister avec lui sur la valeur et la
portée d'une méthode maintenant constituée. Elle se propose d'appliquer à
l'étude critique les lois rigoureuses de l'étude historique et d'organiser, dans
la mesure où la chose est possible, une science de la littérature. Tout progrès
dans les sciences se fait évidemment par un progrès dans la minutie des
observations. Longtemps, par exemple, la chimie s'est bornée à constater les
résultats des réactions, à étudier les phénomènes à l'état d'équilibre. D'immenses progrès ont été faits au contraire du jour où l'on a cherché, par la
thermo-chimie et la chimie physique, à suivre le mécanisme des combinaisons,
la succession des phénomènes subtils qui conduisent à la combinaison stable.
L'histoire littéraire n'a aucune prétention à s'identifier à la chimie ; mais elle
se propose une étude analogue. Les chefs-d'œuvre ne s'expliquent pas sans
doute avec la simplicité du système de Taine ; il demeure en eux des éléments
essentiels encore irréductibles et qui sont la marque du génie. Mais ils sont
pourtant en partie des combinaisons stables ; ce que nous voulons suivre, c'est
le détail des actions et réactions souvent très nombreuses qui nous expliquent
la genèse de leur apparition. Ce que nous voulons, ce n'est plus seulement constater les étapes essentielles de la pensée humaine, c'est suivre les chemins
multiples, ondoyants qui l'y conduisent et les forces qui l'ont guidée.

Ainsi se constituera une histoire littéraire sensiblement différente de celle
qui se poursuit encore et qui pourra d'ailleurs légitimement subsister. L'histoire de la littérature, quelles que soient les disciplines qu'elle s'impose,
demeure souvent essentiellement subjective. Elle suppose des grands hommes,
des chefs-d'œuvre incontestés ; elle établit des valeurs qu'invinciblement elle
estime non point passagères mais éternelles. Docile à croire que les jugements
de détail sont incertains, elle se tient fermement à des jugements généraux
qui fixent les grandes lignes des mérites passés. Nous nous supposons ainsi
extérieurs à cette histoire de la pensée que nous écrivons. Pourtant, sur ce
courant de l'esprit humain, nous sommes toujours lentement emportés. Nous
ressemblons à des passagers qui ne sauraient pas que la barque qui les
entraîne suit éternellement le cours changeant d'un fleuve infini. Nous con-
templons les horizons dépassés ; nous croyons qu'ils ont été et qu'ils seront

toujours fidèles aux lignes qu'ils dessinent sur notre ciel d'aujourd'hui; nous fixons pour toujours les plus hauts pics et les plus basses vallées. Demain pourtant le fleuve s'infléchira; des crêtes s'abaisseront, des sommets découverts surgiront. Il s'agit pour l'historien de la littérature, non pas de demeurer dans ce navire qui nous emporte, non pas de dominer, ce qui nous est pour l'instant impossible, ce panorama du passé, mais de refaire patiemment le voyage, de suivre, détour par détour, horizon par horizon, le chemin que nous avons parcouru. Il ne s'agit pas de supposer l'histoire littéraire déroulée, mais de la dérouler telle qu'elle a été réellement vécue.

C'est dire qu'à côté des autres formes de la critique, nous écrirons l'histoire de l'opinion littéraire, que nous saurons, année par année, aussi précisément que possible, ce que l'homme a confié de lui-même à ses livres, comment ses œuvres ont été accueillies, quelle influence immédiate elles ont exercée, comment les contemporains s'y sont reconnus ou quelles révélations ils y ont trouvées. Il ne sera plus question de juger ou nous ne jugerons qu'en dehors de nos études mêmes. Il importera seulement de savoir quels chemins rapides ou lents, confus ou clairement tracés,— et toujours pittoresques — nous avons pris pour en venir où nous en sommes.

Mieux que les discussions théoriques, ce qui justifie cette histoire littéraire ce sont les résultats qu'elle apporte. Le livre de M. B., après son *Gœthe en France*, est un modèle excellent de l'intérêt et de la valeur de pareilles études. Assurément elles exigent un labeur très patient et une information toujours étendue. A cet égard la documentation de M. B., qui porte sur les deux siècles les plus féconds de notre histoire littéraire, est aussi riche que sûre. Des études très diverses, toujours attentives, toujours sagaces, ont groupé entre ses mains des faits nombreux et précis. La mise en œuvre est celle qu'expose la préface. Les « fiches » viennent se grouper clairement selon leurs ressemblances autour d'idées générales qui ne sont pas des jugements abstraits, mais leur simple résultante, leur moyenne la plus évidente. Les conclusions et les synthèses sont aussi solides que prudentes. Même — et c'est là un des avantages de ces études — les conclusions et synthèses ne sont pas toujours nécessaires. Ces voyages à travers les faits sont intéressants et pittoresques par eux-mêmes, comme un voyage en Suisse n'a pas besoin de conclusions sur le caractère helvétique et l'origine géologique des montagnes.

Les recherches ne sont pourtant pas faites au hasard; ce ne sont pas des promenades vagabondes. Elles parcourent des horizons d'un intérêt toujours très vivant. Un premier article montre comment le xviiie siècle a expliqué l'*Universalité de la langue française*. La question est toujours d'actualité : « Rien n'est plus légitime, conclut M. B., que de supposer qu'une forte reprise de l'extension du français serait liée à cette phase de la civilisation moderne. » La conclusion n'est pas sans importance. Les raisons données par les Français, l'opinion des étrangers, très savamment étudiée par M. B., permettront au lecteur d'approuver ou de discuter plus sûrement. Elles lui feront encore mieux comprendre par quelles forces complexes un peuple s'impose en partie à d'autres peuples, ou que sont les influences internationales. Le chapitre sur *les définitions de l'humour* est une contribution très précieuse à l'étude des psychologies collectives. Il montre quelles conditions complexes et curieuses suscitent des états d'âme refusés à certaines races et pourtant accessibles à des nations différentes. Enfin cette étude pour une part, les études sur *Young et ses Nuits en France*, *le Genre troubadour*, *la Lenore de Burger*, très intéressantes en elles-mêmes et par leurs détails (cf. par exemple la conclusion de *Lenore*, p. 175) sont une importante contribution à l'histoire des origines du romantisme.

Cette histoire est essentielle, et elle se constitue maintenant par fragments. Qu'on exalte le romantisme ou qu'on l'exorcise avec ferveur, il n'en reste pas moins désormais certain que l'infiltration vient de plus loin qu'on ne suppose et de plus de sources qu'il ne faudrait pour la commodité des anathèmes.

Dans son *Gœthe en France*, comme ici, M. B. étudie avec précision certaines influences étrangères ou moyenâgeuses. Nous avons recherché nous-mêmes ce qu'était le sentiment romantique de la nature, ce qu'était dès le xviii$^e$ siècle la transformation de l'alexandrin. Dans bien d'autres directions encore il y aurait à suivre les origines très lointaines d'un mouvement qui n'a fait éclat que parce que l'évolution normale des idées s'est trouvée ralentie en apparence par un retour aux formes prétendues antiques et à un dogmatisme littéraire mal compris. Le roman historique des romantiques, par exemple, pourrait se relier par toutes les transitions voulues aux romans mêmes de La Calprenède et de Gomberville, etc., etc.

Enfin l'ouvrage dans son ensemble est une très solide pierre d'attente pour cette histoire littéraire dont nous avons précisé la nécessité. Il restera un des plus sûrs documents pour étudier plus tard avec quelque certitude ces questions toujours pendantes : quel est le rôle du Génie? Comment évolue et se fixe l'opinion littéraire?

Voici quelques très menues additions ou rectifications. (Notons une fois pour toutes que de pareilles remarques n'ont pas la prétention ridicule de montrer que l'ouvrage est incomplet. Ces recherches d'histoire littéraire ne sont jamais matériellement complètes, et elles n'ont pas besoin de l'être. Il s'agit seulement de prouver que le volume a été lu avec soin, de signaler des « fiches » recueillies au hasard de recherches généralement différentes et qui seraient désormais sans emploi.) — P. 5, 6, etc. Les opinions de Voltaire sur la langue française pourraient être complétées par ce qu'il dit dans le *Siècle de Louis XIV*, chap. xxxii, dans le *Dictionnaire philosophique*, article Franc. — P. 9. Signalons comme curiosité bibliographique une brochure : *Il Trionfo litterario della Francia* (Bordeaux, 1754, in-8), qui attribue (pp. 24-25) l'universalité de la langue et à l'Académie et aux triomphes militaires. — P. 14 et 16. Une discussion de l'*Essai* d'Algarotti se trouve dans le *Journal de Berlin* (Berlin, G. J. Decker), T. III, Janvier-Février 1773, pp. 241-275. — P. 17. *Garaccioli*, lire *Caraccioli* (faute d'impression trop fidèlement reproduite dans un compte rendu du *Mercure de France*). — P. 18-19. Voltaire compare également les mérites des différentes langues dans la conclusion de son *Essai sur la poésie épique*. — P. 20 et sqq. La discussion sur l'harmonie du français a été très souvent généralisée et l'une de ses conséquences importantes a été l'extension soudaine de la prose poétique que l'on prétendit substituer à une poésie refusée au génie de la langue. — P. 63. Le texte du *Comte de Comminges* de Baculard offre ce très curieux intérêt qu'il a été textuellement copié par M$^{me}$ Roland sans qu'elle nous le dise, dans une de ses lettres aux demoiselles Cannet (*Lettres*. Ed. Dauban, t. I, p. 115). — La traduction de Le Tourneur, comme beaucoup de volumes dont on escomptait le débit, a eu deux éditions simultanées, in-8 et in-12. — P. 70. Il y a eu au moins une protestation contre le système de traduction épurée de Le Tourneur dans le *Journal littéraire de Berlin* (de rédaction et d'inspiration tout à fait françaises). Le journal publie en même temps (T. I, 1772, p. 269) une traduction plus fidèle de la première *Nuit*. — P. 71. Il n'y a pas de doute que M. de la Borde ne soit le fermier général, le correspondant de Voltaire, l'auteur d'un *Essai sur la Musique* et des *Chansons* si joliment illustrées par Moreau. — P. 75 et suiv. Aux admirateurs d'Young cités par M. B. il faut ajouter Roucher : « Les *Nuits* d'Young, lues à la campagne pendant les soirées d'automne, lorsque les vents sifflent dans les bois, m'ont toujours pénétré d'un sentiment profond de tristesse que j'avais du plaisir à éprouver, et qui me faisoit pardonner aux tableaux de ce poète la monotonie que je leur avois précédemment reprochée ». (Il leur préférait, en effet, à l'occasion le cardinal de Bernis!) (*Les Mois*, éd. in-12, t. II, pp. 159 et 194). Comme Roucher lit le poète anglais au milieu des bois, par les soirs d'automne, Loaisel de Tréogate part après une « lecture réfléchie » de ses *Nuits* pour aller méditer dans la forêt de Fontainebleau. (*La

*Comtesse d'Alibre*, 1779, p. VIII). M. B. cite le titre seul des *Soirées de Mélancolie* du même Loaisel. Le volume est rare et il est fort curieux. Il inscrit en épigraphe : « Est quaedam flere voluptas ». La Préface en défend cette doctrine du « sombre » dont Young est bien l'initiateur. La *Bibliothèque d'un homme de goût* [de E.-J. Boudon?] (Amsterdam, 1773, 2 v. in-16, t. I, p. 130) affirme que Young est « infiniment célèbre parmi nous ». — P. 78. Quérard signale l'ouvrage de M. de Moissy comme étant de Rouen. Est-ce une erreur? — P. 87. *Cournaud*, lire *Cournand*. — P. 88. Aux imitations plus ou moins directes des *Nuits* on pourrait joindre les ouvrages de Cl.-Fr.-X. Mercier : *Les Nuits d'hiver*, les *Nuits de la Conciergerie*. — P. 89. Young a joué son rôle dans les imaginations « romantiques » des dessinateurs de parcs. On retrouverait son nom sur les fabriques que les recueils (Krafft, Grohmann, etc.) nous décrivent et notamment, si nos souvenirs sont exacts, une « Caverne d'Young ». — P. 119. Faut-il lire *Bibliothèque universelle des Dames*, ou plutôt *Bibliothèque des Dames*, ou *Bibliothèque universelle des Romans*. (La bibliographie de ces recueils collectifs qui paraissent à travers tout le XVIIIᵉ siècle est fort difficile.) Dans tous les cas la *Bibliothèque universelle des Romans* publie, elle aussi, dans sa « Seconde classe », des « romans de chevalerie ». — P. 136. Parmi les érudits locaux il conviendrait peut-être de citer nommément de Rochegude. — P. 140. Ajouter aux poèmes qui célèbrent les troubadours : Pépin C.-J., *Les Troubadours, poème historique, suivi de notes instructives sur la vie et les ouvrages de quelques-uns des anciens poètes*, Paris, Dabin, 1803, in-18. — Pastoret (Comte A. de), *Les Troubadours, poème en IV chants*. Paris, Didot, 1813, in-8°. — Signalons également plus tard et comme curiosité : *Le Troubadour ou la Provence au XIIᵉ siècle, suivi de la jeune fille de la Vallouise*. Paris, Dauvin et Fontaine, 1843, in-8°, et ce dictionnaire dont le titre est encore significatif : *Lexique roman ou dictionnaire de la langue des troubadours*. Paris, 1844, in-8°. — P. 209. M. B. cite à propos de l'humour l'article de M. Stapfer sur J. P. Richter. Les idées de M. Stapfer sont très longuement précisées dans son *Molière et Shakespeare* (pp. 149-310). Cette étude, surtout philosophique, agréable et pénétrante, reste à lire à côté des recherches historiques de M. B. Elle permettra de comparer deux méthodes qui ne s'opposent pas, qui s'appliquent à des fins souvent distinctes et qui se complètent. Pour notre part, et quand il y a choix, nous préférons la très belle méthode historique de M. B.

D. MORNET.

Paul DIMOFF, ancien élève de l'École Normale supérieure, agrégé des lettres. — **Œuvres complètes d'André Chénier**, publiées d'après les manuscrits — Bucoliques. — *Paris, Ch. Delagrave.* 1 vol. in-12

M. Dimoff nous donne dans sa *Préface* l'histoire détaillée des éditions et des manuscrits de Chénier. Rappelons brièvement qu'une partie des mss s'est perdue et que le texte des œuvres correspondantes nous est donné par l'édition de Latouche en 1819. L'autre partie, la plus importante, était aux mains de Gabriel de Chénier. Sa veuve la légua à la Bibliothèque Nationale avec l'obligation de ne la rendre publique que sept ans après sa mort. L'édition de M. Dimoff, dont les *Bucoliques* forment le premier tome, est établie d'après ces manuscrits.

Elle a exactement tous les mérites nécessaires à une publication de ce genre. Tout d'abord elle est rigoureusement complète. L'édition G. de Chénier négligeait bon nombre de fragments, canevas, vers épars, indications diverses. M. Dimoff laisse soigneusement à leur place tous ces textes. S'ils n'ajoutent rien aux chefs-d'œuvre poétiques de Chénier ils nous permettent évidemment de mieux comprendre sa méthode de travail, son tempérament, son génie.

(Tel canevas où M. Dimoff dégage avec sagacité [p. 198] deux vers complets et deux hémistiches nous révèle avec quelle aisance d'harmonieux alexandrins, de rythme souple et hardi, naissaient spontanément sous la plume du poète.) Ils nous invitent même parfois à concevoir de façon nouvelle les pièces les plus achevées. Le Malade n'était que le premier tableau d'un dyptique qu'un entretien des jeunes époux devait compléter (p. 135). Au risque d'abréger ce compte-rendu nous n'insisterons pas sur ces conclusions. M. Dimoff prépare sur Chénier un travail d'ensemble où tous ces textes nouveaux seront utilisés avec certitude.

En deuxième lieu cette édition est méticuleusement fidèle. La tâche était ingrate mais nécessaire. Avec une conscience et une précision auxquelles il faut rendre hommage, M. Dimoff a suivi virgule par virgule le texte même de Chénier. Sans doute il ne reproduit pas strictement le ms. Dans la hâte de la composition Chénier omet très souvent des ponctuations évidentes, essentielles et qu'il faut rétablir pour que l'œuvre soit lisible. Mais la moindre modification au manuscrit est signalée dans les notes critiques et le lecteur peut toujours, s'il le désire, rétablir le texte exact. Ce texte exact, c'est un Chénier en partie inconnu qu'il nous révèle. La seule ponctuation fidèle précise singulièrement ce que nous savions de ses rythmes. Voici, par exemple, un fragment du Malade, 1° texte G. de Chénier, et 2° texte des mss.

1°
Ma mère, adieu; je meurs, et tu n'as plus de fils.
Non, tu n'as plus de fils, ma mère bien aimée.
Je te perds. Une plaie ardente, envenimée,
Me ronge; avec effort je respire, et je crois
Chaque fois respirer pour la dernière fois.
Je ne parlerai pas. Adieu; ce lit me blesse,
Ce tapis qui me couvre accable ma faiblesse;
Tout me pèse et me lasse. Aide-moi, je me meurs.
Tourne-moi sur le flanc. Ah! j'expire! O douleurs!

2°
Ma mère, adieu. Je meurs; et tu n'as plus de fils.
Non, tu n'as plus de fils. Ma mère bien aimée,
Je te perds. Une plaie ardente, envenimée,
Me ronge. Avec effort je respire; et je crois
Chaque fois respirer pour la dernière fois.
Je ne parlerai pas. Adieu. Ce lit me blesse.
Ce tapis qui me couvre accable ma faiblesse.
Tout me pèse; et me lasse. Aide-moi. Je me meurs.
Tourne-moi sur le flanc. Ah! j'expire. O douleurs!

Ici encore nous n'insisterons pas sur un sujet que M. Dimoff traitera à fond. Seuls ceux qui ont tenté ces travaux savent ce qu'ils dissimulent non seulement d'effort, mais de méthode et de réflexion critique. Ils ne sont pas une simple besogne de copiste; la discussion y intervient sans cesse et sans cesse des problèmes délicats s'y posent. M. Dimoff les a résolus avec une sûreté que loueront tous ceux qui aiment Chénier. Sur quelques points nous hésiterions à accepter son texte ou la signification de son texte. Mais ces réserves sont infimes; la possibilité de retrouver de suite le texte du ms. sauvegarde presque sans exception la liberté du lecteur.

Peut-être la fidélité méticuleuse de M. Dimoff gêne-t-elle parfois la lecture plus qu'il ne conviendrait. La pièce de l'Esclave reste inextricable dans l'édition G. de Chénier. On la comprend dans l'édition de M. Dimoff, mais il y faut quelque effort de réflexion :

Triste vieillard, depuis que pour tes cheveux blancs, etc. (p. 195).

Il est impossible de comprendre la signification de ce discours si l'on ne va pas jusqu'à la page 197, où le canevas de Chénier nous renseigne : « Dire en quatre vers que, sur le rivage de telle île (la plus près de Délos), un jeune esclave Délien, etc. » Peut-être M. Dimoff aurait-il pu, entre crochets, reproduire ces lignes en tête du discours. P. 199, M. Dimoff insère le fragment où la jeune fille qui entendit les plaintes de l'esclave demande à son père de l'affranchir, et la réponse favorable du père. Tout cela est sans doute inscrit au f° 108, et le f° 107, que M. Dimoff imprime d'abord, porte le canevas complet où l'on voit la fille parler à son père, le père se lever, aller trouver l'esclave et prononcer les six vers où il l'affranchit. De sorte que, pour le lecteur, les vers d'affranchissement précèdent ceux où le père promet d'affranchir. Peut-être M. Dimoff aurait-il pu se permettre de reconstituer plus logiquement tout cela en indiquant en note la disposition du ms.

Quelques leçons sont douteuses, ce qui est fatal dans un travail aussi long et aussi délicat. P. 32, v. 4, M. Dimoff adopte « *la naiade se fraye* », leçon rétablie, dit-il, par Chénier. D'après M. de Hérédia (p. 251) ces deux mots non barrés sont de la main de Latouche. On aurait ainsi le choix entre trois leçons toutes barrées par Chénier. — P. 71, v. 182, remarquer que le fameux vers de Latouche :

Et la flûte et la lyre, et les notes dansantes

corrigé par M. Dezcimeris et M. Dimoff en « noces dansantes » est maintenu tel quel par M. de Hérédia. On verra (p. 220 de l'édition de Hérédia) ses raisons. — P. 129, v. 2, « Dieu des plantes solitaires ». Il faut lire évidemment « salutaires ». — P. 153, v. 125 :

Puis elle sort en hâte, inquiète et tremblante,
Sa démarche de crainte et d'âge chancelante,

La construction est possible, chez Chénier, mais elle reste assez gauche. M. de Hérédia imprime « et hâte... sa démarche », et le texte, dit-il (p. 224), est « aisé à lire ». — P. 168, v. 25, « Toutes, frappant leur sein ». Le texte porte « leurs seins », les s biffés. M. de Hérédia affirme que la rature n'est pas de la main de Chénier. Bien entendu nous ne prétendons pas décider de ces menues divergences, sans avoir vu les mss.

Reste la question de la ponctuation. M. Dimoff pense avec raison, et nous pensons comme lui, que la ponctuation vraie des manuscrits nous montre avec une clarté nouvelle la hardiesse des systèmes de Chénier. Il faut pourtant faire une restriction. C'est que très évidemment les signes de ponctuation n'avaient pas au XVIIIe siècle exactement la même valeur qu'aujourd'hui. Nous l'avons montré brièvement dans notre étude sur L'*Alexandrin français dans la deuxième moitié du XVIIIe siècle*. Le *point et virgule*, par exemple, équivaut très souvent, et pour les imprimeurs et pour les auteurs, à notre *virgule*. A côté des exemples que nous avons cités, voici un passage de Rousseau : « Soyez en sûre, aimable Claire ; je ne m'intéresse pas moins que vous au sort de ce couple infortuné ; non par un sentiment de commisération qui peut n'être qu'une faiblesse ; mais par la considération de la justice et de l'ordre.... » (*Nouvelle Héloïse*. Partie II, lettre 2, texte des deux éditions essentielles, Rey, 1761, et Rey, 1763). Chénier en offre de nombreux exemples :

Europe, de sa bouche en le voyant si beau,
Vient essuyer l'écume ; et baise le taureau (p. 49, v. 25).

M. Dimoff remplace le *point et virgule* des mss — maintenu d'ailleurs par Hérédia (p. 885) — par une *virgule*. Même substitution p. 131, v. 50; p. 134, v. 132 (maintenu par Hérédia, v. 27), etc. Substitution légitime sans doute. Mais alors qui nous assure que d'autres *points et virgules* maintenus par M. Dimoff marquent la forte pause qu'ils indiqueraient pour nous, par exemple

dans les vers 1, 4, 8 de notre citation : « Ma mère, adieu,... etc. ». On pourrait
en dire autant du *point* que M. Dimoff remplace lui-même à l'occasion par un
*point et virgule* (par exemple : p. 43, v. 8 ; — p. 189, v. 80, etc.); de la *vir-*
*gule* que les imprimeurs du XVIIIᵉ siècle insèrent là où nous ne mettons pas
de ponctuation. Il y a donc incontestablement pour ces ponctuations de Chénier une mise au point délicate mais nécessaire. Le principe général serait,
selon nous, qu'au XVIIIᵉ siècle la valeur des ponctuations est moins forte que
dans nos textes contemporains. (Principe qui n'est pas absolu, et la *virgule*,
par exemple, est parfois supprimée là où nous la plaçons nécessairement :
« Le Suisse naturellement froid paisible et simple.... » (Rousseau, *Nouvelle*
*Héloise*, IV, 10. Très nombreux exemples analogues). — P. 116, v. 21 : le
vers

> Les fleurs ne sont plus tout; le verger vient d'éclore

n'est pas ponctué dans le manuscrit. M. de Hérédia (p. 80) suppose la ponctuation.

> Les fleurs ne sont plus, tout le verger vient d'éclore.

C'est à la fois beaucoup plus clair et d'un rythme bien plus heureux. Reste à
savoir si pareille coupe se rencontre aisément chez Chénier. M. de Hérédia en
cite (p. 235) un exemple. Et c'est le rythme inverse de celui-ci :

> Le quadrupède Hélops fuit. L'agile Crantor...

On pourrait discuter aussi tels ou tels détails de la classification de M. Dimoff.
Mais les principes (pp. XIX-XX) nous en semblent excellents. On sait que les
feuillets de Chénier, les groupes de fragments sont en général marqués d'un
signe conventionnel (βουκ, ἔλεγ ou ἔλ, Amér. Δ) qui permet de les classer dans
les *Élégies Bucoliques*, etc. Souvent même l'indication est précisée et les
signes conventionnels indiquent qu'il faut rattacher aux *Idylles marines*,
placer en *épilogue*, etc... Naturellement M. Dimoff observe minutieusement ces
indications. Il y joint les raisons de logique évidente qui rattachent l'un à
l'autre certains morceaux.

Mais pour le détail rien ne nous permet de deviner l'ordre dans lequel les
différentes pièces des *Bucoliques*, par exemple, devaient s'organiser. Tout effort
pour reconstituer le classement de Chénier serait vain. M. Dimoff s'est donc
décidé à adopter l'ordre le plus clair et le plus pratique, celui qui permettra
le plus aisément au lecteur de se retrouver dans le très grand nombre des
fragments. La méthode était d'autant plus nécessaire que la nouvelle édition
révèle toute une poussière de fragments au milieu desquels il aurait été facile
de se perdre. Ainsi se trouvent groupés successivement *les Invocations poéti-*
*ques*; *les Dieux*; *les Héros et les Fables*; *les Chanteurs*; *Enfants, jeunes garçons*
*et jeunes filles*; *l'Amour et les Amants*; *les Idylles marines*; *les Esclaves et les*
*Mendiants*, etc. A l'intérieur de chacun de ces groupements les pièces sont dis-
tribuées selon un ordre aussi clair et aussi aisé.

Peu à peu l'histoire de la littérature française se fonde sur des textes sûrs.
C'est un mouvement qui lentement se complète. En tenant compte des difficultés matérielles tout ouvrier de l'histoire littéraire devrait tenir à honneur d'apporter sa pierre à cette tâche nécessaire. Le labeur est ingrat, mais
l est fécond. Il n'y en a pas, si l'on distrait pour lui quelques années d'une
carrière d'érudition, qui puisse donner une plus consolante certitude, celle
d'avoir mené à bien un travail durable. Cette certitude, nul ne l'aura plus
sûrement que M. Dimoff.

D. MORNET.

JOSÉ-MARIA DE HÉRÉDIA. **André Chénier. Les Bucoliques**, publiées d'après le manuscrit original. Paris. *Maison du Livre*, 1907, in-8°.

Editer exactement André Chénier a été le rêve des dernières années de J.-M. de Hérédia. Il voulait élever ce monument à la mémoire de celui où il retrouvait le meilleur de lui-même et la fraternité du génie. A cette tâche il consacrait un labeur méthodique que la mort seule devait interrompre.

Le volume des *Bucoliques* était heureusement achevé. Il suffit à nous montrer ce que peut une volonté sagace éclairée par l'instinct du génie. Le texte de Chénier est établi avec une sûreté qui satisfera tous les philosophes et que précise la comparaison avec la savante édition de M. Dimoff. Malgré quelques réserves intimes, fautes d'impression ou leçons douteuses (par exemple, p. 19, v. 1 ; — p. 43, v. 5 ; — p. 44, avant-dernière ligne, etc.) de Hérédia nous a donné le premier de vrais poèmes de Chénier. Le premier il a respecté méticuleusement une ponctuation où s'inscrit l'audacieuse harmonie du poète ; le premier il a su retrouver dans les brouillons épars les desseins méconnus par G. de Chénier. La reconstitution de la belle pièce de l'*Esclave* est son œuvre. Tel vers, défiguré jusqu'à lui, est véritablement ressuscité, par exemple ce début d'idylle.

Les fleurs ne sont plus, tout le verger vient d'éclore,

que l'on ponctuait sans raison

Les fleurs ne sont plus tout ; le verger...

La *Préface* et les *Notes* montreront au lecteur avec quelle précision critique, avec quels scrupules avertis la pensée de Chénier fut épiée et suivie. Tous ceux qui croient que de tels scrupules ne sont pas vains, que l'érudition est nécessaire et pieuse, non stérile et desséchante, verront avec quelque fierté qu'un grand poète voulut être des leurs.

Tous ces mérites sont d'ailleurs ceux de l'édition Dimoff qui les possède avec plus de précision encore et qui, parce qu'elle est plus savante, beaucoup plus complète, ne saurait être remplacée. L'intérêt de l'édition Hérédia est ailleurs. Elle offrira a tous ceux qui veulent lire non tout Chénier mais du Chénier, non connaître tout ce qu'il fut, mais le meilleur de son génie, des textes exacts et sûrs, harmonieusement et clairement groupés, dégagés de toute la complexité des brouillons. L'édition ne prétend pas être complète ; elle se propose simplement d'apporter dans un ensemble fidèle tout ce qu'il y a d'à peu près achevé dans les inspirations bucoliques de Chénier. Le volume est imprimé avec une sobre élégance. Ainsi cette édition ne sera pas celle de l'historien, mais celle que nous lirons aux heures où, ne songeant plus à l'histoire précise, nous voudrons simplement emplir notre âme de quelques-unes des plus pures évocations de la beauté. Car nous pouvons tour à tour aimer la vivante, ondoyante et confuse splendeur d'un paysage qui se mêle sous nos yeux, ou n'en retenir pour notre vision intérieure que la grâce d'un arbre sur une colline, la clarté profonde d'un étang qui dort.

D. MORNET.

ÉTIENNE FRÈRE. — **Louis Bouilhet.** — **Son milieu.** — **Ses hérédités.** — *L'amitié de Flaubert.* — D'après des documents inédits. — Paris, *Société française d'imprimerie et de librairie*, 1908.

Ce livre sur Louis Bouilhet est un livre de bonne foi. En effet, par la façon même dont l'auteur nous présente les faits et par les documents qu'ils nous fournit, il nous permet d'arriver à des conclusions qui ne sont pas tout à fait les siennes. Cet ouvrage a été conçu dans un but apologétique : M. Frère voudrait sauver Louis Bouilhet de l'oubli, injuste selon lui, où il est tombé. Il se trouve que, lorsqu'on rassemble les traits épars dans cette biographie, on est amené à constater que si Bouilhet est un excellent esprit, il est aussi un poète secondaire. On s'en aperçoit dès les premières pages. « Si le culte du beau, nous dit M. Frère, doit avoir un sort meilleur que tous les cultes dont Bouilhet mesure la course passagère, on peut promettre l'immortalité à celui qui modela ces vers lapidaires. » Suit une tirade qui rappelle tout à fait la manière de Musset et même celle de M^me Ackermann. Chez Bouilhet, presque toujours, il y a du déjà vu.

Sa vie est celle d'un homme régulier, méthodique, rangé. Il fut bon élève. Il eut une jeunesse, très honorable d'ailleurs, mais très appliquée et studieuse. C'est, somme toute, Flaubert qui débauche ce bon garçon et qui le jette dans la vie littéraire. Il fut très heureux, sur la fin de sa vie, d'une place de bibliothécaire à Rouen. Il « avait toujours eu des habitudes bureaucratiques ; il s'occupa aussitôt de classements et prit ses fonctions au sérieux, — trop au sérieux, selon Flaubert » (p. 78). Sa longue liaison avec Léonie *** (on ne nous donne pas son nom) prit tout de suite une allure régulière. Il était de tempérament conjugal. « L'amour en pantoufles, au battement égal et discret, mêlé à l'ambiance comme un tic-tac de pendule, le guettait. Louis et Léonie vécurent donc en *ménage*, — faux ménage, dit l'état civil, mais ménage cependant, avec l'atmosphère qui s'attache à ce mot » (p. 81). Il accepte même avec empressement une paternité d'occasion. « Au physique, c'est un lymphatique qui se lève tard, sort peu, aime son intérieur, prend facilement des habitudes..., s'exprime avec douceur et arrondit ses gestes » (p. 83). « Tu regrettes, lui écrivait un jour Flaubert, de ne pas avoir un état. » C'est très exactement, mais sans les bassesses dont le mot s'est chargé aujourd'hui, un bourgeois.

Il avait de qui tenir. Son père était lui aussi un homme très modéré. » Mon fils, écrit-il le jour de la naissance de Louis, si je pouvais régler ta destinée, je te condamnerais à une heureuse obscurité, à une sage médiocrité... » (p. 106). Il est content de son sort, décrit sa très modeste situation, et déclare : « Que pourrais-je désirer de mieux ? » (p. 108). Le père et le fils tous deux sont doux et timides. M. Frère ajoute : « Puis-je répéter le mot après Maupassant ?... (Répétez, répétez, M. Frère, n'ayez pas peur : c'est très intéressant). Il n'est pas jusqu'à une certaine « pompe », dans le théâtre de Louis Bouilhet, qui ne semble un legs du père au fils. Jean-Nicolas est un bourgeois bourgeoisant, Louis, — un peu lourd à la scène, — est quelquefois bourgeois sans le savoir. Il se met à *l'école du bon sens* » (116). Et l'on se rappelle le très prudhommesque discours de distribution de prix qu'il fit, dans sa jeunesse, au pensionnat Deshayes. « Jeunes élèves, du sein de vos paisibles études, comme d'un port à l'abri des tempêtes, écoutez, écoutez de loin ce grand bruit que fait le monde..., etc., etc. » (p. 57). La muse des comices agricoles est dépassée. M. Petdeloup dut être enchanté, et Flaubert aurait rugi. Qu'après cela M. Frère écrive : « La nature... alluma dans les yeux de l'un ce qui manqua toujours à l'autre : l'étincelle » ; on s'en étonne un peu. — On craint bien que cette étincelle ne soit un reflet.

Du côté maternel comme du côté paternel, on était gascon. Et tout le monde écrivaillait dans cette famille. Le grand-père maternel de Louis, Hourcastremé, est un polygraphe. Sa mère produit des poésies fugitives à la façon de Loïsa Puget [1]. Tout cela ne prouve pas grand'chose : chez les méridionaux, la littérature est souvent une forme d'expansion verbale. M^me Bouilhet et ses filles tenaient un pensionnat de demoiselles. Louis grandit parmi elles, comme Ververt chez les Visitandines. Il était « laborieux, soumis » (p. 136). On encourageait ses goûts poétiques comme une « distraction » (p. 439). Mais comme on fut scandalisé de Mélænis! Ververt blasphémait. Et la mère et le fils ne s'entendirent plus (151). Mais si Louis souffrit par son pays de Cany, il en subit toujours l'influence. « C'était un milieu honorable, mais très provincial, à vues courtes, de maintien compassé. Louis garda toujours dans la tournure quelque chose de son chef-lieu de canton » (p. 153). Je ne le fais pas dire à M. Frère.

De complexion raisonnable, il tend à devenir « classique » (187). Issu d'une famille où l'on a longtemps pratiqué la chirurgie, il est « positiviste » et « naturaliste » (p. 199). Et il rejoint les Parnassiens. — Ce que dit M. Frère des relations de Flaubert avec Bouilhet est assez juste. Le « génie » de Bouilhet est en grande partie une invention du généreux Flaubert. Flaubert ne cessa de l'encourager, de le rassurer sur lui-même, de l'exciter au travail, de lui promettre la gloire. Flaubert fut un ami incomparable. Mais il fut récompensé. « Le sûr jugement de Bouilhet a émondé la prose luxuriante du romancier » (p. 221). En effet, Bouilhet fut la conscience littéraire de Flaubert, en grande partie. Il fit pour lui ce que Boileau avait fait pour Racine, Fontanes pour Chateaubriand, Lewes pour George Éliot. — Je voudrais seulement que M. Frère n'accusât pas si sévèrement Flaubert d'avoir mené Bouilhet au nihilisme, et de lui avoir desséché le cœur. J'avoue que le passage de Flaubert qui est cité p. 242 ne me scandalise aucunement. Il ne s'y montre pas misogyne. Il n'est que clairvoyant.

Pareillement, M. Frère ne réussit en aucune façon à atténuer l'odieux du rôle que les deux sœurs de Bouilhet jouèrent auprès de leur frère mourant. On conçoit l'indignation de Flaubert. Le fils adoptif de Bouilhet confirme et aggrave son récit. « Le samedi, l'état du poète avait empiré. Sa sœur Sidonie résolut de frapper un grand coup. Elle dit à Louis tout crûment que son état était désespéré et qu'il n'avait plus un moment à perdre pour éviter la damnation. A ces mots Bouilhet se renversa sur son oreiller, livide de stupeur... » (p. 269).

D'ailleurs le témoignage de Flaubert en cette matière est décisif. Il serait suspect, si nous avions affaire à un sacristain rouge. Mais Flaubert est tout le contraire, et ceux-là même qui ne peuvent pardonner à Taine sa psychologie du Jacobin trouvent aussi que le père de M. Homais est un malfaiteur. Dans les deux sens, Flaubert est un très libre esprit.

M. Frère nous dit : « Quant à M^lles Bouilhet, si elles n'ont pas gardé assez de retenue dans leurs véhémentes exhortations, c'est par excès d'affection. Elles croyaient poursuivre le bonheur éternel de leur frère. Sur des questions dont savants et philosophes ne parlent qu'en tremblant, les âmes croyantes ont souvent une assurance implacable... » (p. 284). Etrange apologie, et qui n'en voit l'imprudence? — Je me suis conduit comme un sinistre imbécile, mais c'est mon institut. qui veut cela. — Très bien, mon ami, alors, il faut supprimer votre institut!

M. Anatole France prête quelque part à M. Bergeret un raisonnement du même genre. Un prédicateur, à propos de la catastrophe du Bazar de la Charité, a tenu des propos féroces, et M. Bergeret démontre à des catholiques scandalisés que cette dureté est dans la logique de leur religion. Mais on sait très bien quelle est l'intention de M. Bergeret.

---

1. Son vers ne se permet ni cris ni sanglots; il soupire... Jusque dans la douleur, il est discret et bienséant. (M. F.)

. « Quand elles revinrent à Cany, les deux pauvres âmes pleuraient à chaudes larmes, — non pas tant sur la mort de leur frère que sur son impénitence finale » (276). Ah ! les bons petits cœurs !

> Et je verrais mourir frère, enfants, mère et femme,
> Que je m'en soucierais autant que cela.

« Espérons, ajoute M. Frère, qu'avant de mourir à leur tour, elles ont agrandi les bras de leur Christ! » Oui, espérons-le! Quoi qu'il en soit, laissons « la mémoire de ces deux pauvres filles appesantie sous la botte du grand Flaubert » (278). Le meilleur service que nous puissions lui rendre c'est de ne point l'y aller chercher.

En conclusion, si M. Frère nous a peu parlé de l'œuvre de Louis Bouilhet, ce qu'il nous apprend de sa formation et de son caractère nous explique pourquoi il est un « poète mineur ». Il est sorti d'une race raisonnable, qui, lorsqu'elle devient excessive, va vers l'étroitesse d'esprit; il est lui-même timide, modéré, exact, provincial et matrimonial. Son œuvre est un document plutôt qu'une éternelle création de Beauté, *a joy for ever*. Il faut embaumer quelques-uns de ses vers dans les anthologies. Ce qu'il y eut de mieux en lui, ce fut la discipline qu'il exerça sur le génie de Flaubert, qui en avait besoin. C'est quelque chose; c'est de quoi vivre dans l'histoire littéraire, et c'est de quoi mériter la soigneuse et intelligente biographie que M. Frère nous a donnée.

HENRI POTEZ.

---

H. BARCKHAUSEN. **Montesquieu. Ses idées et ses œuvres, d'après les papiers de La Brède.** *Paris, Hachette,* 1907, in-16, de VI-344 p.

**Montesquieu, « l'Eprit des lois » et les archives de La Brède,** par H. BARCKHAUSEN. *Bordeaux, Michel et Forgeot,* 1904, in-4°, de 124 p.

On sait la part essentielle qui revient à M. Henri Barckhausen dans la publication des papiers inédits de La Brède, entreprise par la famille de Montesquieu sous les auspices de la Société des Bibliophiles de Guyenne. Chaque recueil mis au jour jusqu'à maintenant, *Mélanges, Voyages* ou *Pensees,* est précédé d'une substantielle préface qui ne contribue pas moins que les notes à mettre en pleine lumière les idées du philosophe. Et, d'autre part, deux éditions critiques des *Lettres persanes* et des *Considérations sur les causes de la grandeur des Romains et de leur décadence* ont été publiées, à quelques années de distance, par le même M. Barckhausen avec un égal souci de précision pour fournir au public savant des données non moins exactes et aussi complètes sur la genèse et la portée de ces deux œuvres maîtresses de Montesquieu. On possède, de la sorte, de précieux éléments d'information qui s'appliquent à presque toutes les idées du philosophe et commentent complètement les productions de son esprit. Pour achever l'ensemble et lui donner une certaine unité, M. Barckhausen a consacré, dès 1904, un opuscule exposant ce que les papiers de La Brède apportent de nouveau pour la connaissance de l'*Esprit des lois*, et enfin, il a groupé récemment en un petit volume tout ce qu'il avait disséminé ainsi un peu partout sur un sujet aussi vaste et aussi complexe que l'œuvre de Montesquieu.

Aujourd'hui, M. Barckhausen groupe en un simple volume tous ces morceaux disséminés et présente au lecteur tout le résultat de ses réflexions, non sans les avoir fait précéder d'une longue étude inédite sur les idées de Montesquieu, destinée à mettre en valeur les qualités maîtresses de celui-ci, telles du moins que les dégage son commentateur. Pour M. Barckhausen, en effet, le grand reproche si souvent fait à Montesquieu de manquer de logique et de ne suivre qu'un plan incomplètement tracé n'est guère mérité et provient surtout de ce qu'on suit sans une attention assez soutenue les développements du philosophe de La Brède. Un article sur *le Désordre de « l'Esprit des lois »* nous avait déjà montré que cette apparence décousue peut cacher une méthode rigoureuse et développer un plan régulier. Si on applique le même procédé d'investigation soutenue, on peut constater de même que sur tous les grands sujets de politique et de morale, Montesquieu avait des façons personnelles et cohérentes de les envisager et de les rattacher à des idées d'ensemble que le temps a impressionnées, mais en les rendant plus fermes et en les enchaînant davantage.

Seulement, ces principes directeurs sont souvent cachés dans des paragraphes qui semblent secondaires, jetés dans des phrases incidentes que la coquetterie du penseur a lancées comme en se jouant et que l'attention du critique ne doit point laisser passer sans leur donner leur véritable importance. C'est à quoi M. Barckhausen s'emploie avec une vigilance soutenue : le moindre trait, un mot, le met sur la trace d'un ordre d'idées qu'il juge juste et qui lui semble éclairer quelque côté de l'esprit de Montesquieu. L'analyse qu'il a tracée ainsi de son génie peut nous paraître trop serrée et aller à l'encontre d'un jugement communément établi. Elle n'est pas moins solidement fondée, et chaque assertion, chaque conclusion s'appuie sur une liste de détails dont on peut discuter la portée, mais dont on ne saurait méconnaître ni l'exactitude ni la valeur. En les rapprochant, M. Barckhausen a fait, au moral, un portrait de Montesquieu, aux lignes arrêtées et fermes, quelque chose, en un mot, pour son esprit, de ce qu'a fait pour son visage la fameuse médaille de Dassier, qu'on trouve reproduite d'ordinaire en tête des éditions des œuvres de Montesquieu. Aussi bien, la centaine de pages que M. Backhausen a consacrées à l'étude de la genèse et du développement des idées de Montesquieu est surtout une introduction à la lecture des écrits du philosophe de La Brède. On l'y saisit du regard, avant d'aborder son œuvre, si abondante, si touffue, narquoise aussi et décourageante aux débutants. Au seuil on y voit l'auteur malicieux et bonhomme, plus sensible qu'il ne veut le laisser croire, évitant de paraître pédant ou rébarbatif, affectant le détachement et de livrer sa pensée à demi-mots comme les gens de bonne compagnie qui évitent d'appuyer, mais satisfait qu'on l'ait compris et montrant quelque humeur de ne pas l'être. C'est bien ainsi qu'on jugeait l'homme. Il faut savoir gré a M. Backhausen d'avoir établi ce jugement sur des preuves à l'appui et d'en avoir pris les éléments aux bons endroits, là où ils sont les plus sûrs. Sur toutes les œuvres de Montesquieu, anciennes ou nouvelles, on trouve dans ce dernier livre aussi agréable que solide des enseignements qu'il ne sera plus permis d'ignorer et qui mettent ces ouvrages célèbres dans un jour lumineux et vrai.

P. B.

---

**Blaise de Monluc historien.** Étude critique sur le texte et la valeur historique des *Commentaires* (avec un portrait et quatre cartes), par PAUL COURTEAULT. *Paris, Alphonse Picard et fils,* 1908. Gr. in-8, de XLVIII-688 p.

PAUL COURTEAULT. **Geoffroy de Malvyn,** magistrat et humaniste bordelais (1545?-1617). Étude biographique et littéraire, suivie de harangues, poésies et lettres inédites. *Paris, Honoré Champion,* 1907. Gr. in-8, de X-212 p.

Je débuterai par une question qui m'est venue à l'esprit en ouvrant le volume de M. Paul Courteault. Pourquoi trouve-t-on reproduit, en tête, le portrait si connu de Blaise de Monluc gravé dans les *Vrais pourtraits et vies des*

*hommes illustres* d'André Thevet et non pas la toile appartenant au duc de
Montesquiou-Fézensac qui a figuré à l'Exposition. militaire rétrospective
de 1900? Il semble qu'on eut aimé voir, au commencement de ce volume
très neuf, une image moins banale que celle qui y figure et tout aussi authentique.

Cet ouvrage, très serré et très bien informé, est surtout une enquête sur la
véracité de Monluc. De l'examen attentif des faits, du rapprochement des
témoignages contemporains, M. Courteault tire son jugement sur la portée que
peuvent avoir les souvenirs et les récits du vieux soldat. Son livre, il ne le
composa pas, tel du moins que nous le pouvons lire, tout d'un seul jet, sous
le coup d'une émotion qui lui met la plume aux mains et ne la lui fait poser
que lorsque son esprit est en repos. Sans doute la passion l'anime et c'est elle
— ambition de se faire valoir ou nécessité de se justifier — qui le poussa à
coucher par écrit les aventures qu'il contait si volontiers de vive voix, avec une
verve dont Brantôme est le garant. Mais cette passion, quand elle s'épandit
ainsi, n'inspira qu'une sorte de plaidoyer dont nous ne possédons pas le texte
original, encore qu'on le puisse reconstituer avec beaucoup de vraisemblance
à l'aide d'un double manuscrit de la Bibliothèque Nationale, dont il a été fait
usage, quoiqu'assez arbitrairement, par le dernier en date des éditeurs des
*Commentaires*, le baron Alphonse de Ruble.

Et c'est ce plaidoyer, vivant et vibrant, qui, ayant réussi à placer son auteur
sous un jour favorable, fut étendu ensuite et remanié, de façon à faire une
œuvre nouvelle qui put s'adresser au public et eut plus d'apparence d'impartialité. Mais il garde encore des traces des sentiments qui l'inspirèrent, et, s'il
a perdu de sa chaleur pressante, il a conservé quelque chose des circonstances
qui l'ont provoqué : Monluc n'est pas fâché de gagner auprès de la postérité
l'instance qu'il a avantageusement engagée auprès de ses contemporains, et
pour y mieux réussir, éteint ses colères, donne à son
langage une mesure bien propre à disposer favorablement. Jusqu'à quel point
tout cela est-il sincère ou voulu? Il fallait se le demander, et l'enquête de
M. Paul Courteault, si diligente et conduite avec tant de mesure, permet d'y
répondre avec sécurité. Si M. Courteault a l'air de trop presser Monluc, de
passer son langage à une critique trop minutieuse, c'est pour mieux faire
éclater ensuite la véracité, la bonne volonté d'être impartial qui anime l'auteur
des *Commentaires*. De cet examen approfondi, il résulte que si la part des
défaillances de mémoire est assez grande dans cette œuvre de circonstance
poussée à la hauteur d'un livre d'histoire pour l'édification de la postérité,
cette part est cependant moindre qu'on pourrait le craindre, et que Monluc a
fait des efforts méritoires pour appuyer ses souvenirs sur les documents dont il
avait la disposition. Mais la chronologie n'est pas son fort : il s'y embrouille,
s'y empêtre, et de ce fait demande souvent à être redressé. En revanche,
comme un bon soldat qu'il est, il jouit d'une excellente mémoire topogra-
phique : il revoit avec une singulière précision de détails les lieux où il com-
battit, les manœuvres, les marches qu'il fit exécuter. C'est son mérite propre
d'écrivain militaire et il n'est pas mince. On peut moins se fier à lui pour la
façon dont il juge les hommes et les événements, encore qu'il se montre
volontairement prudent et circonspect. Et lui-même, naturellement, se peint
sous un jour trop favorable, auquel il convient d'ajouter quelques ombres.
Loyal, désintéressé, généreux, dans son livre, il manque de quelques défauts
essentiels qui marquèrent sa carrière de soldat et son rôle politique. M. Courteault en souligne quelques-uns. Ces réserves se placeront naturellement dans
l'annotation des *Commentaires* telle qu'il se propose de la donner dans une édition où le texte sera établi avec toute l'exactitude possible et le récit éclairé
et contrôlé à l'aide de tous les autres témoignages connus. Dans la pensée de
M. Courteault, le livre qu'il vient d'écrire était surtout pour montrer la nécessité d'une édition pareille : il n'en est pas moins, d'ores et déjà, une contribu-

tion essentielle à la juste appréciation du caractère de Monluc et de son œuvre, qu'on connaît mieux ainsi et qu'on juge plus sainement.

A côté de ce gros livre, si important pour l'histoire des guerres de religion dans le sud-ouest de la France et qui lui a servi de thèse principale pour le doctorat ès lettres, M. Courteault a consacré sa thèse secondaire à un magistrat et humaniste bordelais de la Renaissance, Geoffroy de Malvyn, qui, en outre d'un poème latin imprimé, *Gallia gemens*, a laissé un certain nombre de morceaux inédits, vers et prose, conservés dans un manuscrit des archives municipales de Bordeaux. Ce sont ces pièces qui ont surtout servi à restituer la physionomie de ce magistrat disert et du milieu dans lequel il vécut. On l'y appréciait pour la parfaite convenance de sa vie, pour l'urbanité de son commerce, pour son humeur discrète et modérée. Ce sont là des qualités qui peuvent faire l'honnête homme, mais qui d'ordinaire ne tentent pas les biographes, à moins qu'il n'y ait quelque leçon inconnue à en tirer. Celle qui se dégage de la vie de Malvyn est la constatation que le Parlement fut, à Bordeaux, l'auxiliaire aussi puissant que l'Université des progrès de la Renaissance, et, si nous connaissons les grands noms qui lui appartinrent, il n'était pas inutile d'apprendre ce que valaient au juste les conseillers de moindre importance, qui pour avoir été des ouvriers moins brillants de la culture humaniste, la pratiquèrent pourtant avec un réel bonheur.

P. B.

---

**Correspondance de Stendhal** (1800-1842); publiée par Ad. PAUPE et P.-A. CHERAMY sur les originaux de diverses collections. Préface de Maurice BARRÈS, de l'Académie française. *Paris, Charles Bosse, libraire*, 1908. 3 vol. in-8. Tome I, de XXIV-448 p. ; t. II, de 560 p.; t. III, de 378 p.

Ce *corpus* de la correspondance de Stendhal comprend toutes les lettres de lui qui ont été déjà publiées et il y ajoute un assez grand nombre de lettres inédites ou revisées sur les originaux, qui voient le jour ici pour la première fois, totalement ou en partie. C'est donc souvent un texte nouveau qu'on trouve même pour des lettres connues, car Beyle, à la façon de son ami Mérimée, se répandait parfois si indiscrètement dans sa correspondance, qu'il fallut, avant de la livrer au public, alors que nombre des contemporains de l'auteur vivaient encore, lui faire subir d'utiles retranchements. Maintenant que le temps a passé, le danger a disparu, bien qu'il subsiste encore un autre inconvénient : l'impossibilité d'imprimer certains passages trop libres de confidences trop peu réservées. Le présent accueil en est la preuve, et je me suis laissé dire que certains exemplaires, dits d'amateurs, contenaient des fragments qu'il avait fallu retrancher des volumes mis à la portée de tout le monde. Ce sont là des détails qui peuvent intéresser quelques bibliophiles, mais sur lesquels il est inutile d'insister. Quant aux lettres inédites, elles sont au nombre de deux cents, dont les originaux appartiennent à M. Cheramy : soixante lettres adressées par Beyle à sa sœur Pauline et cent quarante écrites au baron de Mareste et à quelques autres amis.

Le premier volume de cette correspondance de Stendhal embrasse la durée de l'Empire. Il se divise en deux parties : les années d'apprentissage (1800-1806), la vie active (1806-1814), et s'ouvre par un portrait de Beyle étudiant (vers 1800) qui donne les traits de celui dont les lettres vont montrer le caractère. C'est une période particulièrement agissante de la vie de Beyle et dont les manifestations extérieures sont bien connues, grâce en particulier aux précédents travaux de M. Arthur Chuquet. Beyle lui-même a longuement analysé ses sentiments d'alors dans des ouvrages, romans ou autobiographies, dont il est instructif de contrôler les confidences à l'aide du témoignage moins arrangé des lettres de cette époque.

Le tome deuxième de la *Correspondance* s'étend sur toute la durée de la Restauration. Les éditeurs lui ont donné pour sous-titre : *L'Homme du monde et le dilettante.* C'est, à mon sens, le plus curieux. Dès le début, on y voit l'image d'un Beyle rusé et rasé, la lèvre sensuelle, l'œil malicieux, l'air fureteur, qui est bien le personnage qui se dégage de toutes ces pages, contenant fort mal son humeur caustique et enragé de sa malchance en face de tant de sots avantageux. C'est une mine de renseignements, d'observations, cueillies sur le vif par un merveilleux analyste, sur un temps si captivant, littérairement et politiquement parlant. Jamais le regard de Beyle n'a été plus aigu, sa langue plus déliée, son ironie plus judicieuse, encore qu'elle soit parfois tragique par la souffrance personnelle qu'elle laisse percer.

Pendant le gouvernement de Juillet, Beyle fut plus longtemps éloigné de Paris. Les lettres de lui qui forment le troisième volume de la correspondance (*Le Fonctionnaire et le Romancier*, 1830-1842) contiennent trop souvent des regrets qui nous émeuvent moins, des récriminations qui n'intéressent pas davantage. On y recueille, il est vrai, de nombreux détails sur son état d'esprit pendant ces années qui furent les plus fécondes de sa vie littéraire. C'est essentiel pour sa psychologie, d'autant que les éditeurs de ces lettres n'ont pas manqué de mettre en valeur tout ce qui peut servir à faire connaître l'auteur et ses œuvres. Grâce à eux, nous avons un précieux instrument d'information sur un personnage, qui, plus que tout autre, a besoin de contrôle, à cause des déguisements de sa vie, d'abord, et ensuite à cause de sa méthode de travail et des sources de ses éléments d'information.

Mais ce n'est pas tout : la correspondance de Beyle ne servira pas seulement à le faire connaître; sur certaines époques de notre histoire, elle sera un document d'un intérêt supérieur, à cause des qualités et des défauts de son auteur. A ce double point de vue, MM. Paupe et Cheramy ont été bien inspirés de donner tous les développements qu'ils ont pu à la correspondance de Stendhal, aidés en cela par l'initiative d'un libraire jeune et intelligent. Désormais leur publication pourra servir de base solide à la perpétuelle enquête qui se poursuit sur l'œuvre et la vie de Stendhal. A ceux qui s'y intéressent, je signale ici une lettre de Mérimée à Sainte-Beuve publiée par M. Maurice Tourneux dans l'*Amateur d'autographes* de juin dernier et qui contient quelques renseignements sur les amis de Stendhal. Je remarquerai encore que la lettre du 17 janvier 1828 à Alphonse Gonsolin a été publiée pour la première fois par Étienne Charavay dans sa *Revue des documents historiques* (1875, p. 130-134). Si les éditeurs de la *Correspondance* s'y étaient reporté, ils auraient eu sous les yeux un texte meilleur que celui qu'ils ont adopté et auraient pu reconnaître que la Mme de Tévas dont il est question (t. II, p. 148) était Mme de Téras, c'est-à-dire Hortense Allart, dont il a été beaucoup parlé tous ces temps-ci, et qu'il s'agissait de son roman *Gertrude* auquel Stendhal s'intéressait.

P. B.

---

Émile Magne. Femmes galantes du xviie siècle. Mme de la Suze (Henriette de Coligny) et la société précieuse. Documents inédits. Portrait inédit d'après Daniel Du Monstier. Bibliographie des recueils La Suze-Pellisson. *Paris, Société du Mercure de France*, 1908. In-12, de 334 p.

M. Émile Magne poursuit du même style haut en couleur et avec la même information abondante la série de portraits du xviie siècle qui a débuté avec Scarron. Cette fois-ci la biographie de Mme de la Suze qu'il a retracée avec un souci d'exactitude fort méritoire lui fut une occasion de reconstituer de façon peu banale la société précieuse et les gens qui la composaient.

La destinée de M^me de la Suze a été singulière. Issue du sang de l'amiral de Coligny et de ce fait éduquée dans un milieu de·réformés, elle devait plus tard passer sans enthousiasme et, semble-t-il, sans beaucoup de conviction, à un catholicisme qui ne devait amender ni ses mœurs ni ses habitudes d'esprit. Mariée deux fois, d'abord à un jeune gentilhomme écossais, Thomas Hamilton, comte d'Hadington, qui allait la laisser promptement veuve, puis, en secondes noces, à un hobereau manceau, borgne et ivrogne, Gaspard de Champagne, comte de la Suze, qui vécut peu et mal en sa compagnie, elle ne connut pas les joies de famille et tomba dans la galanterie littéraire par désœuvrement et curiosité d'esprit. Aimant la poésie, plutôt qu'elle ne la pratiquait, elle a moins écrit des vers qu'elle n'en reçut en hommages et, si elle rima ce ne fut sans doute que pour montrer aux rimeurs qu'elle pouvait comprendre leurs sentiments et leur langage.

Ce qui garde un peu de l'oubli le nom de M^me de la Suze, c'est qu'il sert à désigner un recueil bien connu de vers et prose le plus souvent anonymes, porté aussi au nom de Pellisson. Cette anthologie des grâces de la préciosité est un des monuments les plus significatifs du temps qui le produisit; aussi eut-il une grande vogue et, depuis 1663, date de sa première publication, on le réimprima maintes fois, toujours accru et amplifié de morceaux plus ou moins importants. M. Magne a donné le relevé de ces diverses pièces, comme il a fourni aussi toutes les indications sur les propres productions de M^me de la Suze elle-même, et ce n'est pas là le moindre avantage de son livre, dont le contenu est mis à la portée des lecteurs par une bonne table alphabétique et dont les sources sont notées avec soin. En terminant je ne relèverai qu'une omission. M. Magne se demande (p. 210, n. 3) ce qu'est devenu le manuscrit de la *Chronique du samedi* par Pellisson, possédé jadis par Feuillet de Conches, et il déclare s'être vainement enquis de son sort. C'est un point qui est éclairé dans un article publié ici même par M. L. Belmont, sous ce titre : *Documents inédits sur la société et la littérature précieuses extraits de la « Chronique du Samedi » et publiés d'apres le registre original de Pellisson* [1656-1657] (*Revue d'Histoire littéraire de la France*, 1902, p. 646-673).

P. B.

# PÉRIODIQUES

**L'Amateur d'autographes et de documents historiques.** — Mai; A. Pouthier, *Les écritures de M. J. Richepin, de l'Académie française* (4 fac-similés). — *Béranger et Alexandre Dumas.* — Juin; Maurice Tourneux, *Mérimée commentateur de Stendhal.* — Avril, mai et juin; A. Delpy, *Manuel de l'amateur d'autographes* (de Charles Lebeau à Claude-Michel Le Bois).

**Bulletin du Bibliophile et du Bibliothécaire.** — Avril et mai; Lucien Pinvert, *Sur Mérimée, nouvelles observations.* — Mai; Henri Cherrier, *Notes bibliographiques sur Mathurin Régnier.* — Mai et juin; P. Berthet, *Bibliothèque de Grenoble : description sommaire des ouvrages imprimés postérieurement à l'an 1500.* — Avril, mai et juin; Eugène Griselle, *Les débuts du règne de Louis XIII et supplément à la correspondance du cardinal de Richelieu.* — Henri Cordier, *Essai bibliographique sur les œuvres d'Alain-René Lesage.* — Georges Vicaire, *Revue de publications nouvelles.*

**Le Correspondant.** — 10 avril; abbé Perreyve, *Lettres écrites de l'Oratoire.* — 25 avril; J. Lemoine et A. Lichtenberger, *Un médecin courtisan au XVIIe siècle : Bourdelot.* — 10 mai; le comte de Champflour, *Amateurs d'art au XVIIe siècle.* — 25 mai; Félicien Pascal, *Henri Becque, l'homme et l'œuvre.* — J. Lemoine et A. Lichtenberger, *Bourdelot (fin).* — Péladan, *Portraits de célébrités* (1830-1900), *à Bagatelle.* — 10 juin; Edmond Haraucourt, *François Coppée.* — 25 juin; Georges Fonsegrive, *Les idées religieuses de Leibnitz.* — Henri Bremond, *Jeunes romanciers* (Moselly, Lefèvre, Renaudin). — 25 avril, 25 mai et 25 juin; Edouard Trogan, *Les œuvres et les hommes, chronique mensuelle du monde, des lettres, des arts et du théâtre.*

**Le Figaro.** — 4 janvier 1908 (supplément) : Félicien Pascal, *Le royalisme de Balzac.* — 5 janvier; Emmanuel Arène, *Les Théâtres : Variétés, « les Deux Écoles ».* — 8 janvier; Édouard Rod, *Les Siciliens à Paris.* — Emmanuel Arène, *Les Théâtres : A l'Odéon, « l'Apprentie ».* — 11 janvier (supplément); Michel Aubé, *Les Ségurs.* — 14 janvier; E.-M. de Vogüé, *L'Institut de France.* — 17 janvier; André Beaunier, *A l'Académie française : réception de M. de Ségur.* — 18 janvier (supplément); Pierre de Quirielle, *Le théâtre de dialecte en Italie.* — Rémy de Gourmont, *Saint-Amant.* — 21 janvier; Emmanuel Arène, *Les Théâtres : A la Comédie-Française, « Les deux Hommes ».* — 22 janvier; Francis de Croisset, *Un salon* (la duchesse de Rohan). — 23 janvier; André Beaunier, *Une conférence de M. Jules Lemaitre.* — 24 janvier; Henri Roujon, *Lamartine au boulevard du Crime.* — 25 janvier; Henry Bataille, *De l'Art dramatique.* — (Supplément) Rémy de Gourmont, *Stendhal enterré par lui-même.* — 29 janvier; Emmanuel Arène, *Les Théâtres : Au Vaudeville, « Un divorce ».* — 30 janvier; E. M. de Vogüé, *La bibliothèque de Ferdinand Brunetière.* — 5 février; Emmanuel Arène, *Les Théâtres : Gymnase, « Le Bonheur de Jacqueline ».* — 7 février; Victorien Sardou, *Critique historique de « l'Affaire des poisons ».* — 8 février (supplément); Lucien Descaves, *Barbey d'Aurevilly.* — André Beaunier, *Paul Verlaine.* — Jeanne de Flandreysy, *Bernardin de Saint-Pierre.* — 15 février; Émile Berr, *Madame X... et l'Académie française : Histoire d'un testament.* — (Supplément), J. Caponi, *Eléonora Duse et Sarah Bernhardt.* — Adolphe Boschot, *Berlioz et Hugo.* — 16 février; Emmanuel Arène, *Les Théâtres : Théâtre Réjane,*

« Jean-Gabriel Borkman ». — 18 février; Henry Bordeaux, *La mode des confé-rences.* — Robert de Flers, *Les Théâtres* : *Comédie-Française*, « *Arlequin poli par l'amour* »; « *les Trois Sultanes* ». — 19 février; Paul Acker, *Portraits de femmes* : *M*ᵐᵉ *Marcelle Tinayre.* — 21 février; André Nède, *Réception de M. Barboux à l'Académie française.* — 22 février; Édouard Rod, *Maupassant.* — (Supplément) Henry Bordeaux, *L'heureuse enfance des poètes.* — 25 février; Gaston Deschamps, *Autour d'* « *Un divorce* ». — 28 février; Paul Faure, *L'ermitage basque de Loti.* — 29 février (supplément); Pierre Giffard, *Maupassant à Sartrouville.* — Robert Dreyfus, *Petite histoire de la Revue de fin d'année.* — 1ᵉʳ mars; Emmanuel Arène, *Les Théâtres* : *Odéon*, « *Ramuntcho* ». — 7 mars (supplément); Gustave Flaubert, *Lettre inédite.* — Henri Brémond, *Sur Maurice Barrès.* — 10 mars; Paul Acker, *Portraits de femmes* : *M*ᵐᵉ *Henri de Régnier.* — 11 mars; Henry Roujon, *Le malade malgré lui* (Montaigne). — 13 mars; Guglielmo Ferrero, *Racine et l'histoire romaine.* — 14 mars (supplément); Maurice Dumoulin, *Les tournées de Talma.* — Robert Dreyfus, *Petite histoire de la Revue de fin d'année.* — 15 mars; Emmanuel Arène,. *Les Théâtres* : *Théâtre Réjane*, « *Qui perd gagne* ». — 21 mars (supplément); Robert Dreyfus, *Petite histoire de la Revue de fin d'année.* — 24 mars; Henry Roujon, *Un bénédictin gentilhomme* (M. de Boislisle). — 25 mars; Henry Bataille, *Guitry.* — 26 mars; Emmanuel Arène, *Les Théâtres* : *Odéon*, « *Petite Hollande* », « *la Comédie des Familles* », « *le Chauffeur* ». — 28 mars (supplément); Albert-Émile Sorel, *Le testament de Sully Prudhomme.* — Didier, *Émile Deschanel.* — Robert Dreyfus, *Petite histoire de la Revue de fin d'année.* — 30 mars; X., *Antoine.* — 4 avril (supplément); Camille Mauclair, *L'isolement des poètes.* — Robert Dreyfus, *Petite histoire de la Revue de fin d'année.* — 6 avril; Emmanuel Arène, *Les Théâtres* : *Théâtre Réjane*, « *le Grillon* »; *Athénée*, « *la Ceinture de Balbine* ». — 9 avril; R. G., *Une conférence de M. Albert Vandal.* — Emmanuel Arène, *Les Théâtres* : *Théâtre Sarah-Bernhardt*, « *la Courtisane de Corinthe* ». — 11 avril; Georges Claretie, *Le Crime et le Livre.* — (Supplément) Robert Dreyfus, *Petite histoire de la Revue de fin d'année.* — 14 avril; Emmanuel Arène, *Les Théâtres* : *Comédie-Française*, « *Simone* ». — 15 avril; Henri Bordeaux, *L'ennemie de Chateaubriand.* — 18 avril (supplément), Raymond Poincaré, *La littérature belge.* — Robert Dreyfus, *Petite histoire de la Revue de fin d'année.* — 20 avril; Ernest Daudet, *La duchesse de Dino et la comtesse de Boigne.* — 21 avril; Ch. Dauzats, *La maison de Racine.* — 22 avril; Paul Acker, *Portraits de femmes* : *Bartet.* — 23 avril; André Beaunier, *Émile Gebhart.* — Emmanuel Arène, *Les Théâtres* : *Gymnase*, « *l'Incendiaire* », « *le Scandale de Monte-Carlo* ». — 25 avril (supplément); Henry Bordeaux, *La cabane de Chateaubriand.* — Robert Dreyfus, *Petite histoire de la Revue de fin d'année.* — Michel Aubé, *Stendhal épistolier.* — 29 avril; Thadée Natanson, *Octave Mirbeau.* — 2 mai (supplément); Fernand Gregh, *Sur le Romantisme,* — 5 mai; Jean Aicard, *la Provence joyeuse.* — 6 mai; Alfred Capus, *Étudiants d'hier et d'aujourd'hui.* — 7 mai; Emmanuel Arène, *Les Théâtres* : *Comédie-Française*, « *L'autre Danger* ». — 9 mai; André Beaunier, *Ludovic Halévy.* — Emmanuel Arène, *Les Théâtres* : *Vaudeville*, « *Mariage d'étoile* ». — (Supplément) Robert Dreyfus, *Petite histoire de la Revue de fin d'année.* — 10 mai; Serquigny, *Ludovic Halévy intime* : *conversation avec M. Victorien Sardou.* — 16 mai (supplément); Robert Dreyfus, *Petite histoire de la Revue de fin d'année.* — 17 mai; Emmanuel Arène, *Les Théâtres* : *Théâtre Fémina*, « *Chérubin* ». — 19 mai; Emmanuel Arène, *Les Théâtres* : *Gymnase*, « *Jeunesse* ». — 23 mai (supplément); J.-K. Huysmans, *Nouvelles lettres inédites.* — Charles Oulmont, *Une lettre inédite d'Alfred de Vigny.* — Robert Dreyfus, *Petite histoire de la Revue de fin d'année.* — 24 mai; André Beaunier, *François Coppée.* — 28 mai; Emmanuel Arène, *Les Théâtres* : *Odéon*, « *Velléda* », « *l'Autre* ». — 30 mai (supplément); Xavier Roux, *Souvenirs sur Henry Becque.* — Henry Bernier, *Le poète de* « *Polyphème* » (Albert Samain). — 5 juin; *Émile Zola au Panthéon.* — 6 juin; Emmanuel Arène, *Les Théâtres* :

*Comédie-Française*, « *Amoureuse* ». — (Supplément) Michel Aubé, *Flaubert inédit*. — Antoine Albalat, *Le centenaire de Gérard de Nerval*. — Robert Dreyfus, *Petite histoire de la Revue de fin d'année* (fin). — 8 juin; comte d'Haussonville, *Frénilly contre Boigne*. — 11 juin; André Beaunier; *Gaston Boissier*. — 13 juin (supplément); Michel Aubé, *Un roman que Flaubert n'écrivit pas*. — 16 juin; Guglielmo Ferrero, *Boissier et Mommsen*. — 20 juin (supplément); Robert Mitchell, *Souvenirs* (Prévost-Paradol, Louis Veuillot, Girardin). — Maurice Desfontaines, *Armande Béjart*. — 23 juin; Robert de Flers, *Les Théâtres Comédie Française*, « *l'Ecran brisé* » — 26 juin; *Académie française : élection du secrétaire perpétuel* (M. Thureau-Dangin). — 27 juin (supplément); Henri Bernier, *Madame de La Fayette et l'amour*.

**Journal des débats politiques et littéraires.** — 5 janvier 1908; André Chaumeix, *La maison de Sedaine*. — 6 janvier; Emile Faguet, *La semaine dramatique*. — 7 janvier; Maurice Muret, *La troupe sicilienne au théâtre de* « *l'Œuvre* ». — 9 janvier; E. Rodocanachi, *La conversion de Boccace*. — 12 janvier; Maurice Muret, *Le roman italien d'aujourd'hui*. — 13 janvier; Emile Faguet, *La semaine dramatique*. — 15 janvier; M. P., *La première représentation de la « Nave* ». — G. Baguenault de Puchesse, *Revue historique : Corisande d'Andoins*. — 17 janvier (supplément) : *Académie française : réception de M. le marquis de Ségur*. — 18 janvier; Henri Chantavoine, *A l'Académie française*. — 20 janvier; S., *Sully Prudhomme*. — Emile Faguet, *La semaine dramatique*. — 22 janvier; Maurice Muret, « *La Nave* » *de M. d'Annunzio et la presse autrichienne..* — 24 janvier; André Hallays, *Le pèlerinage de Port-Royal*. — E. M. de Vogüé, *La bibliothèque de Ferdinand Brunetière*. — 27 janvier; Emile Faguet, *La semaine dramatique*. — 28 janvier; Emile Gebhart, *A propos d'un livre sur Hans Holbein*. — 30 janvier; Z., *Le livre en Angleterre*. — 31 janvier; Henri Bidou, *La charrette de Manon*. — André Hallays, *Le pèlerinage de Port-Royal*. II. — 3 février; Emile Faguet, *La semaine dramatique*. — 7 février; André Hallays, *Le pèlerinage de Port-Royal*. III. — 10 février; Emile Faguet, *La semaine dramatique*. — 12 février; Emile Gebhart, *La faculté des lettres en 1907*. — 13 février; Z., *George Meredith*. — 14 février; André Hallays, *Le pèlerinage de Port-Royal*. IV. — 15 février; G. Dupont-Ferrier, *Avocat académicien*. — 16 février; Maurice Demaison, *Le baron de Frenilly*. — 17 février; Emile Faguet, *La semaine dramatique*. — Maurice Muret, *Notes de littérature étrangère : M. Arthur Schnitzler*. — 20 février; André Chaumeix, *Le procès des romantiques*. — 21 février (supplément); *Académie française : réception de M. Henri-Barboux*. — 22 février; Henri Chantavoine, *A l'Académie française*. — 24 février; Emile Faguet, *La semaine dramatique*. — 27 février; Z., *La* « *Nef* » *et la Bible*. — 28 février; S. Sainte-Marie Perrin, *M. S. C. Stedman*. — 2 mars; E. Rodocanachi, *Les Azolains*. — Emile Faguet, *La semaine dramatique*. — 3 mars; Arvède Barine, *Une oubliée* (Rachel Varnhagen). — 4 mars; André Chaumeix, *La légende de saint Guillaume de Gellone : une théorie nouvelle sur la formation des chansons de geste* (par Joseph Bédier). — 6 mars; André Hallays, *Le pèlerinage de Port-Royal*. V. — Alfred Pereire, *Charles Nodier et le livre préféré de Louis XVI*. — 9 mars; Emile Faguet, *La semaine dramatique*. — S., « *La galerie des bustes* » (par Henry Roujon). — 11 mars; E. Gebhart, *Deux contes de Geoffroy Chaucer*. — 13 mars; Maurice Muret, *Edmond de Amicis*. — André Hallays, *Le pèlerinage de Port-Royal*. VI. — 15 mars; Baguenault de Puchesse, *Monluc historien*. — 16 mars; Emile Faguet, *La semaine dramatique*. — *Richard de Kaufmann*. — S., *Un moraliste* (M. Marcel Prévost). — 18 mars; Augustin Filon, *Le vrai lord Chesterfield*. — 20 mars; André Hallays, *Le pèlerinage de Port-Royal*. VII. — 22 mars; Georges Picot, *M. de Boislisle*. — *Le second volume de M. Anatole France sur la « Vie de Jeanne d'Arc* ». — 23 mars; Emile Faguet, *La semaine dramatique*. — S., « *Le temps d'aimer* » (par Gérard d'Houville). — 24 mars; Maurice Muret, *La littérature allemande d'aujourd'hui*. — 25 mars; *La correspondance de Stendhal*. — 27 mars; André Hallays, *Le pèlerinage de Port-Royal*. VIII. — 29 mars; *En l'honneur*

*d'Emile Deschanel.* — 30 mars; Emile Faguet, *La semaine dramatique.* — L. V.,
*Emile Deschanel.* — 3 avril; Paul Ginisty, *Mort en scène.* — André Hallays, *Le
pèlerinage de Port-Royal.* IX. — 6 avril; S., *André Chénier.* — Emile Faguet,
*La semaine dramatique.* — 10 avril; André Hallays, *Le pèlerinage de Port-Royal.*
X. — 11 avril; G. Dupont Ferrier, *La marquise de Lage de Volude.* — 13 avril;
S., « *Mademoiselle Arguillis* » (par André Corthis). — Emile Faguet, *La semaine
dramatique.* — 16 avril; Z., *L'exposition théâtrale.* — 17 avril; Paul Ginisty, *Un
amour posthume* (Alice Ozy et Chassériau). — André Hallays, *Le pèlerinage de
Port-Royal.* XI. — 20 avril; Emile Faguet, *La semaine dramatique.* — 22 avril;
Augustin Filon, *Les poètes français de l'étranger : Etzer Vilaire, le poète haitien.*
— 23 avril; André Chaumeix, *Emile Gebhart.* — 24 avril; André Hallays, *Le
pèlerinage de Port-Royal.* XII. — 25 avril; G. Dupont-Ferrier, *La Bibliothèque
nationale.* — 27 avril; Emmanuel des Essarts, *Gérard de Nerval.* — 28 avril;
Pierre de Quirielle, *Joris-Karl Huysmans.* — 4 mai; Henry Bidou, *La semaine
dramatique.* — 9 mai; *Ludovic Halévy.* — 10 mai; Michel Salomon, *La langue
française au Canada.* — André Chaumeix, *La première version de la « Tentation »
de saint Antoine.* — 11 mai; Henry Bidou, *La semaine dramatique.* — 12 mai;
X, *Le monument de Vigny.* — 13 mai; André Beaunier, *Le salon des poètes.*
— Philippe Godet, *Le théâtre du Jorat.* — 15 mai ; André Chaumeix, « *Patrice* »
(par Ernest Renan). — 17 mai ; Pierre de Quirielle, *M^{me} Valentine de Lamartine.*
— 18 mai; Henry Bidou, *La semaine dramatique.* — 20 mai; Augustin Filon, *Le
Conservatoire de Londres.* — 24 mai; Henri Chantavoine, *François Coppée.* — André
Chaumeix, *La philosophie de M. Bergson.* — (Supplément) B. Bareille, *La langue
française en Turquie.* — 25 mai ; Henri de Régnier, *La semaine dramatique.* —
29 mai; Paul Ginisty, *Henry Becque poète.* — 1^{er} juin; S., « *Les Royautés* »
(par Abel Bonnard). — Henry de Régnier, *La semaine dramatique* — 2 juin;
*Inauguration du monument Henry Becque.* — 3 juin; André Beaunier, *Henry
Becque et le Conseil municipal.* — 4 juin; *Un poète canadien, Louis-Honoré
Fréchette.* — 5 juin; *La cérémonie Zola.* — 8 juin; S., « *Les yeux qui s'ouvrent* »
(par Henry Bordeaux). — Henry de Régnier, *La semaine dramatique.* — 11 juin;
André Chaumeix, *Gaston Boissier.* — 13 juin; Henri Chantavoine, *Gaston Bois-
sier.* — 14 juin; comte d'Haussonville, *A propos de Prévost-Paradol.* — 15 juin;
S., « *Le baiser au clair de lune* » (par Guy Chantepleure). — Henry de Régnier,
*La semaine dramatique.* — 17 juin; André Beaunier, *Poète d'hier et d'aujour-
d'hui.* — E. M. de Vogüé, *Iconographie de J.-J. Rousseau.* — 18 juin; Henry
Bidou, *Après « la princesse de Clèves ».* — 19 juin; Paul Ginisty, *Un drame de
Gérard de Nerval.* — André Hallays, *Le pèlerinage de Port-Royal.* XIII. —
22 juin; S., « *L'Amour miséricordieux* » (par M^{me} Stanislas Meunier). — Henry
de Régnier, *La semaine dramatique.* — 24 juin; Augustin Filon, *Voltaire en
Angleterre.* — 26 juin; Z., *Les mémoires de M^{lle} George.* — André Hallays, *Le
pèlerinage de Port-Royal.* XIV. — 27 juin; G. Dupont-Ferrier, *Sainte-Beuve et
Aloysius Bertrand.* — 29 juin; Henry de Régnier, *La semaine dramatique.*

**Mercure de France.** — 1^{er} avril; Léon Séché, *Le Cénacle de la « Muse française »* (d'après des documents inédits). — Ricardo Roja, *Un poète sud-améri-
cain : Ruben Dario.* — 16 avril ; Jules de Gaultier, *Le Bovarisme de l'Histoire.* — Ernest Gaubert, *Henri Bataille.* — Marin, *Lettres à Voltaire* (publiées
par Fernand Caussy). — 1^{er} mai; Léon Séché, *Le Cénacle de la « Muse française »*,
II. — René Martineau, *Généalogie de Villiers de l'Isle-Adam.* — 16 mai;
André Fontainas, *Dante-Gabriel Rossetti : le poète.* — A. van Gennep, *De quelques
cas de Bovarisme collectif.* — Alphonse Séché et Jules Bertaut, *Auguste Brizeux,
à propos du cinquantenaire de sa mort.* — 1^{er} juin; Remy de Gourmont, *Les
premières idées de Chateaubriand.* — Marius-Ary Leblond, *Le rêve du bonheur :
Rousseau, Bernardin et le XIX^e siècle.* — Léon Séché, *Le Cénacle de la « Muse
française » : la Muse de la patrie.* — 16 juin; Pierre Halary, *Remarques sur la
versification et discussion d'une erreur prosodique dans Victor Hugo.*

**La Nouvelle Revue.** — 1^{er} avril; M. C. Poinsot, *Georges Lecomte.* —

1er mai; Arthur Chuquet, *La littérature allemande au XVIe siècle.* — Jean Bayet, *De Tartarin à Maurin des Maures.* — Raqueni, *Edmond de Amicis.* — 15 juin; Louis Léger, *Une supercherie littéraire de Mérimée.*

**Revue Bossuet.** — Supplément VI, 25 décembre 1907. *Correspondance de Bossuet.* — E. Levesque, *Deux lettres faussement attribuées à Bossuet.* — E. Levesque, *Notes sur Bossuet et la Visitation de Meaux.* — *Çà et là, notes et documents :* 1° *La maison de Bossuet à Seurre* (J. Thomas); — 2° *Visite pastorale à Saint-Denis de la Ferté-sous-Jouarre;* — 3° *Lettre de l'abbé Bossuet au cardinal secrétaire d'État;* — 4° *Notes sur l'abbaye de Rebais;* — 5° *Acte relatif à la succession de Bossuet;* — 6° *Un fragment autographe de l'oraison funèbre du P. Bourgoing.* — *Variétés bibliographiques : Traduction grecque de l'Exposition et de l'Histoire universelle; Documents sur les manuscrits de Bossuet,* M. de Bausset et Lamy.

**Revue de Paris.** — 1er avril; Duchesse de Dino, *Souvenirs* (avec avant-propos par la comtesse J. de Castellane). — Gustave Flaubert, *La tentation de saint Antoine.* — Paul Acker, *La comtesse de Ségur, née Rostopchine.* — 15 avril; duchesse de Dino, *Souvenirs.* — Prosper Mérimée, *Lettres à la famille Childe.* II. — 1er mai; André Chevrillon, *Taine, notes et souvenirs.* I. — Louis Liard, *La vieille Université de Paris.* — 15 mai; André Chevrillon, *Taine.* II. — Prosper Mérimée, *Lettres à la famille Childe.* III. — Myriam Harry, *En mémoire de J.-K. Huysmans.* — 1er juin; Louis Liard, *La nouvelle Université de Paris.* — Léon Séché, *La jeunesse de Delphine Gay.* — André Chevrillon, *Taine.* III. — 15 juin; Léon Séché, *Un paysagiste romantique : Paul Huet.*

**Revue des Deux Mondes.** — 1er avril; *Mémoires de la duchesse de Dino : souvenirs d'enfance :* — Victor Giraud, *Esquisses contemporaines : Ferdinand Brunetière, la dernière incarnation.* — 15 avril; *Mémoires de la comtesse de Boigne : la captivité de la duchesse de Berry.* — René Doumic, *Revue littéraire : La « Jeanne d'Arc » de M. Anatole France.* — 15 mai; T. de Wyzewa, *Revues étrangères : Voltaire et Rousseau en Angleterre.* — René Doumic, *Revue littéraire : Emile Gebhart.* — *Revue dramatique :* « Simone », à la Comédie-Française. — 15 juin; Arvède Barine, *Madame, mère du Régent. IV. Mort de Charles-Louis. Liselotte, le Roi et Madame de Maintenon. Les grands chagrins.* — Le comte d'Haussonville, *Silhouette universitaire : Octave Gréard.* — René Doumic, *Revue littéraire : le poète de la vie familière, François Coppée.* — *Revue dramatique :* « Amoureuse ». à la Comédie-Française; « le Roi », aux Variétés. — T. de Wyzewa, *Revues étrangères : Rousseau en Angleterre.*

**Revue hebdomadaire.** — 6 avril; Jules Lemaître, *Rousseau à Paris; Thérèse.* — 13 avril; C. Matignon, *Marcelin Berthelot.* — P. Doumer, *L'œuvre de l'Alliance française.* — J. Lemaître, « *Les Rêveries* ». *Conclusion du cours sur Jean-Jacques Rousseau.* — J.-L. Vaudoyer, *Byzance et Paul Adam.* — 20 avril; J. Bertaut, *M. Edouard Rod.* — 27 avril; Henry Bordeaux, *L'honnête femme dans le roman contemporain.* — 4 mai; Alfred Mézières, *La femme du grand Condé.* — Édouard Rod, *La psychologie du romantisme, d'après M. F. Lasserre.* — E. Tissot, *Le docteur Tronchin.* — 18 mai; M. de Marcère, *Les salons politiques et littéraires au début de la troisième République.* — Jean Dornis, *Giovanni Verga.* — 25 mai; Émile Ollivier, *L'arrestation de Henri Rochefort en 1870.* — H. Houssaye, *Napoléon dans la littérature au XIXe siècle.* — F. de Galaup, *Frédéric Mistral.* — 1er juin; René Doumic, *L'œuvre d'André Theuriet.* — Baron J. Angot des Rotours, *Un gentilhomme de lettres bas-normand : Jules Barbey d'Aurevilly.* — R. Vallery-Radot, *Le poète Charles Guérin.* — C. Gailly de Taurines, *Bussy et ses rabutinades.* — 8 juin; Léon Daudet, *A propos de J.-K. Huysmans.* — J. Bertaut, *M. Henri de Régnier.* — 8, 15, 22 et 29 juin; comtesse de Boigne, *Mémoires* (publiés par C. Nicoullaud). — 15 juin; J. Lacour-Gayet, *Un voyage à Paris sous Louis XIV.* — 29 juin; Jean des Cognets, *Baudelaire, d'après sa correspondance.* — 6 juillet; Lucie Félix-Faure - Goyau, *Figures de la Renaissance.* — 13 juillet; E. Ripert, *Une petite fille roumaine : la comtesse*

*Mathieu de Noailles.* — 20 juillet; Eugène Gilbert, *Une « Tragédie bourgeoise »
inédite : « l'École des Ménages »*, par *H. de Balzac.* — 27 juillet; René Doumic,
« *L'Émigré* », de *M. Paul Bourget.* — René Fage, *Tripots et policiers au
XVIIIᵉ siecle.* — 10 août; L. Madelin, *Taine et les « origines ».* — 10 et 17 août;
V. du Bled, *Amateurs et artistes.* — 31 août; L. Batiffol, *Un préfet sous le
Consulat : Beugnot.* — 14 septembre; P. Bureau, *M. Demolins et la science
sociale.* — 21 et 28 septembre; comtesse de Boigne, *Mémoires* (publiés par
C. Nicoullaud). — 21 septembre; Péladan, *L'amour dans le drame : d'Euripide
à Wagner.* — 28 septembre; H. Welschinger, *La Révolution française, d'après
des correspondances privées.* — 5 et 12 octobre; comtesse de Boigne, *Mémoires*
(publiés par C. Nicoullaud). — 5 octobre; V. Glachant, *Armand Carrel transfuge français.* — 12 octobre; E. de Ribier, *Sully Prudhomme.* — 26 octobre;
Henry Bordeaux, *Le mariage au théâtre.* — H. d'Alméras, *Saint-Lazare pendant
la Révolution.* — 9, 16 et 23 novembre; Ferdinand Brunetière, *Les origines de
l'esprit encyclopédique.* — 16 novembre; Edouard Rod, *Le mouvement des idées :
le rôle social des intellectuels.* — 7 et 13 décembre; Frédéric Masson, *Introduction au « Journal de Laffon-Ladebat, déporté de Fructidor.* — 21 décembre;
Jules Bois, *Le rôle de l'Académie Goncourt.* — F. Pascal, *Maurice Donnay.* —
21 et 28 décembre; Laffon-Ladebat, *Souvenirs d'un déporté de fructidor* (publiés
par F. Masson). — 11 janvier 1908; L. de Lanzac de Laborie, *L'œuvre historique de M. le marquis de Ségur.* — 18 janvier; A. Gazier, *Mᵐᵉ de Maintenon et
la poésie française à Saint-Cyr.* — F. Funck-Brentano, *Gui Patin.* — 25 janvier;
Jules Lemaître, *Jean Racine : son enfance, son éducation.* — 1ᵉʳ, 8, 15, 22 et
29 février; Jules Lemaître, *Jean Racine : ses débuts, son séjour à Uzés, les deux
traditions.* — 8 février; Lucie Félix-Faure-Goyau, *Histoire de la Belle au bois
dormant et des princesses endormies.* — 15 février; Raymond Poincaré, *Maître
Barboux.* — 22 février; J.-L. Vaudoyer, *L'œuvre de M. René Boylesve.* — L. de
Préaudeau, *Bachaumont pere des « Échos de Paris ».* — 29 février; Mounet-
Sully, *Talma et le théâtre au temps de l'Empire.* — Pierre de Quirielle, *L'effort
catholique de Brunetière.* — 7 mars; François de Witt-Guizot, *Conférences et
conférenciers.* — Mounet-Sully, *Talma et le théâtre au temps de l'Empire.* —
14 mars; Jules Lemaître, *Jean Racine : « Bérénice », « Bajazet ».* — L. Batiffol,
*Un président de province au XVIIIᵉ siècle.* — 21 et 28 mars; Jules Lemaître,
*Jean Racine : « Mithridate », « Iphigénie », « Phèdre ».* — 21 mars; R. d'Adhé-
mar, *Un savant à l'Académie française : Henri Poincaré.* — 28 mars; G. Boissy,
*Lettre à M. le Ministre de l'Instruction publique sur la Comédie-Française.* —
4 avril; Jules Lemaitre, *Jean Racine : dernieres années; conclusion.* — 15 avril;
Marcelle Tinayre, *Madame de Ségur.* — Pierre de Quirielle, *Racine et Jules
Lemaître.* — 25 avril; H. Céard et J. de Caldoin, *Huysmans intime : l'artiste, le
chrétien.* — 2 mai; Louis Madelin, *Émile Gebhart.* — 2 et 9 mai; H. Céard et
J. de Caldoin, *Huysmans intime : l'artiste, le chrétien.* — 23 mai; Paul Gautier,
*L'élection de Chateaubriand à l'Academie française (1811).* — 6 juin; Charles
Le Goffic, *François Coppée.* — 20 juin; Édouard Rod, *Sur la philosophie de
Voltaire.* — 27 juin; André Chaumeix, *Gaston Boissier.* — L. de Lanzac de
Laborie, *Un ultra : le baron de Frenilly.*
 : **Revue latine.** — 25 avril; Julien Luchaire, *Josué Carducci.* — V. Giraud,
*Lettres inédites de Chateaubriand aux deux frères Bertin.* — 25 mai; Émile
Faguet, *Hérault de Séchelles homme de lettres.* — P. Sirven, *Littérature romande.*
— G. Michaut, *Le roman de Sainte-Beuve.* — 25 juin; E. Faguet, *Leibniz
l'Européen.* — C. Dejob, *Le marchand de vin dans les vieilles communes de
l'Italie.* — L. Séché, *Pour Elvire.* — 25 juillet; E. Faguet, *Essai sur les passions;
— Questions littéraires et sociales; — L'Émigré; — les « Sonnets » de M. Amiel.
— P. Sirven, *Littérature romande.* — M. Salomon, *Une lettre inédite de Gérard
de Nerval.* — 25 août; Émile Faguet, *Alfred de Musset et ses amis; — L'Ombre
s'étend sur la montagne.* — O. Grojean, *Les Lettres belges.* — G. Agcorges,
*Charles de Spoelberg de Lovenjoul.* — A. Séché et J. Bertaut, *Béranger est-il

*un grand poète?* — 25 septembre; L. Dauriac, *La philosophie de O. Hamelin.*
— A. Faugère et L Thomas, *Lettres inédites de Lamennais* (1818-1853). —
25 octobre; E. Faguet, *L'Anarchie morale; Princesses de science.* — P. Sirven,
*Littérature romande : La chanson de Madeline.* — 25 novembre; E. Faguet,
*Lamennais et Lamartine;* — *De la littérature française du XVII<sup>e</sup> siècle et de
son influence cu Europe.* — J. Luchaire, *Un guide pour les italianisants.* —
25 décembre; E. Faguet, *Spencer peint par lui-même;* — *Un mot sur Pascal
amoureux.* — O. Grojean, *Les Lettres belges.* — Hadaly, *L'œuvre de Matilde
Serao et son roman « Après le pardon ».* — 25 janvier 1908; Émile Faguet,
*La philosophie de M. Henri Poincaré.* — *Préface d'une édition anglaise des
« Maîtres sonneurs ».* — *La Bourgeoisie française au XVII<sup>e</sup> siècle.* — Gustave
Lanson, *Voltaire et son banqueroutier juif en 1726.* — Julien Luchaire, *Un
poète de l'humanité moderne* (Giovanni Cena). — A. Cassagne, *Réponse à l'ar-
ticle sur l'Art pour l'Art.* — Victor Giraud, *Réponse au « Post-scriptum sur
Pascal amoureux ».* — 25 février; Émile Faguet, *Poètes : M. Thédenat; M. Paul
Soniès; M<sup>me</sup> Marie Dauguet; M. Henri de Régnier; M. Jean Moréas; M. Jean
Picard; Mlle Hélène Picard; M. Ernest Dupuy.* — Christian Maréchal, *Lamartine
est-il philosophe?* — 25 mars; Emile Faguet, *Un livre sur Sully Prudhomme*
(par Ernest Zyromski). — *Moralistes et poètes* (par Maurice Souriau). — *Pré-
face d'une édition anglaise des « Lettres persanes ».* — Julien Luchaire, *Les
premières années de la maturité de Mazzini* (1832-1836). — Anatole Feugère et
Louis Thomas, *Lettres inédites de Lamennais*(suite). — 25 avril; Émile Faguet,
*Hortense Allart de Méritens.* — *En marge des vieux livres* [seconde série] (par
Jules Lemaître). — *Les Champions* (par Paul Renaudin). — Charles Dejob,
*Mémoires d'un journaliste italien à Paris : Ricordi di Folchetto (Jacopo Caponi).*
— Ernest Martinenche, *L'œuvre de M. Ramon D. Perés.* — 25 mai; Emile
Faguet, *Nietzsche contre les historiens.* — *Le Temps d'aimer* (par Gérard d'Hou-
ville). — *Deux bibliophiles : M. Albert Maire, M. Jean Bonnerot.* — Hadaly,
*Hommes et idées de notre temps,* par F. Garcia Calderon. — 25 juin; Émile
Faguet, *Sur Emerson,* — C. Latreille, *Joseph de Maistre et la langue latine.* —
25 mai et 25 juin; Théodore Joran, *Un précurseur du féminisme (Discours phy-
sique et moral sur l'égalité des deux sexes).*

**Revue politique et littéraire** (Revue bleue). — 4 janvier 1908; Ernest
Renan, *Observations et faits psychologiques.* — Fernand Caussy, *Voltaire pacifi-
cateur de Genève.* — Voltaire, *Proposition à examiner pour apaiser les divisions de
Genève.* — Lucien Maury, *Les lettres : littérature et administration, Henry
Chardon.* — Paul Flat, *L'avancement au Théâtre-Français.* — 11 janvier; Ernest
Renan, *Observations et faits psychologiques.* — Ernest Seillière, *Les cinq générations du romantisme.* — Lucien Maury, *Les lettres : romans, Péladan, Charles-
Henry Hirsch, Gabriel Maurière.* — Paul Flat, *Théâtres : Odéon, « l'Apprentie »,*
par Gustave Geffroy. — 18 janvier; Ernest Renan, *Observations et faits psycho-
logiques.* — Casimir Stryienski, *L'alambic de Stendhal.* — Lucien Maury, *Les
lettres : M. Joachim Merlant et les Sénancouriens.* — Paul Flat, *Théâtres : Théâtre
de l'Œuvre, représentations de la troupe sicilienne, M. Giovanni Grasso et M<sup>me</sup> Mimi
Aguglia.* — 25 janvier; Arthur Chuquet, *La « Marseillaise » en Allemagne.* —
Lucien Maury, *Les lettres : M. Aulard; H. Taine.* — Paul Flat, *Théâtres :
Comédie Française, « les Deux Hommes »,* par Alfred Capus. — 1<sup>er</sup> février; Lucien
Maury, *Les lettres : Une presse littéraire.* — 8 février; Lucien Maury, *Les lettres;
Les fêtes et les chants de la Révolution,* par Julien Tiersot. — 15, 22 et 29 février,
7 et 14 mars; Charles Abbatucci, *Souvenirs d'un homme d'état du second
Empire.* — 15 février; Lucien Maury, *Les lettres : « Mon amour »,* par René
Boylesve. — 22 février; Edmond Pilon, *Le centenaire d'Honoré Daumier.* —
Lucien Maury, *Les lettres : Camille Jullian.* — Paul Gaultier, *De la manière de
lire les romans.* — 29 février; Lucien Maury, *Les lettres : le roman antique.* —
Paul Flat, *Théâtres : Comédie-Française, reprise des « Trois sultanes » de
Favart.* — 7 mars; Charles Vellay, *La Correspondance de Marat.* — Lucien

Maury, *Les lettres :* Souvenirs du baron de Frenilly, *publiés par Arthur Chuquet.* — Paul Flat, *Théâtres :* Odeon, « Ramuntcho », *par Pierre Loti.* — 14 mars; P.-F. Dubois, *Etienne Cabet.* — A. Gazier, *Manzoni à Port-Royal en 1810.* — L. Dumont-Wilden, *Le théâtre et l'influence française à l'étranger.* — Lucien Maury, *Les lettres :* Edme Champion. — Paul Flat, *Théâtres :* Renaissance, « la Femme nue », *par Henry Bataille.* — 21 mars; Émile Zola, *Lettres à Gustave Flaubert.* — A. Bossert, *Correspondance de Guillaume et de Caroline de Humboldt.* — Lucien Maury, *Les lettres : auteurs anciens.* — 28 mars; Saint-Georges de Bouhélier, *La fatalité dans la mort d'Émile Zola.* — Lucien Maury, *Les lettres : la gloire de nos poétesses.* — 4 avril; A. Chuquet, *Detlev de Liliencron.* — Paul Bonnefon, *Rivalités philosophiques : Caro et Taine.* — Lucien Maury, *Les lettres :* Byzance. — Paul Flat, *Théâtres : l'orientation de l'Odéon.* — 11 avril; Gabriel Monod, *La méthode en histoire : l'analyse.* — Edme Champion, *Deux conversions de J.-J. Rousseau.* — Lucien Maury, *Les lettres : littérature et émigration.* — 18 avril; Benjamin Constant, *Lettres à Böttiger (1804-1814),* publiées par Fernand Baldensperger. — Gabriel Monod, *La méthode en histoire : la synthèse.* — Lucien Maury, *Les lettres : éditeurs et poètes.* — Paul Flat, *Théâtres : Théâtre Sarah-Bernhardt, « La courtisane de Corinthe », par Michel Carré et Paul Bilhaud.* — 25 avril; Voltaire, *Lettres à Maupertuis.* — Lucien Maury, *Les lettres : histoires de femmes.* — Paul Flat, *Théâtres : Comédie-Française, « Simone », par Brieux.* — 2 mai; Arthur Chuquet. *Les orateurs de la Constituante, d'après Camille Desmoulins.* — P.-F. Dubois, *Armand Carrel.* — Paul Bonnefon, *Académiciens d'autrefois :* V.-A. Arnault. — Lucien Maury, *Les lettres :* Émile Zola. — Paul Flat, *Théâtres :* Odéon, « l'Alibi », *par G. Trarieux.* — 9 mai; Lucien Maury, *Les lettres : de 1830 à 1870.* — 16 mai; Arthur Chuquet, *Mirabeau jugé par Camille Desmoulins.* — Lucien Maury, *Les lettres :* Stendhal. — Paul Flat, *Théâtres : Vaudeville, « Mariage d'étoile», par A. Bisson et J. Thurner.* — 23 mai; Choderlos de Laclos, *Essai sur l'éducation des femmes,* publié par J. Dagnau-Bouveret. — Lucien Maury, *Les lettres :* Saint-Just. — 30 mai; Arthur Chuquet, *L'éloquence à l'Assemblée constituante.* — Lucien Maury, *Les lettres : romans.* — 6 juin; Firmin Roz, *Bernard Shaw* — Lucien Maury, *Les lettres : idéal moderne et sociologie.* — 6 et 13 juin; Alfred Hachette, *Un conspirateur universitaire : François Chauvet.* — 13 juin; Lucien Maury, *Les lettres : lettres et mémoires.* — Paul Flat, *Théâtres, Comédie-Française, « Amoureuse», par G. de Porto-Riche.* — 20 juin; Henry Potez, *Les fleurs et les vieux poètes.* — Lucien Maury, *Les lettres :* Anatole France *historien.* — 27 juin; Gabriel Monod, *Paul Huet et Jules Michelet.* — Lucien Maury, *Les lettres : récents ouvrages sur le Japon.*

**Le Temps.** — 1er janvier 1908; Jean Carrère, *Gabriel d'Annunzio et la « Nave ».* — 5 janvier; Gaston Deschamps, *La vie littéraire :* « En Amérique latine », *par M. Henri Turot.* — 6 janvier; Adolphe Brisson, *Chronique théâtrale.* — *En marge* (J.-J. Rousseau). — 8 janvier: *La croix de Marcelle Tinayre.* — 9 janvier; René Puaux, *Les Walther et le « Times ».* — 12 janvier; Gaston Deschamps, *La vie littéraire :* « Hermine Gilquin », *par Gustave Geffroy.* — 13 janvier; Adolphe Brisson, *Chronique théâtrale.* — *En marge* (Damilaville). — 17 janvier; Jules Claretie, *La croix d'un comédien* (Didier Seveste). — (Supplément). *Académie française : réception du marquis de Ségur.* — 18 janvier; *Les débuts politiques de Challemel-Lacour.* — Paul Souday, *Académie française : réception de M. le marquis de Ségur.* — 19 janvier; Gaston Deschamps, *La vie littéraire :* « l'Invasion », *par M. Louis Bertrand.* — 20 janvier; Adolphe Brisson, *Chronique théâtrale.* — *En marge* (un portrait de Descartes). — 24 janvier; *Les conférences de M. Jules Lemaître : l'enfance de Racine, son éducation.* — 25 janvier; Gaston Deschamps, *La vie littéraire :* « Le roman italien contemporain », *par Jean Dornis.* — 26 janvier; Adolphe Brisson, *Chronique théâtrale.* — 28 janvier; Maurice Dumoulin, *La vie de Paris au XVIIIe siècle* (d'après les mémoires du baron de Frenilly). — 31 janvier; Jules Claretie, *La mort d'une femme de lettres*

(Ouida). — *La seconde conférence de M. Jules Lemaître : les débuts de Racine, son séjour à Uzès.* — 1ᵉʳ février; Joseph Galtier, *M. Bourget et le Théâtre.* — 2 février; Gaston Deschamps, *La vie littéraire* : « *le Sacre de Napoléon* », par M. Frédéric Masson; « *Propos sur Gœthe* », par M. Delerot. — 3 février; Adolphe Brisson, *Chronique théâtrale.* — *En marge* (Corneille). — 5 février; Paul Souday, *Hortense Allart de Mérilens.* — 6 février; *En marge* (Victor de Laprade). — 7 février; Jules Claretie, *Honoré de Balzac en province.* — *La troisième conférence de M. Jules Lemaître : les amis de Racine, la « Thébaïde ».* — 9 février; Gaston Deschamps, *La vie littéraire* : « *Vie de Jeanne d'Arc* », par M. Anatole France. — 10 février; Adolphe Brisson, *Chronique théâtrale.* — 12 et 13 février; Jean Carrère, *Saint-Simon annoté par Stendhal.* — 13 février; *En marge* (Thomas de Quincey). — 14 février; *Racine, quatrième conférence de M. Jules Lemaître :* « *Alexandre* », *les deux lettres contre Port-Royal.* — 16 février; Gaston Deschamps, *La vie littéraire.* — 17 février; Adolphe Brisson, *Chronique théâtrale.* — 21 février ; Jules Claretie, *Le post-scriptum d'un discours académique.* — *Racine, cinquième conférence de M. Jules Lemaître :* « *Andromaque* ». — (Supplément). *Académie française : réception de M. Henri Barboux.* — 22 février; Raymond Poincaré, *La réception de M. Barboux.* — 23 février; Gaston Deschamps, *La vie littéraire.* — Joseph Galtier, *Un instant chez Maurice Donnay.* — 24 février; Adolphe Brisson, *Chronique théâtrale.* — 28 février; *Racine, sixième conférence de M. Jules Lemaître :* « *les Plaideurs* », « *Britannicus* ». — 1ᵉʳ mars; Gaston Deschamps, *La vie littéraire* : « *la Galerie des bustes* », par Henri Roujon. — 2 mars; Adolphe Brisson, *Chronique théâtrale.* — *En marge* (*les Ravages du livre*). — 5 mars; *En marge* (*la société des auteurs dramatiques*). — 6 mars; Albert Sorel, *L'œuvre de M. Frédéric Masson.* — 8 mars; Gaston Deschamps, *La vie littéraire : M. Jean Richepin.* — 9 mars; Adolphe Brisson, *Chronique théâtrale.* — *En marge* (l'abbé d'Olivet). — 13 mars; *Racine, septième conférence de M. Jules Lemaître :* « *Bérénice* »; « *Bajazet* ». — 15 mars; Gaston Deschamps, *La vie littéraire : jeunes femmes de lettres.* — Joseph Galtier, *La collaboration Mirbeau-Nathanson.* — 16 mars; Adolphe Brisson, *Chronique théâtrale.* — *En l'honneur de Carducci.* — 20 mars; *Racine, huitième conférence de M. Jules Lemaître :* « *Mithridate* », « *Iphigénie* », « *Phèdre* ». — 22 mars. Gaston Deschamps, *La vie littéraire :* « *le Temps d'aimer* », par Gérard d'Houville. — 23 mars; Adolphe Brisson, *Chronique théâtrale.* — 27 mars; *Racine, neuvième conférence de M. Jules Lemaître : Encore « Phèdre »; la retraite de Racine;* « *Esther* »; « *Athalie* ». — 29 mars; *A la mémoire d'Émile Deschanel.* — Gaston Deschamps, *La vie littéraire : vie de Jeanne d'Arc, par Anatole France.* — 30 mars; Adolphe Brisson, *Chronique théâtrale.* — 2 avril; Alfred Mézières, *La marquise de Lage de Volude.* — 3 avril; *Racine, dixième conférence de M. Jules Lemaître : les dernières années de Racine, conclusion.* — 5 avril; Gaston Deschamps, *La vie littéraire :* « *l'Amour qui pleure* », par Marcelle Tinayre. — 6 avril; Adolphe Brisson, *Chronique théâtrale.* — 12 avril; Gaston Deschamps, *La vie littéraire :* « *Mon amour* », par René Boylesve. — 13 avril; Adolphe Brisson, *Chronique théâtrale.* — 16 avril; Thiébault-Sisson, *L'exposition théâtrale.* — 19 avril; Gaston Deschamps, *La vie littéraire :* « *les Royautés* », par Abel Bonnard; « *Racine* », par Jules Lemaître. — 20 avril; *En marge* (Sébastien Mercier). — Adolphe Brisson, *Chronique théâtrale.* — Alfred Mézières, *Le règne de Louis XIV* (par Ernest Lavisse). — 23 avril; Paul Souday, *Émile Gebhart.* — 26 avril; Gaston Deschamps, *La vie littéraire :* « *Figures byzantines, par Charles Diehl.* — 27 avril; Adolphe Brisson, *Chronique théâtrale.* — 30 avril; *Le retour de Talleyrand à la religion : lettre de la duchesse de Courlande à l'abbé Dupanloup.* — 3 mai; Gaston Deschamps, *La vie littéraire : Au pays d'André Chénier.* — 4 mai; Adolphe Brisson, *Chronique théâtrale.* — *En marge* (Charles Perrault). — 7 mai; Raymond Recouly, *Bernard Shaw.* — 9 mai; Jules Claretie, *Ludovic Halévy.* — 10 mai; Gaston Deschamps, *La vie littéraire : Émile Gebhart, Ludovic Halévy.* — 11 mai; Adolphe Brisson, *Chronique théâ-*

*trale*. — 13 mai; *Le Salon des poètes*. — 14 mai; *En marge* (portrait de Chateaubriand par Girodet). — 15 mai; Jules Claretie, *Notes et souvenirs sur Ludovic Halévy*. — 17 mai; Gaston Deschamps, *La vie littéraire : le Salon des poètes*. — 18 mai; Adolphe Brisson; *Chronique théâtrale*. — Jean Lefranc, *La maison de Balzac*. — 20 mai; T. G., *La mère de « l'Oiseau bleu »* (M^me d'Aulnoy). — 24 mai; Gaston Deschamps, *La vie littéraire : l'Ombrie*. — 25 mai; Adolphe Brisson, *Chronique théâtrale*. — *En marge* (la mort de Voltaire). — Alfred Mézières, *François Coppée*. — 26 mai; René Henry, *Une fête Erckmann-Chatrian au Musée alsacien de Strasbourg*. — 27 mai; *La « Propriété littéraire »*. — 29 mai; Jules Claretie, *Souvenirs de jeunesse : « le Passant »*, le Passé. — 31 mai; Gaston Deschamps, *La vie littéraire : « les sources et l'évolution des Essais de Montaigne »*, par Pierre Villey. — 1^er juin; Adolphe Brisson, *Chronique théâtrale*. — 2 juin; *La Propriété littéraire et l'École*. — *Inauguration du monument d'Henry Becque*. — 5 juin; *Translation des cendres de Zola au Panthéon*. — 7 juin; Gaston Deschamps, *La vie littéraire : « Nietzschéénne »*, par Daniel Lesueur. — 8 juin; Adolphe Brisson, *Chronique théâtrale*. — 11 juin; Alfred Mézières, *Gaston Boissier*. — 12 juin; Jules Claretie, *La canne de M. de Balzac*. — 14 juin; Gaston Deschamps, *La vie littéraire : Gaston Boissier*. — Comte d'Haussonville, *Edmond Schérer*. — 15 juin; Adolphe Brisson, *Chronique théâtrale*. — *En marge* (Paul Huet et Étienne Delécluze). — 18 juin; *En marge* (Madame de La Fayette). — 21 juin; Gaston Deschamps, *La vie littéraire : « Notes sur les États-Unis »*, par André Tardieu. — 22 juin; Adolphe Brisson, *Chronique théâtrale*. — 26 juin; Jules Claretie, *Un poete japonisant à Paris* (Ernest d'Hervilly). — 28 juin; Gaston Deschamps, *La vie littéraire : Paris*. — 29 juin; Adolphe Brisson, *Chronique théâtrale*.

# LIVRES NOUVEAUX

**Allart de Méritens** (Hortense). — *Lettres inédites à Sainte-Beuve* (1841-1848), avec une introduction et des notes, par LÉON SÉCHÉ. *Paris, Société du Mercure de France*. In 8, de 342 p. avec portrait et autographe. Prix : 7 fr. 50.

**Annuaire** *de la presse française et étrangère et du monde politique*. Édition de 1908 (26ᵉ année). (Directeur : PAUL BLUYSEN). *Corbeil, imp. Crété*. In-8, de cxxxii-1424 p. avec grav., portraits et annonces.

**Anthologie** *des poètes du XIXᵉ siècle* ; par GEORGES PELLISSIER, docteur ès lettres (1800-1866). *Paris, Delagrave*. In-18 oblong, de 564 p. Prix : 3 fr. 50.

**Arnauld d'Andilly**. — *Journal inédit de Arnauld d'Andilly* (1628-1629), publié d'après le manuscrit autographe, par EUGÈNE HALPHEN et JULES HALPHEN. *Paris, Champion.* In-8, de 143 p.

**Ashton** (H). — *Du Bartas en Angleterre* (thèse). *Paris, Larose*. In-8, de 392 p. et 2 portraits.

**Barrès** (Maurice). — *Vingt-cinq années de vie littéraire*. Pages choisies. Introduction de HENRI BRÉMOND. *Paris, Bloud*. In-16, de LII-446 p. Prix : 3 fr. 50.

**Barroux** (Marius). — *Essai de bibliographie critique des généralités de l'histoire de Paris. Paris, Champion*. In-8, de vi-153 p.

**Bayet** (Jean). — *La Société des auteurs et compositeurs dramatiques. Paris, Arthur Rousseau*. In-8, de 500 p. Prix : 10 fr.

**Bédier** (Joseph). — *Les Légendes épiques*. Recherches sur la formation des chansons de geste. 1. Le cycle de Guillaume d'Orange. *Paris, Champion*. In-8, de 431 p.

**Bersaucourt** (Albert de). — *Conférence sur Albert Samain*, prononcée le 4 décembre 1907, au Cercle des étudiants catholiques du Luxembourg. *Paris, Bonvalot-Jouve*. In-18 jésus, de 55 p. et fac-similé.

**Bibliothèque nationale**. *Département des imprimés. Catalogue des ouvrages de Pierre et Thomas Corneille*. Extrait du t. xxxii du « Catalogue général des livres imprimés de la Bibliothèque nationale ». *Paris, Imp. Nationale*. In-8, de 130 col. (Ministère de l'Instruction publique et des Beaux-Arts. Notices revisées et coordonnées par M. A. VIDIER).

**Boigne** (Comtesse de). — *Récits d'une tante*. Mémoires de la comtesse de Boigne, née d'Osmond, publiés d'après le manuscrit original par M. CHARLES NICOULLAUD. IV. 1831-1866. Fragments. Portrait en héliogravure. *Paris, Plon-Nourrit*. In-8, de 587 p., portrait.

**Boschot** (Adolphe). — *Un romantique sous Louis-Philippe*. Hector Berlioz (1831-1842) d'après de nombreux documents inédits. *Paris, Plon-Nourrit*. In-16, de 679 p. avec portraits. Prix : 5 fr.

**Boutard** (Charles). — *Lamennais, sa vie et ses doctrines*. II, le Catholicisme libéral (1828-1834). *Paris, Perrin*. Petit in-8, de vi-411 p.

**Brisson** (Adolphe). — *Le Théâtre. Paris, Flammarion*. In-16, de 475 p. Prix : 3 fr. 50.

**Catalogue** *de la collection des portraits français et étrangers conservés au département des estampes de la Bibliothèque nationale*, commencé par Georges Duplessis, continué par P.-A. LEMOISNE. T. IV : Lafayette-Louis-Philippe Iᵉʳ. *Paris, Rapilly*. In-8 à 2 col., de 318 p.

**Catalogue** *des manuscrits de la collection des Cinq cents de Colbert,* par CHARLES DE LA RONCIÈRE. *Paris, Leroux.* In 8, de 388 p.

**Chatelain** (Henri). — *Recherches sur le vers français au XV<sup>e</sup> siècle* (Rimes, Mètres et Strophes). *Paris, Champion.* In-8, de XXXIV-276 p. Prix : 10 fr.

**Chénier** (André). — *Œuvres complètes d'André Chénier,* publiées d'après les manuscrits, par PAUL DIMOFF. *Paris, Delagrave.* In-18 jésus, de XXXIV-324 p. Prix : 3 fr. 50.

**Comte** (Auguste). — *Cours de philosophie positive.* T. II, contenant la philo-sophie astronomique et la philosophie de la physique. Édition identique à la première, parue au commencement de juillet 1839. *Paris, Schleicher.* Petit in-8, de 386 p.

**Coquelin** (Louis). — *Montaigne* (1533-1592). La Vie de Montaigne ; les Essais ; Extraits ; Jugements. *Paris, Larousse.* Petit in-8, de 96 p. avec grav. dans le texte et hors texte et portraits. Prix : 75 cent.

**Coster** (Adolphe). — *Fernando de Herrera* (El Divino), 1534-1597 (thèse). *Paris, Champion.* In-8, de 202 p.

**Courteault** (Paul). — *Blaise de Monluc historien.* Étude critique sur le texte et la valeur historique des Commentaires. *Paris, Picard.* In-8 de XLVIII-685 p. avec un portrait et 4 cartes

**Crépet** (Eugène). — *Charles Beaudelaire,* étude biographique, revue et mise à jour par JACQUES CREPET, suivie des Beaudelairiana d'Asselineau, recueil d'anecdotes publié pour la première fois in extenso et de nombreuses lettres adressées à Charles Beaudelaire. Portraits de Ch. Baudelaire, Jeanne Duval, M<sup>me</sup> Sabatier. *Paris, A. Messein.* In-18, de XII-466 p. et 3 portraits. Prix : 3 fr. 50.

**Curzon** (Henri de). — *L'évolution lyrique du théâtre dans les différents pays,* tableau chronologique. *Paris, imp. Fortin.* Grand in-8, de 73 p.

**Curzon** (Henri de). — *Grétry.* Biographie critique. *Paris, Laurens.* Petit in-8, de 128 p. avec 12 reproductions hors texte.

**Dedessuslamare.** — *Sully Prudhomme,* étude. *Rouen, imp. Blondel.* Petit in-8, de 62 p.

**Delisle** (Léopold). — *Recherches sur la librairie de Charles V.* Partie I. Partie II : Inventaire des livres ayant appartenu aux rois Charles V et Charles VI et à Jean, duc de Berry. *Paris, Champion.* 2 volumes in-8, 1<sup>re</sup> partie, de XXVII-443 p. ; 2<sup>e</sup> partie, de 339 p.

**Delplanque** (Albert). — *Fénelon et la Doctrine de l'amour pur, d'après sa correspondance avec ses principaux amis.* Essais sur Fénelon dans l'intimité d'après ses lettres et celles de ses amis. *Lille, imp. Lefebvre Ducrocq.* In-8, de XXV-477 p. Prix : 10 fr. (*Mémoires et Travaux des Facultés catholiques de Lille.* Fascicule 4.)

**Delplanque** (Albert). — *Fénelon et la Doctrine de l'amour pur d'après sa correspondance avec ses principaux amis.* Appendice. Contribution à une édition critique de la Correspondance de Fénelon et Lettres et Documents inédits. *Lille, imp. Lefebvre Ducrocq.* In-8, de 101 p. Prix 3 fr. (*Mémoires et Travaux des Facultés catholiques de Lille.* Fascicule 5.)

**Delplanque** (Albert). — *Saint François de Sales humaniste et écrivain latin.* *Lille, imp. Lefebvre-Ducrocq.* In-8, de XII-181 p. Prix : 3 fr. 50. (*Mémoires et Travaux des Facultés catholiques de Lille.* Fascicule 2.)

**Dronhet** (C.). — *Les Manuscrits de Maynard, conservés à la Bibliothèque de Toulouse.* Étude bibliographique, accompagnée de pièces inédites. *Paris, Champion.* In-8, de 44 p.

**Du Bellay** (Joachim). — *Œuvres poétiques.* I. Recueils de sonnets. Édition critique publiée par HENRI CHAMARD. *Paris, E. Cornély.* In-16, de XIV-149 p. Prix : 3 fr. 50. (*Société des textes français modernes.*)

**Ecorcheville** (Jules). — *Corneille et la musique. Paris, imp. Fortin.* Grand in-8, de 24 p. et planches. Prix : 5 fr. (Extrait du *Courrier musical.*)

**Faguet** (Émile). — *Propos littéraires ;* 4<sup>e</sup> série. (Charles Richet ; Paul Desjardins; Th. Ribot; Berckenrath; Bœckel; Poètes italiens; la duchesse de Bourgogne, etc.). *Paris, Société française de libr.* In-16, de 386 p.

**Florian.** — *Fables de Florian.* Édition classique avec une biographie et des notes par LOUIS HUMBERT. *Paris, Garnier.* In-16, de L-248 p. avec vignettes par Granville.

. **Fontenelle.** — *Histoire des oracles.* Édition critique publiée par LOUIS MAIGRON. *Paris, E. Cornély.* In-16, a-k-x-217 p. Prix : 6 fr. (*Société des textes français modernes*).

**Gaillard de Champris** (Henri). — *Sur quelques idéalistes.* Essais de critique et de morale. *Paris, Bloud.* In-16, de 291 p.

**Gourg** (Raymond). — *Le Journal philosophique de Berkeley, commonplace book.* Étude et traduction (thèse). *Carcassonne, imp. Servière et Patau.* In-8, de XIII-170 p. Prix : 4 fr.

**Gourg** (Raymond). — *William Godwin* (1756-1836). Sa vie, ses œuvres principales. La « Justice politique ». *Paris, Alcan et Guillaumin.* In-8, de XVI-320 p. Prix : 6 fr.

**Grammont** (Maurice). — *Petit traité de versification française.* Paris, Colin. In-16, de 142 p. Prix : 2 fr.

**Hérissay** (Jacques). — *Un girondin : François Buzot.* Paris, Perrin. Petit in-8, de 443 p. avec 1 gravure et 1 plan.

**Hugo** (Victor). — *Œuvres complètes de Victor Hugo.* Théâtre. II, Marion de Lorme; le Roi s'amuse; Lucrèce Borgia. *Paris, Ollendorff.* In-8, de 599 p. avec portraits, illustrations hors texte et fac-similé. Prix : 10 fr.

**Joannidès** (A.). — *La Comédie-Française* (1907). *Paris, Plon-Nourrit.* In-8, de 117 p. Prix : 7 fr. 50.

**Jourdanne** (Gaston). — *Les Bibliophiles, les Collectionneurs et les Imprimeurs de l'Aude.* Ouvrage illustré de 70 gravures, têtes de chapitre, lettrines, culs-de-lampe en xylogravure. *Paris, Leclerc.* In-8, de 194 p. avec 163 figures. Prix : 25 fr.

**Kont** (I.). — *La Littérature hongroise d'aujourd'hui.* étude suivie de notices biographiques. *Paris, Sansot,* In-18 jésus, de 91 p.

**Lair** (Adolphe). — *L'Institut de France et le second Empire.* Souvenirs anecdotiques d'après des documents inédits. *Paris, Plon-Nourrit.* In-16, de VI-231 p. Prix : 3 fr. 50.

**Langlois** (C.-V.). — *La Vie en France au moyen âge, d'après quelques moralistes du temps.* Paris, Hachette. In-16, de XIV-366 p. Prix : 3 fr. 50.

**Lasteyrie** (Robert de) et Alexandre **Vidier.** — *Bibliographie annuelle des travaux historiques et archéologiques publiés par les sociétés savantes de la France,* dressée sous les auspices du ministère de l'Instruction publique (1904-1905). *Paris, Leroux.* In-4 à 1 col., de 217 p.

**Lecomte** (L.-Henry). — *Histoire des théâtres de Paris. Les Jeux gymniques* (1810-1812). *Le Panorama dramatique* (1821-1823). *Paris, Daragon.* Petit in-8, de 157 p. et grav. Prix : 6 fr.

**Lecomte** (L. Henry). — *Histoire des théâtres de Paris : les Variétés amusantes* (1778-1789 ; 1793-1798 ; 1803-1804, 1815). *Paris, Daragon.* In-8, de 262 p. Prix : 10 fr.

**Lefebvre** (Léon). — *Le Brunin, Société littéraire lilloise* (1758-1760). *Dunkerque, imp. Minet-Tresca.* In-8, de 52 p.

**Le Goff** (P.). — *Les Écrivains bretons du pays de Vannes : M. Marion.* Vannes, imp. Lafolye. In-8, de 24 p. (Extrait de la *Revue morbihannaise*).

**Lemaître** (Jules). — *Jean Racine.* Paris, Calmann-Lévy. In-16, de 328 p.

**Lemire** (Charles). — *Jules Verne* (1828-1905). L'Homme; l'Écrivain; le Voyageur; le Citoyen ; son œuvre; sa mémoire; ses monuments. *Paris, Berger-Levrault.* In-8, de IX-186 p. avec 4 portraits et 16 illustrations.

**Magne** (Émile). — *Femmes galantes du XVIIᵉ siècle.* Mᵐᵉ .de la Suze (Henriette de Coligny) et la Société précieuse. Documents inédits. Bibliographie des recueils La Suze-Pellisson. *Paris, Société du Mercure de France*. In-18 jésus, de 333 p. avec portrait inédit d'après Daniel du Monstier. Prix : 3 fr. 50.

**Maistre** (Joseph de), **Blacas** (duc de). — *Joseph de Maistre et Blacas, leur correspondance inédite et l'histoire de leur amitié* (1804-1820). Introduction, notes et commentaires par ERNEST DAUDET. *Paris, Plon-Nourrit*. In-8, de IX-398 p., portraits. Prix : 7 fr. 50.

**Maréchal** (Christian). — *Le Véritable « Voyage en Orient » de Lamartine, d'après les manuscrits originaux de la Bibliothèque Nationale* (documents inédits). *Paris, Bloud*. In-8, de VIII-215 p.

**Marguerite** (Paul). — *Souvenirs de jeunesse*. Les jours s'allongent. *Paris, Plon-Nourrit*. In-16, de 300 p. Prix : 3 fr. 50.

**Nayrac** (Jean-Paul). — *La Fontaine*. Ses facultés psychiques, sa philosophie, sa psychologie, sa mentalité, son caractère. *Paris, Paulin*. In-8, de 25 p. Prix : 5 fr.

**Pernard** (Louis). — *La Comédie de Molière. Lyon, imp. Vitte*. In-8, de 32 p.

**Pilastre** (E.). — *Petit Glossaire des Lettres de M^me de Sévigné. Fontaine-bleau, imp. Bourges*. In-16, de 91 p.

**Pouthas** (C.). — *Le Lycée de Caen sous la seconde République et le second Empire* (1848-1870). *Caen, imp. Delesques*. In-8, de 132 p.

**Quentin-Bauchart** (Pierre). — *Lamartine et la Politique étrangère de la Révolution de février* (24 février-24 juin 1848). *Paris, Juven*. In-8, de VIII-458 p.

**Raugeard** (Jacques). — *Une page de l'histoire littéraire de l'Anjou. Angers, imp. Germain et Grassin*. In-8, de 57 p.

**Rigal** (Eugène). — *Molière. Paris, Hachette*. 2 vol. in-16. T. I^er de VII-310 p.; t. II, de 329 p. Le volume : 3 fr. 50.

**Roubaud** (Emile). — *L'Évolution de la pensée libre au théâtre et au roman*. Causerie faite à Grasse, en décembre 1906. *Grasse, imp. Carestia*. Grand in-16, de 15 p.

**Saint-Amant**. — *Œuvres de Saint-Amant*. Collection des plus belles pages. La Solitude. Le Contemplateur. La Jouissance. Le Palais de la volupté. La Débauche. Les Cabarets. Le Melon. Orgie. Sonnets et pièces variées. Caprices. Moïse sauvé. Lettres et Préfaces. Appendice. Documents. Lexique et Notes avec un frontispice et une notice de REMY DE GOURMONT. *Paris, Société du Mercure de France*. In-16, de XX-299 p.

**Séché** (Alphonse) et **Bertaut** (Jules.) — *L'Évolution du théâtre contemporain*, avec une préface par EMILE FAGUET, et un index des noms cités. *Paris, Société du Mercure de France*. In-18 jésus, de XV-307 p.

**Séché** (Léon). — *Hortense Allart de Méritens dans ses rapports avec Chateau-briand, Béranger, Lamennais, Sainte-Beuve, G. Sand, M^me d'Agoult* (Documents inédits). *Paris, Société du Mercure de France*. In-8, de 330 p. avec portraits et autographes. Prix : 7 fr. 50.

**Thierry** (Augustin). — *A travers l'œuvre d'un grand historien*. Récits des temps mérovingiens. Nouvelle édition, annotée et précédée d'une introduction; par PAUL LECÈNE. *Paris, Société française d'imp. et de libr*. Grand in-8 jésus, de 316 p. avec portrait et des illustrations de G. Sauvage.

**Vaulabelle** (A. de) et **Hémardinquer** (C.). — *La Science au théâtre*. Étude sur les procédés scientifiques en usage dans le théâtre moderne. *Paris, Paulin*. In-8, de 295 p. avec grav. Prix : 5 fr.

**Zyromski** (Ernest). — *Sully Prudhomme*. L'influence de la sensibilité romantique, de l'art parnassien et de la pensée de Vigny; les Caractères de l'œuvre : le Paysage intérieur, la Mélancolie et l'Amour, la Méditation du destin, l'Interprétation de la nature et de la discipline de la loi. *Paris, Colin*. In-16, de 273 p. Prix : 3 fr. 50.

# CHRONIQUE

— Pour obtenir le grade de docteur de l'Université de Paris, Miss Lucy E. FARRER a consacré sa thèse à *Un devancier de Cotgrave, la vie et les œuvres de Claude de Sainliens, alias Claudius Holyband.* C'était un Français natif de Moulins qui vint se fixer en Angleterre dans la seconde moitié du XVIᵉ siècle et qui y demeura jusqu'en 1597, pour cause de religion. Il y enseigna le français et, pour cela, composa nombre de livres pédagogiques : trois traités de grammaire française, un traité de prononciation, un dictionnaire français-anglais, des dialogues en quatre langues, une grammaire italienne et des traductions d'ouvrages italiens et français. Ce sont tous ces livres, dont Miss Farrer a dressé une bibliographie très soignée, qui lui ont fourni les éléments de l'examen de la doctrine grammaticale de Claude de Sainliens, auquel elle s'est livrée. Elle en reconstitue l'ensemble, de même qu'elle étudie la lexicographie d'Holyband pour la rapprocher de celle de Cotgrave. De cette monographie consciencieuse on voit surgir une physionomie sympathique de travailleur intelligent et dévoué à l'éducation de ses élèves auxquels Holyband semble s'être beaucoup intéressé.

— Dans un mémoire publié dans les *Mélanges Chabaneau*, M. Antoine THOMAS a essayé de montrer l'*Origine limousine de Martial d'Auvergne.* Cette origine reste d'autant plus à prouver que l'auteur du mémoire a trouvé depuis lors des documents qui infirment une partie de sa thèse et qu'il doit publier prochainement. Mais on trouvera dans ce mémoire un texte de 1511 qui renseigne avec précision sur les enfants et héritiers de Martial d'Auvergne.

— M. Charles OULMONT a étudié, dans la *Revue des Pyrénées* (1907, IV), *Étienne Forcadel, un juriste, historien et poète vers 1550.* C'est un de ces personnages de la Renaissance dont la biographie est incertaine et dont les œuvres sont, au contraire, aussi touffues qu'abondantes. Il fallait essayer d'y mettre un peu de clarté et d'en tirer tout ce qui peut servir à la connaissance du personnage. C'est ce qui a été fait assez diligemment dans cette étude.

— La monographie que M. Paul BÉNÉTRIX a publiée sous ce titre : *Un collège de province pendant la Renaissance, les origines du collège d'Auch* (1540-1590) est une importante contribution à la connaissance de l'enseignement et des méthodes pédagogiques de la Renaissance. Fondé par le cardinal de Tournon, archevêque d'Auch; qui lui consacra les arrérages d'un legs fait par son prédécesseur, le cardinal de Clermont-Lodève, cet établissement fut confié à des maîtres séculiers, laïques et ecclésiastiques, qui s'y maintinrent jusqu'en 1589, date où la direction passa aux mains des Jésuites. Les documents n'abondent pas sur la première période de l'existence de ce collège. Ils suffisent cependant pour donner une juste idée de ses accroissements, de sa vie quotidienne, de son personnel, des études qu'on y pouvait faire. En coordonnant toutes ces indications éparses, M. Paul Bénétrix a écrit un chapitre fort intéressant de l'histoire de la pédagogie provinciale et il a été grandement aidé par le plan d'études dressé en 1565, par le principal Philippe Massé, ainsi que par un poème latin consacré par un régent d'alors, Bernard du Poey, à la gloire de son collège (1551), qui fournissent sur le personnel de maîtres et d'élèves et sur les matières enseignées des détails caractéristiques.

— L'important volume que M. Ernest Jovy a intitulé : *Pascal inédit*, contient surtout des textes qui sont publiés pour la première fois conformément au manuscrit qui les a conservés. Les principaux de ces textes sont les écrits théologiques contenus dans le manuscrit n° 12449 du fonds français de la Bibliothèque Nationale, à la suite d'une copie des *Pensées*. L'attribution de certains de ces morceaux à Pascal pourrait sans doute être discutée, mais il est très utile d'en avoir sous les yeux un texte fidèle, transcrit et commenté avec la diligence que M. Jovy y a apportée. C'est un réel service qu'il a rendu ainsi à l'histoire de Pascal, et aussi en joignant à ces écrits théologiques divers documents qui servent à éclairer quelques circonstances de la vie de Pascal : ses derniers rapports avec Port-Royal, son différend avec Arnauld sur la signature du formulaire, le miracle de la Sainte-Épine, l'accident du pont de Neuilly, etc. Tout ceci forme un ensemble de renseignements qu'il serait téméraire d'ignorer et que complètent encore nombre d'indications généalogiques et bibliographiques.

— La bibliographie des œuvres de Bossuet avait déjà tenté, il y a peu d'années, les abbés Bourseaud et Charles Urbain, qui lui avaient consacré des travaux fort utiles, sans parler du relevé qui a été dressé au nom de Bossuet dans le catalogue général de la Bibliothèque nationale, et dont un tirage à part a été fait. Aujourd'hui, M. l'abbé V. VERLAQUE consacre à ce sujet un nouveau volume qu'il intitule : *Bibliographie raisonnée des œuvres de Bossuet*. Grâce à la méthode avec laquelle il a été conduit, cet ouvrage sera un excellent instrument de travail. Il se divise en quatre parties : 1° *Ouvrages publiés du vivant de Bossuet*; 2° *Ouvrages de Bossuet publiés depuis sa mort*; 3° *Collections d'œuvres de Bossuet*; 4° *Documents sur Bossuet et ses œuvres*. Cette dernière partie, fort complète, car elle s'étend jusqu'aux études les plus récentes, est cependant allégée parce que nombre d'indications ont été fournies au-dessous de la description des ouvrages mêmes de Bossuet, formant ainsi des groupes d'informations qui ne peuvent que faciliter les recherches.

— M. Paul DELALAIN a écrit et réuni en volume des notices biographiques sur *les Libraires et Imprimeurs de l'Académie française de 1634 à 1793*. Pendant cette longue période qui va de sa fondation à sa suppression, la compagnie choisit ses libraires et imprimeurs dans trois familles : les Camusat, les Coignard et les Brunet. M. Delalain a dressé la généalogie de ces dynasties de maîtres libraires-imprimeurs et réuni sur chacun d'eux ce qu'il était possible de recueillir de sa biographie, surtout dans ses rapports avec l'Académie, dont ils furent tous des collaborateurs fidèles et dévoués.

— En rendant compte dans *la Correspondance historique et archéologique* (mai-juin 1908), du recueil de textes publiés par M. Gendarme de Bévotte sur *le Festin de Pierre avant Molière*, M. Jules Couet a réimprimé une pièce de vers fort rare intitulée : *le Festin de dom Pierre en vers burlesques* dont la plaquette originale de 4 p. in-4° (s. l. ni d., vers 1659) fait aujourd'hui partie des collections de la Comédie-Française. Ce sont huit annonces en vers faites par De Villiers pour les représentations de son *Festin de Pierre*, précédées d'un envoi de l'imprimeur également en vers et signé R. de Saint-Jean.

— La Société Jean-Jacques Rousseau poursuit avec régularité la publication de ses *Annales* qui contiennent toujours de fort intéressants travaux. Nous énumérerons ici ce qui a paru dans les deux volumes afférents à l'année

1906 et à l'année 1907, publiés à un intervalle assez rapproché pour que nous puissions les réunir.

Le volume de 1906 se compose de trois morceaux également fort importants. Le premier est une étude de M. Eugène RITTER sur les relations de J.-J. Rousseau et M^me d'Houdetot qui examine de près l'attitude de Jean-Jacques avec M^me d'Épinay et avec Grimm et la juge moins défavorablement que d'ordinaire. La deuxième étude par M. André MICHEL concerne Deux portraits de Rousseau, le pastel de La Tour et la statue attribuée à Houdon. Enfin une abondante série de Pages inédites de Jean-Jacques Rousseau sont mises au jour et soigneusement commentées par M. Théophile DUFOUR.

Le volume de 1907 est formé de communications plus nombreuses et plus variées. En voici l'énumération : Les provincialismes suisses-romands et savoyards de Jean-Jacques Rousseau, par M. Alexis FRANÇOIS; J.-J. Rousseau et M^me de Larnage, par M. Louis AURENCHE; Tolstoï continuateur de J.-J. Rousseau, par M. I. BENRUBI; La question du « Pygmalion » de Berlin, par MM. Albert JANSEN, Charles MALHERBE et Edgar ISTEL; Rousseau joueur d'échecs, par M. I. GRUNBERG. Les textes et documents ne sont pas en moins grand nombre. Ce sont : Jean-Jacques Rousseau, notes diverses, par M. Eugène RITTER; Henri Meister et Jean-Jacques Rousseau, par M. Paul USTERI; La condamnation de Rousseau à Genève, d'après une lettre inédite, par M. Gaspard VALLETTE; Une lettre du marquis de Girardin, par M. Paul USTERI; La maison de Rousseau à Môtiers, par M. Maurice BOY DE LATOUR.

Nous signalons encore les planches qui ornent ces volumes et qui sont d'importants documents pour l'iconographie de Rousseau : maquette d'une statue projetée de J.-J. Rousseau attribuée à Houdon et conservée au musée du Louvre (2 planches); et la préparation du portrait au pastel de Jean-Jacques par La Tour. Enfin nous rappellerons que chacun de ces volumes contient en outre une bibliographie du sujet pour l'année précédente et une chronique qui énumère ce qui concerne l'histoire du philosophe genevois, de ses idées et de ses œuvres.

— Dans la Revue des questions historiques d'avril, M. Pierre de VAISSIÈRE a étudié Grimm et la Revolution française d'après les documents inédits. Jamais le nouvelliste, qui représentait en même temps la Saxe-Gotha à Paris, ne montra de sympathie à l'avènement des idées nouvelles et, pris de peur, il s'enfuit précipitamment à la fin de 1791, laissant à Paris tous les biens que son esprit industrieux avait su y amasser. Plus tard, en dépit des protestations de Grimm, ses biens furent placés sous séquestre, ses meubles et ses livres dispersés, et sa fortune ne lui fut restituée qu'après thermidor en assignats sans valeur. Il mourut sans avoir pu obtenir à cet égard une satifaction qu'il demanda à Bonaparte, sous les auspices de l'empereur de Russie.

— Le Musée du Louvre est récemment entré en possession du portrait de Marmontel jeune, peint, avant qu'il eut écrit les Contes moraux, par le peintre suédois Roslin.

— L'Histoire de la colonie française de Moscou, depuis les origines jusqu'en 1812, que M. F. TASTEVIN vient d'écrire, est un chapitre intéressant de l'histoire de l'influence française à l'étranger, composé par un de ces Français qui, fixés au dehors, contribuent à faire honorer le nom de notre pays au delà de ses frontières. Un chapitre est consacré au commerce français à Moscou et on y constate que des libraires, en particulier les Allard, ont été d'excellents auxiliaires de la culture française, qui se manifesta surtout dans l'enseignement et au théâtre. Dans les deux chapitres qui sont consacrés à ces deux dernières matières, on rencontre de nombreux noms de professeurs ou d'artistes qui méritent de n'être pas complètement oubliés.

— M<sup>lle</sup> Anna BEFFORT a consacré sa thèse de doctorat d'université à *Alexandre Soumet, sa vie et ses œuvres*. Le poète de *la Divine Épopée* méritait assurément qu'on essayât do retracer sa carrière littéraire et qu'on recherchât les causes d'une influence incontestable sur lé romantisme naissant; d'autant que toutes ces causes sont mal connues et délicates à dégager. M<sup>lle</sup> Beffort y a travaillé consciencieusement, soit par le dépouillement des écrits déjà imprimés, soit par la consultation de pièces inédites, qui donnent à son étude une valeur plus particulière, et complètent parfois ou rectifient ce qu'on pouvait apprendre ailleurs.

— M. le professeur J. HAAS, de Fribourg-en-Brisgau, vient de publier dans la *Zeitschrift für französische Sprache und Littératur* (t. XXXI, fasc. 1) un article sur *le Dernier Chouan* de Balzac, dont les conclusions méritent d'être signalées. Il trouve ce roman particulièrement intéressant, moins à cause de sa valeur propre, que par sa place, à l'entrée de l'œuvre de Balzac. Suivant M. Haas, Balzac, déjà réaliste, est soumis à diverses influences : pour la composition de son œuvre, celle de Walter Scott qui lui fait mêler au roman historique une intrigue d'amour; pour les sentiments et les caractères, celles de Bernardin de Saint-Pierre et de Chateaubriand, qui l'égarent encore sur ses véritables aptitudes. Pour que Balzac soit vraiment lui-même dans les descriptions ou dans les peintures de personnages, il faut qu'il les ait vus lui-même et que son imagination puisse travailler sur un fonds de réalité. A cet égard, l'étude du *Dernier Chouan* est particulièrement instructive et M. Haas s'est efforcé de mettre en relief ce qu'elle a de caractéristique dans la formation du génie de Balzac.

— Sous ce titre : *Sainte-Beuve et Aloysius Bertrand,* M. André PAVIE retrace, dans la *Revue des études historiques* (mai-juin), d'après des documents inédits, le rôle du critique déjà célèbre à l'égard du jeune littérateur misérable et méconnu. Les derniers jours d'Aloysius Bertrand durent quelques consolations à David d'Angers, à Théodore et Victor Pavie, à Sainte-Beuve, qui va donner ses soins et présenter au public le livre posthume que l'auteur ne verra pas, mais dont il se préoccupe jusqu'à la fin. Les lettres de Sainte-Beuve citées par M. André Pavie montrent avec quel scrupule l'ouvrage fut mis au jour et, malgré cela, *Gaspard de la Nuit* passa d'abord aussi inaperçu que Bertrand avait traversé la vie.

— On trouvera dans *la Correspondance historique et archéologique* de mai-juin *Six lettres de Sainte-Beuve* publiées par M. Jules COUET : 1° à Stendhal (8 octobre 1829); 2° et 3°, à Alfred de Montferrand (le marquis Adolphe de Chesnel); 4°, à la vicomtesse de Calonne (22 juin 1856); 5° à Poulet-Malassis et de Broise (11 mai 1858); 6° à Antoine de Latour (20 février 1865). Ces lettres sont accompagnées du commentaire nécessaire pour les expliquer.

— M. MICHAUT vient de publier une édition critique de la comédie en deux actes, en prose, d'Alfred de Musset, *les Caprices de Marianne*, qui, publiée en 1833, fut seulement représentée en 1851. Dans une introduction assez copieuse, les conditions de la composition, de la publication et de la représentation sont exposées, ainsi que les tendances caractéristiques du théâtre de Musset. Le texte suivi dans cette réimpression est celui de l'édition de 1840, avec les variantes du texte de la *Revue des Deux Mondes* de 1833 et celles des éditions de 1851, 1853 et 1865, passages remaniés ou supprimés, de façon à donner une vue complète des états successifs de la pensée de l'auteur.

— Grâce à la générosité de quelques particuliers et aux négociations de M. Henri Omont, le cabinet des manuscrits de la Bibliothèque Nationale s'est récémment enrichi d'un assez grand nombre de documents précieux provenant des collections de feu sir Thomas Phillips, à Cheltenham. Ce sont pour la plupart des cartulaires et des obituaires qui intéressent l'histoire de diverses régions de la France. On en trouvera la nomenclature raisonnée dans le fascicule d'avril-juin 1908 de la *Revue des bibliothèques*.

— .La Société française de bibliographie a entrepris la publication d'un choix de fac-similés de l'écriture des principaux savants et érudits français ou ayant eu des relations avec la France, dont le premier fascicule vient de paraître. Voici la liste alphabétique des personnes dont les autographes figurent dans cette première série : Amerbach, d'Achery, Baluze, Barberini (cardinal Francesco), Besly, Bignon (Th.), Bigot, Bongars, Bouhier, Camden, Casanate (cardinal), Clairambault, Cujas, Du Cange, Du Chesne (André), Dupuy (Pierre), Fabricius, Gaignières, Godefroy (Théodore et Denis), Graevius, Heinsius, Huet, Leibniz, Le Mire, Lipse, Mabillon, Magliabechi, Mariette, Martène, Montfaucon, Naudé, Noris (cardinal), Palliot, Papebroeck, Peiresc (Fabri de), Rigault (Nicolas), Saumaise, Scaliger, Sirmond, de Thou (Fr. Aug), Viguier, Vyon d'Hérouval.

— *L'Annuaire des bibliothèques et des archives*, publié sous les auspices du ministère de l'Instruction publique, qui n'avait pas reparu depuis la mort d'Ulysse Robert, vient de revoir le jour sous une forme nouvelle qu'il convient de signaler. Les bibliothèques sont toujours énumérées dans l'ordre alphabétique des villes où elles se trouvent, mais les archives départementales, au lieu d'être classées dans une série à part au nom des départements, sont mentionnées à la suite des bibliothèques des villes qui les possèdent, c'est-à-dire des chefs-lieux de département. Outre que le personnel de ces établissements est exactement énuméré, on trouvera dans cet annuaire des indications aussi complètes que possible sur les catalogues ou autres travaux dont ces collections ont fait l'objet, et ces indications ne peuvent être que d'un grand secours pour les chercheurs. C'est M. Alexandre Vidier, sous-bibliothécaire à la Bibliothèque nationale, qui a donné ses soins à ce recueil, sous le contrôle et avec la collaboration de M. Henri Omont.

— Nous avons le regret d'enregistrer la mort, survenue dans les premiers jours d'août, de M. Charles LENIENT, ancien professeur de poésie française à la Sorbonne, membre du conseil d'administration de la Société d'histoire littéraire de la France, décédé dans sa 82e année, dans sa propriété du Danjou, à Nangis-en-Brie.

La nature de ses travaux et les tendances de son esprit avaient rendu M. Lenient très sympathique, dès l'origine, à la pensée de créer une Société d'histoire littéraire de la France. C'est lui qui présida la réunion dans laquelle les bases de notre association furent jetées, et depuis lors il ne manqua pas de suivre nos travaux avec une bienveillance attentive dont nous lui étions reconnaissants.

*Le Gérant :* **Paul Bonnefon.**

# Revue
# d'Histoire littéraire
# de la France

## ROMANTIQUES : JULES DE SAINT-FÉLIX

### (Documents inédits)

Il n'a manqué peut-être à Jules de Saint-Félix, pour se classer au premier rang des petits poètes romantiques, que de se soucier un peu plus du succès. Mais il avait horreur des attitudes théâtrales et du bruit. Adorateur fervent de la beauté antique, faite de mesure et d'harmonie, il dédaigna toujours ces excentricités qui forcent l'attention. Il ne prit pas des allures de révolté, criant ses angoisses ou ses colères. Son existence, où ne manquèrent pas les heures pénibles, s'écoula régulière, — et courageuse, avec simplicité. Elle ne finit pas sur un dénouement brutal de mélodrame... Médiocre sujet de chronique.

Personne ne ressemble moins à ce pauvre Lassailly, dont il fut l'ami, mais dont il ne chercha jamais à imiter les pénibles fantaisies. Il reste aussi loin des routines de la vieille école que des audaces à fracas de la nouvelle, — ce qui ne veut pas dire qu'il faille voir en lui un écrivain de « juste-milieu », un Ponsard avant la lettre. Beaucoup de raison, mais aucune vulgarité; et un sens artistique très fin. C'est un esprit tout à fait élégant, et c'est un poète.

Une note, écrite de sa main et conservée dans ses papiers[1], donne quelques renseignements sur les origines de sa famille :

1. Les papiers de J. de Saint-Félix m'ont été communiqués par sa nièce,

« Jules de Saint-Félix d'Amoreux, connu dans les lettres sous le
nom de Saint-Félix seulement, est né à Uzès, Gard, en janvier 1806.
Appartient à une ancienne famille comtale d'origine sicilienne
qui, à la suite d'événements politiques, vint s'établir à Sisteron,
Provence, et plus tard en Languedoc. Son grand-père [Gaspard
d'Amoreux] était conseiller au parlement de Toulouse et ensuite
président à la cour des aides de Montpellier où il fut le collègue
de Cambacérès. Son grand-père maternel, le baron Le Fèbvre du
Faï, possédait une grande fortune à Saint-Domingue où il commandait le régiment du Cap. Des deux côtés, Jules de Saint-Félix
appartient donc à l'aristocratie. Mais il est surtout fier d'appartenir
aux lettres... »

En 1806, la fortune des Le Febvre du Faï était plus que compromise. Les troubles de Saint-Domingue avaient obligé la famille,
dépossédée, à fuir en toute hâte et à se réfugier en France; elle y
vivait modestement. L'enfant dut entendre parler souvent de ces
splendeurs anciennes; lui-même, plus tard, se plaira à en évoquer
le souvenir, à rêver à cette terre de joie qu'il n'a pas connue :

> Vous aviez six chevaux superbes, ma grand'mère,
> Vous aviez un carrosse et des laquais dorés,
> Un rapide coureur, arrivé d'Angleterre,
> Et des tapis Indiens sous vos pieds adorés [1]...

Pourtant, les fantaisies exotiques sont rares dans son œuvre.
En revanche, les impressions directes de sa jeunesse sont demeu-
rées vivantes. Une nature presque italienne a soulevé ses premiers enthousiasmes. Ces coteaux harmonieux, ces grandes plaines
de vignes et d'oliviers coupées de cyprès noirs, ces marais de
Camargue où, sous les rafales du vent, se creuse et s'élève la
houle des iris et des joncs; au lointain, la Méditerranée frangée
d'écume, avec ses voiles latines semblables à de grands oiseaux et
la dentelle de ses vagues; et par-dessus, la poudre d'or de la poussière et du soleil, un air chargé de parfums, la féerie des « cieux
orangés, irisés, pourprés » : une débauche de couleurs éclatantes,
et la sobriété pure des lignes... Cela ne s'oublie pas. C'est avec
une sincérité entière qu'il écrira, beaucoup plus tard, de son pays :
« J'aime ton soleil, tes nuits si fraîches, tes champs d'oliviers et

---

M^me de Surdun, avec une bonne grâce dont je tiens à la remercier. Les documents
dont je n'indique pas l'origine sont inédits.

1. Ma grand'mère (Annales romantiques, 1832). — En 1847, une comédie en 2 actes,
en prose, La Marquise du De Profundis, dont la scène se passe au Cap Français, à
Saint-Domingue en 1786 (Inédite).

de maïs... Comme les sables de tes grèves sont dorés! Comme la
mer étincelle au midi, comme elle est transparente et verte par
une belle soirée d'été... Pour moi, tu es l'Italie et la Sicile, la
Grèce et l'Asie Mineure, tant il y a de grâce et de parfum dans ta
nature orientale [1]!... »

Et cette terre n'est pas belle seulement de sa beauté propre;
elle l'est encore de ses souvenirs. Malgré les siècles écoulés, n'est-
elle pas restée la Province Romaine? « Si la Seine est depuis
longtemps la rivière royale, si la Loire fut la rivière féodale, le
Rhône est le fleuve antique par excellence. Il traversait la civilisation romaine dans toute sa splendeur [2]. » Le poète a rêvé sur les
bords du grand fleuve; il s'est grisé de cette splendeur; son
imagination en demeure éblouie. Il aime l'antiquité d'un amour
instinctif, — non pas telle que l'ont voulue les faux classiques,
solennelle, raide, guindée, mais telle qu'elle s'est offerte à ses
yeux, plus noble encore d'être en ruines. Il aime les débris
croulants sur lesquels renaît sans cesse la vie, les murailles
lacérées de crevasses, chargées de giroflées et de figuiers sauvages.
Les jeux de la lumière le ravissent, et la couleur des vieilles
pierres, brunies par les mousses humides ou chaudement colorées
aux rayons du soleil. Passion d'artiste plus que d'archéologue. Il
n'en veut pas aux démolisseurs seulement; les amis maladroits de
ces merveilles, les restaurateurs qui prétendent effacer l'œuvre du
temps sont des barbares plus redoutables encore [3].

---

1. *Louise et Blanche*, nouvelle (*Journal des jeunes personnes*, 1834).
2. *Le Rhône et la mer*, t. I, p. 384.
3. Voici, à propos de l'amphithéâtre de Nîmes, une reprise, assez heureuse, du
morceau de Chateaubriand sur les ruines : « Le temps qui ne détruit jamais bru-
talement les antiques monuments, mais qui les renverse par degrés et avec une
certaine grâce sauvage qui ressemble à du goût, le temps avait brisé des gradins dans l'amphithéâtre nîmois; il avait miné et creusé certaines masses de
pierre dans les piliers des portiques, il avait fait crouler des arcs de voûte et
ouvert des jours dans les fosses aux lions; par ces crevasses, la lumière entrait
et jouait avec des tons surprenants; et puis, le temps, cet admirable artiste, avait
jeté au milieu de toutes ces grandes ruines des arbustes, des lierres, des giroflées; de beaux figuiers sauvages croissaient çà et là entre les blocs de travertin...
Ce grand cirque en ruines était comme un musée de marbre jeté au milieu d'un
jardin de verdure et de parfums; tout cela avait une grâce indéfinissable; tout
cela était coloré, frais, pittoresque, sacré... Eh bien! les Vandales et les Wisi-
goths sont sortis un jour du conseil municipal avec leurs ingénieurs, leurs archi-
tectes, leurs maçons. Ils se sont rués dans la ruine auguste; ils ont taillé à coups
de serpe jusqu'au plus petit lierre qui essayait encore de couronner la statue de
Bacchus... Ils ont tout rebâti, tout plâtré, tout blanchi; ils ont mis des soutiens
odieux aux arcs qui s'inclinaient gracieusement vers le sol; ils ont bouché les
crevasses des voûtes qui ouvraient une échappée limpide sur le ciel du midi... Et,
leur œuvre étant accomplie, ils ont croisé les bras d'orgueil devant la ruine insul-
tée... » (*Ibid.*, p. 269.)

Jules de Saint-Félix avait commencé ses études dans sa
famille. Le moment venu de les compléter, son père l'envoya au
collège royal de Lyon. « Il eut pour condisciples, continue la
même note biographique, Jules Janin et le docteur Trousseau. Il fit
des études de droit à Paris, mais, en 1826, il quitta l'École pour
entrer, comme attaché, au cabinet du ministre de la Maison du Roi
Charles X. Par ses hautes relations, peut-être aussi par quelques
qualités personnelles, Jules de Saint-Félix était appelé à occuper
à la cour une fort belle position. Le Roi et les princes le connaissaient personnellement et daignaient, dans l'occasion, l'honorer
de quelques paroles bienveillantes [1]... »

Ses fonctions, pourtant, ne l'occupaient pas tout entier. Quelques
semaines avant la révolution de juillet, paraît un premier volume
de vers : *Poésies romaines* [2]. La dédicace, à son frère, est charmante de jeunesse insouciante et légère : « Tu es, mon ami, un
jeune et joli officier [3], instruit, brave, galant, aimant la guerre,
les belles, la chasse, les chevaux, et de plus, passionné pour les
arts, comme l'est toute tête vraiment méridionale. Ta vie est
peut-être déjà une longue suite d'aventures que tu me raconteras,
quand nous nous reverrons, quand nous irons encore, par un
jour d'été, nous asseoir sous quelque rocher des bords du Rhône,
l'eau rapide devant nous, et au loin la campagne brûlante : car
nous aimons tous deux le grand soleil, un large fleuve et l'horizon
sans bornes... » Pour lui, l'envie d'écrire l'a pris un jour,
« comme l'envie vous prend parfois de dire un secret à quelqu'un » ; et, spontanément aussi, ses rêves l'ont entraîné vers le
passé.

On comprend sa prédilection pour les siècles de la décadence
romaine. Cette antiquité mourante, les pédants n'en ont pas
encore fait leur domaine; on a moins de chances de les y rencontrer... Un monde finit, dans une corruption brillante, et, de cette
corruption, un monde nouveau se dégage, rayonnant d'espérances.
Quelle admirable matière, toute neuve, pour un artiste épris de
couleurs, de pittoresque et de contrastes! Après tant de poètes
qui ont chanté la ville éternelle, pourquoi s'en tenir docilement
à l'évocation des vieilles vertus républicaines? La Rome impériale
a eu sa beauté et ses grandeurs, courtisane voluptueuse, vautrée
dans la luxure, abandonnée à toutes les mollesses de l'Orient, mais

---

1. Voir sur cette période deux articles de Souvenirs anecdotiques dans *L'Artiste*
du 1er décembre 1850 et du 1er janvier 1851.
2. *Poésies romaines* par M. Jules de Saint-Félix. Paris, Delaunay, 1830, in-8°.
3. Albin d'Amoreux devint sous-intendant militaire.

toujours dominatrice, capable de se dresser encore en des colères soudaines...

> Rome, je t'ai chantée aux jours de ton délire,
> Quand tu parais ton front des joyaux de l'empire,
> Quand, mollement couchée aux palais des Césars,
> Tu paraissais livrer ton navire aux hasards...
>       ... Sur sa couche dorée,
> Voyez comme elle est belle et richement parée,
> Voyez la jeune reine, une coupe à la main...
> Laissez-moi donc l'aimer telle que je la vois,
> Ma Rome !

*Ma Rome !*... Ne dirait-on pas un cri d'amour, jaloux et triomphant? Et c'est comme une fresque qui se déploie : les gloires de jadis, tout un peuple se ruant sur Carthage, la mélancolique histoire de Pollion, les délices de Caprée,

> Telle qu'un grand vaisseau flottant tout embaumée..

Ce sont de délicates idylles, des tableaux de meurtre et de sang : Caïus qui épie dans l'ombre l'agonie trop lente de Tibère, les fureurs de l'amphithéâtre, les fantaisies monstrueuses de Néron.

Dans un avant-propos de 1853 [1], Jules de Saint-Félix semble s'étonner de l'accueil fait à son premier livre : « Des poésies romaines par un auteur de vingt-cinq ans ressemblaient terriblement alors à une sorte de protestation contre l'école nouvelle; et beaucoup de gens eurent cette opinion-là... Qu'arriva-t-il cependant? Des maîtres éminents, devenus depuis de grandes illustrations, se mirent à revendiquer le livre et son auteur comme appartenant à la littérature militante et déjà triomphante... » C'est que les admirations, hautement affirmées, du jeune poète répondaient pour lui. Il invoquait à la fois Shakespeare et André Chénier. Il proclamait sa haine du *commun* et du *faux*. Émile Deschamps était de ses amis. Malgré le titre du volume, malgré la sobriété latine de cette poésie, il n'y avait pas à s'y tromper : une nouvelle recrue entrait bravement dans le camp romantique, étendard déployé.

La famille de Jules de Saint-Félix avait rêvé pour lui une brillante carrière politique; 1830 ruina ces espérances. Il n'était pas

---

[1] Pour l'édition des *Nuits de Rome*, de Victor Lecou.

de ceux qui se rallient. Après les adieux de Saint-Cloud, là ville de
la révolution lui était odieuse... Le temps de vendre chez un marchand de la rue Richelieu son bel uniforme brodé, de confier à des
amis sûrs les exemplaires restants de son livre [1], et il partit pour
le Midi, retrouver son coin de terre, sa fontaine et ses oliviers.

Quand il revint, deux ans plus tard, il eut une surprise agréable :
son nom n'était pas oublié; les *Poésies romaines* s'étaient répandues parmi les écrivains et les artistes; le *Figaro* et le *Miroir* en
avaient parlé, — sur leur ton habituel d'ironie, sans doute [2], mais
qu'importe? L'essentiel est de ne pas passer inaperçu. Ses amis
d'autrefois l'encourageaient à revenir aux lettres; le bon Deschamps
s'empressait à favoriser sa rentrée [3].

D'autre part, le monde élégant l'accueillait avec joie. Lui-même
n'avait rien sacrifié de ses convictions. En 1832, il collaborait à
*L'Émeraude*, ce keepsake en l'honneur de l'enfant royal. Les
événements de janvier 1833, les poursuites dirigées contre
Chateaubriand à la suite du *Mémoire sur la captivité de M^{me} la
duchesse de Berry* lui donnèrent une occasion de manifester ses
sentiments. Comme toute la jeunesse royaliste, il fut secoué par
un frisson d'enthousiasme et de colère. Le 26 février, une lettre
de l'illustre écrivain le remerciait personnellement :

J'aurais été bien heureux de vous voir, monsieur, lorsque vous m'avez
fait l'honneur de passer chez moi. J'ai écrit à M. Turge pour le
remercier; me voilà maintenant plongé dans les ennuis d'un procès.
Le juste milieu sait que j'aime la solitude; il m'en prépare une où je
recevrai avec reconnaissance toutes les personnes qui seront assez
charitables pour m'honorer de leur visite.

Recevez, monsieur, l'assurance de mon dévouement et de ma considération la plus distinguée.

CHATEAUBRIAND [4].

1. Avant-propos de 1853.
2. « Ils me donnèrent les surnoms en *us* les plus respectables et les qualifications en *or* les plus retentissantes. Le *Jupiter Stator* ne me fut pas épargné, non
plus que les qualités de *Prætor*, de *Dictator* et autres dignités à rimes riches. Mes
*Césars* furent traités de haut en bas; mes trépieds furent assimiles à des casseroles; mes flammifères à des lampions et mes vestales furent harcelées de quolibets assez verts, à propos de leurs charmes voilés et de leur vertu douteuse. On
avait attaqué mon livre; donc on m'avait rendu service. Je me hâtai de porter
ma carte chez le concierge de chacun des spirituels journaux... » (*Ibid.*)
3. D'une lettre inédite à l'éditeur de la *Bibliothèque populaire*, 1833 : « Si vous
aviez encore quelque volume de poésie à publier, je vous prie et vous engage
même, dans l'intérêt de l'ouvrage, à demander quelques vers inédits à M. Jules de
Saint-Félix, jeune poète qui a déjà publié les *Poésies
romaines* et qui a un portefeuille d'une grande richesse. Il serait bon d'en avoir la
primeur. C'est un ami de mon frère, de M. Brizeux et de moi... »
4. Lettre inédite.

Mais la cause de la légitimité était perdue, et Chateaubriand lui-même n'allait pas tarder à abandonner l'action politique pour la littérature. Saint-Félix se trouva tout naturellement enrôlé dans le monde des artistes et des dandys. En 1835, il est des habitués qu'A. de Beauchesne, gentilhomme de la Chambre et chef de cabinet au département des beaux-arts sous la monarchie déchue, réunit dans son manoir gothique de l'avenue de Madrid; parmi les poètes dont les blasons décorent les vitraux de la grande salle, auprès de Chateaubriand, de Lamartine, de Hugo, de Vigny, de Sainte-Beuve, des frères Deschamps, l'auteur des *Poésies romaines* n'a pas été oublié[1].

A la même époque à peu près, le prince·Elim Mestscherski[2] le fit connaître à sa mère. Attaché à l'ambassade de Russie avec une mission purement littéraire ce jeune Slave, nature fine et délicate, séduisant dès le premier abord, maniant le français comme sa langue maternelle, et poète, avait noué des relations étroites dans le monde des écrivains. Le salon de la princesse était devenu un des premiers salons littéraires de Paris, salon sans pédantisme et sans morgue. A sa maison de Sèvres durant l'été, à son hôtel de la rue de la Ferme des Mathurins pendant l'hiver, les célébrités du jour se retrouvaient régulièrement. Alexandre Soumet, le grand Alexandre, un peu déchu de son ancien rang, mais toujours solennel, y trônait en bonne place, accompagné de sa fille. Auprès de lui, les derniers fidèles du cénacle, ceux qui, moins favorisés par le succès, n'avaient pas éprouvé le besoin de rompre les solidarités de jadis pour isoler leur gloire ambitieuse : Émile Deschamps, Jules de Rességuier, Léon de Wailly; de futurs diplomates, comme Théophile de Ferrières; des gens du monde, comme Horace de Viel-Castel et le baron Mortemart Boisse; des bohèmes, comme Lassailly; parfois aussi, mais plus rarement, un poète de haut vol, A. de Vigny.

Avec sa vivacité méridionale, Jules de Saint-Félix était la joie de ces réunions; Elim était devenu son ami intime, la princesse le

---

1. E. Deschamps, *La simple portraicture du manoir Beauchesne... enrichie des blasons de moult poètes français...*. Paris, Challamel, 1841, in-8° (Bibl. nat. Lk⁷1277, Réserve). Le manoir, achevé en 1835, fut vendu en 1841. A. de Beauchesne avait déjà publié des *Souvenirs poétiques*, édit. originale Paris, Delangle, 1830, in-12.

2. Voir une pièce de vers de Saint-Félix, *Amitié* dans la *Revue de Paris* (1835, 2ᵉ série, t. XXIV) et un article nécrologique de Wilhelm Ténint dans *L'Artiste* (1845, 4ᵉ série, t. II). — Du prince Mestscherski, il reste deux volumes fort intéressants : *Les Boréales* en 1838 (divisé en deux parties, *Le Livre d'amour* et *Études russes*), et les *Roses noires*, Paris, Amyot, 1845, in-8°, recueil posthume accompagné d'une lettre de V. Hugo du 11 novembre 1844.

traitait comme un second fils. La comtesse Dash qui l'y rencontra
souvent, ne tarit pas sur sa gaîté spirituelle : « Rien n'était
amusant et drôle comme son charmant esprit ; il avait des inventions, des mots inouïs. Il écrivait des lettres qui faisaient pâmer de
rire. Je n'ai jamais vu personne s'ennuyer avec lui [1]... » Après
les conversations et les lectures sérieuses, c'est lui qui se chargeait
d'organiser des divertissements inattendus. Un soir, il improvisa
avec Elim et le comte de Viel-Castel un grand drame édifiant :
deux hommes rivaux autrefois, tous deux dégoûtés du monde, se
retrouvaient face à face dans le même monastère et le sentiment
chrétien triomphait de l'ancienne jalousie. « Jamais je n'ai vu un
succès pareil, ajoute-la comtesse Dash, Soumet était transporté [2]. »
Un autre jour, une représentation des *Précieuses Ridicules* avec
Saint-Félix en Gorgibus, Lassailly en Almanzor et Roger de
Beauvoir en Mascarille... La princesse rentrée dans ses appartements, on se transportait chez son fils ; puis, au matin, la bande
joyeuse se répandait dans les rues de Paris. C'était le moment de
ces espiègleries où triomphait la verve bruyante de l'auteur de
*L'Ecolier de Cluny*.

Cette existence de dandy n'était pas sans danger. A ce jeu,
Roger de Beauvoir, un peu par entraînement et beaucoup par
snobisme, a gâché sa vie et gaspillé un talent qui méritait mieux.
Mais avec un tempérament comme celui de Saint-Félix, ceci n'est pas
à craindre. Ce latin a l'instinct de l'ordre. Dès sa rentrée à Paris,
en 1832, il s'est préoccupé de régler son existence et son travail.
Ses loisirs forcés n'ont pas été perdus. Sans parler d'une collaboration très active à divers keepsakes et recueils [3], l'éditeur Allardin
publie, en mai 1833, le roman de *Dalilah* [4] : conception franchement
romantique, légende d'un symbolisme ingénu et compliqué dont
les péripéties se déroulent tantôt en des paysages italiens, tantôt
dans une ville souterraine. Le mois suivant, il commence, avec

1. *Mémoires des autres*, t. IV, p. 190.
2. La comtesse Dash a tort de parler d'une improvisation, quant au sujet de la pièce
tout au moins. Elle est tirée d'une nouvelle, *Solitude*, donnée par Saint-Félix dans
*Le Panorama littéraire de l'Europe*, en 1834. Ce recueil, dirigé par Ed. Mennechet,
ancien gentilhomme de la chambre, comptait parmi ses collaborateurs le prince
Elim. Les deux amis se retrouvaient encore à *La France littéraire* de Ch. Malo,
avec Horace de Viel-Castel, Th. de Ferrières, Th. Gautier. (Des vers de Saint-
Félix au t. XVIII, 1835 : *Nocturnes*, I. *La lune* ; II. *La mort de l'Archange*.)
3. *Les Annales romantiques* (1830, 31, 32, 33, 36) ; *Le Talisman* (1831) ; *Le Selam*
(1834) ; *Les Etrennes de la jeunesse* (1836) ; *Un Diamant à dix facettes* (1838) ; *Paris
Londres* (1837-38)... En 1833, il donne au t. III du *Livre des conteurs* une nouvelle espagnole, *Blanca*. A partir de la même année, il publie une série de nouvelles dans le *Journal des jeunes personnes*. En 1836, il collabore à l'*Ariel* de
Lassailly (12 et 23 mars).
4. *Dalilah*, Paris, Allardin, 1833, in-8°.

P. de Julvécourt, la série des *Pèlerinages*[1], et un an plus tard,
exactement, le poème d'*Arabelle* paraît chez U. Canel[2].

Ici, l'auteur des *Poésies romaines* a voulu changer sa manière ;
il a pris l'allure fringante. Byron et Musset[3] sont ses maîtres. Il
se souvient à la fois de la Camargo et de Marion Delorme. Le
sujet est tout à fait dans le ton des nouvelles dramatiques à la
mode : une courtisane trahie par celui qu'elle aime, acharnée à
poursuivre sa vengeance, tuant de sa main l'infidèle et reconnaissant, trop tard, dans sa rivale une sœur qu'elle croyait perdue...
Intrigue assez mince ; mais rien n'est oublié, pour la faire valoir.
Un décor de joie et des épisodes d'horreur ; un fouillis bigarré de
costumes, de travestissements, et de haillons ; des moines et des
débauchés, des marquises et des filles ; des musiques, des chants,
des rires, des cris ; une fête dans un palais florentin, le taudis
d'une sorcière, le silence d'un couvent, toute l'Italie joyeuse et
tragique...

> Là, parfois, des duels à mort, un homme à terre.
> Par qui tué ? Pourquoi ?... Pour rien. C'est un mystère,
> Et l'on n'en parle plus...

Des rendez-vous et des embuscades ; un combat dans les lueurs
indécises de l'aube, la scène de l'orage, la scène du cimetière. Cela,
décousu à dessein. Saint-Félix a étudié chez les maîtres l'art de
violer les règles : une poétique très compliquée, et qui demande
beaucoup d'application. Il en connaît tous les artifices : des oppositions violentes, des dialogues qui commencent brusquement et
qui tournent court ; de longues tirades quand un mot suffirait,
des formules rapides quand un développement serait nécessaire ;
des hors-d'œuvre jetés aux moments les plus pathétiques,
lorsqu'on s'y attendrait le moins, et parce qu'on ne s'y attend pas.
Sans rien perdre de sa pureté, le style s'est fait capricieux à
souhait, léger, désinvolte, d'une élégance impertinente, — ou frémissant ; de l'éloquence et de l'ironie, de la passion et du sarcasme,

---

1. Six livraisons parues, d'abord chez Allardin, puis chez U. Canel.
2. *Le roman d'Arabelle*, Paris, Canel et Guyot, 1834, in-8°.
3. Parmi ces jeunes gens, l'admiration pour Musset est grande. Dans *Les Boréales*
du prince Mestscherski :

> J'eusse imité Musset, s'il était imitable,
> Le poète si fort, si profond et si franc,
> Que notre goût si faux à peine le comprend...

Voir dans le *Mercure de France* de 1851 (9 nov.) l'article de Saint-Félix sur
*Bettine* : « Un certain embarras nous gagne en voulant parler d'A. de Musset. Nos
sympathies et nos admirations sont acquises depuis longtemps à ses œuvres et,
quant à sa personne, notre amitié ne peut lui faire défaut. »

même du satanisme, de grands coups d'aile et des pirouettes imprévues. C'est un excellent travail, suivant les formules connues [1].

À en croire la préface, ce poème serait une œuvre de méditation solitaire, et religieuse, longuement mûrie, d'une sincérité profonde... Mais dès les premières pages, on est fixé :

> Vous avez, ce matin, quelque chose d'étrange,
> Ma chère, vous tenez du démon et de l'ange ;
> Vous tenez de l'enfant naïf et du serpent ;
> Vous tenez de la fleur nouvelle qui répand
> De ces parfums d'avril dont s'enivre notre âme.
> J'aime à vous voir ainsi, ma chère, ce matin,
> Nonchalante...

Et ces formules à effet :

> Je te ferai sauter le crâne, mon amour !...
> ... Mon sang est une lave
> Qui s'allume et bouillonne aux éclairs de tes yeux...

Et ces apostrophes :

> Donc, vous m'avez volé mon amant, vous, duchesse,
> Ayant fiefs et châteaux...

Et cette tirade d'Arabelle au jeune homme qui rêve pour elle une régénération :

> Un jour, quand tu m'auras donné ton nom, donné
> Ton lit et ton honneur ; quand une tête blonde
> S'appellera ton fils et le mien ; quand, au monde,
> On ne citera pas époux plus glorieux,
> Un jour, dans ton salon, un homme riche et vieux,
> Qui sera devenu ton voisin de campagne,
> Un homme de retour d'Italie ou d'Espagne,
> Au milieu de ton bal fixant sur moi les yeux,
> Demandera mon nom, en jurant terre et cieux
> Qu'il me reconnaît bien, qu'il me vit en Toscane,
> Et que pour cent louis je fus sa courtisane.
> A quand la noce, dis ?...

Tirade de théâtre certes ; et la majeure partie du poème est

---

1. Un poème du même ton, *Paula,* au t. V du *Panorama littéraire de l'Europe* (1834).

ainsi dialoguée. On comprend que l'auteur, hanté, quelques années plus tard, par le démon de la scène soit revenu à ce sujet[1].

*Arabelle* avait été bien accueillie par les gens du monde, grands amateurs de romanesque. « Les dandys et les femmes sentimentales » encourageaient Saint-Félix à persister dans cette voie. En revanche ses vrais amis, « les poètes et les artistes le brusquaient pour qu'il revînt à l'antique, à ses peintures de la vie splendide de la Rome impériale[2] ». La *Revue de Paris*, en rendant justice à l'œuvre nouvelle, rappelait son premier recueil — avec quelque regret[3]. Le conseil fut compris d'autant mieux que François Buloz, entre les mains de qui la revue venait de passer cette année même, ne se contentait pas d'un encouragement platonique...

De 1835 à 1837, J. de Saint-Félix est un de ses fournisseurs habituels, avec une série d'études en prose qui donneront la matière des *Nuits de Rome*[4]. En même temps, il écrit son roman de *Cléopâtre* et son poème de *Cynthia*. Travail joyeux et sans lassitude. Il a retrouvé son domaine propre, il s'abandonne à son inspiration et à ses goûts, il a échappé à la tyrannie de la mode. De nouveau, il a conscience d'être lui. En tête de *Cléopâtre*, il abjure ses erreurs d'un moment : « Par un instinct secret, l'auteur de ce livre se sentit toujours entraîné vers la *poétique* des temps antiques. Bien des obstacles, bien des ennuis vinrent se jeter entre lui et son goût déterminé. Même un jour, lassé d'un rêve chimérique, il renia *ses dieux* et chercha des inspirations dans les sources modernes. La tentative eut un succès douteux. Il revint donc à l'antique, mais à son antique spécial et de prédilection : l'ère impériale Romaine[5]. »

---

1. *Arabelle ou une dame florentine, drame en 4 actes* (manuscrit daté de 1845). — Il aurait presque suffi de supprimer le dénouement, d'allure trop mystique (Arabelle retirée dans un cloître, devenue une manière de sainte, illuminée) et de s'arrêter à la reconnaissance des deux rivales. Mais Saint-Félix ne s'en est pas tenu à une adaptation. Il a réécrit l'œuvre en entier avec un double dénouement, dénouement de drame et dénouement de comédie. La pièce ne fut ni représentée, ni publiée.

2. Avant-propos de 1853.

3. Deuxième série, t. VI.

4. Deuxième série : t. XX, *Virgile*; t. XXI, *Tibulle*; t. XXV, *Césonie et Danaé*; t. XXXVII, *Le dernier souper de Néron*; t. XXXIX, *La bacchante*. En outre, des morceaux en vers aux t. XXII, XXIV, XXVIII et XXXIII. — A la première série de la revue, Saint-Félix avait donné seulement quelques vers, *Promenade*, au t. XIX (1830). — La collaboration, interrompue en 1838, reprend en 1839, 40 et 41 avec une suite d'articles sur le Languedoc et la Provence.

5. *Cléopâtre reine d'Égypte*, Paris, Charpentier, 1836, 2 vol. in-8°. — Réimpr. en 1856 dans *Le Mousquetaire* d'A. Dumas.

Comment Charpentier se chargea de l'ouvrage, c'est ce que nous apprend un article d'A. Dumas publié en mai 1864 dans le *Journal illustré*, à propos d'une réimpression des *Nuits de Rome*. Voici le début de cet article oublié. Il n'intéresse pas moins l'auteur de *Catigula* que l'auteur de *Cléopâtre*. On a discuté assez souvent sur les sources du dramaturge et sur les origines de son théâtre, pour qu'il vaille la peine, à l'occasion, de recueillir son témoignage :

Un jour le libraire Charpentier, dont le nom vivra plus longtemps peut-être que quelques-uns des auteurs qu'il a édités, parce qu'il a attaché son nom à un certain format ignoré jusqu'alors dans la librairie, vint chez moi. Je serais bien embarrassé de dire pour quelle cause. Il tenait à la main un paquet d'épreuves, et après que nous eûmes causé un instant de nos affaires, ou plutôt tout en causant de nos affaires, je lui pris le paquet des mains et machinalement je jetai les yeux dessus. Étonné de la facilité gracieuse de certaines phrases, de la simplicité antique des périodes, de la forme à la fois sobre et choisie avec laquelle l'auteur exprimait ses pensées, je demandai à Charpentier :
« Quel livre avez-vous donc là? — Ce livre, me dit-il, c'est tout simplement un coup de tête que je fais. — Comment cela? — Sans doute; j'imprime la première œuvre d'un jeune homme inconnu, sans savoir seulement si je rentrerai dans mes frais. — Diable, savez-vous que c'est méritoire ce que vous faites là! Et comment s'appelle votre livre? — *Cléopâtre*. — Et votre auteur? — Jules de Saint-Félix. — Tiens, je le connais! — Comment, vous le connaissez? — De nom seulement. Il fait des vers adorables. — Des vers! Il ne manquait que cela, dit Charpentier consterné. Vous ne le direz à personne, n'est-ce pas, qu'il fait des vers? — A une condition. — Laquelle? — C'est que vous me laisserez lire *Cléopâtre*. J'aurai fini les deux volumes demain, je vous le promets. — Oh! gardez-les tant que vous voudrez... » Et Charpentier me laissa *Cléopâtre*. Je déposai sur ma table cette admirable étude antique que je recommande à tout lecteur ayant le goût de l'idéal et de la forme à la fois. Je voyageai, j'oubliai Saint-Félix, mais je n'oubliai point *Cléopâtre*. *Cléopâtre* avait éveillé en moi le goût de l'antiquité, comme *Richard III*, *Gœtz de Berlichingen*, et *Fiesco* avaient éveillé le goût du moyen âge. Je voulus, au-dessus du portique de la renaissance mettre le fronton de l'antiquité. Je fis *Caligula*[1]... »

C'était une bonne fortune pour le jeune poète que d'être accueilli par Charpentier, un nouveau venu dans le monde des éditeurs, mais qui s'était aussitôt classé par quelques entreprises considérables : le Byron de B. Laroque, les mémoires de la comtesse Merlin, les œuvres de Souvestre, l'édition collective du théâtre

[1]. Voir un article du *Mousquetaire* 12 février 1854.

de Dumas. A l'automne de 1835, quand Saint-Félix quitta Sèvres pour rentrer à Paris, ils étaient à peu près d'accord. D'une lettre du 26 novembre :

M. Henry Blaze que j'ai vu hier désire avoir l'honneur de vous voir pour une affaire qui nous concerne l'un et l'autre, je crois. Il sera chez lui demain mardi de 11 heures à midi et même 1 heure. Vous seriez bien aimable de prendre la peine d'y passer. Mon déménagement à Paris en ce moment me privera du plaisir de vous voir chez Henry comme j'en avais le projet, mais il a bien voulu se charger de mes intérêts et je suis sûr que vous vous entendrez facilement. Pour moi, monsieur, je serai ravi de publier par vos soins un livre auquel j'attache presque ma destinée littéraire...

Dès lors, c'est entre eux une correspondance suivie. Le travail marche rapidement, Saint-Félix est plein d'espoir. Le 18 mars 1836, en envoyant le manuscrit du premier volume : « Nous n'avons pas de temps à perdre pour paraître. Sérieusement, cet ouvrage m'est demandé par des *acheteurs*; dans deux mois, ils ne seront plus ici. » Le 3 mai : « Hâtons-nous de mettre sous presse; il est encore temps; toutes mes connaissances sont encore ici et achèteront. J'espère beaucoup de cet ouvrage et je crois que vous avez lieu d'espérer aussi. » Quelques jours plus tard : « Je crois que *Cléopâtre* aura un succès complet. Je n'ai, je crois, rien écrit de semblable. » Le 28 juin, l'impression est achevée. Il s'agit de préparer le lancement de l'ouvrage :

Mon cher éditeur, nous devons paraître demain, je crois. Je m'occupe des articles en question. J'ai vu le gérant de la *Quotidienne*, le comte de Lostanges; c'est un de mes amis et il m'a promis un feuilleton excellent... M. Lassailly nous fait deux articles. J'écris par le même courrier à M. de Romano pour la *Gazette de France*. Il y a un monsieur nommé M. Goulet qui dirige le *Courrier des Dames*, journal de modes; il m'a proposé un article dans ce petit journal qui du reste est très répandu... Roger doit partir pour la campagne; il serait bien heureux qu'il pût faire l'article de la Mode avant son départ. J'irai voir Jules Janin qui l'autre jour a été très aimable pour mon livre; il en parlera aux *Débats*, Henri Blaze se charge de la *Revue*... Je dois voir M. Dufour pour la Russie; il prendra bon nombre d'exemplaires. Est-ce que vous enverrez des affiches en province?

Une lettre de juillet revient sur cette question :

La *Gazette* est absurde, elle n'annoncera que les lignes à la suite des annonces payantes. Il ne faut pas se formaliser pour cela. Assez d'autres journaux sont à nous. Je sais que l'ouvrage fait le meilleur effet possible et qu'il est haut placé. On le demande, et nous nous en trouverons bien...

Mais Charpentier s'inquiète. Il y a, entre eux, un peu d'aigreur. Le 21 août :

Mon cher éditeur, j'ai vu plusieurs personnes qui m'ont parlé de vos alarmes sur la vente de notre livre. J'aurais pu, à mon tour, parler du peu d'annonces de l'éditeur. Je ne juge pas la question, je regarde vos intérêts comme les miens et j'en prends souci. Le livre a été loué et attaqué déjà comme il devait l'être. Mais tous les articles n'ont point paru. Il y en a eu un hier dans le *Siècle* qui est excellent. Beaucoup de journaux se plaignent de ne pas avoir reçu d'exemplaires. Maintenant, il s'agit d'avancer la vente. Pour mon compte, je connais mille personnes qui ont lu l'ouvrage, et ce n'est pas moi qui le leur ai fourni...

Il est certain que le succès ne répondait pas au mérite de l'œuvre et aux espérances de l'auteur. Sans doute, les revues littéraires étaient favorables; Saint-Félix pouvait invoquer quelques témoignages flatteurs. Les gens de goût se plaisaient à retrouver ici cette antiquité qui n'avait plus la raideur pseudoclassique et qui se gardait du clinquant à la mode. Des descriptions, sobres et vivantes, s'imposaient à l'admiration [1]. Des silhouettes, de psychologie sommaire peut-être, étaient marquées d'un trait vif, en des attitudes expressives : Vintidius apportant le message d'Antoine, hautain devant le déploiement des somptuosités orientales, immobile et silencieux, « les bras croisés sur sa cuirasse »; la course folle de Cléopâtre à travers les salles vides de son palais; la souplesse nerveuse de Pharam, la gravité ardente d'Antinoë. « Il y a dans ce roman, dit la *Revue de Paris*, un grand

---

1. Dès le début, cette apparition de Cléopâtre : « Une nuit, les grands Sphinx placés au bas de l'escalier de marbre qui descendait jusqu'à la mer, étaient battus par les coups de vent, et leur tête de granit ruisselait sous une poussière humide. Le palais de Ptolémée Philadelphe recevait dans ses portiques les lueurs blafardes des éclairs qui se croisaient au loin sur l'eau ténébreuse. Le phare de Sostrate Gnidien jetait aux nuées sa longue flamme, comme un serpent monstrueux qui darderait sa langue vive et rouge. Les rochers du Lochias brisaient en écumes les flots marins, et, par intervalles, on distinguait sur le balancement des ondes quelques galères nageant à force de rames et revenant de Canope, malgré tant de signes funestes. Or, à une galerie du palais Ptoléméen, une femme contemplait la nuit, la tempête, le phare et la ville d'Alexandrie. Cette ville était à elle; à elle étaient ces deux ports, ces grands navires enchaînés; à elle, les rives sablonneuses, les régions fécondes, les déserts sans borne, toute l'Égypte. Voyant la colère de la mer, elle voulait rassurer sa terre bien aimée; c'est pourquoi elle souriait. Divin sourire, dont furent émus, sans doute, les Dieux marins qui passaient, car les flots mutinés commencèrent à s'apaiser... » (T. I, p. 8.)

nombre de chapitres ciselés comme des bas-reliefs du Parthénon,
il y a des fragments de chansons qu'on dirait retrouvées dans un
palais d'Herculanum [1]. » Même, le talent de l'artiste s'était élargi
depuis son premier livre antique ; le récit de la bataille d'Actium
se déroulait, précis comme un chapitre d'histoire, puissant comme
un chant d'épopée.

Par malheur, Saint-Félix avait visé plus haut qu'une reconstitution historique ; l'influence de Chateaubriand se faisait sentir,
fâcheusement. La seconde partie du premier volume, la première
moitié du second, avec leurs prétentions philosophiques alour-
dissaient la marche du roman [2]. Ce symbolisme un peu naïf, ces
personnages qui se travaillaient à représenter des idées, ce
mélange de paganisme et de préoccupations chrétiennes, tout
cela était artificiel. Et pour l'auteur, c'était bien là le cœur de
son œuvre, ce qui faisait sa beauté profonde ; mais l'éditeur et
le public avaient le droit d'en juger autrement. En somme, pour
G. Charpentier, la spéculation n'était pas heureuse. Il dut
rester assez froid, quand Saint-Félix lui proposa, quelques mois
plus tard (en janvier 1837), de recommencer l'épreuve avec le
poème de *Cynthia* :

La Cynthia est un livre qui m'est demandé de partout. Je ne comprends pas bien encore votre hésitation. Souvenez-vous que j'ai aussi
mon instinct de divination. Cet ouvrage, en ce moment, réussirait.
D'ailleurs la moitié du volume serait en prose...

Avec cette lettre s'achève la correspondance de Charpentier et de
Jules de Saint-Félix. C'est chez Suau de Varennes que parurent,
en mai 1837. les deux volumes de *Vierges et Courtisanes* [3]. Quant
à *Cynthia*, dont la *Revue de Paris* avait publié le début en 1835

---

1. Deuxième série, t. XXXII.
2. « L'auteur de ce livre a essayé de personnifier trois idées... Cléopâtre est le
sensualisme et le scepticisme antiques ; Antinoë est la nature naïve, pure et
forte ; Esther la sagesse, c'est-à-dire la foi, la connaissance du vrai principe par
la révélation divine. Antinoe la nubienne et Esther la juive sont, chacune de son
côté, d'énergiques protestations contre l'ordre immoral, sceptique, antisocial,
et despotique dont la dernière reine d'Egypte est le symbole... » (Préface, p. XIV).
3. *Vierges et Courtisanes*, 2 vol. in-8° (Premier titre des *Nuits de Rome*). Aux
nouvelles données par la *Revue de Paris* de 1835 à 1837, *La Bacchante, Chrysis*
(titre nouveau, *Tibulle*), *Virgile* (titre nouveau, *Sylvia*), *Césonie et Danaé, Le Dernier
souper de Néron*, cette édition originale ajoute : une nouvelle inédite, *L'usurier et
l'empereur*, deux petits drames *Orestilla* et *Emilia*, et un *Epilogue*. — Deuxième
édition, *Les Nuits de Rome*, Paris, Lecou, 1853, 1 vol. in-12 : les mêmes morceaux
sauf *Orestilla* et *L'Épilogue* ; en plus, un *Avant-propos*, une légende antique *La
dernière Gallo-Romaine*, deux nouvelles : *Lisistrata* (parue en 1844 dans la *Revue de
Paris*), *Les femmes aimées d'Horace* (parue dans *L'Artiste* en 1847). — Une autre édition, illustrée, chez Dentu en 1864, in-12 : un morceau ajouté, *Les amis de Virgile*.

(t. XXIV), toute la fin resta inédite. L'œuvre pourtant n'était pas indigne de l'auteur des *Poésies romaines*. Voici, d'après le manuscrit, quelques vers seulement de la troisième partie, *Le Lac d'Agrippa* :

### CHŒUR

> Des lauriers! des lauriers! que la grande Italie
> Par une chaîne d'or à l'orient s'allie!
> Que Rome jette au ciel ses cris mélodieux...
> Les fêtes de Néron sont des défis aux Dieux!
>
> Renais de ton bucher jeune Sardanapale,
> Monarque aux blonds cheveux, si vain de ton front pâle,
> Héros de volupté que Ninive admira
> Souriant dans le feu, sur le sein de Myrrha;
> Roi des jeux, inventeur de la haute Cithare,
> Reprends ta robe blanche et quitte le Tartare
> Ou les cieux paternels, pour t'asseoir au festin
> Que donne à l'univers le Jupiter latin.
>         .   .   .   .   .   .   .   .   .   .   .   .   .   .   .
> — Et toi, reine d'Égypte, ardente Cléopâtre,
> Qui revins d'Actium comme on vient du théâtre,
> Belle, tes cheveux d'or roulés sous des réseaux,
> Pareille à Galathée errante sur les eaux,
> Oh! lève-toi, franchis le seuil des pyramides,
> Montre nous ton sourire et tes grands yeux humides;
> Accours, voluptueuse...
>         .   .   .   .   .   .   .   .   .   .   .   .   .   .   .

### LE POÈTE

> Lac d'Agrippa, dis-nous pour qui cette galère
> Couronnée au rostrum des roses de Falère,
> Navire merveilleux, dont les rames d'argent
> Au geste du pilote ensemble s'allongeant
> Font jaillir cent éclairs qui s'éteignent dans l'onde!...

Durant ces quelques années, d'ailleurs, la production littéraire de J. de Saint-Félix est très active. A l'exemple de Dumas, il a entrepris, parallèlement à son œuvre antique, une série de romans historiques modernes : *M^{lle} de Marignan* en 1836, *M^{me} la duchesse de Bourgogne* en 1837, *Le colonel Richemond* en 1838, *M^{me} la duchesse de Longueville* et *Clarisse de Roni* en 1839... Puis, en 1840, cette production s'arrête; son nom ne parait plus au *Journal de la Librairie*. C'est qu'une grande chose s'est accompli. Au cours d'un voyage à Nice, auprès des Mestscherski, sa vie s'est orientée dans une direction nouvelle. Une lettre du 16 août annonce son mariage à son ami Deschamps :

Les amitiés éloignées ne sont pas les moins fidèles et la mienne, cher Émile, vous a toujours suivi de l'œil et du cœur. Je n'ai pas quitté Paris en esprit, du moins je l'espère et vous avez dû m'y rencontrer quelquefois sous la forme d'un livre ou dans l'écho d'un souvenir. Je viens aujourd'hui vous faire part, dans une lettre datée de bien loin, d'un événement grave et heureux pour moi. Je suis marié depuis quelques jours et je le suis avec une charmante jeune personne, la filleule de notre excellente princesse Mestchersky, M^lle d'Arnous Dessaulsays, fille du contre-amiral de ce nom [1]... Vous avez sans doute rencontré dans le temps chez la princesse une jolie enfant appelée Malvina. Elle se souvient de vous parfaitement, car on ne vous oublie jamais ; elle est devenue, depuis lors, une jeune personne fort distinguée. Aujourd'hui elle est ma femme... Notre mariage a eu lieu à Nice, chez notre bonne princesse et avec un éclat charmant ; peut-être même avec plus de bruit que je n'en aurais voulu. Toute la meilleure compagnie d'ici a pris part à cette fête. La princesse est si aimée et ma chère Malvina l'est beaucoup aussi personnellement... Nice est pour moi un délicieux pays où je voudrais bien fonder une certaine colonie que je sais. Comme vous seriez ici aimé et admiré, cher Émile! Vos ouvrages vous ont gagné sur ce beau rivage mille sympathies que vous ignorez et qu'il vous serait bien doux de rencontrer dans nos *villa* et sous nos citronniers. La maison Mestchersky est une de vos vieilles amies, vous le savez...

Mon projet est de faire une apparition de trois semaines à Paris en octobre. J'ai deux affaires d'intérêt à suivre ; mais comme avant tout mes affaires agricoles me demandent dans le midi, je ne serai à Paris qu'un voyageur... Le prince Elim, bien que souffrant encore, est plus poète que jamais. Il termine en ce moment un travail de prince des poètes. Il vous en parlera lui-même, et tout le monde aussi, bientôt...

Avec sa femme, le poète, en effet, s'installa au château de la Périne, près d'Uzès, résolu à « faire valoir ». Il renonçait aux lettres et à Paris... Il devait y revenir quatre ans plus tard, les derniers débris de sa fortune perdue, mais riche toujours d'espérances, prêt à forcer la gloire avec un grand drame en cinq actes et en vers.

\* \*

La lecture de *Cléopâtre* avait éveillé chez A. Dumas le goût de l'antiquité. On peut supposer, en retour, que le succès de *Cati-*

---

1. L'amiral, qui avait été gouverneur de la Martinique, commandait à ce moment la station des Antilles.

*lina* inspira à J. de Saint-Félix le désir de porter au théâtre son poème de *Cynthia*. La parenté même des sujets était un encouragement de plus. Sur la scène, par le prestige du décor, avec des interprètes comme Rachel et Beauvallet, cette Rome, si chère à son imagination, pouvait revivre d'une vie véritable, intégrale... Et ce serait la revanche de toutes les pâles rapsodies pseudoclassiques.

Le 18 juin 1844, le comité de la Comédie-Française écouta une lecture de *Cynthia*. « Cette lecture réunit toutes les sympathies; l'approbation fut unanime. Le drame, reçu à condition de plusieurs modifications nécessaires au théâtre, devait avoir une seconde audition [1]... » Saint-Félix ne comprit pas que cette réception conditionnelle était un refus poli. Il se remit au travail, avec un sentiment très net des défauts de son œuvre. Dans cette première version, le personnage de *Cynthia*, vestale convertie au christianisme et mourant pour sa foi, avait le tort de trop ressembler à la Stella de *Caligula*. Sans doute, il aurait pu défendre ses droits d'antériorité, rappeler son poème de 1835. Il préféra couper toute une partie de sa pièce, et la refondre. L'action, d'ailleurs, en était un peu confuse. Deux drames s'y juxtaposaient, un drame intime, chrétien, — et un drame politique, la révolte de Vindex. Celui-ci demeura seul. Cynthia ne fut plus qu'une vestale, lasse du culte qu'elle reçoit, aspirant à la vie libre et naturelle. Un acte, qui se déroulait dans l'obscurité des Catacombes, fut sacrifié. Le dénouement fut changé et l'intérêt se porta uniquement sur les fantaisies de Néron, sur sa chute et sa mort.

En moins de deux mois, le travail était achevé; mais ces mois d'été n'étaient pas un moment favorable pour une lecture. Dans une lettre du 5 août, Buloz, commissaire du roi près le Théâtre-Français, engagea le poète à la patience [2].

Saint-Félix attendit en effet — près d'un an, — et quand il fut convoqué de nouveau, le 27 mai 1845, ce fut pour entendre un

---

1. Lettre inédite à Rachel. Sur cette affaire, voir aussi un article dans le *Mousquetaire* du 26 novembre 1854 (*Les mirages du passé, Un grand succès*). — Quant à la pièce, les deux versions successives (*Cynthia et Néron*) étant restées inédites, j'analyse et je cite d'après les manuscrits conservés dans les papiers de l'auteur.

2. « J'ai parlé de votre pièce à votre tragédien qui est d'avis que vous ne relisiez qu'à votre retour, et que vous amélioriez encore. Voulez-vous que je lise moi-même votre œuvre modifiée? Mais je suis assez de l'opinion de B. (Beauvallet), que vous vous êtes peut-être un peu trop hâté. Il vaut mieux méditer encore sur tout cela et ne venir qu'à coup sûr et pour un grand succès. On vous tiendra compte de savoir retravailler et attendre, et puisque vous devez forcément revenir, le parti le plus sage est celui-là. Cependant, je suis à votre disposition.

« Tout à vous

« BULOZ. »

comité, où figuraient presque exclusivement des acteurs de
comédie, écarter sa pièce définitivement. Le coup était assez rude
pour le poète. Il s'en plaint, avec beaucoup de dignité, dans une
lettre à Rachel :

... Ce jour-là, le comité était composé, en très grande partie, d'artistes
dont l'emploi spécial est dans la comédie. Je suis loin de nier le talent
de chacun de ces artistes, mais ce qu'il m'est bien permis de contester,
c'est le caractère sérieux du comité ce jour-là. Vous n'en faisiez point
partie, mademoiselle, et ce fut, pour le drame de *Cynthia*, un vrai
malheur, j'en ai la conviction. Le comité apporta donc à l'audition de
ce drame des préoccupations étrangères, c'est un fait constaté, surtout
des préoccupations impatientes et railleuses. Quelques mots joyeuse-
ment interprétés (l'ironie est un jeu si facile!), quelques situations
auxquelles on donnait un sens comique, la *belle humeur* du moment,
tout cela fut fatal au drame antique, parfaitement lu cependant par
M. le régisseur. En résumé, le comité du 27 mai 1845 repoussa la pièce
que le comité du 18 juin 1844 avait jugée digne de son approbation
unanime et qu'il avait reçue comme une œuvre *de grand talent*, selon les
expressions de MM. les commissaires délégués Ligier et Périer...

Devant une décision de si peu de valeur, que fait tout homme qui a
le sentiment de sa dignité? Il se retire sans réclamation. On ne discute
pas avec des rieurs et surtout avec des femmes chez qui la légèreté
d'esprit survit à la jeunesse et à l'âge mur. Oui, mais il est consolant
de pouvoir se plaindre hautement au jeune et noble talent qui, ce
jour-là, ne pouvait protéger de son nom et de sa présence une œuvre
d'art.

Vous êtes appelée, mademoiselle, à de hautes destinées. Tandis que
bien de petites réputations s'éteindront successivement, au théâtre
comme ailleurs, votre nom grandira, et votre influence aussi, espérons-
le. Vous pourrez donc un jour faire valoir l'autorité de ce nom illustre,
dans des circonstances données. Ainsi agissait Talma, de glorieuse
mémoire; ainsi vous ferez. Heureux les poètes à qui vous tendrez la
main; votre approbation sera leur plus belle part de succès. Pour moi,
j'ai voulu constater aujourd'hui, par une sorte de protestation, que
M^{lle} Rachel a été étrangère à une injustice qui blesse les convenances et la dignité de l'art...

Mais la tragédienne avait, à ce moment, autre chose en tête.
Elle venait, un mois plus tôt (le 5 avril), de remporter un triomphe
dans la *Virginie* de Latour Saint-Ybars [1]. Pour l'instant, elle songeait surtout à son congé annuel. Il ne semble pas qu'elle se soit
employée en faveur de ce nouveau drame romain.

1. Voir J. Janin, *Rachel et la tragédie*.

En revanche, Théophile Gautier manifesta hautement son admiration pour le poète. Son article, publié dans la *Presse* du 25 mai 1846, n'a pas été recueilli dans les six volumes de l'*Histoire de l'art dramatique*. Il mérite cependant d'être connu [1] :

A défaut de pièces représentées, nous avons lu le *Néron* de M. Jules Saint-Félix, — grande et sévère étude de l'antiquité par un poète qui la connaît de longue main. Cette tragédie, refusée par le Théâtre-Français et l'Odéon [2], aurait produit, nous le croyons, un puissant effet à la scène, car M. Jules de Saint-Félix n'a pas présenté Néron au point de vue banal; il l'a peint tel qu'il était, artiste et dilettante avant tout, fantasque comme une prima donna, susceptible comme un ténor, amoureux d'applaudissements et de couronnes, enthousiaste de statues, de musique et de poésie, cruel par caprice ou par distraction, cherchant les inconnus de la volupté et donnant des formes plastiques aux rêves les plus étranges... Quel grand artiste va périr en moi, s'écrie Néron, la poitrine déjà effleurée par le poignard de Doriphore! Il ne regrettait pas l'empire, mais sa belle voix.

Le sujet de la tragédie de M. de Saint-Félix est l'enlèvement de la vestale Rubria, la belle vierge aux cheveux fauves, le seul crime que le peuple n'ait pas pardonné à Néron. Il est singulier qu'à Rome la plupart des grandes catastrophes viennent de quelque femme chaste outragée dans sa pudeur; Lucrèce et Virginie en sont deux exemples : on en trouverait aisément d'autres.

Le sculpteur grec Apollodore, que les conjurés ont eu tant de peine à entraîner dans une conspiration contre cet empereur, si bon connaisseur en statues et en bas-reliefs et qui ne s'y détermine que lorsqu'il le rencontre dans son amour, est un caractère tracé de main de maître.

La scène où Néron, déguisé en prêtre de Cybèle, se découvre aux conjurés qui sont venus consulter l'oracle et veulent le faire parler à leur guise, est des plus dramatiques; celle où la vestale, enivrée par la fille (sic) [3] de Locuste et perfidement mise en présence d'Apollodore qu'elle aime et dont elle est aimée, chante un hymne à Vénus et regrette les plaisirs de la vie est d'une rare poésie et d'une exécution admirable [4]... Une actrice intelligente y produirait, nous en sommes convaincu, un effet entraînant...

1. La pièce n'ayant pas été publiée, je ne sais comment Gautier en eut connaissance. Peut-être le manuscrit lui fut-il soumis. Peut-être assista-t-il à l'une des lectures qu'en donna l'auteur. Certaines erreurs de détail semblent indiquer qu'il n'avait pas le texte sous les yeux et rendraient la seconde hypothèse plus vraisemblable. — Dans une lettre à Dumas (*Mousquetaire* du 26 nov. 1854), Saint-Félix déclare que ses essais dramatiques ont été connus seulement de cinq ou six poètes amis « parmi lesquels Auguste Barbier, Théophile Gautier et Brizeux ».
2. *Néron* n'a pas été présenté à l'Odéon.
3. Faute d'impression. Lisez « le philtre... ».
4. Th. Gautier confond deux scènes distinctes : l'entretien d'Apollodore et de

En lisant ces beaux vers, tout parfumés des senteurs de l'Hymette, ce français aussi grec que l'était le latin de Virgile, ce drame large et simple, si antique et si vrai, que n'a voulu accepter aucun des deux seuls théâtres consacrés, en France, à la littérature sérieuse, nos idées sur le bon et le mauvais ont été complètement renversées. Qu'est-ce que le théâtre, et que veulent les comités de lecture, si tant et de si rares qualités vous font mettre à la porte?

A dire vrai, il y a un peu d'excès dans cet enthousiasme. Si le personnage d'Apollodore est, en effet, très heureusement conçu, et original, la scène des conjurés a le tort de rappeler de bien près le quatrième acte d'*Hernani*, non seulement dans sa facture générale, mais jusque dans le détail de certaines répliques, — cette entrée, par exemple, de Néron :

Quand le maître est absent, vous faites bien du bruit... (III, 6).

Les plaintes de la vestale, avide de liberté, ne présentent pas ce caractère d'emportement passionné :

Tu ne la connais pas, cette aveugle prison,
Où nous retient Vesta...
Tu ne sais pas non plus quelle sourde douleur
Vient dévorer une âme encore dans sa fleur,
Alors que, par un rêve en secret poursuivie,
Elle écoute de loin tous les bruits de la vie,
Et le flot qui se brise, et le clairon lointain,
Et les hymnes joyeux saluant le matin,
Les heureux villageois venant de Campanie,
Les époux précédés des flûtes d'Ionie,
Et les jeunes consuls sur des chars triomphants,
Et les chants du portique, et les cris des enfants!
Oh! Sentir tout cela, l'entrevoir, et se dire :
Le monde n'a pour moi que des fers! (Quel martyre!)...
On m'a divinisée en m'écrasant le cœur!... (III, 3.)

Tout le drame est ainsi, d'un travail élégant, mais sec. Saint-Félix n'a pas la grande imagination romanesque de Dumas. Très à l'aise en de petits tableaux, il n'est pas fait pour peindre à larges traits une fresque de cette ampleur. Son souffle est un peu court. Son talent, harmonieux et pur, répugne aux brutalités, aux violences de couleurs, à la richesse tumultueuse qu'exigerait la

---

Cynthia (III, 3) et la tirade de Cynthia endormie (IV, 7). Cette tirade, d'ailleurs, n'est en aucune façon un hymne à Vénus.

matière. Il n'y a rien qui soit équivalent, comme mouvement et
comme vie, au prologue de *Catilina*.

Mais, à défaut de ces ensembles pittoresques, les protagonistes du
drame sont admirablement nuancés : l'affranchi Phaon, plus dangereux et plus vil que le Narcisse de Racine, avec ses froides iro-
nies, sa cruauté artiste, son intelligence souple que rien ne surprend, — Vindex, le vengeur venu des pays du nord

> Le bâton à la main, la toison sur l'épaule...,

Thrasea, symbole de toutes les vertus mortes [1]... A l'école des
classiques, le poète a appris l'art de résumer, en quelques types
essentiels, les visages de la foule, innombrables et divers, de traduire en un raccourci expressif ses passions, ses colères, ses espérances, ses regrets. Il renouvelle, par le souci du détail, les procédés les plus traditionnels, descriptions, récits ou discours. Vindex
aux conjurés :

> Mes amis, voici l'heure où, sur tous les chemins,
> Les chariots chargés vont aux marchés romains;
> La moitié de la ville est encore plongée
> Dans le sommeil, et l'ombre est fraîche et prolongée.
> Il faut gagner la ville à pas lents, séparés ;
> Les uns suivront les bœufs de rameaux verts parés
> Qu'on amène au foiral près des jardins du Tibre ;
> D'autres iront se joindre aux prêtres du Dieu Libre
> Qui viennent de Tibur, le matin, en chantant ;
> D'autres se mêleront au cortège éclatant
> De quelque sénateur revenant de ses terres.
> Ayez soin d'égayer vos figures austères ;
> Point d'embarras ; riez, répondez franchement,
> Avec les gens âgés ne parlez qu'un moment ;
> Aidez la jeune fille à porter ses corbeilles,
> Vantez-lui sa beauté, le miel de ses abeilles,
> Et ses fleurs et ses fruits; dans les groupes pressés,
> Mêlez-vous en riant. Soyez calmes. Passez [2] !

Sur les prétoriens, cette tirade de Phaon :

> ... Tu crains ces radoteurs de gloire?
> Vois-tu, tout vieux soldat au front cicatrisé
> Brâme pour son Dieu Mars, quand Bacchus l'a grisé.

---

1. Le personnage est emprunté à *Une fête de Néron* de Soumet et Belmontet. A
signaler aussi, en particulier dans le cinquième acte, certaines analogies avec le
drame d'Alfred Pourchel, *Une chrétienne et Néron*, Paris, Guillaumin, 1835, in-8°.
2. Première version, II, 7. Supprimé dans la deuxième.

Laisse crier ceux-ci. Que te font leurs paroles?
Ce sont d'anciens acteurs qui déclament des rôles.
Leurs glaives flamboyants, moins cruels que leurs voix,
Ne blessent que les yeux, s'ils tuaient autrefois.
Leur poème guerrier incline vers l'idylle;
Ils en sont maintenant aux bergers de Virgile.
Que faut-il désormais à ces fronts blanchissants?
L'espoir d'une Arcadie aux troupeaux mugissants,
Le lointain d'une vigne ou d'un verger... Que sais-je?
Une épouse, un bon chien, un toit couvert de neige,
Le repos du foyer, un caveau regorgeant,
Les chansons, les bons vins dans des coupes d'argent.
Eh bien? Ce rêve auquel tout vétéran aspire
Est-il si dangereux au salut de l'empire?
Va, ces prétoriens dont tu t'alarmais tant,
Les voilà. Vieux chevaux... Bien harnachés pourtant (IV, 2) [1].

Le dialogue, d'ailleurs, sait être, quand il le faut, nerveux et pressé. Au début du cinquième acte, pendant la fuite éperdue de Néron :

PHAON

Tout est bien et tu peux découvrir ton visage.

NÉRON

Où sommes-nous ici?

PHAON

Dans la maison du sage;
Une maison rustique, où l'on vient rarement.

NÉRON

Oh! j'ai tremblé dix fois, épouvantablement!

PHAON

Personne cependant n'a pu nous reconnaître.

NÉRON

Un soldat m'a nommé près du camp, et peut-être
A-t-il suivi nos pas...

PHAON

Non.

---

1 Il n'est pas sans intérêt de mettre en regard quelques vers de la *Lucrèce* de Ponsard. Je ne choisis pas les plus mauvais :

    Au point où nous voilà, qui veux-tu qui conspire?
    Ce n'est pas le sénat; ce vieillard impuissant
    Est purgé des humeurs qui lui chauffaient le sang...
    Et comme incessamment de ce corps tout cassé
    Tombe quelque débris qui n'est pas remplacé,
    Les membres s'en allant, ruine par ruine,
    Tout doucement bientôt s'éteindra la machine...

NÉRON

Mercure puissant,
Sauve-nous! Mon cheval a glissé dans le sang,
Près des grands peupliers des jardins d'Agrippine...

PHAON (*avec impatience*)
Eh bien, César, qu'importe?

NÉRON
Et puis, cette ruine
D'où s'élevait un cri de hibou!...

PHAON
Peur d'enfant!

NÉRON
O mes couronnes d'or, ô mon char triomphant!
Tout est-il donc perdu?... Sur la terre latine
N'est-il plus un abri pour ma tête divine?
Si nous gagnons la Gaule...

PHAON
Eh! les Alpes sont là,
Avec les légions soumises à Galba.

NÉRON
L'affreux vieillard! Comment, entre mes mains puissantes,
N'ai-je pas tué l'hydre aux têtes renaissantes?
Proconsul en Espagne!... Hélas! j'ai tout donné
A ce Galba hideux et ma tête a tourné!
Combien se sont vendus les soldats du prétoire
A leur maître nouveau?...

PHAON (*avec indifférence*)
Cette nuit est bien noire.

NÉRON
Réponds, n'avions-nous pas assez d'or?

PHAON (*souriant*)
Hélas! non.

NÉRON
Comment se sont fondus tous mes trésors, Phaon?... (V, 3).

J. de Saint-Félix mit en réserve son manuscrit repoussé par les
comédiens. Consentir à l'impression, c'eût été engager l'avenir,
renoncer. Imprimée, sa pièce n'était plus qu'une pièce morte[1]. Il

---

1. « Je ne suis pas assez vain pour croire qu'on viendra à moi : je suis trop fier
d'un autre côté, pour rien demander. J'ai donc enfermé mon manuscrit sous *trois
clefs*; il y a près de dix ans de cela. Dans dix ans, René de Saint-Félix portera
lui-même mon drame au comité de la Comédie-Française et il lui dira : Voilà un

se contenta d'en donner quelques lectures, devant des amis de choix. C'est ainsi que la connut, en 1852, un jeune poète qui allait, quelques mois plus tard, s'imposer à la renommée avec un volume de *Poèmes antiques*. Le 27 avril 1852 :

> Monsieur, Je ne vous ai-point assez exprimé hier toute ma haute estime pour vos beaux vers et pour l'étude sérieuse et complète que vous avez faite du caractère de Néron. Permettez-moi de vous redire combien j'ai été heureux d'entendre et d'admirer un vrai poète. Mon suffrage est bien peu de chose, sans doute, mais il est sincère. Acceptez-le, Monsieur, avec mes meilleures sympathies et croyez à mon vif désir de continuer des relations auxquelles j'attache le plus grand prix. Votre tout dévoué,
>
> LECONTE DE LISLE.

Témoignage précieux, mais qui ne pouvait guérir certaines blessures. Vainement, Saint-Félix avait réduit ses ambitions premières et tiré de sa nouvelle, *Virgile*, un petit drame en un acte et en prose[1] : il ne put, même ainsi, forcer les portes du Théâtre-Français. Vainement, il essaya des sujets modernes : ni le drame d'*Arabelle*, ni *Une Altesse Royale*, comédie en prose tirée d'un livre, cependant, à qui le succès n'avait pas manqué[2] n'eurent plus de bonheur. En 1856, une nouvelle déception lui était réservée. L'Odéon avait enfin reçu un *Télégone* en vers ; mais, au dernier moment, Alphonse Royer se ravisa : les vers étaient « charmants », mais ce n'était pas « une chose scénique » ; les acteurs de l'Odéon ne pouvaient s'affubler de têtes de loups; les amours brutales de Circé, son « inconvenance toute grecque », ce Télégone adonné au vin et à la chasse, la scène surtout où l'on voyait aux prises la mère et le fils, « l'absence de tout personnage à qui l'on puisse s'intéresser, la gamme du comique lui-même tout à fait en dehors des limites » accoutumées, — comment le public accepterait-il cet hellénisme si éloigné de la tradition[3]? Bref, Royer reprenait sa parole. Pourtant, l'auteur n'était pas de ces écrivains dont l'intransigeance offre de commodes prétextes à la mauvaise volonté des directeurs. Ses mésaventures l'avaient

ouvrage de mon père que des esprits sérieux reçurent avec une grande sympathie et que des *étourdis* et des *étourdies* rejetèrent, un an après, avec de grands éclats de rire... » (*Le Mousquetaire*, 26 nov. 1854.)
  1. Publ. dans *L'Artiste* du 2 et 16 avril 1851.
  2. Tirée en 1846 de *La Duchesse de Bourgogne*. Dans le théâtre moderne de J. de Saint-Félix, inédit, je trouve encore : *Raphaèle*, comédie en un acte, en vers; *Lucinde*, 1 acte en prose; *Un million*, 3 actes en vers (réplique assez curieuse à *Chatterton*), etc.
  3. Lettre du 3 février 1856.

formé à la patience. Il était prêt à toutes les concessions, à toutes les retouches, à toutes les coupures. De réduction en réduction, *Télégone* finit par n'être plus qu'un scénario de ballet pantomime[1]. Pour un poète, c'était pousser très loin — trop loin — l'esprit de sacrifice! mais il n'était pas dans sa destinée de connaitre la gloire du théâtre...

Par une aventure assez singulière, Saint-Félix qui n'avait pu faire jouer une seule de ses pièces se vit, en cette même année, attribuer un drame qui n'était pas de lui. Quand parut *L'Orestie* de Dumas, le bruit courut avec persistance que Vacquerie en avait tracé le plan et que les vers étaient de Saint-Félix. Malgré les protestations indignées de Dumas[2], ce bruit s'est propagé. E. Fournier s'en est fait l'écho[3]. Une lettre de février 1856 remet les choses au point :

Mon cher ami, Le lendemain de la première représentation de *L'Orestie*, c'est-à-dire le lendemain de votre triomphe, je faisais imprimer une lettre dans le *Mousquetaire* pour déclarer que je n'avais pas écrit un seul vers de votre drame antique. Cette lettre, à ce qu'il parait, n'a pas convaincu tout le monde. Bien des gens persistent à me croire votre collaborateur. Dans ce cas-là, il faut laisser dire. La vérité se fait jour toute seule, tôt ou tard... Suivez mon conseil, cher ami. Laissez dire, laissez passer.

L'enfant grandira, *L'Orestie* entrera glorieusement dans le monde littéraire et à ses beautés caractéristiques on reconnaîtra bien le vrai caractère du talent de son père. *L'Orestie* a vos qualités et vos défauts. Elle est splendide et dramatique; mais aussi, se sentant forte et belle, elle prend des libertés qui passent pour des témérités. Vous avez voulu révéler à la fois Eschyle, Sophocle et Euripide; vous avez composé votre drame des trois poétiques de ces grands maitres. C'était bien hardi, surtout devant un public impatient et frivole comme celui de notre temps. *L'Orestie*, réduite à la première partie, avec un dénouement splendide comme vous savez les faire, eût attiré Paris tout entier. Votre triomphe de la première représentation eût été suivi de cent représentations à salle comble. Vous n'avez pas voulu de cette idée. C'était la mienne. Donc, je ne suis pas votre collaborateur; donc, vous êtes seul l'auteur de *L'Orestie*, vous téméraire qui savez tout braver et qui ne prenez conseil que de votre génie.

Maintenant, j'ai un grave reproche à vous adresser sur une question personnelle. Dans *Le Mousquetaire* du 1er février, vous m'invitez (moi

---

1. *Télégone* est resté inédit.
· 2. *Le Mousquetaire* des 30 janvier et 1er février 1856.
3. Voir *Le Figaro* du 2 juin 1874, *Le Soleil* du 3 juin, etc. — E. Fournier, *Souvenirs de l'Ecole romantique*, Paris, Laplace, 1880 (cette notice, très brève, fourmille d'erreurs).

ou les autres) à réclamer les vers qui peuvent m'appartenir, afin de me les rendre. Mon cher Alexandre, je ne prête pas mes vers; bons ou mauvais, je les signe, je les garde en toute propriété et même je mets au défi n'importe qui d'en faire de pareils, bons ou mauvais...

Peu s'en fallut que ce fût, entre les deux amis, la rupture. Dans l'ardeur de sa défense, Dumas n'avait pas songé à mesurer ses phrases. Or l'auteur des *Poésies romaines* et des *Nuits de Rome* avait quelques raisons d'être d'amour-propre irritable. Tandis qu'il voyait la ruine de tous ses projets dramatiques, d'autres, qui ne le valaient pas, étaient entrés, glorieusement, dans la voie tracée par lui. Un mois après la chute des *Burgraves*, *Lucrèce* avait triomphé bruyamment, suivie de la reprise du *Tibère* de M. J. Chénier. La tragédie renaissait. Une jeune fille était apparue, « venue on ne sait d'où, une enfant pâle et frêle, œil de charbon dans un masque de marbre [1] »; et, par elle, l'antiquité retrouvait son prestige. Les pièces grecques et romaines se succédaient : en 1844 *La Ciguë* d'E. Augier et l'*Antigone* de Vacquerie; en 1845 la *Virginie* de Latour Saint-Ybars; en 1846 le *Diogène* de F. Pyat, *La Vestale* de Duhomme et Sauvage; en 1847 *Pythias et Damon* du marquis de Belloy, l'*Alceste* de Lucas, le *Spartacus* d'Hippolyte Magen, la *Cléopâtre* de Mme de Girardin; en 1848 le *Thersite* de Roland de Villarceaux, *La Fille d'Eschyle* d'Autran; en 1849 *Le Moineau de Lesbie* d'Armand Barthet, *La Chute de Séjean* de V. Séjour, *Le Testament de César* de Lacroix; en 1850 *Horace et Lydie* de Ponsard, *Le Joueur de flûte* d'Augier...

La cause que Saint-Félix avait faite sienne était victorieuse, — sans lui; mais quelle triste victoire! Ce renouveau de la tradition antique, dont il attendait un regain de poésie large et pure, marquait au contraire, à part quelques traductions et quelques fantaisies délicates, le triomphe du prosaïsme, des élégances banales, des petites habiletés vulgaires. C'était, après la fièvre romantique, la revanche du médiocre : d'un côté la tragédie de Ponsard, de l'autre Scribe et le vaudeville [2]!

1. Th. Gautier, *Histoire de l'art dramatique...* t. III, p. 43.
2. Saint-Félix a toujours eu pour le *métier*, et en particulier pour le vaudeville une horreur de véritable artiste, dont il faut lui savoir gré. Dans la préface de *Cléopâtre* : « Voilà le charlatan qui domine : le métier... Sa *faconde* est inépuisable, sa *facture* est facile. Il fera de tout, vite et passablement... La presse éclairée l'a foudroyé cent fois, mais il renaît de ses cendres en véritable magicien. C'est le phénix de la médiocrité et de l'industrie. » — Dans le *Mercure de France* du 9 novembre 1851, à propos de la *Bettine* de Musset : « La comédie de *Bettine* est une sorte de protestation très nette, très énergique contre l'école vaudevilliste, si pimpante et si niaise et pourtant si tenace au pouvoir. Franchement le vaudeville est bien vieux! Il a beau se cambrer, s'attifer, se friser, se farder, il est

On comprend l'amertume de l'avant-propos qu'il écrivit en 1853 pour *Les Nuits de Rome* : « Allez, mon livre, allez à l'aventure, et faites votre chemin, si vous le pouvez. Surtout, prenez bien, dès aujourd'hui, une date certaine; gravez fortement votre millésime, afin que dans dix ans d'ici, par exemple, vous ne passiez pas pour un imitateur de ceux que vous aurez devancés. La vie littéraire est pleine de ces accidents, de ces injustices et de ces oublis. Heureux qui peut aller s'en consoler dans la retraite, en revoyant encore les riants paysages de sa jeunesse. Hélas! ce n'est pas vers le sol natal que je chercherai un jour mon abri :

> Nos patriæ fines et dulcia linquimus arva ;
> Nos patriam fugimus...

« Je n'ai plus ma fontaine ombragée de trois oliviers; des procès de famille, les plus impies des procès, me l'ont enlevée avec les bois et les terres qui l'environnaient et le château sur le versant de la colline; tout enlevé, jusqu'au dernier abri... Mais, allez, mon livre, faites votre chemin, et si, par vous, mon nom et mon souvenir peuvent rester dans la mémoire de quelques amis contemporains et dans la mémoire des amis que nos œuvres nous amènent dans l'avenir, allez, mon livre, tout sera bien ainsi. Vous aurez assez fait pour moi et moi pour vous. »

Ce n'était pas là une exagération de poète, une attitude voulue. Quand il était rentré à Paris, en 1844, l'avenir était inquiétant. De sa fortune, médiocre, il ne restait rien. Avec une femme et un enfant à nourrir, les lettres ne pouvaient plus être un divertissement désintéressé. Il fallait vivre, et la poésie, pas plus que le théâtre, n'offrait des ressources suffisantes... Les études provinciales publiées par la *Revue de Paris* donnèrent, en attendant mieux, la matière de deux volumes [1]. En même temps, il reprenait courageusement la série de ses romans historiques : *Louise d'Avaray* en 1844, *Le Dernier colonel* en 1846, *Les Officiers du roi* en 1847, *Les Soupers du Directoire* en 1849, *Les Derniers grenadiers du roi* en 1850...

bien vieux. Savez-vous ce qu'il faudrait faire pour le régénérer un peu? Tout simplement revenir à la source... Mais enfin, dira-t-on, il est encore beaucoup de *charmants auteurs* et qui font du nouveau. — Du nouveau, dites-vous? du nouveau avec des ficelles! Allons donc! »

1. *Revue de Paris*, 3ᵉ série (1839-41), t. XI, XIII, XV, XVII, XXIV, XXX, XXXI, XXXII; 5ᵉ série (1845), t. III. — *Le Rhône et la mer*, Paris, Renouard, 1845, in-8°.

Aux romans historiques succèdent des récits contemporains, — et il en est ainsi jusqu'à ses derniers jours. Il fournit de chroniques et de feuilletons une multitude de journaux et de revues : *L'Artiste*[1], *Le Corsaire*, *La Semaine*, *L'Opinion publique*, *Le Mercure de France* de 1851, dont il est le principal rédacteur, *Le Mousquetaire* de Dumas[2], *La Patrie*, *Le Constitutionnel*, *Le Moniteur du Calvados* et *Le Journal de Maine-et-Loire*, *Le Journal pour tous*, *Le Courrier de Paris*, *Le Journal du dimanche*... Toute cette seconde partie de son existence est une époque de labeur acharné, — sans beaucoup de gloire. On a peine à reconnaître l'artiste dédaigneux de la foule, le dandy, ou le royaliste intransigeant de 1830.

De ses ardeurs d'autrefois, Saint-Félix avait gardé seulement une foi très vive, avec un profond amour de l'ordre et de la légalité. La révolution de 1848, qui était d'ailleurs, pour le parti légitimiste, une manière de revanche, ne lui fit pas perdre son sang-froid. Adversaire résolu de toutes les utopies démagogiques, le régime républicain, en lui-même, n'était pas pour l'effrayer[3]. Mais il accueillit avec joie l'élection de Louis-Napoléon. En 1852 enfin, la carrière administrative s'ouvrit à lui. Le décret du 30 novembre avait réformé l'organisation du colportage; Saint-Félix fut appelé au ministère de l'intérieur, dans le service nouveau. Employé subalterne d'abord, plus tard chef de bureau et secrétaire de la commission consultative, il devait rester en fonction jusqu'au 4 septembre 1870.

Ni les nécessités de la vie, d'ailleurs, ni ses déboires dramatiques ne le détournaient de la poésie. En 1850, il fut sérieusement question, avec l'éditeur Dagneau, d'une nouvelle série d'études antiques, *Les Femmes aimées d'Horace*. Lydie, Pyrrha, Leuconoé, Astérie, ces noms charmants évoquaient à son imagination toute une théorie de figures gracieuses, — et réelles. Il les voyait revivre. Tour à tour moqueuses, tendres ou passionnées, les odes n'étaient-elles pas des confidences personnelles? Ne pouvait-on rétablir la trame de ce roman d'amour?... Entreprise hasardeuse, certes, mais charmant sujet de rêverie. « Je suis entré dans la maison

---

1. A signaler dans la 4ᵉ série, t. IX (1847) deux petits poèmes, *L'Orgie romaine* et *Les Océanides*; dans la 5ᵉ, t. I (1848) et III (1849) une suite de morceaux en vers, *Les Montagnes*.

2. Collaboration très régulière. Je cite seulement, comme études antiques : *Les Titans* (mars 1854), *L'Euxin et les Argonautes* (janv. 1855), une biographie de *Pline le jeune* (sept. 1855), — comme souvenirs, chroniques ou récits divers : *Les mirages du passé* (juin à nov. 1854), *Entre deux pipes, propos interrompus* (mai 1855), *Promenades à travers les montagnes, les marais et les bruyères du midi de l'Europe* (nov. et déc. 1855).

3. En 1849, sous le pseudonyme de Trimalcion, *Les Tribuns. Assemblée nationale législative*, Paris, Giraud, in-8° (Études sur Falloux, Ledru-Rollin, Hugo, Leroux, etc.).

d'Horace; où je ne sais quels échos m'ont redit tous ces adorables
noms grecs et latins que le poète a chantés, où j'ai cru entendre
encore les murmures lointains de cette lyre divine. Alors, comment
ne pas interroger le passé? Comment ne pas se laisser enlever
sur les ailes des souvenirs qui bruissent autour de nous?... Il
arrive parfois qu'au pied d'un promontoire, sur le bord de la
Méditerranée, le voyageur rencontre un autel brisé et presque
tout enlacé de lierre et de verveine; cet autel, consacré aux
nymphes, n'a plus de croyants parmi les pâtres et les mariniers;
mais souvent un rapsode grossier en raconte, à sa manière, les
souvenirs fabuleux. Ainsi, moi, humble adorateur de l'antique,
j'ai voulu, écartant le lierre et la verveine, chercher à lire quelques
noms effacés, et n'y pouvant parvenir qu'imparfaitement, j'ai
chargé de fleurs l'autel inconnu [1]. »

Je ne sais pourquoi ce projet, comme tant d'autres, ne se réalisa
pas. Seul l'avant-propos, déjà publié dans *L'Artiste* du 10 octobre 1847, prit place dans l'édition des *Nuits de Rome* de 1853. Le
talent du poète avait conservé cependant toute sa souplesse, sa
pureté et son élégance. Voici quelques vers de l'*Ode à Pyrrha* [2] :

Quel est donc, ô Pyrrha, cette fleur d'innocence,
Ce bel adolescent tout parfumé d'essence
Que tu tiens dans tes bras sous ce lierre abrité?
C'est pour lui, n'est-ce pas, blonde et chaste beauté,
Pour lui seul, désormais, que nous verrons encore
Onder tes longs cheveux comme ceux de l'aurore?
Ah! que de pleurs brûlants tomberont de ses yeux,
Quand il saura comment tu te ris de ses dieux,
De sa foi, des serments de sa bouche candide!
. . . . . . . . . . . . . . . . . . . . . .
Malheur à ceux que tente et séduit ton visage!
Pour moi, j'ai suspendu, sauvé d'un grand naufrage,
En mémoire du dieu Neptune et du récif,
Mon vêtement humide et mon tableau votif.

Le temps était passé. Une jeune école poétique arrivait à la
lumière, — ingrate comme toutes les écoles. Ses succès durent lui
inspirer des réflexions amères. Chez ces jeunes gens, il retrouvait
quelques-unes de ses plus chères admirations, son lyrisme réservé
et hautain, son aversion pour les effusions sentimentales, son

1. Avant-propos.
2. Outre l'avant-propos, le manuscrit donne 19 pièces de vers : *A Glycère,
A Lydie* (3 odes), *A Chloé, A Leuconoé, A Pyrrha, A Xanthias le phocéen en
faveur de son esclave, A un ami pour Lalagée, A Néobulé, A Astérie, A Lycé,
A Nééra, A Tyndaris, A Phidylé, A Lydé, A Barine, A Phyllis, A Melpomène.*

culte des belles choses mortes. Mais eux, pourquoi se seraient-ils souciés de ce précurseur? Parmi les romanciers et les chroniqueurs, il tenait encore son rang; fonctionnaire, il pouvait rendre aux gens de lettres de précieux services; le poète était oublié... Théophile Gautier qui avait pris avec tant de vigueur la défense de *Néron*, ne devait même pas citer son nom dans son tableau des *Progrès de la poésie française*.

Il y a comme un ton de mélancolie dans les éloges que lui adresse Sainte-Beuve en 1864 :

Je vous remercie, mon cher ami, de votre bon et poétique souvenir. J'avais, en effet, suivi avec intérêt ces *Nuits* brillantes, quand elles paraissaient dans les revues; elles nous semblaient alors comme des tableaux faits pour accompagner et illustrer les poèmes de notre André Chénier. Elles n'avaient de prose que la forme : un souffle antique et harmonieux les animait. Vous avez ravivé dans votre introduction l'image de ces premiers temps d'union et de commune espérance. Que de nuages ont passé depuis, et dans nos nuits et dans nos jours ! Heureux du moins est-on de se sentir amis à travers les distances et les silences, et de se serrer la main à la rencontre, en ressaisissant tous ses souvenirs. Tout à vous.

SAINTE-BEUVE [1].

Que reste-t-il, à cette date, des compagnons d'autrefois? Le poète Beauchesne n'est plus que l'historien de Louis XVII; J. de Rességuier, depuis 1842, a renoncé à Paris et sa mort est proche; Roger de Beauvoir traîne piteusement une vieillesse lamentable...

Seul, Émile Deschamps, retiré à Versailles, a conservé les illusions anciennes et la fraîcheur d'âme de la jeunesse. Il est le dernier ami. Leurs relations remontent aux débuts mêmes de J. de Saint-Félix, et celui-ci n'a pas oublié l'active sympathie que lui témoignait alors l'auteur des *Études françaises*. Le 18 septembre 1866 :

Excellent poète et ami, c'est votre lettre qui est pleine de cœur et de charmantes choses : mon feuilleton l'a provoquée et me l'a value. Je remercie donc mon feuilleton. Un de ses mérites, s'il en a, son principal mérite sera d'avoir eu votre approbation. Comme vous le dites, mon souvenir vous suit à travers le temps et l'espace et je suis resté près de vous, toujours. Comment oublier votre amitié si indulgente, votre esprit si brillant et cette douce affection que vous avez témoignée aux miens en tout temps. Ma femme et mon fils vous remercient avec moi; ils parlent de vous souvent. Les jours de Versailles leur sont aussi

---

1. Lettre du 25 décembre. Imprimée dans *Le Grand journal* du 5 février 1865. (A propos de l'édition Dentu des *Nuits de Rome*.)

précieux que les jours passés en Languedoc, quand nous avions notre maison et notre famille.

Trois mois plus tard, le 12 décembre :

Cher et excellent poète, mes *Chevalières*[1] ont de l'esprit, puisqu'elles ont commencé leur tour de France en allant droit à Versailles frapper à votre porte, avant de frapper à la mienne. C'est par vous, cher ami, que j'ai appris la publication de mon feuilleton dans le *Constitutionnel*. J'avais livré mon manuscrit à P. Limayrac, il y a six semaines; je n'y pensais plus. Crac, voilà une colombe des bois de Versailles qui m'apporte un message signé E. Deschamps. Les bonnes nouvelles me sont bien souvent venues de lui. Il y a plus de trente ans de cela, il m'annonçait la publication d'une *Juana* de moi dans le *Journal des jeunes personnes*. Il protégeait ce premier roman de l'autorité de son nom et de toute la grâce de sa muse : sa muse et son nom me protègent encore; voilà le beau côté de mon succès, si les *Chevalières* ont du succès. Merci pour elles et pour moi, cher ami; vous m'avez porté bonheur.

Les journaux ont annoncé votre nomination comme président de la commission des théâtres de Versailles. Toutes les fois qu'il s'agit d'art et de belle et bonne littérature, le fauteuil de la présidence vous appartient de droit, partout et toujours. A l'opéra, on applaudit *Don Juan* qui est à vous et à Mozart. (J'oubliais ce cher Blaze de Bury), donc un trio de poètes. Ces bonnes choses-là me consolent un peu de la décadence de mon temps.

Donnez-nous un volume de vers. Juillerat m'assurait l'autre jour que vous aviez un tiroir plein de joyaux poétiques. Voyons, c'est le moment des cadeaux; donnez-nous nos étrennes. J'ai ici un frère arrivé du midi qui est votre admirateur. Nous parlons de vous et je suis toujours de son avis quand il me vante votre bienveillance et votre esprit.

René est fier de votre bon souvenir. Je vous prie d'agréer ses remerciements en quatre langues, car, attaché à la commission impériale de l'exposition, il est obligé de faire comme César...

Ce fils est le suprème orgueil du poète. « Ce diable de René, dit-il encore, se mêle d'être une intelligence et presque un savant. Mais ne le boudons pas, nous qui aimons la poésie ; il a le sentiment des arts et il se passionnerait pour eux, s'il n'avait sa fortune à faire... » En 1869, le jeune homme contractait une maladie très grave, pendant un voyage en Amérique, et revenait mourir auprès de son père. La même année, Émile Deschamps était frappé à son tour et perdait son frère Antoni[2]. La dernière lettre que je con-

---

1. *Les Chevalières du Tour de France*, roman.
2. Depuis plus de vingt ans, Antoni, tout à son incurable mélancolie, avait à peu près renoncé à écrire. Il continuait pourtant à s'intéresser aux lettres et à suivre les efforts des débutants. A son frère, le 28 mai 1867 : « ... La nouvelle école

naisse de J. de Saint-Félix traduit leur commune douleur. Paris,
31 octobre 1869 :

Cher Émile, excellent ami, mon chagrin est profond, je vous assure.
Je partage votre douleur de frère et, comme tous ceux qui ont connu le
bon Antoni, je le pleure bien sincèrement. Il aura place dans mes *Souvenirs* [1]; je ne ménagerai pas la vérité sur son compte; il y a tant de bien
à dire de lui!

Je vous remercie, nous vous remercions, ma femme et moi des tou-
chantes sympathies que vous nous avez exprimées dans une occasion
bien douloureuse aussi. Nous ne pouvons nous consoler... mais nous
portons notre douleur avec plus de courage, grâce aux témoignages
d'affection venant d'amis comme vous.

Merci donc et courage à votre tour, vous dirai-je. Vous êtes de ceux
qui consolent et dont on a besoin pour s'attacher encore à ce monde.
Mille et mille assurances d'affection, de dévouement et d'admiration...

Dans ses *Souvenirs de l'école romantique*, E. Fournier fait
mourir J. de Saint-Félix en 1869. Son existence pourtant se
prolongea cinq ans encore. Cinq années de tristesse. Il devait
connaître les angoisses de la guerre; frappé dans ses affections
les plus chères, l'effondrement de l'empire allait l'atteindre dans ses
intérêts matériels... Après le 4 septembre, il se trouva à peu près
sans ressource, — comme au lendemain de 1830; mais il ne restait
rien des belles ardeurs de jadis. Les inquiétudes continuelles
qu'inspirait la santé de sa femme, les souvenirs douloureux du passé,
un avenir sans espoir... En vérité, la mort fut une délivrance.

Jules Marsan.

poétique affecte trop de se désintéresser de la pensée et du sentiment. Il est peut-
être bon de ne pas être *humanitaire*, mais il faut rester *humain* et s'il était prouvé
que la pensée et le sentiment sont devenus le monopole de la prose, il ne resterait
plus à la poésie versifiée que le rythme et la rime, et ce ne serait pas assez. Au
reste, l'équilibre finira par se rétablir entre les poètes et les prosateurs : quelques
jeunes poètes s'aperçoivent que la ciselure de la forme et le vide ou le sensualisme
du fond ne suffisent pas, et que, lorsque le vers renferme une pensée ou un sentiment, il sort tout armé du front du poète et n'a pas besoin d'être habillé après
coup... » — La mort vint le 28 octobre 1869. D'une lettre de Saint-René Taillandier
(1er nov.) : « Le pauvre Antoni nous a donc quittés! C'est un grand vide dans bien des
cœurs, dans le cœur de tous ceux qui l'ont connu. Quel artiste! Quelle flamme! Je l'ai
souvent rencontré dans ces dernières années, seul, rêveur, aux Champs Élysées,
autour des baraques de Bambochinet, regardant les enfants, les écoutant rire et
jouissant de leur joie. On connaît la réponse d'Alighieri : « Que cherches-tu dans
ce cimetière? — La paix. » Antoni cherchait la paix au milieu des âmes innocentes.
Et ce doux enfant au front sillonné de rides, si on allait à lui, on était émerveillé
de sa verve, de son ardeur, de sa sympathie toujours prête pour les choses les
plus nobles. Quelle préoccupation des questions religieuses! Quelle passion de
l'art et de la liberté! Et tout cela s'est éteint? Non, non, tout cela revit dans un
autre monde et en des conditions meilleures... » (Lettres inédites.)
1. Ces *Souvenirs* ne furent jamais écrits.

## MADAME DE STAËL

## ET L'HELLÉNISTE D'ANSSE DE VILLOISON

D'Ansse de Villoison a eu avec M^{me} de Staël des relations aussi peu connues que curieuses. Ces relations peuvent surprendre, mais on ne s'en étonnera pas, si on songe que le célèbre et vaniteux helléniste n'a pas, durant toute sa vie, recherché seulement l'amitié des humanistes et des érudits, mais aussi celle des grands et des puissants du jour. La *Revue* a raconté autiefois [1] comment il s'était efforcé de gagner les bonnes grâces du margrave et de la margrave de Bade-Dourlach, comment peu après il fit, à Paris, la connaissance du jeune duc de Weimar, Charles-Auguste, et devint un instant son correspondant littéraire, comment il fut plus tard l'hôte de ce prince et le favori de sa mère la duchesse douairière Amélie. Le manuscrit *Suppl. grec* 943 de la Bibliothèque nationale renferme la minute d'une lettre qu'il adressa en 1774 ou 1775 au grand Frédéric [2] près duquel il s'était fait recommander par d'Alembert pour entrer à l'Académie de Berlin [3] comme il se fit recommander au prince Palatin pour être nommé membre de l'Académie de Manheim [4]. Mais ce ne furent pas seulement les grands et les souverains d'Allemagne dont Villoison chercha ainsi à capter la bienveillance. Les hautes influences, qu'il avait su se ménager en Espagne et en Toscane, le firent élire presque à la fois membre de l'Académie de Madrid [5] et de celle de Cortone. Pendant son séjour à Venise il fréquenta assidûment chez les représentants les plus illustres de l'aristocratie [6]. Il sut gagner la bienveillante amitié de lord Stormont [7], ambassadeur d'Angleterre à Paris, et il resta en correspondance avec lui quand ce diplomate fut retourné dans sa patrie. On le voit en même temps ou peu après en relations avec le prince russe Yousoupof [8], beau-frère de Biren, duc de

---

1. 2ᵉ année, 1895, nᵒ 3. — 3ᵉ année, 1896, nᵒ 2.
2. Bibl. nat. *Supplément grec* 943, fol. 32.
3. Lettre de d'Alembert à Frédéric du 25 avril 1774. *Œuvres de Frédéric le Grand*; Berlin, 1854, in-8, t. XXIV, p. 622.
4. Lettre à Oberlin du 25 septembre 1774. Bibl. nat., *mss all.* 192, fol. 89 B, etc.
5. *Memorial de la real Academia de la Historia de Madrid*. 1796, in-fol., p. CLIX. — *Mss.* 943, fol. 45 *a* et *b* et 46 *a*.
6. Lettre à Wyttenbach du 25 décembre 1778, Bibl. nat., *nouv. acq. lat.* 168, fol. 47.
7. *Mss.* 943, fol. 30.
8. Lettre à van Santen du 25 août 1776. *Ac. Lugd. Bat. Bibl. B. P. L.* 244.

Courlande et il trouva le moyen de faire sa cour à Gustave III de Suède[1] quand ce prince vint à Paris. Villoison n'eut pas en France, on le conçoit, avant comme après la Révolution, des relations moins puissantes. Dès sa jeunesse il fut le protégé de Maurepas[2] et ce fut cet homme d'État qui, redevenu ministre, favorisa son voyage de Venise. Le duc de la Vrillière[3] avait voulu lui faire obtenir en 1775 la succession de Capperonnier au Collège de France; Hennin[4], premier commis des Affaires étrangères, lui avait peut-être suggéré l'idée de son voyage d'Orient, Vergennes favorisa sa mission et il accompagna Choiseul-Gouffier à Constantinople[5]. Après son retour d'Orléans à Paris, en 1799, il compta parmi ses protecteurs le premier consul et M^me de Staël.

## I

Malgré ses opinions ouvertement réactionnaires, Villoison n'avait pas émigré et grâce à l'isolement dans lequel il se renferma en son humble demeure de la rue de Bièvre[6] il put passer sans être inquiété les premières années de la Révolution. Mais, effrayé des mesures prises par la Convention contre tout ce qui lui faisait ombrage, il crut prudent de quitter Paris en mars 1793 et se retira à Orléans. Il avait appris, dit Chardon de la Rochette[7] « que la Bibliothèque de cette ville était enrichie de celle de Prousteau dans laquelle se trouvaient les livres qui avaient appartenu à Henri de Valois, et dont les marges étaient couvertes de ses notes. Il ne voulut pas laisser enfouies ces richesses; il se condamna à passer douze heures par jour dans cette bibliothèque, pour extraire les notes marginales dont je viens de parler ». Villoison ne consacra pas néanmoins tout son temps à relever les notes des livres de Henri de Valois, il en employa une partie à réunir les matériaux de l'Histoire comparée de la Grèce ancienne et moderne qu'il préparait depuis son retour du Levant. Cette seconde tâche ne fut jamais remplie et ne pouvait pas l'être à Orléans. La première était terminée en 1795, mais Villoison ne

1. Lettre à la duchesse Amélie du 9 juillet 1784, Bibl. royale de Dresde. *Briefe an Böttiger*, vol. 2, n° 48.
2. *Mss*. 943, fol. 92.
3. Lettre à Oberlin. *Mss all.* 192, fol. 141 *a*.
4. Bibl. de l'Institut. *Correspondance de Hennin*, V, n^os 1-5.
5. Léonce Pingaud, *Choiseul-Gouffier. La France en Orient sous Louis XVI*. Paris, 1887, in-8, p. 138.
6. Au numéro 4, où il demeurait depuis son retour de Venise.
7. *Notice sur la vie et les principaux ouvrages de J.-B. Gaspard d'Ansse de Villoison*, p. 17.

crut pas encore le moment favorable pour rentrer à Paris, et les mesures rigoureuses prises contre les monarchistes à la suite du coup d'État du 18 fructidor retardèrent son retour dans la capitale. Cependant il avait repris peu à peu ses relations avec les amis qu'il y comptait. Il semble même y être venu plus d'une fois dans les derniers temps. Enfin, en 1799, il rentra définitivement à Paris. Mais il fallait vivre; il avait été presque complètement ruiné par la Révolution; sa fortune, composée de rentes sur l'État ou sur des particuliers qui avaient été remboursées en assignats, avait sombré[1]. Il songea, comme il l'écrivait[2], à « vivre de racines grecques ». Depuis l'année 1796, l'École des langues orientales vivantes était installée dans les bâtiments de la Bibliothèque nationale. Millin[3] faisait un cours d'antiquités dans une des salles de cet établissement. Villoison eut l'idée d'y faire aussi un cours libre et payant de langue grecque ancienne et moderne. Il s'en ouvrit d'abord à Millin. Sa collaboration au *Magasin encyclopédique* l'avait mis en rapport avec le célèbre archéologue, et, depuis son retour d'Orléans, il s'était lié étroitement avec lui. Millin était devenu le confident de ses projets et de ses espérances. Il rechercha et obtint aussi l'appui de Langlès[4], directeur de l'École des langues orientales et fit agir ses amis auprès de lui. « Je vous renouvelle tous mes remerciements, écrivait-il à Millin dans une lettre, qui est probablement du mois d'août[5], des attentions multipliées que vous ne cessez d'avoir et de toutes les marques d'amitié que vous me prodiguez. J'ai vu avant-hier notre ami Langlès qui ne m'a pas laissé sans espérance. La Rochette et Clavier[6] ont passé chez lui hier, et ne l'ont pas trouvé. J'ai écrit à Langlès et attends sa réponse. » La réponse vint et fut favorable, on peut le croire. Villoison fut autorisé à faire le cours qu'il projetait. Quand tout fut décidé, il demanda à Millin de l'annoncer dans le *Magasin*. Le 29 octobre 1799, le cours s'ouvrit et fut suivi par quelques auditeurs d'élite[7] mais le nombre n'en fut

---

1. Bibl. nat., *mss. lat.* 168. Lettre à Wyttenbach du 13 juillet 1800. — Chardon de la Rochette, *Notice*, p. 18.
2. *Correspondance de Hennin*, V, n° 65.
3. Millin (Aubin-Louis), né à Paris, en 1759. Directeur du *Magasin encyclopédique*.
4. Langlès (Louis-Mathieu), né à Péronne en 1763, fut nommé professeur de persan à l'École des langues orientales lors de sa fondation.
5. Bibl. nat., *mss. fr.*, 24 701, fol. 62. Lettre sans date, mais où l'on trouve une allusion à une lettre de Villoison à Fauris de Saint-Vincens, datée, elle, du 30 juillet 1799.
6. Chardon de la Rochette (Simon), né dans la Gévaudan en 1753, connu par ses *Mélanges de critique et de philologie*. — Clavier (Étienne), né à Lyon en 1762, conseiller au Châtelet, occupait ses loisirs à l'étude de la littérature grecque. Il préparait en ce moment une édition d'Apollodore.
7. Villoison cite lui-même le diplomate lettré Caillard, le ministre de Suède

jamais considérable. Dans ces conditions ce cours ne pouvait lui fournir que des ressources insuffisantes ; heureusement, par quelle influence, je l'ignore, une allocation de 2 500 francs lui avait été accordée. Bientôt il ne s'en contenta pas ; son enseignement avait d'ailleurs un caractère provisoire. Il songea à faire changer cet état de choses. C'est ici qu'intervient M^me de Staël.

L'auteur de la *Littérature* n'était pas encore devenue l'ennemie irréconciliable de Napoléon qu'elle a été plus tard. Les sentiments qu'elle avait éprouvés d'abord pour le jeune et heureux général étaient ceux de l'admiration. En 1800, elle ne partageait pas l'opposition naissante de Benjamin Constant. Elle songeait, et elle y songea encore quelque temps, à exercer une action personnelle sur la marche des affaires. Elle vivait dans les meilleurs termes avec Lucien et Joseph ; Bonaparte n'avait pas non plus l'aversion invincible qu'il ressentit plus tard pour elle ; on comprend que Villoison ait cherché à entrer en rapport avec cette femme célèbre. A quelle époque s'établirent leurs relations ? je l'ignore ; mais au commencement de 1800 on le voit faire appel à son bienveillant appui. Avec sa bonté habituelle, elle s'intéressa à lui et parla de sa situation à Lucien, ministre de l'Intérieur, de qui dépendait l'Instruction publique. Celui-ci le fit appeler, lui fit le meilleur accueil et le renvoya à Arnault[1]. L'auteur de *Marius à Minturnes* et de *Lucrèce* proscrit pendant la Terreur s'était attaché de bonne heure à la fortune de Bonaparte qui le récompensa de son zèle en le nommant commissaire-gouverneur des îles Ioniennes[2]. Rentré en France, il favorisa le coup d'État du 18 brumaire et Lucien le chargea de la direction de l'Instruction publique. Arnault était connu de M^me de Staël[3] ; il connaissait Pougens. Ce fils naturel du prince de Condé, ruiné par la Révolution, s'était fait libraire et avait pour clients les personnages les plus illustres. Malgré sa cécité — la petite vérole l'avait rendu aveugle à l'âge de vingt-deux ans — il se livrait à des travaux érudits et, au mois de mai 1799, il fut nommé membre de l'Institut[4]. Il y avait là bien des raisons pour que Villoison recherchât son amitié, et désormais on les trouve en étroites relations. Recommandé par M^me de Staël et par Pougens, Villoison ne pouvait être que bien

Brinckmann, Paul-Louis Courier, Le Page, Firmin-Didot, Gail, Millin, Thorlacius, un Grec de l'Épire, M. Alexandre et deux médecins, l'un prussien, l'autre français.

1. Arnault (Antoine-Vincent) né à Paris en 1766, mort en 1834.
2. Arnault (A.-V.). *Souvenirs d'un sexagénaire*. Paris, 1833, in-8°, t. III, p. 59.
3. *Souvenirs d'un sexagénaire*, t. IV, p. 25.
4. *Mémoires et Souvenirs de Ch. de Pougens*. Paris, 1834, p. 68 et 210.

accueilli par Arnault. Celui-ci toutefois ne lui fit guère, il semble,
que des promesses. Aussi Villoison demanda-t-il à M<sup>me</sup> de Staël
de lui écrire de nouveau dans une lettre où il lui racontait son
entrevue avec Lucien et avec Arnault[1].

Rue de Bièvre, n° 22.[2] — Madame. — Plein de confiance dans l'offre
si obligeante que vous avez eu la bonté de me faire, je m'empresse
d'avoir l'honneur de vous dire, qu'en sortant de votre Hôtel, j'ai trouvé
une lettre du Ministre de l'Intérieur qui m'engageait à le venir voir. Je
m'y suis rendu, Madame, le lendemain. Il m'a fort bien accueilli, m'a
temoigné sa surprise de ce que mon traitement de professeur de grec
vulgaire à la Bibliothèque Nationale n'étoit que de deux mille cinq
cents livres, tandis que celui des autres étoit de cinq mille francs. Il
m'a autorisé à lui présenter un mémoire à ce sujet, m'a promis d'y
faire droit, de m'assigner un traitement pareil à celui de mes collègues,
d'organiser définitivement ma chaire qui n'est que provisoire, et par
conséquent précaire, et de se faire rendre compte de cette affaire. Ce
sera, Madame, à l'aimable et obligeant C. Arnaut qu'il s'adressera
pour se faire rendre compte de ma demande, et c'est de sa prompte
réponse que dépend le succès de ma pétition. Je lui ai envoyé mon
mémoire, en le priant de vouloir bien l'appuyer et le recommander au
Ministre, et j'ose, Madame, prendre la liberté de vous en adresser une
copie, et (!) vous priant de la lire, et d'en faire valoir les raisons auprès
du C. Arnaud qui est très favorablement disposé. Vous m'obligeriez
infiniment, Madame, si vous aviez la bonté de lui écrire le plutôt possible, et d'une manière pressante. Vous pourriez lui citer l'autorité de
M. Brenckmann[3], qui m'a fait l'honneur d'être mon auditeur. Si par
bonté pour moi, Madame, vous mettez dans votre lettre la cent millième
partie du feu et de l'éloquence victorieuse qui brille dans vos écrits, je
serai sûr du succès, et avec un demi-quart de votre talent vous me
feriez *pape*, s'il vous en prenoit la fantaisie. Grâces à M. Pougens, l'ami
le plus chaud et le plus ardent que j'aye jamais connu, je suis très-
bien dans l'esprit de M. Arnaut, qui est fait pour apprécier le mérite
rare du vertueux Pougens, auquel on ne rend pas assez de justice.
M. Arnault m'a servi avec un zèle inexprimable, et a acquis les droits
les plus sacrés sur ma reconnaissance. Une ligne de votre main,
Madame, le déterminera, et m'assurera définitivement le traitement
en entier de cette place qui n'est que provisoire. J'oserois vous
supplier, Madame, de vouloir bien engager M. Arnault à faire promptement son rapport, et à ne point laisser refroidir la bonne volonté du
ministre.

1. Autographe en ma possession.
2. Villoison y demeurait depuis son retour d'Orléans.
3. Karl Gustav von Brinckmann, né le 24 février 1764, de 1798 à 1800 chargé
d'affaires de Suède à Paris.

Je vous supplie de vouloir bien agréer l'hommage du respect avec
equel je suis Madame
                Votre très humble et très obéissant serviteur.
                                          D'ANSSE DE VILLOISON.
    Ce 24 nivose an VIII[1].


M<sup>me</sup> de Staël écrivit-elle à Arnault, agit-elle auprès de Lucien,
je ne saurais le dire; mais quelle qu'ait été son intervention,
elle ne fut pas inutile. C'est à elle évidemment qu'il faut attribuer le rattachement à l'École des langues orientales vivantes
du cours libre de littérature grecque ancienne fait depuis un an
par Villoison et transformé maintenant en cours de grec moderne.
A partir du mois de décembre 1800, son nom figure sur le programme de cette École; on y lit :

                    COURS DE GREC MODERNE.

    Le citoyen d'Ansse de Villoison développera l'origine et les prin-
cipes du grec vulgaire, dictera des dialogues pour enseigner à
parler cette langue et expliquera ensuite le .Γεωπονικὸν ou traité
d'Agriculture d'Agapius et l'Αραβικὸν μυθολογικὸν, contes arabes
traduits en grec vulgaire[2].

Ainsi Villoison prenait place parmi les professeurs de langues
orientales — mais à un rang inférieur. Le traitement qu'il recevait
n'était que la moitié de celui de ses collègues. Aucun décret ne
vint consacrer l'établissement de son cours qui conservait ainsi
son caractère provisoire. Le Directoire n'avait pas songé à créer
à l'École des langues orientales un cours de grec moderne[3] et, si
par ses démarches Villoison en avait obtenu l'établissement[4], le
Consulat semble s'être refusé à lui donner une sanction définitive
ou du moins à le mettre sur le pied d'égalité avec les cours des
langues vraiment orientales. Il en résultait pour Villoison une
situation précaire, un état d'infériorité contre lequel il réclama
pendant quatre ans. Mais pour en sortir, il ne fera plus appel à
M<sup>me</sup> de Staël dont le crédit va rapidement baisser ou disparaître;
c'est au premier consul et au ministre qu'il s'adressera directement.

---

1. 15 janvier 1800.
2. Carrière (A.), *Notice historique sur l'école spéciale des langues orientales vivantes*
(*Mélanges orientaux*). Paris, 1883, in-8, 2<sup>e</sup> série, t. IX, p. XIX.
3. Hase mal renseigné a écrit que le Directoire avait pensé à créer cet enseignement et à le confier à Coray, mais c'est là une erreur manifeste (Lettre à Böttiger
du 24 avril 1802; *Briefe an Böttiger*, vol. 73, n° 8).
4. On ne peut donc voir dans cet établissement, comme l'a dit M. Psichari, le
contre-coup du projet de Bonaparte de rétablir la république grecque (*Les études
de grec moderne en France au* XIX<sup>e</sup> *siècle*. Paris, 1904, p. 5).

## II

Au moment où Villoison lui écrivit sa lettre du 15 janvier 1800, l'influence de M^me de Staël était à son apogée. Le premier consul paraissait lui-même la reconnaître. Au mois de mai de cette même année en traversant Genève alors qu'il se rendait en Italie [1], il avait reçu son père et avait eu un long entretien avec lui, mais Necker « ne fut point imposé » par le prestige du jeune et ambitieux général, et les *Dernières vues de politique et de finances* [2] qu'il écrivit l'année suivante montrent combien il était opposé aux secrets desseins du vainqueur de Marengo. La critique des pouvoirs que la constitution accordait au premier consul et les allusions aux empereurs militaires et au rôle des prétoriens durent singulièrement offenser Bonaparte. Il se laissa aller à déclarer devant son entourage qu'il ne permettrait pas à M^me de Staël de revenir à Paris, « puisqu'elle avait porté des renseignements si faux à son père sur l'état de la France [3] ». Elle y revint cependant à la fin de l'hiver et jamais son salon de la rue de Grenelle ne fut plus brillant. Il devint le rendez-vous de tout ce qui osait encore se soustraire à l'influence du premier consul [4]. C'était appeler sur elle la proscription. Les allusions politiques qu'on crut découvrir dans son roman de *Delphine* [5], qui venait de paraître, devait la hâter. Villoison fréquenta-t-il alors chez M^me de Staël, je ne saurais le dire, mais il est peu probable que, favori de Bonaparte comme il l'était, — il dînait chez lui, nous apprend Hase [6], tous les décadis — il ait cru pouvoir se mêler à ceux qui lui faisaient opposition. En tout cas, ses relations avec M^me de Staël ne cessèrent pas pour cela ou ne furent que momentanément interrompues.

Cependant le baron de Staël rentré en grâce auprès du gouvernement suédois était revenu à Paris prendre la direction de son ambassade. Un rapprochement fut ménagé entre lui et sa femme; il désira revoir ses enfants qui étaient en Suisse. Pour se soustraire à l'orage qui la menaçait, elle consentit à l'accompagner,

---

1. *Dix années d'exil*, éd. Gautier, Paris, 1904, chap. IV, p. 26.
2. Lady Blennerhassett, *Madame de Stael et son temps*, trad. Dietrich, Paris, 1890, in-8.
3. *Considérations sur la Révolution française*, chap. VII, p. 215.
4. *Dix années d'exil*, I, chap. IX, p. 74.
5. Ch. Joret, *Madame de Staël et la cour littéraire de Weimar*. Paris, 1900, in-8, p. 9.
6. *Briefe von der Wanderung und aus Paris von Carl Benedict Hase.* Leipzig, 1895, in-8, p. 66.

mais à Poligny le baron de Staël fut frappé d'une attaque d'apoplexie qui l'emporta[1]. Quelques jours après, mourait presque subitement à Genève le jeune Gerlach, précepteur de ses fils, qui les dirigeait depuis près de deux ans[2]. Soucieuse comme elle l'était de l'éducation de ses enfants, elle chercha aussitôt à le remplacer. S'adressa-t-elle à Villoison? Cela paraît probable. En tout cas, elle le consulta au sujet d'un M. Keller qu'on lui avait proposé; Villoison répondit « qu'il ne lui convenait pas[3] ». Il fallait non seulement qu'il fût allemand et bon musicien, mais il devait avoir, avec de l'esprit naturel, des connaissances littéraires étendues; Villoison crut qu'on ne pourrait trouver nulle part mieux qu'en Saxe, ce précepteur idéal. Il écrivit à Böttiger[4], directeur de gymnase de Weimar, avec lequel il était en relation depuis l'année précédente. A cette époque un jeune savant, élève de Böttiger, Hase[5] était venu chercher fortune à Paris. Dénué de ressources, presque désespéré, un heureux hasard le conduisit chez Villoison qui l'accueillit avec empressement, lui procura des leçons et l'introduisit chez les savants les plus distingués. C'est par l'intermédiaire de Hase que Villoison entra en correspondance avec Böttiger[6]. Leurs relations furent bientôt assez intimes pour que l'helléniste crût pouvoir demander à l'archéologue saxon de lui découvrir le professeur que cherchait M^{me} de Staël[7] :

Monsieur et savant ami.

Je n'ai que le temps de vous écrire deux mots fort à la hâte; la célèbre M^{me} de Staël, auteur d'ouvrages distingués et fille de M. Necker, s'est adressée à moi pour le choix d'un gouverneur chargé du soin de l'éducation de ses enfants. Elle lui donnerait dix-huit cents francs argent de France d'appointement, la table, le logement, le défrayerait de tout, le traiterait avec les plus grands égards, lui ferait passer six mois à Paris et six autres chez son père M. Necker, dans sa belle terre de Coppet sur le lac de Genève.

J'ai pour principe sacré, dont je ne me départirai jamais de placer de préférence des personnes du duché de Weimar, de la ville de Weimar, d'Iéna, etc. C'est un devoir que la reconnaissance m'impose et

1. Lady Blennerhassett, *op. laud.*, t. II. p. 479.
2. *Lettres inédites de Madame de Staël à Henry Meister* (publiées par Paul Usteri et Eugène Ritter). Paris, 1905, p. 175. Il est fait mention de lui pour la première fois en 1800.
3. *Ibid.*, p. 177.
4. Böttiger (Carl-August), né en Saxe en 1760, collaborateur du *Magasin encyclopédique*.
5. Hase (Carl-Bénédict), né en 1780 près de Namburg (Saxe).
6. Lettres à Bottiger du 12 nov. 1801 et du 13 février 1802. *Briefe an Böttiger*, t. 73, n^{os} 12 et 15.
7. *Briefe an Böttiger*, vol. 2, n° 37. Lettre s. d..

qui est bien cher à mon cœur. Je dois trop à leurs altesses sérénissimes,
aux pieds desquelles vous voudrez bien me mettre. J'ai donc conseillé
à M^me de Staël de prendre de préférence un allemand de Iéna ou
de Weimar et je me suis chargé d'écrire aux savants de cette ville pour
qu'ils m'indiquent une personne capable de remplir les vues de cette
dame. Voici les conditions requises : il faut absolument que ce jeune
saxon 1° sache bien la langue française, 2° soit musicien, 3° et ait de
l'esprit. Il fera la société d'une dame qui en est remplie. Trouvez donc
quelque saxon qui veuille se charger de cette éducation et réunisse ces
trois qualités d'homme d'esprit, de musicien et versé dans la langue
française. Aussitôt que vous aurez fixé votre choix, vous direz à cette
personne d'écrire directement à M^me de Staël chez M. Necker à
Coppet sur le lac de Genève, en lui donnant son adresse au bas de la
lettre. M^me de Staël veut juger par cette lettre du style et de
l'esprit de ce jeune homme. La place est bonne et avantageuse pour
une personne qui voudrait étudier à fond la littérature française.
M^me de Staël aime beaucoup la littérature allemande, la philosophie
morale et politique et platonique, la métaphysique de Kant, les vues
sur la perfectibilité de l'esprit humain. Le jeune homme n'oubliera pas
de parler dans sa lettre à cette dame des ouvrages qu'elle a composés, etc., soignera le style de cette lettre, y mettra de la chaleur, etc.

Agréez l'hommage du tendre attachement et de la haute estime que
vous a voués votre très humble et très obéissant serviteur et admirateur.

D'ANSSE DE VILLOISON.

Il faudrait que ce jeune homme écrivit le plus promptement et le
mieux possible. Si vous ne trouvez personne dans le duché de Weimar,
cherchez dans celui de Gotha et ensuite à Leipzik.

Böttiger essaya-t-il de découvrir le précepteur que lui demandait
Villoison? on ne peut le dire car nous n'avons pas sa réponse, si
tant est qu'il répondit à la lettre de l'helléniste. Ce ne fut pas lui
en tout cas, mais M^me de Staël elle-même, qui trouva, deux ans
plus tard, pendant son séjour à Berlin en la personne de Guillaume Schlegel le maître qu'elle cherchait.

A cette époque, toute relation avait cessé entre l'auteur de
*Delphine* et l'éditeur de l'*Iliade*. En 1803, M^me de Staël n'était
revenue en France que pour errer aux environs de Paris [1] et au
commencement de décembre elle avait pris le chemin de l'Allemagne, voyage qui marque une étape nouvelle dans sa vie littéraire et d'où elle ne devait revenir que pour s'enfermer à Coppet,
tout à la douleur que lui donnait la mort de son père. Villoison
n'eut guère occasion de la revoir et d'ailleurs il n'avait plus besoin

1. Ch. Joret, *Madame de Staël et la cour littéraire de Weimar*, p. 10 et 11.

de recourir à son influence. Protégé de l'empereur comme il l'avait été du premier consul, il allait recevoir une dernière satisfaction par le transfert de sa chaire de l'École des langues orientales au Collège de France[1], mais, il mourait quelques mois après[2], tandis que son ancienne protectrice commençait cette vie de proscrite qui a mis le sceau à sa gloire en lui infligeant les tortures de l'exil.

Charles Joret.

1. 17 novembre 1804 (26 brumaire an XII). Archives nationales. AFIV plaquette 854, nº 3.
2. Le 26 avril 1805.

## LES DIFFÉRENTS « ÉTATS »
## DE « LA TENTATION DE SAINT ANTOINE »[1]

### I

« Mon *Saint Antoine*… c'est l'œuvre de toute ma vie (ainsi parle Gustave Flaubert lui-même dans une lettre datée du 5 juin 1872) puisque la première idée m'en est venue en 1845 à Gênes, devant un tableau de Breughel… »

On pourrait remonter plus haut encore. *Le Chant de la Mort* et *Smarh*, fragments d'une *Danse des Morts* et d'un *Vieux Mystère*, que nous a conservés un livre posthume : *Par les Champs et par les Grèves, voyage en Bretagne, accompagné de mélanges et fragments inédits* (Bibliothèque Charpentier, 1886), sont de 1838 et 1839, c'est-à-dire de la dix-septième et de la dix-huitième année de l'auteur. Et il faut voir là des ébauches ou des prototypes de *La Tentation*.

Mais enfin la conception n'a commencé de se préciser qu'en 1845. Après deux ans, trois ans de préparation, Flaubert saisit la plume, en mai 1848, pour ne la poser qu'en septembre 1849. Il part alors pour un voyage d'une vingtaine de mois, Égypte, Syrie, Grèce, Italie ; et au retour, il est pris tout entier par *Madame Bovary*. A peine en est-il délivré qu'il revient à *La Tentation de Saint Antoine*. C'était trop long, trop éparpillé, trop lyrique. Il « élague », « biffe », « efface », « refond », « refait ». Cela le mène de mai à novembre 1856, dates que nous fournit la *Correspondance*. Enfin la chose est sur pied, peut paraître. Mais *Madame Bovary* a fait traîner Flaubert en police correctionnelle ; *Saint Antoine* le conduirait « en cour d'assises », et de là « au bagne ». Flaubert se réfugie dans son « histoire carthaginoise ». Et, après *Salammbô*, *L'Éducation sentimentale*.

Entre les deux, Flaubert a songé à revenir à ce qu'il appelle

---

1. *La Tentation de Saint Antoine*, par Gustave Flaubert. Édition définitive (Bibliothèque Charpentier, 1874).

Gustave Flaubert, *La « première » Tentation de Saint Antoine* (1849-1856). (Œuvre inédite publiée par Louis Bertrand [Bibliothèque Charpentier, E. Fasquelle, éditeur, 1908].

E. W. Fischer, *Études sur Flaubert inédit* (Leipzig, J. Zeitler, éditeur, 1908).

« sa vieille toquade » ; une lettre du 3 juillet 1860 en fait foi. Vers le milieu de 1869, il se dispose à tout reprendre sur un nouveau plan. La mort de Louis Bouilhet, son autre lui-même, l'arrête encore. Ce n'est qu'en juillet 1870 qu'on le voit se mettre résolument à la besogne. La guerre survient. Les notes innombrables dorment dans une cachette, à Croisset, tandis que Flaubert est à Rouen. Enfin, le 26 juin 1872, il a écrit la dernière ligne. Est-il satisfait, cette fois? « Pour le *Saint Antoine*, je n'y ferai plus rien du tout. J'en ai assez! et il est temps que je ne m'en mêle plus, car je gâterais l'ensemble. La perfection n'est pas de ce monde. Résignons-nous. » Le manuscrit reste dix-huit mois dans un « bas d'armoire ». Flaubert ne veut pas entendre parler de le publier; il refuse toutes les propositions d'éditeurs. Un beau jour, il se décide. « Je quitte ce vieux compagnon avec tristesse. Cependant il faut faire une fin. »

*La Tentation de Saint Antoine* paraît à la Bibliothèque Charpentier pour Pâques de l'année 1874.

Il est malaisé de résumer, sans se perdre, ou sans trop omettre, une œuvre aussi touffue.

Elle se subdivise en sept rubriques.

I. — Au sommet d'une montagne de Thébaïde, qui surplombe le Nil, une cabane d'ermite.

Saint Antoine achève sa journée de travail. Il se sent las; il n'a plus la vaillance ni la sérénité d'antan. Il revoit sa jeunesse, sa mère, sa fiancée Ammonaria. Pour ses débuts de vie ascétique, il a habité le tombeau d'un Pharaon, puis une citadelle en ruine aux bords de la mer Rouge. A Alexandrie, emplie d'hérétiques, on a fouetté devant lui une femme qui lui sembla être Ammonaria. A Colzim, il a eu des disciples. Tous l'ont quitté, même Hilarion, le préféré (p. 1-7).

Pourquoi est-il resté seul? D'autres moines vivent en communauté. Il aurait pu être prêtre. Il aurait pu être grammairien ou philosophe, — soldat, — publicain préposé au péage d'un pont, — marchand ayant femme et enfants (8-11).

Pour changer ses pensées, il ouvre la Vie des Saints. Il n'y trouve que des idées de satisfactions physiques, de guerre, de grandeur, de richesse, de pouvoir surnaturel (12-15).

Il vante la profondeur de son renoncement. Il la déplore aussi. Il voudrait un peu d'argent pour adoucir son sort. Il jalouse des hommes qui ne le valent pas, et qu'on admire. Il s'irrite contre

ses adversaires. Son jeûne rigoureux, prolongé, lui pèse. Il songe
aux femmes qui viennent, au désert, visiter les anachorètes (16-20).

D'insinuantes voix répondent à chacun de ses désirs; les objets
autour de lui prennent des apparences bizarres (21-23).

II. — Le Diable, ayant sous ses ailes les Sept Péchés Capitaux,
est accoudé contre le toit de la cabane.

Antoine rêve qu'il descend le Nil, couché dans une barque
(25-26).

Une table se dresse, couverte de toutes les choses bonnes à
manger (27-28).

Puis, c'est une coupe pleine de monnaies (29-31).

Antoine a failli succomber, il entre en fureur, il veut frapper,
tuer, massacrer (32).

Visions de meurtre. Les Solitaires de la Thébaïde se ruent sur
les Ariens d'Alexandrie (33-36).

Il est à la cour de l'Empereur, qui fait de lui son ministre (37-41).

Dans une salle immense mange et boit le roi Nabuchodonosor,
et, lui-même, il devient Nabuchodonosor (41-43).

Il se donne la discipline, et y trouve une sorte d'étrange volupté.
Il songe au supplice d'Ammonaria (43-45).

La Reine de Saba, en un innombrable cortège, vient s'offrir à
lui et lui offrir toutes les jouissances du monde (45-58).

III. — Un vieil enfant apparaît, qui se dit Hilarion, qui sait tout
ce qui est arrivé à Antoine depuis leur séparation, qui sait qu'Antoine vient d'être assailli par les Sept Péchés Capitaux (59-62).

C'est honte et pitié de vivre dans une hypocrisie spéciale, dans
la tristesse et l'incertitude, la paresse et l'ignorance. Il faut s'instruire. Les miracles? des imposteurs les réussissent. Les Écritures?
elles s'expliquent différemment; elles se contredisent; le dogme
y est maintes fois démenti; elles varient sur les faits. Hilarion
offre à Antoine de lui dévoiler la face de l'Inconnu (64-75).

IV. — Ils sont dans une basilique, au milieu d'une multitude
hurlante (77-79).

Tour à tour exposent leur doctrine les Hérésiarques : Manès
(79-82), Saturnin, Cerdon, saint Clément d'Alexandrie, Bardesanes;
les Herniens, les Priscillianiens (83-84); Valentin le gnostique
(85-87), Origène, Basilide; les Elkhésaïtes, les Carpocratiens, les
Nicolaïtes, les Marcosiens, les Helvidiens, Messaliens, Paterniens;
Ætius (87-92).

Tertullien les démasque et les chasse (92-93).

Paraissent Priscilla, Maximilla, et leur maître, Montanus (93-99). Le défilé recommence : Arcontiques, Tatianiens, Valésiens, Caïnites, Circoncellions ; Arius, Sabellius ; Séthianiens, Théodotiens, Mérinthiens, Apollinaristes ; Marcel d'Ancyre, le pape Calixte, Méthodius, Cérinthe, Paul de Samosate, Hermogène ; Marcionites, Encratites, Ebionites ; Tertullien lui-même, Eusèbe de Césarée, Marcellina ; — la plupart ne jettent qu'une phrase en passant (99-109).

Antoine, dans une chambre mystérieuse, assiste à l'office religieux des Ophites, adorateurs du Serpent (110-116).

Il se trouve au milieu de chrétiens condamnés aux bêtes, et il a le spectacle du mensonge de leur héroïsme (116-122). Il est mêlé à une assemblée de fidèles, qui se termine en orgie (122-126).

Il est mis en présence d'un Gymnosophiste (126-132).

Une femme s'appuie sur l'épaule d'un homme. C'est Simon le Magicien menant Ennoïa, qui fut Hélène et Dalila (132-141).

Il est excédé par Apollonius de Tyane et son stupide et grossier disciple, Damis (142-171).

V. — Toutes les idoles primitives, les unes grotesques, effroyables les autres, passent devant les yeux d'Antoine (173-177). Successivement, la Dualité et la Trinité hindoue et les autres mythes sanscrits (177-181), le Buddha (181-199), l'Oannès chaldéen et les divinités babyloniennes (190-195), Ormuz (196-198), la grande Diane d'Ephèse, Cybèle, Atys, Adônis (198-208), Isis (208-213), Jupiter, Junon, Minerve, Neptune, Pluton, Mars, Hercule, Apollon, Cérès, Vulcain, Mercure, Vénus-Anadyomène (215-232), mille dieux inférieurs de Grèce et d'Italie, jusqu'à l'immonde Crépitus (232-243).

Puis retentit la Voix du Dieu des Armées, du Seigneur Dieu d'Israël (243-245). La Voix se perd à son tour dans le silence. Et il ne reste plus que Quelqu'un, qui est Hilarion, mais transfiguré, révélé comme étant la Science, ou le Diable (245-247).

VI. — Emporté par le Diable, Antoine monte à travers l'espace infini. La terre n'est plus qu'un point. Les étoiles grandissent. Les astres se multiplient. Antoine murmure : Quel est le but de tout cela? Le Diable répond qu'il n'y a pas de but ; et il controverse avec son compagnon de route pour démontrer que *tout cela*, c'est incompatible avec l'idée d'un Créateur, d'un Dieu que l'on puisse connaître et prier (249-262).

VII. — Antoine est retombé devant son ermitage. Quelque chose en lui agonise. Sa pensée se reporte à sa mère qui doit être morte maintenant, à Ammonaria, qu'il voit se dévêtir, image charnelle qui vient le torturer (263-266).

Il balance de se tuer en se précipitant du haut de la falaise. Survient une vieille Femme. Il la prend d'abord pour sa mère, et c'est la Mort. Elle l'exhorte à accomplir l'acte. Une autre Femme l'en dissuade, jeune, qu'il croit être Ammonaria, et qui est la Luxure. La Mort et la Luxure commencent par se disputer, finissent par se reconnaître pour sœurs; et Antoine voit en elles un double aspect du Diable (266-276).

Si la Vie et la Mort ne sont qu'une apparence, sous quelle primordiale figure l'Être se manifeste-t-il? Antoine assiste au dialogue prodigieux du Sphinx et de la Chimère (276-282).

D'on ne sait quels Limbes se dégagent les Astomi, les Nisnas, les Blemmyes, les Pygmées, les Sciapodes (283-285). Dans une forêt courent les singes humains, les Cynocéphales, et surgissent les grandes Bêtes fabuleuses, le Sadhuzag, le Martichoras, le Catoblepas. Le Basilic siffle, le Griffon rugit. Une faune sans nombre s'agite. La Licorne galope. Tous les Oiseaux de l'air éploient leurs ailes, et voici que maintenant s'avancent les Bêtes de la Mer (285-294).

Puis les végétaux ne se distinguent plus des animaux, et les plantes se confondent avec les pierres. Enfin se révèle le monde des infiniment petits, jusqu'aux cellules qu'une vibration meut. Antoine a découvert le principe de la Vie et ce en quoi tout se résume : la Matière (295-296).

Mais le jour paraît. La Tentation est finie. Antoine, ayant fait le signe de la croix, se remet en prière.


## II

Telle est *La Tentation de Saint Antoine* sous sa forme définitive, celle où l'amena Flaubert de 1870 à 1872, et sous laquelle il l'a publiée en 1874.

M. Louis Bertrand, avec l'assentiment et grâce à la bienveillance de la nièce de Gustave Flaubert, M^me Caroline Franklin-Grout, nous rend la première version de cette même œuvre.

Non pas, cependant, la toute primitive *Tentation*, le chaos apocalyptique de 1848-1849, l'énorme manuscrit de 541 pages in-folio, qui feraient sans doute mille pages de volume.

Mais bien la rédaction de 1856, déjà assagie, réduite à de meilleures proportions (le manuscrit n'a plus que 193 pages), encore exubérante, mais enfin assez parfaite pour que le Maître jugeât son livre digne de voir le jour. Et il est certain qu'il l'aurait fait paraître ainsi, dès 1857, s'il n'avait pas senti que c'était immanquablement permettre à la justice de son pays, et d'alors, de prendre une éclatante revanche de l'acquittement de *Madame Bovary*. Avec quelle joie on eût sauté sur vingt audaces artistiques, historiques, philosophiques, qui ne scandaliseront, n'étonneront plus personne !

Nous allons voir à quel point la *Tentation* de 1856 différait de la *Tentation* de 1874, et aussi ce que l'épreuve après la lettre a pu garder du précédent état.

Au lieu de sept divisions, trois parties.

*Première partie.* — Antoine, sa journée finie, voudrait prier. L'image de la Sainte Vierge devant laquelle il s'agenouille, lui semble grandir, s'agiter, s'animer, devenir une femme. Une voix commente. Puis la voix rappelle à Antoine les belles étrangères qui venaient, au désert, le consulter [1].

Sept formes indistinctes se précisent : ce sont les Péchés Capitaux. Une huitième est la Logique. Elles lui remontrent qu'il eut tort de choisir cette misérable existence. Il aurait pu être publicain [2], soldat, docteur, prêtre, évêque; jouir de tous les biens, de tous les honneurs, de tous les plaisirs.

La Logique lui démontre que la Pénitence est vaine, que la Loi autorise tout, que le dogme de la Trinité et celui de l'Incarnation sont absurdes, le Bien et le Mal incertains.

Chaque Hérésie vient professer sa foi. C'est, tour à tour : les Patricianistes, les Paterniens, les Sabellins, Audius, les Tertullianistes et Tertullien, les Apollinaristes, les Antidicomaristes, les Ménandrins et les Corinthiens, Arius, les Théodotistes, les Séthianiens, les Gnostiques, les Ophites, les Ascites, les Sévériens, les Aquariens, les Astotyrites, les Manichéens, les Saturniens, Marcosiens, Valentiniens, Nicolaïstes, Elxaïtes, Basilidiens, Colorbasiens, les Thérapeutes, les Rabdalistes.

Simon le Magicien accompagne Hélène-Ennoïa [3].

Reviennent les Elxaïtes, les Caïnites, les Carpocratiens, la fausse Prophétesse de Cappadoce, les Tatiens.

1. Édition définitive, p. 19-20.
2. P. 9-10.
3. P. 132-141.

Entrent Priscilla, Maximilla, Montanus[1], les Montanistes.
Suivent les Valériens et les Donatistes Circoncellions.
Puis Apollonius de Tyane et Damis[2].
La clameur des Hérésies s'enfle, renforcée de celle des sept
Péchés Capitaux. Mais les trois blanches figures des Vertus
Théologales paraissent sur le seuil de la cabane. Antoine se
réfugie près d'elles, tandis que le Cochon, que tantôt l'on a vu se
glorifier et baver de concupiscence, demeure parmi les Péchés
(p. 1-96).

*Deuxième partie.* — La Luxure, l'Avarice, la Colère, la
Gourmandise, la Paresse, l'Envie, accusent l'Orgueil d'avoir
sauvé de leurs mains Antoine qui faiblissait. Le Diable les
réconcilie et les lance de nouveau à l'attaque, en leur adjoignant
la Logique, et un enfant en cheveux blancs, la Science. La Foi,
l'Espérance, la Charité résistent mal à la Science et à la Logique,
et laissent vite Antoine sans défense.
Une coupe emplie de monnaies[3]; Antoine la renverse, la brise
d'un coup de pied.
Le Cochon se réveille d'un rêve de mangeailles horribles, et le
raconte.
Antoine se donne la discipline, non sans y trouver une sorte
d'étrange volupté[4], et s'évanouit.
Il croit voir alors une rue d'Athènes, et, dans cette rue, un
double de lui-même, un autre Saint Antoine, entrant dans la
maison de la courtisane Demonassa. Et le véritable Antoine se
dépite de ne pas être celui-là, l'autre.
Le Cochon se souvient tout haut d'une mare bien bourbeuse et
d'une auge toujours pleine.
Antoine a la vision de son enfance, de la maison familiale, de
sa mère vieille et misérable.
Il ouvre une Bible[5], à l'histoire de Judas et de Thamar. La scène
troublante se joue devant lui.
La chasse de Diane passe à travers les branchages.
Dans une salle immense mange et boit le roi Nabuchodonosor[6];
un homme vêtu de peaux de chèvre trouble la fête.

1. P. 93-99.
2. P. 142-171.
3. P. 29-31.
4. P. 43-45.
5. P. 12.
6. P. 41-45.

La Reine de Saba, en un innombrable cortège, vient s'offrir à Antoine et lui offrir toutes les jouissances du-monde[1].

Il voit une tour où une pluie de sable ensevelit des hommes.

Il assiste au dialogue prodigieux du Sphinx et de la Chimère[2].

D'on ne sait quels Limbes se dégagent les Astomi, les Nisnas, les Sciapodes, les Blemmyes, les Pygmées. Dans la forêt, les Cynocéphales, le Sadhuzag, la Licorne, le Griffon. Le Phénix plane, le Basilic siffle, le Martichoras aboie, le Catoblepas rumine. Les Bêtes de la Mer émergent. Une faune effroyable grouille, se mêle, s'entre-dévore[3].

Antoine voudrait être matière, pour surprendre l'âme de la matière[4]. Mais le Diable l'emporte à travers l'espace, tandis que le Cochon, cabré sur ses pattes, se lamente de n'avoir pas des ailes comme le Cochon de Clazomène (97-162).

*Troisième partie.* — Antoine, cramponné aux cornes du Diable, monte dans l'immensité. Il voit les astres en fusion, traverse l'infini panthéiste, existant sans autre but que soi-même[5]. Son guide lui démontre que tout cela cependant n'existe qu'autant qu'il le conçoit, que dans sa pensée, et par conséquent n'existe peut-être pas.

Antoine est retombé devant son ermitage[6]. Il se désole et se déteste. Il voudrait être le Cochon. Mais le Cochon aussi s'ennuie d'être lui-même.

La Mort s'offre à Antoine comme consolatrice. La Luxure, qu'approuve le Cochon, lui promet un autre oubli. Elles alternent, chacune plaidant sa cause[7]. Antoine les accuse de mentir toutes deux.

Les Idoles, fouaillées par la Mort, défilent : les primitives, celles d'avant le déluge, celle de Sérandib, celle de Soumenat, l'idole nègre, celle de la Bactriane, celle de Tartarie, les trois cent soixante des Arabes, celle des Gangarides. Le Gange traîne ses dieux dans un chariot d'ivoire. Passent un dieu couvert d'yeux, une déesse debout sur un globe d'argent, un dieu bleu, un dieu noir, les dieux blancs du Nord. Zoroastre confond le Diable et Ahrimane. Le bœuf Apis parle. Uranus tient la Terre par la main, et Saturne, Rhéa.

1. P. 45-58.
2. P. 276-282.
3. P. 283-294.
4. P. 296.
5. P. 249-254.
6. P. 263.
7. P. 266-276.

Jupiter Olympien brandit une coupe vide; après lui, pleurent leur gloire abolie Junon, Minerve, Mars, Cérès, Neptune, Hercule. Les femmes de Tyr gémissent sur la mort d'Adônis. Le cortège de la Bonne Déesse se déroule [1].

Confusément, Atys, Dercéto, Oannès, Ilythia, Moloch, les Potniades, la Sosipolis d'Élée, les Cathares, Vulcain, la grande Diane et toutes les Dianes, les Faunes, Pan, Priape, vingt autres en tourbillon; Apollon, Bacchus, les Bacchants et les Bacchantes, les Muses, Vénus toute nue et Cupidon; les Lares, le nain Crépitus [2].

La voix du Seigneur Dieu d'Israël [3] avoue que son temple est détruit.

Puisqu'ils ont tous passé, la Logique conclut que le Dieu des Chrétiens passera, lui aussi. Le Diable annonce l'avènement de l'Antéchrist.

Alors, la Luxure, la Colère, la Gourmandise, l'Avarice, l'Envie, la Paresse, la Science, l'Orgueil, font une suprême tentative sur Antoine, chacun offrant tout ce qu'il détient. Le Diable lui-même entre en lice pour enlever la victoire.

Mais le jour point. Le soleil déchire les nuages. Saint Antoine est en oraison.

Le Diable s'enfuit, ricanant d'un rire strident : hah! hah! hah! qui se prolonge à l'infini (163-246).

On a pu voir quelques concordances de pages. Toutes ne sont pas indiquées. Ce qu'il y en a suffit à insister sur le nombre et le sens des transpositions amenées par le nouveau plan.

En ce qui concerne les Hérésies et les Hérésiarques, il est facile de constater qu'environ les deux tiers des noms se retrouvent ici comme là; mais ce n'est pas le même ordre et les correspondances d'idées ne sont que dans une proportion bien moindre.

Le personnage du Cochon a totalement disparu en 1874. Il en est de même des Vertus Théologales. Et de même encore pour les Péchés Capitaux, en tant que personnifications agissantes et parlantes. En 1856, ils cherchent à séduire Antoine, d'une façon directe, et à le faire tomber dans leur piège. En 1874, ils ne se manifestent plus qu'implicitement, par les pensées coupables d'ordres divers qui germent tour à tour dans l'âme du tourmenté.

1. P. 198-227.
2. P. 227-243.
3. P. 243-245.

Ils ne sont plus nommés. La mention la plus visible qui reste d'eux, c'est cinq lignes, dans la partie descriptive ou récitative, au début de la deuxième division. Il y a eu tendance évidente à réduire le dialogue, tout l'appareil dramatique qui rapprochait la *Tentation* d'un Mystère ou d'une Moralité du moyen âge. Au contraire, ce qui, primitivement, n'était guère qu'indications de scène a pris un développement considérable, de l'importance, et, si l'on peut dire, de l'indépendance.

Les deux personnages de la Logique et de la Science, de 1856, en 1874, ont été fondus en un seul : Hilarion, sauf quelques répliques attribuées au Diable. Car il faut aussi noter la tendance réaliste éliminant autant que possible les entités.

Même la Mort et la Luxure, dans la forme définitive, suivent ce courant, puisqu'elles se montrent d'abord sous les apparences, l'une de la mère de Saint Antoine, l'autre, de sa fiancée Ammonaria, — figure nouvelle, qu'on chercherait vainement en 1856.

Cet épisode de la Mort et de la Luxure a d'ailleurs été refait presque complètement en 1874. On peut en dire autant du chapitre des Dieux, et de celui de l'ascension ou de l'assomption à travers l'infini. D'autres ont été moins intimement retouchés, celui d'Ennoïa, celui de la Reine de Saba, Apollonius de Tyane, le festin de Nabuchodonosor, le Sphinx et la Chimère.

La rédaction de 1874 ajoute un certain nombre de scènes : le massacre dans les rues d'Alexandrie, la cour de l'Empereur, les chrétiens livrés aux bêtes, l'orgie des fidèles, le Gymnosophiste, le Buddha.

Mais elle laisse de côté, notamment, l'épisode de la courtisane d'Athènes, la chasse de Diane, l'effrayante vision de la tour qui s'emplit de sable, la plainte des Muses.

Ne serait-ce qu'avec ces quelques pages, M. Louis Bertrand apporte aux Lettres françaises une restitution inestimable.

### III

Mais la toute primitive *Tentation*, celle de 1848-1849? Qu'est-elle? La question se pose, maintenant, d'elle-même.

Voici ce qu'en dit M. L. Bertrand :

« Évidemment le mieux serait d'éditer ce premier manuscrit dans son intégrité. Mais ce n'est en somme qu'un brouillon, où il serait difficile de retrouver la rédaction définitive de l'auteur, à travers de perpétuelles variantes. Enfin le moment ne nous paraît pas encore venu de présenter au public cette énorme ébauche. »

Et voici ce qu'en dit M. E. W. Fischer :

« Le manuscrit est presque complet, mais comme Flaubert s'en est évidemment servi de brouillon aux refontes postérieures, beaucoup de parties en sont effacées et quelques-unes même jusqu'à l'impossibilité de les reconstruire. »

Presque complet... En effet, M. E. W. Fischer nous signalera plus tard deux lacunes, aux feuillets 273-278 et 429-432, soit l'absence de dix pages en tout.

M. E. W. Fischer a eu entre les mains et a pu compulser minutieusement la totalité des manuscrits de Flaubert conservés dans la bibliothèque de la Villa Tanit, à Antibes. Dans la première de ses *Études sur Flaubert inédit*, il dresse un inventaire circonstancié des *Œuvres de jeunesse*. La seconde Étude, intitulée *La Tentation de Saint Antoine, ses origines, ses différentes rédactions et ses rapports avec l'auteur*, a été une thèse de doctorat soutenue en 1903 devant l'Université de Marburg, et est traduite de l'allemand en français par Mme Caroline Franklin-Grout elle-même.

M. Fischer décrit avec une grande précision le manuscrit de mai 1848-septembre 1849. Grâce à son travail, nous allons pouvoir nous faire une idée approximative, mais enfin suffisante, des différences que cette rédaction originelle offre avec celle de 1856.

*La Tentation* y est, comme plus tard, coupée en trois parties, « dont la seconde est la plus longue ». Ici nous devons remarquer que, dans le volume publié par M. Bertrand, la première partie comporte 96 pages, la troisième, 82, et la deuxième, 66 seulement. Elle était la plus longue, elle est devenue la plus courte. Nous aurons à voir la raison de ce déplacement d'équilibre.

Gustave Flaubert, dans une lettre du 1er juin 1856, dit : « La première partie qui avait 160 pages n'en a plus maintenant (recopiée) que 74. » Il faut bien aller un peu à tâtons, et il est impossible de songer à établir, sur ces données, aucune proportion. Même en ce point précis, une hésitation surgit. Flaubert ajoute : « J'espère être quitte de cette première partie dans une huitaine de jours. » C'est donc plutôt une prévision qu'un fait, qu'il énonce. Il y a lieu (une note de M. L. Bertrand l'exige) de réduire encore d'une dizaine de pages ce chiffre de 74 ; et le texte de 1856 ne doit pas représenter plus des deux cinquièmes de celui de 1849.

Où prendre les suppressions ? Elles sont dans le détail, sans doute. Mais il apparaît aussi tout d'abord que le rôle du Cochon a perdu par la suite beaucoup de son ampleur, en attendant d'être tout entier supprimé.

Dans la version initiale, il est destiné à faire (cela ne sera plus ensuite qu'imparfaitement indiqué) la parodie de Saint Antoine. Quand l'homme se laisse aller à parler avec complaisance de ses mérites, le Cochon s'écrie : « Les Égyptiens ne mangent pas de bœuf, les Perses ne mangent pas d'aigle, les Juifs ne mangent pas de moi. Je suis plus sacré que le bœuf, plus sacré que l'aigle. »

Puis M. Fischer nous révèle tout un drame burlesque qui n'a pas été conservé. « En ce moment le Cochon réapparaît. Il voudrait aiguiser ses dents à un tronc d'arbre comme le sanglier et il mord le saint à la jambe. Il se plaint d'avoir été arraché par le saint à sa famille; la fureur le prend et il veut avaler l'ermite. Alors Antoine ramasse un caillou, pendant que la Colère lui crie : tue-le, tue-le! Au même moment le Cochon s'agrandit immensément et vomit du feu, mais le saint reste intrépide, il a reconnu les artifices du Diable. »

D'autres réductions portent sur l'épisode de l'image de la Vierge Marie. Ici, une singularité. Certaine phrase où il est question du soldat Panthérus, biffée en 1856, se lit de nouveau en 1874, il est vrai placée autre part, mise dans la bouche d'un juif qui fait sa partie dans le concert des Hérésiarques. Cela au moins indique que Flaubert eut toujours sous les yeux l'ancien brouillon, même lors du remaniement final.

Puis M. L. Bertrand donne, en note et dans son appendice, deux fragments qui appartiennent à la première version; l'un où une voix remémore à Antoine une vierge sur son lit de mort, qu'il a veillée, non sans trouble; l'autre où la Luxure, la Logique, la Colère et l'Orgueil rivalisent de raisons décevantes, d'exemples dangereux et d'aperçus perfides.

La deuxième partie s'ouvre par la dispute entre les Péchés Capitaux. La scène a une ampleur qu'elle perdra. « Un mouvement agite la troupe des Péchés. Le Diable est furieux de leur insuccès et il les menace de punitions terribles. Rien ne tente plus les hommes, et le Christ doit se moquer de l'enfer. Il semble que l'âme humaine ait perdu l'amour des caresses impures ainsi que l'éternel attrait qui l'incitait à les rechercher. C'est lui seul désormais qu'il lui faudra, lui seul et l'Orgueil. Mais les Péchés, essayant de se défendre lui rappellent que c'est justement l'Orgueil qui vient de sauver le saint, lorsqu'ils étaient sur le point de conquérir son âme. C'est toujours lui qui leur crée des obstacles

à l'achèvement de leurs œuvres. Ils le haïssent tous, et chacun des
Péchés démontre par une longue explication son incapacité à
posséder complètement une âme tant qu'elle est habitée par l'Orgueil. Le Diable engage l'Orgueil à se défendre, mais celui-ci reste
muet et ne fait que hausser les épaules en signe de dédain. Enfin
il se décide à parler et rappelle à Satan que ce fut lui qui le
consola et le sauva du désespoir lorsque Dieu le jeta dans l'abîme.
Puis il cite tout ce qu'il a fait depuis la création du monde. Il
prétend être le moteur universel des choses et finit par ces
paroles : « J'ai engendré les poètes, les conquérants, les prophètes,
j'ai fait les Dieux. » Le Diable riant lui donne raison, mais déjà les
autres Péchés attaquent de nouveau leur rival. Chacun d'eux
raconte la tactique qu'il emploie pour séduire les hommes et
explique longuement en quoi son caractère consiste. L'Orgueil qui
est resté debout sur les marches de la chapelle se drape dans son
manteau ; le serpent qu'il porte au sein le mord au menton, il
pousse un cri aigu et les Péchés s'aperçoivent qu'il pâlit. Mais
l'Orgueil prétend être fort et sain. Enfin le Diable impose silence
aux combattants ».

Il y a dans ce copieux développement un enchaînement et une
force de déduction qui manquera, et cela se sent un peu, dans la
réfection exécutée sept ans plus tard. Mais le travail de 1856 n'est
qu'un acheminement à la suppression intégrale de ce qui n'était
en somme qu'un hors-d'œuvre.

On arrive aux mêmes conclusions pour ce qui suit, la lutte des
Péchés, de la Logique et de la Science, ligués contre les Vertus
Théologales.

« Aux paroles de foi se mêlent du dehors des cris, des sifflets, des
hurlements, qui invectivent et parodient tout ce que disent les Vertus...
(M. L. Bertrand nous a gardé dans une note quelques répliques, qui
déjà résument, probablement.) A ce moment arrive la Logique. Elle
démontre que l'ermite n'a rien de commun avec les Vertus. S'il avait
l'Espérance, il ne serait pas malheureux, et s'il avait la Charité, il ne
penserait pas à lui-même. La Logique continue ses attaques; elle
cherche à démontrer que les vertus sont contradictoires en elles mêmes.
La Foi bénit d'une main, et maudit avec l'autre. Elles répondent que ce
ne sont pas de véritables Vertus dont parle la Logique. Celle-ci répond
que, s'il y a deux espèces de Vertus, il faut qu'il y ait aussi deux
espèces de Péchés, c'est-à-dire la chaste Luxure, l'Orgueil modeste, la
douce Colère... Une voix d'enfant se fait entendre : « Père, père,
attends-moi! » et on voit arriver la Science... Entre elle et la Foi
s'engage un conflit. La Science prétend qu'elle aussi cherche la vérité,

mais tandis qu'elle représente le grand amour inquiet et désintéressé, la Foi rétrécit l'esprit, nie et hait. C'est pourquoi elle la vaincra un jour. A ce moment, elle va pour entrer dans l'Église, mais les Vertus l'en empêchent. Alors la Logique veut savoir pourquoi les Vertus excluent la Science. A cette question la Foi relève son vêtement et montre à l'ermite, à l'intérieur, l'ourlet piqué de quelques trous qui ont l'air de morsures de rats. C'est la Science qui les a faits. Comme la Logique et la Science n'arrivent à rien, le Diable, dans son impatience, saute sur le toit de la chapelle et commence à en arracher les tuiles pendant que les Péchés cherchent à détruire les murs avec leurs griffes... Les Péchés hurlent... Le Diable jette des tuiles aux Vertus qui tremblent de peur à mesure que les démons s'approchent davantage. »

En 1856, il n'est plus question de démolition de la chapelle, et l'assaut se passe tout en paroles, quoiqu'en beaucoup moins de paroles.

Il est d'autres suppressions : deux passages entiers, que M. L. Bertrand a recueillis dans son appendice. L'un est une très belle vision d'une Femme au poignard, l'Adultère, d'une Femme au bandeau dénoué, la Fornication, d'une Femme crépue, l'Immondicité. L'autre est une sorte de boniment magnifique débité par les Poètes et les Baladins. M. Fischer reproduit également ce morceau, avec des variantes, et, s'il ne va pas jusqu'au bout, son texte intercale quatre phrases de plus.

D'un troisième passage, nous n'avons de trace que dans l'analyse de M. Fischer : «... En bas sur le sable du désert, une caravane passe. Les gens se sont endormis sur les bêtes cheminantes. Le pied d'un chameau butte sur quelque chose. C'est un poignard perdu dans le sable. Son éclat, sous les rayons de la lune, vient jusqu'à Antoine. Au même moment le Diable, qui est derrière lui, le pousse à descendre au désert et à assassiner les voyageurs. » Ce poignard, oublié en 1856, doit se retrouver en 1874 ; mais les circonstances et les concomitances ne seront plus les mêmes.

Pour le reste, il y a identité d'ensemble, mais aussi allégement continu. Ainsi, l'appendice du livre de M. Bertrand donne le discours des Pygmées en quarante lignes, texte de 1849, tandis que le texte de 1856 n'a gardé, en cinq lignes, que la valeur des sept premières lignes.

Dès lors, il est facile de comprendre comment cette deuxième partie, d'abord la plus longue, est devenue la plus courte.

Ayant tant ôté, Flaubert a-t-il ajouté?

En sa lettre du 1er juin 1856, il dit : « Il y a plus à faire dans la
deuxième partie où j'ai fini par découvrir un lien bien piètre peut-
être, mais enfin un lien, un enchaînement possible. Le personnage
de Saint Antoine va être renflé de deux ou trois monologues qui
amèneront fatalement les tentations. En somme, une vingtaine de
pages, ou une trentaine de pages à écrire. »

L'analyse de M. Fischer, si serrée qu'elle soit, ne permet guère
de reconnaître la place de ces deux ou trois monologues, de ces
vingt ou trente pages, — chiffre qui semble bien excessif.

A·la vérité, si le lien, si l'enchaînement dont parle Flaubert a
pu devenir plus sensible, cela ne résulte pas de modifications qui
aient été effectivement apportées. Mais il se sera mieux marqué
d'être débarrassé de tant d'inextricable qui s'y mêlait.

M. Fischer ne mentionne pas en 1849 l'épisode de la courtisane
Démonassa d'Athènes. Mais la place qu'occuperait cet épisode
coïncide avec la lacune signalée des feuillets 273-278. Par contre la
vision de la Tour emplie de sable, semble l'une des principales
nouveautés de la rédaction de 1856, et sa principale particularité,
puisque ce cauchemar ne reviendra plus en 1874.

Une dernière remarque, avec le chagrin de ne pouvoir tout dire.

En 1849, le Festin de Nabuchodonosor se termine ainsi, selon
M. Fischer : « Le roi finit par être complètement ivre, il se roule
par terre, il beugle comme un taureau, et ses convives s'enfuient.
Alors Antoine se réveille et se relève, car il était tombé sur le
sol. » En 1856 : « ... un homme vêtu de peaux de chèvre apparaît.
Le roi tombe de son trône, les colonnes avec leurs chapiteaux se
renversent comme des arbres, les plats s'entrechoquent comme
des vagues d'or, tout le monde se lève, et l'on n'aperçoit plus que
des dos qui fuient... » En 1874, retour au dénouement primitif,
sauf qu'Antoine a pris la place de Nabuchodonosor : « ... Antoine
se met à quatre pattes sur la table, et beugle comme un taureau. »

Dans la troisième partie, on devine que le voyage à travers les
mondes était, au manuscrit initial, plus long, et les conclusions
métaphysiques assez différentes. Du dialogue entre la Mort et la
Luxure, l'appendice ajouté par M. L. Bertrand garde deux importants fragments. Le défilé présente dans les deux rédactions les
mêmes figures et le même ordre. M. Fischer cite une Plainte des
Muses qu'il sied de comparer avec la même Plainte dans la version
publiée par M. Bertrand.

Le dénouement de 1849 n'a été que peu retouché en 1856. A
peine quelques simplifications, quelques détails enlevés, celui-ci

entre autres : « La Mort désire toucher le saint, mais le Diable l'en empêche parce qu'il n'est pas en état de péché et serait alors perdu pour l'enfer. » Le Diable ne renonce pas!

M. E. W. Fischer, après avoir si minutieusement inventorié le manuscrit de 1848-1849, traite plus sommairement le manuscrit de 1856, celui que M. L. Bertrand a publié.

Pour le dernier état de la *Tentation*, M. Fischer nous signale deux manuscrits. L'un, dont M. Bertrand ne parle pas parce qu'il le classe parmi les « nombreux brouillons », ne porte aucune date et, incomplet, ne compte que 136 pages. Il mérite cependant d'être considéré à part : il représente l'avant-dernière rédaction.

Un plan, une sorte de table, correspond à ce manuscrit :

« I. Paysage, contour du soleil, cabane du saint, figure de Saint Antoine. Montagne. — II. Les visions des sept péchés capitaux. — III. La Science. — IV. Les hérésiarques. — Les Dieux. — VI. Tentation métaphysique, le diable. — VII. La Mort. — VIII. La Mort et la Luxure, le néant et la vie. — IX. Le Sphynx et la Chimère. Les animaux, la nature. — X. L'aube paraît, les vertus théologales. »

Fondez en un seul les quatre derniers numéros, vous aurez les sept divisions du volume de 1874. Il faut aussi mettre un point après : « L'aube paraît. » Dans le manuscrit sans date, les trois Vertus Théologales, dépossédées de tout leur rôle d'autrefois, interviennent au dénouement. L'œuvre se clôt ainsi : « Mais le jour enfin paraît, et, comme les rideaux d'un tabernacle qu'on relève, des nuages d'or s'enroulent à larges volutes, découvrant l'azur du ciel. Les trois Vertus Théologales, la Foi, l'Espérance et la Charité, s'y tiennent au milieu, debout, et de leurs pieds partent trois rayons de lumière, trois gloires mystiques qui s'abaissent jusqu'au cœur de saint Antoine. Il fait le signe de la croix, et la Tentation est finie. »

Un autre sacrifice, celui, après la Voix du Dieu d'Israël, du Christ lui-même agonisant une suprême fois au milieu du mépris et, pis encore, de l'indifférence des hommes. M. L. Bertrand, en appendice, sauve du néant ce morceau, admirable entre tous, qu'il accompagne de cette note : « Ce fragment que nous avons recueilli parmi des brouillons, semble appartenir à la version de 1874. D'après M<sup>me</sup> Grout, Flaubert l'aurait supprimé dans la crainte de froisser les consciences pieuses. »

Enfin un dernier manuscrit autographe, portant les dates :
« Juillet 1870-26 juin 1872 », contient, à quelques ratures près
le texte définitif de l'édition de 1874.

## IV

A quelles préoccupations d'art Flaubert a-t-il obéi au cours des
remaniements successifs qu'il fit subir à la *Tentation de Saint
Antoine*? En quoi et pourquoi sa conscience littéraire ne se
satisfit-elle ni de la première, ni, en somme, de la deuxième
rédaction? La *Correspondance* nous éclaire sur ce point, mieux
que tout autre chose ne le pourrait.

Il écrit, en janvier 1852 : « Prenant un sujet où j'étais entièrement libre comme lyrisme, mouvements, désordonnements, je
me trouvais alors bien dans ma nature et je n'avais qu'à aller.
Jamais je ne retrouverai des éperduments de style comme je m'en
suis donné là pendant dix-huit grands mois. Comme je choisissais
avec cœur les perles de mon collier! Je n'y ai oublié qu'une chose,
c'est le fil... »

Le 1er février 1852 : « C'est une œuvre manquée. J'ai été, moi-
mème, dans *Saint Antoine*, le saint Antoine et je l'ai oublié. C'est
un personnage à faire (difficulté qui n'est pas mince); s'il y avait
pour moi une façon quelconque de corriger ce livre, je serais
bien content, car j'ai mis là beaucoup, beaucoup de temps et
beaucoup d'amour. Mais ce n'a pas été assez mûri. De ce que
j'avais beaucoup travaillé les éléments matériels du livre, la
partie historique, je veux dire, je me suis imaginé que le *scenario*
était fait et je m'y suis mis. Tout *dépend du plan*; *Saint Antoine*
en manque, la déduction des idées sévèrement suivie n'a point
son parallélisme dans l'enchaînement des faits. Avec beaucoup
d'échafaudages dramatiques, le dramatique manque. »

Un recul de trois années permet déjà à Flaubert de juger son
œuvre.

Maintenant, il s'est mis à la besogne. Il écrit le 1er juin 1856 :
« Je corrige *Saint Antoine*. J'ai dans *Saint Antoine* élagué tout
ce qui me semblait intempestif... Je biffe les mouvements extra-
lyriques. J'efface beaucoup d'inversions, et je persécute les tournures, lesquelles vous déroutent de l'idée principale... »

Le 9 septembre 1856 : « Quant au *Saint Antoine*... je rêve
comment faire pour y mettre des choses plus fortes. Je suis
agacé de la déclamation qu'il y a dans ce livre. Je cherche des

effets brutaux. Pour ce qui est du plan, je n'y vois plus rien à faire... »

Le 23 septembre 1856 : « Je développe le personnage de plus en plus. Il est certain que maintenant on voit un plan. » Le 5 octobre 1856, il caresse « l'espoir que *Saint Antoine* a maintenant un plan ». Est-il bien convaincu? En 1857, il écrit : « Je sais maintenant ce qui lui manque, à savoir deux choses : 1° le plan; 2° la personnalité de saint Antoine. J'y arriverai. Mais il me faut du temps, du temps!... »

En 1869, il songe à donner enfin la dernière main à la *Tentation.* « J'ai repris ma vieille toquade de *Saint Antoine*... Je refais un nouveau plan... J'espère parvenir à trouver un lien logique (et partant un intérêt dramatique) entre les différentes hallucinations du Saint... »

On voit que ce qui prédomine, c'est le retour à l'idée latine de la mesure, de l'ordre, de l'action circonscrite ne se laissant pas distraire d'un but unique. A l'origine, la *Tentation* rappelle l'éparpillement diffus de certaines parties du premier *Faust,* et de tout le *Second Faust* de Gœthe. Lorsque l'auteur reprend son œuvre, la progression dramatique se fait mieux sentir, grâce à l'élimination de tout ce qui en détournait l'esprit. Ou du moins tel est le résultat auquel Flaubert croit, à cette heure, être à la fin parvenu.

Il y revient, quinze ans plus tard, et, cette fois, il bouleverse tout. Ce sont les mêmes éléments, mais disposés autrement et prenant une signification toute différente. Après que l'idéal de résistance aux instincts humains a été bien battu en brèche, c'est l'idée catholique qui s'écroule sous l'attaque des interprétations du dogme, puis l'idée chrétienne, ruinée par l'exposé des variations de la religiosité; enfin l'idée déiste spiritualiste, s'effondre devant cette aperception triomphante de la matière qui jetait tant de stupeur dans l'âme d'Edmond de Goncourt. « Il me confie que la défaite finale du saint est due à la cellule, à la cellule scientifique. Le curieux, c'est qu'il semble s'étonner de mon étonnement. » (*Journal des Goncourt.*)

Mais il faut que la victoire demeure à saint Antoine. En cinq lignes le dieu des tragédies antiques, ne descend pas de la machine, mais s'inscrit dans le soleil levant. En 1849 et en 1856, le rire sarcastique du Diable laissait tout en suspens.

Que faut-il conclure?

Devant ce que Flaubert a voulu, il n'y a qu'à s'incliner,

Et il n'y a qu'à s'instruire avec lui, en voyant le prestigieux styliste réduire ses primitives effusions, d'un lyrisme divergent, à de concises et solides formules, où tout porte, où le plus grand effet s'obtient par le moyen le plus simple.

Nous pouvons désormais suivre un même texte parfois dans ses trois états et dans deux au moins.

Par exemple, ce qui sera le couplet final. Saint Antoine délire :

« Le sang de mes veines bat si fort qu'il va les rompre. Ma tête éclate, mon âme déborde par-dessus moi ; je voudrais m'en aller, partir, fuir ; moi aussi, je suis animal ; la vie me grouille au ventre et je sens des bouillonnements intérieurs. J'ai envie de voler dans les airs, de nager dans les eaux, de courir dans les bois. Oh ! comme je serais heureux si j'avais ces membres, ces robustes existences sous leurs cuirs inattaquables. Il me semble que j'aurais chaud dans le ventre des baleines, et que je respirerais plus au large sur ces vastes envergures. J'ai besoin d'aboyer, de beugler, de hurler. Que n'ai-je des nageoires ! Je voudrais vivre dans un antre, souffler de la fumée, porter une trompe, tordre mon corps, et me diviser partout, être en tout, m'émaner avec les odeurs, me développer comme les plantes, vibrer comme le son, briller comme le jour, me blottir sous toutes les formes, pénétrer dans chaque atome, circuler dans la matière moi-même pour savoir ce qu'elle pense ! » (1849.)

« Le sang de mes veines bat si fort qu'il va les rompre. Mon âme déborde par-dessus moi ! Je voudrais m'élancer, m'enfuir au dehors. Moi aussi je suis animal, la vie me grouille au ventre. J'ai envie de voler dans les airs, de nager dans les eaux, de courir dans les bois. Oh ! comme je serais heureux si j'avais ces robustes existences sous leurs cuirs inattaquables ! Comme je respirerais à l'aise sur ces vastes envergures ! J'ai besoin d'aboyer, de beugler, de hurler ! je voudrais vivre dans un antre, souffler de la fumée, porter une trompe, tordre mon corps, — et me diviser partout, être en tout, m'émaner avec les odeurs, me développer comme les plantes, vibrer comme le son, briller comme la lumière, me blottir sous les formes, pénétrer chaque atome, circuler dans la matière, être matière moi-même pour savoir ce qu'elle pense ! » (1856.)

« O bonheur ! bonheur ! j'ai vu naître la vie, j'ai vu le mouvement commencer. Le sang de mes veines bat si fort qu'il va les rompre. J'ai envie de voler, de nager, d'aboyer, de beugler, de hurler. Je voudrais avoir des ailes, une carapace, une écorce, souffler de la fumée, porter une trompe, tordre mon corps, me diviser partout, être en tout, m'émaner avec les odeurs, me développer comme les plantes, couler comme l'eau, vibrer comme le son, briller comme la lumière, me blottir sur toutes les formes, pénétrer chaque atome, descendre jusqu'au fond de la matière, être la matière ! » (1874.)

Le morceau d'abord est débarrassé de ce qui redouble et répète, de tout ce dont l'inutilité est flagrante : la *tête* qui *éclate*, les *bouillonnements*, les *membres*, le *ventre des baleines*, les *nageoires*... Une seule correction : *la lumière*, qui, plus exactement que *le jour*, correspond au *son*. La répétition du mot *matière*, pour plus d'harmonie dans la chute de la période et pour plus de force dans le sens.

Puis, un nouvel effort de condensation. *Mon âme déborde... je voudrais m'élancer... je suis animal... la vie grouille... dans les airs, dans les eaux, dans les bois... vivre dans un antre...* tout cela se synthétise en une seule petite phrase, nerveuse de ses cinq infinitifs. Cependant les détails des *vastes envergures* et des *cuirs inattaquables* ne doivent pas être perdus ; ils sont repris par des équivalences, *ailes, carapace*, et, augmentés d'un terme qui représente la vie végétale, ils sont reliés, à la phrase de la dispersion dans les êtres et les choses. Là, une valeur tonique manquait : *l'eau* est ajoutée au *son* et à la *lumière* ; cela marque une demi-pause sur *comme les plantes*, et arrondit la déclamation sur les trois groupes se balançant, *comme l'eau, comme le son, comme la lumière*, où la portée chaque fois s'amplifie d'une note. De toute une profusion désordonnée, de tant d'exclamations et d'interjections, il est resté deux petites phrases qui en préparent une plus grande, rigide de structure, et pourtant aussi diverse que l'univers. Travail patient, où l'on surprend même le tâtonnement jamais contenté : *me blottir sous toutes les formes... me blottir sous les formes... me blottir sur toutes les formes...*

Autre part c'est, rapide et puissante, la dernière touche posée par la main du maître, qui anime et fait vivre tout le tableau :

« LES SCIAPODES. — Retenus à terre par nos chevelures plus longues que les lianes, nous végétons à l'abri de nos pieds larges comme des parasols ; et nous regardons, à travers eux, la lumière du jour, avec nos veines qui s'entrecroisent et notre sang rose qui circule. » (1856.)

« Retenus à la terre par nos chevelures, longues comme des lianes, nous végétons à l'abri de nos pieds, larges comme des parasols ; et la lumière nous arrive à travers l'épaisseur de nos talons. Point de dérangement et point de travail ! — La tête le plus bas possible, c'est le secret du bonheur. » (1874.)

Et, pour remplacer les réseaux de veines entre-croisés en branchages, le contexte descriptif ajoute :

« Leurs cuisses levées, ressemblant à des troncs d'arbres, se multiplient. »

Ici, il y a amplification. Mais c'est la rareté. En général, la
version définitive élague les précédentes. Est-ce à dire que la serpe
parfois n'atteint pas une branche superbement fleurie? Ne vous
semble-t-il pas qu'Hélène a été diminuée, et le Sphinx, amant de
la Chimère, émasculé?

Ne nous a-t-on pas trop longtemps privés de la mélopée des
Muses, couvertes de manteaux noirs :

« Quelque chose qui n'est plus palpitait dans l'air sur les races juvé-
niles. Elles avaient la poitrine carrée et des langages, comme leurs
vêtements, à grands plis droits, avec des franges d'or... Partout c'était
un art sublime qui rehaussait la vie... O Thalie, déesse au front bombé,
qu'as-tu fait de ta massue d'airain et de ton rire qui se roulait sur les
foules comme le vent du Sud sur les flots de l'Archipel! Tu as perdu tes
chœurs, sérieuse Melpomène! Adieu le haut cothurne et les manteaux
traînants, l'hymne qui passait par bouffées dans les terreurs tragiques
et le vers simple qui glaçait la peau!... Art des temps antiques, au
feuillage toujours jeune, qui pompais la sève dans les entrailles de la
terre et balançais dans un ciel bleu ta cime pyramidale, toi dont l'écorce
était rude, les rameaux nombreux, l'ombrage immense et qui désalté-
rais les peuples d'élection avec des fruits vermeils arrachés par les forts,
une nuée de hannetons s'est abattue sur tes feuilles; on t'a fendu en
morceaux, on t'a scié en planches, on t'a réduit en poudre, et ce qui
reste de ta verdure est brouté par les ânes. » (1856.)

Ces regrets, c'est M. Louis Bertrand qui nous permet de les concevoir. Il les calme, en même temps. Pas tous, cependant!
Le plus clair de la polémique entre l'Orgueil et les six autres
Péchés Capitaux, entre la Science et la Loi, la Logique et l'Espérance, vers la fin de la deuxième partie un « Hermaphrodite
couché à plat ventre sur un matelas », mille développements, —
peut-être tel « petit poème en prose » comme *La femme au poignard* ou *La femme au bandeau* — sont restés entre les feuillets
écrits en 1848 et 1849.
Est-il permis d'espérer qu'avant trop longtemps le moment
viendra où M^me Franklin-Grout et M. Louis Bertrand juge-
ront à propos de livrer au public, ainsi que la promesse en

est vaguement faite, « l'énorme ébauche », la toute première *Tentation*?

Il faut bien remarquer qu'il ne s'agit point de « retrouver la rédaction définitive de l'auteur, à travers de perpétuelles variantes ». La rédaction définitive, pour cette version, ne l'avons-nous pas dans le manuscrit de 1856 maintenant imprimé? Mais ce qui importe, c'est précisément ces « perpétuelles variantes ». Que l'on nous donne, au bas de chaque page du texte arrêté en 1856, les éléments constitutifs de cette page, même s'ils sont d'une ampleur disproportionnée; ou qu'isolément on reproduise tel quel l'informe chaos que peut bien être devenu le manuscrit originel; l'un, ou l'autre! L'essentiel serait que pas un tâtonnement ne fût perdu, pas un effort, pas une étape vers la réalisation magnifique et parfaite.

*La Tentation de Saint Antoine* est l'un des suprêmes chefs-d'œuvre de la littérature française, comme l'un des livres les plus pleins de pensée que nous ayons. Rien de ce qui touche à sa formation ne peut être indifférent. Ce fut la hantise de toute la vie de Flaubert : il faudrait joindre au brouillon de 1848-1849 les brouillons et les notes de 1869-1872. Gustave Flaubert est, personne ne s'y trompe, l'un des premiers parmi nos Classiques, et il le restera après que bien d'autres auront cessé de l'être, cela, de par sa *folie du style*, pour employer une locution qui lui était favorite. Il sied donc, et il s'impose de le traiter comme tel, et que les fervents puissent pleinement admirer comment et de quoi était faite sa phrase plus dure et plus durable que l'airain.

JACQUES MADELEINE.

# L'HISTORIEN DU HAILLAN

**Lettres et documents inédits.**

Si jamais on étudie, comme il conviendrait de le faire, l'évolution de l'historiographie française de la Renaissance à nos jours, Du Haillan aura sa place au début, car son œuvre marque une date, non qu'elle ait été particulièrement brillante ou personnelle, mais parce qu'elle se produisit à un moment intéressant et qu'elle se trouve ainsi à l'origine du mouvement. Jusqu'alors l'histoire n'avait guère été que la chronique; les écrivains qui s'y étaient livrés n'avaient eu trop souvent d'autre souci que celui d'enregistrer les faits sans essayer de les coordonner et de les présenter dans un ordre logique. Vrai fils de la Renaissance dont il a les ambitions et les témérités, Du Haillan voulut innover en cela, et, sur les traces des Italiens, substituer à la besogne du chroniqueur le travail de reconstitution et de résurrection qui fait le véritable historien. L'entreprise était présomptueuse. Elle était honorable aussi, et, même infructueuse, elle ne manquait ni de portée ni de raison. Est-ce la faute de l'ouvrier, si elle ne réussit qu'incomplètement? Est-ce le défaut de la méthode? L'une et l'autre assurément. Mais s'il nous est facile maintenant de les taxer tous deux d'insuffisance, il l'est moins de leur rendre justice, de voir ce que valait l'auteur, de dire ce qu'il lui eût fallu pour aboutir.

Nous avons essayé surtout, dans les pages qui suivent, de reconstituer la biographie de Du Haillan. Il est nécessaire de connaître l'homme pour juger l'historien, et nous nous sommes efforcé d'y parvenir à l'aide de la correspondance même de Du Haillan, des lettres qu'il écrivit et de celles qu'il reçut. Les unes et les autres nous sont arrivées en nombre relativement assez grand. A les lire, on peut saisir sur le vif l'humeur vraie de Du Haillan, lorsqu'il correspond avec les Noailles, les maréchaux de Matignon et de Biron, les deux magistrats bourguignons Picardet et Frémyot. On est même tenté de penser que, pour sa propre renommée, Du Haillan aurait dû retracer seulement l'histoire de son temps, au lieu de remonter aux débuts de la monarchie française et de prétendre en démêler les origines. Sa tâche eût été plus sûre, et il

l'eût accomplie, sinon avec plus de confiance, du moins avec plus
de profit pour sa mémoire et pour nous.

Bernard de Girard naquit à Bordeaux vers 1535. Aucun document connu jusqu'à ce jour ne permet de préciser davantage cette
date. Il était le second fils de Louis de Girard, écuyer, seigneur
du Bosquet et du Haillan, et de Marguerite Arnoul de Saint-Simon.
Sa famille était ancienne et occupait depuis longtemps alors des
fonctions élevées dans le Bordelais. Lui-même parle, dans la préface de son *Histoire de France*, de « Gilles, Marc et Richard de
Girard nostre grand-père, ayeul et bysayeul, les deux derniers
desquels vivoient en Bourdelois en charges honorables du temps
que la ville de Bordeaux et le pays de Guyenne furent réduits en
l'obéissance des François en l'an mille quatre cens cinquante-un ».
Ailleurs, dans une partie encore inédite de son *Histoire*, il écrit à
propos de Charles, duc de Guyenne, frère de Louis XI, qu'il a vu
« plusieurs provisions de ce duc de Guyenne données à Marc de
Girard, père de nostre ayeul paternel, lequel le dit duc fit son
eschanson et capitaine de l'un des chasteaux de la ville de Bordeaux », c'est-à-dire du château de l'Ombrière.

Les documents se font moins rares sur le compte du père de
Bernard, Louis de Girard. Le fils nous apprend encore que son
père avait été « un homme curieux de l'antiquité de sa patrie », et
le jeune historien avait ainsi de qui tenir. Il ajoute que Louis de
Girard fut « par l'espace de plus de quarante-cinq ans lieutenant
en l'admirauté de Guyenne ». On le voit en effet désigné comme
licencié en droit et juge en la prévôté royale de l'Ombrière, à
Bordeaux, soit dans les registres du Parlement [1], soit dans diverses
pièces originales [2]. On sait aussi que la maison noble du Haillan,
que possédait Louis de Girard et dont sa postérité prit le titre,
se trouvait située à l'entrée de Médoc, à quelques kilomètres seulement de Bordeaux, autrefois sur le territoire de l'ancienne
paroisse d'Eysines [3] et actuellement sur celui de la commune qui
porte le nom même du Haillan.

C'est le frère aîné de Bernard, François, qui succéda à la charge
du père. « François de Girard, seigneur du Haillan, mon frère, a
esté l'espace de plus de dix ans en la dite amirauté souz les feuz
roys de Navarre Henri et Antoine », lit-on dans un passage de
l'*Estat et succez des affaires de France*. Il serait assez aisé de
reconstituer, s'il en était besoin, la carrière de François de Girard.

---

1. 6 avril 1537. J. de Métivier, *Chronique*, t. I, p. 332.
2. Bibl. nat., cabinet des titres, pièces originales, n° 1328, f° 12.
3. Baurein, *Variétés bordelaises*, éd. Méran, t. II, p. 150.

D'une part, ses lettres abondent parmi les papiers des Noailles à
la Bibliothèque nationale, en particulier dans le manuscrit
n° 6 911 ; et, d'autre part, il nous est parvenu divers documents sur
lui, tels que rôles de sa compagnie d'hommes d'armes[1] ou témoignages des contemporains. Il est même parfois difficile de distinguer entre son frère et lui, et, en l'absence de désignation formelle, quelques mentions peuvent prêter au doute. C'était,
d'ailleurs, un homme aussi instruit qu'intelligent, s'intéressant aux
souvenirs du passé, et de Lurbe le signale comme ayant découvert
des antiquités dans sa maison de Bordeaux[2].

De ce fait que quelques membres de la famille de Girard aient
servi les rois de Navarre, faut-il conclure qu'elle était de la religion
réformée? Faut-il croire, en particulier, comme l'avancent la plupart des biographes de Du Haillan, que celui-ci, né huguenot,
abjura sa première religion pour mieux faire son chemin à la cour
du roi de France? Je n'ai trouvé nulle part confirmation de ce
dire, que Scipion Du Pleix a mis en circulation. Celui-ci, bien
qu'historiographe, peint son prédécesseur Du Haillan sous des
couleurs assez peu flattées, comme un auteur « d'autant plus
corrompu qu'ayant quité sa première religion (qui était la calvi-
nienne) pour estre reçeu plus favorablement à la cour du Roy tres
chrestien n'en avoit pourtant embrassé nulle autre et invectivant
à tous propos contre le chef de l'Église catholique tesmoignoit assez
qu'il n'en honoroit pas les membres[3] ». Voilà qui est bientôt dit, et
de façon bien péremptoire. Mais Du Pleix, qui aime tant à relever
les erreurs des autres, est lui-même fort sujet à caution. Si
Du Haillan naquit huguenot, il semble qu'il n'aurait pas été protégé, comme il le fut à ses débuts, par un prélat aussi zélé que
François de Noailles, évêque de Dax; et s'il abjura, ce changement
se produisit de bonne heure, car, comme on le verra plus tard, il
appartint jeune à la maison de cet évêque. Quant aux invectives
contre le catholicisme, elles sont assurément moins dans les
ouvrages de Du Haillan que dans l'imagination de Du Pleix.

C'est apparemment dans sa ville natale, que Bernard de Girard
passa ses premières années et fit son éducation. Bordeaux était
alors un ardent foyer de recherches savantes et les conseillers de
son Parlement ou les professeurs de son Collège de Guyenne riva-

1. Rôle du 19 juillet 1567. Bibliothèque de La Rochelle, ms. n° 624, f° 54. —
Autres rôles du 30 juin 1577 et du 10 janvier 1578. Bibl. nat., collection Payen,
n° 1444.
2. De Lurbe, *Discours sur les antiquités trouvées près le prieuré Saint-Martin de
Bourdeaur*, 1595, p. 66.
3. *Inventaire des erreurs de Jean de Serres*. Paris, 1625, in-8, p. 10.

lisaient à l'envi de zèle pour l'étude. Historiens ou jurisconsultes, philologues ou érudits, trop de noms se présentent d'eux-mêmes à l'esprit pour qu'il soit besoin de les rappeler ici et de retracer encore une fois, même en raccourci, le tableau de la Renaissance bordelaise [1]. Animées du même esprit de curiosité éclairée, les familles importantes du Bordeaux d'alors avaient contracté entre elles des alliances qui les rapprochaient davantage en les unissant dans leurs affections comme dans leurs goûts. C'est ainsi que Du Haillan se trouve être le cousin du délicat poète Pierre de Brach, qui, non content de le mentionner honorablement dans son *Hymne à Bordeaux* parmi les enfants qui font l'ornement de leur patrie, lui adresse en outre un sonnet flatteur [2]. C'est ainsi encore qu'une nièce de Du Haillan épousa François de La Chassaigne, le propre beau-frère de Michel de Montaigne, et que le futur historien se trouva de la sorte singulièrement rapproché de l'illustre moraliste. Tous ces liens auraient dû faire que Bernard de Girard prît plaisir à la vie provinciale, si intense alors et si concentrée, de son pays natal. Il semble qu'il n'en fut rien et le jeune homme jugeait avec un manque d'enthousiasme voisin de l'injustice les mérites du Bordeaux de la Renaissance, si l'on s'en rapporte aux termes trop dédaigneux d'une lettre qu'on trouvera plus loin. Le transfuge qui écrivait ainsi n'était assurément ni équitable ni reconnaissant, mais il faut, dans cette expression faire la part de la jeunesse qui se dépayse pour la première fois et que grise la nouveauté de ce qui s'offre à ses regards.

Pourtant c'est à Bordeaux même que Bernard de Girard rencontra les trois personnages qui aidèrent le plus au début de sa carrière, c'est-à-dire les frères de Noailles : Antoine de Noailles, l'aîné, gouverneur de Bordeaux depuis 1551, François de Noailles, le cadet, évêque de Dax, et Gilles de Noailles, abbé de l'Isle, le plus jeune, conseiller au Parlement de Bordeaux dès 1547. Les trois frères furent diplomates tous les trois, et, si leur valeur est inégale, tous trois ne méritent pas moins que l'histoire enregistre leur nom avec honneur. Tous furent chargés de mission en Angleterre et y furent successivement ambassadeurs de 1553 à 1559. L'aîné, Antoine de Noailles, choisi par Henri II au commencement de 1553 pour succéder, dans l'ambassade d'Angleterre, à René de Laval de Bois-Dauphin, exerça cette charge auprès

---

1. R. Dezeimeris, *De la Renaissance des lettres à Bordeaux*, 1864, in-8 ; — Ernest Gaullieur, *Histoire du Collège de Guyenne*, 1874, in-8 ; — Paul Bonnefon, *Montaigne et ses amis*, 1re et 2e parties.
2. *Œuvres poétiques de Pierre de Brach*, éd. Dezeimeris, t. II, et p. 136.

d'Édouard VI et de la reine Marie jusqu'en mai 1556, époque à
laquelle il fut remplacé par son frère François de Noailles, évêque
de Dax, qui passe à juste titre pour l'un des premiers diplomates
du xvie siècle. L'évêque de Dax était à Rome au moment de cette
nomination. En attendant son retour, qui eut lieu vers le mois de
novembre, son frère Gilles de Noailles, abbé de l'Isle, fut chargé
de l'intérim. Mais après la paix de Cateau-Cambrésis, celui-ci
fut désigné comme ambassadeur en titre auprès de la reine Elisabeth, qui venait de monter sur le trône d'Angleterre. Tous ces
détails étaient indispensables à consigner ici pour la biographie de
Bernard de Girard, car les trois frères de Noailles le protégèrent
également; ces notions aideront à comprendre le rôle de chacun
d'eux à l'égard du jeune homme. C'est Antoine de Noailles, l'aîné,
qui reçut le premier l'hommage des vers de Bernard de Girard.
Cet hommage d'ailleurs, lui était dû, car c'était un personnage en
vue et qui s'était signalé déjà par des actions éclatantes. Antoine
de Noailles ne découragea pas le débutant. Peu après, Gilles de
Noailles, abbé de l'Isle, tira Bernard de Girard de Bordeaux,
l'amena avec lui dans quelques-unes des missions qu'il remplit en
Angleterre, et le dégrossit pour le rendre propre aux services
qu'on pouvait attendre de lui. Enfin, c'est François de Noailles,
l'évêque de Dax, qui s'attacha Bernard de Girard, et c'est auprès
de lui que celui-ci résida le plus longtemps soit en Angleterre soit
à Venise. Une pareille fréquentation était une véritable bonne
fortune et rien ne pouvait mieux servir un jeune homme observateur et bien doué que voir de près à l'œuvre un diplomate
consommé dont chaque mission était marquée par des succès de
bon aloi.

La première lettre de Du Haillen qui soit parvenue jusqu'à
nous est précisément une épître latine adressée à François de
Noailles. Celui-ci était en Angleterre, tandis que Du Haillan se
trouvait à Paris. Aussi, pour faire sa cour à son protecteur,
s'efforce-t-il de lui donner le plus de nouvelles littéraires qu'il peut
dans le meilleur latin dont il est capable. C'était assurément le
moyen le plus sûr de se ménager les bonnes grâces d'un humaniste tel que François de Noailles. On y trouve aussi, sous les
vagues expressions d'un cicéronisme de commande, quelques faits
intéressants de la vie de notre futur historien.

*Sanctissimo et amplissimo D. D. Pontifici Aquensi,
regio apud Britannos legato B. Girardus s. d.* [1].

Si tantum ego, Mecænas, mererer quantum tua liberalitas efficit ut
aliquid olim merear hæc mea fælicitas quod tuus sim, eo major esset,
quo innumeris tuis in me beneficiis me imparem existimo. Quæ quo
plus apud me expendo eo tibi devinctioren me esse scio : pro quibus quas
ego tibi gratias agam sanè nec mihi constat, nec opis est nostræ.

Attamen quas possum cum omni observantia habeo, easque veluti in
me facis ut aliquando meritis assequar, sic ego conabor quod mihi ad
virtutem iter sæpenumero a te calcatum et monstras et pandis, minima
cum difficultate te auspice persequi queam. Illud cum tua monita et
facundia satis indicassent, accessit ad hoc tuarum litterarum gravitas
in quibus mixtus cum candore lepos, me de tuo in me animo certiorem
ob eumque beatiorem effecit. Hinc· quod te Musarum cultorem et
fautorem sciam, Mecænas, odam quam de recens capta Valentia a
nostro exercitu Joannes Auratus ad illustrissimum principem Cardinalem Lotharingum scripsit, ad te mittendam duxi, unaque ipsius
dialogum in eamdem sententiam, cujus cum odæ eo libentius copiam
mihi Auratus fecit, cum sciret me, quem in numerum tuorum accepisti,
hanc ad te missurum. Ille anagrammate donavit nomen illustrissimæ
heroinæ principis Margaretæ Valesiæ et in anagramma odam conscripsit
eamque cum severiori et politiori lima castigaverit se mihi daturum
pollicitus est tum quædam alia anagrammata in nomine Henrici regis
cristianissimi et illustrium omnium Galliæ principum et heroum, quæ
ego ad te statim mittam. Hoc ego ab Aurato impetrabo (mihi enim de
te verba fecit seque cum esses Parisiis te invisisse cum D. prothonotario
Menilio dixit) ut nomen tuum quodam eoque perpulcro anagrammate
claudat, et conficiat. Siquid ex Academia Parisiensi in lucem prodeat,
quod lucernam oleat, Musasque redoleat, hujus ego te continuo parti-
cipem faciam. Novi equidem et qui te novere norunt tuum exactum et
limatulum judicium, et candidum in literas et literatos amorem. De
curandis tibi quibusdam novis authoribus omni studio et diligentia
elaboravi, ideoque ferè omnes librariorum typographias investigavi, ut
si qui essent, Mecænas, clari et optimi quos optas solummodo eos
seligerem quique et quales esse D. fratri tuo domino meo deferrem. Quod
feci, sed a tuo hinc discessu nullum opus hic typis excussum est, quod
te dignum mihi visum sit. Faxit Deus opt. max. ut omnia tibi prospere
succedant et incolumem servet. Vale, Mecænas amplissime, et me, ut
soles, ama.

Scriptis meis literis, Mecænas, Janus Antonius Baifius, inter poetas
gallicos non postremo loco collocandus historian amatorian quam e
greco Theocriti desumpsit libenter commodavit. Eam ego latinis odis

1. Original, Bibl. nat. Mss. Fonds fr., n° 6 913, f° 311.

Aurati adjunxi quod te rerum novarum cupidum pro tuo candido
ingenio sciam. Iterum, Mecænas vale [1].

Quoique la date n'y soit pas portée, cette lettre est assurément
des premiers mois de 1557. Les événements auxquels il y est fait
allusion, et en particulier la prise de Valencia, permettent de
l'affirmer. Il en est de même de la suivante, postérieure sans doute
de quelque temps, qui fut écrite pendant la même année, avant le
retour en France de François de Noailles. Le cicéronisme de
Du Haillan y sert à un autre usage, et il n'est pas moins piquant
de voir les formules d'une latinité aussi sonore exprimer des
besoins aussi communs et aussi peu relevés. Si la précédente
missive nous fait connaître les fréquentations littéraires de Du
Haillan et ses appétits intellectuels, celle-ci nous informe des
petites misères de sa vie matérielle et précise les procédés de
Noailles à son endroit. Nous connaissons, de la sorte, avec certitude, les conditions de l'existence que menait alors le jeune Bordelais, dans le milieu de savante littérature qui gravitait autour du
poète Jean Dorat.

· *Sanctissimo et amplissimo D. D. Pontifici Aquensi, apud*
*Britannos legato, Mecænati suo B Girardus* [2].

Cum ad te post diuturnum meum silentium, Mecænas, scribere
decernerem ad tua in me immerita beneficia quibus me liberaliter et
magnifice ornas, hic tuarum ad me literarum cumulus accessit non
mediocris. Quæ cum tuum in me eumque singularen et benevolum
animum in literas non sine magna tui nominis commendatione demons-
trarunt. Equidem magno afflicior gaudio ea quæ ego ad te tibi grata
fuisse maximo vero quod me ames quodque de me et de mea in literas
diligentia tam bonam opinionem susceperis. Efficiam profecto ut eam
tueri ac conservare possim. Mihi enim utilissimum meum in mansue-
tiores Musas studium erit, tibi vero pergratum fore mihi persuadeo.
Quod ego tuo munere et beneficentia eo avidius amplector cum me ab
eo antehac per annum distractum video. Pro quibus tantis meritis,
cum gratiarum actionem in dies augere deberem, necesse est, Mecænas,
— et quod me angit, — ut te precibus importunis et infestissimis solli-
citem. Hinc a te obnixe peto, efflagito et obsecro ut tua mansuetudine
et bonitate importunam petitionem diluas et absolvas. D. Frater tuus pro
communi vestrum liberalitate octuaginta libellas pro annua pensione

---

1. *Suscription* : A Monsegneur Monsegneur de Dacs, Conseillier du Roy et son
Ambassadeur en Angleterre.
2. Original. Bibl. nat. Mss. Fonds fr., n° 6 913, f° 313.

mihi constituerat, quæ quidem, Mecænas, ut ille jam novit, et tumet dijudicare poteris, vix mihi per octo menses ad omnia quæ futura mihi sunt necessaria suppeditare possent. Victuum enim ea caritas, et tam magna est, ut quantumvis parce et frugalissime, ut decet, vivam, tamen quoquo mense in victu et locatione domus tantum quatuor aureos nummos impendam. Præterea opus est libris, vestimentis et eis multis rebus quibus verus eget schòlasticus. Vestimenta mihi nulla sunt præter eo quæ ex Anglia attuli jam invetcrata penèque squallida et pannosa. Tum D. Noalliacus, frater tuus, cum me pecuniæ egentissimum videret, ut est pius et liberalis, mihi ante diem pensionem nummis capitatis de suo dedit. Cujus ego quidem pecuniæ partcm consumpsi vel maximam etiam si ea usque ad Junium per duo aut amplius menses me me alere necesse sit. Incidi enim in gravissimum casum superioribus diebus nam in lapidem infaustissimum malis avibus impingens in brachium dextrum incidi, idque graviter læsum et vulneratum tandem non sine magna mearum facultatum jactura a chirurgis sanatum est. Quod mihi magno incommodo et detrimento evenit. Quare, Mecænas, ne ego longioribus tam importunis precibus te exagitem, peto a te et obtestor ut pro tua singulari clementia, authoritate, candore et pietate mihi succurras, faveas et opituleris, meamque annuam pensionem ampliare atque augere velis. Alioquin magnis et duris fortunæ tempestatibus et fluctibus in hoc studiorum cursu itinerario agitabor, nisi qui mihi mutuo commodare pecunias velint, amicos repero. Siquid ego interim ex nostræ Academiæ Pariensis floribus colligere possim, hujus ego continuo te certiorem faciam. Quod Jo. Auratus, quo ego familiariter utis estor, absit, qui multis ab hinc diebus in regia aula degit, nullos ejus ad te versus mitto. Plura alias. Cœterum, Mecænas, Deus opt. max. te incolumem servet et tueatur. Vale [1].

Les instances de Du Haillan ne furent pas vaines et il ne tarda pas à en sentir les bons effets. La mission de François de Noailles en Angleterre prit fin vers le milieu de 1557. Il rentra aussitôt en France et fut fort bien accueilli à la cour. A peine était-il de retour que le roi voulait lui confier l'ambassade de Venise. Henri II en fit l'offre à François de Noailles dès le lendemain même de son arrivée à Compiègne, où la cour se trouvait alors (4 juillet 1557). François de Noailles accepta, mais avant de gagner son nouveau poste il voulut prendre congé de sa famille et ne partit pour Venise qu'après avoir vu ses frères [2]. En s'éloignant, il emmenait avec lui Bernard de Girard, qui l'accompagnait dans sa mission, tandis que François de Girard devait rester en

1. Suscription : A Monsegneur Monsegneur de Dacs, Conseiller du Roy et son Ambassadeur en Angleterre.
2. Bibl. nat., Mss. Fonds fr., n° 6 913, f° 16.

France le fondé de pouvoirs de l'ambassadeur. « J'ay, suivant
vostre intention plus que ma necessité, écrivait François de
Noailles, le 30 août 1557, à son frère Antoine de Noailles, remis
mes afferes au lieutenant Girard, auquel je donne cent livres
d'estat; j'ai d'advantage prins son frère avecques moy; je croy
qu'il ne fera faulte, suivant le commandement que je luy en ai
donné, de vous faire tout le service qu'il pourra » [1]. La lettre qui
suit, datée de Venise et adressée à Antoine de Noailles, est précisément destinée à justifier ce pronostic.

Monsegneur, bien que possible je soys estimé trop hardy et présumptueux de vous fayre ceste cy et indigne de meriter qu'elle soyt receue
de vous, si cuyde je fayre mon devoyr en vous escrivant pour me
ramantevoyr et insinuer en la faveur qu'il vous a pleu de si long temps
me porter et d'icelle suppleer a toutes les erreurs de mes jeunes entreprises, desquelles avec tant d'inadvertances j'ay troublé et importuné
vostre bonté vous présentant si fréquemment de mes vers. Et puys,
monsegneur, qu'il vous a pleu me decorer par cy devant de tant favorable volunté, je vous prieray tres humblement me le vouloyr continuer par cy-apres affin que cest heur nouveau soyt joinct au precedent
et aux autres que j'ay d'avoyr domestiquement servy et de servir
encore Messegneurs voz frères, desquelz monsegneur de Lisle est le
premier qui a tousjours aymé et favorysé (comme aussy il vous plaist
fayre) les miens. et moy, me tira de la barbarie de mon pays pour me
fayre gouster la civilité où je le suyvis et où il commença de pollir de
sa vertueuse doctrine joincte à l'affection qu'il me porte les rudes
escorces de ma jeunesse pour me rendre capable à son service, au
vostre, monsegneur, quand vous m'y vouldrez employer, et à celluy
de monsegneur d'Acqs vostre autre frere, auquel il m'avoit voué.
Lequel me fist le bien que de me prendre en ceste sorte aussy tost
qu'il fust arrive en Angleterre, d'obliger par ses biens faicts la bonne
volunté que j'ay de le servir, et de me mener icy pour me fayre recueillir
partie de la vertu qu'il seme en l'obeissance de tous ses autres serviteurs.
Mays, monsegneur, à ceste bonne fortune que j'ay d'estre favorisé de
vous et d'eux, ce malheur s'est entremis que la rudesse de mon esprit
et le peu d'expérience que j'ay des choses desniee par la jeunesse de
mes ans ne me permettent que je puysse autant dignement effectuer
tous les poincts du service que j'en sens en moy le desir grand, duquel
toutes foys j'espere haster mes forces de telle sorte que je me fais fort,
monsegneur, de vous en fayre quelque jour de tres aggreable. Car s'il
me vient aucun advancement je le confesseray prendre son origine de
vous, qui fustes le premier qui me favorisates, qui receustes mes vers
pour plus agreables que bien faicts et qui voulustes concevoyr quelque

1. *Ibid.*, f° 18. Original.

bonne espérance et opinion de mes jeunes fruicts. Or, monsegneur, je
ne puys autre chose que vous remercier tres humblement de tout cela
et m'en sentir plus heureux que digne, vous voulant bien promettre
que tel grain n'est point semé en si mauvaise qu'elle ne vous rende
quelque jour l'usure.

Monsegneur, je prieray Dieu vous donner en tres heureuse prospé-
rite tres longue et tres heureuse vie. Vostre tres humble et tres
obeissant serviteur, BERNARD DE GIRARD [1]. .

La mission de François de Noailles à Venise fut particulièrement heureuse, et on sait comment il parvint, par son habileté autant
que par sa décision, à faire trancher au profit de la France une grave
question de préséance et comment, grâce à lui, les représentants
du roi de France eurent désormais le pas sur ceux du roi d'Espagne.
Le spectacle de pareilles négociations était bien fait pour intéresser le jeune homme qui les voyait de près et qui vivait aux
côtés d'un diplomate si consommé. C'était là un voisinage singulièrement profitable et Bernard de Girard ne pouvait qu'en tirer
parti, comme aussi du séjour prolongé dans une ville telle que
Venise. L'esprit italien avait alors tant d'influence sur l'esprit
français qu'un voyage au delà des monts était l'apprentissage
nécessaire de ceux qui se disposaient à remplir le rôle d'écrivain,
aussi bien que de ceux qui se proposaient de faire une honorable
figure dans le monde. C'était donc une bonne fortune pour le
futur historien que d'y avoir été amené ainsi et elle ne lui fut certes
pas inutile, bien qu'il ne paraisse pas être demeuré à Venise pendant
les quatre années que dura la mission de François de Noailles.

Il semble que Du Haillan ait rapporté d'Italie le premier ouvrage
en prose qu'il mit au jour. La Coix du Maine lui attribue la traduction française d'un recueil célèbre de Lodovico Domenichi intitulé *Facetie, motti e burle di diversi signori*. L'attribution est
exacte et elle est confirmée par un renseignement qui ne permet
pas d'en douter. Dans la dédicace à Charles Maximilien, duc d'Orléans, de sa traduction de douze histoires magiques de Bandello,
François de Belleforest s'exprime ainsi à propos de Domenichi :
« Cestuy-cy nous a esté traduit par Berard de Girad (*sic*), Bourdelois, autant heureusement comme son esprit est bon en toutes
ses œuvres si bien que la Garonne ne s'esjouit par moins en luy
qu'en la mémoire de son ancien Auzonne, ou que le Loir aux vers
de ce divin et sçavant P. de Ronsard[2]. » Lorsque ces lignes paru-

1. De Venise, le 25 janvier 1558. Original. Bibl. nat., fonds fr., n° 6 911, f° 191.
2. *XVIII histoires tragiques, extraites des œuvres italiennes de Bandel et mises en*

rent (1564), Du Haillan était, comme nous le verrons plus loin,
secrétaire du duc d'Orléans, c'est-à-dire du futur Henri III, et son
nom venait naturellement sous la plume de Belleforest. Celui-ci,
d'ailleurs, ne faisait que continuer l'œuvre entreprise par Pierre
Boaistuau, dit Launay, et tous deux étaient les amis de Du Haillan. On sait combien ces deux polygraphes, Boaistuau et Belleforest, avaient commencé à mettre à la mode les histoires singu-
lières, les bons mots ou les traits subtils, surtout ceux qui venaient
de l'Italie. On ferait aisément toute une bibliothèque de ces traductions et de ces adaptations, depuis les nouvelles de Bandello
et les facéties de Pogge jusqu'aux recueils de Simon Goulard et
de François de Rosset. Du Haillan fut un des premiers à provoquer cette mode par sa traduction de Domenichi. Elle a pour titre :
*Facecies et motz subtils d'aucunz excellens esprits et tres nobles sei-
gneurs en françois et italien* [1]. Chaque page de cet opuscule est partagée en deux colonnes d'inégale dimension : l'une, la plus étroite,
contient le texte italien, l'autre la traduction française. Celle-ci
est imprimée avec ces caractères que les bibliographes appellent
*de civilité* et qui imitent l'écriture. Tel qu'il est, le petit livre de
Du Haillan eut un certain succès qu'attestent plusieurs éditions :
Lyon, 1574 ; Lyon et Paris, 1582 ; Lyon, 1597. Il est même possible que celle qui passe pour la première et que nous avons
indiquée ci-dessus ne le soit pas en réalité. Le privilège, daté de
Saint-Germain-en-Laye, le 29 novembre 1557, c'est-à-dire deux
ans avant l'apparition, est donné à un autre libraire, Guillaume
Roville. Il est fort possible qu'on n'ait pas attendu aussi longtemps pour mettre au jour ce libelle. Mais c'est là un détail bibliographique qu'il suffit de signaler sans s'y arrêter autrement, d'autant que la production littéraire de Du Haillan va devenir aussitôt assez féconde.

Tout d'abord, le futur historien essaya d'attirer l'attention sur
lui par des pièces de circonstance. L'année 1559 fut signalée par
deux mariages princiers : celui de Philippe II, roi d'Espagne,
avec Elisabeth de France, fille de Henri II, et celui du duc de
Savoie Philibert-Emmanuel avec Marguerite de France, fille de
François Ier et sœur de Henri II. Du Haillan ne laissa pas
échapper une occasion si belle d'exercer sa lyre et vite il mit au

---

*langue françoise, les six premières par Pierre Boisteau,... les douze suivantes par Fr. de
Belleforest.* Lyon, Jean Martin. 1564, in-16. La première édition de la traduction de
Belleforest et de 1559. Je n'ai pu vérifier si elle contient le passage cité ici.

1. A Lyon, imprimé par Robert Granjon, mil vᵉ lix (1559). Petit in-8, de 64 ff.
chiffrés.

jour en une mince plaquette un poème composé sur ce double
événement. Le titre, aussi long qu'un protocole, dit bien les circonstances qui inspirèrent cette œuvre : *L'union des princes par
les mariages de tres hault, tres illustre, tres excellent et tres puissant
prince Philippe, Roy catholique des Espaignes, et tres haute, tres
illustre et tres excellente princesse Madame Elizabet de France, fille
aisnée du tres chrestien Roy Henry nostre souverain seigneur, et
de tres haute et tres illustre prince Philibert Emanuel, Duc de
Savoye, et tres haute et tres illustre et tres excellente princesse
Madame Marguerite de France, sœur unique du tres chrestien Roy
Henry nostre souverain seigneur,* par BERARD DE GIRARD, gentilhomme bourdelois[1]. Ce sont des vers faciles, harmonieux, mais
sans accent personnel, comme on en faisait déjà beaucoup sur les
traces de Ronsard et de Du Bellay. Dès ses débuts, Du Haillan
se montre un élève docile et habile de la Pléiade et il n'est pas
douteux qu'il fut mêlé de près au groupe des novateurs, car ses
procédés poétiques et les mots ou les images qu'il emploie sont
bien ceux que la nouvelle école avait mis en honneur depuis
quelque temps.

Mais Du Haillan se préoccupe visiblement plus de faire son
chemin dans le monde que de s'adonner à la poésie. On sait comment les tournois donnés à l'occasion de ces mariages amenèrent
inopinément la mort de Henri II. Aussitôt le jeune homme reprend
sa lyre et, après avoir chanté l'allégresse, se lamente sur un si triste
événement. Il en résulta un nouveau poème intitulée : *Le trespas du
chrestien Roy de France Henry II, à Monseigneur l'illustrissime et
reverendissime prince et prelat Charles cardinal de Lorraine,* par
BERARD DE GIRARD, gentilhomme bourdelois[2]. Les lamentations
rimées de Du Haillan n'en restèrent même pas là et ne tinrent
pas toutes dans cette plaquette, car il fit paraître bientôt après sur
le même sujet un nouveau petit poème, intitulé *L'effigie du tres chrestien Roy de France Henry* II, par B[ERARD] D [E] G[IRARD] G[entil-
homme B[ourdelais][3]. Que dire de toute cette douleur de commande
et d'apparat? Du Haillan sait parer d'une forme assez heureuse les
lieux communs qu'il exprime, et, sans les rajeunir par quelque ima-

1. A Paris, par Benoist de Gourmont, demourant rue Saint-Jean-de-Latran, devant
le Collège de Cambray, 1559, in-4°, de 8 ff. non chiffrés. Bibliothèque de l'Arsenal,
BL., 11, 637 *bis.*
2. A Paris, pour Michel de La Guierche et Hierosme de Gourmont, libraires,
demeurans près Sainct Jean de Latran, 1559, in-4°, de 10 ff. chiffrés. Bibliothèque
de l'Arsenal, BL., 11 699.
3. A Paris, pour Barbe Regnault, demourant en la rue Sainct-Jacques, à l'enseigne de l'Eléphant, devant les Mathurins. *Sans date,* in-4° de 4 ff. non chiffrés.
*Ibid.*

gination nouvelle, leur donner un air qui ne soit pas trop suranné.

D'ailleurs, un petit poème resté inédit et que nous reproduirons pourra fournir un exemple de la veine poétique de Du Haillan, C'est encore une épitaphe composée à l'ocasion de la mort d'Antoine de Noailles à Bordeaux, le 11 mars 1562. A la requête de François de Noailles, évêque de Dax, Du Haillan en avait écrit plusieurs, cinq en prose et une en vers; celle-ci nous occupera seule, d'autant qu'il avait été question de la demander à Ronsard. « Il y a long temps, écrit François de Noailles à son frère Gilles, le 16 octobre 1563 [1], que je vous ay envoyé les épitaphes que Girard a faitz, qui me semblent à la vérité bien longs pour faire engraver à la sepulture de mon frere. Je n'en ay point faict faire d'austres à Ronsard, parce que je ne l'ay point veu et aussi que je pense qu'il n'en feroit rién pour moy, parce qu'il a tout son entendement diverty à autres affaires. Je n'en connois point d'autres à qui je les eusse peu faire faire. » A cause de ses dimensions exagérées pour une épitaphe, le poème de Du Haillan n'a donc pas été gravé sur le mausolée d'Antoine de Noailles, qui se voit encore dans l'église primatiale de Bordeaux. Le voici en entier et le lecteur pourra juger des qualités du poète, en parfaite connaissance de cause [2].

Quiconque sois, passant, arreste un peu icy
Pour entendre de qui parle ce tombeau cy ; ·
Quelqu'un ou tost ou tard un jour te sçaura rendre
La peine qu'en lisant ces vers tu voudras prendre.
Si le vivre te plaist, ne puisses tu pourtant
D'un autre de longtemps en recevoir autant. ·

Saches doneques, passant, devant que tu t'en ailles
Que l'on te veut parler d'Antoine de Noailles,
Né d'illustre famille où d'ancienneté
Plusieurs bons chevaliers et seigneurs ont esté,
Qui pour miroir ayant les vertus de sa race
De la mesme vertu suivoit toujours la trace
Et de ses grands ayeux imitant les valeurs
Monta par les degrez tout de rang aux honneurs.

Car des lors qu'encor jeune non des mœurs mais d'aage
Il montra la valleur de son gentil courage
Aux guerres d'Italie, estant premierement ·
Archer, qui de la guerre est le commencement ;
Et suivant pas à pas le trac des vaillans hommes,
Homme d'armes il fut, puis des cent gentilshommes

· · 1. Bibl. nat., fonds fr., n° 6 913, f° 90. ·
2. Original. Bibl. nat., fonds fr., n° 6 911, f° 439.

De la maison du Roy, et se poussant avant
Il devint peu après gentilhomme servant,
Maistre d'hostel, et puis gentilhomme ordinaire
De la chambre du Roy. Oncq en aucune affaire
Il ne fut employé, et si le fut en cent
Et en divers endroicts, qu'il ne montrast, passant,
D'un plus grand estre digne. Hélas! pourtant la terre
Devore ce grand homme! Il fut en Angleterre
Ambassadeur du Roy Henri, qui esprouva
Sa valleur et son sens, et qui là le trouva
En affaires urgens, grands et pleins d'importance
Plein de fidélité, de bien dire et prudence.

Diverses charges eut en divers endroicts
De ce royaume cy sous quatre de nos Roys,
Où toujours il a fait reluire la justice
Et si eut cet honneur d'avoir pour leur service
Pratique dextrement toutes les nations
Avec qui nous avons negociations,
Cognoissant d'un bon sens, comme il estoit fort sage,
Leurs façons, leurs humeurs, leurs meurs et leur courage.

Comme il sçavoit tout faire, il a souvent esté
Lieutenant de nos Roys dedans quelque cité
Ou dans quelque pays, et mesmement en Guyenne
Où souvent il a faict luire la vertu sienne
Et sa rare equite, dans Bordeaux se tenant,
Y ayant plusieurs fois demeuré lieutenant
De nos roys, cognoissans sa prudence loyalle ;
Mesme fut de Bordeaux la ville capitalle
De ce riche Duché, Duché si grand et beau,
Capitaine et aussi il le fut du chasteau
Du Ha qui, regardant sur le chemin d'Espagne,
Commande à cette ville et à la grand campagne
Qui est autour d'icelle; et si a bien orné
Ce chasteau qui estoit presque tout ruyné
De bastiments, rampars et de mainte terrasse
Et de foible à la fin l'a rendu forte place.

Lieutenant de nos roys il fut non seulement
En Guyenne; il l'a esté aussi premierement
En ce large duché de la grand Normandie,
En la belle Bretagne et en la Picardie,
Là où comme chacun a peu depuis sçavoir
Moins qu'en Guyenne il n'a faict son estat et devoir.

Apres la memorable et fatalle journée
Malheureuse aux François, là où fut moissonnée
L'armée des François par le cruel destin
Un jour de Saint-Laurens aux murs de Sainct-Quentin,

Tout à propos il fut mandé en Picardie,
A Coussy le Chasteau, où sa sagesse hardie
Asseure ce lieu là, qui estant menassé
Pensoit-jà l'ennemy sur le bord du fossé ;
Et armé d'un bon cœur et de vaillante audace,
Comme tout résolu de mourir dans la place
Sur le hault du rampart plus tost que de laisser
Y entrer l'ennemy qui semblait menasser
Ce lieu, il sçait pourvoir à ce qu'il devoit faire ;
Il fit son testament, testament militaire,
Comme tousjours ont faict les chefs plus estimez
Qui dedans quelque place ont esté enfermez,
Car il pensoit bien veoir apres cette bataille
Cent mille bras guerriers menasser sa muraille.
    Devant que ce malheur eut ainsy abattu
La gloire des François, le Roy pour sa vertu
L'esleut pour gouverneur de la jeunesse tendre
De ses deux jeunes fils Charles et Alexandre,
L'un lors duc d'Orléans et l'autre d'Angoumois,
Dont l'un est celluy-là qui tient dessous ses lois
Aujourd'huy nostre France et de qui la jeunesse
D'un heur perpetuel un jour nous fait promesse.
    Desjà de ses deux fils gouverneur il estoit
Dejà Noailles doncq promptement s'apprestoit
Pour les aller trouver au vieil chastel d'Amboise,
Le nid des fils de France, où la race Valoise
Des enfants de nos roys prend coustumierement
Le laict, la nourriture et son accroissement,
Quand voicy survenir cette triste nouvelle
Que pres de Sainct-Quentin en bataille cruelle
Les Bourguignons, au nom de la France animez,
Les superbes Anglois, les reistres enfumez
Et les fiers Espagnols d'une brave vaillance
Avoient couvert les champs du meilleur sang de France.
Ce voyage tout prest fut rompu et ainsy
Il fut tout à propos envoye à Coussy.
    Charles nostre bon Roy, du nom neuviesme en France,
Qui est de l'univers l'amour et l'esperance,
Du collier de son ordre à la fin l'honora
Et peu de temps apres la mort le devora.
    Au millieu des malheur et des guerres civilles
Qui ont brizé les murs des plus puissantes villes
Et des troubles commungs, et des divisions,
Des armes, des fureurs et des seditions
(Desquelles à jamais puisse estre la memoire
Consommée en l'oubly) mieux qu'on ne sçaurait croire

Il a tres sagement les choses maintenu
En leur premier estat, le peuple contenu
Et a tous changemens qui de là semblaient naistre
Résisté pour le bien et service du maistre,
Pourchassé le repos si longtemps désiré
Tant que le permettoit le temps desesperé.
　　Deux fois vingt et neuf ans ayant vescu au monde
Un unziesme de mars, las, la mort vagabonde
Le poussa dans le ciel, sa place destinée.
Il me fasche, passant, de te dire l'année :
C'est celle que la France au milieu d'elle vit
Sa prochaine ruyne et qu'elle se ravit
Par ses divisions sa liberté premiere,
Son repos, son plaisir, son honneur, sa lumiere.
　　Sy noz cruels malheurs doivent encore durer,
Sy la France encor doibt quelque mal endurer,
Il est mort de bonne heure; et si nous devons vivre
En quelque bon repos et les arrhes ensuivre
De nos premiers plaisirs, pleurer tu le dois bien,
Passant, car il eust eu à l'honneur et au bien
Une part qui n'eust pas esté la plus petite,
Au moins s'il en eust eu selon son grand merite.
　　Son espouse comblée en deuil et en tourment
Et ses freres tres chers ont pitoyablement
Dans ce petit cercueil icy son cueur faict mestre;
Le leur y est aussy, car ailleurs ne peut estre
Pensans tousjours à luy; et avec ses ayeux
A Noailles le corps repose et l'ame aux cieux.

A défaut d'autres mérites, ces vers ont celui de résumer exactement la carrière d'Antoine de Noailles, — d'Antoine de Noailles, auquel Du Haillan avait été si heureux de faire hommage de ses premières poésies. — Certes, la gratitude n'a guère éloquemment inspiré Du Haillan, et il est certain, après cela, qu'en se tournant vers l'histoire, il ne fit pas grand tort à la poésie. Pourtant plusieurs livres de cette époque contiennent d'autres pièces de vers de lui. Les auteurs d'alors s'offraient volontiers des souhaits de bienvenue en vers et en prose qu'ils imprimaient en tête de leurs ouvrages. Du Haillan ne manqua pas à cette coutume à l'égard de ses amis et c'est ainsi que quelques-unes de ses productions nous ont été conservées. On trouve un sonnet de lui au début des *Histoire des amants fortunez* (Paris, 1558, in-4°), suivi de la devise *More et Amore*, qui devait être la sienne. C'est là, comme on le sait, la première édition, incomplète, il est vrai, et incorrecte, des

contes de la reine Marguerite de Navarre, qui devaient avoir une
fortune si heureuse sous le titre d'*Heptameron*. Que si on se
demande comment le jeune débutant de lettres qu'était alors
Du Haillan put avoir à présenter aux lecteurs l'œuvre de la reine
de Navarre, la réponse est facile : le sonnet de Du Haillan est
adressé à Pierre Boaistuau, surnommé Launay, avec lequel il était
lié et qui fut le premier éditeur de l'*Heptameron* ainsi accom-
modé. Quelques autres publications de Boaistuau nous ont gardé de
la même façon la trace de cette liaison.

Il y a un sonnet de Du Haillan en tête de *L'histoire de Chelido-
nius Tigurinus sur l'institution des princes chrestiens et origine des
royaumes*, traduite du latin en français par le même Boaistuau
(Paris, 1559, in-8°). On trouvera encore un sonnet, plus des vers
latins, de Du Haillan accompagnant les *Histoires prodigieuses les
plus mémorables qui ont été observées depuis la nativité de Jésus-Christ
jusques en nostre siècle... mises en nostre langue par F. Boaistuau*
(Paris, 1560, in-4°). Comme on le voit à leur date d'apparition,
ces pièces de vers sont de la jeunesse de Du Haillan, alors qu'il
n'avait pas encore abandonné la poésie pour la prose. Pourtant, il
continua dans la suite à saluer de la sorte, quand l'occasion s'en
présenta, les ouvrages de ses amis : on rencontre ainsi des vers de
Du Haillan en tête des *Œuvres morales et diversifiées* de Jean Des
Caurres (Paris, 1575 et 1584, in-8°), et sans doute que d'autres
volumes encore contiennent de pareils témoignages de confrater-
nité littéraire. Mais il serait superflu de les rechercher et d'en
dresser la liste ici : il suffit d'indiquer cette source en passant.

Avant la fin de cette même année 1559, Du Haillan publiait
encore un autre opuscule qui peut passer pour le premier de ses
travaux historiques. Il a pour titre : *Regum Gallorum icones a
Faramundo usque ad Franciscum II*; *Item ducum Lotharingorum
a Carolo primo usque ad Carolum III*; — *ad illustriss. et reveren-
diss. principem et cardinalem Carolum Lotharingum, — autore
Berardo Girardo Burdigalensi*. Le privilège qui se trouve à la fin
de la plaquette, porte la date du 16 septembre 1559. L'histoire
emprunte, dans cette publication, le langage de la poésie latine.
En effet ce ne sont pas, comme on pourrait le croire et comme la
plupart des bibliographes l'ont cru d'après le titre, des portraits
gravés et accompagnés de légendes en vers. Du Haillan a pris soin
de s'expliquer à cet égard dans sa dédicace au cardinal de Lorraine.
Ce sont seulement trois vers latins qui résument d'une façon plus
ou moins heureuse les traits caractéristiques de chacun des princes
énumérés dans leur ordre de succession. C'est là, si l'on veut, des

jalons préparatoires du travail que Du Haillan devait réaliser plus tard en composant son histoire de France. Mais pour le moment le principal morceau de son opuscule, celui auquel il tenait sans doute le plus, était celui qui le terminait : une épître au cardinal en vers latins pour gagner ses bonnes grâces. Si ce morceau ne nous apprend rien sur la personne de son auteur, il met parfaitement en évidence les sentiments qui l'ont inspiré.

Dès 1560, Du Haillan commença à mettre au jour sous son nom les ouvrages en prose française qui devaient établir sa réputation d'écrivain. Il publia, à cette date, une traduction arrangée du *De officiis* de Cicéron, mais cet ouvrage est fort rare. On n'en connait aucun exemplaire : le dernier historien de l'imprimerie à Blois ne l'a pas rencontré[1], et les recherches que j'ai entreprises moi-même à cet égard n'ont pas abouti à un meilleur résultat. Selon Du Haillan lui-même qui nous l'apprend dans la dédicace de sa traduction d'Eutrope, parue peu de temps après, ce premier livre était intitulé : *Le devoir des hommes, recueilly en forme d'Epitome des Offices de Cicéron*, et il fut présenté aux ducs d'Orléans et d'Angoulême, fils de Henri II et frères de François II, alors régnant. Enfin, La Croix du Maine et Du Verdier mentionnent que le livre fut imprimé à Blois, en 1560, par Julien Angelier, qui appartenait à la célèbre famille des imprimeurs parisiens de ce nom. Quant à Du Haillan, c'est sans doute au hasard de ses pérégrinations qu'il dut de s'adresser ainsi à ce typographe provincial pour publier sa traduction.

Une nouvelle publication de Du Haillan ne se fit pas longtemps attendre. En cette même année 1560, quelques mois plus tard, il mettait au jour *L'histoire romaine d'Eutropius, comprenant tout ce qui s'est fait tant en paix qu'en guerre depuis le commencement de Rome jusqu'à l'an 1119 de la dite ville, traduite du latin en françois* par BERARD DE GIRARD, Bourdelois[2]. Du Haillan a dédié au roi François II la traduction de cette histoire, « laquelle Eutropius a si bien et brèvement traitée en son Epitome, qu'il peult servir d'argument et d'abrégé à tous les grands volumes des historiens qui l'ont écrite, et de bons mémoires et instructions de toute cette grande masse des négoces de la chose publique romaine ». Le privilège de l'impression de cette traduction est daté du 25 juin 1560 ; mais l'édition ne dut pas avoir beaucoup de succès, car on trouve des exemplaires dont le titre a été refait et qui portent la date de

1. Le chanoine R. Porcher, *Notice sur les imprimeurs et libraires blésois du XVI* au XIX* siècle*. 2* édition, 1895, in-8, p. 55.
2. A Paris, Fédéric Morel, ou Vincent Sertenas, 1560, in-8, de 72 ff. chiffrés.

1598. Alors Du Haillan était un personnage en vue et c'est évidemment pour profiter de cette notoriété que le libraire mit en vente, sous un nouveau titre, les exemplaires de cet ouvrage qui lui étaient restés pour compte.

Pourtant Du Haillan ne tarda pas à tirer un profit très réel de toutes ces publications. « M. Bernard de Girard, pour l'estat de secrétaire », est le premier nom qu'on trouve en tête d'une liste des « Personnes que le Roy a pourveuz en la maison de Monseigneur le duc d'Orléans, son frère, depuis son dernier estat faict à sa maison séparée de celle de Monseigneur le duc d'Anjou[1] ». Ce document est fort curieux, surtout pour les détails d'ordre domestique qu'il contient, et il complète heureusement, avec les autres mémoires qui l'accompagnent, ce que le baron de Ruble a dit de l'éducation des enfants de France dans son très intéressant ouvrage sur *La Jeunesse de Marie Stuart*. Il est daté de 1561 et le duc d'Orléans dont il est question n'est autre que le futur Henri III, à la personne duquel Du Haillan devait demeurer attaché. Est-ce bien là la date de l'entrée de celui-ci au service de ce prince ou de ses frères ? La dédicace aux ducs d'Orléans et d'Angoulême du livre de Du Haillan *Le Devoir des hommes* (1560) pourrait faire croire que celui-ci leur était déjà attaché par quelque lien. De plus, Antoine de Noailles, le protecteur de Du Haillan, avait eu, en 1557, la charge de gouverneur des enfants de France; mais il ne la garda pas longtemps, et le nom de Du Haillan ne se trouve pas dans un état, publié par M. de Ruble, des « officiers domestiques ordonnez pour le service de Messeigneurs les dauphin de Viennois, ducs d'Orléans, d'Angoulême et d'Anjou, enfants du Roy Henry II, depuis le 18 avril 1547, aprez Pâques, jusques en décembre 1559[2]. »

Du Haillan se trouvait de la sorte nanti d'une bonne situation. Sans doute qu'elle lui agréait et qu'il en prit à cœur les devoirs, car sa production littéraire, relativement si abondante pendant les deux années précédentes, s'arrête tout à coup et on perd pour quelque temps la trace du jeune écrivain. Placé ainsi à la cour près d'un prince du sang, il s'efforce assurément de remplir sa charge et fait de son mieux pour y réussir. C'est seulement huit ans après la publication de la traduction d'Eutrope dont il a déjà été question que Du Haillan mit au jour un nouveau volume qui contenait une version de Cornelius Nepos. En voici le titre : *Les vies des plus grands, plus vertueux et excellents capitaines et personnages*

---

1. Publié par M. J. Brossard, archiviste de l'Ain, dans le *Bulletin archéologique du Comité des travaux historiques et scientifiques*, 1890, p. 18.
2. *La Jeunesse de Marie Stuart*, p. 267.

*grecs et barbares faites par Æmilius Probus, autheur ancien, et mises en françois par* B. DE GIRARD, SEIGNEUR DU HAILLAN, *secretaire de Monseigneur le duc d'Anjou et de Bourbonnois, frère du Roy*[1]. Dans la dédicace au duc d'Anjou, datée du mois de mars 1568, Du Haillan se plaint d'avoir été malade pendant huit mois et de n'avoir pu suivre son maître à la guerre. Il a employé ce loisir forcé à traduire l'ouvrage qu'il offre aujourd'hui au prince et fait allusion à d'autres projets littéraires qu'il a, plus vastes et plus ambitieux.

En effet, Du Haillan, dont la plume avait chômé pendant plusieurs années, allait se remettre à la besogne et produire coup sur coup quelques travaux différents. C'est d'alors que datent ses publications sur les origines de l'histoire de France, qui remontent aux années 1570 et 1571. Nous ne ferons que les indiquer maintenant, sans même les énumérer, nous réservant de les analyser ailleurs et d'en mesurer la portée. Nous continuons à retracer la biographie de l'auteur, à l'aide soit de ses propres lettres soit de celles qu'il reçut, et les documents à ce sujet deviennent de plus en plus nombreux et instructifs. En particulier, la correspondance avec François de Noailles reprend et elle nous est parvenue en quantité suffisante pour qu'on en puisse tirer d'utiles renseignements. Depuis sa mission de Venise, François de Noailles était inoccupé, et cette inaction lui pesait. Sachant mieux que personne combien le pays perdait à ne pas employer les services d'un pareil homme, Du Haillan s'efforçait de rappeler l'attention sur son ancien protecteur et de faciliter sa rentrée dans les affaires. La lettre suivante va nous faire connaître le résultat de ses démarches.

Monseigneur[2], despuis cinq sepmaines j'ay receu cinq lettres de vous ausquelles je n'ay faict aucune responce. Ce n'a esté pour paresse ny par oubliance de l'obligation que je vous ay, mais je ne voulois vous escrire que je ne vous eusse faict quelque service et que je n'eusse de Monseigneur la response que je desirois avoir. Et, l'ayant eue, je n'ay voullu faillir de vous escrire ceste-cy qui sera pour vous supplier tres humblement de m'excuser si plustost je ne vous ay escrit, veu les raisons que j'ay faictes entendre à messieurs de Naugeau et de Mareuilh vous voulant bien au long discourir, Monseigneur, que j'ay faict un bien ample recit à mondit Seigneur de voz vertuz, merites, et services. Vous estes bien cognu des anciens serviteurs et ministres du Roy, pource qu'il y a long-temps que vous negotiez et faictes service à noz Rois, mais ces jeunes princes ne cognoissent les hommes que ceux

---

1. Paris, Pierre L'Huillier 1568, in-4°, de IV ff. lim. et 160 pp.
2. Original. Bibl. Nat. Mss. Fonds français, n° 6 914, f° 224.

qui despuis quinze jours sont venus au monde. Mondit Seigneur
cognoissoit vostre nom, et la superficie (si ainsi le fault dire) de voz
merites; mais, le dernier jour du mois et an dernier, à Coulonges-les-
Reaux, en Poictou, maison de monsieur d'Estissac, je luy fis un si
ample discours de voz charges, negotiations, ambassades et voyages
tant en Angleterre qu'en Italie, qu'il cognut bien qui vous esties, et
vous puis asseurer que je l'entretins tout le long de son disner des
particularitez de voz négotiations. Il print un singulier plaisir, mesmement à la victoire que vous obtintes à Venise contre l'Ambassadeur
d'Espagne, et l'avertissement que vous donnastes au feu Roy Henry son
pere du moien qu'il y avoit de prendre Calais. Il me confessa n'avoir
jamais bien entendu le different de la presseance des deux Rois de
France et d'Espagne, jusques à ceste heure, et d'autant que j'avois esté
present à tout ce qui s'y passa, je luy en parlay plus hardiment que je
ne fis de la negociation de Calais, à laquelle je n'assistay comme je fis
à l'autre. Sur ce discours, il me fit plusieurs interrogatoires, et entre
austres quelques particulliers, comme dequelle maison vous esties, si
elle estoit ancienne, si vous esties sçavant et si vous parlies bien. Ce
sont questions qui sentent la jeunesse, et je luy en respondi ce que je
devois à la verité et à vostre merite, n'oubliant rien de ce que je scay
de l'antiquité de vostre maison et race, de vostre doctrine, de vostre
elegance et des autres vertus et perfections que vous avez. La fin fut
qu'il me commanda d'escrire la lettre qu'il vous envoie, et de sa
bouche me la dicta a peu pres, et par deux fois me dit que si vous
avies envie d'estre emploie, il failloit qu'on vous vist en ceste court.
J'ay longuement cherché l'occasion et la commodité pour la luy faire
signer en lieu où il n'y eut point certaines personnes que je scay
qui ne vous aiment point, et l'aiant chevalé l'espace d'un mois, je
ne l'ay jamais sceu trouver bien commodement qu'aujourd'huy que
je luy ay presentée et leue ladite lettre, laquelle il a trouvée bonne et
à son gré et l'a signée, et m'a commandé vous escrire que quand vous
viendrez, il vous fera tout le plaisir qu'il pourra. Par le langage qu'il
me tint à ce disner que je vous ay dit, le dernier du mois et an
dernier, je cognu qu'il avoit envie de vous favoriser. Il est gentil, sage
et vertueux prince, de peu de parolle et de beaucoup d'effect, et de
grande esperance. Je m'asseure, Monseigneur, que si vous venez vous
serez le bien venu, et reçeu, et que vous ne seres longuement laissé
oisif. Je vous diray lors beaucoup de choses et particularitez que je ne
puis vous escrire, et par lesquelles vous cognoistrez quelles sont les
humeurs des personnes de ce temps. Davantage je vous feray les
discours d'infinies choses, injustices, calamites, miseres que j'ay veues
en ceste guerre. Et en voz affaires je pourray vous faire quelque service,
car Dieu mercy j'en ay le moien, estant à ceste heure si bien pres de
Monseigneur et de monsieur de Carnavalet, mes maistres, que je ne
puis desirer estre mieux. Mondit sieur de Carnavalet vous escrira et m'a
commandé vous asseurer qu'il vous est amy et serviteur, et que, se

presentant l'occasion de vous faire service, il le fera aussy volontiers
que gentilhomme de ce Roiaume. Je luy ay fait voir et par toutes les
lettres qu'il vous a pleu m'escrire, les recommandations que vous luy
envoies, et lors que l'autre jour je luy presentay vostre lettre il se
cuida courrousser à moy de ce que je ne l'avois fait ressouvenir de
vous escrire. Je luy ay ce matin parlé du pouvoir que vous desiries
avoir de monseigneur de commander en la ville d'Acqs, suivant ceux
que messieurs le maréchal de Dampville et de Monluc vous a donné. Il m'a
promis d'en parler à monsieur de Montmorency qu'il vous scalt estre bon
amy, et que tous deux ensemble en parleront à Monseigneur. C'est une
negociation de deux ou de trois jours. Ce pendant les dits sieurs de
Nangeau et de Mareuilh s'en vont, mais en leur absance je ne faudray
de solliciter ladite despesche, et des ce jourd'huy dresseray moy mesme
ledit pouvoir en bonne et vallable forme. Je vous puis respondre,
Monseigneur, de la bonne volonté et affection de mondit sieur de
Carnavalet, et vous en apercevrez quand vous viendrez par deça. Il
peut à ceste heure beaucoup et a par sa vertu effacé toutes les sinistres
opinions qu'on a eues de luy. J'espere vous envoler bien tost ledit
pouvoir, et quand à vostre requeste pour faire exempter le diocese
d'Acqs des contributions extraordinaires, je m'en suis aussy chargé
pour vous y faire service.

Monseigneur, je suis d'advis que vous venies. On n'envoie pas querir les
hommes à Bordeaux ni à Dacqs, quelque vertu et merite qu'ils aient.
La Court a la memoire courte et ne se souvient des hommes que quand
elle les voit. Les divers obiets, comme dit Monseigneur, font oublier
les personnes. Vostre presence fera plus pour vous que vous ne penses
tant à faire de plus en plus cognoistre ce que vous vallez, que pour
effacer l'opinion qu'on a eue de vous [1].... Mais quand on m'a parlé
de cela, j'ay bien sceu dire la tromperie que monseigneur le cardinal
de Chastillon vous a faites et le peu d'occasion que vous aviez d'aimer
luy et sa maison. Et à cela j'ay adjousté ce que j'ay pensé appartenir
à la justification de toutes les autres calomnies qu'on vous eut peu
imposer. Quand vous viendres, Monseigneur, vous verrez ma disposition et mes affaires en meilleur estat qu'ils n'estoient à Paris dernie-
rement que vous y esties, et moy en plus de moyen de vous faire service
que je n'estois lors. Quant à la volonté quelle peut elle estre que bonne?
veu que je vous doibs tout ce de bon qui est en moy. Vous et monsieur
de Lisle vostre frere m'avez nourri et je feray en sorte que vous n'aures
occasion de vous repentir d'avoir fait une si bonne nourriture, ny
d'avoir fait voir le monde ny les affaires à un homme de bien et à un
humble et obligé serviteur de vostre maison. Ceste-cy est faite a
bastons rompus, à la haste, et mal coursée. Vous l'excuseres, s'il vous
plaist, Monseigneur, et me tiendres pour tres humblement recom-

---

1. Deux lignes effacées.

mandé en vostre bonne grâce, suppliant le Createur vous donner ce
que vous desire Vostre humble et obeissant serviteur.

BERNARD DE GIRARD [1].

D'Angers, ce xiii de février 1570.

Comme on le voit, il n'était pas facile d'attirer l'attention sur un
serviteur même aussi zélé que l'était François de Noailles.
Du Haïllan n'exagère rien en énumérant, comme il le fait, toutes
les péripéties de ses négociations. Nous en avons pour preuve la
lettre du duc d'Anjou qu'il finit par obtenir pour François de
Noailles, le 15 février 1570. Elle est connue depuis longtemps,
mais elle est trop bien à sa place ici pour que nous ne la repro-
duisions pas à notre tour. « Monsieur d'Acqs, mandait le prince à
l'évêque, j'avois longtemps et souvent entendu, par le témoignage
de personnes honorables, votre mérite et valeur, et les bons et
notables services que vous avez faits en plusieurs voyages,
charges, négociations et ambassades auxquelles vous avez été
employé par le feu roi mon seigneur et mon père; mais j'ai
encore, mieux que par nul autre, reçu les particularités de vos
négociations par Du Haillan, mon secrétaire, qui m'a longtemps
et par plusieurs fois fait entendre avoir été à vous et vous avoir
servi de secrétaire en vos ambassades d'Angleterre et de Venise,
et avoir en votre école et en celle de l'abbé de L'Isle votre frère,
appris bien jeune à négocier, et les choses qui l'ont rendu digne
d'être à moi. Il m'a bien particulièrement discouru, comme vous
fûtes celui qui moyennâtes l'assemblée faite à Mare, près Calais,
des députés du feu roi mon seigneur et père, du feu empereur
Charles Quint, de la feue reine Marie d'Angleterre; comme vous
fûtes le premier qui portâtes le dessein de Calais, qui servit tant
à la conquête d'icelle ville que le feu roi mon seigneur et père
disoit publiquement en devoir la conquête à ce que vous en aviez
rapporté; et comme vous fûtes envoyé vers la pape Caraffe et plusieurs potentats d'Italie, pour leur faire entendre la trêve faite
entre feu mon dit seigneur et père et le feu empereur; puis la
glorieuse victoire que vous remportâtes à Venise contre l'ambassadeur d'Espagne, qui étoit une querelle que les ambassadeurs
vos predecesseurs n'avoient sçeu décider par le combat de la
magnanimité comme vous fîtes, et laquelle ils vous laissèrent sur
les bras : davantages, maintes autres négociations auxquelles vous
avez fait preuve de votre éloquence, magnanimité, fidélité, diligence

---

1. *Suscription* : A Monseigneur Monseigneur l'Evesque d'Acqs, à Bordeaux.

et experience aux affaires, à quoi j'ai pris un singulier plaisir, mêmement à cette négociation de la préséance qui est belle, etc... [1] ».

Du Haillan avait bien tenu la plume du prince pour ne rien omettre ainsi. La lettre de Carnavalet ne se fit pas attendre beaucoup plus, et, quoique moins ample et moins détaillée, elle est encore très flatteuse. La voici, d'après l'original inédit : « Monsieur, j'ai veu par quelques lettres que vous avez escriptes à Du Haillan, secrétaire de Monseigneur, et par une particulliere qu'il vous a pleu m'escrire la bonne souvenance que vous avez de moy et l'entière affection que vous me portez; de laquelle je ne veulx faillir à vous remercier bien affectueusement et vous assurer que je désirerois avoir autant de moien de vous faire service que j'en ay de bonne volonté et que vostre vertu vous rend aymable et estimable. Je ne vous en diray aultre chose, m'estant remis au dit Du Haillan à vous faire le discours de cella et ce qui s'est passé en voz affaires, luy ayant donné charge sur tout de vous faire entendre combien je désire vous servir et obeir. Ce qui sera d'aussi bon cueur que me recommandant humblement à vos bonnes graces, je supplie le Créateur vous donner, monsieur, en parfaite santé, la sienne. Vostre humble et obeissant amy et serviteurs, DE KERNEVENOYS (Carnavalet) [2].

Du Haillan ne se vantait donc pas en se flattant, comme il le faisait, d'obtenir l'intervention du duc d'Anjou, son maître actuel, en faveur de son ancien protecteur. Mais la partie n'était pas encore gagnée et il fallut revenir plusieurs fois à la charge, comme on le verra par les lettres qui suivent.

Monseigneur [3], je cognoy bien au mouvement de ma plume que ceste cy sera un peu longue, mais je m'asseure aussi que sa longueur ne vous sera desaggréable. Je ne vous ay point voulu escrire jusqu'à ceste heure, attandant que j'eusse beaucoup de matière pour vous faire une grosse lettre telle que ceste cy sera. J'arrivay vendredy au soir et ne fy rien du tout ce jour-là que chercher commodité pour moy et pour mes chevaux, qui est le premier affaire qu'un nouveau courtisan doibt faire à la Court. Le soir, je fis la reverence à Monseigneur, qui me fit ceste faveur de s'enquérir bien particullierement de ce que j'avois faist à Paris durant le séjour que j'avois faict, s'asseurant, disoit-il, que je n'y avois demeure oisif suivant ce que messieurs de Carnavalet et de Villequier luy avoient dit. Pour ce soir là, je n'eus moyen de lui parler

1. Vertot, *Ambassades de Messieurs de Noailles en Angleterre,* p. 1763, in-12, t. I, p. 41.
2. D'Angers, le 23 février 1570. Bibl. nat., fonds fr., n° 6914, f° 223.
3. Original. Bibl. Nat. Mss. Fonds fr., n° 6914, f° 238.

que de moy. Le lendemain, le Roy et lui allèrent de grand matin à la chasse et ne revindrent que bien tard, et, à leur soupper qui fut bien tard et court pour leur lassitude, ils ne parlèrent que du plaisir de leur chasse. Dimanche matin, — pour vous rendre compte particullier des jours et de mes actions, — je lui presentay votre lettre, laquelle j'accompagnay du langage duquel, vous, Monseigneur, m'avies chargé et bien instruict, et auquel, à mon advis, je n'oubliay rien de ce que j'avois à dire, et que je devois dire aussy. Il m'escoutta fort attantifve- ment, et, quant à ce qui touche le point de vous faire mettre du conseil privé, il me dit qu'il scavoit bien combien vous valliez et que souvent voz amis (me disant ce mesme mot) lui avoient parlé de votre merite et vertu; qu'il avoit un grand desir à faire quelque chose pour vous, affin de vous monstrer combien il vous estime; qu'il avoit à Gaillon et dernièrement à Paris parlé au Roy et à la Roine pour vous mettre du conseil de Sa Majesté et y avoit employé tout le plus favorable langage qu'il avoit peu. Sur ces mots, il s'arresta, puis me dit, — comme en secret et avec commandement de ne le dire à personne ny à vous mesme) que la Roine luy avoit respondu qu'il ne falloit point remplir le Conseil du Roy de gens de robbe longue, d'autant qu'ils ne faisoient que gaster tout et à vouloir assubgettir tout par leurs argumens, élo- quence et sçavoir qui les rendoient si arrogans et présumptueux qu'ils voulloient estre seuls creus en leurs opinions, faire passer un chascun par icelles et mespriser celles des autres; qu'il valloit mieux y mettre des cappitaines qui n'ont que la raison naturelle, non fardée de lettres ny d'oppiniastreté, et qui les faisoit au moins venir au point et à la discrétion et opinion du Roy. Mon dit Seigneur me deffendit bien expressément, Monseigneur, de vous dire cela, ains me dit que nonobs- tant ceste responce de la Roine, il ne faudroit de luy en parler de recheÍ, bien affectueusement, et qu'il ne l'oublieroit pas. Ce propos fut accompagné de plusieurs autres discours tous de vous et, entre autres, de celui de la negociation d'Angleterre. Quand je lui parlay, il me demanda incontinent si j'avois jamais veu la Roine d'Angleterre, de quelle taille elle estoit quand je la vy, de quel usage et de quel aage. Je lui dis ce que j'en avois veu lors que, l'an 1556, j'estois en Angleterre avec Monsieur de Lisle vostre frere premierement, et puis avec vous. Il me dit que Cavaignes lui avoit desja dit que monsieur le cardinal de Chastillon disoit qu'il portoit en son cueur quelque particul- lier secret de la dite Roine, qu'il ne voulloit communiquer à personne vivante qu'au Roy, à la Roine et à luy. Mâis que d'autant que l'on ne pensoit pas que le dit sieur Cardinal se voulut rembarquer pour venir en France ou que la saison ne fut adoucie ou qu'on ne luy eut rendu ses maisons, et que l'attante de ce secret seroit trop longue, le dit Cavagnes lui avoit dit qu'il seroit bon d'envoyer vers le dit Cardinal pour sçavoir de luy à quelle personne il voudroit commettre ce secret; qu'à ceste occasion le dit Cavagnes lui avoit dit y avoir envoyé homme exprès, la venue duquel on attend, et que le dit Cavagnes a bien

grande envie de faire ce voyage, mais que la Roine ny luy ne vouloient
pas en cest affaire se servir de luy, s'il estoit possible. Qu'on avoit sçeu
que Milord Robert avoit fait tout ce qu'il avait peu pour venir en France
porter ce secret au Roy, à la Roine et à luy, mais que le dit cardinal
l'avoit devancé. Ce que l'on advisera selon la responce et election dudit
Cardinal d'y envoier personnage fidelle. Sur quoy il désireroit que ce
fut vous, mais qu'il ne pouvoit le faire sans le dire à la Roine sa mère,
et qu'il ne faudroit de lui en parler. A quoy je luy respondy qu'il ne
sçauroit faire election d'un plus fidelle et capable serviteur que vous
pour manier cest affaire, tant pour la longue pratique et espreuve que
vous avies des affaires d'Angleterre, là où vous avies amis, confidans
et intelligences, que pour le desir que vous avez de luy faire service
sans avoir ny desirer rien de lui que la bonne grace et faveur qu'il doibt
porter aux bons et anciens serviteurs du Roy son père et à ceux qui
peuvent luy faire de bons services, comme vous pouves faire. Or, pour
ce que je cognoy que la Roine ne trouveroit pas possible bon le son de
vostre nom, et que les gens de vostre sorte luy sonnent mal aux
oreilles, je lui dis que puisque c'estoit un affaire auquel il alloit de sa
grandeur et de son bien particullier, il pouvoit de lui mesme eslire tel
homme que bon lui sembleroit et le faire trouver bon· à la Roine, qui
ne pourroit trouver mauvaise son election ny y contrarier quand elle
verroit qu'elle luy seroit aggreable; et qu'en telles choses il doibt
plus tost désirer un homme qui soit tout à luy et auquel il se puisse
plus priveement communiquer qu'à un autre. Il escoutta cela de la
bonne oreille, et me dit en outre qu'on avoit mandé au dit sieur Cardinal qu'il ne se hastast point de passer la mer de deça que première-
ment il n'y eut la responce de ce qu'il manderoit par celluy qui est
allé vers lui de la part de Cavagnes, affin que, s'il y a rien a redire,
repliquer et negotier sur ce qu'il mandera, qu'il le fasse devant que
partir de là pour n'avoir point la peine d'y retourner quand il seroit
de deça, et pour empescher que son retour ne donnast quelque soupçon
de cest affaire et ne l'esvantast, d'autant qu'on le veult tenir secret le
plus que l'on pourroit. Me commanda en oultre de le tenir de ma part
si secret que personne ne le sceut et qu'il m'emploieroit en ceste
negotiation puis que je la sçavois; et aussy me commanda de vous
prier de sa part de la tenir bien secrette, ce que je l'asseuray que vous
feriez, lui disant que vous estiez accoustumé à negotier de grandes
choses et à les tenir secrettes. Ce propos fut commancé à sa messe, et
continué une grande partie de son disner. Il eut duré plus longuement
si monsieur le Chevalier, avec ses gaillardises, ne me fut venu inte-
rompre. Au soupper, je le voulu renouer, mais d'autant que le Roy,
la Roine sa mère, luy Monseigneur, et Mesdames ses seurs soupperent
ensemble, et que la presse estoit extrêemement grande, je ne peu jamais
parler à luy. Hier matin, à son cabinet, il m'appella et me dit que je me
trouvasse à son disner, d'autant que le roi s'en allant à la chasse, —
comme il fit, — il demeureroit et disneroit seul. Je me trouvay doncq

à son disner, auquel dès qu'il me vit il m'appella et me commanda de
rechef de vous mander de sa part de tenir ces choses dites le jour
paravant secrettes, qu'il n'avoit pas encore eu loisir de parler pour
vous à la Roïne sa mère, d'autant qu'elle ne bougeoit tout le jour
d'auprès de la Roine qui est malade au lit; qué dès qu'il la trouveroit
a propos il luy en parlera, et me dit en oultre qu'il esperoit que tout
iroit bien. Je luy demanday s'il ne luy plaisoit pas vous escrire et
respondre à vostre lettre. Il me dit que j'attandisse encore pour ce jour
qui fut hier et pour ce jourd'huy, et qu'il vouloit premierement parler
à la Roine que vous escrire. Dimanche pareillement je luy parlay de la
crainte que vous avies eue que l'on luy voulut persuader de donner le
premier rang à l'archevesque électeur de Trieves et luy dis le reste
dont vous m'avies instruict. Il me respondit incontinent en branlant la
teste qu'il n'avoit pas tenu à quelques-uns qu'il ne l'eut fait, mais qu'il
s'en estoit bien gardé et que monsieur le duc de Monmorency lui avoit
toujours bien dit qu'il s'en gardast, et que ce seroit un trop grand prejudice à son rang s'il se laissoit ainsy aller: que le conte de Retz et le
conte de Fiesque luy avoient dit que s'il ne donnoit le premier rang
audit Electeur qu'il s'en iroit, et que devant que fut long temps on s'en
repentiroit. De quoy, me dit-il, ou a sceu mauvais gré mesmement audit conte de Fiesque, et que tant s'en fault que ledit Electeur fit semblant de desirer le premier rang, qu'au contraire il se fut forcer pour
laver les mains avec luy. Quand je les vy sur le propos de mondit
Sr de Monmorency, je luy dis que voilà le proffit que portoit un bon
serviteur du Roy et un homme d'entendement tel qu'estoit ledit
Sr de Monmorency qui au besoing retranche le cours d'une chose qui
porteroit une honte presente et un prejudice à l'advenir. Il me dit sur
cela qu'il n'eut presque homme pres de luy qui ne luy conseillast de
donner le premier rang audit prebstre, hormis ledit Sr de Montmorency, puis monsieur d'Aumalle, lequel luy manda que quand il rencontra ledit Electeur, au devant duquel il fut quelques lieues au delà
Sedan, le dit Electeur le vouloit honorer en tous degres de presseance.
Ce qui fit davantage descouvrir la mauvaise intelligence que les dits
contes de Retz et de Fiesque avoient eue de ce point, et le peu d'envie
que ledit Electeur avoit de le preceder puisqu'il vouloit ceder la presseance audit Sr d'Aumalle. Comme hier à disner nous estions sur ces
propos, arriva de rechef monsieur le Chevalier qui est né et destiné
pour m'interrompre en mes discours, qui lui vint dire qu'il faisoit bon
combattre à belles pelottes de nege. Ce propos luy mit le feu au
ventre, et la nege en la main, et interrompit le mien. Hier[1], à son coucher me dit qu'il avoit parlé à leurs Majestés pour faire avoir à Monsieur de Lisle l'ambassade de Levant, mais qu'on avoit advisé qu'il ne
seroit honneste d'envoyer en cette negotiation un homme d'Eglise, qui

---

[1. Cette fin de lettre a été arrangée et plusieurs fragments recouverts par d'autres
qu'on a transposés.

plus qu'un autre faisoit ou devoit faire profession fidelle de la foy et
religion chrestienne. Mais qu'on avoit mis en avant de l'envoyer vers
l'Empereur ou en Espagne, et qu'il en parleroit de rechef à leur dites
Majestés. La memoire ny l'affection ne m'ont point defailli en chose
que vous m'ayez commandée, et desirerois avoir autant d'heur et de
capacité en la negotiation de ce qui vous touche que j'y ai de zele, et de
volonté. Nous ferons icy la feste de Noel, et le lendemain en partirons
pour aller passer à Compiègne et faire la feste des Rois à Chantilli,
puis de là à la forest de Lyhons et à Gaillon. Ce sera des bruitz de
Court. Je vous manderay bien tost ce qui en sera, et ce pendant je vous
suplie, Monseigneur, tenir en votre bonne grace pour humblement
recommandé celluy qui est vostre humble, ancien et obeissant serviteur.

BERNARD DE GIRARD [1].

De Villers-Cotteretz, ce mardy XIX<sup>e</sup> de decembre 1570.

Il résulte de cette longue lettre que, si François de Noailles
songeait, d'une part, à entrer au Conseil privé du Roi, il était
question, d'autre part, de l'employer à la négociation du mariage
de la reine Elisabeth d'Angleterre avec le duc d'Anjou. Du Haillan,
du moins, le souhaitait ardemment et on a vu comment il travaillait à la réalisation de ce double dessein. C'était, en effet, le temps
où la reine d'Angleterre, jouant la comédie matrimoniale dont
elle usa toujours si volontiers, faisait mine de vouloir épouser
Henri de Valois, après avoir refusé son frère Charles IX. Mais le
prince ne mettait que peu d'enthousiasme à cette union, que la
reine au début voyait d'un œil plus favorable. Quel diplomate
chargerait-on d'y travailler et de la mener à bien? François de
Noailles par ses précédents séjours à la cour britannique était des
mieux désignés pour cela. Aussi considéra-t-il avec plaisir l'éven-
tualité d'une pareille mission, bien qu'il ne se fît pas d'illusion
sur la légèreté d'humeur du duc d'Anjou et sur les difficultés de
l'entreprise. La piquante dépêche suivante à Du Haillan exprime
les sentiments de celui qui l'écrivit avec une verdeur d'expression
qui ne laisse pas place au doute.

Monsieur du Haillan, la longue lettre que je receus hier de vous
merite un plus grand rembourcement que celluy que je vous puis faire
pour ceste heure, car l'advertissement que vostre frere me vient de
donner du prompt et hasté partement de ce porteur ne me permet de
vous dire tout l'aise et le plaisir que j'ai reçeu de vostre long et sage
discours, lequel ne m'a moins resjouy (et croiés m'en, je vous prie) d'y

1. *Suscription* : A Monseigneur Monseigneur l'Evesque d'Acqs.

avoir cogneu la faveur que Monseigneur vous faict de vous fier et
remettre affaires de tel pois, que pour y voir renaitre quelque esperance
pour mon reguard que je cuydois presque estaincte, de laquelle toutes
fois je ne me veulx rien promettre que ce que les effaitz m'en appran-
dront. Il y a trop long temps que je suis logé sur les tables d'attante;
il est vray qu'elles sont appuiées sur les plus seures bazes, couronnees
des plus riches chappiteaulx, environnees des plus superbes rolleaux
et assizes dans les tableaux si laborieux qu'il n'y a gentilhomme de
France qui eut plus d'occasion d'esperer tant que moy, si n'estoit que
tout y est encore vuyde. Vous sçavez qu'en l'anagramatisme de mon
nom y a *De Lis royals façonne*; aussi a la verité le premier artisan qui
y besoigna feut ce grand Roy Henry qui estoit pour moi le meilleur
maistre du monde, mais il laissa son ouvrage imparfaict, de sorte que
je pouvois bien dire *materiam superabat opus*, d'aultant qu'il me fit plusieurs fois ambassadeur sans aulcun bienfaict et evesque sans revenu
que bien petit. Cette mesme attante delaissee du pere a esté mise et
collocquée entre les mains de son fils Henry le victorieux, lequel en
fortune et felicité a (à son âge) surmonté tous les princes cogneux par la
mémoire des histoires. Il y a ung an que ceste piece d'ouvrage lui a esté
vouée et par Election et par succesion, toutes fois si on me mene tousjours
aussi bellement comme on a faict jusques icy les occasions periront et je
vieilliray, de sorte que je pourray dire d'icy à cinq ou six ans ce que respondit le Bergamasq à son maistre quand il lui disoit : « Jam io tho dette
molto tempo fa e te lo dico ancora ch'io te faro del ben. — Si, messier,
ve entendo; mi farete del ben, quando non avero piu ne c...o ne denti. »
Je parle a vous seul franchement et privement et si suis tout asseure
qu'il ne tiendra a vostre dilligente et affectionnee sollicitation que les
choses n'aillent selon nostre commun desir. Je vous escripvis hier six
ou sept lignes de ma main pour vous advertir comme monsieur le protonotaire de Murat, mon cousin, estoit le jour au paravant alle à la
court, lequel j'ay prié de communiquer avec vous. La negociation que
sçavez n'est pas chose a ceste heure fort proche, et à ce propos
vous sçaurez par mon dit cousin le langage qu'en a esté tenu à monsieur
de Montmorency en ceste ville par l'ambassadeur; lequel a esté baillé
en creance a monsieur Fumee pour le dire au Roy, à la Reyne sa mere
et à Monsieur. D'avantage ledit ambassadeur est alle à la court pour en
dire aultant. Il n'y a huguenot de qualité en France qui ne le sçache.
Je sçay que vous l'avez sçeu il y a trois mois d'autre que de moy et
neantmoins je le sçavois ung mois au paradvant. Par ainsi vous voies
combien je suis et relligieux et secret en telles matieres. Il fault donc
travailler à aultre chose qu'à le tenir secret, c'est qu'il en fault procurer un bon effaict et bien tost, car il fault faire son proffit de la
volonté des femmes et la prendre (comme l'on dit) à l'heure du bergier.
Il n'y a chose qui nous doibve plus advertir de nous haster que la
congnoissance que nous avons que ceste negociation est fort esventée.
Il est vray que nous avons un bien : c'est qu'il n'y a aulcun de noz cor-

rivaulx et competiteurs qui puisse *star al parangon del nostro*. Je voudrois de bon cueur que nous feussions desja à cheval pour cet affaire et
ne dis pas que quelque autre ne le fit mieulx que moy, mais j'oserois
bien promettre que Monsieur n'y amploiera jamais personne qui le
feroit plus fidellement et de meilleur cueur que je ferois. Tout cella
deppand de son eslection laquelle il doibt seul jouir et garder, et mesmement en ce negoce qui est tout à luy. Il y auroit beaucoup de
raisons à discourir sur ce poinct lesquelles je réserve à une autre fois
pour ne retenir plus longuement ce porteur, qui sera l'endroit de mes
bien affectionnees recommandations à vostre bonne grâce priant Dieu,
monsieur du Haillan, vous tenir pour jamais en la sienne[1].

Mais François de Noailles n'avait pas tout dit ce qu'il avait sur
le cœur, et, le départ du porteur lui laissant sans doute quelque
répit, il reprit la plume par deux fois pour ajouter un double
post-scriptum à sa missive. Le premier a trait à la reine Elisabeth
d'Angleterre. Il a déjà été cité par l'abbé de Vertot dans ses
*Ambassades de Messieurs de Noailles en Angleterre* (t. I, p. 334),
mais incomplètement. Nous le reproduisons ici en entier.

L'an 1554, je vis madame Élizabeth, à present reyne d'Angleterre,
qui me sembla la plus belle dame que j'eusse jamais veu, et si avoit
lors la fiebvre. Outre la beauté du corps, je puis dire de n'avoir jamais
vue ensemble tant de beaultez et perfections de l'esprit que je vis en
elle. Quelques temps apres, elle vint en grande suspicion à la Reyne sa
seur, de sorte que, cuydans ses serviteurs qu'elle fut en danger de sa
vie, ils luy voulurent persuader de se sauver en France, et de faict la
la contesse de Sussex en habit dissimulé vint deux fois vers moy pour
sçavoir quelz moiens j'aurois pour la conduire en France. Je luy jettay
bien loing ce conseil et luy en donnay ung aultre dont elle s'est mieux
trouvee, car si elle eust faict ce qu'on luy conseilloit, elle ne feut pas
Reyne comme elle est à présent, et par ainsi n'auroit plus le moien de
faire ung roy, comme elle fera, s'il plaict à Dieu, bien tost, et mesmes
celluy que nous desirons, qui ne sera pas le premier Roy d'Angleterre
de sa race, de son nom et surnom, tesmoing vostre histoire des ducz
d'Anjou. C'est chose que je désire fort de voir, mais je la verrois encore
plus volontiers si j'y avois servi de quelque chose.

Cette adjonction *manu propria* fut suivie elle-même d'un autre
post-scriptum d'un intérêt plus particulier, qui a trait à l'ambassade
dont il était question de charger Gilles de Noailles, abbé de Lisle,
dans le Levant. Le voici :

1. De Paris, le 22 décembre 1570. Minute. Bibl. nat., fonds fr., n° 6 913, f° 113.

Quant à ce que monsieur de Lanssac a dict à madame de Noailles et à vous qu'on ne trouvoit pas bon d'employer un homme d'église en Levant, je vous advise que l'Empereur qui est à present a tenu pour son ambassadeur deux ans entiers à Constantinople l'evesque de Strigonie, qui est un ancien et sage prelat qui luy a faict de très bons et grands services; si qu'il me semble, sauf l'advis des plus sages, que le lieu du monde où ung homme de bien pourroit plus servir à la chrestienté se seroit de ce cousté là, car ce n'est plus le temps qu'on y veult tenir des ministres pour en tirer des armees affin de mal faire à ses voisins, mais c'est à ceste heure qu'il fault penser d'honorer ceste charge et d'y colloquer quelque grand et suffisant personnage pour emploier la protection du Roy à l'ayde des princes chrestiens affligez qui en auront besoing, qui est le vray office d'ung prince tres chres • tien et des ministres ecclésiastiques. Madame de Noailles, vous et moy nous tourmantons pour un homme qui s'en soucie fort peu, comme je croy. Vous sçavez comme il est alliené de toute ambition et combien il estime son repos. Toutes fois congnoissans comme nous faisons sa suffizance et voyans la necessité d'hommes qu'il y a aujourduy sur le tablier pour estre emploiés aulx ambassades, j'estime que ceulx qui proposent telles personnes que luy ne font point de tort au service du Roy. Je vous prie presenter mes bien humbles recommandations à la bonne grâce de monsieur de Lanssac et luy recommander mon frere de ma part, le priant aussy de n'oublier son aisné pour me faire paier de quelques années de ma pension, suivant la promesse que le Roy m'en a faicte par plusieurs fois.

Une nouvelle et longue lettre de Du Haillan ne se fit pas longtemps attendre : il voulait mettre sans retard François de Noailles au courant de tous les incidents, qu'il pouvait suivre mieux que personne. C'était le temps de la plus grande faveur de Du Haillan près de son maître, qu'il approchait à toute heure et qu'il entretenait à loisir. Il profitait donc de cette intimité pour stimuler les bonnes dispositions du duc d'Anjou à l'égard de François de Noailles et tâcher d'obtenir quelque détermination positive de cette nature molle et indécise. La lettre qui suit a encore le même objet.

Monseigneur [1], je vous ay escrit une grosse despesche du xix° de ce mois, par laquelle je vous ay fait bien au long et particulièrement entendre ce que de vostre part j'ay dit à Monseigneur, et ce qu'il m'a respondu. Ce matin, a son cabinet, je luy ay demande s'il s'estoit ressouvenu de vous, et m'a dit qu'il s'en estoit bien ressouvenu, mais qu'il n'avoit peu trouver la commodite de parler au Roy et à la Roine,

---

1. Original. Bibl. nat., Fonds fr., n° 6·914, f° 10.

sa mère, desquels dependoit vostre affaire, mesmement de la Roine, pource qu'elle estoit tout le jour avec la Roine qui est malade d'un reuthme. Mais, pour vous dire la vérité, il y a quatre jours que le Roy et mon dit Seigneur ne pensent à autre chose qu'aux combats de la nege, ausquels leurs espritz et leurs corps sont tendus et exerces, de façon que je voy bien qu'il faut laisser fondre la nege, pour eschauffer leurs esprits aux affaires et pour divertir leurs pensées et occupations de nege et les remettre aux affaires et à la souvenance des choses dont on les prie. Mondit Seigneur m'a alors commandé de vous escrire une bien honneste lettre, et m'en a bien particullierement dicté le subgect qui est fort gratieux. Je m'en vois la faire pour la luy faire signer demain matin, car aujourd'huy il n'y a point d'ordre, d'autant que ceste apres disnee est destinee à un nouveau combat de nege, à quoy ce beau soleil les convie, et y a esté faict un tel préparatif de pellottes de nege que je pense que la place sera furieusement battue. Si devant Saint Jehan d'Angeli il y eust eu autant de balles qu'il y a icy de pellottes, nous n'y eussions pas demeure sept sepmaines comme nous fismes. Par là vous pouves cognoistre que nos meilleurs combatz sont de nege. Au demeurant, Monseigneur, je sçay de bonne part que tous les princes chrestiens unanimement ont esleu Monseigneur pour chef et capitaine général des Chrestiens contre le Turc, et que le pape en ceste consideration l'a esleu grand Gonfalonnier de l'eglise. D'autant que le prinse de Chypre sonne une furieuse alarme par l'Italie et par l'Allemagne, et que sa voisinaire (?) est terriblement à craindre. La dessus chascun en discourt, les uns pensans ceste charge estre tres honorable et advantageuse a Monseigneur, les autres non. Je voudrois avoir certains livres que j'ay à Paris pour y voir les differens qui, aux voyages des guerres saintes, sont souvent advenus entre les princes chrestiens sur la preesseeance, sur le premier rang et sur le commandement des armees, lesquels differens ont le plus souvent donné les victoires aux infidelles. Et ne pense point que quand ce viendroit au bon du faict et sur le point de combattre les Turcs, que les voluntes des Chrestiens fussent bien unies et ralliees ensemble pour obeir à Monseigneur et qu'il adviendroit en cela ce qui est souvant advenu aux armees composees de diverses nations que la grandeur et la victoire de Monseigneur seroit suspecte aux autres, et qu'ils craindroient que venant a vaincre les Infidelles il fut si accoustumé à vaincre qu'il voullut mesmes se ruer sur ceux qui l'auroient aidé a ses trophees et triumphes et qui luy auroient presté les espaulles pour appuyer sa gloire. Comme j'ay remarqué en plusieurs histoires estre souvent advenu en pareilles entreprises et guerres, et ayant assez bonne mémoire de ce que j'ay leu de cela, je l'ay dit en lieu, qui l'a redit à mondit Seigneur de ma part. Sur quoy ce matin il m'a commandé de faire un petit Discours des guerres saintes, faites au temps de Philippe premier, Loys le jeune, le Roy Saint-Lois, Philippes Auguste et Charles sixiesme. Mais je scay bien comment me dispenser de cela, car je ne veux plus estre si large de ma plume que j'ay esté

par cy-devant, si on n'en tient autre compté qu'on a fait, j'entendz s'il
n'y a du compte d'argent et de bienffaitz Car je voy bien qu'on voudroit
user ma plume et mon service et s'embellir et orner de mon travail.
Mondit Seigneur me promet.......... [1] Je devois respondre pour la justification du mondit frere, et n'y ay pas en passant oublié certains pointz
des humeurs dudit Seigneur de Valanse, et du peu de volunté que de
longue main luy et les siens portent à mondit frere, lui ayant bien fait
cognoistre que ses fantaisies et estranges humeurs suscitent et convient quelquefois les gens à leur donner des venues de mesme style
que celles qu'ils donnent. Et comme j'estois sur ce point de ma lettre,
j'ay receu une lettre de mondit frere par laquelle il me fait entendre ce
mesme contantement. J'ay sceu par ledit secretaire comme il vous
pleut faire tout ce que vous peustes pour la justification de mondit
frere. De quoy je vous remercie très humblement, mais la raison n'a
nulle forse là où la fureur est maistresse : *ubi furor dominatur, ibi nil
potest ratio.* Monseigneur, je suplie le Créateur vous donner ce que vous
souhaitte vostre humble, ancien et obeissant serviteur.

BERNARD DE GIRARD [2].

De Villers-Cotteretz, ce XXI de Décembre 1570.

La réponse de François de Noailles arriva vite, et elle est, à son
habitude, vive et nette. Appréciant les beaux projets formés
sur l'Italie, avec la clairvoyance d'un diplomate qui ne se laisse
pas prendre aux mots, il montre quel rôle de dupe jouerait le duc
d'Anjou dans la combinaison qu'on lui propose. Combien un
mariage avec la reine d'Angleterre lui conviendrait mieux!

Je vous escripvis avant hier bien au long; je viens de sçavoir que le
porteur n'estoit encore parti; cependant j'ay reçeu vos lettres du xx1e,
pleines de vos bons et acoustumes offices en mon endroit, dont je vous
mercie. Quand à la ligue que l'on dresse en Italie, je la croi; mais que
ce soit pour la grandeur du Roy ne de Monsieur, je le nie; car en premier lieu je voi bien que cela faud principalement à rompre l'intelligence que le Roy a en Levant; j'aimerois mieulx m'estre rompu ung
bras que d'avoir conseillé cela à Sa Majesté. Quant aux promesses que
l'on a faict à mon dict seigneur, nous avons longt temps la trop chère-
rement aprins que les Italiens ont assez de moiens pour introduire nos
princes en Italie, mais ils en ont beaucoup davantage pour les en chasser,
quand, avec leurs aide et protection, ils sont venus à bout de leurs
desseings. De façon que j'aimerois mieulx avoir entrepris de faire Roy
de Chipre et de Jerusalem mon dit Seigneur par la faveur du dit Grand
Seigneur que par le moien de ladite ligue de laquelle je n'espère que vant

---

1. Passage biffé.
2. *Suscription* : A Monseigneur Monsieur l'Evesque d'Acqs, à Paris.

et vanité. Ce propos meriteroit plus long discours. Pour conclusion je vous dirai que j'aimerois mieulx le voir bien ligué, bien, bien et bien estrainct avec la Reine d'Angleterre qu'avec ces beaux discoureurs qui ont enterré nos peres et grands peres *con simil coglionerie*. Je vous prie, dites à Monseigneur, de ma part que sa grandeur est plus redoubtee du Roy d'Espaigne et des princes d'Italie que n'est celle du Grand Seigneur. Je ne dis pas que si nous n'allons du costé du Nord que je ne désire bien que nous en passions quelques jours les monts pourveu que ce soit sur nos propres dessaings et moiens et non point sur ces beaulx et specieux discours d'Italie, lesquels je compare aus paintures de prespective lesquelles sont les plus belles du monde de loing et de pres cern'est rien qui vaille; dont il ne fault aultres exemples que les domestiques de ses pere, grand-pere et bis aieuls [1].

L'échange de lettres continue entre François de Noailles et Du Haillan sur le même sujet.

Monseigneur [2], je reçeu dimanche dernier les lettres qu'il vous pleust m'escrire par Jehan de Liralde, ausquelles j'ay falct une sommaire responce du jour de Noel qui ne contenoit seullement que la réception d'icelles, me reservant à meilleure occasion de vous satisfaire mieux que je ne pouvois pour lors. D'autant que ces festes ont empesché nos Princes tant à la dévotion qu'au passe-temps. Les premiers jours furent pour la dévotion, et les festes des Innocens ont esté pour le plaisir, durant lesquelles on n'a peu accoster Monseigneur pour luy parler d'affaires jusqu'à hier qu'enfin le trouvant à son disner bien à propoz je luy fis le discours du contenu en vostre lettre, et mesmement de la négociation d'Angleterre qui est mon principal fondement. Il m'escouta fort attentivement, et apres me respondit que l'autre jour monsieur de Monmorency luy fit entendre tout ce qui s'estoit passé à Paris entre luy et l'ambassadeur d'Angleterre. En quoy le dit sire de Monmorency s'estoit trop estendu, d'autant que ledit Ambassadeur qui est fait de la main de Milord Robert, n'est pas fort fidelle en ceste negociation, et ne se veut on pas fort fier de luy ny luy communiquer les secrets qu'on pourroit scavoir de cela. Bien que Milord Robert fasse à ceste heure semblant de trouver bon ce mariage, mais c'est à la façon, dit Monseigneur, de ceux qui apres avoir longuement et en vain tanté de dissuader leurs maistres de quelque chose, quand ils voyent leursdits maistres resolus de la faire, font semblant de le trouver bon et en veullent estre les instrumens, ainsy fait à ceste heure ledit Milord Robert, car au commancement de ceste negociation lors qu'il a veu que le propos estoit seullement conceu, non encores né, pensant

---

1. 23 décembre 1570. Minute autographe. Bibl. nat. Mss. Fonds fr., n° 6 913, f° 115.
2. Original. Bibl. nat. Mss. Fonds fr., n° 6 914, f. 243.

que la chose ne peut venir à effect et que sa Maistresse n'y voudroit
entendre, fit tout ce qu'il peut pour le faire trouver mauvais; mais
quand·il a veu que les affaires prenoient un autre traict qu'il n'avoit
pensé ny desiré, il a faict semblant de le trouver bien et de conseiller
sa Maistresse d'y prester l'oreille. Mesmes il a brigué de venir en
France pour hastter ce negoce, mais le secrettaire Cecile, qui est le
premier homme d'affaires du conseil de sa maistresse et qui favorise
ceste negociation, n'en a esté d'advis et a fait entendre qu'on ne devoit
par deçà se fier par trop en icelle audit Ambassadeur. A ceste cause
monsieur de Monmorency, qui, allant en cecy à la bonne loy et qui
possible ne sçavoit ce secret, s'est un peu trop estendu et eslargy
envers ledit ambassadeur, duquel on veut faire proffit seullement, sans
luy donner dequoy en faire. Enfin Monseigneur me dit qu'on attendoit
la responce d'Angleterre, et que suivant icelle il feroit tout ce qu'il
pourroit pour vous faire avoir la charge d'y aller, moyennant que la
Reine sa mère le trouvast bon, de la volonté de laquelle tout despendoit.
Monseigneur, excusés la mauvaise façon de ceste-cy et tenés en vostre
bonne grâce vostre humble et obeissant serviteur.

BERNARD DE GIRARD.

Monsieur, je vous suplie excuser la haste et la mauvaise façon de
ceste lettre si mal escritte [1].

De Villers-Cotterets, ce XXVIII° de décembre 1570.

Monsieur Du Haillan, je receus hier à Palezeau voz deux lettres
du XXVIII du passé, lesquelles vont tous les jours accroissant la
demonstration que vous me faictes de vostre bonne volunté. Qu'il
pleust à Dieu qu'il fallut non plus eschauffer et solliciter celle de
Monseigneur frere du Roy que la vostre; il n'auroit non plus de
besoing d'excuses que vous d'esguillons. Il m'a faict beaucoup d'honneur de m'escrire et se souvenir de moy; mais si faut-il que je vous
dise franchement que s'il s'en vouloit souvenir autant que ma devo-
tion à son service le merite....... [*Le passage a été coupé aux ciseaux.*]
Je vous prie rompre incontinant. N'oubliez aussi avant que monsieur
de Montluet parte pour aller faire les logis à Saint-Germain-en-Laye de
luy faire commander par mon dit seigneur de me loger au dit lieu sans
me renvoyer à Poyssi ny au village (j'entends pour ma personne), et
faictes, s'il vous plaist, que ce commandement soit *di meliori notte*. Il
ne fault aussi oublier de solliciter madame de Clermont de faire que la
Reyne en commande autant de sa part. Je ne veulx clorre ceste-cy sans
vous donner une bonne nouvelle pour vos étrennes : c'est que mon
frère m'a escript du XXI du passé qu'il avoit esté esleu doyen de Saint-
Seurin de Bordeaux. Il ne présenta la lettre que sçavez que le jour de
l'élection : cela ne luy nuysit pas, comme je croy, encore que les

---

1. *Suscription* : A Monseigneur Monseigneur l'Evesque d'Acqs.

volontez des eslizans ne fussent bien disposées, combien que l'archevesque et plusieurs autres ayent suscité tous les empeschemens qu'ilz
ont peu à mon frere. Je remetz à vous adresser ung remerciement de
sa part par la mienne à mon dit seigneur et fault que je vous dic là-
dessus ce que j'ay, long temps a, pratiqué à la Court : c'est que les
princes ayment mieulx ceulz auquelz il cuydent avoir faict quelque
bien encores qu'ils ne l'ayent merité, que ceulx qui en méritent beaucoup et à qui ils ne donnerent jamais rien. De sorte qu'ilz donnent plus
volontiers à celluy auquel ilz ont souvent donné, qu'à celluy auquel il
ne donnent jamais rien encores qu'ils leurs doibvent beaucoup. Qui
sera l'endroit de mes bien affectionnées recommandations à vostre
bonne grâce, priant Dieu, monsieur Du Haillan, vous tenir pour jamais
en la sienne [1].

L'humeur de François de Noailles s'était librement répandue
dans cette missive, trop librement même, puisqu'on n'a pas cru
devoir en sauvegarder l'expression. — Pourtant il estimait
n'avoir pas tout dit sur ce sujet, car, cette fois-ci encore, il reprend
la plume pour développer sa pensée dans le post-scriptum suivant,
qui semble aussi l'atténuer à certains égards :

Je vous mercie infiniment des lettres de Monsieur et des vostres. Les
promesses sont belles et grandes, mais, comme vous dictes, l'effaict
deppand d'une vive et importune sollicitation, car mon dit seigneur a
un naturel si lant que s'il n'est pressé continuellement on n'arraschera
aulcune execution de luy. Si est-ce qu'il y a deshormais plus d'interests
que moy, quant ce ne seroit que pour amener ce qu'il a desja tanté
par plusieurs fois et à quoy les deux personnes que sçavez se sont plus
opposées pour me voir favorisé en si grand endroit que par opposition
qu'ilz me puissent alleguer, car ilz entendent bien la conséquence de
cela. Voilà comment le support et la faveur de mon dit seigneur au
lieu de m'advancer me recule et au lieu de m'exalter tombe sur moy
et m'accable de sa pesanteur. Je ne dis pas sans cause pesanteur, car
à la vérité il se remue si pesament et molement en ce faict que les
offices qu'il a faictz pour moy n'ont servy qu'à m'esmouvoir de la
jalousie et non pas à la resouldre. Or, ceste entreprinse est deshormais
toute à luy et n'y a plus rien du mien que le nom lequel n'est esblouy
que par la trop grande lueur qu'il reçoit de la clarté de mon dit seigneur, laquelle ne peut estre soubstenue que par ceulx qui sont *lippis
occulis*, lesquelz eussent bien voulu que je me feusse adressé à eulx et
m'eussent favorisé. Quant au faict d'Angleterre, Terence dit *Qui ab
amicitia discedere volunt occasionem querunt*. Je vous dis cecy d'aultant

1. De Paris, le 1er janvier 1571. Minute, Bibl. nat. Mss. Fonds fr., n° 6913, f° 116.

que je panse que si les voluntez y estoient aussi bien disposees par
deça comme l'entreprinse me semble facille du cousté de della, nous ne
mettrions pas tant d'inconvénient en avant. Le pis que j'y vois est que
si nous ne voulons quand nous pouvons peult estre ne pourrons nous
quand nous vouldrons. Cependant il fault servir les maistres selon leur
fantesie. Je prie Dieu qu'elle soit bonne, me tenant asseuré qu'elle sera
et deviendra telle qu'il vouldra et que personne ne peult rien à la
gaster ou à l'abiller que luy mesme. Mais notez que la patience des
femmes ne se peult pas filler et tenir à l'espargne comme la mienne,
*quia in hoc genere quod differtur aufertur; scriptum est enim, manet alta
mente repostum judicium Paridis spretœque injuria formæ.*

Je vous prie, mandes moy si vous estes d'advis que j'escripve à
monsieur pour le remercier. J'ay peur de l'importuner.

Malgré son désir, malgré les efforts de Du Haillan, François de
Noailles ne fut pas envoyé en Angleterre lorsque les affaires furent
assez avancées pour négocier utilement le mariage de la reine et
du duc d'Anjou. C'est Paul de Foix qui y alla. La grande difficulté de l'union projetée était la différence de religion des deux
futurs époux. Tandis qu'Elisabeth voulait que le prince qu'elle
choisirait renonçât au catholicisme ou du moins lui en refusait la
libre pratique, le duc d'Anjou au contraire ne voulait consentir à
aucune concession sur ce point. Tout cela ne faisait pas l'affaire
de Catherine de Médicis qui souhaitait que le projet aboutit et
trouvait que son fils se montrait bien intraitable. Elle employait
tous les moyens pour l'amener à céder. Une fois même elle songea
pour cela à François de Noailles et lui écrivit, le 2 août 1571,
une lettre pressante pour le prier de travailler avec elle à convaincre le prince récalcitrant[1]. On sait comment cette tentative
avorta et comment le duc d'Anjou finit par refuser nettement la
main qu'Elisabeth était toute disposée à lui accorder. Faut-il croire
que ce fut la faute des négociateurs et que des diplomates plus
habiles n'auraient pas échoué là où ils échouèrent? Si François
de Noailles n'y fut pas employé, on ne se passa pourtant pas de ses
services qui furent utilisés ailleurs. Dès le commencement de 1571,
il était nommé membre du Conseil privé, comme il le souhaitait,
et, vers le milieu de l'année, on lui attribuait l'ambassade de Constantinople, qu'il sollicitait, comme on l'a vù, pour son frère Gilles.
Il se préparait, en Levant, de nouvelles occasions de négocier et
les qualités de l'ambassadeur du roi de France pouvaient s'y
déployer à l'aise. Les deux lettres qui suivent, adressées par

1. *Lettres de Catherine de Médicis*, t. IV, p. 62.

Du Haillan à François de Noailles, précèdent de deux mois environ
le départ de celui-ci pour son poste chez les Turcs.

Monseigneur[1], mon laquais est parti ce matin, et, une heure apres
son partement, j'ay receu par les mains de monsieur le Prothonotaire
de Ferrieres la petite lettre qu'il vous a pleu m'escrire. Je l'ay incontinent monstrée à monsieur de Sauve qui m'a dit qu'il vous estoit amy
et serviteur et qu'il ne faudroit de faire ressouvenir la Roine de vous.
Sur ce mesme point j'ai faist vos recommandations à monsieur de
Villequier comme si elles eussent esté escrittes, dans vostre dite lettre.
Il m'a dit que quand hier je luy presentay celles que vous me comman-
dastes de luy faire, il ne peut me dire ce qu'il avoit fait pour vous;
qui est que, l'autre jour, la Royne et Monseigneur s'allans pourmener
en coche, et luy estant avec eux, il ne se parla que de vous tout le
long du chemin, et Monseigneur parla de vous tant honorablement, et
la Roine tant favorablement, qu'il fut resolu qu'au premier lieu où
vous viendries vous series receu au Conseil privé du Roy avec un
siege, et que la Roine monstra le desirer et vouloir avec toutes les
demonstrations de bonne volonté que vous eussies sçeu désirer. Et eut
bien desiré mon dit Sr de Villequier que vous fussies venu icy, pource
que vous eussies este receu en la dite compagnie; tant y a qu'il fault
que ce soit à Gaillon, là où nous serons sabmedy, et il fera que Monseigneur commandera que vous soyes logé là, dedans le village mesme,
ou s'il ne se peut pour le moins vous aures mon logis du presbitere Saint-
Aubin, comme despuis m'a promis monsieur le mareschal La Faye,
mareschal des logis du Roy. Voilà ce qui est pour vous. Quant au fait
de monsieur le prothonotaire de Ferrieres, je l'ay presenté à monsieur de Villequier, qui l'a, sur l'heure mesme, presenté à Monseigneur, et embrassé son fait d'une tèlle affection que sur le champ mon
dit Seigneur m'a commandé d'aller trouver monsieur Pinart (qui ce
jourd'huy a prins medecine à cause d'un morfondement) pour le prier
de faire des lettres telles qu'il voudroit et à qui il voudroit. Il a esté
sur ce advisé entre le dit Sr de Ferrières et moy de faire que le Roy et
mon dit Seigneur escrivissent au pape et aux cardinaux de Ferrare et
de Rambouillet. Sur quoy j'ai dressé un mémoire des dites lettres,
duquel je vous envoye la coppie, et m'a le dit sieur Pinart promïs que
nous aurons demain matin les dites lettres. Quant à ce qui me touche,
je suis fort bien avec monsieur de Villequier, comme je vous diray une
autre fois, et quand ce matin je luy ay dit que vous lui feries porter
les tapis, il m'a dit que par la Teste Dieu si je luy parlois plus de cela,
il ne m'aimeroit jamais ny à vous aussi. Je luy ay dit que je ne luy en
parlerois plus pour ne l'offenser, mais que l'effect tireroit vous et mov
dehors de ceste peine. Je vous prie, Monseigneur, envoyes moy mon
lacquais jeudy au soir, et qu'il soit ce dit soir icy, affin qu'il sollicite

1. Original. Bibl. Nat. Mss. Fonds fr., n° 6 914, f° 247.

avec moy mon dit logis, puisqu'il y va du bon; et je seray tousjours votre humble et obeissant serviteur.

                              BERNARD DE GIRARD [1].

D'Anet, ce lundy 7 de Mai 1571.

Monseigneur [2], je vous escrivi du jour d'hier bien au long ce que monsieur de Villequier m'avoit dit, et ce matin en luy disant que je vous avois escrit cela, il en a esté fort bien aise. Je puis dire que je le gouverne desja mieux que je ne fis jamais de feu monsieur de Carnavalet. Il m'a ce matin commandé et prié de ne faire point autre ordinaire qu'à sa table, et que puis que je voulois estre à luy, il falloit commencer par la possession du disner et soupper. J'ai disné avec luy et presentement je m'y en vois soupper, car il il me l'a fait promettre. Il a commandé aux maistres d'hostel de me traitter comme de coustume, et aux fourriers de me loger tousjours le plus près de luy qu'ils pourroient. Il se fait bien mieux craindre que le deffunct, de façon qu'il n'y a officier qui ne tremble à ceste heure devant luy. Je crois que mes affaires iront bien avec luy. Il s'est monstré fort affectionné en l'affaire de monsieur de Ferrières, de façon que sa despesche est faite telle qu'il désireroit, et pour l'amour de vous, j'y ay usé de toute la diligence et affection qui se peut désirer de celluy qui est si hasté qu'il ne peut par ceste cy vous dire autre chose sinon qu'il est votre humble serviteur.

                              BERNARD DE GIRARD.

D'Anet, à la haste, ce VIII° May 1571 [3].

Peu après, à la fin de juin 1571, François de Noailles se mettait en devoir de gagner sa nouvelle résidence, et Du Haillan reprit sa vie, mêlant ses habitudes de courtisan à ses travaux d'écrivain, occupé tout ensemble aux intrigues du présent et aux recherches du passé, songeant à de nouveaux ouvrages ou réimprimant les anciens [4]. La lettre latine suivante à François d'Amboise nous fera connaître en partie les faits et gestes de Du Haillan à cette époque. On y peut joindre aussi le fragment de lettre que nous avons imprimé à la suite.

1. *Suscription* : A Monseigneur Monseigneur l'Evesque d'Acqs, Conseiller au Conseil privé du Roy, Paris.
2. Original Bibl. Nat., Mss. Fonds fr., n° 6 914, f° 249.
3. *Suscription* : A Monseigneur Monseigneur l'Evesque d'Acqs, Conseiller au Conseil privé du Roy, à Paris.
4. Il reçut une lettre (Turin, 3 décembre 1572) de la duchesse Marguerite de Savoie, à l'occasion de la troisième édition de l'*Estat des affaires de France*.

*Doctissimo adolescenti F. Ambosio*
*B. Girardus Haillanius. S.*

Miraberis fortasse aut potius ridebis, Ambosi doctissime, me litterarum latinarum penitus ignarum, in aula ab incunabulis inter ignaros
et obsequia principum et in tumultibus educatum, nunc vero in castris
inter armorum strepitum degentem, ad te adolescentem doctissimum
et litteras omnino redolentem latine scribere, sed cum itineris vestri
seriem latine ad me (ut rogarem) scripseris latine (et si parum latine)
ad te scribere et tibi gratias referre ex officio duxi, tuæ enim litteræ
latinas litteras in me quasi ex somno excitarunt, et me, in castris,
carentem libris ex capite Ciceronem et latinorum quorumdam verbo-
rum farraginem evellere cœgerunt. Tu Ambosius et totus latinus a
nobis discessisti et totus germanus alter Ulysses ad nos redibis, qui
mores hominum multorum et urbes videris et cui multa (ut ais) ductu
gravia perpessu aspera occurrerrunt. Magnum equidem de tuo itinere
solatium et maximam utilitatem, ne dicem voluptatem, te jam cœpisse
et in posterum capturum arbitror, cum ea oculis fidelissimis rerum
interpretibus et testibus videris quæ solum scriptis et animo perceperis.
Sed quid ea animus meminisse herret luctuque refugit? Quid tu de
magnis itineribus, quid tu de adverso anni tempore, quid de stathmis vel
equis positis, quid de laboribus tuis conquereris? Cum florens ætas et
juvenile robur in te fuit cumque utilitate ea quam tot terras peregran-
do percipis tantos sublevare et lenire labres debeas. Mitte ista, quæso,
Ambosi, Noaillio nostro, qui jam ingravesante ætate alienis anni mensi-
bus ultro et iter in Lemovices dulcissimam patriam cogitans, vir
minime ambitiosus, vir cordatus et sui contentus tam longum iter
emensuy et; mitte ista mihi propemodum ad senectutem vergenti viro
pusillo et laborum ob corporis incertem valetudinem haud patienti et
ad longiora itinera et ad majores labores te compara, cùm veneris,
omnes pendebimus tui narrantis ab ore, omnes concedemus, confite-
bimus, intenti ore tenebimus. Tu vulgi stante corona surges et a capite
ad calcem tot exant latos labores, tot varias casus, tot discrimina
rerum, tot hominum mores et leges recitabis, omnes te tot jectatum
fatis et tot pericula exhausta canentem mirabuntur, ideoque veni ad
nos optime paratus de omnibus rebus de quibus nos te percunctabi-
mur, scilicet de moribus, ritibus, religione, sarcis, vestibus, lingua
Polonorum, qua parte Polonia Russiam, qua Prussiam, qua Lithua-
niam, qua Livoniam, qua Moscoviam, qua Podoliam, qua Albam
Russiam et alias Sarmatatum gentes habeat. Nos de obsidione Rupella
multa tibi dicemus de castris cohortibus, phalangibus, legionibus, mani-
pulis, equitatu, peditatu, acie eorum, aggere, vallo, fossa, machinis
bellicis et de cœteris rebus ad bellum pertinentibus multa narrabimus.
Has in catris scriptas litteras excusabis et me semper ut soles amabis
hoc unum a te peto, ut te totum Noaillio dedas, te ad ei obsequendum

compares, scholasticam illam et rudem formam virorum quam apud
tuos cum obere lactasti et in collegio cum litteris transisti deponas;
hac ego ad te scribo non in prudentiam quæ parva est ostentam, sed ut
benevolum in te et propensum animum ostendem. Vale [1].

In castris ad Rupellam, XVI[a] die mensis martii 1573.

... M. du Haillan m'a escrit comme il partoit du dit camp (devant la
Rochelle) pour s'en aller passer la feste de Pasques à Bordeaux et qu'il
pensoit désormais se retirer au service de M. de Longueville qui lui
faisoit un honneste parti, et qu'il ne pouvoit espérer tout ce qu'il
s'estoit peu promettre du dit seigneur nouveau Roy; et voilà comment
il ne sera gueres plus à la court et n'aura moyen d'y servir ses amis.
Je lui avois escrit de quelque chose qui me touchoit, mais il m'en a
respondu si froidement que j'en suis tout esbahi [2]....

Tandis que François de Noailles résidait à Constantinople, dont
le séjour ne lui agréait guère, mais où il fit, à son habitude,
d'excellente besogne, le duc d'Anjou était élu roi de Pologne.
Notre ambassadeur près du Grand Turc n'avait pas nui à cette
victoire diplomatique, préparée et conduite par Catherine de
Médicis. Mais le nouveau roi ne mettait guère d'empressement à
profiter de ce succès. Pourtant, quelque retard qu'il apportât à
gagner un pays dont il ne se souciait pas du tout, il partit enfin,
amenant avec lui tous ceux qui en France lui avaient été attachés.
A ce titre Du Haillan aurait dû être du voyage, en compagnie du
poète Desportes ou du polygraphe Blaise de Vigenère. Il n'en fut
rien. Soit ingratitude de la part du prince, soit maladresse et mauvais vouloir de la part du serviteur, leurs rapports s'étaient fort
relâchés et Du Haillan resta à Paris tandis que son maître gagnait
la Pologne. La lettre qui suit a trait à cet incident. Elle est
adressée à Gilles de Noailles, qui accompagnait le nouveau roi
pour se rendre de là, à Constantinople comme le successeur
désigné de son frère François à l'ambassade de France.

Monseigneur, par celles qu'il vous a pleu m'escrire du xvii du passe
de Frankfort sur le Mein vous disiez trouver bien estrange que je n'aye
escrit à quelcun de ceux qui sont avec le Roy de Pologne l'occasion de
ma demeure par deça. A quoy, s'il vous plaist, je vous respondray que
pour ne penser avoir auprès du dict Roy aucun amy je n'ay voulu l'escrire
à aucun pour ce que, si je l'eusse escrit, ils l'eussent enrichie de quelque calumnie et mauvais office. J'aymerois mieux, monsieur, m'estre

1. A monsieur d'Amboise estant avec M. de Lisle en Poulongne. Copie. Archives
de la guerre, vol. VII, f. 513.
2. Gilles de Noailles à François de Noailles. De Varsovie, le 20 mai 1573. Copie.
Archives historiques de la Guerre, vol. VII, f. 541.

rompu une jambe et un bras, et avoir perdu un œil, et estre à un mesme instant devenu borgne, manchot et boiteux que d'avoir fait ce voyage avec un maistre qui ne m'a jamais aymé et en la compagnie de ceux qui n'ayment que les gens de leur sorte, non les vertueux. Je suis mieux que je n'eusse esté par delà m'estant résolu de ne jamais paier les mules aux ignorants, ny de dissimuler mes passions comme j'ay par cy devant fait contre mon naturel ouvert et loingtain de la dissimulation. J'ay veu par deux fois Monsieur de Cheverni, dont la derniere a prins fin par un aspre courroux, car, me voulant taxer, je lui donnai dedans la veue si au vif, qu'il ne me repliqua aucunement et depuis ne l'ay veu. Sarnet est à Paris malade à la bonne heure; Chaudet et sa femme avec ledit S$^r$ Cheverni et moy ici.

Mais pour laisser, monsieur, toutes ces affaires et personnes là, et pour parler de voz affaires, Madame de Noailles vous aura peu escrire comme j'ay esté voir Monsieur Garrault, trésorier de l'Epargne de la presente année, lequel m'a asseuré que dès que son estat sera veu au Conseil du Roy et par Sa Majesté mesme sur la depense tant ordinaire qu'extraordinaire de la presente année, il ne faudra à vous donner votre assignation pour toute icelle à Riom, sans vous en faire à deux pierres. Et quant aux mille escus que vous devez à Monsieur le Mareschal de Raiz, il a pareillement respondu qu'il y advisera dedaus la fin de ce mois et qu'il fera ce qu'il pourra. Vous sçavez, monsieur, ou devez penser qu'il n'a encore touché pas un denier, car il ne fait qu'entrer en charge, et ne peut se resoudre ny de donner argent ny assignation qu'il n'ait veu le reglement que l'on fera pour la distribution des finances de ceste annee. Il m'a aussi promis que vous donnant les mille escuts, il me donnera les trois cens livres que vous avez prestees à Pierre L'Huillier, libraire et imprimeur, de Paris, qui a fait imprimer le livre des prieres en vostre nom, desquelles je vous en envoye un seulement et vous en envoirrai trois ou quatre par les autres commodites. Monsieur de Noailles, vostre neveu, est icy : grand, beau, chasseur, joueur, faisant l'amour, et tout cela et autres choses. Je vous puis asseurer qu'il a fort bonne grâce en ce qu'il fait, car quand il pert son argent au jeu il ne s'en courousse point. Madame de Noailles et lui ne sont pas hien d'accord, car il veult beaucoup despandre et avoir grand train et force chevaulx et elle veult faire le contraire, de quoy à mon advis elle vous fera ses plaintes. Le lendemain de Noel, j'eus a disner en mon logis à Paris M. de Noailles le jeune vostre neveu, La Serre son précepteur, M. de Maumont le sourd et M. Thevet, cosmographe du Roy, bref j'eus toute la doctrine de l'Université, y comprenant vostre neveu. Le dict La Serre m'a fait par deux ou trois fois ses plaintes de la malice et irreverance de son dict disciple procedante de la trop grande indulgence de sa mere, a laquelle j'en ay fait une remonstrance digne de mon devoir et de l'affection que je porte à tout ce qui touche à vostre maison.

Monsieur de Cauroz s'en alla dix ou douze jours après vous. L'aisné Serviez partit seullement hier de ceste cour.

Quant aux nouvelles d'icelle on est toujours en frayeur. Les uns disent que la Gascogne et le Poitou sont en armes, les autres que non. Vous aurez bien sceu que La Rochelle a cuydé estre surprinse, et que plusieurs des conjurateurs d'icelle ont esté les uns mis sur la roue, les autres pendus, et les autres décapités. Le Roy desadvoue le commandement de cette conjuration et surprïnse, et y a envoyé Monsieur de Saint-Sulpice pour faire entendre aux habitans d'icelle le desir qu'il a de conserver la capitulation faite avec eux. Monsieur de Montmorency doit estre icy bien tost. Monsieur de Thoré y est. Monsieur l'Admiral s'en va en Provence dedans peu de jours pour poursuivre un proces qu'il a par delà. Je ne vous puis dire autre chose que cela. Sur quoy me recommandant tres humblement à vos bonnes graces, je prie Dieu vous donner, monsieur, en parfaite santé heureuse et longue vie. Vostre humble, ancien et obeissant serviteur, BERNARD DE GIRARD [1].

Du Haillan resta donc en France, tandis que son maître allait en Pologne, et il continua l'œuvre à laquelle il travaillait alors, sa grande *Histoire de France* qui devait voir le jour deux ans plus tard. Mais entre temps parut un petit opuscule intitulé *Discours sur les causes de l'extrême cherté qui est aujourd'hui en France et sur les moyens d'y remédier* [2]. Le libelle est anonyme, mais on ne tarda pas à vouloir y reconnaître la plume de Du Haillan. Du Verdier est le premier qui lui en ait attribué la paternité et c'est sur ce témoignage que cette opinion a été généralement adoptée depuis. Rien dans l'ouvrage lui-même ne permet d'en déterminer sûrement l'auteur. Il est d'ailleurs instructif et bien informé, et trace un tableau précis et logique de l'état de choses d'alors. C'est un chapitre intéressant de l'histoire du temps comme Du Haillan aurait pu l'écrire, s'il l'eût voulu, plus net, même, semble-il, et plus serré que le récit si souvent verbeux de l'*Histoire de France*. Cet opuscule a été réimprimé de nos jours par Edouard Fournier, qui lui a donné place parmi ses *Variétés historiques et littéraires* (t. VII, p. 137-193) [3]. Mais le nouvel éditeur émet, à ce propos, une opinion absolument insoutenable. Il estime qu'une édition de cette pièce qui porte la date de 1586 et le nom de Bordeaux comme lieu d'impression doit être considérée comme la première, tandis que celle de 1574, à Paris, est erronée dans sa date et ne saurait passer que pour la seconde. Cette opinion

---

1. Saint-Germain-en-Laye, le 10 janvier 1574. Suscription : à Monseigneur monsieur de Noailles, abbé de l'Isle et de Saint-Amand, conseiller au conseil privé du Roy, allant en Pologne et de là ambassadeur pour Sa Majesté au Levant. Original. Bibl. nat. Fonds français, n° 6915, f° 280.

2. Paris, Pierre L'Hùillier, 1574. In-8° de 72 p.

3. Le *Discours* est également réimprimé dans le recueil G. (1760), p. 125, 160.

est fort difficile à admettre, si l'on prend soin de comparer les deux éditions, et l'on voit bien vite que celle de Bordeaux n'est autre que celle de Paris dont on a refait le titre et le dernier feuillet, pour en supprimer le privilège daté du 10 février 1574. Mais elle devient inadmissible si l'on considère que l'édition de 1574 est mentionnée dans la *Bibliothèque française* de Du Verdier, qui, achevée d'imprimer en décembre 1584, est par conséquent antérieure à la seconde édition du *Discours*. Il y a plus : la *Responce de maistre Jean Bodin, avocat, au Paradoxe de M. Malestroict, touchant l'encherissement de toutes choses et le moyen d'y remédier*, dont l'auteur anonyme du *Discours* s'est visiblement inspiré, n'est pas de 1578, comme le dit Édouard Fournier, mais bien de 1568, et ce dernier argument n'est pas plus solide que le reste de la démonstration. Et il s'ensuit que les observations de l'écrivain anonyme — de Du Haillan, si l'on en croit Du Verdier, — s'appliquent parfaitement à l'année 1574 et non à 1586, à la période qui suivit immédiatement le Saint-Barthélemy. C'est un point qu'il n'était pas superflu d'établir solidement.

Entre temps la correspondance de Du Haillan continuait avec Gilles de Noailles. Celui qui est resté en France informait l'autre des nouvelles du pays. Les deux lettres que nous allons citer sont deux échantillons — et sans doute aussi deux épaves — des propos échangés ainsi. Déjà on y voit poindre quelque humeur, avant-coureur du dissentiment qui devait s'agraver plus tard et séparer les deux correspondants, comme on le verra par la suite.

Monsegneur, je vous escrivis bien au long du xxii<sup>e</sup> du passé et mcsmement sur la response que vous m'aviez faite de par les vostres du xxix<sup>e</sup> mars à quelques remontrances miennes que vous aviez trouvees trop aigres. Je ne vous en aigriray plus pour le desir que j'ay de vous complaire. Despuis mes dites dernieres est arrivé en ceste cour Monsieur de Biron accompagné de plusieurs gentilhommes de Lymosin et de Perigort entre lesquels est Monsieur le vicomte de Chasteauneuf vostre petit cousin qui a fiancé sa fille. Le dit sieur de Biron est fort bien veu en ceste cour et heure, et s'il y a guerre, comme déjà on s'y prepare, elle reposera toute sur luy, car il n'y a aujourd'hui homme en ce royaume digne de mener armée que luy; ce qui est un commun jugement mesmes de ceux qui ne luy veullent pas beaucoup de bien, mais la verité a ceste force en elle qu'elle contreint mesmes ses ennemies à dire bien d'elle. La France va de mal en pis, de telle sorte qu'il n'est loisible de l'escrire.

Le xi<sup>e</sup> de ce mois, Monsieur le cardinal de Bourbon fit en son abbaye Saint Germain des Pres un festin au Roy, là où vostre petit neveu de

Noailles qui est avec Charles Monsieur de Bourbon l'après soupee recita
dedans un chariot quelques vers au Roy avec telle hardiesse et bonne
grace qu'il donna admiration de soy à toute l'assistance, comme plus à
plain vous sçaurez par celles que vous escrit Monsieur Massiot.
Madame de Noailles sa mere a esté marmousée, contre moy de ce que
l'annee passee je vous escrivis je ne sais quoy contre luy; mais je fais
profession, monsegneur, de ne celler ny les vertus ny les faultes de mes
amis. Monsieur de Ligonne-Pardaillan est icy qui a en partie gagné son
proces de Mortagne; pour le moins, l'appellation comme d'abus est
nulle et le mariage declaré bon. Monsieur de Noailles vostre neveu est
en Lymosin à garder ses maisons et à prendre le deduict de la chasse,
et nous sommes icy à attendre la misericorde (sic) de la guerre. Et sur
ce me recommandant tres humblement à vos bonnes graces, je prie
Dieu vous donner, monsieur, en parfaite santé heureuse et longue vie.
Vostre humble et obeissant serviteur,

                                              BERNARD DE GIRARD [1].


Monseigneur, despuis vous avoir amplement escrit du xv⁰ du passé et
adressé ma despesche à Venise, Monsieur de Beauchamp que vous avez
veu en Levant est arrivé icy le xxix⁰ du dict. Des le xxx⁰ il commença
a donner à Monsieur de Sauve les despesches de Monsieur d'Acqs, de
vous et de Monsieur du Ferrier, et user en la distribution de ses pacquets
et despesches de toute la diligence et affection que requeroit le service
du Roy et que vous eussiez sceu desirer. Mais il est venu icy en un
temps auquel les affaires interieures du royaume qui offensent le foyé et
le cueur font oublier les loingtaines, car encore qu'il y ait aujourd'huy
huict jours que le dict sieur de Beauchamp est arrivé, si est ce que ses
despesches n'ont pas esté veues et qu'il n'a peu dire au Roy sa creance,
tant on est empesché aux preparatifs de la guerre et aux moyens
d'adviser à la paix. Le dict sieur de Beauchamp parle de Monsieur d'Acqs
et de vous fort honorablement et monstre avoir autant d'affection à ce
qui vous touche à tous deux que s'il estoit vostre domestique. Monsieur Massiot et moy l'avons assisté et accompagné en ce où nous avons
veu nostre compagnie et presence necessaire et poursuivray par cy apres
pour vous monstrer au moins moy que je vous suis humble et obligé
serviteur. Si j'ay par cy devant, monsieur, usé envers vous de hardi et
libre langage, penses qu'il procedoit de cette liberté et hardiesse de
parole que vous cognoisses en moy, et de cette affection ancienne et
obligee que je porte à vous et à vostre maison. Je vous diray ce que
par mes dernieres je vous ay dit et que j'ay dit souvent à mon dit Sei-
gueur d'Acqs qu'encore que vous soyes là parmi des barbares, loin de
vostre patrie, mal secouru de deçà et mal traitté de là, toutesfois vous
estes bien heureux de ne voir de vos yeux les calamites de la France,

_____
1. De Paris, ce 25 août 1575. A Gilles de Noailles, à Constantinople. Original.
Bibl. nat., Fonds fr., n° 6 915, f° 529.

qui est si affligée que chascun voit sa ruine prochaine, si Dieu ne la destourne. La paix qui est tant necessaire est desirée de tous, mais nous ne sommes pas prets de l'avoir veu les deffiances communes et les menées et brigues qui d'une part et d'autre se font tous les jours pour se tromper l'un et l'autre. Toutes sortes de vicés qui regnent en France empeschent le chemin à toute vertu et repos, lequel Dieu nous vueille donner et à vous, monsieur, en parfaicte sante, heureuse et longue vie, me recommandant très humblement à vos bonnes graces. Vostre humble, ancien et obéissant serviteur,

BERNARD DE GIRARD [1].

Monseigneur, devant que vous receviez ceste-cy, il y aura près de deux ans que vous n'en avez receu. De quoy vous scavez l'occasion que je voudrais n'estre point advenu, mais vous scavez et je le scay bien aussy que je suis humble, ancien, obeissant et obligé serviteur. Il fault, s'il vous plaist, monsieur, oublier ce qui est intervenu depuis deux ans et vous ressouvenir de la bonne affection qu'il vous a pleu me porter depuis vingt-quatre, comme aussi je veux en avoir une perpetuelle souvenance pour vous en rendre un perpetuel service. Monseigneur d'Acqs, votre frere arriva ici le xe d'aoust dernier et y demeura jusques à ce jour où le roy s'en est allé, ayant receu de leurs Majestés plus de faveurs, de bon accueilh qu'il n'en esperoit ou desiroit, car estant venu ici pour leur rendre compte de ce qu'il a veu, manié et negotié durant les six années de son absence et donner quelque ordre et remede à ses affaires pour puis après s'en retourner en Lymosin, il a esté fort bien veu, receu et caressé d'elles et eu entrée en tous les conseils d'affaires d'estat, de justice et de finances, ausquels il s'est rendu plus assidu et continuel qu'il ne désiroit et que son naturel ne promettoit, mais il y estoit poussé tant à la prière de ceux qui l'ayment et honorent que par le besoing de vos affaires qu'il a preferé aux siens, n'ayant rien sollicité que vostre retour par deça. Je pense bien que ce qui l'a rendu d'autant plus agreables à leurs Majestés et à ceste court a esté qu'il n'a rien demandé, mesme n'a fait aucune poursuitte de ce qui lui est deu et n'a parlé d'autres debtes que des vostres ny d'autres affaires de vostre maison que de ce qui particulièrement vous touche, l'ayant ouy souvant avoir un extreme regret de vostre piteux bannissement et du mauvais traitement que vous recevies de ceux de deçà et de ceux pres lesquels vous estes. En quoy j'ai cognu l'effect des ressorts de la nature et de son naturel qui lui apportoit pour vous seul tout l'ennuy qu'il a eu par deça, car du reste il avoit quelque occasion de se contanter parmy ces flotz et tempestes de la court et de la France, veu le bon visage qu'il a eu de leurs Majestés, la bonne opinion qu'il leur a donnée de luy et la bonne reputation qu'il a augmentée parmy ceux qui de long temps le

1. De Paris, ce 8 novembre 1575. « Ceste-cy a esté trop malheureusement gardée jusques au XXIXe de décembre 1575. » A Gilles de Noailles, à Constantinople. Original. Bibl. nat., Fonds fr., n° 6915, f° 294.

cognoissoient et qu'il a acquise entre ceux qui l'on cogneu seullement a ceste heure. Et encores qu'il ait trouvé ses affaires bien descousues par deça et le fond de ses finances bien espuisé tant par la malice du temps que par le mauvais mesnage de quelques-uns des siens, si est-ce, monseigneur, qu'il n'a laissé de despendre splendidement et largement en ceste court durant les deux mois qu'il a esté et à festoyer par diverses fois ses amis et les plus grands de ceste court avec grand apparat de vivres et de magnificence, faisant en cela l'Ambassadeur, bien qu'il n'eut ni estat ni present du Roy. Je suis souvent avec lui, et possible non pas tant qu'il voudroit, toutesfois bien moins que je ne voudrois. Mais les affaires, la grandeur de ceste ville et la distance des logis me gardent de le visiter et d'estre pres de luy si souvent que je le désire. Je vous supplie, Monseigneur, que je cognoisse que vous m'aymes et que vous avez opinion que je vous suis humble et affectionné serviteur et que ceste cy soit suivie d'une favorable response de vous. Sur quoy me recommandant tres humblement à vostre bonne grâce je prie Dieu vous donner, monseigneur, une parfaicte sante, tres heureuse et contante vie.

Vostre tres humble et obeissant serviteur,

BERNARD DE GIRARD[1].

De Poitiers, ce v<sup>e</sup> d'octobre 1577.

Pendant ce temps les choses commençaient à se brouiller dans les Flandres. Jamais les Pays-Bas espagnols n'avaient cessé de haïr la domination de leurs maîtres, mais ces sentiments hostiles prenaient alors une force particulière. Tandis que la Flandre du sud, rattachée à la France par ses traditions, aurait voulu recommencer une nouvelle dynastie de Bourgogne, les états du nord au contraire songeaient à assurer leur indépendance et n'aspiraient qu'à fonder une république fédérative. Du Haillan suivait ces mouvements divers avec une attention spéciale, comme en fait foi le passage suivant d'une lettre de Germiny à François de Noailles : « Quant aux affaires de Flandres, par ce que Monsieur Du Haillan m'a dit qu'il vous en escrira ce que lui en a mandé Monsieur le comte Charles, je ne vous en diray autre chose si ce n'est que les ambassadeurs que les Estats ont icy n'ont point encore estés ouys et qu'ils disent avoir de leur party de vingt cinq à trente mil harquebusiers, sans le secours qu'ils attendent d'Allemaigne »[2]. Il s'agit évidemment ici des députés qui vinrent solliciter le duc d'Anjou — ci-devant duc d'Alençon — de prendre la tête du mouvement d'insurrection contre l'Espagne. Ils y réussirent, comme on sait, et c'est sans doute la raison pour laquelle l'histo-

1. Original. Archives historiques de la Guerre. Tome VI, f° 89.
2. 3 novembre 1577. Bibl. nat., Fonds fr., n° 6 914, f° 275.

rien prêtait aux mouvements des Flandres une attention qui s'accentua encore, comme nous le verrons.

Mais Du Haillan n'oubliait pas, pour cela, ses occupations d'écrivain; il y revenait volontiers aussitôt que l'occasion lui semblait favorable. Dès le début de 1578, il publiait un nouveau volume : *Recueil d'advis et conseil sur les affaires d'estat, tiré des vies de Plutarque, par Bernard de Girard, seigneur du Haillan, historiographe de France* [1]. La dédicace, datée du 1er janvier, est adressée à Forget, conseiller du Roy, trésorier de ses parties et finances casuelles et grand audiencier de France, l'un des amis les plus chauds du traducteur. On y apprend que Du Haillan consacrait quelques heures par jour depuis plusieurs années à lire les auteurs, anciens ou modernes, traitant de l'origine des peuples, de leur histoire ou de leur gouvernement et à en extraire tout ce qu'il pouvait être utile de connaître pour le maniement des affaires. « L'esté dernier estant à Poictiers à la suitte de la cour, dit Du Haillan à Forget, et vous visitant souvent pour l'amitié qu'il vous plaist me porter, et discourant avec vous des dits affaires et des recueils que je faisois sur tous ces autheurs, je vous dis qu'à mon opinion, qui en cela suivoit celle de plusieurs autres, entre tous ceulx qui ont traitté du maniment des affaires, de l'administration des estats, et du devoir de leurs princes, chefs, gouverneurs et conseillers, Plutarque estoit le plus excellent et qu'ayant sur ses vies fait un recueil de toutes ces choses, je désirois le mettre en lumière pour soulager beaucoup de personnes qui en les lisant voudroient recueillir ce que j'ay recueilly pour eux, et leur oster ceste paine que j'ay bien voulu prendre en leur faveur et pour leur soulagement. Je ne veux pas que mon jugement particulier soit la règle du jugement general des autres, car je sçay bien que les jugements et les gousts des esprits des hommes sont divers... mais en me soubsmettant au jugement de tous lecteurs, je leur respondray qu'ayant jà esprouvé en la publication de mes autres œuvres qu'il est mal aisé de satisfaire à tous et que chacun autheur a une opinion et que chacun des lecteurs une autre, il me suffira de plaire seulement à ceux à la douce humeur desquels je sens la mienne de plus pres approcher. » Du Haillan ne se dissimulait donc pas les défauts inhérents à cette sorte d'anthologie.

La correspondance de Du Haillan avec François de Noailles semble avoir été interrompue pendant assez longtemps, ainsi que l'indique la première lettre reproduite ci-dessous. Faut-il croire

---

1. Paris, Pierre L'Huillier. 1578, in-4°, de 74 ff.

que tous deux n'échangèrent aucunes lettres entre le 8 mai 1571, date de la dernière que nous ayons publiée, et le 4 avril 1578, date de celle qui va suivre? La chose n'est guère vraisemblable, mais aucune trace de ce commerce épistolaire n'est parvenue à notre connaissance. En revanche, deux lettres écrites durant cette année par Du Haillan ont été sauvées et elles constituent une contribution utile autant à la biographie de François de Noailles qu'à l'histoire même du temps, car celui qui les a écrites ne se prive pas de raconter les nouvelles arrivées à ses oreilles d'homme bien informé.

. Monseigneur [1], par mes dernières du XXVI du passé, que vous aures peu recevoir par le sieur Riviere, vous aures peu entendre l'occasion de mon long silence qui ne procédoit d'aucun oubli de la parfaicte obligation que je vous dois, ains des brouilleries de la Court qui ne permettoient qu'on osast librement escrire, ny qu'on peut commettre à un si long chemin comme il y a d'ici à vous toutes sortes de lettres. Despuis mes dictes dernieres, on a eu advis que la guerre se rallume en Daulphiné et Vivares. Ceux de Livron en Daulphiné courent, pilhent et prennent prisonniers. Monsieur le mareschal de Bellegarde et monsieur de Valance ont eu une grande prise, de telle sorte que le dit sieur mareschal a voulu tuer le dit sieur evesque, et luy a faict plusieurs villanies ; le jour du mecredi de la sepmaine sainte, monsieur de Rheims et monsieur le chancellier eurent le chapeau rouge, l'un nommé cardinal de Joinville et l'autre de Birague, mais le sab medy apres, decedant monsieur le cardinal de Guise, le premier succeda à ce nom. Le mecredi après Pasques, Madame, fille unique du feu Roy, trespassa pulmonique comme le feu Roy son pere. Le mesme jour y eut une grosse querelle entre monsieur de Souvré, maistre de la garde robe du Roy, et le Sr de la Vallette le Jeune, favori du Roy. Toute la maison de Guise estoient (sic) pour le dit sieur de Souvré, estimé lors d'eux sage et honneste gentilhomme, et les Mignons du Roy pour l'autre, mais la dite querelle fut incontinent appaisée. La faveur de ces Mignons est odieuse à tous, et leur insolence insupportable à tous. On craint qu'il en adviendra un jour de la follie, et qu'en la chambre mesme du Roy on verra jouer quelque tragœdie contre ceux qui sans aucun mérite possedent seuls la volonté du Roy et seuls sucent sa bourse et sa liberalité. Cela gaste fort la réputation de ce bon et vertueux prince, qui possible est charmé de quelque bonne opinion d'eux. Monseigneur frère du Roy est toujours à Angers, se tenant fort, sur ses gardes et amassant gens pour la tuition de sa personne seullement. La Bretagne avoit voulu se remuer, mais elle est apaisée. Le Roy attend et delibere d'y aller et de commancer son voyage par la

1. Original. Bibl. nat. Mss. Fonds. fr., n° 6 914, f° 280.

Normandie, mais d'un costé la povreté de ses finances, les debtes qu'on a crées en ceste icelle durant son long séjour, lesquelles il faut payer, et le besoing qu'il a d'avoir argent pour soustenir les frais de son voyage l'en en garderont, et de l'autre les nouvelles mauvaises qui tous les jours viennent du Languedoc et du Daulphiné le retiendront en ce climat sans aller plus bas. La Roine de Navarre appreste lentement son départ et dit-on que le Roy l'ira accompagner jusques à Blois, et la Roine sa mère plus avant, mais nous n'en sommes pas encore là. Les affaires de Flandres sont toujours en guerre. Dom Juan a pris Louvain, Baim, Bouvines, Giblon et autres petites villes, mais pour cela les Estats ne s'estonnent pas. Il a renvoyé tous les François qu'il avoit tant pource qu'il se défioit d'eux, que pour ne pouvoir supporter son insolence. Monsieur de Lorraine et monsieur de Guise s'en vont lundy prochain, le dernier assez mal contant de ce qu'on ne porte pas à sa valeur ny à ses services le respect qu'il pense meriter. Vous estes, Monseigneur, en Guienne de laquelle vous aves et voyes les affaires, et nous sommes à Paris là où nous ne faisons rien qui vaille et ne nous advisons pas des maulx qui se preparent par tous les costes de la France. Nous dormons sur iceux et nous sommes assommes du sommeilh de noz malheurs. Vous estes bien heureux à Larche, moyennant que vous y soyes en seurté, car d'estre par deçà vous n'y verries chose qui vous pleust et n'oseries y dire ce que vous voudries. Je prie Dieu vous donner, Monseigneur, en parfaicte santé heureuse, longue et contante vie, me recommandant tres humblement à vostre bonne grace. Vostre tres humble et tres obeissant serviteur [1].

(Signature déchirée).

De Paris, ce IIII<sup>e</sup> Avril 1578.

Monseigneur [2], je vous escrivi du jour d'hier matin comme monsieur de Massiot avoit presenté à monsieur de Villeroy les lettres que vous luy escrivites, sans moy. Hier apres disner, le dit sieur de Massiot m'estant venu voir, nous fusmes parensemble ches le dit sieur de Villeroy, auquel je montroy l'article escrit de vostre main au bas de celle qu'il vous a pleu m'escrire du xxiii<sup>e</sup> du passé. Il me dit et respondit sur cela les mesmes mots, raisons et choses qu'il avoit dites et respondues au dit sieur de Massiot, assçavoir qu'il vous aymoit et honoroit autant qu'homme de ce Royaume, tant pour voz particuliers merites que pour l'amitié que vous luy avies toujours portee; qu'il vous estoit amy et serviteur et désireroit vous le monstrer par quelque bon effect et service; que quand à ce que vous desireries avoir en vostre absance des bienfaicts du Roy et qu'il se ressouvint, advenant vacation de quelques bénéfices, de vous en faire part, il y a pres de Sa Majesté tant de reunis hommes affames qui ont les yeux, les mains, les cueurs et les

---

1. *Suscription* : A Monseigneur Monseigneur de Noailles, evesque d'Acqs, Conseiller au Conseil privé du Roy, à Larche.
2. Original. Bibl. nat. Mss. Fonds. fr., n° 6 914, f° 282.

appétis ouverts et prests à prendre ce qui vacque, que les absans ne peuvent rien esperer et que, quand vous serries absant cent ans, voire mesmes pour le service du Roy, on ne vous envoiroit jamais des biens en vostre maison ny mesme en pays estrange. Que si vous donniez de vous mesme quelque advertissement bien à point qui n'aye point esté esventé par d'autres il vous y feroit volontiers service, qu'il faut que vous venies par deçà pour plusieurs raisons qui vous y peuvent amener, et que remonstrant vos longs services avec plus de loisir que vous n'eustes à Poitiers, vous en tireres pied ou aille, comme on dit, et n'est pas possible que vous n'ayez affaire par deçà. Voilà, Monseigneur, les mesmes ou semblables mots que me dit le sieur de Villeroy, lesquels j'ay bien voulu vous escrire, èt, mestant ceste-cy pour autre occasion, je prie Dieu vous donner, Monseigneur, en parfaicte santé heureuse et longue vie, me recommandant plus que très humblement à vos bonnes grâces. Votre très humble et obeissant serviteur.

BERNARD DE GIRARD [1].

De Paris, ce XVI<sup>e</sup> de may 1578.

La lettre de François de Noailles à Villeroy, à laquelle Du Haillan fait allusion, a été publiée par M. Tamizey de Larroque (*Lettres inédites de François de Noailles*, p. 28). Elle est datée du 22 avril 1578. C'est une belle et longue missive, écrite d'un style ferme et nerveux, l'une des plus remarquables assurément de celles que le xvi<sup>e</sup> siècle nous a transmises. « Je n'aurai jamais regret, s'écrie avec fierté l'évèque, d'avoir fidèlement et utilement servi puisque bien faisant je n'ai faict que mon debvoir, mais ce m'est un particulier creve-cœur que depuis vingt-deux ans que je suis evesque du plus pauvre evesché de France j'ai faict quatre ambassades (auxquelles les roys que j'ai servi n'ont rien désiré de mes actions que les evenemens n'aient surmonté) sans toutes fois avoir reçeu ne bien faict ne recompense de quelque nature que ce soit de sorte que je puis dire (à mon grand regret) que je suis sans exemple en ce royaulme, à quoy il me semble que la bonté et liberalité du roy n'ont moins d'interest que moy de perte car quant ores la memoire de mes services seroit ensevelye à la court il sera mal aisé que la postérité n'en face quelque commemoration. »

C'était là un langage passablement hautain et pour en faire accepter l'orgueilleuse franchise, outre qu'il fallait l'adresser à un ami, il convenait aussi de l'accompagner des démarches d'un autre ami dévoué. C'est le rôle de Du Haillan. Tantôt il explique à Villeroy les trop légitimes causes du mécontentement de Fran-

---

1. *Suscription* : A Monseigneur Monseigneur. de Noailles, Evesque d'Acqs, Conseiller au Conseil privé du Roy, à Larche.   .

çois de Noailles, tantôt il commente à sa manière — un peu
lourde, mais plaisante, — les réclamations du prélat au garde des
sceaux Chiverny. La lettre adressée à celui-ci, à laquelle fait allusion celle qui suit, a encore été publiée par M. Tamizey de
Larroque (*op. cit.*, p. 39). C'était encore une récrimination, moins
vive sinon moins bien fondée que la précédente, et en se produisant
aussi fréquemment, l'expression de la ténacité du prélat risquait
fort de lui aliéner la bonne grâce de ses correspondants. Du Haillan
essaya d'y parer.

Monseigneur[1], il y a environ un mois que je receu celle qu'il vous
avoit pleu m'escrire du XVe de novembre précédent, accompagnée de
celle que vous escrivites à Monseigneur le Garde des Seaulx. Incontinent je le fu trouver et la luy donnant et estant par luy enquis de vos
nouvelles, je luy dis qu'entre autres choses que vous m'escrivies vous
me mandies que vous et luy estans assis bien pres de l'autre en un
Conseil tenu à Poitiers auquel il se parloit de vostre proces contre ce
gros porc de Pulverel, il vous avoit dit que ce villain là voudroit bien
pulvériser vos dossiers. Ce petit apophtegme, que je luy remanteu, luy
esmeut le rire, et de là commenceant à lire vostre lettre et me demandant de rechef où vous esties, ce que vous faisies et comment vous
vous porties, il monstra estre tres aise d'entendre de vos nouvelles, et,
me promettant de vous faire responce, me pria avec honnestes parolles
d'amy et de serviteur qu'il disoit vous estre de vous asseurer de son
amitié. Il y a deux ou trois jours qu'il m'a promis de vous escrire, et
ce jourd'huy je le solliciteray de sa promesse. Or, Monseigneur, j'eusse
plustost respondu à vos dites qui vindrent extremement tard apres
leur datte si je n'eusse esté pour quelques sepmaines absent de ceste
court en un voyage que mon dit sieur le Garde des Seaulx m'avoit prié
de faire pour ses affaires et service. Sur quoy je vous diray que comme
vous vistes à Poitiers que j'estois mal satisfait de luy pour quelque
mauvaise opinion qu'il avoit conçeue de moy par la calumnie de mes
ennemis, ainsy ay-je maintenant une tres grande occasion d'estre
contant de luy par les faveurs, par les demonstrations d'amitié et par
les communications des secrets qu'il me faict, et par les promesses et
asseurances qu'il me donne de me faire, devant la revolution de ceste
annee, recevoir quelque fruit, contantement et advancement de la
bonne volonté qu'il me porte; laquelle comme j'ay regagnée par
patience et par mon innocence et integrité aussy la veux je conserver
et entretenir par humilité, respect, reverence, subjection, fidelité et
service et semer sur le large et fertile champ de ses moyens, de sa
puissance et de son authorité mille et mille grains d'obligations, de
services pour en recueillir la moisson de quelque bien et advancement.

1. Original. Bibl. nat. Mss. Fonds fr., n° 6 914, f° 285.

Jusques icy la demonstration de la faveur qu'il me fait aux yeux et à la veue d'un chascun m'est tres honorable mais · elle ne m'a encores apporté aucun proffit, semblable à un cypres qui est hault, droit et verd, mais ne porte point de fruict. Toutesfois non seullement j'espère et attands que son amitié ne me sera un arbre sterile, ains portant fruict, mais aussy je m'asseure que celluy que j'en recevray ne sera petit. Il dit que les deux hommes de ce monde qui sont pres de luy, lesquels il ayme le plus et pour qui il veut le plus faire, c'est monsieur de Germigni et moy, et qui puis que maintenant il a faict pour le dit sieur de Germigni ce que tous deux avoient desïré, il ne luy reste plus que faire pour moy qui suis encores à pourvoir. Aussy suis-je envers mon dit sieur le Garde des Séaulx et en son amitié le puisné, et fault que je vous die que ledit sieur de Germigni est l'aisné non seullement de moy, mais de tous autres. Il part dedans cinq ou six jours pour s'acheminer en toute diligence en son voyage du Levant, pour un nouvel accident qui est arrivé par delà aux affaires du Roy, qui est la prise de la personne du trésorier du Bourg, arresté à Venise chargé de despesches, memoires et instructions contre le service du Roy en faveur de ses ennemis. Cela a fait haster le voyage dudit sieur de Germigni, qui s'en va par dela en tittre d'Ambassadeur à XXV mille livres par an, VI mille livres pour son ameublement et XII mille livres pour les presens. Il toucha hier comptant deux mille huict cents tant d'escuts et a son assignation de toute ceste année commençant au premier jour d'avril prochain sur la recepte generalle de Riom telle qu'il l'a voulue, que j'ay veu par les mandemens du Tresorier de l'Espargne qu'il a desjà en main. Jüyé est toujours de là, en peine et en necessité, et a par deçà peu ou point d'amis pour le secourir, car puis que le lieutenant de Brive, son cousin, n'est plus par deça et que quand bien il y seroit sa puissance seroit morte avec celle du Cardinal de Birague, son maistre, il n'auroit pas grand moyen de le secourir. L'autre jour j'ouys parler dudit Juyé en certain lieu où je me trouvay, mais puis qu'il m'a escrit deux lettres piquantes par commandement d'autruy (comme il dit) je ne luy voulu aider en chose quelconque, comme j'eusse bien peu si j'eusse voulu, car j'en ay assez de moyen. Mais, comme je sçay bien me revancher des courtoisies qu'on me fait, aussy ay-je bonne souvenance des injures, pesant les unes et les autres egallement à la balance de la revanche honneste ou de la vengeance deue. Pour revenir à ce porc de Polverel, Monseigneur, il est icy et vient souvent faire la court à mondit sieur le Garde des Seaulx, mais estant qu'il se vante entre ceux de sa patrie qu'il a aussy bonne part en la bonne grace, faveur et privaulté de mondit sieur le Garde des Seaulx qu'il a eue par cy-devant en celle du cardinal de Birague, sy est-ce que je voy qu'il en est bien esloigné et n'a pas trouvé chausseure à son pied ny un homme qui ayme les meschans, les meurtriers et les bouffons comme faisoit l'autre. Deux ou trois fois, le dit Polverel, me voyant chez mondit sieur le Garde des Seaulx et pres de luy, me dit qu'il voudroit que vous fussies par deça et qu'il s'asseuroit que vous et luy vous accorderies. Je luy ay respondu une fois qu'il seroit bien aisé de vous accorder, présent ou absant, en vous donnant et rendant ce que vous pretendiez qu'il vous devoit. Oncques puis il ne m'en a parlé. Ceste-cy ne contient qu'affaires particulliers, l'autre contiendra les publicqs, et sur ce, me recommandant tres humblement à voz bonnes graces, je prie Dieu vous donner, Monseigneur, en parfaicte santé, heureuse et longue vie. Vostre tres humble, obligé et obéissant serviteur,

BERNARD DE GIRARD.

De Paris, ce XXVIII° de Mars 1579 [1].

Sur ces entrefaites, les affaires de Flandres étaient toujours troublées et le duc d'Anjou — ci-devant duc d'Alençon — qui espérait tirer quelque avantage de ces agitations était loin de contribuer à les apaiser. C'était des difficultés incessantes dans ces parages et Du Haillan dut lui aussi s'y mêler. « M. Du Haillan n'est encore de retour de son second voiaige de Flandres où il est allé par delegation du Roy pour ung different qui s'est meu entre Sa Majesté et le Roy d'Espagne sur la restitution d'une ville qui deppend du comté de Montfort que le Roy d'Espagne tenoit par engagement du Roy. » C'est la nouvelle qu'on lit dans une lettre du 24 octobre 1579, adressée par le procureur Bedout à François de Noailles [2]. Comme on le voit, si jamais les rapports précédents de Du Haillan avec le roi avaient été empreints de quelque froideur, ce sentiment avait disparu alors et le souverain recourait volontiers aux bons offices de son historiographe. Une lettre, écrite le 1er novembre 1580 par Henri III à Du Haillan, montre parfaitement que le prince ne cessait pas de faire cas des ouvrages du second [3].

C'est assurément pour reconnaître tous ces bons offices, livres offerts en hommage ou négociations menées à bien, que le roi accordait à Du Haillan, un don de mille écus sol. L'ordonnance dit : «... Paiez, baillez et délivrez comptant ou assignez... à nostre amé et féal Bernard de Girard, seigneur Du Haillan, nostre conseiller, secretaire de nos finances et historiographe de France, la somme de mil escus sol, de laquelle nous luy avons faict et faisons don par ces présentes, en consideration des continuelz et agreables services qu'il a faictz aux feus roys nos predecesseurs et à nous

---

1. *Suscription* : A Monseigneur Monseigneur de Noailles, Evesque d'Acqs, conseiller au Conseil privé du Roy.
2. Bibl. nat. Fonds fr., n° 6 914, f° 301, v°.
3. *Bulletin de la Société de l'histoire de France.* 1861, p. 278.

depuis vingt deux ans en çà, en plusieurs voiages, charges et commissions où il a esté souventes fois emploié, et mesmes pour avoir
escript l'histoire des roys de France, où il a tellement travaillé
qu'il mérite d'en estre remuneré, et en oultre et par dessus les
aultres dons et bienfaits qu'il a cy devant euz et avoir cy après de
nous, et sans diminution d'iceulx[1]... » Cette assignation extraordinaire récompensait évidemment des services particuliers rendus
récemment.

Vers ce temps-là la correspondance de Du Haillan semble cesser
avec la famille de Noailles. On trouve deux lettres de l'historien
datées de 1581 et adressées à un conseiller de Parlement de Bordeaux, Massiot, mais qui n'ont d'autre intérêt que de montrer
Du Haillan enragé de la perte d'un procès[2]. Au contraire, la correspondance qu'il commence à entretenir à cette époque avec le
maréchal de Matignon est fort intéressante pour les affaires du
temps. Mais, ayant été publiée ailleurs[3], il est inutile d'y insister
ici ; au surplus les documents connus abondent davantage sur cette
dernière partie de l'existence de l'historiographe et rendent moins
utile un essai de biographie. Devenu un homme en évidence,
Du Haillan échappe moins à l'observation de ses contemporains
qui se préoccupent davantage de lui et lui-même s'abandonne plus
volontiers en des lettres toujours curieuses soit pour la connaissance de son caractère soit pour celle de son époque.

Paul Bonnefon.

1. Bibl. nat. Fonds fr., n° 25738, f° 589. *Archives historiques, artistiques et littéraires*, t. II, p. 329.
2. *Archives historiques de la Gironde*, t. X, p. 293.
3. Feuillet de Conches, *Causeries d'un curieux*, t. III, p. 134.

# MÉLANGES

## FÉNELON LECTEUR DE PASCAL

On n'a guère comparé Fénelon et Pascal apologistes que pour opposer la douceur de l'un à la rigueur de l'autre, l'âpre éloquence des *Pensées* à la simplicité aimable du *Traité sur l'existence de Dieu*. Sainte-Beuve (*Lundi*, V, 420), qui s'est « donné, pour varier cette lecture de Pascal, la satisfaction de relire tout à côté quelques pages de Fénélon » et « a pris Fénélon dans le *Traité de l'existence de Dieu* » précisément, n'a sans doute pas « cherché à approfondir la différence de la doctrine », mais « a senti avant tout celle des caractères et des génies ».

Les textes eux-mêmes, cependant, semblent nous révéler autre chose que les divergences entre les deux grands écrivains. Certaines ressemblances nous ont frappé, nous ont paru dignes d'être signalées. Ce ne sont, à vrai dire, que des similitudes de forme, elles tendent à établir du moins que Fénelon avait lu Pascal avec assez d'attention ou d'intérêt pour s'en rappeler quelques expressions, quelques métaphores, certains passages même, qui, d'ailleurs, pour nous modernes sont particulièrement demeurés classiques.

Les rapprochements se trouvent dans les *Lettres sur divers sujets de métaphysique et de religion* et dans le *Traité sur l'existence de Dieu*. Nous avons eu à notre disposition l'édition de Fénelon in-4° du P. de Querbœuf (1787), dont le tome II contient le *Traité* et les *Lettres*. Pour Pascal, nous nous sommes servi de l'édition Brunschwig, et de celle de Port-Royal (1670).

Dans les *Lettres*, d'abord, où les analogies sont moins importantes, voici ce que l'on peut signaler :

| F. | P. |
|---|---|
| Je suis en ce monde, sans savoir ni d'où je viens, ni comment je me trouve ici, ni où est-ce que je vais. | Je ne sais qui m'a mis au monde... |
| P. 317. | Comme je ne sais d'où je viens, aussi je ne sais où je vais. |
| | Brunsch. S°° III, p. 418 et suiv. P. R. p. 8-9. |
| Je vois un nombre prodigieux de nations qui ont adoré de la pierre. | Je vois donc des foisons de religions en plusieurs endroits du monde. Mais, en considérant ainsi cette inconstante et bizarre variété de mœurs et de créances dans les divers temps, je trouve en un coin du monde un peuple particulier. |
| J'aperçois dans un coin du monde un peuple tout singulier, | |
| P. 348 et suiv. | Br. IX, p. 608 et suiv. P. R, p. 63-4. |

ce peuple n'adore qu'un seul Dieu... sa loi essentielle... l'oblige à aimer Dieu... ce peuple circoncis a dans la loi une circoncision du cœur.

P. 349 et suiv.

la circoncision du cœur est ordonnée... l'amour de Dieu est recommandé en tout le Deutéronome.

Br. IX, p. 602, P. R. 141-2.

Dans le *Traité sur l'existence de Dieu*, la ressemblance que nous avons à signaler est plus intéressante, parce qu'elle porte sur un fragment long et important. Pour marquer, dans le corps de ce morceau, les rapprochements particuliers avec plus d'évidence, nous les indiquerons par des numéros correspondants, dans le texte de Fénelon et dans celui de Pascal.

## F.

Considérons maintenant les merveilles qui éclatent également dans les plus grands corps et dans les plus petits. D'un côté
1 je vois le soleil tant de milliers
2 de fois plus grand que la terre; je le vois qui circule dans des
3 espaces en comparaison desquels ils n'est lui-même qu'un atome brillant. Je vois d'autres
4 astres, peut-être encore plus grands que lui, qui roulent dans d'autres espaces encore plus éloignés de nous. Au delà
5 de tous ces espaces, qui échappent déjà à toute mesure,
6 j'aperçois encore confusément d'autres astres qu'on ne peut plus compter ni distinguer. La
7 terre, où je suis, n'est qu'uun point à proportion de tout ce où l'on ne trouve jamais aucune borne.

8 D'un autre côté l'ouvrage n'est pas moins admirable en petit qu'en grand. Je ne trouve pas
9 moins en petit une espèce d'infini qui m'étonne et qui me surmonte. Trouver dans un
8 ciron, comme dans un éléphant ou dans une baleine, des mem-

## P

1 Qu'il regarde cette éclatante lumière, mise comme une lampe éternelle pour éclairer l'univers, que la terre lui
2,7 paroisse comme un point au prix du vaste tour que cet astre décrit, et qu'il s'étonne de ce
3 que ce vaste tour lui-même n'est qu'une pointe très déli-
4 cate à l'égard de celui que les astres qui roulent dans le firmament embrassent. Mais si
11 notre vie s'arrête là, que l'imagination passe outre : elle se lassera plutôt de concevoir, que la nature de fournir. Tout ce monde visible n'est qu'un trait imperceptible dans l'ample sein de la nature. Nulle idée
6 n'en approche. Nous avons beau
5 enfler nos conceptions au delà des espaces imaginables, nous n'enfantons que des atomes, au prix de la réalité des choses.
13 Que l'homme, étant revenu à soi, considère ce qu'il est au prix de ce qui est : qu'il se regarde comme égaré dans ce canton détourné de la nature : et que de ce petit cachot où il se trouve logé, j'entends l'Univers, il apprenne à estimer la

bres parfaitement organisés ! y trouver une tête, un corps des jambes, des pieds formés comme ceux des plus grands animaux! Il y a dans chaque partie de ces atomes vivants des muscles, des nerfs, des veines, des artères, du sang; dans ce sang, des esprits, des parties rameuses et des humeurs; dans ces humeurs, des gouttes composées elles-mêmes de diverses parties sans qu'on puisse jamais s'arrêter dans cette composition infinie d'un tout si infini.

Le microscope[1] nous découvre dans chaque objet mille objets qui ont échappé à notre connaissance... Que ne verrions-nous pas, si nous pouvions subtiliser toujours de plus en plus les instruments qui viennent au secours de notre vue trop faible et trop grossière?

11 Mais suppléons par l'imagination à ce qui nous manque du côté des yeux; et que notre imagination elle-même soit une espèce de microscope qui nous 10 représente en chaque atome mille mondes nouveaux et invisibles : elle ne pourra pas nous figurer sans cesse de nouvelles découvertes dans les petits 11 corps : elle se lassera : il faudra qu'elle s'arrête, qu'elle suc- 12 combe, et qu'elle laisse enfin dans le plus petit organe d'un corps mille merveilles inconnues.

P. 36 et suiv.

terre, les royaumes, les villes et soi-même son juste prix : qu'est-ce qu'un homme dans l'infini?

8 Mais, pour lui présenter un autre prodige aussi étonnant, qu'il recherche dans ce qu'il connaît les choses les plus délicates. Qu'un ciron lui offre dans la petitesse de son corps des parties incomparablement plus petites, des jambes avec des jointures, des veines dans ces jambes du sang dans ces veines, des humeurs dans ce sang, des gouttes dans ces humeurs, des vapeurs dans ces gouttes; que, divisant encore ces dernières choses, il épuise ses forces en ces conceptions, et que le dernier objet où il peut arriver soit maintenant celui de notre discours : il pensera peut-être que c'est là l'extrême petitesse de la nature.

9 Je veux lui faire voir là-dedans un abîme nouveau. Je lui veux peindre non seulement l'univers visible, mais l'immensité qu'on peut concevoir de la nature, dans l'enceinte de ce 10 raccourci d'atome. Qu'il y voie une infinité d'univers, dont chacun a son firmament, ses planètes, sa terre, en la même proportion que le monde visible; dans cette terre, des animaux, et enfin des cirons, dans lesquels il retrouvera ce que les premiers ont donné : et, trouvant encore dans les autres la même chose sans fin et sans 12 repos, qu'il se perde dans ces

1. Pascal n'avait pas connu la découverte de Swammerdam, exposée en 1669 dans la *Biblia Naturæ*.

merveilles, aussi étonnantes
dans leur petitesse que les
autres par leur étendue.

Br., S<sup>on</sup> II, p. 347 et suiv., P. R.
p. 171-178.

Enfin, n'est-ce pas d'un paragraphe de ce long fragment des *Pensées*, de
celui que nous désignons par le n° 13, que l'on peut rapprocher ce passage
du *Traité sur l'existence de Dieu* (p. 11), qui rappelle en outre le n° 7, et se
ressent d'ailleurs de tout le développement de Pascal?

« L'homme accoutumé à faire des réflexions étend ses regards plus
loin, et considère avec curiosité les abîmes presque infinis dont il est
environné de toutes parts : un vaste royaume ne lui paroit alors qu'un
petit coin de la terre ; la terre elle-même n'est à ses yeux qu'un point
dans la masse de l'univers ; et il admire de s'y voir placé, sans savoir
comment il y a été mis. »

Tels sont les rapports de ressemblance que l'on peut établir entre Fénelon
et Pascal apologistes. On ne doit à ce sujet prononcer ni le mot de plagiat, ni
même celui d'une influence profonde. La pensée de Fénelon n'a pas été modifiée
par celle du grand janséniste. Comme il l'annonce dans le titre même de sa
première partie, il a « tiré du spectacle de la nature » sa « démonstration de
l'existence de Dieu », quoique Pascal eût rejeté formellement ce genre de
preuves (Brunschw. s. VIII, p. 581), qu'il eût raillé même (Br., s. IV, p. 445, 6),
ceux qui démontrent « ce grand et important sujet » par « le cours de la lune
et des planètes », par « le ciel et les oiseaux » (*id.*, p. 447). Mais l'esprit souple
et curieux de Fénelon a su goûter dans les *Pensées* la beauté de certaines
expressions, de certains développements, jusqu'à les adapter à son propre
dessein. C'est ainsi que le spectacle des deux infinis, angoissant pour l'homme
chez Pascal, se réduit chez Fénelon à n'être qu'un tableau de la puissance et
surtout de la Bonté de Dieu.

Sainte-Beuve (*P. R.*, III, 392) constatait que Fénelon n'avait pas expressément
donné son suffrage, son approbation, aux *Pensées*. Nous venons de voir que
Fénelon a accordé du moins au livre de Pascal une approbation implicite :
n'est-ce pas le meilleur des suffrages, qu'une telle profusion de réminiscences?

A. CHEREL.

# SUR LE TITRE « GÉNIE DU CHRISTIANISME »

Dans un article que j'écrivais pour le centenaire du *Génie du Christianisme*, et que j'intitulais *Simple recherche de paternité littéraire*[1], je me posais la question de savoir, de Chateaubriand ou de Ballanche, quel est celui qui a le premier trouvé la « prestigieuse » expression de *Génie du Christianisme*? Et observant que la formule a été employée par Ballanche dans son livre *Du Sentiment*[2], paru en 1801, mais que, d'autre part, elle se rencontre aussi dans les variantes de l'édition du *Génie* imprimée à Londres en 1799 et 1800[3], je concluais en ces termes : « On pourrait, à l'extrême rigueur, accuser Ballanche d'avoir emprunté à Chateaubriand l'heureuse expression dont nous cherchons l'inventeur, et d'avoir négligé de lui en rapporter l'honneur. Il vaut mieux croire sans doute que les deux écrivains l'ont découverte chacun de leur côté, et la rencontre, pour être remarquable, n'a rien pourtant qui doive trop surprendre[4]. »

J'aurais peut-être pu être plus affirmatif. Je notais bien que, chose assez curieuse, Ballanche, dans les notes de son livre, cite une page... du *Génie du Christianisme*, qui n'a pas encore paru, et auquel il donne pour titre : *Des beautés poétiques du Christianisme*. J'en concluais tout simplement que « l'écrivain lyonnais avait dû avoir communication des bonnes feuilles de l'édition inachevée que Chateaubriand avait rapportée de Londres, et qu'il refondait courageusement en ce moment même[5] ». Mais si — ce que j'aurais dû faire — j'avais relu à ce propos dans l'édition originale tout le chapitre du *Génie*[6] dont cette page sur Bossuet historien était extraite, je n'aurais pu manquer d'observer que, dans ce même chapitre, Chateaubriand emploie avec insistance, et jusqu'à trois fois, l'expression « génie du christianisme ». Voici ces passages :

« Mais c'est dans le *Discours sur l'histoire universelle*, que l'on peut admirer l'influence du génie du christianisme sur le génie de l'histoire[7]... »

« Il lui échappe de temps en temps de ces traits qui n'ont point de modèle dans l'éloquence antique, et qui naissent du génie même du christianisme[8]... »

« Remarquons que Tacite a parlé des Pyramides, et que toute sa

1. Publié dans la *Quinzaine* du 16 avril 1902, l'article a été recueilli dans *Chateaubriand, études littéraires*, Paris, Hachette, in-16, 1904 (p. 93-112).
2. *Du Sentiment considéré dans ses rapports avec la littérature et les arts*, par P. S. Ballanche fils, à Lyon, chez Ballanche et Barret, et à Paris, chez Calixte Volland, an IX-1801, in-8°, p. 182.
3. Imprimées dans plusieurs éditions des *Œuvres complètes* de Chateaubriand, — Pourrat et Garnier, par exemple, — ces variantes figurent au tome XII de l'édition Furne; l'expression *Génie du Christianisme* se trouve à la page 629.
4. *Chateaubriand*, p. 107.
5. *Id., ibid.*, p. 102-103.
6. *Génie*, éd. originale, t. III, p. 103-109 (*Troisième partie*, liv. III, chap. VIII. *Bossuet historien*).
7. *Génie du Christianisme*, édition originale, t. III, p. 103.
8. *Id., ibid.*, p. 105.

philosophie ne lui a rien fourni qui approche de la belle réflexion que
la religion a inspirée à Bossuet : influence bien frappante du génie du
christianisme sur la pensée d'un grand homme [1]... »

A moins d'admettre — ce qui paraît bien improbable — que Ballanche
n'ait eu communication que du passage qu'il a cité, ou encore — ce qui est
plus admissible — que le texte qui lui a été communiqué différait entièrement du texte définitif, — l'accusation qu'il y a quatre ans, nous osions à
peine formuler contre lui ne prend-elle pas maintenant un peu plus de con-
sistance? Et, à tout le moins, ne semble-t-il pas que la question de *priorité*
doive être plutôt tranchée en faveur de Chateaubriand?

Il y aurait, à vrai dire, encore un moyen d'innocenter à peu près complètement Ballanche. Ce serait d'admettre qu'il n'a pas eu communication des
bonnes feuilles du livre de Chateaubriand, et qu'il a simplement emprunté la
citation qu'il en fait à la fameuse *Lettre au citoyen Fontanes, sur la seconde
édition de l'ouvrage de M*<sup>me</sup>* de Staël*, parue dans le *Mercure* du 22 décembre 1800.
Les deux textes en effet, sauf quelques mots au début, sont identiques; et
Ballanche était d'autant plus fondé à rapporter cette citation au grand livre de
Chateaubriand, que celui-ci déclarait en propres termes : « Ce que je vais
donc vous dire sera tiré presqu'entièrement de mon livre futur sur le *Génie du
Christianisme ou les beautés poétiques et morales de la religion chrétienne*[2]. »

Au contraire, entre le texte cité par Ballanche et le texte du *Génie*, tel qu'on
le trouve dans l'édition originale de 1802, — il n'a pas été corrigé ultérieure-
ment, — il y a, au moins dans la première moitié, de très grandes différences,
ainsi qu'en témoigne le tableau que voici.

| Texte cité par Ballanche. | Texte du « Génie » (1<sup>re</sup> éd., et sqq.) |
|---|---|
| *Nous n'avons pas d'historiens, osons-nous dire! Moi, je pensais que*[3] *Bossuet était quelque chose. Montes-quieu lui-même lui doit son livre de la grandeur et de la décadence de l'Empire romain dont il a trouvé l'abrégé sublime dans la troisième partie du Discours sur l'histoire universelle. Les Hérodote, les Tacite, les Tite-Live, sont petits, selon moi, auprès de Bossuet : c'est dire assez que les Guichardin, les Mariana, les Hume, les Robertson, disparais-sent devant lui.* Quelle revue il fait de la terre! Il est en mille lieux à la fois : patriarche sous le palmier de Tophel, ministre à la cour de Babylone, prêtre à Memphis, | *Mais c'est dans le Discours sur l'histoire universelle, que l'on peut admirer l'influence du génie du christianisme sur le génie de l'his-toire. Politique comme Thucydide, moral comme Xénophon, éloquent comme Tite-Live, aussi profond et aussi grand peintre que Tacite, l'évêque de Meaux a de plus une parole grave et un tour sublime dont on ne trouve ailleurs aucun exemple hors dans l'admirable début du livre des Machabées.* *Bossuet est plus qu'un historien, c'est un prêtre inspiré, qui souvent a le rayon de feu sur le front, comme le législateur des Hébreux.* Quelle revue il fait de la terre! Il |

1. *Génie du Christianisme*, édition originale, t. III, p. 106.
2. Nous citons le texte du *Mercure* qui a été remanié par Chateaubriand quand
plus tard, il a recueilli sa *Lettre* dans ses œuvres.
3. *Lettre à Fontanes* : Mon ami, nous n'avons pas d'historiens, *dit-elle*. Je pensais ...

législateur à Sparte, citoyen à Athènes et à Rome, il change de temps et de place à son gré, il passe avec la rapidité et la majesté des siècles. La verge de la loi à la main, avec une autorité incroyable, il chasse pêle-mêle devant lui, et Juifs et Gentils au tombeau : il vient enfin lui-même à la suite du convoi de tant de générations, et, marchant appuyé sur Isaïe et sur Jérémie, il élève ses lamentations prophétiques à travers la poudre et les débris du genre humain [1]!!!

est en mille lieux à la fois! Patriarche sous le palmier de Tophel, ministre à la cour de Babylone, prêtre à Memphis, législateur à Sparte, citoyen à Athènes et à Rome, il change de temps et de place à son gré; il passe avec la rapidité et la majesté des siècles. La verge de la loi à la main, avec une autorité incroyable, il chasse pêle-mêle devant lui, et juifs et gentils au tombeau; il vient enfin lui-même à la suite du convoi de tant de générations, et, marchant appuyé sur Isaïe et sur Jérémie, il élève ses lamentations prophétiques, à travers la poudre et les débris du genre humain.

Resteraient, il est vrai, deux petites difficultés. Comment expliquer, si Chateaubriand n'a pas eu la *priorité*, que l'expression « génie du christianisme » figure parmi les variantes de l'édition de Londres? Et, d'autre part, puisque la *Lettre au Citoyen Fontanes* est signée *l'Auteur du Génie du Christianisme*, pourquoi Ballanche n'a-t-il pas, en la citant, donné au livre de Chateaubriand son titre définitif? Ce qui, en tout cas, est bien certain, c'est que la citation faite par Ballanche, et, partant, la *Lettre à Fontanes*, représentent un état du texte antérieur à celui de l'édition originale, et le morceau est à joindre aux variantes de l'édition de Londres, ou plutôt à ce que j'ai cru pouvoir appeler dans mon livre, les « fragments perdus du *Génie* primitif », à condition d'ailleurs que, par ce mot « *Génie* primitif », on entende les « deux éditions manquées » dont Chateaubriand nous parle dans sa *Préface* de 1802.

VICTOR GIRAUD.

1. Les trois points d'exclamation sont dans Ballanche.

# LA PREMIÈRE RÉDACTION

## DES « QUATRE CONCORDATS » DE L'ABBÉ DE PRADT

Des nombreux ouvrages du versatile abbé de Pradt, l'un des moins oubliés aujourd'hui est peut-être celui qu'il a intitulé *Les Quatre Concordats* (Paris, 1818, 3 vol. in-8°). Un exemplaire manuscrit de ce curieux traité, entièrement de la main de l'auteur, a été récemment acquis pour la Bibliothèque nationale; c'est un épais volume de 432 feuillets, qui a reçu dans le fonds français des nouvelles acquisitions le n° 10 712; le manuscrit était dans un désordre extrême; on a pu, non sans peine, le reconstituer presque complètement, chapitre par chapitre; quelques feuillets seulement, dont on n'a pas réussi à déterminer la place exacte, et appartenant, semble-t-il, à plusieurs rédactions, ont été rejetés à la fin du volume.

Ce qui fait l'intérêt de ce manuscrit, c'est qu'il fournit un texte des *Quatre Concordats* fort différent, en beaucoup d'endroits, du texte imprimé; nous avons là, comme en témoigne une note de l'auteur, le premier état de son travail, et quantité de passages de cette première rédaction ont été modifiés ou retranchés dans la rédaction imprimée, où l'on trouve, en revanche, des parties tout à fait nouvelles. Un examen attentif de ce manuscrit s'imposerait à quiconque entreprendrait l'histoire des idées politiques du courtisan devenu publiciste, qui s'était donné à lui-même le titre « d'aumônier du dieu Mars ».

L. A.

# LETTRES INÉDITES DE THIERIOT A VOLTAIRE

(*Suite* [1].)

## XXVIII

A Paris, 18 juin 1760 [2].

J'ai été passer une semaine et demie au-dessus de Choisy, tandis qu'on transportait mes meubles et mon lit *rue Couture Sainte-Catherine chez M. Baron, médecin*, où je loge à présent. Il était venu un ordre du ministre de la guerre à l'Arsenal pour en déguerpir moi et mes voisins, et faire place à des privilégiés de Cour qui y ont établi des fourneaux. Je me plaisais assez dans cet ermitage qui tient un peu de la campagne, me voici à présent dans le Marais où pour cent écus j'ai un logement à un second appartement qui me coûterait pour le moins six cents francs vers le Palais-Royal.

J'ai reçu vos trois petits billets, et votre grande lettre du 9 de ce mois, et le *Mémoire de Genest Ramponeau* [3] *contre maître Beaumont*. Votre *Conseiller de Dijon* [4] qui s'amuse à venger ainsi les opprimés entend parfaitement à railler, persifler, turlupiner et battre de tous côtés ce qu'il rencontre en son chemin. Grand bien lui fasse, car il m'a fait ricaner, et de bien bon cœur. Mais ce qui me désespère, c'est qu'il est impossible d'en faire usage. Écoutez ce que j'appris hier au soir de bon lieu. Hélas, il n'est que trop vrai que Robin-Mouton [5] a été détourné par les loups. Il a été mené d'abord à la Bastille, et il vient d'être transféré au petit Châtelet, depuis qu'il a été confronté à un nommé Dessauges [6] et à M. l'abbé de Morellet, homme de mérite, bon écrivain dans plus d'un genre et qui a beaucoup d'amis de considération, dont bien lui prend. Il appert manifestement que la *Vision* [7] qui a tant offensé la Cour est l'ouvrage d'une petite société de philosophes qui soupaient ensemble et qui *conciliabulaient* deux fois la

---

1. Publiées par M. F. Caussy. Voir la *Revue d'Histoire littéraire* : janvier-mars et avril-juin 1908.
2. Réponse à une lettre de Voltaire du 9 juin.
3. *Plaidoyer pour Genest Ramponeau, cabaretier à la Courtille, prononcé contre Gaudon, entrepreneur d'un théâtre des bouleverts*, par M. V***, Genève, frères Cramer, 1760, in-8.
4. Dans sa lettre à Thieriot, Voltaire avait donné le *Plaidoyer pour Genest Ramponeau* comme étant « d'un homme de l'Académie de Dijon ».
5. *Merlin, libraire rue de la Harpe* (note de l'original).
6. *Dessauges, libraire rue Saint-Louis, Saint-Michel* (idem).
7. *La Vision de Charles Palissot, pour servir de préface à la comédie des Philosophes*, 1760.

semaine, que M. l'abbé de Morellet recueillait les résultats et que c'est lui qui tenait la plume. M. le comte de Lauraguais les rassemblait chez M<sup>lle</sup> Arnoux, et on prétend qu'il fait une pension à l'abbé Morellet, ce qui est fort vraisemblable, puisqu'il en fait à bien d'autres gens de lettres. Imaginez-vous qu'il est lui-même aussi vexé et tourmenté par tous ses parents que les philosophes le sont par la police et par les ordres de la Cour. Elle n'a jamais été plus acharnée contre les Jansénistes qu'elle l'est contre eux. Les illustres du temps, Fréron, Pompignan, Palissot, et toute leur séquelle composée de plusieurs jésuites et de ces ridicules petits défenseurs de la religion qui publient des journées, des semaines, des mois et des années sont soutenus par les plus puissantes et les plus hautes protections. Les ministres et les magistrats, il faut leur rendre cette justice, ont fait de leur mieux pour décliner tant qu'il leur a été possible une si enragée frénésie. Ils ont été forcés de s'y prêter parce qu'ils devenaient eux-mêmes les objets des délateurs. Ce n'est pas tout. On ne s'en tient pas à la protection visible qu'on leur donne, on y ajoute des marques de considération. M. le duc de la Vauguyon a écrit à Pompignan des compliments de M. le Dauphin sur le Mémoire [1] qu'il vient de répandre, quoique trouvé ridicule par tout Paris. L'abbé de Saint-Cyr [2] en a fait tout autant. Les Frérons et les Palissots ont d'autres encouragements. Jugez après cela si les *Da*, les *Di*, les *H*, les *G*, ont rien de mieux à faire qu'à laisser passer un pareil orage où ils risqueraient également leur repos et leurs talents. Si vous eussiez tous pris ce parti auquel on est forcé de revenir, toutes les rapsodies de ces plats auteurs n'auraient pas attiré la plus légère attention. Ils font tous leurs efforts pour l'entretenir, et ne sont jamais plus contents que quand ils s'attirent des ouvrages contre eux. Ils sont comme des huissiers qui cherchent des coups à gagner pour vivre. Ah! que de bons ouvrages comme la vie de Pierre le Grand et ceux que prépare M. Dalembert feraient disparaître de pareilles ordures! Que sont devenues les feuilles et les paperasses de Desfontaines? Il n'en est pas plus question qu'avant leur existence. Les impudences de Palissot sont aussi bien remarquées du public que de vous dans les citations d'après La Mettrie. Je n'ait entendu parler d'autre chose. Il n'est pas possible d'avoir ici les ouvrages de la Mettrie. Il n'y a cependant pas d'homme de lettres qui n'ai trouvé le moyen de les lire. A l'égard de l'*Interprétation de la nature* [3] et de la *Légation de Moïse* [4], j'espère vous les procurer. Vous ne pouvez avoir, ce me semble ceux de la Mettrie, que de Berlin ou de la Hollande.

Me voici présentement dans le cas de voir souvent M. Dalembert, car je suis son voisin, et j'y suis d'autant plus porté qu'il me témoigne

---

1. *Mémoire présenté au Roi le 11 mai 1760*, Paris, 1760, in-4.
2. Géry de Saint-Cyr sous-précepteur des Enfants de France et l'un des Quarante, compilateur du *Catéchisme des Cacouacs* (1758), mort le 14 janvier 1761.
3. *Pensées sur l'interprétation de la nature*, de Diderot, 1754.
4. *Moses's Legation*, par Warburton, Londres, 1730-1741, 5 vol. in-8.

autant que vous que je lui ferai plaisir. Il est plus capable qu'aucun
que je connaisse, de faire parfaitement l'ouvrage que vous proposez
qui serait très utile et plus effectif que des brochures très ingénieuses
à la vérité, mais fort peu convaincantes pour bien des gens.

Qu'est-ce qu'une pièce en vers qui a pour titre *le pauvre diable* [1]
dont tout le monde me parle et dont on m'a dit deux traits assez plaisants; on croit qu'elle vient de vous. Je vous envoie la *Vision* qui est
devenue de la plus grande rareté. Envoyez-moi donc de votre côté le
*Pauvre diable*, et la *lettre à. Palissot* [2], qui la lit à ce qu'on dit, à tous
le monde. Portez-vous bien, et songez à ma nouvelle adresse *rue Couture Sainte-Catherine chez M. Baron, médecin.*

                                                            Th[t].

Je ne vous envoie pas la *Vision* et pour cause que je vous dirai [3].


                          XXIX

30 juillet, à Paris [1760] [4].

C'est aujourd'hui la troisième représentation de l'*Écossaise* dont le
succès, sans exagération, est égal à celui de *Mérope*. Courage, s'écria
un avocat, c'est un maître qui venge bien ses disciples. Fréron y était
et sa femme qui soutint fort bien son rôle, ayant été fort sérieuse dans
les endroits qui regardaient son mari, et applaudissant sans affectation
à tout le reste. Tout en a été bien senti, et a fait son effet. Cette pièce
aura quinze représentations et sera reprise cet hiver, et par la suite
plus souvent que *Le Français à Londres* [5] qu'elle fera éclipser.

Vos deux lettres du 18 et du 22 me sont parvenues avec le paquet
Villemorien dont vous étiez en peine. Il était même contresigné par
lui. Il est honnête. Je n'ai point été surpris malgré l'arrêt signifié. J'ai
vu M. Bouret le grand administrateur des Postes, j'ai vu aussi tous les
associés. J'ai découvert que ces messieurs assemblés se sont communiqués une terreur panique sur des soupçons fort apparents qu'on
avait décacheté vos lettres et celles de vos amis. Les recherches scru-
puleuses et inutiles d'une lettre que Marmontel dit vous avoir écrite en
a été la cause. La persécution de M. le duc de Choiseul contre les
philosophes les a tous intimidés, de sorte qu'avec les mêmes sentiments
et les dispositions à vous faire plaisir et à vous marquer de l'amitié, il
a été résolu qu'excepté les lettres de vous ou de vos amis, on con-
tresignerait tous les imprimés de quelque volume qu'ils fussent,

1. *Le Pauvre diable*, à Paris (1760), in-4.
2. *Lettre de M. de Voltaire à M. Palissot avec les réponses, à l'occasion de la Comédie
des Philosophes*, Genève (Paris), 1760, in-12.
3. Réponse de Voltaire le 23 juin. La lettre de Thieriot s'était croisée avec celle
de Voltaire du 19.
4. Réponse aux lettres de Voltaire des 18 et 22 juillet. Cette lettre se croisa avec
celle de Voltaire du 28 juillet.
5. De Boissy.

comme à l'ordinaire. On me l'a signifié et on m'a chargé de vous en faire part en me disant que c'était précaution et prudence bien fondée. Ne soyez point en peine non plus du billet qui regardait Protagoras [1]. Il savait déjà qu'il y avait un fragment des vers de Salomon du Nord [2] dans le *Journal encyclopédique.* Il croit que ce fragment peut avoir été aussi bien retenu sur le récit de ces vers par *Hippophile* Bourgelat [3], que sur le récit qu'il en a fait lui-même à gens qui par la facilité de leur mémoire l'avaient convaincu que cela pouvait s'être fait ainsi, qu'au reste il vous remerciait du fond de son cœur du service que vous lui offriez, mais qu'il espérait qu'il n'en serait pas besoin.

J'ai fait remettre aussi au sieur Corbie [4] la lettre fort sensée de Gabriel Cramer. Les offres qu'il fait sont si honnêtes que je tiens cet accommodement très acceptable. Je sais que le sieur Corbie se fait fort de faire la rente de mille exemplaires et que Gabriel Cramer peut compter sur ce nombre, et sur deux cents encore que M. Gravelot demandera par la même stipulation.

Enfin *Le Pauvre diable, La Vanité* [5], *Le Russe* [6], *Le Mémoire de Ramponeau, La Requête de Jérôme Carré* [7], vos *Lettres à Palissot* et les siennes, tout a paru imprimé, les uns après les autres, depuis le retour de Robin Mouton à qui la prison a donné un courage et des ouvertures qu'il n'avait pas.

Protagoras et les autres frères se flattaient tous que le digne abbé *Mords-les* sortirait hier et nous croyons tous que vous y avez plus fait que Jean-Jacques qui dans cette affaire a été bizarre et singulier comme il l'est de tout.

Il y a bien des fautes dans tous les imprimés dont je vous ai parlé. Il faudrait en faire faire un recueil en Hollande qui entrerait facilement et qui serait bien vite contrefait ici. Vos lettres à Palissot me paraissent altérées et tronquées. Vous aviez bien raison en envoyant la première à M. d'Argental de lui écrire que vous la paraphiez et pour cause *ne varietur.*

Catherine Vadé d'autre part est une bonne étourdie. Elle a encore oublié le vers qui rime aux *méchants auteurs* dans la page 9 du *Pauvre diable* [8]. Il faudrait aussi une note à la page 14 sur le bâtard [9] de la

---

1. Dalembert.
2. *Épître à Dalembert sur ce qu'on avait défendu l'Encyclopédie et brûlé ses ouvrages en France.*
3. Claude Bourgelat, correspondant de Voltaire, avait publié à Lyon, sa ville natale, des *Éléments de l'Hippiatrique.*
4. Commissionnaire en librairie à Paris.
5. *La Vanité par un frère de la doctrine chrétienne* (Voltaire), s. l. n. d. (1760), in-4.
6. *Le Russe à Paris* (par Voltaire), 1760, in-4.
7. *Requête adressée à MM. les Parisiens, par B. Jérôme Carré, natif de Montauban, traducteur de la Comédie intitulée :* « *le Café ou l'Écossaise* », *pour servir de postface à ladite Comédie*, s. l. n. d., in-12.
8. Voltaire n'a pas corrigé cette omission.
9. La Chaussée avait donné sous le nom de son ami Charles Sablier (1693-1786) le *Préjugé à la mode* (1735).

Chaussée qui est je pense *Sablier*, et sur le drame qui est aussi, je crois, l'*Amour castillan*. Tout cela est obscur et énigmatique pour le public qui n'y comprend rien.

Avez-vous aussi de votre côté le *Moses's Legation*, et des brochures avec, adressées à MM. Tronchin à Lyon et un paquet de mes lettres et d'autres par M. de Chennevières. J'édifierai beaucoup notre cher abbé *Mords-les* par tous les bons propos qu'il vous a fait tenir [1].

*Ride et Vale.*

Th[1].

XXX

13 août au soir [1760] [2].

*P. S.* — J'ai été ce matin à la grande poste suivant la convention faite entre M. le Normand et moi, et il ne s'y est point trouvé. On m'a dit qu'il était allé près de Chantilly à une terre dont il a fait présent à sa maîtresse. Ainsi, je ferai partir tout ce qui sera imprimé avec la signature de MM. les administrateurs de la poste; et je reprends la voie de M. de Chennevières pour tout ce qui sera *ms.* Voilà donc le 3e paquet que vous aurez reçu de cette part. Je n'en ferai partir le 4e que lorsque je serai certain que vous les aurez reçu[s]. Je suis par exemple en peine de la boîte que j'ai mis[e] il y a longtemps à la diligence de Lyon adressée pour vous à MM. Tronchin et dans laquelle sont 3 vol. in-8° de *Moses's Legation* et autres livres et brochures que je vous annonçai alors. Je vous dirai de plus comme vous disiez à M. Dalembert. *Il suppose toujours que j'ai tout vu. C'est une règle de fausse position. Je n'ai rien vu.* Vous supposez toujours que je ne vous dis rien. C'est une règle de fausse position. Je vous ai tout dit, et je vous dis tout.

Monet est venu me voir ce matin pour savoir si je n'avais rien à lui remettre pour vous. M. Gravelot lui a remis tout ce qu'il avait de dessins. Vous en devez être bien content. Les Vanloo, les Boucher et tout ce qu'il y a d'habiles gens admirent le singulier talent de cet artiste qui est unique en ce genre. Rappelez-vous les dessins de Le Moine, de Vleughel et de Detroy pour la *Henriade*, et voyez combien ceux-ci sont supérieurs. Ce sont de vrais tableaux.

Mme de Pompignan grosse de quatre mois est allée aux Ormes chez M. d'Argenson avec son beau-frère l'évêque du Puy [3]. Ils ont abandonné le Pompignan qui leur a fait perdre patience sur son discours, sur son mémoire et sur des petites brochures contre vous et contre les sages auxquelles il a pris part. C'est son libraire Choubert qui m'a dit tout cela sans le lui demander. Il m'a ajouté en même temps qu'il était comme un désespéré.

---

1. Réponse de Voltaire le 8 août.
2. Cette lettre, en réponse à celle de Voltaire du 8 août, se croisa avec une autre du patriarche du 11 auguste.
3. Jean-Georges Le Franc de Pompignan, 1715-1790, évêque du Puy de 1748 à 1774.

Je suis de ceux qui n'ont jamais donné leur consentement à votre *commercium epistolicum* avec Palissot. Il n'était pas convenable de rien discuter avec un pareil polisson. Chacun est persuadé qu'il a falsifié vos lettres et les siennes où il marque beaucoup de lacunes.

Votre lettre m'a coûté quinze sous de port sans enveloppe. Pourquoi ne me l'avez-vous pas fait venir par M. de Chennevières ainsi que les précédentes du 22 ou du 28 juillet. Tout cela me trouble et m'inquiète. Il y a déjà un mois que je tiens un journal de tout ce que je vous envoie et je vous écris [1].

## XXXI

9 juin à Paris [1761] [2].

M. de Malesherbes tient parole et a fait saisir tous ces jours-ci la réponse à M. le duc de la Vallière [3] et la lettre à l'archidiacre [4] qui la donne lui-même de très bonne grâce à qui la lui demande. Il m'est échappé dans le nombre des pièces que M. de Malesherbes dit qu'il fallait imprimer dans cette *3e suite des Mélanges* [5], de vous indiquer aussi l'*Apologie de Mylord Bolingbocke* [6]. J'ai lu avec un très grand plaisir la *lettre de M. Clocpitre à M. Eratou, sur la question si les juifs mangeaient de la chair humaine, etc.* [7]. Vous étiez en belle humeur quand vous l'avez faite... Vous devancerez de beaucoup M. Cramer pour l'impression de cette 3e suite, car il est ici dans une dissipation continuelle, allant de maisons en maisons à la campagne, tantôt près, tantôt loin, chez Mme d'Épinai, chez M. Helvétius et partout, en sorte qu'il paraît à peine à Paris où M. d'Argental ni moi ne l'avons encore pu joindre. C'est à vous donc que retournera cette affaire qui n'en sera que mieux faite, et à la satisfaction générale.

Vous m'avez demandé deux ou trois fois le mémoire des déboursés que j'ai faits pour les livres et les brochures que je vous ai envoyés depuis avril 1760 jusqu'au mois de mai de cette présente année. Il n'est pas fort considérable, comme vous voyez, mais il m'est fort nécessaire dans la situation où je suis. Je différais et je prenais patience parce que j'espérais que l'impression des brochures réussirait.

1. Réponse de Voltaire le 20 auguste. On n'a pas les réponses de Thieriot aux lettres de Voltaire des 29 auguste, 9 et 23 septembre, 8, 19 et 27 octobre, 1er et 19 novembre, 8, 15, 22 et 26 décembre 1760; 11, 15, 21, 25 et 31 janvier 1761.
2. Réponse à la lettre de Voltaire du 22 avril.
3. Du 23 avril 1761, publiée dans le *Journal encyclopédique* du 15 mai.
4. Trublet, du 27 avril. Cette lettre et celle au duc de la Vallière fut imprimée avec les réponses dans des brochures in-8 en 1761 (Voir bibliographie Bengesco, n° 1934).
5. *Les nouveaux mélanges historiques, critiques*, etc., de la *Collection complète* publiée par les Cramer.
6. *Défense de milord Bollingbroke, par le docteur good natur'd Vellvisher, chapelain du comte de Chesterfield. Traduit de l'anglais. Imprimé avec la permission des supérieurs*, s. l., novembre 1752, in-8.
7. On voit que M. Bengesco (II, 99) donne à tort cette *lettre* comme étant de 1764. Il a dû en être fait en 1761 une brochure que l'on n'a pas retrouvée.

M^me Dupin[1] qui vous conserve beaucoup d'amitié et d'intérêt pour tout ce qui vous concerne, m'a remis deux copies du portrait de l'abbé du Resnel[2] qui lui a été toujours fort attaché. Ces deux copies qui vous sont destinées l'une pour vous être envoyée sur le champ et qu'on a sacrifiée à être fripée et gâtée, l'autre que je garde pour vous la transmettre proprement à la première occasion qui se présentera, vous font assez connaître le désir que l'on a que vous rendiez à la mémoire du défunt abbé qui était votre client et votre protégé, le même honneur que vous avez fait à la mémoire de plusieurs autres; M^me Dupin m'a dit qu'elle se chargeait toute seule de la reconnaissance de cette complaisance que vous voudriez bien avoir pour sa demande, et espère que M^me Denis à qui elle fait ses compliments et ses amitiés voudra bien seconder ce qu'elle désire.

Vous aurez vu la réussite extrême de *Tancrède*[3] à Choisy et que le roi après avoir témoigné lui-même à M^lle Clairon combien il avait été content lui avait envoyé cent louis.

Le comité de la porte Saint-Bernard attend la réponse de M. le conseiller de Dijon aux observations et remontrances que je vous ai fait savoir sur sa comédie[4]. Le présentateur attend. C'est un bon choix de Platon[5] qui est le seul qu'il connaisse. Jamais affaire n'a été plus prudemment conduite que celle-là le sera.

Le portrait de l'abbé du Resnel[6] ne ressemble-t-il pas si fort qu'il en fait rire?

Les nouvelles que l'on vient de recevoir de Belle-Isle relèvent nos espérances pour hâter la paix aussi bien que le bon accueil qu'on a fait à M. de Bussy[7] sur le chemin de Douvres à Londres.

L'affaire de M^me de Boisgiron[8] a fini par une prison perpétuelle dans une maison de force chez des religieuses à Guingamp au fond de la Bretagne où elle sera rasée, vêtue de bure, au pain et à l'eau et le supplément par le travail de ses maius. Elle a volé plus de cent mille écus à M^me la Dauphine, malgré la jouissance de 60 mille livres de rentes que son mari et elle possèdent, et 40 mille écus qu'ils ont tous deux, par an, par leurs places. C'est M. le maréchal de Richelieu qui a découvert par les juifs de Bordeaux toutes les infamies de cette vilaine créature qui n'a aucun complice.

J'ai saisi très vivement vos jolis petits vers à M^me Élie de Beaumont[9].

---

1. La femme du fermier général, dont le fils eut Jean-Jacques pour précepteur.
2. Jean-François du Bellay Du Resnel, abbé de Sept-Fontaines, né à Rouen en 1692, mort à Paris en 1761, traducteur de Pope, membre de l'Académie française et de celle des Inscriptions.
3. Représentée pour la première fois aux Français le 3 septembre 1760.
4. *Le Droit du Seigneur.*
5. Diderot.
6. Par Carmontelle, Voltaire en fit un quatrain (Voir Grimm, juillet 1761).
7. Premier commis des affaires étrangères, envoyé extraordinairement à Londres.
8. Thieriot veut sans doute désigner M^me la marquise de Maugiron, dame pour accompagner M^me la Dauphine.
· 9. Épître à M^me Élie de Beaumont, en réponse à une épître en vers, au sujet de M^lle Corneille, 20 mai 1761.

On dit que vous auriez besoin pour l'édition de Pierre Corneille de vous arranger avec les libraires de Paris qui en ont le privilège. On croit que vous en pourriez tirer mille louis au profit de M^lle Corneille en leur abandonnant votre travail. On pense qu'il y faudrait joindre celui d'une révision longue et pénible des textes des différentes éditions, et si c'était votre avis on chercherait quelque bon travailleur pour s'y mettre. On prétend que c'est la voie la plus sûre pour faire réussir votre noble et beau projet. *Vale.*

## XXXI *bis*

### VOLTAIRE A THIERIOT.

[juin 1761].

*Voicy mon cher et ancien ami* || *lettre de change et lettre d'avis* || *je vous prie de faire rendre* || *les deux incluses par le* || *penni post*[1].

*Faites toujours lire le droit* || *du Seigneur au tripot, apres* || *cela on voit ce qu'il y a a* || *refaire, je n'ay pas un moment* || *je vous embrasse*[2].

## XXXII

3 mars 1762, à Paris[3].

Je ne suis point paresseux, mais en vérité j'ai été fort languissant et fort incommodé. L'excès et la continuité des temps pluvieux, froids et malsains ont empêché la fraternité de se visiter et de se réunir selon leur usage. On a arrêté la pièce de M. Picardin[4] après la huitième représentation et une recette de près de vingt mille francs, et on la suspend jusqu'à Pâques ; et on a très bien fait pour laisser notre peuple falot et inconcevable assouvir sa fureur et sa curiosité pour la réunion de l'Opéra-Comique et de la Comédie-Italienne qui ont fait abandonner *Armide* au Théâtre français. C'est M. le maréchal de Richelieu qui a été l'auteur de ce projet de réunion et il n'y avait que lui qui put surmonter les obstacles et les difficultés que son entreprise a éprouvées. Voilà donc l'Opéra-Comique troupe du roi et sous les ordres des quatre gentilshommes de la Chambre. Quand le public qui se livre à outrance à ces deux monstres de comédie en sera bien regorgé, l'*Écueil du sage* aura son tour et reprendra ses droits, son mérite en sera mieux senti. Vous avez réalisé l'espérance et la bonne opinion que j'avais de l'indult que vous m'aviez placé en me faisant remettre mille francs par frère Damilaville[5]. L'accroissement inespéré de cette

1. La petite poste de Paris.
2. Il semble que Thieriot n'ait pas répondu aux lettres de Voltaire du 11 juillet et du 14 septembre.
3. Réponse à la lettre de Voltaire du 26 janvier.
4. Nom sous lequel Voltaire avait donné *L'Écueil du sage ou le Droit du Seigneur*, comédie représentée pour la première fois aux Français le 18 janvier 1762.
5. Voir la lettre de Voltaire à Thieriot du 22 avril 1761.

rosée bienfaisante m'a pénétré de plaisir, de tendresse et de reconnaissance. Je suis presque délivré d'inquiétudes et de chaines qui me
suivaient partout, et je suis comme un asthmatique bien soulagé d'une
pénible et fatigante oppression. On vous a transmis tout ce qu'il y
avait à vous faire savoir sur l'*Écueil du sage* qu'on fera reprendre sous
le nom du *Droit du Seigneur* conjointement. Mais voici bien un autre
objet d'étonnement et de considération, c'est *Olympie* dont on m'a
procuré une lecture privée et à loisir avec une autre deux jours
après les frères rassemblés. Chaque jugement privé qu'on avait écrit
d'avance d'une manière succincte se trouva général et conforme et n'en
fut que plus confirmé par la lecture de la petite assemblée. J'ai su
depuis que l'ouvrage avait eu le même effet sur Protagoras et
M^lle Clairon, et j'ai été fort surpris d'apprendre combien M. d'Argental
pensait différemment. Ce n'est pas que nous n'adoptions le fond du sujet
comme très brillant, très théâtral et très tragique, mais la composition, l'ordonnance et les caractères nous ont paru fort loin de la perfection qu'il demande et il nous a paru manquer des pensées et des
sentiments qu'il comporte. Le secrétaire général doit vous avoir
spécifié les détails.

Je ne sais si on vous a fait part, il y a quelque trois à quatre mois
d'un petit apologue ingénieux qu'un jeune M. Guichard m'apporta
chez moi. Je ne comprends pas par quelle bizarrerie il est devenu ces
jour-ci vaudeville [1] dans tout Paris, il n'y a pas une maison où il n'en
soit question.

> Je te tiens souris téméraire
> Le trébuchet m'a fait raison
> Ah! tu rongeais, coquine, un tome de Voltaire,
> Tandis que j'avais là les feuilles de Fréron

Parmi les plus solides et les plus excellents écrits qui se font sur les
jésuites, en voici un qui obtient du consentement général la primauté;
c'est le réquisitoire [2] et l'appel comme d'abus [3] de M. de la Chalotais
procureur général au Parlement de Bretagne, lisez vite, c'est un magistrat et un homme d'État que vous allez entendre. M. l'abbé Chauvelin
et l'abbé Séguier le proclament leur maitre.

Si le traité du roi de Prusse avec Pierre III était vrai, la face des

---

1. Les *Mémoires secrets* à la date du 28 mars le donnent en quatrain :

> Souris de trop bon goût, souris trop téméraire,
> Un tribuchet subtil de toi m'a fait raison;
> Tu me rongeais, coquine un tome de Voltaire,
> Tandis que j'avais là les feuilles de Fréron.

2. *Réquisitoire de M. le procureur général du parlement de Bretagne, du 7 septembre 1761*, s. l. n. d. in-8.
3. *Second compte rendu sur l'appel comme d'abus des constitutions des jésuites,
par M. Louis-René de Caradeuc de la Chalotais procureur général du roi au parlement de Bretagne, les 21, 22 et 24 mai 1762*, s. l. 1762, in-12.

affaires changerait bien. Mais le duc de Choiseul est trop heureux, sa fortune me fait espérer qu'il n'en est rien.

Vous savez que M. le maréchal et le comte de Broglie ont été exilés sur l'examen de leur mémoire[1]. On joua *Tancrède* à Paris le soir que la nouvelle en fut répandue. Lorsque Mlle Clairon eut dit ces vers :

> On dépouille Tancrède, on l'exile, on l'outrage,
> C'est le sort d'un héros, etc.

on fit l'application et on applaudit si fort qu'on ne remettra la pièce que dans quelques jours d'ici[2].

## XXXIII

[1er novembre 1762].

Enfin je sors non triomphant mais très abattu d'un paroxysme d'asthme convulsif le plus violent que j'aie encore éprouvé. D'où m'est-il venu? Je n'en attribue la cause qu'à du froid, dont on paye la plus petite négligence à se garantir. J'avais fait mes deux portions de voyage également bien heureusement et je suis arrivé moyennant les six louis de viatique que M. Camp m'a remis sans délier ma bourse, grâce à la vôtre. Enfin donc je respire pour vous remercier du songe enchanteur et délicieux dans lequel vous m'avez bercé depuis cinq mois. Je suis donc arrivé à Paris, mon cher ami, comme un mouton d'Eldorado, lorsque six jours après toute ma graisse s'est fondue par une toux convulsive qui commence à s'apaiser.

J'ai retrouvé dans mes collections *les lettres d'Henri IV à Catherine d'Andouin*[3] que j'avais copiées au haras du Roi en basse Normandie en 1730. Je ne m'en trouve que 7 et il me semble que vous en avez une ou deux de plus. Vous y verrez le conteu de cet énorme recueil de lettres que l'abbé de l'Écluse[4] offrit à l'abbé du Vernay pour cent louis qu'il lui donna.

Il m'a été demandé avec instance à Lyon par une multitude d'honnêtes gens des Mémoires d'Elie de Beaumont et de Mariette[5] qu'on voudrait acheter. Tout cela n'est point battu chaud. Je joindrai Crommelin pour le lui reprocher. Un célèbre avocat de ceux qui ont

---

1. Cf. Broglie, *Le Secret du Roi*, 1888, in-12, I, 437.
2. Il n'y a pas trace de correspondance entre Thieriot et Voltaire jusqu'au mois de novembre. D'ailleurs Thieriot avait passé l'été à Ferney, où il était arrivé entre le 7 et le 14 juin, et d'où il était reparti vers le 10 octobre.
3. Ce sont les lettres publiées en addition au chap. 174 de l'*Essai sur les mœurs*, Moland, XII, 562.
4. Pierre Mathurin de l'Écluse des Loges, né à Falaise en 1715, éditeur des *Mémoires* de Sully, 1745, 3 vol. in-4.
5. *Mémoire pour dame Anne-Rose Cabibel, veuve du sieur Jean Calas; L. et L.-D. Calas, leurs fils, et Anne-Rose et Anne Calas, leurs filles, demandeurs en cassation d'un arrêt du Parlement de Toulouse, du mars 1762*, signé MARIETTE, in-8 de 136 pp.

signé la consultation[1], c'est Huart, est mort hier. Un autre, c'est
M. du Chateau qui l'a signée aussi et qui gagna autrefois le procès de
Mylord Bolingbroke, me vint trouver hier et m'apporta la lettre
ci-jointe à laquelle je me joins pour que vous lui rendiez service si
cela vous est possible.

L'auteur de cet infâme libelle[2] est un docteur de Sorbonne fort
ignoré et fort méprisé des siens, il s'appelle de la Culture. Mais en
vérité, on ne trouve personne qui ait lu, ou qui veuille lire cet exécrable
ouvrage.

Tout est bien stérile partout et surtout au Théâtre français, où il
manque d'acteurs. Laissez-les faire ce qu'ils voudront, mais surtout
gardez *Olympie.*

Je vous embrasse un million de fois[3].

## XXXIV

Il semble que depuis cinq ou six jours nous soyons passés sous un
autre hémisphère. En est-il de même chez vous? Il m'a paru par tout
ce que vous avez écrit à frère Damilaville que vous avez mieux
bravé l'hiver que moi. Depuis mon retour à Paris, j'ai été attaqué d'une
toux convulsive si opiniâtre que le temps, les remèdes et les variations
de la saison n'y apportent aucune diminution, aussi en vais-je écrire à
M. Tronchin qui me soulage mais qui ne m'a pas encore guéri. Je
passe toutes mes matinées, non pas à *faire mon corps,* car ne je sais
qu'y faire, mais à languir et à rêvasser, et passant de lectures en
lectures jusqu'au dîner de société qui me dissipe et d'où je reviens le
soir m'entretenir avec Platon chez frère Damilaville, que je ne quitte
qu'à dix heures pour m'en aller. J'envisage comme une grande douceur
de ma vie le projet que nous songeons à remplir à la saint-Jean de
loger ensemble. Vous voyez par là combien nous cherchons à vivre
davantage pour vous et comme le goût sait réunir et entretenir l'amitié
de ceux qui aiment à cultiver leur esprit et leurs connaissances. Nous
avons été surpris d'une manière fort agréable par le discours de
M. l'abbé de Voisenon[4] qui nous a paru fort au-dessus de l'idée que
nous avions de ses talents. Les gens de lettres doivent lui savoir
gré de la considération qu'il inspire aux grands pour eux. Ses éloges
ne sont point froids et insipides. Il a trouvé le secret d'être neuf et

---

1. *Mémoire à consulter et consultations* d'Élie de Beaumont pour M^me Calas et ses
enfants, signé le 23 août 1762 par les avocats : Mallart, Huart, l'Herminier, Gillet
Boys de Maisonneuve, Cellier, de Lambon, Boucher d'Argis, Duchasteau, Bigot de
Sainte-Croix, Moreau, Dandasne, Reymond, Thévenot-Dessaule et Doillot.
2. *Les Erreurs de Voltaire* (Avignon, 1762, 2 vol. in-12) de Nonotte.
3. Réponse de Voltaire le 8 novembre (classée par erreur en 1763 par tous les
éditeurs de Voltaire).
4. A l'Académie, où il prit séance le 22 janvier à la place de Crébillon.

distingué sur un fond usé et commun. En un mot, il y a beaucoup d'imagination, d'esprit et de grâces.

Je viens de lire un traité *De l'Éducation publique*[1] dont M. Diderot a été l'éditeur. Quoiqu'il soit d'un prêtre très attaché à ses principes, il est rempli d'excellentes réflexions pour détruire les vieilles routines de l'éducation et les remplacer par de meilleures. Il ne pense pas comme Crevier, il requiert fortement la lecture de *La Henriade* et *L'Abrégé de l'histoire universelle* de M. de Voltaire, ouvrage bien supérieurement écrit. Tout y est réfléchi et tous les traits peignent. On ne sait qui est cet auteur et Platon lui tient le secret qu'il lui a promis... Devez-vous après tant d'autres suffrages faire la moindre attention à tous ces méprisables écrivains folliculaires que la rage et l'envie inspirent? Celui dont je sais que l'histoire vous est parvenue a été déjà payé pour sa première feuille[2] de ces quatre vers :

> Le Brun plein d'un orgueil extrême
> Voyant chacun le bafouer
> Prend le parti de se louer
> Dans un journal qu'il fait lui-même.

La lettre de la Czarine à Protagoras vient d'être enregistrée par l'Académie française. Elle fait l'entretien de toute la Cour, et honore autant cette princesse que le philosophe.

Vous apprendrez que M. de Voyer vient de perdre l'intendance des haras du royaume, et la chasse du parc de Vincennes dont il reste gouverneur à la prière de M. le duc d'Orléans pour lequel cependant il est disgracié. Il avait reçu 70 000 livres de M. le duc d'Orléans pour la chasse du parc, et cependant il continuait de lui donner de nouveaux dégoûts, finissant par une réponse si mal sonnante, qu'il fut sommé une seconde fois de répondre par écrit. Il n'y changea rien. Ce qui ayant été porté et exposé au roi, il a été exilé à Berleme avec la perte que je viens de dire.

Le bruit se répand que vous mariez Mlle Corneille, et M. de Cideville nous en doit apprendre les conditions et les convenances[3]. J'y prends beaucoup de part pour elle et encore plus pour Mme Denis et pour vous. Voilà encore du bien que vous allez faire, ce qui va mettre en fureur toute cette canaille et ces coquins qui ont démontré au public qu'ils haïssaient autant vos belles actions que vos beaux ouvrages. Bonjour, mon bienfaisant et sublime ami.

Th[t].

1. Amsterdam, 1765, in-12, attribué jusqu'ici (mais faussement comme on voit) au professeur Crevier, continuateur de Rollin (1693-1765).
2. *La Renommée littéraire.* « L'histoire » est indiquée dans la lettre de Voltaire à Damilaville du 1er février.
3. Le mariage eut lieu en effet le 13 février.

## XXXV

25 février 1763.

Vous croyez donc, gens de la noce, que nous ne rions pas aussi de notre côté, et que nous ne partageons pas avec vous les fêtes de M. et de M^me Dupuits? Je vous proteste que la nouvelle de ce si convenable établissement m'a fait un très sensible plaisir pour tous les intéressés. Nous n'avons pas à la vérité ni sauté, ni ballé, ni dansé, mais vous serez content des preuves de notre bonne humeur qu'on vous enverra incessamment. Simon le franc [1] vient de faire les derniers efforts pour justifier les bonnes plaisanteries passées, présentes et futures dont toute sa vie et sa mémoire seront couvertes.

O! la belle lettre que celle de Catherine! mais que celle que vous avez écrite [2] à Dalembert nous a paru belle! Elle emporte le suffrage général partout où elle se lit : Protagoras a lieu d'être glorieux de l'une autant que de l'autre.

M. de Crosne [3] a rapporté avant hier à Versailles pour la première fois l'affaire des Calas, il y aura encore deux séances mais non pas à huitaine l'une de l'autre. Ce *Jugement des honnêtes gens de différents pays qui pensent de même*, etc., doit faire autant d'effet que le meilleur *factum*. Ce trait est admirable et doit réveiller l'attention des juges.

Je vous envoie mon exemplaire du discours de l'évèque de Montrouge que j'ai encore trouvé aimable à la lecture et dont l'amphigouri d'architecture fait la niche de ses éloges avec moins d'ennui qu'à l'ordinaire.

Carlet de Marivaux vient de mourir âgé de soixante-quinze ans d'une hydropisie de poitrine. Il laisse des comédies, des romans et d'autres ouvrages oubliés où certaines gens soutiennent qu'il y a du génie.

On prétend qu'il est question de Saurin pour remplacer Dalembert à la Cour de Russie.

Il pleut des épigrammes sur le Pindare de notre siècle. En voici deux encore.

Dans une ennuyeuse satire
Le Brun attaque mes écrits,
Pour me venger de ses mépris
A tout Paris je le fais lire.

Voici l'autre de laquelle j'ignore également l'auteur.

Maussade auteur d'un libelle ennuyeux
Si mes faibles écrits excitent ta colère,
Si leur succès te désespère
Pends-toi donc : car je ferai mieux.

1. Lefranc de Pompignan.
2. Le 4 février.
3. Louis Thiroux de Crosne, maître des requêtes, plus tard intendant de Rouen, lieutenant général de police en 1785, mort révolutionnairement en 1794.

La Comédie de *Dupuis et Desronais*[1] après tout son succès est tombée à la lecture. Celle d'*Heureusement* en un acte[2], est mieux soutenue.

Le théâtre français est bien abandonné. Mlle Clairon est malade, Mlle Dangeville se retire à Pâques, et on tâche que Mlle Gaussin prenne ce parti, car elle est à présent plus nuisible qu'utile. Il y a toute apparence qu'ils fondent leurs ressources sur vos pièces à la rentrée, mais comment et par quels acteurs et actrices?

On servit dernièrement chez M. le duc de Praslin dans un grand repas à l'entremets des œufs frais dans un très beau casque de porcelaine. Quelqu'un cita ce joli distique latin qui vous est connu sans doute.

> Militis in galeâ nidum posuere Columbae;
> Inde patet Marti quam sit amica Venus

et depuis, comme un problème de géométrie à résoudre, chacun s'est efforcé de le rendre. C'est Gravelot le graveur qui a jusqu'ici le mieux rencontré.

> Une timide tourterelle
> Dans un casque fit ses petits.
> N'est-ce pas *un signe*[3] fidèle
> Combien Mars est cher à Cypris.

*Vive, vale. Si quid novisti rectius istis, candidus imperti? Si non, his utere mecum*[4].

## XXXVI

[Paris, le 23 mars 1763].

Votre distique français a fait fortune et Ovide Bernard a avoué qu'il y avait perdu son temps.

Vous êtes assailli de Corneilles. Comment donc ce petit Cornillon-ci ne s'était-il pas adressé à M. de Fontenelle; étant aussi proche qu'on le dit du grand Pierre, il en aurait été immanquablement secouru. Mme Dupuis et lui ne font pas l'heureuse rencontre.

*Pindare* le Brun le disputerait en fatuité à Simon le franc, et ne s'en corrigera pas plus que lui malgré la bonne leçon qu'il vient de recevoir dans un grand dîner. Il avança modestement qu'il ne connaissait dans ce siècle que deux grands poètes, que M. de Voltaire en était un et qu'il ne nommerait pas l'autre. Il tint parole, et vous imaginez bien qu'il fut vexé et persiflé en raison de son silence.

1. Par Collé, Paris, Duchesne, 1763, in-8.
2. Par Rochon de Chabannes, représentée pour la première fois aux Français le 29 novembre 1762.
3. Var. l'*Emblème* (note de Thieriot).
4. Réponse de Voltaire le 2 mars :

> Des pigeons dans un casque ont niché leurs petits :
> Le dieu Mars et Vénus de tout temps sont amis

Simon le Franc a diverti *les ducs et Pairs et la Canaille,* comme son devancier Pourceaugnac. ·

Votre belle lettre à Protagoras a été connue de *Zoïle Lycophron* dans sa primeur. Frère Damilaville en avait fait glisser adroitement une copie entre les mains de M. le prince de Conti, et d'ailleurs elle a eu dans peu de jours la publicité de l'imprimerie [1].

M. le duc de Choiseul vient de faire un règlement qui aura bien votre approbation. On ôte les missions à tous les moines. On n'y emploiera que le clergé séculier, le district sera sous la dépendance du grand Aumônier et sera sujet à infiniment moins d'abus.

Je vous envoie un petit poème en six chants qui ne vous fera pas crier merveille, mais qui vous fera rire; c'est *Caquet bon bec, la poule à ma tante* [2]. L'auteur, M. [de] Junquières n'est pas sans talent. Je lui souhaiterai de temps en temps un peu plus de finesse et d'imagination. Un M. Cazotte qui n'en manque pas vient de publier un autre poème en prose; c'est *Olivier* [3] emprunté de l'Arioste dont on dit qu'il transmet les beautés et les grâces. S'il est vrai que cela soit comme on le dit on vous le dépêchera bien vite.

On vient de procéder à l'élection de M. l'abbé [de] Radonvillers [4], jadis professeur de rhétorique au collège des Jésuites après le P. Porée, maintenant sous-précepteur des princes; M. le Dauphin a fait écrire à M. Duclos comme secrétaire par M. l'évêque de Limoges [5] l'intérêt qu'il y prenait. Les philosophes ayant des soupçons fondés qu'on voulait leur nuire se sont tenus alertes, et bien leur en a pris. Il s'est trouvé quatre boules noires contre le prétendant. Sur la surprise et le murmure qui s'est élevé, Dalembert a dit simplement : Voilà ma boule noire et a été suivi par MM. Duclos, Saurin et Watelet qui ont montré la leur. *Risum teneatis amici.* Cette conduite si bien avisée des philosophes et le succès de l'affaire des Calas doivent vous tenir pour long-temps en belle humeur.

Il est bien juste que vous soyez informé de la clôture du Théâtre. On a représenté dans les deux dernières semaines *Brutus* [6], l'*Orphelin de la Chine* et *Tancrède*. Mlle Dubois qui s'applique et s'exerce beaucoup depuis quelque temps a été encouragée aussi par le public qu'elle a étonné. Mlle Clairon a obtenu un congé pour aller trouver M. Tronchin. Votre entrevue ne peut manquer de vous faire un extrême plaisir à vous deux.

On annonce une comédie en cinq actes et bien versifiée pour la rentrée au théâtre. Elle a pour titre *Le Préjugé vaincu.* Elle a été présentée

1. *Lettre de M. de Voltaire à M. d'Alembert*, s. l. n. d. (Paris, 1763), in-8.
2. Amsterdam et Paris, Panckoucke, 1763, in-12.
3. Paris, Panckoucke, 1762, in-12.
4. Claude-François Lysarde, abbé de Radonvilliers (1709-1789), ancien secrétaire de l'archevêque de Bourges La Rochefoucauld.
5. Louis-Charles Duplessis d'Argentré, mort à Münster en 1808.
6. Reprise du 14 mars 1763.
7. Réponse de Voltaire fin mars.

par Préville, et ce qui doit vous surprendre, les gens bien instruits et qui vivent dans le *tripot* prétendent qu'elle est de Gresset.

J'ai eu mal aux yeux ainsi que vous. J'en ai été guéri par une recette de feu Gendron qui est fortifiante et qui me semble sans inconvénient. C'est une pinte d'eau de fontaine avec une cuiller de bonne eau de vie mêlées. Je m'en baignais soir et matin.

Je suis bien fâché des dérangements de santé de M<sup>me</sup> Denis tant pour elle que pour vous. Je me souviens combien il est doux et agréable de vivre avec elle.

*Vale dulcissime rerum.*                                        T<sup>t</sup>.

## XXXVII

30 juillet [1763].

Frère Thieriot n'a rien à dire sur sa paresse, sinon qu'il se croit enfin désenchanté et que ce triste et maussade démon est exorcisé pour toujours. Si je suis paresseux d'écrire, je ne le suis pas de visiter fréquemment frère Damilaville et de lui porter des matériaux qu'il sait mieux mettre en valeur que moi.

Les *Additions à l'Essai sur l'histoire générale*[1] sont lues et relues et font l'entretien de tous les honnêtes gens. Un petit nombre d'adeptes a beaucoup goûté le *Dialogue du Caloyer et de l'homme de bien*[2]. C'est un des meilleurs écrits qu'on ait vu *en si beau sujet de parler*.

*La Mort de César* a été fort bien remise au théâtre[3]. Brisart et Lekain s'y sont fait beaucoup applaudir avec justice. Je n'ai pas été content de Marc-Antoine Dubois, ni de la représentation de cette fin si belle qui n'a jamais eu à Paris le succès que j'ai vu à Londres dans cette belle situation que vous avez si bien rendue. Nos acteurs français sont des polissons qui rendent languissants de si beaux tableaux.

Je ne dédaigne pas autant que frère Damilaville *Les Quatre saisons*[4] du cardinal de Bernis. Je voudrais que les traits de la vieille fable s'y montrassent avec moins de profusion, et surtout qu'il eût employé les vers de dix syllabes au lieu de ceux de huit qui ne sont point un rythme agréable et convenable dans un poème de ce genre et de cette étendue.

Vous aurez vu *Les Richesses de l'État*[5], brochure de M. Roussel, conseiller au Parlement, dont l'idée grossièrement prise de M. le Maréchal de Vauban et de M. le marquis de Mirabeau et plus grossièrement exposée et développée, a produit déjà dix-neuf autres brochures, parmi lesquelles on en distingue deux ou trois. Cela fait voir combien le ministère français s'apprivoise avec ces sortes de débats dont on faisait

---

1. *Addition à l'Essai sur l'histoire générale*, etc., *pour servir de supplément à l'édition de 1756 en VII volumes*, s. l. (Genève, Cramer), in-8, 1763.

2. *Catéchisme de l'honnête homme, ou Dialogue entre un caloyer et un homme de bien, traduit du grec vulgaire par D. J.-J. R. C. D. C. D. G.* (dom Jean-Jacques Rousseau, ci-devant citoyen de Genève), Paris, 1764 (1763), in-12.

3. Le 18 juillet.

4. *Les Quatre saisons, ou les Geogiques françaises*, poème, 1763, in-12.

5. *Richesse de l'État*, 1763, in-4,      Roussel de la Tour.

il n'y a pas encore longtemps une espèce de crime aux particuliers. Il faut espérer qu'à la fin on ne marchera plus à tâtons dans les affaires de finances qu'on a tâché de rendre encore plus obscures et plus difficiles.

Jean-Jacques vient d'écrire une lettre du pied du Mont Jura à l'entrée de la Forêt-Noire plus orgueilleuse et plus extravagante que tout ce qu'il avait écrit précédemment. Laissons le coucher dans les bois et paître avec les ours, c'est la seule vengeance qu'en doivent tirer les philosophes contre lesquels il ne cesse de se déchaîner, en les servant mieux qu'il n'en a l'envie.

Avez-vous des nouvelles de Protagoras et de Luc[1]? Ils doivent bientôt se quitter. M. Watelet m'a dit qu'il s'était appointé avec Protagoras pour le joindre et le mener faire son tour d'Italie.

La place de Bougainville ne sera remplie qu'après la Saint-Martin. Jusqu'à présent, l'élection ne regarde que Marmontel. M. le Président Hesnault a manqué de laisser aussi la sienne. Mais on le dit beaucoup mieux et qu'il se tirera encore de cette attaque. Il se trouva mal avant un souper qu'il donnait à M. de Maurepas. Il pria les convives de lui permettre de se mettre au lit, et quand tout le monde fut sorti à une heure après minuit, il envoya demander les sacrements à son curé. Il n'y a point d'homme de cour qui joue mieux son rôle.

J'ai transporté mes pénates de la culture Sainte-Catherine sur le quai des Célestins à la porte de l'Arsenal. La réparation d'un gros mur en a été l'occasion. A quelque chose malheur est bon. J'étais logé pour cent écus. Je le suis à un fort beau second appartement pour 200 livres. Je suis voisin de M. l'archevêque d'Albi[2] à qui je fais souvent et librement ma cour. Il tient un grand état dans l'Arsenal. Il a toujours cultivé les lettres et les aime. Il diminuera la cour de M. de Paulmy dont on attend incessamment le retour. J'ai gagné toute sorte d'agréments dans cette transmigration, excepté celui que j'aurais mis par dessus tout, de loger ensemble frère Damilaville et moi. Les affaires s'y sont opposées, mais au moins en suis-je bien plus près, et n'ayant que deux ponts à traverser.

Le célèbre Pigalle m'a remis la lettre[3] ci-jointe avec le petit dessin de Cochin. Ce grand sculpteur, aussi poli et aimable qu'il est habile homme possède vos ouvrages beaucoup plus que bien des gens de lettres et est plein d'admiration et de reconnaissance pour vous[4].

(A suivre.)

1. Frédéric II.
2. Léopold-Charles de Choiseul-Stainville (1724-1781), frère du duc de Choiseul.
3. Où il demandait à Voltaire une inscription pour la statue de Louis XV à Reims.
4. Réponse de Voltaire le 10 auguste. Thieriot ne répondit pas à la lettre de Voltaire du 23 auguste, et resta une année sans écrire.

## UN MANUSCRIT INÉDIT DE REMARD SUR DELILLE [1]

### Les Géorgiques (suite).

P. 167. Virgile, II, 290.

DEL.      Surtout le *chêne* altier qui, perdu dans les airs,
          *De son front touche aux cieux, de ses pieds aux enfers.*

LA FONT.  Celui de qui la tête *au ciel* ciel était voisine,
          Et dont les *pieds touchaient* à l'empire des morts.

MART.     Il croît et son sommet s'élève dans les airs
          Autant que sa racine approche des enfers.

SEG.      Autant que d'un vieux *chêne au ciel* les bras s'étendent,
          Autant vers *les enfers* ses racines descendent.

LE Pᵗ BOUHIER.                    Et l'arbre audacieux
          *Des pieds touche aux enfers et de la tête aux cieux.*

VOLT.     *Leur pied touche aux enfers,* leur cime est dans les cieux.

POMP.     Sa racine descend vers le Styx odieux,
          Autant que *son* sommet s'élève *dans les cieux.*

J'ai cru devoir réunir ici les diverses traductions ou imitations de ce passage, qui m'étaient connues; et Delille, dans ses notes, cite encore celle-ci d'un anonyme :

Qui touchant de leur cime à la voûte du monde,
Plongent dans les enfers leur racine profonde [2].

On voit que notre poète a imité de préférence la traduction du Président Bouhier, sans doute parce qu'elle était la moins connue, et que peut-être aussi elle lui a paru serrer de plus près l'original.

La même image se présente encore dans la belle ode de J.-B. Rousseau au Prince Eugène :

. . . . . . . . . . . . . .
Quelle est cette déesse énorme,
Ou plutôt ce monstre difforme,
Tout couvert d'oreilles et d'yeux,
Dont la voix ressemble au tonnerre,
Et qui, *des pieds touchant la terre,*
*Cache sa tête dans les cieux?*

Liv. 3, od. 2, st. 1.

1. Voir la *Revue* d'avril-juin 1907 et de juillet-septembre 1908.
2. « Ces vers sont de *Colardeau,* dans un petit poème intitulé : *Le Patriotisme,* ils viennent après ceux-ci :

Ces *chênes et ces pins, qui bravaient dans les airs,*
Et *la fureur des vents, et le froid des hyvers;... »*

Note de Remard.

Enfin le poète anglais Denham, dans une pièce de vers intitulée : Les Progrès des Sciences, a aussi imité cette image de Virgile : *Muse, dis-moi comment
la Science, semblable à un vieux chêne, étend ses branches jusqu'au ciel, et ses
racines jusqu'aux enfers.*

> « Tell, like a tall old oak, how Learning shoots
> « To heaven her branches, and to hell her roots. »

*Ibid.* Virgile, II, 296.

Del.    *Et loin de tous côtés* tendant *ses rameaux sombres,*
        Seul il jette à l'entour une immensité d'ombres.

Seg.    *Et loin de tous côtés,* portant *des rameaux sombres,*
        Ferme, il semble régner au milieu de ses ombres.

P. 167. Virgile, II, 298.

Del.    N'attends rien d'une *vigne exposée au couchant.*
Seg.    Garde-toi *d'exposer* ton vignoble au couchant.
Pomp.    *N'expose* point ta *vigne aux* regards *du couchant.*

Le vers de Pompignan rend mieux le texte : *Neve tibi ad solem vergant
vineta cadentem.*

P. 169. Virgile, II, 310,

Del.    Surtout si *l'aquilon* s'élève en ce moment,
        Et chasse devant lui *ce vaste embrasement.*

Seg.    Pour peu que dans ses bois *les* bruyans *aquilons*
        *Du vaste embrasement* roulent les tourbillons.

*Ibid.* Virgile, II, 312.

Del.    Dès lors plus d'espérance : atteints *dans leurs racines*
        N'attends pas que tes ceps *réparent leurs ruines.*

Rac.    Le Ciel même peut-il *réparer les ruines*
        De cet arbre séché jusques *dans ses racines?*

Clément dit que Delille aurait pu mieux faire, en mettant tout de suite :

> « Plus d'espoir : rien ne peut réparer les ruines
> « De tes ceps désséchés jusques dans leurs racines. »

Clément a tort; d'imitateur, Delille serait devenu copiste, et ce n'est point
Racine qu'il faut copier, quand on ne veut pas qu'il y paraisse. C'est pour ne
rien omettre que j'ai noté cette imitation très permise, et dont l'auteur a dû
s'applaudir loin de la dissimuler.

*Ibid.* Virgile, II, 321.

Del.    Soit lorsque le Soleil, sur son char plus rapide,
        De l'été *vers l'hyver,* conduit l'automne humide .

*Vers l'hyver* me paraît une négligence. Martin traduit :

> Ou dans le doux automne, avant que des beaux jours
> L'hyver injurieux ait arrêté le cours.

P. 171. Virgile, II, 330.

DEL.          Le monde se ranime, et *la nature enfante,*

Le dernier hémistiche rappelle ces autres vers d'Athalie :

> « Cieux, répandez votre rosée
> « Et que la terre *enfante* son Sauveur. »

*Ibid.* Virgile, *Ibid.*

DEL.                    ... les zéphyrs de retour
          Attiédissent les airs *de leurs molles haleines;*
          Un suc heureux nourrit l'herbe tendre des *plaines.*

MART.     Les humides zéphyrs *de leurs douces haleines*
          Font germer de nos champs les spacieuses *plaines.*

DEL.      *Aux* rayons doux encor du *soleil printanier*
          Le gazon *sans péril ose se confier.*

SEG.      L'herbe *aux nouveaux soleils sans danger se confie.*

En un seul vers, Segrais a traduit le texte.

*Ibid.* Virgile, II, 336-337.

DEL.      Il *ouvrit* au soleil *sa brillante carrière,*
          Et pour l'homme *naissant* épura la lumière.

MART.     Oui, le Printemps *ouvrait sa brillante carrière,*
          Quand le bétail *naissant* respira *la lumière.*

*Ibid.* Virgile, II, 344.

DEL.      Et, des *brûlants étés,* séparant les *hivers,*
          Laisse du moins entr'eux respirer *l'univers.*

MART.     Tout était tendre encor dans ce jeune *univers;*
          Rien n'eut pu soutenir la rigueur *des hivers,*
          Ni d'un *brûlant été* l'ardeur immodérée.

*Ibid.* Virgile, II, 347.

DEL.                    ...*Il faut* couvrir *de terre,*
          *Engraisser de fumier...*

SEG.      *Il faut* combler *de terre, engraisser de fumier...*

P. 173. Virgile, II, 366.

DEL.      *Seulement de ta main* éclaircis *son feuillage.*
SEG.      Seulement par endroits retranche le feuillage.
POMP.     *Que vos mains seulement* arrachent *le feuillage.*

P. 175. Virgile, II, 375.

DEL.     Que la génisse avide et les chevreaux *gloutons*...

Segrais a dit :

La génisse *gloutonne*.

P. 175. Virgile, II, 380.

DEL.     Aussi le dieu du vin pour expier ce *crime*,
         Partout sur ses autels veut un bouc pour *victime*.
MART.    C'est pour ce crime seul, non pour un autre *crime*,
         Qu'aux fêtes de Bacchus le bouc fut sa *victime*.

Ici *non aliam ob culpam* est rendu.

P. 175 (*bis*). Virgile, II, 394.

DEL.     *Chantons* pour lui *les* vers que lui *chantaient nos pères*;
         Qu'*un bouc soit par la corne* entraîné vers *l'autel*.
SEG.     *Chantons* à son honneur *les* chansons de *nos pères*;
         *Soit un bouc par la corne* à ses *autels* offert.

*Ibid.* Virgile, II, 395.

DEL.     *Qu'un bouc soit* par la corne entraîné vers *l'autel*;
         Préparons de ses chairs un festin *solennel*.
MART.    Offrons-lui les présents et les pains *solemnels* :
         *Qu'on immole le bouc* au pied de ses *autels*.

P. 177. Virgile, II, 401.

DEL.     *Ainsi roulent en cercle et ta peine* et tes jours.
SEG.     ...*Ainsi* la race humaine
         Voit *en cercle rouler* et l'année *et sa peine*.

*Ibid.* (p. 177).

DEL.     Pour boire du nectar vendange le dernier.
MART.    Pour avoir du bon vin vendange le dernier.

Il n'y a dans le texte que *Postremus metito* : d'où je conclus que *le bon vin*
de Martin a été changé en *nectar* par Delille.

P. 179. Virgile, II, 423.

DEL.     *Fouille à ses pieds le sol qui nourrit* sa verdure.
POMP.    *Fouillez au pied* du tronc *le sol qui le nourrit*.

*Ibid.* (p. 179). Virgile, II, 426.

DEL.     Tel encor, quand les ans ont augmenté sa force,
         Quand son tronc est muni d'une plus dure écorce...
MART.    Le pommier savoureux, dès qu'il est dans sa force,
         Qu'il sent grossir son tronc et durcir son écorce...

*Ibid.*

Del.     Et l'abri des oiseaux donne aussi leur pâture.

Rac.     Aux petits des oiseaux il donne leur pâture.

P. 181. Virgile, II, 461.

Del.     Sous les lambris pompeux de ses toits *magnifiques*,
            Des flots d'adulateurs *inonder ses portiques*.

Rac.     Du temple orné partout dè festons *magnifiques*,.
            Le peuple saint en foule *inondait les portiques*. ;

Ces imitations-là ont toujours été permises; d'ailleurs il est évident que Racine lui-même a voulu imiter Virgile en cet endroit.

P. 181. Virgile, II, 458.

Del.     Heureux l'homme des champs, s'il connaît son bonheur!

Gilbert qui, dans une pièce intitulée *Le poète malheureux*, a imité le commencement de ce bel épisode, dit :

« Trop heureux Palémon, s'il connaît son bonheur! »

Virgile, II, 478.

Del.          Le clair flambeau des nuits...

Seg.          Le clair flambeau du jour...

*Ibid.* Virgile, II, 496.

Del.     *L'intérêt dont la voix fait taire le sang même.*

Pomp.     *L'intérêt dont la voix résiste au cri du sang.*

Assurément ce n'est pas *Infidos agitans discordia fratres* qui a pu donner lieu à une telle ressemblance.

*Ibid.* Virgile, II, 498.

Del.     *La grandeur des Romains, la chute des états.*

Mart.     Rome et ses intérêts, *la chute des états*....

Ce vers a été changé; on lit maintenant :

Rome, les rois vaincus ne troublent point sa paix.

p. 183.

Eh bien! vertes forêts, prés fleuris, clairs ruisseaux,
J'irai, je goûterai votre douceur secrète.

Ce mouvement *j'irai, je goûterai,* dont il a fait usage plus d'une fois, Delille l'a encore emprunté à Racine, qui fait dire à Xipharès dans le 3ᵉ acte de Mithridate :

« *J'irai, j'effacerai* les crimes de ma mère. »

ou plutôt à Virgile, qui dit, dans sa Xᵉ églogue *Ibo, et Chalcidico*, etc.

Tout le monde sait avec quel charme ce beau morceau de Virgile a été imité par notre La Fontaine, dans *Le Songe d'un habitant du Mogol*; Delille a fait de vains efforts pour lui dérober cette onction qui va au cœur, parce qu'elle en vient, onction que le plus grand talent ne peut pas suppléer.

P. 185. Virgile, II, 488.

DEL.    *Oh! qui me portera* dans vos bois reculés?
LA FONT.    *Oh! qui m'arrêtera* sous vos sombres asiles?

*Arrêter* vaut mieux que *porter*, puisque Virgile a dit *sistat*.

*Ibid.*

DEL.    Dieux! que ne suis-je assis aux bords du Sperchius!
RAC.    Dieux! que ne suis-je assise à l'ombre des forêts!

L'auteur a mis dans les dernières éditions :

Où sont, o Sperchius, tes fortunés rivages?

Et il a bien fait; d'abord parce qu'il rend mieux le texte *o ubi campi, Sperchiusque*; et ensuite parce que rien ne se peut se comparer à la situation cruelle de Phèdre.

*Ibid.* Virgile, II, 490.

DEL.    Heureux le sage instruit *des loix de la Nature*,
        Qui du vaste univers embrasse la structure,
        Qui domte et *foule aux pieds* d'importunes erreurs,
        Le sort inexorable et les fausses terreurs,
        *Qui regarde en pitié* les fables du Ténare,
        Et s'endort au vain bruit de l'Achéron avare!
MART.    Heureux celui qui peut de ce vaste univers
        Connaître le principe et les ressorts divers;
        Qui ne craint point la fin par le destin prescrite,
        Et se rit des *vains bruits* du Styx et du Coccyte!
VOLT.    Heureux qui peut sonder *les loix de la Nature*, .
        Qui des vains préjugés *foule aux pieds* l'imposture,
        Qui *regarde en pitié* le Styx et l'Achéron
        Et le triple Cerbère, et la barque à Caron!

Certainement notre traducteur a eu connaissance de cette imitation de Voltaire.

CHAULIEU.    Et foule aux pieds le bruit de l'avare Achéron.

Voilà mot pour mot le vers :

*Subjecit pedibus, strepitumque Acherontis avari!*

P. 185.

DEL.    Et du Dieu des troupeaux et des Nymphes des bois.

Segrais a dit aussi : Et les nymphes des bois.

P. 187. Virgile, II, 515,

Et *ses bœufs compagnons de ses* heureux *travaux.*

MART.    *Ses* fidèles *taureaux, compagnons de ses peines.*

Il y a tout simplement dans le texte : *hinc armenta boum meritosque juvencos.* Ainsi l'emprunt me paraît incontestable, malgré l'évidente signification de *meritos.*

*Ibid.* Virgile, II, 517.

DEL.    Et les derniers soleils *sur les côtes vineuses,*
         *Achèvent de mûrir les grappes paresseuses.*

MART.   Attendant que le ciel, *sur les côtes vineuses,*
         *Achève de mûrir les grappes paresseuses.*

---

## LIVRE TROISIÈME

P. 219. Virgile, III, 16.

DEL.    *De César au milieu* je placerai *l'image.*
SEG.    *De César au milieu* j'élèverai *l'image.*

P. 221. Virgile, III, 34.

DEL.    Au milieu je ranime *en marbre de Paros...*
POMP.   Mon art *fera revivre en marbre de Paros...*

P. 223. Virgile, III, 44.

DEL.    Déjà *des* chiens ardens *les clameurs retentissent.*
POMP.   *Les cris du* Cythéron jusqu'à moi *retentissent.*

*Ibid.* Virgile, III, 49.

DEL.    Veut-on *pour vaincre* à Pise un *coursier* généreux?
         Veut-on pour la charrue un *taureau vigoureux?...*

POMP.   Dressez-vous *des coursiers pour vaincre* dans les jeux,
         Ou *pour* traîner le soc *des taureaux vigoureux?...*

Je remarque principalement ici la forme interrogative dont Virgile ne s'est pas servi.

*Ibid.* Virgile, III, 51.

DEL.    *Des mères* avec soin il faut *choisir* l'espèce :
         *Je veux dans la génisse* une mâle rudesse.

POMP.   *Des mères* avant tout *choisissez* bien la race
         *Je veux dans la génisse un* regard qui menace.

*Ibid.* Virgile, III, 59.

DEL.               ... et dans sa marche *altière,*
         *D'une queue à longs crins balayer la poussière.*

SEG.    *D'une queue à longs crins balayer la poussière.*

Pomp                          La tête droite, *altière*,
          Et *la queue à longs* poils *trainant dans la poussière.*

Ici les trois traducteurs avaient un type commun dans ce vers de Boileau :

          « D'une robe à longs plis balayer le carreau. »

Delille a pris sans façon, et sans y rien changer, le vers de Segrais ; quant
à Pompignan, il ne parait pas y avoir songé ; car alors sans doute il n'y aurait
pas substitué le mot *poils* au mot *crins*, évidemment plus poétique et tout au
moins aussi juste.

P. 225. Virgile, III, 72.

Del.      *Dans le choix des coursiers* ne sois pas moins sévère.
Pomp.     *Dans le choix des coursiers* mêmes soins réussissent.

*Ibid.*

Del.      *Des gris et des bais-bruns* on estime le cœur ;
          *Le blanc, l'alezan clair* languissent sans vigueur.
Pomp.     *Des gris et des bai-bruns* nous recherchons l'espèce ;
          *Le blanc, l'alezan clair* déplaît par sa mollesse.

*Ibid.* Virgile, III, 83.

Del.      Que du clairon bruyant le son guerrier *l'éveille*,
          Je le vois s'*agiter*, trembler, *dresser l'oreille.*
Pomp.     Toujours ardent, s'il dort, un bruit d'armes *l'éveille*
          Il *s'agite*, il s'émeut, hennit, *dresse l'oreille.*

*Ibid.* Virgile, III, 87.

Del.      *Son épine se double* et frémit *sur son dos* :
          D'une épaisse *crinière* il fait bondir les *flots.*
Seg.      *Son épine* parait *se doubler sur son dos* ;
          A sa droite ses *crins* voltigent à longs *flots.*

P. 227. Virgile, III, 94.

Del.      *De ses hennissemens effraya* son amante.
Pomp.     Et *de hennissemens effraya* les forêts.

*Ibid.* Virgile, III, 97.

Del.      *Vénus* ainsi *que Mars demande la jeunesse.*
Seg.      *Amour est comme Mars, il veut de la jeunesse.*

*Ibid.* Virgile, III, 111.

Del.      Le vaincu *de son souffle humecte* le vainqueur.
Pomp.     Les derniers *de leur souffle humectent* les premiers.

P. 229. Virgile, III, 113.

Del.      *Erichthon le premier, par un effort* sublime,
          Osa plier au joug *quatre coursiers fougueux.*

POMP.    *Erichthon le premier, d'un effort* courageux
         Sut lier à des chars *quatre coursiers fougueux.*

                                         *Ibid.* Virgile, III, 121.

DEL.     *Fût-il sorti d'Epire, eût-il* servi les Dieux,
         *Fût-il* né du trident, il languit s'il est vieux.
POMP.    *Eût-il* rompu cent fois l'ennemi dans les plaines,
         *Fût-il sorti* des murs *d'Epire,* ou de Mycènes...

Même tournure, ce qui prouve encore plus que les mots.

                                         *Ibid.* Virgile, III, 130.

DEL.     Au contraire, si tôt que les tendres *desirs*
         *Sollicitent* la mère aux amoureux plaisirs.
MART.    Lorsque la volupté qu'elle a déjà connue,
         De ses feux mal éteints rallumant les *desirs,*
         Vient la *solliciter* à de nouveaux plaisirs...

Cette version rend mieux le texte.

                                         *Ibid.* Virgile, III, 135.

DEL.     Des routes de l'amour *l'embonpoint* inutile
         Aux germes créateurs ouvre un *champ* moins fertile.
SEG.     L'excès de *l'embonpoint* rendrait le *champ* stérile.

                                         P. 231. Virgile, III, 153.

DEL.     Marque au front de chacun *quel sort l'attend un jour.*
POMP.    Écrivez sur son poil *quel sort l'attend un jour.*

                                         P. 233. Virgile, III, 182.

DEL.     *Accoutume* son œil *au spectacle des armes,*
         Et son oreille au bruit, et son cœur aux *alarmes.*
MART.    *Accoutume* le jeune *à la lueur des armes,*
         Au tumulte confus des guerrières *alarmes.*

Le texte porte : *Primus equi labor est..,* etc., ce qui ne veut pas dire *accoutumer.*

                                         P. 233. Virgile, III, 186.

DEL.     *Qu'*au seul son de la voix *son alégresse éclate;*
         Qu'il frémisse au doux bruit *de la main qui le flatte.*
MART.                     ... et que sa joie éclate
         Sous les coups redoublés *de la main qui le flatte.*

                                         P. 235. Virgile, III, 192.

DEL.     *Il tourne, il caracole, il bondit sous* ta main;
         Sur *ses jarrets nerveux,* il retombe en mesure.
POMP.    Formez ses pas divers; qu'*il tourne et caracole.*

Voltaire dont l'esprit vif ne s'accommodait pas beaucoup des longues descriptions, a peint le cheval en trois vers, dans la pièce intitulée, *Le pauvre diable*; et ces trois vers (de cinq pieds, par parenthèse), semblent avoir fourni deux expressions à notre traducteur :

> « Nous faisons cas d'un cheval vigoureux
> « Qui, déployant quatre *jarrets nerveux*,
> « Frappe la terre, et *bondit sous* son maître. »

*Ibid.* Virgile, III, 195.

Del.        Tout à coup il s'élance, et, plus prompt que *l'éclair*,
            Dans *les champs effleurés il court, vole, et fend l'air.*

L'abbé Duresnel a dit le premier, dans sa traduction de l'*Essai sur la critique* de Pope :

> « Voyez-vous, des épis *effleurant* la surface,
> « Camille *dans un champ* qui *court, vole et fend l'air?*
> « La Muse suit Camille et part comme *l'éclair.*

*Ibid.* Virgile, III, 205.

Del.        *Ne l'engraisse* surtout *qu'après l'avoir domté.*
Seg.        Il *ne le* tiendra *gras qu'après qu'il est domté.*

*Ibid.*

Del.        Il se dresse en fureur sous le fouet *qui le touche*,
            Et s'indigne du frein *qui gourmande sa bouche.*
Mart.       Il rue, il ne craint point la verge *qui le touche*,
            Et refuse le mords *qui gourmande sa bouche.*

*Ibid.* Virgile, III, 213.

Del.        Que des *fleuves* profonds, qu'une haute *montagne*
            *Sépare le taureau de sa* belle *compagne.*
Mart.       Oppose à leur fureur des fleuves, des montagnes;
            Qu'ils paissent, *séparés* de leurs chères *compagnes.*
Pomp.       Qu'en des lieux isolés, *un fleuve*, ou *des montagnes*
            *Séparent le taureau de ses* jeunes *compagnes.*

Les trois traducteurs s'accordent trop ici, pour que le texte seul les ait guidés.

P. 237. Virgile, III, 217.

Del.        *Une Hélène* qui combat entraîne deux rivaux.
            « Plus *d'une Hélène* au beau plumage
            « Fut le prix du vainqueur...

L'idée *d'Hélène*, comme on le voit, est de La Fontaine, qui a imité tout ce beau passage de Virgile dans la fable *Les deux Coqs*. Racine le fils l'a aussi imité dans sa première épître sur *l'âme des bêtes* :

« J'entends d'un peuple entier la discorde éclater :
« *Une Hélène* a soufflé cette ardeur meurtrière. »

*Ibid*. Virgile, III, 230.

DEL.     Là, *dormant sur des rocs, nourri d'amers feuillages*...
POMP.    *Dormant sur les rochers, nourri d'herbage amer*...

Il y a dans le texte *carice acuta* qui signifie je ne sais quelle herbe *piquante* et non point *amère*.

*Ibid*.

DEL.     De ses dards tortueux *il attaque des troncs*.
POMP.    *Il attaque des troncs*, bat du pied, frappe l'air...

*Ibid*. Virgile, III, 536.

DEL.     *Mais c'en est fait*; *il part*, et bouillant de désirs,
         De l'orgueilleux *vainqueur* va troubler les plaisirs.
POMP.    *Mais c'en est fait, il part*, il court avec ardeur
         Dans les bras de l'amour surprendre son *vainqueur*.

P. 239. Virgile, III, 249.

DEL.     *Malheur* au voyageur errant dans la Nubie!
MART.    *Malheur* à qui s'égare alors dans la Lybie!

P. 239. Virgile, III, 258.

DEL.     *Que n'ose un jeune* amant qu'un feu brulant dévore?
SEG.     *Que n'ose un jeune* cœur, sitôt qu'amour l'enflamme?

P. 241. Virgile, III, 266.

DEL.     *Des cavales surtout*, rien n'égale les feux ;
         *Vénus* même *alluma leurs transports furieux*.
POMP.    *Des cavales surtout* l'ardeur est incroyable ;
         *Vénus* dans ses *fureurs* souvent impitoyable,
         Par ses traits embrasés *alluma leurs transports*.

P. 241.

DEL.     Là, leur bouche brûlante, ouverte aux doux *Zéphyrs*,
         Reçoit avidement leurs *amoureux soupirs*.
MART.    Et là, sans étalon, seules par les *soupirs*,
         Et les tièdes baisers des *amoureux Zéphyrs*
         Conçoivent...
SEG.     On les voit se tourner du côté des Zéphyrs :
         Ayant conçu du vent de leurs tendres soupirs,
         Elles fendent les bois...

P. 243. Virgile, III, 294.

DEL.     *Viens*, auguste *Palès*, viens *soutenir ma voix*.
MART.    *Viens* donc m'aider, Palès, c'est ici que tu dois
         Renouveler ma force et *soutenir ma voix*.

P. 245. Virgile, III, 318-321.

DEL.     Et *tiens* sa maison chaude *et tes greniers ouverts.*

MART.    N'épargne pas tes soins, *tiens tes greniers ouverts.*

P. 245. Virgile, III, 325.

DEL.     *Quand* de légers frimas *blanchissent* le gazon...

POMP.    *Quand* la rosée encor *blanchit* l'herbe fleurie...

D'après le texte *dum gramina canent,* la conformité ici n'est pas étonnante.

*Ibid.* Virgile, III, 336.

DEL.     Le soir, que ton troupeau *s'abreuve et paisse encore...*

POMP.    *Qu'il paisse et boive encor,* quand de ses feux humides...

P. 247. Virgile, III, 346.

DEL.     *Telle* de nos Romains une troupe vaillante
         *Marche d'un pas léger sous* sa charge pesante.

POMP.    *Tel* le soldat Romain, toujours infatigable,
         *Marche d'un pas léger sous* le poids qui l'accable.

On peut observer ici en passant, que Pompignan n'a pas trop mal imité les deux vers de Racine, dans Mithridate, acte III, sc. I :

« Surtout j'admire en vous ce cœur infatigable
« Qui semble s'affermir sous le faix qui l'accable. »

*Ibid.* Virgile, III, 350.

DEL.     *Dans les champs où l'Ister roule ses flots rapides...*

MART.    Dans les champs arrosés du Palus Meotide ;
         *Dans ceux où l'Istre* enflé *roule son eau rapide...*

*Ibid.* Virgile, III, 353.

DEL.     *Là, les champs sont sans herbe et les bois sans* verdure.

MART.    Les bois y sont sans feuille et les prés sans verdure.

SEG.     *Les champs y sont sans herbe et les bois sans* feuillage.

*Ibid.* Virgile, III, 361.

DEL.     *Des chars osent rouler, où voguaient des vaisseaux.*

POMP.    *Et le char* pesant *roule où voguaient les vaisseaux.*

On a peine à concevoir pourquoi Delille n'a pas laissé tel qu'il était le vers de Pompignan. Il a donc perdu de vue son original ; car il est évident que Virgile a voulu mettre ici en opposition la légèreté des vaisseaux et la pesanteur des chars. Comme on voit, Delille ne mérite pas toujours qu'on dise de lui ce que le Joueur de Regnard dit d'un joueur heureux :

« Sous ses heureuses mains, le cuivre devient or. »

Mais aussi ne mérite-t-il jamais qu'on lui dise, comme Hector à son maître :
*et l'or devient à rien.*

*Ibid.* Virgile, III, 367.

DEL.
> Cependant sous *les flots de la neige qui tombe,*
> La faible brebis meurt, *le fier taureau succombe.*

POMP.
> Chaque jour *cependant des flots de neige tombent;*
> Les champs en sont couverts; *les taureaux y succombent.*

P. 249. Virgile, III, 373.

DEL.
> Le barbare les perce, et *mugissant de joie,*
> *Dans ses antres profonds* court dévorer sa proie.

POMP.
> Leurs sauvages vainqueurs jettent des cris de joie,
> Et dans leurs souterrains vont dévorer leur proie.

*Ibid.* Virgile, III, 376.

DEL.
> C'est *là* que ces mortels, dans d'immenses *brasiers,*
> Entassent des ormeaux *et des chênes entiers.*

MART.
> *Là,* près de ces grands feux, et de ces longs *brasiers,*
> Où l'on met des sapins *et des chênes entiers,*
> Ces nations sans loix...

*Ibid.*

DEL.
> *C'est là que ces mortels* dans d'immenses brasiers...

POMP.
> *C'est là que ces humains* avec sécurité...

Ce tour n'est pas celui de l'original.

*Ibid.* Virgile, III, 388.

DEL.
> Si *sa langue* a tes yeux offre quelque *noirceur,*
> A l'époux du troupeau choisis un successeur.
> Au lieu de rappeler la blancheur de sa *mère,*
> L'enfant hériterait *des taches de son père.*

POMP.
> Examinez *sa langue,* et voyez sa *noirceur ;*
> Qu'il soit vite échangé; je craindrais que la *mère*
> Ne transmit aux agneaux *les taches de leur père.*

*Ibid.* Virgile, III, 392.

DEL.
> *Diane, si l'on peut soupconner que* ton cœur
> Ait pu dans le Dieu Pan reconnaitre un vainqueur,
> *Ce fut* une toison plus blanche que l'ivoire,
> *Qui dans le fond d'un bois* lui valut la victoire.

POMP.
> *Diane, si je puis* sans blasphémer ton nom,
> *Dire qu'un dieu* sauvage ait séduit ta raison,
> *Ce fut* un bélier *blanc,* gage de sa tendresse,
> *Qui dans le fond d'un bois* égara ta sagesse.

C'est bien la même marche dans les deux versions, sans être cependant celle du latin.

P. 249. Virgile, III, 394.

DEL.    Le *laitage* à tes yeux est-il d'un plus grand prix ?
        *Engraisse tes troupeaux de cytises* fleuris.
POMP.   Ceux dont la bergerie abonde en *lait* nouveau,
        De lotos, *de cytise engraissent leur troupeau.*

*Engraisser* n'est pas dans le texte.

P. 251. Virgile, III, 396.

DEL.    Et *leur soif plus ardente épuisant les* ruisseaux...
POMP.   *Sa soif plus dévorante épuise les* fontaines.

Ibid. Virgile, III, 400.

DEL.    Les *laitages* nouveaux du matin ou *du jour,*
        On les fait épaissir *quand l'ombre* est de retour ;
        *Ceux du soir,* dans des joncs tressés pour cet usage,
        *La ville au point du jour les reçoit du* village.
POMP.   *Le lait du jour,* le lait qu'a vu couler l'aurore,
        Se caille avec succès *quand l'ombre* vient d'éclore ;
        *Celui du soir* la nuit conserve sa fraîcheur ;
        *La ville au point du jour le reçoit du* pasteur,

Ibid. Virgile, III, 416.

DEL.    Quelquefois *sous la crèche une affreuse vipère*
        *Loin du jour* importun a choisi son *repaire.*
SEG.    *Sous la crèche* immobile, une horrible *vipère*
        *Fuit le jour,* et se cache en un sombre *repaire.*
POMP    Bien souvent *sous la crèche une affreuse vipère*
        Croupit, et du soleil fuit ainsi la lumière.

P. 253. Virgile, III, 425.

DEL.    Plus terrible cent fois ce serpent *écaillé,*
        Qui rampe fièrement sur son *ventre émaillé,*
        Qui, dressant dans les airs une crête superbe,
        Glisse, assis sur sa croupe, et *se roule* sur l'herbe,
        *Quand le printems humide...*
MART.  ... Il roule sur le sable,
        De diverses couleurs un long ventre émaillé,
        Sous les plis tortueux de son dos *écaillé,*
        *Quand l'humide printems...*

Ibid. Virgile, III, 435.

DEL.    *Me préservent les Dieux d'aller* dans les forêts
        *Gouter le doux sommeil* ou respirer le frais !...
SEG.    *Me préserve le Ciel d'aller, au frais* de l'ombre,
        Chercher un *doux sommeil* en un bocage sombre !

Le texte porte *Ne mihi tum libeat*, qu'il ne me prenne point l'idée, etc. ;
mais Binet traduit aussi *me préservent les Dieux...!* et vraisemblablement c'est
d'après Delille.

P. 255. Virgile, III, 457.

Del.     Même quand la douleur, *pénétrant jusqu'aux os*,
         D'un sang *séditieux fait bouillonner* les flots.
Pomp.    Lorsqu'enfin le poison *pénétrant jusqu'aux os...*

Et Boileau a dit :

« Si dans cet instant même *un feu séditieux*
« *Fait bouillonner* mon sang et pétiller mes yeux... »

*Ibid.* Virgile, III, 461.

Del.]    Art connu, dans le Nord, de ces peuples guerriers
         Qui *rougissent* leur lait du *sang de leurs coursiers*,
Seg.ƒ    Quand parmi les déserts il veut pour sa boisson
         *Du sang de ses chevaux rougir* son blanc laitage.

*Ibid.* Virgile, III, 464.

Del.     *Vois-tu quelque brebis* chercher souvent l'ombrage,
         *Effleurer* à regret la pointe de l'herbage?...
Pomp.    *Sitôt qu'une brebis* se retire à l'écart,
         A peine *effleure* l'herbe et la broute au hazard...

Il est toujours évident que Delille ne quitte point la voie, quoique porte[1] le
texte *summas carpentem ignaviüs herbas.*

P. 259. Virgile, III, 470.

Del.     Autant qu'on voit de flots se briser *sur les mers*,
         Autant dans un bercail règnent *de maux divers*.
Seg.     Les vents élèvent moins de vagues *sur les mers*,
         Qu'on ne voit les troupeaux sentir *de maux divers*.

*Ibid.* Virgile, III, 482.

Del.     Mais quelle affreuse mort!...
Seg.     Mais quelle mort, grands Dieux!...

Le texte ne donne pas ce mouvement : *Nec via mortis erat simplex.*

*Ibid.* Virgile, III, 496.

Del.     Le chien si caressant, expire dans la rage.
Mart.    Le chien doux et flatteur était saisi de rage.

Ce vers traduit plus fidèlement :

*Hinc canibus blandis rabies venit.*

1. Rédaction primitive : « ... malgré le texte ». Remard a corrigé : « quoique
porte le texte ». Cf. plus bas (p. 741, dernière ligne) un tour semblable.

*Ibid.*

DEL.     *Et d'une horrible toux* les accès violents
         *Étouffent l'animal qui* s'engraisse de glands.

POMP.   *Et des accès de toux,* fruit de ce mal étrange,
         *Étouffent l'animal qui se* plaît dans la fange.

P. 259. Virgile, III, 498.

DEL.     Le coursier, l'œil éteint *et l'oreille baissée,*
         *Distillant lentement une sueur glacée,*
         Languit...
         *Sa peau* rude se sèche *et résiste à la main.*

POMP.   Frappant du pied la terre, *et l'oreille baissée*
         *Lentement il distille une sueur glacée*
         *Sa peau* devient scabreuse *et résiste à la main.*

Voilà un des passages qui prouvent le plus incontestablement que Pompignan est le *plagié*, et non pas le plagiaire. S'il eût travaillé d'après Delille, certes il aurait eu bien peu de goût, ou il aurait mieux aimé mettre *Sa peau rude se sèche*, que *sa peau devient scabreuse*, quoiqu'après tout ce dernier mot veuille dire aussi *raboteux, rude.*

Le premier vers de Delillé rapelle un vers de Racine, dans le fameux récit de Théramène :

« L'œil morne maintenant et la tête baissée. »

*Ibid.* Virgile, III, 508.

DEL.     *Et sa langue épaissie* assiège son gosier.

SEG.     Et sa langue semblait collée à son gosier.

POMP.   *Sa langue s'épaissit* jusques dans ses racines.

Il n'y a rien dans *obsessas fauces premit aspera lingua* qui signifie *épaissie, s'épaissit.*

Pompignan n'a pas laissé de prendre ici un bel hémistiche à Racine :

« Le ciel même peut-il réparer les ruines
« De cet arbre séché *jusques dans ses racines.*

P. 259. Virgile, III, 509.

·DEL.     Un *vin* pur, *épanché dans sa gorge* brûlante,
         *Parut calmer d'abord sa douleur* violente;
         Mais ses forces *bientôt se changeant en fureur,*
         (*O ciel! loin des Romains ces transports plein d'horreur!*)

SEG.     Le vin...
         *Parut* à tous ces maux le souverain remède.

POMP.   Le *vin,* par des tuyaux *dans sa gorge versé,*
         *Calmait d'abord le mal* dont il était pressé ;
         *Mais bientôt* il tombait dans une ivresse extrême...

. . . . . ·. . . . . . . . . . .

*Dieux! puissent les Romains éviter ces horreurs*
Et nos seuls ennemis imiter ces *fureurs!*

Malgré les secours qu'il avait, et dont il n'avait nullement besoin toutefois, il est à remarquer que Delille ne traduit que la moitié du vers latin :

*Di meliora piis, erroremque hostibus illum!*

et qu'il omet surtout le trait le plus remarquable : l'imprécation. Son troisième vers n'est-il pas imité de Racine, dans *Britannicus?*

« Mais sa feinte bonté se tournant en fureur. »

*Ibid.* Virgile, III, 515.

DEL.     Voyez-vous *le taureau* fumant sous l'aiguillon,
         *D'*un *sang* mêlé d'écume inonder son *sillon?*
         *Il meurt...*
POMP.    Tout-à-coup le taureau, pour surcroît de disgrace,
         Vomit des flots *de sang* dans le *sillon* qu'il trace ;
         *Il meurt...*

*Voyez-vous* Delille prendre ici à Pompignan une de ces coupes hardies, une de ces suspensions dont il se glorifie tant, et pour lequelles il semble demander un brévet d'invention?

*Ibid.* Virgile, III, 520.

DEL.     Le doux tapis *acs prés, l'asyle d'un bois sombre...*
POMP.    L'émail fleuri *des prés, des bois le sombre asyle...*

*Ibid.* Virgile, III, 522.

DEL.     Le crystal d'un ruisseau qui rajeunit les prés
         Et roule une eau d'argent sur des sables dorés...

Voici des vers qui peuvent rivaliser avec ceux-ci :

« Les rayons divisés en mobiles réseaux
« Roulent en nappes d'or sur l'argent de ses eaux.

Boisjolin.

« O combien j'aimerais à suivre dans leur course
« Ces flots qui...

. . . . . . . . . . . . . . . . . . . . .

— Sur des sables d'or, en nappes argentées
« Déroulent mollement leurs ondes enchantées.

M. Parseval-Grandmaison.

« Dans son cours transparent, cette onde enchanteresse
« De son sable doré laisse voir la richesse. »

Le même.

Mais Virgile n'est pas si recherché ; il dit tout simplement :

... *per saxa volutus*
*Purior electro campum petit amnis.*

*Ibid.* Virgile, III, 531.

DEL.　　*Pour appaiser les Dieux*, on dit que ces contrées
　　　　Préparaient à *Junon des offrandes sacrées*...
POMP.　　Ce peuple alors voulut, *pour appaiser les cieux*,
　　　　Offrir *des dons sacrés à la Reine des Dieux*...

*Ibid.*

DEL.　　A peine on put trouver deux *buffles inégaux*.
SEG.　　*Des buffles inégaux* traînaient les dons sacrés.

Malgré le latin *uris imparibus*, je suis tenté de croire à l'emprunt.

*Ibid.* Virgile, III, 543.

DEL.　　Les phoques, désertant ces gouffres *infectés*,
　　　　Dans les fleuves surpris *courent épouvantés*,
POMP.　　Les monstres de la mer, comme eux *épouvantés*,
　　　　Ne trouvaient que des flots par la peste *infectés*.

P. 263. Virgile, III, 546.

DEL.　　L'oiseau même est atteint et des traits *du trépas*
　　　　*Le vol le plus léger ne le garantit pas.*
MART.　　L'oiseau, l'hôte de l'air, y trouve *le trépas*;
　　　　*Le vol le plus léger ne l'en garantit pas.*

*Ibid.* Virgile, III, 548.

DEL.　　*Vainement les bergers changent de pâturage.*
POMP.　　*Vainement les bergers*, que soutient l'espérance,
　　　　*Changent de pâturage.....*

*Ibid.* Virgile. III, 560.

DEL.　　En vain *l'onde et le feu* pénétraient leur *toison* :
　　　　Rien n'en pouvait domter l'invincible *poison*;
　　　　Et *malheur au mortel* qui, bravant leurs *souillures*,
　　　　Eût osé revêtir *ces dépouilles impures*!...
POMP.　　Du *poison* dangereux dont leur chair fut atteinte,
　　　　Ni *l'onde*, ni *le feu* n'eût effacé l'empreinte;
　　　　Les *toisons* conservaient cette horrible vertu;
　　　　*Malheur à tout mortel* qu'elles auraient vêtu!
　　　　Les tissus que formait *cette dépouille impure.*
　　　　Communiquaient au sang leur secrette *souillure.*

On pourrait se demander ici pourquoi Delille a laissé à Pompignan le dernier hémistiche du troisième vers : *Cette horrible vertu...* Certainement il en a senti la beauté, mais on ne peut pas tout prendre.

... *Ibid.* Virgile, III, 566.

DEL.     Son *corps se desséchait,* et ses chairs *enflammées*
Par d'*invisibles feux* périssaient *consumées.*

POMP.    Et *d'un feu clandestin l'embrasement* rapide
*Consumait* des mourans *le corps sec* et livide.

Il n'y a dans le latin que *contactos artus sacer ignis edebat,* ce qui n'a pu donner lieu, ce me semble, à des vers aussi évidemment fabriqués l'un sur l'autre. D'ailleurs si le lecteur est sans prévention, il doit remarquer que presque partout c'est la version de Pompignan retouchée par un poète plus habile, toutefois quand il y avait moyen et nécessité de mieux faire.

---

## LIVRE QUATRIÈME

P. 293. Virgile, IV. 6

DEL.     Et si *le dieu des vers* veut me servir de maître,
Moins *le sujet est grand,* plus ma gloire va l'être.

POMP.    *Le sujet est* léger, mais l'honneur *sera grand,*
Et c'est *le dieu des vers* que j'en ai pour garant.

*Ibid.* Virgile, IV. 9.

DEL.     Le vent, à leur retour, ferait plier leurs ailes
*Tremblantes sous le poids de leurs moissons nouvelles.*

POMP.    Les jeunes vont aux champs, et le soir les rappelle
*Tremblantes sous le poids de leur moisson nouvelle.*

Ces vers de Pompignan dont le second a été pris tout entier, et en valait bien la peine, se trouvent un peu plus loin et sont la traduction de :

At *fessae mulid referunt se nocte minores,*
*Crura thymo plenae* [1]. ...

*Ibid.* Virgile. IV, 10.

DEL.     Que jamais auprès d'eux le chevreau bondissant
Ne vienne folâtrer sur le gazon naissant,
Ne détache des fleurs ces gouttes de rosée
Qui tremblent, le matin, sur la feuille arrosée.

MART.    Que le bouc pétulant et la génisse errante
N'y viennent point fouler l'herbe encore naissante,
N'ébranlent point les troncs, n'abattent point les pleurs
Dont l'aurore a mouillé les feuilles et les fleurs.

*Ibid.* Virgile, IV, 16.

DEL.     Et saisissant l'abeille errante sur le thym,
En font *à leurs enfants* un barbare festin.

1. Virgile, IV, 181.

Racine apporte de tems en tems son petit tribut à Delille :

« Bourreau de votre fille, il ne vous reste enfin
« Que d'en faire à sa mère un horrible festin. »

Je ne sais pas pourquoi le traducteur n'a pas mis : *à leurs petits.*

P. 295. Virgile, IV, 35.

DEL. Leurs toits...
   *N'auront dans leur contour qu'une étroite ouverture.*
MART. La ruche...
   *N'aura dans son contour qu'une étroite ouverture.*

Ibid. Virgile, IV, 36.

DEL. Ainsi que la chaleur le miel craint la froidure.
SEGR. Le miel craint la froidure et l'extrême chaleur.

Vers retourné.

Ibid. Virgile, IV, 46.

DEL.    *Que leurs toits entr'ouverts*
  *Soient* cimentés *d'argile et de feuilles couverts.*
POMP. *Que leurs* fragiles *toits,* aisément *entr'ouverts,*
  *Soient* investis *d'argile, et de feuilles couverts.*

P. 297. Virgile, IV, 48.

DEL. *Crains* les profondes eaux, crains l'odeur du limon.
POMP. Ils *craignent* des marais la noire exhalaison.

Il y a dans le texte : *Neu crede*; et le mot *craindre* est venu s'offrir aux deux traducteurs!... Cela me paraît plus que douteux.

Ibid. Virgile, IV, 67.

DEL. Mais *lorsqu'entre deux* rois l'ardente *ambition*
  *Allume les flambeaux* de la division.
MART. Quand, entre elles deux rois, dans une même ville,
  Allument le flambeau de la guerre civile
POMP. Mais *lorsqu'entre deux* chefs *l'ambition* cruelle
  *Allume* pour le trône une injuste querelle.

P. 299. Virgile, IV, 71.

DEL. ... *Et* leurs voix menaçantes
  *Imitent du clairon les sons entrecoupés;*
  Les combattants épars déjà sont *attroupés....*
MART. *Le murmure confus des soldats attroupés,*
  *Du clairon imité les sons entrecoupés....*
POMP. Le murmure confus des soldats *attroupés*
  *Imite du clairon les sons entrecoupés*

Le plagiat n'est pas moins évident quoique dise le texte :

*... Et vox*
*Auditur fractos sonitus imitata tubarum.*

*Ibid.* Virgile, IV, 80.

DEL.      *Ainsi* pleuvent les glands, *ainsi la grêle tombe.*
POMP.     *Ainsi tombe la grêle; ainsi* pendant l'hyver,
          Des chênes secoués tombe le fruit amer.

Ce n'est point là tout à fait la marche du latin :

*Non densior aëre grando,*
*Non de concussâ tantùm pluit ilice glandis.*

*Ibid.* Virgile, IV, 83.

DEL.      *Et dans un faible corps s'allume un grand courage.*
MART.     Tant en ces petits corps il se trouve de cœur!
SEGR.     Et dans un petit corps font voir un grand courage.
L. RAC.   *Et dans de faibles corps, s'allume un grand courage.*

L'intention de Delille, dit Clément, n'était pas d'abord de prévenir que ce vers était de Racine le fils; il fallut qu'une dame l'en avertit, une Dame à qui il lisait un jour sa traduction encore inédite, et qui apparemment connaissait le poème de *La Religion.* Cela prouve bien qu'en fait de plagiat, Delille

Savait *se faire un front* qui ne rougit jamais.

Desmarets de Saint-Sorlin qui a traduit 80 vers du IVe livre des Géorgiques, à commencer du huitième : *Principio sedes...* a rendu ainsi ce passage :

« Les rois animent tout au milieu de l'orage,
*Et dans* un petit *corps* portent *un grand courage.* »

*Ibid.* Virgile, IV, 93.

DEL.      L'autre, à regret montrant sa figure *hideuse,*
          *Traîne d'un ventre épais* la masse parèsseuse.
MART.     *Paresseux* et couvert d'une *hideuse* peau.
          *Traîne d'un ventre épais* l'inutile fardeau.

P. 301. Virgile, IV, 101.

DEL.      Elle seule, au printemps, te *distille un miel pur*
          *Qui dompte l'âpreté d'un vin* fougueux *et dur.*
MART.     Le miel qu'elle nous donne est toujours le meilleur,
          Le plus pur, le plus clair, et le plus propre à rendre
          *Le vin dur et fougueux,* plus potable et plus tendre.
POMP.     ... Et sa troupe fertile
          Quand la saison le veut, abondamment *distille,*
          Dans des tuyaux de cire, un *miel* fluide, *pur,*
          *Qui dompte l'âpreté d'un vin* sauvage *et dur.*

Ibid. Virgile, IV, 103.

DEL.     Cependant *si ce peuple*, en son humeur *volage*,
           *Quittait* ses ateliers, suspendait *son ouvrage*...

POMP.     Lorsque, malgré vos soins, *la nation volage*
           Méprise sa demeure, et *quitte son ouvrage*...

Ibid. Virgile, IV, 116.

DEL.     Si mon vaisseau longtems égaré loin du *bord*
           Ne se hâtait enfin de regagner le *port*....

SEGR.     Oh ! si pliant la voile et tourné vers le *bord*,
           Je ne me trouvais pas près d'entrer le *port*...

P. 303. Virgile, IV, 126.

DEL.     *Aux lieux où le Galèse*, en des plaines fécondes,
           Parmi les blonds épis roule ses noires ondes,
           *J'ai vu, je m'en souviens*...

MART.     A Tarente autrefois, *j'ai vu, je m'en souviens*...

Le texte dit : *memini me vidisse*, je me souviens d'avoir vu ; puis la marche de Delille et celle de Pompignan sont semblables.

POMP.     *Aux lieux où le Galèse* humecte tant de fruits,
           *J'ai vu*...

Ibid. Virgile, IV, 132.

DEL.     *Le soir*, des simples mets que ce lieu voyait *naître*,
           Ses mains chargeaient sans frais *une table champêtre*.

POMP.     *Le soir*, il étalait sur *sa table champêtre*,
           Ces fruits de son travail, toujours promts à *renaître*.

Ibid. Virgile, IV, 137.

DEL.     D'un frein de glace encore enchainait *les ruisseaux*.

Il parait que l'auteur, malgré le texte, *et glacie cursus frœnaret aquarum*, et l'exemple de Racine, qui avait dit :

« Celui qui met *un frein* à la fureur *des flots* »,

n'avait pas osé d'abord employer le *frein de glace*, ou n'y avait pas pensé ; car on lit dans les premières éditions :

*Interrompait encor la course des ruisseaux.*

P. 305. Virgile, IV, 142.

DEL.     Jamais Flore chez lui n'osa tromper Pomone ;
           Chaque fleur du printems était un fruit d'automne.

MART.     Les saisons tour à tour consolaient ses ennuis,
           Le printems par ses fleurs, l'automne par ses fruits.

SEGR.     Toujours lui déployant ses fécondes richesses,
           L'automne du printems lui tenait les promesses.

POMP.        Les fleurs dont le printems couvrait ses arbrisseaux,
             Étaient autant de fruits que lui gardait Pomone,
             Jusqu'aux jours desirés qui ramenaient l'automne.

On peut voir ici par quelles gradations Delille est parvenu à donner une si
grande supériorité à sa traduction.

                                          *Ibid.* Virgile, IV, 151.

DEL.        *Jadis,* parmi les sons...
POMP.       *Jadis,* de Jupiter...

*Jadis* n'est qu'un mot sans importance; mais comme il n'est pas dans le
latin, il prouve que Delille n'a pas perdu de vue la traduction de Pompignan.

                                          *Ibid.* Virgile, IV, 153.

DEL.        Chez elle, les sujets unissent leurs fortunes;
            *Les enfants sont communs, les richesses communes.*
MART.       *Les enfants sont communs, la richesse commune.*
            Les magasins publics font toute leur fortune.

                                          P. 307. Virgile, IV, 170.

DEL.        *Tels les* fils de Vulcain, *dans* les flancs de la *terre,*
            *S'empressent à l'envi de forger le tonnerre.*
MART.       *Tels les* cyclopes nuds, *dans* leur antre, sous *terre,*
            *S'empressent à l'envi de forger le tonnerre.*

                                          *Ibid.* Virgile, IV, 173.

DEL.        *L'Etna* tremblant *gémit sous l'enclume pesante.*
SEG.        *Les* cavernes d'*Etna gémissent sous l'enclume.*

Avant Delille, Racine le fils, dans le troisième chant du *Poème de la Religion,*
avait imité ce passage de Virgile :

            « Et tandis qu'au fuseau la laine obéissante
            « Suit une main légère, une main plus pesante.
            « Frappe à coups redoublés l'enclume qui gémit. »

                                          *Ibid.* Virgile, IV, 174.

DEL.        *Et leurs bras vigoureux lèvent* ces lours marteaux
            Qui *tombent en cadence* et domtent *les métaux.*
POMP.       *Et leurs bras,* qu'*avec force* ils *élèvent* en l'air,
            *Retombent en cadence,* et subjuguent *le fer.*

Il y avait déjà dans Pompignan beaucoup d'*harmonie imitative*; Delille y a
mis le comble, mais c'est surtout en cela qu'un peu d'aide fait grand bien; et
le lecteur a déjà pu le remarquer.

                                          P. 309. Virgile, IV, 194.

DEL.        Lesté *d'un grain de sable* il affronte le vent.
POMP.       Alors *de grains de sable* augmentant son fardeau.

Ce serait un grand hazard que les quatre traducteurs, Martin, Segrais, Delille et Pompignan [1], eussent trouvé *le grain* ou *les grains de sable* dans le mot latin *lapillos*. D'ailleurs Virgile est toujours exact, et quand il dit des *petits cailloux* (lapillos), c'est qu'il y en a en effet d'assez petits pour qu'une abeille puisse les porter. Les quatre traducteurs ont donc fait ici au poète latin une notable infidélité ; surtout Delille qui n'a mis qu'*un grain de sable*, pour traduire *lapillos*.

*Ibid.* Virgile, IV, 199.

DEL.    *Ignorant ses plaisirs ainsi que ses douleurs,*
        Elle adopte *des vers éclos du sein des fleurs.*

MART.   Et de l'enfantement ignorant les douleurs,
        Leurs petits sont *des vers éclos du sein des fleurs.*

*Ibid.* Virgile, IV, 201.

DEL.    Et place un roi nouveau dans *des palais de cire.*
SEG.    Elles forment leurs rois, font *des palais de cire.*

On croirait au hazard de la rencontre, si l'on n'était pas justement prévenu contre le dernier venu.

*Ibid.* Virgile, IV, 212.

DEL.    Tandis qu'il est vivant, tout suit la même loi :
        *Est-il mort?...*

MART.   Le Roi vivant, partout règne le même esprit :
        *Est-il mort?...*

P. 311. Virgile, IV, 226.

DEL.    *Et retournant aux cieux* en globe de lumière,
        Vont *rejoindre* leur être *à la masse* première.

MART.   Elle *retourne au ciel*, lieu de son origine,
        *Et* se *rejoint* sans cesse *à la masse* divine.

P. 313. Virgile, IV, 246.

DEL.    *Et l'impure araignée...*
POMP.   *Et l'impure arachné...*

Il y a dans le texte *invisa Minervae aranea.*

P. 315. Virgile, IV, 279.

DEL.    Dans les flots *odorans* d'un vin délicieux
        *Fais bouillir sa racine,* et devant *tes abeilles,*
        *De ce mets précieux* fais remplir *des corbeilles.*

MART.   *Fais bouillir sa racine* en un vin odorant.
POMP.   Et près du lieu funeste où meurent *vos abeilles,*
        *De ce mets salutaire* étalez *des corbeilles.*

---

1. Remard parle bien de « quatre » traducteurs, mais il n'en cite que deux. Vraisemblablement, il aura oublié d'ajouter ici la petite feuille supplémentaire qui portait le texte des deux autres.

P. 319. Virgile, IV, 328.

DEL.    *Mes essaims ne sont plus; et vous êtes ma mère!*
    Achevez, de vos mains *ravagez ces côteaux,*
    Embrasez mes moissons, immolez mes troupeaux ;
    *Dans* ces jeunes forêts allez *porter la flamme,*
    Puisque l'honneur d'un fils *ne touche plus votre ame.*
DULARD [1].    Et vous êtes ma mère! ah! pour combler mes maux,
    Détruisez mon bercail, *ravagez mes côteaux*;
    *Portez dans* mes guérets et le fer et *la flamme*;
    Ma gloire, je le vois, *ne touche plus votre ame.*
MART.    *Puisque* toute amitié de ton *ame* est chassée.
LE BRUN.    *Et vous êtes ma mère! Et je ne les ai plus!*

*Ibid.* Virgile, IV, 333.

DEL.    *Cyrène entend sa voix* au fond de son séjour.
    *Cyrène entend sa voix* retentir sous les ondes.

*Ibid.* Virgile, IV, 337.

DEL.    *Leurs* beaux *cheveux* tombaient *en tresses ondoyantes.*
DULARD.              ... Et *leurs cheveux* flottans
    Se jouaient sur leur dos *à replis ondoyans.*

Il n'y a ni *tresses,* ni *ondes* dans le *cæsariem effusae* du texte.

*Ibid.* Virgile, IV, 339.

DEL.    *Cydippe vierge encor, Lycoris dejà mere.*
LE BRUN.    *Cydippe vierge encor, Lycoris déjà mere.*

Il eût été vraiment dommage que Delille n'embellit pas sa traduction de ce vers d'autant plus heureux qu'il en traduit parfaitement deux de Virgile :

    *Cydippeque, et flava Lycorias, altera virgo,*
    *Altera tùm primos Lucinae experta labores.*

Avant que Lebrun vînt à son aide, Delille qui ne réussissait pas toujours, avait fait trois vers pour traduire ceux-là.

P. 321. Virgile, IV, 345.

DEL.    *Pour charmer leur* ennui, *Clymène, au milieu d'elles,*
    *Leur* racontait des Dieux *les amours infidelles.*
LE BRUN.    *Pour charmer leurs* loisirs, *Clymène, au milieu d'elles,*
    *Leur* chantait de Vénus *les amours infidelles.*

*Ibid.* Virgile, IV, 348.

DEL.    *Tandis qu'à* l'écouter *les Nymphes attentives*
    Font tourner *leurs fuseaux* entre *leurs mains actives,*

---

1. Sur Dulard, Cf. Michaud, *Biographie universelle.*

*Du malheureux berger la  gémissante voix*
*Parvient jusqu'à sa mère une seconde fois.*

POMP.  *Tandis qu'à ses discours les Nymphes attentives*
*De fuseaux différens chargeaient leurs mains actives,*
*L'écho jusqu'à Cyrène, une seconde fois,*
*Du berger malheureux porta la triste voix.*

Ibid. Virgile, IV, 358.

DEL.   ·  Qu'on amene mon fils, *qu'il paraisse à mes yeux,*
Mon fils *a droit d'entrer dans le palais des Dieux.*

POMP.  Hâtez ses pas, *qu'il vienne* : issu du sang *des Dieux,*
*Il peut, dans leur séjour, se montrer à leurs yeux.*

MART.  ... Il a droit d'aller où vont les Dieux.

SEG.   *Il a droit d'être admis dans le palais des Dieux.*

DULARD.  *Il est en droit d'entrer dans le palais des Dieux.*

P. 323. Virgile, IV, 370

DEL.   L'Hypanis se brisant sur des rochers affreux.

SEG.   D'où *se vient l'Hypanis briser contre des roches.*

Ibid. Virgile, IV, 374.

DEL.   Mais enfin *il arrive* à ce brillant *palais,*
Que les flots ont creusé *dans un roc toujours frais.*

MART.  A peine *arriva-t-il dans le roc toujours frais,*
Où l'aimable Déesse a bâti son *palais.*

Ibid. Virgile, IV, 381.

DEL.   Invoquons *l'Océan, le vieux pere du monde.*

L. RAC.  Et *le vieux Océan pere de la Nature.*

Il n'y a peut-être que le mot *vieux* d'emprunté ici; mais c'est assez pour le dire.

P. 323 et 325. Virgile, IV, 390.

DEL.   *Pallène est sa patrie; et, dans ce même jour,*
Vers ces bords fortunés il hâte *son retour.*
Les Nymphes, les Tritons, tous, jusqu'au *vieux Nérée*
*Respectent* de ce dieu la *science* sacrée.

POMP.  *Pallène est sa patrie*; il l'aime, *et, dans ce jour,*
Les ports de Macédoine attendent *son retour.*
Ses talents merveilleux sont chers au *vieux Nérée,*
Et sa vaste *science* est par nous révérée.

P. 325. Virgile, IV, 398.

DEL.          ... Son cœur sourd à la plainte,
*Résiste* à la priere, *et cède à la contrainte.*

VOLT.  *Il résiste à la* force, *il cède à la* souplesse.

*Ibid.* Virgile, IV, 401.

DEL.      *Moi-même, quand* Phébus, partageant l'horizon,
          De ses feux *dévorants* jaunira le gazon,
          *A l'heure où les troupeaux* goûtent *le frais de l'ombre,*
          *Je guiderai tes pas vers une grotte sombre,*
          *Où sommeille* ce Dieu, *sorti du sein des flots.*
          Là, tu le surprendras *dans les bras du repos.*
MART.     C'est le tems où *ce Dieu sortant du sein des flots.*
SEG.      Quand, du milieu du ciel...
          On voit l'herbe griller, et les troupeaux *à l'ombre,*
          Moi-même je te veux conduire en *l'antre sombre*
          Où le vieillard lassé, se retirant *des flots,*
          Dans les bras du sommeil vient chercher *le repos.*
POMP.     *Moi-même, quand* du ciel la chaleur *dévorante,*
          Dans les champs altérés flétrit l'herbe mourante ;
          *Quand les troupeaux* épars cherchent *l'ombre et le frais,*
          *Je guiderai tes pas vers* les antres secrets,
          *Où* le vieillard, plongé *dans* un *sommeil* tranquille,
          Rendra de tes efforts le succès plus facile.
DULARD.   *Quand le troupeau se plaît à reposer à l'ombre,*
          *Je guiderai vos pas vers cette grotte sombre,*
          *Où* le pasteur des mers, *sorti du sein des flots,*
          *Dans les bras* du sommeil, se livre au doux *repos.*

Dans ce passage, retirez à Delille ce qu'il a emprunté, il ne lui restera guères

              Sur *l'horizon*
          que *le gazon,*

rimes des deux premiers. L'hémistiche *sorti du sein des flots,* Racine peut
aussi le réclamer comme sien.

                              *Ibid.* Virgile, IV, 405.

DEL.      Mais à peine on l'attaque, il fuit, il prend la forme
          D'un tigre furieux, d'un sanglier énorme ;
          Serpent, il s'entrelace, et lion, il rugit ;
          C'est un feu qui pétille, un torrent qui mugit.
LE BRUN.  Chargez-le de liens ; mais prompt à se défendre,
          A vos yeux, sous vos mains, il se roule en torrent,
          Gronde en tigre irrité, glisse et siffle en serpent,
          Dresse en lion fougueux sa crinière sanglante,
          Et tout à coup s'échappe en flamme pétillante.

Je rapporte ce passage pour prouver de plus en plus qu'on peut très bien
traduire, sans se rencontrer avec un autre. Au reste, ces beaux vers de
Lebrun étaient trop connus, trop fameux, pour que Delille ne les respectât
point ; mais on voit toujours qu'ils lui ont servi de modèle, et que sans cela

il n'en eût peut-être pas fait de si pittoresques; car le texte est en effet bien plus simple que ces deux versions.

Si Malfilâtre a traduit aussi l'épisode d'Aristée, ce que j'ignore, il est probable [1] que Delille s'est servi ici de sa traduction. Quant à celle de Pompignan, il n'avait rien à y prendre en cet endroit.

*Ibid.* Virgile, IV, 415.

DEL.    *Sur son fils, à ces mots,* sa main officieuse
Répand d'un doux *parfum* l'essence précieuse;
Cette *pure ambroisie* embaume *ses cheveux,*
Rend son corps plus agile et ses bras plus nerveux.

POMP.   *Sur son fils à ces mots,* la Déesse attendrie
Verse en le consolant, la *plus pure ambroisie*;
Et, du jeune berger, la divine liqueur
Parfume les cheveux, augmente la vigueur.

P. 327. Virgile, IV, 422.

DEL.    *Là, dans un antre* obscur *se retirait Protée*;
*Cyrène* le prévient, *y conduit Aristée,*
Le place, loin du jour, dans l'ombre *de ces lieux,*
*Se couvre d'un nuage et se dérobe aux yeux.*

POMP.   C'est *là* que le sommeil souvent retient *Protée.*
D'un pas léger *Cyrène y conduit Aristée,*
Le cache adroitement *dans ces* humides *lieux,*
*Se couvre d'un nuage et disparaît aux yeux.*

DULARD. *Dans cet antre* ignoré *se retirait Protée*;
La Nayade, en secret, *y conduit Aristée.*

*Ibid.* Virgile, IV, 425.

DEL.    Déjà le chien brûlant dont l'Inde *est dévorée*
Vomissait tous ses feux sur la plaine *altérée...*

DULARD. C'était dans la saison où, de pluie *altérée,*
Des ardeurs du lion la terre *est dévorée.*

*Ibid.* Virgile, IV, 432.

DEL.    Tous ces monstres épars *s'endorment sur la rive.*
Alors, *tel qu'un berger, quand la nuit sombre arrive...*

SEG.    Les veaux marins *dormaient, étendus sur la rive.*
*Et comme le pasteur, lorsque le soir arrive...*

Le moindre avantage qu'ait trouvé Delille à consulter ses devanciers est, comme on voit, d'avoir pu se passer de RICHELET.

*Ibid.* Virgile, IV, 437.

DEL.    *A peine il* s'assoupit, *que le fils de Cyrène*
Accourt, pousse *un* grand *cri, le saisit et l'enchaine.*

1. Remard avait écrit d'abord : « ... j'aurais bien voulu voir si Delille 's'est servi... ».

LE BRUN.    *A peine il s'endormait, que le fils de Cyrène*
            *S'élance, jette un cri, le saisit et l'enchaîne.*

                                        *Ibid.* Virgile, IV, 442.

DEL.        Le vieillard de ses bras sort en feu *dévorant*
            Il *s'échappe* en lion, *il se roule en torrent.*
            Enfin, las d'opposer une défense *vaine,*
            Il cède, et se montrant sous une forme *humaine...*
MART.       *Le vieillard* enchaîné...
            Se transforme en lionne, en dragon *dévorant,*
            En flamme étincelante , en rivière, en *torrent*;
            Mais enfin, éprouvant que sa science est *vaine,*
            Il reprend l'apparence et la figure *humaine.*
LE BRUN.    Et tout à coup *s'échappe en* flamme pétillante.
            A vos yeux, sous vos mains, *il se roule en torrent.*

Cette fois, Delille n'a pu résister à la tentation; il a fallu qu'il prit au moins un hémitiche dans les plus beaux vers de Lebrun.

                                        *Ibid.*

DEL.        Enfin, *las* d'opposer une défense *vaine,*
            Il cede; *et se montrant sous une forme humaine* :
            Jeune imprudent, dit-il...
POMP.       Mais confus et *lassé d'une* imposture *vaine,*
            Sous ses traits naturels, *sous une forme humaine,*
            Il *se montre* au vainqueur, etc.

                                        P. 329. Virgile, IV, 457.

DEL.        Eurydice fuyait, hélas! et ne *vit* pas
            *Un serpent que les fleurs* recèlaient sous ses pas.
POMP.       Tu le sais, dans sa course, elle foule, éperdue,
            *Un serpent que les fleurs* dérobaient à sa *vue.*

                                        *Ibid.*

DEL.        La mort ferma ses yeux; *les nimphes ses compagnes*
            *De leurs cris* douloureux remplirent les *montagnes.*
MART.       Elle fut le regret des *nymphes ses compagnes*;
            On entendit *leurs cris* au sommet *des montagnes.*

                                        *Ibid.*

DEL.        Le Thrace belliqueux lui-même en soupira ;
            Le *Rhodope en* gémit, et *l'Ebre en murmura.*
MART.       *Dans les prés, dans les bois, Rhodope* la pleura ;
            *La Trace en fut émue, et l'Ebre en murmura.*

                                        *Ibid.* Virgile, IV, 468.

DEL.        Et perçant *ces forêts où règne* un morne *effroi,*
            *Il aborda des* morts *l'impitoyable Roi.*

DULARD.  Vit *ces forêts où règne un* éternel *effroi*,
         *A borda des* Enfers *le redoutable Roi.*

*Ibid.* Virgile, IV, 472.

DEL.     *Il chantait*; et ravis jusqu'*au fond des enfers*,
         *Au bruit* harmonieux *de ses* tendres *concerts*,
         Les légers habitants de ces obscurs royaumes
         . . . . . . . . . . . . . . . .
         Accouraient...

LE BRUN. *Il chante*, tout s'émeut, et *du fond des enfers*,
         Les manes *accouraient au bruit de ses concerts.*

P. 331. Virgile, IV, 487.

DEL.     *Proserpine à ce prix* couronnait sa tendresse.
POMP.    *Proşerpine, à ce prix*, lui redonnait la vie.

*Ibid.* Virgile, IV, 489.

DEL.     *Bien digne de pardon, si l'Enfer pardonnait.*
MART.    Qu'on pouvait pardonner, si l'Enfer pardonnait [1].
SEG.                    ... offense pardonnable,
         Si jamais pardonnait l'Enfer inexorable.
POMP.    *Si l'enfer pardonnait, bien digne de pardon.*
LE BRUN. *Si l'enfer pardonnait, ô pardonnable* offense!

Il est bien vrai qu'il était impossible de ne pas se rencontrer en traduisant
le fameux vers de Virgile.

*Ignoscenda quidem, scirent si ignoscere Manes*;

Mais est-ce l'effet du hazard, si le vers de Delille n'est pas autre chose que
le vers de Pompignan *retourné?*

*Ibid.* Virgile, IV, 490.

DEL.     *Il s'arrête, il se tourne*;...
MART.                  *Il s'arrête, se tourne...*
POMP.    *Il s'arrête, il se tourne...*

*Ibid.* Virgile, IV, 492.

DEL.     Et des Enfers, charmés de ressaisir *leur proie*,
         *Trois fois* le gouffre *avare en* retentit *de joie.*
LE BRUN. Plus de trève; Pluton redemande *sa proie*;
         *Trois fois* le Styx *avare en* murmure *de joie.*

*Ibid.* Virgile, IV, 494.

DEL.     *Eurydice s'écrie* : O destin rigoureux!
         Hélas! quel Dieu cruel *nous a perdus tous deux?*

---

1. Le manuscrit n'est pas net en cét endroit.

SEG.   *Eurydice s'écrie* : O malheureux époux!...
POMP.  *Eurydice s'écrie* : époux trop malheureux,
       Qu'as-tu donc fait? L'amour *nous a perdus tous deux.*

                              P. 335. Virgile, IV, 517.

DEL.   Sur *les sommets déserts des monts Hyperborées...*
POMP.  Et *les sommets déserts des monts Hyperborées...*

                              *Ibid.*

DEL.   Il pleurait Eurydice, et plein de ses attraits,
       *Reprochait à Pluton* ses perfides bienfaits.
SEG.   Il cherchait Eurydice et pleurant ses malheurs
       *Reprochait à Pluton* ses frivoles faveurs.

                              *Ibid.* Virgile, IV, 520.

DEL.   *Il dédaigna leurs feux...*
POMP.  *Il dédaigna les feux des* Bacchantes d'Ismare.

                              *Ibid.* Virgile, IV, 523.

DEL.   *L'Ebre roula sa tête* encor toute *sanglante;*
       *Là sa langue glacée et sa voix expirante,*
       Jusqu'au dernier soupir formant un faible son,
       D'Eurydice *en flottant murmurait le doux nom,*
       *Eurydice! ô douleur! touchés de son supplice*
       Les échos répétaient : *Eurydice! Eurydice!*
MART.  Son âme, en s'enfuyant, d'une *mourante voix,*
       Appelait *Eurydice,* Eurydice! Les bois,
       Les antres, *les échos, touchés de son supplice,*
       Répondaient coup sur coup : *Eurydice, Eurydice.*
SEG.   *Là, roulant* sur les flots, d'un lamentable ton,
       *D'Eurydice sa langue* encor nommait *le nom.*
POMP.  Elle *flottait* sur l'*Ebre,* où *sa bouche sanglante*
       *Murmurait* dans les flots *le nom* de son amante.
LE BRUN. Dans *l'Ebre* impétueux *sa tête* fut jetée;
       Mais, tandis qu'elle errait sur la vague agitée,
       Ses lèvres, qu'*Eurydice* animait autrefois,
       *Et sa langue glacée, et sa mourante voix,*
       *Sa voix* disait encore : ô ma chère *Eurydice!*
       Et tout le fleuve en pleurs répondait *Eurydice.*
DULARD. *Sa bouche prononçait le doux nom d'Eurydice.*

Ne voilà-t-il pas ce lourd, ce dédaigné Martin, qui fournit à son ingrat émule non seulement cette répétition : *Eurydice, Eurydice* dont le public lui a su tant de gré, et jusqu'à la manière dont elle est amenée; mais même le type le plus exact de cette coupe audacieuse, dont Delille s'est tant glorifié? Voyez, Lecteur, je vais transcrire les deux vers l'un sous l'autre :

DEL.   L'Univers ébranlé s'épouvante... le Dieu...
MART.  Les échos...

. . . . . . . . . . . . . .

Appelaient *Eurydice, Eurydice...* les bois...

Ibid. (335). Virgile, IV, 528.

DEL.   Le devin dans la mer se replonge *à ces mots*,
       Et du gouffre écumant fait tournoyer *les flots.*
SEG.   Protée, au sein des mers s'élance après *ces mots*,
       Et fit écumer l'onde, et bouillonner *les flots.*

Ibid. Virgile, IV, 534.

DEL.              Toi, *fléchis leur colère.*
POMP.  Mais il est un secret pour *fléchir leur colère.*

Ibid. Virgile, IV, 538.

DEL.   Sur le riant Lycée *où paissent les troupeaux,*
       Va choisir *à l'instant quatre jeunes taureaux*;
       *Choisis un nombre égal de génisses* superbes.
POMP.  *Choisis, sans différer, quatre jeunes taureaux*;
       Joins leur *un nombre égal* de fougueuses *génisses.*
DULARD. Retournez *sur les* monts *où paissent les troupeaux*;
       Et, soigneux de choisir *quatre jeunes taureaux...*

Comment se fait-il que le vers latin

*Quattuor eximios praestanti corpore tauros*

ait donné aux trois traducteurs *quatre jeunes taureaux*?

Ibid. Virgile, IV, 543.

DEL.   *Laisse leurs corps sanglans* dans la forêt profonde.
POMP.  *Laisse leurs corps sanglans* au milieu du bocage.

P. 337. Virgile, IV, 546.

DEL.              *... aux mânes d'Eurydice,*
       De retour dans les bois immole une *génisse.*
POMP.             *... Aux mânes d'Eurydice,*
       Offre une brebis noire avec une *génisse.*

Peut-être la ressemblance était inévitable ici.

Ibid. Virgile, IV, 558.

DEL.   Et sur l'arbre voisin *en grappes* se suspendent.
POMP.  *En grappes* de raisin assiègent le feuillage.

Il est vrai que *uvam* ne pouvait guère se rendre autrement

Ibid. Virgile, IV, 562.

DEL.   Et marchait *à grands pas vers* l'immortalité.
POMP.  Et s'ouvrait *à grands* pas un chemin *vers* les cieux.

*Ibid.* Virgile, IV, 564.

DEL.     Et moi je jouissais *d*'une *retraite obscure*;
         Je m'essayais dans Naple à peindre *la Nature.*
POMP.    Aux champs de Parthénope, épiant *la Nature*,
         J'amusais les loisirs *de* ma *retraite obscure.*

Enfin Delille a tenu bon jusqu'aux derniers vers; et j'ai fait de même [1].

LOUIS MAIGRON.

[1]. Remard a joint à son manuscrit les « Corrections principales faites par Jacques Delille dans sa traduction des Géorgiques, d'après les observations critiques de Clément, publiées en 1771, après la quatrième édition de la traduction de Delille ». Ces notes, qui forment douze pages, ne sont pas de la main de Remard.

# COMPTES RENDUS

PIERRE VILLEY, ancien élève de l'École Normale supérieure, agrégé des Lettres. **Les sources et l'évolution des « Essais ».** Bibliothèque de la Fondation Thiers, XIV. *Librairie Hachette*, 1908, 2 vol. in-8°. — **Les livres d'histoire utilisés par Montaigne.** Contribution à l'étude des sources des *Essais*. Suivi d'un appendice sur les traductions françaises d'histoires anciennes utilisées par Montaigne. *Librairie Hachette*, 1908, in-8.

Ces deux excellentes thèses de doctorat sont la plus importante contribution à l'étude de Montaigne qui ait été donnée depuis longtemps. M. Villey a voulu chercher s'il était possible de suivre l'évolution de l'esprit de Montaigne depuis le temps où il se retira chez lui jusqu'à sa mort, ou ce qui revient au même d'en découvrir une dans les *Essais*. Son premier volume et sa thèse secondaire sont consacrés à la recherche des sources et à la chronologie des *Essais* : le second volume, interprétant les résultats obtenus, dessine l'évolution des *Essais*. La question des sources était une question préliminaire qui devait être résolue, ou du moins étudiée, avant toute autre recherche méthodique. On ne peut raisonner solidement sur la pensée de Montaigne sans savoir où elle s'est allumée, reposée; nourrie, sans savoir où il transcrit simplement les mots d'un auteur, où il ajoute de soi et crée vraiment ses idées. M. Villey, en profitant des travaux antérieurs (Bonnefon, sur les livres de Montaigne; Zangronis et Grace Norton sur les sources), les a considérablement dépassés et enrichis. De mille volumes que Montaigne prétend avoir eus dans sa bibliothèque, il en a retrouvé environ deux cents qui ont contribué aux *Essais* (car on peut admettre que Montaigne avait chez lui tout ce qu'il a utilisé). Il ne s'agissait pas seulement d'identifier les citations de Montaigne, comme on s'était presque toujours borné à faire : il fallait découvrir et rapporter à leurs sources les emprunts inavoués, les passages fondus dans le texte des *Essais*. Il fallait ensuite déterminer de quelle édition Montaigne s'était servi. Les leçons particulières d'une édition, et surtout les notes, commentaires, introductions qui l'accompagnent, ont pu laisser des traces aussi bien que le texte même de l'auteur. Il fallait, si c'était un auteur ancien et un étranger, se demander si Montaigne l'avait lu dans l'original ou dans une traduction, et dans quelle traduction : règle de méthode importante et si souvent négligée. Il fallait aussi se défier de la possibilité d'un emprunt indirect : en ce temps surtout de recueils de sentences et d'exemples, et d'ailleurs, en tout temps, pour tout auteur, il n'importe pas tant de dénoncer l'origine première de la pensée ou de l'expression, que de dénicher le véritable intermédiaire qui les a fournies. Enfin, dans tout ce travail, il faut savoir affirmer modérément, évaluer strictement les certitudes et les probabilités, et ne jamais oublier qu'il reste une part plus ou moins large de conjecture dans les conclusions; M. Villey a donné un bel exemple de prudence critique en même temps que d'érudition curieuse. Au total il arrive à des résultats fermes : on y pourra ajouter quelque chose, mais la plupart des relations qu'il signale entre le texte des *Essais* et certaines sources sont indubitables. Il a pu dresser une liste copieuse

et extrêmement intéressante des lectures de Montaigne. Et l'on y voit déjà
apparaître l'orientation de cet esprit : l'absence à peu près totale des livres
de science est significative. Culture latine et italienne, des poètes, des historiens, des moralistes : on s'en doutait déjà; on en était certain; mais
d'avoir élevé cette certitude de quelques degrés, d'avoir ajouté aux impressions
littéraires le poids des contrôles extérieurs, quiconque sait la différence entre
*sentir* et *savoir*, estimera que ce résultat légitime suffisamment la recherche :
sans parler des utilités particulières de toute sorte qu'elle procure pour l'intelligence de détail des *Essais*.

Plus délicate, plus difficile, et plus conjecturale est l'opération de dater les
*Essais* : en gros, ils se datent par les trois éditions de 1580, 1588 et 1595; était-
il possible d'aller au delà de cette distribution, de suivre d'une édition à
l'autre la pensée de Montaigne dans son développement, et surtout de découvrir
comment s'était fait ce recueil de 1580 qui représente déjà assurément neuf ou
dix ans de sa vie? Question d'esthétique littéraire autant que de biographie
intellectuelle : car si elle est résolue, elle nous apprendra ce que Montaigne
voulait faire, quand il s'est mis à écrire, à quel type antérieur d'ouvrage littéraire se rapportaient les *Essais* qu'il jetait sur le papier, et comment ce
type s'est peu à peu déformé, enrichi jusqu'à devenir un original singulier.
Mais comment dater les chapitres de l'édition de 1580? M. Villey a recueilli
soigneusement et discuté avec beaucoup de prudence et de clairvoyance tous
les faits, toutes les allusions qu'il rencontrait dans les *Essais*[1]. Puis il y a des
lectures de Montaigne qui peuvent se dater, ou certainement, ou par conjoncture, ou exactement, ou par approximations plus ou moins serrés. Enfin, un
certain nombre d'*Essais* se datent les uns par rapport aux autres, comme
antérieurs ou postérieurs. Les difficultés, dans cet effort pour établir une
chronologie, sont énormes : non point tant par la rareté des faits et rapports
précis qui peuvent servir à dater, que par ce qu'à la rigueur un passage daté
ne date que lui-même, et non tout le chapitre auquel il appartient. Il faut
évaluer, et la chose est délicate, si ce passage ne peut avoir été rajouté, si au
contraire d'autres parties du même essai ne peuvent pas être des accroissements ultérieurs, si le chapitre est venu d'un seul jet, ou par pièces séparés à
des moments distincts[2] : on voit l'embarras.

De toutes ces recherches conduites avec autant de discrétion que de finesse
et d'érudition, M. Villey tire l'idée de l'évolution des *Essais* qu'il nous présente
dans son second volume. L'évolution de la forme d'abord : il nous fait voir —
rapport entrevu par d'autres, mais démontré ici avec une évidence éclatante
— que Montaigne a eu d'abord l'idée d'un recueil d'exemples, de *leçons*, comme
était par exemple le recueil de Pierre Messie, et que peu à peu ce modèle
impersonnel et banal s'est transformé entre ses mains, par la liberté originale
des jugements, par la peinture du moi, par le souci d'un art de vivre : si bien

---

1. Ajouter : I, 7, *dernièrement* (= 1568); I, 26 (Ed. Dezeimeris, t. I, p. 125), le
précepteur de Montaigne est mort à la date où il écrit; I, 47, *dernièrement* (= 1569);
II, 8, le jeune d'Estissac n'est pas encore *en âge* : à quelle date est-il né? II, 37,
*dernièrement* (est-ce le voyage de Paris, 1570? J'en doute : il faut signaler la difficulté
et la résoudre. M. Villey sait la solution : pourquoi ne l'a-t-il pas donnée?).

2 Par exemple, pour le 1er chapitre de 1580, que M. Villey serait tenté de rejeter
vers 1578, je préférerais l'hypothèse suivante : une partie écrite au début de 1572
(éd. Dezeimeris, par. 1, 2, 3, et 5 jusqu'à *Toutefois*); une addition écrite en une ou
deux fois à partir de la fin de 1572 (fin du par. 5 et par. 6); une addition de 1578
(par. 4). La phrase importante pour l'évolution de la pensée de Montaigne (début
du par. 6, *Certes c'est un sujet — uniforme*) est celle qui se date le moins. Cependant
elle semble bien avoir dû servir toujours à introduire le dernier lot d'exemples,
après la lecture de Plutarque. Elle n'est pas du premier jet : mais il est impossible
de dire quand tous ces souvenirs de Plutarque (fin des par. 5 et 6) sont venus à
Montaigne entre 1572-3 et 1578.

que l'on ne peut deviner en présence des *Essais* tels qu'on les lit, à quelle humble et médiocre famille d'écrits les rattache leur authentique filiation. Dans la pensée de Montaigne, M. Villey distingue une période stoïcienne, une période sceptique, et enfin la période de l'épanouissement personnel et de la philosophie naturaliste de la vie. Sur tout ce mouvement, M. Villey écrit des choses fort pénétrantes. Une chose me gêne, c'est le mot de *stoïcisme* appliqué à Montaigne. Malgré l'accord de M. Villey et de M. Strowski pour l'employer j'y résiste, et je trouve beaucoup de force à certaines objections du Dr Armaingaud. Qu'il y ait dans quelques Essais de l'édition de 1580, et précisément dans ceux qui paraissent bien être les plus anciens, une couche de stoïcisme, ou plutôt de Sénèque, c'est sûr : mais on ne la trouve dans ce groupe même de chapitres que par place ; on trouve, à côté des mots et des développements stoïciens, des affleurements et des jets de la nature intime, une disposition épicurienne à chercher son *aise*, à fuir la douleur, à *se mettre à l'abri des coups, fût-ce sous la peau d'un veau*, qui ne laissent vraiment pas la liberté de penser à un Montaigne *stoïcien.* Montaigne à subi la séduction de Sénèque ; il fait de la littérature philosophique *à la manière* de Sénèque, sincèrement, mais avec une sincérité superficielle, une sincérité de lettré grisé des beaux modèles. La vraie différence entre la 1re et la 3e époque de la pensée de Montaigne ne se définit pas par l'opposition des mot *stoïcisme* et *épicurisme* : mais dans la première époque, Montaigne croit encore à la philosophie, aux maximes générales, aux remèdes généraux, à l'efficacité de la « doctrine » ; il croit pouvoir s'habiller dans les habits de Sénèque, qui s'habillait, lui, dans les habits de Zénon et d'Épicure. Dans la troisième époque, Montaigne ne croit plus à la philosophie, j'entends à la philosophie toute faite, aux partis pris systématiques ; il se fait sa philosophie, à sa mesure, extraite de son expérience, valant pour lui, et qui ne vaudra pour les autres hommes qu'à la condition d'être recoupée par chacun d'eux à sa taille, c'est-à-dire de ne leur servir que de guide, d'exemple et de témoin pour interpréter leur propre expérience, et en dégager la règle de vie adaptée à leur être réel et individuel. Entre ces deux états, d'application confiante des généralités philosophiques, et de création personnelle d'une philosophie expérimentale, le passage est facilité par ce qu'on a appelé la crise sceptique de Montaigne, dont un des caractères principaux est précisément de jeter à bas tous les cadres généraux et systématiques que la philosophie et la science constituées présentaient aux esprits comme des constructions solides.

Je ne suivrai pas M. Villey dans tous les détails de son étude. Sur toutes les questions qu'il aborde, doute et relativisme, peinture du vrai, méthode, politique, morale, construction de l'*Essai*, goût et style, corrections du style, il abonde en vues ingénieuses, intéressantes et précises. On pourrait en discuter quelques-unes; dans l'ensemble elles donnent une idée juste de l'homme et du livre.

Je ne suis pas aussi sûr que M. Villey, que le sentiment des guerres civiles ne soit pour rien dans la transformation de la *leçon* impersonnelle en *Essai* personnel. M. Villey a tant insisté sur l'absence de confidences personnelles dans les plus anciens chapitres qu'il ne peut opposer à cette conjecture le silence de Montaigne sur ses émotions. D'autre part, nous savons qu'il regardait déjà autour de lui, et il a de bonne heure des allusions, des remarques qui plongent en pleine guerre civile (II, 1, daté par M. Villey de 1572 ; II, 5, daté par lui de 1573 ; II, 32, daté par lui de 1578). Je retiendrais donc volontiers l'idée d'un effet des guerres civiles sur l'esprit de Montaigne comme une conjecture plausible aidant à comprendre pourquoi il lui arrive de se tendre et de se guinder contrairement à sa nature, à la suite de Sénèque ; on s'explique mieux ainsi qu'il ait cru par moments nécessaire de s'armer, et comme de s'enduire de lieux communs contre la mort et la douleur.

Dans l'introduction très substantielle où M. Villey marque le progrès dú rationalisme avant Montaigne, je voudrais qu'il eût insisté davantage sur Ramus et sur Rabelais dont les titres sont très différents, mais également considérables.

Le chapitre consacré à la pédagogie de Montaigne est peut-être celui qui me satisfait le moins. Il ne vient pas à sa place; il est perdu au milieu de l'étude du troisième livre. Et sur le contenu de ce chapitre, il y aurait à compléter et à discuter.

En résumé, il y a dans les deux thèses de M. Villey, deux ouvrages considérables : l'un, qui comprend la petite thèse et le premier volume de l'autre, est une recherche des sources et de la chronologie des *Essais* qui renouvellera l'étude de Montaigne par l'abondance des matériaux et la solidité des bases qu'elle offre. L'autre, le second volume de la grande thèse, est une des études littéraires les plus riches, les plus substantielles et plus approfondies qu'on ait écrites sur l'histoire de la pensée de Montaigne et sur la nature ou la qualité de cette pensée.

GUSTAVE LANSON.

---

The French influence in English Literature from the accession of Elizabeth to the Restoration. — By ALFRED HORATIO UPHAM, Ph. D. (Columbia University Studies in Comparative Literature), *New York, the Columbia University Press*, 1908.

Après une introduction (I) qui pose le sujet (p. 9, *note*, liste des grammaires, dictionnaires et ouvrages d'enseignement du français à l'usage des Anglais de 1566 à 1656), viennent deux chapitres sur ce que doivent à notre poésie du xvie siècle, à Ronsard et à Desportes surtout, Spenser, Sidney et leur groupe (*II. The Areopagus group*), et les sonnetistes anglais, Daniel, Barnes, Constable, Lodge (*III. The Elizabethan sonnet*). Un chapitre (IV) est consacré aux traducteurs de Du Bartas, dont le principal est Joshua Sylvester, et aux imitations des *Semaines* qu'on relève dans Spenser, Davies, Donne, les deux Fletcher, le comte de Stirling, etc.; Milton est mis de côté quoique M. Upham estime probable qu'il a connu l'œuvre de Du Bartas et s'en est souvenu parfois; mais il ne trouve pas là assez de certitude. *Rabelais* (V) ne semble avoir été connu de manière à exercer une influence qu'après 1580 ou 1590. Il a laissé quelques traces dans Shakespeare et dans Bacon. Nash, John Taylor, Coryat lui doivent plus, *Montaigne* (VI) dont la traduction par John Florio date de 1603, est étudié dans ses rapports avec Bacon, Shakespeare, Ben Jonson, Raleigh, Drummond, Burton, Browne. Les chapitres suivants sont consacrés à l'influence des *Précieuses* (VII), des romans, du drame et du poème héroïque (VIII), et des petits genres, poésie légère, burlesque, lettres (IX). Dans sa *Conclusion*, M. Upham donne les résultats de son enquête; dans la période de quatre-vingts ans qu'il a étudiée, l'influence française apparaît à côté de l'influence italienne d'abord dominante, mais qui péu à peu se perd, tandis que l'autre grandit. Au moment où la Restauration se produit, la littérature française a déjà communiqué ses principaux caractères à la littérature anglaise. Une bibliographie, une liste des traductions anglaises d'ouvrages français, des rapprochements de Du Bartas et Montaigne avec divers écrivains anglais complètent ce consciencieux travail, qui nous aidera à nous faire une idée de la connaissance qu'on a eue de nos auteurs en Angleterre entre 1580 à peu près et 1660. On y trouvera, sans parler des « Parallels » de l'appendice, une ample collection de faits, de témoignages et de références, qui constituent de bonnes fondations pour l'étude de l'influence française sur la littérature anglaise.

- Je ne suis pas juge de l'érudition de M. Upham : aux spécialistes de la littérature anglaise de nous dire s'il a été complet et exact. Je regrette pour ma part qu'il s'en soit tenu à la présentation, comme il l'annonce lui-même, en quelque sorte mécanique d'un jeu de fiches. Je ne pense pas que la méthode « objective » exige cette neutralité intellectuelle. Lorsque (p. 45 et 103) Spenser nous est signalé comme ayant pris à Marot deux églogues du *Shepheards Calendar*, nous aimerions à savoir ce qu'il reçoit, ce qu'il laisse, ce qu'il change de son modèle français. Il n'y a pas besoin d'être grand clerc en poésie anglaise pour apercevoir que la liberté de l'imitation de Spenser donnerait lieu à d'intéressantes remarques qui, pour être des remarques de goût, n'en seraient pas moins objectives, étant des constatations que n'importe qui peut contrôler et refaire. Plus grave encore est l'effacement du critique dans le chapitre sur Montaigne. Quatre pages épuisent ce qu'il a à nous dire du rapport de Bacon à Montaigne. Ne voyant dans Montaigne qu'un sceptique (en quoi vraiment il retarde, et paraît peu au courant des derniers travaux français sur cette question), et ne regardant à cause du titre que les *Essays* de Bacon, il ne songe pas même à poser la grande, la seule question qui importe : Bacon doit-il quelque chose à Montaigne, et que lui doit-il, pour son invention de la méthode expérimentale? Sur les conditions d'une connaissance vraie, Montaigne n'a-t-il pas été, sinon un précurseur, du moins un donneur d'avis suggestifs? Peu m'importe que, sur Bacon et Montaigne, M. Upham ne mentionne pas, même pour l'écarter, l'indication hypothétique de miss Grace Norton; mais on ne lui pardonnera pas de n'avoir pas l'air de se souvenir que Bacon est l'auteur du *Novum Organum*. Ce caractère de sécheresse diminuera l'utilité du livre de M. Upham pour les historiens de la littérature française : il nous renseignera bien sur la connaissance, mais pas assez sur l'influence de nos auteurs.

G. L.

---

Louis Ménard. — **Rêveries d'un païen mystique.** Préface de Maurice Barrès. Portrait gravé à l'eau-forte par G. Noyon. Paris, A. Duret. 1909, in-4.

En dépit de leurs trois éditions, et de l'édition en orthographe simplifiée, les *Rêveries d'un païen mystique* n'étaient plus faciles à rencontrer. C'est une idée heureuse de les avoir réimprimées. Outre son charme propre, sa finesse exquise et souvent profonde (que lui a-t-il donc manqué au juste pour être un de ceux que Stendhal appelait *the happy few*?) Louis Ménard a pour les historiens de la littérature l'attrait puissant d'éclairer Leconte de Lisle, qui, lui, du moins, avait la souveraineté de la forme. Une bibliographie nous est donnée à la fin du volume. On aurait souhaité qu'elle détaillât les articles de la *Critique philosophique*, de la *Cocarde* et de l'*etc.*, qu'on a plus de peine à atteindre que les *Poèmes* ou l'*Histoire des Israélites* : en dresser la liste serait un acte pieux et une besogne utile qui devraient tenter M. H. Massis.

G. L.

**Iconographie de Jean-Jacques Rousseau.** Portraits, scènes, habitations, souvenirs, par le comte de GIRARDIN. Préface du vicomte Eugène-Melchior de Vogüé, de l'Académie française. *Paris, Librairie centrale d'art et d'architecture, Ch. Eggimann.* In-8 de XVI-344 et 16 planches hors texte.
**Jean-Jacques Rousseau jour après jour.** *Genève, A. Jullien,* 1908. In-16 de 384 p.

Le culte de Jean-Jacques est loin de chômer. Sans parler de la cérémonie dont il fut l'occasion l'an passé, à la Sorbonne, et du mouvement de sympathie qui poussa ses admirateurs vers les Charmettes menacées, voici que, ces temps derniers, on lui élevait un monument à Montmorency et, hier à peine, Montpellier consacrait par un souvenir la tradition de son séjour.

Aujourd'hui, M. le comte de Girardin nous donne le *corpus iconum* du citoyen de Genève, en attendant de publier la nomenclature et la description des illustrations qui ornèrent les ouvrages de Jean-Jacques. Souhaitons que ce dernier projet se réalise prochainement, car nul n'est en meilleure situation que M. de Girardin de l'exécuter, comme il a mené à bien l'iconographie de Rousseau. Et c'était tâche assez ardue, pour le nombre comme pour la variété des physionomies. Sans prétendre chercher une méthode de classement qui fût à l'abri de tout reproche, M. de Girardin s'est arrêté à celle-ci, commode, claire et facile à appliquer : d'abord les portraits en pied de Rousseau, soit debout, soit assis ; les portraits à demi corps, debout ; les portraits en buste, tête découverte ; les portraits en buste, tête couverte du bonnet d'Arménien ; les portraits en pied d'après la sculpture, debout ou assis ; les portraits en buste d'après la sculpture. A ces images viennent s'ajouter encore celles dans lesquelles Rousseau est représenté en groupe ou d'une façon allégorique ; ce sont le plus souvent de véritables portraits et il n'eut pas convenu de les ignorer. On a ainsi toute la suite de l'iconographie de Rousseau et, pour la rendre plus utile, M. de Girardin y a joint l'énumération des estampes ayant trait aux diverses habitations du philosophe, ainsi que la nomenclature des documents graphiques demeurés inédits, c'est-à-dire qui n'ont jamais été gravés, concernant le même personnage, en attendant qu'un volume nouveau soit consacré à la description des illustrations diverses des œuvres de Jean-Jacques.

On voit, par ce simple exposé du plan des recherches de M. de Girardin, combien elles furent étendues et combien leurs résultats sont utiles à connaître. Il n'eût sans doute pas songé à aborder pareille enquête, si ses propres collections et ses souvenirs de famille ne l'avaient grandement aidé au début. Grâce à lui, nous avons désormais le moyen de nous reconnaître au milieu de la multitude des effigies de Rousseau. Servir de guide au milieu de tous ces exemplaires divers n'était pas chose facile, car il y fallait l'esprit d'ordre et un certain goût critique qui appréciât le travail des planches et sût tenir compte de la valeur de leurs états d'exécution. A tous ces points de vue, le livre de M. de Girardin apporte des renseignements précis et commodes qui seront d'un grand secours à quiconque voudra le suivre dans ces matières qui lui sont familières.

Ce n'est pas l'aspect extérieur de Rousseau que nous présente le charmant petit livre de Mme Adèle de Saussure. C'est au contraire le fond de sa pensée intime qu'il résume et ordonne en de brefs extraits, dont chacun s'applique à un jour de l'année. Cette façon de célébrer Rousseau s'adresse donc surtout à ses fervents et le volume a l'allure élégante et sobre d'un livre de méditation. Ceux qui voudront prendre quelque phrase du philosophe de Genève, pour sujet de réflexion, trouveront les principaux passages de ses œuvres détachées à cet usage et disposées de façon à éveiller les sentiments de quiconque s'abandonne aux influences de la pensée d'autrui.                         P. B.

**Voltaire mourant**, enquête faite en 1778 sur les circonstances de sa dernière maladie, publiée sur le manuscrit inédit et annotée par FRÉDÉRIC LACHÈVRE, suivie de *Le Catéchisme des libertins du* XVIIe *siècle, les Quatrains du Déiste ou l'Anti-Bigot, A propos d'une lettre inédite de l'abbé d'Olivet, Voltaire et des Barreaux. Paris, Honoré Champion*, 1908. In-8, de XXXIV-212 p.

L'occasion d'une trouvaille intéressante a amené M. Lachèvre à s'écarter des sujets ordinaires de ses recherches dans le volume dont on lit le titre ci-dessus. Encore y revient-il à la fin, dans diverses petites dissertations que le titre énumère également, et que nous nous bornerons à signaler pour nous en tenir à l'objet essentiel du livre.

C'est la mort de Voltaire, contée par un auteur anonyme dont la personnalité est demeurée dans l'ombre, mais qui semble bien informé et consciencieux, malgré des tendances opposées à celles du Patriarche de Ferney. Dans cet écrit, composé par un ecclésiastique pour l'envoyer à quelque évêque qu'on n'a pas réussi à découvrir, les négociations et démarches religieuses dont la fin de Voltaire fut l'occasion sont retracées par le menu et mises en évidence avec un manque de sympathie incontestable pour le moribond. Celui-ci, à coup sûr, manquait de sérénité ou même de résignation, et ses derniers moments ne furent pas ceux d'un sage qui envisage l'inévitable avec tranquillité. En pouvait-il être autrement avec le tempérament de Voltaire, versatile, nerveux, égoïste, tenant à la vie pour tout ce qu'elle lui avait donné pendant quatre-vingts ans et pensant éloigner, esquiver peut-être, l'obligation suprême, comme il avait esquivé les plus grandes difficultés de son existence, par quelque malice de son cru ?

Le plus semblable aux morts meurt le plus à regret,

a dit La Fontaine dans un vers admirable. Voltaire en serait la preuve, s'il en était besoin. Au lieu de finir dans le calme, il poursuivit jusqu'au dernier moment les grimaces qui avaient fait le fond et aussi la force de son existence. Il négocie avec l'Église, parlemente, joue au plus fin avec des ecclésiastiques, qui, dans l'occurrence, se montrent peut-être plus diplomates qu'évangéliques. On peut trouver excessive l'insistance que ceux-ci mirent à persuader au moribond de quelle conséquence serait pour ses restes mortels une fin impénitente. Voltaire ne redoutait rien tant que sa dépouille fût jetée à la voirie : cette crainte n'avait pas échappé à ceux qui voulaient le convertir *in extremis* et ils en usèrent avec trop peu de ménagements.

En résumé, le manuscrit anonyme mis au jour par M. Lachèvre contient des détails nouveaux et curieux sur les rapports que Voltaire eut avec le clergé durant sa dernière maladie. L'éditeur croit à la véracité de celui qui traça ce récit et il essaie de l'établir dans son annotation. C'est cependant assez difficile. L'écrivain inconnu ne fut pas un témoin de la mort de Voltaire : il parle par ouï-dire d'un événement auquel il n'assista pas et sur lequel le mystère fut fait volontairement. Ses sources d'information furent-elles bonnes ? Elles le paraissent, mais nous n'avons pas le moyen de les contrôler, et de plus on ne saurait oublier que le souci d'édifier le prélat auquel il s'adresse, ne peut que diminuer, chez l'écrivain, l'esprit critique et l'impartialité ; car il n'hésite pas à rapporter des circonstances mal établies, sans doute inexactes, et qui n'eurent certainement pas les effets qu'il leur prête.

P. B.

GUSTAVE LANSON. **L'art de la prose.** *Paris, Librairie des Annales politiques et littéraires*, 1909. In-18 jésus, de 304 p.

Le livre que M. Lanson publie sous ce titre n'est pas le manuel de l'apprenti en l'art d'écrire. Il n'a pas la prétention d'enseigner le maniement de la prose française, mais veut seulement dégager les éléments dont celle-ci s'est composée, depuis les temps où des ouvriers assez habiles l'employèrent pour lui donner un caractère personnel. A cet égard, cette ambition méritoire mérite d'être signalée et jugée ici, puisqu'elle est l'application de la méthode historique et objective à l'étude d'un phénomène extrêmement intéressant, injustement négligé jusqu'ici.

Y a-t-il un art de la prose? Évidemment, s'il y a une prose d'art. Mais ceci est plus facile à sentir qu'à démontrer. C'est à quoi M. Lanson s'emploie, après avoir dégagé les éléments qui, selon lui, caractérisent une prose d'art : le développement de la valeur esthétique des mots, l'évocation des images, la mise en évidence des éléments de la plasticité de la phrase. Et ceci posé, la démonstration de la thèse n'est plus que l'examen successif, au point de vue des effets d'art de leur prose, des œuvres des grands écrivains : Rabelais, Montaigne, d'abord; puis les artisans si glorieux de la phrase du grand siècle, Balzac et Pascal, Bossuet, Fénelon, La Bruyère, ceux, en un mot, qui marquèrent le mieux de leur empreinte les façons de dire de leur temps. Car ce que M. Lanson cherche surtout à dégager ce sont les éléments de la personnalité des auteurs, non certes pour en faire des modèles d'imitation, mais pour fournir des raisons de plus de comprendre et de goûter la valeur de l'individualité artistique.

Au XVIIe siècle, cette individualité garde toujours un certain air de famille et nous en percevons assez nettement, à distance, les caractères essentiels. Au contraire, au siècle suivant, l'individu s'épanouit plus librement et s'ingénie à rester soi-même, au milieu des conventions de la société et des entraves du pouvoir. Il faut l'observer de plus près pour le distinguer et saisir les particularités de sa façon de penser et d'écrire. L'analyse qu'en fait M. Lanson est nouvelle et judicieuse. Il marque d'un trait précis les tours de la prose d'art au XVIIIe siècle et de ses formes essentielles, l'ingénieux mélange de tradition et de liberté individuelle, jusqu'à ce que celle-ci, s'affranchissant de plus en plus des règles du passé, se montre tout entière avec ses aspirations de pittoresque et de lyrisme.

On sait, en gros, combien le XIXe siècle devait exagérer encore ces tendances. M. Lanson le montre par des exemples topiques et suit avec une curiosité sympathique le développement de la phrase de Chateaubriand, de celle de Victor Hugo, de Michelet, de Flaubert, de Maupassant. Ce spectacle varié l'amuse visiblement et il fait chatoyer sous nos yeux les images, les épithètes, les tons multiples de la couleur locale. Mais il n'en faudrait pas conclure que c'est pour nous séduire ou pour provoquer l'imitation. C'est pour en détourner et pour montrer que si les dehors extérieurs de l'art peuvent se copier aisément, la pensée qui l'anime doit être personnelle, améliorée par le travail et non suggérée par le désir de refaire ce que d'autres ont fait déjà avec succès. A cet égard, la leçon est juste, encore que le rapprochement de toute cette rhétorique puisse avoir parfois un tout autre effet.

P. B.

# PÉRIODIQUES

**L'Amateur d'autographes et de documents historiques.** — Août et septembre; Cl. Perroud, *Lettres inédites de M<sup>me</sup> Roland*. — Juillet, août et septembre; A. Delpy, *Manuel de l'amateur d'autographes* (de Le Bois à Le Boutillier de Chavigny).

**Bulletin du Bibliophile et du Bibliothécaire.** — 15 juillet; Charles Oulmont, *Notes sur une librairie parisienne du XVIII<sup>e</sup> siècle, d'après des lettres inédites de De Debure aîné.* — 15 août-septembre; Henri Monod, *Contribution à l'ouvrage de M. Pierre Villey sur les sources des Essais de Montaigne.* — Étienne Deville, *Le premier texte de « la Belle au bois dormant ».* — Juillet, août et septembre; Eugène Griselle, *Un supplément à la correspondance du cardinal de Richelieu* (suite). — Henri Cordier, *Essai bibliographique sur les œuvres d'Alain-René Lesage* (suite). — Georges Vicaire, *Revue de publications nouvelles.*

**Le Correspondant.** — 25 juillet;. Lamartine, *Carnet de voyage en Italie* (publié par René Doumic). — 10 août; Paul Acker, *L'Histrionisme : les comédiens, les auteurs, les directeurs, le public.* — 25 août; Christian Maréchal, *La genèse de « Jocelyn » : les trois poèmes; la recherche de l'expression; vers inédits.* — Michel Salomon, *Quelques épistoliers : Alfred de Musset, Barbey d'Aurevilly, Mérimée, Zola, Taine, Blacas et Joseph de Maistre.* — 25 septembre; Léon Séché, *Le mariage de Lamartine, d'après des documents inédits.* — 25 juillet, 25 août et 25 septembre; Édouard Trogan, *Les œuvres et les hommes, chronique mensuelle du monde, des lettres, des arts et du théâtre.*

**Le Figaro.** — 5 juillet; Georges Cain, *Le Pré Catelan et le théâtre de verdure.* — 6 juillet; Edmond Sée, *Lugné-Poe.* — 7 juillet; Jules Truffier, *Un moliériste* (Georges Monval). — 9 juillet; Édouard Rod, *L'iconographie de J.-J. Rousseau.* — 18 juillet; Ernest Daudet, *A propos de nouvelles lettres de Guizot.* — (Supplément); Edmond Seligman, *Waldeck-Rousseau avocat.* — 20 juillet; Paul Acker, *Portraits de femmes : la comtesse de Noailles.* — 1<sup>er</sup> août; F. T. Marinetti, *Gabriele d'Annunzio, son âge et son chien.* — 8 août (supplément); Joachim Gasquet, *Saint-Flaubert.* — 10 août; Régis Gignoux, *Daumier à Valmondois.* — 15 août (supplément); Jean Morel, *Sainte-Beuve et Balzac.* — 16 août; Gaston Calmette, *Emmanuel Arène.* — 22 août (supplément); Nicole, *Alexandre Duval et Victor Hugo.* — 24 août; André Beaunier, *Jules Huret le véridique.* — Stanislas Rzewuski, *le Legs Lovenjoul.* — 29 août (supplément); Maurice Donnay, *Louis Legendre.* — Auguste Dorchain, *Balzac en 1833.* — 30 août; Georges Cain, *La rue Raynouard : un logis de M. de Balzac.* — 5, 8, 13, 17, 20, 24 et 29 septembre; Jacques Crépet, *Les mémoires de la comtesse Léon de Valon, par M.·Clément Simon.* — 12 septembre (supplément); Léon Séché, *Lamartine et Victor Hugo.* — 19 septembre (supplément); Maurice Dumoulin, *A propos du monument d'Honoré d'Urfé.* — 26 septembre (supplément); Stanislas Rzewuski, *Le théâtre de Gorki.* — 27 septembre; Georges Cain, *Le théâtre du Vaudeville.* — 29 septembre; E.-M. de Vogüé, *Le jubilé de Tolstoï.*

**Journal des débats politiques et littéraires.** — 1<sup>er</sup> juillet; André Beaunier, *La panoplie de M. Renan.* — 2 juillet; Michel Salomon, *Poésie de savant.* —

4 juillet; Arthur Raffalovich, *Portraits de financiers* (par André Liesse). —
5 juillet; André Chaumeix, *La famille de M^me Du Deffand.* — Antoine Albalat,
*Henri Heine à Paris.* — 6 juillet; Henri de Régnier, *La semaine dramatique.* —
8 juillet; Arvède Barine, *Les œuvres de jeunesse de Flaubert.* — 10 juillet;
André Hallays, *La maison de Sylvie.* — 11 juillet; Maurice Spronck, *Jeanne d'Arc
et M. Anatole France.* — 13 juillet; Henri de Régnier, *La semaine dramatique.*
— 14 juillet; Maurice Muret, *Notes de littérature étrangère : un hôtelier poète,
M. Ernst Zahn.* — 17 juillet; André Beaunier, *Tolstoï et la Révolution.* —
André Hallays, *Mademoiselle de Clermont.* — 19 juillet; Georges Picot, *Le Saint-
Simon de Boislisle.* — 20 juillet; S., *Sénancourt.* — Henri de Régnier, *La
semaine dramatique.* — 22 juillet; Augustin Filon, *Daniel Defoe, précurseur du
naturalisme.* — 27 juillet; S., *De l'aurore au clair de lune* (par Pierre Courtois).
— Henri de Régnier, *La semaine dramatique.* — 31 juillet; Paul Ginisty, *Un
conte oublié de Perrault.* — 2 août; Z., *Lamartine en Italie.* — 3 août; Henri de
Régnier, *La semaine dramatique.* — 5 août; André Beaunier, *La fin de la
conversation française.* — 9 août; Maurice Muret, *Un grand acteur italien :
Tommaso Salvini.* — 10 août; Henri de Régnier, *La semaine dramatique.* —
11 août; Maurice Muret, *Notes de littérature étrangère : les œuvres complètes de
M. Gerhart Hauptmann.* — 12 août; Henry Bidou, *Molière posthume.* — 16 août;
Z., *Louis-Philippe librettiste.* — Antoine Albalat, *L'anecdote en littérature.* —
G. Durant, *Un roman princier : les Mésaventures d'une Grecque moderne.* —
G. Baguenault de Puchesse, *Un parlementaire pendant la Ligue : Guillaume Du
Vair.* — 17 août; Henri de Régnier, *La semaine dramatique.* — 21 août;
Estienne Hennet de Goutel, *Antoine-Omer-Talon.* — 23 août; Adolphe Jullien,
*Revue musicale : Berlioz.* — 24 août; Henri de Régnier, *La semaine dramatique.*
— 25 août; Albert Ojardias, *Sur « Pascal inédit ».* — 26 août; Augustin Filon,
*Le château d'Otrante et les origines du Romantisme.* — 31 août; Henri de
Régnier, *La semaine dramatique.* — 1^er septembre; Emmanuel des Essarts,
*Souvenir sur François Coppée.* — 5 septembre; Ernest Seillière, *Jadis et
aujourd'hui* (par Frédéric Masson). — 7 septembre; Henri de Régnier, *La
semaine dramatique.* — 11 septembre; Paul Ginisty, *Moncrif.* — Maurice Muret,
*La littérature allemande d'aujourd'hui : les romans mondains de la baronne de
Heyking.* — 14 septembre; Henri de Régnier, *La semaine dramatique.* —
16 septembre; André Chaumeix, *La librairie de Montaigne.* — 17 septembre;
Henry Bidou, *Les ambitions de Lamartine.* — 21 septembre, Fernand Bournon,
*Le monument d'Honoré d'Urfé.* — Henri de Régnier, *La semaine dramatique.* —
22 septembre; G. Baguenault de Puchesse, *Une nouvelle édition des Mémoires
de Richelieu.* — 27 septembre; Maurice Muret, *Lectures étrangères : Walt
Whitman.* — 28 septembre; Henri de Régnier, *La semaine dramatique.* —
29 septembre; Henry Bidou, *La réalité de la Dame aux camélias.* — 30 septembre; Augustin Filon, *La fondation de la « London Library ».*

**Mercure de France.** — 1^er juillet; J. Pérès, *Le mysticisme de la volonté chez
H. de Balzac.* — Pierre Quillard, *Charles Cros.* — G. de Reynold, *Un précurseur du Romantisme : Gessner et le sentiment de la nature.* — 15 juillet; Anatole Feugère, *Les Indiennes de Chateaubriand, d'après des fragments inédits des
« Mémoires d'outre-tombe ».* — 1^er et 15 août; A. de Bersaucourt, *Les pamphlets
contre Victor Hugo.* — 15 août; J. de Gaultier, *Nietzsche contre le surhomme.* —
1^er septembre; Edmond Barthélemy, *Saint-Simon.* — Albert de Bersaucourt,
*Les pamphlets contre Victor Hugo* (Fin). — 15 septembre, Léon Séché, *Les
débuts du Romantisme au Théâtre Français : le baron Taylor et le « Léonidas »
de Michel Pichat en 1825* (documents inédits).

**La Nouvelle Revue.** — 1^er juillet; François Albert, *Gaston Boissier.* —
1^er août; Maurice Muret, *Un parisien de Vienne : Arthur Schnitzler.* — G. Vauthier, *Le premier mariage de M^me de Bawr.* — 15 août; Henri Welschinger,
*L'exposition théâtrale des Arts décoratifs.* — Marcel Frager, *Les Comédiens
français pendant la Révolution.* — 1^er septembre; Paul-Louis Hervier, *George*

*Sand à Nohant.* — 1er, 15 août et 1er septembre; une amie de Chateaubriand (Mme Hamelin), *Lettres* (publiées par A. Gayot). — 15 septembre, Jeanne de Flandreysy, *Lourdes dans la littérature française.*

**Revue de Paris.** — 1er juillet; Henry Roujon, *En souvenir de Ludovic Halévy.* — Fernand Caussy, *Voltaire seigneur féodal* : *Tourney.* — 15 juillet; Anatole Le Braz, *Au pays d'exil de Chateaubriand.* I. — Daniel Halévy, *Frédéric Nietzsche et l'Empire allemand.* — 15 juillet, 1er et 15 août; Primi Visconti, *Mémoires sur la cour de Louis XIV* (publiés par Jean Lemoine). — 1er août; Gustave Lanson, *Voltaire et les « Lettres philosophiques ».* — 1er et 15 septembre; Anatole Le Braz, *Au pays d'exil de Chateaubriand.* II et III.

**Revue des Deux Mondes.** — 1er juillet; *Correspondance de Guizot avec Léonce de Lavergne* (1838-1874) (publiée par Ernest Cartier). — Maurice Masson, *Une vie de femme au XVIIIe siècle* : *Mme de Tencin, d'après des documents nouveaux.* — 15 juillet; Eugène Fromentin, *En Belgique et en Hollande, lettres de voyage et fragments inédits* (publiés par Pierre Blanchon). — René Pichon, *La vie et l'œuvre de M. Gaston Boissier.* — René Doumic, *Revue littéraire* : *le « Racine » de M. Jules Lemaître.* — 15 août; Alfred Rébelliau, *La compagnie secrète du Saint-Sacrement, d'après des documents nouveaux.* — René Doumic, *Lamartine en 1830 et le voyage en Orient, lettres inédites.* — Camille Bellaigue, *Onze ans de la vie de Berlioz.* — 1er septembre; *Lettres inédites de Jean-Jacques Rousseau* (publiées par Philippe Godet). — 15 septembre; René Doumic, *Lamartine orateur* : *de l'entrée à la Chambre au banquet des « Girondins »* (1834-1847); *lettres inédites.* — Ch.-M. Widor, *L'œuvre de Gevaert.* — T. de Wyzewa, *Un touriste italien en France sous François Ier* (don Antonio de Beatis).

**Revue des études rabelaisiennes.** — 1908, 2e et 3e fascicules; Jacques Boulanger, *Valeur critique des textes de Gargantua.* — Michel Psichari, *Les jeux de Gargantua* (2e article). — Henri Hauser, *« Le transport des règnes et empires des Grecs ès François ».* — Henri Clouzot, *Nouveaux documents sur Saint-Ayl.* — Charles Oulmont, *Le « Rabelais ressuscité »* (1611). — *Trois livrets rares.* — Henri Grimaud, *Documents relatifs à la famille de Rabelais.* — P. Dorveaux et Henri Clouzot, *Notes pour le commentaire.* — W. F. Smith, *Rabelais et Erasme* (1er article). — Abel Lefranc, *Conjectures sur la date de la naissance de Rabelais.*

**Revue latine.** — 25 juillet; Émile Faguet, *La responsabilité des criminels* (par Jules Grasset); — *M. Abel Bonnard.* — Oscar Grojean, *Les lettres belges* (suite). — Théodore Joran, *Un précurseur du féminisme* (fin). — 25 août; Émile Faguet, *L'expérience religieuse* (par William James); — *L'éducation de la volonté* (par Jules Payot). — Ernest Tissot, *Étude sur la littérature italienne* : *le théâtre de Giacosa.* — Abbé Bézy, *Deux lettres inédites de Lacordaire.* — 25 septembre; Émile Faguet, *Les derniers combats de Brunetière;* — *Le sentiment de la nature de J.-J. Rousseau à Bernardin de Saint-Pierre* (D. Mornet). — Ernest Martinenche, *« La Dame errante » et l'œuvre de M. Pio Baroja.* — Oscar Grojean, *Les lettres belges* (suite et fin). — Abbé Bézy, *Deux lettres inédites de Lacordaire* (suite et fin). — André Destangs, *Lettres inédites d'Alfred de Vigny.*

**Revue politique et littéraire** (Revue bleue). — 4 juillet; Fernand Caussy, *Voltaire et l'affaire des Lettres philosophiques.* — Lucien Maury, *Les lettres* : *romans féminins.* — 11 juillet; Fernand Caussy, *Voltaire et l'affaire des Lettres philosophiques.* — Lucien Maury, *Les lettres aux États-Unis.* — 18 juillet; P.-F. Dubois (de la Loire-Inférieure), *Le maréchal Marmont.* — Lucien Maury, *Les lettres* : *Berlioz.* — 25 juillet; Edme Champion, *Rousseau et Marat.* — Lucien Maury, *Les lettres* : *Littérature italienne.* — 1er août; Charles Vellay, *Robespierre et les Jacobins d'Arras.* — Lucien Maury, *Les lettres* : *Sociologie musulmane.* — 8 août; P.-F. Dubois, *Guinard.* — Lucien Maury, *Les lettres* : *Gustave Geffroy.* — 15 août; A. Gazier, *Le Sacré-Cœur à Port-Royal en 1627.* — Marcel Poëte, *Au temps des Romantiques* : *l'image de Paris.* — Lucien

Maury, *Les lettres : romans.* — 22 août; Abel Lefranc, *Les œuvres inédites de Maurice de Guérin.* — P.-F. Dubois, *M. Molé.* — 29 août; Lucien Maury, *Les lettres : Walt-Whitmann, l'homme et l'œuvre* (par Léon Bazalgette). — 5 septembre; Albel Lefranc, *Maurice de Guérin.* — P.-F. Dubois, *Le général Cavaignac.* — Lucien Maury, *Les lettres : Louis Estang.* — 12 septembre; Daniel Mornet, *Histoire littéraire et critique littéraire.* — Lucien Maury, *Les lettres : Cambacérès.* — 19 septembre; Abel Lefranc, *Maurice de Guérin.* — Paul Flat, *Nos femmes de lettres : Madame de Noailles.* — 26 septembre; Abel Lefranc, *Maurice de Guérin.* — Paul Flat, *Nos femmes de lettres : Madame Lucie Delarue-Mardru.* — Philippe Gonnard, *Un oublié de la littérature officielle : Erckmann-Chatrian et le roman historique.* —: Lucien Maury, *Les lettres : Ch.-V. Langlois.*

**Le Temps.** — 2 juillet; *En marge* (l'iconographie de J.-J. Rousseau). — 5 juillet; Gaston Deschamps, *La vie littéraire* (romans). — 6 juillet; Adolphe Brisson, *Chronique théâtrale.* — 9 juillet; *En marge* (Bernardin de Saint-Pierre). — 11 juillet; Paul Arbelet, *Stendhal candidat à une préfecture.* — A. Mézières, *Les mémoires de la duchesse de Dino.* — 12 juillet; Gaston Deschamps, *La vie littéraire* (romans). — 13 juillet; Adolphe Brisson, *Chronique théâtrale.* — 18 juillet; G. Maurel, *Portraits de financiers.* — 19 juillet; Gaston Deschamps, *La vie littéraire* (romans). — 20 juillet; Adolphe Brisson, *Chronique théâtrale.* — *En marge* (Molière à Pézenas). — 23 juillet; *En marge* (Proudhon). — 24 juillet; *Camille Chabaneau.* — 26 juillet; Gaston Deschamps, *La vie littéraire* (romans). — 27 juillet; *En marge* (J.-J. Rousseau et M^me de Larnage). — Jean Carrère, *L'année théâtrale en Italie.* — 29 juillet; Paul Souday, *La correspondance de Stendhal.* — 31 juillet; Jules Claretie, *A propos du cinquantenaire d'un poème* (Mireille). — 2 août; Gaston Deschamps, *La vie littéraire* (romans). — 3 août; Michel Delines, *La vie théâtrale russe* (1907-1908). — 6 août; *En marge* (Primi Visconti). — 7 août; Jules Claretie, *Les frères de Robert Macaire, à propos du centenaire de Daumier.* — 9 août; Gaston Deschamps, *La vie littéraire* : « *la Fausse Bourgeoise* » (par Marcel Prévost). — 10 août; *En marge* (Zaccharias Werner). — Gérard Harry, *Le théâtre en Belgique.* — 11 août; Jules Claretie, *Arthur Ranc.* — 16 août; Gaston Deschamps, *La vie littéraire : pages stendhaliennes.* — 17 août; *En marge* (Dickens). — Paul Harms, *La saison théâtrale en Allemagne.* — 20 août; A. Mézières, *Madame du Deffand et sa famille.* — 23 août; Gaston Deschamps, *La vie littéraire* : « *l'Espoir* », par Georges Lecomte. — 24 août; Michel Delines, *Le nouveau théâtre polonais de Krasinsky à nos jours.* — 30 août; Gaston Deschamps, *La vie littéraire* : « *Chez les heureux du monde* », par Edith Warthon. — 31 août; A.-B. Whalkley, *La saison théâtrale à Londres.* — 1^er septembre; *Les tombes de Chénier et de La Fayette.* — 3 septembre; A. Mézières, *La duchesse de Bourgogne.* — 4 septembre; *Préface inédite des « Misérables ».* — 6 septembre; Gaston Deschamps, *La vie littéraire : littérature franco-américaine.* — 7 septembre; Adolphe Brisson, *Stendhal auteur dramatique.* — 10 septembre; A. Mézières, *Tourville.* — 13 septembre; Gaston Deschamps, *La vie littéraire* (romans). — 14 septembre; Adolphe Brisson, *A la Comédie-Française.* — 19 septembre; Maurice Dumoulin, *La femme des deux d'Urfé : Diane de Châteaumorand.* — 20 septembre; Gaston Deschamps, *La vie littéraire : Léon Tolstoï.* — 21 septembre; *En marge* (l'Astrée). — Adolphe Brisson, *A la Comédie-Française.* — *Le monument d'Honoré d'Urfé.* — 27 septembre; Gaston Deschamps, *La vie littéraire* : « *les Pagès* », par Enée Bouloc. — 28 septembre; Adolphe Brisson, *Chronique théâtrale.* — 30 septembre; T. G., *La Petite Histoire : Arnault.*

# LIVRES NOUVEAUX

**Allart de Méritens** (Hortense). — *Lettres inédites à Sainte-Beuve* (1841-1848), avec une introduction et des notes par Léon SÉCHÉ. *Paris, Société du « Mercure de France »*. In-12, de 342 p. Prix : 3 fr. 50.

**Alliés** (Paul-Albert). — *Une Ville d'États : Pézenas aux xvi<sup>e</sup> et xvii<sup>e</sup> siècles ; Molière à Pézenas*. Précédé d'une lettre de M. Jules CLARETIE. Préface de M. Charles PONSONAILHE. *Paris, E. Flammarion*. Grand in-8, de xvi-327 p., fig. et couverture illustrée.

**Barbey d'Aurevilly** (J.). — *Les Dédicaces à la main de J. Barbey d'Aurevilly* ; Notice par M. Jean de BONNEFON. Avec 62 reproductions en fac-similé et un portrait de l'auteur gravé à l'eau-forte par Noyon, d'après une photographie. *Paris, Blaizot*. Grand in-8, de xxxii-237 p. avec fac-similés et portr. ; titre rouge et noir.

**Barbey d'Aurevilly** (Jules). — *L'Esprit de J. Barbey d'Aurevilly*, dictionnaire de pensées, traits, portraits et jugements tirés de son œuvre critique. Préface par Octave UZANNE. *Paris, Société du « Mercure de France »*. In-18, de 3 54 p.

**Barbey d'Aurevilly** (J.). — *Le Théâtre contemporain* (1866-1868). Première série. Préface de Lucien DESCAVES. *Paris, P.-V. Stock*. In-18, de xxiii-300 p. Prix : 3 fr. 50.

**Barrère** (Joseph). — *Estienne de La Boëtie contre Nicolas Machiavel : étude sur les mobiles qui ont déterminé Estienne de la Boëtie à écrire le Discours de la servitude volontaire*. *Bordeaux, impr. Cadoret*. In-8, de 98 p.

**Baudelaire** (Charles). — *Œuvres posthumes*. *Paris, Société du « Mercure de France »*. In-8, de 416 p. avec un portrait. Prix : 7 fr. 50.

**Baudrier** (Henri). — *Bibliographie lyonnaise*, recherches sur les imprimeurs, libraires, relieurs et fondeurs de lettres de Lyon au xvi<sup>e</sup> siècle ; publiées et continuées par J. BAUDRIER. 7<sup>e</sup> série. *Paris, Picard*. Grand in-8, de 455 p., fig., pl. et tableaux généalogiques.

**Bazalgette** (Léon). — *Walt Whitman, l'homme et son œuvre*, avec un portrait et un autographe. *Paris, Société du « Mercure de France »*. In-8, de xi-513 p., portrait, fac-similé. Prix : 7 fr. 50.

**Bodin de Saint-Laurent** (Jean de). — *Les Idées monétaires et commerciales de Jean Bodin*. *Bordeaux, impr. Cadoret*. In-8, de 187 p.

**Bouard** (Alain de). — *Table analytique du « Tableau de Paris », de Mercier*. *Paris, Impr. nationale*. In-8, de 82 col. (Extrait du « Bulletin de la Bibliothèque et des travaux historiques de la ville de Paris ».)

**Ilé** (Louis-Joseph-Amour de). — *Souvenirs et fragments pour servir aux Mémoires de ma vie et de mon temps, 1769-1812*, publiés pour la Société d'histoire contemporaine, par P.-L. de KARMAINGANT. Tome II, mai 1792-mars 1806. *Paris, Picard et fils*. In-8, de 598 p. Prix : 8 fr.

**Bourilly** (V.-L.). — *Le Cardinal Jean du Bellay* (juin 1535-mars 1536). *Paris, Champion*. In-8, de 114 p. (Extrait de la « Revue des études rabelaisiennes », 5<sup>e</sup> année, 3<sup>e</sup> et 4<sup>e</sup> fascicules.)

**Buzot** — *Un Fragment inédit des Mémoires de Buzot* ; par Cl. PERROUD. Tou-

*louse, impr. de Douladoure-Privat.* In-8, de 30 p. (Extrait de la « Revue des Pyrénées », 1er trimestre 1908.)

**Calvet** (J.). — *Notes de littérature et de morale.* Les Livres au jour le jour; avec une préface par Émile FAGUET. *Paris, V. Retaux.* In-18, de VIII-406 p.

**Cassagnac** (Guy de). — *L'idée traditionaliste dans le roman de M. Paul Bourget « L'Émigré »*, conférence donnée au Cercle du Luxembourg, précédée d'une lettre-préface de M. Paul BOURGET. *Paris, Société française d'impr. et de libr.* In-8, de 23 p.

**Catalogue** *général des livres imprimés de la Bibliothèque nationale.* Auteurs. Tome XXXII. Corblet-Coty, *Paris, Impr. nationale.* In-8 à 2 col., de 1 240 col. — Tome XXXIII, Conach-Cressy, de 1 208 col.

**Chatelain** (Henri). — *Recherches sur le vers français au XVe siècle :* rimes, mètres et strophes. *Paris, Champion.* In-8, de XXXIV-277 p.

**Clemenceau** (Georges). — *Les plus belles pages de Clemenceau,* recueillies et annotées par Pascal BONETTI. Introduction de M. C. POINSOT. *Paris, A. Méricant.* In-8, de V-270 p., portraits, pl. Prix : 3 fr. 50.

**Colleville** (Comte de). — *Figures de femmes. Eugénie de Guérin intime.* Préface de François COPPÉE. *Paris, P.-J. Béduchaud.* In-18, de IX-224 p., portr. Prix : 2 fr.

**Coster** (Adolphe). — *Fernando de Herrera (El Divino) (1534-1597). Paris, Champion.* In-8, de 450 p. Prix : 10 fr.

**Dalmeyda** (Georges). — *Gœthe et le drame antique. Paris, Hachette.* In-8, de XII-431 p. Prix : 10 fr.

**Dareste** (Rodolphe). — *Hotman, d'après de nouvelles lettres des années 1561-1563. Nogent-le-Rotrou, impr. Daupeley-Gouverneur.* In-8, de 19 p. (Extrait de la « Revue historique », t. XCVII.)

**Davray** (Raoul), **Rigal** (Henry). — *Anthologie des poètes du Midi :* morceaux choisis accompagnés de notices biographiques et d'un essai de bibliographie. *Paris, P. Ollendorff.* In-18, de 393 p.

**Descartes.** — *Œuvres de Descartes,* publiées pas Charles ADAM et Paul TANNERY, sous les auspices du ministère de l'instruction publique. X. Physicomathematica. Compendium musicæ. Regulæ ad directionem ingenii. Recherche de la vérité. Supplément à la Correspondance. *Paris, L. Cerf.* In-4, de 693 p.

**Désormaux** (J.). — *Un Détracteur de la montagne : Chateaubriand et le « Voyage au Mont-Blanc ». Annecy, impr. J. Abry.* In-16, de 31 p. (Extrait du journal « Annecy, son lac et ses environs ».)

**Deux** (les) *Rédactions en vers du Moniage Guillaume,* chansons de geste du XIIe siècle, publiées, d'après tous les manuscrits connus, par Wilhelm CLOETTA. T. Ier. Texte. *Paris, Firmin-Didot.* In-8, de 391 p. (Société des anciens textes français.)

**Dino** (Duchesse de). — *Souvenirs de la duchesse de Dino,* publiés par sa petite-fille la comtesse Jean de CASTELLANE. Préface de M. Étienne LAMY. *Paris, Calmann-Lévy.* In-8, de 363 p., portr. Prix : 7 fr. 50.

**Doumic** (René). — *Le Théâtre nouveau. Paris, Perrin.* In-16, de VII-366 p.

**Dunand** (Philippe-Hector). — *La « Vie de Jeanne d'Arc » de M. Anatole France et les documents. Paris, C. Poussielgue.* In-16, de 176 p. Prix : 2 fr.

**Dupont-Rougier** (Pierre). — *Du Contrat d'édition* (thèse). *Paris, A. Rousseau.* In-8, de VII-225 p.

**Fabre** (C.). — *Le Troubadour Pons de Chapteuil,* quelques remarques sur sa vie et sur l'esprit de ses poèmes. *Le Puy, imp. Peyriller, Bouchon et Gamon.* In-8, de 29 p. (Extrait des « Mémoires de la Société agricole et scientique de la Haute-Loire ».)

**Farrer** (Lucy-E.). — *Un Devancier de Cotgrave.* La Vie et les Œuvres de Claude de Sainliens, alias Claudius Holyband. *Paris, Champion.* In-8, de II-113 p.

**Flaubert** (Gustave). — *La première « Tentation de saint Antoine » (1849-1856),* œuvré inédite publiée par Louis Bertrand. *Paris, E. Fasquelle.* In-12, de xxxvii-303 p. Prix : 3 fr. 50.

**Frère** (Étienne). — *Louis Bouilhet, son milieu, ses hérédités, l'amitié de Flaubert,* d'après des documents inédits. *Paris, Société française d'imprimerie et de librairie.* In-12, de 306 p.

**Gadave** (René). — *Les Incunables et éditions anciennes de la bibliothèque de l'Université de Toulouse. Toulouse, imp. Douladoure-Privat.* In-8, de 31 p. (Extrait du « Recueil de législation », t. III, année 1907.)

**George** (Marguerite-Joséphine Weimer, dite M^lle). — *Mémoires inédits de M^lle George,* publiés d'après le manuscrit original par P.-A. Cheramy. *Paris, Plon-Nourrit.* In-16, de xxxiii-297 p., portraits et fac-similés.

**Gerin** (Marius). *Les Éditions des Pamphlets de Claude Tillier. Nevers, Mazeron frères.* In-8, de 29 p. Prix : 1 fr.

**Glaser** (Ph.-Emmanuel). — *Le Mouvement littéraire,* petite chronique des lettres. *Paris, P. Ollendorff.* In-18, de 371 p.

**Godet des Marais** (P.). — *Lettres de messire P. Godet des Marais, à M^me de Maintenon,* recueillies par l'abbé Berthier. *Paris, J. Dumoulin.* In-8, de 214 p.

**Gourmont** (Jean de). — *Henri de Régnier et son œuvre. Paris, Société du « Mercure de France ».* In-16, de 75 p. avec un portrait et un autographe.

**Horluc** (Pierre), **Marinet** (Georges). — *Bibliographie de la syntaxe du français* (1840-1905). *Paris, Picard.* In-8, de xi-320 p.

**Houdenc** (Raoul de). — *Le Songe d'enfer,* suivi de *La Voie de Paradis,* poèmes du xiii^e siècle, précédés d'une notice historique et critique, et suivis de notes bibliographiques et d'éclaircissements, par Philéas Lebesgue. *Paris, Sansot.* In-16, de 239 p.

**Hugo** (Victor). — *Marion de Lorme. Le Roi s'amuse, Lucrèce Borgia. Paris, Ollendorff.* Grand in-8, de 595 p., pl. et fac-similés. Prix : 10 fr.

**Hugo** (Victor). — *Les quatre Vents de l'esprit; le livre satirique, le livre dramatique, le livre lyrique, le livre épique. Paris, Ollendorff.* Grand in-8, de 509 p. avec fac-similés et planches.

**Kalbalettrier** (G.). — *Le Récit et la moralité dans les fables de La Fontaine. Orléans, imp. A. Gout.* In-8, de 40 p., pl. (Extrait des « Mémoires de la Société d'agriculture, sciences, belles-lettres et arts d'Orléans ».)

**La Maynardière** (Henry). — *Poètes chrétiens du XVI^e siècle,* textes choisis, publiés avec des notices. *Paris, Bloud.* In-16, de vii-412 p.

**Lanfranchi.** — *Le régime de la presse sous la Révolution* (thèse). *Paris, E. Larose.* In-8, de 147 p.

**Lepelletier** (Edmond). — *Paul Verlaine, sa vie, son œuvre.* Avec un portrait reproduit en héliogravure et un autographe. *Paris, Société du « Mercure de France ».* In-18, de 568 p., portr. Prix : 3 fr. 50.

**Le Soudier** (H.). — *Bibliographie française.* Deuxième série, paraissant par périodes quinquennales, comprenant les ouvrages parus depuis le 1^er janvier 1900 jusqu'au 31 décembre 1904, en un seul alphabet : 1° par ordre alphabétique de noms d'auteurs; 2° par ordre alphabétique de titres; 3° par ordre alphabétique de matières au moyen de mots souches, classification adoptée à l'unanimité au congrès international des éditeurs de Bruxelles, 1897. Tome 1^er, 1900-1904 faisant suite à la Bibliographie française, 1^re série, arrêtée au 31 décembre 1899 et tenue à jour chaque semaine par le Mémorial de la librairie. *Paris, H. Le Soudier.* In-8, à 2 col., iv-772 p. Prix : 30 fr.

**Le Verdier** (P.) et **Pelay** (E.). — *Additions à la Bibliographie cornélienne. Paris, E. Rahir.* In-8, de xi-251 p., portr.

**Le Verdier** (P.). — *Note sur un acte souscrit de la signature de P. Corneille,* suivie de tableaux généalogiques concernant la famille maternelle du poète. *Rouen, imp. L. Gy.* In-8, de 11 p., tableaux.

**Leyret** (Henry). — *Waldeck-Rousseau et la troisième République* (1869-1889). *Paris, Fasquelle.* In-8, de xiv-481 p. et 1 portrait par P. Renouard. Prix : 7 fr.

**Liesse** (André). — *Portraits de financiers* : Ouvrard, Mollien, Gaudin, baron Louis, Corvetto, Laffite, de Villèle. *Paris, F. Alcan.* In-18, de XVI-348 p.

**Mailloux** (Auguste). — *Ceux qui passent et ceux qui restent.* Première série : José-Maria de Heredia, Myriam Harry, Gustave Geffroy, Georges Clemenceau, de la Grasserie, Pierre de Couleuvain, Anatole Le Braz, ceux d'Auvergne, une époque. *Paris, B. Alardie.* In-12, de III-203 p. Prix : 3 fr. 50.

**Mantzius** (Karl). — *Molière, les théâtres, le public et les comédiens de son temps.* Traduit du danois par Maurice PELLISSON. *Paris, Armand Colin.* In-8, de XVI-315 p., fig. Prix : 5 fr.

**Marat.** — *La Correspondance de Marat,* recueillie et annotée par Charles VELLAY. *Paris, Fasquelle.* In-18 jésus, de XXIII-291 p. Prix : 3 fr. 50.

**Margueritte** (Paul et Victor), **Geffroy** (Gustave), **Marin** (Auguste), **Gauthier-Ferrières.** — *Alphonse Daudet* (1840-1897). *Paris, Larousse.* In-8, de 96 p., portraits, fig. et fac-similés. Prix : 75 cent.

**Martel** (V.). — *Les Quatrains moraux français* : biographie, bibliographie, anthologie. *Rouen, impr. L. Gy.* In-8, de 70 p. (Extrait du « Bulletin de la Société libre d'émulation du commerce et de l'industrie de la Seine-Inférieure ».)

**Meilleures** (Les) *Pages des écrivains pédagogiques, de Rabelais au XXᵉ siècle.* Extraits avec un avant-propos et des notes par Edmond PARISOT et Félix HENRY. Préface de Jules PAYOT. *Paris, Armand Colin.* In-16, de XII-364 p. Prix : 3 fr.

**Mérimée** (Ernest). — *Précis d'histoire de la littérature espagnole. Paris, Garnier frères.* In-18, de XIX-525 p.

**Montaigne.** — *Pilules apéritives à l'extrait de Montaigne,* préparées « ad usum medici, necnon cujusdam alii », par Pierre PIC. *Paris, G. Steinheil.* In-18, de XXV-149 p. avec portraits en noir et en couleurs et pl. Prix : 3 fr. 50.

**Morsier** (Edouard de). — *Études allemandes.* Guillaume Tell, Henri Heine à Paris, l'Idylle dans la littérature allemande, Hermann Grimm, Max Nordau, Louis Bœrne, le théâtre allemand au XIXᵉ siècle. *Paris, Plon-Nourrit.* In-16, de 275 p.

**Musset** (Alfred de). — *Œuvres complètes de Alfred de Musset.* Nouvelle édition revue, corrigée et augmentée de documents inédits, précédée d'une notice biographique sur l'auteur, et suivie de notes, par Edmond BIRÉ. Ouvrage illustré de 26 héliogravures d'après les dessins de Maillart, premier grand prix de Rome. I. Premières Poésies (1829-1835) : Contes d'Espagne et d'Italie, Spectacle dans un fauteuil, Poésies diverses, Namouna. *Paris, Garnier frères.* In-8 de LXVI-378 p., pl.

**Musset** (Alfred de). — *Œuvres de Alfred de Musset.* Illustrations de Henri Pille, gravées à l'eau-forte par Louis Monziès. *Paris, A. Lemerre.* In-18, Tome I, la Confession d'un enfant du siècle, de 364 p.; t. II, Comédies et proverbes : Lorenzaccio, le Chandelier. Il ne faut jurer de rien, de 406 p.; t. III. Un caprice, Il faut qu'une porte soit ouverte ou fermée, Louison, On ne saurait penser à tout, Carmosine, Bettine, de 414 p. Prix : 3 fr. 50, chaque volume.

**Ollivier** (Mᵐᵉ M.-Th.-Émile). — *Valentine de Lamartine. Paris, Hachette.* In-16, de 191 p., portr. Prix : 2 fr.

**Parsy** (Paul). — *Brunetière, ses idées sociales. Paris, V. Lecoffre.* In-16, de 35 p. Prix : 25 cent.

**Pauthe** (L.). — *Études religieuses, historiques et littéraires.* Massillon, sa prédication sous Louis XIV et sous Louis XV, les maîtres de la chaire en France. *Paris, Gabalda.* In-8, de XV-453 p. Prix : 6 fr. 50.

**Pellissier** (Georges). — *Voltaire philosophe. Paris, Armand Colin.* In-18, de III-304 p.

**Picard** (Roger). — Université de Paris. Faculté de droit. *Les Idées sociales de Renouvier.* Thèse pour le doctorat. *Paris, M. Rivière.* In-8, de VIII-336 p.

**Picot** (Georges). — Institut de France. *Bardoux*, notice historique lue en séance publique le 7 décembre 1907. *Paris, Hachette.* In-16, de 115 p.

**Pilon** (Edmond). — *Muses et bourgeoises de jadis.* Madame d'Aulnoye ou la fée des contes; Mesdames Cornuel et Pilou; Madame Denis ou « Maman » Voltaire; Madame Greuze ou la « Cruche cassée »; Madame Cottin ou la Femme sensible; Mistress Cook. *Paris, Société de « Mercure de France ».* In-18, de 334 p. Prix : 3 fr. 50.

**Pitollet** (Camille). — *Les premiers Essais littéraires de Fernan Caballero,* documents inédits. *Paris, A. Fontemoing.* In-8, de 75 p. (Extrait du « Bulletin hispanique ».)

**Pougin** (Arthur). — *Monsigny et son temps;* l'Opéra-Comique et la Comédie italienne; les auteurs, les compositeurs, les chanteurs. *Paris, Fischbacher.* In-8, de 254 p., fig.

**Richelieu** (Cardinal de). — *Mémoires du cardinal de Richelieu,* publiés, d'après les manuscrits originaux, pour la Société de l'histoire de France, sous les auspices de l'Académie française. *Paris, Laurens.* In-8, de IX-437 p.

**Rodocanachi** (E.). — *Boccace, poète, conteur, moraliste, homme politique. Paris, Hachette.* In-8, de IV-253 p., pl. Prix : 7 fr. 50.

**Sabatié** (Léon). — Faculté de droit de l'Université de Paris. *La Censure.* Thèse pour le doctorat. *Paris, A. Pedone.* In-8, de 184 p.

**Saint-Simon.** — *Mémoires de Saint-Simon.* Nouvelle édition collationnée sur le manuscrit autographe, augmentée des additions de Saint-Simon au Journal de Dangeau, et de notes et appendices par A. de BOISLISLE, avec la collaboration de L. LECESTRE. T. XX. *Paris, Hachette.* In-8, de I-637 p.

**Santaï** (le capitaine H.). — *Documents inédits sur Vauban et Fénelon. Lille, imp. Danel.* Grand in-8, de 8 p.

**Séché** (Léon). — *Muses romantiques.* Hortense Allart de Méritens, dans ses rapports avec Chateaubriand, Béranger, Lamennais, Sainte-Beuve, G. Sand, M^me d'Agoult (documents inédits). *Paris, libr. du « Mercure de France ».* In-18 de 330 p.

**Ségur** (Marquis Pierre de). — *Esquisses et récits :* M^me Du Deffand et sa famille; l'Education française au XVIII^e siècle; le Comte L.-Ph. de Ségur; M. Edmond Rousse. *Paris, Calmann-Lévy.* In-18, de 341 p. Prix : 3 fr. 50.

**Stendhal.** — *Les plus belles pages de Stendhal.* Journal; Henri Brulard; Souvenirs d'égotisme; Préfaces; le Rouge et le noir; la Chartense de Parme; Anecdotes italiennes; Anecdotes françaises; de l'Amour; Correspondance; Appendice; Notice R. Colomb; H.-B.; Anecdotes et curiosités stendhaliennes. Avec une notice. Portrait gravé sur bois d'après Sodermarck. *Paris, Société de « Mercure de France ».* In-18, de VIII-538 p. avec 1 portrait. Prix : 3 fr. 50.

**Taboureau** (Lieutenant Jean). — *Un Moraliste militaire du XVI^e siècle, François de La Noue* (1531-1591). *Paris, H. Charles-Lavauzelle.* In-8, de 56 p. Prix : 1 fr. 50.

**Toinet** (Raymond). — *Quelques recherches autour des poèmes héroïques-épiques français du dix-septième siècle.* Tome II : Additions et corrections. *Tulle, impr. Crauffon.* In-16, de 212 p. (*Notes pour servir à l'histoire littéraire du XVII^e siècle,* IV).

**Tornézy** (A.). — *Un prélat diplomate :* L'abbé de Pradt. Discours prononcé à la séance publique de la Société des Antiquaires de l'Ouest, le 12 janvier 1908. *Poitiers, impr. Blais et Roy.* In-8, de 48 p.

**Veuillot** (Louis). — *Derniers mélanges, Pages d'histoire contemporaine* (1873-1877). Préface et notes par François VEUILLOT. T. II, années 1874-1875. *Paris, Lethielleux.* In-8, de 627 p.

**Verlaque** (V.). — *Bibliographie raisonnée des œuvres de Bossuet, Paris, Picard.* In-8, de VIII-141 p.

**Voltaire mourant,** *enquête faite en 1778 sur les circonstances de sa dernière maladie,* publiée sur le manuscrit inédit et annotée par Frédéric LACHÈVRE, suivie de : le Catéchisme des libertins au xviie siècle ; les quatrains du déiste ou l'Anti-Bigot, à propos d'une lettre inédite de l'abbé d'Olivet; Voltaire et Des Barreaux. *Paris, Champion.* Grand in-8, de xxxiii-209 p. avec portr. et fac-similé.

**Wit-Guizot** (François de). — *Montalembert. Montbéliard, Société anonyme d'impr. montbéliardaise.* In-8, de 32 p.

# CHRONIQUE

La Société d'histoire littéraire de la France a tenu son assemblée générale annuelle le jeudi 17 décembre 1908, à 5 heures 1/4, dans la salle n° 4 du Collège de France, sous la présidence de M. Arthur CHUQUET, qui a ouvert la séance par cette allocution :

« Messieurs, je ne vous exposerai pas longuement l'état florissant de notre Société; notre secrétaire général va vous tracer ce tableau de notre prospérité. Mais il me faut, comme chaque année, remplir un triste devoir. Nous avons perdu naguère deux de nos glorieux membres, Gaston Boissier et Charles Lenient.

« J'ai peu connu M. Lenient. Il présidait la séance où furent jetées les bases de notre association; il fut membre de notre comité d'administration et il suivait nos travaux avec beaucoup d'attention et de bienveillance. Son principal ouvrage, l'*Histoire de la satire en France*, est fort méritoire ; il sera toujours consulté; il abonde en citations curieuses, en jugements instructifs et précieux.

« Tout a été dit sur Gaston Boissier, sur son enseignement si vivant et si excitant, sur son œuvre si copieuse et si diverse, sur son talent original qui mêlait l'esprit au savoir et tant de bonne grâce à tant d'érudition. Il fut surtout un latiniste et un archéologue. Mais il a été le premier président de notre Société. La littérature française l'avait attiré, et il lui consacra deux petits volumes sur M^me de Sévigné et sur Saint-Simon, deux petits chefs-d'œuvre qui furent la joie des lettrés.

« Dans le récit de l'existence de Saint-Simon comme dans le jugement qu'il porte sur l'historien et l'écrivain, Boissier a fait preuve d'une grande pénétration; il a montré qu'il fallait se défier de Saint-Simon, mais que Saint-Simon n'était pas, comme on l'a dit, un calomniateur ou un médisant de parti pris.

« J'avoue que je préfère sa *M^me de Sévigné* à son *Saint-Simon*. Ce charmant volume ouvrit la série des *Grands écrivains français*, et la collection ne pouvait mieux débuter. Le livre, certes, offre des défauts, et ce sont les défauts de Boissier : abus des généralités, des hors-d'œuvre. Mais ces digressions sont si aimables, souvent si utiles, et, en revanche, que de qualités! que de pages exquises! peut-être, sans avoir l'enthousiasme de Cousin pour M^me de Longueville, peut-être Boissier jugeait-il trop favorablement M^me de Sévigné. Nous ne croyons pas, comme lui, que tout le monde fût bien avec elle et qu'elle ait toujours été bienveillante. Boissier atténue, ce nous semble, ce que son héroïne avait de vif, de hardi, et, si j'ose dire, de gaulois. Il garde le silence sur les troubles de la Bretagne qui inspirent des mots cruels à la marquise. En tout cas, il apprécie les *Lettres* avec une remarquable justesse et une finesse merveilleuse. Il note la différence des tons, il remarque que M^me de Sévigné montrait, selon ses correspondants, plus ou moins de réserve, plus ou moins de confiance, et nous-mêmes, en lisant la conclusion de l'ouvrage, ne songeons-nous pas à Boissier? Lui aussi a, jusqu'au bout, écrit des pages piquantes et animées; lui aussi a été content de sa destinée; lui aussi avait conservé jusqu'en un âge avancé ce qu'il y a de meilleur dans la jeunesse, la vivacité de l'esprit et la fraîcheur des sentiments. »

M. Max LECLERC, trésorier de la Société, a donné ensuite communication des chiffres concernant l'exercice financier 1907 :

### RECETTES

| | | |
|---|---:|---:|
| Excédent de recettes au 31 décembre 1906 (après encaissement de 240 francs de coupons et achat de 30 francs de rente 3 p. 100). . . . . . . . . . . . . . . . | 700 | 75 |
| 227 cotisations à 20 francs. . . . . . . . . . . . | 4540 | » |
| 129 abonnements à 19 francs net. . . . . . . . . | 2451 | » |
| Plus 18 abonnements réservés sur le compte de 1906. | 342 | » |
| 152 numéros à 4 fr. 75. . . . . . . . . . . . . . | 722 | » |
| 8 années au prix réduit de 15 francs (net 12 francs). | 96 | » |
| 3 tables à 3 francs. . . . . . . . . . . . . . . . | 9 | » |
| Montant total des recettes. . . . | 8860 | 75 |

### DÉPENSES

| | | |
|---|---:|---:|
| Travaux divers (frais accessoires, .etc.). . . . . . . | 210 | 30 |
| Papeterie. . . . . . . . . . . . . . . . . . . . . | 23 | 20 |
| Publicité. . . . . . . . . . . . . . . . . . . . . | 17 | 70 |
| Affranchissements. . . . . . . . . . . . . . . . . | 346 | 20 |
| Papier . . . . . . . . . . . . . . . . . . . . . . | 687 | 10 |
| Impression et brochage . . . . . . . . . . . . . . | 3815 | 90 |
| Collaboration. . . . . . . . . . . . . . . . . . . | 2247 | 30 |
| Frais de recouvrement de 222 cotisations. . . . . . | 113 | 50 |
| Montant total des dépenses. . . . | 7461 | 20 |
| Excédent de recettes au 31 décembre 1907. | 1399 | 55 |
| | 8860 | 75 |

Ces chiffres, mis aux voix, sont approuvés à l'unanimité.

M. Paul BONNEFON, secrétaire, donne lecture du rapport suivant :

« Messieurs, comme vous venez de l'apprendre, les ressources financières de notre société ont augmenté assez sensiblement durant le précédent exercice. N'en concluez pas trop vite que cet accroissement de fonds représente un afflux aussi important de nouveaux adhérents. Il est surtout le fruit de notre économie, du soin constant que nous avons de subordonner nos dépenses à nos recettes et de laisser entre elles un écart suffisant pour nous permettre de réaliser quelques réserves, qui serviraient à faire face à des nécessités nouvelles, si jamais il en survient. Malgré le renchérissement de toutes choses, nous nous sommes tenus scrupuleusement à ces principes qui ont toujours réglé la marche de notre association et nous avons réussi à mettre de côté la somme énoncée tout à l'heure et qui a immédiatement été placée en valeurs mobilières, de même nature que les précédentes sommes disponibles de nos budgets antérieurs.

« Quant à l'effectif de nos adhérents, il n'a pas sensiblement varié depuis notre dernière assemblée générale. Il est légèrement en augmentation, et cette hausse s'est produite dans les mêmes conditions que précédemment. Vous le savez, nous sommes divisés en sociétaires, qui font partie intégrante de l'association et qui participent à son administration dans la mesure de ses règlements, et d'autre part en abonnés, c'est-à-dire des personnes qui versent le prix d'un abonnement annuel à la Revue, sans se préoccuper de savoir si elle est l'organe d'un groupement confraternel, et qui, pour cette raison, étant moins étroitement unis à notre œuvre commune, peuvent s'en détacher plus aisément. J'ai trop souvent dit ici quels inconvénients il y avait pour notre société à compter trop d'abonnés et pas assez de sociétaires, pour que j'aie besoin d'insister encore sur un état de choses dont le danger saute aux yeux, puisqu'il pourrait être, en fin de compte, l'annihilation même de notre société. Je me bornerai donc à constater aujourd'hui, devant vous, que cette année encore le nombre de nos abonnés a crû, tandis que celui de nos sociétaires diminuait, faiblement, il est vrai. Car l'an passé, en pareille circonstance nous comptions 241 sociétaires pour 240 que nous en comptons à cette heure, soit un sociétaire en moins, tandis que nous possédons 154 abonnés pour 145 que nous possédions précédemment, soit 9 abonnés en plus, ce qui nous donne en définitive un gain de 8 unités pour le chiffre global de nos adhérents.

« Il n'est pas dans nos habitudes de décomposer ces chiffres devant vous. Je me bornerai à vous dire que si nous avons reçu l'adhésion de 11 membres nouveaux, nous avons perdu 12 autres membres, 2 par décès, — dont vous entendiez tout à l'heure l'éloge funèbre, — 7 par démission et 3 par suppression. Ne nous attardons pas à ces défections et passons à des indications qu'il vous sera plus intéressant de recevoir et que j'aurai pour ma part plus de plaisir à vous donner.

« Comment allons-nous employer le surplus disponible de nos ressources, que nous constatons tout à l'heure? Messieurs, votre conseil d'administration s'en est préoccupé, comme c'était son devoir. Il a examiné les diverses éventualités possibles et pesé les conditions de leur emploi. Le meilleur, évidemment, serait de les consacrer à quelque publication indépendante, qui, tout en montrant de façon manifeste la force vitale de notre association, serait en même temps utile et agréable à nos adhérents. Mais, d'autre part, serait-il bien prudent de nous dépouiller ainsi de nos réserves, même pour une œuvre méritoire, ou du moins de les restreindre de telle sorte que nous puissions être pour l'avenir à la merci des événements? Cette dernière considération nous a surtout frappés, messieurs, et quel que fût notre désir de mettre toutes les ressources dont nous disposons au service de l'histoire littéraire française, nous avons pensé qu'il convenait de ne se montrer généreux qu'avec circonspection et sans que notre libéralité pût, en servant le présent, desservir le développement ultérieur de notre société.

« Voici à quoi nous nous sommes arrêtés. Vous le savez, la prochaine livraison de la Revue achève et consacre notre quinzième année d'existence, et depuis dix ans, le dépouillement méthodique de notre recueil n'a pas été fait. Vous n'avez pas oublié non plus que, pour commémorer cet heureux anniversaire d'une façon utile aux travailleurs, nous avons décidé déjà de publier à cette occasion une table décennale de la Revue embrassant les années écoulées de 1899 à 1908 inclusivement. Cette table sera dressée par notre confrère M. Maurice Tourneux, le consciencieux bibliographe que tant de travaux ont signalé, et en particulier l'exécution de notre première table. M. Tourneux a bien voulu se charger de la confection de la deuxième, elle est en cours, il y travaille, et la dernière fois que j'ai eu l'occasion de le voir, il me confirmait son intention de la pousser activement et de la mener à bien aussi promptement que possible, sans que cette hâte puisse nuire à la précision. M. Tourneux, que j'aperçois dans l'assistance, ne pourra que confirmer aujourd'hui cet engagement. De notre côté, aussitôt que le manuscrit nous sera remis, nous en pousserons l'impression de telle sorte que vous puissiez avoir bientôt à votre disposition un nouvel instrument d'information commode et sûr.

« Mais cette publication accroîtra, vous ne l'ignorez pas, les charges de notre budget, maintenant surtout que les frais d'impression ont augmenté

partout assez considérablement. Nous ne saurions dire d'ores et déjà ce que
ces frais seront au juste, et il convient que cette part d'inconnu se soit dissipée, avant que nous puissions faire des projets en parfaite connaissance de
cause. Nous attendrons donc jusque-là pour fixer nos intentions, heureux s'il
nous reste encore des ressources suffisantes pour songer à réaliser de nouveaux projets.

« Nous continuerons comme par le passé à donner tous nos soins à notre
Revue, qui pendant quinze ans n'a pas cessé — un peu irrégulièrement, je
l'avoue, — de nous tenir en communication les uns avec les autres. J'éprouve
toujours quelque embarras à vous parler de la Revue. Mêlé de trop près à
son fonctionnement, il m'est difficile d'en dire les avantages ou les défauts.
Je ne puis qu'en constater les résultats. Cette année comme les précédentes,
notre organe périodique a fonctionné normalement, c'est-à-dire que ses quatre
fascicules annuels vous sont parvenus à des intervalles réguliers et vous ont
apporté des communications nombreuses et variées, qui toutes s'efforçaient
d'être neuves. J'espère qu'il en sera de même et que l'intérêt de notre Revue
croîtra avec son existence. Du moins, en ce qui me concerne, j'y porterai
tous mes soins. Sa date de publication continuera vraisemblablement aussi à
être irrégulière, car sur ce point, il est bien difficile d'obtenir satisfaction,
dans une association confraternelle, dont la condition essentielle doit être la
courtoisie et qui veut laisser les efforts libres et indépendants. Nous veillerons
comme par le passé au choix des articles, à leur bonne tenue, à leur variété.
Il y a encore beaucoup à trouver dans l'histoire de notre littérature nationale, et des chercheurs avisés peuvent, en s'y exerçant, arriver à d'excellents
résultats. J'ai quelque idée que nous en pourrions avoir bientôt la preuve et
ce sera tout profit pour les lecteurs de la Revue. Enfin, le Conseil d'administration a décidé que, s'il restait des ressources disponibles, après l'impression
de notre prochaine table, elles pourraient être employées à augmenter le
nombre de feuilles d'impression de nos fascicules trimestriels. Nous avons
préféré cette solution à celle qui aurait consisté à multiplier les fascicules
durant l'année, d'abord, parce que les frais eussent été plus grands et aussi
parce que nos ressources auraient pu être insuffisantes pour y faire face.
Nous préférons améliorer sans innover, et vous recevrez, à l'occasion, des
numéros plus compacts, contenant plus de texte et qui par conséquent pourront être plus utiles qu'auparavant.

« Messieurs, c'est la question de l'utilité de la Revue qui nous préoccupe
avant tout. Aussi, en terminant cet exposé, je vous demande la permission
de vous donner connaissance de quelques lignes d'une lettre qu'un de nos
confrères les plus anciens et les plus qualifiés m'adressait ces jours-ci en
envoyant son bulletin pour le vote de ce soir. Ces lignes offrent un intérêt
général et méritent d'être connues de vous : « Permettez-moi, me dit mon
correspondant, de vous soumettre une idée qui m'est venue en dépouillant le
dernier numéro de la Revue. A la bibliographie tirée des périodiques il y a
beaucoup de fiches à prendre; mais on a rarement l'occasion d'utiliser ces
renseignements pour un article ou une leçon. Nous n'avons pas en province
sous la main beaucoup de revues qui ont été dépouillées; nous n'avons pas
le temps de les faire venir. Si les différentes revues dont vous indiquez les
articles les plus intéressants appartiennent par voie d'échange à notre Revue,
et si elles sont conservées quelque part, le comité ne pourrait-il organiser,
entre les membres de la Société qui se seraient fait inscrire à cet effet et qui
payeraient une cotisation spéciale pour cela, un prêt de ces différentes revues?
Quel que soit le mode du prêt adopté, envoi et retour au comité central ou
organisation d'un prêt itinérant, il me semble que la Revue deviendrait plus
utile encore comme instrument de travail, en nous permettant de dépouiller
nous-mêmes des revues que nous ne pouvons pas avoir toutes dans nos bibliothèques. »

« Voilà l'idée de notre confrère. Ce serait, comme vous le voyez, un prolongement de l'action de notre *Revue*, très profitable assurément à nos adhérents de province, mais dont la réalisation, dans les conditions actuelles, est impossible. Dans sa séance du 10 mars 1894, c'est la séance même de son organisation, le conseil d'administration décidait, sur la proposition de M. Gaston Paris, qu'on opposerait un refus absolu à toutes les demandes d'échanges de publications de la Société, et cette décision a toujours été scrupuleusement observée depuis lors. Est-ce un bien, est-ce un mal? Pour ma part, je trouve la règle salutaire et ses avantages nombreux et incontestables : on y gagne avant tout de ne pas voir des publications galvaudées aux mains des indifférents. En tout cas, quelque invraisemblable que la chose puisse paraître, depuis l'origine de la *Revue*, les personnes chargées du dépouillement des périodiques l'ont exécuté à l'aide d'exemplaires qu'elles se procuraient comme elles pouvaient, et leurs relevés n'en étaient pas pires pour cela. Si ces conditions doivent être changées, le Conseil en décidera et vous pouvez être assuré qu'il saura le faire au mieux des intérêts de tous, de la Société et de ses membres dont les travaux méritent d'être encouragés. »

Il est procédé au dépouillement du scrutin pour la désignation des membres sortants du Conseil d'administration. Sont élus : MM. Paul Bonnefon, Arthur Chuquet, Jules Claretie, Ernest Lavisse, Gabriel Monod, Émile Roy. Sont également élus : M. le baron de Barante, en remplacement de M. Gaston Boissier, et M. Henri Bernès, en remplacement de M. Charles Lenient.

La séance est levée à six heures.

— Les *Nouvelles françaises inédites du Quinzième siècle* publiées par M. Ernest LANGLOIS, d'après un manuscrit du fonds de la reine Christine, au Vatican, n'importent guère à l'histoire littéraire française, car leur auteur, un Sénonais apparemment, fut un piètre écrivain, dont l'œuvre est surtout intéressante pour le philologue et davantage encore pour l'étude du développement de la nouvelle en France.

— M. Pierre CHAMPION, qui a publié déjà de nombreux travaux relatifs au XVᵉ siècle et à Charles d'Orléans, traite dans une élégante plaquette intitulée : *Charles d'Orléans joueur d'échecs*, de la passion de ce prince pour le jeu d'échecs. Cela lui fournit l'occasion d'étudier plusieurs autographes de son personnage et de montrer que le manuscrit latin 10 286 de la Bibliothèque nationale, dont la première partie est consacrée au jeu d'échecs, renferme de nombreuses annotations de la main de Charles d'Orléans.

— M. Jacques BOULENGER a publié dans la *Revue des études rabelaisiennes* (1908), fasc. 2 et 3, une étude très documentée sur la *Valeur critique des textes de Gargantua*. Nous ne pouvons le suivre ici dans la série de ses déductions, mais nous pouvons donner sa conclusion, fort nette et intéressante : « On peut compter trois rédactions de *Gargantua*, représentées par l'édition antérieure à 1535 (A), par l'édition de 1535 (B) et par l'édition de Juste, 1542 (E). Le dernier texte revu et corrigé par Rabelais est celui de E. C'est donc E qu'il faudrait reproduire dans une édition critique, en relevant les variantes des deux premières rédactions (A et B), ainsi que celles de l'édition de 1537, sans lieu (D), qui, si elles n'ont pas pour auteur Rabelais lui-même, ont été du moins connues et en grande partie adoptées par lui dans sa troisième rédaction. »

— Comme le titre l'indique, la brochure que le lieutenant Jean TABOUREAU vient de consacrer à *Un moraliste militaire du XVIᵉ siècle, François de La Noue* (1531-1591) envisage surtout les côtés d'observation philosophique dans l'œuvre du mémorialiste militaire. Il est certain qu'ainsi considérée l'expérience du chef est, à certains égards, très voisine de nous et que les préceptes de conduite qu'il recommande peuvent être encore de nos jours d'un emploi salutaire.

— M. Raymond Toinet vient de compléter par un petit volume d'additions et de corrections le précédent volume qu'il avait modestement intitulé : *Quelques recherches autour des poèmes héroïques-épiques français du* xviiᵉ *siècle*, et qui contenait, comme on le sait, des indications bibliographiques aussi abondantes que précises sur la plus grande partie des épopées de ce temps. Quelques-unes avaient cependant échappé à l'auteur de ces recherches, travaillant surtout d'après les ressources de sa bibliothèque personnelle, et il a voulu faire part au public de ses trouvailles. Sans parler ici des additions qui complètent de précédentes notices, on trouvera des noms nouveaux dans ce second volume, tels que ceux de Jean Le Blanc, Abraham de Vermeil, Jude Serclier, Honoré d'Urfé, Étienne de Sanguinet, Charles de Navières, Jacques Corbin, Louis Le Hayer du Perron. Laurent du Vieuget, et quelques autres pour la plupart aussi inconnus, dont les œuvres médiocres méritaient cependant d'être relevées et qui, grâce à M. Toinet, devront figurer désormais dans l'histoire de la production épique du xviiᵉ siècle.

— M. René Harmand a publié dans le *Bulletin mensuel d'archéologie lorraine* (août-septembre 1908) une étude sur *Un poète tragique lorrain, Jean de Schelandre*, provoquée par la récente édition de *Tyr et Sidon* que M. Jules Harazsti vient de donner. M. Harmand pense qu'il serait possible de compléter la biographie de Schelandre par des recherches dans les milieux lorrains. Ce sont là des impressions qu'il doit être commode aux érudits locaux de confirmer.

— La *Petite bibliothèque surannée* publiée par la librairie Sansot vient de s'augmenter de deux volumes : les *Mémoires du comte de Comminge* par Mᵐᵉ de Tencin, avec une introduction par M. Henri Potez; les *Mémoires pour servir à l'histoire de la vie de Mˡˡᵉ de L'Enclos*, par Douxménil, avec un avertissement et des notes de M. G.-M. Napy. Le roman de Mᵐᵉ de Tencin se place au début de la mode du roman sentimental, et à ce titre, sa publication marque une date. Quant à l'opuscule consacré par Douxménil à l'existence de Ninon de Lenclos, c'est un recueil d'anecdotes notées trop tardivement pour qu'elles puissent inspirer confiance et dont quelques-unes sont manifestement fausses, mais dont l'ensemble est agréable et caractéristique.

— Sous ce titre : *La Fontaine naturaliste dans ses fables*, M. le docteur M. Tresch a consacré une importante dissertation à mettre en valeur les principaux éléments d'observation naturelle que le fabuliste a fait entrer dans son œuvre, en les interprétant si génialement. M. Tresch montre que La Fontaine est naturaliste par sa façon d'observer, par sa théorie sur l'âme des bêtes, par sa conception de l'univers et des lois qui régissent la vie, enfin par sa morale elle-même, qui est la loi naturelle en action.

— La maison d'édition G. P. Putnam's Sons a inauguré une collection des classiques français à l'usage des lecteurs anglais (*French Classics for English Readers*), dirigée par MM. Adolphe Cohen et Curtis Hidden Page. Des extraits de Rabelais, [d'après la traduction d'Urquhart et Motteux, et des extraits de Montaigne, d'après la traduction de Florio, ont déjà paru dans cette collection. Aujourd'hui deux volumes sont consacrés à la traduction du Théâtre de Molière, par M. Curtis Hidden Page, traduction qui a ceci de particulier que les pièces en vers de Molière sont traduites en vers anglais. La version semble fidèle et pittoresque. En tout cas, c'est le meilleur moyen de donner à des lecteurs étrangers une idée aussi juste que possible de l'original, et cette tentative mérite d'être accueillie favorablement.

— Revenant sur un sujet qu'il avait déjà traité en 1902, M. F. DUINE consacre une nouvelle étude à Cohon, *évêque de Nîmes et de Dol, précepteur des neveux de Mazarin, prédicateur du roi.* Cette nouvelle brochure s'occupe surtout de l'orateur. Après un chapitre qui complète quelques parties de la vie de Cohon, M. Duine examine principalement l'éloquence du prédicateur et les conditions dans lesquelles elle se forma ou elle s'exerça. Quelques morceaux choisis permettent même de se faire une idée de la valeur littéraire de Cohon, tandis qu'un court lexique relève les tournures particulières de son style.

— Un comité vient de se constituer pour élever un monument à Regnard. Ce monument s'élèvera à Dourdan, où l'auteur du *Légataire universel* mourut le 4 septembre 1709, et on l'inaugurera pour le second centenaire de la mort de Regnard.

— Dans un article de la *Chronique des arts* du 14 novembre dernier, M. Tristan LECLÈRE a démontré que le portrait du comédien François-René Molé, qui a figuré à l'Exposition théâtrale et dont l'auteur était inconnu, a été peint par Étienne Aubry et doit remonter aux environs de 1771.

— L'essai bibliographique que M. Gustave DAVOIS vient de publier sur *Les Bonaparte littérateurs* groupe et coordonne de nombreux renseignements sur la production intellectuelle d'une famille qui compte quelques hommes de sciences, si elle ne semble avoir possédé guère qu'un seul littérateur, Lucien Bonaparte, prince de Canino. Encore celui-ci ne fut-il qu'un littérateur assez médiocre, dont les œuvres n'importent que faiblement à l'histoire littéraire. Malgré cela, le travail de M. Davois ne sera pas inutile aux chercheurs qui trouveront réunis bien des détails précis sur une famille illustre, encore qu'elle appartienne plus à l'histoire de la France qu'à celle des lettres françaises.

— Mᵐᵉ de Lieven est surtout connue pour sa longue liaison avec Guizot, qui occupa les dernières années de sa vie. Longtemps avant, en 1818, pendant le congrès d'Aix-la-Chapelle, elle avait été la maitresse de Metternich. C'est à cette première aventure que s'appliquent les *Lettres du prince de Metternich à la comtesse de Lieven* (1818-1819), que vient de publier avec une introduction, une conclusion et des notes, M. Jean HANOTEAU et que M. Arthur Chuquet a fait précéder d'une préface. Ce sont là des documents fort intéressants pour l'histoire, que rend encore plus utiles à consulter un commentaire aussi précis qu'abondant et qui serviront à bien connaître la véritable personnalité d'une femme si étroitement mêlée ensuite à l'existence de Guizot.

— Sous ce titre : *Stendhal candidat à une préfecture*, M. Paul ARBELET publie, dans *le Temps* du 11 juillet, quelques documents inédits qui montrent que Beyle sollicita une préfecture, au début du gouvernement de juillet, et comment il s'y fut comporté si on lui avait confié le poste qu'il ambitionnait.

— M. Jean des COGNETS a essayé de coordonner *Les idées morales de Lamartine.* Tout imprécises qu'elles soient, on peut cependant les rattacher au christianisme, sinon au catholicisme, et constater que les principaux éléments de cette croyance s'y retrouvent le plus souvent, épars et mal définis. Des citations nombreuses et bien choisies viennent appuyer ces constatations chaque fois qu'il est nécessaire.

— Les *Lettres inédites d'Alfred de Vigny*, publiées par M. André DESTANGS dans la *Revue latine* du 25 septembre sont au nombre de cinq, et sont adres-

sées à un cousin du poète dont le nom n'est pas prononcé. Les deux premières ont trait à la candidature de Vigny en Charente, lors des élections
de 1848 à l'Assemblée nationale; les trois autres sont principalement relatives
aux inquiétudes que causait au poète la santé chancelante de sa mère et à ses
intentions d'affermer ou même de vendre son domaine patrimonial du Maine-
Giraud, qu'il lui était difficile d'administrer depuis Paris.

— Le recueil de *Pages choisies de Taine* que M. Victor GIRAUD a publié avec
une introduction, des notices et des notes, rassemble et coordonne les morceaux les plus significatifs de l'œuvre de l'écrivain. On y trouvera réunis les
fragments principaux de la pensée de Taine, et on y pourra suivre les phases
essentielles de son évolution. Destiné surtout aux étudiants pour leur faciliter
les abords de l'œuvre de Taine, ce volume pourra servir aussi à ceux qui
connaissent déjà cette œuvre dont il dégage les éléments caractéristiques.

— MM. Pierre HORLUC et Georges MARINET viennent de consacrer dans les
*Annales de l'Université de Lyon* (nouvelle série, IIe section, fascicule 20), un
volume à la *Bibliographie de la syntaxe du français* (1840-1905). C'est une contribution considérable à l'étude des doctrines philologiques, et d'autant plus
profitable que les auteurs ne se sont pas bornés à signaler seulement les travaux complets dont la syntaxe française a fait l'objet, mais ils ont indiqué les
études fragmentaires dans lesquelles certains points ont pu être abordés. Ce
sont souvent de simples notes qui se cachent dans le commentaire d'une
édition ou des dissertations perdues dans d'énormes recueils. Il était d'autant
plus nécessaire d'en mettre l'indication sous les yeux des travailleurs, et c'est
ce que les auteurs de cette bibliographie ont fait avec un soin digne de tous
éloges.

— Le fascicule 19 du *Manuel de l'amateur de livres du XIXe siècle* (1801-1893),
par M. Georges VICAIRE, vient de paraître. Il débute au commencement de
la lettre S et s'achève sur le relevé bibliographique des ouvrages de Victorien Sardou, après avoir énuméré quelques noms dont la production littéraire
fut très importante, tels que ceux de Bernardin de Saint-Pierre, Sainte-Beuve,
Saintine, George Sand, Jules Sandeau.

# TABLE DES MATIÈRES

## Comptes rendus.

## Questions et réponses.

*Le Gérant :* **Paul Bonnefon.**

Coulommiers. — Imp. Paul Brodard.

CPSIA information can be obtained
at www.ICGtesting.com
Printed in the USA
BVHW091639201118
533618BV00016B/772/P